REGENSBURG

KARL BAUER

Aus Kunst-, Kultur- und Sittengeschichte

Mittelbayerische Druckerei- und Verlags-Gesellschaft mbH · Regensburg

Karl Bauer
Regensburg

3. Auflage

ISBN 3-92-1114-00-4

© Mittelbayerische Druckerei- und Verlagsgesellschaft mbH, Regensburg, 1980
Gesamtherstellung: MZ-DRUCK, Regensburg
Umschlag-Gestaltung: Peter Loeffler
Verlagsbetreuung der MZ-Buchproduktion: Karl Horst Wendisch

Vorwort zur 3. Auflage

Zehn Jahre sind vergangen seit der letzten Auflage dieses Buches. Ohne Übertreibung darf gesagt werden, daß in diesem Jahrzehnt das Gesamtgefüge der Stadt, ihre Bausubstanz sowie die Bewertung und Deutung ihrer Geschichte größeren Umwälzungen unterworfen waren als in den hundert Jahren zuvor. Neue Stadtteile entstanden. Daneben erfuhr der Altstadtkern Eingriffe durch bauliche Umgestaltungen oder durch die Wiedergewinnung ursprünglicher Verhältnisse. Einzelne Straßen und Plätze verschwanden aus dem trauten Bild. Die Altstadtsanierung prägte ungewohnte Bilder und setzte neue Akzente. Die z. T. einhergehende Bauforschung förderte neue bedeutsame Erkenntnisse. Hier seien vorrangig die Arbeiten von Dr. Richard Strobel genannt, denen sich dieses Buch verpflichtet weiß. Mit seinen Baualtersplänen und seinem Regensburger Bürgerhausbuch hat er ein Werk von säkularer Bedeutung geschaffen. Neben dem Inventarwerk der bayerischen Kunstdenkmäler erhielt das Buch wertvolle Anregungen durch das Manuskript von Johann Nepomuk Schwäbl, der sich der Topographie der Regensburger Straßen und der Etymologie ihrer Namen angenommen hat. Das bayerische Landesamt für Denkmalpflege konnte durch Grabungen Erkenntnisse von großer Bedeutung gewinnen. Erwähnt seien hier nur die umfangreichen Freilegungen am Bismarckplatz und bei Großprüfening. Die Universitäten erinnern sich immer mehr des Themas „Regensburg" bei der Vergabe von Dissertationen und Magisterarbeiten. Das Jubiläumsjahr 1979 zur 1800-Jahrfeier der Stadt brachte eine Intensivierung der Erforschung der römischen Vergangenheit Regensburgs, die seit Walderdorff und später durch Steinmetz (1926) kaum mehr neue Anregungen erhalten hatte. 1979 erweiterte sich das Stadtgebiet durch die Eingemeindungen der südlich vorgelagerten Ortschaften. Im Bayerischen Hauptstaatsarchiv München konnte ich neue Quellen zur Topographie der Stadt erschließen.

All das Material galt es zu sichten, auszuwählen und schwerpunktmäßig in die Sequenzen des Buches einzubringen. Das bedeutete eine erhebliche Erweiterung des Umfangs und eine reichere Bebilderung. Der beigegebene Faltplan der Stadt von 1812 (mit späteren Berichtigungen) erleichtert das Auffinden der einzelnen Objekte und macht die Literabezeichnung der Häuser deutlich. Ein engmaschiges Register ermöglicht das Auffinden aller vorkommenden Begriffe. Freilich mußte zugunsten neuer Texte Altes, z. T. nicht Unwesentliches, ausgeschieden werden, um den Umfang des Buches in Grenzen zu halten. Aus diesem Grunde wurde auch bei zahlreichen Bauwerken auf eine ästhetisierende Beschreibung verzichtet und nur das Wichtigste in Kurzsätzen festgehalten.

Die Beschreibung der Kirchen im Stadtkern, die bereits in den Heften von Schnell und Steiner weitgehend erfolgte, ließ eine Erörterung überflüssig erscheinen. Der umfangreiche Baukomplex des Fürstlichen Schlosses konnte im Rahmen dieses Buches nicht mit jener Ausführlichkeit behandelt werden, die seiner geschichtlichen und architektonischen Bedeutung entspricht. Raummangel bedingte eine nur gedrängte Übersicht. Verwiesen sei auf die ausgezeichnete Darstellung von Dr. Max Piendl sowie die detaillierten Abhandlungen in den Thurn und Taxis-Studien. Auf die Wiedergabe einer politischen Geschichte der Stadt wurde bewußt verzichtet; sie ist vielfach geschrieben und wird immer wieder publiziert.

Mein Dank gilt Herrn Dr. Richard Strobel, der mir vor Jahren schon wertvolle Hinweise zur Baugeschichte und Datierung zahlreicher Bauten gab. Weiterhin danke ich Herrn Dr. Wolfgang Pfeiffer, der mir das Fotografieren in den Sammlungen des Museums und in dessen Magazinbeständen ermöglichte und die Erlaubnis zur Wiedergabe erteilte. Ich danke Herrn Dr. Max Piendl und Herrn Erwin Probst von der Fürstlichen Hofbibliothek, die mir den Zugang zu den reichen stadtgeschichtlichen Quellen dieser Bibliothek gestatteten und zahlreiche Vorlagen für die Illustration dieses Buches bereitwilligst zur Verfügung stellten. Zu danken habe ich Herrn Pfarrer Franz Dietheuer, der mir richtungsweisende theologische und ikonographische Interpretationen zur romanischen und gotischen Bauplastik lieferte. Nicht versäumen möchte ich zu danken dem Historischen Verein für Oberpfalz und Regensburg, insbesondere Herrn Oberregierungsrat Heinrich Schinhammer, dem Bibliothekar des Vereins, der mir stets mit Freundlichkeit und Bereitschaft Bücher aus der Vereinsbibliothek zur Verfügung stellte. Mein besonderer Dank gilt der Mittelbayerischen Druckerei- und Verlags-Gesellschaft mbH, mit der mich nun bald drei Jahrzehnte der Zusammenarbeit verbinden. Ohne die Großzügigkeit des Verlegers, Herrn Karl Heinz Esser, wäre es nicht möglich gewesen, das Buch in neuer Auflage, in so großem Umfang, in so vorzüglicher Ausstattung und mit so reicher Bebilderung erscheinen zu lassen. Ich danke meiner lieben Frau von Herzen für ihre intensive Mitarbeit bei der Beschaffung der einschlägigen Literatur und der Erstellung des Registers.

Regensburg, im Herbst 1980   Karl Bauer

Inhaltsübersicht

Das Wappen der Stadt . . . . 9 – 10

Straßen und Häuser — Geschichte und Geschichten . . . . 11 – 249

    Straßennamen, Wachten, Litera und Hausnummern . . . . 12 – 13

    Der älteste Stadtkern im Bereich des Römerkastells
    und dessen Begrenzungsstraßen . . . . 14 – 104

    Im Bereich der ersten Stadterweiterung um 920 . . . . 105 – 194

    Im Bereich der zweiten Stadterweiterung um 1320.
    Die sog. Ostenvorstadt . . . . 195 – 211

    Im Bereich der zweiten Stadterweiterung um 1320.
    Die sog. Westenvorstadt . . . . 212 – 242

    Bedeutende Straßen und Ortsbezeichnungen
    außerhalb des mittelalterlichen Stadtbereichs . . . . 243 – 249

Wahrzeichen und Kleindenkmäler . . . . 251 – 309

    Im Bereich des Domes . . . . 252 – 268

    In St. Emmeram . . . . 269 – 272

    An der Schottenkirche St. Jakob . . . . 273 – 277

    Im Bereich der Dominikanerkirche . . . . 278 – 280

    An der Steinernen Brücke . . . . 281 – 288

    An den Häusern der Stadt . . . . 288 – 309

Stadtbefestigung . . . . 311 – 328

Die Allee, ihre Bauten und Denkmäler . . . . 329 – 349

Der Burgfrieden . . . . 351 – 355

Die Stadtteile außerhalb des Alleegürtels . . . . 357 – 470

    Prüfening . . . . 358 – 372

    Dechbetten . . . . 372 – 378

    Ziegetsdorf . . . . 379 – 381

    Königswiesen . . . . 381 – 382

    Kumpfmühl . . . . 382 – 393

    Karthaus-Prüll . . . . 393 – 401

    Graß . . . . 401 – 402

    Oberisling . . . . 402 – 403

    Pürkelgut . . . . 403 – 407

    Burgweinting . . . . 407 – 409

    Harting . . . . 409 – 410

    Stadtamhof . . . . 410 – 429

Steinweg	429–439
Reinhausen	439–444
Sallern	444–447
Weichs	447–451
Schwabelweis	451–455
Keilberg	455–457
Auf den Winzerer Höhen	457–460
Pfaffenstein	460
Winzer	461–465
Kager	466–467
Prebrunn	467–470
Der Jahresablauf in Brauchtum und Kunst	471–511
Madonnen und Heilige, Legenden und Reliquien	513–541
Aberglaube, Teufelsfurcht	543–552
Hygiene, Seuchen, Medizin	553–582
Schuld und Sühne	583–618
Stadtgrundrisse, Stadtansichten	619–635
Quellen und Literatur	637–645
Register	647–665
Abbildungsnachweis	667–668

Das Wappen der Stadt

Die Wappen der Städte entwickelten sich aus ihren Siegeln. Regensburgs ältestes Stadtsiegel hängt an einer Urkunde des St.-Katharinen-Spitals aus dem Jahre 1211. Es zeigt den hl. Petrus auf einer Bank sitzend. Mit der rechten Hand stützt er einen mächtigen über der Schulter liegenden Schlüssel; in der unter dem Mantel verborgenen linken hält er ein Buch. Die spiegelbildliche Umschrift lautet mit Auflösungen: + · P(ER) · CLAVES · CELI · RATA · S(UNT) · INSIGNIA · PETRI; zu deutsch: Die Schlüssel des Himmels sind die Ehrenzeichen des Petrus. St. Petrus ist der Patron der Hauptkirche Regensburgs und der Stadt und kam deshalb auch in ihr Siegelbild. Ebenfalls an einer Urkunde des St.-Katharinen-Spitals von 1251 befindet sich das zweitälteste Stadtsiegel. Es unterscheidet sich von dem ersten dadurch, daß um das alte Petrusbild ein neuer Rand mit neuem Text gesetzt wurde: + SIGILLVM CIVIVM RATISPONENSIVM, d. h. Siegel der Bürger von Regensburg. Im gleichen Jahr, 1251, tritt ein neuer Stempel auf, dessen Abdruck vielfach nachzuweisen ist. St. Petrus mit Schlüssel und Buch sitzt in einem genasten Spitzbogen, den reiche gotisch empfundene Architektur umgibt. Zu seinen Füßen erscheint eine gezinnte Mauer mit zwei ebenfalls zinnentragenden Türmen. Die Inschrift des vorher besprochenen Siegels ist beibehalten.

Mit dem 14. Jahrhundert erscheint erstmals das aus dem Siegelbild abgeleitete Stadtwappen. Es zeigt zwei gekreuzte silberne Schlüssel im roten Feld, die Bärte sind nach oben und auswärts gerichtet. Petrus trägt als Attribut den Schlüssel, wurde ihm doch von Christus die Gewalt verliehen zu binden und zu lösen. Die Schlüssel im Stadtwappen Regensburgs sind die Schlüssel des hl. Petrus, des Patrons des Domes und der Stadt.

1. Stadtwappen an einer Stuhlwange im Reichsstädtischen Kollegium

Das Stadtwappen begegnet erstmals in der sogenannten Manessischen Liederhandschrift, einer um 1320 entstandenen Sammlung von Minneliedern. Gleichzeitig aber tritt es auch an Bauwerken auf. Hier ist vor allem das schräggestellte gotische Spitzschild mit den gekreuzten Schlüsseln im Giebelfeld des Erkers am Reichssaal zu nennen. Auch die 1320 datierte Bauinschrift der Stadtmauer am Haus Herrenplatz 2 (A 12) läßt das (weitgehend verwitterte) Wappenbild erkennen.

In der Folgezeit, namentlich seit dem 16. Jahrhundert, mehren sich die Darstellungen des Stadtwappens in der Form des Steinreliefs, des Schnitzwerks und der Graphik, jeweils in der Dekoration und im Stil des Zeitgeschmacks. Besonders kraftvolle und künstlerisch hochstehende Darstellungen des Stadtwappens schuf die Renaissance. Erwähnt sei ein Holzschnitt um 1530 aus der Werkstatt Albrecht Altdorfers. Er zeigt das Wappen mit den reich gezierten Schlüsseln, auf das sich ein Putto stützt. Das Blatt ist mit drei Stöcken in den Farben Schwarz, Rot und Braun gedruckt, das Blau ist mit der Hand eingestrichen.

Da Regensburg freie Reichsstadt war, erscheint das Wappen vielfach auch auf der Brust des kaiserlichen Doppeladlers.

Wappen der Stadt Regensburg. Holzschnitt in drei Farben gedruckt. Werkstatt Albrecht Altdorfers, um 1530

**Straßen und Häuser
Geschichte und Geschichten**

Straßennamen, Wachten, Litera und Hausnummern

Straßennamen gibt es in Regensburg seit den ältesten Zeiten, wenn auch nicht im Sinn amtlicher Benennungen. Die alten Straßenbezeichnungen sind vom Volk geprägt, hergeholt von Wirtshausnamen, von besonders augenfälligen örtlichen Umständen oder Bauwerken, von Namen dort wohnender Familien, von anliegenden Kirchen und Klöstern. Regensburgs ältester Straßenname ist der 1138 bezeugte „inter Latinos" für die Wahlenstraße (s. d.); zu deutsch: unter den Walchen, den Welschen. Nun wäre es freilich einfach, die alten Straßennamen aus ebenso alten Stadtplänen abzulesen. Stadtpläne aus früher Zeit gibt es aber nicht. Der erste Stadtplan, der mehrere Straßennamen vermerkt, ist eine getuschte Federzeichnung aus dem Jahr 1694 (Stadtgrundrisse Nr. 8).

So alt einzelne Straßennamen auch sein mögen, Hausnummern gab es noch lange nicht. Amtliche Protokolle, Kaufbriefe und Besitzverschreibungen bedingten aber eine genaue Kennzeichnung der einzelnen Anwesen. Deshalb behalf man sich vielfach durch die Besitzerangabe der benachbarten Häuser. Zwei Beispiele aus den sogenannten Siegelprotokollen der Stadt mögen das verdeutlichen. 1594 wird das Haus Keplerstraße 7 (D 103) gekennzeichnet wie folgt: „... allhie im blauen Hecht genannt, zwischen Wolfen Schwöllers und Niklas Hubers Häusern gelegen". Oder: „... verkaufen ihr Haus der Maut über (Maut = ehemaliges Mauthaus, Keplerstraße 12 (D 150), das zwischen Georg Dimpfels und Hans Georg Wirts Häusern gelegen ...". Diese Notiz bezieht sich auf das Haus Keplerstraße 5 (D 104), die nunmehrige Kepler-Gedächtnisstätte.

Das alte Regensburg kannte zwar keine amtlichen Straßennamen, dafür aber gab es eine amtliche Einteilung der Stadt in sogenannte Wachten, in acht Stadtbezirke, denen jeweils ein Wachtmeister vorstand. Diese Einteilung reicht weit in das Mittelalter zurück. Bereits zum Jahr 1135 schreibt Gemeiner in seiner Regensburger Chronik: „Wir sehen kurz darauf bei bürgerlichen Geschäften die Wachtmeister auftreten zum unwiderleglichen Beweise, daß Regensburg damals schon in Wachten abgeteilt gewesen." Die äußere Grenze für die Einteilung der Stadt in Wachten bildeten die Donau und der an sie anschließende Mauerring bzw. der Alleegürtel. Im Westen lag die Westnerwacht, die vom Prebrunntor bis zur Linie Weißgerbergraben—Arnulfsplatz—Schottenstraße reichte. Daran schlossen sich gegen Osten an: die Donauwacht, zu der auch die Anwesen des Oberen Wöhrds zählten, die Schererwacht, die ihren Namen von den Tuchscherern schöpfte und die Wildwercherwacht. Wildwercher bedeutet Kürschner, Pelzarbeiter. Ganz im Osten, zwischen Ostentor und der Linie D.-Martin-Luther-Straße—Kalmünzergasse—Hunnenplatz lag die Ostnerwacht, zu der auch die Anwesen am Unteren Wöhrd gehörten. Daran schlossen sich gegen Westen an: die Wittwangerwacht (abgeleitet von wit, das bedeutet Holz, namentlich Brennholz (s. Wiedfang), die Pauluserwacht, so benannt nach dem einstigen Kloster St. Paul (anstelle des heutigen Parkhauses) und schließlich die Wahlenwacht. Diese Einteilung der Stadt in Wachten — man kann sie mit Polizeibezirken vergleichen — beruhte auf der militärischen Organisation der Bürgerschaft.

Zu gewissen Zeiten versammelten sich die Bürger jeder Wacht zum sogenannten Wachtgeding. Noch gegen Ende des 18. Jahrhunderts kamen die Bürger der acht Wachten alljährlich am 3. Pfingstfeiertag zum Wachtgeding zusammen, wo ihnen unter Vorsitz der Wachtherren ihre Pflichten und Freiheiten verlesen wurden, worauf sie den Treueeid leisteten. Jede der acht Wachten hatte eine bürgerliche Infanteriekompanie zu stellen, die sich bei Tumulten und Feuersgefahr an vorbestimmten Plätzen „mit Ober- und Untergewehr" zu versammeln hatte. Für die Westner- und Schererwacht war dies der Arnulfsplatz, für die Wildwercher- und Wahlenwacht der Neupfarrplatz, für die Donau- und Wittwangerwacht das Rathaus und für die Pauluser- und Ostnerwacht der Alte Kornmarkt. Der Wachtherr befehligte die Bürgerkompanie seiner Wacht, führte in ihr die Polizeiaufsicht und besaß als unterste Instanz juristische Befugnisse.

Neben den Wachten gab es noch eine zweite Einteilung des Stadtgebietes. Der in Karthaus-Prüll entspringende Vitusbach trat bei der Hülling in die Stadt, lief offen durch die Obere und Untere Bachgasse, über den Kohlenmarkt und den Fischmarkt und mündete beim Anwesen Keplerstraße 12 (D 150) in die Donau. Dieser Bachlauf schied die westlich von ihm gelegene „Obere Stadt" von der östlich gelegenen „Unteren Stadt". Diese Benennungen hört man heute noch häufig. Sie nahmen teilweise sogar amtlichen Charakter an. So war St. Rupert (bei St. Emmeram) die katholische Pfarrei der Oberen Stadt, St. Ulrich die der Unteren Stadt. Ebenso verhielt es sich bei den protestantischen Pfarreien: Die Dreieinigkeitskirche gehörte zur Pfarrei der Oberen Stadt, die Neupfarrkirche zu der der Unteren Stadt. Kreuzschule und Engelburgerschule waren die Schulhäuser der Oberen Stadt, Klarenangerschule und St.-Klara-Schule jene der Unteren Stadt. Damit erklären sich auch die Namen „Oberer" und „Unterer Friedhof". Die Einteilung der Stadt in Wachten deckte sich mit der vom Vitusbach gezogenen Trennlinie. Westner-, Donau-, Scherer- und Wildwercherwacht bildeten die Obere Stadt; zur Unteren Stadt gehörten Ostner-, Wittwanger-, Pauluser- und Wahlenwacht. Das allmähliche Entstehen von Häusern, Gärten und palaisartigen Gebäuden außerhalb des Alleegürtels bedingte 1806 die Einführung einer 9. Wacht, der Feldwacht.

Die Numerierung der Häuser erfolgte erstmals 1794, und zwar in der Weise, daß sämtliche bürgerlichen Häuser, alle jene also, die unter reichsstädtischer Gerichtsbarkeit standen, mit fortlaufenden Nummern belegt wurden. Solche Anwesen gab es damals 1087. Das einzige Beispiel einer Hausnummer aus reichsstädtischer Zeit findet sich am Anwesen Wahlenstraße 3 (E 19). Außer diesen beherbergte die Stadt noch etwa 200 Gebäude, die unter fremder Jurisdiktion standen. Zu ihnen zählten die Besitztümer der Kirchen, Klöster und Stifte sowie Besitzungen auswärtiger Gesandtschaften beim Reichstag. 1803 kam Regensburg als Fürstentum an den Kurerzkanzler Carl von Dalberg. Unter seiner Regierung wurde am 1. Juli 1803 „eine verbesserte Wachteinteilung vorgenommen, die Numerierung der Häuser und Grundstücke verändert und berichtiget und an jedem Eckhause der Name des Platzes und die Straße angeschrieben...". Die Tafeln mit den Straßennamen nannte man „Localanzeiger". Die Numerierung sämtlicher Häuser geschah jetzt innerhalb jeder Wacht, jeweils immer mit 1 beginnend. Zur Vereinfachung bezeichnete man jede der 9 Wachten mit einem Buchstaben, mit der Litera (abgekürzt: Lit.), so daß sich folgende, bis in unsere Zeit gültige Einteilung ergab:

Obere Stadt	Westnerwacht	Lit. A
	Schererwacht	Lit. B
	Wildwercherwacht	Lit. C
	Donauwacht	Lit. D
Untere Stadt	Wahlenwacht	Lit. E
	Wittwangerwacht	Lit. F
	Pauluserwacht	Lit. G
	Ostnerwacht	Lit. H
	Feldwacht	Lit. J

Infolge der neuen Einteilung von 1803 erschien ein Stadtplan, ein Steindruck nach einer Zeichnung von J. Weidner (Stadtgrundrisse Nr. 18). Straßennamen und Hausnummern sind zwar noch nicht angegeben, doch lassen die kolorierten Exemplare dieses Planes nun erstmals die Einteilung der Wachten deutlich unterscheiden. Ein Stadtgrundriß, der zum erstenmal sämtliche Straßennamen und Hausnummern enthält, erschien 1808 nach Aufnahmen des Stadtschreibers J. G. Mannhardt und des Stadtgeometers H. Schmidt (Stadtgrundrisse Nr. 19).

Seit 1868 erscheint der Ortsbezirk Kumpfmühl in den Adreßbüchern als neue Litera K. Das ständige Anwachsen der Feldwacht Litera J hatte zur Folge, daß sie seit der Mitte des vergangenen Jahrhunderts in 2 Teilen erscheint: in Lit. J der Oberen Stadt und Lit. J der Unteren Stadt, die seit 1876 die Bezeichnung Lit. L erhielt.

Die Häuserkennzeichnung nach Litera und Nummer blieb etwa 100 Jahre lang in Übung und hörte erst um 1900 auf. An ihre Stelle trat die Bezeichnung nach Straßennamen und Hausnummern. Die Literabenennung wurde aber nebenbei noch weitergeführt. Deshalb geben die älteren Hausnummernschilder unter der modernen Bezeichnung auch noch die alte Literabenennung an, z. B. Wahlenstraße 23 / alt E 29. Die Literabezeichnungen werden bei topographischen Abhandlungen wegen des Planstudiums und zum Vergleich mit der älteren Literatur stets noch genannt.

Der älteste Stadtkern im Bereich des Römerkastells und dessen Begrenzungsstraßen

Maximilianstraße
Königsstraße
Am Königshof
Klarenanger, Dachauplatz,
D.-Martin-Luther-Straße
Schäffnerstraße
Alter Kornmarkt
Niedermünstergasse
Erhardigasse
Pfluggasse
Domplatz
Krauterermarkt
Watmarkt
Unter den Schwibbögen
Fuchsengang
Fröhliche-Türken-Straße
Weiße-Lilien-Straße
Viereimergasse
Kassiansplatz
Pfauengasse
Schwarze-Bären-Straße
Weißbräuhausgasse

Salzburger Gasse
Frauenbergl
Am Spielhof
Malergasse
Pfarrergasse
Wahlenstraße
Tändlergasse—Kramgasse
Kramwinkel
Dreihelmgasse
Neupfarrplatz
Obermünsterstraße—Obermünsterplatz
Jesuitenplatz
Rote-Stern-Gasse
St.-Peters-Weg—Entengang
Obere Bachgasse
Untere Bachgasse
Im Anschluß an die Bachgassen
Vitusbach
Vitusstraße
Am Vitusbach
Am Mühlbach
An der Hülling

MAXIMILIANSTRASSE

Die Maximilianstraße ist Regensburgs Prachtstraße Nummer eins; dem Großstädter freilich wird sie bescheiden, provinziell erscheinen. Man wird in Regensburg vergeblich Ausschau halten nach einem für unsere Begriffe nur annähernd so repräsentativen Straßenzug. Es mag verwundern, daß ausgerechnet den ältesten Teil der Stadt, den Bereich des römischen Kastells, ein so geradliniger und verhältnismäßig breiter Straßenzug durchschneidet, während ein Gewirr enger und krummer Gassen das ganze Gebiet der Altstadt innerhalb des Alleegürtels füllt. Die Maximilianstraße ist nämlich eine neue Straße im alten Stadtbereich. Ohne Rücksicht auf überkommenen Baubestand konnte sie vom Architekten auf dem Reißbrett geplant und auf den Ruinen eines eingeäscherten Stadtteiles gebaut werden.

Das Jahr 1809 brachte einen der schwersten Schicksalsschläge der geschichtlichen Neuzeit über Regensburg. Napoleons Batterien schossen am 23. April die von Österreichern besetzt gehaltene Stadt in Brand. Am Abend dieses Schreckenstages glich das Gebiet zwischen dem Peterstor, dem Klarenanger, der Dreikronen- und Luzengasse bis hinüber nach Obermünster einem wogenden Flammenmeer, dessen Ausdehnung nur mit den gewaltigen Stadtbränden des frühen und hohen Mittelalters verglichen werden kann. Auf diesem Ruinenfeld entstand unsere neue Straße.

Regensburg war damals Hauptstadt eines geistlichen Fürstentums unter der Regierung des Kurerzkanzlers und Fürstprimas Carl von Dalberg. Die Stadt, seit Auflösung der Immerwährenden Reichsversammlung verarmt und verschuldet, konnte den Wiederaufbau nur zögernd und in bescheidenem Umfang beginnen. Auf diesem düsteren Hintergrund begann der Bau des neuen Straßenzuges, der in gerader Linie vom Alten Kornmarkt aus in Verlängerung der Speichergasse nach Süden vorstößt. Richtunggebend war das 1808 errichtete Keplerdenkmal, das nun direkt in der Achse der Straße lag und als abschließender Blickpunkt, als „point du vue" gedacht war. Ohne Rücksicht auf ehemalige Grundstücksverhältnisse oder noch ausbaufähige Brandruinen zog die Straße nun direkt über ein ehemals dicht bebautes Stadtgebiet. Ihrer Führung mußten mehr oder weniger ausgebrannte Häuserkomplexe weichen; die Grundstücke mußten neu projektiert und vermessen werden. Dadurch konnten beim Wiederaufbau Keller, Grundmauern und Brunnen der abgebrannten Häuser nicht mehr verwendet werden, was eine nicht unbeträchtliche Steigerung der Baukosten verursachte. Kaiser Napoleon hatte zwar den Geschädigten von Regensburg und Stadtamhof eine Million Gulden zugesagt, die Auszahlungen erfolgten aber erst später und dann nur stockend und mit längeren Zwischenpausen.

Knapp ein Vierteljahr nach den Zerstörungen, am 14. Juni 1809, erging an den Stadtmagistrat von Regensburg von der fürstprimatischen Regierung der Befehl, daß das abgebrannte Stadtviertel nach dem Wiederaufbau „Napoleonsquartier" zu heißen habe. Diese Benennung — eine Ehrerbietung Dalbergs an seinen Freund und Gönner Napoleon — kam jedoch nicht mehr zur Durchführung, da noch während der Projektierung der Straße das Fürstentum Regensburg dem jungen Königreich Bayern einverleibt wurde. Regensburg war nun Provinzstadt Bayerns, dessem ersten König, dem leutseligen Maximilian Joseph, die ganze Liebe des Volkes gehörte. Auch die gebrandschatzten und verarmten Regensburger setzten alle Hoffnungen auf ihn. Hofkommissär Freiherr von Weichs, der zur Übernahme der Stadt an Bayern in Regensburg weilte und sich auch mit dem Wiederaufbau zu befassen hatte, trat entgegen anderen Plänen energisch für den neuen Straßenzug ein. Seine Worte, in einem Bericht vom 17. Mai 1811, wirken an manchen Stellen geradezu prophetisch. Er schreibt: „Von den Tempeln der Karmeliten und der Alten Kapelle wird ein schönes Perspektiv auf das Monument des großen Kepler führen ... Die neu projektirte Straße wird einst ihrer Offenheit, Schönheit und für die Passage so zweckmäßigen Lage wegen eine der gewerbvollsten hiesiger Stadt werden, eine einzige nicht finstere, nicht winkelhafte Straße und sie ist der einzige Weg, wodurch die unglücklichen Abgebrannten, deren Ruinen in dem dermal abgelegensten Theil der Stadt sich befinden, einst ... zum Wohlstande wieder gelangen können."

Am Schluß seines Berichts spricht Weichs im Namen der Abgebrannten die Bitte aus, den neuen Straßenzug nach dem Namen des Königs „Maximilianstraße" nennen zu dürfen. Der Bitte wurde wohlwollend stattgegeben. Der Stadtplan des Jahres 1812 schreibt bereits „Maximilians Straße". Der Name „neue Straße" aber hat sich erhalten bis in die Zeit des letzten Krieges. Den alten Regensburgern ist er noch heute geläufig.

Die Häuser der neuen Maximilianstraße waren freilich bescheiden; kaum eines besaß mehr als zwei Stockwerke. Viele Baulücken konnten erst nach Jahren geschlossen werden. Die Brandschadenregulierungskommission erließ einschneidende Vorschriften zur Erzielung „einer den Regeln des Geschmacks und einer heiteren Baukunst entsprechenden Häuserreihe". Am Südende der Straße wurde die Stadtmauer niedergelegt, dadurch ein Ausgang ins Freie geschaffen und der Blick auf das Keplerdenkmal freigegeben. Nun war es erstmals möglich, in die Allee zu gelangen, ohne eines der mittelalterlichen Stadttore zu durchschreiten. Weil man sich einstmals einen Ausgang aus der Stadt ohne Tor einfach nicht vorstellen konnte, errichtete man 1820 unmittelbar vor dem überbrückten Stadtgraben (in Höhe des späteren Parkhotels) eine torähnliche Anlage, vergleichbar jener in Stadtamhof ge-

2. *Maximilianstraße mit Maxtor. Im Hintergrund das Keplerdenkmal an seinem ursprünglichen Standort. Aquarell um 1830. Hofbibliothek*

gen den Protzenweiher. Maßgeblichen Anteil an der Planung hatte der Münchener Architekt Carl von Fischer. Zwei turmartige Pfeiler aus Hausteinen, Träger von Gittertoren, flankierten die Durchfahrt; Quermauern mit je einem Durchlaß für die Fußgänger stellten die Verbindung zu den Wachthäuschen her. Die spätklassizistische Anlage nannte man das „Maxtor". Das westliche Wachthäuschen mußte 1890 dem Bau des Parkhotels weichen. Das östliche beherbergte das Reisebüro. Die Regensburger schätzten seine Säulenvorhalle, wenn sie bei Regen auf die Straßenbahn warten mußten. Erst 1955 wurde es im Zuge der Ausgrabungen der Südostecke der Römermauer abgebrochen.

Aus der Frühzeit der Maxstraße gibt es einige bildliche Darstellungen. Eine davon ist ein Entwurf des Maurermeisters J. N. Liebherr vom Jahr 1811 im Besitz des Museums, der den Straßenzug mit Blickrichtung nach Süden zeigt. Während Karmelitenkloster und Alte Kapelle groß im Vordergrund erscheinen, sind die Häuser der Maximilianstraße nur schematisch wiedergegeben. Die Bebauung dürfte damals noch nicht begonnen haben. Eine zweite Abbildung, ein Aquarell um 1830, besitzt die Hofbibliothek. Es ist ein Bild voll Romantik und biedermeierlicher Behaglichkeit, das uns das Südende der Straße veranschaulicht. Hinter dem Maxtor tritt aus dem Grün der Allee das Keplerdenkmal, umgeben von einem Kreis von Zypressen. Am westlichen der Wachthäuschen lehnt ein Schilderhaus; auf dem Kopfsteinpflaster stehen niedrige Laternen. Beiderseits schließen an die Wachthäuschen Torbogen an. Bis zur Errichtung des Heroldbaues befand sich in dem östlichen ein Zeitungskiosk. Das Haus im Vordergrund rechts gehörte dem Schneidermeister Michael Urban, wie neben dem alten Adreßbuch auch das auf der Abbildung getreulich wiedergegebene, bescheidene Firmenschild kundtut. Stilvolle Empireornamente zieren die Hausfronten. Ein hübsches Aquarell des Südteils der Maximilianstraße mit dem Maxtor und reicher Personenstaffage von Heinrich Klonke, 1829, befindet sich in der graphischen Sammlung des Museums.

1859 eröffnete die sogenannte Ostbahn, die Strecke München—Regensburg—Nürnberg ihren Betrieb. In südlicher Verlängerung der Maximilianstraße entstand Regensburgs erster Bahnhof, dessen Zufahrt aber das Keplerdenkmal im Wege stand. Es wurde deshalb ein Stück weiter nach Westen an seinen heutigen Standort versetzt und die Maximilianstraße bis zum Bahnhof verlängert. Das Verlängerungsstück vom Maxtor bis zum Bahnhof hieß bis 1903 Bahnhofstraße. Erst seit dieser Zeit führt es auch die Bezeichnung Maximilianstraße.

KÖNIGSSTRASSE

Gleichzeitig mit dem Bau der Maximilianstraße erfolgte die Anlage der Königsstraße, die ursprünglich Neue Querstraße, dann Max-Querstraße hieß. Seit 1855 trägt sie in Erinnerung daran, daß in nächster Nähe ein Außenhof der Königspfalz der Karolinger stand, den Namen Königsstraße (vgl. am Königshof). Ihr Ausbau erfolgte zunächst nur zwischen dem Klareneanger und der Schäffnerstraße. Das westliche Stück der heutigen Königsstraße, zwischen Schäffner- und Fröhlicher Türkenstraße, ehemals ein enges und unansehnliches Gäßchen, hieß bis 1906 „Sametingergasse", so benannt nach einer im frühen 18. Jahrhundert nach Regensburg zugewanderten Familie. Um 1890 erfolgte dann die Begradigung und Erweiterung dieses Gäßchens und damit sein Anschluß an die Königsstraße, die seitdem bis zur Fröhlichen Türken-Straße reicht. Aus dieser und etwas späterer Zeit stammen die Häuser der westlichen Königsstraße.

Neben dem Namen „Sametingergasse" war auch die Bezeichnung „Henkergässel" in Gebrauch; denn hier im Anwesen G 99 (anstelle des Hauses Königsstraße 2) hatte der Regensburger Scharfrichter seine Behausung. Im vergangenen Jahrhundert noch waren daneben die Namen „Abdeckergässel" und „Schindergässel" für den Westteil der nunmehrigen Königsstraße geläufig, weil der Scharfrichter auch das Geschäft des Wasenmeisters zu besorgen hatte. Selbst noch das Adreßbuch von 1844 meldet: „Sametingergasse G 99 Städtische Scharfrichterwohnung".

AM KÖNIGSHOF

„Am Königshof" heißt der gewinkelte Straßenzug, der südlich der Klareanangerschule die D.-Martin-Luther-Straße mit der Maximilianstraße verbindet. Dieser Name geht zurück auf einen königlichen Wirtschaftshof im Bereich der Südostecke des römischen Kastells, der zur Königspfalz der Karolinger am Alten Kornmarkt gehörte. Daß sich die karolingische Pfalz tatsächlich bis in die Gegend der Straße „Am Königshof", bis zur südöstlichen Ecke des Römerkastells erstreckte, belegt Otloh, ein Mönch des Klosters St. Emmeram, dem wir die früheste, um 1050 entstandene Beschreibung Regensburgs verdanken. Darin teilt er die Stadt in einen Bürgergau, in einen Pfaffengau und in einen Königsgau. Er schreibt: „Deshalb wird jener ganze östliche Bereich, der sich von der Donau bis zur südlichen Stadtgrenze erstreckt und mit königlichen Gebäuden besetzt ist, königlicher Bezirk genannt."

Am Königshof stand eine dem heiligen Benedikt geweihte Kapelle, die 1869 zu dem Wohnhaus Am Königshof 7 (G 137) umgebaut wurde. Wahrscheinlich diente sie als Kapelle für den königlichen Wirtschaftshof. 1570 erhielt sie ein neues Dach; Empore und Altar wurden herausgerissen und der Kapellenraum als Kohlenschupfen für den benachbarten Schmied verwendet. Walderdorff sah noch die Ansätze der Bogen, die, auf Mittelpfeilern ruhend, die Westempore trugen. Die Empore deutet auf architektonische Verwandschaft mit St. Stephan und der Galluskapelle.

In den Jahren 1955/61 fanden Am Königshof, in der Südostecke des Legionslagers, bedeutsame Ausgrabungen statt. Sie legten die Rundung der römischen Kastellmauer frei sowie die Grundmauern eines in der Rundung stehenden römischen Eckturmes, in dessen Grundriß die Fundamente eines frühmittelalterlichen Wohnturmes einschneiden. Seine Errichtung bedingte die Niederlegung des römischen Eckturmes. Daraus erklärt sich die gut zu beobachtende mittelalterliche Bruchsteinausflickung der Römermauer an dieser Stelle. Der frühmittelalterliche Turm — seine Entstehung wird in das 11. Jahrhundert datiert — war mächtiger noch als der sogenannte Römerturm am Alten Kornmarkt. Schriftliche Quellen zur Regensburger Stadtgeschichte erwähnen ihn nicht. Mit Sicherheit ist er in Beziehung zu setzen mit dem königlichen Wirtschaftshof und damit zu dem Namen „Am Königshof". Der Turm fiel dem Ausbau der Stadtmauer um 1300 zum Opfer, als man die Stadtbefestigung wesentlich verbreiterte und seine gewaltigen Mauern als willkommenen Steinbruch benützte.

Das Haus am Königshof 2 (G 133)

gehörte vor der Zerstörung dieses Stadtteils durch Napoleon dem Salzzutrager Caspar Hornig, der es nach 1809 in der heutigen Form wieder aufbauen ließ. 1857 erwarb es der Hafnermeister Franz Weiderer, der die Wand des Treppenhauses mit schönen, noch jetzt vorhandenen Ofenkacheln zierte. Diese brannte er in seiner gegenüberliegenden, an die Stadtmauer gebauten Werkstätte Am Königshof 1 (G 134), die im Dezember 1960 abgebrochen wurde. Noch heute kann man an der Stadtmauer Am Königshof durch die Rotfärbung der Steine die Stellen erkennen, an denen die Brennöfen standen.

Das Haus war Heim- und Schaffensstätte eines der bedeutendsten Regensburger Maler und Graphiker der neueren Zeit: Josef Achmann. Vom Haus Wöhrdstraße 3 (H 220), wo Achmann 1885 geboren wurde, siedelte die Familie noch vor der Jahrhundertwende zum Königshof über. Dort führte

3. *Josef Achmann: Mein Atelier. Holzschnitt, 1920. Museum*

4. Oskar Birkenbach: Die Kinder des Künstlers. Gemälde, 1919. Privatbesitz

der Vater die Tradition des Hafnerhandwerks weiter. Nach einer Banklehre besuchte der junge Achmann die Westenrieder-Kunstschule in München und anschließend für ein halbes Jahr die Akademie der Bildenden Künste. Die Jahre 1908/11 verbrachte er als freischaffender Künstler in Regensburg. Ein Studienaufenthalt in Paris 1913/14, vor allem die Berührung mit dem internationalen Kunstbetrieb, übten starken Einfluß auf seine künstlerische Entwicklung aus. Nach Teilnahme am Weltkrieg Rückkehr ins elterliche Haus nach Regensburg. Gemeinsam mit dem befreundeten Dichter Georg Britting (geb. 1891 in Regensburg) Herausgabe der expressionistischen Monatsschrift „Die Sichel". Achmann war für die graphische Ausstattung verantwortlich, Britting redigierte den literarischen Teil. Im väterlichen Haus Am Königshof befanden sich in zwei kleinen Zimmern Redaktion und Atelier. In den Jahren nach dem ersten Weltkrieg liegt der Höhepunkt des künstlerischen Schaffens Achmanns. Besonders seine Holzschnitte sind von starker Ausdruckskraft. „Wenn wir nachts um zwei oder auch um drei Uhr durch die brave, schlafende Stadt in unsere zwei Dachstuben am Königshof zurückkehrten, setzte sich Achmann noch an den Tisch, rauchte eine Zigarette und legte eine Holzplatte bereit. Dann knirschte auch schon der Stichel im Holz und flogen schon die Späne ... Dann schmierte die Walze Druckerschwärze darüber hin ... Zauberei. Die Zimmer, in denen wir zwei Jahre lebten, sind klein und niedrig. O, wir beklagen uns nicht. Die Wände waren bedeckt mit Achmanns Bildern und Schnitten und Zeichnungen. Unser Ofen wärmte..." (Georg Britting. Aus: Die Rote Erde, 2. F, 1. B., 1922, S. 152). 1920 heiratete Achmann die Staatsschauspielerin Magda Lena von Perfall und ließ sich in München nieder. Hinwendung zur „Neuen Sachlichkeit". In München trat er der „Neuen Sezession" bei, deren Vorstandsmitglied er zeitweise war. Nach dem Tod seiner Gattin 1940 zog er in deren Haus nach Schliersee. 1950 Verleihung der Albertus-Magnus-Medaille seiner Vaterstadt Regensburg. 1958 starb Achmann; sein Grab ist auf dem Friedhof in Schliersee. Im Rahmen des Jubiläumsjahres „Regensburg — 2 Jahrtausende Geschichte" widmete ihm die Stadt eine umfassende Ausstellung seines Lebenswerkes. Zur künstlerischen Würdigung Achmanns: Veit Loers: Josef Achmann. Ausstellungskatalog. Museum der Stadt Regensburg, 1979.

Zum Kreis um Achmann und Britting stieß 1919/20 Oskar Birkenbach (1881–1948). Nach dem Studium an der Akademie der Bildenden Künste in München legte er 1905 die Prüfung für den Kunstunterricht an höheren Schulen ab. Seit 1910 an der Oberrealschule — jetzt Goethe-Gymnasium — in Regensburg. Ein Kunsterzieher von hohem Rang, der es verstand, in seinen Schülern Impulse zu wecken und sie für die Kunst zu begeistern. In der „Sichel" veröffentlichte er eine Reihe von Holzschnitten. Als Künstler schloß er sich nach dem ersten Weltkrieg dem Expressionismus an. Das Museum besitzt das Porträt Achmanns von der Hand Birkenbachs (1920), ein Gemälde, das alte Regensburger Elektrizitätswerk an der Augustenstraße darstellend (1921) sowie eine Reihe von Ölskizzen aus dem aufgelassenen Lazarusfriedhof an der Prüfeninger Straße, dessen malerische Reize ihn immer wieder anzogen. Neben der Malerei waren die Bleistiftzeichnung und der Holzschnitt eine besondere Stärke Birkenbachs.

Klarenanger, Dachauplatz, D.-Martin-Luther-Straße

Unter dem „Klarenanger" verstand man ehemals die nördliche Hälfte der heutigen D.-Martin-Luther-Straße. Leider kennt das Straßenverzeichnis diesen Namen nicht mehr, weshalb er immer mehr aus dem Bewußtsein der Regensburger schwindet. Bis 1935 etwa gab es noch die amtliche Bezeichnung „Klarenanger", und zwar für den gesamten Straßenzug vom Dachauplatz bis zur sogenannten Galgenbergbrücke, der seit dieser Zeit D.-Martin-Luther-Straße heißt. Heute erinnert nur noch der Name „Klarenangerschule" an diese alte Ortsbezeichnung.

„Klarenanger" setzt sich zusammen aus „Klara" und „Anger". Wohl schon 1228 haben sich auf dem Gelände des heutigen Dachauplatzes, damals noch außerhalb der Stadtmauer gelegen, Frauen in klösterlicher Gemeinschaft niedergelassen. Sie nannten sich zunächst Reuerinnen oder Magdalenerinnen, später nach der heiligen Klara Klarissinnen. Diese Niederlassung des Klaraklosters auf dem Anger, einem freien, mit Gras bewachsenen Platz unmittelbar vor der östlichen Stadtmauer, führte zu der Ortsbezeichnung „Klarenanger". Der Anger bildete in seinem nördlichen Teil eine leichte Bodenwelle, einen Bühl, der in frühester Zeit wohl mit Getreide bebaut war. Eine Urkunde des Jahres 1233, die das Kloster erstmals erwähnt, nennt es das „Kloster auf dem Kornbühl". Das St.-Klara-Kloster samt seinen Wirtschaftsgebäuden erstreckte sich vom heutigen Dachauplatz gegen Süden bis zur späteren Klarenangerschule und nahm die Anwesen G 10 mit 16 und H 11 mit 14 ein.

Unmittelbar bei der Einmündung der Dreikronengasse in den Dachauplatz stand die zum Klarakloster gehörige Kapelle „Zum nackten Herrgott". Der Name rührt von einem dort aufgestellten Schmerzensmann her, einer bemalten Steinfigur aus der Mitte des 14. Jahrhunderts. Nach dieser Plastik nannte man die unmittelbare Umgebung der Kapelle „Zum nackten Herrgott".

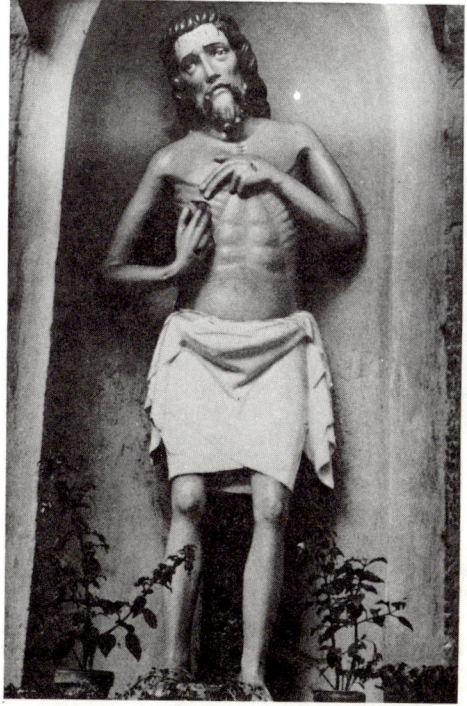

5. *Ehemaliges Kloster St. Klara. Sogenannter nackter Herrgott. Steinfigur, Mitte des 14. Jahrhunderts*

6. *Schäffnerstraße 29 (G 113). Steinrelief einer Rose, 1784*

7. Bauinschrift vom Osttor des Legionslagers Castra Regina von 179 n. Chr., Museum

Die Beschießung Regensburgs durch die Franzosen 1809 traf den Klarenanger schwer. Das St.-Klara-Kloster wurde ein Raub der Flammen. Trotz aller Bemühungen konnte sein Wiederaufbau nicht ermöglicht werden. Die St.-Klara-Nonnen bezogen schließlich die Räume des aufgelösten Kapuzinerklosters (s. d.) an der Ostengasse. Dort fand auch der aus dem Brandschutt geborgene „nackte Herrgott" eine neue Heimstätte. Bis 1974 stand er in einer Mauernische im Vorhof der St.-Klara-Kirche an der Ostengasse. Bei ihrem Wegzug von Regensburg nahmen ihn die Klosterfrauen mit nach Dingolfing.

Die Zerstörung der Klostergebäude ließ das freie Areal des heutigen Dachauplatzes entstehen, der zunächst Exerzierplatz, dann Kasernplatz hieß, weil das an seiner Ostseite gelegene säkularisierte Minoritenkloster als Kaserne diente.

Bei der Einmündung der Drei-Kronen-Gasse in den Dachauplatz befand sich das Osttor des römischen Kastells, die Porta Principalis Dextra. Wir haben uns diesen Torbau gleich dem Süd- und Westtor vorzustellen wie die Porta Praetoria mit zwei halbrund ausspringenden Flankentürmen. Bei Ausschachtungsarbeiten für die Karmelitenbrauerei stieß man 1873 auf die Fundamente des Tores und barg das Bruchstück der berühmten Bauinschrift, deren Text die Vollendung des römischen Kastells 179 n. Chr. meldet. Sie war hier in Zweitverwendung in die Fundamente des Tores eingebaut. Von der ursprünglich über 8 m langen Schrifttafel fand sich das ca. 3 m lange Mittelstück, dessen Text — in Ergänzung — berichtet, daß Kaiser Marc Aurel (161—180 n. Chr.) unter Leitung des Kommandanten und Provinzstatthalters M. Helvius Clemens Dextrianus „die Mauer mit Toren und Türmen" von der 3. italischen Legion errichten ließ. Diese Torinschrift, als „Gründungsurkunde" von Castra Regina und damit auch von Regensburg von größter Bedeutung, verwahrt das Museum.

Die D.-Martin-Luther-Straße und ihre Verlängerung nach Norden, die Adolph-Kolping-Straße, verlaufen längs der Außenseite der Ostmauer des Römerkastells. Beim Bau des Parkhauses wurde die Mauer auf einer Länge von etwa 60 m freigelegt. Mit dem Sockelansatz und einer Höhe von etwa fünf Quaderschichten tritt sie eindrucksvoll in Erscheinung.

Seit dem Mittelalter erhob sich an der Stelle des römischen Osttores (Einmündung der Dreikronengasse in den Dachauplatz) das sog. „Schwarze Burgtor", ein massiger, nicht allzu hoher Turm mit stumpfem Pyramidendach und engem Durchlaß, das 1812 abgetragen wurde. Man erzählte sich einst, daß dieser Turm zur Zeit der Kreuzigung Christi erbaut worden sei. An einem Freitag, so wußte man zu berichten, mußten die Maurer aufhören daran zu arbeiten, weil eine große Finsternis eintrat und jedermann ein außerordentliches Ereignis fühlte. „Gegenwärtig noch geht die Sage", schreibt Hosang, „daß im Turm ein abgelegener, finsterer Ort gewesen sei, in welchem man auch mit einer brennenden Kerze nichts erkennen konnte".

In den letzten Kriegstagen, am 23. April 1945, sprach sich Domprediger Dr. Johann Maier auf dem „Kasernplatz" vor den Regensburgern für die Erhaltung der Stadt aus und bat um deren kampflose Übergabe an die vorrückenden amerikanischen Truppen, da jede Verteidigung aussichtslos war und nur die völlige Zerstörung zur Folge gehabt hätte. Auf dem gleichen Platz wurde der mutige Priester wenige Stunden später von den Nationalsozialisten als angeblicher Volksaufwiegler erhängt. Auf der Brust trug er eine Tafel mit der Aufschrift: „So stirbt ein Saboteur." Mit ihm starben zwei gleichgesinnte, tapfere und redliche Männer: Michael Lottner und Josef Zirkl. Der Galgen für Dr. Maier und Lottner stand unmittelbar vor dem Haus Dachauplatz 9 (G 32). Josef Zirkl wurde erschossen und seine Leiche neben den Galgen auf den Dachauplatz gezerrt. Die Stelle kennzeichnet heute ein Denkmal, geschaffen 1975 durch den Leiter der Dombauhütte, Bildhauer Richard Triebe.

Zur Erinnerung an die Opfer des Konzentrationslagers Dachau heißt der Platz seit dem letzten Weltkrieg „Dachauplatz".

Die D.-Martin-Luther-Straße, ehemals „Klareanger" genannt, endete an der Stadtmauer, etwa in Höhe des Hauses Nr. 13 (s. Von-der-Tann-Straße). Gegen 1860 erfolgte ihr Durchbruch durch die Allee und um 1900 ihre Verlängerung von der Allee aus nach Süden in Richtung zur Eisenbahn. Der gesamte Straßenzug hieß dann „Klareangerstraße"; seit 1908 aber wie ursprünglich ihr nördlicher Teil wiederum nur „Klareanger". Seit 1935 gibt es die Bezeichnung D.-Martin-Luther-Straße. Am Südende, etwa bei der Einmündung der heutigen Hemauerstraße, wurde Napoleon am 23. April 1809 verwundet. Das Haus Hemauerstraße 2 (L 23) trägt eine Gedenktafel an dieses welthistorische Ereignis.

Seit 1870 etwa entstanden längs der heutigen D.-Martin-Luther-Straße vornehme Villen der Gründerzeit, darunter die sog. Villa Schwarzhaupt, 1868/69 im Neurenaissancestil, von Heinrich von Hügel. In der NS-Zeit Kreisleitung der NSDAP. Leider wurde sie in den frühen 50er Jahren abgebrochen. Der Altbau der Kinderklinik bestand ursprünglich aus zwei attraktiven Villen; die Palastarchitektur des einstigen Eckhauses zur Hemauerstraße findet heute kaum mehr ihresgleichen in Regensburg.

SCHÄFFNERSTRASSE

Der Name Schäffnerstraße ist eine Verunstaltung. Nach sinngemäßer Schreibweise müßte er „Schäftnerstraße" heißen; denn an dieser Straße wohnten die Schäftner, die Hersteller von Schäften für Wurfspieße und Speere, denen auch das Schiften und Zuspitzen der Pfeile oblag. Pfeilschifter ist ein noch öfter vorkommender Familienname. Die früheste Erwähnung der Schäffnerstraße findet sich 1244 in der Form „Schefftnerstraße". Eine Urkunde des Jahres 1318 gebraucht ebenfalls die sinngemäß richtige Schreibweise Schefftnerstraße. Aber schon früh tauchen Entstellungen des Namens auf. 1393 heißt es bereits Schäfnerstraße, 1399 sogar Schefflergasse, was auf die Schäffler, die Hersteller von Zubern und Bottichen weisen würde, die aber bewohnten die Küfnergasse.

Zahlreiche Häuser der Schäffnerstraße waren in geistlichem Besitz und von Geistlichen bewohnt. Dieser Umstand führte zu Beginn des 17. Jahrhunderts zu der Umbenennung in „Pfaffengasse". Das Wort Pfaffe, vom lateinischen papa, Vater, abgeleitet, wurde ursprünglich in würdevoller Bedeutung verstanden. Der verächtliche Sinn wurde ihm erst später untergeschoben. „Schefnerstraße, sonst die Pfaffengasse genannt" heißt es 1606. Der Name Pfaffengasse verschwand dann wieder zugunsten der alten, aber verunstalteten Bezeichnung Schäffnerstraße.

Durch die Beschießung des Jahres 1809 brannten nahezu alle Häuser der Schäffnerstraße ab, so daß ihr Baubestand zum größten Teil der neueren Zeit angehört. In unserem Jahrhundert erlebte die Schäffnerstraße eine Feuersbrunst, als Fanatismus und blinder Haß in der Nacht des 10. Oktober 1938 die Synagoge, einen Rundbau im Jugendstil, zur Ruine machte.

An der Schäffnerstraße liegt der Brixener Hof (s. d.). Aus Anlaß des zehnjährigen Bestehens der Patenschaft zwischen den Städten Brixen und Regensburg 1979 erhielt das nördliche Stück der Schäffnerstraße die Bezeichnung Am Brixener Hof.

Einzelne, in der Historie versunkene Gebäude der Straße führten originelle Hausnamen. Da gab es ein Haus mit der schönen Bezeichnung

In der Rose bei St. Gotthard,

das sich an der Stelle des Anwesens Nr. 23 (G 110) befand und der Alten Kapelle gehörte. Bereits 1388 wird es erwähnt. St. Gotthard dürfte die zugehörige Hauskapelle gewesen sein, die 1691 noch bestand. Wie zäh an den überkommenen Hausnamen festgehalten wurde, beweist die Tatsache, daß selbst noch ein Verzeichnis der 1809 abgebrannten Häuser unter G 110 „die Rose" nennt. Sicherlich hat das Bild einer Rose Anlaß zu diesem Hausnamen gegeben. Am Haus Nr. 29 (G 113), an der Ecke zur Grasgasse, findet sich das Relief einer Rose mit der Jahreszahl 1784. Mit einiger Wahrscheinlichkeit dürfte dieses Steinbild aus dem Brandschutt geborgen oder von der Brandruine entfernt und an seine jetzige Stelle gesetzt worden sein. Gleichfalls im Besitz der Alten Kapelle befand sich

das Haus im Horn,
das etwa auf dem Grund des heutigen Anwesens Nr. 11 (G 45/46) zu suchen ist.

Der Weingasthof „Zum Buchsbaum"
befand sich im Vorgänger des Hauses Nr. 9 (G 44). „Die Schäffnergasse ist die sogenannte Pfaffengasse beim Buxbaum" heißt es in einem Beleg aus der Zeit um 1700.

Das ehemalige Haus Schäffnerstraße 1 (G 40)
war Kanonikalhof des Domkapitels. 1936 wurde es abgebrochen und an seiner Stelle das Verwaltungsgebäude der landwirtschaftlichen Genossenschaft Baywa errichtet. In dem alten Kanonikalhof starb am 10. Februar 1817 Carl von Dalberg, woran eine Gedenktafel erinnert. 1839 erwarb die Stadt das Gebäude für die kath. Knabenschule der Unteren Stadt, die dort bis zum Bau der Klarenangerschule (1869/70) verblieb. Anschließend bezog die von Müller'sche Töchterschule den alten Kanonikalhof. Einige Räume des Obergeschosses zeichneten sich durch Stuckdecken des späten 17. Jahrhunderts aus. Der Abbruch zerstörte auch eine kostbare Wandmalerei aus dem Anfang des 15. Jahrhunderts, die Marientod und Kreuzigung darstellte.

Der ehemalige Eichstätter Hof (G 75/76)
Die baierischen Bistümer und zahlreiche Klöster besaßen in Regensburg Häuser, meist größeren Umfangs, sog. „Höfe", um über feste Absteigequartiere in der Stadt zu verfügen (vgl. Augsburger Hof, Brixener Hof, Freisinger Hof, Salzburger Hof, Pielenhofener Herberge usw.). Auf dem Terrain zwischen Luzengasse und Schwarze-Bären-Straße lagen zwei solcher Höfe: im Westen an der Weißbräuhausgasse der Hof des Klosters Rebdorf (G 77), im Osten an der Schäffnerstraße der Eichstätter Hof. Bereits 1241 war das Bistum Eichstätt im Besitz dieses Grundstücks. Wenn der Kaiser zu Reichsversammlungen nach Regensburg kam und im Bischofshof Quartier nahm, zog der Bischof in den Eichstätter Hof, um für den hohen Gast und sein Gefolge Platz zu machen. Der Dreißigjährige Krieg hinterließ den Eichstätter Hof als Trümmerhaufen. Um Brennholz zu gewinnen rissen die Schweden Dachgestühl und Tragbalken heraus. Der Bischof erwarb die Ruine und setzte 1696 einen Neubau an ihre Stelle. Der Eichstätter Hof ist aus dem Stadtbild verschwunden. Auf seinem Grund stehen nun die Landeszentralbank und das Gebäude der jüdischen Gemeinde Regensburgs.

Der Brixener Hof, Schäffnerstraße 6 (G 78)
wird erstmals am 16. November 1002 erwähnt. Damals schenkte Kaiser Heinrich II. dem Bischof Albuin von Brixen einen Hof in Regensburg als Absteigequartier. Auf die Beziehungen zu Brixen weist eine Wappentafel an der Ostseite des Hauses. Im großen Mittelschild das Osterlamm, bekrönt von der Mitra: das Wappen des Hochstifts Brixen. In den oberen Ecken zwei kleinere Schilde: Bindenschild und Brixener Domkapitel. An der Unterkante der Tafel steht in Minuskeln: des · pistums · hof · czu · brixe.
Anläßlich der Sanierung des Gebäudes 1969/70 konnten wertvolle Beobachtungen zur Baugeschichte gemacht werden (R. Strobel: „Der Brixener Hof und die mittelalterlichen Bischofshöfe in Regensburg". Jahrbuch der Bayer. Denkmalpflege, 1973). Die frühesten Bauteile gehören der Romanik nach Mitte des 12. Jahrhunderts an. Die Ostfront an der Schäffnerstraße wirkt durch ihre breit gelagerte Baumasse und den auf drei Profilkonsolen ruhenden Kastenerker. Bemerkenswert das stichbogige Portal mit profilierten Kämpfern, um 1200. Die Sanierung legte im 1. Obergeschoß eine romanische spitzbogige Doppelarkade frei. U. a. konnte in der Südmauer eine Rundbogenarkade aufgedeckt werden. Sie wurde ausgebaut und befindet sich nun im Museum.
Die einstige Hauskapelle St. Kassiani, Albuini und Ingenuini befand sich mit Gewißheit ursprünglich im tonnengewölbten, durch einen Gurtbogen geteilten Erdgeschoßraum, der heute als Verkaufsladen dient. Eine Abbildung des Brixener Hofes von 1735 läßt im 1. Obergeschoß, etwa über diesem Raum, ein spätgotisches Erkerchörlein erkennen, das auf einen zugehörigen Sakralraum schließen läßt. Vermutlich wurde die Kapelle bei einschneidenden baulichen Veränderungen gegen Ende des 15. Jahrhunderts in das Obergeschoß verlegt.

*8. Brixener Hof, Schäffnerstraße 6 (G 78).
Wappentafel — romanische Doppelarkade*

Das Haus Schäffnerstraße 10 (G 79)
erwarb 1754 der tüchtige Barockmaler Martin Speer (1702—1765) für 3467 Gulden. Das Museum besitzt mehrere Gemälde von seiner Hand, darunter ein Selbstbildnis, um 1750, auf dem der Künstler zusammen mit seiner Gattin, der Regensburgerin Theresia Thanhauser und einem seiner zwölf Kinder, dem Betrachter entgegentritt. Ein Altarblatt, um 1760, die Beweinung Christi darstellend, befindet sich in der Neupfarrkirche. Bezeichnet: M. Speer inv. et pinx. Martin Speer muß ein fleißiger Maler gewesen sein. Bamberg, Frauenzell, Mallersdorf, Metten, Michaelsbuch und Garmisch sind Orte seines Wirkens. Sicher war er auch als Porträtmaler der Regensburger Reichstagsgesellschaft geschätzt, obgleich vorrangig sakrale Themen das Programm seines künstlerischen Schaffens bestimmten. Speer starb am 28. Oktober 1765. Die Grabtafel in der Ulrichskirche nennt ihn einen „kunstberühmten Maler und ehrwürdigen Menschenfreund". Noch 1812 war das Haus im Besitz eines Sohnes des Künstlers, des Legationssekretärs Franz Xaver Speer.

ALTER KORNMARKT

Die Bezeichnung „Alter Kornmarkt", früher oft mit dem Zusatz „am Herzogshof", geht auf den einstigen Getreidemarkt zurück, der bis ca. 1830 auf dem Platz stattfand (s. Haidplatz). Eine Glocke im Römerturm verkündete Beginn und Ende der Schranne. „Kornmarkt, wo sonst der Getreidemarkt war", schreibt der „Wegweiser" des Jahres 1837. Demnach darf angenommen werden, daß die Schranne im ersten Viertel des vergangenen Jahrhunderts von diesem Platz wegverlegt war und zwar auf den Haidplatz. 1893 kam man zu dem abwegigen Beschluß, den Platz nach dem Kriegsmann Helmut von Moltke in „Moltkeplatz" umzubenennen. In den dreißiger Jahren erfolgte dann die Übertragung dieses Namens auf den ehemaligen Kasernplatz, jetzt Dachauplatz. Die Bezeichnung „Alter Kornmarkt" kam für den angestammten Platz wieder zu Ehren. 1902 ging der Platz aus dem Besitz des bayerischen Staates in den der Stadt Regensburg über (s. unten).

Auf dem alten Kornmarkt betreten wir geschichtlich ehrwürdigen Boden. In seiner Tiefe ruhen die Reste einer römischen Badeanlage sowie die Fundamente von deren Nachfolgebau, einem vornehm ausgestatteten Haus mit Fußboden- und Wandheizung, Wandmalerei und einem großartigen steinernen Portal. Das aus der 1. Hälfte des 4. Jahrhunderts stammende Gebäude könnte als Sitz des Lagerkommandanten in spätantiker Zeit gedeutet werden. Am Alten Kornmarkt residierten die bairischen Herzöge aus dem Geschlecht der Agilolfinger. Nach ihnen errichteten die Karolinger dort ihre Pfalzgebäude.

Glänzende Turniere, Heerschauen kaiserlicher und fürstlicher Pracht, aber auch schaurige Szenen einer barbarischen Justiz spielten sich auf dem Boden des Alten Kornmarktes ab. Der Franziskanermönch Johannes von Capistrano, einer der berühmtesten Wanderprediger seiner Zeit, erschien 1452 auch in Regensburg. Tausende und aber Tausende verlangten den nimmermüden Missionar zu hören. Keine Kirche der Stadt war groß genug, die Massen zu fassen. Deshalb versammelte sich das Volk um eine Notkanzel auf dem Alten Kornmarkt, um den flammenden Worten Capistranos zu lauschen, die sich gegen die Laster seiner Zeit, vor allem aber gegen die Spielleidenschaft richteten. Seine Predigt traf keine tauben Ohren. In einen mächtigen, brennenden Holzstoß warfen die Regensburger Spielbretter, Würfel und Karten. Der Rat verbot für das folgende Jahr das Spielen in den Wirtshäusern. Capistrano predigte in lateinischer Sprache. Dolmetscher mußten seine Worte ins Deutsche übertragen. Wegen des großen Schmutzes wurde der damals noch ungepflasterte Platz mit vielen Schütten frischen Strohes belegt.

Neben dem Haidplatz war auch der Alte Kornmarkt ein vielbenützter Turnierplatz. Eines der großen Stechen fand 1392 vor dem Herzogshof statt. Die Bürger Regensburgs standen unter Waffen, denn nicht selten ergaben sich bei Turnieren Händel und Gewalttaten. Nahezu der ganze bairische Adel versammelte sich zu diesem Turnier in Regensburg. Der fürsorgliche Rat hatte sich ausbedungen, daß alle fremden Ritter die Waffen ihren Hauswirten zur Aufbewahrung übergeben. 91 berittene Bürger in Harnisch schützten die Stechbahn, eine Gruppe von 100 Gewappneten stand auf dem Rathaus bereit, eine weitere Hundertschaft im Gumprechtschen Haus (s. d.) nahe dem Haidplatz. Die Büchsen auf den Türmen wurden geladen. Der Rat selbst versammelte sich in einem Haus nächst dem Herzogshof, um bei Gefahr gleich anwesend zu sein. Nachdem die Ritter in die Schranken geritten waren, wurden die Tore gesperrt, die Zugbrücken aufgezogen und die Seitengäßchen, namentlich die auf den Kornmarkt führenden, mit Ketten (s. d.) gesperrt.

Der größte Prunk entfaltete sich auf dem Alten Kornmarkt 1541. Kaiser Karl V. und die Großen des Reiches waren nach Regensburg gekommen, um Reichstag zu halten. Die Reichsversammlung fand im Herzogshof statt. Auf dem Platz entstand eine hölzerne Tribüne. Eine Brücke verband sie mit einem Fenster des Herzogshofes. Der Kaiser, die Kurfürsten und Fürsten zeigten sich dem Volk mit großem Gepränge. Der Kaiser drehte sich dabei nach allen Vierteln der Stadt. Nach Angaben des Chronisten sollen damals 60 000 Menschen in Regensburg zusammengeströmt sein.

An der Ostseite des Alten Kornmarkts errichtete die Stadt 1559 einen großen Holzschupfen zur Lagerung von Brettern. Eine Abbildung des Platzes von 1572 zeigt das Panorama von der Alten Kapelle zum Römerturm, im Vordergrund den Bretterstadel mit der Zuschrift „Regenspurgische Holtzhütten".

Der westliche Teil des Platzes nebst dem Herzogshof war bis zu Beginn unseres Jahrhunderts in rechtlicher Hinsicht ein Kuriosum, da Gebäude und Platz nicht zu Regensburg, sondern zum Lande Baiern gehörten. Bis 1902 galt auf diesem Territorium bairisches Landrecht, nicht Regensburger Stadtrecht. Dieser Zustand gab durch die Jahrhunderte Anlaß zu fortwährenden Mißhelligkeiten.

Um den Alten Kornmarkt zu verschönern, ließ der französische Reichstagsgesandte Graf von Bombelles 1782 auf dem Platz längs der Alten Kapelle eine Baumallee anlegen. Als die Stadt vier Jahre später ein paar abgestorbene Bäume auf ihre Kosten durch neue ersetzte, glaubte man bairischerseits die Rechtsansprüche auf den Alten Kornmarkt demonstrieren zu müssen. Die kurfürstliche Regierung in München gab die Anweisung, „die von dem Stadtmagistrat letzthin gesetzten Bäume wieder herauszunehmen und andere auf unsere Kosten im nächstkommenden Herbste bey schicklicher Baumsetzungszeit einzusetzen". Noch heute befindet sich dort eine Baumreihe.

Anlaß zu neuen Zwistigkeiten gab 1807 eine Bretterbude, die der Regensburger Obstler Fleischmann mit Genehmigung der Polizeidirektion auf dem Platz vor der Schmiede aufstellte. Der bairische Mautner von Schneeweiß ließ die Bude kurzerhand entfernen und in den Herzogshof bringen. Die Verletzung bairischer Hoheitsrechte berichtete er umgehend nach München. Aber auch die Regensburger Behörde wandte sich an die bairische Regierung und betonte, sie die Errichtung eines Obststandes an dieser Stelle deshalb genehmigte, weil Baiern auf den Platz vor der Schmiede nie Anspruch erhoben habe. Wie hartnäckig Baiern sein Recht verteidigte, beweist die Tatsache, daß Fleischmann nach mehr als einem Jahr seine Bude noch nicht hatte, obwohl die Regensburger Polizeidirektion zusicherte, sie auf diesem Platz nicht mehr aufstellen zu lassen.

Ein ergötzliches Schildbürgerstücklein über die Streitigkeiten um den Alten Kornmarkt erzählt Hosang: Mit schmetternder Musik und unter dem Beifall einer großen Zuschauermenge paradierte die Wache des Fürstprimas Carl von Dalberg auf dem Alten Kornmarkt. Der bairische Amtsschreiber im Herzogshof war darüber höchst ungehalten, begab sich auf den Platz hinaus und sagte dem Musikmeister: „Meine Herren! Hier, soweit der Platz ungepflastert ist, sind Sie auf bairischem Grund und Boden; auf dem Territorium unseres Königs sind Sie nicht befugt, eine Parade aufzustellen." Der Fürstprimas, ein verständiger und gütiger Herr, berief die Parade sogleich an einen anderen Platz und richtete ein höfliches Entschuldigungsschreiben an den König von Baiern.

Herzogshof und Römerturm, Alter Kornmarkt 10 und Domstraße 3 (G 50/51 und F 125¹/₄)

Die letzten regulären römischen Truppen verließen Raetien im frühen 5. Jahrhundert. Um 410 dürfte Castra Regina von den Soldaten geräumt worden sein. Den abziehenden Truppen schloß sich die wohlhabende römische Zivilbevölkerung an, wenngleich angenommen werden muß, daß Reste römischer Siedler zurückgeblieben sind zusammen mit jener romanisch-germanischen Mischbevölkerung, die sich vornehmlich in den letzten Jahrzehnten römischer Herkunft entwickelte. Zu dieser Bevölkerungsgruppe stießen als neue germanische Siedler um 500 die Bajuwaren, das Stammvolk der Bayern. Spätestens seit dem Ende des 6. Jahrhunderts bestand Baiern als geschlossener Staat unter Führung von Herzögen aus dem Geschlecht der Agilolfinger. Diese wählten Castra Regina zur Hauptstadt und richteten im Nordosten des Kastells um den heutigen Alten Kornmarkt ihre Residenz ein. Die festen Mauern und Türme von Castra Regina schützten nun die baierische Herzogstadt Regensburg, die älteste Hauptstadt Baierns.

Durch die Einverleibung Baierns in das fränkische Reich und die Absetzung des Baiernherzogs Tassilo durch Karl den Großen 788 traten die Karolinger das agilolfingische Erbe an. Regensburg wurde zum bevorzugten Aufenthaltsort der karolingischen Könige. Ludwig der Deutsche (804—876), der in Regensburg residierte, baute um 850 die Residenz der Agilolfinger am Alten Kornmarkt zur karolingischen Königspfalz aus. Die Alte Kapelle, die sich auf die Pfalzkapelle zurückführen läßt, ließ er neu errichten.

Die früheste Nachricht über die Pfalzanlage und ihre Ausdehnung verdanken wir dem Emmeramer Mönch Otloh, der unter der Regierung des Abtes Reginward (1048—1064) die erste topographische Beschreibung Regensburgs verfaßte. Allerdings hat zu Otlohs Zeit die Pfalz in jener ursprünglichen Großartigkeit nicht mehr bestanden, mit der er sie schildert.

Die hauptsächlichsten Gebäude der Pfalz, die einen in sich geschlossenen Bezirk bildete, waren der Wohnpalast des Kaisers, der große Pfalzsaal, in dem die Reichsversammlungen stattfanden, die Pfalzkapelle und die Pfalzschule. Mit Sicherheit sind die beiden ersteren Gebäude im Westen des Platzes zu suchen. Hier zieht von der Alten Kapelle, der Pfalzkapelle, im rechten Winkel ein Gebäudetrakt nach Norden, für dessen nördlichen Teil der Name „Herzogshof" erhalten blieb. Den Pfalzbezirk säumten Männer- und Frauenklöster sowie die Höfe bairischer und auswärtiger Bischöfe. Herzogshof und Alte Kapelle lassen sich auf die Pfalz der Agilolfinger und Karolinger zurückführen. 888 begann Kaiser Arnulf (887—899) mit dem Bau einer weiteren Königspfalz bei St. Emmeram. Sie nahm die heutige Vorhalle der Emmeramskirche und den nach Norden anschließenden Vorhof ein (vgl. S. 271).

Im 10. Jahrhundert geht die Pfalz auf dem Alten Kornmarkt dem allmählichen Verfall entgegen. Ihre Gebäude werden unter den sächsischen Kaisern nach und nach verschenkt. Vor allem erhalten die Bischöfe im Pfalzbereich und dessen nächster Umgebung ihre Absteigehöfe. Am 21. Juli 976 schenkt Otto II. dem Erzbischof von Salzburg einen im Westen gelegenen großen Teil der Anlage, den sogenannten Salzburger Hof. Der anschließende Gebäudeteil, der später sogenannte Herzogshof, ist damals im Besitz eines Grafen Perthold. Eine abermalige Schenkung aus dem Bestand der Pfalzanlage tätigt Kaiser Otto III., der den südlichen, gegen die Alte Kapelle zu gelegenen Teil an den späteren Erzbischof von Magdeburg namens Tagini übereignet. Unter Heinrich II., der das Kollegiatsstift zur Alten Kapelle 1009 an den Bischof von Bamberg gibt, gelangen Gebäude im Osten der Pfalz an die Bischöfe von Freising und Bamberg: der Freisinger Hof auf dem Areal von Karmelitenkloster und -kirche, der Bamberger Hof auf dem Gelände des heutigen Hotels Karmeliten.

1195 kam der Herzogshof an die Wittelsbacher, die ihn zur bairischen Herzogspfalz umgestalteten. Von der einstigen bairischen Hoheit über Gebäude und Platz kündet noch heute das herzoglich-bairische Wappen aus der Zeit um 1600, das sich ursprünglich an der Ostseite befand und nun an der Westfront über dem Fußgängerdurchgang zum Albrecht-Altdorfer-Platz angebracht ist. Nach Ausweis einer Abbildung aus dem 17. Jahrhundert im Besitz der Hofbibliothek trugen auch der Schwibbogen und der Römerturm das bairische Wappen. Der bairische Staat richtete im Herzogshof sein Zollamt ein, was zu der Bezeichnung „Mauthaus" führte. Auch nachdem Regensburg 1810 bayerische Stadt geworden war, beherbergte der Herzogshof mehrere Ämter, zuletzt das Königliche Forstamt. Jetzt befindet er sich im Besitz der Deutschen Bundespost. In den Jahren 1937—40 erfuhr das Gebäude unter der Leitung der Oberpostdirektion Regensburg eine durchgreifende Erneuerung und Instandsetzung.

Der Herzogshof umschließt als Vierflügelanlage einen kleinen Innenhof. Baugeschichtliches Interesse verdient lediglich der gegen den Alten Kornmarkt zu liegende Ostflügel. Weitgehende bauliche Veränderungen hinterließen ihn als eine malerische Gruppe. Der Kern der Anlage entstand nach 1213 unter Herzog Ludwig dem Kelheimer an der Stelle eines Vorgängerbaues. Der Ostseite legt sich ein spätgotischer, von einem Pultdach gedeckter Anbau vor, dessen Obergeschoß ein auf Kragsteinen ruhender, staffelgiebeliger Erker gliedert. Nach Süden schließt ein Turm mit abgetrepptem Giebel an, dessen untere Partien der Romanik angehören.

Das Obergeschoß des Hauptbaues nimmt in seiner ganzen Breite und zu etwa drei Vierteln der Länge der spätromanische Pfalzsaal ein, heute „Herzogssaal" genannt. Von den störenden Einbauten befreit, konnte er 1940 in seiner ursprünglichen Schönheit wiedererstehen. Bereits 1909 traten bei Restaurierungsarbeiten romanische Fensterarkaden zutage, deren endgültige Freilegung anläßlich der baulichen Maßnahmen durch die Reichspostdirektion in den Jahren 1937—40 erfolgte. Die Ostwand des Saales öffnet sich mit einer Dreier- und einer Viererarkade gegen den Alten Kornmarkt. Eine zweite Viererarkade ist nur im Innern des Saales sichtbar; außen wird sie durch die genannten Anbauten verdeckt. Zwei teilweise zerstörte Dreiergruppen an der Nordseite gegen den Römerturm konnten zwar sichtbar gemacht, aus statischen Gründen aber nicht aufgebrochen werden. Die Bogenöffnungen werden von schlichten Säulchen getragen, deren achtkantige Schäfte aus rotem Marmor bestehen, also aus Salzburg importiert sein müssen. Sie ruhen auf attischen Basen mit kleinen Eckknollen aus heimischem Kalkstein, aus dem auch die Blattkapitelle gemeißelt sind. Die Säulen gehören der Zeit um 1220 an. Sie zeigen die gleichen Formen wie jene der 1221 geweihten Franziskaner-

9. Herzogshof und Römerturm. Lithographie von J. Bergmann, um 1820. Hofbibliothek

kirche in Salzburg. Die große Fensteraltane an der Westseite gegen den Albrecht-Altdorfer-Platz ist moderne Zutat von 1940; der reich profilierte Vierpaß darüber stammt aus dem abgetragenen Salzburger Hof. Die gotische Balkendecke aus der Mitte des 13. Jahrhunderts zeigt Malerei. Zwischen ornamentierten Leisten erscheinen in wiederkehrender Folge Adler, Löwe und Rautenschild im Wechsel mit Rosen.

Ein Schwibbogen (1855 abgetragen, 1937—40 wieder aufgebaut), überspannt die schmale Domstraße und verbindet den Herzogshof mit dem sog. Römerturm, einstmals auch Heidenturm genannt. 28 m hoch ragt er auf; seine massige Blockgestalt beherrscht das Stadtbild am Alten Kornmarkt. Er ist als Bergfried des Herzogshofes zu verstehen und diente in karolingischer Zeit als Zufluchtsort bei drohender Gefahr, wahrscheinlich auch als Schatzkammer und Archiv. Darauf deuten die gewaltigen Mauerstärken und die Tatsache hin, daß er nur durch die noch sichtbare Einsteigöffnung an der Südseite, 9 m über dem heutigen Straßenpflaster (links von dem 1937—40 wieder angebrachten Schwibbogen) zugänglich war. Die Türe an der Südseite des Turmes wurde erst im vergangenen Jahrhundert eingebrochen.

Am Außenmauerwerk lassen sich drei Bauperioden des Turmes unterscheiden. Der ca. 4 m hohe Unterbau stammt aus karolingischer Zeit. Sein Mauerwerk bilden mächtige Quader aus grobkörnigem Granit mit Randschlag und unbearbeiteten Buckeln. Die nach oben folgende Mauerzone besteht aus 13 Lagen von meist flach behauenen Quadern. Nur vereinzelt kommen noch solche mit Buckeln vor, sogenannte Polsterquader, die aber sauber geglättet sind. Einzelne Quader dieser Zone tragen große Steinmetzzeichen (s. d.). In einen Stein an der Südseite ist die Zeichnung eines Mühlespieles geschlagen (s. Wahrzeichen). Ehe die dritte Mauerzone aus geschichteten Bruchsteinen mit Eckquaderung aufgesetzt wurde, mag der Turm längere Zeit in Ruinen gelegen haben. Darauf lassen die abfallenden, mit Bruchsteinen ausgesetzten Ecken der 2. Mauerzone schließen. Eine spätere Zeit ersetzte den ursprünglichen Zinnenabschluß durch das jetzige Helmdach.

Gemäß der einstigen Bestimmung als Sicherheitsort ist die Mauerstärke des Turmes beachtlich. Am Fuß beträgt sie 4 m, steigt in dieser Stärke bis zu 5 m Höhe an und setzt dann 0,5 m ab. Das folgende Bruchsteinmauerwerk ist nur 1,60 m stark und nimmt in jedem Geschoß um 10 cm ab. Das Untergeschoß des Turmes ist innen bis zur Höhe des 2. Quadergeschosses (etwa 9 m) mit glatt behauenen Steinen gefüttert. Den Raum zwischen diesen und dem Außenmauerwerk füllen Bruchsteine und Mörtel. Daß der Turm bewohnt oder wenigstens bewohnbar war, beweisen die in Resten noch vorhandenen Kamine im 1. bzw. 4. Obergeschoß.

Das quaderverkleidete Erdgeschoß des Turmes ist fensterlos. Das 1. Obergeschoß wird an der Ostseite von einer doppelten Fensterarkade durchbrochen, deren Trennungssäulchen völlig denen des Herzogshofes gleicht. Der Schaft, roter Marmor, ist gleichfalls Import aus Salzburg. Das 4. Obergeschoß erhellen zwei Fensterarkaden: an der dem Herzogshof zugekehrten Südseite eine Zweierarkade mit gleichem Kapitell wie an der Ostseite, das aber auf schlankem Rundsäulchen sitzt. Das Trennungssäulchen im Doppelfenster der Westseite weist ein Würfelkapitell auf. Die Säulen gehören gleich denen des Herzogshofes der Zeit um 1220 an.

Die ehemalige Schmiede am Alten Kornmarkt Nr. 1 (F 126)

Bis 1959 befand sich im Anwesen Alter Kornmarkt 1 (F 126), unmittelbar neben dem Römerturm (heute Gaststätte „Herzogshof"), eine Schmiede, die zu den ältesten Deutschlands gezählt werden darf; denn bereits 1326 wird ein „Chunr. (= Konrad) der smit an dez hertzogen hof" genannt. 1441 ist von Ulrich dem Schmied im Winkel am Herzogshof die Rede. Im vergangenen Jahrhundert gehörte die Schmiede der Familie Reinert. Seit 1886 ist sie im Besitz der Familie Orttenburger. Unter diesem Namen wird sie noch heute betrieben, allerdings ist sie auf zeitgemäßen Bremsendienst umgestellt und seit 1959 in die Alte Straubinger Straße verlegt.

NIEDERMÜNSTERGASSE

benannt nach dem reichsunmittelbaren

Stift Niedermünster

In den Jahren 1964—68 erfolgten unter Leitung des Bayerischen Landesamts für Denkmalpflege umfangreiche Ausgrabungen in der Niedermünsterkirche, die wertvolle historische und topographische Ergebnisse des 1. Jahrtausends nachchristlicher Zeitrechnung erbrachten und Baudenkmäler aus römischer, merowingischer, karolingischer und ottonischer Zeit unter der heutigen Niedermünsterkirche sichtbar machten. Handelt es sich hier doch um einen „historischen Brennpunkt" in der Nordostecke des römischen Lagers Castra Regina, das 179 n. Chr. unter Kaiser Marc Aurel vollendet worden ist.

Nach den Forschungsergebnissen der Kommission unter Leitung von Professor Klaus Schwarz (Die Ausgrabungen im Niedermünster zu Regensburg, 1971) stand die erste Kirche am Platz von Niedermünster in spätmerowingischer Zeit, um 700. Vor der endgültigen organisatorischen Einrichtung des Bistums Regensburg durch den hl. Bonifatius wirkte mit Unterstützung Herzog Theodos der Wanderbischof Erhard. An der Christianisierung unseres Raumes kommt ihm hoher Anteil zu. Sein Tod wird um das Jahr 700 angenommen. In der kurz vor seinem Tod vollendeten merowingischen Saalkirche fand er seine Ruhestätte. An der inneren Nordwand des Langhauses fügte man sorgfältig behauene Platten aus Tuffstein zu einer Grabkammer und bedeckte sie in Zweitverwendung mit einem römischen Sarkophagdeckel.

Der Bestand dieser Kirche währte kaum länger als ein Jahrhundert. In karolingischer Zeit, um 800, entstand an ihrer Stelle eine zweite Kirche, ebenfalls eine saalartige Anlage mit Rechteckchor, nur größer in den Abmessungen. Das Grab Erhards blieb von diesem Neubau unberührt. Dieser karolingische Kirchenbau mit seinen Anbauten im Westen und Norden darf als die erste Kirche des Damenstifts Niedermünster gelten.

Der verheerende Stadtbrand des Jahres 891 beschädigte auch diese Kirche, doch konnten nach Feststellung der Forschung die Schäden behoben werden. Gegen 950 erfolgte ihr Abbruch und der Neubau einer Basilika mit östlichem Querhaus und drei Apsiden. Bauherr dieser Kirche war Herzog Heinrich I. von Baiern. Die Verehrung Erhards, stets gefördert durch die Klostergemeinschaft, war in der Zwischenzeit nie abgerissen. In ottonischer Zeit wurde in den Sargdeckel eine Öffnung eingearbeitet, um Weihegaben hinabzulassen. Papst Leo IX. weilte 1052 zur Heiligsprechung Erhards in Regensburg. Nach Öffnung des Grabes führte man damals die Tuffsteinwände der Grabkammer durch Aufmauern auf das inzwischen erheblich gestiegene Fußbodenniveau der Kirche und brachte den römischen Sargdeckel wieder auf. Gilt das Grab Erhards als Ausgangspunkt für das Damenstift Niedermünster, so darf doch Herzogin Judith, die Gemahlin Herzog Heinrichs I., als die eigentliche Gründerin bezeichnet werden. Nachdem Heinrich 955 gestorben war, ließ ihn Judith in der noch unvollendeten Kirche vor den Stufen zum Hauptaltar bestatten. Sie führte den Kirchenbau zu Ende, vergrößerte und bereicherte das Stift und stand ihm bis zu ihrem Tod um 987 als Äbtissin vor.

Der heutige Bau von Niedermünster, die vierte Kirche an dieser Stelle, eine dreischiffige Pfeilerbasilika mit zwei Westtürmen und Vorhalle, entstand um die Mitte des 12. Jahrhunderts.

Niedermünster war nie ein Kloster im eigentlichen Sinn, wenn auch Bischof Wolfgang versuchte, die Nonnen der Ordensregel der Benediktinerinnen zu unterwerfen. Niedermünster war vielmehr Stift adeliger Damen mit weitgehend weltlichem Charakter. 1002 erlangte es die Reichsfreiheit; die Äbtissin war damit Reichsfürstin. Nur adelige Damen konnten in die Gemeinschaft aufgenommen werden. Wohlhabende Adelsfamilien schenkten oft große Vermögenswerte an das Stift, um ihre unverheirateten Töchter dort unterzubringen. Das Stift bestand bis zur Säkularisation 1803. Sein Wappen zeigt die Initiale N (= Niedermünster) mit eingelegtem Äbtissinnenstab.

Nicht nur fromme und heilige Dinge trugen sich in Niedermünster zu. Auch recht weltliche Händel soll es dort gegeben haben, wie eine leider ganz vergessene, alte Regensburger Volkssage zu erzählen weiß: Der böhmische Herzog Bretislaw, ein schmucker Jüngling, war der Sohn Herzogs Udalrich und einer Bauerntochter. Der junge Böhmenherzog warb um die schöne Jutta, die Tochter Kaiser Ottos II. Der kaiserliche Vater aber ergrimmte ob dieser Kühnheit, denn er glaubte, daß einer Bäuerin Kind nicht würdig sei, sein Schwiegersohn zu werden. Anders aber dachte die holde Prinzessin; denn sie war dem jungen Bretislaw von Herzen gut. Traurigen Sinnes ließ sie es über sich ergehen, daß ihr Vater sie den frommen Frauen von Niedermünster in strengen Gewahrsam gab. In Eile rief der junge Böhmenherzog seine Mannen zusammen und machte sich auf den Weg nach Regensburg. Bald erreichte er mit seinen Reisigen die Stadt an der Donau. In Niedermünster überfiel er die Nonnen beim Gebet, holte sich seine Jutta heraus und stürmte mit ihr davon. Die Knechte des Klosters stürzten mit Ketten herbei, dem verwegenen Räuber den Weg zu sperren. Er aber hieb sie mit wuchtigem Schlag entzwei und jagte fort, hinüber nach Böhmen, wo er feierliche Hochzeit hielt. Als das der Kaiser erfuhr, tobte er in gewaltigem Zorn und überzog die böhmischen Lande mit Krieg. Bretislaw setzte sich mannhaft zur Wehr. Als nun die Heere ganz nahe aneinanderrückten und eine große Schlacht bevorstand, zog die junge Herzogin ihrem Vater entgegen und bat für sich und Bretislaw so demütig um Verzeihung, daß der Kaiser in Gnaden Frieden schloß. Als man diese Kunde in Niedermünster vernahm, holte man die große Kette hervor, die Bretislaw so tapfer entzweigeschlagen hatte und hob sie noch lange zum Andenken auf.

Das bischöfliche Ordinariat, Niedermünstergasse 1 (F 156)

befindet sich in den 1803 säkularisierten Stiftsgebäuden von Niedermünster. Ihre heutige bauliche Gestalt erhielten sie 1720 durch den vorarlberger Meister Franz Beer, der auch die Klosterkirche Pielenhofen erbaute. Die Gebäude beherbergen die Wohnung des Bischofs und die Räume des bischöflichen Ordinariats.

Das Haus Niedermünstergasse 4 (F 123),

seit etwa 1820 Dompfarrhof, bewohnte vor der Säkularisation der Kanzler des Stiftes Niedermünster. Nach Ausweis der Wappentafel über dem Eingang wurde es 1738 von der Äbtissin Gräfin von Aham zu Neuhaus umgebaut.

Das Haus Niedermünstergasse 2 (F 122)

gehörte gleichfalls zum Stift Niedermünster und diente dem Kastner (= Stiftsverwalter) als Wohnung. Auch hier findet sich über dem Tor das Wappen von Niedermünster und das der Äbtissin von Aham. An der Nordfront des Hauses Unter den Schwibbögen eines der in Vergessenheit geratenen kleinen Wahrzeichen: Aus einer Nische blickt ein menschlicher Kopf mit langer Hakennase und abstehenden Ohren.

ERHARDIGASSE

Vom hl. Erhard, der im späten 7. Jahrhundert in Regensburg wirkte, schöpfte die Erhardigasse den Namen. Sie führt an der Innenseite der römischen Kastellmauer entlang, nur durch die Tiefe der Häuser von ihr getrennt. Die Gasse liegt ein beachtliches Stück höher als die östlich mit ihr parallel ziehende Adolph-Kolping-Straße, die genau an der Außenseite der Römermauer verläuft. Dieser Höhenunterschied wird besonders deutlich bei der Ausmündung der Erhardigasse am Georgenplatz, zu dem man über mehrere Stufen hinabsteigen muß. Die Erklärung dafür liefern die Verhältnisse zur Römerzeit. Die Kastellmauer war an der Innenseite mit einem Erdwall angeschüttet, dem sog. agger. Am Fuß wies er eine Breite von etwa 10 m auf, war schräg an die Mauer geböscht und diente bei deren Bau als Arbeitsplattform, wuchs also mit ihr empor. Auf seiner Höhe, über die die gezinnte Mauer noch etwa 1,50 m hinausragte, verlief der Wehrgang. Die Geländeanhebung durch den agger längs der späteren Erhardigasse wird hier besonders deutlich.

Die Erhardikapelle

Das Dunkel, das über den Lebensdaten und den Lebensumständen des hl. Erhard liegt, vermochte die Forschung bis heute nur wenig aufzuhellen. Die Tradition läßt ihn eine Zelle nächst der heutigen Niedermünsterkirche in der Nordostecke der römischen Befestigungsanlage bewohnen. Dieser Überlieferung folgte die Geschichtsschreibung des 19. Jahrhunderts. Kritiklos bringt sie das Haus F 158 mit der Erhardikapelle (jetzt vom Erhardihaus überbaut) in Zusammenhang mit St. Erhard. In der noch bestehenden Erhardikapelle sah sie die Privatkapelle des Heiligen und erklärte deren profanes Obergeschoß als dessen Behausung. Daß St. Erhard in unmittelbarer Nähe von Niedermünster wohnte, dürfte allerdings außer Zweifel stehen. Die Tradition, die St. Erhard zur Erhardikapelle in Beziehung setzt, ist stark und überzeugend. Zumindest gefühlsmäßig ist man geneigt, die Überlieferung zur historischen Wahrheit zu erheben; doch rechtfertigt das Fehlen von Quellenmaterial nicht, die Kapelle und deren Obergeschoß als Betraum und Wohnstätte des Heiligen zu erklären. Schuegraf weiß zu berichten, daß noch zu seiner Zeit, um 1860, besagtes Haus die „Erhardiklause" genannt wurde.

Nur wenige Regensburger werden die Erhardikapelle je betreten haben. Säulen mit ornamentierten Kapitellen als Träger von Arkadenfenstern, die jedoch erst 1892 vom Kreuzgang des Schottenklosters hierher versetzt wurden, weisen von außen her auf einen Sakralraum hin. Von der Erhardigasse aus steigt man über 7 Stufen in den nahezu quadratischen Kapellenraum hinab, der sich mit seiner Ostseite an die Römermauer lehnt. Schlanke Vierkantsäulen tragen die Gewölbe und teilen den Raum in drei Schiffe. Die Kapitelle haben die Form gestürzter Pyramidenstümpfe. Die Säulen sind monolith, d. h. aus einem Stück gehauen. Lediglich die Mittelsäule der Nordreihe setzt sich aus zwei Pfeilerstücken zusammen. Nach E. Braun läßt sich diese auffallende Erscheinung mit der Demut der Werkleute erklären, die damit zum Ausdruck bringen wollten, nicht imstande zu sein, etwas ganz und gar Vollkommenes zu schaffen. Vielleicht mag dabei auch die Absicht mitgewirkt haben, die Dämonen durch die gebrochene Säule zu versöhnen und von der Zerstörung des Bauwerks abzuhalten. Durchhängende Gewölbe, eine durch die Jahrhunderte bedingte Schrägstellung der Säulen und die etwas unregelmäßigen Pfeilerfluchten verleihen dem Raum ein betont altertümliches Aussehen. Nach den neuesten Bauforschungsergebnissen von R. Strobel ist die Erhardikapelle der 2. Hälfte des 10. Jahrhunderts zuzuweisen. Sie umschließt somit die älteste Kultstätte des christlichen Regensburg.

Der Erhardibrunnen

Unmittelbar vor der Erhardikapelle steht mitten im Gäßchen der Erhardibrunnen. Der Legende nach soll ihn St. Erhard eigenhändig gegraben haben, wie schon die Lebensbeschreibung des Heiligen vom Ende des 11. Jahrhunderts versichert. Heute ist der Erhardibrunnen durch eine runde Sandsteinbrüstung mit der Jahreszahl 1581 und eine Deckplatte aus Granit völlig geschlossen. Aber noch im 17. Jahrhundert besaß er ein steinernes Brunnengebälk mit dem Bildnis St. Erhards. In seiner Tiefe sitzt ein sogenannter Kessel aus Sandstein, in dem sich das Wasser sammelt und der die Quader der Ausmauerung trägt.

Das Haus Erhardigasse 11 (F 168)

hieß einst der Aufhauser Hof. Oberhalb des Tores befindet sich eine Tafel mit dem Wappen des Stifts Niedermünster und dem der Äbtissin Maria Febronia Elisabeth Freiin v. Speth zu Zwyfalten. Die beistehende Inschrift berichtet, daß die genannte Äbtissin das Haus 1784 aus eigenen Mitteln erbauen ließ. Eine Tafel vom Jahre 1782 mit dem Wappen des Stifts und dem der Äbtissin v. Speth zu Zwyfalten befindet sich auch am Haus Erhardigasse 3 (F 171) über den Fenstern des ersten Obergeschosses.

PFLUGGASSE

verbindet den Alten Kornmarkt mit dem ehemaligen, durch umfassende Abbrüche verschwundenen Schwanenplatz. Sie bezog ihren Namen von der Gaststätte „Zum Goldenen Pflug", die bis 1809 im Vorgänger des Eckhauses Erhardigasse 13 (F 167) betrieben wurde. Der Name der Gaststätte geht wiederum zurück auf das Bild des Stadtwappens von Straubing, den Pflug, denn bereits 1558 wird das Haus die „Straubinger Herberge", später „im Pflug" genannt. In diesem Gasthof stellten die Straubinger Boten ihre Fuhrwerke ein, hier waren sie an bestimmten Wochentagen anzutreffen, um Gepäckstücke und Nachrichten nach Straubing und dessen Umgebung in Empfang zu nehmen.

DOMPLATZ

Die sog. Residenz, Domplatz 6 (E 57)

Zum letztenmal vor der Säkularisation konnte die Kirche in Regensburg einen größeren Bauauftrag erteilen, als Dompropst Joseph Carl Ignaz Graf von Lerchenfeld in den Jahren vor 1800 den fürstlichen Baudirektor Joseph Sorg mit der Aufgabe betraute, die alte Dompropstei und einige anschließende Domherrnhöfe zu einem repräsentativen Gebäude zusammenzuschließen und umzugestalten. Joseph Sorg, der Sohn des in Regensburg mehrfach beschäftigten Bildhauers Simon Sorg, erstellte den gegebenen Verhältnissen entsprechend einen ungefähr quadratischen Bau am Domplatz, dem sich längs der Residenzstraße ein Langflügel anschließt. Im Verein mit Christoph Itelsberger schuf er die vornehm-würdevolle Stuckfassade im herrschenden Stil des Klassizismus. Die Schaufront am Domplatz wird von einem Dreiecksgiebel überhöht, in dessen Feld Itelsberger das Wappen des Auftraggebers, des Propstes Graf von Lerchenfeld, stuckierte. Im Eisengitter der stilvollen Altane findet sich sein Monogramm: J C L (= Joseph Carl von Lerchenfeld). Zum Innenhof führt ein stuckiertes Portal. Die Inschrift in seinem Segmentgiebel weist auf die damalige Umgestaltung des Gebäudekomplexes hin: ANNO DOMINI MDCCC (1800).

Bereits 1468 ließ der Dompropst Michael Riederer von Paar eine Umgestaltung der alten Dompropstei vornehmen. Sein Wappen, fünf fünfzackige Sterne, wurde dem Neubau von 1800 an der Hofseite wieder eingefügt, ebenso das Sandsteinwappen des Dompropstes Graf von Königsfeld aus dem Jahre 1729, das an der Ostseite zu finden ist.

Während des Kurfürstentages von 1575 und des Reichstages von 1576 wohnten die Erzherzöge Matthias und Maximilian in der alten Dompropstei, in der sich auch eine der hl. Maria Magdalena geweihte Kapelle befand.

Die Geschichte der um 1800 neu erstandenen Dompropstei führt an die Brennpunkte der Geschichte Regensburgs heran. Durch den Reichsdeputations-Hauptschluß von 1803 hörte Regens-

10. Domplatz. Kupferstich von C. Schleich nach einer Zeichnung von W. Rehlen, 1822. Hofbibliothek

burg auf, freie Reichsstadt zu sein. Das städtische Territorium gelangte samt dem Bistum und den säkularisierten Klöstern an den Kurerzkanzler und Primas von Deutschland, Carl von Dalberg. Regensburg wurde somit Residenz eines geistlichen Fürsten. Die Dompropstei, damals das modernste Haus der Stadt, wurde für würdig befunden, dem neuen Landesherrn als Wohnsitz und Residenz zu dienen. Daher rühren die heute noch geläufigen Ausdrücke „Residenz" und „Residenzstraße".

In den verhängnisvollen Tagen der Einnahme Regensburgs durch die Franzosen 1809 rückte die „Residenz" abermals in den Mittelpunkt der Ereignisse. Kaiser Napoleon schlug dort am 24. April sein Hauptquartier auf. Dalberg weilte zu dieser Zeit nicht in Regensburg. Dompropst Graf Thurn, der einige Zimmer der „Residenz" bewohnte, vertrat den Hausherrn. Trotz der Anwesenheit des Kaisers scheuten sich französische Soldaten nicht, die Gemächer des Grafen Thurn zu erbrechen und zu plündern. Seine Haushälterin allein verlor dadurch 2000 Gulden. Graf Thurn, der sich darüber bei Napoleon beklagte, soll reichlich entschädigt worden sein. Auch die Haushälterin erhielt von Napoleon ein Geschenk, das den erlittenen Schaden an Wert weit überstieg. Am Abend des 25. April 1809 erlebte die Residenz den festlichen Empfang der weltlichen und geistlichen Würdenträger. In seiner charakteristischen Pose mit übereinandergeschlagenen Armen hörte Napoleon, unter einem Kronleuchter stehend, die Ansprachen. Der Stiefel, der seinen verwundeten Fuß bekleidete, soll am Rist aufgeschnitten gewesen sein. „Vive l'Empereur, notre Protecteur!" — Es lebe der Kaiser, unser Schirmherr! — so erscholl der gemeinsame Ausruf der Abgeordneten, als Napoleon eine Kriegsentschädigung von einer Million Gulden für Regensburg in Aussicht stellte. An den Aufenthalt Napoleons erinnert eine große Gedenktafel unter dem Balkon. Drei eingemauerte Kanonenkugeln an der Ostseite des Hauses weisen ebenfalls auf die Ereignisse des Jahres 1809.

Nur sieben Jahre lang bestand das geistliche Fürstentum Regensburg. 1810 kam es an Bayern. Die Residenz verfiel als geistlicher Besitz der Säkularisation.

Die säkularisierte „Residenz" wurde auf die königliche Zivilliste gesetzt, d. h. für die persönlichen Bedürfnisse des Monarchen bestimmt. 1853 ging sie in den Besitz der Stadt über, die sie wiederum an Private veräußerte.

Das Haus Heuport, Domplatz 7 (E 53) und Kramgasse 10/12 (E 51/52)

Der umfangreiche Baublock des Hauses an der Heuport gehört zu den repräsentativsten Bürgerbauten Regensburgs. Seine bevorzugte Lage gegenüber dem Dom und seine große Ausdehnung entspricht ganz dem Rang seines mutmaßlichen Erbauers, des Hansgrafen Carl dem Chrazzer, der als Schirmherr der Regensburger Fernkaufleute eine führende Stellung in der Stadt einnahm.

11. Haus an der Heuport, Domplatz 7 (E 52/53)

Es gibt kaum ein Haus in Regensburg, über dessen Besitzgeschichte so vollständige Nachrichten vorliegen wie über das Haus an der Heuport. Eine Vielzahl von Kaufbriefen, Gültverschreibungen und Verträgen weist die Besitzer durch sechs Jahrhunderte in fast lückenloser Reihenfolge nach. Die älteste dieser Urkunden ist ein Gültbrief von 1335, nach dem Carl der Chrazzer dem Katharinenspital 200 Pfund Pfennige übergibt mit der Auflage, alle Jahre vor dem St.-Emmerams-Tag 10 Schaff Getreide an die Kapelle im Haus an der Heuport zu entrichten. Schon bald nach der Erbauung, 1341, wurde das große Haus geteilt, in den größeren Südteil (E 53) an der Judengasse, der heutigen Residenzstraße, der „im Dörflein" genannt wurde, und den kleineren Nordteil (E 51/52), der bis zur Kramgasse reicht und den Namen „die Kuchin" führte. Die Eigentümer wechselten rasch, und viele vornehme Ratsgeschlechter werden in den Urkunden als Käufer und Verkäufer genannt, so die Straubinger, die Sittauer, die Graner, die Gumprecht; denn nur wohlhabende Familien konnten den wertvollen Besitz erwerben. Nach hundert Jahren der Trennung war das ganze Haus unter Andreas Eckhard 1442 wieder in einer Hand.

Das Haus besaß an der Nordostecke zur Kramgasse (E 52) einen Turm, dessen Eckquaderung bis zum Ansatz des barocken Daches freiliegt. Sein Mauerwerk ist älter als das der übrigen Hausanlage, es gehört der Romanik des 12. Jahrhunderts an. In seinem 1. Obergeschoß ist der Bogenansatz einer ehemals offenen Loggia erkennbar.

Südlich an den Turm schloß eine Kapelle zu Ehren des hl. Andreas an. Sie reichte durch drei Geschosse. Mit einer Höhe von mehr als 10 Metern war sie nächst der Thomaskapelle am Römling die höchste aller Regensburger Hauskapellen. Nach dem Übertritt Regensburgs zur Lehre Luthers verlor sie 1560 ihre sakrale Bestimmung. Christoph Portner, der damalige Besitzer, schenkte die 2 Zentner und 39 Pfund schwere Glocke zum Guß für die große Uhrglocke der Neupfarrkirche. Die Gülten und Zinsen der Kapelle — es waren jährlich insgesamt 570 Gulden — erhöhte Portner aus eigenen Mitteln auf 600 Gulden und ließ den gesamten Betrag dem städtischen Almosenamt zufließen. Dafür durfte er den Kelch, ein silbernes Andreasbild und die gestickten Meßgewänder behalten. Den hohen

Kapellenraum teilte Portner durch zwei Zwischendecken in drei Geschosse. Das gotische Gewölbe der Kapelle wurde erst 1911 ausgebrochen. Geblieben sind einige Blattkonsolen mit Rippenansätzen. Stilistische Vergleiche datieren sie in die Zeit um 1300.

Weitere bauliche Veränderungen erfuhr das Haus unter dem Nachfolger Portners, dem Junker Krais von Lindenfels. Sein Wappen und die seiner drei Gemahlinnen finden sich auf einer Steintafel (bezeichnet 1615) an der Stirnseite des Treppenhauses. 1593 ließ er den mächtigen Hausturm an der Ecke zur Kramgasse wegen Baufälligkeit bis zur Höhe des Daches abtragen. Den Gürtler Hans Hofmann, dessen Haus in der Kramgasse bei den Abbrucharbeiten beschädigt wurde, mußte der Junker mit 60 Gulden entschädigen. Eigenartigerweise ist der Turm auf dem 50 Jahre später entstandenen Vogelschauplan Merians (Stadtgrundrisse Nr. 4) noch abgebildet. Einen Wasserspeier vom Turm des Hauses an der Heuport aus der Zeit um 1320, geschaffen von der Regensburger Domwerkstatt, verwahrt das Museum.

Das Haus an der Heuport bildet mit seinen monumentalen Architekturen ein wirkungsvolles, profanes Gegenstück zur Westfassade des Domes. Blickpunkte bilden die zum Festsaal im 1. Obergeschoß gehörende hochgotische Fensterfront mit Maßwerkgliederung (z. T. Rekonstruktion) sowie die anschließenden kühnen Bogenstellungen einer einst offenen Laubenhalle.

Eine geräumige Eingangshalle mit gotischer Balkendecke führt zu einem großartigen Treppenhaus, einer von zwei Kreuzjochen überspannten, bis zur Decke des ersten Obergeschosses reichenden Halle. An den Schlußsteinen drängen sich Masken durch Laubwerkkränze. Mit zwei weitgespannten Spitzbogen öffnet sich die Halle nach dem malerischen Innenhof. Nach 1700 ließ der Stadtgerichtsassessor und Senator Ludwig Pürkel die alte gotische Steintreppe durch eine hölzerne Barockstiege ersetzen. Am Treppenaufgang dreilöcheriger Fackellöscher.

Auf spitzen Konsolen, überdacht von niedlichen Baldachinen, steht an der einspringenden Mauerecke des Treppenhauses eine zierliche Figurengruppe. Nur puppengroß, nicht höher als 32 cm, sind die beiden Skulpturen, mit denen ein gotischer Bildhauer um 1330 die Aufgangshalle zierte. Ein junger Mann, eine flache Haube auf dem gelockten Haar, lächelt ein Mädchen an. Ein Gürtel hält sein vornehmes, bis zu den Füßen hinabreichendes Gewand, das durch kugelförmige Knöpfe geschlossen ist. In der Hand hält der Jüngling einen Apfel, das Sinnbild des Freiers. Wiegenden Schrittes geht die schöne Jungfer auf ihn zu. Voller Glückseligkeit ist ihr rundes Gesicht. Beschämt und verlegen senkt sie die Augen. Unter dem Stirnreif fließt ihr Haar in üppigen Strähnen auf die Schultern. Gleichsam in erregter Erwartung führt sie die rechte Hand an die Brust.

12. Haus an der Heuport, Figurengruppe im Treppenhaus. Um 1330/40

Es ist ein gefährliches Rendezvous, das der gotische Steinmetz hier darstellte. Könnte das törichte Mädchen um die Mauerecke blicken, dann würde sie die grausige Kehrseite des ritterlichen Liebhabers entdecken und sich mit Entsetzen von ihm wenden. Sein Rücken ist offen und gestattet einen Blick in sein Inneres, gleichsam in sein Herz, in seine Seele. Dort nistet ein Rudel widerlicher Ratten, und eine feiste Schlange windet sich daraus hervor. Ratte und Schlange aber sind Symbole des Teufels und kennzeichnen den anmutigen Jüngling als satanischen Verführer. Der Sinn dieser Figurengruppe liegt in dem biblischen Gleichnis von den klugen und törichten Jungfrauen. Die törichte Jungfrau unterliegt der Verführung durch den Teufel, den „Fürst der Welt". Mit ihrem umgekehrten Ölgefäß in der Hand wurde sie zum Sinnbild der Leichtfertigkeit und des Lasters. Die Darstellung des „Fürst der Welt" als Bräutigam, der mit der Frucht der Sünde lockt, findet sich mehrfach an Sakralbauten, u. a. auch am Straßburger Münster (jetzt im Dombaumuseum). Die Regensburger Gruppe ist auch bedeutungsvoll durch ihren Platz im profanen Bereich.

Bei einer umfassenden Renovierung im Jahre 1938 konnten durch Freilegungsarbeiten Teile des Gebäudes wieder in ihrer ursprünglichen Schönheit sichtbar gemacht werden. Neben den Werksteinarchitekturen der Fassade wurde auch der große Festsaal über der Eingangshalle freigelegt.

Durch eine imposante hochgotische Fensterfront empfängt er sein Licht. Zartes Blattwerk rankt sich um die Kapitelle der eingestellten Säulen. In einer der Laibungen prangt ein Strauß fetter Dotterblumen. Versteckt hinter einer der Säulen gewahrt man das Gesicht eines jungen Mannes, das mit verhaltenem Lachen zu Boden blickt. Gleich der Eingangshalle besitzt auch der Saal die originale gotische Balkendecke. In der Nordwand sitzt noch das schmale, im Kleeblattbogen geschnittene Pförtchen, das einst den Zugang auf die Empore der nördlich anschließenden Kapelle (s. o.) vermittelte. Daneben eine spitzgiebelige Gerätenische. Das spitzbogige Fensterchen gestattete vom Saal aus einen Blick in den Kapellenraum.

An den Saal schließt gegen Süden und Osten eine Reihe kleinerer Räume an. Ihre schweren, italienischen Einfluß verratenden Stuckdecken gehören der Barockzeit um 1700 an. Der Regensburger Maler Joseph Zacharias stattete den größeren dieser Räume nach 1800 mit Architekturmalereien im Stil des frühen Empire aus: türkisblaue Pilaster auf gelbem Fond. Dem kleinen Eckkabinett verleihen Fürstenbildnisse in schweren Goldrahmen eine würdevolle Atmosphäre. Die Bilder kamen aus Wien an das Schottenkloster St. Jakob und nach dessen Auflösung 1862 an das Regensburger Bistum, in dessen Besitz sich das Haus befindet (bischöfliche Brauerei und Knabenseminarstiftung).

Ein überwölbter Raum des Erdgeschosses — heute Teil des Ladens der Dombuchhandlung — zeichnet sich durch originelle Gewölbeführung aus. Die Birnstabrippen münden in drei Schlußsteinen mit Blattkranz und Rosette. Weil der Raum durch ein Fenster vom Treppenhaus her nur spärlich erleuchtet wird, trieb man als zusätzliche Lichtquelle einen Schacht diagonal durch die Mauerecke, der in der vergitterten Öffnung im Winkel oberhalb des Schaufensters der Buchhandlung mündet.

In einem Erdgeschoßraum an der Kramgasse (E 51) erhielt sich das Kreuzrippengewölbe aus der Erbauungszeit um 1300. Von dem mit Laubwerk geschmückten Schlußstein strahlen die Rippen zu Kelchkonsolen.

Der Name Heuport geht auf den Heumarkt zurück, der auf dem Platz vor dem Gebäude stattfand. Zwischen dem vorspringenden Südflügel und der gegenüberliegenden Residenz befand sich das Nordtor der Judenstadt, „Heutor" oder „Heuport" genannt. Der einspringende Winkel bei der Buchhandlung hieß „Eierwinkel", hier fand der Verkauf von Eiern statt.

Auch die Sage bemächtigte sich des alten Hauses. Wegen seiner palastartigen Architekturen stand es im Ruf, einstmals Kaiserpfalz der Karolinger gewesen zu sein. Diese Tradition greift auch der um 1615 schreibende Kartäusermönch und Chronist Jeremias Grienewald auf: „St. Andre im Ayrwinkel (= St. Andreas im Eierwinkel), auch Königshof am Krauterermarkt, ist von Königen und Fürsten an die adelichen Burger kommen." Später, so berichtet die Sage, sei das Haus zu einem Kloster der Schwestern vom Berge Karmel umgestaltet worden. Wie so manches der alten Regensburger Häuser hat auch das Haus an der Heuport seine Spukgeschichte. Noch um die Wende zu unserem Jahrhundert erzählte man von einer Nonne, die, mit weißem Schleier angetan, zu mitternächtlicher Stunde durch die Räume wandelte.

KRAUTERERMARKT

Die Fortsetzung des Domplatzes gegen den Bischofshof hin heißt Krauterermarkt. Den Namen hat diese kurze, platzartige Straße von den Gemüse- und Krautbauern, die hier einstmals ihre Erzeugnisse feilboten. Krautbauern werden in Regensburg schon im beginnenden 14. Jahrhundert vielfach genannt. Ihre Gärten lagen am Krauterweg, der heutigen Von-der-Tann-Straße (s. d.). Vielleicht will die in unserem Raum gebräuchliche Bezeichnung „alter Krauterer" zum Ausdruck bringen, daß der Genuß von Gemüse hohes Alter verbürgt. Der Volksmund nannte den Krauterermarkt auch Kräutlmarkt. 1533 weist der Rat die Gemüseverkäufer an, den Krauterermarkt jeden Mittwoch und Samstag zu reinigen.

13. Krauterermarkt. Lithographie von Samuel Prout, um 1830. Hofbibliothek

Anschaulicher als jede Schilderung führt eine Lithographie von Samuel Prout den Gemüsemarkt um 1830 vor Augen. Mit sicherem Gefühl für die architektonischen Schönheiten des Platzes setzte Prout die beiden charakteristischen Runderker in den Blickpunkt. Der Bischofshof trug damals noch den schönen Renaissanceerker, der im frühen 19. Jahrhundert abgetragen wurde. Im Hintergrund erkennt man die Adlerapotheke in ihrem früheren Zustand. Interessant sind die ganz links im Bild sichtbaren Hausglocken mit den Ziehvorrichtungen, die vor dem Fenster des jeweiligen Wohnungsinhabers in Tätigkeit gesetzt werden konnten.

In diesem stilvollen Rahmen spielt sich das Treiben des Regensburger Grünzeugmarktes ab. Größtenteils sind es Frauen mit weiten Gärtnerhüten oder mit Kopftüchern, die in Körben und Kirmen ihre Gartenerzeugnisse anbieten. Bis zum Bischofshof hinüber erstreckt sich das Marktleben. Unmittelbar neben dem Gemüsemarkt, im einspringenden Winkel bei der Johanniskirche, fand der Milchmarkt statt.

Etwa an der Stelle der Johanniskirche stand 1342 das Wirtshaus „Auf den Brettern". Die ursprüngliche Johanniskirche lag an anderer Stelle, nämlich im Bereich des jetzigen Domes, dessen fortschreitender Bau sie um 1380 bereits teilweise umschlossen hatte. Sie mußte deshalb in diesem Jahr abgebrochen werden und erstand alsbald an der heutigen Stelle wieder. Sie wurde, wie es in den Aufzeichnungen heißt, „auf die Bretter" versetzt. Aber nicht nur der Platz der Johanniskirche, auch der Krauterermarkt in seiner ganzen Ausdehnung trug diesen Namen. Hausbriefe des 17. Jahrhunderts bezeichnen auch das Haus der Adlerapotheke, Watmarkt 9 (F 17/18), als „auf den Brettern" gelegen. Noch um 1800 trug die Adlerapotheke das amtliche Straßenschild „Auf den Brettern".

Der eigenartige Name erfuhr verschiedene Deutungen. Vielleicht rührt er davon her, daß auf dem Platz Bretter lagerten, mit denen bei schlechter Witterung die noch ungepflasterten Straßen belegt wurden, um sie für die Domherren besser begehbar zu machen. Eine überzeugende Erklärung lieferte J. N. Schwäbl. Er bringt die Bezeichnung „Auf den Brettern" mit dem später entstandenen Namen „Krauterermarkt" in Verbindung. Das Auslegen des Gemüses erforderte Bänke, Brücken, Bretter und Schragen. Dieses Holzwerk, des Marktes wegen ständig hier gestapelt, führte wohl zu der Bezeichnung „Auf den Brettern".

1907 wurde der abschüssige Krauterermarkt durch eine Terrasse gestuft und mit Bäumen bepflanzt.

Die einspringende Ecke zwischen dem Dom und der St.-Johannes-Kirche hieß Petersplatz, so benannt nach dem Patron des Domes, St. Peter. Dort stand bis zur Wende zu unserem Jahrhundert der sogenannte Petersbrunnen. Immer wieder entflammte zwischen dem Domkapitel und dem Stadtrat der Streit um die Rechte über diesen Platz. Der Rat behauptete sein Recht so weit, als die Pflasterung reichte. Auch die Erhaltung des Petersbrunnens führte er als Beweis seiner Hoheit über den Platz an. „Nicht ohne gewöhnlichen Widerspruch des Domkapitels" ließ er 1590 den baufällig gewordenen Petersbrunnen instand setzen und „ein neues, steinernen Brunnengeschaar darum machen". Aber schon 1529 ordnete der evangelisch gesinnte Rat an, zwei große Steine vom Petersplatz zu entfernen, die bei Prozessionen zur Abstellung der Monstranz dienten. Auch der Anbau budenartiger Kramläden an die Johanneskirche, der wohl schon im frühen 16. Jahrhundert geschah, stieß auf den Protest des Domkapitels. Diese Läden erhielten sich bis weit in das vergangene Jahrhundert hinein. Selbst noch das Adreßbuch von 1840 führt auf: F 116 d Kommune, die 14 Verkaufsläden an der St.-Johannes-Kirche.

Der Adlerbrunnen

besitzt das für die Regensburger Brunnen charakteristische Achteckbecken. Akanthusranken sowie das Stadt- und Reichswappen schmücken die Felder. Die profilierte Mittelsäule endigt in einer vergoldeten Kugel, die einen Bronzeadler trägt. Die erste Anlage des Brunnens erfolgte 1551. Der ursprünglich hölzerne Brunnen erfuhr 1566 eine Neugestaltung aus Stein. Sein Eisengitter erhielt er 1592. Das jetzige Brunnenbecken ist eine Erneuerung aus Kunststein.

In die Stäbe des Gitters ist ein Eisenring geschmiedet, der eigentlich zu den kleinen Wahrzeichen Regensburgs zählen müßte. Mit ihm verbindet sich folgende Geschichte: Als dem Regensburger Kunstschlosser Jakob Kaiser 1901 die Renovierung des Brunnengitters übertragen wurde, schmiedete er einen Ring in die Stäbe, der durch zwei Wappenschilde an der Innen- und Außenseite dem Betrachter verborgen war. Zwei Jahre später ließ Kaiser nachts die Wappen entfernen, so daß die Regensburger am nächsten Tag mit Überraschung den Ring entdeckten. Nach ein paar Tagen jedoch war dieser Ring verschwunden und durch einen anderen, kunstvoller gearbeiteten, ersetzt. Schlossermeister Kaiser ließ nämlich abermals während der Nacht durch zwei Gesellen das Gitterteil herausnehmen und zur Werkstätte bringen, wo bereits neue Stäbe mit dem neuen Ring vorbereitet lagen. Rasch wurden Stäbe und Ringe ausgewechselt und in der gleichen Nacht noch das Gitter wieder am Brunnen befestigt. Um ungestört arbeiten zu können, bestellte Kaiser ein paar Leute, die, lärmende Zecher nachahmend, die Polizeistreife in Richtung Bahnhof lockten. Noch heute ist der kuriose Ring im Gitter des Adlerbrunnens zu sehen.

„Hoher Laden", Krauterermarkt 2 (F 15)

Das stattliche Gebäude gegenüber dem Bischofshof, einstmals „zum Lindwurm" genannt, gehörte um 1600 dem Arzt und Naturforscher Dr. Johann Oberndorfer (s. d.), einem Freund Keplers. Im Erdgeschoß des Hauses, an der Nordostecke, befand sich die Kapelle St. Alexius. 1409 wird sie erstmals genannt. In diesem Jahr stifteten Konrad Dürnstetter, der mutmaßliche Besitzer des Hauses, und seine Schwester Dorothea Ingolstetter 100 Pfund Regensburger Pfennige für eine „ewige Messe" in der Kapelle. Die Reformation hatte ihre Profanierung zur Folge. Den einstigen Kapellenraum — jetzt Verkaufsladen — überspannte ein zweijochiges Kreuzrippengewölbe, das vor dem letzten Krieg ausgebrochen wurde. Erhalten blieb die Wölbung eines einjochigen Erdgeschoßraumes am Watmarkt. Die Kehlrippen strahlen von einem Schlußstein aus, der im Schild einen Kreuzpfeil aufweist, wohl die Hausmarke.

Der Bischofshof, Krauterermarkt 3 (F 116/117/118)

Es kann als sicher gelten, daß der Regensburger Christengemeinde bereits in römischer Zeit ein Bischof vorstand; denn in der Regel war an den römischen Hauptsitzen auch die Kirche mit ihren Häuptern vertreten.

Schon die ersten Regensburger Bischöfe haben in nächster Nähe des römischen Nordtores, der Porta Praetoria, gewohnt, für das im Frühmittelalter die Bezeichnung „Wassertor" gebräuchlich war. Damals bestand noch die Via Praetoria, jener Straßenzug, der von der Porta Praetoria in südlicher Richtung zur Porta Decumana zog und somit das Terrain des heutigen Bischofshofes durchschnitt. Östlich dieses alten Verkehrsweges lagen die Bischofsresidenz und die Hauptkirche St. Peter, an deren Westseite noch 976 die römische Nord-Süd-Achse vorbeiführte.

Nachdem die Via Praetoria durch einen neu aufgeführten Dom überbaut war, konnte sich auch der Hof des Bischofs nach Westen hin ausdehnen. Seit der Neuordnung der bairischen Bistümer durch Bonifatius wechselten die Mönche von St. Emmeram und die Kanoniker des Domstiftes in der Besetzung des Regensburger Bischofsstuhles ab. Dieser Wechsel blieb bis zum Jahr 975, in dem St. Wolfgang eine klare Trennung zwischen der Abtei St. Emmeram und dem Domstift herbeiführte und dadurch die Residenz der Bischöfe endgültig in den Bischofshof verlegte.

Im Auftrag Herzog Ludwigs von Baiern kam 1474 der Dominikanermönch Peter Schwarz nach Regensburg, um die Regensburger Juden für den christlichen Glauben zu gewinnen. Schwarz, der die hebräische Sprache fließend beherrschte, predigte im Bischofshof vor den Juden und führte Diskussionen mit ihnen.

Bei den Reichsversammlungen in Regensburg nahmen die Kaiser gewöhnlich Quartier im Bischofshof. 1575 stieg Kaiser Maximilian II. erstmals in der Bischofsresidenz ab, wo er ein Jahr später, an seinem Namenstag, dem 12. Oktober 1576, starb. In der Folgezeit diente der Bischofshof den späteren Kaisern bei ihren Aufenthalten in Regensburg meist als Absteigequartier.

1623 war der Bischofshof Schauplatz eines für die Geschichte Baierns höchst bedeutsamen Ereignisses. Herzog Maximilian I. von Baiern wurde in der sogenannten Ritterstube mit der Kurwürde belehnt.

Maximilian erhielt seine Erziehung und Ausbildung bei den Jesuiten. Zeit seines Lebens war er fanatischer Katholik und ein geradezu schwärmerischer Verehrer der Gottesmutter. Gegen den Protestantismus erfüllte ihn tiefe Abneigung. Als Vierundzwanzigjähriger übernahm er 1597 die Regierung Baierns. Strengster Katholizismus, Sparsamkeit und ein fortwährender Ausbau der militärischen Kraft des Landes waren die Grundsätze seiner Staatsführung. Maximilian, der in dem Niederländer Tilly einen hervorragenden Feldherrn gewann, wurde zu einer der bedeutendsten Persönlichkeiten des Dreißigjährigen Krieges. Mit 30 000 Mann stand Tilly im Sommer 1620 in Oberösterreich und führte von dort aus den Stoß gegen das abgefallene Böhmen. In der berühmten Schlacht am Weißen Berge erfocht er den entscheidenden Sieg. Maximilian konnte als Sieger in Prag einziehen. Ohne besondere Anstrengungen gelang es Tilly, die Oberpfalz einzunehmen und ein Jahr später den protestantischen Widerstand in der Rheinpfalz zu brechen.

Es war die Bestätigung der tatsächlichen Machtstellung Maximilians, als ihn Kaiser Ferdinand II. auf dem Regensburger Kurfürstentag 1623 mit der Kurwürde der Pfalz belehnte. Mit den kaiserlichen Prunkgewändern angetan begab sich Ferdinand II. in den Bischofshof. Krone, Reichsapfel und Schwert wurden ihm vorangetragen. Den Thronsessel des Kaisers umgaben die anwesenden Kurfürsten oder deren Gesandte. Im Nebenzimmer wartete Maximilian auf die Nachricht seiner Erhebung in den Kurfürstenstand. Eine Abordnung, der auch der Reichsmarschall von Pappenheim angehörte, überbrachte diese Mitteilung. Maximilian ließ sich zunächst beim Kaiser bedanken und ihm mitteilen, daß er die Würde annehmen und den Eid leisten wolle. Eine Delegation holte Maximilian daraufhin ab und geleitete ihn vor den Kaiser. Kniend nahm Maximilian die Kurwürde in Empfang. Gleichzeitig erhielt er auch das Amt des Erztruchsessen. Nun wurde er mit den kurfürstlichen Kleidern angetan und ihm der Kurhut auf das Haupt gesetzt. Maximilian leistete den Eid und küßte das Schwert und die Hand des Kaisers. Bei der folgenden Tafel verrichtete er erstmals das Truchsessenamt, indem er die erste Speise auf die kaiserliche Tafel setzte.

Im Mai 1810 wurde der Bischofshof zum Mittelpunkt des bedeutendsten Ereignisses in der neueren Geschichte Regensburgs. Was die verarmten und von Kriegslasten geplagten Einwohner schon seit langem sehnlichst erhofften, wurde in den Räumen des Bischofshofes offiziell vollzogen: die Einverleibung des Fürstentums Regensburg in das junge bayerische Königreich. Herolde ritten am 23. Mai 1810 unter Trompetengeschmetter durch die Straßen und verkündeten die Rückkehr Regensburgs ins bayerische Mutterland.

„Wir Maximilian Joseph von Gottes Gnaden König von Bayern... fügen zu wissen, ... daß das Fürstentum Regensburg ... an unser königliches Haus überwiesen worden... und verlangen daher... von sämtlichen Unterthanen und Einwohnern, wessen Standes und Würde sie seyn mögen, so gnädig als ernstlich: daß sie sich Unserer Regierung unterwerfen und Uns von nun an als ihren rechtmäßigen König und Landesherrn ansehen und erkennen..." heißt es in der Proklamation König Maximilians von Bayern, dem wie keinem anderen Regenten die ganze Liebe und Hoffnung des Volkes entgegenströmte.

Am 23. Mai 1810 versammelten sich in den Räumen des Bischofshofes Abgeordnete des Stadt-

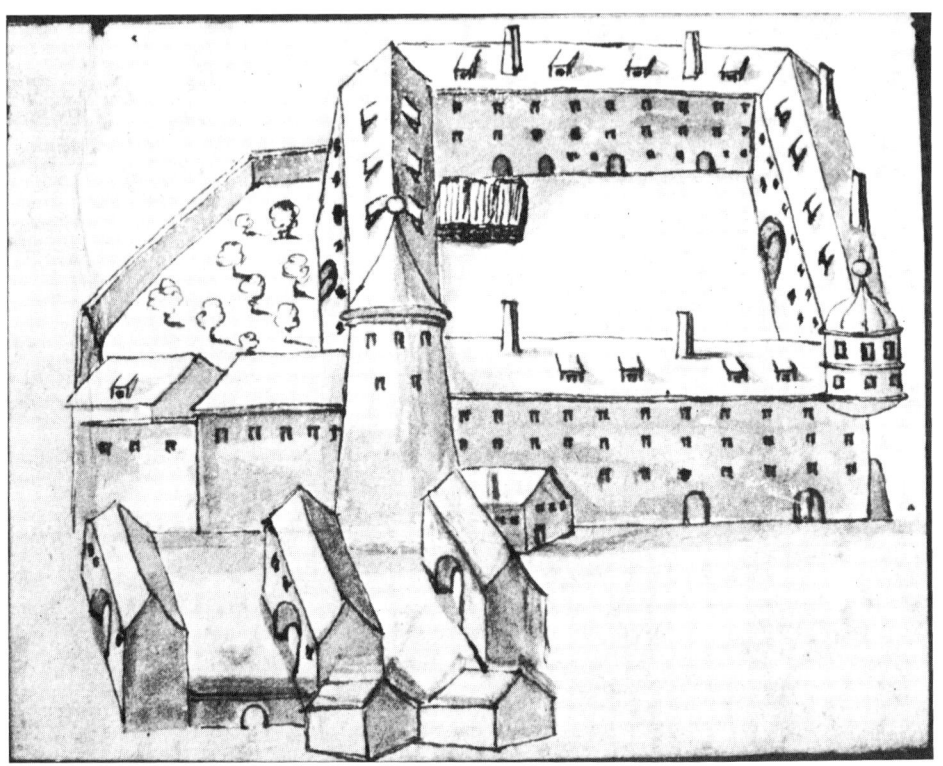

14. Bischofshof. Vorne die drei Schwibbögen, nach denen die Straße Unter den Schwibbögen benannt ist. Federzeichnung, 1651. Hofbibliothek

magistrats und des Domkapitels, um den Eid auf den neuen Landesherrn zu leisten. Von bayerischer Seite waren neben dem Vertreter des Königs, Freiherrn von Weichs, mehrere Kanzleiräte sowie der Kämmerer von Armannsperg erschienen. Diese feierliche Szene hat der Regensburger Maler Josef Altheimer, von 1891 bis 1912 Professor am Alten Gymnasium in Regensburg, 1911 in einem großen Gemälde festgehalten. Das Sitzungszimmer im Bischofshof mit Blickrichtung zum Krauterermarkt ist mit Girlanden und weiß-blauen Bändern, den bayerischen Landesfarben, geschmückt. Die Wand zieren die Bildnisse König Maximilians und Dalbergs, des bisherigen Landesfürsten von Regensburg. Stehend verliest Freiherr von Weichs das Besitznehmungspatent. Das Gemälde befindet sich im Museum.

Mit dem Übergang Regensburgs an Bayern 1810 erfolgte auch die Säkularisation des Bischofshofs. Der Gebäudekomplex kam an den bayerischen Staat, der dort die königliche Landesdirektion einrichtete. Seitdem residieren die Regensburger Bischöfe in dem 1803 säkularisierten Stiftsgebäude von Niedermünster.

Im Dezember 1811 verkaufte der bayerische Staat den Bischofshof samt dem Brauhaus. Der Regensburger Bierbrauer Paul Emanuel Eltele erwarb die umfangreiche Anlage um den geringen Kaufpreis von 28 000 Gulden. Eltele habe, so erzählte man damals in Regensburg, diese Summe allein durch den Verkauf der kupfernen Dachrinnen bezahlen können.

1852 erwarb Bischof Valentin von Riedl (1842—1857) die ehemalige Residenz der Regensburger Bischöfe für die Knabenseminarstiftung wieder zurück. Ihre Räume beherbergen jetzt Hotel und Gaststätten „Bischofshof".

Der Bischofshof, eine langgestreckte Vierflügelanlage um einen Innenhof, erlebte zahlreiche Bauperioden, die nachfolgend in chronologischer Reihenfolge Betrachtung finden sollen. Vor allem die späte Gotik und die Renaissance prägten sein heutiges Bild.

Die ältesten Bauteile des umfangreichen Komplexes liegen in dem etwas zurückgesetzten Ostteil des Südflügels. Er trägt die Stilmerkmale der Gotik des 14. Jahrhunderts und dürfte während der Regierungszeit des Bischofs Konrad von Haimburg (1368—1381) entstanden sein. Zahn konnte in den unteren Partien Mauertrakte feststellen, deren Entstehung er in das 11. Jahrhundert setzt. Dazu gehört auch die Südmauer zwischen dem Domkreuzgang und St. Johann.

Der westliche Zugang zum Bischofshof, das Spitzbogenportal am Krauterermarkt, gehört der Frühgotik um 1250 an. Parallel zu der mit einer Spitzbogentonne überwölbten Durchfahrt verläuft heute eine Fußgängerpassage. Ihre Stelle nahm ehedem die Pförtnerstube ein. Von ihr erhielten sich zwei Rundbogenpförtchen, von denen eines in die Durchfahrt, das andere in den Hof mündet. Die Stube empfing ihr Licht durch eine Gruppe von drei kleinen, genasten Spitzbogenfenstern, die rechts neben der Toreinfahrt noch erhalten sind.

Der Nordflügel an der Straße Unter den Schwibbögen steht zum größten Teil auf der Nordmauer des Römerkastells, die in den Kellerräumen noch streckenweise sichtbar ist. Die 1885 aufgedeckte Porta Praetoria war hier vom Bischofshof überbaut. Dieser Flügel weist spätgotisches Gepräge auf. In Höhe des 1. Stockes findet sich eine Tafel mit dem Wappen des Hochstifts und dem des Bischofs Friedrich von Plankenfels (1450—1457). Über der Wappentafel die Inschrift: „her fridrich v planckenfels bischoue 1454". Dieser Bauteil entstand demnach unter Bischof Friedrich in spätgotischer Zeit. Darauf weisen auch die Rechteckfenster mit den für die späte Gotik charakteristischen Profilrahmungen hin.

Nachdem Bischof Rupert II. 1507 gestorben war, wählte das Regensburger Domkapitel als Nachfolger den 19jährigen Sohn Johann des Kurfürsten Philipp von der Pfalz. Zunächst sollte er mit dem Titel eines Administrators das Bistum verwalten und in seinem 27. Lebensjahr die Bischofsweihe empfangen. Dazu ist es aber nie gekommen. Trotzdem war Administrator Johann (1507—1538) dem Regensburger Bistum ein starkes Oberhaupt und in den stürmischen Zeiten der Reformation ein taktvoller Verfechter der katholischen Sache. Dieser kluge und friedfertige, aber ebenso lebenslustige Renaissancefürst besuchte gern vom Rat der Stadt veranstaltete Feste und lud gelegentlich selbst zu einem Tanz in den Bischofshof. Das Regensburger Museum besitzt ein Porträtbild des Administrators aus dem Jahre 1515, das dem in Landshut tätigen Meister Hans Wertinger zugeschrieben wird.

Den Künsten war Administrator Johann besonders zugetan. Das bischöfliche Schloß Wörth ließ er um 30 000 Gulden ausbauen und mit Türmen, Wehranlagen und einem in den Felsen gehauenen Weinkeller versehen. Wegen seiner unermüdlichen Bautätigkeit am Bischofshof vergleicht ihn der Kanoniker Lorenz Hochwart mit dem üppigen, in Reichtum schwelgenden Römer Lucullus. Um 1530 beauftragte der Administrator den ihm nahestehenden Albrecht Altdorfer, die Badestube im Ostflügel des Bischofshofes, das später sogenannte „Kaiserbad", mit Fresken zu schmücken. Nach einem Brand im Jahr 1887 wurden die bis dahin verschollenen Wandbilder Altdorfers aufgedeckt.

15. *Administrator Johann III. (1507—1538). Tafelgemälde von Hans Wertinger, 1515.*
Museum

Zur selben Zeit etwa ließ Administrator Johann am Westflügel des Bischofshofs, gegen den Krauterermarkt zu, einen Rechteckerker anbringen, der leider 1830 beseitigt wurde. Eine aquarellierte Federzeichnung von Hans Kransberger im Museum vermittelt ein Bild dieser phantasievollen Renaissanceschöpfung. Bei seinem Abbruch entdeckte man, daß Grabsteine des 1519 zerstörten Judenfriedhofes beim Bau Verwendung fanden. Drei Relieftafeln mit Wappen, von Putten gehalten, zierten die Frontseite des Erkers. Die Wappentafeln, jetzt im Museum, dürften von Leonhard Sinninger, einem damals in Regensburg mehrfach beschäftigten Bildhauer, ausgeführt worden sein. Eines der korinthischen Kapitelle des ehemaligen Erkers ist an der Hofseite des Nordflügels in die Wand eingemauert.

Unter der Regierung des Administrators Johann dürften auch die dreigeschossigen, nun vermauerten Renaissancearkaden an der Hofseite des Nordflügels entstanden sein.

Für die Ausführung der Baumaßnahmen unter der Regierungszeit des Administrators darf nach Büchner-Suchland die Hütte des Baumeisters Hans Hieber aus Augsburg angenommen werden, der von 1519 bis gegen 1525 im Auftrag des Rates mit dem Bau der Neupfarrkirche betraut war.

Eine lateinische Inschrift im Fries des hübschen Renaissanceportales an der Hofseite des westlichen Südflügels meldet, daß dieser Bauteil von Administrator Johann (1507—1538) begonnen und von Bischof Vitus von Fraunberg (1563—1567) vollendet wurde. Das runde Tympanon des Portales füllen drei Wappen, die sich um eine sitzende Putte gruppieren: das pfalz-bairische für Administrator Johann, das des Hochstifts und das der Fraunberg. Dieser Bauteil schließt unmittelbar an die benachbarte Kirche St. Johann. Die Sakristei wurde dadurch völlig überbaut, und auch am Glockenturm mußten mehrere Fenster vermauert werden. Dadurch fühlte sich das Stift St. Johann beengt und benachteiligt. So klagt der Chronist im Stiftsprotokoll: „1563 in der Fasten hat Bischof Veit... sich... unterstanden, ein unnützes Gebäude vor und über unserer Sakristei (aufzuführen)... Auch etliche Fenster in unserem Turm verbaut. Gedachter unnützer Bau kommt dem Stift zu großem, merklichem Schaden. Denn alle Kleinodien in der Sakristei verschimmeln, daß man schier nicht darein mehr tun darf..." Im ersten Obergeschoß des östlichen Südflügels liegt ein schmaler, von zwei gratigen Kreuzjochen überwölbter kapellenartiger Raum. Nach Mitte des 16. Jahrhunderts wurde er mit Renaissancemalerei geschmückt: Rundmedaillons mit den Bildnissen der Evangelisten und Kirchenlehrer. Vier einfache Spitzbogenfenster erhellen ihn. Wahrscheinlich handelt es sich hierbei um die von Gölgl erwähnte Hofkapelle St. Michael.

Der über dieser Kapelle gelegene Raum, der ebenfalls sakralen Zwecken gedient haben mag, dürfte um 1600 seine Ausstattung erhalten haben. Kräftige Zierstäbe gliedern seine Flachdecke; in den Feldern Engelsköpfe. Ein unter der Decke umlaufender Fries zeigt Szenen aus der Leidensgeschichte in stuckierten Rahmen. Beide Räume wurden ab 1973 restauriert und bergen nun das Domschatzmuseum.

Ein eifriger Erweiterer und Verschönerer des Bischofshofes war der baufreudige Bischof David Kölderer von Burgstall (1567—1579). Er dürfte der Erbauer des kuppelbedachten Runderkers an der Nordwestecke des Gebäudekomplexes gewesen sein, in dessen Kehlung sich, allerdings ziemlich klein, das Wappen des Hochstifts und das der Familie Kölderer mit der Jahreszahl 1573 findet. Während der Regierungszeit Bischof Kölderers entstanden auch die Fenstergewände an der Hofseite des Westflügels, von denen eines unter der Sohlbank das weitgehend verwitterte Wappen der Kölderer und die Jahreszahl 1570 trägt. Zwei der Fenster zeichnen sich durch schöne Renaissancegewände von rotem Marmor aus. Bezeichnung im Sturz: ANNO DOMINI MDLXX (1570). Gleiche Fensterarchitekturen kommen auch an der Hofseite des Südflügels vor. Auch an diesem Gebäudeteil gehen Bauarbeiten auf Bischof Kölderer zurück. Das beweist sein Wappen, das sich im Verein mit dem des Hochstifts und der Jahreszahl 1573 im Tympanon des östlichen der beiden Portale findet.

1574 ließ Bischof Kölderer den Bischofshof durch den aus Salzburg stammenden Maler Melchior Bocksberger mit Fresken schmücken. Sie hatten die feierlichen Einzüge zu den Reichstagen in Regensburg zum Thema. Von den Fresken blieb nichts erhalten.

Mit der Regierungszeit David Kölderers war die Bautätigkeit am Bischofshof im wesentlichen abgeschlossen. Der Südflügel steht in unmittelbarer baulicher Verbindung mit dem Dom. Vom Hof aus gelangt man über eine Freitreppe in einen Vorraum, von dem aus ein Rustikaportal den Zugang zum Dom vermittelt. In der Ostwand dieses Vorraumes sind zwei Wappensteine eingelassen. Das rechte der Wappen, dem leider das Mittelstück fehlt, ist das des Bischofs Albert IV. Graf von Törring (1613—1649). Albert fügte der Bischofsresidenz zwar keine neuen Bauteile hinzu, war aber bedacht, durch fortwährende Restaurierungsarbeiten den Bestand zu erhalten. Noch einmal findet sich sein Wappen mit der Jahreszahl 1617 an der Decke eines barock überwölbten Raumes im zweiten Stock des Südflügels.

Unter seinem Nachfolger, Bischof Wilhelm Graf von Wartenberg (1649—1661), zogen wieder Bauleute in den Bischofshof. Bischof Wilhelm war ein ebenso geistvoller wie geschäftstüchtiger Kirchenfürst. 1649 ließ er östlich an den Bischofshof ein Brauhaus anbauen. Die heutige Brauerei Bischofshof geht auf diese Gründung zurück. Der Regensburger Rat erlaubte 1655, das Überwasser des Brunnens am Krauterermarkt in die bischöfliche Brauerei zu leiten. Dafür gestatteten der Bischof und die Äbtissin von Niedermünster, die Rohre der neuen Brunnstube am Eisbuckel durch ihre Felder in die Stadt zu legen. Unter Bischof Antonius von Henle (1906—1927) wurde der Betrieb in die 1908—10 erbaute Brauerei an der Dechbettener Straße verlegt.

Seit frühester Zeit beanspruchte die Kirche die Disziplinargewalt über ihre Diener. Als Strafen für Vergehen oder unwürdiges Verhalten von Klerikern kannte die geistliche Gerichtsbarkeit Schmälerung der Pfründe, Geldbußen, Suspension auf bestimmte Zeit, Verstoßung in ein Kloster, aber auch körperliche Züchtigung und Einsperrung in ein Gefängnis.

Im Bischofshof zu Regensburg standen für diesen Zweck zwei berüchtigte bischöfliche Gefängnisse bereit, von denen eines „Ochs", das andere „Kuh" genannt wurde. Die Ausdrücke „Kue" und „Kuhloch" für geistliche Gefängnisse finden sich auch in Grimms „Deutschem Wörterbuch": „bate hernach der pfaff den pfleger, das er ein still schwige und in nicht in das kueloch brächte, umb tausent gotteswillen, so doch hundert genug gewesen wären." Schmeller kennt ebenfalls die „Kue". In seinem „Bayerischen Wörterbuch" gibt er eine Spottschrift wieder, die in einem der Gefängnisse des Bischofshofes in die Wand eingegraben war: „Ich bin das Kalb, lieg in der Kue / Und Kleierl ist der Stier dazu." Kleierl war Konsistorialrat im Regensburger Domkapitel. Er lebte um die Mitte des 18. Jahrhunderts.

Schuegraf stellte zu seiner Zeit (um 1850) Untersuchungen über die Gefängnisse im Bischofshof an, die folgendes Ergebnis brachten: Es fanden sich zwei Zellen, von denen jede ein kleines, mit Eisenstäben gesichertes Fenster besaß. Die Türen bestanden aus Eichenbalken, die durch Eisenbänder zusammengehalten waren. Eine kleine Öffnung diente zum Reichen der Speisen. In jeder der Strafzellen war ein irdener Ofen aufgestellt. Körbe aus Eisengeflecht sollten ein Entweichen der Gefangenen durch den Kamin verhindern. Eine Inschrift unter einem der Fenstersimse, die durch Überweißen allerdings unleserlich geworden war, hielt Schuegraf für den bei Schmeller wiedergegebenen Vers. Leider gibt Schuegraf die genaue Lage der Gefängnisse nicht an. In seiner „Geschichte des Domes von Regensburg" schreibt er: „... beider Fenster Aussicht reicht in einen finstern Winkel des schwarzen Domes, von wo aus die Delinquenten höchstens die in den Chor gehenden Domherren sehen, jedoch nichts hören konnten, als die Chormusik oder den Chorgesang." Demnach könnten die Gefängnisse nur in dem Teil des Bischofshofes gewesen sein, der unmittelbar an das kleine Höfchen beim Nordeingang des Domes grenzt. Wohl finden sich hier vergitterte Fenster, die zu Räumen des Bischofshofes gehören. Die Ausmaße der Fenster sowie die Größe der zugehörigen Räume lassen aber keinesfalls auf Gefängnisse schließen. Die Strafzellen könnten auch Einbauten in größere Räume gewesen und so nicht mehr nachweisbar sein.

WATMARKT

Man wird den Blick in die krummen Gassen Alt-Regensburgs nicht satt: trotzigdüster ist der Anblick der mächtigen Geschlechterburgen; steil ragen die schmucklosen Stirnmauern. Schwarze Patina überzieht drohende Wehrtürme, Sinnbilder urwüchsiger Kraft versunkenen Stadtadels. Rundbogenpforten führen in geheimnisvolles Dunkel, schmalbrüstige Giebelhäuser winden sich zwischen schwerblütigen Hausfronten hoch empor, stets neue Straßenbilder schaffend, nie sich wiederholend.

Über eine sanfte Bodenwelle steigt das Gäßchen hinter dem Goliathblock an: der Watmarkt. Diese eigenartige Bezeichnung leitet sich ab von dem mittelhochdeutschen Wort waeten, das bedeutet kleiden, sich bekleiden. wât heißt Kleider, auch Gewandstoff, Zeug. Der Watmarkt ist also jene Stelle, an der Kleider und Stoffe feilgeboten wurden, er war der Tuch- oder Zeugmarkt. Als „alter Watmarkt" wird der Platz bereits 1329 genannt.

Das Goliathhaus, Watmarkt 5 (F 19/20)

Wer von der Brückstraße stadteinwärts schreitet, dem öffnet sich auf das Goliathhaus ein Blick von himmelragender Wucht. Schlichtheit und Reichtum verbinden sich in dieser monumentalen Schaufront, die selbst den vertrauten Betrachter immer wieder in ihren Bann schlägt. Neben dem Haus an der Heuport ist der Goliathblock die imposanteste Regensburger Stadtburg. Wenn italienische Deutschlandreisende des 14. Jahrhunderts von Regensburg berichten, daß die Stadt mit den herrlichsten Palästen prange, so darf dieses Lob vornehmlich die Goliathburg in Anspruch nehmen.

Das Goliathhaus gilt als das Stammhaus der Patrizierfamilie der Thundorfer, deren Angehöriger, Bischof Leo, in der Baugeschichte des Domes 1275 eine bedeutende Rolle spielte. 1290 tritt Hermann der Thundorfer als Besitzer auf. 1302—1314 ist Ulrich Thundorfer als Eigentümer nachzuweisen. Den Thundorfern folgten als Herren des Hauses die Dollinger; um 1364 ist die Familie Maller als Besitzer beurkundet. Martin Tucher, ein Angehöriger des berühmten Nürnberger Patriziergeschlechts, erscheint von 1521—1546 als Eigentümer des Hauses. Seiner 1521 verstorbenen Gattin Margareta, die ihre Ruhestätte in der Ulrichskirche fand, ließ er ein Bronzeepitaph setzen, das in der Werkstätte des bedeutenden Erzgießers Peter Vischer in Nürnberg entstand. Das Denkmal wurde später in den Dom transferiert, wo es sich gegenwärtig an der inneren Westwand befindet. 1573 erwarb der Bürger Wolf Naufletzer den umfangreichen Besitz von dem Ratsherrn Wolf Eckenthaler. Seit 1722 erscheint in den Hausbriefen die Familie Reinhard als Besitzer; ihr folgte der Regensburger Stadtsyndikus und Geschichtsschreiber Georg Gottlieb Plato, genannt Wild. Unter seinen Kindern erfolgte eine Aufteilung der großen Bauanlage. Der Hausteil F 19 befand sich während des 19. Jahrhunderts im Besitz der Zinngießerfamilie Wiedamann.

Die alten Hausbriefe nennen das Gebäude stets „Haus am Watmarkt". Der Name „zum Goliath" erscheint urkundlich erstmals in einem Kaufbrief vom 17. März 1573. Wohl nur kurze Zeit vorher malte der führende Meister der Fassadenmalerei in Süddeutschland, Melchior Bocks-

16. Wappen an einem Schlußstein des Goliathhauses. Bleistiftskizze von Schuegraf. Hist. Verein

berger, das Bild vom Kampfe Davids mit dem Riesen an die Hausfront, das, oftmals erneuert, zu den vorzüglichsten Wahrzeichen der Stadt gehört. Der Name „Goliath", so möchte man meinen, sei durch das Gemälde bedingt und stamme aus dessen Entstehungszeit vor 1573. Der Name ist aber weit älter. Schuegraf, der 1840 eine Schrift „Das Haus zum Riesen Goliath" erscheinen ließ, fand zu dieser Zeit am Kellergewölbe über dem Hausbrunnen einen Schlußstein, dessen Reliefbild einem Korb mit 5 Äpfeln nicht unähnlich sah. Dem Handexemplar seiner Schrift (im Historischen Verein) hat Schuegraf eine Seite mit zusätzlichen Notizen beigefügt. Darauf findet sich u. a. eine Bleistiftskizze dieses Schlußsteines mit der Zuschrift „Goliath 1521". Damit ist der Beweis erbracht, daß es die Bezeichnung „Goliath" für das Haus bereits vor der ersten urkundlichen Erwähnung von 1573 gab und auch längst vor der Entstehung des Freskogemäldes. Bei genauer Betrachtung der Zeichnung des Schlußsteinreliefs gelangte J. N. Schwäbl zu einem Ergebnis, das durch Scharfsinnigkeit und Logik verblüfft: Das Bild, das einem Behälter mit 5 rundlichen Äpfeln ähnelt, kann ebensogut eine Tasche vorstellen, aus der 5 flache, runde Steine herausschauen. „Und er (David) nahm seinen Stab, den er immer in der Hand hatte, und wählte sich fünf glatte Steine aus dem Bach und tat sie in seine Hirtentasche, die er bei sich trug", heißt es im 1. Buch der Könige. Kann es da noch einen Zweifel geben, daß der Schlußstein jene Tasche mit den 5 Steinen darstellen sollte, der Hausbrunnen aber, über dem er sich befand, Symbol des Baches war? Zum besseren Verständnis ließ der damalige Hausbesitzer — es dürfte Martin Tucher gewesen sein — noch die Schrift „Goliath 1521" hinzufügen. Nicht das Freskogemälde gab demnach Anlaß zu der Benennung „Goliath", sondern umgekehrt, der bereits längst vorhandene Hausname „Goliath" veranlaßte die Anbringung des Gemäldes. Leider sind seit Ende des vergangenen Jahrhunderts so tiefgreifende bauliche Veränderungen im Innern des Hauses, auch in den Kellern, vorgenommen worden, daß von besagtem Schlußstein und dem Brunnen keine Spur mehr zu finden ist.

Woher rührt nun ursprünglich die Bezeichnung „Goliath"? Goliarden nannten sich seit dem 12. Jahrhundert fahrende Theologiestudenten. Der Name bezieht sich auf ihren angeblichen Schutzpatron Golias, bei dem man vielleicht auch an den Riesen Goliath dachte. Diese Goliarden hatten in den Städten ihre eigenen Herbergen. In Regensburg könnte diese Goliardenherberge an der Stelle des späteren Goliathhauses gewesen sein. Der Ort dafür in nächster Nähe des Bischofssitzes und der Steinernen Brücke scheint dafür günstig. Diese Herberge wird man schon damals Golias- oder Goliathhaus genannt haben, ein Name, der dann auf den um 1260 erfolgten Bau des jetzigen Goliathhauses übernommen wurde. Diese Annahme gewinnt um so mehr an Wahrscheinlichkeit, als bereits im 11. Jahrhundert die Hofstätten an der heutigen Goliathstraße dem Bischof bzw. dem Hochstift gehörten, und das spätere Goliathhaus noch im 17. und 18. Jahrhundert zu einem Drittel in einem Lehensverhältnis zum Hochstift stand.

Der Turm, der die ganze Tiefe der Anlage zwischen Goliathstraße und Watmarkt einnimmt, endigt mit einem Zinnenkranz. Nach Osten schließt der Wohnbau an. Die beherrschende Nordfront an der Goliathstraße mit dem monumentalen Freskogemälde ruht auf den Fundamenten der Römermauer. Im 2. Obergeschoß eine dreiteilige und eine zweiteilige spitzbogige Fenstergruppe, aus deren Trennungssäulchen frühgotisches Knospenwerk bricht. Eine zweiteilige, im Rundbogen sich öffnende Fenstergruppe mit Kelchknospenkapitell im 3. Obergeschoß gestattet eine Datierung in die Zeit um 1220/30. Zwischen dem 1. und 2. Obergeschoß des Turmes liegt die Quaderung eines schmalen Rundbogenpförtchens frei, das einstmals den Zugang zu einem Erker oder einem Schwibbogen vermittelte. Aus der gezinnten Stirnmauer des Wohnbaues springen auf reich profilierten Konsolen zwei polygone Türmchen aus (ebenso an der Südseite am Watmarkt), die wohl der Renaissancezeit entstammen.

Die Südfront des Hauses besitzt wegen des ansteigenden Geländes ein Stockwerk weniger. Aus dem Ostteil des Wohnbaues ragt über architektonisch reich gebildeter Vorkragung ein ganz aus Werksteinen gefügter Erker, dessen dreiseitiges Pyramidendach von zierlichen Kantenbossen gesäumt, in einer Kreuzblume endigt. Breites, spitzbogiges Fenster; die Seitenfenster, ebenfalls spitzbo-

17. Goliathhaus. Farbige Zeichnung, 1723. Museum

gig, mit profilierten Gewänden. Der Erker, gegen Ende des 14. Jahrhunderts entstanden, sitzt in der Vermauerung einer einstmals offenen Laube, einer Loggia. Ein Erker mit Eckverquaderung befand sich nach Ausweis einer Darstellung des Goliathhauses von 1723 (Abb. 17) auch an der Nordfassade. Eine Abbildung des Hauses von Joh. Michael Amler von 1821 läßt ihn ebenfalls noch erkennen.

Im Innern wies das Haus zahlreiche Wölbungen auf. Leider erfolgte 1897/98 eine totale Entkernung, die das Haus nahezu aushöhlte, so daß von den Architekturen im Innern kaum noch etwas erhalten ist. Zeichnungen einzelner Architekturdetails verdanken wir C. Th. Pohlig.

Anziehungspunkt des Hauses ist immer wieder das monumentale Freskogemälde. Den Regensburgern ist das Bild schon so sehr vertraut, daß sie kaum noch darüber nachdenken, warum man zur Ausschmückung der großen Hausfront ausgerechnet diese alttestamentarische Szene wählte, die doch zur Geschichte des Hauses und der Stadt in keinerlei Beziehung zu stehen scheint. Diese Frage hat die lokale Geschichtsforschung schon mehrfach beschäftigt. Den exakten Nachforschungen und scharfsinnigen Beobachtungen J. N. Schwäbls ist es gelungen, eine Antwort darauf zu finden.

Im Jahre 1845 erfolgte auf Anregung König Ludwigs I. von Bayern und hauptsächlich auf dessen Kosten eine Erneuerung des Gemäldes durch den Regensburger Maler Johann Kransberger. Daran knüpft sich nachfolgende Anekdote: Zu jener Zeit ritt täglich der alte Freiherr Anton von Quentel in altväterisch grasgrünem Frack, mit riesigem Schnurrbart und mächtigen Sporen auf schneeweißem Schimmel am Goliath vorbei. Er war pensionierter Mautoberbeamter und wohnte 1844 im Vorgänger des Hauses Maximilianstraße 25 (G 131). Kransberger erlaubte sich nun auf Kosten des alten Herrn einen Scherz. Zu Füßen des Riesen Goliath malte er einen grasgrünen Laubfrosch mit Schnurrbart und Sporen, worüber die Regensburger herzlich lachten. Der Frosch ist heute noch zu sehen, nur ließen spätere Restauratoren des Bildes Bart und Sporen weg, weil sie deren Sinn nicht mehr verstanden. Sie faßten den Frosch wohl als Charakterbild des Riesen auf und malten im Gegensatz dazu auf der Seite des Davids mehrere Lilien als Attribut der Lauterkeit der Gesinnung und des Glaubens.

Dieser Frosch dürfte indes keine freie Erfindung Kranzbergers gewesen sein, obgleich er auf dem von ihm zu restaurierenden Gemälde nicht vorhanden war. Sicherlich lag dem Künstler bei seiner Arbeit die älteste Wiedergabe des Goliathbildes vor, ein Holzschnitt, der die Fassung von 1683 wiedergibt. Darauf sieht man zu Füßen des Riesen vor einem Grasbüschel ein froschähnliches Wesen, das Kransberger dann 1845 in einen anatomisch richtigen Frosch umwandelte und zum Spott auf den Herrn Quentel mit Bart und Sporen ausstattete.

Leider erfuhr Schuegraf erst nach Erscheinen seiner genannten Schrift über das Goliathhaus eine Volksüberlieferung, die eine neue, wie wir später sehen werden, sehr überzeugende Deutung des Goliathgemäldes ermöglicht, und die Schuegraf auf die Innenseite des vorderen Einbanddeckels des Handexemplares seiner Schrift mit Bleistift eintrug: Zwei benachbarte Regensburger Kaufleute lagen in stetem Wettstreit. Jeder suchte das beste Geschäft für sich zu gewinnen. Der eine von ihnen war mächtiger und reicher und sah deshalb voll Hochmut und Verachtung auf seinen

18. Kolossalgemälde des Goliath in der Fassung von 1683. Holzschnitt

bescheideneren Kollegen herab, der seine Kundschaft solide und redlich bediente. Allmählich aber begannen die Reichtümer des stolzen Kaufmanns zu schwinden, seine Geschäfte gingen zurück und schließlich bedeutete er für den redlichen Kaufmann keine Konkurrenz mehr. Zur Erinnerung an den Wettstreit und an den Sieg der Bescheidenheit über den Hochmut, wohl aber auch zur eigenen Mahnung, ließ er den Kampf Davids mit dem prahlerischen Goliath an die Wand seines Hauses malen.

Schwäbl konnte nun diese Überlieferung durch das Goliathbild in seiner ursprünglichen Fassung untermauern. Wie bereits erwähnt, zeigt dieses vor einem Grasbüschel ein froschähnliches Tier. „Froschbeißen" oder „fröscheln" heißt ein Spiel des 16. Jahrhunderts, vermutlich ein Würfelspiel. Liegt nun nicht der Schluß nahe, daß der reiche Kaufmann, der Riese, der Spielleidenschaft erlegen ist? Zwischen den Figuren Davids und Goliaths ist ein schraffiertes Rechteck zu sehen, das wohl erst nach einem Vergleich mit der gesamten Hausfront den Eindruck eines Fensters erweckt. Tatsächlich fällt auch nach den heutigen Bauverhältnissen ein Fenster an diese Stelle. Schwäbl ist nun der Ansicht, daß es sich bei dieser Darstellung nicht um ein Fenster handelt, dazu, so meint er, sei es viel zu schlecht gezeichnet. Außerdem, so folgert er weiter, hätte der Zeichner auch die übrigen Fenster angedeutet, schon deshalb, um die Größe des Bildes zu veranschaulichen. Vielmehr könnte es sich bei diesem Rechteck um die Darstellung eines Gefäßes handeln, um einen Würfelbecher oder um einen Weinkrug. Dafür, so meint Schwäbl, spreche außer der Schraffierung auch der starke obere Begrenzungsstrich, der die Öffnung des Gefäßes zum Ausdruck bringen soll. Diesen Überlegungen nach wäre der reiche Kaufmann dem Spiel und dem Trunk zum Opfer gefallen.

Das Haus mit dem Bräunelturm, Watmarkt 6 (F 16)

Der spätromanische Bräunelturm setzt einen wichtigen Akzent im Stadtbild, namentlich jener Ansicht, die sich dem Betrachter von der Steinernen Brücke aus darbietet. Seine ehemaligen Zinnen über dem 5. Obergeschoß schloß das Barockzeitalter mit Ziegelmauerwerk, setzte ein 6. Geschoß darauf und deckte es mit einem Walmdach. In seine Nordfront am Watmarkt wurde in hochgotischer Zeit, um 1320, ein Tor eingebrochen, das, heute zugesetzt, als Schaufenster dient. Erhalten blieb seine Architektur: geschrägtes Gewände, reich profilierte Kämpfer, gestelzter Stichbogen. Durch Abtragung des Straßenniveaus sitzen die Sockelsteine nicht mehr auf dem Boden auf.

Etwa gleichzeitig mit dem Turmportal entstand gegen 1320 der westlich angebaute Wohntrakt an der Ecke Watmarkt — Tändlergasse, der mit einem Pultdach an den Turm schließt. Bemerkenswert der romanische Keller unter dem Nordteil des Wohntrakts. Vier kreuzgratgewölbte Joche, durch Gurtbögen geschieden, gruppieren sich um eine quadratische Mittelsäule. Die Fassade des Wohnbaus am Watmarkt öffnet sich im Erdgeschoß mit einem Portal, ähnlich jenem des Turmes. Im 3. Obergeschoß eine doppelte Fensterarkade, von Blendspitzbögen überhöht.

Der Nordteil der Fassade an der Tändlergasse und der Westteil der Front am Watmarkt trugen bis 1873 in den Obergeschossen eine Vorkragung aus Holzfachwerk. Darauf weisen heute noch zwei Konsolsteine hin: eine mit feinfiedrigem Blattwerk belegte Doppelkonsole aus dem Anfang des 14. Jahrhunderts an der Tändlergasse sowie die Eckkonsole am Watmarkt (auf der eine steinerne Urne steht). Eine dritte Konsole, 1964 gefunden, zeigt den Kopf eines Mannes mit gelocktem Haar. Sie wurde in die Ostmauer des Anbaues eingesetzt.

Im Eckraum des Erdgeschosses einjochiges Kreuzrippengewölbe. Schlußstein mit Blätterkranz und Blüte. Die Rippen ruhen auf Ecksäulchen mit plastischer Zier: Blattmotive, in der Nordwestecke ein Fabelwesen. Der ehemals zweijochige Raum darf als die einstige Hauskapelle angesehen werden.

Das Baumburgerhaus, Watmarkt 4 (F 7)

Trutzig erhebt der mächtige Turm des Patrizierhauses der Baumburger am Watmarkt sein Haupt über die Dächer der alten Stadt, sieben Jahrhunderte Regensburger Geschichte überdauernd, der Welt und ihren Stürmen trotzend. Um 1270 war sein Bau vollendet. Er erlebte Aufstieg, Reichtum und Niedergang der Stadt, mittelalterliche Belagerungen, barockes Fürstengepränge, Plünderungen, Franzosennot. Noch heute blickt er auf die Menschen zu seinen Füßen herab wie auf wunderliche Zwerge, die kommen und gehen, lachen und leiden.

Als früheste Besitzer von Turm und Wohnbau werden die reichen Ingolstetter genannt. Nach C. W. Neumann soll es deren Stammhaus sein. Den Namen erhielt die Wohnburg von den Baumburgern, die während des 14. Jahrhunderts dort ihren Wohnsitz hatten. Seit 1762 wird im Baumburgerhaus das Spenglerhandwerk betrieben. Von 1806 an gehörte das Anwesen der Familie Hochapfel, weshalb sich in der älteren Literatur der Name „Hochapfelturm" festsetzte.

Nächst dem Goldenen Turm in der Wahlenstraße ist der frühgotische Baumburgerturm der höchste, der unberührteste und der am reichsten mit schmückenden Architekturen ausgestattete Regensburger Patrizierturm. Nahezu 28 m hoch ragt der siebengeschossige Bau, dessen Erscheinungsbild, namentlich von der Goliathstraße aus, von großer Eindringlichkeit ist.

Im 1. Obergeschoß öffnet sich der weitgespannte Rundbogen einer Loggia. Diese Lauben, nach italienischen Vorbildern entstanden, mögen den Kaufleuten zum Auslegen und Aushängen von Waren gedient haben, gewiß aber auch zu gesellschaftlichem Aufenthalt, eine „auf Zeigen und Sich-Zeigen-können bedachte Architekturform" (Richard Strobel: Das Bürgerhaus in Regensburg, 1976, S. 184).

Die nach oben folgenden Geschosse öffnen sich an der nördlichen Schaufront mit variierenden Fensterformen von immer neuer Erfindungs- und Gestaltungskraft. 2. und 3. Obergeschoß: je eine dreiteilige Fensterarkade mit überhöhter, gestelzter Mittelöffnung, mit flachem, krabbenbesetztem Giebel verdacht. 4. Obergeschoß: Zweierarkade, Trennungssäulchen mit Kelchblattkapitell, gerade Verdachung. 5. Obergeschoß: Fenster im Zackenbogen ausgesetzt, Steilgiebelverdachung, von Dreiblatt bekrönt. 6. Obergeschoß: Fenster mit Doppelbogen, ehemals durch Mittelpfosten geteilt, durch bevorzugte plastische Ausstattung hervorgehoben. Dem freien Auge von der Straße aus kaum erkenntlich, wächst aus dem Scheitel der Giebelverdachung die vollplastisch gearbeitete Halbfigur eines bärtigen Mannes heraus, der auf dem Kopf eine Krone aus drei Dreiblättern trägt. Wie Strobel feststellen konnte, hält die Figur in der linken Hand einen Eisenstift, der als Zepter verstanden werden kann. Die dargestellte Königsfigur könnte demnach St. Oswald sein (s. d.), der Schutzpatron all jener, die sich auf Wanderschaft und Reise befinden. Regensburg gilt als Zentrum einstiger Oswaldverehrung. Oswaldfiguren in nächster Nähe bei der Steinernen Brücke und im Dollingersaal.

Die Westfassade des Turmes ist vom Kohlenmarkt aus in ihrem oberen Teil sichtbar. Im 6. Obergeschoß Doppelarkade, im Feld unter der Verdachung drei ins Dreieck gestellte Rundöffnungen. Zwei nach innen aufschlagende Eisenläden aus der Erbauungszeit. Die Turm-Ostfassade ist vom Watmarkt

19. Baumburgerturm, Watmarkt 4 (F 7), um 1270

aus überschaubar. Erwähnt seien die beiden Fenster des 6. Obergeschosses. Südlich Rechtecköffnung mit Mittelpfosten, überhöht von einem rundbogigen Blendfeld, das mit zwei Spitzbögen und einem Kreis ausgesetzt ist. Gerade Verdachung. Die zwei ursprünglichen eisernen Fensterläden schlagen nach außen auf. Nördlich davon kleineres Rechteckfenster, darüber Rundbogen mit sieben nach unten hängenden Halbkreisen. Maßwerkverblendung in Form von drei tropfenförmigen Figuren, die Spitzen nach außen gerichtet. Der Turm schloß ursprünglich mit einem Zinnenkranz.

Das Erdgeschoß des Turmes überwölben 2 Kreuzjoche. Die tief ansetzenden Rippen entspringen kurzen polygonen Wandpfeilern und münden in verhältnismäßig kleinen, aber reich geschmückten Schlußsteinen. Ein siebenzackiger Stern inmitten eines Blätterkranzes bildet die plastische Zier des Schlußsteins im Südjoch, jener im Nordjoch läßt inmitten eines Blattkranzes Trauben und den Kopf eines Tieres erkennen. Der Raum ist als die einstige Hauskapelle zu erkennen. Urkundliche Nachrichten fehlen.

An den Turm schließt nach Osten der spätgotische Wohnbau an. Den Zugang von der Straße aus vermittelt eine barocke Rundbogentüre, deren Bogenfeld ein Oberlichtgitter mit Voluten und Masken aus der Zeit um 1600 schließt. Das Ostzimmer im 1. Obergeschoß mit Kassettendecke und reich ornamentierter Türe der Barockzeit.

Südlich des Turmes liegt ein kleiner Hof mit Renaissancearkaden.

Das ehemalige Fabriziushaus (F 22)

An das Goliathhaus schlossen ehemals nach Westen zwei Bürgerhäuser an, das sog. Betzingerhaus (F 21) und daran das Fabriziushaus (F 22). Bis 1860 gehörte es der Kaufmannsfamilie Fabrizius. Der Stadtplan von 1808 (Stadtgrundrisse Nr. 19) verzeichnet deshalb für das kurze Straßenstück vom Kohlenmarkt zum Baumburgerturm den Namen Fabriziusgasse. Das Haus zeichnete sich durch zahlreiche gotische Schmuckelemente aus. An der Nordecke befand sich unter hohem gedrehten Baldachin die steinerne Hausmadonna aus dem späten 15. Jahrhundert (jetzt im Museum, Minoritenkirche). Beide Häuser fielen 1902/04 dem Abbruch anheim.

UNTER DEN SCHWIBBÖGEN

Unter Schwibbögen versteht man brückenähnliche, mehr oder weniger weit gespannte Gurtbögen, die zwischen gegenüberliegenden Mauern eingezogen sind. Diese Schwibbögen dienten dazu, gegenüberliegende Häuser gegenseitig abzustützen, oder, wenn die Bögen begehbar waren, eine räumliche Verbindung zwischen getrennten Anwesen herzustellen. Ein besonders schönes Beispiel eines Schwibbogens bietet der Übergang von der Domsakristei zum Kapitelhaus. Ein Schwibbogen verbindet den Herzogshof mit dem Römerturm. Schwibbögen, die der Abstützung dienen, finden sich im Einhorngäßchen und im Rehgäßchen. 5 Schwibbögen stützen die Häuser Tändlergasse 10 (E 36) und 8 (E 37) gegenseitig ab.

Den Namen schöpfte die Straße Unter den Schwibbögen von drei begehbaren Brücken, die einstmals die Straße überspannten und getrennt liegende bischöfliche Gebäude miteinander verbanden. Auf Merians Vogelschauplan von 1644 (Stadtgrundrisse Nr. 4) sind die Bögen deutlich erkennbar. Der westlichste Bogen, der die 1910 abgetragene bischöfliche Brauerei (F 118) mit dem gegenüberliegenden Haus Unter den Schwibbögen 11 (F 111) verband, wurde 1812 beseitigt. Die östlich davon gelegenen Bögen zwischen den Häusern Unter den Schwibbögen Nr. 2 (F 119) und Nr. 15 (F 109) sowie zwischen Nr. 4 (F 120) und Nr. 17 (F 105) blieben bis in die 2. Hälfte des 19. Jahrhunderts erhalten. Durch Um- und Neubauten der betreffenden Häuser ist von den Bögen heute nichts mehr zu erkennen.

Das Wort Schwibbogen läßt zwei verschiedene Deutungen zu: entweder ist es abgeleitet von „schweben" oder es hat die Bedeutung von „schweifen"; beides hängt eng mit der Statik bzw. der Form des Bogens zusammen.

Die Bezeichnung „Unter den Schwibbögen" kommt erstmals auf dem Stadtplan von 1694 vor (Stadtgrundrisse Nr. 8). Der westliche Teil der Straße hieß einstmals auch Radlgasse, weil sich im Haus Nr. 3 (F 115) die Gastwirtschaft „Goldenes Rädel" (s. d.) befand, in der 1747 ein Holländer gegen Entgelt ein allgemein bestauntes Nashorn sehen ließ. Die Straße verläuft hart an der Nordseite des Römerkastells, dessen in Teilen erhaltene nördliche Toranlage, die

Porta Praetoria

hier freiliegt. Unter Kaiser Marcus Aurelius erfolgte 179 n. Chr. die Vollendung des Kastells Castra Regina, d. h. Lager beim Fluß Regen, an strategisch wichtiger Stelle, am nördlichsten Punkt der Do-

20. *Porta Praetoria. Nordtor des Legionslagers Castra Regina. Vollendet 179 n. Chr. Westliche Toröffnung und östlicher Flankenturm.*

nau. Hier lag die III. Italische Legion mit einer Stärke von 6000 Mann. Die Bauzeit darf mit fünf Jahren angenommen werden.

Bereits 932 wird dieses Nordtor als Porta Aquarum, als „Wassertor" genannt. Dem Bewußtsein entschwand es durch die Überbauung der Via Praetoria (s. d.) im hohen Mittelalter und besonders seit 1649, als es in den Bau des bischöflichen Brauhauses einbezogen wurde. Dabei erfolgten teilweise zerstörende Eingriffe in den ursprünglichen Baubestand.

1885 wurde die Toranlage aufgedeckt und 1887 von der Verbauung befreit, so, wie sie sich heute dem Betrachter darbietet. Erst 1971 ließ ein Grabungsbefund die ursprüngliche Anlage des Tores erkennen. Während man bis dahin den Torbogen für den einzigen gehalten hat, konnte festgestellt werden, daß er der westliche Bogen einer einstmals zweitorigen, von zwei halbrund vorspringenden Türmen flankierten Anlage ist. 13 keilförmige, radial genau aufeinander abgepaßte Kalksteinblöcke, ohne Mörtel versetzt, bilden den Bogen der 4 m breiten Toröffnung. Die Vermauerung der östlichen Durchfahrt erfolgte wohl aus Gründen der Sicherheit zu unbekannter Zeit, spätestens jedoch im frühen Mittelalter. Der östliche Flankenturm erhebt sich 11 m über das heutige Straßenpflaster, das sich durch Schuttanhäufung seit römischer Zeit um etwa 1,30 m angehoben hat. Der Turm steckt dadurch mit seiner Sockelzone im Erdreich. In einer Höhe von ca. 5 m umläuft ihn ein Sims, bestehend aus 3 Platten und 3 Kehlen. Das darüberliegende Geschoß durchbrechen fünf Rundbogenfenster, deren Kämpfer weitgehend verstümmelt sind. Die Öffnungen dienten der Verteidigung der Toranlage. Mit Sicherheit fanden die Fenster einst eine Fortsetzung in dem Mittelstück zwischen den Türmen über den beiden Toröffnungen. Vom westlichen Flankenturm ist heute nichts mehr zu sehen; seine Fundamente konnten bei Grabungen 1971 festgestellt werden. Die westlich der Toröffnung freiliegenden Quader stammen von der Umfassungsmauer, die hier an den westlichen Flankenturm anschloß. Nach der viel größeren Porta Nigra in Trier ist die Porta Praetoria der älteste Hochbau in Deutschland.

Die Gastwirtschaft „Zum Walfisch", Unter den Schwibbögen 21 (F 143)

Es ist ein romantischer Schimmer, der die alten Wirtshausschilder umgibt, die an schmucken Eisengestängen weit in die Gassen Alt-Regensburgs hineinragen. Die kunstvollen Schmiedearbeiten laden zuweilen noch heute zu besinnlicher Einkehr und zum Ausruhen vom Getriebe der großen Straßen.

Regensburgs originellstes Wirtshausschild ist das der Gaststätte „Zum Walfisch" Unter den Schwibbögen. Ein aus Eisenblech getriebener Riesenfisch spuckt aus dem weitgeöffneten Maul den Jonas, der mit ausgestreckten Armen in die Freiheit flieht. Eine zierliche aus Blech geschnittene Postkutsche bekrönt das Gestänge. Das schöne um 1800 entstandene Wirtshauszeichen ließ der Weingastwirt Kaspar Reck anfertigen, der zu Beginn des 19. Jahrhunderts den Gasthof „Zum Walfisch" führte. Sein Monogramm C R ist in das Ornament des Gestänges geflochten.

Das alte, schon im 16. Jahrhundert erwähnte Gasthaus war Schauplatz eines galanten Abenteuers des englischen Poeten Sir George Etherege, der von 1685 bis 1688 als Gesandter Englands beim Regensburger Reichstag tätig war. Das nicht sehr umfangreiche dramatische Werk Ethereges gilt als ein Beispiel der englischen Restaurations- und Sittenkomödie, die als Reaktion auf die Freiheitsbeschränkungen des Puritanismus zu werten ist. Eine Sammlung seiner Briefe, die „Letter-Books", bilden die wichtigste biographische Quelle zu Ethereges Regensburger Aufenthalt. Sie kennzeichnen den Gesandten als leidenschaftlichen Kartenspieler, als Verächter scheinheiliger bürgerlicher Moral und als Freund leichtlebiger Mädchen. Geradezu schockierend wirkt sein Benehmen in der trotz des Reichstages kleinbürgerlichen Welt Regensburgs: Der englische Diplomat unternimmt mit gleichgesinnten Freunden Bierreisen durch die verrufensten Kneipen der Stadt, schläft einmal seinen Rausch im Kot der Straße aus und was noch schlimmer ist: an einem geheiligten Feiertag (am Tag des hl. Ludwig 1686) läßt er zwei Kellnerinnen in seinem Zimmer splitternackt tanzen. Anschließend begibt er sich, selbst nur mit einem Hemd bekleidet, mit den Damen auf die Straße. Seine Kollegen vom Reichstag mit ihrer sicher oft verlogenen Sittsamkeit kritisiert er scharf: „Die Herren des Reichstages haben immer ihren Charakter an und legen ihn, wie mir scheint, nicht einmal dann ab, wenn sie sich zu ihren Frauen oder Mätressen begeben."

George Ethereges Beziehungen zum „Walfisch" knüpfen an einen zu jener Zeit viel diskutierten Skandal, den sein amouröses Verhältnis zu einer Nürnberger Schauspielerin namens Julia hervorrief. Während Etherege am 15. November 1686 in seinem Haus mit der Komödiantin speiste, belagerten Regensburger Burschen das Haus und forderten die Herausgabe der übel beleumdeten Dame, eine Episode, die, wenn auch entfernt, an Ludwig und Lola Montez erinnert. Etherege aber verteidigte seine Geliebte tapfer und mit Erfolg, denn es gelang ihm, sie sicher in ihr Quartier im „Walfisch" zu geleiten.

Der Kanonikalhof Unter den Schwibbögen 17 (F 105/106/108)

besteht aus zwei durch einen Garten getrennten Anwesen: einem neueren, um die Jahrhundertwende erbauten Vorderhaus und einem alten Rückgebäude, das bereits an der parallelverlaufenden Thundorferstraße liegt. Dieses Gebäude ist ein Teil des ehemaligen bischöflichen Rentmeisterhofes. In der älteren Literatur erscheint dafür die Bezeichnung „Alter Bischofshof" im Gegensatz zu jenem Gebäudekomplex, der heute als Bischofshof (Krauterermarkt 3 [F 166/177/118]) bezeichnet wird. Die frühe Residenz der Regensburger Bischöfe ist nördlich des Domkreuzgangs, außerhalb der römischen Stadtmauer, zu suchen. Den Grundstücksverhältnissen nach zu schließen lag sie auf dem Areal, das durch die Literanummern F 105 mit 111 (Unter den Schwibbögen 17, 15, 11) ausgewiesen ist. Nach den Erläuterungen des „Bürger-Adreßkalender für die Residenzstadt Regensburg 1808" handelt es sich um geschlossenen bischöflichen Besitz. Die Verbindung mit dem Dombezirk vermittelten drei Schwibbögen, die gleichnamige Straße überspannend. Der mittlere der drei Bögen verband F 109 mit F 119 und stellte somit die Verbindung mit der Empore der Stephanskapelle her. St. Stephan beim Domkreuzgang war bischöfliche Pfalzkapelle. Noch zu Beginn unseres Jahrhunderts war für sie die Bezeichnung „Alter Dom" gebräuchlich. Für den Neubau des heutigen Bischofshofes darf das Jahr 1263 angenommen werden, als Bischof Leo der Thundorfer, ein maßgeblicher Förderer des Dombaues, ein großes Haus und mehrere Hofstätten dem Domstift schenkte.

Das Haus Unter den Schwibbögen 17 (F 105/106/108), in seinem äußeren Erscheinungsbild ein Barockbau, reicht im Kern seiner Anlage in die Romanik. In seinem Mauerwerk steckt noch eine rundbogige Dreierarkade des 12. Jahrhunderts. Auch die Bischöfe Wolfgang und Albertus Magnus sollen hier ihres Amtes gewaltet haben. Schuegraf fand noch zu seiner Zeit (1849) in einer „Vertiefung an der Stiege" ein Bild St. Wolfgangs mit der Beischrift: S. Wolfgangus huius incola — St. Wolfgang, Bewohner dieses Hauses.

Dieses alte Haus hält die Erinnerung an eine der unglücklichsten Gestalten wach, die in der Geschichte Regensburgs eine Rolle spielten: an Dr. Balthasar Hubmair. Zumindest in den Jahren 1515 bis 1519 bewohnte er diesen Domherrnhof. Mit Hubmair beschwören wir die für Regensburg so verhängnisvolle Zeit des ausklingenden Mittelalters. Die Stadt war auf einem Tiefpunkt ihrer wirtschaftlichen Kraft angelangt. Leidenschaften und Fanatismus beherrschten die Menschen. In dieser düsteren Zeit erfüllte sich das Schicksal des Dom- und Wallfahrtspredigers, Antisemiten und Wiedertäufers Hubmair. 1515 wurde er von Ingolstadt, wo er an der dortigen Universität Theologie lehrte, als Domprediger nach Regensburg berufen. Durch seine aufrührerischen

Predigten und Hetzreden verstand er es, die allgemeine Abneigung gegen die Juden zu glühendem Haß zu steigern. Trotz des Redeverbotes, das ihm Kaiser Maximilian auferlegte, machte sich Hubmair zum Führer der Regensburger antisemitischen Bewegung. Er gilt als der Spiritus rector der Judenaustreibung von 1519.

Rasch blühte in dem Holzkirchlein, das in aller Eile anstelle der geschleiften Synagoge am heutigen Neupfarrplatz errichtet wurde, eine Wallfahrt zu Ehren Mariens auf. Hubmair tat nun alles, um die angeblichen Wunder zu verbreiten und dem neuen Gnadenort, zu dessen Prediger er bestellt wurde, zu einem Ruf größter Wunderkraft zu verhelfen. Auf sein Betreiben hin erhielt das Kirchlein mit dem Gnadenbild Altdorfers die Bezeichnung „Zur schönen Maria" (s. d.) nach dem Namen der Stadtpfarrkirche zu Ingolstadt, an der er neben seiner Lehrtätigkeit als Seelsorger gewirkt hatte.

1524 ging Hubmair nach Waldshut in der Schweiz, wo er sich der Lehre Zwinglis anschloß. Bald aber wandte er sich den Wiedertäufern zu und wurde deshalb in Zürich eingekerkert. Sein Fluchtweg führte ihn nach Mähren. Auch dort bemühte er sich, die wiedertäuferischen Lehren auszubreiten. Ein Haftbefehl Kaiser Ferdinands brachte ihn 1527 erneut ins Gefängnis. Obgleich er sich bereiterklärte, seine religiöse Einstellung zu widerrufen und abzuschwören, verurteilte ihn das Ketzergericht zum Tode. 1528 wurde er in Wien auf dem Scheiterhaufen öffentlich verbrannt, seine Frau in der Donau ertränkt.

Im frühen 18. Jahrhundert bewohnte den alten Domherrnhof der Regensburger Weihbischof Gottfried Langwerth von Simmern (s. d.), der Stifter des Katholischen Waisenhauses. In dem Barockportal von 1701, das vom Garten aus den Zugang zum Gebäude vermittelt, hat er sich ein Denkmal gesetzt. Im Giebelfeld prangt sein Wappen: eine Lilie unter einem Turnierkragen.

Auch Graf Kaspar von Sternberg (s. d.), einer der bedeutendsten Gelehrten in Regensburg an der Wende des 18. zum 19. Jahrhundert, bewohnte dieses Haus, das heute noch eine Erinnerung an ihn trägt: Das klassizistische Hoftor zeigt das Schnitzrelief seines Wappens: einen (goldenen) Stern im (blauen) Felde.

Das Haus Unter den Schwibbögen 13 (F 109)

Ein Denkstein an seiner Südwestecke mit dem Wappen des Bischofs Wolfgang II., Freiherrn von Hausen (1600—1613) berichtet, daß dieser Bischof das Haus 1606 „von Grund aus" erbauen ließ.

Das Haus Unter den Schwibbögen 2 (F 119)

schließt nördlich an die Stephanskapelle beim Domkreuzgang, den sog. Alten Dom, an. An seiner Westseite, gegen den durch den Abbruch der bischöflichen Brauerei freigewordenen Platz, erhielt sich ein zweigeschossiger Laubengang, der sich in jedem Stockwerk mit je drei Rundbogenarkaden öffnet. Die Brüstungen im Obergeschoß bestehen aus rautenförmigen Formsteinen. Die Architekturen gehören der Renaissance der 2. Hälfte des 16. Jahrhunderts an.

Das Haus Unter den Schwibbögen 7 (F 113)

gehört der Spätgotik des 15. Jahrhunderts an. Aus der Mitte seiner schmalen Straßenfront springt ein Erker aus, durch zwei Geschosse reichend. Drei Profilkonsolen tragen ihn. Den Flur überwölben zwei gratige Kreuzjoche zwischen starken, spitzbogigen Gurten. In dem westlich anschließenden Raum erhielten sich ebenfalls die gotischen Wölbungen: Rippenkreuzgewölbe zu drei Jochen. Reliefs zieren die drei Schlußsteine: Sonne, Mond und Stern.

Das Haus Unter den Schwibbögen 3 (F 115),

ehemals Gaststätte „Goldenes Rädel" (s. d.). Nach Ausweis der Wölbung im nordwestlichen Erdgeschoßraum entstammt es der Frühgotik um 1230. Einzelne Fensterarchitekturen — an der Nordseite zwei Rechtecköffnungen mit ursprünglichen Kreuzsprossen und an der Straßenfront ein Spitzbogenfenster mit Fischblasenmaßwerk — lassen erkennen, daß die Fassaden in späterer Zeit eine Umgestaltung erfahren haben. Die Spätgotik fügte der Straßenfront einen Erker an. In seinem Obergeschoß flankieren zwei Tierfiguren eine Tafel mit der Inschrift „gepaut in 1540".

FUCHSENGANG

Das schmale Sträßchen zieht sich unmittelbar hinter der einstigen südlichen Stadtmauer hin und bildet die östliche Verlängerung des St.-Peters-Weges. Der Name ist verhältnismäßig jung. Erstmals erscheint er auf dem Stadtplan 1808 und geht zurück auf den Bäckermeister Georg Christoph Fuchs, der das Eckhaus Fröhliche-Türken-Straße 11 (G 155) besaß, wo heute noch das Bäckerhandwerk betrieben wird.

FRÖHLICHE-TÜRKEN-STRASSE

Fröhliche-Türken-Straße — die Regensburger gebrauchen den Namen so häufig, daß ihnen das Sonderbare daran kaum noch bewußt wird. Im Vorgänger des Hauses Nr. 3 (G 97) gab es bereits 1667 ein Wirtshaus „Zum Fröhlichen Mann", das die Familie Türk fast das ganze 18. Jahrhundert hindurch bewirtschaftete. Die Regensburger setzten nun in ihrer Umgangssprache für den „Mann" den Namen des Wirtes, der, wie die Überlieferung weiß, stets ein gutgelaunter und fröhlicher Gastgeber war, so daß neben dem Gasthausnamen „Fröhlicher Mann" auch die Bezeichnung „Fröhlicher Türke" auftrat. Dieser vom Volk geprägte Name übertrug sich auch auf die Straße. So entstand die Bezeichnung „Fröhliche-Türken-Straße", die der Stadtplan des Jahres 1808 erstmals nennt. Das eigenartige dabei aber ist die Tatsache, daß die Gaststätte offiziell immer noch „Zum Fröhlichen Mann" hieß. So schreibt das Regensburger Adreßbuch von 1844: „Fröhliche Türkenstraße. G 97 Fischer, Joseph, Wein- und Gastwirth zum fröhlichen Mann". Dreißig Jahre später hieß die Gaststätte wie die Straße: „Zum Fröhlichen Türken". Mit dem Ende des vergangenen Jahrhunderts hörte die Gastwirtschaft auf zu bestehen.

Der Verlauf der Fröhlichen-Türken-Straße reicht in römische Zeit zurück. Die 179 n. Christus vollendete rechteckige Anlage von Castra Regina besaß vier Tore, die durch ein Straßenkreuz miteinander verbunden waren. Vom Südtor, der Porta Decumana, an deren Stelle das mittelalterliche Peterstor trat, führte die Fröhliche-Türken-Straße als Via Decumana in nördlicher Richtung zum Praetorium, dem Hauptquartier innerhalb des Kastells, und von da aus als Via Praetoria zum römischen Nordtor, der noch erhaltenen Porta Praetoria. Denkt man sich im heutigen Stadtplan die Fröhliche-Türken-Straße nach Norden verlängert, so stößt man genau auf die Porta Praetoria, was der Führung der antiken Nord-Süd-Verbindung entspricht.

Im Mittelalter führte die Gegend, ihr im besonderen unsere Straße, die Bezeichnung „im Armgemach" und zwar nach dem Ökonomiegut, das sich anstelle des Anwesens Nr. 4 (E 81) befand. Schon 1368 wird der Hof als „Arengemach", 1383 als „Armgemach" genannt. Eine überzeugende Erklärung dieses Namens gelang bisher nicht.

Die Fröhliche-Türken-Straße liegt in einem Neubauviertel der Stadt, dessen Entstehung freilich längst wieder Geschichte geworden ist. Als Napoleon 1809 die Stadt beschoß und im Sturm eroberte, sank der von unserer Straße durchschnittene Stadtteil in Schutt und Asche. Deshalb fehlt historischer Baubestand hier fast gänzlich. Erst in den Jahren nach 1810 entstanden die Häuserzeilen der Fröhlichen-Türken-Straße: wenig charakteristisch, ohne spezifisches Gepräge oder einen das Straßenbild bestimmenden Akzent. Ausnehmen könnte man allenfalls das gefällige Empirehaus Am Peterstor 1a (G 156). Zwei Kleindenkmäler aus alter Zeit trägt das Haus Nr. 5 (G 106), jetzt Gasthof „Goldener Löwe". „Anno 1603. Johann Baptista Georg Steurer, Burger Alhie und Anna Mayerin sein Ehe liebe Hausfrau" steht auf einer Steintafel unter den Wappen der beiden Familien. Der traditionsbewußte und geschichtsfreundliche Hausbesitzer muß nach 1809 die Tafel aus dem Brandschutt geborgen und in das wiederaufgebaute Haus eingefügt haben. An der Ecke des Hauses zur Grasgasse findet sich ein Denkstein mit der Jahreszahl 1587, dem Wappen der Steurer (vier heraldischen Lilien) und einem weiteren Wappen mit einem nach rechts blickenden Einhorn.

WEISSE-LILIEN-STRASSE

Die Fortsetzung der Fröhlichen-Türken-Straße nach Norden heißt Weiße-Lilien-Straße. Ihren Namen schöpfte sie von dem Wein- und Gastwirtshaus „Zur Weißen Lilie", das sich im Anwesen Nr. 13 (G 93) befand. 1810 erwarb der damalige Besitzer der Gaststätte, Johann Andreas Moshammer, das Grundstück des 1809 abgebrannten Ökonomiehofes „Armgemach" (s. d.) in der Fröhlichen-Türken-Straße, erbaute darauf das Haus Nr. 4 (E 81) und übersiedelte mit seiner Gaststätte 1818 dorthin. Noch heute befindet sich die „Weiße Lilie" in diesem Hause.

Die Gaststätte wird bereits 1657 unter dem Besitzer Ernst Pürkenauer genannt, von dessen Sohn sie 1692 der Ratsherr Johann Jakob Glätzl erwarb, in dessen Familie sie bis 1789 verblieb. Von Johann Christoph Glätzl († 1736) erhielt sich eine Weinkarte (von späterer Hand bezeichnet: 1740), die in schwungvollen Rokokokartuschen neben einer Aufzählung zahlreicher Weinsorten auch ein Verzeichnis sämtlicher, damals von Regensburg ausgegangener Postlinien enthält.

VIEREIMERGASSE

An der Nordseite des St.-Kassians-Platzes stand ein öffentlicher Brunnen, „zu den vier Eimern" genannt. Merians Vogelschauplan von 1644 (Stadtgrundrisse Nr. 4) bildet ihn ab. Er hatte annähernd die Gestalt des Brunnens Am Wiedfang bzw. die des Obermünsterbrunnens.

Über die Räder an seinem steinernen Gebälk liefen zwei Ketten mit je zwei Wassereimern. Der Brunnen erhielt sich bis gegen Ende des vergangenen Jahrhunderts. Die Ortsbezeichnung „bei den vier Eimern" wurde für den St.-Kassians-Platz ebenso gebraucht wie für die heutige Viereimergasse, die ihn mit der Fröhlichen-Türken-Straße verbindet.

ST.-KASSIANS-PLATZ

Der Name St.-Kassians-Platz ist verhältnismäßig jung; er wird erst seit der Mitte des vergangenen Jahrhunderts gebraucht. Die früheste Bezeichnung für den Platz — sie tritt bereits 1325 in Verbindung mit einer Badestube (s. d.) auf — hieß St.-Cassians-Hof, so benannt nach der St.-Kassians-Kirche, die schon in einer Urkunde Karls des Großen 885 genannt wird. Beim großen Stadtbrand des Jahres 891 blieb die Kirche unversehrt, wohl deshalb, weil sie aus Stein gebaut war. „Der Platz Sankt Cassians Hof genannt, gepflastert worden, vormals nicht gepflastert gewesen, sondern gar ein kotiger Ort gewesen" heißt es in der Bauamtschronik des Jahres 1583. Später trat für den Platz die Bezeichnung „Hafer- oder Hefermarkt" auf; hier wurden nämlich Häfen, irdene Geschirre, feilgeboten. Noch 1837 gebraucht ein Wegweiser durch Regensburg den Namen „Hefermarkt".

Der ehemalige Augsburger Hof, St.-Kassians-Platz 3 (E 77),

nahm die Ostseite des Platzes ein. 1969 wurde das weitläufige Gebäude abgebrochen; seine Stelle nimmt nun der Bau mit der Stadtsparkasse und dem Bestattungsamt ein.

Der Augsburger Hof wird 1273 erstmals urkundlich genannt. Bereits damals gehörte er dem Bistum Augsburg. Obgleich das Gebäude häufig an Regensburger Bürger auf Leibgeding verliehen war, sicherte sich der jeweilige Bischof von Augsburg stets das Recht, bei Aufenthalten in Regensburg dort sein Absteigequartier nehmen zu können. Der Hof besaß einen Turm und eine der hl. Afra geweihte Kapelle. 1623 stürzte ein Teil des Gebäudes unter ungeheurem Krachen zusammen und begrub mehrere Menschen. Den Rest zerstörten die Schweden 1633. Bischof Franz Wilhelm von Wartenberg (1649—1661), der sich seit 1650 mit dem Gedanken der Errichtung eines Priesterseminars trug, interessierte sich für das Ruinengrundstück. Das Regensburger Domkapitel erwarb es 1652 vom Bistum Augsburg, aber erst 11 Jahre später, 1663, konnte mit dem geplanten Bau begonnen werden. 1674 zogen die Seminaristen ein. Wegen der blauen Farbe ihrer Kleidung nannte man das Institut das „blaue Seminar". 1787 wurde es in das ehemalige Jesuitenkollegium St. Paul verlegt. Von 1816 bis 1822 beherbergte das Gebäude am St.-Kassians-Platz wiederum das Priesterseminar, in dieser Zeit unter der Leitung des Regens und späteren

Bischofs Michael Wittmann

Das Andenken an diesen Mann ist heute in Regensburg noch so lebendig, daß seine Persönlichkeit an dieser Stelle eine kurze Würdigung erfahren soll: 1760 in Finkenhammer bei Pleystein geboren, Besuch des Gymnasiums in Amberg, Theologiestudium in Heidelberg, 1782 in Regensburg zum Priester geweiht. Mit achtundzwanzig Jahren bereits wurde er als Regens und Lehrer an das Regensburger Priesterseminar berufen, an dem er 45 Jahre, bis zu seinem Tod, wirkte. Mögen auch manche seiner Maßnahmen und Erfolge in der Priestererziehung heute fragwürdig erscheinen; über allem stehen doch seine tiefe Frömmigkeit, seine Güte und Demut. Wie einen Vater liebten ihn die Studenten. Bei den Regensburgern hieß er kurzweg der „Pater Regens". Neben seiner Aufgabe als Priestererzieher versah er noch 25 Jahre hindurch die Dompfarrei. Als Dompfarrer erteilte er auch Religionsunterricht in den Schulen der Unteren Stadt und in Stadtamhof, das damals zur Dompfarrei gehörte. 1829 wurde er zum Weihbischof konsekriert, 1832 zum Bischof von Regensburg geweiht. 1833 ist er gestorben.

Weit näher als Daten vermitteln die zahlreichen überlieferten Anekdoten, Begebenheiten und persönlichen Erlebnisse von Zeitgenossen ein Bild seines Lebens. Wittmanns größte Freude waren die Kinder. Nur sie konnten dem ernsten Mann ein Lächeln abgewinnen. Ihre Armut rührte ihn am meisten. Als einstmals im Spätherbst noch ein paar Kinder barfuß zur Schule kamen, ging er mit ihnen „auf den nächsten Strumpfstrickerladen zu, kaufte alle Kinderstrümpfe zusammen und verteilte sie in der Schule". Damals war es noch üblich, Schüler mit guten Zeugnissen mit einem Preis zu belohnen. Bei der Verteilung dieser Preise in der Mädchenschule St. Klara (Ostengasse) war auch Wittmann zugegen. Dem alten Pater Karl, der die Namen der Preisträgerinnen verlas, passierte ein Mißgeschick. Bei der kleinen Elisabeth Fischer las er statt Tapeziererstochter „Kapuzinertochter". Dabei brach ein allgemeines Gelächter aus und selbst Pfarrer Wittmann liefen vor Lachen die Tränen herab. „Das war das einzige Mal, daß man ihn heftig lachen sah", bemerkt der Chronist Hosang. Bei der Erstürmung

Regensburgs durch Napoleon 1809, als Franzosen und Österreicher sich in den Straßen blutige Kämpfe lieferten, sah man Wittmann furchtlos durch die brennenden Straßen eilen, um den verwundeten und sterbenden Soldaten Beistand zu leisten. Sein damaliges Priesterseminar, das Jesuitenkollegium St. Paul, in dem viele verwundete Österreicher lagen, wurde in Brand geschossen. Um die Verwundeten aus höchster Gefahr zu retten, eilte er mit seinen Priesterstudenten zu Hilfe, lud sich selbst Schwerverwundete auf den Rücken und brachte sie aus den Flammen in Sicherheit. In seinem Tagebuch hat Wittmann einen für die Geschichte Regensburgs wertvollen Bericht über diese Schreckenstage hinterlassen. Während der Typhusepidemie des Jahres 1813 scheute sich Wittmann nicht, die Kranken selbst zu betreuen. Der großen Ansteckungsgefahr wegen verwehrte er seinen Hilfspriestern den Zugang zu den Lazaretten. Um ihn aber, so meinte er, „sei es nicht schade". Viele Sterbende verschieden in seinen Armen. Auch er wurde vom Typhus ergriffen und genas erst nach Monaten. Um Streit zu verhüten, teilte er im Armenhaus zu Stadtamhof das Brennholz mit eigenen Händen aus. „Ich habe mich heute mit Tragen des Holzes abgemattet", schreibt er in sein Tagebuch, und das geschah im August 1832, als er bereits ernannter Bischof von Regensburg war.

Groß war die Trauer über seinen Tod. Im nördlichen Seitenchor des Domes fand er seine Ruhestätte. Kardinal Diepenbrock meinte in seiner Grabrede, daß über den Tod Wittmanns vielleicht mehr Tränen geweint wurden, als er in seinem Leben zu trocknen vermochte. Sein Grabmal, vom Klerus der Diözese gestiftet, ist eine Schöpfung des Bildhauers Konrad Eberhard.

PFAUENGASSE

Auch der Name „Pfauengasse" läßt sich auf eine der zahlreichen, nicht mehr bestehenden Gaststätten zurückführen. Sie befand sich bis 1955 im Anwesen Nr. 6 (E 62), das damals dem Erweiterungsbau des Kaufhauses Merkur (heute Horten) weichen mußte. Zu dem Straßennamen gibt es frühe Belege. 1453 wird sie „Taubergasse" genannt. Von den lokalen Verhältnissen leitet Schwäbl eine überzeugende Deutung des Straßennamens ab: Im Haus der Gaststätte „Zum Goldenen Pfau" — sie wird bereits 1575 erwähnt — befand sich seit dem Mittelalter eine dem Heiligen Geist geweihte Kapelle, dessen Symbol, die Taube, wahrscheinlich sehr wirkungsvoll an der Außenfront angebracht war. Dieses Bild der Taube mag Anlaß zu der Benennung „Taubengasse" gegeben haben. Die Heilig-Geist-Kapelle wurde in der Reformationszeit profaniert, der Name „Taubengasse", gelegentlich auch „Taubergasse", aber blieb bis etwa 1700. Um diese Zeit mußte die Taube dem Pfau des Gasthauses weichen; aus der Taubengasse wurde die Pfauengasse.

21. Blick in die südliche Pfauengasse. Im Hintergrund der Dom. Aquarell von K. W. Gropius, vor Mitte 19. Jahrhundert. Museum

Die Maria-Läng-Kapelle, Domplatz 4 / Pfauengasse 2 (E 59a/59b)

Der Regensburger Domherr und spätere Weihbischof Albert Ernst Graf von Wartenberg, ein Neffe des Regensburger Bischofs Franz Wilhelm von Wartenberg (1649—1661), ließ im Jahre 1675 die baufällig gewordene Hauskapelle seines Kanonikalhofes an der Ecke des Domplatzes und der Pfauengasse abbrechen und die Fundamente für einen Neubau ausheben. Dabei stieß man auf römische Ziegel, die im Schutt unterirdischer Gänge lagen, auf Mauerzüge und Skelette. Daneben fanden sich angeblich zwei romanische Reliquienkästchen aus emailliertem Kupfer sowie Bruchstücke liturgischer Gefäße. Von diesen sind besonders zwei Stücke aus sogenanntem Goldglas zu nennen. Diese Technik der fondi d'oro, vornehmlich in spätrömischer Zeit geübt, besteht darin, Ornamente und Bilder aus Blattgold zwischen zwei dünne Glasschichten einzuschmelzen. Das Bruchstück, wohl der Boden einer Glasschale, zeigt Petrus und Paulus auf einer Bank sitzend. Das aus dem 4. Jahrhundert stammende Fragment stellt eine große Kostbarkeit dar. Ob es tatsächlich im Fundament des Kanonikalhofes von Wartenberg gefunden wurde, darf bei dessen reger Phantasie bezweifelt werden. Näher liegt die Vermutung, daß es mit dem Reliquienhandel aus Italien nach Regensburg kam. Das kunst- und kulturgeschichtlich wertvolle Stück verwahrt die Prähistorische Staatssammlung München.

Weihbischof A. E. v. Wartenberg war ein ebenso wundersüchtiger wie legendengläubiger Mann. In den Gängen unter seinem Kanonikalhof glaubte er in Katakomben zu stehen und versuchte, auch die Menschen seiner Umgebung davon zu überzeugen. Seine rege Phantasie ließ ihn behaupten, daß in diesen unterirdischen Gängen nicht nur die Märtyrer Regensburgs begraben seien, sondern daß es sich überhaupt um ein Zentrum frühchristlichen Lebens handle, von dem aus ganz Deutschland der Glaube verkündet worden sei. Mit der Darstellung der Apostelfürsten in dem Bruchstück aus Goldglas suchte er die von ihm verbreitete Legende zu stützen, Petrus und Paulus seien nach Regensburg gekommen und hätten in den angeblichen Katakomben das Meßopfer gefeiert. In seiner Begeisterung läßt er auch die Evangelisten Lukas und Markus und die Apostel Andreas, Thomas und Jakobus in den Räumen unter seinem Haus die Messe halten.

Um das Vorhandensein von Katakomben zu demonstrieren, baute Wartenberg einen der unterirdischen Räume zu einer zweiten Kapelle aus, die noch zu Anfang des vergangenen Jahrhunderts in Benützung stand. Zur Festigung der von ihm verbreiteten Kunde vom Aufenthalt der Apostel in Regensburg besorgte er sich, wahrscheinlich aus dem Dom, eine Sitzfigur des hl. Petrus von der Hand des Erminoldmeisters und stellte sie in einer Nische seiner Unterkirche auf. Der Kapellenraum kann noch in den Kellern des Hauses nachgewiesen werden.

Die Staatliche Bibliothek Regensburg verwahrt das 1688 abgeschlossene Manuskript Wartenbergs mit dem Titel „Ursprung und Herkommen der Haupt-Statt Noreija etc.", in dem er u. a. einen Bericht über die Funde liefert und seine phantasievollen Schlüsse darlegt. Dem Werk sind mehrere getuschte Zeichnungen der aufgefundenen Gegenstände beigefügt sowie eine Ansicht der Unterkirche in ihrer ursprünglichen, reich stukkierten Ausstattung.

Die phantastisch erscheinenden Schlüsse und Folgerungen Wartenbergs müssen aus seiner Zeit heraus gesehen und gewertet werden. Es war die Zeit der Gegenreformation, des katholischen Vorstoßes zur Rückgewinnung verlorenen Bodens. In der evangelischen Reichsstadt Regensburg hatte die katholische Gegenbewegung einen schweren Stand. Wartenberg versuchte nun, die Erinnerung an frühchristliche Zeit in den Dienst der katholischen Sache zu stellen.

Die Maria-Läng-Kapelle tritt architektonisch nach außen hin nur durch zwei Rundbogenfenster an der Pfauengasse in Erscheinung. Von hier aus ist sie auch durch eine einfache Türe zugänglich. Ein aus drei Kreuzjochen bestehendes Gewölbe, von Architekturmalerei gegliedert, überspannt den schmalen Kapellenraum. An der Nordwand öffnet sich ein Oratorienfenster zu einem Raum im ersten Obergeschoß des Hauses Domplatz 4 (E 59). An der südlichen Schmalseite steht in einer Nische der barocke viersäulige Altar, dessen Mittelpunkt das Gnadenbild ist, eine lebensgroße Figur der Gottesmutter. Maria ist als Himmelskönigin mit Krone und Zepter dargestellt. Haupt und Hände sind aus Holz geschnitzt. Ein mit Rosen und Ranken besticktes Kleid aus weißem Damast und ein weißer Mantel umhüllen den Körper. Die Gesichtszüge erscheinen fast wehmutsvoll; starr gleitet der Blick am Betrachter vorbei.

Der Name „Maria Läng" bezieht sich auf den Kulttyp der Verehrung der Körperlänge Mariens. Schon im Mittelalter schrieb der Volksglaube der Kenntnis der genauen Körpermaße Christi und der Heiligen große Segens- und Heilskräfte zu. Man hoffte diese zu erlangen, wenn man die Körperlängen dieser heiligen Personen in Form von Papierstreifen oder Gebetszetteln als Amulett bei sich trug. Das gleiche galt vom Leichnam Christi und der mit ihm in Berührung gekommenen Gegenstände, etwa der Geißelsäule, des Kreuzes oder eines Kreuznagels. Dieser Volksglaube führte zu dem Kulttyp der Länge Christi bzw. der Länge Mariens, „Maria-Läng" genannt. Um 1815 erschien ein Kupferstich des Regensburger Stechers Johann Bichtel mit dem Gnadenbild Maria-Läng in seiner damaligen Ausstattung. Ist dieses Andachtsbild auch nicht mehr als reines Amulett der wahren Länge Mariens zu betrachten, so besitzt es durch seine Beschriftung immerhin sehr stark den Charakter eines solchen. An seinem unteren Rand stehen die Worte: „Wahre Abbildung der Mutter Gottes in der Länge zu Regensburg / Diese Größe, von Scheitel bis zur Fußsolle vier und zwanzig mal verlängert ist die wahre Größe der Mutter Gottes."

Der Chronist K. S. Hosang berichtet über den noch zu seiner Zeit, um 1820/30 herrschenden Volksglauben: „Maria von der Länge hat den Namen vielleicht daher, weil sie in besonderer Länge abgebildet auf dem Altar steht. Diese Hauskapelle wird in Regensburg von vielen Andächtigen besucht. Sie rufen die Fürbitte dieser Maria in der Länge an, wenn eine Sache kurz ist und sie dieselbe lang haben wollen, oder entgegengesetzt, wenn eine Sache lang ist und sie dieselbe kurz haben wollen. Zum Beispiel: Wenn sie bei dem daneben wohnenden Advokaten Eikelkraut wegen Prozeßhändeln gewesen sind, so gehen sie dann in die Kapelle und beten, daß sich der Prozeß nicht in die Länge ziehe. Andere rufen den Beistand Mariä an, daß ihre Kinder nicht verputzeln, sondern einen schönen langen Wuchs, schöne lange Haare bekommen sollen. Ein Marktweib vom Land sagte zu einem anderen Weib, sie habe die Maria in der Länge angerufen, damit das Roggenstroh und der Flachs eine ordentliche Länge erhalten möchte. ,Halt!' sagte die andere hierauf, ,für meine Spanferkel muß ich auch beten, damit sie mit einem langgestreckten Leib heranwachsen.' ,Aber Mutter', sagte das Töchterl, ,die Bratwürst, die wir gekauft haben, waren auch nicht lang.' Wieviele werden wohl beten, daß ihre Kapitalsinteressen (Zinsen) lang und sicher fließen werden?"

An der Ostwand der Kapelle befindet sich auf einer Konsole das ursprüngliche, von Wartenberg in die Kapelle gebrachte Gnadenbild, eine Holzplastik vom Typ der „Schönen Maria". Nach Walderdorff trug diese Figur in der Höhlung des Kopfes eine Urkunde, die von der wirklichen Körperlänge Mariens spricht. Da nun die Plastik nicht Lebensgröße besitzt, sah man sich veranlaßt, bei einer Renovierung 1798 das jetzige Gnadenbild aufzustellen.

An der Westwand, gegenüber dem Eingang, findet sich das Reliefwappen Wartenbergs, darunter eine Steintafel mit der Bauinschrift von 1675.

Zur Ausstattung der Kapelle gehören vier Ölgemälde, die Legende eines Märtyrerehepaares darstellend. Die um 1675 entstandenen Bilder wurden mit Absicht in dem damals schon seit einem Jahrhundert außer Übung gekommenen Stil der Donauschule gemalt. Sie tragen die Signatur K E, eines der Bilder ist mit der rückdatierten Jahreszahl 1520 versehen. Die Ölgemälde werden aus Sicherheitsgründen nicht in der Kapelle, sondern in dem durch das Oratorienfenster mit ihr verbundenen Raum aufbewahrt. Die Kapelle ist heute wie ehedem ein vielbesuchter Andachtsort.

SCHWARZE-BÄREN-STRASSE

Regensburg dürfte die Stadt mit den meisten nach Gasthäusern benannten Straßen sein. Derzeit gibt es nicht weniger als 27, früher mögen es noch ein halbes Dutzend mehr gewesen sein. Zu ihnen zählt auch die Schwarze-Bären-Straße, benannt nach dem Gasthof „Zum Schwarzen Bären", der sich im Haus Salzburger Gasse 2 (G 73) an der Ecke zur Schwarzen-Bären-Straße befand. Die Wirtschaft „bei dem schwarzen Pern" gibt es bereits 1616. Dieser Name, ursprünglich nur für die Gaststätte gebräuchlich, mag sich um diese Zeit auch für die bis dahin namenlose Straße eingebürgert haben. Johann Kaspar Flecker hieß der Gastgeb, der 1722 den „Schwarzen Bären" bewirtschaftete. Bis zur Mitte des 19. Jahrhunderts bestand die Gaststätte in ihrem alten Heim, bis sie schließlich in andere Anwesen verlegt wurde und unter dem Namen „Zum Kronprinzen" aufhörte zu bestehen.

Einer der prominentesten Gäste des „Schwarzen Bären" war der arabische Prinz Abaisy, der dort um 1800 logierte und auch starb. Nach Ausweis der erhaltenen Papiere im Stadtarchiv lebte der Prinz aus dem Morgenland in bescheidenen Verhältnissen, nicht zuletzt von Spenden des Hauses Thurn und Taxis und einiger Reichstagsgesandter. Neben der kleinen Barschaft von 14 Gulden hinterließ er mehrere Bücher in arabischer Sprache, die lange Zeit unverkauft beim Bärenwirt A. M. Baader lagen.

Die Gegend bei der Einmündung der Salzburger Gasse hieß einst nach einem öffentlichen Brunnen „beim Kiliansbrunnen", der seinen Namen wiederum von der nahegelegenen Kapelle St. Kilian schöpfte. 1328 wird ein „Haus beim Kiliansbrunnen" genannt. Eine Quelle von 1491 umreißt die Örtlichkeit genauer: „der Kiliansbrunnen unweit der Reichenbacher Herberge"

(Schwarze-Bären-Straße 8, G 74 und 77). Leider läßt sich die Lage der Kapelle nicht mehr genau lokalisieren. Gölgl weiß in seiner Beschreibung der Regensburger Kapellen von 1724 zu berichten: „Diese Kapelle ist am Frauenbergl nächst dem schwarzen Bären, wie denn auch der Brunnen, so um diese Gegend steht, der Kiliansbrunnen genannt wird."

Es ist eine einmalige Erscheinung, wie ausgeprägt die Anlage des Römerkastells sich in der Straßenstruktur Regensburgs widerspiegelt, zunächst sehr deutlich die Umfassung des Kastells. Aber auch dessen Straßenkreuz, das die vier Flankentore einst miteinander verband, ist trotz Verschiebungen und Überbauungen in der Straßenführung bis in unsere Zeit zumindest teilweise schaubar geblieben. Die Schwarze-Bären-Straße und ihre Verlängerung nach Osten, die Drei-Kronen-Gasse, entsprechen der einstigen Via Principalis, der Hauptstraße der östlichen Lagerhälfte. Das Landesamt für Denkmalpflege deckte 1972 längs dieses Straßenzuges eine von Säulen getragene Wandelhalle auf. Die Basis einer solchen Säule ist heute im Schaufenster der Römerapotheke (Ecke Speichergasse/Drei-Kronen-Gasse) zu sehen. Sie befindet sich dort praktisch an ursprünglicher Stelle, lediglich einige Meter über dem einstigen Niveau. Mehrere Säulen verwahrt das Museum.

Das Haus Kapellengasse 6 (G 54)

war ehemals Dekanatshof der Alten Kapelle, in deren Besitz es sich noch heute befindet. Am 9. Oktober 1344 beschloß das Stiftskapitel der Alten Kapelle, dieses Gebäude künftig den Dekanen zu Wohnzwecken zu überlassen. Jeder neugewählte Dekan mußte dem Kapitel innerhalb eines Monats 20 Pfund Pfennige als Kaufpreis entrichten. Jahrhunderte hindurch blieb dieses Abkommen bestehen.

Über dem weitgespannten Portal an der Kapellengasse ist ein Madonnenrelief angebracht. Die rechts unten in die Tafel gemeißelte Zahl 1464 weist auf einen Um- oder Neubau des Hauses in spätgotischer Zeit unter dem Dekan Johannes Haiden. Sein Wappen ist in der linken unteren Ecke der Relieftafel zu sehen. 1457 wurde er zum Kanonikus, 5 Jahre später zum Dekan gewählt. Als Pfarrer von St. Kassian ließ er 1477 die Kirche nach Westen zu verlängern und die Nebenschiffe neu erbauen. Durch seine Wohltätigkeit und seine wertvollen Aufzeichnungen hat sich Haiden in den Annalen der Alten Kapelle einen bleibenden Namen geschaffen. Er starb 1490. Sein Grabmal, eine Rotmarmortafel mit seinem Reliefbildnis, steht in der nördlichen Vorhalle der Alten Kapelle.

In diesem Haus lebte und starb Dr. Karl Proske, der den Ruhm Regensburgs als Stadt der Kirchenmusik begründete. Proske, ein geborener Oberschlesier, war ursprünglich Arzt. 1825 weihte Bischof Michael Sailer den damals 29jährigen Proske zum Priester. 1830 erhielt er ein Kanonikat an der Alten Kapelle. Diese Stellung gestattete es ihm, sich eingehend dem Studium der Kirchenmusik zu widmen. Auf Veranlassung Sailers legte er seine Anschauungen über eine Reform der Kirchenmusik in mehreren Denkschriften König Ludwig I. vor. Dreimal reiste dann der unermüdliche Forscher Proske nach Italien und sammelte in den Archiven Roms, in Mailand, Florenz, Bologna, Assisi und Venedig wertvolles Material zur Geschichte der Kirchenmusik. Mit reicher Ausbeute kehrte er nach Regensburg zurück, wo er eine kostbare Musikbibliothek begründete, eine Sammlung von mehr als 1200 Druckwerken und Manuskripten mit Kompositionen der Meister des 15. bis 17. Jahrhunderts. „Musica Divina" heißt das Sammelwerk Proskes, in dem er Kompositionen alter Meister zum praktischen gottesdienstlichen Gebrauch veröffentlichte. Proske schuf das Fundament, auf dem F. X. Witt 1868 den Cäcilienverein gründen konnte, der die Reformbestrebungen in alle Welt hinaustrug und auf dem Xaver Haberl 1874 in Regensburg die Kirchenmusikschule eröffnete, die erste in Deutschland. Proske starb 1861. Sein Grabmal steht im aufgelassenen Friedhof St. Peter (s. d.), östlich des Kirchleins.

Auf einen Umbau des Hauses in barocker Zeit lassen die stattlichen Treppenläufe schließen sowie die großen, saalartigen Zimmer des Obergeschosses. 1906 erfolgte der Einbau von Ladengeschäften im Erdgeschoß. Damals erhielt es auch die schöne Fachwerkstruktur und das Glockentürmchen. Nach der Südostecke zu tritt das Untergeschoß schräg anlaufend zurück. Eine Reihe von Stichbogen, die sich über profilierte Kragsteine wölben und das vorspringende Obergeschoß tragen, verleihen der Architektur des Hauses malerischen Reiz.

Das Haus Schwarze-Bären-Straße 8 (G 74 und 77),

heute Möbelhaus Paulin, ist unter der Bezeichnung „Reichenbacher Herberge" in die Lokalgeschichte Regensburgs eingegangen. Ursprünglich gehörte das Haus dem Kloster Rebdorf bei Eichstätt, das es 1407 an die Abtei Reichenbach verkaufte. Eineinhalb Jahrhunderte lang diente es als „Reichenbacher Herberge" den Klosterleuten als Absteigequartier in Regensburg. Als Luthers Lehre in der Oberpfalz Fuß gefaßt hatte, wandte sich auch ein Teil der Mönche von Reichenbach dem neuen Glauben zu. Abt Michael Katzbeck von Reichenbach ließ sich in der Neupfarrkirche mit einer Regensburger Bürgerstochter trauen. Damals, 1556, ging die „Reichenbacher Herberge" in Privatbesitz über. 1810 zog die Gaststätte „Zum Goldenen Engel" in das Haus, deren Heim in der Obermünsterstraße den napoleonischen Zerstörungen zum Opfer gefallen war. Noch während des ersten Weltkriegs prangte auf dem First des Hauses das Wirtsschild, ein goldener Engel.

Der Baubestand des Hauses reicht in die Gotik. Ein Fenstergewände des auf Kragsteinen ruhenden Erkers zeigt die für die Spätgotik charakteristische Stabkreuzung. Beim Umbau des Hauses 1962, der eine wohlgelungene Verbindung von Tradition und Gegenwart schuf, trat eine spätgotische Balkendecke mit Renaissancebemalung zutage. Eine barocke Holztreppe verbindet das 1. mit dem 2. Obergeschoß. Von der einstigen Hauskapelle St. Johann Baptist ist noch der Chor erhalten. Mit fünf Seiten des Achtecks tritt er aus der Ostmauer und ist von der Straße aus gut zu sehen.

Das Haus Schwarze-Bären-Straße 1 (G 68/70)

beherbergte ab 1835 Buchhandlung und Verlag von Georg Joseph Manz, der ein Jahr zuvor die alte Regensburger „Sortiments-, Verlags- und Antiquariatshandlung" von Montag und Weiß gekauft hatte. Manz arbeitete sich aus kleinsten Anfängen in zäher Arbeit empor. 1855 übergab er die Buchhandlung seinem Schwiegersohn Alfred Coppenrath, der sie in das Haus Domplatz 7 (E 53) verlegte (heute Dombuchhandlung). Den Verlag führte Manz zu einem der bedeutendsten des katholischen Deutschland. Das große Glasmosaik, ein Bild des hl. Josef, seines und seiner Frau Namenspatron (Josepha Manz, geb. Cleska), ließ er 1889 inmitten der Hausfront an der Schwarzen-Bären-Straße anbringen. Mit dem Ausscheiden von G. J. Manz 1896 erfolgte die Umwandlung der Firma in eine Aktiengesellschaft mit dem Namen „Verlagsanstalt vorm. G. J. Manz", die heute noch Betriebe in München und Dillingen unterhält.

Der sog. Ehrenfelser Hof mit der Galluskapelle, Schwarze-Bären-Straße 2 (G 88)

Die Bezeichnung Ehrenfelser Hof geht auf den Domherrn und Probst der Alten Kapelle, Konrad von Ehrenfels, zurück, der das Haus in der 2. Hälfte des 13. Jahrhunderts bewohnte. Rudolf von Habsburg belehnte mit dieser Hofstatt den Regensburger Bischof Heinrich von Rotteneck (1277 — 1296). In der Folgezeit diente das Gebäude Jahrhunderte hindurch Kanonikern und Domherren als Wohnung.

Im Ehrenfelser Hof starb 1374 der Domherr Konrad von Megenberg, einer der großen Naturforscher des Mittelalters. Gleich Albertus Magnus beherrschte er als Universalgelehrter das gesamte Wissen seiner Zeit. Megenberg ist der Verfasser des ersten in deutscher Sprache geschriebenen Naturkundewerkes, des „Buches der Natur", das er in den Jahren 1349/50 in Regensburg schrieb und das später auch mehrfach im Druck erschien. Darin beschreibt er in volkstümlicher, allgemeinverständlicher Sprache den Menschen, den Himmel und die Planeten, die Tiere, Bäume, Kräuter, Mineralien, Metalle und Gewässer. Auch aus Regensburg selbst findet sich eine Aufzeichnung. Sie handelt von einer weißen Amsel, die Megenberg bei dem Kanoniker Hilpolt von Haimberg beobachtete. In dem Nest, aus dem das Tier stammte, fand er noch zwei weitere weiße Amseln sowie zwei schwarze und eine gefleckte. Als Ursache dieser Eigenart nimmt Megenberg die Kälte an und weist darauf hin, daß in nördlichen Gegenden mehrfach weiße Tiere anzutreffen sind, z. B. weiße Bären, weiße Raben und graue Eichhörnchen. Das „Buch der Natur" ist als Sammlung von Naturbeobachtungen sowie als Quelle mittelalterlicher Sprach- und Ausdrucksweise gleich wertvoll. Dem Werk liegt eine Schrift des Dominikaners Thomas von Cantimpré zugrunde, doch erfuhr sie durch Megenberg eine gründliche Umarbeitung und Bereicherung. Die Staatliche Bibliothek Regensburg besitzt eine gedruckte Ausgabe vom Jahr 1475, erschienen bei Johann Bäumler in Augsburg. Titelholzschnitt mit Autorenbild.

Auch als Politiker trat Megenberg hervor und griff energisch in die Auseinandersetzungen zwischen Papst und Kaiser ein. Mehrmals reiste er deshalb an den Hof des Papstes, der damals in Avignon residierte.

Eine Gedenktafel am Ehrenfelser Hof hält die Erinnerung an diesen bedeutenden Regensburger Gelehrten wach. Auf einem Glasgemälde im östlichen Hochgadenfenster des Domes ist Konrad von Megenberg als Stifter dargestellt.

Im 17. und 18. Jahrhundert wohnten die Domherren Graf von Herberstein, Freiherr von Mämming und Graf von Seyboldsdorf im Ehrenfelser Hof. Das Wappen des letzteren ist über dem Portal zur Galluskapelle angebracht. Von 1835 bis 1845 lebte im Ehrenfelser Hof der Domdechant und spätere Kardinal-Fürstbischof von Breslau, Melchior von Diepenbrock, ein Bruder der Apollonia Diepenbrock (s. d.).

Die Hauskapelle im Ehrenfelser Hof war dem hl. Gallus geweiht. 1374 wird sie urkundlich erstmals genannt. Schwere Schäden erlitt die Kapelle während des Dreißigjährigen Krieges, als die schwedische Besatzung von Regensburg dort eine Fleischbank einrichtete. Bis 1679 blieb sie geschlossen. Domherr Graf von Herberstein — sein Wappen findet sich im Westjoch der Kapelle (jetzt Hausflur) — veranlaßte in diesem Jahr eine gründliche Wiederinstandsetzung der Kapelle und ihre Ausschmückung im herrschenden Stil des Barock. Außerdem schenkte er in die Kapelle eine schöne Madonna aus Wachs, die er vom Kloster Ettal erhalten hatte, wahrscheinlich eine Nachbildung der Ettaler Gnadenmadonna. Schuegraf fand 1842 die Kapelle noch in ihrer Barockausstattung vor. Ein Eisengitter schied sie in eine Vorhalle und den Altarraum, dessen Wölbung Stuckdekor und Fresken zierten. Das Altarbild stellte den hl. Abt Gallus mit dem ihm dienenden Bären dar. Die Kapelle wurde 1809 geschlossen, auf Verwendung des Domdechanten Dr. Ecker aber wieder geöffnet. Um die Mitte des 19. Jahrhunderts wurde sie profaniert und der nahezu 9 m hohe Raum durch Einziehung einer Zwischendecke in 2 Stockwerke mit je 2 Räumen geschieden. Der westliche Erdgeschoßraum dient jetzt als Vorhalle des Hauses, der östliche als Ladengeschäft.

Nach außen hin tritt die romanische Kapelle durch ihr Portal an der Schwarzen-Bären-Straße in Erscheinung. Die tiefe Laibung ist zweifach gestuft. In den Stufen stehen schlanke Rundsäulen. An den Kanten Kehlungen, von Wulsten gesäumt. In der Kapitellzone schwere Blattknospen; im westlichen Gewändestreifen Dreibandringe, im östlichen eine Reihe stehender Blätter. Über der Kämpferzone aus Wulst und Deckplatte spannt sich der reich profilierte, mit Wulsten ausgesetzte Bogen. Einzelne Werkstücke tragen Steinmetzzeichen.

Wegen der störenden Einbauten läßt sich die großartige Wirkung des romanischen Kapellenraumes nur noch ahnen. Über gedrungenen Wandpfeilern mit vorgestellter Halbsäule und durchgehendem Knospenkapitell steigen Zwischengurte lisenenartig empor und teilen den Raum in zwei Joche. Gratige Kreuzgewölbe überspannen ihn. Die ehemalige Apsis wurde von einer reich gegliederten Stufung gerahmt, deren Kapitelle und Bogenprofilierung vermauert sind. Die Basen mit Eckknollen (im jetzigen Ladengeschäft) liegen noch frei. Im Westjoch befand sich eine Empore.

An der Süd- und Westwand des Westjoches erhielten sich Malereien, die 1954 wieder aufgedeckt wurden. Sie stellen, wenn auch ziemlich verblaßt, die Versuchung Christi und den Einzug

22. *Galluskapelle, Schwarze-Bären-Straße 2 (G 88). Portal und Innenraum. Um 1210*

in Jerusalem dar. Von hier aus führt ein Portal mit Schachbrettkämpfern in den Hausflur, von dem aus eine schwere Barocktreppe ansteigt.

Die Architekturen lassen die Entstehung der Galluskapelle in die Zeit um 1210 datieren.

WEISSBRÄUHAUSGASSE

Dieser Verbindungsweg zwischen der Schwarzen-Bären-Straße und der Königsstraße ist benannt nach dem städtischen Weißbräuhaus, das einstmals den Grund der Anwesen Schwarze-Bären-Straße 6 und Weißbräuhausgasse 2 (G 90, 91) einnahm.

Diese Gasse wurde vielfach in Verbindung gebracht mit dem Latron, weshalb sie bis ca. 1700 auch den Namen „Latrongasse" führte. Mit der Frage über Bedeutung und Herkunft des Namens Latron haben sich nahezu alle Regensburger Lokalhistoriker befaßt, ohne zu klaren Ergebnissen zu gelangen. Durch das Herzogurbar aus dem 2. Viertel des 13. Jahrhunderts ist jedenfalls gesichert, daß im Latron der Pfalzgraf zu Gericht saß. Mit dem Latron dürfte nicht ein einzelnes Gebäude gemeint sein, auch nicht eine Straße, sondern ein ganzes Areal, das nach neuesten Überlegungen etwa dem Häusergeviert zwischen Weißer-Lilien-Straße, Schwarzer-Bären-Straße, Weißbräuhausgasse und Königsstraße entspricht (vgl. dazu: Strobel/Sydow: Der „Latron" in Regensburg. Historisches Jahrbuch, München 1964).

SALZBURGER GASSE

Das kurze Straßenstück, das die Schwarze-Bären-Straße mit dem Frauenbergl und dem Albrecht-Altdorfer-Platz verbindet, ist nach dem ehemaligen Salzburger Hof (G 59) benannt, einer stattlichen romanischen Vierflügelanlage, die 1894/95 dem Bau der Oberpostdirektion weichen mußte. Der Hof wird bereits 976 erwähnt, als ihn Kaiser Otto II. dem Erzbischof Friedrich von Salzburg schenkte. Sein Abbruch bedeutet einen unersetzlichen Verlust für die Kunstgeschichte Regensburgs. Zahlreiche romanische Architekturteile des Salzburger Hofes, Kapitelle und Säulen, gelangten in das Regensburger Museum.

Das Haus Kapellengasse 2 (G 53)

gehörte dem Domkapitel, kam dann in Privatbesitz und wurde schließlich im 2. Viertel des vergangenen Jahrhunderts von der Alten Kapelle als Wohnung für einen Stiftskanoniker erworben. Die Ostfront des Hauses liegt an der Kapellengasse (am Alten Kornmarkt), der Westteil tritt mit einem schmalen, sehr hohen Giebelhaus an die Salzburger Gasse heran. Die Westfassade, ohne Verputz, zeichnet sich durch sorgfältig geschichtete Quader aus. Im 1. Obergeschoß romanische Doppelarkade, Gewände mit Stab und Kehle, umlaufend. Trennungssäulchen nicht ursprünglich, um 1210/20. Im 3. Obergeschoß Dreierarkade. Trennungssäulchen verhältnismäßig kurz, sich verjüngend. Sie tragen Polsterkapitelle mit je einer großen Rolle an der vorderen und hinteren Schmalseite. Den Kapitellkern bedeckt flaches Blattwerk. Diese Fensterarchitektur weist in die Zeit um 1140; das Haus gehört somit zu den ältesten Profanbauten der Stadt. Der hausturmartige Bau ist auch bedeutsam durch seine Lage im Pfalzbereich, in unmittelbarer Nähe des Herzogshofes.

Auf dem Grund dieses Hauses stieß man bei Grabungen im Jahre 1900 auf einen römischen Türstock, der neben dem genannten Schmalbau an der Salzburger Gasse als Torabschluß Verwendung fand.

In diesem Haus wohnte und starb 1827 der um die Geschichte Regensburgs verdiente Domkapitular Thomas Ried, dem wir eine wertvolle Urkundensammlung sowie Schriften historischen Inhalts verdanken. Eine Gedenktafel über dem Haustor an der Kapellengasse hält die Erinnerung an ihn wach.

FRAUENBERGL

heißt das kurze Straßenstück hinter dem Hauptpostgebäude, das die Salzburger Gasse mit der Pfauengasse verbindet. Mit Gewißheit befand sich hier in einer Nische oder Kapelle ein Marienbild, das unsere Vorfahren verehrten und das dem „Frauenbergl" den Namen gab. Die Bodenerhebung, das „Bergl", ist jetzt noch gut erkennbar. In nächster Nähe des Frauenbergls stand eine St. Kilian geweihte Kapelle (s. d.), der 1495 zu Ehren der darin thronenden Muttergottes ein Ablaß erteilt wurde. Vielleicht mag diese Figur Anlaß zu der Ortsbezeichnung „Frauenbergl" gegeben haben. Im Treppenhaus des Anwesens Dreikronengasse 1 (G 49) steht ein gotisches Marienbild aus Stein. Bis 1903 befand es sich am Frauenbergl, und zwar in einer Nische über dem Eingang des ehemaligen Studienseminars der Alten Kapelle, an dessen Stelle damals ein

Neubau trat, das jetzige Gebäude Salzburger Gasse 1 (G 56). Ob wir in dieser Figur die aus der Kilianskapelle gerettete Madonna vor uns haben, die möglicherweise zu dem Straßennamen „Frauenbergl" führte? Die älteste Bezeichnung unserer Örtlichkeit findet sich in der Bauamtschronik des Jahres 1654, die das Sträßchen „Frauenhof" nennt. Die Karte von 1694 (Stadtgrundrisse Nr. 8) schreibt bereits Frauenbergl.

Das Anwesen Frauenbergl 2 (G 66) mit der Dorotheenkapelle, Frauenbergl 4 (G 65½)

war ehemals ein Domherrnhof. Über der Haustüre sind zwei Wappentafeln mit Inschriften eingelassen. Eine davon berichtet, daß der Dechant Johann Pyrher das Haus 1557 umbauen ließ; die andere meldet eine Reihe von Geistlichen, die in diesem Hause wohnten. Im Hof bietet sich dem Betrachter eines jener malerischen, stimmungsvollen Bilder Alt-Regensburgs, das so recht den Geist vergangener Jahrhunderte lebendig hält. Hier herein ragt ein Teil des Anwesens Frauenbergl 4 (G 65½) mit der Kapelle St. Dorothea. Stifter des um 1330 entstandenen Kapellenbaues ist ein Angehöriger der Familie der Sarchinger. Ihr Wappen, zwei aufgerichtete Pferdeschweife, befand sich an einem Schlußstein der Kapelle. Gamared von Sarching († 1395) stiftete das Westportal des Domes.

Ein schmaler, kulissenhaft wirkender Bau mit abgetrepptem Giebel nach Ost und West überragt einen zierlichen, erkerartigen Anbau, dessen Giebelmauer gleichfalls durch Treppen gegliedert wird. Nach Norden zu schließt ein Querflügel mit nahezu quadratischem Grundriß an, in dessen Erdgeschoß die profanierte Kapelle St. Dorothea lag.

Der erste Bombenangriff auf Regensburg verwandelte St. Dorothea zur Ruine. Bald nach dem Krieg aber erstand das reizende Bauwerk wieder aus den Trümmern. Einzelne geborgene Architekturteile des alten Bestandes wurden dem Neubau eingefügt, so daß uns das ursprüngliche Bild von St. Dorothea, wenigstens nach außen hin, wieder geschenkt ist. In der östlichen Abschlußmauer das Schild des einstigen Gasthofs zu den „Drei Helmen" (s. d.).

23. *Dorotheenkapelle. Aquarell von Heinrich Schönfeld, 1836. Museum*

AM SPIELHOF

Die Fortsetzung der Schwarzen-Bären-Straße nach Westen ging in eine platzartige Erweiterung mit dem Namen Am Spielhof über. Der Spielhof wird bereits 1338 genannt. Auch andere Städte kennen diese Ortsbezeichnung. Dort aber handelt es sich meist um größere Plätze, auf denen die Fahrenden des Mittelalters ihre Schaustellungen und Kunststücke darboten. Unser Spielhof aber war verhältnismäßig klein; fast zu klein; um eine größere Zuschauermenge zu fassen. Deshalb ist hier vielleicht weniger an Vorstellungen von Gauklern, Zirkusleuten oder Seiltänzern zu denken als vielmehr an die Mysterienspiele des Mittelalters, Spiele geistlich-biblischen Inhalts, die in frühester Zeit in den Kirchen oder auf den Kirchhöfen aufgeführt wurden. Die Örtlichkeit dieser Aufführungen, der eigentliche Spielhof, wird der Friedhof der St.-Kassians-Kirche gewesen sein, der sie einstmals im Osten und Norden umgab. Diese Vermutung erfährt dadurch eine Stütze, daß unser Platz Am Spielhof heißt, daß er also am Spielhof gelegen ist, sonst müßte er ja „Der Spielhof" oder „Auf dem Spielhof" heißen.

Die tiefgreifenden baulichen Veränderungen seit 1971 im Zusammenhang mit dem Abbruch der alten Gebäude der Stadtsparkasse und der Kreissparkasse sowie der Ausbau des Kaufhauses Horten löschten den Platz „Am Spielhof" aus dem Stadtplan.

Das ehemalige Haus Am Spielhof 3 (E 66)

In diesem Haus wohnte der bairische Geschichtsschreiber Johannes Aventinus in den Jahren 1527 und 1528 bei seinem Freund, dem damaligen Hausbesitzer Georg Primbs. Zur Erinnerung daran wurde, wahrscheinlich zum 300. Todestag des Gelehrten am 9. Januar 1834, an dem Haus eine Gedenktafel angebracht (Näheres über Aventinus s. d.).

In den Jahren 1620 bis 1748 betrieb die Familie Glätzl dort die Gaststätte „Zum Schwarzen Adler". Ein Rotmarmorstein von 1715 mit dem Wappen der Glätzl befand sich an der Westmauer des Hauses.

MALERGASSE

Der Name Malergasse leitet sich her von dem Regensburger Geschlecht der Maler.

Das Haus Malergasse 5 (E 108) — ehemals Roritzerhaus

ist Lager- und Wohnhaus im Stil der Neugotik. An seiner Stelle stand ehedem ein Haus, das für die Ortsgeschichte Regensburgs und darüber hinaus bedeutsam und denkwürdig war: das Wohnhaus der Dombaumeisterfamilie Roritzer. C. W. Neumann konnte 1872 das Haus Malergasse 5 (E 108) als dasjenige ermitteln, das durch Generationen Besitz und Heimstätte der Roritzer gewesen ist. Unter seinem Dach reiften die genialen Pläne, deren steingewordene Wirklichkeit den Betrachter des Domes immer wieder in ihren Bann schlägt. In dieses Haus aber drang auch die schaurige Nachricht vom Todesurteil des unglücklichen Wolfgang Roritzer. Es kann nicht genug beklagt werden, daß das mittelalterliche Roritzerhaus mit seinen Gewölben und Schlußsteinen 1864 bis auf die südliche und nördliche Umfassungsmauer abgerissen wurde und an seine Stelle das jetzige neugotische Gebäude trat.

Bereits Wenzla Roritzer, der von 1411 bis 1419 als Dombaumeister beurkundet ist, besaß das Haus in der Malergasse. Seine Witwe Elsbet heiratete den Dombaumeister Andreas Engl, einen genialen Künstler, der bis 1456 den Bau der Kathedrale leitete. Er führte den hinterlassenen Plan für die prächtige Dreiecksvorhalle des Westportals aus, sowie das anschließende elegant gegliederte Fenstergeschoß des Nordturms. Ihm folgte nun wieder ein Roritzer, nämlich sein Stiefsohn Konrad. In ihm haben wir nicht nur den Leiter der größten und leistungsfähigsten Bauhütte des deutschen Südens vor uns, sondern auch einen Künstler von überragender Gestaltungskraft. Sein Schaffenskreis reichte weit über Regensburg hinaus. Er wirkte gestaltend mit am Chor von St. Lorenz in Nürnberg; 1459 ist er in Eichstätt tätig, wo er in der von ihm erbauten Domkapitelschen Sakristei sein Selbstporträt hinterläßt. 1461 fertigte er den Plan für das Wahrzeichen von Nördlingen, den Turm der Pfarrkirche St. Georg, den „Daniel". 1462 holt man ihn als Gutachter zum Bau des Stephansdomes nach Wien, 1474 wird er nach München gerufen, wo man sich seines Rates bei der Einwölbung der Frauenkirche vergewissern will. Aus bisher unbekannten Gründen verkaufte Konrad 1475 das väterliche Haus in der Malergasse an Hans Koler.

Dem Meister folgte im Amt sein zweitältester Sohn Matthäus. Er gilt als einer der bedeutendsten Festungsbaumeister seiner Zeit. Tätigkeit in Ingolstadt (Nordturm der Liebfrauenkirche und Neues Schloß). Ab 1480 schuf er das Mortuarium in Eichstätt, die schönste Totenhalle aller deutschen Dome. In Regensburg führte er am Dom die Westfassade zwischen den Türmen auf und krönte sie 1486/87 mit dem Eicheltürmchen. Die Domkanzel, 1482, ist ebenso sein Werk wie das Sakramentshaus in der Rupertuskirche bei St. Emmeram, 1475. Matthäus war auch Verleger. 1486 ließ er das „Büchlein von der Fialen Gerechtigkeit" erscheinen, in dem er Anweisungen gibt zur Konstruktion der gotischen Spitzpyramiden, der Fialen. Als ältestes einheimisches Druckdenkmal ist es für die Kulturgeschichte Regensburgs von nicht geringer Bedeutung.

Mit Wolfgang Roritzer, dem jüngeren Bruder des Matthäus, der den Dombau von 1495 ab leitete, beschwören wir ein unruhevolles Kapitel Regensburger Stadtgeschichte und zugleich ein Künstlerschicksal, das uns heute noch bewegt. Als politischer Revolutionär in der zwischen Kaiser und Herzog hin- und hergerissenen Stadt wurde er 1514 zusammen mit gleichgesinnten Freunden enthauptet. „Köpff ab" überschribt der zeitgenössische Chronist Leonhard Widmann ein Kapitel seiner Stadtgeschichte, in dem es dann weiter heißt: „Wolfgang, Thumbmeister, ein sehr hochberühmter Meister seiner Kunst; man nahm ihn aus der Steinhütte am Dom ... und am Montag nach Tisch ward eine Bühn eines Manns hoch vor dem Rathaus aufgerichtet und eine Stieg hinauf (gemacht). Am Irchtag (Dienstag) früh zwischen 2 und 3 der grossen Uhr ward erstlich Wolfgang, Thummeister, hinaufgeführt ... da half weder Geld, Kunst noch Bitt, nichts auf Erden konnte oder mochte helfen ..." Wolfgang Roritzer fand im Domfriedhof seine Ruhestätte. Sein schlichter Denkstein an einem Strebepfeiler des Chores, dessen Inschrift Schuegraf aufnahm, ist seit der Renovierung und Regotisierung des Domes unter König Ludwig I. 1838 verschollen. Schuegraf sicherte auch das unter der Inschrift in einem Wappen angebrachte Steinmetzzeichen des Meisters (s. Steinmetzzeichen). Von Wolfgang stammt der Unterteil des Sakramentshäuschens (s. d.) und der schöne Dombrunnen (s. d.), dessen eine Stützfigur im Gebälk mit Sicherheit das Porträt des Meisters darstellt.

Wolfgang erwarb 1506 das Roritzerhaus wieder zurück, das dann erst 1524 von den Vormündern seiner Kinder veräußert wurde.

PFARRERGASSE

Die Pfarrergasse hieß im Mittelalter „Puchvellergasse". Die Buchfeller, auch Pergamentmacher genannt, gehörten zu jenem Gewerbe, das aus Tierhäuten das begehrte Pergament bereitete, das ehemals als Schreibgrundlage und damit zur Herstellung von Büchern unentbehrlich war. Das Wort „Buchfeller" tritt als Handwerksbezeichnung und als Familienname schon sehr früh auf. 1295 wird eine Frau Perhta Puchvellerinna genannt. Als „Buchfellerstraße" ist unsere Gasse erstmals 1347 bezeugt. Damit im Zusammenhang steht das Pergamenttor, ein Pförtchen in der ehemaligen Stadtmauer längs der Donau unterhalb des Prebrunntores. Vermutlich war dort der in unserer Gasse wohnenden Buchfellern oder Pergamentern ein Platz an der Donau zur Bearbeitung der Felle eingeräumt. Nach Annahme der Lehre Luthers erwarb die Stadt 1553 das Haus Nr. 5 (E 136) für einen evangelischen Pfarrer, das bis heute Pfarrhaus blieb. Seit dieser Zeit trat allmählich der Name „Pfarrergasse" auf. Eine Quelle aus der Zeit um 1700 sagt ganz deutlich: „Das Buchfelder ist das sogenannte Pfarrergäßl". Noch ein dritter Name war für unser Gäßchen gebräuchlich: Schreinergasse. Er dürfte sich aber ursprünglich nur auf ihren südlichen Teil bezogen haben. Bereits der Chronist Donauer spricht 1553 vom Pfarrhaus in der Schreinergasse. Selbst noch der Stadtplan des Jahres 1865 führt diesen Namen auf: „Buchfelder Straße oder unter den Schreinern" (s. d.).

Das Evang.-Luth. Pfarramt Neupfarrkirche, Pfarrergasse 5 (E 136),
Wohn- und Sterbehaus des Pfarrers, Naturforschers und Erfinders Dr. Jakob Christian Schäffer

Lukas Lamprechtshauser von Salzburg, der 1517 in Regensburg das Bürgerrecht erwarb, kaufte im gleichen Jahr das Haus Pfarrergasse 5 (E 136) samt Stadel und Garten um 104 Gulden. 1553 ging es in den Besitz der Stadt über und diente fortan als evangelischer Pfarrhof. 1784 erwarb es der Superintendent und Pastor Dr. Jakob Christian Schäffer um 2000 Gulden.

Schäffer, 1718 in Querfurt in Sachsen als Sohn eines evangelischen Pfarrers geboren, studierte in Halle Theologie. 1738 kam er nach Regensburg. Seine mißliche wirtschaftliche Lage zwang ihn, zunächst die Stelle eines Hauslehrers für die beiden Söhne des Kaufmanns Andreas Christian Mühl anzunehmen. 1741 wurde er als Extraordinarius in die evangelische Kirchenverwaltung Regensburgs berufen. Schließlich erfolgte 1779 seine Ernennung zum Pastor und Superintendenten an der Neupfarrkirche. Am 5. Januar 1790 ist er im Haus Pfarrergasse 5 (E 136) gestorben.

Diesem Dr. Jakob Christian Schäffer gebührt die Ehre, der erste gewesen zu sein, dem es gelang, Papier ohne den Zusatz der teueren Lumpen aus einem billigen und in größter Menge vorhandenen Faserstoff herzustellen: aus Holz.

Zunächst boten die Abfälle der Textilindustrie sowie gesammelte Lumpen, meist leinerne „Hadern", das alleinige Rohmaterial für die Papierbereitung. Es gab eigene Lumpensammel-Gerechtsame, die landesherrlich erteilt wurden. Die allmählich fortschreitende Mechanisierung in

24. Jakob Christian Schäffer. Ölgemälde von Gottfried Valentin Mansinger, 1786. Evang.-Luth. Dekanat

der Papierherstellung sowie die steigende Nachfrage, vor allem seit dem Aufkommen der Zeitungen, erforderten die Erschließung neuer und wohlfeiler Papierfaserquellen.

Schäffers Vorbild bei seinen Papierversuchen waren die Wespen. Er beobachtete, wie sie von verwitterten Holzteilen feinste Fasern abschälten und daraus ihre Nester bauten, deren Material eine papierähnliche Masse bildet. Er schreibt: „Es schien, da ich eben mit diesem Gedanken umging, als ob die Natur mich selbst dazu auffordern wollte." Während eines Spazierganges fand Schäffer den Boden bedeckt mit der Samenwolle der Schwarzpappel. Er sammelte sie, ließ sie stampfen und pressen. Was er erhielt, war ein Produkt, das viele Eigenschaften des Papieres hatte und ihn von der Richtigkeit seiner Gedanken überzeugte. Mit Eifer unternahm er nun weitere Versuche. In seinem Haus stellte er eine hölzerne Handpapiermühle auf und unterwarf nun viele Pflanzenarten, Blätter, Wurzeln, Stroh, nahezu alle Hölzer, vermoderte Dachschindeln, sogar Torf und Moose, der Verarbeitung zu Faserbrei und zu Papier. Aus diesen Stoffen, vor allem aber aus Fichtenholz, stellte Schäffer durch Stampfen und Kochen in Kalkbrühe festes Papier her. Konnte er seine Erkenntnisse auch nicht zur wirtschaftlichen und technischen Vollendung bringen, so erschloß er doch als erster die reichste aller denkbaren Faserquellen, das Holz. Seinem mehrbändigen, von 1765 ab erschienenen Werk „Versuche und Muster ohne alle Lumpen oder doch mit einem geringen Zusatz derselben Papier zu machen" sind 81 aus den verschiedensten Pflanzenstoffen hergestellte Papiermuster beigeheftet, darunter auch reines Holzpapier.

Schäffer war Naturwissenschaftler auf breitester Basis. Mit Leidenschaft widmete er sich botanischen, zoologischen, mineralogischen und physikalischen Studien. Der Optik und der Elektrizitätslehre galt sein besonderes Interesse. Von rastlosem Forschergeist getrieben schuf er eine Vielzahl meist naturwissenschaftlicher Werke. Die Zoologie verdankt ihm wichtige Entdeckungen. 1761 erschien sein Buch „Die Fische in Baiern und Regensburg"; seine Schrift über die Pilze in Baiern galt als Standardwerk. Seine botanischen Untersuchungen brachten ihm den Ehrennamen eines deutschen Linné ein. Die naturforschenden Gesellschaften zu Petersburg, London, Berlin, Upsala, Göttingen, Florenz und Bern sowie die Akademien der Wissenschaften in Paris und München ernannten ihn zu ihrem Mitglied.

Neben einer umfangreichen Bibliothek legte Schäffer eine große Sammlung von Vögeln, Insekten, Pflanzen und Mineralien an. Dieses naturwissenschaftliche Museum, sein „Naturalienkabinett", bedeutete nicht nur eine Sehenswürdigkeit Regensburgs, sondern war weit über die Grenzen der Reichsstadt hinaus bekannt. Selbst Goethe, der auf seiner Italienreise nur wenige Stunden in Regensburg weilte, versäumte nicht, sich das Privatmuseum Schäffers anzusehen. In seinem

Reisejournal vermerkte der Dichter: „den Pastor Schäfer habe ich gesehen und sein Cabinet, unter dem angenommenen Namen Moeller, den ich auch beibehalten werde." In dem Gästebuch, in das die Besucher der Sammlung ihren Namen eintrugen, findet sich unterm 5. September 1786 in zierlicher Schrift der Eintrag Goethes: „Joh. Phillip Moeller aus Leipzig." Die Sammlungen kamen nach dem Tod Schäffers wahrscheinlich an die Augustiner Chorherrn und dann nach Passau, wo sie bis 1800 aufgestellt waren. Leider ist über ihr weiteres Schicksal nichts bekannt.

25. Eigenhändiger Eintrag Goethes im Fremdenbuch Schäffers vom 5. September 1786

Die Handpapiermühle Schäffers und sein Werk mit den Musterpapieren sind im Regensburger Museum ausgestellt. Das Haus Pfarrergasse 5 (E 136), in dem Schäffer mit seiner Familie wohnte, wo er seine Papierversuche machte und seine Sammlungen verwahrte, trägt eine Gedenktafel. Sie erinnert an den „großen Naturforscher", dem das Buch- und Zeitungswesen ihren mächtigen Aufstieg verdanken. Im gleichen Haus, im Kapitelsaal des 1. Stockes, hängt das Porträtbild Schäffers, ein Ölgemälde aus dem Jahr 1786 von Gottfried Valentin Mansinger.

WAHLENSTRASSE

Die Bezeichnung „Wahlenstraße" ist der älteste bezeugte Straßenname Regensburgs. Bereits 1138 kommt er als „inter Latinos" vor, d. h. „unter den Walchen", den Welschen. Während man einerseits bei der Erklärung dieses Namens an eine Niederlassung welscher, italienischer Kaufleute dachte, leitet Schwarz diese Benennung von einer Kolonie von Romanen ab, die dem Abzug der römischen Truppen nicht gefolgt waren, sondern im Lande blieben, die Einwanderung der Baiern miterlebten und schließlich in der bairischen Bevölkerung aufgingen. Diese zurückgebliebenen Romanen wurden von den Baiern „Walha" oder „Welsche" genannt. Damit erklären sich auch die zahlreichen bayerischen Ortsnamen in Verbindung mit „Walen" oder „Walchen" für Orte, die auf römische Ansiedlungen zurückgehen. Auch in Regensburg, auf dem Gebiet der späteren Wahlenstraße innerhalb des Kastells und unmittelbar an dessen Westmauer, dürfte sich eine Restniederlassung von Romanen behauptet haben.

Wie kaum eine andere Straße Regensburgs konnte die Wahlenstraße ihr von Jahrhunderten gezeichnetes Gesicht bewahren. Es ist nicht ausschließlich das Mittelalter, das ihr Aussehen prägte. Auch das barocke Element und die Grazie des Empire sind mitbestimmend für den Charakter dieses malerischen Straßenbildes.

Der Maler J. Ostermayr, der in seinen Bildern so viele Schönheiten der alten Stadt festgehalten hat, vermittelt auf einem tiefempfundenen Gemälde — jetzt im Museum — einen Blick in die türmereiche Wahlenstraße um die Mitte des 19. Jahrhunderts. Die romantische Auffassung der Zeit ließ ihn die Höhenverhältnisse leicht übersteigern. Die ausbuchtenden Mauern, die unregelmäßigen Häuserfluchten, zahlreiche Vorkragungen und die Verschiedenartigkeit der Giebel, über die der Turm des Kastenmayerhauses und der Goldene Turm hoch hinausragen, verleihen dem Bild ungemein lebendigen Reiz. Trotz des ausgesprochenen Stimmungswertes und der betonten Licht- und Schattenwirkung ist jedes Detail getreulich wiedergegeben. Ein Pferdegespann und Personen in biedermeierlichen Kostümen bilden die figürliche Staffage. Der Turm der 1838 abgebrochenen Augustinerkirche schließt das Straßenbild.

Bis in die 20er Jahre unseres Jahrhunderts fand jeden Mittwoch in der Wahlenstraße der Schweinemarkt statt. Auf dem Bild Ostermayrs ist ein schweinetreibender Metzger dargestellt. Diesen Schweinemarkt hat Georg Britting in den Mittelpunkt einer köstlichen Erzählung gestellt. („Die kleine Welt am Strom", 1933.)

Das Kastenmayerhaus, Wahlenstraße 24 (E 6) und Untere Bachgasse 15 (E 5)

Die ausgedehnte Anlage nimmt das Südende des Baublocks zwischen Wahlenstraße und Unterer Bachgasse ein. Es können folgende Bauglieder unterschieden werden: der frühgotische Turm an der Wahlenstraße, dessen westlicher Anbau, der bis zur Unteren Bachgasse reicht, sowie das spätgotische Eckhaus Untere Bachgasse/Neupfarrplatz. Diese Baugruppe trägt die Literanummer E 5 (= Untere Bachgasse 15). Zum Komplex des einstigen Kastenmayerhauses gehört noch das Eckhaus Wahlenstraße/Neupfarrplatz mit der Literanummer E 6 (= Wahlenstraße 24).

Als Besitzer wird 1338 Johann Löbel genannt. Ihm folgte sein Onkel Lautwein Hilprant. Wohlhabende Regensburger Familien waren die späteren Eigentümer: die Reich, die Sittauer. 1437 gehörte das Haus dem reichen Bürger Hans Kastenmayer (gest. 1437), nach dem es jetzt noch benannt wird. In seinem Sterbejahr stiftete er den großen Besitz zum Bruderhaus (s. d.). Das Wappen des Hans Kastenmayer, ein Wolf mit erhobenen Pfoten und geöffnetem Rachen, ist an der Ecke Wahlenstraße/Neupfarrplatz angebracht. Das gleiche Wappen findet sich noch einmal mit reicher Drapierung unter einem gotischen Baldachin in Höhe des 1. Stockes an der einspringenden Ecke am Neupfarrplatz. 1503 brachte der Rat die neugegründete Poetenschule in diesem Hause unter.

Der Hausturm an der Wahlenstraße, um 1260 entstanden, erhebt sich mit 5 Geschossen und schließt mit einem Satteldach. Die beiden Untergeschosse sind aus Werksteinen aufgemauert, von denen einzelne Steinmetzzeichen erkennen lassen. Im 1. Obergeschoß wölbt die ehemalige Loggia, eine einst offene Laube, ihren Bogen. Witterungsgründe dürften veranlaßt haben, daß die Laube noch in gotischer Zeit wieder zugemauert wurde, wie das spätgotische Mittelfenster mit reich profiliertem Gewände beweist. Die zwei seitlichen Rechteckfenster wurden vielleicht erst in barocker Zeit in bereits vorhandene spätgotische Öffnungen eingebrochen und ließen von diesen die äußeren Gewändeteile unberührt. Über dem Loggiabogen weit gespannter Entlastungsbogen. Im 2. und 3. Obergeschoß frühgotische Doppelarkaden, im Spitzbogen sich öffnend; jene im 4. Obergeschoß anstelle eines Stichbogenfensters neu hinzugefügt.

Das Erdgeschoß des Turmes überspannten zweimal zwei Gewölbejoche, durch eine Mauer in einen nördlichen und einen südlichen Raum geschieden. Der nördliche Raum könnte als Kapelle gedient haben. Die schmalen Rippen strahlen von zwei Rosettenschlußsteinen aus und werden von schlanken, reich profilierten Konsolen aufgenommen. Der südliche Raum besitzt nur noch das östliche Gewölbejoch, das westliche wurde angeblich durch ein Erdbeben am 16. September 1911 so stark erschüttert, daß es abgetragen werden mußte. Ersatz durch Flachdecke. Eine der Konsolen ist als Fabelwesen mit Krallen und zwei Schwänzen ausgebildet.

Von Interesse die gotische Holztreppe in der Südwestecke des Turmes, vom 3. Obergeschoß an aufsteigend. Auf schrägen, tragenden Bohlen sind Blockstufen in Form dreikantiger Hölzer durch Holzzapfen befestigt.

26. *Wahlenstraße mit dem Goldenen Turm. Ölgemälde von J. Ostermayr, 1857. Museum*

An den Turm schließt nach Westen ein Wohnbau an, der bis zur Unteren Bachgasse reicht. Dort befand sich einstmals die Einfahrt. Weites Stichbogenportal, das Gewände mit Stäben und Kehlen profiliert; am Scheitel zwei frühgotische, feinfiederige Blätter. Jetzt Schaufenster. Den Flur überwölben zwei Joche. Die gekehlten Rippen strahlen von Rosettenschlußsteinen aus und werden von Spitzkonsolen aufgenommen; diese teilweise abgeschlagen. Der nördlich davon gelegene Raum ist ebenfalls zweijochig gewölbt. Schlußsteine: östlich doppelter Blätterkranz, westlich verstümmelt.

Das Eckhaus Untere Bachgasse/Neupfarrplatz, an der Stelle des römischen Westtores, der Porta Principalis Sinistra, gelegen, zeigt spätgotischen Charakter. Ein eingreifender Umbau erfolgte 1893. An der Ecke Wappen der Kastenmayer (s. o.).

Das zum Komplex des Kastenmayeranwesens gehörende Eckhaus Wahlenstraße/Neupfarrplatz mußte 1911 einem Geschäftshaus-Neubau im Geschmack der damaligen Zeit mit Jugendstilanklängen weichen. Vier Kopfkonsolen des alten Hauses, um 1330, fanden Wiederverwendung unter dem Traufgesims des Neubaus.

Das Haus Wahlenstraße 22 (E 7)

ist nördlich an den Turm des Kastenmayerhauses angebaut. An der Südwand des Flures — d. i. an der nördlichen Außenmauer des Kastenmayerturmes — findet sich eine von drei Spitzbogenarkaden überdachte und von kräftigen Profilen gerahmte Blendnische. Sie bildete wohl einstmals eine Sitznische, auch an den Architekturrahmen für ein Relief wäre zu denken.

Das Haus Wahlenstraße 27 (E 31),

ein viergeschossiges Schmalhaus zu 3 Fensterachsen, beherbergte die Weingaststätte „Zur Weißen Rose". Eine Rotmarmortafel von 1728 in Höhe des 1. Stockes kündet in kalligraphisch ausgezeichneter Schrift: „In diesem Hauß seynd allerley gute Wein zu haben. Johann Leonhard Clostermayer." Die Schrift wird von einem ovalen mit 4 Rosetten besetzten Lorbeerkranz gerahmt.

Das Haus Wahlenstraße 18 (E 9/10)

Seine Stelle nahmen zwei gotische Häuser ein (E 9 und E 10). 1817 ließ der damalige Besitzer, Lederhändler G. Chr. Hartmann, die Obergeschosse beider Häuser abbrechen und über dem Erdgeschoß einen Neubau im herrschenden Stil des Empire errichten. Aus der sechsachsigen Front springen zwei Erker aus, gestützt von geschweiften Konsolen. Antikische Metallvasen bekrönen die Erkerdächer. Stuckfries mit Rankenwerk und zwei Greifen, die eine umkränzte Büste flankieren. Ähnlicher Fries am ehemaligen Württembergischen Palais, Am Prebrunntor 4 (A 4) sowie am Haus Am Brückenfuß 5 (alt 105) in Stadtamhof. Die Friese wahrscheinlich von Christoph Itelsberger. Das Erdgeschoß ist gebändert. In den Oberlichtgittern der beiden Haustore: „Dehling und" — „Hartmann".

Am Gewölbe im Ladengeschäft des Erdgeschosses findet sich ein Wappenstein, datiert 1744, der auf tiefblauem Grund eine federführende Hand erkennen läßt. Den Schild umgibt reiche Drapierung in den Farben rot und schwarz. Das Wappen sowie die beigegebenen Initialen M G F weisen auf den Wundarzt Michael Gottfried Fabricius, der damals das nördliche (E 10) der ursprünglich getrennten Häuser besaß.

Das Haus Wahlenstraße 17 (E 26),

nach einem früheren Besitzer „Deggingerhaus" genannt, zeichnet sich durch eine Reihe wohlerhaltener spätgotischer Architekturen aus. Die von der Wahlenstraße aus nicht sichtbare staffelgiebelige Überhöhung an der Rückseite des Hauses weist noch einige gotische Fenster auf. Vom Neupfarrplatz aus kann dieser turmartige Hausteil gut übersehen werden. Mit dem Goldenen Turm tritt er über den Häusern des westlichen Neupfarrplatzes zu einer imposanten Baugruppe zusammen.

Dominierendes Element der Fassade an der Wahlenstraße bildet der dreiachsige Rechteckerker. Sieben Vierpaßblenden in quadratischen Feldern gliedern seine Brüstung. Die rechteckigen Erkerfenster mit reicher, für die Spätgotik charakteristischer Gewändeausstattung. Die Erkerfront flankieren gekoppelte Spitzbogenblenden mit Vierpaß in hohen, schmalen Rechteckfeldern. Der Erker ruht auf durchgehender Konsole, durch Stab, Wulste und Kehlen mehrfach gestuft. Die Dachgalerie, eine Folge genaster, zu Dreiergruppen zusammengefaßter Spitzbögen, findet kein zweites Beispiel in Regensburg.

Von den Wölbungen des Erdgeschosses erhielten sich zwei Kreuzjoche des einstigen Flures. Die beiden Schlußsteine tragen die Wappen der Familien Reich (3 heraldische Lilien) und Süß (3 waagrecht verlaufende Wellenlinien). Im Südteil des Hauses durch die Wölbung ausgezeichneter Raum, wohl der einstige Festsaal. Um eine achteckige Mittelsäule gruppieren sich vier mit Kreuzrippen gewölbte Joche.

Das Haus der Waller mit dem „Goldenen Turm", Wahlenstraße 16 (E 11)

Unter den Patrizierburgen Regensburgs nimmt dieses Haus eine bevorzugte Stellung ein, ist doch der zugehörige Hausturm, der sogenannte Goldene Turm, nicht nur ein großartiges Beispiel eines mittelalterlichen Hochbaues, sondern auch eines der großen Wahrzeichen Regensburgs. Mit einer Höhe von 50 m ist er der höchste Hausturm nördlich der Alpen; durch seine charakteristische Form und seine alles überragende Höhe bestimmt er wesentlich das Erscheinungsbild der Stadt.

Als ursprünglicher Besitzer der Hausburg wird die Familie Haymo genannt, später saßen hier die Waller, die sich nach der Straße „inter Latinos", d. h. unter den Wahlen nannten. 1490 gehörte der Besitz einem Angehörigen der Familie Amann. Der Name „Goldener Turm" leitet sich ab von einer Gaststätte gleichen Namens, die dort im 17. Jahrhundert betrieben wurde. Unter dem Wirtshausschild, einem goldenen Turm inmitten eines Blätterkranzes, stand folgender Reim:

Wer will trinken gut Wein und Bier,
der komm in goldnen Turm zu mir.
Johann Georg Schusteröder, 1671.

Nachdem 1706 der Marktturm (s. d.) abgebrannt war, mußte der Goldene Turm dessen Stelle vertreten. Von seiner Höhe aus wachten die Stadttürmer über die Sicherheit der Regensburger und noch im vergangenen Jahrhundert bliesen die Stadtmusikanten vom Goldenen Turm aus die Hochzeiten an.

Das Haus mit dem Goldenen Turm bildet — einen Innenhof umschließend — eine vielfach gegliederte, unregelmäßige Vierflügelanlage, an deren Nordostecke der hochgotische Turm mit 9 hohen Geschossen zu schwindelnder Höhe aufragt. Die Einfahrt liegt an der Unteren Bachgasse. Turm und südlich anschließender Wohntrakt entstanden nach Ausweis der Fensterarchitekturen gleichzeitig, um 1260. Bei den gewaltigen Ausmaßen ist auch mit einer längeren Bauzeit zu rechnen.

Während die der Straßenflucht abgewandte Süd- und Nordseite des Turmes völlig geschlossen sind, öffnet er seine „Prunkfassade" zur Wahlenstraße mit vielgestaltigen Fensterformen, die in Konzeption wie im Detail hohe künstlerische Qualität beweisen. Alle Fenster bis in die letzte Einzelheit zu beschreiben, würde den Rahmen dieses Werkes überschreiten. Hingewiesen sei auf das grundlegende Werk von Richard Strobel „Das Bürgerhaus in Regensburg", 1967, S. 193 ff. Betont hervorgehoben wirkt die Dreierarkade im 2. Obergeschoß mit überhöhtem Mittelteil, der Spitzbogen gestelzt. Die Trennungssäulchen tragen doppelreihige Kelchknospenkapitelle. Maßwerk beschädigt; Giebelverdachung. Das 3. Obergeschoß öffnet sich mit einer spitzbogigen Doppelarkade. Trennungssäulchen mit doppelreihigem Kelchblattkapitell. Zwischen den Spitzbögen Rundöffnung. Flache Verdachung. Bemerkenswert die Kapitellplastik der Zweierarkade im 6. Obergeschoß: den Köpfen von Phantasietieren entwachsen Blätter. Über dem 7. Obergeschoß umlaufender Fries von Wappen bzw. Fünfblättern. Über einer mit Blattwerk ausgelegten Kehle kragt das 8. Obergeschoß etwas vor. Die Stichbogenöffnungen des obersten Geschosses markieren den später überhöhten Zinnenkranz. Dazwischen schräggestellte Spitzschilde in Putztechnik. Spitzbogige Zweierarkaden einfacherer Ausführung erhellen die Geschosse an der Westseite des Turmes. Vom 3. Obergeschoß an führt eine hölzerne Wendeltreppe der Barockzeit bis ins oberste Turmwächterstübchen.

Im 16. Jahrhundert erfuhr die Turmseite an der Wahlenstraße eine Bemalung mit kolossalen Landknechtfiguren und dem Stadtwappen. 1890 noch waren die Malereien zu erkennen. Leider wurden die Fresken nicht erneuert und gingen verloren. Mit größter Wahrscheinlichkeit stammten sie von dem in Regensburg mehrfach beschäftigten Maler Melchior Bocksberger.

Im 6. Geschoß der Nord- und Südseite, mit Blickrichtung zum Kohlenmarkt und Neupfarrplatz, findet sich je eine Schießscharte. Solche begegnen auch am Turm des „Goldenen Kreuzes", am Hausturm Gesandtenstraße 2 und am Rathausturm. Diese Erscheinung führte dazu, diese Türme vor allem als Wehranlage zu charakterisieren. Die Funktion eines in Familienbesitz befindlichen Wehrturmes inmitten der Stadt läßt sich nur schwer begreifen. Nach R. Strobel (Das Bürgerhaus in Regensburg, 1976, S. 47) dienten diese Schießscharten nicht der Einzelverteidigung, sondern der inneren Sicherheit der Stadt, etwa bei Aufständen und Unruhen. Auch die Verwendung der Türme als Warenlager will Strobel (VO 103, S. 365) nur in beschränktem Umfang gelten lassen. In erster Linie scheint der Turm der Repräsentation gedient zu haben, worauf seine bevorzugte Ausstattung mit Loggia und Fensterarkaden schließen läßt. Dazu kommt, daß sich der Turm in der Regel über der Hauskapelle erhebt und so sein Aufragen über dem sakralen Raum auch als äußeres Würdezeichen zu verstehen ist.

Der südlich an den Turm schließende Wohntrakt gliedert sich in zwei Bauteile, die sich durch die Höhe ihrer Geschosse unterscheiden. Mit ihren ausbuchtenden Mauern, dem auf reich profilierter Konsole ruhenden Rechteckerker und der eingestellten toskanischen Säule gewähren sie einen ungemein malerischen Anblick. Das verhältnismäßig hohe Schmalhaus unmittelbar am Turm besitzt im 3. Obergeschoß zwei spitzbogige Doppelarkaden; Trennungssäulchen mit Kelchknospenkapitell, etwa gleichzeitig mit den Fenstern des Turmes. Rest einer (vermauerten) Doppelarkade im 2. Obergeschoß.

Im Erdgeschoß liegt die profanierte Hauskapelle, „Wahlenkapelle" genannt, da der Heilige, zu dessen Ehre sie einst geweiht war, in Vergessenheit geriet. Allerdings wird sie schon 1287 in einem päpstlichen Taxregister die „Wallersche" Kapelle genannt. Eine Mittelgurte teilt den rechteckigen Raum in zwei Joche. An den Schnittpunkten der kräftigen Gewölberippen sitzen statt der Schlußsteine kleine Rosetten. In den Ecken werden die Diagonalrippen von Blattkonsolen aufgenommen; an den beiden Langwänden je drei Kelchkonsolen für Diagonal- und Gurtrippen.

In einem Raum des Obergeschosses erhielt sich ein gotischer Lichterker, ein steinernes Lampengehäuse, das mit 2 Seiten des Dreiecks aus der Wand ragt. Zur Erhellung des Raumes konnte es mit einem Wachs- oder Talglicht beschickt werden. Ein ähnlicher Lichterker findet sich im Flur des Hauses Wahlenstraße 20 (E 8). Einmalig in Regensburg ist der Schnarrmechanismus an einer eisenbeschlagenen Türe im 1. Obergeschoß. Dreht man an der Außenseite der Türe einen Ring, so gleitet an der Innenseite ein unter Federdruck stehendes Metallstück über Eisenstäbe und erzeugt als Ersatz für eine Glocke oder einen Klopfer ein schnarrendes Geräusch.

Südlich der Kapelle führt von der Wahlenstraße aus ein Durchgang mit Kreuzgratgewölbe in den Hof. Am Gewölbescheitel Doppelwappen: Löwe und Hellebardenträger in Halbfigur bzw. Löwe und drei übereinandergestellte Winkel. Das Wappen bezieht sich auf die Familie Winkler, die das Anwesen im 16. Jahrhundert besaß. Den stimmungsvollen Hof umgeben an der Ost-Süd- und Westseite weitgespannte Arkadenbogen. Im Geschoß darüber verbretterte Altanen. Vom Hof aus Durchgang zur Unteren Bachgasse.

Das Haus Wahlenstraße 11 (E 23)

fiel 1911 teilweise einem Brand zum Opfer. An der Wahlenstraße erhielt sich das hochgotische Stichbogenportal, in der ehemaligen Einfahrt (Durchgang von der Wahlenstraße zur Tändlergasse) an der Nordwand Reste hochgotischer Malerei: Wappenfries, darüber Phantasievogelpaar, schreitend, die Hälse ineinander verschlungen.

An dieses Haus knüpft eine originelle Geschichte, die der Chronist Hosang mitteilt. Leider gibt er den genaueren Zeitpunkt der Begebenheit nicht an. Danach hatte ein früherer Eigentümer dieses Hauses zwei einträgliche Geschäfte: die Sänftetragerei und das Amt des Totengräbers (tatsächlich nennt das Adreßbuch 1808 unter E 23: „Ziegler Joh. Christian Phillip, Todtengräber", und noch 1844 gehörte das Anwesen der Totengräberswitwe Susanna Willer). Dieser damalige Hausbesitzer hielt sich zu seinem Vergnügen einen Affen, der gerne unbemerkt in eine der Sänften schlich und sich von den Trägern bis zu den herrschaftlichen Wohnungen, wohin sie bestellt waren, bringen ließ. Wenn dann eine Dame oder ein Herr die Sänfte besteigen wollten, erschraken sie gewöhnlich so sehr über das Tier, daß sie auf das Tragen verzichteten. Kamen dann die Träger mit dem Affen unverrichteter Dinge wieder nach Hause, so setzte es bei dem Tier gewöhnlich eine Tracht Prügel ab. Diese ungerechte Behandlung machte den Affen so böse, daß er verkauft werden mußte. Jahre vergingen darüber. Eines Tages zog ein Bärentreiber durch die Wahlenstraße, der auch ein Dromedar mit sich führte, auf dessen Rücken ein bekleideter Affe saß. Als dieser seinen zufällig aus dem Fenster schauenden ehemaligen Herrn erkannte, sprang er auf ihn zu und zerrte ihn mit aller Gewalt bei den Haaren. Nur mit größter Mühe konnte sich dieser von dem wütenden Tier befreien. Nachdem der Affe seinen Rachedurst gestillt hatte, war er spurlos verschwunden. Erst nach langem Suchen fand man ihn in einer seiner geliebten Sänften. Zur Erinnerung an diese Begebenheit sah man an einem Kragstein unter dem Fenster, aus dem der Hausherr auf die Straße geschaut hatte (das Haus besaß vor dem Brand einen durch zwei Geschosse reichenden, auf Kragsteinen ruhenden Erker), das Bild eines Affen, der einen Mann bei den Haaren zaust. Dabei dürfte es sich wohl um jenen skulptierten gotischen Kragstein handeln, der im Raum 18 des Museums (kleine Sakristei) zu sehen ist. Die Plastik stellt einen bärtigen Mann dar, den ein Affe mit beiden Händen an den Haaren faßt. Der Stein dürfte nach dem Brand des Hauses 1913 in die Sammlung des Historischen Vereins und von diesem an das Museum gelangt sein. So glaubwürdig die im Barockzeitalter handelnde Erzählung auch klingt, bedenklich stimmt der Umstand, daß sie sich auf eine Plastik bezieht, die der hochentwickelten Gotik um 1380 angehört.

Die Sänften, ein vielbenütztes Verkehrsmittel der späten Barockzeit, tauchten am 15. August 1712 erstmals in den Straßen von Regensburg auf. Der Sattler Georg Isemer führte diese damals neuartigen Traghäuschen in der Reichsstadt ein. Die vornehme Gesellschaft beim Immerwährenden Reichstag wird namentlich bei schlechter Witterung von dieser Beförderungsart ausgiebigen Gebrauch gemacht haben. Traggäste waren vorwiegend die Damen, die Herren zogen das Reiten vor. Im Museum sind noch zwei Sänften zu sehen.

Das Haus Wahlenstraße 8 (E 15)

Hochgotisches Giebelhaus mit Erdgeschoßwölbungen. Im südlichen Raum (Flur mit ansteigender Treppe) zwei schmalrechteckige Kreuzgratgewölbe aus schweren Rippen. Die beiden Schlußsteine leider weitgehend verstümmelt. Das nordöstliche Rippenlager (erstes rechts vom Eingang) als besonders große Blattkonsole ausgearbeitet. Von anziehender Schönheit die Architekturen des nach Norden anschließenden Raumes. Die schweren Birnstabrippen der zwei weitgespannten Kreuzjoche gehen von Profilkonsolen aus und münden in zwei Schlußsteinen. Den westlichen zieren fein empfundenes Weinlaub und Trauben, der östliche zeigt im Vierpaß das Wappen der Saruch, drei ineinanderhängende Ringe. Im Kreuzgang der Alten Kapelle steht das Grabmal eines Mitglieds dieser Familie, des 1334 verstorbenen Siegfried Saruch.

1970 wurde in den Obergeschossen eine Wand aus senkrecht stehenden Balken aufgedeckt, die seitlich in Eckständer, oben und unten in Kopf- und Fußbohlen eingezapft waren. Durch Untersuchung der Jahresringe konnte das Alter der Balken auf das Jahr 1307 festgestellt werden.

Das Haus Wahlenstraße 6 (E 16)

Hochgotisches Haus mit turmähnlicher Überhöhung im Norden und südlichem Anbau. Umgestaltungen in allen Stilperioden. Umbau 1878 und 1960. Der „Turm" ragt heute noch fünf Geschosse hoch auf; Ostermayrs eindrucksvolles Bild der Wahlenstraße von 1857 gibt ihn mit einem Satteldach und an der Ost- und Westseite mit gestaffelten Giebeln wieder. Im 5. Obergeschoß hochgotische Doppelarkade mit genasten Spitzbogenöffnungen; Trennungssäulchen ausgeschlagen. In der Südwestecke des Erdgeschosses Raum mit Kreuzrippengewölbe. Die Kehlrippen strahlen von einem Rosettenschlußstein aus. Auch in seiner heutigen Gestalt bildet das Haus noch ein markantes Glied im Ensemble der Wahlenstraße.

Das Haus Wahlenstraße 3 (E 19)

an der Ecke zur Kramgasse gehört in seiner Bausubstanz der Gotik an, erhielt aber gegen Ende des 18. Jahrhunderts einen Fassadendekor im Stil des Klassizismus. An der Ecke zur Kramgasse findet sich das Wappen der Familie Peringer aus der 1. Hälfte des 15. Jahrhunderts, die wohl damals das Haus besaß. Das gleiche Wappen (jetzt leider zerschlagen) begegnete wieder auf dem Rotmarmorepitaph im Domgarten an der Südseite des Kapitelhauses (als Vorwand des Ölbergs). Die 1523 verstorbene Brigitta ließ die Platte für sich und ihre drei verstorbenen Männer errichten, deren erster, Christoph Peringer, 1496 starb.

Das Haus trägt unter dem Erker eine Hausnummer (s. d.) aus reichsstädtischer Zeit.

TÄNDLERGASSE UND KRAMGASSE

Zwei Gassen von dämmeriger Enge, über denen nur ein schmales Stückchen Himmel blaut, durchziehen das Häusergeviert nördlich des Neupfarrplatzes zwischen der Wahlenstraße und dem Krauterermarkt: Tändlergasse und Kramgasse. Ihre Namen verraten, daß hier Krämer, Händler mit kleineren Gebrauchsgegenständen und Tändler, Altwarenhändler, ihre Waren feilboten. „inter utensilia", d. h. unter den Gerätschaften, den Gebrauchsgegenständen, heißt es hier 1279, und eine Urkunde des Jahres 1359 nennt die Gegend „unter den Chramen", unter den Krämern. 1529 wird bereits „Cramgassen" geschrieben, 1613 „Tandelmarkt". Der Stadtplan von 1808 schreibt für die Tändlergasse „Kramwinkel"; diesen heute noch so benannten Platz (s. d.) nennt er „Obstmarkt". Der Plan von 1812 und spätere erfinden für die Tändlergasse sogar den Namen „Zweiter Kramwinkel", ohne einen ersten oder eigentlichen Kramwinkel zu nennen.

Neben der Tändlergasse, in der wohl die meisten Altwarenhändler ihre Läden hatten, gab es auch beim ehemaligen Zeughaus am Arnulfsplatz (s. d.) eine Reihe von Tändlerläden. Auch an der Stelle des sog. Judenstadels an der Ecke des Neupfarrplatzes und der Dreihelmgasse wurden nach dessen Abbruch Tändlerläden errichtet. Daraus ist zu ersehen, daß dem Altwarenhandel in früheren Jahrhunderten eine weit größere Bedeutung zukam als das heute der Fall ist. Gebrauchte Waren mußten in jener Zeit die billige Fabrikware für die breite Masse ersetzen. Dieser Altwarenhandel erstreckte sich hauptsächlich auf gebrauchte Schuhe und Kleider. Es gab eigene Altschuhmacher, die getragene Schuhe für den Markt wieder zusammenflickten. Altkleider wurden bis nach Ungarn ausgeführt. Das Haus Tändlergasse 11 (E 43) gehörte noch 1822 einem Tändler.

Die Tändlergasse führt aus der einstigen Judenstadt direkt nach Norden und bildete in ältester Zeit — vor Erbauung des Goliathblockes — mit der Brückstraße einen Straßenzug. Damit verfügte das Ghetto über eine direkte Verbindung mit der Steinernen Brücke.

Das Haus Tändlergasse 24 (E 29), Engelapotheke

Mit diesem Haus verbindet sich die Erinnerung an den berühmten Südamerikareisenden und Schilderer der La-Plata-Länder, Ulrich Schmidl, der einem angesehenen Patriziergeschlecht aus Straubing entstammte. Abenteuerlust und Forschungsdrang bewogen ihn zur Teilnahme an einem Expeditionszug, der 1534 unter Führung von Pedro Mendoza nach Südamerika aufbrach, um das La-Plata-Gebiet für die spanische Krone zu erobern. Von Antwerpen aus gelangte Schmidl in vierzehntägiger Schiffsreise nach Cadiz. Vierzehn Schiffe brachten von dort aus das aus 2500 Spaniern sowie 150 Deutschen und Niederländern bestehende Expeditionsheer nach manchen Fährnissen an die Küste Brasiliens. Nach genau 20 Jahren, 1554, traf Schmidl wieder im Hafen von Antwerpen ein, den er 1534 verlassen hatte. Der Landsknecht Schmidl wäre längst vergessen, hätte er nicht die Erlebnisse seiner Reise in einem Bericht niedergelegt, dessen gedruckte Erstausgabe von 1567 den Titel trägt: „Wahrhafftige und liebliche Beschreibung etlicher Indianischen Landtschafften und Insulen, die vormals in keiner Chronicken gedacht und erstlich in der Schiffahrt Ulrici Schmidls von Straubingen mit großer Gefahr erkundigt und von ihm selber aufs fleißigst beschrieben und dargethan." Darin schildert er die großen Entbehrungen, Strapazen und Gefahren, die er glücklich überwand, erzählt von den Kämpfen mit kriegerischen Indianerstämmen, von ihren Sitten und Gebräuchen, und schildert Menschen, Tiere und Pflanzen. Sicherlich mag die endgültige Fassung seiner Schrift erst nach seiner Rückkehr entstanden sein, doch ist das Einzelerlebnis in der Fremde niedergeschrieben worden inmitten der Kämpfe, Fahrten und Märsche. „Es wehr viel darvonn zu schreiben", heißt es einmal, „aber Zeit gibts nicht." Nach seiner Rückkehr aus Südamerika konnte er noch 8 Jahre in seiner Vaterstadt Straubing verbringen, mußte sie aber als Anhänger der Lehre Luthers 1563 verlassen. Schmidl wandte sich nach der evangelischen Reichsstadt Regensburg, die ihn am 21. Mai 1563 als Bürger aufnahm und ihm eine neue Heimat bot. Im gleichen Jahr noch erwarb er das Ruinengrundstück eines Judenhauses an der Nordostecke des Neupfarrplatzes, wo er sich ein Haus, das Anwesen Tändlergasse 24 (E 29), erbaute. Das Haus trägt in der einspringenden Ecke am Neupfarrplatz einen Denkstein mit dem Wappen Ulrich Schmidls — einen springenden Stier — und der Inschrift: „1563 Ulrich Schmidl von Straubing." Dieses Haus reicht nach Westen durch bis zur Wahlenstraße, wo es die Nummer Wahlenstraße 23 (E 29) trägt. Auf dieser Seite des Hauses wurde im vergangenen Jahrhundert eine Gedenktafel angebracht, deren Inschrift vielleicht eine etwas übertriebene Vorstellung vom Einfluß Schmidls bei den Geschehnissen in der Neuen Welt erweckt. Der Text lautet: „Dieses Haus war das Wohnhaus des Ulrich Schmidl von Straubing, Mitentdeckers von Brasilien und Miterbauers von Buenos Aires." Schmidls Verdienst und Bedeutung liegt nicht in seiner Stellung innerhalb des Expeditionsheeres, sondern lediglich in seiner literarischen Tätigkeit.

Ulrich Schmidl besaß auch das nach Süden angrenzende Haus Neupfarrplatz 6/Wahlenstraße 25 (E 30), das er aber 1578 an den Schneider Balthasar Alwich um 460 Gulden verkaufte. Achtzehn Jahre lang lebte er in Regensburg, wo er noch zweimal heiratete, 1581 aber kinderlos verstarb. Das Haus Tändlergasse 24 (E 29) ist seit 1637 Apotheke (s. Engelapotheke).

Das Haus Tändlergasse 9 (E 45)

heute Hotel „Münchner Hof", beherbergte ehemals das Gasthaus „Zur Weißen Taube". Bei einem Umbau des Hauses 1891 stieß man auf die Umfassungsmauern der Judenstadt (s. d.).

Das Haus Tändlergasse 3 (E 48)

Schmales, langgezogenes Eckhaus mit Halbgiebel an der Kramgasse. Im 1. Obergeschoß drei Rechteckfenster durch reiche Gewändeprofilierung hervorgehoben; die Stabkreuzungen charakteristisch für die Spätgotik. In Höhe des 1. Obergeschosses an der Tändlergasse Sandsteinrelief: Fuchs, eine Gans schleppend, eines der vielen Kleindenkmäler Regensburgs. Darunter Rotmarmorstein von 1611 mit Allianzwappen der damaligen Besitzer, Hans Christoph Simerl und Christina Khersch.

Das Haus Tändlergasse 1 (F 11/12)

An baulich bedeutsamer Lage, die Kreuzung Tändlergasse — Kramgasse markierend. An den mit Pultdach gedeckten Eckbau schließen östlich (Kramgasse) und nördlich (Tändlergasse) Bauteile mit Überschüssen (Vorkragungen) an. Im Erdgeschoß stichbogige Schaufenster der Hochgotik. In der Fassade an der Kramgasse sitzt im 2. Obergeschoß eine Doppelarkade, Trennungssäulchen um 1260. Etwa gleichzeitig entstand der auf Balken ruhende Überschuß an der Tändlergasse. Die Freilegung 1966 erwies, daß er aus enggereihten, senkrecht gestellten Bohlen besteht. Jünger ist der Überschuß an der Kramgasse, der von acht Konsolen getragen wird. Er dürfte wohl dem 16. Jahrhundert angehören.

27. *Haus Tändlergasse 1 (F 11/12). Zeichnung von Georg Lösti*

Der an der Kramgasse liegende Teil des Hauses war früher unter F 12 ein eigenes Haus und gehörte den Eltern der schönen Regensburger Gürtlerstochter Barbara Blomberg (s. d.), deren Liebe zu Kaiser Karl V. im Jahre 1547 ein Sohn entsproß, Don Juan d'Austria, der Seeheld von Lepanto, den die Geschichte den „Retter des Abendlandes" nennt. Wahrscheinlich wurde er auch in diesem Hause geboren.

Das Haus Kramgasse 6 (E 49)

bringt einen Schuß barocker Maurerlust in die gotischen Kramgassen. Einer mächtigen Kappe gleich sitzt der elegant geschwungene Volutengiebel auf der viergeschossigen Fassade, deren kräftige Fensterrahmungen schon ein wenig den Geist des Klassizismus ahnen lassen.

KRAMWINKEL

heißt die kleine Ausweitung an der Nordseite des Neupfarrplatzes. Wie in der Kramgasse (s. d.), so hatten auch hier die Krämer mit kleineren Gebrauchsgegenständen ihre Läden. Der Stadtplan von 1808 nennt den Platz allerdings „Obstmarkt". Noch 1844 schreibt das Regensburger Adreßbuch: „E 41 b (Kramwinkel 1) Commune (d. h. Gemeinde), die 11 Tändlerläden."

DREI-HELM-GASSE

Der Name geht auf den einstigen Gasthof „Zu den Drei Helmen" zurück, der mit seinen Hofräumen unter der Nummer E 60 die ganze östliche Seite der Gasse zwischen der Pfauengasse und dem Neupfarrplatz einnahm. Die benachbarten Städte, Märkte und Klöster unterhielten in Regensburg entweder eigene Absteigequartiere oder sie hatten bestimmte Herbergen, wo sie ihre Botenfuhrwerke einstellten und wo sie anzutreffen waren. Der Gasthof „Zu den Drei Helmen" war ehemals die Landshuter Herberge. Deshalb führte er in seinem Schild drei Helme, das Wappen der Stadt Landshut. Der geschätzte Gasthof bestand bis 1881. Neue Bauten traten an seine Stelle, die bereits wieder der Vergangenheit angehören. Heute steht auf seinem Grund ein Teil des Warenhauses Horten. Erhalten blieb das steinerne Wirtshausschild: drei Turnierhelme inmitten einer Rollwerkkartusche. Es findet sich in nächster Nähe des einstigen Gasthauses, im Hof des Anwesens Frauenbergl 2 (G 66). Die Ansicht des imposanten Gasthofes mit dem mächtigen Volutengiebel ist auf mehreren Abbildungen sowie einem Holzmodell im Besitz des Museums wiedergegeben. Gleich anderen Gastwirten ließ Georg Leonhard Wießner, „Gastgeber zum drey Helmen in der Pfauengaß, mitten in der Stadt zu Regensburg" um 1790 als Werbeprospekt und vielleicht auch als Andenken einen Kupferstich, die Abbildung des Gasthofes mit deutscher und französischer Beschriftung, erscheinen.

28. Wirtshausschild „Zu den Drei Helmen"

Seine glänzendsten Tage erlebte der Gasthof 1790, als Kaiser Leopold II. von seiner Krönung aus Frankfurt kommend, die „Drei Helme" als Absteigequartier wählte. Die Stadt bereitete dem Kaiser einen triumphalen Empfang. Beim nördlichen Turm der Steinernen Brücke überreichte der Bürgermeister auf rotsamtenem Kissen die Stadtschlüssel. Von allen Türmen ertönten die Glocken, und auf den Wällen donnerten die Kanonen. Unter dem Jubel der Bevölkerung wurde das Reichsoberhaupt, seine Gemahlin und das ganze Gefolge durch die illuminierten Straßen zu den „Drei Helmen" geleitet, wo die Stadtgrenadiere bereits Wache bezogen hatten. Dort gestattete das kaiserliche Paar einer Abordnung des Rates eine Audienz. Am folgenden Tag schon ging die Reise weiter nach Wien. Mit der Bewirtung in den „Drei Helmen" waren Kaiser und Kaiserin so zufrieden, daß sie dem Gastwirt eine Rolle neuer Dukaten mit ihrem Bildnis und eine silberne Medaille übersandten. Aber auch der benachbarte Wirt „Zum Goldenen Pfau", bei dem Angehörige aus dem Gefolge des Kaisers übernachtet hatten, erhielt eine Medaille und 30 Dukaten. Als am 24. Oktober des gleichen Jahres die Reichsstadt die glückliche Wahl des Kaisers feierte, wählte der Rat zu seinem Galadiner ebenfalls den Gasthof „Zu den Drei Helmen".

Keinem Zeitalter war es so sehr gelungen, die Kunst in das Volk zu tragen, wie dem Barock. Es war die große Zeit der bürgerlichen Kunstkenner und Kunstsammler, zu denen auch der Dreihelmwirt Johann Caspar Wölffeldt gehörte. Leider blieb seine wertvolle Sammlung unserer Stadt nicht erhalten. Nach seinem 1765 erfolgten Tod wurde sie zerstreut.

Die „Landshuter Herberge" wird bereits 1573 genannt. Der Stadtplan von 1694 (Stadtgrundrisse Nr. 8) nennt die Gasse „Bei den Küchelbacherläden". „Küchelbachergasse" schreibt der Plan von 1779 (Stadtgrundrisse Nr. 14). Der Name Drei-Helm-Gasse erscheint erstmals auf dem Stadtplan von 1808.

NEUPFARRPLATZ

Den verhältnismäßig weiten Raum des Neupfarrplatzes inmitten der von einem Gewirr enger und engster Gassen erfüllten Stadtlandschaft nahm bis zum Jahr 1519 die Judenstadt ein. Die Geschichte des Neupfarrplatzes ist somit aufs engste verbunden mit der Geschichte der Juden in Regensburg.

Der Aufenthalt von Juden in der Stadt ist zwar erst für das Jahr 981 urkundlich verbürgt, doch kann mit Sicherheit angenommen werden, daß sie bereits in römischer Zeit hier ansässig waren, und zwar in der westlich an das Kastell schließenden Siedlung von Kaufleuten und Handwerkern. Nach dem Abzug der römischen Truppen dürften neben der zurückgebliebenen römischen Bevölkerung (s. Wahlenstraße) auch die Juden der größeren Sicherheit wegen sich in nerhalb der Kastellmauern, unweit des Westtores, d. i. auf dem Gebiet des heutigen Neupfarrplatzes, angesiedelt haben. Auf das hohe Alter der Regensburger Judengemeinde bezieht sich auch eine Tradition, die noch zur Zeit der Vertreibung 1519 lebendig war und die besagt, daß bereits zur Zeit der Geburt Christi Juden in Regensburg lebten.

Die Judenstadt,

etwa seit dem 12. Jahrhundert durch eine Mauer von den Häusern der christlichen Bevölkerung getrennt, nahm in der Hauptsache den heutigen Neupfarrplatz sowie Grundstückteile der westlich, nördlich und östlich angrenzenden Gebäude ein. Topographische Untersuchungen und archivalische Nachforschungen Adolf Schmetzers gestatten eine ziemlich genaue Lagebestimmung des Ghettos. Demnach verlief die Westgrenze zwischen dem Häuserblock Neupfarrplatz/Tändlergasse und Wahlenstraße bis zum Anwesen Tändlergasse 18 (E 26). Die Nordgrenze entsprach etwa der Linie zwischen den Häusern Tändlergasse 9 (E 45) und Residenzstraße 2 (E 54). Unter Ausschluß des Grundstückes der Bayerischen Vereinsbank, Residenzstraße 3, zog sich die Ostgrenze zwischen den Häusern des Neupfarrplatzes und der Pfauengasse hin. Die Südgrenze dürfte nicht bis an die südliche Häuserreihe des Neupfarrplatzes herangereicht bzw. darüber hinausgegriffen haben. Die wichtige West-Ost-Verbindung Gesandtenstraße — Schwarze-Bären-Straße hätte dadurch eine Unterbrechung erfahren. Außerdem wäre die Pfarrergasse zur Sackgasse geworden. Die Gettomauer dürfte etwa so verlaufen sein, daß ein, wenn auch schmaler Verkehrsweg längs der südlichen Häuserreihe des Neupfarrplatzes offenblieb.

29. *Westliche Seite des Neupfarrplatzes mit Einmündung der Tändlergasse. Aquarell, monogrammiert Cl. P., 1843. Museum*

Sechs Tore in der Mauer (nach Gemeiner) stellten die Verbindung mit der christlichen Stadt und deren wichtigsten Märkten her. Die Lage der Tore kann teilweise noch durch die einmündenden Straßen bestimmt werden. Sie öffneten sich zur Tändlergasse, zur Residenzstraße, zur Drei-Helm-Gasse, zu den ehemaligen Straßen Am Spielhof und Schlossergasse (heute Ausmündung des Neupfarrplatzes zum St.-Kassians-Platz) und im Osten in Richtung zur Gesandtenstraße (etwa beim Anwesen Neupfarrplatz 3 (E 35). Die Tore mußten bei Nacht geschlossen bleiben.

Mehrere enge, schmutzige, von hohen Häusern gesäumte Gassen — Judengassen genannt — durchzogen das Getto. Die Häuser hatten viele Stockwerke, waren tief unterkellert und durch ein System von Brücken und unterirdischen Gängen miteinander verbunden.

Der Emmeramer Mönch Ostrofrankus, ein Augenzeuge der Zerstörung der Judenstadt, gibt die Zahl der Judenhäuser mit 30 an und die der Einwohner einschließlich der Talmudstudenten mit 580. Grau hält diese Zahl für zu hoch und nimmt eine Gesamtbevölkerung von etwa 400 Personen an.

Mittelpunkt des Ghettos war die Synagoge, die den Platz der heutigen Neupfarrkirche einnahm. Über das Äußere des Tempels sind wir nur wenig unterrichtet. Genaue Wiedergaben seines Innenraumes und der später angebauten Vorhalle überlieferte Albrecht Altdorfer (s. d.) in zwei Radierungen, die kurz vor der Zerstörung entstanden. Die Synagoge entstand in spätromanischer Zeit, nach K. Busch vor 1227.

Die Volksschule, die in keiner Judengemeinde fehlte, befand sich nach A. Schmetzer auf dem Grund des Anwesens Neupfarrplatz 3 (E 35).

Bei Aushubarbeiten in der Südostecke des Neupfarrplatzes 1885 entdeckte der damalige Distriktsrabbiner Dr. S. Meyer Reste einer baulichen Anlage, die er für das jüdische Ritualbad hielt. Nach der Regel des Talmud hatte die Frau zu gewissen Zeiten ein symbolisches Reinigungsbad zu nehmen. Dazu ist fließendes Wasser oder Grundwasser vorgeschrieben. Weil auf dem Gebiet der Judenstadt fließendes Wasser fehlte, mußte das Bad, so folgert Schmetzer, als viereckiger Schacht mit Treppenläufen auf den Grundwasserspiegel des Neupfarrplatzes hinabgereicht haben.

Der sogenannte Judenstadel, der die Fläche des Eckhauses Dreihelmgasse 2 (E 60) und die angrenzende Nordhälfte der ehemaligen Hauptwache, Neupfarrplatz 8 (E 69) einnahm, darf wohl als Gemeindehaus der Juden angesehen werden, das der Veranstaltung von Festlichkeiten und zur Abhaltung von Beratungen und Versammlungen diente. Der Judenstadel blieb von der Zerstörung 1519 verschont.

Die Austreibung der Juden

Die anhaltende wirtschaftliche Niedergangsentwicklung der Stadt, eine fortwährend sich mehrende Verschuldung der christlichen Handwerker, das Wirtschaftsgebaren der Juden und ihre Geschäftspraktiken, aber auch rassische Probleme, ein starker religiöser Antisemitismus und schließlich Ritualmordbeschuldigungen führten das Ende der Regensburger Judengemeinde herbei. Der Tod Kaiser Maximilians I. 1519, des mächtigen Schutzherrn der Juden, bildete das Signal zu ihrer Vertreibung. Endlich sah man den günstigen Augenblick gekommen, dem seit Jahren gestauten Haß gegen die Juden Gewalttaten folgen zu lassen. Nach einer Demonstration der Handwerker, deren Wortführer, Jakob Groenigl, sofortige Maßnahmen forderte, trat der Rat zu einer kurzen Besprechung zusammen. Die Tore der Judenstadt ließ er versperren, mit Wachtposten besetzen und „Büchsen" davor in Stellung bringen. Schließlich verkündete er den Beschluß, die Juden nunmehr aus der Stadt zu weisen. Am 21. Februar 1519 begab sich eine Abordnung von Ratsmitgliedern, unter ihnen Albrecht Altdorfer, in das Ghetto. Sie verkündeten den Juden, daß ihr Leben und Gut nicht länger mehr vor dem Zorn des Volkes zu schützen seien und daß ihre gesamte Gemeinde auf Befehl des Rates die Stadt bis zum 25. Februar zu verlassen habe. Ihre Habe durften sie mit sich nehmen; lediglich die ihnen von Christen versetzten Pfänder hatten sie herauszugeben. Innerhalb von zwei Stunden mußte die Synagoge geräumt werden, weil man sie zum Abbruch bestimmt hatte.

Diese Unglücksbotschaft traf die Juden freilich nicht ganz unvorbereitet, kannten sie doch längst die Absicht der Regensburger und hatten nichts unversucht gelassen, diesen furchtbaren Schlag von sich abzuwenden. Mit einem Wutgeheul empfingen sie die Abordnung des Rates. Die Ältesten der Gemeinde entfernten in Eile die sakralen Gegenstände aus der Synagoge und trugen sie unter den Klängen des alten israelitischen Klageliedes in die Wohnung des Rabbi Samuel. Unter Verwünschungen zerstörten sie sodann selbst — so viel in der Eile möglich war — die Einrichtung des Tempels und verunreinigten ihn, um den Feinden Israels den Triumph über ihr Gotteshaus nicht zu lassen. Der Auszug der Juden mit Kind und Kegel mitten im Winter muß einen erbarmungswürdigen Anblick geboten haben. Zu ihrer Abreise, vornehmlich der Kranken und

Gebrechlichen, lagen in der Donau Schiffe vor Anker. „Zwei Kindbetterinnen", schreibt der Chronist Gemeiner, „die auch dahin gebracht worden, und der rauhen Witterung ausgesetzt waren, sollen diesen schrecklichen Tag nicht überlebt haben".

Die Zerstörung der Judenstadt

Schon warteten Maurer, Steinmetzen und Zimmerleute auf den Abbruch des romanischen Judentempels. Sie strömten förmlich herbei und begannen mit Ungestüm ein planloses Vernichtungswerk. In kürzester Zeit wandelte sich die Synagoge in einen Trümmerhaufen. Dabei verschüttete ein herabstürzendes Gewölbestück den Steinmetzmeister Kern. Mit Brecheisen barg man den Totgeglaubten aus Schutt und Trümmern und trug ihn hinweg. Aber er wurde, wie man sagte, wunderbarer Weise wieder lebendig. Schon am folgenden Tag konnte er wieder bei den Abbruch- und Aufräumungsarbeiten zugegen sein. Bedeutete das nicht ein sichtbares Zeichen, daß der Himmel Gefallen fand an der Vernichtung der Kultstätte der glaubensfeindlichen Judenschaft? Mit Windeseile verbreitete sich die Nachricht von den Geschehnissen in Regensburg. Eine Kapelle zu Ehren der Gottesmutter sollte die Stätte einstigen Unglaubens und der wunderbaren Errettung eines Totgeglaubten weihen. Eine Welle religiöser Schwärmerei und Leidenschaft erfaßte die Gemüter: „Die Judengassen thet man zerstören/ der Hymelkünigin zu eren".

Immer mehr häufte sich der Schutt, da man zugleich begann, auch die Umfassungsmauer der Judenstadt abzutragen. Jedermann sah in der Beteiligung an den Zerstörungen ein gottgefälliges Werk. Drei- bis viertausend Menschen sollen täglich mit dem Wegschaffen des Schuttes beschäftigt gewesen sein. Selbst der bischöfliche Administrator Johann (1505—1538) beteiligte sich mit dem weltlichen Klerus und den Ordensgeistlichen. Der Abt von St. Emmeram lehnte allerdings eine Mithilfe ab. Meilenweit strömte das Landvolk herbei, den Platz für ein Marienheiligtum zu bereiten. Nach wenigen Tagen stand anstelle der Synagoge ein Holzkirchlein zu Ehren der „Schönen Maria", bei dem es zu einer von Ekstase getragenen Wallfahrt kam (Näheres darüber s. „Schöne Maria"). Um Platz für die immer zahlreicher herbeiströmenden Pilger und für den Bau einer größeren Kirche zu gewinnen, ging man daran, einige der nächstgelegenen Judenhäuser niederzureißen. Die uralten, sich gegenseitig stützenden und wohl auch baufälligen Häuser duldeten keinen Eingriff in ihr Gefüge. Durch den Abbruch einiger Häuser neigten sich auch die anderen und drohten einzustürzen. Daraus ergab sich die Notwendigkeit, die Häuser der Judenstadt bis auf wenige Ausnahmen abzutragen. Dieses umfangreiche Abbruchwerk schuf den Raum des heutigen Neupfarrplatzes.

Das Haus Neupfarrplatz 7 (E 56), ehemals Thurn und Taxissche Briefpost, heute Modehaus Rothdauscher

Der Vorgänger des jetzigen Modehauses Rothdauscher war ein schlichtes, zweigeschossiges Giebelhaus, das Mathias Aichinger und seine Frau Kunigunde, eine geborene Aman, im Jahre 1539 erbaut hatten. So meldet es die steinerne Bauinschrift mit dem Ehewappen, die sich nun innerhalb der Toreinfahrt des Rothdauscherhauses befindet. Zwei Steinreliefs, lagernde Löwen darstellend, wahrscheinlich in späterer Zeit nach romanischen Vorbildern gearbeitet, zierten einstmals die Südostecke des Hauses. Nach seinem Abbruch 1914 versetzte man sie gleich der Bauinschrift in den Flur des Neubaues. Seit dem Jahre 1731 befand sich in unserem Haus der Amtsraum der Thurn und Taxis'schen Briefpost. Auch während der fürstprimatischen Zeit blieb das Postamt dort untergebracht. Nach dem Anschluß Regensburgs an Bayern 1810 erfolgte 1811 die Verlegung der Post auf den Domplatz. Bis zum Jahre 1914 war der kleine Schalter zu sehen, an dem sich Regensburgs gesamter Briefverkehr abgewickelt hatte (abgebildet bei: W. Eisenbeiß: „Briefe, Boten und Belege", Regensburg, 1966).

Die ehemalige Hauptwache, Neupfarrplatz 8 (E 69)

war Mittelpunkt des reichsstädtischen und später des fürstprimatischen und bayerischen Militärs. Das stilvolle Gebäude mit dem achtsäuligen Portikus entstand 1818, das Obergeschoß wurde erst 1875 aufgesetzt. Die Stuckreliefs mit den soldatischen Emblemen über den Fenstern erinnern an die einstige militärische Bestimmung dieses Bauwerkes. In reichsstädtischer Zeit war die Hauptwache ein einfaches, ebenerdiges Gebäude. Bereits 1611, als wegen drohender Kriegsgefahr neben der Bürgerwehr noch zusätzlich Soldaten aufgenommen wurden, entstand an dieser Stelle eine „neue Wachtstube". 1753 ließ der Rat den Platz davor mit Steinen belegen, damit die Schildwache besser auf und ab schreiten konnte. Über das Aussehen der Hauptwache in fürstpri-

30. *Wachtparade des fürstprimatischen bürgerlichen Militärs vor der Hauptwache auf dem Neupfarrplatz, 1807. Kupferstich von G. Adam, Nürnberg, nach Zeichnung von G. H. Speissegger und Ä. Touchemolin. Hofbibliothek*

matischer Zeit unterrichtet ein bei H. Augustin in Regensburg erschienener Kupferstich mit der Ansicht des östlichen Neupfarrplatzes. Der bis ins kleinste Detail gehende, großformatige Stich zeigt eine feierliche Wachablösung im Jahre 1807. Die „Garde" ist auf dem Neupfarrplatz angetreten; vor dem Schilderhaus salutiert der Posten. Bereits damals standen längs des Wachgebäudes die gedrungenen Kalksteinsäulen mit den mittelalterlichen Sperrketten (s. d.). Diese charakteristische Absperrung wurde erst beim Neubau des Kaufhauses Horten 1971 entfernt. Eine getuschte Federzeichnung im Besitz der Hofbibliothek zeigt die Hauptwache nach ihrer Neuerrichtung 1818. Der Betrachtung der ehemaligen Hauptwache mag sich hier die Geschichte des reichsstädtischen Militärs und der Bürgermiliz anschließen.

Die Verteidigung des mittelalterlichen Regensburg oblag den waffenfähigen Bürgern, die in jedem der 8 Stadtbezirke — Wachten genannt — zu den Kompanien zusammengeschlossen waren, die der jeweilige Wachtherr befehligte. Als Reichsstadt hatte Regensburg zu den vom Kaiser geführten Reichskriegen seinen Tribut in Form von Waffenlieferungen und Geld zur Anwerbung von Truppen zu leisten. Seit dem Beginn der geschichtlichen Neuzeit ging die militärische Bedeutung der Bürgersoldaten zurück; ihre Hauptaufgabe erstreckte sich meist nur noch auf Repräsentation bei feierlichen Anlässen, bei Kaisereinzügen und Reichstagen. Der Rat erkannte wohl, daß durch die endlosen Wachdienste die Bürger ungebührlich lange von ihren Familien und ihrem Gewerbe abgehalten waren. In Sorge um die wirtschaftliche Sicherheit des einzelnen und der Stadt entschloß er sich anläßlich des Reichstages von 1663 zur Entlastung der Bürger Berufssoldaten anzustellen. „... wann ein Hausvater nicht zu Haus verbleiben, sich und die Seinigen in gebührender Obacht nehmen, auch seiner Nahrung und Gewerb nicht vorstehen, sondern den Wachten so Tags, so Nachts abwarten und dadurch das seinige hintansetzen und verabsäumen sollte...". Mit diesen Worten begründete ein Ratsdekret dieses Jahres die Einführung berufsmäßiger Soldaten. Freilich bedeutete die Unterhaltung dieser reichsstädtischen Garnison eine nicht unwesentliche finanzielle Belastung, doch hoffte der Rat, daß die Bürgerschaft ein Mehr an Steuern für diesen Zweck ohne Murren auf sich nehmen werde. Damit hatte Regensburg seine Stadtsoldaten, sein reichsstädtisches Militär, das sich in Grenadiere (Handgranatenwerfer) und Füsiliere (Infanteristen) gliederte. Die Garnison umfaßte etwa 200 Mann. Sie bildete das sogenannte Reichskontingent, das die Stadt im Kriegsfall dem Kaiser zur Verfügung stellen mußte. Daneben hatten auch der Bischof und die reichsunmittelbaren Klöster St. Emmeram, Ober- und Niedermünster ein, wenn auch kleineres, Soldatenkontingent zu stellen.

Die Belagerung Wiens durch die Türken 1683 brachte für Regensburg endlose Truppendurchmärsche. Als Hilfeleistung schickte die Stadt ihre Garnison, 180 Mann stark, unter dem Kommando des Hauptmanns Tilgner donauabwärts nach Österreich. Nur 80 Mann kamen im darauffolgenden Jahr wieder zurück. Die meisten der Soldaten fielen Krankheiten und der allgemeinen Not zum Opfer; nur wenige starben an den Folgen der Kampfhandlungen. Als Kontingent im Reichskrieg gegen Frankreich 1734 stellte Regensburg 120 Mann, St. Emmeram 18, Ober- und Niedermünster je 8 Mann. 1757 führte die Stadt für ihr Reichskontingent eine Soldatenwerbung im Grünen Kranz durch. Die Mannschaft wurde im ehemaligen Pestlazarett am Unteren Wöhrd einquartiert und dort exerziert. Unter dem Kommando des Hauptmanns Dobmeier marschierte sie, 122 Mann stark, nach Nürnberg ab.

Über Regensburgs Stadtgarnison zu Ende des 18. Jahrhunderts gibt der fürstliche Hofbibliothekar A. Ch. Kayser in seiner 1794 erschienenen Stadtbeschreibung klare und bündige Auskunft: „Außerdem unterhält die Stadt eine Garnison, welche zugleich das Reichs- und Kreiskontingent ist und mit den Invaliden auf 200 Mann Grenadiers und Füseliers geschätzt wird. Es hat einen Hauptmann, einen Ober-, einen Unterlieutenant und einen Fähnrich als Officiers. Die Hauptwache ist auf dem Neupfarrplatze. Alle andere Tage wechselt die Wache." Die Aufgabe der Stadtsoldaten in Friedenszeiten bestand vornehmlich darin, die Tore zu bewachen, die Hauptwache besetzt zu halten und bei Truppendurchzügen und Aufmärschen die Straßen zu sperren.

Der Wachdienst der Stadtgardisten war anstrengend. Eine Kasernierung gab es nicht; der Soldat hatte für Unterkunft und Verpflegung selbst zu sorgen. Alle 10 Jahre erhielt er unentgeltlich eine neue „Montur". Die geringe Entlöhnung machte ihn von Nebenverdiensten abhängig.

Neben diesen berufsmäßigen Soldaten aber blieb die Bürgerschaft weiterhin militärisch organisiert. Freilich tat diese Truppe, die Bürgermiliz, nur noch Dienste bei Bränden, bei Tumulten oder feierlichen Anlässen. Ursprünglich bestand sie aus einem Infanterie- und einem Artillerie-

31. Standartenträger der „Freikompanie zu Pferd". Dargestellt ist der Bierbrauer G. A. Haller (heute Kneitinger, Arnulfsplatz 3). Aquarell, 1801. Hofbibliothek

32. Stadtsoldat vom Jahre 1757. Aquarell d. Zt. Hofbibliothek

korps. 1722 aber schlossen sich innerhalb dieser Miliz wohlhabende Bürger zu einer Kavallerietruppe zusammen, die sich „Bürgerreiterei", auch „Freikompanie zu Pferd" nannte. Ihre Standarte ist noch im Museum erhalten. „Jeder Bürger ist gewissermaßen Soldat", schreibt Kayser. „Nur besondere Magistratsstellen sind davon ausgenommen; alle übrigen müssen entweder unter der bürgerlichen Infanterie, oder der bürgerlichen Cavallerie (Reiterei), oder dem bürgerlichen Constablerkorps (Artillerie) dienen und sind nur in einem gewissen Alter davon befreit."

Die Umwandlung der freien Reichsstadt zur Hauptstadt des geistlichen Fürstentums Regensburg unter Fürstprimas Carl von Dalberg bedeutete auch das Ende der reichsstädtischen Garnison. Die älteren Mannschaften wurden entlassen, die jüngeren in das fürstprimatische Militär übernommen, das am 24. November 1802 in Regensburg einzog. Damals erfolgte auch eine Neuorganisation und Neuuniformierung der Bürgermiliz. Die Angehörigen der verschiedenen Wachten trugen nun auch verschiedene Uniformen. Abermals änderten sich mit den politischen Verhältnissen in Regensburg auch die militärischen, als die Stadt 1810 an Bayern kam. Am 30. Juni dieses Jahres zog ein bayerisches Linien-Infanterieregiment in Regensburg ein und besetzte die Hauptwache und die Stadttore.

Im Museum ist eine eigene Abteilung der Erinnerung an das reichsstädtische Militär und an die Bürgermiliz gewidmet. Unter den Schaustücken sind zwei weißlederne Uniformröcke aus der Mitte des 18. Jahrhunderts zu nennen. Reizend gemalte, kostümgeschichtlich äußerst wertvolle Figurinen, Offiziere und Soldaten aus reichsstädtischer, fürstprimatischer und bayerischer Zeit darstellend, vermitteln eine gute Vorstellung vom Aussehen und dem Wandel der Uniform. Eindrucksvoll sind die großen Darstellungen von einem Paradeaufzug der reichsstädtischen Garnison sowie die Auffahrt der bürgerlichen Artillerie mit den Kanonen.

Das ehemalige Palais Löschenkohl, jetzt Dresdner Bank,
Neupfarrplatz 14 und Pfarrergasse 2 (E 154)

Mußte sich das Rokoko im kirchlichen wie im profanen Bereich der wirtschaftlich schwachen Reichsstadt in der Hauptsache auf die Ausstattung von Innenräumen beschränken, so hat doch diese Periode der Stadt ein Bauwerk von geradezu verschwenderischen Ausmaßen und fürstlichem Aufwand beschert: das heutige Haus der Dresdner Bank am Neupfarrplatz. Der Regensburger Bürger, Bankier und Handelsmann Hieronymus Löschenkohl war Auftraggeber und Bauherr dieses wahrhaft prunkvollen Stadtpalais.

33. *Ehemaliges Palais Löschenkohl, jetzt Dresdner Bank, Neupfarrplatz 14/ Pfarrergasse 2 (E 154). Um 1733*

Als Exulanten kamen die Löschenkohls um 1600 — damals noch bescheidene Handwerker — aus dem österreichischen Steyer in die Reichsstadt. Ihrem Fleiß und ihrer Ausdauer verdankten sie den raschen Aufstieg. Im Zeitraum von drei Generationen waren sie Großkaufleute, handelten mit Salz, mit russischem Juchtenleder, mit Stockfischen und Heringen, aber auch mit Eisen und Stahlerzeugnissen und saßen im Rat der Stadt. Erscheint es dann nicht mehr als verständlich, wenn Hieronymus Löschenkohl, der dem bayerischen Kurfürsten 30 000 Gulden vorstreckte, sich mit einem Palais fürstlichen Glanz in seine bürgerliche Existenz holte? Um 1730 erwarb er mehrere kleine Anwesen an der Pfarrergasse und am Neupfarrplatz, nach deren Abbruch alsbald mit dem Neubau begonnen wurde. 1733 dürfte das repräsentative Stadtpalais vollendet gewesen sein.

Mit Planung und Entwurf beauftragte Löschenkohl den begabten aus Linz stammenden Baumeister Johann Michael Prunner, einen Schüler des Wiener Hofbaumeisters Lukas von Hildebrandt.

Das Palais besteht aus zwei Baugliedern, deren Fassaden nach der Pfarrergasse bzw. dem Neupfarrplatz gerichtet sind. Jeder Bauteil umschließt einen Innenhof.

Die repräsentative viergeschossige Schaufront am Neupfarrplatz schwingt mit einem Mittelrisalit aus der Bauflucht aus. Voluten stützen den Korbbogen des Portales, zwei ionische Säulen flankieren es. Ein eisernes Korbgitter aus Ranken und Bandwerk betont die darüber befindliche Altane. Der Mittelrisalit schließt mit einem geschweiften Zwerchgiebel im Mansardendach. Kraftvolle Stuckgliederung durch Fensterverdachungen, Trauf- und Kranzgesimse.

Den Eintretenden empfängt eine elegante Vorhalle mit Spiegelwölbung und Stichkappen, an die sich ein weiterer Vorraum mit einspringenden Rundecken anschließt, von dem aus die Treppe zu den Obergeschossen ansteigt.

Stuckgliederung zeichnet auch die dreigeschossige Front an der Pfarrergasse aus.

Das Palais Löschenkohl ist nicht nur das schönste Rokokohaus Regensburgs, es ist auch die bedeutendste Leistung und die Krönung von Prunners architektonischem Schaffen.

Gleichzeitig mit dem Stadtpalais am Neupfarrplatz ließ Hieronymus Löschenkohl auch ein repräsentatives Gartenhaus erbauen, das heutige Altersheim zum Rosengarten am Minoritenweg (s. d.). Nur 10 Jahre lang konnte er sich des glänzenden Besitzes erfreuen. Seine verschwenderische Baulust und großzügige gesellschaftliche Veranstaltungen brachten ihn in wirtschaftliche Schwierigkeiten, die 1743 zum Konkurs seines Geschäftes führten. Um sich den daraus ergebenden Unannehmlichkeiten zu entziehen, verließ Löschenkohl heimlich die Stadt und begab sich nach Wien. Seine Familie blieb in Regensburg zurück. Das Haus am Neupfarrplatz wurde bald danach an die sächsische Gesandtschaft beim Immerwährenden Reichstag vermietet, die bis zum Ende des alten Reiches im Jahre 1806 dort verblieb.

Die ehemalige Augustinerkirche, Augustinerkloster und Kreuzkapelle

Wer von der Gesandtenstraße herkommend den Grund des heutigen Neupfarrplatzes betreten wollte, dessen Fläche bis 1519 die Judenstadt einnahm (s. d.), mußte den offen durch die Bachgassen laufenden Vitusbach (s. d.) auf einer Brücke, dem sogenannten Judensteg, überschreiten. Am Gründonnerstag des Jahres 1255 — der Bach war damals stark angelaufen — glitt der Dompfarrer Ulrich von Dornberg während eines Versehganges auf dem Steg aus, stürzte und verschüttete die Hostien. Augenblicklich erschienen Engel, so erzählt die Legende, sammelten die heiligen Brote und legten sie in das Ziborium zurück. Diese Überlieferung hielt sich lange im Volk lebendig. Wie stark sie in der Zeit des ausgehenden Mittelalters noch war, bezeugt ein gestickter Wollteppich aus der Zeit um 1420, der das Regensburger Hostienwunder bildhaft zum Ausdruck bringt. Das textile Kunstwerk, mit großer Wahrscheinlichkeit Regensburger Arbeit, zeigt in lebendiger Auffassung den Sturz des Priesters und das Erscheinen der himmlischen Geister. Ausgesprochen realistisch wiedergegeben ist der hölzerne Judensteg über den Vitusbach. Im rechten Bildteil kniet das Stifterpaar: der Regensburger Patrizier Lienhart Sitauer und seine Gattin Barbara, eine geborene Reich. Der Bildteppich gelangte aus der Regensburger Augustinerkirche durch die Säkularisation an das Bayerische Nationalmuseum in München.

Um den Ort des Hostienwunders zu heiligen, erbauten die Bürger an dieser Stelle innerhalb von drei Tagen — vom 25. bis 28. März 1255 — ein hölzernes Salvatorkirchlein, das Bischof Albert I. (1247—1259) am 8. September 1255 weihte. Zu der neuen Andachtsstätte setzte alsbald ein großer Zustrom von Gläubigen ein. Die Opfer flossen reichlich, so daß die Stadt nach 1260 die ursprünglich hölzerne Salvatorkapelle durch eine Kapelle aus Stein ersetzen und neben ihr zugleich eine größere Kirche erbauen konnte.

Schon seit längerer Zeit lebten unter den Bewohnern der Stadt Augustiner Eremiten; teilweise sollen sie sich auch in der Nähe von Prüll aufgehalten haben. Am 26. Juli 1267 übergaben Bürgermeister

Albert Portner und der Rat der Stadt Kirche und Kapelle in die Obhut der Augustiner. Zugleich erfolgte die Anweisung eines Areals an der Ecke des Neupfarrplatzes und der Oberen Bachgasse für den Bau eines kleinen Klosters. Gerade in diesem Jahr hatten die Augustiner die päpstliche Erlaubnis erhalten, sich in Städten, Dörfern und bei Burgen anzusiedeln. Außerdem gewährte ihnen die Stadt Steuerfreiheit „für ewige Zeiten". Die Stadt als Stifterin des Klosters übernahm auch dessen Schirmherrschaft. Allerdings mußten die Brüder dem Rat versprechen, den Umfang der Klosteranlage nie durch Kauf anliegender Grundstücke zu überschreiten, eine Abmachung, die bei der Enge der mittelalterlichen Stadt wohl verständlich erscheint. Entgegen dieser Zusicherung erwarben die Augustiner bereits 1270 zwei Grundstücke, um eine Erweiterung des rasch aufblühenden Klosters zu ermöglichen. Diese widerrechtliche Vergrößerung geschah unter Duldung des Rates; 1275 gab er sogar selbst die Genehmigung zur Verlängerung der Kirche nach Westen, in Richtung zur Oberen Bachgasse, doch durfte der freie Platz davor aus hygienischen Gründen nicht als Friedhof verwendet werden. Dieser Erweiterungsbau der Kirche dürfte um 1290 beendet gewesen sein. Zwei Bogenfelder von den Portalen der gotischen Augustinerkirche, die um oder kurz nach 1275 entstanden, befinden sich jetzt im Museum. Das Reliefbild des größeren Bogenfeldes stellt Christus Salvator als Weltenrichter zwischen Maria und Johannes dar. Das kleinere Portalbogenfeld (Tympanon) zieren fein empfundene Weinlaub und Trauben.

Die Schenkung von acht Hofstätten an das Kloster im Jahre 1278 und der Kauf eines umfangreicheren Grundstückes von der Alten Kapelle 1288 schufen die Voraussetzungen für einen umfassenden Neubau der Klosteranlage.

Ein großes Bauvorhaben führten die Brüder in den Jahren 1350 bis 1373 aus: Sie fügten an ihre Kirche nach Osten hin einen gotischen Chor an. An ihrer Nordseite gegen den Neupfarrplatz erhielt sie einen schlanken Glockenturm, der einschließlich des Daches ganz aus Werksteinen errichtet war. Beim Ansatz des Kirchendaches zog sich, ähnlich wie beim Dom, eine Galerie hin. Bei festlichen Gelegenheiten ließen die Stadtpfeifer von diesem Umgang herab ihre Musik ertönen.

Die ursprüngliche Salvatorkapelle, der bauliche Ausgangspunkt der ganzen Klosteranlage, ging nicht im Bau der gotischen Augustinerkirche auf, sondern blieb an deren Südseite bestehen. Eine Bleistiftzeichnung im Museum gibt eine Ansicht ihres Innenraumes wieder. In ihr verehrte das Volk ein kostbares Kruzifix, weshalb der Name „Kreuzkapelle" geläufig wurde. Von diesem Kruzifix wird berichtet, der Gekreuzigte habe im Jahre 1257 einem Priester, der während der Wandlung an der wirklichen Gegenwart des Herrn zweifelte, den Kelch aus der Hand genommen und ihn so lange nicht zurückgegeben, bis der Geistliche seinen Unglauben bereute. Noch im vergangenen Jahrhundert war diese Überlieferung so lebendig, daß sie als Vorlage für Andachts-

34. *Ehemalige Kreuzkapelle bei der Augustinerkirche. Kruzifix um 1350. Jetzt in der Cäcilienkirche*

bilder diente. Die Hofbibliothek besitzt mehrere solcher in Kupferstichtechnik ausgeführter Bildchen. Das wertvolle Kruzifix befindet sich nunmehr in der von Augustinern betreuten Cäcilienkirche. Es gehört der mystischen Zeit um 1350 an und bringt das Leiden des Herrn mit ergreifendem Realismus zum Ausdruck. Eine echte Dornenkrone windet sich um das fast rechtwinklig geneigte Haupt des Gekreuzigten, in dessen Antlitz noch die Qualen des Todes stehen. Die Haare sind aus grob gewirkter, in Leim getränkter Leinwand gebildet. Die am Querbalken weit gespannten Arme erscheinen nur noch als hautüberzogene Knochen. Der Künstler überzog den holzgeschnitzten Korpus mit feinem Leder, das die aufgedunsenen Ränder der zahlreichen Wunden eindrucksvoll hervortreten läßt.

Die Augustinerkirche, die den Grund der Häuser des südwestlichen Neupfarrplatzes gegenüber der Einmündung der Wahlenstraße einnahm, scheint auf wenig festem Boden gestanden zu sein. Schon 1565 erwies sie sich als weitgehend baufällig. Dieser Zustand verschlechterte sich von Jahr zu Jahr, und bald drohte die Kirche gegen den Neupfarrplatz einzustürzen. Mit kleineren Reparaturen half man sich über die Zeit. Erst 1731 gewann der damalige Prior den Münchener Stadtbaumeister Ignaz Gunetsrhainer für eine bauliche Festigung der Kirche und ihre Umgestaltung im herrschenden Stil des Barock. Die seit 1731 in St. Emmeram tätigen Brüder Asam, der Maler Cosmas Damian und der Stukkator Egid Quirin wurden mit der Innenausstattung betraut. Über das Wirken der Brüder Asam berichtet die Ordenschronik vom Jahre 1732: „In dermahlige Zierde alß mit Mahlerey, Mosaic und Stukaduor-arbeit haben die Kürchen gesetzt die glory Edle Herren Gebrüeder Cosmos Damianus Asam ... und Quirinus Aegidius Asam Stukadorus, bildhauer und auch Mahler ...". Beim Hochaltar der Augustinerkirche vollführten die Asam jenen Kunstgriff, den sie schon 10 Jahre zuvor in Weltenburg angewandt hatten: eine Rahmenarchitektur mit bühnenähnlichen Lichtdurchbrüchen. Unter den von den Brüdern Asam erstellten Altären war einer der „Schönen Maria" geweiht (s. d.), deren stürmische Verehrung 200 Jahre früher, wenige Meter von der Augustinerkirche entfernt, sich auf dem Neupfarrplatz vollzog.

Die Regensburger Klostergemeinde der Augustiner erlitt zwar im Zeitalter der Reformation einen vorübergehenden Verfall, konnte sich aber bis zur Säkularisation behaupten. Nachdem Regensburg 1810 an Bayern gekommen war, erhielt das königliche Bauamt den Befehl, die Mönche aufzufordern, ihr Kloster zu verlassen, „dabei aber mit aller Schonung und Bescheidenheit zu verfahren". Die Kirche wurde geschlossen, die Klostergebäude vorübergehend für militärische Zwecke verwendet und Bücher und Archivalien an den Regensburger Ratssyndikus und Geschichtsschreiber C. Th. Gemeiner überwiesen. Ein wertvolles Altarbild aus der Kirche, das die

35. *Westlicher Neupfarrplatz mit der abgebrochenen Augustinerkirche. Stich von J. Bichtel, 1820. Hofbibliothek*

Kreuzabnahme darstellte und Peter Paul Rubens zugeschrieben wurde, kam in die staatlichen Sammlungen nach München. Über die entblößte Stelle des Altares hing man den für die Fastenzeit üblichen blauen Vorhang. Der Chronist Hosang erzählt zur Ablieferung dieses Gemäldes eine bezeichnende Anekdote: „Ein Fremder fragte einmal, warum denn dieser Altar allein blau verhängt sei, und er bekam die Antwort: ‚Weil sie den vom Kreuz genommenen Jesus forttrugen'. ‚Wer hat denn dieses getan?' ‚Die Juden von München' war die Erwiderung".

Die säkularisierte und vorübergehend geschlossene Kirche fand zwar eine Wiederverwendung für die 1824 in den Klostergebäuden untergebrachte Volksschule, doch zeigte sie schon seit längerer Zeit wiederum erhebliche Bauschäden. Nachdem sich selbst König Ludwig I. von ihrer Baufälligkeit überzeugen ließ, entschloß man sich zu ihrem endgültigen Abbruch, mit dem am 2. April 1838 begonnen wurde. Mit der Kirche fielen auch Teile der Klostergebäude unter der Spitzhacke. Das gesamte Klosterareal wurde damals an den in München wohnenden Großhändler von Maffei verkauft. Anstelle der Kirche entstanden 1855 die Häuser Neupfarrplatz 15 (Fürst Thurn und Taxis Bank), 16 (Parfümerie Miller) und das Eckhaus Obere Bachgasse 1 (alle Gebäude E 155).

Die Kreuzkapelle (s. d.), ein quadratischer Raum von etwa 6 m Seitenlänge, blieb wohl aus Ehrfurcht vor dem in ihr immer noch verehrten wundertätigen Kreuze vom Abbruch zunächst verschont. 1845 aber erteilte die Regierung dem Großhändler Maffei die Bewilligung zum Abbruch der Kreuzkapelle, um ihren Grund für den Neubau der genannten Häuser nutzen zu können, machte aber die Auflage, eine Kapelle an geeigneter Stelle wieder zu errichten. Erst 10 Jahre später, 1855, erfolgte dann der Abbruch des zwar „ruinösen", doch bis 1255 zurückreichenden Bauwerkes. Als Ersatz dafür ließ Maffei etwa 15 m vom ursprünglichen Standort entfernt an der Ecke der Oberen Bachgasse und der Augustinergasse einen wenig schönen, sechseckigen, pavillonartigen Bau errichten, heute Obere Bachgasse 5 (E 155½). Die Einweihung dieser „neuen Kreuzkapelle" erfolgte genau am 600. Kirchweihtag der abgebrochenen ursprünglichen Kreuzkapelle, am 8. September 1855 durch Bischof Valentin von Riedl (1842 — 1857). Dorthin übertrug man auch das altverehrte Kruzifix sowie die aus der Augustinerkirche stammenden Reliquien des seligen Bruders Friedrich (s. d.). Der neuen Kreuzkapelle aber war es scheinbar nicht gegeben, zu einer so beliebten und vielbesuchten Andachtsstätte zu werden, wie es ihrer Vorgängerin beschieden war. Sie wurde geschlossen, ihre Ausstattung übernahm der 1910 bei der Cäcilienkirche neu gegründete Augustinerkonvent.

Die Klostergebäude stehen noch, sind aber bau- und kunstgeschichtlich wenig bedeutend. Lediglich das einstige Refektorium, heute Gaststätte des Hotels „Augustiner", prangt in einem prächtigen Rokokostuck. Es läßt sich zwar anhand von Urkunden nicht nachweisen, ob diese Meisterleistung ein Werk des Egid Asam ist, doch sprechen stilistische Merkmale und der Umstand, daß die Brüder in der Kirche des Klosters wirkten, eindeutig dafür. Von einem kraftvoll profilierten Sims ausgehend überzieht zarte, feingliedrige Stuckornamentik wie ein Spitzenmuster die zur Decke überleitende Hohlkehle und verdichtet sich zu graziösen Umrahmungen mit schwungvoller S- und C-Kurvatur. Kartuschen und Gitterfelder bekrönen Blumen und Blattdekor, der an den Zentren plastisch hervortritt, sich nach rechts und links in zierlichen Gehängen fortsetzt und als zartes Linienspiel allmählich verklingt. An der Westwand des Saales befindet sich ein stuckierter Baldachin. Zwei reizende Putten, echte Kinder der Hand Egid Asams, raffen die schweren Draperien. In diesen Baldachin sind acht spätgotische, mit Halbfiguren gezierte Steinkonsolen eingesetzt, die wahrscheinlich die alte Balkendecke des Refektoriums getragen haben. In ihrer Mitte ist eine Steintafel der Renaissancezeit eingelassen, deren lateinische Inschrift besagt, daß das Kloster 1267 von den Regensburgern errichtet worden ist.

Im Hof des heutigen Hotels „Augustiner" war bis zu dessen Renovierung vor wenigen Jahren ein Steinrelief aus der Zeit um 1430 eingemauert. Es zeigt unter einem Baldachin aus genasten Spitzbogen die thronende Himmelskönigin, von einem Engel gekrönt, das Jesuskind auf dem rechten Knie haltend. St. Barbara und die Figur eines Heiligen stehen ihr zur Seite. Unter dem Sockel erscheint die Halbfigur eines Propheten, ihm zur Seite knien in Nischen die Stifter, vielleicht ein Augustinermönch und dessen Mutter (jetzt im Erdgeschoßflur der Fürstlichen Hofbibliothek).

Der Brunnen auf dem Neupfarrplatz

Zwei Welten sind es, die sich um den Brunnen auf dem Neupfarrplatz begegnen. Während die Großstadt ihren nimmermüden Verkehrsstrom um das Rund des Platzes schickt, spielt sich zu Füßen des steinernen Brunnenbeckens und der Neupfarrkirche ein beschauliches Marktleben ab, so wie es schon vor hundert und mehr Jahren gewesen sein mag.

Nach Fertigstellung der städtischen Wasserleitung ließ der Rat im Jahre 1551 an mehreren Stellen der Stadt Brunnen errichten, so auch auf dem Neupfarrplatz. Die ursprünglich hölzernen Tröge wurden später durch steinerne Anlagen ersetzt. Der barocke Neupfarrbrunnen schließt sich der typischen Form der Regensburger Brunnen an: Treppensockel, achteckiges Wasserbecken, Ziergitter. Den Mittelpfeiler krönt der doppelköpfige Adler mit den Insignien des Reiches und dem Schlüsselwappen der Stadt. Delphine speien das Wasser in das durch Eckpilaster gezierte Becken. Die Originalbekrönung des Neupfarrbrunnens befindet sich in der Erdgeschoßhalle des Fürstenkollegiumsgebäudes neben dem Reichssaal.

OBERMÜNSTERSTRASSE — OBERMÜNSTERPLATZ

Den Namen führen Straße und Platz nach dem an ihnen gelegenen, ehemals reichsunmittelbaren, adeligen Damenstift Obermünster, das bereits im 8. Jahrhundert entstand. Hemma, die Gemahlin Ludwigs des Deutschen, stand nach dem Tod ihres Gatten bis zu ihrem Ableben 876 dem Stift als Äbtissin vor. Wiederholte Versuche, die adeligen Fräulein des Stiftes der Klosterregel der Benediktinerinnen zu unterwerfen, schlugen fehl. 1803 erfolgte die Säkularisation von Obermünster. Der spätere Bischof Johann Michael Sailer bewirkte 1822 die Übergabe der säkularisierten Stiftsgebäude durch den Staat an die Diözese, die noch im gleichen Jahr das Klerikalseminar darin einrichtete. Seit dieses 1872 in das ehemalige Schottenkloster St. Jakob verlegt wurde, dienten die Stiftsgebäude von Obermünster als Bischöfliches Knabenseminar. 1969 erfolgte dessen Umzug in neue Gebäude (Weinweg 31) unter neuem Namen: Bischöfliches Studienseminar St. Wolfgang Westmünster. Die erneuerten und erweiterten Gebäude von Obermünster beherbergen nun Bischöfliches Zentralarchiv, Zentralbibliothek und Diözesanmuseum.

Seit 1908 erst heißt der ganze Straßenzug von der Fröhlichen-Türken-Straße bis zur Oberen Bachgasse „Obermünsterstraße". Bis dahin führte der östliche Teil den Namen „Goldene Engelgasse" nach dem gleichnamigen, bereits 1651 erwähnten Gasthaus, das sich im Haus Nr. 21 der Straße (E 85) befand. Nachdem das Gebäude 1809 abgebrannt war, siedelte die Gaststätte in die Schwarze-Bären-Straße (Nr. 8, G 77) über.

Der ehemalige Staufer Hof (E 131/132),
später Hotel Grüner Kranz, Obermünsterstraße 9

An der östlichen Ecke Obermünsterstraße-Pfarrergasse stand bis ca. 1880 der sogenannte Staufer Hof, benannt nach der Besitzerfamilie, der Staufer von Ehrenfels, denen auch das Gut Beratzhausen gehörte. Die Staufer zählten zu den eifrigsten Förderern der Lehre Luthers. Bernhard von Stauf hielt schon seit 1526 auf seinem Gut Beratzhausen einen evangelischen Prediger. Nach dem Ende des Reichstages von 1541 — erstmals am 17. April 1542 — ließ er in seinem Freihaus, dem Staufer Hof an der Obermünsterstraße, Gottesdienst nach der Ordnung der neuen Lehre mit Spendung des Abendmahls in Form von Brot und Wein durch den evangelischen Prediger Leopold Moser halten. An diesem Gottesdienst konnten die Bürger der Stadt teilnehmen. Dagegen beklagte sich der Bischof beim Rat. Dieser, selbst evangelisch gesinnt, war ebenfalls mehr oder weniger gegen diese Gottesdienste, freilich aus anderen Gründen als der Bischof; barg doch die Abhaltung privater Abendmahlsfeiern die Gefahr der Sektenbildung. Dem Rat gelang es schließlich, wenn auch unter Schwierigkeiten, den evangelischen Gottesdienst im Staufer Hof abzustellen. Immer drängender aber wurde die Bitte der Bürgerschaft, evangelische Abendmahlsfeier in einer öffentlichen Kirche zu begehen. Wenige Monate später trat die Stadt offiziell zur neuen Lehre über. Am 15. Oktober 1542 fand dann der erste evangelische Gottesdienst in der Neupfarrkirche statt. Eine Erinnerungstafel an die erste Spendung des Abendmahls unter beiderlei Gestalt an Regensburger Bürger im Staufer Hof stiftete 1574 der evangelische Prediger Wolfgang Waldner. Die Tafel befindet sich im Museum.

1617 erwarb die Stadt den Staufer Hof und verkaufte ihn 1622 an den Ratsherrn Georg Sigmund Hannemann. Anfangs der 80er Jahre des vergangenen Jahrhunderts zerstörte ein Brand das historisch bedeutsame Gebäude. Auf der Brandstätte entstand 1885 unter Einbeziehung der anliegenden Häuser E 130 und E 129 zwischen Pfarrer- und Malergasse das Hotel „Grüner Kranz", nach dem „Goldenen Kreuz" das vornehmste Hotel der Stadt. 1960 wurde es geschlossen.

Eine Gaststätte „Zum Grünen Kranz" wird bereits 1721 im Westteil des Staufer Hofes an der Ecke zur Pfarrergasse (E 132) genannt, die als Restauration in dem späteren Hotel Grüner Kranz aufging.

Das Haus Obermünsterplatz 5 (E 187 b)
Wirkungsstätte der Apollonia Diepenbrock

Der geistig-politischen Strömung der Aufklärung folgte im 19. Jahrhundert die große katholische Erneuerungsbewegung um den Regensburger Bischof Johann Michael Sailer (1829-1832) und um Guido Görres. Aber nicht nur so bedeutende Gestalten kennzeichnen den neuen Zeitgeist, sondern auch eine Reihe von Männern und Frauen, deren hingebende Frömmigkeit und aufopfernde Nächstenliebe dem wiedererstarkenden Katholizismus neue Impulse weckten. Zu ihnen zählt Apollonia Diepenbrock, eine große Wohltäterin der Regensburger Armen und Kranken.

„Sie war arm für sich und reich für die Armen." Dieser Leitspruch, von ihrem Neffen geprägt, stand über dem ganzen Leben und Wirken dieser Frau. Apollonia, 1797 in Westfalen geboren, erkannte schon früh ihre Berufung zur persönlichen Caritas. So verbrachte sie die Jahre ihrer Jugend mit Werken der Nächstenliebe und Selbstaufopferung. Sie pflegte arme verlassene Kranke, betete mit den Sterbenden, hielt Nachtwachen und sammelte Almosen. Zwei Personen waren es, die großen Einfluß auf ihr weiteres Leben ausübten: Katharina von Emmerich, die stigmatisierte Nonne von Dülmen, und Klemens Brentano. Der um ein Jahr ältere Bruder Apollonias, Melchior, war in Regensburg Priester geworden und Bischof Sailers Freund und Sekretär.

36. *Apollonia Diepenbrock. Zeitgenössische Zeichnung*

1832 siedelte Apollonia zu ihrem Bruder, der inzwischen eine Domherrnstelle erhalten hatte, nach Regensburg über. Auch hier wollte sie sich in den Dienst der Armen und Kranken stellen. Im Haus Niedermünstergasse 2 (F 122) mietete sie eine Wohnung und nahm verwaiste, kranke Kinder zu sich, säuberte, pflegte und kleidete sie. Eine noch umfassendere caritative Tätigkeit konnte sie entfalten, nachdem es ihr gelungen war, im Haus Obermünsterplatz 5 (E 187 b) eine bleibende Stätte für ihr Wirken zu erwerben. Mit treuer Unterstützung ihrer Freundin, der Witwe Frau von Käser, gründete sie eine Anstalt, in der fortan kranke Frauen, die sonst nirgends Aufnahme finden konnten, betreut werden sollten. Sie stellte ihr Heim unter den Schutz des heiligen Josef und nannte es das „Josefshäuschen". Das Jahr 1852 brachte die Trennung von ihrem Bruder Melchior, der als Kardinal-Fürstbischof nach Breslau berufen wurde. Viele Jahre hindurch pflegte Apollonia die Kranken selbst. Als ihre Kräfte nachzulassen begannen, rief sie 1874 zwei Franziskanerinnen zur Pflege der Kranken in ihr Haus.

Apollonia war von demütiger Frömmigkeit, ihre Gewissenhaftigkeit kannte nahezu keine Grenzen. Mit sich selbst war sie überaus streng, stets aber fand sie Entschuldigungen für die Fehler anderer. Legendenhaft mag es heute anmuten, wie diese „Heldin der Menschheit" ihr ganzes Dasein in den Dienst am Nächsten stellte.

Am 4. Juli 1880 starb Apollonia Diepenbrock gottergeben und ohne Todeskampf. An der Südmauer des Unteren Friedhofes fand sie ihre Ruhestätte. Zum Erben ihres Vermögens, auch des Hauses Obermünsterplatz 5 (E 187 b), setzte sie das Regensburger Domkapitel ein mit der Auflage, ihr Krankenheim unter der Bezeichnung „St.-Josephs-Anstalt" weiterzuführen. Nach dem Willen der Verstorbenen sollten auch die Schwestern des St.-Vinzentius-Vereins für Krankenpflege hier Unterkunft haben. Noch jetzt ist das Haus im Besitz des St.-Vinzentius-Vereins für ambulante Krankenpflege.

Die Vinzentiusschwestern brachten den persönlichen Nachlaß Apollonia Diepenbrocks in das von ihnen geführte ehemalige Katholische Krankenhaus, Ägidienplatz 6 (C 168), heute Altersheim St. Josef (s. Altes Deutsches Haus), wo er sich derzeit noch im „Diepenbrockzimmer" befindet: Nußbaummöbel im Stil des späten Biedermeier, eine Madonnenbüste und mehrere Bilder, darunter das Melchior Diepenbrocks als Kardinal. Sogar das Kapotthütchen, ein braunes Kleid und ein Jäckchen Apollonias werden dort zum Gedenken an die edle Wohltäterin aufbewahrt. Hier umweht den Besucher der Atem der Romantik. Am Fenster hängt eine Pastellzeichnung, das Porträt Apollonias: ein fein geschnittenes Oval mit klugen, sanften Augen. Das glatt gescheitelte Haar wird von einer weißen, klösterlichen Haube bedeckt.

JESUITENPLATZ

Der Name Jesuitenplatz rührt vom einstigen Jesuitenkloster (E 188-193) her. Es nahm das Areal zwischen Fröhlicher-Türken-Straße, St.-Peters-Weg und Obermünsterstraße ein und schloß im Westen in Höhe des Anwesens Obermünsterstraße 14 (E 188) ab. Der große Brand des Jahres 1809 löschte das Kloster aus dem Stadtbild. Auf seinem Grund stehen heute neben mehreren Wohn- und Geschäftshäusern das Parkhaus sowie der Jugendstilbau, der bis 1979 das Von-Müller-Gymnasium beherbergte. Das Wirken der Jesuiten in Regensburg aber bleibt unauslöschlich verbunden mit der Geschichte der Stadt.

Der hl. Wolfgang stiftete 983 auf diesem Platz bei der Kirche St. Paul ein Kloster für Benediktinerinnen, das entsprechend seiner Lage zwischen den Stiften Ober- und Niedermünster den Namen „Mittelmünster" erhielt. Jahrhunderte hindurch stand es in Blüte. Unter dem Einfluß der Reformation jedoch verminderte sich die Zahl der Nonnen immer mehr, so daß zu Beginn des 16. Jahrhunderts nur noch zwei Klosterfrauen dort wohnten. Unter diesen Umständen erklärte Rom das Stift als erloschen.

Schon vor der Jahrhundertmitte erschienen einzelne Angehörige der Gesellschaft Jesu in Regensburg, um eine Niederlassung ihres Ordens hier vorzubereiten. Als erster Jesuit kam Peter Faber 1541 nach Regensburg. Ihm folgte im März des nächsten Jahres Claudius Jajus, der aber vom evangelischen Rat kurzerhand ausgewiesen wurde. 1556 predigte unter großem Zulauf der selige Petrus Canisius im Dom. Die Rücksicht auf die katholischen Reichsstände beim damaligen Reichstag gebot dem Rat, von einer Ausweisung des P. Canisius abzusehen. Trotz dieser ablehnenden Haltung gelang es den Jesuiten, wenn auch erst 30 Jahre später, durch die Bemühungen Herzog Wilhelms V. von Baiern, in Regensburg Fuß zu fassen. Wilhelm war ein glühender Anhänger des Katholizismus. Namentlich die Jesuiten überschüttete er mit Gunstbezeigungen. 1579 wurde sein noch nicht dreijähriger Sohn Philipp zum Bischof von Regensburg gewählt. Wilhelm versuchte deshalb mit allen Mitteln, die Jesuiten in der evangelischen Reichsstadt ansässig zu machen, um der alten Kirche verlorengegangene Gefilde wieder zurückzuerobern. Gegen die feindselige Haltung des Rates erzwang der Herzog 1586 die Aufnahme von zunächst zwei Patres, deren Zahl sich bis 1589 auf dreizehn vermehrte. Als Heimstätte wurde ihnen das verwaiste Kloster Mittelmünster zugewiesen. Die Patres übernahmen 1589 die Klostergebäude in sehr verwahrlostem Zustand; die Kirche mußte fast von Grund auf neu gebaut werden. War dem Rat die völlige Fernhaltung der Jesuiten nicht gelungen, so widersetzte er sich den Bemühungen des Ordens auf andere Weise. Er suchte die Beschaffung von Baumaterial zu verhindern, wies den italienischen Architekten aus der Stadt und verbot den Bürgern, ihre Kinder in die Schule der Jesuiten zu schicken. Trotz aller Schwierigkeiten war im Herbst 1592 der Bau der Kirche vollendet.

1714 erfolgte eine Vergrößerung der Kirche und ihre Umgestaltung im herrschenden Stil des Barock. Cosmas Damian Asam zierte die Decke mit einem vielfarbigen Fresko, Szenen aus dem Leben des hl. Paulus darstellend. Der Erneuerung der Kirche folgte der Neubau der Schulgebäude. Hier wirkte der als Mathematiker, Physiker und Astronom berühmte Jesuitenpater Nicasius Grammatici, an den eine Gedenktafel an der Ostseite des Hauses Obermünsterstraße 14 (E 188) erinnert. 1786 wohnte Goethe unter dem Decknamen eines Kaufmanns Moeller während seines kurzen Aufenthalts in Regensburg am Abend des 4. September einer Theateraufführung der Jesuitenschüler bei. Es kam ein Singspiel zur Aufführung: „Der lieblose Knecht" und anschließend das Drama „Die sogenannte Menschenliebe". „Ich verfügte mich gleich in das Jesuitenkollegium, wo das jährliche Schauspiel der Schüler gegeben ward, sah das Ende der Oper und den Anfang des Trauerspiels", notierte Goethe in das Tagebuch seiner Italienischen Reise. „Sie machten es nicht schlimmer als eine angehende Liebhabergruppe und waren recht schön, fast zu prächtig gekleidet", lautet das Urteil des Dichterfürsten.

Die Brandkatastrophe des Jahres 1809 hinterließ Kirche und Stiftsgebäude als Ruinen. Zwei Jahre lang bedeckte der Brandschutt den Platz, bis 1811 die königliche Finanzdirektion — Regensburg war inzwischen bayerische Stadt geworden — die Überreste des Jesuitenklosters und der Kirche St. Paul öffentlich versteigern ließ. Die brandgeschädigten Regensburger konnten sich so billiges Material zum Wiederaufbau ihrer zerstörten Häuser beschaffen.

ROTE-STERN-GASSE,

ein schmales Verbindungssträßchen zwischen Oberer Bachgasse und Pfarrergasse, ist nach dem einstigen Gasthaus „Zum Roten Stern" benannt, das sich im Haus Nr. 1 (E 147) befand. Diese Straße, die benachbarte Steckgasse und wahrscheinlich auch das westliche breitere Ende der Obermünsterstraße hießen einst „unter den Schreinern". Dieser Name übertrug sich auch auf die Pfarrergasse, die noch im Stadtplan von 1865 so genannt wird.

Das Haus des Malers Michael Ostendorfer

befand sich „unter den Schreinern". Leider läßt sich seine genaue Lage nicht ermitteln. Walderdorff vermutet es in der Gegend des Anwesens Steckgasse 6 (E 167). Ostendorfer erwarb das Haus 1528 um 15 Rheinische Gulden; 1542 verkaufte er es um 40 Gulden.

Aus dem Umkreis Altdorfers gilt Michael Ostendorfer als Regensburgs bedeutendster Maler und Zeichner für den Holzschnitt. Mit Sicherheit kann angenommen werden, daß er seine Ausbildung in der Werkstatt Altdorfers erhielt; zumindest dürfte er in dieser zeitweise tätig gewesen sein. Armut und Krankheit kennzeichnen die Lebensgeschichte dieses Künstlers. Ostendorfer, um 1490 geboren, wird 1519 erstmals als Meister in Regensburg genannt. Im folgenden Jahr erwirbt er das Bürgerrecht. Aus seiner Ehe mit der Kürschnerstochter Anna Wechin gehen mehrere Söhne und eine Tochter hervor. 1536 siedelt er vorübergehend nach Neumarkt in der Oberpfalz um. Dort wird er 1539 als Hofmaler des Pfalzgrafen Friedrich genannt. 1544 ist sein Aufenthalt in Amberg nachgewiesen. Seit 1549 hält er sich wieder ohne Unterbrechungen in Regensburg auf. Die Zeitumstände, unter denen Ostendorfer in Regensburg wirkte, waren für einen Künstler denkbar ungünstig: konfessionelle Auseinandersetzungen, Bauernkrieg, Türkengefahr. Die Kaufleute der verarmten Reichsstadt waren kaum mehr in der Lage, die Mieten für ihre Warenlager im deutschen Kaufhof in Venedig zu bezahlen. Ostendorfer lebte mit seiner Familie in kümmerlichsten Verhältnissen. An seinem Mißgeschick war er jedoch nicht schuldlos. Für das zu seiner Zeit so knappe Geld fehlten ihm wohl die Wertvorstellungen. Sobald er einen Auftrag erhielt, mußte er meist schon vor Beginn der Arbeiten um Vorschußzahlung bitten, damit er die nötigen Materialien, Farben, Leinwand oder Blattgold kaufen konnte. Verfügte er über Geld, so gab er es mit vollen Händen aus, arbeitete wenig oder nichts und lebte über seine Verhältnisse, um bald darauf wieder mit bitterster Not zu kämpfen. Daß er immer wieder Aufträge der Stadt und Vorschüsse, gelegentlich auch in Getreide und Mehl, erhielt, verdankte er seinem Gönner, dem Ratskonsulenten Dr. Hiltner, einem der wenigen, die Ostendorfers Kunst zu schätzen wußten. Das Elend des Künstlers kommt in seinen Briefen und Eingaben an die Stadt zum Ausdruck, in denen er sich oft selbst den „armen Michl" nennt. Auf die Vorwürfe des Rates über seine schlechte Wirtschaftsführung und seinen Leichtsinn antwortet Ostendorfer in leidenschaftlicher Form: „... Ich sehe schon, daß ich von Leuten verschwärzt wurde, die mir vielleicht nichts Gutes gönnen, ich leide Geduld, Gott wird sie schon strafen ... was hat ein loser Mensch mir zu verweisen, daß ich esse und trinke, der mir doch daran nichts bezahlt? ... Der arme Michl muß sich ausrichten lassen: wenn er Geld hat, arbeitet er nichts; aber Gott wird die Verächter schon finden und strafen."

Einen ungewöhnlichen Beschluß vermerkt das Ratsprotokoll vom Januar 1550. Ostendorfer mußte sich danach verpflichten, die Summe von 19 Gulden, die er dem Kaufmann Michael Strasser schuldet, in drei Raten, und zwar von Ostern bis Michaeli (29. September) zurückzuzahlen. Bei Nichterfüllung dieser Auflage sollte sich der Maler auf das Rathaus begeben und es so lange nicht verlassen, bis die Schuld beglichen sei.

Zu der ständigen Geldnot Ostendorfers kam noch eine schwere Gicht, die ihn oft für längere Zeit ans Krankenbett fesselte. 1550 starb seine Frau. Die zweite Ehe, die Ostendorfer einging, war wenig glücklich und seine ohnehin mißliche Lage verschlimmerte sich dadurch noch mehr.

Für die Ortsgeschichte Regensburgs bedeutsam ist ein Brief Ostendorfers an Hiltner, geschrieben am Palmabend 1553, dem er eine „abConterfettung" der Stadt beilegt, eine Stadtansicht. In diesem Brief kündigt er die Absicht an, zu Beginn der warmen Jahreszeit die Stadt auch vom sog. Bürgerberg aus aufzunehmen. Bürger- oder Degelberg (s. d.) heißt die Höhe des Ziegetsberges östlich der Augsburger Straße. Ostendorfer plant also auch eine Südansicht der Stadt zu fertigen. Demnach kann das dem Brief beigelegene Blatt nur eine Nordansicht gewesen sein, gewiß jenes mit der Jahreszahl 1553 datierte (vgl. Stadtansichten Nr. 4). Die geplante Südansicht kam wohl nicht zur Ausführung oder ist verschollen. Weiterhin spricht Ostendorfer in diesem Brief von dem Vorhaben, die Stadt auch aus der Vogelschau zu zeichnen und nennt als Aufnahmestandort den Goldenen Turm in der Wahlenstraße. Um seine Vorstellungen zu verdeutlichen, gibt er inmitten des Schriftsatzes eine flüchtige Skizze.

Der Gesundheitszustand des Künstlers verschlimmerte sich immer mehr. Wiederholt bemüht er sich um Aufnahme in das Bruderhaus (jetzt Evangelisches Altenheim, Obere Bachgasse). Seine Bitten fanden Gehör. 1556 gab Ostendorfer seinen Hausstand auf und bezog das vom Almosenamt der Stadt unterhaltene Heim. Mit dem abgeschiedenen und untätigen Leben, das die Hausordnung dort vorschrieb, konnte sich der Künstler nur schwer abfinden. Bitter beklagt er sich in einem Brief an Dr. Hiltner darüber, daß man nicht einmal seine Buben zu ihm ins Bruderhaus lassen wolle. „... und als ich in den Stunden der Muße meine drei Knaben in der Malkunst unterrichtete", schreibt er, „da ergab sich auf einmal unter den Brüdern Spaltung. Sie, die nichts tun als genießen, verschwärzten mich deshalb bei den Almosenherren, und diese hielten mir auch ernstlich vor, daß ich mich meiner Kunst und Arbeit, des Zugangs meiner Knaben und anderer Personen gänzlich enthalten soll."

Am 14. Dezember 1559 schloß der unglückliche Künstler die Augen für immer. Das Nachlaßverzeichnis ist ein erschütterndes Dokument bitterer Armut. Außer einigen Kleidungsstücken nennt es als persönlichen Besitz ein Tischlein, eine kleine Truhe mit „Kunststücken" und etliche Farben, zwei Reibsteine, eine Uhr, einen Wappenbrief und 15 Kreuzer Schulden an den Stadtschreiber.

Den Wappenbrief erhielt Ostendorfer wahrscheinlich von Pfalzgraf Friedrich. Weil der Künstler wohl zu arm war, sich ein eigenes Siegel schneiden zu lassen, zeichnete er nahezu auf jeden Brief mit einigen kühnen Federstrichen sein Wappen, ein aufrecht stehendes löwenähnliches Tier mit Drachenschweif. Auch fügt er seinen Briefen sowie den meisten seiner Holzschnitte sein Monogramm an: O in M.

Unter den Holzschnitten Ostendorfers ragen vor allem jene drei Blätter hervor, die sich auf die Kirche und Wallfahrt zur Schönen Maria beziehen. Eines dieser Blätter stellt die stürmische Verehrung des Gnadenbildes dar (s. „Schöne Maria"). An der Wand einer links an die Kapelle

37. Wappen Michael Ostendorfers

gebauten Holzbude ist das Monogramm MO zu erkennen. Das zweite Blatt zeigt die Kirche zur Schönen Maria, die heutige Neupfarrkirche, wie sie nach dem Holzmodell von Hans Hieber aus Augsburg hätte erstehen sollen. Hinter dem phantastischen Kirchenbau sieht man die zerstörten Häuser der Judenstadt. Zwischen den Türmen schwebt in einer Gloriole die Schöne Maria. Zwei Engel halten das Wappen der Stadt und das des Reiches. Das Namenszeichen Ostendorfers findet sich rechts vom Bild der Madonna. Nach Ausweis der Kirchenrechnung vom Jahre 1520 erhielt er für die Ausführung des Schnittes 12 Gulden. Ein drittes Blatt stellt einen phantasievollen Entwurf zu einem Sakramentshaus für die Wallfahrtskirche zur Schönen Maria vor. Außerdem fertigte er die Titelholzschnitte zu den Mirakelbüchern der „Schönen Maria" von 1519 und 1522. Später war Ostendorfer als Zeichner für den Holzschnitt mehrfach in der protestantischen Buchgraphik beschäftigt.

Das Modell der Kirche zur „Schönen Maria" von Hans Hieber (Museum) stattete Ostendorfer 1520/21 mit Skizzen zu Heiligenfiguren aus, die auf die Strebepfeiler des Modells geklebt wurden. Insgesamt haben sich 29 dieser Skizzen erhalten. Da sie im Innern des Kirchenmodells angebracht sind, können sie vom Betrachter leider nicht ohne weiteres eingesehen werden.

In der Malerei gilt als Hauptwerk Ostendorfers der Flügelaltar für die Neupfarrkirche, entstanden in den Jahren 1553/55. Auf der Mitteltafel steht der Darstellung von Predigt und Absolution deren Vorbild aus dem Neuen Testament gegenüber: die Aussendung der Apostel. Die geöffneten Flügel beziehen sich auf die beiden Sakramente: Taufe und Austeilung des Abendmahls unter beiderlei Gestalt. Bei geschlossenen Flügeln werden Szenen aus der neutestamentlichen Heilsgeschichte sichtbar: Verkündigung, Anbetung des Kindes, Kreuzigung und Grablegung.

Auftraggeber für dieses Altarwerk war der Rat der Stadt. Ostendorfer verfügte nicht über das Geld, um die Holztafeln und die Farben zu beschaffen. Wiederum wandte er sich deshalb an seinen Helfer und Fürsprecher Dr. Hiltner mit einem Bettelbrief um Vorschußzahlung: „Will man mir helfen, so soll an mir in der Arbeit, Kunst und Fleiß kein Mangel erfunden werden ... Damit ich mich aber der Arbeit mit gutem und gerüebigem Herzen obliegen könne, auch meine Herren nicht so oft behelligen dürfe, so gebt mir diesmal 15 Gulden und ein Buch Feingoldes unter die Hände. Wenn mir meine Herren auch ein Mäß Mehl günstlich ließen verabfolgen, so wäre mir dies eine sondere Freude...". Der Rat ließ sich jedoch zunächst nur auf eine Zahlung von 9 Gulden ein. Insgesamt sind sieben Briefe erhalten, die auf die Vollendung des Altarwerkes Bezug nehmen und in denen er immer wieder um „Trink- und Zechgeldle" bittet. Das Altarwerk befindet sich im Museum der Stadt, in deren Sammlungen sich außerdem die nachfolgend aufgeführten Gemälde Michael Ostendorfers befinden:

Schweißtuch der Veronika. Gemälde auf Lindenholztafel. Mit der Jahreszahl 1520 und dem Monogramm O in M bezeichnet. Die Tafel ist beiderseits beschnitten, so daß von den zwei das Tuch haltenden Engeln nur noch die Flügelspitzen sichtbar sind.

Bildnis eines Abtes vor bergiger Landschaft. Gemälde auf Holztafel, um 1525. Undatiert, unsigniert.

Lukretia. Beliebtes Renaissancethema. Gemälde auf Lindenholztafel mit dem Namenszeichen O in M und der Jahreszahl 1530. Am oberen Bildrand ausführlicher originaler Text der Geschichte der Römerin Lukretia: „LVCRECIA DI FROM SCHON VND ZART VON/ SEXTO DES KONIGS SON ZV ROM BEZWVNGĒ WART VUNKEJSCH MIT IM ZV LEBĒ DARVM SI SEIN DOT DET GEBĒ."

Bildnis eines sechsundzwanzigjährigen Mannes. Gemälde auf Fichtenholztafel. Mit dem Monogramm O in M und der Jahreszahl 1533 versehen. In der Mitte oben Text: Wer · wais · was · geschicht." Links unten: „Aetatis 26."

Adam und Eva. Gemälde auf Lindenholztafel. Datiert 1539, mit Namenszeichen. Das Bild entstand während der Tätigkeit Ostendorfers als Hofmaler für den Pfalzgrafen Friedrich in Neumarkt.

Bildnis des Herzogs Albrecht V. von Baiern. Gemälde auf Fichtenholztafel. Bezeichnet mit dem Monogramm O in M und der Jahreszahl 1543.

Darstellung aus der Apokalypse. Gemälde auf Lindenholztafel. Bezeichnet mit dem Monogramm O in M und der Jahreszahl 1543.

Christus am Kreuz mit Maria und Johannes. Gemälde auf Lindenholztafel. Bezeichnet am Kreuzesstamm unten mit dem Namenszeichen O in M und der Jahreszahl 1552.

Bathseba im Bade. Gemälde auf Lindenholztafel. Undatiert, unsigniert. Von A. Stange (1964) dem von Albrecht Altdorfer stark beeinflußten Maler Nicolaus Kirberger zugeschrieben. Franz Winzinger (Kunst der Donauschule, Ausstellungskatalog St. Florian und Linz 1965): „vielleicht ein Werk Ostendorfers." Eine Schrift auf der Rückseite der Tafel besagt, daß Georg Abraham Peychel diese Tafel des hervorragenden Regensburger Malers Albrecht Altdorfer 1651 dem Rat und dem Volk von Regensburg geschenkt habe.

ST.-PETERS-WEG — ENTENGANG

Die Verbindung zwischen dem Südende der Fröhlichen-Türken-Straße und dem Emmeramsplatz heißt St.-Peters-Weg, im Regensburger Sprachgebrauch kurz „Petersweg" genannt. Ursprünglich führte er diesen Namen nur bis zur Hälfte seiner Strecke; von der Einmündung der Straße An der Hülling bis zum Emmeramsplatz hieß er „Entengang". Seit 1908 jedoch wurde der Name St.-Peters-Weg auf seine ganze Länge ausgedehnt und mit dem Entengang der bis dahin namenlose Durchbruch zum Evangelischen Krankenhaus bezeichnet. Seinen Namen schöpfte der Petersweg vom Peterstor, einem der großen mittelalterlichen Stadttore Regensburgs, das wiederum seinen Namen bezog von dem in nächster Nähe gelegenen, 1552 abgetragenen Schottenklösterleins Weih-St.-Peter.

Der Petersweg war ursprünglich ein ganz schmales, nur wenig benütztes Sträßchen unmittelbar hinter der Stadtmauer; denn anstelle des fürstlichen Schloßparkes, an dem der Petersweg heute entlangführt, zogen sich ehemals Mauer und Stadtgraben hin. 1902 erst erhielt er seine heutige Breite. Fürst Albert von Thurn und Taxis gestattete damals, die Begrenzungsmauer des Schloßparks ein Stück nach Süden zu versetzen, so daß ein Geländestreifen zur Verbreiterung des Peterweges gewonnen werden konnte.

Auf halber Strecke des Petersweges, beim einstigen Placidusturm (s. d.) trat der in Karthaus-Prüll entspringende Vitusbach in die Stadt. In einer Rinne floß er über den Stadtgraben und unter dem Petersweg hindurch, speiste die „Hülling" (s. d.) und nahm dann weiter seinen Lauf durch die Bachgassen.

Wie bereits dargelegt, hieß der Petersweg in seiner westlichen Hälfte „Entengang". Der benachbarte Vitusbach, vor allem aber die Hülling, der Teich, lassen hierbei an den Wasservogel, die Enten, denken: an den Gang, durch den die Enten zum Wasser gelangten. Damit aber hat unser Name nichts zu tun: Enten gab es damals nicht nur hier, sondern überall in der Stadt, wo Wasser und eine Grasnarbe vorhanden waren. Ein Blick auf den Stadtplan läßt übrigens erkennen, daß der Entengang gar nicht zum Wasser, zur Hülling, führt, sondern zum Emmeramsplatz. Außerdem wäre dann mundartlich nicht „Entengang", sondern „Antengang" gesprochen worden. Am Oberen Wöhrd gibt es ein Gasthaus „Zur Goldenen Ente". Keinem waschechten Regensburger würde es einfallen zu sagen: „Wir waren in der Ente", sondern in der „Ant'n", eben deshalb, weil der Gasthof wirklich nach dem Wasservogel benannt ist. Beziehungen zur Ente scheiden bei unserem Straßennamen also auch aus sprachkundlichen Gründen aus. In München gibt es eine Entenbachstraße. Hier dürften die Verhältnisse ähnlich liegen, kein Münchner spricht „Antenbachstraße", sie heißt, auch mundartlich gesprochen, „Entenbachstraße". Die neuen Regensburger Adreßbücher, die zu den einzelnen Straßennamen kurze Erläuterungen bieten, drücken sich beim Entengang vorsichtig aus: „Vermutlich Gang am Ende bei der Mauer." Demnach wäre aus Gang am Ende der Endegang und schließlich der Entengang geworden. Eine ganze Reihe anderer Straßen liegt aber auch am Ende bei der Mauer und konnte deshalb mit gleichem Recht zu dem Namen Endegang-Entengang gelangen. Warum sollte sich diese Bezeichnung gerade hier festgesetzt haben?

Schwäbl versucht hier eine kühne, aber durchaus überzeugende Deutung. Er geht aus von dem altbayerischen Wort „enterisch", das bedeutet unheimlich, gruselig, nicht geheuer. Sprachkundlich außerordentlich interessant ist in diesem Zusammenhang eine Stelle bei Hans Sachs. Wo der Teufel Hochzeit hält, schreibt er: „Draußen bei dem Endtengraben..." Unser Entengang müßte also eine Örtlichkeit gewesen sein, bei der es nicht recht geheuer war, wo man sich fürchtete, oder er führte zumindest an einer solchen Örtlichkeit vorbei. Konnte das bei der westlichen Hälfte des Peterweges der Fall gewesen sein? Vor der Einmündung in den Emmeramsplatz führte der Weg am Friedhof des Klosters St. Emmeram vorbei, der sich um den freistehenden Glockenturm ausbreitete. Es mag weniger der Friedhof gewesen sein, der eine Vorstellung von Furcht im Volk erregt haben mochte, als vielmehr das Beinhaus, der Karner, der sich unter der ehemaligen St.-Michaels-Kapelle befand, an deren Stelle nun der Pfarrhof von St. Emmeram steht. Die Emmeramer Chronik bezeichnet dieses Beinhaus als „eine tiefe Gruft unter dieser Kapelle, darin viel Tausend Totenköpfe zu sehen". Der Entengang ist also der enterische, der unheimliche Gang.

Zwischen den Häusern An der Hülling 4 und 6 (C 141 und C 142) liegt ein Gärtchen, das bis zum Petersweg reicht. Früher war das ein freier Platz, über den man vom Petersweg zur Hülling gelangte. Als man die Bedeutung des Wortes Entengang für einen unheimlichen Ort längst nicht mehr verstand, prägte man für dieses Plätzchen den Namen „Ganswasen". „Gänseweide" schreibt der Stadtplan 1808. Nach 1868 verschwand diese Benennung aus dem Regensburger Straßenverzeichnis.

Mit der Örtlichkeit des Petersweges verbindet sich eine der schönsten Regensburger Legenden, die der seligen Aurelia (s. d.), deren Hochgrab in der Emmeramskirche zu den bedeutendsten Werken deutscher Plastik zählt. Nächst dem einstigen Placidusturm (s. d.) beim ursprünglichen Emmeramer Stadttor, stand an die Stadtmauer gelehnt die St.-Andreas-Kapelle, in der Aurelia ein gottgeweihtes Leben als Klausnerin geführt haben soll. Bischof Gundekar von Eichstätt weihte die Kapelle, wohl nach einer Erneuerung, im Jahre 1060. Seit dem Tod Aurelias 1027 stand die Kapelle im Ruf eines besonderen Gnadenortes. Nicht wenige Frauen und Männer verbrachten dort in den folgenden Jahrhunderten ihr Leben als Inklusen. Die Zelle für den Eingeschlossenen soll oberhalb des Gewölbes unter dem Dach der Kapelle gelegen haben. Das später profanierte Kirchlein diente an der Wende zum 17. Jahrhundert als Holzschuppen und wurde schließlich in eine „Wasserstube" verwandelt. Diese etwas unklare Angabe hängt sicher mit dem hier eintretenden Vitusbach zusammen. Gemeiner gibt in seiner Chronik die Lage der Kapelle deutlich an: „Bei St. Andrea zu St. Emmeram, wo der Kumpfmühler Wasserbach in die Stadt lauft." Noch 1842 fand Schuegraf „ihre Spur in der Gegend des Observationsturmes", d. h. der Sternwarte, des Placidusturmes.

Der einstige Placidusturm (XXVIII) am Petersweg

Der Petersweg steht in enger Beziehung zu den Naturwissenschaften in Regensburg, namentlich zur Astronomie. Etwa auf halber Strecke stand an seiner Südseite ein Turm der Stadtmauer, der sogenannte Placidusturm, der bis zu seinem Abbruch im Jahre 1902 — er mußte damals der Verbreiterung des Petersweges weichen — die Sternwarte der Theologischen Hochschule trug. Seinen Namen erhielt er von dem Benediktinermönch Joseph Heinrich Placidus von St. Emmeram, einem Gelehrten von europäischem Ruf. Bereits mit 27 Jahren, 1785, hielt er im Kloster Vorlesungen über Experimentalphysik. 1791 erging an ihn der Ruf, die Professur für Physik, Mathematik und Astronomie an der Universität Ingolstadt zu übernehmen, die er sieben Jahre lang innehatte. Dann kehrte er wieder in sein geliebtes Kloster St. Emmeram nach Regensburg zurück. Die Aufhebung des Klosters 1803 bedeutete für ihn keine Unterbrechung seiner wissenschaftlichen Tätigkeit. Pater Placidus blieb weiterhin im Kloster wohnen. Er konnte nicht nur uneingeschränkt über dessen ausgezeichnete physikalisch-astronomische Einrichtungen verfügen;

38. Der sogenannte Placidusturm am St.-Peters-Weg. Fotografie um 1900

der Landesherr von Regensburg, Carl von Dalberg, stattete die Sammlungen überdies noch mit einem von Fortin in Paris konstruierten Multiplikationskreis aus. Als aber die Klostergebäude 1812 an das Haus Thurn und Taxis gelangten, konnte Placidus dort nicht länger bleiben. Fürst Karl Alexander ließ deshalb den genannten Turm der Stadtmauer am Petersweg unter Aufwendung beträchtlicher Geldmittel für Pater Placidus als Forschungs- und Arbeitsstätte und zugleich als Wohnung ausbauen. Einen Ruf an die Akademie nach München lehnte er ab; dafür übernahm er das Lehramt für Physik, Chemie und Astronomie an der Regensburger Theologischen Hochschule. 10 Jahre lang wohnte und wirkte Pater Placidus in diesem Turm. Erst seine angegriffene Gesundheit zwang ihn, diese ihm liebgewordene Forschungsstätte zu verlassen. Er zog vom Petersweg in das Haus Niedermünstergasse 6 (F 131/132), wo er 1825 starb. Das Haus trägt eine Gedenktafel. Der Turm am Petersweg aber ging als „Placidusturm" in die Stadtgeschichte ein. Nachdem er zehn Jahre lang verwaist war, ließ ihn Fürst Maximilian Karl von Thurn und Taxis 1835 abermals zu einer Sternwarte einrichten. Von dem geräumigen im obersten Turmgeschoß gelegenen Zimmer aus erfolgten die Beobachtungen der Himmelserscheinungen. Die Türe eines steinernen, gegen Süden gelegenen Balkons bot ein weites Gesichtsfeld. Vor allem aber eignete sich das Flachdach des Turmes zu Beobachtungen und Messungen.

OBERE BACHGASSE
UNTERE BACHGASSE

Ein Blick auf den Stadtplan läßt im Gewirr der Gassen sogleich den langgezogenen Straßenzug der Oberen und Unteren Bachgasse erkennen, der den Altstadtkern nahezu in seiner gesamten Ausdehnung von Süden nach Norden durchschneidet. Den Verlauf beider Gassen bestimmte weitgehend der Vitusbach, der sie offen durchfloß und ihnen den Namen gab. Alle frühen Bezeichnungen für diese Gassen deuten auf Wasser: „Ripa Veitsbach" — am Ufer des Vitusbaches, heißt es hier um 1255. „Haus im Bach" wird 1399 geschrieben. 1433: „. . . in Ripa" — am Ufer. Aecherstraße ist der mittelalterliche Name für die Untere Bachgasse, abgeleitet von „ach", „aha", das bedeutet Wasser, Fluß. Die gebräuchlichste Bezeichnung aber blieb stets „im Bach" oder „am Bach", wie der Chronist Donauer 1634 noch schreibt. Wohl schon im 11. Jahrhundert wohnten Rotgerber an den Bachgassen, die das fließende Wasser für ihre Arbeit nützten.

Es bedarf schon einiger Phantasie, sich die einstigen Straßenverhältnisse mit dem offen fließenden Bach und dem, wenn ehedem auch nur bescheidenen, Verkehr vorzustellen. Einen anschaulichen Vergleich bietet der Stadtbach in Berching, der heute noch, in steinerne Rinnen gefaßt, den Ort offen durchfließt. 1837 erst wurde der Vitusbach (s. d.) in einen Kanal unter die Erde verlegt. Die Bachgassen kennzeichnen den Verlauf der Westmauer des Römerkastells.

Der Vitusbach,

heute ein bescheidenes Wässerlein, besaß in früheren Zeiten eine weitaus größere Wasserführung. Trotzdem ist es erstaunlich, wie stark er die Namengebung von Straßen und Örtlichkeiten beeinflußt hat. Darüber hinaus gewann er nachhaltige Bedeutung für die bauliche Entwicklung des Altstadtkerns.

Unter dem Chor der Klosterkirche Karthaus-Prüll tritt seine Quelle aus dem Grund. Von dort aus fließt das Wasser in einem Stollen unter die einstige Pfarrkirche St. Vitus, die seit der Säkularisation zu dem Wohnhaus Karthaus 7 umgebaut ist. Dort sammelt es sich in einem Becken und tritt dann als Vitusbach den Weg nach Süden in Richtung Regensburg an. An der Nordseite dieses Hauses ermöglicht ein aus schweren Sandsteinquadern gefügter Bogen den Zutritt zum Stollen und zur Quelle. Die westlich der ehemaligen Klosteranlage — jetzt Nervenkrankenhaus — nach Neuprüll führende Straße ist nach dem Namen des Baches

VITUSSTRASSE

benannt. Bis vor einigen Jahrzehnten speiste der Bach unmittelbar nach seinem Austritt den großen Vitusweiher. Nach dem letzten Weltkrieg wurde er jedoch zugeschüttet und an seiner Stelle eine Kleingartenanlage errichtet. Zur Klosterzeit diente der Vitusweiher als Fischteich. Von Karthaus aus fließt der Vitusbach als offener Graben in einer Bodenmulde zwischen Kleingärten nach Kumpfmühl, kreuzt den Hofgartenweg und tritt in einen Privatgarten westlich der Straße Am Mühlbach ein, dessen besondere Zierde er bildet. Dort speist er auch einen kleinen Weiher. Unter der Gutenbergstraße hindurch fließt er dann in den Garten des Karmelitenklosters, wo er dessen Fischteich mit Wasser versorgt. Sträucher und Bäume säumen sein tiefgrünes Wasser, aus dessen Mitte sich eine kleine Insel mit uralten Pappeln hebt. Bis 1917 diente der Bach als Antriebskraft für die Kumpfmühle (s. d.). Zwei Straßen, erst in neuerer Zeit längs des Bachlaufes angelegt, sind nach ihm benannt:

AM VITUSBACH und
AM MÜHLBACH

Nachdem der Bach offen den Garten des Karmelitenklosters durchflossen hat, verschwindet er für immer aus den Augen des Betrachters; denn seine Reise bis zur Mündung in die Donau setzt er seit 1837 unterirdisch fort. Südlich der Friedenstraße wird er in einem Düker unter den Bahngeleisen hindurchgeleitet. Beim Anwesen Margaretenstraße 15 (Gaststätte „Zur Eisenbahn") steigt diese Rohrleitung wieder auf und leitet das Wasser dem 1825 angelegten Entenweiher im fürstlichen Schloßpark zu. „In meiner Kindzeit (um 1890) konnte man in der Nähe der jetzigen fürstlichen Wäscherei (Albertstraße 1) diesen Bach in einer tiefen, gemauerten Rinne fließen sehen", schreibt Pongratz. „Manchmal stiegen wir Buben über das eiserne Geländer hinab, um Blutegel zu fangen. Der geheimnisvolle Lauf dieses Stadtbaches interessierte uns nicht wenig. So stiegen wir einmal beim Haidplatz in den städtischen Kanal hinunter ... und gingen unterirdisch weiter, bis wir in der Nähe des Rathauses auf die Wasserader des Vitusbaches stießen. Unser Triumph war unbeschreiblich."

In einer auf Mauerpfeilern ruhenden Holzrinne überquerte der Bach den Stadtgraben und trat beim einstigen Placidusturm (s. d.) in die Stadt. Eine Abzweigung an dieser Rinne und eine dazugehörige Sperrvorrichtung gestatteten es, überschüssiges oder, je nach Bedarf, auch alles Wasser in den Stadtgraben abzuleiten. Diese Anlage wird in der Bauamtschronik bezeugt: „1565 ist der Graben im Plerer, darinnen der Bach hinabläuft, wann man denselben nit in die Stadt will lassen, an beiden Seiten ausgemauert worden..." In dieser Notiz und noch mehrfach in späteren Aufschreibungen ist in diesem Zusammenhang vom „Plerer" die Rede. Eine von 1580 stammende Eintragung in die Bauamtschronik drückt sich deutlich aus: „... bis zu der Teilung, da das Wasser in den Plerer rinnt." Der Plerer kann demnach nichts anderes sein als jene Zweigrinne, die das Wasser aus der horizontalen Hauptrinne mit starkem Gefälle schräg nach unten in den Stadtgraben leitete. Vorwiegend in Bayern wird das etwas saloppe Zeitwort „plärren" gebraucht, das in leicht abwertendem Sinn soviel wie weinen, laut schreien, bedeutet. In der steil nach unten gerichteten Rinne mag das Wasser beim Ableiten in den Graben sehr vernehmlich gerauscht, geplätschert, gegluckst, das heißt geplärrt haben, namentlich dann, wenn es auf den Widerstand der die Bretter der Rinne zusammenhaltenden Querhölzer traf, wodurch das schallnachahmende Wort „der Plerer" entstand. Von dieser Rinne hat dann auch die nächste Umgebung den Namen „Plerer" erhalten. Zusammenhänge und Analogien, die vielleicht mit dem Plärrer in Nürnberg bestehen, bedürften eingehender Nachforschung.

Zunächst erreichte der Bach den Platz

AN DER HÜLLING

Der Name kommt von Hülle, das Pfütze, Lache bedeutet. Hier An der Hülling speiste sein Wasser ein mit Quadern ausgesetztes Becken, das sich genau zwischen den Häusern An der Hülling 2 (C 140) und Emmeramsplatz 1 (E 181) befand. Das Becken, die Hülling, diente als Roßschwemme. Das Jahr 1836 brachte einen überaus heißen und trockenen Sommer. „In diesem Sommer blieb er (der Vitusbach) ganz aus", schreibt Hosang, so daß man durch die Hülling trockenen Fußes hindurchgehen konnte, nachdem man sie zuvor ausgeschöpft und vom Schlamm gereinigt hatte." Von hier aus trat der Bach, offen fließend, in die Bachgassen ein.

Weiter nahm dann der Bach seinen Lauf über den Kohlenmarkt, vorbei am Rathaus und über Zieroldsplatz und Schmerbühl zum Fischmarkt, wo er einen Arm in das städtische Schlachthaus das sogenannte Fleischrinne, schickte, um Abfälle in die Donau zu spülen. Der Hauptlauf folgte nun ein kurzes Stück der Keplerstraße in westlicher Richtung und machte bei dem freistehenden Haus Keplerstraße 8 (D 149) eine scharfe Krümmung gegen Norden, um sich bei dem heute noch sichtbaren Mauttor in die Donau zu ergießen. Genanntes Haus Keplerstraße 8 (D 149) ist als „Haus zum Sauseneck" in die Lokalgeschichte Regensburgs eingegangen. Der Stadtplan von 1812 bezeichnet den freien Platz westlich des Hauses als „Sauseneck". Der Name ist jedoch weit älter. Bereits 1363 wird das Haus als „am Sauseneck" gelegen bezeichnet. Es läßt sich denken, daß die Strömung des offenen Bachlaufes namentlich bei hohem Wasserstand und besonders an dieser scharfen Krümmung ein „Gesause" verursachte, daher die Bezeichnung „Sauseneck".

Von der Oberen Bachgasse aus schickte der Vitusbach eine Abzweigung nach Osten. Nach Ausweis von Merians Vogelschauplan 1644 (Stadtgrundrisse Nr. 4) nahm dieser Arm seinen Lauf durch die Obermünsterstraße zum Klareanger. Längs der heutigen Von-der-Tann-Straße (s. d.) floß er überdeckt und trat im Kirschgäßchen wieder zutage, um über den Stärzenbach (s. d.) seinen Weg in die Donau zu nehmen.

Durch die Gesandtenstraße schickte der Hauptlauf des Baches einen Zweig nach Westen, der durch die Rote-Hahnen-Gasse zum Haidplatz floß. Die Bezeichnung „die Arch" für das Haus Nr. 4 (B 64) an der Ecke zur Roten-Hahnen-Gasse hängt mit dem Bachlauf zusammen, der hier durch seine Abbiegung die Anlage einer Uferbefestigung, einer Arch bedingte. Dieser Name wurde schließlich auch auf das Haus übertragen, das wegen seiner schiffähnlichen Form erst recht Anlaß dazu gegeben hat. Über den Haidplatz nahm der Bach seinen Lauf durch die Ludwigstraße zum Arnulfsplatz, wo er wiederum eine Hülling, eine Viehschwemme speiste. Diese wurde aber 1656 „... auf Ansuchen unterschiedlicher Bewohner wegen üblen Gestankes ausgeschöpft, ausgefüllt und gepflastert". Der Weißgerbergraben (s. d.) bildete schließlich den Zufluß zur Donau. Der Stadtplan von 1812 (Stadtgrundrisse Nr. 20), läßt deutlich noch den Hauptlauf des Baches sowie seine Abzweigung nach Osten verfolgen.

Bei Bränden leistete das Wasser des Baches unschätzbare Dienste. „Bey entstehender Feuersgefahr verstopft man von der einen Seite seinen Abfluß und vermehrt von der anderen durch eine außerhalb der Stadt befindliche Wasserleitung (Plerer? s. d.) seinen Zufluß, um des Wasserschöpfens in gedachten Straßen so viel als möglich überhoben zu seyn", schreibt Kayser 1797. „Eben dieser Zufluß wird auch bey Thauwetter geöffnet und durch den Schwall des hereinströmenden Wassers der größte Theil des zuvor aufgehauenen Eises in die Donau hinausgeschwemmt." Um angehäuften Unrat aus der Stadt zu schwemmen, wurde der Bach wöchentlich zweimal gestaut. Dann allerdings, so meint der Chronist Hosang, „ist die Passage sehr beengt".

Wegen allzugroßer Verkehrsbehinderung, wohl auch aus hygienischen Gründen, wurde der Bach 1837 von der Hülling ab in einem gewölbten Kanal der Donau zugeleitet. Dieses für die damalige Zeit kostspielige Unternehmen beschäftigte einige Hundert Maurer und Pflasterer.

Das ehemalige Bruderhaus, jetzt Evangelisches Altenheim, Obere Bachgasse 22 (C 132/133)

verdankt seine Entstehung dem reichen Bürger Stephan Notangst, der 1419 eine Stiftung zugunsten 12 alter, ehrbarer Handwerker verfügte. Dazu kam 1437 die Stiftung des Hans Kastenmayer für weitere 12 Handwerker, denen „ihr Lebtag Pfründe und Nahrung gereicht" werden sollte. Diese Stiftungen wurden schließlich 1445 vereint zu dem sogenannten Bruderhaus an der Oberen Bachgasse, und zwar im Haus C 133, nördlich anschließend an eine an der Ecke zum Emmeramsplatz bereits vorhandene Kapelle zu Ehren des hl. Ignatius, die als Bruderhauskirche heute noch besteht. Das Chörchen an der Oberen Bachgasse mit dem aufgesetzten Glockenturm läßt von außen her auf eine Betstätte schließen. Seit der Glaubensspaltung gehören Stift und Kirche der evangelischen Gemeinde Regensburgs. In diesem Bruderhaus fand 1536 nach einem von Arbeit und Entbehrungen erfüllten Leben auch der Maler Michael Ostendorfer (s. d.) Aufnahme. Das alte Bruderhaus wurde 1936 abgebrochen und durch einen Neubau ersetzt.

Den evangelischen Waisenkindern Regensburgs erstmals ein Heim geschaffen zu haben, ist das Verdienst des Superintendenten Johann Heinrich Ursinus und des Rates der Stadt. Aus städtischen Mitteln wurde 1666 ein an das Bruderhaus anstoßendes Gebäude samt Garten an der Alten Manggasse um 1800 Gulden erworben und entsprechend seiner Bestimmung baulich eingerichtet. Ein vom Rat bestellter Waisenvater, Georg Braun, und dessen Frau sorgten gemeinsam mit dem Pädagogen und Lehrer Bartholomäus Kleinmeier für Pflege, Erziehung und Unterricht. Am 19. Dezember 1666 versammelten sich die 35 angenommenen Waisenkinder, 23 Knaben und 12 Mädchen, zu einem Gottesdienst in der Bruderhauskirche und bezogen anschließend ihr neues Daheim an der Alten Manggasse.

Das Landolthaus, Obere Bachgasse 16 (C 113)

Bereits 1309 wird das Haus in einer Emmeramer Urkunde genannt. Ekprecht von Haidau und seine Söhne Conrad und Pernger verpfändeten damals ihr Haus „gelegen im pach (d. h. am Vitusbach) gein dez heiligen Chreutzes kirichen über...", gegenüber der Kreuzkapelle (s. d.). Zu Beginn des 15. Jahrhunderts wird der Bürger Ulrich Scheyringer als Besitzer genannt, von dem das Haus 1431 auf den Augenarzt Hans Landolt überging. Mit diesem beginnt eine lückenlose Besitzgeschichte (H. Buhl: Geschichte des Hauses Obere Bachgasse 16 in Regensburg. VO 109/1969).

Spätgotisches Haus an der Ecke zur Blauen-Stern-Gasse mit mächtiger Giebelfront zur Oberen Bachgasse. Ältere Bauteile stecken in den Kellergewölben sowie in der Südostecke, wo sich, dem Baubefund nach zu schließen, einstmals ein Turm erhob. Hier freiliegend Teile der mächtigen Eckverquaderung. Im Erdgeschoß — Mitte — vermauerte Spitzbogenöffnung. Nach Norden anschließend Anbau mit stichbogigem Portal, geschlossen von einem dreiteiligen Tor mit Schnitzerei des späten Rokoko: Muschelwerk und Wirbelrosetten.

Bedeutsam der quadratische Erdgeschoßraum in der Südostecke, heute Ladengeschäft. Rippengewölbe. Die Kehlrippen ruhen auf Eckpfeilern; anstelle des Schlußsteins quadratische Öffnung im Gewölbescheitel, vom Rippenprofil gerahmt. Der Raum wäre als Hauskapelle denkbar. Im Westteil des Erdgeschosses zweischiffige Renaissancehalle, überspannt von dreijochigem Kreuzgratgewölbe, das von Wandkonsolen bzw. zwei freistehenden, rot bemalten Kalksteinsäulen getragen wird. Das Haus besitzt eines der schönsten Treppengeländer. Die schweren Vierkantbaluster des 18. Jahrhunderts reichen bis zum Dachgeschoß. Auf dem Eckpfosten im 1. Obergeschoß geschnitzter Vasenaufsatz.

Das Haus Obere Bachgasse 15 (E 161) mit der Kreuzkapelle

Nach einem alten Sprichwort soll Regensburg so viele Hauskapellen besessen haben, als es Tage im Jahr gibt. Das ist freilich eine Übertreibung, doch war es immerhin dereinst eine recht stattliche Zahl. Während der Reformationszeit, als die Stadt offiziell zur Lehre Luthers übertrat, wurden fast alle Regensburger Hauskapellen profaniert und ihre oft wertvollen Einrichtungsgegenstände an Tändler verschleudert.

Die Kreuzkapelle im Bach, das heißt am Vitusbach gelegen, wird 1354 erstmals erwähnt. Der damalige Besitzer von Haus und Kapelle, Heinrich Baumburger, stiftete in diesem Jahr ein Benefizium zur Kapelle, das den Unterhalt eines eigenen Kaplans ermöglichte. Später treten die reichen Ingolstetter als Besitzer auf, nach ihnen die Trainer. Da die Kapelle wohl schon früh in den Besitz des Regensburger Hochstifts gelangte, entging sie dem Schicksal der Profanierung und blieb bis 1806 ihrer sakralen Bestimmung erhalten. Um 1700 goß Gordian Schelchshorn zwei kleine Glocken, die bis 1806 täglich geläutet wurden; auch fand bis dahin jeden Donnerstag Gottesdienst in der Kapelle statt. 1807 erst wurde sie profaniert und von der Kammacherin Maria Kröber um 2517 Gulden ersteigert. Nachdem der Kapellenraum einige Zeit als Wagenschuppen gedient hatte, erfolgte sein Umbau zu einem Verkaufsladen.

Die Kreuzkapelle im Bach ist die älteste Regensburger Hauskapelle. Erhalten blieben die Umfassungsmauern, die Architekturen des Portales und Reste der Apsis. Den Stilformen zufolge gehört sie der Romanik um 1190/1200 an. Das an der Oberen Bachgasse gelegene Portal ist eine rundbogige, einmal gestufte Anlage. Die Stufe ist beiderseits mit einer Rundsäule ausgesetzt, über die sich der wulstförmige Rundbogen spannt. Die Basen der Säulen sind vermauert. Den Bogen umläuft ein Zierband; ein Band aus enggereihten Palmetten schmückt, vom Boden aufgehend, das Portalgewände. Die würfelförmigen Kapitelle tragen figürlichen und pflanzlichen Dekor. Das nördliche zeigt einen Hasenkopf, umgeben von Trauben und stilisierten Blättern mit kräftigen

39. *Ehemalige Kreuzkapelle im Bach, Obere Bachgasse 15 (E 161). Westportal, Kapitell. Um 1190/1200*

Stengeln. Der Hase, Symbol der Furchtsamkeit, kann hier als Versinnbildlichung einer Seele verstanden werden, die nach dem Philipperbrief, ihr Heil in „Furcht und Zittern gewirkt hat". Das wiederum bedeutet eine Aufforderung an den Kirchgänger, ebenfalls sein Heil zu wirken in der Furcht des Herrn. „Dienet dem Herrn mit Furcht und Zittern und folget ihm", heißt es im Psalm (2,11). Am rechten, südlichen Kapitell ist ein Fabelwesen dargestellt, das in die Schwänze zweier sich krümmender Drachen beißt, die ihrerseits wiederum den Kopf dieses Tieres mit ihren Mäulern zu erreichen suchen. Könnte das Tier als Löwe gedeutet werden, so wäre es als Sinnbild Christi zu verstehen, des „Löwen aus dem Stamme Juda". Die Drachen sind teuflische Tiere und verkörpern Tod und Totenreich. Die Darstellung könnte somit zum Ausdruck bringen, daß Christus vor dem Jüngsten Gericht als letztes Tod und Totenreich vernichten wird. Die Kunst der Romanik bietet mehrere Beispiele, in denen ein Löwe zwei Drachen in die Schwänze beißt, in denen sie die meiste Kraft besitzen und sie so kampfunfähig macht.

Die bildhauerische Leistung der Zierformen an den Kapitellen ist von minderer Qualität. Sie darf einem mäßig begabten Schüler, der am Bau des Schottenportales lernte, zugeschrieben werden.

Im Innern hat sich die halbkuppelförmig gewölbte Apsis erhalten. Die brüchigen Schäfte der beiden Flankierungssäulen wurden 1927 entfernt, so daß jetzt nur noch die zugehörigen Kapitelle mit einfachem Ring- bzw. Palmettendekor in der Mauer sitzen. Teile des Kapellenpflasters stecken noch unter dem jetzigen Fußboden. Das Kreuz auf dem Giebel stammt aus jüngerer Zeit.

Das Wohnhaus Albrecht Altdorfers, Obere Bachgasse 7 (E 157)

Breitspurig erhebt sich am Augustinerplatz der südlichste der Regensburger Patriziertürme. Der nach Süden anschließende Wohnbau wendet seine Frontseiten der Oberen Bachgasse und der Augustinergasse zu. Der Zeitgeschmack des frühen 18. Jahrhunderts hat dem Haus sein heutiges Gepräge verliehen und die Fassaden mit barockem Putzdekor überzogen. Damals hat der Turm seinen ursprünglichen Zinnenabschluß eingebüßt und das heutige Zeltdach erhalten. An der Bachgasse springt ein Erker trapezförmig aus, klettert durch drei Stockwerke und schließt mit einer flachen Zwiebel. An der Augustinergasse zweigeschossige Ladegaube.

Aus barocker Zeit stammt auch die schöne Hausmadonna an der Nordwestecke des Turmes. Der Bildhauer hat Maria als Königin des Himmels mit Krone und Zepter dargestellt. Sie neigt ihr kronenschweres Haupt dem Kind auf ihrer Linken zu, das mit langer Lanze nach dem Teufel sticht, der sich in Gestalt der Schlange um den Erdball windet. Das metallene Herz zu Füßen der Madonna, mit verglaster Schauseite, dient als Lampe.

Ein klassizistisches Oberlichtgitter schließt das Bogenfeld des Haustores. Die Initialen T und S weisen auf die einstigen Besitzer Toskano Maria Magdalena und Sonovicho Anna Maria, von denen das Haus 1839 an den Großhändler Franz Jakob Mühleisen überging.

Ein Zimmer im dritten Obergeschoß birgt eine schöne Stuckdecke. Kräftig modelliertes Muschelwerk und Akanthusblätter schwingen um ovales Mittelfeld, in das ein Ölgemälde gespannt ist. Das stark gedunkelte Bild zeigt einen Fürsten in kniender Haltung, angetan mit Harnisch und Mantel, den Orden vom Goldenen Vlies um den Hals. Zwei Pagen tragen die Schleppe. Darüber schwebt auf einer Wolke Maria, das Kind auf dem Arm. Das beigefügte Wappen läßt in dem Knienden den bayerischen Kurfürsten Max Emanuel erkennen, der trotz aller Leichtlebigkeit und Mätressenduldung ein eifriger Marienverehrer war und schon als junger Regent zu Fuß nach Altötting pilgerte. Auf dem Bild hält er mit betont höfischer Geste die Hand weisend erhoben.

Was das Haus den Regensburgern so wertvoll macht, ist das mit ihm verbundene Andenken an Regensburgs berühmtesten Bürger, den Maler, Graphiker und Stadtbaumeister Albrecht Altdorfer. 1513 erwarb er das Haus und bewohnte es 25 Jahre lang bis zu seinem Tod 1538. Albrechts Bruder, der Maler Erhard Altdorfer, erbte das Haus und verkaufte es 1541 an den Apotheker Hans Miltz um „vierthalb hundert" Rheinische Gulden.

Gemessen am verhältnismäßig umfangreichen künstlerischen Nachlaß Altdorfers sind die Daten zu seiner Lebensgeschichte nur spärlich. Um 1480 wird er, wahrscheinlich in Regensburg, geboren. Der mutmaßliche Vater, Ulrich Altdorfer, hatte 1487 das Bürgerrecht in Regensburg erworben und war bis 1491 als Maler hier ansässig. In diesem Jahr verließ er, völlig mittellos geworden, die Stadt. Über Albrecht Altdorfers Lehr- und Wanderjahre fehlen urkundliche Belege. Wahrscheinlich wird er seine erste künstlerische Unterweisung in der Werkstatt des Vaters erfahren haben. Die früheste auf Altdorfer bezogene Nachricht ist ein Eintrag im Regensburger Bürgerbuch vom 13. März 1505. An diesem Tag wird er als Bürger in Regensburg aufgenommen. Der Eintrag nennt ihn „maler von Amberg". Trotz der für die Stadt wirtschaftlich ungünstigen Zeit erhält Altdorfer Aufträge und gelangt zu Wohlstand. Bereits 1513 erwirbt er das stattliche Haus in der Oberen Bachgasse (Nr. 7, E 157) „sambt dem Turm und Hofstetten ... an Sand Veytspach (am Vitusbach) bey den Augustinern gelegen ...". 1517 wird er in den Äußeren Rat gewählt. Ein Jahr später kauft er ein weiteres Haus „... behausung, hofstat und gartlein In der gassen Im Spiegl ...", an der Spiegelgasse also, das er aber 1522 wieder veräußert. Unter den Ratsmitgliedern, die 1519 den Juden ihre Vertreibung ankündigen, befindet sich auch Albrecht Altdorfer (s. S. 74). 1526 wird er Mitglied des Inneren Rates und mit der Planung städtischer Bauten betraut. Der Weinstadel und das ehemalige Fleischhaus (s. d.) dürften nach seinen Entwürfen gebaut worden sein, ebenso die Verstärkung der Befestigungsanlagen (s. S. 317). Das hohe Ansehen, dessen sich Altdorfer erfreut, beweist seine Wahl zum Kammerer (Bürgermeister) für das Quartal von Emmeram (22. September) bis Weihnachten des Jahres 1528. Altdorfer bittet jedoch, „Ihm so auferlegte bürd ... günstiglich zu erlassen", da er für Herzog Wilhelm IV. von Bayern ein großes Gemälde zu vollenden habe. Es handelt sich dabei um die Krönung seines künstlerischen Schaffens, um das bekannte Bild der Alexanderschlacht, jetzt in der Alten Pinakothek in München. An Altdorfers Stelle wird Urban Trunkel (s. d.) zum Bürgermeister gewählt.

Altdorfer lebt wie ein Großer der Renaissance in Regensburg, weltoffen, erfüllt von humanistischem Denken. Enge Beziehungen verbinden ihn mit dem Wiener Hof; war er doch 1512—1518 mit Aufträgen für Kaiser Maximilian I. beschäftigt. 1532 stirbt seine Frau Anna. Im gleichen Jahr kauft er ein weiteres Haus im Westen der Stadt, an der Weitoldstraße (A 169) für 136 Rheinische Gulden. Das Haus, das Altdorfer seinen Bedürfnissen entsprechend umbaute, mußte 1909 dem Turnhallenbau der Kreuzschule weichen (s. S. 229 u. Abb. 95). Ein diplomatischer Auftrag führt ihn 1535 nach Wien, wo er König Ferdinand I. ein Entschuldigungsschreiben der Stadt überreicht, die aus politisch-konfessionellen Gründen in Ungnade gefallen war. In persönlicher Unterredung gibt Altdorfer Erklärung dazu. Am 12. Februar 1538 stirbt Altdorfer und wird in der Kirche des ehemaligen Augustinerklosters (s. d.) am Neupfarrplatz bestattet, dessen Pfleger er seit 1534 war.

Im Donauraum Ostbayerns mit den Hauptorten Regensburg und Passau sowie in den angrenzenden Landesteilen Oberösterreichs bildete sich zu Beginn des 16. Jahrhunderts in Malerei und Graphik ein besonderer Stil aus, der als „Donauschule" Eingang in die Kunstgeschichte gefunden hat. Diese neue Richtung bedeutet eine Loslösung von der handwerksmäßig gebundenen Kunstübung des Mittelalters und eine Hingabe an die Natur, die nun erstmals frei und unbefangen gesehen wird. Das

40. *Altdorfer-Werkstatt. Abendmahl. Ausschnitt aus dem Flügelaltar der ehemaligen Minoritenkirche, 1517. Museum*

41. Albrecht Altdorfer. Innenraum und Vorhalle der Regensburger Synagoge. Radierungen, 1519. Albertina, Wien

charakteristische Merkmal des Donaustils ist die Verschmelzung von Landschaft und Figur zu idyllisch-poesievoller Schilderung. Waren der warmblütig malende Mair von Landshut, der Oberfranke Lukas Cranach, der Schwabe Jörg Breu d. Ä. und der Passauer Rueland Frueauf d. J. die eigentlichen Begründer und Bahnbrecher der neuen Kunstrichtung, so erreicht neben Wolf Huber aus Passau der Donaustil in Albrecht Altdorfer seinen Höhepunkt. Er gilt als der bedeutendste Maler altbairischen Stammes und als Begründer der deutschen Landschaftsmalerei. Die Kunst der Graphik steht bei ihm gleichrangig neben seinem Schaffen als Maler.

Nachfolgend seien die in Regensburg erhaltenen oder in besonderer Beziehung zu Regensburg stehenden Werke Altdorfers sowie seines nächsten Umkreises einer Betrachtung unterzogen:

Die beiden Johannes. Tafelgemälde (s. S. 427).

Der Flügelaltar aus der Minoritenkirche. Datiert 1517. Die Altarbilder gelangten aus der Sammlung des Regensburger Wachsziehers und Kunstfreundes Kränner in den Besitz des Historischen Vereins und von diesem an das Regensburger Museum. Die Flügel stellen in geschlossenem Zustand die Verkündigung dar, geöffnet zeigen sie das Abendmahl und die Auferstehung. Das große Mittelbild veranschaulicht die Geburt Christi. Die Darstellungen des Abendmahls und der Auferstehung verraten weitgehende Übereinstimmung mit früheren Holzschnitten Altdorfers. In jüngster Zeit wurden durch Auseinandersägen Vorder- und Rückseite der beiden Flügel getrennt, so daß jetzt alle fünf Bildtafeln nebeneinander betrachtet werden können. Ihre unterschiedliche künstlerische Qualität hat zu verschiedensten Interpretationen und Wertungen Anlaß gegeben. Winzinger (Albrecht Altdorfer — Die Gemälde, 1975) läßt es fraglich erscheinen, „ob hier wenigstens teilweise die Hand Altdorfers vorliegt" und verweist das Altarwerk an einen Mitarbeiter aus der Werkstatt Altdorfers.

Unter den fünf Bildern beansprucht die Tafel mit der Darstellung des Abendmahls den höheren künstlerischen Rang. Sie zeichnet sich vor allem durch die Lichtwirkung und den Stimmungsgehalt aus. Die Apostel sind in einem überwölbten, abenddunklen Raum am gedeckten Tisch um Christus versammelt, der soeben dem Judas einen Bissen reicht. Der Lieblingsjünger Johannes ruht an der Brust des Herrn. Tiefes Goldgelb steht neben saftigem Moosgrün in den Gewändern der großen Apostel des Vordergrundes. Ein Hund trinkt Wasser aus einem kupfernen Kühler, in dem eine Zinnkanne steht. Durch das Fenster öffnet sich der Blick auf einen trauten Kirchhof, den eine plattenbedeckte Mauer und weiß getünchte alpenländische Häuser mit steinbeschwerten Dächern begrenzen. Rechts ragt der Chor einer gotischen Kirche herein, nahe der Hauswand steht eine Totenleuchte.

Die Schöne Maria (s. S. 515)
Vorhalle der Synagoge von Regensburg — Inneres der Synagoge von Regensburg. Radierungen. Erstere monogrammiert und datiert AA 1519, letztere monogrammiert AA. Unmittelbar vor der Zerstörung der Synagoge am 21. Februar 1519 (s. S. 75) hat Altdorfer zwei Ansichten des romanischen Tempelbaues, die Vorhalle und den Innenraum, aufgenommen. Mit dem Blick des Baumeisters hat er das architektonische Leben des Baues erfaßt. Die Darstellung des Innenraumes zeigt eine von gratigen Kreuzgewölben überspannte Halle, die durch eine Reihe von Rundsäulen in zwei Schiffe geteilt wird. In der Mitte des Raumes steht die Vorlesekanzel, wo auch rituelle Handlungen vorgenommen wurden. Am oberen Bildrand Schrifttafel: ANNO. DNI. D. XIX / IVDAICA. RATISPONA / SYNAGOGA. IVSTO / DEI. IVDICIO. FVNDIT(V)S / EST EVERSA.

Die Vorhalle erscheint als schmaler, von spitzbogigen Kreuzgewölben überspannter Raum. Links vorne wird der Eingang zur Synagoge sichtbar, am Ende der Vorhalle führt eine Türe ins Freie. Zwei Männer beleben den Raum. Einer von ihnen durchschreitet soeben das Portal zur Synagoge, der andere trägt ein schweres, wahrscheinlich liturgisches Buch. Am oberen Bildrand Schrifttafel: PORTICVS SINAGOGAE / IVDAICAE RATISPONEN / FRACTA. 21. DIE. FEB. ANN. 1519.

Bruchstücke der Wandmalerei des sogenannten Kaiserbades (s. S. 555, Abb. 225).

42. *Sitzung des Inneren Rates, 1536. Unter den Dargestellten auch Albrecht Altdorfer. Miniatur von Hans Mielch. Museum*

Chroniken und Archivalien berichten von verschollenen, speziell mit Regensburg in Verbindung stehenden Arbeiten Altdorfers.

1509: Die Stadt beteiligt sich mit 10 Gulden Beisteuer an einem von Altdorfer gefertigten Tafelgemälde, das im Chor der Kirche Weih-St.-Peter Aufstellung findet.

1512: Die Stadt entlohnt Altdorfer mit 16 Pfennigen 2 Wienern für den Entwurf eines Goldguldens mit dem Bild des hl. Wolfgang und dem Stadtwappen. Eigenhändiger Entwurf Altdorfers im Hauptstaatsarchiv München.

1515: Altdorfer empfängt 80 Gulden für ein Tafelgemälde in die Wallfahrtskirche Scheuer bei Regensburg.

1517: Altdorfer bemalt den Vorhang für den „Heiltumsstuhl", jener Bühne, von der aus bei den sog. Heiltumsweisungen (s. d.) dem Volk die Reliquien gezeigt wurden. Dafür erhält er 1 Pfund 6 Schilling. Für das Bemalen der Fahnen der „Geharnischten" (s. S. 483) mit den Stadtschlüsseln bekommt er 5 Schilling 18 Pfennig.

1519/20: Altdorfer malt die Kirchenfahne für die Wallfahrtskapelle der „Schönen Maria" mit einem Muttergottesbild und dem Schlüsselwappen der Stadt. Dafür empfängt er 1 Pfund 3 Schilling 6 Pfennig. Für die künstlerische Ausstattung der päpstlichen Ablaßbulle für die Kirche zur „Schönen Maria" erhält er 1 Pfund 1 Schilling 24 Pfennig. Für die Bemalung der Kanonen mit dem Stadtwappen sowie für die Aufmalung des Stadtwappens „an die grosse kerzen" (wahrscheinlich eine Votivkerze in der Wallfahrtskirche der „Schönen Maria") erhält er 11 Gulden 4 Schilling 5 Wiener.

1522: Der Rat beauftragt Altdorfer mit der Ausführung einer Wunderdarstellung für die Kirche zur „Schönen Maria". Es handelt sich dabei um eine Frau aus Persenbeug in Niederösterreich, die wegen angeblich wiederholter Brandstiftung zum Wassertod verurteilt wurde. Man nähte sie in einen Sack und warf sie in die Donau. Lange hielt der Scharfrichter mit einer Stange den Sack unter Wasser. Trotzdem gelangte die Unglückliche wieder an die Oberfläche und schwamm schreiend noch ein Stück stromabwärts, wo man sie noch lebend ans Ufer zog. Die Gerettete eilte sogleich nach Regensburg, beteuerte ihre Unschuld und dankte der „Schönen Maria" für das an ihr geschehene Wunder.

Leider besitzen wir kein Selbstbildnis Altdorfers, auch kein verbürgtes Porträt des Meisters von anderer Hand. Die Titelminiatur des sog. Freiheitenbuches der Stadt, gemalt von Hans Mielch, einem Schüler Altdorfers, signiert HM und datiert 1536, zeigt eine Sitzung des Inneren Rates, dessen 16 Mitglieder in der Ratsstube, dem späteren Kurfürstenzimmer, versammelt sind. Ratskonsulent Dr. Johann Hiltner übergibt soeben das Freiheitenbuch dem Bürgermeister. Auf dem Tisch im Vordergrund

43. Wappen Albrecht Altdorfers aus dem Wappenbuch des Christoph Glockengießer, 1535. Stadtarchiv

44. Fragment vom Grabstein Albrecht Altdorfers. Museum

sitzt der Stadtschreiber. Das Bild rahmen die Wappen der dargestellten Personen. Das vierte Wappen links von unten nach oben ist das Albrecht Altdorfers. Wenn die Anordnung der Wappen der Sitzordnung der Ratsmitglieder entspricht, was kaum zu bezweifeln ist, so ist in der vierten Figur, von links gezählt, dem vornehm gekleideten Herrn mit schwarzem Barett und schwarzem Mantel, das Porträt Altdorfers zu erkennen. Das Freiheitenbuch mit aufgeschlagener Titelminiatur befindet sich in der Schausammlung des Museums.

Das Wappen Albrecht Altdorfers findet sich außer der genannten Miniatur auch in einem Wappenbuch vom Jahre 1535 aus dem Besitz des Ratsherrn Christoph Glockengießer. Es zeigt einen in Silber und Rot schräg geteilten Schild mit einem Mittelkreis, in dessen Zentrum eine Blume mit vier herzförmigen Blättern sitzt. Die Farben Silber und Rot erscheinen jeweils in versetzten Tinkturen.

Ende der 30er Jahre unseres Jahrhunderts konnte das von C. W. Neumann um 1870 für seine Altdorfer-Monographie in Meyers Allgemeinem Künstlerlexikon verwendete, dann aber lange verschollene Testament sowie das Nachlaßverzeichnis Altdorfers wieder aufgefunden werden. Die Schriftstücke gewähren einen wertvollen Einblick in die Lebensverhältnisse und den Besitzstand Altdorfers.

Der Grabstein Altdorfers wurde von Leonhard Sinninger gemeißelt. Das Museum verwahrt ein aus der 1838 abgebrochenen Augustinerkirche stammendes Fragment dieses Steines. Von der Inschrift ist noch zu lesen: Albrecht . Altdorffer . paum(eister). Altdorfers Monogramm, A in A, im Strahlenkranz, einst in Messing eingelegt, ist noch erkenntlich. Der Regensburger Goldschmied Hans Hylmair, der um 1580 ein Wappenbuch mit Abschriften von Grabsteinen anlegte, nahm u. a. auch die Inschrift dieses Steines auf. Dort heißt es: „Ein stein darauf 2 Schild, der ein mit stülen versetzt (d. h. mit Kirchenstühlen verstellt). A.D. 1532 am 27.tag July starb die Erbar Frau Anna Albrecht Altdorfferin. A.D. 15... January starb der Erbar und weiß Albrecht Altdorfer Baumeister alhie".

Das Haus Obere Bachgasse 2 (C 106), Löwenapotheke,

besitzt an der Gesandtenstraße einen romanischen Hausturm aus der 1. Hälfte des 12. Jahrhunderts, den ein späteres Satteldach deckt. An der Ostseite des Turmgiebels tritt das Bruchsteinmauerwerk unverputzt zutage. Ziegelausflickung. Zweigeschossiger Barockerker an der Ecke zur Oberen Bachgasse. Innenhof mit Renaissancegalerien über korinthisierenden Säulen an der Nord- und Westseite.

Das Haus Obere Bachgasse 5 (zum Baublock E 155½)

wurde 1855 von dem Großhändler von Maffei als „Kreuzkapelle" erbaut als Ersatz für die im gleichen Jahr abgebrochene Kreuzkapelle bei der Augustinerkirche (s. d.).

Das Haus Obere Bachgasse 9 (E 158)

besteht aus zwei Baugliedern, einem schmalen, hochgotischen Treppengiebelhaus und einem nach Süden anschließenden Renaissancebau. Hier dreigeschossiger Erker auf rosettenbesetzten Volutenkonsolen. An einem Pfeiler der Erdgeschoßwölbung Wappen der Präckendorf und Jahreszahl 1556. Da der Pfeiler mit dem Gewölbe identisch ist, steht die Jahreszahl auch für die Bauzeit des Hauses. Vor diesem Neubau, 1513, gehörte es dem Urban Trunkel (s. d.), der 1528 anstelle Albrecht Altdorfers zum Bürgermeister gewählt wurde.

Der Lerchenfelder Hof, Untere Bachgasse 12/14 (B 94/95)

Regensburg besitzt mehrere stimmungsvolle Höfe. Man kann die Renaissance in Regensburg die große Zeit der Höfe nennen. C. Th. Pohlig hat ihnen eine eigene Monographie gewidmet.

Der sogenannte Lerchenfelder Hof an der Unteren Bachgasse nimmt eine bevorzugte Stellung ein. Unter dem reichen Handelsherrn Stephan Robel erhielt er um die Mitte des 16. Jahrhunderts seine Renaissanceausstattung. Ein Reliefstein aus rotem Marmor mit der Jahreszahl 1551 an der Nordwand kündet seinen Namen und trägt sein Wappen: unter einem gewinkelten Balken einen Löwen, darüber zwei stilisierte Lilien.

Trotz seiner Enge ist der Hof voll räumlicher Tiefe. Schattige Laubengänge, deren Dämmer auch die grellste Sonne nur wenig aufzuhellen vermag, umlaufen seine Nord- und Westseite. In den Schnittpunkt der Galerien stellte der Renaissancebaumeister ein malerisches Treppentürmchen. Dem Betrachter offenbart sich der Hof als eine architektonisch glückliche Mischung aus italienischen Renaissancegedanken und heimisch Mittelalterlichem. Die Loggien scheinen voll schwingender Bewegung zu sein; ein Reigen von Bogen und Pfeilern. Blendende Helle steht neben tiefem Dunkel, und man möchte meinen, der Architekt habe Licht und Schatten als Bauelemente in sein Vorhaben sinnvoll eingeplant. Diagonalgestellte weckenartige Ziegel reihen sich an den Brüstungen der Laubengänge zu originellem Formenspiel.

Aus späterer Zeit, von 1622, stammt der hübsche Wandbrunnen, dessen leises Plätschern einst den Hof erfüllte. In marmorner Nische steht eine antike Vase; ein Rautengitter mit kraftvollen Volutenaufsätzen säumt das Becken.

Eine Rotmarmortafel an der Westseite des Hofes erinnert an Baumaßnahmen in den Jahren 1703 bis 1713 unter dem Handelsmann Heinrich Allius.

Das große Eckgebäude „Lerchenfelder Hof" besteht aus zwei ursprünglich selbständigen Anwesen: nördlich Nr. 12 (B 94), eine frühgotische Anlage, südlich Nr. 14 (B 95), mit Langfront an der Gesandtenstraße, von der Spätgotik des 15. Jahrhunderts geprägt. Beide Anwesen durch die Renaissanceumgestaltung des Hofes um 1550 zusammengefaßt.

Haus Nr. 14 (B 95): An der Front zur Unteren Bachgasse dreiachsiger Kastenerker. Der Eckraum des 1. Obergeschosses wohl einstmals der Festsaal, ausgewiesen durch je drei reich profilierte Rechteckfenster der Spätgotik an der Unteren Bachgasse und der Gesandtenstraße. Dort weiterer Kastenerker, von vier Konsolen gestützt. An der Fensterbank Wappenschild: Vogel (Lerche) in einem Winkel, wohl Wappen der Lerchenfelder. Das Erdgeschoß 1893/94 und 1904 durch Ausbrüche der gotischen Gewölbe eingreifend verändert.

Das Liskircherhaus, Untere Bachgasse 10 (B 93)

Vom späten Mittelalter bis in die Zeit des Biedermeier treten namhafte Regensburger Familien als Besitzer dieses Hauses auf. Die frühesten bekannten Bewohner und Herren des Hauses dürften nach Ausweis der an einem Schlußstein und einer Konsole noch erhaltenen Hausmarke die Pfollenkofer gewesen sein. Seit 1469 werden die Liskircher genannt, eine alte aus Köln stammende Patrizierfamilie. Der greise kaisertreue Wolfgang Liskircher, Ältester des Rates der Stadt, wurde 1513 vom aufgebrachten Pöbel aus diesem seinem Hause geholt, auf das Rathaus geschleppt und unrechtmäßiger Weise der Unterschlagung städtischer Gelder angeklagt. Um ein Geständnis zu erzwingen, scheute man sich nicht, den Dreiundsiebzigjährigen eine ganze Woche hindurch in der Fragstatt zu foltern. Bestellte Zeugen wurden beigebracht und Wolfgang Liskircher schließlich durch den Strang gerichtet. Die weiteren Besitzer (nach Walderdorff): nach 1513 Paul Allenpeck, 1533 Kaspar Gredinger, 1557 Kaspar Portner, 1588 dessen Sohn Albrecht Portner, 1609 Hans Prasch, dessen Nachkommen das Haus noch 1719 besaßen, um 1740 Wolfgang Friedrich Dörffler, 1749 Johann Wilhelm Wolff, 1751 Johann Georg Glätzl, 1784 dessen Tochter Maria Margaretha, in 1. Ehe verheiratete Ritter, deren Tochter Christina Elisabeth Ritter den fürstlich Öttingenschen Leibarzt Dr. Johann Ulrich Gottlieb Schäffer heiratete und im Jahre 1800 das Haus übernahm. Deren Tochter Maria Margaretha Schäffer brachte das Haus durch Heirat an den Hof- und Sanitätsrat Dr. Johann August Herrich. Dessen Tochter Johanna Herrich erbte das Haus und heiratete den Großhändler Georg Heinrich Brauser (beider Porträts im Biedermeierzimmer des Museums).

An der Straßenfront Kastenerker, von drei durch Stichbogen verbundenen Doppelkonsolen gestützt. Durch das tief geschrägte Stichbogenportal betritt man die zweischiffige Einfahrtshalle, die von dreimal zwei Gewölbejochen überspannt wird. An die nördliche Reihe schließt zum Hof noch ein 7. Joch an. Die schmalen Birnstabrippen ruhen auf figürlichen Wandkonsolen, in der Mitte auf zwei schlanken Achteckpfeilern. Das Ostjoch der Südreihe (links vom Eingang) durch Zwischenwände abgetrennt. Schlußsteine von Ost nach West: Südschiff: Doppelwappen mit Hirsch (Portner) und Löwe. Die Jahreszahl 1590 nachträglich. — Drei Muscheln (Pruemeister?). — Dreipaß mit zwei gegenständigen Hunden. Nordschiff: Zwei Wappen, Hund (Prasch) und Hirsch (Portner), bezeichnet 1618. — Baum mit freiliegenden Wurzeln im quergeteilten Schild. — Wappenschild, Kreuz mit Horn (Pfollenkofer). — Fabelwesen.

Hund und Affe, Laubwerk und Fabeltier bilden die plastische Zier der Wandkonsolen. An der westlichsten der Nordreihe hält ein Affe das an einem Schlußstein wiederkehrende Wappen: einen Baum mit Wurzeln im quergeteilten Schild (s. o.). An einer Konsole der Südreihe erscheint abermals das Wappen der Pfollenkofer. Die Architekturen der Halle gehören der Spätgotik der 2. Hälfte des 15. Jahrhunderts an.

Den nach Westen anschließenden Raum überspannt ein zweijochiges Kreuzrippengewölbe. Die Kehlrippen münden in zwei Schlußsteinen: westlich Maske mit Blattranken, östlich Doppelrosette. Der Raum, vielleicht die einstige Hauskapelle, entstand in hochgotischer Zeit um 1320.

Im Flur des 1. Obergeschosses befindet sich in einer Mauernische die Figur eines knienden Mannes. Seine rechte Hand stützt sich auf einen Scharrierhammer (Steinmetzwerkzeug zur Oberflächenbearbeitung der Werksteine); das Gesicht ist wie visierend nach oben gerichtet. Die Annahme, daß es sich hierbei um einen am Bau des Hauses beschäftigten Steinmetzen handelt, ist naheliegend, doch fehlen entsprechende Analogien. Die vollplastische Figur kann auch erst nachträglich an diese Stelle gesetzt worden sein.

Im Erdgeschoß des nördlichen Hofflügels verläuft ein der Barockzeit angehörender Laubengang, der sich mit vier weitgespannten Stichbogen über massigen Viereckpfeilern gegen den Hof zu öffnet.

Das Haus Hinter der Grieb 1 (B 92) mit Ostfassade zur Unteren Bachgasse

Das Eckhaus zum Gäßchen Hinter der Grieb bringt einen baulichen wie einen farblichen Akzent in das Straßenbild. Man sieht es dem Haus mit dem heiteren Stuckdekor nicht an, daß seine Mauern in frühgotische Zeit zurückreichen. Um 1240 dürfte es entstanden sein. Das ausgehende 18. Jahrhundert veränderte seine Straßenfront. Der Kaufmann Johann Wilhelm Anns ließ 1794 das Mansardendach mit den drei Gauben aufsetzen und die Straßenfront durch den hübschen Kastenerker und die gefällige Stuckdekoration gliedern. Am Erkerfuß Inschriftstein mit seinen Initialen IWA, der Jahreszahl 1794 und einem Anker, der hier gewiß als Symbol des Kaufmannsstandes mit seinen überseeischen Handelsbeziehungen zu verstehen ist. Stuckrahmen umgeben die stichbogigen Fenster des 1. Obergeschosses, darüber stuckierte Keilstücke und profilierte Segmentverdachungen. Stuckrahmen zieren die Rechteckfenster des 2. Obergeschosses. Bemerkenswert die Haustüre (an der Nordseite, Hinter der Grieb) mit klassizistischer Flachschnitzerei: Zierbänder und Schlangen, Satyrmasken und Rosetten.

Eine rundbogige Türe mit originaler Eisenbeschlagung (aufgenagelte Bleche und Bänder) vermittelt den Zugang zur einstigen Hauskapelle im westlichen Erdgeschoß, einem von zwei Kreuzrippengewölben überspannten Raum. Die Kehlrippen strahlen von Kelchkonsolen aus und münden in flachen Tellersteinen. In der weit gesprengten Stichbogennische der Südmauer dürfte der Altar gestanden sein. An einen schmalen, tonnengewölbten Durchgang schließt nach Norden ein weiteres Kreuzrippengewölbe an. Schlußstein mit Blüte.

Das Haus Untere Bachgasse 13 (E 4)

Seit Jahrzehnten befand sich das baugeschichtlich bedeutsame Haus in einem Zustand fortschreitenden Verfalls. 1978/79 erfuhr es eine durchgreifende Sanierung (nachdem bereits Antrag auf Abbruch gestellt war). Richard Strobel hat es in seinem umfassenden Werk über das Bürgerhaus in Regensburg erstmals literarisch gewürdigt, ausführlich beschrieben und datiert.

Das Haus besteht aus dem bisher ältesten nachweisbaren Wohnturm und einem nach Süden hin anschließenden Wohnbau. Dendrochronologische Untersuchungen — ein Verfahren zur Bestimmung des Altars von Holz mit Hilfe der Jahresringe — an einem Holzsturz aus dem Turmkeller, gestattet eine Datierung des Turmes in das frühe 12. Jahrhundert. Die Entstehung des Wohnbaues mag 50 oder 60 Jahre später anzusetzen sein. In frühgotischer Zeit hat das Haus bauliche Eingriffe erfahren. Die vier Fenster im 1. Obergeschoß des Wohnturms zeichnen sich durch reichere Profilierung ihrer Gewände aus. Im 4. Obergeschoß der Nordseite eine Schießscharte, eine solche im 3. Obergeschoß der Südseite ist von der Straße aus nicht einzusehen. Die Schießscharten sind so angeordnet, daß die Straße in Längsrichtung bestrichen werden konnte (vgl. Gesandtenstraße 2, Goldenes Kreuz, Neue Waag, Goldener Turm, Blauer Hecht). Im Anbau romanisches Rundbogenportal, dessen Basen im Erdreich stecken, das sich im Lauf der Jahrhunderte hier um etwa 70 cm angehoben hat. Profilierte Kämpfer. Das Gewände ist abgeschrägt, am Ansatz der Schrägen je ein siebengliedriges, aufrecht gestelltes Blatt, südlich etwas verstümmelt. Der zweigeschossige Überschuß des Anbaus (anstelle eines älteren Vorgängers), auf neun Holzkonsolen ruhend, stammt aus nachmittelalterlicher Zeit.

Der südliche Raum des Turmes, zweijochig, von Kreuzgratgewölben überspannt, diente einstmals als Hauskapelle.

Das Haus Untere Bachgasse 8 (B 79)

In der älteren Literatur unter dem Namen „Brauhaus Regensburg" genannt, weil sich Haus und Gaststätte im Besitz dieser Brauerei befanden (um 1870 Brauerei Bolland, ca. 1900 Brauhaus Regensburg AG, seit 1959 Fürstliche Brauerei Thurn und Taxis). Stattliches, viergeschossiges Giebelhaus des späteren 17. Jahrhunderts, das Bild der Unteren Bachgasse mitbestimmend. Die Inneneinrichtung der Gaststätte „Brauhaus-Schänke" seit 1897 im wesentlichen unverändert.

Das Haus Untere Bachgasse 6 (B 78)

gehört der Hochgotik des späten 13. Jahrhunderts an. Bedeutendstes Architekturglied ist das stichbogige Portal an der Straßenfront mit reich profiliertem Kämpfergesimse. Acht Holzkonsolen stützen den dreiachsigen, (d. h. drei Fenster in einer Reihe) im 1. Obergeschoß ausspringenden Erker. Über dem nördlichen seiner drei Fenster ist er um ein Stockwerk überhöht, reicht also hier durch zwei Geschosse. Das Haus besitzt zwei kunstgeschichtlich interessante Innenräume: in der Nordostecke einen zweijochigen Raum, den zwei Kreuzrippengewölbe überspannen. Von Kelchkonsolen aus schwingen die Kehlrippen zu den beiden Schlußsteinen hinauf, die mit Blättern geziert sind, die sich um einen Waffelkern reihen. Der Raum darf als die einstige Hauskapelle betrachtet werden. Eine Stuckdecke des frühen 18. Jahrhunderts zeichnet den Raum in der Südostecke aus.

Das ehemalige Haus der Woller, später der Steyrer, Untere Bachgasse 5 (Südteil von E 2)

In den Jahren 1937/38 fiel ein Bauwerk dem Abbruch anheim, das für den Fassadenablauf der Unteren Bachgasse sowie für die Kunstgeschichte Regensburgs von nicht geringer Bedeutung war: das Haus der Woller, später der Steyrer. Die Ratsherrnfamilie Woller wird bereits 1251 in der „Achkirchenstraße" (alte Bezeichnung für die Untere Bachgasse, s. d.) bezeugt. Daß es sich bei diesem Haus um jenes der Familie Woller handelt, hat erstmals Hans Buhl (VO 110/1970, S. 197) nachgewiesen. Das Wollerhaus gehörte zum Typ der Patrizierburg mit Turm und Hauskapelle. Diese wird 1350 als „Verenkirche", 1371 als „Vrenkirche" erwähnt. Vrenkirche heißt Kirche der hl. Verena. Ihr Bild mit dem Attribut, dem Palmzweig, darunter das Wappen der Woller, findet sich in einem Fenster im südlichen Seitenschiff des Domes.

Wahrscheinlich infolge eines Umbaues der Kapelle im 1. Drittel des 15. Jahrhunderts wechselte deren Patronat. Die Diözesanmatrikel von 1433 nennt sie „Capella St. Philippi et Jacobi in ripa" — Kapelle St. Philipp und Jakob am Ufer (des Vitusbaches). Mit dem Umbau und Patronatswechsel darf auch ein Besitzerwechsel angenommen werden. Mit Sicherheit ging damals der Besitz von den in wirtschaftliche Schwierigkeiten geratenen Wollern an die Familie Steyrer. Der Volksmund nannte die Kapelle nun die „Steyrerkapelle im Bach". Den Steyrern folgten im Besitz die Flettacher.

Bereits ein Jahr vor dem offiziellen Übertritt der Reichsstadt zur neuen Lehre erlebte die Kapelle evangelischen Gottesdienst. Zu dem Reichstag, der 1541 unter dem Vorsitz Kaiser Karls V. in Regensburg stattfand, erschien auch Landgraf Philipp von Hessen und nahm sein Quartier im Steyrerhaus. Der Chronist Leonhard Widmann, Chorherr der Alten Kapelle, berichtet, daß Philipp mit 250 Pferden in Regensburg einritt. Er war ganz in Grau gekleidet, auf seinem Ärmel trug er das Bild zweier streitender Hähne. Sein evangelischer Prediger begleitete ihn. Der Eröffnung des Reichstages ging ein Gottesdienst zu Ehren des Heiligen Geistes voraus. Landgraf Philipp nahm daran nicht teil, sondern ließ evangelischen Gottesdienst in der Kapelle des Steyrerhauses halten, wobei das Abendmahl in Gestalt von Brot und Wein gereicht wurde. Etwa 50 Regensburger Bürger erschienen zu diesem Gottesdienst. Zornentbrannt darüber läßt sich der priesterliche Chronist Widmann zu der Äußerung hinreißen: „hat dyweill sein seuegfräß in seiner Herwerg." Als die katholischen Reichstagsmitglieder aus der Kirche zurückkehrten, „lag das verloren kind Hessn im Fenster auffm rathaus".

Mit dem Anschluß Regensburgs an die Lehre Luthers wurde die Steyrerkapelle profaniert. Ein späterer Besitzer des Steyrerhauses, der reichsstädtische Umgelddirektor Johann Jakob von Perg, ließ um die Mitte des 17. Jahrhunderts eine Zwischendecke in den Kapellenraum einziehen. Dadurch entstanden zwei übereinanderliegende Räume. Der untere diente als Stall, der obere als Tanzsaal. 1839 erwarb die israelitische Gemeinde Regensburg das Steyrerhaus, in dessen Turm sie die Synagoge einrichtete. Diese verblieb dort, bis 1912 der neue Synagogenbau an der Schäffnerstraße (s. d.) vollendet war.

Die spätromanische Verenakapelle lag unmittelbar südlich des Hausturmes. Sie reichte durch zwei Stockwerke. In die Apsis war ein frühgotisches Maßwerkfensterchen gebrochen. Der Umbau in spätgotischer Zeit überspannte den Kapellenraum mit einem zweijochigen, im Spitzbogen geführten Kreuzrippengewölbe. Schuegraf überliefert, daß noch 1560 im Turm der Kapelle zwei Glöckchen hingen, die zum Guß einer Glocke für die evangelische Neupfarrkirche gestiftet wurden.

Das Haus Untere Bachgasse 3 (Nordteil von E 2)

mit Westfassade zur Unteren Bachgasse. An den einstmals wohl höheren Turm mit Eckquaderung schließt nach Süden ein jüngerer Wohnbau zu 9 Fensterachsen an. Im Turm Renaissanceportal. Eine Wappentafel von 1545 im Hof des Anwesens, die heute nicht mehr nachgewiesen werden kann, überlieferte als damaligen Besitzer den Johann Nikolaus Flettacher, der 1560 auch das benachbarte Steyreranwesen erwarb (s. d.). Seit dieser Zeit sind beide Anwesen in einer Hand vereinigt und erscheinen auf dem Katasterplan als ein Eigentum unter E 2. Im Haus Nr. 3 befand sich der Gasthof „Zum Goldenen Brunnen". Die israelitische Gemeinde Regensburgs erwarb 1839 (gleichzeitig mit dem einstigen Steyrerhaus) auch dieses Anwesen und brachte darin ihre Schule und ihr Spital unter. Das Museum besitzt eine aquarellierte Federzeichnung von Joseph Weininger aus der Mitte des 19.

Jahrhunderts, die den Hof des Hauses wiedergibt. Er konnte sich in nur wenig veränderter Form bis heute erhalten.

Das Haus Untere Bachgasse 4 (B 77)

besitzt klassizistische Fassadengliederung. Auf dem Schweifgiebel sitzt ein aus Blech geschnittener Reichsadler, der vermutlich vom nahegelegenen Rathaus stammt.

Das Haus Untere Bachgasse 2 (B 76)

Frühgotisches Giebelhaus mit Anbau. An der Westseite — nur von erhöhtem Standort aus zu überblicken — sechsfach getreppter Giebel. An der Front zur Unteren Bachgasse sog. Überschuß (Vorkragung) der Spätgotik auf profilierten Konsolen. Im Innern (westlichen, rückwärtigen Teil des heutigen Ladengeschäftes) kreuzrippengewölbter Raum, die einstige Hauskapelle. Die breiten Kehlrippen ruhen auf Eckpfeilern, die das Gewölbe in zwei Joche teilende Gurtrippe sitzt auf Wandpfeilern. An den Kreuzungspunkten der Rippen statt der Schlußsteine zierliche Rosetten. Die Schmuckformen an den Kapitellen der Eckpfeiler, von hoher künstlerischer Qualität, legen Vergleiche mit der Bauplastik von St. Ulrich nahe und weisen den Raum in das 1. Viertel des 13. Jahrhunderts. 1961 wurde der einstige Kapellenraum in ein großes Ladengeschäft mit einbezogen. In diesem Hause wohnte der Maler Johann Kransberger (geb. 1804, gest. 1850).

Der Regensburger Maler Hans Kransberger (1804—1850), Gemälde, 1843. Museum

Hans Kransberger (1804—1850) Blick vom Dom nach Osten ins Donautal. Gemälde, 1832. Museum

Im Bereich der ersten Stadterweiterung um 920

St.-Georgen-Platz
Thundorferstraße
Weiße-Lamm-Gasse
Weiße-Hahnen-Gasse
Brückstraße
Am Wiedfang
Goldene-Bären-Straße
Posthorngäßchen
Blaue-Lilien-Gasse
Fischmarkt
Fischgässel
Schmerbühl
Keplerstraße
St.-Albans-Gasse
Weinlände — Am Weinmarkt — Weingasse
Engelburgergasse
Kohlenmarkt

Rathausplatz
Zieroldsplatz
Roter Herzfleck — Silberne-Kranz-Gasse
Neue-Waag-Gasse — Waaggäßchen
Haidplatz
Krebsgasse und Steinergasse
Ludwigstraße
Am Römling
Glockengasse
Am Ölberg — Predigergasse
Waffnergasse — Silberne-Fisch-Gasse
Ägidienplatz
Emmeramsplatz
Gesandtenstraße
Hinter der Pfannenschmiede
Spiegelgasse
Rote-Hahnen-Gasse
Vor der Grieb — Hinter der Grieb

ST.-GEORGEN-PLATZ

im Volksmund kurz „Georgenplatz" genannt, führt seinen Namen von der einstigen Kapelle St. Georg und Afra (s. d.). Über eine Treppe steigt man von der höher gelegenen Erhardigasse zum St. Georgen-Platz herab. Wenn Quellen der Jahre 1399 und 1423 in der Gegend unseres Platzes die „eiserne Tür" und später das „Stieglein" erwähnen, so läßt sich dabei wohl an den Zugang von der Erhadigasse aus denken. Der St.-Georgen-Platz liegt unmittelbar vor der

45. St.-Georgen-Platz. Nordostrundung der Römermauer. Rechts die einstige Kapelle St. Georg und Afra

Nordostecke der römischen Kastellmauer,
1905 aufgedeckt, tritt hier am St.-Georgen-Platz eindrucksvoll zutage. Mit schwarzer Patina überzogen, bilden die mächtigen Kalksteinblöcke ein gewaltiges Bollwerk. Einige von ihnen lassen verhältnismäßig tief eingeschlagene Löcher (sog. Wolfslöcher) erkennen. In diese setzte man beim Mauerbau eine Eisenklaue, den sog. Wolf, der sich beim Anheben, d. h. beim Spannen des Seiles verkeilte und somit den Quader an seiner Oberfläche tragend erfaßte. Mittels eines Kranes wurde er von außen auf die Mauer gehoben. Der Kran bestand aus einem (oder mehreren) Rüstbäumen mit Flaschenzügen; der Antrieb erfolgte durch Menschenkraft mittels Trettrommeln. Hier sei auf das anschauliche Modell vom Bau der Römermauer im Museum verwiesen.

Bei den im ursprünglichen Verband liegenden Quadern kann das Wolfsloch nicht sichtbar sein, da es zwischen den Fugen liegt. Daß trotzdem einzelne Blöcke diese Löcher aufweisen, kann damit erklärt werden, daß sie sich nicht mehr in ursprünglicher Lage befinden, sondern in Zweitverwendung — etwa bei Ausflickung der Mauer — verbaut wurden. Sie könnten aber auch mittels einer anderen Hebevorrichtung, der Greifzange, versetzt worden sein, die nach der Beschreibung des Vitruv ebenfalls bei den Römern als Baumaschine Verwendung fand.

Die einstige Kapelle St. Georg und Afra, Unter den Schwibbögen 8 (F 157)

Regensburg besaß drei dem heiligen Ritter Georg geweihte Kapellen: die frühchristliche Grabkirche von St. Emmeram, die romanische Georgskapelle Am Wiedfang (s. d.) und als dritte die Kapelle St. Georg und Afra am St.-Georgen-Platz, dem sie zu seinem Namen verhalf. In der älteren Literatur erscheint sie auch als Kapelle. „St. Georgii an der Halleruhr", so benannt nach dem verschwundenen Hallerturm (s. d.), der sich in unmittelbarer Nähe der Kapelle über der Einmündung der Ostengasse in den St.-Georgen-Platz erhob. Neben St. Georg und der hl. Afra erscheint als dritter Patron der Kapelle gelegentlich auch der hl. Pankratius.

Die Geschichte der Kapelle verliert sich im Dunkel des frühen Mittelalters. Sie gehörte zum Stift Niedermünster und entstand im 12. Jahrhundert. Die Überlieferung bringt sie in Verbindung mit dem hl. Erhard und den Erhardinonnen, die in dieser Gegend wohnten (s. Erhardikapelle). Das Stift Niedermünster ließ die Kapelle 1712 restaurieren und an die Nordfront die Bilder der Heiligen Georg, Afra und Pankratius malen. Sie besaß vier Altäre; die Verrichtung der Gottesdienste oblag dem Stift St. Johann. Nach der Säkularisation von Niedermünster wurde 1803 auch die Kapelle profaniert, verkauft und zu einem Wohnhaus mit Bierschenke umgebaut.

Die Kapelle lehnt sich außen an die Nordseite der Römermauer, unmittelbar vor deren Nordostecke. Als 1905 im Zuge der Straßenverbreiterung an dieser Stelle ein Häuschen abgebrochen wurde, traten neben der Rundung der Römermauer auch die Ostwand und Teile der Nordmauer der Kapelle zutage. Den Kapellenraum erhellte das im Erdgeschoß der Ostseite erhaltene romanische Doppelfenster, über dem sich ein freigelegter Entlastungsbogen wölbt. Das Trennungssäulchen trägt ein stark verstümmeltes Würfelkapitell mit schräggestelltem Schild und geritztem Schildring. Die Stilformen weisen in die Zeit um 1150. Im Obergeschoß der Ostwand erhielten sich zwei kleinere Rundbogenfenster und in der Giebelmauer eine Doppelarkade. Die Fenster der Obergeschosse dürften nicht zur Kapelle, sondern zu Profanräumen gehört haben. In der Nordwand, über der später eingebrochenen Türe, liegt ebenfalls ein Entlastungsbogen frei, in den offensichtlich eine gleiche Doppelarkade eingesetzt war wie die der Ostseite. Aus gotischer Zeit stammt das genaste Spitzbogenfensterchen. Die Ecke ist mit römischem Steinmaterial aufgebaut, das ja hier in reichlicher Menge zur Verfügung stand.

Bei den Freilegungsarbeiten 1905 stieß man auf einen für die Frühgeschichte romanischer Kunst sehr bemerkenswerten Fund. Dem Mauerwerk des abgebrochenen Hauses war als Baustein der Torso einer weiblichen Figur vor einer Hintergrundplatte eingefügt. Die Reliefplastik ist nur bis zur Brusthöhe erhalten. Die Figur steht streng frontal, die Arme liegen flach am Körper. Die beschuhten Füße stehen auf schrägem Sockel. Auf der Rückseite der Platte steht in Kapitalen die vierzeilige Inschrift: AGN (ES) / IMP (E) / RATRI (X) / AV$\overline{G}$ (USTA). Bei der Dargestellten handelt es sich demnach um Agnes von Poitou, die Gemahlin Kaiser Heinrichs III., die 1077 starb. Die Figur weist überzeugende Stilähnlichkeiten mit den Portalplastiken von St. Emmeram auf. Der Fund, den das Regensburger Museum verwahrt, hat die deutsche Steinplastik der Frühromanik um ein wertvolles Stück bereichert.

Der Walderbacher Hof, St.-Georgen-Platz 6 (F 145)

Gleich zahlreichen Klöstern in der näheren und weiteren Umgebung Regensburgs besaß auch das Kloster Walderbach am Regen ein eigenes Absteigequartier in Regensburg, den Walderbacher

Hof. Nächst der Brücke zum Unteren Wöhrd steht der fünfgeschossige Bau. Einstmals sollen ihn die Grafen von Riedenburg besessen haben. Das dürfte wahrscheinlich sein, hat doch einer ihres Geschlechts, Graf Otto, 1143 das Kloster Walderbach gestiftet. Der Hof in Regensburg besaß eine dem hl. Bernhard geweihte Kapelle.

1617 wohnte Johann Kepler auf der Durchreise im Walderbacher Hof. Seine aus erster Ehe stammende Stieftochter Regina war seit 1608 mit dem Agenten des Kurfürsten von der Pfalz, Philipp Ehm, verheiratet. Dieser kam nach 1613 als Richter nach Walderbach, dessen Kloster seit der Reformation aufgehoben war. 1617 starb Regina, die Mutter von zwei Kindern war, im jugendlichen Alter von 27 Jahren. Sie fand in der ehemaligen Klosterkirche, heute Pfarrkirche von Walderbach, ihre Ruhestätte. Dort ist noch heute ihre Grabplatte zu finden, unter der sich wohl auch noch ihre Überreste finden. Nach dem Tod Reginas schrieb Ehm an seinen Schwiegervater Kepler nach Linz einen Brief, in dem er ihn bittet, die damals fünfzehnjährige Tochter Keplers, Susanna, auf einige Zeit nach Walderbach zu schicken, damit sie dort den nötigsten Haushalt führe. Kepler selbst brachte daraufhin seine Tochter im Oktober 1617 über Passau und Regensburg nach Walderbach. Damit erklärt sich Keplers Quartiernahme im Walderbacher Hof. Er selbst ritt weiter nach Württemberg, um das Verfahren gegen seine Mutter, die der Hexerei beschuldigt war, günstig zu beeinflussen. Auf der Rückreise blieb Kepler vom 10. bis 21. Dezember in Walderbach. Susanna scheint er damals bereits wieder nach Linz mitgenommen zu haben.

THUNDORFERSTRASSE

heißt seit 1885 die Uferstraße westlich der Eisernen Brücke. Sie ist benannt nach Bischof Leo dem Thundorfer (1262—1277), der in der Baugeschichte des Domes eine bedeutende Rolle spielte. Noch gegen Ende des vergangenen Jahrhunderts hieß ihr westlicher Teil „Am Kränchertor", nach dem auf einem Turm in der donauseitigen Stadtmauer befindlichen Kran zum Entladen der Schiffe; ihr östlicher Teil führte den Namen „Am Stecken", der schon 1325 genannt wird. Er mag sich von den sogenannten Heftstecken herleiten, schweren, in den Boden gerammten Pfählen zum Befestigen der Schiffe. Vom Wiedfang bis zur Hölzernen (heute Eisernen) Brücke spielte sich ja das mittelalterliche Hafenleben ab. Vielleicht könnte der Name auch durch die alte Uferbefestigung gedeutet werden, die aus eingerammten Pfählen „geschlagenen Stecken" mit querliegenden Hölzern bestand (vgl. Schlegelarbeiter).

WEISSE-LAMM-GASSE

heißt das kurze Straßenstück zwischen Weißer-Hahnen-Gasse und Steinerner Brücke. Der Name geht zurück auf

das Gasthaus „Zum Weißen Lamm", Weiße-Hahnen-Gasse 2 (F 89)

Ein Gasthaus „Zum Weißen Lamm" gab es bis 1641 an der Stelle des Karmelitenklosters auf dem Alten Kornmarkt. Es lag zwischen dem Guttensteiner- und dem Freisinger Hof und gehörte dem evangelischen Bürger Adam Alkofer. Die Karmeliten, die als Bauplatz für ihre beabsichtigte Klostergründung die beiden genannten Höfe bereits gekauft hatten, suchten unter allen Umständen auch das Anwesen „Zum Weißen Lamm" zu erwerben. Allerdings mußten sie den hohen Kaufpreis von 2500 Gulden entrichten. Mit dem Abbruch des Hauses für den Neubau des Karmelitenklosters dürfte das Schankrecht auf das jetzige Anwesen des „Weißen Lammes" bei der Steinernen Brücke übertragen worden sein.

Neben der Kaiserherberge „Zum Goldenen Kreuz" am Haidplatz war das „Weiße Lamm" am Donauufer die vornehmste Gaststätte Alt-Regensburgs. Sie wird an dieser Stelle 1667 erstmals erwähnt: „Im Weißen Lämpel in der Kuffnergassen". Kuffner- oder Küfnergasse ist die frühere Bezeichnung für die Weiße-Hahnen-Gasse. Das späte 18. Jahrhundert überzog die Fronten des breit gelagerten, behäbig anmutenden Hauses mit festlichem Dekor. Trotz der klassizistischen Zierformen, den schmalen Pilastern, den etwas steifen Blattgirlanden, den Mäandermotiven und Rosetten steckt eine bürgerliche Behaglichkeit in dieser schmucken Fassade. Hübsch sind die wiederkehrenden Büsten an den Keilsteinen der Fenster des 1. Obergeschosses.

1958 wurde die Fassade renoviert. Dabei kehrte auch das Wahrzeichen des Hauses wieder an den angestammten Platz, auf die Säule an der Ecke zur Weißen-Hahnen-Gasse zurück: ein in Stein gehauenes Osterlamm mit der Fahne. Diese als Wirtshauszeichen verwendete Skulptur war ehedem der Schlußstein eines gotischen Gewölbes.

In zwei der Fensterstützen des Erdgeschosses gegenüber der Wurstküche sind Initialen und Jahreszahlen eingetieft, die von baulichen Veränderungen stammen. Links ist neben der Jahres-

46. Weiße-Hahnen-Gasse 2 (F 89). Wirtshauszeichen „Zum Weißen Lamm"

zahl 1721 das Monogramm I L zu lesen, das sich auf den Gastwirt Jobst Lehr beziehen dürfte. Im rechten Fenstersturz steht die Jahreszahl 1798 mit den Initialen B C für Benedikt Cramer, der damals den Gasthof betrieb. Johann Eberhard, um 1753 Wirt im „Weißen Lamm", ließ aus Gründen der Werbung und wohl auch als Andenken für die Gäste bei Gottlieb Fridrich in Regensburg eine Ansicht seines Gasthofes in Kupfer stechen und das Blatt in deutscher, französischer, italienischer und englischer Sprache beschriften. Ein Exemplar dieses seltenen Stiches besitzt die Hofbibliothek. Das Haus erscheint hier noch in seiner alten Barockgestalt. Ein später entstandener Stich im Besitz des Museums gibt den Gasthof bereits in seinem heutigen, klassizistischen Fassadendekor wieder.

In der Geschichte Regensburgs spielt das Haus als Herberge Goethes während seiner Reise nach Italien eine wichtige Rolle. Eine Gedenktafel hält die Erinnerung an dieses Ereignis wach. Am Vormittag des 4. September 1786 fuhr der Dichter, von Karlsbad kommend, mit der Postkutsche über die Steinerne Brücke in Regensburg ein. Um unerkannt und ungestört zu bleiben, reiste er unter dem Inkognito eines Kaufmanns Moeller aus Leipzig. Die Wochenzeitschrift „Regensburger Diarium", die u. a. auch die jeweils ankommenden und abreisenden Fremden bekanntmachte, gibt in der Nummer vom 12. September 1786 über das Absteigequartier Goethes folgende Auskunft: „Zur steinernen Brücke herein: Den 4. September per posta, Herr Möller, Passagier von Leipzig, logiert im weißen Lamm...". Der damalige Hotelwirt — es war Johann Georg Eberhard oder dessen Sohn — wußte also nicht, welch berühmten Gast er in seinem Hause beherbergte.

Goethe wird eines der Zimmer mit Blickrichtung zur Donau, auf die Steinerne Brücke und nach Stadtamhof bewohnt haben. Darauf deutet der Eintrag in sein Tagebuch hin, den er wohl am Nachmittag oder am Abend des 4. September niederschrieb: „... Die Donau erinnert mich an den alten Main. Bei Frankfurt haben Fluß und Brücke ein besseres Ansehen, hier aber nimmt sich das gegenüberliegende Stadtamhof recht artig aus...". Schon am frühen Morgen des folgenden Tages reiste Goethe nach München weiter.

In Bozen erinnert sich der Dichter nocheinmal des Regensburger Gasthauses. Beim Anblick des Obstmarktes fällt ihm ein Sprüchlein ein, das er im „Weißen Lamm" gelesen hatte. In einem Brief schreibt er am 11. September von Trient aus: „Bei heiterm Sonnenschein kam ich nach Bozen. Die vielen Kaufmannsgesichter freuten mich beisammen. Ein absichtliches wohlbehagliches Dasein drückt sich recht lebhaft aus. Auf dem Platze saßen Obstweiber mit runden, flachen Körben, über vier Fuß im Durchmesser, worin die Pfirschen nebeneinander lagen, daß sie sich nicht drücken sollten. Ebenso die Birnen. Hier fiel mir ein, was ich in Regensburg am Fenster des Wirtshauses geschrieben sah:

> Comme les pêches et les melons
> Sont pour la bouche d'un baron,
> Ainsi les verges et les bâtons
> Sont pour les fous, dit Salomon.

Daß ein nordischer Baron dies geschrieben, ist offenbar, und daß er in diesen Gegenden seine Begriffe ändern würde, ist auch natürlich."

Dieses Sprüchlein, das ein Gast des „Weißen Lammes" vielleicht mit dem Diamant eines Ringes in die Fensterscheibe ritzte und das Goethe wohl abschrieb, heißt zu deutsch:

   So wie die Pfirsiche und Melonen
   Sind für den Schnabel der Baronen,
   Sind Geißel und Stock der Narren Los,
   Wie's steht in den Sprüchen Salomos.

1790 hatte das „Weiße Lamm" abermals einen prominenten Sohn der Musen als Gast: Wolfgang Amadeus Mozart. Als der Tondichter zur Krönung Kaiser Leopolds II. nach Frankfurt reiste, um dort zu konzertieren, nahm er Aufenthalt in Regensburg. Die genannte Wochenzeitschrift „Regensburger Diarium" schreibt in der Spalte „Zum Ostentor herein" mit Datum vom 25. September 1790: „Per Posta, Herr Mozart, Kön. Ung. Kapellmeister, s. 2. log. im Weißen Lamm". Mozart reiste also in Begleitung eines Dieners und übernachtete im „Weißen Lamm". Drei Tage später, am 28. September 1790, schrieb er von Frankfurt aus einen Brief an sein „liebstes, bestes Herzensweibchen", lobend von Regensburgs Gastlichkeit: „Die Reise war sehr angenehm; wir hatten bis auf einen einzigen Tag schönes Wetter — und dieser einzige Tag verursachte uns keine Unbequemlichkeit, weil mein Wagen (ich möcht' ihm ein Busserl geben), herrlich ist. In Regensburg speisten wir prächtig zu Mittag, hatten eine göttliche Tafelmusik, eine englische Bewirtung und einen herrlichen Moslerwein."

Vier Jahre später, 1794, erhielt das „Weiße Lamm" wiederum Besuch eines bedeutenden Musikers und Komponisten: Joseph Haydn. Wieder ist es das Regensburger Diarium, das uns Nachricht davon übermittelt. Allerdings schlich sich ein Schreibfehler ein; der Komponist wird als „Tit. Herr von Heyde, fürstl. Esterhazyscher Kapellmeister" bezeichnet. (Haydn stand seit 1760 an der Spitze der Kapelle des Fürsten Esterhazy.) Am 22. Januar 1794 kam Haydn, der sich auf der Reise nach London befand, mit dem Postwagen zum Ostentor nach Regensburg herein, übernachtete im „Weißen Lamm" und verließ die Stadt am folgenden Tag über die Steinerne Brücke.

Seit 1959 befindet sich am „Weißen Lamm" eine von Franz Ermer geschaffene Steinätzplatte, die Nachfolgerin einer seit dem letzten Krieg verlorengegangenen Schrifttafel, deren Reim Kunde gibt vom Aufenthalt der drei Musensöhne:

   Ich altes Haus, einst wohlbekannt,
   War stolz zum Weißen Lamm benannt.
   Ich bin auch wirklich zu beneiden,
   Hier wohnten Goethe, Mozart, Haydn.

Dichter des Verses dürfte der Regensburger Lokalhistoriker C. W. Neumann († 1888) gewesen sein.

Hatte bereits 1781 Kaiser Joseph II. unter dem Decknamen eines Grafen von Falkenstein Wohnung im „Weißen Lamm" genommen, so stieg 1792 Kaiser Franz II., der Sohn des verstorbenen Kaisers Leopold II., auf seiner Reise zur Krönung nach Frankfurt offiziell in unserem Gasthof ab. Regensburg rüstete sich zu einem festlichen Empfang. Die Kanonen wurden zum Salutschießen auf die Wälle gebracht und die Stadtgarnison an die Tore beordert. Bürgerliche Kavallerie sollte dem kaiserlichen Troß von der Burgfriedensgrenze an das Geleit geben. Am Mittag des 7. Juli 1792 wurde in Regensburg bekannt, daß Franz II. zum Kaiser gewählt sei. Diese Nachricht erreichte den Monarchen auf dem Wege zwischen Pfatter und Regensburg. Der junge Herrscher aber verbat sich Salutschießen und Glockengeläute ebenso wie die geplante militärische Einholung. Gewisse Ehrenbezeigungen aber konnte er nicht ausschlagen. So stand vor dem „Weißen Lamm" die städtische Grenadierkompanie mit Fahne und klingendem Spiel als Ehrenwache. Das Erbprinzenpaar von Thurn und Taxis, der Bischof, das Domkapitel, der Fürstabt von St. Emmeram, die Äbtissinnen von Ober- und Niedermünster sowie eine Abordnung des Rates machten dem Kaiser im „Weißen Lamm" ihre Aufwartung.

Seit 1818 führte der Gasthof den Namen „Zum Kaiser von Österreich", weil Kaiser Franz I. von Österreich dort Quartier genommen hatte. In diesem Jahr trafen Kaiser Franz und König Maximilian Joseph von Bayern in Regensburg zusammen, um gemeinsam zum Kongreß nach Aachen zu reisen.

1820 wurde der Hotelbetrieb eingestellt und der alte Gasthof schloß zunächst seine Pforten. Die Wirtschaftsgerechtsame, d. h. das Recht, Bier auszuschenken, blieben erhalten. So gab es bald wieder eine Gaststätte „Zum Kaiser von Österreich", später auch wieder ein „Weißes Lamm", jedoch nicht mehr in seinem alten Glanz und seiner ursprünglichen Behausung.

Die Wurstküche, Weiße-Lamm-Gasse 3 (F 92)

Gegenüber dem „Weißen Lamm" lehnt an einem Stück der Stadtmauer, direkt am Donaustrudel, die Historische Wurstküche. Sie verdient dieses Beiwort mit Recht, scheint es doch nicht ausgeschlossen zu sein, daß sie aus der Werkküche für die am Bau der Steinernen Brücke beschäftigten Arbeiter hervorgegangen ist. Der Brückenbau begann 1135. Eine schriftliche Nachricht über die Wurstküche taucht erstmals in der Bauamtschronik des Jahres 1616 in Verbindung mit dem Bau des Sa!zstadels östlich der Brücke auf: „... die Garküchen und andere Hütten abgebrochen und den Salzstadel bis zur Steinernen Brücke von Grund auf erbaut...". Eine Garküche, eine Art Wurstküche, hat es demnach bereits vor 1616 hier gegeben, die nach Aussage der Bauamtschronik unmittelbar an die Steinerne Brücke stieß. An ihrer jetzigen Stelle muß die Wurstküche aber bereits 1626 gestanden sein; denn eine Stadtansicht des H. G. Bahre im Germanischen Museum in Nürnberg bildet sie mit ihrem charakteristischen trapezförmigen Grundriß deutlich ab. Diese Stadtansicht — Feder mit Tusche laviert — beinhaltet die älteste Abbildung der Wurstküche. Auf einer vier Jahre jüngeren Replik dieser Ansicht von 1630 im Regensburger Museum (Stadtansichten Nr. 10) ist sie gleichfalls wiedergegeben. 1651 wurde sie neu gebaut.

Seit mehr als hundert Jahren zählt die Wurstküche zu den Sehenswürdigkeiten Regensburgs und bildet einen besonderen Anziehungspunkt für Fremde und Einheimische. Seit 1820 ist sie im Besitz der Familie Schricker. Die appetitlichen Schweinswürstchen werden auf einem Rost gebraten, der Rauch zieht durch den offenen Kamin ab. Der Innenraum der niedrigen, ebenerdigen Hütte ist mit altem Zinn- und Kupfergeschirr gemütvoll ausgestattet. Lobgedichte auf die Bratwurst und Erinnerungsbilder an Vereine und Gesellschaften, die nach durchzechter Nacht hier die verdorbenen Mägen mit Kraut und Würsten wieder einrenkten, zieren die Wände. Mehrere Wasserstandsmarken künden von den Hochwasserkatastrophen, deren die Wurstküche im Laufe ihrer Geschichte nicht wenige erlebte.

Es ist ein Bild von überraschender Schönheit, das sich dem Betrachter hier am Donauufer bietet: Vor ihm die flache Wurstküche mit dem qualmenden, vom Fettrauch geschwärzten Kamin, dahinter die helle, erkergeschmückte Fassade des „Weißen Lamm", die in wirkungsvollem Gegensatz steht zu den tiefen Schatten der einmündenden Weißen-Hahnen-Gasse. Die malerische Gruppe wird überragt vom Nordturm des Domes.

Der verewigte, um die Geschichte Regensburgs hochverdiente fürstliche Oberarchivrat Dr. Rudolf Freytag hat anläßlich des Archiv- und Historikertages in Regensburg 1925 ein humorvolles Gedicht verfaßt, in dem er die Vorzüge Regensburgs preist und in dem er auch der Wurstküche mit folgenden Versen gedenkt:

> I hoff', ihr seid's mir net verhungert,
> Ma kriagt hier a scho was zum essen,
> Doch rat ich euch, tut's mir die Wurstkuch'
> Drunt an der Donau net vergessen!
>
> Die Bratwürst san zwar kloa und winzig
> Doch guat, da gibt's koa Frag' und Red'.
> Wer kennt vo euch wo glei an Metzger,
> Der solche Würstl z'samm'bracht hätt'.
>
> Denkt's nur, es ist zwar her langmächti,
> Da is a recht groß' Wasser kumma,
> Da san dö Würstl aus der Kuchl
> Zum Schlüsselloch glei außi g'schwumma.

WEISSE-HAHNEN-GASSE

Der Name dieser steil zur Donau abfallenden Gasse geht auf den einstigen Gasthof „Zum Weißen Hahn" zurück, der sich im Eckhaus, Unter den Schwibbögen 1 (F 93) befand. Ältere Belege nennen die Gasse „Püttnergasse" (1493); 1542 erscheint sie als Kuffergasse. Später treten die Bezeichnungen Küffer- und Kuffnergasse auf. Hier wohnten also die Küfer, die Böttcher, die Hersteller von Fässern und Bottichen. In einem Beleg aus der Zeit um 1700 heißt es: „Die Kuffnergasse ist beim weißen Hahn herunter".

47. Älteste Darstellung der Wurstküche. Ausschnitt aus der Stadtansicht von H. G. Bahre, 1630 (Stadtansichten Nr. 10)

Die ehemalige Salvatorkapelle, später Gasthaus „Zum Weißen Hahn"
Unter den Schwibbögen 1 (F 93)

Das Haus an der Ecke der Straße Unter den Schwibbögen und der Weißen-Hahnen-Gasse birgt einen der schönsten Innenräume Regensburgs, die ehemalige Salvatorkapelle. Ihre Gründung geht auf einen Hostienfrevel im Jahre 1476 zurück. Einem dreizehnjährigen Burschen war es damals gelungen, während der Osterzeit ein silbernes Ziborium mit Hostien aus der Pfarrkirche St. Rupert zu entwenden. Auf der Flucht warf er die Hostien kurzerhand in das offenstehende Kellerfenster des Widmann'schen Hauses in der Kuffnergasse (s. d.), der späteren Weißen-Hahnen-Gasse. Der Frevel wurde alsbald entdeckt. Bischof Heinrich von Absberg (1465—1492) erhob die verstreut liegenden Hostien und geleitete sie unter Teilnahme des Klerus und der Bevölkerung in feierlicher Prozession in den Dom.

Schließlich gelang es, den jungen Missetäter zu ergreifen. „Derselbe setzte das silberne Gefäß auf ein Spiel, verlor es, und wurde auf diese Weise bald entdeckt" (Gumpelzhaimer). Seine Jugend rettete ihn vor dem Galgen. Zur Buße aber ließ ihn der Rat tüchtig auspeitschen.

Um dieses Sakrileg zu sühnen, beschlossen die Bürger der Stadt, allen voran der Hauseigentümer Sigmund Widmann, über der Stätte des Hostienfrevels eine Salvator-Sühnekapelle zu errichten. Die Gelder der opferfreudigen Regensburger flossen so reichlich, daß noch im November des selben Jahres die Kapelle vollendet und geweiht werden konnte. Sie besaß drei Altäre; zwei Priester wurden bestellt, die in der nahe der Donau gelegenen Kapelle mit den Schiffsreisenden das Meßopfer feierten. Der Volksmund nannte die Kapelle zuerst „das neue Stift in der Roßtränk".

Der Übertritt der Reichsstadt zur Lehre Luthers brachte die Profanierung der Salvatorkapelle. Der Rat verkaufte sie 1542 an den Bürger Sebastian Schilt, der sie zu einer Gaststätte umgestaltete. Bereits 1555 wird er als Wirt „Zum Weißen Hahnen" genannt. Die Gaststätte konnte sich bis in unser Jahrhundert behaupten.

Mit der spätgotischen Salvatorkapelle schuf der unbekannte Baumeister einen eindrucksvollen, durch zwei Stockwerke reichenden Raum. Eine kräftig profilierte, auf einem runden Mittelpfeiler und zwei halbrunden Wandpfeilern ruhende Gurte teilt den Raum in zwei Schiffe, von denen jedes mit zwei Sterngewölben überspannt wird. Die Kehlrippen entwachsen der Mittelstütze ohne Vermittlung; an der Ost- und Westwand werden sie von profilierten Konsolen aufgenommen. Die heute leeren Schilde der Schlußsteine waren einst mit Wappen bzw. einer Hausmarke bemalt. Der Klassizismus des späten 18. Jahrhunderts überzog die Hausfronten mit festlichem Fassadendekor.

48. Ehemalige Salvatorkapelle, später Gasthaus „Zum Weißen Hahn", Unter den Schwibbögen 1 (F 93). Zeichnung von Georg Lösti

Das Germanische Museum, Nürnberg, besitzt ein Tafelbild aus der Salvatorkapelle, das wohl gleichzeitig mit deren Erbauung, 1476, entstand. Es zeigt den Dieb, der soeben die Hostien in das Kellerfenster schüttet. Engel schweben über dem Ort des Frevels.

Der vielfach genannte Maler Melchior Bocksberger, der u. a. auch den großen Goliath malte, saß gerne im „Weißen Hahn" unter den hohen Gewölben der ehemaligen Salvatorkapelle bei einem kühlen Schoppen. Da er sich dieser Erholung nicht nur nach Feierabend, sondern auch während der Arbeitszeit hinzugeben pflegte, knüpfte er seine Stiefel — so berichtet die Anekdote — an das Gerüst und ließ sie herabbaumeln. Die vorübergehenden Ratsherren und Bürger glaubten dann, der fleißige Maler sitze hinter seinen schützenden Verspannungen bei der Arbeit.

BRÜCKSTRASSE

Dem Betrachter, der vom stadtseitigen Brückenkopf aus in die vor ihm aufsteigende Brückstraße blickt, bietet sich ein Bild von einmaliger Eindringlichkeit. Die betonte Krümmung des kurzen Straßenzuges, das Ausspringen der Hausfronten und die vorkragenden Überhänge der Obergeschosse lösen die Statik dieser Straße und scheinen ihr drehende Bewegung zu verleihen. Der steile Anstieg zum Goliath hinauf läßt die vielgeschossigen Häuser noch höher und die schmale Gasse noch schluchtartiger wirken. Hören wir, wie Berthold Riehl, der große bayerische Kunsthistoriker, das Bild unserer Straße um 1890 sieht: „Die Brückengasse zeigt noch den ganzen malerischen Reiz mittelalterlicher, echt deutscher Straßen; nicht in einer einförmigen, geraden Linie, sondern in leichter Biegung steigt sie etwas bergan gegen das Haus zum Goliath, ... das einen prächtigen Hintergrund des kleinen Straßenprojektes bildet, der, wenn die Gasse, wie dies an Markttagen häufig der Fall, buntbelebt ist, zu den reizvollsten und charakteristischsten Stadteingängen Deutschlands gehört."

In platea pontis Rat. — in der Brückstraße zu Regensburg — so wird unsere Straße 1255 erwähnt. „pruckstrazz" schreibt eine Quelle des Jahres 1256. Nun tritt aber seit der Mitte des 16. Jahrhunderts daneben auch der Name „Schustergasse" auf und scheint in der Folgezeit die Bezeichnung „Brückstraße" fast zu verdrängen. „Bruck- vulgo Schustergasse" heißt es 1784. Bis 1885 führen die Regensburger Adreßbücher den Doppelnamen auf: Brückstraße oder Schustergasse. Mittelalterlicher Gewohnheit entsprechend siedelten Angehörige des gleichen Handwerks in einer Straße. In unserer Straße wohnten demnach die Schuhmacher oder hatten dort ihre Werkstätten und Verkaufsläden, zumindest ein Großteil von ihnen, und wie es scheint, die angesehensten; denn von den 1319 erwähnten vier Meistern wohnten drei in der Brückstraße. Schuhmacher bewohnten neben Gerbern und Sattlern auch die Häuser der Bachgassen (s. d.).

Die Brückstraße erstreckt sich heute bis unmittelbar zum Beginn der Steinernen Brücke. Ehedem aber hieß das kleine Gebiet vom Ausgang der Brückstraße bis zum Brückturm einschließlich der beiden Salzstädel, kurz gesagt, das Terrain des stadtseitigen Brückenkopfes „An der Steinernen Brücke". Den gleichen Namen führte auch der Stadtamhofer Brückenkopf mit dem Katharinenspital, das ja nie zum bairischen Stadtamhof, sondern stets zur Reichstadt gehörte. Die verhältnismäßig breite, stadtseitige Zufahrt zur Brücke gibt es erst seit 1902. Sie entstand im Zuge der Verlegung der Sraßenbahn nach Stadtamhof. Bis dahin — 600 Jahre lang — mußte sich der gesamte Verkehr über die Donau, Wagen und Fußgänger, durch die schmale Öffnung des Brücktores zwängen. Stadtbaurat Adolf Schmetzer löste das Problem, indem er drei an den westlichen Salzstadel (Brückstraße Nr. 2 (F 73)) gebaute Häuser (F 74, 75a, 75b) abbrechen ließ und das erste Joch der Steinernen Brücke verbreiterte. Dadurch gewann er eine Brückenzufahrt neben dem Turm, die er durch einen Schwibbogen überspannte. Das Tor des Brückturmes dient seit dieser Zeit nur noch dem Fußgängerverkehr. Unter den abgebrochenen Häusern befand sich an der Ecke zur Goldenen-Bären-Straße der Bruckkeller der Familie Weigel, zu dessen Gastraum man über viele Treppen hinabsteigen mußte. Obgleich die Gaststätte nicht ganz gesellschaftsfähig, vielleicht sogar etwas verrufen war, kehrte Herzog Max von Württemberg doch gerne dort ein. Ein Modell im Museum veranschaulicht die bauliche Situation am Brückenkopf vor den Einbrüchen des Jahres 1902, ebenso ein Aquarell von Johann Graf vom Ende des 19. Jahrhunderts in der graphischen Sammlung des Museums.

Das Haus Brückstraße 4 (F 70),
ehemals Gasthaus „Zum Wilden Mann"

befindet sich seit 1880 im Besitz der Zinngießerfamilie Wiedamann. Groß waren die Eingriffe in seinen Baubestand. Deshalb läßt es heute, zumindest nicht mehr auf den ersten Blick, erkennen, daß es zum Typus des Regensburger Patrizierhauses gehört. Der frühgotische Turm erhebt sich mit fünf Geschossen. An der Front zur Brückstraße im 3. Obergeschoß eine gekoppelte, rundbogige Blendarkade. Zwei weitere Doppelarkaden an der Nordseite, um 1230. An den Turm schließt nach Süden ein spätgotischer Anbau. Auch im Innern birgt das Haus erhaltenswerte Bauteile, gotische Holzdecken, barocke Treppen und Türen. Auswärtige Klöster verfügten in Regensburg, der Stadt des Bischofs und zahlreicher Reichsversammlungen, über eigene Häuser und Absteigquartiere. Als Herberge des Klosters Kastl bei Amberg wird 1245 ein Haus in der Brückstraße erwähnt. Mit großer Wahrscheinlichkeit wird es sich dabei um das jetzige Wiedamannhaus handeln. Diese Identität vorausgesetzt, wären die Benediktinermönche von Kastl die frühesten Besitzer des Hauses. Seit dem 16. Jahrhundert beherbergte es eine Gastwirtschaft. Dazu bot sich hier eine günstige Lage, spielte sich doch in unmittelbarer Nähe der Donau und der Steinernen Brücke ein Großteil des Handels- und Verkehrslebens ab. 1667 erscheint die Wirtschaft unter dem Namen „Zum Wilden Mann". Zählte sie auch nicht zu den führenden Häusern, so scheint sie doch ein gutgeführtes und gerne besuchtes Wirtshaus gewesen zu sein. 1808 betrieb es der Buchbinder und Gastwirt Johann Felix Erich, in dessen Familie es sich noch in der Mitte des Jahrhunderts findet. Dann aber teilte der „Wilde Mann" das Schicksal einer ganzen Reihe von Gasthöfen in dieser Gegend. Der Bau der Eisenbahn zog den Verkehr vom Donauufer ab. Der „Wilde Mann" behauptete sich noch einige Jahre lang, schloß aber 1879 seine Pforten.

Die Steinerne Brücke

Das ganze Mittelalter hindurch galt die Steinerne Brücke als ein Wunder der Baukunst. Neben dem Dom ist sie das bedeutendste Wahrzeichen der Stadt. Elf Jahre lang, von 1135 bis 1146, soll an ihr gebaut worden sein. Eine unmittelbare Baunachricht besteht zwar nicht, doch nennt eine Urkunde des Klosters St. Magn in Stadtamhof das Jahr 1138 als das dritte Baujahr der Brücke. Hans Sachs preist sie in einem Lobgedicht:

> Als man zehlet 1135 Jar
> ward darüber baut ein stark Brucken,
> Elf ganzer Jahr mit Quaderstucken,
> Mit vierzehn Schwiebbogen und 14 Joch,
> Mitten darauf einen Thurn hoch,
> Dadurch die Donau schnell hinschießt,
> Auf Österreich und Ungarn fließt.

Der ausgedehnte Handel der Regensburger Großkaufleute, der im 12. Jahrhundert in höchster Blüte stand, hatte das Bedürfnis nach einem festen Stromübergang immer dringender gemacht. Im Jahr 1135, das der Überlieferung nach eine außergewöhnliche Trockenheit brachte, gingen Rat und Bürgerschaft von Regensburg mit Unterstützung des Baiernherzogs Heinrich X., des Stolzen, daran, die Stromufer durch eine starke Brücke zu verbinden. 1146 konnte das für seine Zeit gewaltige Bauwerk dem Verkehr geöffnet werden. Bereits 1182, in einer Urkunde Kaiser Barbarossas, wird ein Brückenmeister genannt. Dieser übte die Oberaufsicht über die Zöllner aus sowie über die bauliche Instandhaltung der Brücke. Das Amt des Brückenmeisters führte ein eigenes, großes Siegel. Das Bayerische Hauptstaatsarchiv München verwahrt einen solchen Siegelabdruck aus der Zeit um 1300, der in seinem Bild die älteste Darstellung der Steinernen Brücke überliefert. Das Siegelbild zeigt, heraldisch vereinfacht, die Brücke bereits im Schmuck der drei Türme. Die Umschrift lautet: S. GLORIOSI PONTIS RATISPONE. In nahezu gleicher Wiedergabe wie auf dem Siegelbild erscheint die Brücke auf einem der vielgenannten Wahrzeichen, dem „Stadt- und Brückenwappen" (s. d.) an der Westseite des 3. Bogens, nahe dem St.-Katharinen-Spital. Welche überregionale verkehrstechnische Bedeutung die Steinerne Brücke einst besaß läßt sich daraus ermessen, daß sie während des ganzen Mittelalters den einzigen festen Donauübergang zwischen Ulm und Wien bildete.

Die Brücke überspannt mit ursprünglich 16 in der Tonne überwölbten Bogen den Strom. Der 16. stadtseitige Bogen wurde wohl schon zu Beginn der geschichtlichen Neuzeit eingefüllt (s. Wiedfang). Der Brückturm steht auf dem 15. Pfeiler. Die Gesamtlänge der Brücke beträgt ca. 310 m. Von den Ufern zur Mitte steigt sie merklich an, wo sie eine Höhe von mehr als 11 m über der Pfeilerinsel erreicht. Ihre Achse biegt in der nördlichen Hälfte leicht nach Osten aus. Die Pfeiler und ihre keilförmigen Stirnvorlagen ruhen auf eichenen Schwellrosten auf dem Grund des Stromes. Inselartige Vorlagen umgeben die Pfeiler zum Schutz vor Unterspülung. Die Verkleidung der Brücke besteht aus Quadern von Kalk- und Grünsandstein. Der Stau, den Pfeiler und Inseln verursachen, führt zu gewaltigen Wasserwirbeln unterhalb der Brücke, dem bekannten Regensburger Donaustrudel.

Als strategisch wichtiger Donauübergang erfuhr die Brücke wohl bald nach ihrer Vollendung eine Befestigung, bestehend aus drei Türmen, von denen nur noch der stadtseitige Brückturm oder Schuldturm (s. d.) erhalten blieb.

Den Zugang zur Brücke von Stadtamhof aus sicherte der „Schwarze Turm". Seine dunklen Quadermassen trugen ihm diesen Namen ein. Ein römischer Grabstein in seinem Mauerverband ließ die Sage entstehen, römische Legionssoldaten hätten den Turm erbaut. Hoch oben an seiner Südwand trug er die Statue des hl. Oswald (s. d.). Ein riesiger schwarzer Reichsadler im gelben Feld blickte von der Nordseite des Turmes nach dem bairischen Stadtamhof hinüber. Städtekrieg und Hussitengefahr ließen vor dem Turm einen befestigten Brückenkopf entstehen: ein Mauergeviert mit Wehrgang und Schießscharten, davor ein tiefer Graben. Zwei Rundtürme befestigten die Wehranlage. Über den Graben führte eine Fallbrücke, die beim Aufziehen mit großer Gewalt in die Höhe schnellte. Von ihr erhielt die Wehranlage den Namen „Schneller". „1611 hat der Pfleger von Stadtamhof gleich 3 neue Schneller (Fallbrücken) gegen die Stadt errichtet: einen neben dem äußeren Tor der Steinernen Brücke, den anderen vor dem äußersten Spitaltor und den 3. bei seinem Pfleghaus" (Chronik von Donauer). Bairische und reichsstädtische Wachsoldaten kontrollierten an den Schlagbäumen die Reisenden. In den verhängnisvollen Apriltagen des Jahres 1809 wurden Turm und Brückenkopf von den Franzosen und Österreichern hart umkämpft. Sprengungen und Geschützfeuer brachten der Anlage so große Schäden bei, daß sie 1810 samt dem Schwarzen Turm beseitigt werden mußte. Anstelle der geschleiften Brückenbefestigung entstanden 1825 die gemütvollen, biedermeierlichen Ladengeschäfte am Stadtamhofer Brückenkopf. Dieses stets zu Regensburg (und nicht zum bairischen Stadtamhof) gehörende Gebiet samt dem Katharinenspital hieß gleich dem Regensburger Brückenkopf „An der Steinernen Brücke" (s. d.). Seit 1906 gibt es dafür im Hinblick auf die Ladengeschäfte den Namen „Am Brückenbasar". Das Verbindungsstück zum Katharinenspital heißt „Am Brückenfuß".

Auf dem 4. Pfeiler (von Norden gezählt) erhob sich der Mittelturm. Er sollte die Brücke gegen Angriffe von den Wöhrden aus sichern. Der Stadteinwärtswandernde erblickte an seiner Nordfront die Sitzfigur König Philipps von Schwaben (s. d.) und seiner Gemahlin Irene von Griechenland (s. d.). 1612 ließ die Stadt eine Wohnung für den Wächter in den Turm bauen. Während des Dreißigjährigen Krieges brannte er aus. Der Eisstoß des Jahres 1784 erschütterte ihn so sehr, daß er abgetragen werden mußte. (Über den stadtseitigen Brück- oder Schuldturm s. bei „Stadtbefestigung".)

1633 ließ der bairische Kommandant von Regensburg als Verteidigungsvorkehrung beim Herannahen der Schweden das dritte Brückenjoch (von Süden gezählt) mit Pulver sprengen. Die aufgerissene Stelle überbrückte mehr als 150 Jahre lang eine hölzerne Fallbrücke mit galgenförmiger Aufziehvorrichtung. Erst 1791 ging man daran, das fehlende Brückenjoch wieder zu ergänzen. Der Rat rief die Bürger zu freiwilligen Spenden dazu auf, in den Kirchen wurde gesammelt.

Neben Verteidigungs- und Sicherheitseinrichtungen gehörte auch eine Reihe von Zweck- und Zierbauten zum Bild der Steinernen Brücke. In einer kapellenförmigen Nische an der Ostseite befand sich ein Kruzifix, flankiert von den Skulpturen der Gottesmutter und des Jüngers Johannes, das als besonderes Merkmal das Steinbild eines Pelikans trug. Der evangelische Rat beschloß 1694, das baufällige Kreuz abzutragen. Um Verärgerung der Geistlichkeit und des katholischen Bevölkerungsteiles zu vermeiden, verfügte er, daß es „in aller Stille" weggeschafft werden solle. Wiederholte Vorstellungen um Herausgabe des zerbrochenen Kreuzes lehnte der Rat ab. Das Nordende der Brücke zierte ein großes Bild mit der Legende der hl. Katharina als Hinweis auf das St.-Katharinen-Spital. Auf den Pfeilerinseln siedelten sich Mühlen an, um die Wasserkraft des Staues zu nützen.

K. S. Hosang gibt in seinen Kleingeschichten eine anschauliche Schilderung der Verkehrsverhältnisse, wie sie noch um 1820 auf der Steinernen Brücke herrschten. Durch das Gefälle der Brückenbahn kam es nicht selten vor, daß die Knechte die Herrschaft über ihre Fuhrwerke verloren, die Wagen mit großer Geschwindigkeit durch das Brücktor fuhren und mit der Deichsel die Fenster der gegenüberliegenden Häuser einstießen. Die zerbrochenen Fahrzeuge und gestürzten Pferde sperrten dann die Durchfahrt. „Da war der Torschreiber gehindert, die Namen der Postreisenden in sein Tagebuch aufzunehmen; hier konnte der Pflasterzolleinnehmer seine Kreuzer, mit denen er die Pacht zahlte, nicht gehörig einfordern und dort schimpfte die verwittibte Brückenzolleinnehmerin, weil sie ebenfalls mit ihrem Zoll zu kurz kam". Besonders an den Markttagen gab es auf der Brücke wegen der zahlreichen Wagen ein starkes Gedränge.

Die Steinerne Brücke ist im Laufe der Zeit immer ärmer geworden an all den Dingen, die einst zu ihr gehörten. Es fielen die Türme und die Wachthäuschen, es verschwanden die Mühlen, und von den vielen Wahrzeichen (s. d.) ist nur ein Teil auf uns gekommen.

Ältere Gesamtansichten der Steinernen Brücke sind gemäß ihrer Bedeutung zahlreich. Die älteste bisher bekannte Gesamtdarstellung, eine getuschte Federzeichnung, findet sich im Stromer'schen Baumeisterbuch im Germanischen Museum Nürnberg. Sie zeigt die Brücke aus der Vogelschau von Westen, das Beschlächt, den Unteren Wöhrd sowie Teile der Donaufronten von Regensburg und Stadtamhof. Das Blatt ist datiert 1591, trägt die Signatur WS und die Zuschrift „Pontis effigies Ratisponae". — Diese Darstellung, die wohl ihrerseits wieder auf eine verschollene ältere Wiedergabe zurückgreift, bildete die Vorlage für den immer wieder reproduzierten Kupferstich M. Merians „Schö-

49. Nordturm der Steinernen Brücke und „schöne Pforte" nach der Beschießung 1809. Sepiazeichnung von G. C. Wilder, 1809. Museum

50. *Steinerne Brücke. Kupferstich aus M. Merian: „Topographia Bavariae", 1644*

ner Prospect der Steinern Brücken zu Regenspurg" aus dessen „Topographia Bavariae", 1644. — Zu den topographisch wertvollsten Ansichten zählt eine Westansicht, eine getuschte Federzeichnung von H. G. Bahre, frühes 17. Jahrhundert. Germanisches Museum, Nürnberg. — Einen Kupferstich mit Westansicht der Brücke bringt das „Mausoleum", 1729. — Eine sehr detaillierte Westansicht lieferte der Kupferstecher Joh. Georg Kraer, um 1770. — Westansicht (und Detailansichten von Westen), Radierungen, stammen von Gg. Jos. Hönig († 1816). — Modell der Brücke, angefertigt von dem Schleifermeister Joh. Götz, 1724. Museum.

Mit der Steinernen Brücke verbindet sich eine weit über die Grenzen unserer Stadt hinaus bekannte Regensburger Sage, die hier im Auszug (nach Sittler) wiedergegeben sei:

„Von dieser Brücke berichtet die Volkssage, daß der Erbauer derselben mit dem Baumeister des Domes eine Wette eingegangen habe. Diese bestand darin, daß derjenige, der seinen Bau zuerst vollende, dem Überwundenen eine Leibesstrafe auferlegen dürfe.

Rasch wuchs der Dombau aus dem Grunde. Mit stiller Bekümmernis bemerkte dies der Brückenbaumeister. Immer war er unter seinen Leuten und trieb sie zur Arbeit an. Trotzdem blieb der Bau der Brücke hinter dem des Domes weit zurück.

In seiner Not ging nun der Brückenbaumeister einen Bund mit dem Teufel ein. Dieser versprach ihm Beistand und Hilfe. Der Brückenbaumeister verschrieb ihm dagegen die ersten drei Seelen, die über die Brücke gehen würden.

Von dieser Stunde an ging der Bau der Brücke rasch vonstatten. Es war, als ob die Steine sich von selbst zusammenfügten und die Brücke sich durch eigene Kraft vergrößere. Der Dombaumeister geriet in Sorge. Täglich stand er auf dem Vorsprunge seines Baues und blickte schweren Herzens zur Brücke hinüber. Da erdröhnten eines Tages drei weithin schallende Hammerschläge; sie hatten die Einfügung des Schlußsteines in die Brücke verkündet. Der Dombaumeister hatte also die Wette verloren und stürzte sich in seiner Verzweiflung vom Dome herab.

Von allen Seiten wurde der Brückenbaumeister beglückwünscht. Derselbe konnte sich aber nicht zu rechter Freude erheben. Mit Schrecken dachte er an den Augenblick, da sich der Teufel seine Opfer holen werde. Da riet ihm ein alter Kapuziner, drei Tiere auf die Brücke zu bringen. Der Brückenbaumeister holte zwei Hähne und einen Hund und jagte sie hinüber. Der Teufel, der sich durch diese List um seine Opfer betrogen sah, ergriff eines der Tiere und schlug mit ihm ein Loch durch die Brücke. Dieses Loch soll lange Zeit als Wahrzeichen der Tat gezeigt worden sein."

Eine weitere, gleichfalls mit der Brücke in Verbindung stehende Sage, ist dem Volksbewußtsein völlig entschwunden. F. X. v. Schönwerth hat sie in seiner Sammlung oberpfälzer Sagen vor dem Vergessen bewahrt (Schönwerth-Winkler: Oberpfälzische Sagen. Kallmünz 1962).

„Es war ein Bauer nicht weit von Tirschenreuth weg. Es träumte ihm einmal, er soll auf die Regensburger Brücke gehen und da sein Glück finden. Es träumte ihm zwei- und dreimal. Endlich stand er auf und ging auf die Regensburger Brücke und suchte drei Tage. Ein Soldat der Wache ging hin und sagte: «Was machst du denn da, daß du immer suchst?» Er erzählte ihm den Traum. «O» sagte der Mann, «mir hat einmal geträumt, ich soll zu dem Bauern gehen, — und er nannte dem Bauern seinen Namen! — da soll ich hingehen und unter dem Birnbaum graben. Da würde ich einen Topf voll Geld finden. Ich bin nicht gegangen.» «Holla», denkt der Bauer und ging schnell nach Hause und grub und fand zu seiner größten Freude einen Topf voll Geld. Nun hat er sein Glück doch gemacht auf der Regensburger Brücke."

Die Salzstädel, Weiße-Lamm-Gasse 1 (F 76) und Brückstraße 2 (F 73)

Salz, das lebensnotwendige Gewürz, war schon den Völkern der Antike kostbar. Salz zu verschütten galt als Frevel; noch heute deutet der Volksglaube ausgeschüttetes Salz als Vorzeichen für Ärger und Verdruß. Durch die Kirche erhielt das Salz auch kultische Verwendung.

Zu allen Zeiten war das Salz eines der begehrtesten Handelsgüter. Regensburgs Handel mit diesem unentbehrlichen Gewürz reicht bis in römische Zeit zurück. Durch all die Jahrhunderte bis zur Erfindung des Dampfschiffes und der Eisenbahn gelangte das Salz aus den Salinen Reichenhall und Berchtesgaden auf dem Inn bis Passau und wurde von dort mit den Salzzügen, vor die oft mehr als 50 Pferde gespannt waren, donauaufwärts bis Regensburg getreidelt. Geringere Salzmengen kamen auf dem Landweg durch die Salzsäumer nach Regensburg.

Die riesigen Salzstädel, die heute noch das donauseitige Stadtbild Regensburgs beherrschen, zeugen vom regen Salzhandel vergangener Zeiten. Der größte der alten Städel steht unmittelbar östlich der Steinernen Brücke (Weiße-Lamm-Gasse 1 (F 76)). In nächster Nähe befand sich der Kran zum Entladen der Schiffe, weshalb der Speicher als „Kräncherstadel" bezeichnet wurde. Wenn man seine gewaltige, auf architektonischen Schmuck verzichtende Giebelfront mit den unregelmäßig übereinanderstehenden Fenstern und die gewaltige Dachfläche betrachtet, kann man ermessen, welche Salzmengen einst auf seinen Böden lagerten. 1616 wurde mit seinem Bau begonnen, nachdem die Stadt zwei Jahre zuvor den seit 21 Jahren an Baiern abgetretenen Salzhandel wieder zurückerworben hatte. Der Bau des gewaltigen Salzmagazins zog sich bis 1620 hin und kostete mehr als 10 000 Gulden.

Westlich davon, nur durch die Brückenzufahrt getrennt, steht der sogenannte Amberger Stadel (Brückstraße 2 (F 73)). Darin lagerte das für Amberg und die nördliche Oberpfalz bestimmte Salz. Drei Tage dauerte es, bis Pferde die Salzzillen naab- und vilsaufwärts bis Amberg gezogen hatten. Stauwerke für Hämmer und Mühlen mußten dabei überwunden werden. 1487 wurde der Amberger Stadel von Herzog Albrecht IV. von Baiern erbaut und 1551 von der Stadt wiederhergestellt. Letztere Jahreszahl findet sich in einem rautenförmigen Stein an seiner Südseite (s. hebräische Inschrift am Salzstadel).

Ein Salzstadel stand auch an der Stelle des Hauses Goldene-Bären-Straße 8 (F 60), der wegen der nahegelegenen St.-Georgs-Kapelle Am Wiedfang der „Georgenstadel" hieß. Eine Abbildung dieses alten Salzmagazins verwahrt das Museum. Ein an den Walderbacher Hof (s. d.) stoßendes Bräuhaus wurde 1535 zu einem Salzstadel umgebaut (heute St.-Georgen-Platz 7 (F 149)).

Regensburg lag wegen des Salzhandels in fortwährendem Streit mit Baiern, das im benachbarten Stadtamhof das jetzt als Baustadel dienende Salzmagazin (Andreasstraße 28; alt Nr. 78) erbaute. Die Salzgasse in Stadtamhof erinnert noch daran. Baiern wollte mit allen Mitteln das Salzhandels- und Zollrecht der Reichsstadt umgehen und versuchte sogar, die von Passau kommenden und für weiter donauaufwärts gelegenen Orte bestimmten Salzschiffe mit Gewalt unter der Steinernen Brücke durchzuziehen, um die Zollgebühren in Regensburg nicht bezahlen zu müssen. Daraufhin bestellten die Regensburger einen kräftigen Schiffsmann namens Hanns Heygl, der mit einem frisch geschliffenen Beil unter der Brücke stand und den bairischen Salzschiffen die Zugseile durchschlug. Die Schiffe wurden dadurch von der Strömung unter großer Gefahr bis zum Gries abgetrieben. Dort mußten die Knechte das Salz zunächst im Stadtamhofer Stadel lagern. Um das reichsstädtische Hoheitsgebiet zu umgehen, transportierten sie es sodann unter großen Mühen auf dem Landweg nach Winzer, wo es erst wieder in die Schiffe geladen werden konnte. „Der Schiffsmeister Heygl aber durfte sich lange nicht im bairischen Stadtamhof sehen lassen."

AM WIEDFANG

Die geschlossene Häusergruppe nördlich der Goldenen-Bären-Straße wird an der Ost-, Nord- und Westseite von einem gewinkelten Straßenzug umgeben, der den Namen „Am Wiedfang" führt. Der Stadtplan von 1808 schreibt dafür „an der Salzohm", der Katasterplan 1865 „An der Salzohm oder Windfang". „Ohm", mittelhochdeutsch Ôme, Âme, heißt Maß, Eichmaß. Am Wiedfang erfolgte also das Wiegen und Eichen der Salzfässer vor dem Lagern in den Salzstädeln (s. d.). „Die Ohm" hieß auch der nicht mehr bestehende Rundturm in der donauseitigen Stadtmauer, der 1610 neben dem Amberger Salzstadel (s. d.) neu gebaut wurde. Bahres Stadtansicht von 1630 und Merians Stich der Steinernen Brücke von 1644 bilden ihn deutlich ab. Das jetzt noch bestehende Mauertor daneben, das vom Wiedfang zur Donau hinausführt, hieß „Ohmtürlein". „Das Ahm-Thörl, so von deme gleich dabey stehenden Ahm-Thurn (darin vormals die Vässer abgeaicht und abgeahmt worden) den Namen hat" schreibt das Mausoleum 1729.

Der Name „Ohm" übertrug sich schließlich auch auf die Maschine, die am Wiedfang die Schiffe stromaufwärts durch die Steinerne Brücke zog, und die man „Ohmwerk" nannte. Besagter Rundturm diente neben der Verteidigung auch zur Aufbewahrung des Zugwerkes, der Seile und Winden.

In „Wiedfang", in den Quellen auch als Witfend, Witevend und Witfand wiedergegeben, steckt das mittelhochdeutsche wit oder wite, das gefälltes, zu Scheiten zugerichtetes Holz bezeichnet, vor allem Brennholz. Fand und fend kommt die Bedeutung von ernten, finden, zu. Wiedfang ist also der Ort, an dem Scheitholz zu finden ist, der Holzlagerplatz. Als man die Bedeutung des Wortes nicht mehr verstand, formte es der Volksmund um zu „Windfang".

Hier Am Wiedfang befand sich der mittelalterliche Hafen Regensburgs. Die Stadtansicht des Michael Wolgemut von 1493 (Stadtansichten Nr. 2), die das Stadtbild von Norden zeigt, läßt in der Wehrmauer längs der Donau beim Wiedfang eine deutliche Unterbrechung und eine durch Wellenlinien angedeutete Einmündung eines Wasserlaufes erkennen. Es ist dies jene Stelle, an der das Haus Am Wiedfang 1 (F 50), das einstige Gasthaus „Zum Schwarzen Elefanten" (s. d.) steht. Während alle übrigen Gebäudebegrenzungen parallel bzw. senkrecht zum Flußlauf gerichtet sind, weist der Schmalflügel dieses Hauses an der Donauseite eine in Flußrichtung verlaufende Abschrägung auf. Diese Abschrägung geben die Katasterpläne wieder, auch aus der Anschauung der Wirklichkeit kann sie eindeutig festgestellt werden. Hier trat von der Donau abzweigend ein Schiffskanal in die Stadt ein und gleich anschließend am heutigen Wiedfang darf eine hafenartige Erweiterung zum Anlegen der Schiffe angenommen werden. Der Kanal verlief dann nördlich der romanischen St.-Georgs-Kapelle (Goldene-Bären-Straße 7 (F 56)) zur Steinernen Brücke, die den Wasserlauf mit ihrem 16. Joch überspannte. Der stadtseitige Brückturm steht nämlich nicht, wie man zu vermuten möchte, am Kopfende der Brücke, sondern auf ihrem 15. Pfeiler (s. Steinerne Brücke). Wer also im 13. oder 14. Jahrhundert über die Brücke der Stadt zustrebte, durchschritt zunächst das Brücktor, anschließend überquerte er auf dem 16. Brückenbogen den Wiedfangkanal, der sich wahrscheinlich bis zur heutigen Eisernen Brücke erstreckte. Da die Uferlinie unterhalb der Steinernen Brücke um ein wesentliches Stück gegenüber ihrem Verlauf oberhalb der Brücke nach Süden zurückliegt, konnte der Kanal, ohne eine Abbiegung nach Norden zu machen, unmittelbar nach dem Durchfließen des 16. Brückenbogens in die Donau einmünden. Wahrscheinlich war er zwischen der Steinernen Brücke und der zum Unteren Wöhrd durch eine Pfahlreihe vom Hauptstrom getrennt. Diesen beschlächtartigen Bau, „Gatterl" genannt, und das Zurückspringen des Uferstreifens bei der Wurstküche gibt die Stadtansicht H. G. Bahres von 1626 im Germanischen Museum Nürnberg (Stadtansichten Nr. 10) sehr deutlich wieder. Selbst noch der Stadtplan von 1812 (Stadtgrundrisse Nr. 20) weist zwischen den Brücken einen Längsbau im Strombett aus. Er dürfte aus einer Doppelreihe von Pflöcken mit ausgefülltem Zwischenraum bestanden haben. Auf diese Stromverhältnisse weist auch K. S. Hosang hin: „1829 wurde das Brückenzollhaus an der Steinernen Brücke vom Magistratsrat und Schleifmühlbesitzer Stahl erkauft. Beim Einreißen desselben zeigte sich noch ein gewölbter Brückenbogen, was bewies, daß die Brücke eigentlich 16 statt 15 Joche hatte und daß die Donau ehemals von der Oberen Stadt gleichsam wie in einem Kanal bis in die Untere Stadt zur hölzernen (heute Eisernen) Brücke geleitet war." Am Wiedfang und längs dieses Kanales spielte sich das mittelalterliche Hafenleben ab.

Die St.-Georgs-Kapelle am Wiedfang,
Goldene-Bären-Straße 7 (F 56)

Für das stadtgeschichtlich interessierte Regensburg bedeutete es ein außergewöhnliches Ereignis, als 1905 beim Abbruch eines östlich an das Haus Goldene-Bären-Straße 7 (F 56) angebauten Häuschens die längst verschollene St.-Georgs-Kapelle wiederentdeckt wurde. Wohl wußte man, daß am Wiedfang ein Gotteshaus zu Ehren des heiligen Georg zu suchen sei, kannte aber die

Lage der Kapelle nicht mehr. Nachdem die Mauern des Anbaues gefallen waren, trat die Rundung ihrer Apsis zutage.

Der Schiffskanal, der beim Haus Am Wiedfang 1 (F 50) in die Stadt eintrat, floß unmittelbar an der Nordseite der Kapelle vorbei, weshalb sie in den Quellen als „Wasserkirche an der Witfend", auch als „Sand Jörgenkapelle an der steinernen Brücke" erscheint. Pferde zogen die Lastschiffe durch den Wiedfangkanal (s. d.). Vielleicht ist die Kapelle deshalb dem Patron der Pferde, St. Georg, geweiht. Sie gab den Reisenden auf der Donau und dem zahlreichen Schiffsvolk des mittelalterlichen Hafens (s. Wiedfang) Gelegenheit zum Besuch des Gottesdienstes.

1302 wird die Kapelle erstmals erwähnt. Ein Kaplan namens Albert besorgte 1318 dort den Gottesdienst. 1355 hatte Johann der Sarburch die Kaplanstelle inne. Der letzte Seelsorger an der Kapelle hieß Erasmus Zollner, der zur Lehre Luthers übertrat und der erste evangelische Prediger an der Neupfarrkirche wurde.

St. Georg am Wiedfang dürfte bald nach der Mitte des 12. Jahrhunderts entstanden sein, wenige Jahre nach Vollendung der Steinernen Brücke. Die kunstgeschichtliche Bedeutung liegt vor allem darin, daß es sich hier um eine Doppelkapelle handelt, in der das Volk in zwei Geschossen, in einer Unter- und einer Oberkapelle dem Gottesdienst beiwohnen konnte. Die Unterkapelle ist heute zwar durch Zwischenmauern unterteilt, in ihrer baulichen Substanz aber noch ganz erhalten. Sie bildet eine dreischiffige Halle zu je drei Jochen. Aus dem Mittelschiff springt nach Osten die halbrunde Apsis aus. Sie ist kuppelförmig überwölbt. Die Apsiden der Seitenschiffe stecken in der Stärke der Ostmauer. Gratige Kreuzgewölbe zwischen rundbogigen Gurten, gestützt auf vier Freipfeiler und entsprechende Wandpfeiler, überspannen die Schiffe. Die offensichtlich erst später eingezogene Flachdecke des Mitteljoches berechtigt zu dem Schluß, daß dieses Joch ursprünglich offenstand, wodurch eine räumliche Verbindung zwischen Unter- und Oberkirche zustande kam. Im Raum der Oberkirche hat sich lediglich die Halbkuppel der Apsis erhalten. Innerhalb der starken Westmauer verbindet eine Treppe die beiden Geschosse.

Nach außen hin tritt die Kapelle durch die an der Ostseite gegen den Wiedfang zu halbrund ausspringende Mittelapsis in Erscheinung. Diese ziert ein umlaufender Rundbogenfries, der sich auch an der Stirnseite des Südschiffes fortsetzt. Das freiliegende Mauerwerk besteht aus schmalen, rötlich gefärbten Quaderschichten mit rauher Oberfläche. An der Goldenen-Bären-Straße erhielt sich außerdem das romanische Rundbogenportal, dessen Kämpfer ehedem lagernde Löwen trugen. Leider wurde ihnen der Vorderleib abgeschlagen. Das geschah wohl schon 1555, als der Umbau der Kapelle zu einem Wohnhaus erfolgte.

Die von tiefer Religiosität erfüllten Jahrhunderte des hohen Mittelalters führten zur höchsten Form der Askese, zum Klausner — oder Inklusentum. Inklusen nannte man jene frommen Frauen und Männer, die sich auf Lebenszeit in eine Zelle einschließen oder einmauern ließen, um als „Gefangene Christi" nur Gott allein zu dienen. Ihre karge Nahrung empfingen sie durch ein kleines Fenster, dessen Verschluß sie auch dann öffneten, wenn Hilfebedürftige bei ihnen Rat und Trost suchten. Der künftige Inkluse mußte zuerst mehrere Jahre lang ein strenges Klosterleben führen. Erst nach dieser Bewährungsprobe durfte er unter dem Geläute der Glocken seine Zelle betreten, die er sein ganzes Leben hindurch nicht mehr verlassen sollte. Der Bischof verschloß dann die Zelle und versiegelte sie mit Blei. Im Winter wurde dem Inklusen gegen die ärgste Kälte ein zottiges Obergewand gereicht. Erkrankte ein Inkluse ernstlich, schloß sich ein Mönch als Pfleger bei ihm ein (s. Aurelia).

Auch bei St. Georg am Wiedfang lebte eine Klausnerin. Wenige Jahre nach der Wiederentdeckung der Kapelle konnte Endres den literarischen Nachweis dafür erbringen. Die Bibliothek des Prager Domkapitels besitzt eine handschriftliche Biographie des seligen Augustinerbruders Friedrich (s. d.). Der Verfasser, Hieronymus Streitel, stand dem Regensburger Augustinerkloster von 1515 bis 1518 als Prior vor. In dieser Handschrift, deren deutscher Teil in Versen abgefaßt ist, wird die Legende erzählt, daß Friedrich Tag und Stunde des Todes einer Klausnerin vorhersagte:

> „Die Clösnerin auf dem gewelb
> Pei der steinen Pruck daselb
> Viel in swere kranckhait gar gros
> Fridrich fil auf sein knie plos
> Pat got fur die Dienerin sein
> Der engl gotz tet im erschein
> Clösnerin solt sterben die stunt
> Und der tag wart im auch verkunt
> Das mercket der bruder mit fleis
> Geschah nach des engel anweis."

*51. Am Wiedfang.
Ehemalige Kapelle St. Georg*

Der Brunnen am Wiedfang

1610 ließ der Rat den schönen Ziehbrunnen am Wiedfang errichten. Über der rustizierten, kreisrunden Brüstung erhebt sich das steinerne Brunnengebälk. Gefelderte Pilaster zieren die zwei tragenden Pfeiler; am Querbalken prangt beiderseits das Schlüsselwappen der Stadt sowie die Jahreszahl 1610. Die Bekrönung bildet ein rosettengezierter Obelisk, der sich zwischen geschweiften Schenkeln erhebt. Der weitgehend verwitterte Brunnen wurde 1906 durch eine dem Original getreue Nachbildung ersetzt. 1948 ließ die Stadt die starken Schäden des zweiten Weltkrieges beheben.

Das ehemalige Gasthaus „Zum schwarzen Elefanten", Am Wiedfang 1 (F 50)

Obgleich die Bürger Regensburgs zu Zeiten der Reichstage an allerlei Attraktionen wandernder Spieler- und Artistengruppen gewöhnt waren, erfreuten sich fahrende Menagerien doch immer wieder großer Beliebtheit. Eine Sensation bedeutete der 1629 in einem Gasthof am Wiedfang gezeigte Elefant. „Im Juli 1629 wurde ein junger, erst zehnjähriger, sehr großer und starker Elefant nach Regensburg zur Schau gebracht. Man ließ ihn bei der Wiedfang in dem Hause sehen, dem er den Namen Elefant gegeben. Er war der erste, der hier zu sehen gewesen" (Gumpelzhaimer). Ob diese Elefantenschau dem Hause wirklich den Namen gab, mag dahingestellt bleiben, denn Schuegraf weiß, daß ein Bürger namens Stephan Hanold sich bereits 3 Jahre vorher, 1626, „Gastgeb zum Elephanten" nannte.

Der „Schwarze Elefant" ist zwar kein Gasthof mehr, doch das Haus, Am Wiedfang 1 (F 50), steht noch heute. Bemerkenswert der wegen des einstigen Schiffskanals (vgl. Wiedfang) schräg gestellte Ostgiebel. Anschließend daran ein kurzes Stück der inneren Stadtmauer mit Wehrgang sichtbar. Die Nordfront des Hauses unmittelbar an die donauseitige Stadtmauer gebaut. Auf der Stadtansicht von H. G. Bahre (Stadtansichten Nr. 10) ist das Haus mit dem Bild eines Elefanten gekennzeichnet. Noch 1872 nennt das Adreßbuch den „Schwarzen Elefanten".

Wann der erste Elefant nach Deutschland kam, wird sich wohl kaum feststellen lassen. Vielleicht war es jener, den sich Karl der Große von seinem Freunde, dem Kalifen Harun al Raschid, ausbat und der im Jahre 802 dem Kaiser in Aachen übergeben wurde.

Kaiser Maximilian II. (s. d.), der 1576 in Regensburg starb, ließ um 1551 einen asiatischen Elefanten von Spanien nach Wien bringen, mit dem er dort seinen Einzug als König von Böhmen wirkungsvoll gestaltete.

1651 meldet Gumpelzhaimer abermals die Schaustellung eines Elefanten in Regensburg: „Eine andere ausländische Erscheinung war ein wohlabgerichteter Elephant von erstaunender Größe und angeblich 125 Jahre alt, dessen Geschicklichkeit jedermann bewunderte." Außer der gotischen Elefantenplastik am Dom (s. d.) besitzt Regensburg noch eine alte Darstellung eines Dickhäuters. Das Museum verwahrt eine Reihe von Werkzeichnungen zu Regensburger Geschützen. Unter ihnen befindet sich auch der Originalentwurf für den „Elefanten", datiert vom Jahre 1532. Oberhalb des Zündloches erscheint die Pinselzeichnung eines Elefanten mit langen Stoßzähnen. Diese Darstellung ist also fast 100 Jahre vor der von Gumpelzhaimer genannten ersten Elefantenschau entstanden (s. Zeughaus). Für die Bemalung des Marktturmes (s. d.) fertigte der Maler M. Bocksberger 1573 einen farbigen Entwurf. Die Sonnenuhr über dem Turmportal flankieren auf dieser Darstellung zwei Elefanten mit erhobenem Rüssel. Die Tiere sind so naturgetreu wiedergegeben, daß sie wohl nicht nach Reiseberichten oder Zeichnungen gefertigt wurden, sondern aus der unmittelbaren Anschauung des Künstlers entstanden.

Welch großes Ereignis die Schaustellung eines Elefanten selbst noch im Regensburg des vergangenen Jahrhunderts war, geht aus den Aufzeichnungen des Dichters Eduard Mörike hervor, der vom 6. September bis 22. Dezember 1850 in Regensburg weilte. In den sogenannten Musterkärtchen, einer bunten Zusammenstellung kleiner, oft humorvoller Zufälle, schreibt er: „Wir fuhren neulich mit der ganzen Familie samt dem Herrn Fischer nach der Stadt (es war ein Elefant im Bischofshof zu sehen, auf den alles begierig war ...). Erstaunliche, höchst eifrige Berichte der drei Buben vom Monstre-Elephant des Monsieur Tourniere, Isabella genannt, 72 Jahre alt..."

GOLDENE-BÄREN-STRASSE

Die Goldene-Bären-Straße, Fischmarkt und Keplerstraße bilden einen parallel zur Donau verlaufenden Verkehrsweg, dessen Entstehung in die Zeit der ersten Stadterweiterung im 10. Jahrhundert unter Herzog Arnulf zurückreicht. Während des Mittelalters spielte sich hier ein Großteil des Handels- und Verkehrslebens ab. In nächster Nähe befanden sich die Weinlände (s. d.), der Weinmarkt (s. d.) und der Hafen beim Wiedfang (s. d.) mit regem Güterumschlag. Auch dem Fischmarkt kam einstmals weit größere Bedeutung zu. Diesen Straßenzug benützte bis 1486 der Fernverkehr nach Nürnberg, der durch das Prebrunntor die Stadt verließ. Auf das betriebsame Leben in dieser Gegend weisen die zahlreichen Gaststätten hin, die zwischen der Steinernen Brücke und St. Oswald zum Teil heute noch in dichter Folge anzutreffen sind.

Der Name unserer Straße geht zurück auf den

ehemaligen Gasthof „Zum Goldenen Bären", Goldene-Bären-Straße 6 (F 61),

der bereits 1667 genannt wird und bis in die 70er Jahre des vergangenen Jahrhunderts bestand. Die stimmungsvollen Hofarkaden der Renaissance, deren umlaufende Galerien von gewundenen Holzsäulen getragen wurden, die Blattkelchen zu entwachsen schienen, wurden 1969 zerstört.

Die Häuser Goldene-Bären-Straße 3 und 5 (F 57½ und 57),
ehemals Gasthof „Zum Goldenen Adler"

Diese beiden Häuser westlich der St.-Georgs-Kapelle gehörten bis 1812 zu einem Anwesen (F 57), in dem sich die Gaststätte „Zum Goldenen Adler" befand. 1709 stieg Prinz Eugen von Savoyen hier ab.

Das Haus Goldene-Bären-Straße 1 (F 58)

Die mehrflügelige, malerische Baugruppe mit Mansardendach zeichnet sich durch feinen klassizistischen Fassadendekor aus. Seit alter Zeit wird in dem Haus das Schmiedehandwerk betrieben.

POSTHORNGÄSSCHEN

Dieses zweimal im rechten Winkel gebrochene Gäßchen verbindet die Goldene-Bären-Straße mit der Goliathstraße. Seinen Namen bezog es von der Gaststätte „Zum Goldenen Posthorn".

Das Haus Goldene-Bären-Straße 10 (F 72)

beherbergte bis Ende der 1960er Jahre die Gatstätte „Zum Goldenen Posthorn". Einst war sie beliebtes Absteigequartier für die Fremden, die mit der Kutsche aus Böhmen, aus dem nord- und westdeutschen Raum über die Steinerne Brücke in die Reichsstadt kamen. Am 30. August 1650 zog der kaiserliche Feldmarschall Graf Piccolomini mit großem Gefolge in Regensburg ein. Drei Kompanien der Bürgermiliz paradierten am Oberen Wöhrd und auf der Steinernen Brücke. 22 Kanonen schossen Salut. Eine Abordnung des Rates empfing Piccolomini und überbrachte das Ehrengeschenk: 3 Wannen Fische, 2 Lagel Wein und 3 Schaff Hafer. Der Feldherr stieg im „Posthorn" ab, wo bereits eine große Tafel vorbereitet war. Nach wenigen Stunden schon reiste Piccolomini unter Kanonendonner samt seinem Gefolge mit Schiffen donauabwärts nach Wien.

Heute noch streckt der Gasthof einladend sein prächtiges Barockschild weit in die Straße hinein. An überreich geziertem Gestänge prangt inmitten eines Blätterkranzes ein goldenes Posthorn, darüber befinden sich zwei gekreuzte Schlüssel, das Symbol der Stadt. Auf flatternd bewegtem Band erscheint die Jahreszahl 1713. Die Krönung des schmiedeeisernen Kunstwerkes bildet ein niedlicher Postillon auf springendem Rößlein.

Die Giebelfront des Gasthofes gliedert ein zweigeschossiger Rechteckerker auf vier reich profilierten Kragsteinen. H. G. Bahre bezeichnet auf seiner vielzitierten Stadtansicht von 1630 (Stadtansichten Nr. 10) das Haus als „Posthaus". Wenn Bahre nicht irrte, befand sich darin Regensburgs erstes Postamt. Der Name des in diesem Hause betriebenen Gasthofes läßt sich gut mit dem „Posthaus", dem Amtsgebäude der kaiserlichen Post, in Beziehung setzen. Im 16. Jahrhundert war Regensburg Station der „Kaiserlichen Hofpost". Der erste dem Namen nach bekannte Inhaber der Poststation Regensburg hieß Wolf Thenn, dem der Kaiser 1599 die Post in Regensburg auf Lebensdauer verlieh. 1630 erfolgte die Übernahme der „kaiserlichen Hofpoststation Regensburg" durch die kaiserliche Reichspost. Aus diesem Jahr stammt auch die genannte Abbildung mit dem Hinweis auf das „Posthaus".

Das Haus Posthorngäßchen 2 (F 59)

Obwohl die Baukunst der Renaissance sich vorwiegend im profanen Bereich betätigte und ihre vornehmlichste Aufgabe der Gestaltung des Bürgerhauses galt, brachte die verarmte Reichsstadt Regensburg nur wenige Bauwerke im Stil dieser Zeit hervor. Zu ihnen gehört das Haus Posthorngäßchen 2 (F 59). 1534 ließ es Jörg Müllner erbauen, wie eine Inschrifttafel mit dem Wappen des Bauherrn kundtut. Ein Rechteckerker, der auf Volutenkonsolen mit Blattwerk und Drachenreliefs ruht, durchzieht die drei Obergeschosse. Ein stuckiertes Posthorn sowie eine gleichfalls in Stuck ausgeführte Tafel mit einem schwer zu entziffernden Monogramm — vielleicht MGM — und der Jahreszahl 1799 zieren die Fensterbrüstung des untersten Erkergeschosses. Auf dieses Posthorn führt Schwäbl die Annahme zurück, daß sich in diesem Haus das erste Postamt Regensburgs befand (vgl. dagegen Gasthof „Zum Goldenen Posthorn").

BLAUE-LILIEN-GASSE

Obgleich inmitten der Großstadt gelegen, gehört die Blaue-Lilien-Gasse zu den stillen Gassen Regensburgs. Kaum ein Geschäft findet sich in ihrer kühlen Enge. Ihren Namen verdankt sie dem Gasthaus „Zur Blauen Lilie" im Haus Nr. 4 (F 27). Als Wahrzeichen der Gastlichkeit ragt das schöne Wirtshausschild weit in die Gasse hinein, noch heute einladend, aber doch schon Zeugnis halb verwehter Epoche: zwei heraldische, spiegelbildlich zueinander gestellte Lilien, umgeben von einem Blätterkranz mit vier vergoldeten Rosen. Das kunstvolle, aus Blech geschnittene Schild entstammt dem 18. Jahrhundert. Die Gaststätte — 1667 wird sie zusammen mit anderen erstmals genannt — entstand wohl in jener Zeit, als Regensburg durch den Sitz des Immerwährenden Reichstags sich zur ausgesprochenen Fremdenstadt wandelte mit ihrem großen Bedarf an Gasthäusern und Herbergen.

Im Mittelalter hieß unser Gäßchen „Hafnergasse", benannt nach den Herstellern von irdenem Geschirr und Ofenkacheln. „Hafnerstraße" schreiben Urkunden der Jahre 1305 und 1347. 1450 wird die Gasse „Hafnerbühl" genannt. „Bühl" bedeutet Hügel, Bodenerhebung (vgl. Schmerbühl, Rinderbühl). Wie der Augenschein zeigt, überwindet unser Gäßchen einen Hügel, einen Bühl, nämlich jene Geländestufe, die sich vom Osten der Stadt bis gegen Prebrunn der Donau entlangzieht. Am „Hafnerbühl" wohnten also die Hafner oder hatten zumindest dort ihre Verkaufsläden. Noch 1808 schreibt der Stadtplan „Hafnergasse". Im Laufe des vergangenen Jahrhunderts trat dann diese Bezeichnung immer mehr zurück. Das Adreßbuch 1812 schreibt bereits „Hafneroder Blaue-Lilien-Gasse". Nach C. W. Neumann hatten die Hafner im nahegelegenen Anwesen Fischmarkt 5 (F 49) ihr Zunfthaus und ihre Verkaufsläden, die „Hafengaden", wo sie ihre Erzeugnisse feilboten. Freilich reichte die beschränkte Zahl der vorhandenen Läden für alle Mei-

52. Blaue-Lilien-Gasse

ster der Stadt nicht aus, weshalb sie alljährlich in der Benutzung der Läden abwechselten. Bei der Auswahl der Läden entschied das Los. Daneben aber gaben die Regensburger Hafner ihre Ware auch im großen an Geschirrhändler ab oder zogen selbst auf fremde Märkte. Das Haus Nr. 6 (F 26) trägt über der Türe eine bunt glasierte Ofenkachel mit dem Bild eines Herolds mit wallender Federzier, den Reichsadler auf dem Wappenrock.

Das Straßenbild entbehrt der Geraden und des rechten Winkels. In leichter Krümmung zieht das Gäßchen zur Donau hinab. Alte Mauern buchten aus, Fenster sitzen in regelloser Folge. Einige Häuser tragen mittelalterliches Gepräge: gotische Profilrahmen der Fensterstöcke, Konsolsteine unter vorkragenden Obergeschossen, schmiedeeiserne Gitter. Abschrägungen, in die starken Mauern gebrochen, ermöglichten das Einbiegen der Fuhrwerke in die Tore.

Das Haus Blaue-Lilien-Gasse 3 (F 62/63)

an der Ecke zur Goliathstraße besitzt an der Rückseite gegen Osten noch den Rest eines Turmes, dessen Obergeschoß längst abgetragen ist. Vom Kohlenmarkt aus erkennt man im 4. Obergeschoß der Westseite ein frühgotisches Doppelfenster mit verstümmeltem Mittelsäulchen. Im Erdgeschoß erhielten sich zwei überwölbte Räume. Am Kreuzungspunkt der kräftigen Kehlrippen, die von Blattkonsolen ausgehen, sitzt eine Blattrosette.

FISCHMARKT

Wenn auch die Urkunden einen Fischmarkt erst verhältnismäßig spät bezeugen — die früheste Erwähnung geschieht 1256 — so ist doch der Handel mit Fischen in Regensburg so alt wie die Stadt selbst. Seit dem Jahre 1529 findet der Verkauf von Fischen auf der heute als Fischmarkt bezeichneten platzartigen Erweiterungen am westlichen Ende der Goldenen-Bären-Straße statt. „Auch wurde in diesem Jahr ein eigener Fischmarkt angeordnet", schreibt Gumpelzhaimer, „und der noch gegenwärtige Platz dazu gepflastert und mit Steinen eingefaßt." Aus dieser Zeit mögen auch die niedrigen Steinbänke stammen, die heute wie vor Jahrhunderten zum Aufstellen der Fischtröge benützt werden. Vor 1529 boten die Fischer ihre Waren ein Stück weiter westlich feil, etwa vor den Häusern Keplerstraße 1, 3, 5, 7 (D 103 mit 106), bei den Gasthöfen „Zur Goldenen

Krone" und „zum Blauen Hecht". „Zur goldenen Cron am alten Fischmarkt genannd", schreibt eine Quelle des Jahres 1667. Selbst noch die Stadtpläne des 19. Jahrhunderts bezeichnen unseren Platz (östlich des Brunnens) „Neuer Fischmarkt" im Gegensatz zum alten Fischmarkt an der Keplerstraße. Der westliche Teil des heutigen Fischmarkts wird „Fleischhausplatz" genannt nach dem sog. Fleischhaus (s. d.), das dort bis 1890 stand.

An der Nordseite der Stadtmauer längs der Donau lehnten neben dem Mauttor (s. d.) die sogenannten Fischerhütten. 1550 wurden anstelle der ursprünglich hölzernen Fischerhäuslein solche von Stein erbaut. In diesen Hütten sortierten und wogen die Fischer ihren Fang, ehe sie damit auf den Markt zogen. Auf Bahres Stadtansicht (Nr. 10) sind die Hütten abgebildet; sogar die Fischwaage ist auf dem überdachten Platz vor den Häuschen erkennbar. Die Fischerhütten behaupteten ihren Platz durch die Jahrhunderte. Das Adreßbuch 1844 nennt unter der Litera-Nummer D 156 b und D 156 c (an der Nordseite des Anwesens Am Schallern 2 (D 143)): „Laurer, Susanne Sophie, Schiffmeisters-Witwe, das sogenannte Fischwaaghäusl und Fischzeughüttchen." Der Mautturm (s. d.) wurde wegen der Nähe der Fischerhütten auch „Fischturm" genannt. Vom nahen Fischmarkt führt auch das

FISCHGÄSSEL

seinen Namen, das die Verbindung zum Kohlenmarkt vermittelt.

Der Brunnen am Fischmarkt

Wo es Fische gibt, muß lebendiges Wasser sein. Deshalb ließ der Rat 1551 auf dem Fischmarkt einen Brunnen errichten. Diesen ursprünglich hölzernen „Röhrkasten" speiste das Überwasser des Brunnens am Marktturm beim Rathaus. Der jetzige steinerne Brunnen gehört der Frühzeit des 17. Jahrhunderts an. Das schmucklose Rechteckbecken wird von einer Vierkantsäule überragt, deren korinthisches Kapitell die Figur eines Geharnischten trägt. Mit der Rechten stützt er sich auf das Schlüsselwappen der Stadt, in der Linken, die gleichsam zum Wurf erhoben ist, zappelt ein Fisch. Der linke Fuß der Plastik ruht auf dem Kopf eines Delphins, der seinen schuppigen Leib um die Rückseite der Figur schlingt.

Eine große Erregung bemächtigte sich der Regensburger, als in einer Oktobernacht des Jahres 1898 Bubenhände die Säule stürzten und die Figur zertrümmerten. 1904 erfolgte eine gründliche Wiederinstandsetzung der Brunnenanlage. Damals entstand die heutige Figur in Anlehnung an die ursprüngliche. Im Baustadel entdeckte man auch das damals entfernt gewesene alte Brunnengitter mit dem schmucken Rautenmuster wieder, das heute wie ehedem das steinerne Becken ziert.

Das ehemalige Fleischhaus

Anstelle des Hauses Fischmarkt 1 (D 142) stand bis zum Jahre 1890 ein hochgiebeliger, stadelähnlicher Bau: das alte Regensburger Fleischhaus. Das stadteigene Gebäude entstand 1528, zu einer Zeit, als Albrecht Altdorfer Stadtbaumeister von Regensburg war. Um Raum für den Bau zu gewinnen, erwarb die Stadt einige kleinere Häuser und ließ sie abbrechen. Die Bausumme betrug 400 Gulden, welche die verarmte Reichsstadt „auf lebenslangen Zins" aufnehmen mußte. Das Fleischhaus stand den Regensburger Metzgern zum Schlachten der Tiere zur Verfügung.

Um Blut und Eingeweide rasch in die Donau abführen zu können, leitete man einen Teil des durch den Schmerbühl fließenden Vitusbaches (s. d.) in das Fleischhaus und benützte ihn als Schwemmkanal. Östlich des Fleischhauses führte die Fleischgasse zur donauseitigen Stadtmauer, in der sich an dieser Stelle das „Fleischtürl" befand, das im Regensburger Sprachgebrauch als „Wampentürl" bezeichnet wurde.

Ein Deckfarbengemälde im Museum, vielleicht von Ägidius Touchemolin, um 1810 entstanden, führt das Fleischhaus und den Fischmarkt vor Augen. Der langgestreckte, schlichte Zweckbau steht in Nord-Süd-Richtung. Zwei große, spitzbogige Tore durchbrechen die südliche Giebelseite. Die drei Geschosse unter dem Satteldach mögen als Lagerböden gedient haben. Rechts neben dem Fleischhaus erscheint die helle Front des Gasthauses „Zum Weißen Ochsen" (Fischmarkt 2 (F 46)), daneben der Fischbrunnen. Ganz links im Bild ist das Wohnhaus Keplers (Keplerstraße 2 (D 145)) zu erkennen. Das Bild zeichnet sich durch reiche Personenstaffage aus.

Die Gegend um das Fleischhaus mag ehedem ein für unsere Begriffe wenig appetitliches Bild geboten haben. Abgesehen von all dem Unschönen, das mit der Schlachtung von Tieren verbunden ist, entwickelte sich hier eine Brutstätte für Ratten, denen die Abfälle und der offen

53. Fischmarkt mit ehemaligem Fleischhaus. Deckfarbenaquarell, um 1810. Museum

fließende Bach Nahrung und Unterschlupf boten. Das Schlachthaus sowie die nahegelegenen Fleischbänke am Schmerbühl (s. d.) mögen streunende Hunde angelockt haben, von denen auf dem Bild mehrere zu sehen sind.

Nachdem 1888 der neue Schlachthof an der Adolf-Schmetzer-Straße fertiggestellt war, verkaufte die Stadt das alte Fleischhaus um 20 000 Mark. An seiner Stelle entstand 1890 das jetzige Gebäude Fischmarkt 1 (D 142), das nach dem damaligen Besitzer, Heinrich Otto, als „Ottobad" bis in die Jahre nach dem ersten Weltkrieg den Regensburgern verhältnismäßig komfortable Badegelegenheiten bot.

Das Haus Fischmarkt 9 (D 126)

verkörpert den Typ des hochgotischen Giebelhauses. Es gehört zu den baulich hervorgehobenen Häusern im Ensemble der südlichen Platzwand des Fischmarkts. Die hochragende repräsentative Nordfront wirkt bestimmend bei der Einmündung des Schmerbühl. Bedeutsam die zahlreichen gotischen Bauelemente. Im 1. Obergeschoß liegt der Hausteinbogen der einstigen Loggia frei, in deren Vermauerung ein spätgotisches Rechteckfenster sitzt, wie mehrfach in Regensburg. Östlich davon großes Rechteckfenster mit Profilgewänden. 1. Dachgeschoß: korbbogig ausgebrochene Zweierarkade, flankiert von je einem Fensterchen mit Blendmaßwerk. Eine doppelte Spitzbogenarkade erhielt sich unberührt im 2. Dachgeschoß; das Trennungssäulchen trägt ein Kelchknospenkapitell.

Die Südfassade behielt den ursprünglichen sechsfach getreppten Giebel. Im 3. Obergeschoß Doppelarkade mit Rechtecköffnung, von Spitzbogenblenden überhöht. Mittelsäule ausgeschlagen. Bemerkenswert die langrechteckigen an der Oberseite ausgehöhlten Kalksteinblöcke, die am oberen Abschluß der Ostmauer versetzt sind. Sie hatten die Funktion steinerner Dachrinnen.

Das gesamte Erdgeschoß des Hauses — insgesamt vier Gewölbefelder — war einstmals mit Kreuzrippen überspannt. Nach Ausbrüchen im Jahre 1927 blieben in der östlichen Hälfte eineinhalb Kreuzrippengewölbe (heute Ladengeschäft) erhalten. Die Kehlrippen ruhen auf (stark abgearbeiteten) Kelchkonsolen. Schlußsteine: der nördliche mit Blattfiguration um Waffelkern, der südliche (nur halb sichtbar) zwei Blattkränze.

SCHMERBÜHL

Das Gäßchen, das den Fischmarkt mit dem Zieroldsplatz verbindet, heißt Schmerbühl. Hier war seit alter Zeit die Gegend der Metzger, die auch „bei den Fleischtischen" geheißen wurde. Schmer bedeutet Schmiere, Fett. Der Name „Schmerbauch" ist noch geläufig. Schmerbühl heißt also der Bühl, der Hügel, auf dem Fett zum Verkauf gelangt. Zum Handwerk der Metzger gehörte in alter Zeit auch die Aufbereitung von Talg, Unschlitt, zur Herstellung von Lichtern. Wahrscheinlich wegen der damit verbundenen Feuersgefahr verbietet der Rat 1532 den Metzgern das „Inslichtschmelzen" in ihren Häusern und erbaute ihnen an der Donauseite des Fleischhauses (s. d.) eine eigene Schmelzhütte. Mit großen Rauchabzügen bildet sie H. G. Bahre auf seiner Nordansicht der Stadt von 1630 (Stadtansichten Nr. 10) ab.

KEPLERSTRASSE

Mit ihren stattlichen Geschlechterburgen, den hochragenden gotischen Giebeln und dem unregelmäßigen Verlauf der Baufluchten muß die Keplerstraße jedes Malerauge entzücken. Sie gehört zu jenen Regensburger Straßen, die ihr gotisch-mittelalterliches Gepräge am reinsten erhalten konnten. In frühester Zeit wurde dieser wichtige Verkehrsweg „an der Donau" bezeichnet; später trat der Name „Donaustraße" auf. In dieser Straße liegen zwei Häuser, die Johannes Kepler, der große Astronom und Mathematiker bewohnte. Eines davon ist sein Sterbehaus. Aus diesem Grunde faßte der Stadtrat 1865 den Beschluß, die Donaustraße in Keplerstraße umzubenennen.

Eingebettet in eine sanfte Talmulde der Ausläufe des Schwarzwaldes liegt Weil der Stadt, wo Johannes Kepler 1571 das Licht der Welt erblickte. Kepler, dessen Lebensschicksale in Regensburg immer wieder Erfüllung fanden, war nicht nur ein genialer Gelehrter, sondern darüber hinaus ein bewundernswerter Mensch, der mit Energie und Würde ein von Sorgen überschattetes und von den Wirren des Dreißigjährigen Krieges gezeichnetes Leben zu meistern wußte.

Immer wieder zog es den Geistesgewaltigen in die Mauern der Reichsstadt, wo er zahlreiche Freunde und Bekannte hatte. Zu dem Reichstag, der 1613 in Regensburg stattfand, hatte sich auch Kepler einzufinden, da unter anderem auch ein den kaiserlichen Mathematiker betreffendes Sachgebiet, die Kalenderreform, zur Verhandlung stand. Während dieses Regensburger Aufenthalts wies Kepler im Dom mehrere seiner Bekannten auf die kurz vorher entdeckten Sonnenflecken hin, die von den einfallenden Sonnenstrahlen auf dem Pflaster entworfen wurden.

Kepler, Lehrer der Mathematik und Astronomie in Linz mit dem Titel eines „österreichischen Landschaftsmathematikers", hielt gegen Ende des Jahres 1615 einen Brief aus seiner württembergischen Heimat in Händen, der ihn, wie er selbst sagt, „mit unaussprechlicher Betrübnis des Herzens" erfüllte. Seine siebzigjährige Mutter Katharina — so teilten ihm seine Geschwister mit — stehe unter dem Verdacht, eine Hexe zu sein. Gerüchte, aus Haß und Dummheit geboren, führten zur Anklage und schließlich zur Verhaftung der Greisin. Einer gewissen Ursula Reinbold aus Leonberg, wohin die Familie Kepler 1576 übersiedelt war, fiel ein, daß sie nach einem Trunk bei der Keplerin in Siechtum verfallen sei. Das Kalb der Katharina Kepler, so wußte man zu erzählen, sei von ihr zu Tode geritten worden. Man fand es blutüberströmt im Stall. Nun erinnerte man sich auch, daß das Käthchen, wie man Keplers Mutter nannte, vom Totengräber den Schädel ihres verstorbenen Vaters verlangte, um daraus für ihren großen Sohn ein Trinkgeschirr fertigen zu lassen...

Der Vogt von Leonberg und sein Duzfreund, der Hofbarbier und Bruder der genannten Reinboldin, beorderten in angetrunkenem Zustand die alte Frau in das Amtshaus, um sie zu verhören und ihr eine Falle zu stellen. Der pflichtvergessene Vogt ließ es geschehen, daß der Barbier die Keplerin mit dem blanken Säbel bedrohte. Darüber beklagte sich Keplers Mutter. Mußte diese Klage dem Vogt, der solches in seinem Amtshaus geschehen ließ, nicht peinlich sein? Alles setzte er deshalb daran, die alte Frau als Hexe zu brandmarken.

Um das Verfahren gegen seine Mutter günstig zu wenden, entschloß sich Kepler 1617 zu einer Reise nach Leonberg, die ihn donauaufwärts auch nach Regensburg führte. Mit dieser Reise verband er einen Besuch bei seinem verwitweten Schwiegersohn Philipp Ehm in Walderbach, dem er zur vorübergehenden Führung des Haushalts seine Tochter Susanne überbrachte (Näheres s. Walderbacher Hof).

Keplers persönliches Erscheinen in Leonberg hatte zunächst nicht den erwarteten Erfolg, so daß er mitten im Winter wieder die Heimreise nach Linz, abermals über Regensburg, antrat.

Die Geschehnisse des Dreißigjährigen Krieges — 1620 rückte das Heer Maximilians von Baiern in Linz ein — schufen für die protestantischen Stände eine schwierige Lage. Keplers weitere Unterrichtstätigkeit als Mathematiker an der protestantischen Schule in Linz schien gefährdet. Dazu kamen abermals schlechte Nachrichten aus der Heimat. Keplers Mutter wurde am 7. September 1620 in Leonberg verhaftet; eine peinliche Befragung, d. h. die Folter, stand ihr bevor. Durch sein persönliches Erscheinen hoffte Kepler, das Schlimmste von ihr abzuwenden. Deshalb unternahm er trotz der Beschwernisse und Gefahren des Krieges Mitte September 1620 wiederum eine Reise in seine württembergische Heimat. Um seiner Familie während dieser Zeit näher zu sein und sie aus der unmittelbaren Gefahrenzone des Krieges zu führen, nahm er sie mit bis Regensburg, wo sie im Haus des Metsieders Christoph Räntz Aufnahme fand. Kepler kannte Räntz offenbar bereits von seinem Aufenthalt in Graz. Räntz besaß

das ehemalige Haus Baumhackergasse 5 (D 116)
heute Baumhackergasse 3,
   das er 1602 um 1500 Gulden erworben hatte. Wohl unmittelbar nach der Ankunft in Regensburg reiste Kepler nach Güglingen weiter, wohin der Prozeß gegen seine Mutter verlegt worden war. Keplers Frau Susanne blieb mit den Kindern Susanne, Ludwig und Sebaldus bei Räntz in Regensburg zurück. In diesem Haus gebar sie am 12. Januar 1621 eine Tochter, die der Prediger der Neupfarrkirche, Johannes Münderlein, auf den Namen Cordula taufte. Das Taufbuch der Neupfarrkirche mit dem Eintrag blieb erhalten; das Haus steht leider nicht mehr. Es wurde 1968 abgebrochen und ein die ursprüngliche Bauform nachahmender Neubau an seine Stelle gesetzt, der jetzt die Hausnummer Baumhackergasse 3 trägt. An seiner Südfassade fand ein Renaissanceportal Wiederverwendung, das vom abgebrochenen Haus Kalmünzergasse 5 (H 118) stammt.

*

Die Mutter Keplers lag in einem feuchten Gefängnisturm. Die erste Sorge des Sohnes galt einer besseren Unterkunft. Er erreichte, daß sie in ein Stüblein am Stadttor, allerdings in Ketten gelegt, gebracht wurde. Auch weiterhin stand ihr Kepler tapfer zur Seite. Das beweist die Bemerkung des Stadtschreibers: „Die Verhafftin erscheint leider mit Beystand Ihres Herrn Sohns Johann Kepplers Mathematici." 1621 schleppte man die Verfolgte in die Folterkammer und drohte ihr, sie mit den Marterwerkzeugen zu zerbrechen. Doch die Keplerin blieb standhaft. Nach wenigen Tagen entließ man sie aus der Haft. Die Rückreise Keplers führte abermals über Regensburg, wo er die Familie mit der inzwischen zur Welt gekommenen Tochter Cordula den Winter über beließ. 1622 kehrte er dann mit den Seinen wieder zurück nach Linz.

Im Sommer 1626 brachte Kepler Frau und Kinder erneut nach Regensburg. Er selbst reiste weiter nach Ulm, um dort den Druck seines Hauptwerkes, der sogenannten Rudolphinischen Tafeln (s. Keplerdenkmal), zu betreiben. Die Familie Kepler wohnte in dem kleinen

Haus Keplerstraße 2 (D 145),
   das damals dem Gewandschneider Hans Haller gehörte. Es handelt sich um ein überwiegend frühgotisches Handwerkerhaus mit zweifachem Überschuß an der Straßenfront, das in unserer Zeit weitgehend dem Verfall preisgegeben war, da der Privatbesitzer die hohen Sanierungskosten nicht aufbringen konnte. Die historische Bedeutung des Hauses sowie sein Ensemblewert rechtfertigten den Einsatz staatlicher Mittel. 1976/77 erfolgte die Sanierung. Während der Arbeiten trat dekorative Fassadenmalerei des 13. Jahrhunderts zutage, deren guter Erhaltungszustand eine völlige Rekonstruktion ermöglichte. Das Haus trägt zur Erinnerung an den Aufenthalt Keplers eine Gedenktafel.

Ein ganzes Jahr lang blieb Kepler der hier weilenden Familie fern, bis er im November 1627 wieder in Regensburg eintraf. Seine Reise hierher führte ihn über Dillingen, wo er bei den Jesuiten Kenntnis von einem Brief erhielt, in dem der in China tätige, seiner astronomischen Kenntnisse wegen sehr geschätzte Jesuitenpater Johannes Terrentinus sich um Auskünfte über neueste Forschungsergebnisse auf dem Gebiet der Astronomie bemüht. Gleich nach seiner Ankunft in Regensburg verfaßte Kepler eine Antwort darauf, ein kleineres Werk mit dem Titel „Joannis Terrentii Epistolium Commentatiuncula". Noch vor Weihnachten 1627 reiste Kepler von Regensburg aus nach Prag, wo zu dieser Zeit Kaiser Rudolph II. weilte.

Keplers Befürchtung, seiner Glaubensgesinnung wegen als kaiserlicher Hofmathematiker entlassen zu werden, erwies sich als unbegründet. Im Gegenteil, er fand am Hof Gönner und Verehrer. Kaiser Rudolph II. nahm ihn gnädig auf. Auf seine Empfehlung trat Kepler in den Dienst Wallensteins, ohne dadurch seine Stellung als kaiserlicher Hofmathematiker zu verlieren. Schon einige Jahre zuvor hatte Kepler für den sterngläubigen Feldherrn ein Horoskop gestellt. Dieser wies ihm als Wohnort das in Schlesien gelegene Sagan an.

Kepler reiste nun zunächst zu seiner Familie nach Regensburg und dann weiter nach Linz, um dort seine Geschäfte — er war ja noch immer österreichischer Landschaftsmathematiker — abzuwickeln. Wohl in der Voraussicht, daß sein Bleiben auch in Sagan nicht von langer Dauer sein würde, ließ er einen Teil seines Hausrates bei Freunden in Regensburg zurück. Das von Kepler eigenhändig geschriebene Verzeichnis der hinterlegten Gegenstände, datiert vom 28. Juni 1628, ist im Kepler-Gedächtnishaus zu sehen. Es vermittelt ein anschauliches Bild von der gediegenen und heimeligen Einrichtung der Gelehrtenfamilie. Neben Möbeln und Hausrat erwähnt es auch „ein Steig mit Globis vnd Mathematischen Instrumenten..." Von Linz aus reiste Kepler nach Prag, wo er mit seiner Familie zur Weiterfahrt nach Sagan zusammentraf.

*

Zwei Jahre später, im November 1630, ritt Kepler auf einem dürren Gaul, von Sagan kommend, über die Steinerne Brücke in Regensburg ein. Hauptziel seiner Reise war Linz. Dort wollte er versuchen, die Zinsen für sein rückständiges Gehalt als Landschaftsmathematiker einzutreiben. Es fügte sich gut, daß zu dieser Zeit der Reichstag in Regensburg noch versammelt war. Mit den hier anwesenden einflußreichen Persönlichkeiten hoffte Kepler über die Zukunft seiner Stellung sprechen zu können, die wieder einmal recht düster aussah, war doch sein Dienstherr, Wallenstein, auf dem kurz vorher stattgefundenen Kurfürstentag in Regensburg abgesetzt und seiner Ämter als verlustig erklärt worden. Auch über die nicht unerheblichen Forderungen an die kaiserliche Kasse wollte Kepler in Regensburg verhandeln.

In Regensburg fand Kepler Herberge bei dem Kaufmann Hillebrand Billj, der

das Haus Keplerstraße 5 (D 104), das jetzige Kepler-Gedächtnishaus,

seit 1622 besaß. Wenige Tage nach seiner Ankunft wurde Kepler von einer schweren Krankheit befallen. Anfänglich glaubte er, das Fieber rühre von den sogenannten Feuerpusteln her und maß ihm wenig Bedeutung bei, doch verschlechterte sich sein Befinden zusehends. Vergebens holte man für den Kranken Arznei (s. Elefantenapotheke); erfolglos ließ man den Fiebernden zur Ader. Der Prediger Christoph Sigmund Donauer stand dem Sterbenden bei. Am 15. November 1630 gegen Mittag verschied der große Forscher und Gelehrte und wurde zwei Tage später auf dem evangelischen Petersfriedhof (s. d.) vor den Mauern der Stadt begraben.

Das Sterbehaus Keplers, Keplerstraße 5 (D 104) blieb wie die übrigen Stätten seines Wohnens und Wirkens in Regensburg erhalten. Es wurde in den Jahren 1959—61 saniert und darin eine

54. Keplerstraße mit dem Sterbehaus Keplers und dem Haus „Zum Blauen Hecht"

museale Erinnerungsstätte an Kepler eingerichtet. Die mit der Sanierung verbundenen Forschungen gelangten zu dem Ergebnis, daß das Haus zusammen mit dem östlichen Nachbaranwesen, Keplerstraße 3 (D 105), dem späteren Gasthof „Zur Goldenen Krone", eine Patrizierburg bildete. An der Südseite des Hauses Nr. 3 (D 105) steht noch der frühgotische Turm.

Im frühen 14. Jahrhundert gehörte diese Geschlechterburg sowie das östlich angrenzende Runtingerhaus, Keplerstraße 1 (D 106) den führenden Handelsfamilien der Leutwein auf Thunau, der Notscherf und der Pröbste auf Thunau. 1399 gelangte die Hausburg Keplerstraße 3/5 (D 105/104) an Matthäus Runtinger (s. Runtingerhaus). Sie führte den Hausnamen „auf dem Brücklein", wohl deswegen, weil sie das Gäßlein Am Drießl mit einem gewölbten Durchlaß überbrückte. 1540 kam es zu einem tiefgreifenden Umbau unter dem damaligen Besitzer Wolf Schwöller, der es durch Handel mit Eisen zu einigem Vermögen gebracht hatte. Unter seinem gleichnamigen Sohn erfolgte gegen Ende des Jahrhunderts die Teilung der Hausanlage in zwei Gebäude, Keplerstraße 3 (D 105) und 5 (D 104). Nachdem er 1594 die rückwärtigen, im Osten der Anlage befindlichen Nebengebäude veräußert hatte, verkaufte er 1596 auch den östlichen an der Keplerstraße gelegenen Vorderteil, „die freiledige Eckbehausung und Hofstatt bis an das Gäßl der Trißl genannt am Vischmarkt (gemeint ist der „alte Fischmarkt", s. d.) gelegen, gegenüber dem Mautthurm". Damit war das Anwesen Keplerstraße 3 (D 105) abgetrennt, das Resthaus, Keplerstraße 5 (D 104), das heutige Keplerhaus, blieb im Besitz des Wolf Schwöller, der es 1604 seinem Schwiegersohn Hans Scheffer übergab. Von diesem gelangte es 1616 an Abraham Portner, der es 1622 an den Handelsmann Hillebrand Billj verkaufte, an jenen, bei dem Kepler 1630 Quartier nahm und starb. Gegen Ende des 17. Jahrhunderts tat sich in dem Haus die Gaststätte „Zum Goldenen Falken" auf.

Der Umbau des Jahres 1540 prägt im wesentlichen das heutige Erscheinungsbild des Keplerhauses, so, wie es sich auch zur Zeit Keplers darbot. Zweimal erscheint die Jahreszahl 1540: am rechten Eckpfeiler des Durchgangs beim Drießl und am Tragbalken der Holzdecke des Wohnraums im 1. Obergeschoß. Die Holzausstattung der Innenräume stammt zum größten Teil aus dieser Zeit, ebenso der schmucke, auf Profilkonsolen ruhende Renaissanceerker gegen die Keplerstraße. Eine Renaissancetüre im 2. Obergeschoß trägt die Jahreszahl 1626. Das Haustor, aus dem Ende des 16. Jahrhunderts, dürfte ebenso wie die Treppe den baulichen Maßnahmen von 1596 angehören, als das Haus den Erfordernissen eines selbständigen Gebäudes entsprechend zugerichtet werden mußte.

Keplers Grabschrift

Zu Keplers Begräbnis auf dem evangelischen Petersfriedhof fanden sich zahlreiche seiner in Regensburg weilenden Freunde und Bekannten ein. Der genannte Prediger Donauer hielt die Grabrede. Keplers Witwe konnte mit ihren Kindern zu dieser schon winterlichen Jahreszeit die weite Reise von Sagan nach Regensburg nicht wagen. Freunde des Gelehrten sorgten für eine würdige Grabstätte. Fast möchte es scheinen, als hätte das Schicksal, das das Leben des unsteten Wanderers Kepler bestimmte, ihn auch noch im Tode verfolgen wollen.

Der Dreißigjährige Krieg warf seine Schatten auch auf Regensburg. Bereits eineinhalb Jahre nach Keplers Tod begann man in Erwartung eines schwedischen Angriffs Teile der Friedhofsmauer niederzulegen. Und als im darauffolgenden Jahr, 1633, die Schweden abermals vor Regensburg erschienen, ließ der bairische Kommandant der Stadt alle außerhalb der Mauern gelegenen Gebäude, darunter auch den Petersfriedhof, rücksichtslos zerstören. Der sicheren und endgültigen Verwüstung fiel die Grabstätte Keplers bei den Kampfhandlungen um Regensburg 1634 anheim. Laufgräben und Batteriestellungen wühlten die Erde des Petersfriedhofes auf und pflügten sie um.

Eine Folge des Krieges war die Pest, und jedermann hatte damals andere Sorgen, als sich um eine verwüstete Grabstätte zu kümmern. Als die Witwe Keplers 1635 in Regensburg eintraf, war das Grab bereits verschollen.

Keplers Grabschrift jedoch blieb uns — wenigstens dem Wortlaut nach — erhalten. Mehrere voneinander unabhängige Quellen überliefern deren Text. Bereits Ostertag 1810 druckt sie in seinen „Kleinen Schriften" ab. Als Quelle nennt er den evangelischen Geistlichen Georg Serpilius (1668—1723). Es läßt sich gut denken, daß Christoph Siegmund Donauer (1593—1655), der dem sterbenden Kepler die Tröstungen der Kirche spendete und auch die Leichenrede hielt, bei der Abfassung der Grabschrift mitwirkte und die Unterlagen seinem Amtsnachfolger Serpilius weitergegeben hat. Eine weitere Quelle lieferte der Prediger bei St. Oswald, Johann Matthäus Barth (1671—1757), der den Text der Grabtafel unter den Schriften seines Großvaters fand. Übersehen wurde bis Mitte der 1930er Jahre, daß Keplers Schwiegersohn und wissenschaftlicher Mitarbeiter, Dr. Jakob Bartsch, in seinen Aufzeichnungen gleichfalls auf Keplers Grabschrift Bezug nimmt. Kepler selbst habe ihm, wie er berichtet, mündlich darüber Mitteilung gemacht.

An der Richtigkeit der überlieferten Inschrift tauchten immer wieder Zweifel auf, bis dem unermüdlichen Keplerforscher, Max Caspar, ein entscheidender Fund glückte. In den Beständen des Germanischen Museums in Nürnberg entdeckte er an einem von Kepler 1622 an den Arzt Dr. Oberndorfer (s. d.) in Regensburg geschriebenen Brief einen aufgeklebten Zettel. Das etwa 8 x 11 cm messende Blatt gibt nicht nur den mit den genannten Quellen übereinstimmenden Wortlaut von Keplers Grabschrift wieder, sondern vermittelt auch mit großer Wahrscheinlichkeit ein getreues Bild vom wirklichen Aussehen der ovalen Grabtafel. Diese Vermutung wird durch die symmetrische Anordnung der Zeilen sowie durch die Verwendung von kleinen und großen Buchstaben, der damaligen Zeitmode entsprechend, nahezu zur Gewißheit erhoben. Schriftvergleiche führten zu der sicheren Annahme, daß als Schreiber des Zettels Keplers Sohn Ludwig in Frage kommt.

Die Grabschrift lautet auszugsweise in deutscher Übersetzung: „Hier ruht der hochangesehene, hochgelehrte und weltberühmte Mann, Herr Johannes Kepler, 30 Jahre hindurch Mathematiker dreier Kaiser ... der ganzen Christenheit bekannt durch seine Schriften, von allen Gelehrten den Fürsten der Astronomie zugezählt, der sich diese Grabschrift selbst bestimmt hat:

Himmel durchmaß mein Geist, nun meß ich die
Tiefen der Erde,
Ward mir vom Himmel der Geist, ruht hier der
irdische Leib."

Das Distichon „Himmel durchmaß mein Geist..." hat Kepler selbst verfaßt. Wohl in Vorausahnung seines nahen Endes hat er es seinem Schwiegersohn Bartsch (s. o.) mitgeteilt. „So mißt er also nicht mehr den Himmel, sondern nur mehr mit seinem Leib die Erde, wie er es in seiner von ihm selbst für sich verfaßten und mir mündlich mitgeteilten Grabschrift ... vorausgesagt...", schreibt Bartsch.

*

Wenig beachtet blieb die Tatsache, daß auch die Witwe Keplers, Frau Susanna, in Regensburg starb und ebenfalls auf dem evangelischen Petersfriedhof ihre Ruhestätte fand. Im Frühjahr 1635 übersiedelte sie mit ihren beiden Töchtern endgültig nach Regensburg. Nur etwas länger als ein Jahr lebte sie noch in unserer Stadt. Ihre Beerdigung beurkundet das Totenbuch der Neupfarrkirche, wo unter dem 30. August 1636 eingetragen ist: „Gen Weih St. Peter Frau Susanna ... des

55. Johannes Kepler, etwa 50 Jahre alt.
Ölgemälde um 1620. Straßburg, Thomasstift

56. Keplers Grabschrift.
German. Nationalmuseum, Nürnberg

edlen und hochgelehrten Herrn Johann Kepler ... selig hinterlassene Wittib alters 40 Jahr." Die Angabe des Alters beruht auf einem Irrtum. Susanna Kepler wurde 47 Jahre alt. Ihre Regensburger Heimstätte — sie wohnte mit großer Wahrscheinlichkeit bei dem ebenfalls aus Österreich stammenden Stephan Marchtrenker — konnte noch nicht ermittelt werden. Ein genaues Nachlaßverzeichnis der Witwe gibt einen interessanten Einblick in damalige Lebensverhältnisse. Ein ganzer Hausrat des 17. Jahrhunderts wird darin gewissenhaft aufgezählt, angefangen vom Barvermögen bis zum „grün angestrichenen, niedrigen Bettstattl" und „weißen Speiskasten". Das Zinngeschirr der Witwe, das damals nicht nur Zierde war, sondern dem täglichen Gebrauch diente, wog 68 Pfund. Gegessen wurde von „hilzernen" Tellern, deren sich 12 im Nachlaß fanden. Für die Reinlichkeit sorgte ein kupferner Badehafen. Der Messingmörser „samt dem strempfl" fehlte damals in keinem Haushalt. Sogar eine alte, rostige Pistole, wohl ein Erbstück des Mannes, wird erwähnt. Das nicht geringe Schatzgeld (wohl Schaumünzen) sowie eine Reihe vergoldeter Silberbecher lassen auf eine gewisse Wohlhabenheit schließen.

Keplerbildnisse

Von Kepler sind heute insgesamt vier Bildnisse bekannt. Ein Jugendbild des Astronomen, ein kleines, auf ein Kupferblättchen gemaltes Medaillonbild, befindet sich im Besitz der Sternwarte Pulkowa bei Leningrad. 1876 gelangte es samt dem Medaillonbild seiner jungen Gattin dorthin. Bereits 1774 erwarb Kaiserin Katharina II. von Rußland einen Großteil von Keplers handschriftlichem Nachlaß für die Petersburger Akademie. Das Thomasstift in Straßburg verwahrt ein Ölgemälde, das Kepler als etwa fünfzigjährigen Mann darstellt. Im Kepler-Gedächtnishaus befindet sich eine Kopie dieses Bildes. Es zeigt den Gelehrten im Kostüm der Zeit, im dunklen Wams und Spitzenkragen. Kepler übersandte dieses Bild 1620 seinem Freund und Gönner Matthäus Bernegger in Straßburg. Dieser schenkte es, wie die Aufschrift in der linken oberen Bildecke bekundet, 1627 der Straßburger Bibliothek. Das Bild mag Keplers Beifall nicht gefunden haben, denn er bat Bernegger, es aus der Bibliothek zu entfernen, da es ihm wenig gleiche. Bernegger ließ nach diesem Bild von J. v. Heyden einen Kupferstich anfertigen. Über das Keplerbild auf der Titelseite der „Rudolphinischen Tafeln" s. bei „Keplerdenkmal".

Das Haus Keplerstraße 3 (D 105),

beherbergt die alte Gaststätte „Goldene Krone", die ursprünglich im Nachbaranwesen, Keplerstraße 1 (s. „Runtingerhaus") betrieben und erst im 19. Jahrhundert hierher übertragen wurde. Der schmale Bau besteht aus einem frühgotischen Turm, der von der Südseite aus gut zu überschauen ist, und einem anschließenden barocken Wohnhaus an der Keplerstraße. Das Haus bildete bis 1596 zusammen mit dem Kepler-Gedächtnishaus (s. d.), Keplerstraße 5 (D 104), ein Anwesen.

Im 4. Obergeschoß der Turm-Südfassade frühgotische Doppelarkade, um 1220/30. Trennungssäulchen mit zweireihigem Knollenkapitell auf dickem Halsring. Im Erdgeschoß ehemals zweijochige Hauskapelle, deren Gewölbe ausgeschlagen wurde.

Das Runtingerhaus, Keplerstraße 1 (D 106)

Der Name „Runtingerhaus" ist erst wenige Jahre alt. Er wurde geprägt durch die Leitung des Regensburger Museums anläßlich der Beschilderung historisch bedeutsamer Bauwerke der Stadt. Bis dahin kannte man das Gebäude unter dem Namen „Goldene Krone", so benannt nach einer Gaststätte dieses Namens, die in den Räumen des Hauses betrieben wurde.

Mit der Sanierung des Hauses — begonnen 1961, abgeschlossen 1978 — ging auch eine neuerliche Durchforschung der frühen Besitzgeschichte einher, die z. T. neue Erkenntnisse förderte. Der früheste der bekannten Besitzer war Marquart Eisenmanger, der sich gemäß der Lage seines Hausbesitzes „auf Thunau" nannte. Dieser Familienname weist hin auf das Handelsgut Eisen. Handel mit Eisen betrieben mehrere an der Uferstraße ansässige Patrizierfamilien (vgl. Schwöller, Eisengrät). Die Familie der Eisenmanger auf Thunau erwarb 1352 die von Bischof Friedrich I. (1340—1365) verpfändeten Gefälle des geistlichen Gerichts, des sogenannten Propstgerichts, weshalb sie sich seit dieser Zeit „Probst auf Thunau" nannte. Von den Pröbsten auf Thunau gelangte die repräsentative Bauanlage nach Ausweis eines Kaufbriefes vom 9. November 1367 an den Handelsherrn Wilhelm Runtinger. Sein Sohn Matthäus erwarb 1399 noch ein westlich angrenzendes Haus hinzu. Die Familie Runtinger, die über dem Haustor ihr heute noch sichtbares Wappen anbrachte, kam durch Fernhandel zu großem Reichtum. Das vielgenannte Runtingerbuch, Geschäftsaufzeichnungen von Wilhelm und Matthäus Runtinger aus den Jahren 1383 bis 1407, ist das bedeutendste Kaufmannsbuch des deutschen Mittelalters. Für die Wirtschaftsgeschichte ist es von maßgeblichem Wert. Von 1576 bis 1638

57. *Keplerstraße mit Runtingerhaus. Lavierte Tuschezeichnung von C. Th. Pohlig, um 1890. Museum*

58. *Runtingerhaus. Schlußstein um 1330*

gehörte das Haus der Familie Altschmidt, die in dem weitläufigen Gebäude die Gaststätte „Zur Goldenen Krone" betrieb, die erst im vergangenen Jahrhundert in das Nachbaranwesen, Keplerstraße 3 (D 105) verlegt wurde.

Dieser Gasthof zählte einst zu den vornehmsten der Stadt. Er verfügte über zahlreiche Zimmer und über Gaststallungen für 50 Pferde. In der sogenannten „fürstlichen" oder „Hochzeitsstube" hielten wohlhabende Regensburger Familien gerne ihre Vermählungsfeiern ab.

Daß Quartiersoldaten des Dreißigjährigen Krieges meist recht unsolide Gäste waren, die die Wirte lieber gehen als kommen sahen, läßt sich denken. Der Rittmeister Lorenz Helmstetter aber, der samt seiner rohen Soldateska 1632 in der „Goldenen Krone" im Quartier lag, trieb es doch zu arg. Deshalb wandte sich der Wirt mit einer Klageschrift an den Rat der Stadt, in der er mit Empörung die fürchterlichen Zustände in seinem Hause schildert und untertänigst bittet, ihn fernerhin mit solch ungebetenen Gästen zu verschonen.

Schon bei seiner Ankunft erregte der Rittmeister den Unwillen des Hausherrn. Der rauhe Kriegsmann kam nämlich in Begleitung seiner Geliebten, die er von Eichstätt mitbrachte, und der Wirt mußte ihr und ihrer Magd „absonderliche" Zimmer, d. h. die schönsten des Hauses, einräumen. Nach ein paar Tagen erlaubte sich der Rittmeister, fremde Personen in den Gasthof zu bringen, denen er kurzerhand das Gastzimmer als Quartier anwies. Dann gab er vor, nur „per spaßo" sich gelegentlich in der gepflegten, für ihn nicht bestimmten Hochzeitsstube aufhalten zu wollen. Er ließ aber, ohne den Wirt zu fragen, seine Betten hineintragen. Anscheinend hat es ihm später in der „Wappenstube" noch besser gefallen, denn auch darin hat er sich häuslich eingerichtet.

Noch schlimmer als der anmaßende Rittmeister gebärdete sich sein Gesinde. Die ungesitteten Gesellen warfen die Betten der „sauberen Gaststuben" sowie die der „Cantzelei-Stub" einfach vor die Tür, um Platz zu machen für das Pferdefutter, den Hafer, den sie in diesen Zimmern aufschütteten. Die Reitknechte schleppten die sauber bezogenen Betten in die Pferdeställe.

Das Runtingerhaus in seiner heutigen Gestalt ist das Ergebnis mehrerer Bauphasen, die sich dem Betrachter von der Keplerstraße aus zu erkennen geben. Ältestes Bauglied (im Osten mit Treppengiebel) bildet ein spätromanischer Turm, um 1200. Das Fragment einer doppelten Rundbogenarkade aus dieser Zeit ist über den Fenstern des 2. Obergeschosses erkennbar. Die Frühgotik fügte um 1260 dem Turm einen westlichen, schmalen, viergeschossigen Wohntrakt an; es entstand das typische Regensburger Geschlechterhaus. Turm und Anbau erhielten zu dieser Zeit die aufwendigen, mehrgliederigen Fensterarkaden. Der Treppengiebel über dem (einstigen) Turm dürfte ebenfalls damals entstanden sein. Etwa zur gleichen Zeit erfolgte im 1. Obergeschoß des Turmes der Durchbruch einer im Spitzbogen geführten Loggia nach italienischem Vorbild.

Der nächste Bauabschnitt, um 1330, brachte eine Erweiterung durch einen nach Süden anschließenden Trakt mit Erdgeschoßüberwölbung. Am Südende der Einfahrt drei von Kreuzrippen überspannte Joche. Der Schlußstein des nördlichen Joches zeigt die Relieffigur eines springenden Einhorns, die im Zandthaus (s. d.) wiederkehrt. Im Schlußstein des Südjoches Spitzschild mit zwei heraldischen Blättern, von denen eines vertieft, das andere erhaben erscheint. Es ist das Wappen der Pröbste auf Thunau, das Siegelbild des Marquart Eisenmanger (s. o.). Damit ist der Name des Erbauers des Südflügels gesichert. Den Schlußstein des westlichen Joches ziert eine dreifache Rosette. Im Trakt zwischen den beiden kleinen Höfen ein zweijochiges Kreuzrippengewölbe, vielleicht die einstige Hauskapelle. Zur Zeit der Erweiterung nach Süden, um 1330, dürfte auch die Loggia im Turm durch drei Rechteckfenster geschlossen worden sein.

Eine letzte große Baumaßnahme erfolgte zu Beginn der Spätgotik, um 1400, als Matthäus Runtinger den von seinem Vater übernommenen Baukomplex mit dem von ihm erworbenen Nebengebäude (s. o.) zu einem repräsentativen Patrizierhaus zusammenschloß. Damit verband er auch eine Vergrößerung des Festsaales im 1. Obergeschoß. Ein achteckiger Mittelpfeiler und Figurenkonsolen stützen die Tragbalken der gewaltigen Holzdecke des Saales. Im 2. Obergeschoß sog. Kemenate, ein Holzausbau eines Raumes in Ständerbohlenbauweise, entstanden im späten 14. Jahrhundert, die Wandbemalung wohl gleichzeitig. Besonders gut erhaltenes Beispiel dieser mittelalterlichen Raumausstattungen. Solche Ständerbohleneinbauten wurden bei Sanierungsarbeiten mehrfach aufgedeckt.

Die Räume des Runtingerhauses werden vorwiegend für Veranstaltungen genutzt. Im rückwärtigen (südlichen) Teil (Baumhackergasse 6) ist seit 1977 das Stadtarchiv untergebracht.

Das Haus „Zum Blauen Hecht", Keplerstraße 7 (D 103)

vereint in hohem Maße die typischen Merkmale des Regensburger Patrizierhauses: Turm mit Zinnenabschluß, Fensterarkaden, Hauskapelle im Erdgeschoß, anschließender Wohnbau. Die turmbewehrten Geschlechterhäuser, wie sie in dichter Folge in den Gassen um das Rathaus anzutreffen sind, dem einstigen Kaufmannsviertel, regen immer wieder an zu Vergleichen mit ähnlichen Bauten oberitalienischer Städte, namentlich in Verona.

Der Frühbesitz des Hauses harrt noch der Erforschung. Um 1500 saßen hier die Gravenreuter. Etwa seit Mitte des 16. Jahrhunderts gehörte das Haus der Familie Schwöller (s. d.), einem Geschlecht von Schiffern und Fischern vom Oberen Wöhrd, das durch Handel mit Eisen zu Wohlstand gelangte. Die Schwöller trugen im Wappen einen gekrümmten blauen Hecht im goldenen Feld. 1590 erscheint Egid Schwöller als Wirt „Zum Blauen Hecht". Der Gasthausname leitet sich mit Gewißheit vom Wappenbild der Schwöller ab. Von 1576 an konnte C. W. Neumann die Reihe der Hausbesitzer lückenlos feststellen. Von den späteren Eigentümern sei der Gastwirt Leonhard Ißenweickh deshalb genannt, weil er den „Blauen Hecht" zu jener Zeit bewirtschaftete, als im Nachbarhaus Johannes Kepler starb.

Der hochgotische Hausturm erhebt sich mit sechs Geschossen und schließt mit Zinnenkranz. Mit dem Turm der benachbarten „Goldenen Krone" (s. d.) bildet er, vom Drießl (von Süden) aus gesehen, eine imposante Baugruppe, wenngleich das Bild durch den Abbruch der südlichen Rückgebäude nicht mehr dem Originalzustand entspricht. In der Turmfassade an der Keplerstraße sitzen mehrere Fensterchen und Fenstergruppen; jene des 3. Obergeschosses erneuert, ebenso die Trennungssäulchen der Dreierarkade im 1. Obergeschoß. Die Schießscharten im 4. Obergeschoß erst bei Sanierung 1958/61 anstelle der ursprünglichen Spitzbogenfensterchen eingesetzt. Von anziehender Schönheit der mit zwei ungleichen Jochen überwölbte Raum des Erdgeschosses. Kräftige, steil gekehlte Rippen strahlen von tiefsitzenden Kelchkonsolen aus und ziehen zu zwei kleinen Schlußsteinen hinauf, von denen der des Nordjochs einen Blätterkranz, der des Südjochs eine Rosette trägt. Der Raum barg einstmals die Hauskapelle, deren Schutzheiliger heute nicht mehr bekannt ist. An den Turm schließt nach Osten der zugehörige, schmale Wohnbau an, der im Zeitalter des Barock Veränderungen erfuhr.

Die Generationen der Wirte wie der Gäste überdauerte das eiserne Wirtshausschild des 18. Jahrhunderts, das noch heute als Zeichen einstiger Gastlichkeit weit in die Straße ragt: ein getriebener Hecht im ovalen Blätterkranz an schmuckem Gestänge.

Das Haus Keplerstraße 9 (D 102)

beherbergte die Gastwirtschaft „Zum Goldenen Greifen", die schon im 16. Jahrhundert nachzuweisen ist. Die Sanierung des Hauses 1958/59 legte an der Front zur Keplerstraße im 1. Obergeschoß die Quaderung von zwei Entlastungsbogen frei. Über den Fenstern des 2. Obergeschosses die Kopfstücke von zwei gekoppelten Spitzbogenfenstern.

Das Haus „Zum Pelikan", Keplerstraße 11 (D 87),

ein historisch bedeutsames Haus mit großer Besitzergeschichte. Am frühesten nachzuweisen sind hier die Zandt (s. d.), ein Zweig dieser begüterten und einflußreichen Familie, der sich wegen der Lage des Hauses „auf Thunau", d. h. an der Donau, nannte. Die Zandt zählen zu den großen Wohltätern der Stadt. Sie stifteten das Siechenhaus St. Lazarus (s. d.), bedachten das St.-Katharinen-Spital mit Schenkungen und förderten den Dombau mit bedeutenden Mitteln. Zur Erinnerung an diese Familie ist die bei unserem Haus von Süden in die Keplerstraße einmündende Gasse „Zandtengasse" benannt. Mit dem Jahr 1302 treten die Ingolstetter als Besitzer auf. Bis 1471 sind sie in ihrem Haus an der heutigen Keplerstraße nachzuweisen. Von den späteren Eigentümern seien die Schierlinger genannt, denen das Haus von 1504 bis etwa 1556 gehörte. Auf dem Giebel ließen sie ihr Wappentier anbringen, einen Pelikan, auf den der Hausname zurückgeht. In der 2. Hälfte des 17. Jahrhunderts gehörte das Anwesen den Grienewald. Ein Angehöriger dieser Familie, der Kartäusermönch Franz Jeremias Grienewald (gest. 1626) ist der Verfasser einer wertvollen Regensburger Geschichte, der Annales Ratisbonnensis (1615/16). Eineinhalb Jahrhunderte lang, von 1684 bis 1829, war das Haus im Besitz der Familie Gemeiner. Carl Theodor Gemeiner, Ratssyndikus, Stadtschreiber und Archivar, erbte nach dem Tode seiner Mutter 1791 das Haus, in dem er seine vierbändige Regensburger Chronik schrieb. Er lebte von 1756 bis 1823. Eine Gedenktafel über dem Portal erinnert an den verdienstvollen Archivar und Erforscher der Geschichte Regensburgs. Von der Familie Gemeiner kam das Haus 1829 „mit allem, was niet- und nagelfest ist" — auch mit der alten Hausuhr der Gemeiner — an Johann Christoph Fries. Leider wurde sie ein Opfer des Aberglaubens. Durch diese Uhr, so meinte man, habe sich ein Sterbender „angemeldet", weil sie bei einem Todesfall plötzlich stehenblieb. Daraufhin entfernte man sie aus dem Haus.

Der Kern des Hauses reicht in die Romanik. Sein heutiges Aussehen ist geprägt von späteren Stilepochen und dem Umbau von 1970/72. Giebelfront an der Keplerstraße mit Renaissancecharakter. Das Rustikaportal trägt über dem Architrav zwischen Segmentgiebelstücken eine Imperatorenbüste. Darunter Gedenktafel für Carl Theodor Gemeiner. Entgegen denkmalpflegerischen Belangen wurden die reich geschnitzten barocken Torflügel beim jüngsten Umbau unter den Betonsturz des Tores an der Ostseite versetzt. Ein turmähnlicher Bauteil an der Zandtengasse erfuhr 1971 eine Aufstockung zur Gewinnung von Wohnungseinheiten. Die modernistische Turmrekonstruktion wirkt als Fremdkörper. Einzelne Zimmer des Hauses zeichnen sich durch Deckenstuck des 17. Jahrhunderts aus. Mehrere Türen der Renaissance- und Barockzeit.

ST.-ALBANS-GASSE

verbindet die Keplerstraße mit dem Römling. Den Namen führt sie von einer dem hl. Alban geweihten Kapelle, die am nördlichen Ausgang der Gasse nahe der Donau an der Stadtmauer stand, etwa an der Stelle des jetzigen Hauses Keplerstraße 20 (D 154). 1198 schon wird sie erwähnt. Sie besaß vier Altäre und verfügte über Stiftungen zum Unterhalt von zwei Kaplänen. Als 1552 die Stadtbefestigung wegen drohender Kriegsgefahr in aller Eile verstärkt werden mußte, ließ der kaiserliche Obrist Graf von Eberstein die St.-Albans-Kapelle abbrechen und mit ihrem Steinmaterial die donauseitige Stadtmauer erhöhen.

Johann Ingolstetter — die Familie besaß das Haus Keplerstraße 11 (D 87) — verband 1368 mit der Kapelle die Stiftung eines Seelhauses für 8 Seelfrauen, das sich im Anwesen St.-Albans-Gasse 9 (D 81) befand. Die Seelnonnen bildeten eine Vereinigung frommer Frauen, die in einer Art klösterlicher Gemeinschaft lebten und deren Hauptaufgabe darin bestand, für die Seelen der Verstorbenen zu beten.

Bis 1441 befand sich in unserer Gasse die städtische Waage im Haus Nr. 5/7 (D 82/83). Die Enge der Gasse und die damit verbundenen Schwierigkeiten der Zufahrt veranlaßten den Rat, die Stadtwaage in diesem Jahr als „Neue Waag" (s. d.) auf den Haidplatz zu verlegen.

1694 wird die St.-Albans-Gasse als „Alwangergasse" bezeichnet. Die Örtlichkeit bei der Kapelle selbst hieß „bei St. Alban". Noch 1865 schreibt der Stadtplan „Zu St. Alban am Weinmarkt".

WEINLÄNDE — AM WEINMARKT — WEINGASSE

Eisen und Wein zählten zu den bedeutendsten Handelsgütern der Kaufmannsfamilien an der Keplerstraße. Mit ihrer Handelstätigkeit verbanden sie vielfach auch den Betrieb einer Gaststätte, den Ausschank von Wein, wozu sich die Räume der Hausburgen in besonderer Weise eigneten. Die zahlreichen, zum Teil verschwundenen Gaststätten längs der Keplerstraße, darunter führende wie der „Blaue Hecht" und die „Goldene Krone" weisen darauf hin.

Weine aus dem Neckar-Tauber- und Maingebiet, aber auch aus Österreich, aus Südtirol und Italien kamen auf der Donau an. An der Weinlände, wo die Weinzillen anlegten, walteten Weinschreiber und Zöllner ihres Amtes. Bahres Stadtansicht von 1630 (Stadtansichten Nr. 10) läßt das rege Treiben an der Weinlände erkennen. Der angrenzende, heute noch stehende

Weinstadel, Keplerstraße 14 (D 151),

1527 mit Sicherheit nach Plänen Albrecht Altdorfers erbaut, diente zum Lagern der Fässer. Zweigeschossig, an die donauseitige Stadtmauer gebaut. Im steilen Satteldach zwei Reihen von Schleppgauben. Giebelabschluß östlich und westlich je ein profiliertes Türmchen aus Kalkstein, ursprünglich mit Wetterfahne, die den Renaissancecharakter des nüchternen Zweckbaues unterstreichen. An der Südostecke in Höhe des 1. Obergeschosses in einem Eckquader zweimal das Stadtwappen im Relief. An der Südwestecke wiederum Stadtwappen, dazu eingetieft die Jahreszahl 1527. Westlich des Weinstadels führte das 1859 überbaute

Weintor, Keplerstraße 16 (D 152),

durch die Stadtmauer zur Weinlände hinaus. „Anno 1610. In diesem Jahre baute man alhie das Wain-Thor zweyfach und oben auf ein Hauß, und sezet den Eysengrethmeister drein; geschah wegen des Pflegers am Hoff (d. h. Stadtamhof), mit Nahmen Hanß von Pisken, ... ein pösser Mensch, der offt geredt, er wolle Regenspurg mit 100 Mann einnehmen bei dem Weinthor. Darauf hat der Rath das Gebeu gethan". Zwei wappenhaltende Figuren, ein Engel und ein Steinwerfer, beide von 1610, bildeten die Bekrönung des Tores an der Donauseite bzw. an der Keplerstraße. Die Skulpturen schmücken nun die Eingänge zum Museum am Dachauplatz.

Der Stadtplan von 1808 (Stadtgrundrisse Nr. 19) bezeichnet den Platz vor den Häusern Keplerstraße 8, 10 und 12 (D 149; 148, 150) als „Weinmarkt". Der Plan von 1865 (Stadtgrundrisse Nr. 25) dehnt diese Ortsbezeichnung bis zum Weinstadel, Keplerstraße 16 (D 152) hin aus. Außerdem kennt er noch für die Straßenverbreiterung am westlichen Ende der Keplerstraße bei der St.-Oswald-Kirche die Benennung „Zu St. Alban am Weinmarkt". Auf diesen Plätzen fand das eigentliche Handelsgeschäft mit den Weinen statt. Heute heißt nur noch der letztgenannte Platz „Am Weinmarkt". Die übrigen mit „Weinmarkt" bezeichneten Örtlichkeiten zählen nun zur Keplerstraße.

59. Weinstadel, Keplerstraße 14 (D 151). Lavierte Federzeichnung, 1651. Hofbibliothek

Eisengrät

hieß jenes Stück des Uferstreifens beim heutigen Haus Keplerstraße 18 (D 153), in dem sich nun die Läden der Freibankmetzger befinden. Hier wurde ehedem das in der Oberpfalz gewonnene, auf Vils, Naab und Donau nach Regensburg verschiffte Eisen entladen und gelagert.

METGEBERGASSE

Zu den zahlreichen Stichgassen, die von Süden her in den langgezogenen Verkehrsweg Keplerstraße — Goldene-Bären-Straße münden, zählt auch die stille Metgebergasse, die erst durch die umfangreichen Sanierungsarbeiten wieder mehr in das Blickfeld der Öffentlichkeit rückte.

Für den Gastwirt gebrauchte man einst den Ausdruck „Gastgeb", den, der „Leit" ein alkoholisches Getränk ausschenkte, nannte man den „Leitgeb". Der „Weingeb" setzte seinen Gästen Wein vor. Der „Metgeb" betrieb den Ausschank von Met, ein aus Honig bereitetes Getränk, dem im mittelalterlichen Regensburg und auch später noch eine gewisse Bedeutung zukam. Diese ursprünglichen Berufsbezeichnungen übertrugen sich im Laufe der Zeit als Schreib- und Familiennamen. Aus dem Metgeb wurde der Metgeber. Von diesem Familiennamen dürfte unsere Gasse ihre Bezeichnung schöpfen. 1330 gab es in Regensburg einen Bürger namens Peter Metsieder, 1364 wird ein Walther der Metgeb genannt. Der Straßenname wird nach Schwäbl erstmals 1588 erwähnt: „... Beckenbehausung (d. h. Haus eines Bäckers) am Remling in der Mettgeberstrasse".

Das Haus Metgebergasse 2 (D 36/37), früher Am Weinmarkt 1/2

1969/70 Abbruch und Neubau in Anlehnung an den ursprünglichen Bestand. Turm mit östlich anschließendem Wohnbau, dieser mit (spätgotischer) Vorkragung, sog. Überschuß auf Konsolsteinen. Im Turm drei originale spitzbogige Doppelarkaden mit Maßwerk und Trennungssäulchen, um 1320. Das barocke Allianzwappen (an der Trennfuge zwischen Turm und Anbau) bezieht sich auf die Hausbesitzer in der 2. Hälfte des 18. Jahrhunderts, die Familien Schlaitzer und Engelhardt. Es stammt vom 1969 abgebrochenen Vorbau.

Das Haus Metgebergasse 10 (früher 12, D 42)

Spätgotisches Kleinhaus an der Ecke zum Fuchsgäßchen. Ostfassade mit zweiachsigem Kastenerker auf sechs profilierten Konsolsteinen. Tonnenwölbung des Kellers teilweise freigelegt, vom Erdgeschoßflur aus sichtbar. Im südöstlichen Eckraum des 1. Obergeschosses Deckenstuck des 18. Jahrhunderts. Reizend die Flügel des Hoftores an der Metgebergasse mit klassizistischer Reliefschnitzerei: Schlangen, durch Ringe gezogen, tragen Schleifen mit Rosetten. Mit Gewißheit vom gleichen Schnitzer wie an der Elefanten-Apotheke (s. d.). Sanierung 1975/77.

ENGELBURGERGASSE

Die von tiefgreifenden baulichen Veränderungen verschont gebliebene Gasse vermittelt noch deutlich den Eindruck eines gotischen Straßenzuges. Der Blick von der Donau her in die Gasse mit dem gotischen Chor der St.-Oswald-Kirche im Vordergrund bietet eines der eindrucksvollsten Straßenbilder Alt-Regensburgs.

Die Engelburgergasse ist nach dem Familiennamen Engelbold benannt. Als „Engelpoldesstrazz" wird sie 1289, als „Engelpoldstraße" 1310 und 1378 erwähnt. Mit dem 16. Jahrhundert wird die Bezeichnung „Engelburgerstraße" geläufig.

Der Hausturm bei St. Oswald, Engelburgergasse 2 (D 27)

An die südliche Langhauswand der St.-Oswald-Kirche schließt ein altersgrauer Turmbau an, der unter dem Namen „Hausturm bei St. Oswald" Eingang in die lokalgeschichtliche Literatur fand. Der mit 5 Geschossen sich erhebende Wohnturm, in unmittelbarer Nähe der arnulfinischen Stadtmauer, stammt aus der zweiten Hälfte des 13. Jahrhunderts. In seiner Westfront sitzt im 2. Obergeschoß eine rundbogige Dreierarkade, im 3. Obergeschoß eine rundbogige Doppelarkade. Trennungssäulchen mit Kelchknospen- bzw. Kelchblattkapitell.

Das 3. Obergeschoß birgt einen sogenannten Ständerbohleneinbau, eine aus spätgotischer Zeit stammende, in Blockbauweise errichtete Kammer. In kräftige Eckständer sowie in das Türgewände sind schwere Föhrenbohlen eingenutet, einen verhältnismäßig kleinen, rechteckigen Raum umschließend. Den Zugang vermittelt eine Öffnung, deren Sturz im Zwillingsbogen ausgesägt ist. Nur von außen her kann die Türe verriegelt werden. Eine nur 30 cm hohe und 20 cm breite spitzbogige Luke links vom Eingang diente wohl zum Reichen der Speisen für den Insassen der stockfinsteren Keiche.

An ihrer Südseite ist eine Heizvorrichtung aus Ziegeln und Lehm angebaut. Der Kaminmantel besteht aus Weidengeflecht, mit Lehm überworfen.

Über den Zweck dieses Gelasses wurden schon mehrfach Vermutungen ausgesprochen. Da der Raum keine unmittelbare Verbindung mit der St.-Oswald-Kirche aufweist, dürfte es sich kaum um die Zelle eines Inklusen handeln. Auch die einstige Verwendung als Irrenzelle scheint nicht sehr wahrscheinlich. Gewiß haben wir hier eine mittelalterliche Strafzelle vor uns, in der die Pfründnerinnen des zugehörigen Frauenstiftes kleinere Vergehen büßen mußten. Auch beim St.-Katharina-Spital gab es eine Strafzelle für leichtere Vergehen.

Das Frauenstift St. Oswald, Weißgerbergraben 3 und Engelburgergasse 2 (D 27)

wird bereits 1318 als „Spital auf Thunau" erwähnt. Friedrich Auer und Karl Prager stifteten es ursprünglich für 12 arme Frauen. Durch großzügige Schenkungen der wohlhabenden Familie der Auer konnte das Spital erweitert und mit Pfründen so reich versehen werden, daß es den Namen „reiches Spital" führte. Allerdings unterlagen die Pfründnerinnen einer strengen Hausordnung, die 1358 verfügte, daß die Frauen graues, schwarzes oder braunes Gewand zu tragen haben. Der tägliche Besuch der Messe war verpflichtend, keine der Pfründnerinnen durfte die Kirche vor Erteilung des Segens verlassen. Jüngere Insassinnen durften nur in Begleitung einer älteren ausgehen. Wer gegen die Tischsitten verstieß, mußte zur Strafe vor dem Tisch kniend ein Vaterunser beten. Allerdings war den Pfründnerinnen gute Kost zugesichert, auch durften sie Besuche ehrbarer Männer und Frauen empfangen. Nach dem Tod einer Insassin gehörten Bett und Bettzeug dem Spital.

Das Haus Engelburgergasse 4 (D 26),

romanischer Hausturm, Mitte des 12. Jahrhunderts, mit südlichem Anbau. An der Straßenfront zwischen 1. und 2. Obergeschoß 1962 eine dreiteilige romanische Fensterarkade aufgedeckt. Am mittleren Bogen konnten Spuren der ursprünglichen Bemalung festgestellt werden.

Das Haus Engelburgergasse 11 (D 28), ehemals Pielenhofener Herberge,

gehört im Kern der Anlage wohl der Gotik an. Schon 1265 besaß das Kloster Pielenhofen hier ein Absteigequartier, eine Herberge. 1622 gehörte das Gebäude den Herren von Pertoltzhofen. Aus dem Besitz des evangelischen Predigers Samuel Serpilius gelangte das Haus 1725 an den Prediger Mathias Wißmeyer.

Aventins Wohnhaus, Engelburgergasse 14 (D 21)

Aventinus hieß eigentlich Johannes Turmair, war Wirtssohn aus Abensberg, nur daß er sich nach Humanistenart gemäß seiner Vaterstadt Abensberg den lateinischen Namen Aventinus zulegte. Kraftvolles Altbaierntum und humanistische Bildungsweite verbanden sich in ihm zu einem volksnahen Gelehrten. Auf den hohen Schulen zu Ingolstadt, Wien, Krakau und Paris holte er sich ein umfassendes Wissen. 1509 wurde er Prinzenerzieher bei Herzog Ernst in Burghausen. Herzog Ludwig erteilte ihm den Auftrag, eine große Geschichte des bairischen Volkes zu schreiben. Mit Leidenschaft widmete sich Aventin dieser Aufgabe. Zwei Jahre durchreiste er das Land, „erfüllt von einem Rausch des Entdeckens". Er selber sagt: „Demnach hab ich das ganze Baiernland durchritten, alle Stifte und Klöster durchfahren, Buchkammern und -kästen fleißig durchsucht, allerlei Handschriften, alte Freiheits- und Übergabsbriefe, Chroniken, Sprüche, Reime, Lieder ... durchlesen und abgeschrieben, ... alle Winkel durchschloffen und durchschaut." Gestützt auf umfangreiches Material schrieb er in jahrelanger Arbeit die erste, auf Quellen beruhende Geschichte Baierns, deren deutsche Fassung 1523 erschien und die ihm den Ehrentitel „Vater der bairischen Geschichtsschreibung" einbrachte. Kein Geringerer als Goethe behauptete, daß man einen Menschen „tüchtig heraufbilden könne, ohne dabei ein anderes Buch zu brauchen, als etwa Tschudis schweizerische oder Aventins bairische Chronik".

Eine ebenso großartige wie freisinnige Weltanschauung durchlebt sein Werk. Seine freimütigen Äußerungen gegen den Papst und kirchliche Mißstände führten 1528 zu seiner vorübergehenden Verhaftung. „Es ist schier dazu kommen, wer einen Bettelmönch seine Läuse nicht für heilig hält, soll nicht ein Christ sein", schreibt er.

Im Alter von 52 Jahren heiratete Aventin die bei ihm als Hausmagd beschäftigt gewesene Barbara Fröschmann. Das veranlaßte ihn, sich nach einem festen Wohnsitz umzusehen. Regensburg, die Stadt, in der er immer so gerne weilte und die ihn sicher auch aus historischen Gründen interessierte, wählte er zu seinem ständigen Aufenthaltsort. Am 23. Februar 1531 erwarb er das Haus in der Engelburgergasse. In den sogenannten Siegelprotokollen der Stadt heißt es dazu: „Ruprecht Underholz hat verkauft seine Behausung und Hofstatt allhier in Engelburgerstraßen, gegen Püllenhofer Herberg über gelegen, dem ehrbaren hochgelahrten Herrn Joannes Aventino, Historiographo, und Barbara seiner Hausfrau und allen ihren Erben umb hundert und vierzig Gulden." Aventin selbst hat dieses für ihn bedeutsame Ereignis in seinem Hauskalender vermerkt, der erst 1803 in einem Kramladen bei Abensberg entdeckt wurde.

Nur zwei Jahre lang konnte sich Aventin dieses Besitzes erfreuen. Seine mißlichen Vermögensverhältnisse zwangen ihn, das Haus wieder zu verkaufen. Der Bürger Wolfgang Hager erwarb es „am Erichtag nach der heil. dreyen König Tag" 1533 um 150 Rheinische Gulden. Weil Aventin in Regensburg keine seinem wissenschaftlichen Rang entsprechende Anstellung finden konnte, folgte er gerne einer Einladung seines Freundes, des Kanzlers Leonhard von Eck nach Ingolstadt, um die Erziehung von dessen Sohn zu übernehmen. Aventins Frau Barbara aber blieb mit den Kindern auch nach der Übersiedlung ihres Mannes nach Ingolstadt in dem Hause wohnen. An Weihnachten 1533 reiste Aventin nach Regensburg, um seine Familie zu besuchen. Dabei zog er sich eine Krankheit zu, an deren Folgen er am 9. Januar 1534 starb, mit großer Wahrscheinlichkeit in seinem ehemals eigenen Haus in der Engelburgergasse.

Das Haus ist modern umgebaut. Es trägt eine Gedenktafel.

Das Haus Engelburgergasse 22 (D 9), sogenanntes Rosen'sches Haus

Unter den Manuskripten C. W. Neumanns im Historischen Verein befindet sich die Wiedergabe einer Inschrifttafel, die auf die Baugeschichte des Hauses Bezug nimmt: „Anno Christi MDLXXV (= 1575) den 1. November ist Rudolphus II. Erzherzog von Österreich etc. zum Römischen König gekrönt worden allhie zu Regensburg, ist auch in diesem Jahr diese Behausung durch Hans Christoph Rosen erbauet worden...". Über der Schrift befindet sich im viergeteilten, von Drachen flankierten Schild je zweimal das Wappen des Bauherrn, des Junkers Hans Christoph Rosen und das seiner Frau Beatrix, einer geborenen Schiltl. Auf den Familiennamen Rosen geht der Hausname „Rosen'sches Haus" zurück.

Der Vorgänger des Rosen'schen Hauses wird 1564 genannt. In diesem Jahr verkaufte der Regensburger Schultheiß Michael Hiltner das Anwesen an den Dechant Oswald Rueland aus Cham um 600 Gulden.

In diesem Haus wohnte um 1820 einer der letzten, wenn nicht der allerletzte Regensburger Kupferstecher und einer der frühen Lithographen, der in diesem Buch mehrfach genannte Johann Bichtel. Er zählt nicht zu den großen Meistern seiner Kunst, aber er hat in seinen zahlreichen Graphiken liebenswürdig und eindrucksvoll das Leben Regensburgs in den Jahrzehnten des Biedermeier festgehalten. Mit seinen aktuellen Bildreportagen — ganz auf den populären Zeitgeschmack abgestellt — ist er dem Informationsbedürfnis breiter Schichten nachgekommen. Sein wohl schönstes und dekorativstes Blatt ist jenes um 1813, das die Allee mit dem Obelisken und einer reizenden, kostümkundlich sehr aufschlußreichen Personenstaffage darstellt. Sein großes Blatt vom Leichenzug des Bischofs Wittmann erzielt heute Höchstpreise. Bichtel könnte man den Bildberichterstatter des biedermeierlichen Regensburg bezeichnen. Mordszenen und Unglücksfälle führt er dem auch damals schon sensationslüsternen Publikum in seinen Stichen und Lithographien vor Augen, etwa den Mord an dem Magistratsrat Elsberger (s. Abb. 270), die grausige Bluttat des geisteskranken J. A. Keimel, der seine Eltern mit einem Beil erschlägt (s. S. 234) oder das tragische Schiffsunglück auf der Donau von 1837 (s. S. 268). Die große Bedeutung der Graphik Bichtels liegt in ihrem Quellenwert. Bichtel war es gewohnt, Gegenstände und Ereignisse getreu und genau wiederzugeben. Topographisch aufschlußreich ist die Szene am Kohlenmarkt (s. S. 596), die Ansicht des westlichen Neupfarrplatzes mit der abgebrochenen Augustinerkirche (s. Abb. 35) oder das in den napoleonischen Kämpfen 1809 beschädigte Gartenschlößchen Theresienruhe (s. d.), im Hintergrund das zerstörte Peterstor und die Kirchenruine St. Paul, ebenso das 1809 zerstörte Stadtamhof (s. Abb. 197). Volkstümlich und volksnah sind seine zahlreichen auf Regensburg bezogenen Legenden- und Andachtsbilder. Außerdem bestätigte er sich als „Lehrer der Zeichnungskunst", wie er im Adreßbuch 1822 genannt wird, eine Lehrtätigkeit wohl für die Töchter des gehobenen Bürgertums. Gegen Mitte des Jahrhunderts wohnte Bichtel im Anwesen C 126, dem Vorgängerbau des heutigen Hauses Alte-Mang-Gasse 3.

Das Haus gehört in seiner heutigen Erscheinung dem Neubau des Jahres 1575 an. In die Stürze der beiden zum Hof führenden Türen ist die Jahreszahl 1586 eingetieft. Damals gehörte das Haus noch dem Junker Rosen und seinen zwei Schwestern. Die Jahreszahl 1587 ist in die hölzerne Stützsäule des Flures geschnitten. Einige Innenräume weisen noch die originalen Balkendecken auf. Die Hauskapelle, von der Walderdorff spricht, kann nicht mehr nachgewiesen werden.

Das Empiretor um 1800 zieren große Rosetten. Gleichzeitig mit dem Tor entstand das hübsche Oberlichtgitter mit den Initialen G K, die sich auf den damaligen Besitzer, den Damenschneider Gottlieb Kirchhof, beziehen.

KOHLENMARKT

Hier war der Markt, auf dem Holzkohlen für Schmiede, Schlosser und auch für den privaten Hausbedarf verkauft wurden. Mineralische Kohle war bei uns ehedem so gut wie unbekannt. Die ursprüngliche Benennung für unseren Platz lautete einfach „Markt", als der er bereits 934 erwähnt wird. Der früheste Beleg für die Bezeichnung Kohlenmarkt findet sich allerdings erst 1740. Damals scheinen die Bauern für ihre Holzkohle, die sie in Meilern bereiteten, überhöhte Preise gefordert zu haben. Deshalb gestattete der Rat den Schmieden, auf dem Spitz des Unteren Wöhrds eine eigene Kohlenbrennerei anzulegen. „Als Grund und zum Andenken dieser Kohlen-

60. *Kohlenmarkt, Kupferstich von Johann Bichtel, 1821. Hofbibliothek*

brennerei", schreibt Gumpelzhaimer, „wurden folgende Verse angeschlagen: Methusalah wird sich noch nicht erinnern können / Daß man an diesem Ort die Kohlen pflegt zu brennen / Weil nun das Bauernvolk wurde damit anheuer / Auf unserm Kohlenmarkt ganz übermächtig teuer ... So hat Vulkanus hier die schwarze Kunst betracht / Und den bequemern Platz zur Kohlenfabrik erdacht. Den 1. Octobris 1740".

Es gab in der Stadt verschiedentlich Hütten zur Lagerung der Kohlen. Als solche diente die profanierte Benediktuskapelle (s. d.) Am Königshof, eine weitere Kohlenhütte war beim Peterstor.

Das Haus Watmarkt 2 (F 6) an der Ecke zum Kohlenmarkt und der Silberfund von 1869

An der Stelle des jetzigen Geschäftshauses Forchthammer am Kohlenmarkt stand bis 1869 ein mittelalterliches Patrizierhaus (F 6), ursprünglich im Besitz der Bärbinger. 1597 gelangte es in den Besitz des Eisenhändlers Kaspar Roither, im Volksmund Roider, auch Ruder gesprochen, wonach der benachbarte, 1551 errichtete Brunnen „Ruderbrunnen" und das Haus selbst als „Haus am Ruderbrunnen" benannt wurden. Diese Bezeichnung übertrug sich auch auf die Örtlichkeit, so schreibt der Katasterplan von 1865 (Stadtgrundrisse Nr. 25) für die östliche Seite des Kohlenmarktes (bei der Einmündung der Goliathstraße) „Ruder-Brunnen". Im Adreßkalender 1808 findet sich das Haus im Besitz des Eisenhändlers K. Th. Teiffel. Auf diese Familie geht der Hausname „Zum Blauen Teufel" zurück (vielleicht im Gegensatz zu dem ehemaligen Wein- und Kaffeehaus „Zum Blauen Engel", Hinter der Grieb 10 (B 84)).

Dieses Haus „am Ruderbrunnen", später „Zum Blauen Teufel" kam 1869 von dem Cafétier K. F. Teiffel durch Kauf an den Nadlermeister Erich, der alsbald mit dem Abbruch beginnen ließ, wobei ihm eine glückliche Stunde schlug. Unter der Treppe, die vom 2. zum 3. Stock führte, fand man eine wohlerhaltene Truhe, die bis zum Rand mit silbernen Pokalen, Kannen, Bechern, Bestecken und Petschaften aus dem späten 16. und frühen 17. Jahrhundert angefüllt war. Dem Schatz — so darf man den Fund wohl nennen — waren zahlreiche Urkunden und auf das Haus bezügliche Kaufbriefe beigegeben. Fachleute bezifferten allein den Silberwert der insgesamt 39 Fundstücke auf 2000 Gulden. „Es war noch alles, sogar das Papier, in welches die einzelnen Stücke eingewickelt, so gut erhalten, als ob seit dem Schließen der Kiste erst einige Tage vergangen wären." Bei der Untersuchung gaben sich nur wenige Fundstücke als Regensburger Arbeit zu erkennen, die meisten trugen Marken fremder Goldschmiede.

Unter den gefundenen Urkunden befand sich auch ein Kaufbrief von 1628, nach dem der Bürger Georg Hoffmann das „Schatzhaus" am Kohlenmarkt um 3000 Gulden erworben hatte. Er war es, der in den schweren Zeiten des Dreißigjährigen Krieges den Schatz versteckte. Auf einem Löffel und einem Siegel sind die Initialen seines Namens G H eingraviert. Welches Schicksal ihn erreichte, weiß niemand. Sein Geheimnis hat er mit ins Grab genommen.

Für Regensburg bedeutete die Auffindung des Schatzes die große Sensation, und jedermann wollte ihn sehen. Deshalb gestattete der Besitzer, Herr Erich, die Fundstücke im Rathaus auszustellen, wo sie gegen ein Eintrittsgeld von 6 Kreuzern zu besichtigen waren. Der Erlös der Ausstellung — 418 Gulden 53 Kreuzer — gehörte für die Armen der Stadt.

Leider konnten unserer Stadt die Kostbarkeiten nicht erhalten werden. 1871 wanderte der ganze Fund für 4600 Taler nach Leipzig.

Als die Sammlung 1889 in Leipzig zur Versteigerung gelangte, dachte niemand daran, wenigstens die als Regensburger Arbeiten ausgewiesenen Stücke für unsere Stadt zurückzugewinnen. Geblieben ist vom alten Patrizierhaus am Ruderbrunnen nur ein Schlußstein, den das Museum in seiner Sammlung gotischer Architekturteile verwahrt. Er zeigt im Relief zwei hängende Hörner, das Wappenbild der Bärbinger (s. o.).

RATHAUSPLATZ

Das Rathaus, Rathausplatz 1 und 4 (D 121, 122, 123)

Dem Regensburger Rathaus, einem umfangreichen Baukomplex, lag keine einheitliche Planung zugrunde. Jahrhunderte haben daran gebaut, haben hinzugefügt und verändert. Den besten Überblick über den Gesamtkomplex und seine einzelnen Bauglieder gewährt der bekannte Kupferstich des Rathauses in Merians Topographia Bavariae von 1644. Betrachten wir die Anlage von West nach Ost, so steht (im Bild links) der Reichssaalbau. Diesem folgt der in den Rathausplatz einspringende Portalbau, den ein Schwibbogen mit der Baugruppe um den Ratsturm verbindet. Daran schließt gegen Osten der Vorgänger des barocken Neuen Rathauses an mit dem heute nicht mehr bestehenden Marktturm. Auf dem Stich nicht mehr sichtbar, westlich an den Reichssaal gebaut: das Gebäude des Fürstenkollegiums.

Der besseren Übersicht halber und zur Vermeidung von Wiederholungen sei dem Komplex „Rathaus" nicht eine Gesamtbaugeschichte vorangestellt. Sie soll einleitend bei den jeweils zur Besprechung stehenden Einzelgliedern erscheinen, anschließend daran ihre Würdigung im Rahmen der Stadtgeschichte und schließlich eine Beschreibung des Baubestandes und dessen Einrichtung.

Rathausturm mit westlich anschließendem Bauteil

Kernstück des Baukomplexes „Rathaus" bildet der Ratsturm mit dem westlich daran schließenden viergeschossigen Baukörper. Turm und Anbau gehören der Frühgotik um 1260 an. Sie sind als bauliche Einheit zu betrachten und gleichen weitgehend dem Typus des Regensburger Patrizierhauses.

Der Turm erhebt sich mit acht Geschossen. Von der Türmerstube aus bietet sich ein umfassender Blick über Stadt und Land. Mit dem leicht geschweiften Zeltdach und der großen Windfahne bildet er einen bestimmenden Akzent der Stadtsilhouette. Um 1360 brannte er aus; die Wiederinstandsetzung war 1363 abgeschlossen.

Ein Stichbogentor vermittelt den Zugang in die tonnengewölbte Turmhalle, von der aus man in den „Großen Rathaushof" (s. d.) gelangt. Das 1. Turmobergeschoß öffnete sich ursprünglich zum Rathausplatz mit einer Laube, deren spitzbogiges Gewände außen freiliegt (s. Kurfürstliches Neben-

61. Rathaus, Kupferstich aus M. Merian: „Topographia Bavariae", 1644

zimmer). Sie wurde gleich denen der Bürgerhäuser in spätgotischer Zeit geschlossen. Fenster von wechselnden Einzelformen, darunter mehrgliederige Spitzbogenarkaden, durchbrechen die Mauern des Turmes. Hervorgehobene Gestaltung erhielten jene gegen den Rathausplatz an der südlichen Schauseite. Die großen Spitzbogenöffnungen mit Maßwerkgliederung im 6. Obergeschoß stammen wohl aus der Zeit der Wiederinstandsetzung nach 1360. Die Turmecken sind verquadert. Mehrere Schießscharten (Schlüsselscharten), innen in Nischen.

Auf Merians Darstellung des Rathauses von 1644 (Abb. 61) schließen Turm und Anbau noch mit Zinnenkranz. Eine Federzeichnung von 1713 in der graphischen Sammlung des Museums zeigt den Turm, bekrönt von einer Laterne mit Zwiebelkuppel; ebenso der Kupferstich von Andreas Geyer, 1729, das Rathaus mit Auffahrt zum Reichstag darstellend. Das jetzige Zeltdach erhielt der Turm 1778. „Eine schwierige Reparatur gab es mit dem Raththurm. Es mußte der Adler und die blecherne Bedeckung sammt der Laterne, die seit 1721 oben waren, herabgenommen werden. Der Thurm wurde im September spitzig zugedeckt und der Knopf, worauf der Adler kam von Kupfer gemacht, aber die Laterne nicht mehr aufgesetzt" (Gumpelzhaimer).

Im Erdgeschoß des Anbaues zweijochige, von Kreuzgewölben überspannte Halle. Die ehemalige Ratsstube (später Kurfürstliches Kollegium, s. d.) im 1. Obergeschoß tritt nach außen hin durch drei reich profilierte spätgotische Rechteckfenster in Erscheinung, deren Sohlbänke je zwei postamentartige Aufsätze tragen. Den Postamenten des Mittelfensters ist das Stadtwappen vorgesetzt.

Der Reichssaalbau

entstand nach einem Brand um 1360 anstelle einer romanischen Anlage als Tanzhaus des Rates und des Patriziats der Stadt und als Repräsentationsraum zur Veranstaltung von Feiern und Festlichkeiten. Eine offene Freitreppe führte vom Platz aus unmittelbar in den im Obergeschoß liegenden Saal. Das Erdgeschoß barg, wie auch heute noch, Verkaufsläden, die nach der Bauamtschronik 1563 aus Gründen der Feuersicherheit anstelle der hölzernen Böden Wölbungen aus Stein erhielten. Schon früher wurden westlich davon Fragstatt und Gefängnisse eingebaut.

Die seit dem Ende des Mittelalters immer häufiger in Regensburg abgehaltenen Reichsversammlungen bedingten eine zunehmende Beanspruchung des stadteigenen Saales durch die Reichsstände. Als schließlich seit 1663 der Immerwährende Reichstag Regensburg zu seinem Sitz erkor und die Reichsversammlung ständig hier tagte, verzichtete der Rat gänzlich auf den Saal (und die anschließenden Räume) und stellte ihn der Reichsversammlung zur dauernden Belegung zur Verfügung. Daher der Name „Reichssaal". Dem Saal kommt eine hohe Bedeutung zu, für die Kulturgeschichte ebenso wie für die Geschichte der deutschen Politik, umfaßte er doch mit der Ständevertretung des Reiches den Sitz des ersten deutschen Parlaments.

Der Reichssaal ist das bedeutendste Profanwerk der Gotik in Regensburg. Seine vorzügliche architektonische Wirkung beruht nicht auf gewaltigen Ausmaßen oder in der großartigen Entfaltung der Zierformen; sie liegt vielmehr in der Enthaltsamkeit der schmückenden Elemente und in der Ausgewogenheit der Verhältnisse. Hohe Treppengiebel schließen die Schmalseiten des rechteckigen Saalbaues. Die den Rathausplatz begrenzende östliche Schaufront wird gegliedert von einer durchlaufenden Fensterfront, die aus vier Gruppen mit je vier genasten Spitzbogenfenstern besteht. Aus der Mitte der Front springt ein Erker aus. Ein flacher, vom Boden aufgehender Pfeiler geht in eine kraftvoll profilierte Ausladung über, die das zierliche, nach drei Seiten hin mit Giebeln schließende Erkergehäuse trägt. An den Ecken stehen schlanke Fialen; doppelte Kreuzblumen krönen die Giebel. Maßwerkblenden gliedern die Brüstung. Im Giebelfeld der Frontseite prangt das Stadtwappen, dessen Form in die Zeit um 1350 weist. Am Fuß der Brüstung sitzen fein gearbeitete Menschenköpfchen, die den Einfluß der Dombauhütte erkennen lassen.

Nachdem 1606 die schadhaft gewordene Südostecke des Saalbaues abgetragen und neu aufgemauert werden mußte, ließ der Rat unmittelbar beim Giebelansatz einen steinernen, das Stadtwappen haltenden Engel setzen (jetzt Kopie). Die kniende Figur, das Schlüsselwappen der Stadt mit beiden Händen haltend, stammt von dem Steinmetzmeister und Bildhauer Michael Dietlmaier (s. d.).

1611 brach man den Schwibbogen ab, der, die Neue Waaggasse (s. d.) überspannend, den Reichssaal mit dem gegenüberliegenden Gumprecht'schen später Trainer'schen Haus (Neue Waaaggasse 1 (B 62)) verband. In diesem Schwibbogen befand sich die im Jahre 1052 durch Papst Leo IX. geweihte Kapelle St. Simon und Judas. Der Schwibbogen muß zumindest zweigeschossig gewesen sein; denn nach Aussage der Bauamtschronik befand sich darin „eine zweyfache geschloßene Schnecken Stiege darauf 2 Personhen auf ein mahl etliche Staffeln zugleich und zwar gegen einander aufwärts kommen, und doch keine die andere sehen noch berühret...". Es wird sich hier wohl um eine doppelte Wendeltreppe gehandelt haben, ähnlich jener im Südturm der Neupfarrkirche. Anstelle der Einmündung des Schwibbogens in die südliche Giebelmauer des Saalbaues setzte man ein Maßwerkfenster, das dem östlich davon gelegenen gotischen Fenster

62. *Rathaus. Reichssaalbau mit Portalbau*

nachgebildet wurde. Im Mauerwerk der Südwestecke des Saales, das hier starke Brandspuren verrät, stecken zwei kleine romanische Rundbogenfenster, die mit der Kapelle St. Simon und Judas in Zusammenhang zu bringen sind.

Der Reichssaal nimmt das ganze Obergeschoß des Baues ein. Seinen Hauptakzent bildet die gotische Holzdecke aus kräftigen Föhrenbohlen, die in genasten Spitzbogenblenden enden. Profilleisten decken die Fugen. Der warme, dunkelbraune Holzton steht in prächtigem Kontrast zu den vergoldeten Ziernägeln und den geschnitzten, gleichfalls vergoldeten Rosetten der umlaufenden Zierleisten. Den schweren Durchzugsbalken, der an der Konstruktion des Dachstuhles hängt, schmückt in der Mitte eine Scheibe mit der Schnitzfigur des thronenden Petrus, des Schutzpatrons der Stadt. Der Tragbalken ruht auf Konsolen mit dem Schlüsselwappen, das südlich von zwei Engeln, nördlich von einem Greifen und einem Löwen gehalten wird. Auch die Randleisten ruhen auf Konsolen. Die Laubwerkkonsolen in den Ecken sowie die mit figürlichem Schmuck ausgestatteten Kragsteine der Ost- und Westseite stammen von einer älteren Decke. Sie fanden

63. Rathaus, Reichssaal.
Relieffigur des thronenden Petrus am
Durchzugsbalken der Decke, um 1408

64. Rathaus, Reichssaal. Schlußstein im
Erkerstübchen

Wiederverwendung bei einer Erneuerung des Saales 1408. Die Adlerkonsole an der westlichen Schmalseite trägt im Spruchband die Inschrift „so tet got wol Ao. D. 1408". Aus dieser Zeit stammen auch die großen Konsolen des Unterzuges.

Der Erker öffnet sich gegen den Saal hin mit einem profilierten Stichbogen. Das Erkerstübchen wird von einem Kreuzgewölbe überspannt, dessen Rippen in einen Schlußstein münden, aus dem das Antlitz Christi blickt. Eine gemalte Wappenscheibe von 1532 mit dem Reichsadler ziert das Erkerfenster. Sie dürfte eine Stiftung Kaiser Karls V. anläßlich des Reichstages von 1532 sein.

In den beiden großen Maßwerkfenstern der Südwand (s. o.) sitzen Rundscheiben mit dem Reichswappen, datiert 1532 und 1613. Die westliche Saalwand durchbrechen Spitzbogenfenster mit Maßwerkgliederung. Zwei davon stehen seit 1652 durch den Anbau des Fürstenkollegiums (s. d.) außer Funktion.

Das Portal in der Nordwand erfüllt seine Funktion als Hauptzugang seit 1564. Damals wurde die Vorhalle (s. d.) im Stil der Renaissance neu gebaut. In der inneren Nordwand des Saales erhielt sich das Gewände des ursprünglichen Zugangs, der über eine Freitreppe vom Rathausplatz in den Saal führte (s. o.).

Die Nordwestecke des Saales nimmt eine aus Eichenholz gefertigte spätgotische Musikempore ein, die auf reich profilierten Tragbalken ruht. Maßwerkblenden gliedern die Brüstung. Die Empore erfuhr 1613 eine Erweiterung nach Süden. Durch ein (nun entferntes) Gitter waren die Musikanten den Blicken der Gäste entzogen.

Dekorative Malerei des 16. und 17. Jahrhunderts wirkt mitbestimmend im Gesamtbild des Saales. Den nördlichen Zugang umgibt eine antikisierende Scheinarchitektur in olivgrünen, ockerfarbenen und rotbraunen Tönen; über dem Scheitel des Portales die Jahreszahl 1564. Die Bauamtschronik zu diesem Jahr berichtet (in modernes Deutsch übertragen): „... es ist auch der große Saal, den man den Tanzboden nennt, oben an der Decke ausgebessert, gewaschen, die Wände geweißt, und die Malerei um Fenster und Türen wieder erneuert worden". Es handelt sich also um eine Wiederherstellung bereits vorhandener Wandgemälde. Den Zugang zum Erkerstübchen überhöht ein dekorativer Reichsadler, umgeben von allegorischen Figuren.

Über dem Sitz des Kaisers oder dessen Stellvertreters an der südlichen Schmalseite des Saales befand sich seit 1910 ein Traghimmel des 16. Jahrhunderts aus gelber, damastierter Seide mit einem in Applikationsarbeit aufgebrachten schwarzen Reichsadler. 1976 durch Kopie ersetzt. Der kostbare, originale Baldachin befindet sich nun in einer Vitrine im Fürstlichen Nebenzimmer. Vielleicht wurde er schon für den Einzug Kaiser Maximilians II. zum Reichstag von 1575 geschaffen. Die Kaiser Rudolf II. (1594), Matthias (1613) und Ferdinand II. (1622 und 1636) zogen zu den Reichs- und Kurfürstentagen unter diesem Baldachin in die Reichsstadt ein. Solche Baldachine trugen vier, gelegentlich auch sechs Ratsherren über dem einziehenden Kaiser, der dabei meist in einer Sänfte saß. Wurde die Ankunft der mittelalterlichen Kaiser noch verhältnismäßig einfach begangen – Ludwig der Bayer wurde 1315 nur in „feierlichem Jubel von der ganzen Bürgerschaft mit Windlichtern eingeholt" – so gestalteten sich die Kaisereinzüge der Renaissance- und Barockzeit zu wahren Schaustellungen fürstlicher Pracht. Altem Herkommen gemäß verfiel nach dem Einzug des Kaisers der Traghimmel seinem Gefolge. Wollte ihn die Stadt für spätere Zwecke wieder gebrauchen, mußte sie ihn mit einer bestimmten Geldsumme von den Gefolgsleuten einlösen. Die Sitte, Kaiser oder Fürsten unter einem Baldachin zu geleiten, stammt aus dem Orient, wo der Baldachin den Herrscher vor den sengenden Sonnenstrahlen schützen sollte. Heute noch ist der Traghimmel bei Prozessionen gebräuchlich.

Anstelle des nicht mehr erhaltenen Kaiserthrones steht heute ein Lehnsessel mit Lederpressung, eine Meisterarbeit des Taschners Hans Brodtwolf von 1664.

Kostbare Wandbehänge zierten zur Zeit des Reichstags die Saalwände, die nach der Chronik des Raselius (um 1600) „umb und umb mit herrlichen Tapezereien und gestickter Arbeit umbhängt, die Stühl und Bänckh mit gulden und silbern sammetenen und seidenen Stücken überlegt und alles aufs herrlichst und prächtigst pflegt geziert zu seyn". Die Reichsfürsten oder deren Vertreter konnten wohl ihren Platz noch zusätzlich ausstatten, so daß der Saal das oben beschriebene bunte und prunkvolle Bild bot. Heute zieren den Saal vier spätgotische Gobelins von mäßiger Qualität mit Darstellungen Abrahams und Salomes. Sie stammen wohl von einem flandrischen Gobelinwirker, der sie um die Mitte des 16. Jahrhunderts in seiner Regensburger Werkstatt herstellte.

65. Rathaus, Reichssaal

66. Rathaus. „Schutz und Trutz" über dem Portal zum Reichssaal, um 1408

Im Reichssaal, zur Zeit des Immerwährenden Reichstages Re- und Correlationssaal genannt, vernahmen die drei Reichsstände (Kurfürsten, Fürsten und Reichsstädte) die kaiserliche „Proposition", die Auffassung, den Vorschlag des Reichsoberhauptes, die sie dann innerhalb ihrer Gremien berieten. Darüber hinaus konnten die Angelegenheiten auch zwischen den einzelnen Reichsständen besprochen werden, um so nach Möglichkeit zu einer gemeinsamen, einheitlichen Meinung zu gelangen. Im Saal fanden dann Abstimmung und Beschlußfassung statt. Die Beschlüsse mußten dem Kaiser zur Genehmigung vorgelegt und von ihm verkündet werden, wodurch sie dann in Kraft traten.

Der Saal veranschaulicht heute noch die Rangordnung der drei Reichsstände, die durch die verschiedene Höhe der Sitze sowie durch die Farbe der Bespannung zum Ausdruck kam. Diese Sitzordnung geht nicht auf eine kaiserliche Anordnung zurück; sie bildete sich seit dem 16. Jahrhundert heraus und wurde schließlich zu einer festgefügten Vorschrift, über deren Einhaltung man eifersüchtig wachte. Der Sitz des Kaisers oder dessen Vertreters, des Prinzipalkommissars, befand sich an der südlichen Schmalseite des Saales auf vier mit rotem Tuch bespannten Stufen. Beiderseits des kaiserlichen Thrones, jedoch zwei Stufen tiefer, saßen auf rotbezogenen Bänken die geistlichen bzw. weltlichen Kurfürsten oder deren Gesandte. Ihre ursprüngliche Zahl von sieben (Mainz, Köln, Trier, Pfalz, Sachsen, Brandenburg, Baiern) erhöhte sich 1708 mit der Aufnahme von Böhmen und Braunschweig-Hannover auf neun. Die Bänke an den beiden Langseiten des Saales, nur eine Stufe hoch und grün bezogen, waren für die Reichsfürsten oder deren Gesandte bestimmt. Die westliche Bankreihe war den weltlichen Fürsten vorbehalten, die östliche Reihe nahmen die geistlichen Fürsten ein. Da es sich bei diesen fast durchwegs um solche katholischer Konfession handelte, errichtete man für die zwei evangelischen Bischöfe von Osnabrück und Lübeck eine eigene Bank links vorne im Saal, dem Rang der Reichsfürsten entsprechend eine Stufe hoch und mit grünem Tuch bezogen.

Die Fläche des Saales nehmen — ohne Erhöhung — zwei Reihen einfacher Bänke ein. Die Bänke vorne links waren den schwäbischen und rheinischen Prälaten vorbehalten; die der rechten Seite den schwäbischen, wetterauischen und westfälischen Grafen. Nach rückwärts folgten in den Bänken die Vertreter der Reichsstädte. Auch sie schieden sich in die „Rheinische Bank" und in die „Schwäbische Bank". Hinter den Vertretern der Reichsstädte, getrennt durch eine Schranke, hatten die Sekretäre und das Personal der Gesandten ihren Platz.

Portalbau und Vorhalle des Reichssaales

Der Treppenaufgang zum Reichssaal entstand im Zuge baulicher Veränderungen im Jahre 1408. Damals überbaute man die ursprüngliche Freitreppe mit einem Gehäuse, das, in den Rathausplatz einspringend, in architektonisch sehr glücklicher Weise den Reichssaalbau mit der Baugruppe um den Rathausturm verbindet. Die Treppe stieg damals noch geradlinig zum Reichssaal an. Erst mit dem Ausbau der Vorhalle 1564 führt man sie über ein Podest nach rechts in die Vorhalle (s. u.), von der aus der Saal seit dieser Zeit zugänglich ist.

Das Portal selbst, eine vorzügliche Leistung der Spätgotik, ist zu einem Wahrzeichen Regensburgs geworden. Über der spitzbogigen, reich profilierten Portalöffnung erhebt sich ein krabbenbesetzter Wimperg, der in einer mächtigen Kreuzblume gipfelt. Beiderseits erscheinen Schilde mit dem Schlüsselwappen der Stadt, die Spuren einstiger Bemalung erkennen lassen. Darüber blicken aus Nischen die Halbfiguren zweier Geharnischter, „Schutz und Trutz", die Wehrhaftigkeit der Stadt versinnbildlichend. Die linke der beiden Figuren schwingt einen zackenbesetzten Streithammer, die rechte holt mit einem Stein zum Wurfe aus. Hochstrebende Fialen flankieren die Portalarchitektur. Auf die Verdachung setzte der Steinmetz zwei kleine Fabeltiere mit boshaften Fratzen. Charakteristisch für die Spätgotik sind die beiden grotesken Drachentiere, die in drohender, sprungbereiter Stellung an den Ansätzen des Wimperges kauern.

An der ausspringenden Ecke des Portalbaues sind die alten Stadtmaße (d. d.) angebracht. Eine Treppe mit spätgotischer Maßwerkbrüstung führt zu dem geräumigen Vorplatz, einer zweischiffigen Halle, deren Wölbung wohl 1564 entstand. Die Jahreszahl ist in den Rundbogen der nördlichen Türe gegraben. Die gratigen Kreuzgewölbe zu je drei Jochen ruhen in der Mitte auf Rundsäulen mit Renaissancekapitellen, an den Wänden auf Profilgesimsen. Das Stadt- und Reichswappen sowie zwei Engelsköpfe zieren die Eckkonsolen. Von 1782 stammt der schöne Reichsadler, der mit Kalk- und Kieselsteinen verschiedener Farbe in das Pflaster der Vorhalle gelegt ist.

Das Erdgeschoß dieses Bauteiles nimmt das sogenannte Kanonengewölbe ein. Die dort verwahrten vier Geschütze mit den zugehörigen Protzenwagen stammen von 1863. Sie gehörten der Artilleriekompanie des Königlich Bayerischen Landwehrregiments Regensburg und wurden aus dem Metall wertvoller alter Regensburger Geschütze des 16. und 17. Jahrhunderts gegossen.

Ein Schwibbogen, der den Roten Herzfleck überbrückt, verbindet die Vorhalle mit dem Bauteil westlich des Rathausturmes. Den über der Durchfahrt gelegenen Raum überspannt ein spätgotisches Sterngewölbe, das ihm einen kapellenartigen Charakter verleiht. Die Kehlrippen strahlen von Konsolen mit leeren Schilden aus und münden in einem Schlußstein, der, im Dreipaß geformt, das Stadtwappen trägt. Auf einem Kämpferstein in der Nordostecke steht die Jahreszahl 1481. In diesem Jahr dürfte das prächtige Gewölbe entstanden sein. Ein großes Rechteckfenster gegen Süden gestattet von diesem Raum aus einen Blick auf den Rathausplatz und das schräg gegenüberliegende Portal mit seinem originellen Figurenschmuck.

Die einstige Ratsstube,
das spätere Kurfürstenzimmer oder Kurfürstliches Kollegium

In der Ratsstube fanden die Sitzungen des Inneren Rates statt, der aus 16 Ratsherren oder Senatoren bestand. Eine Abbildung im sogenannten Freiheitenbuch der Stadt von Hans Mielch (s. d.) aus dem Jahr 1536 zeigt eine Sitzung des Inneren Rates in diesem Raum, an der auch der Ratsherr und Stadtbaumeister Albrecht Altdorfer teilnimmt. Mit Beginn des Immerwährenden Reichstages stellte der Rat diesen Raum (sowie den östlich anschließenden) dem einflußreichsten Reichsstand, den Kurfürsten, als Beratungszimmer zur Verfügung. Damit kam für die ehemalige Ratsstube die Bezeichnung Kurfürstenzimmer oder Kurfürstliches Kollegium in Aufnahme. Der Raum, heute zu Empfängen gebraucht, besitzt Dielenverkleidung an Decke und Wänden. Sie gehört der Renaissance des 16. Jahrhunderts an. Vergoldete Sterne und Rosetten, im Wechsel angeordnet, zieren die Decke. Die Türverkleidungen tragen Aufsätze, Reliefschnitzereien vor 1600: Puttos mit den Sinnbildern der Gerechtigkeit und Stärke flankieren das Reichswappen, „Glaube" und „Liebe" schirmen das Schlüsselwappen der Stadt. In den drei Nischen der zum Rathausplatz gerichteten Fenster (s. o.) befinden sich noch die Sitze aus gotischer Zeit.

Zur Ausstattung des Raumes gehört ein Gemälde, „Die Tugenden des guten Regiments", das in Bezug stand zu den hier stattgefundenen Sitzungen des Inneren Rates. Der Maler und Bauamtsassessor Isaak Schwendtner fertigte es 1592. In leuchtend hellen Farben stellte er die Tugenden der Gerechtigkeit, der Mäßigkeit, der Stärke, der Milde und der Klugheit in Gestalt allegorischer Frauen dar. Weil diese Tugenden vereint die Grundlage einer guten Regierung und Verwaltung bilden, erscheinen die sie verkörpernden Frauen durch eine goldene Kette verbunden. 16 Wappen

— je 8 an jeder Langseite des Bildes — nennen die Namen der damals im Rat vertretenen Herren.

Eine Uhr in Form eines Gemäldes ziert die Nordwand des Raumes. Der Uhrmacher Ulrich Graf fertigte 1624 das Werk, das Gehäuse stellte der Schreiner Albert Frick her. Die Frontseite des Gehäuses ist bemalt. Den Kreis innerhalb des Zifferblattes belebt eine Szene aus dem Paradies. In die vier Ecken setzte der Künstler vier allegorische Frauengestalten, die, ihren Attributen nach zu schließen, Astronomie, Geometrie, Mathematik und Philosophie verkörpern. Beiderseits erscheinen wiederum die Wappen der 16 Mitglieder des Inneren Rates. Als Maler kommt Paul Schwendtner in Frage, ein Sohn des oben genannten Isaak Schwendtner.

Das Kurfürstliche Nebenzimmer

ist vom kurfürstlichen Kollegium durch dessen Osttüre zugänglich und liegt im ersten Obergeschoß des Rathausturmes. Der Raum öffnete sich ehedem mit einer Laube gegen den Rathausplatz. Vor der Inanspruchnahme durch den Reichstag diente er den akademisch gebildeten reichsstädtischen Ratskonsulenten als Sitzungsraum, weshalb der Name „Doktorstube" in Gebrauch kam.

Das Kurfürstliche Nebenzimmer besitzt die reichste und kostbarste Ausstattung aller Räume des Rathauses. Der Stadtschreiner Wolf Wasserkreutter wurde um 1550 mit der aufwendigen Vertäfelung des Raumes beauftragt, die er trotz Beschäftigung zahlreicher Helfer nicht rechtzeitig fertigstellen konnte.

Die Renaissance übertrug die Architektur mit all ihren konstruktiven und schmückenden Teilen auch auf die Holzausstattung der Innenräume. Säulen, Kapitelle, Portale, Nischen und Giebel wurden an Möbeln und Wandverkleidungen angebracht, wo sie durch ihre starken Licht- und Schattenmassen kraftvolle Wirkungen erzielten. Wolf Wasserkreutter ging bei der Ausstattung unseres Raumes zu Werk wie ein Architekt. Durch die horizontale Zweiteilung der Wandverkleidung schuf er eine Palastfassade mit zwei Geschossen, die von ionischen und toskanischen Pilastern gegliedert wird. Dazwischen liegen in der unteren Zone Rundbogennischen, in der oberen rechteckige Füllungen. Den reichsten Schmuck aber verwandte der begabte Kunsthandwerker auf die Ausgestaltung der beiden Türen. Der Zugang zum Kurfürstlichen Kollegium ist gleich dem Portal eines antiken Tempels gestaltet. Die zwei flankierenden Kompositsäulen tragen einen

67. Rathaus. Kurfürstliches Nebenzimmer

68. *Auffahrt der Gesandten zur Zeit des Immerwährenden Reichstags. Kupferstich von Andreas Geyer, 1729. Museum*

Dreiecksgiebel, in dem in Einlegearbeit die Jahreszahl 1551 erscheint. Die nördliche auf den Vorplatz führende Türe besitzt eine Ausstattung von besonderer Eigenwilligkeit. Sie wird beiderseitig von je zwei ornamentierten Pilastern flankiert, die ein Architrav verbindet. Diesen Pilastern sind Kompositalbsäulen vorgestellt, die wiederum einen, die Türöffnung hoch überragenden Architrav tragen. Unter ihm erscheint ein Fries in Einlegearbeit mit perspektivischen Architekturmotiven.

Bei aller Bevorzugung des Architektonischen verzichtete der Kunstschreiner ebensowenig wie der Renaissancebaumeister auf plastischen Schmuck. Immer aber bleibt die Plastik der Architektur eingefügt und untergeordnet. Die Türen der beiden Wandschränke sind nach dem Vorbild der italienischen Renaissance mit Groteskschnitzereien — phantastischen Tiergestalten, umschlungen mit ornamentalem Blattwerk — geziert. Jeden Schrank überhöht ein geschnitzter Wappenaufsatz.

Ein Konsolgesimse leitet zur Kasettendecke über, deren Felderung aus über Eck gestellten Quadraten zwischen Stegen aus gestreckten Sechsecken besteht. In den Quadraten sitzen vergoldete Rosetten, auf den Schnittpunkten der Stege vergoldete Sterne.

Die Vertäfelung des Raumes besteht größtenteils aus ungarischem Eschenholz; für die geschnitzten Teile kam vorwiegend Eichenholz zur Verwendung.

Die Südseite zum Rathausplatz belebt die Rundbogennische der einstmals offenen Laube (s. o.), die aber bereits im 16. Jahrhundert durch zwei Rechteckfenster mit darüberstehendem kleinem Kreisfenster geschlossen wurde. In diesem sitzt eine gemalte Scheibe mit dem Reichswappen im Vierpaß, darunter zweimal das Stadtwappen, bezeichnet 1546, wohl eine Erinnerung an den Reichstag dieses Jahres unter dem Vorsitz Kaiser Karls V.

Der Ofen aus grün glasierten Kacheln gehört der Zeit um 1600 an.

Der Vorraum zum Kurfürstlichen Nebenzimmer

An das Kurfürstliche Nebenzimmer schließt gegen Norden ein Vorraum an. In das Bodenpflaster aus rötlichen Platten ist aus Kalk- und Kieselsteinen ein Mosaikbild eingelegt, den Reichsadler darstellend, der auf der Brust das Regensburger Schlüsselwappen trägt. Die Arbeit ist bezeichnet mit der Jahreszahl 1718 und den Initialen P. G. Den Raum erhellen zwei Rechteckfenster, die in weitgespannter Stichbogennische stehen. In einem der Fenster erscheint als Glasgemälde das Stadtwappen mit der Jahreszahl 1538. Das Schränkchen in der Ostwand dürfte zur ursprünglichen Ausstattung gehören. Das Steingewände des Rundbogenportales trägt die Buchstaben S. P. Q. R., d. h. Senat und Volk von Regensburg.

Der Vorraum zum Kurfürstenkollegium, auch „Blauer Saal" genannt

Die blau getönte Holzdecke dieses Raumes beleben vergoldete Rosetten und Sterne. Der in den Tragbalken geschnittenen Jahreszahl zufolge entstand sie 1527. In der Nordwestecke steigt eine Treppe des 18. Jahrhunderts zu den oberen Stockwerken an.

Zu seiner Einrichtung gehört ein Fassadenschrank mit Einlegearbeiten um 1600. Die hohe, schlanke Standuhr stammt aus der Zeit des Rokoko vor 1750. Das Zifferblatt, umschlungen von der Kette des Goldenen Vlieses, liegt auf der Brust des Reichsadlers, der Schwert, Zepter und Reichsapfel in den Fängen hält. Zwischen den Doppelköpfen sitzt der baierische Rautenschild, ein Hinweis auf den Wittelsbacher Karl VII., den Sohn des Kurfürsten Max Emanuel von Baiern, der von 1742 bis 1745 die deutsche Kaiserkrone trug.

Das ehemalige Stadtarchiv,

ein schmaler Gebäudetrakt zu je vier Räumen im Erd- und Obergeschoß, schließt an den „Blauen Saal" nach Norden an. Das Obergeschoß diente zur Aufbewahrung der reichsstädtischen Urkunden und Akten. Raumfolge von Süden nach Norden: Den ersten Raum überspannen zwei spätgotische Kreuzgewölbe. Die gekehlten Rippen und Gurten ruhen auf Profilkonsolen. Das Stadtwappen und Blattwerk zieren die Schlußsteine. Auch der zweite Raum ist spätgotisch gewölbt; im Schlußstein ist die oft wiederkehrende Doppelrosette. Der dritte Raum hat gratiges Kreuzgewölbe, der vierte ein Sterngewölbe, das auf einem Mittelpfeiler und auf Wandpfeilern ruht. Die Wölbung der beiden letztgenannten Räume sowie der im Erdgeschoß erfolgte 1563.

Das Gebäude des Fürstlichen Kollegiums

An den Reichssaalbau schließt unmittelbar westlich ein zweigeschossiges Gebäude an, dessen Südfront sich mit fünf Fensterachsen der Neuen-Waag-Gasse zuwendet. Zu nicht bekannter Zeit erwarb der Rat das ursprünglich nur eingeschossige Haus als Wohnung für den Stadtschreiber.

1653 fand ein großer Reichstag unter Vorsitz Kaiser Ferdinands III. statt. Bereits im Vorjahr traf der Rat umfangreiche Vorbereitungen dazu. „Der Magistrat war fast mit nichts anderem beschäftigt, als die Einrichtung so zu treffen, daß sowohl der Empfang sich mit Feyerlichkeit und Ordnung auszeichnete als auch übrigens für anständige Unterkunft, für passende Locale zu den Geschäften und für Erholung gesorgt war" schreibt Gumpelzhaimer. Im Zuge dieser Vorbereitungen ließ der Rat das Stadtschreiberhaus abbrechen und an dessen Stelle ein Gebäude errichten, das den Reichsfürsten würdige Beratungsräume bieten sollte. Durch die Aufstockung des Hauses mußten zwei der westlichen Fenster des Reichssaales vermauert werden. „... des Herrn Stadtschreibers Wohnung gewesen, und wurde neben der Reih hin die Mauer abgebrochen ... und das ganze Hauß zur Fürsten Stuben gebraucht und genohmen worden" heißt es in der Bauamtschronik des Jahres 1652. Aber schon 1655 mußte eine Erweiterung vorgenommen werden.

Lediglich das frühgotische Stichbogentor an der Neuen-Waag-Gasse, seit 1905 durch ein schmiedeeisernes Gitter geschlossen, blieb vom einstigen Stadtschreiberhaus übrig. Das Tor vermittelt den Zugang in eine niedrige, von zwei gratigen Kreuzjochen überwölbte Halle. In ihrer Tiefe führen sieben Stufen zu einem Podest, von dem aus eine architektonisch reizvoll gewendelte Stiege, die sogenannte Fürstentreppe, nach oben führt. Die unteren Stufen säumt als Geländer ein hübsches Rankengitter von 1655. Über die Fürstentreppe gelangt man auf eine offene Altane, von der sowohl der Reichssaal als auch das Zimmer des Fürstlichen Kollegiums zugänglich sind.

Das Fürstenzimmer

Der annähernd rechteckige Saal im 1. Obergeschoß diente den Reichsfürsten als Beratungszimmer. Der Schreiner Hans Stellenperger fertigte 1661 die kassettierte Holzdecke, die durch ihre tiefen Unterschneidungen eine starke plastische Wirkung erzeugt. Pilaster säumen die schwere, zur Altane führende Eichentüre, in deren Aufsatz die Jahreszahl 1652 erscheint. Die schmucklosen Wände der Ost- und Westseite dürften von vornherein für die Anbringung von Gobelins bestimmt gewesen sein.

Neuartig für die damalige Zeit war die Anlage einer Warmluftheizung. In der Mitte des Fußbodens findet sich ein quadratischer, von einer steinernen Randung gesäumter Ausschnitt, den ehedem eine durchlöcherte Kupferplatte überdeckte. Durch diese Öffnung strömte Warmluft aus der

69. Fürstenkollegium beim Rathaus. Namenszug und Jahreszahl 1794 an einer Butzenscheibe

im Untergeschoß liegenden Heizkammer in den Raum. Da dieser nach zwei Seiten hin freisteht und der Zugang unmittelbar ins Freie führt, mußte als zusätzliche Wärmequelle ein Ofen aufgestellt werden. Dieser ist nicht mehr vorhanden; an seiner Stelle befindet sich nun ein um 1680 entstandener Kachelofen aus dem Schloß Alteglofsheim, ein Geschenk des Fürsten von Thurn und Taxis.

Die Geyersche Abbildung des Fürstenzimmers von 1725 läßt erkennen, daß Ost- und Westwand zur Reichstagszeit mit Bildteppichen behangen waren. In Anlehnung an diese einstige Ausschmückung des Raumes zieren auch heute wieder Gobelins die beiden fensterlosen Langwände: östlich drei Wandteppiche mit Bilderfolgen aus der Geschichte des Scipio. Sie entstanden um 1620 in der Manufaktur des Cornelis Mattens in Brüssel. Westlich vier Gobelins, gleichfalls Brüsseler Arbeiten, um 1600, mit Szenen aus der Sage des Aeneas und der Dido.

Der Kupferstich Andreas Geyers, 1725, gibt auch die Sitzordnung der Reichsfürsten wieder. Wie im Reichssaal saßen sich auch hier weltliche und geistliche Fürsten oder deren Gesandte an den Wandbänken gegenüber, ebenfalls eine Stufe hoch, mit grünem Tuch bezogen. Vor dem Mittelfenster des Saales stand ein mit grünem Tuch belegter Tisch für das Direktorium, in das sich Österreich und Salzburg teilten. Etwas dahinter ein Lehnsessel für den Reichserbmarschall. An dem langen Tisch im rückwärtigen Teil des Saales saßen die protokollführenden Sekretäre.

Die Reichsfürsten bildeten den größten der drei Reichsstände. Mit 37 Stimmen der geistlichen Fürsten (einschließlich der beiden evangelischen Bischöfe) und den 63 Stimmen der weltlichen Fürsten verfügten sie zusammen über genau 100 Stimmen.

Ein Kuriosum, nur wenigen bekannt, findet sich an einer der Butzenscheiben in den Fenstern zur Altane. Hier haben sich einige der Gesandten verewigt, indem sie ihren Namen, wohl mit dem Diamant eines Ringes, in die Scheiben ritzten. „Xaver Hueber von Heydeck 1794" ist auf einer der Scheiben zu lesen.

Das Fürstliche Nebenzimmer

Gleich den Kurfürsten verfügten auch die Reichsfürsten über einen zweiten Raum, ein „Nebenzimmer" zu geheimen Beratungen unter Ausschluß der Sekretäre. Dieses Fürstliche Nebenzimmer liegt an der Südwestecke des Reichssaales und ist von diesem aus durch die Türe unter der Musikempore zugänglich. Vor Inanspruchnahme dieses Raumes durch den Reichstag befand sich hier die reichsstädtische Gerichtsstube. Die spätgotische Holzdecke aus gekehlten Bohlen ruht auf einem reich profilierten Unterzug, den ein ornamentierter Pfeiler mit dem Stadtwappen und der Jahreszahl 1563 stützt.

Durch eine eingelegte Rokokotüre um 1735 — sie stammt aus dem Gartenhaus des Bankiers Löschenkohl (s. Rosengarten) — gelangt man in einen nach Norden vorgelagerten Raum, der heute zur Ausstellung von Bildern und Urkunden zur Geschichte des Reichstages dient.

Das Untergeschoß dieses Bauteiles nimmt die ehemalige Wachtkammer ein, die jetzt als Ausstellungsraum verwendet wird. Eine Mittelsäule trägt das 1561 entstandene Gewölbe. „Die Wacht Camer unter der Gerichts Stuben (s. o.) ist gewölbt worden, hat vorhin die Decke von Brettern gehabt...". Dieser Raum sowie der nördlich angrenzende dürften als Aufenthaltsort für die Gerichtsdiener der Reichsstadt, für die Marktknechte und für den „Brassel" bestimmt gewesen sein, der die Gefangenen zu betreuen hatte.

Das Reichsstädtische Kollegium

Das Sitzungszimmer der Vertreter der Reichsstädte, Reichsstädtisches Kollegium genannt, befindet sich im Stockwerk über dem Fürstlichen Nebenzimmer. Über die Musikempore des Reichssaales ist es zugänglich. Vor der Belegung durch die Vertreter der Reichsstädte war hier die sogenannte Hansstube, der Raum, der das Hansgericht beherbergte, die oberste reichsstädtische Behörde in Angelegenheiten der Kaufmannschaft und des Handwerks.

Zum Reichstag des Jahres 1613 hatten sich so viele Gesandte der Reichsstädte angemeldet, wie man „dergleichen bei Mannsgedenckhen in keinem Reichstag jemals beschehen...". Dieser starke Andrang bedingte eine Erweiterung dieses Raumes durch die Einbeziehung eines kleineren bei der Empore des Reichssaales gelegenen Vorraumes: „... berürte (besagte) Hansstuben erweittert, und das Flöz (Vorraum) gleich an der Sahlstieg (Musikempore im Reichssaal) dazu genommen, in Aine (eine) Stuben gerichtet..." (Bauamtschronik 1613).

Das Zimmer des Reichsstädtischen Kollegiums ist, gemessen an seiner Ausstattung, nach dem Kurfürstlichen Nebenzimmer das wertvollste. Der warmbraune Ton der spätgotischen Dielendecke und Wandvertäfelung und das gebrochene Licht der Butzenscheiben verleihen dem Raum eine anheimelnde Atmosphäre. Fein geschnitzte spätgotische Maßwerkfiguration schmückt die Fensterleibungen. In den Fensterpfeilern sitzen Wandschränkchen, deren Türfelder sich durch kunstvoll eingelegte Architekturmotive auszeichnen. Vom Umbau des Jahres 1613 stammen die drei Renaissancetüren: Toskanische Flankierungssäulen tragen dekoratives Gebälk. Der Kachelofen, schwarzbraun glasiert, gehört der Zeit um 1660 an. Der Holzpfeiler mit dem eingeschnittenen Stadtwappen und der Jahreszahl 1563 unter dem schweren Deckenbalken gelangte erst in späterer Zeit aus dem ein Geschoß tiefer liegenden Fürstlichen Nebenzimmer in diesen Raum. Hier befindet sich auch jene Schrifttafel von 1554 — Goldbuchstaben auf schwarzem Grund — die ursprünglich im Vorraum der Ratsstube, dem „Blauen Saal", hing und mit einem Reimspruch die Ratsherren an ihre Pflicht zu Toleranz und Gerechtigkeit erinnerte:

Ein jeder Ratsherr der da gaht,
Von seines Amts wegen in Rat,
Soll sein ohn alle bös Affekt,
Dadurch sein Herze wird bewegt,
Als Feindschaft, Zorn und Heuchelei,
Neid, Gunst, Gewalt und Tyrannei,
Und sein durchaus ein gleich Persan,
Dem armen und dem reichen Mann,
Auch sorgen für die ganz Gemein,
Derselben Nutz betrachten rein,
Denn wie er richten wird auf Erden,
So wird ihn Gott auch richten werden,
Am Jüngsten Tag nach seinem Rat,
Den er ewig beschlossen hat.

Der Reim fand Aufnahme in nahezu allen späteren Stadtchroniken.

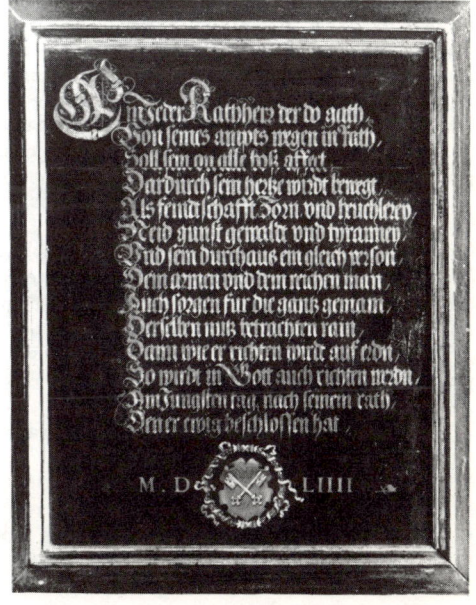

70. Rathaus. Schrifttafel mit Reimspruch zur Ermahnung der Ratsherren, 1554

Die Vertreter der Reichsstädte verfügten zusammen über 51 Stimmen, von denen 15 der „Rheinischen" und 36 der „Schwäbischen Bank" gehörten. Wie aus der Abbildung des Reichsstädtischen Kollegiums von Andreas Geyer 1725 ersichtlich wird, befand sich an der linken Saalwand die um eine Stufe erhöhte, mit grünem Tuch bezogene „Rheinische Bank", bei der der Vertreter der Reichsstadt Köln den Vorsitz führte, an der gegenüberliegenden Seite stand, ebenfalls grün bezogen, jedoch ohne Erhöhung, die „Schwäbische Bank" unter der Führung der Reichsstadt Regensburg, weshalb in die Stuhlwange das Regensburger Schlüsselwappen geschnitten ist. Die Stimme Regensburgs erhielt in späterer Zeit ganz besonderes Gewicht durch den Umstand, daß sich mehrere Reichsstädte, denen ein ständiger Gesandter beim Immerwährenden Reichstag eine zu große finanzielle Bürde gewesen wäre, durch Regensburger Ratsherrn vertreten ließen.

An dieser Stelle möge das sogenannte Konfekttischlein Erwähnung finden, eine Einrichtung, die sich in fünf Räumen der Reichsstände befand: im Kurfürstenzimmer und dessen Nebenzimmer, im Fürstenzimmer und dessen Nebenzimmer sowie im Zimmer des Reichsstädtischen Kollegiums. Mit diesem Konfekttischlein hatte es folgende Bewandtnis: Um der Ehre und Freude über die Immerwährende Reichsversammlung in ihren Mauern Ausdruck zu verleihen, beschloß die Stadt, die Gesandten und ihre Sekretäre während der Beratungen mit Erfrischungen, feinem Backwerk und köstlichen Weinen, zu bewirten. Die Speisen wurden auf eigenen, mit grünem Tuch bezogenen Tischen, den „Konfekttischlein" aufgerichtet. Die Gesandten selbst machten von den leckeren Angeboten weniger Gebrauch als ihre Sekretäre und Schreiber, die nicht selten „wie hungrige Wölfe" über Gebäck und Weine herfielen. Bald bereuten die Regensburger Stadtväter ihre voreilige Großzügigkeit; denn das Konfekttischlein, zu einer Dauereinrichtung geworden, kostete der Stadt jährlich mehrere Tausend Gulden. Man sann deshalb auf eine günstige Gelegenheit, sich dieser Extraausgabe zu entledigen, ohne die Herren Abgeordneten zu vergrämen. Ein solcher Anlaß sollte sich alsbald bieten. Einer der Sekretäre hatte sich an den schweren Weinen gar zu gütlich getan, und als er bei der nachfolgenden, vielleicht recht langweiligen Debatte das Protokoll führen sollte, übermannte ihn der Schlaf und er schnarchte so vernehmlich, daß die Herren Gesandten entrüstet die Abschaffung des Konfekttischleins verlangten. Nichts kam den Regensburger Stadtvätern gelegener als diese Forderung. Deshalb schreibt Geyer auch in dem seiner Darstellung des Kurfürstenzimmers beigegebenen Text: „F. Mit grünem Tuch bezogenes Confect Tischlein / worauf man vor diesem Confect praesentiret / welches aber abgeschafft worden".

Das Neue Rathaus

Vor Erbauung des Neuen Rathauses standen auf seinem Grund zwei stadteigene Bauwerke: die Ahakirche (s. d.) und der Marktturm (s. d.). Die Baugeschichte des Neuen Rathauses umfaßt mehrere Perioden. Bereits um 1440 dürfte ein Erweiterungsbau vom Rathausturm in östlicher Richtung erfolgt sein, der die Ahakirche mit einbezog. „Dann kaufte er (der Rat) auch das alte Zirenschaubsche Haus zwischen dem alten Rathausthurm, der Ahkirche, und dem Marktthurm, um dem uralten Rathaus... mehr Ausdehnung zu verschaffen" (Gumpelzhaimer zum Jahr 1440). Dieser Bauteil, der Vorläufer des barocken Südflügels des Neuen Rathauses, erscheint auf der Abbildung Merians von 1644 mit einem spätgotisch ausgestatteten Erker nach Art der Nürnberger Chörlein, der bereits auf dem Entwurf Bocksbergers zur Bemalung des Rathauses von 1573 zu erkennen ist.

Um 1600 entstand der kleine Trakt östlich anschließend an die Baugruppe „Rathausturm" mit dem Treppenhaus. Den Treppenschaft säumt im 1. Obergeschoß eine Steinbrüstung, die mit gotisierenden Vierpaßblenden ausgesetzt ist. Jeder der Pässe trägt einen Buchstaben, die, zusammengesetzt, die Inschrift ANNO MDC (1600) ergeben. Die Brüstung trägt Namen und Steinmetzzeichen des Michael Dietlmaier (s. d.).

Die Belegung der Räume des Alten Rathauses durch die Reichsstände machte einen großzügigen Erweiterungsbau notwendig. Bereits 1659 erwarb der Rat Grundstücke nördlich der einstigen Ahakirche und des Marktturmes und begann 1660 mit der Errichtung des Nord- und Ostflügels des Neuen Rathauses, die 1662 vollendet waren. Mit der Errichtung des Südflügels auf den Grundmauern der Ahakirche und denen des 1706 abgebrannten Marktturmes fand in den Jahren 1721 bis 1723 die Bautätigkeit am Regensburger Rathaus ihren Abschluß.

Der barocke Bautrakt des Neuen Rathauses kehrt seine Schaufronten dem Kohlenmarkt und dem Zieroldsplatz zu. Am Südflügel springen Eckrisalite aus, im Erdgeschoß mit Rustikaquaderung. Flachgiebel decken sie. Die Fassadengliederung besteht aus gemalten Fensterarchitekturen sowie den architektonisch reich ausgestatteten Portalen.

71. „Neues Rathaus" mit Rathausturm

Das Portal des Ostflügels am Zieroldsplatz trägt über dem Scheitel des Rundbogens eine Kartusche mit dem Regensburger Stadtwappen. Das Rustikagewände schließt ein Architrav, aus dessen Mitte sich ein Obelisk erhebt. Geschweifte Giebelschenkel flankieren ihn. Diese tragen zwei allegorische Frauengestalten, deren Attribute sie als „Glaube" und „Friede" ausweisen. In den Zwickeln des Rundbogens steht die Jahreszahl 1661. Bemerkenswert sind die originalen barocken Torflügel mit kraftvollem Schnitzwerk.

Das Südportal — heute Zugang zum Ratskeller — wird von toskanischen Säulen flankiert, die einen Architrav mit Giebelstücken tragen. Auf diesen ruhen die allegorischen Figuren der Gerechtigkeit und Klugheit. Über dem Korbbogen sitzt eine Kartusche mit dem Schlüsselwappen der Stadt und der Jahreszahl 1722.

Mehrere der Innenräume zeichnen sich durch kassettierte Holzdecken mit erfindungsreichen Geometrien um 1661 aus. Vier davon fertigte der Schreiner Leonhard Schmidt: „... auch ist den 22. Merz mit dem Meister Leonhardt Schmidt Schreiner verglichen worden 4 neue Stuben Decken in neuen Bau zu machen..." heißt es in der Bauamtschronik zum Jahr 1660. In die Wand des östlichen Treppenhauses ist eine geätzte Solnhofener Platte mit Stuckrahmen eingelassen. Der Text in vergoldeten Buchstaben kündet ein Loblied auf die Stadt. Paul Plänckl widmete die Tafel 1711 den Herren des Rates.

Die Höfe des Rathauses

Der Baukomplex des Rathauses umschließt insgesamt drei Innenhöfe. Durch das Torgewölbe des Rathausturmes gelangt man in den „Großen Rathaushof". An seiner nördlichen Schmalseite steht ein Brunnen. Aus dem Sechseckbecken ragt ein gedrungener Pfeiler, der die Figur der Liebesgöttin Venus trägt. Herabwallendes Lockenhaar rahmt das jugendliche Gesicht. Das tiefe Dekolleté des Kleides läßt nach barocker Art die Brüste frei. Auf ihrer linken Hand sitzt ein Taubenpaar, in der rechten hält sie einen metallenen Palmzweig. Diesen gab man ihr jedoch erst anläßlich einer Erneuerung in die Hand, so daß man nahezu geneigt ist, die Brunnenfigur nicht als Göttin der Liebe, sondern als Allegorie des Friedens zu deuten. Sie ist eine Schöpfung des Regensburger Bildhauers Leoprand Hilmer. Genienköpfe in Kartuschen zieren die Felder des Brunnenbeckens. In einem Feld erscheint das Reichswappen mit der Jahreszahl 1661.

An den Wänden des Hofes fanden vier frühbarocke kolossale Sitzfiguren Aufstellung, die für die Portale der vom Rat erbauten evangelischen Dreieinigkeitskirche bestimmt waren. Wegen der Ereignisse des Dreißigjährigen Krieges mögen sie nicht mehr zur Aufstellung gelangt sein. Die

Attribute weisen die Figuren als Verkörperung der Kardinaltugenden Glaube, Hoffnung und Liebe aus. Sie gehören der Zeit um 1630 an und stammen von dem Bildhauer Leonhard Kern aus Schwäbisch Hall.

Die Bautrakte des Neuen Rathauses umschließen den „Kleinen Rathaushof", wegen des dort befindlichen Wandbrunnens auch „Neptunhof" genannt. Der stilvolle Brunnen — bezeichnet 1662 — schließt mit fünf Seiten des Achtecks an die westliche Wand des Hofes. Engelsköpfe und das Schlüsselwappen zieren seine Felder. In dem kleinen Wandgehäuse steht der Meeresgott Neptun; zu seinen Füßen erheben sich drei Seepferdchen, die Wasser in das Becken speien. Die Steinmetzarbeiten fertigte Hans Keller; die Figurengruppe stammt mit Gewißheit von Leoprand Hilmer (s. d.).

Schließlich sei noch der kleine Hof genannt, gegen den sich die Erdgeschoßhalle des Fürstenkollegiums mit Arkaden öffnet. Der Wandbrunnen aus der Renaissancezeit stammt vom Haus Albrecht Altdorfers an der Weitoldstraße (s. d.). Von diesem Hof aus sind die ehemalige Wachtkammer (s. d.) und die Fragstatt zugänglich.

Bemalung des Rathauses

Die Renaissance war die Blütezeit der Fassadenmalerei. Rat, Bischof und Bürgerschaft von Regensburg wetteiferten in der Ausschmückung ihrer Gebäude mit Freskomalereien. Den größten Auftrag erteilte der Rat mit der Bemalung des Rathauses. Da entsprechend geschulte heimische Kräfte nicht zur Verfügung standen, holte der Rat 1573 den aus Salzburg stammenden Melchior Bocksberger, einen führenden Meister der Freskokunst. Nach ihm ist die Bocksbergerstraße in Kumpfmühl benannt. Der Meister erhielt den Auftrag, den gesamten Rathauskomplex einschließlich des an der Ecke zum Kohlenmarkt stehenden Marktturmes (s. d.) mit Fresken zu zieren. Zunächst hatten die Zimmerleute mit der Aufstellung des Gerüstes am hohen Marktturm ein schweres Stück Arbeit zu leisten, wofür ihnen der Rat „30 Kr. zu einer Liebung", einer Labung, reichen ließ. Die Malarbeiten Melchior Bocksbergers zogen sich bis ins kommende Jahr 1574 hin. Das Rathaus muß damals einen prächtigen Anblick geboten haben. Bewegte, mitunter turbulente Szenen alttestamentlichen und mythologischen Inhalts, anmutige Frauengestalten und kraftvolle Titanen, sich aufbäumende Rosse, das heitere Spiel der Puttos und lebendiges Ornament, in leuchtenden Farben an die Wände gezaubert, zierten das Rathaus von der Neuen-Waag-Gasse bis zum Kohlenmarkt. Bocksberger wurde für seine Arbeiten mehrfach entlohnt. Der Bemalung des Marktturmes 1573 folgte 1574 die der übrigen Rathausgebäude. Die Bauamtschronik berichtet zu diesem Jahr: „Item in diesem Jahr ist das Rathaus vom Ungelturm (Rathausturm) hinum vorne und hinten samt dem Haus, darin der Stadtschreiber damals gewohnt (das spätere Gebäude des Fürstenkollegiums an der Neuen-Waag-Gasse) durch Melchior Bocksberger gemalt worden". Seine Entlohnung betrug 250 Gulden. Die benötigten Farben mußte er selbst stellen. Blattgold, Silber und Öl gingen auf Kosten des Rates. Die Malereien sind gänzlich untergegangen. Was uns heute noch eine Vorstellung davon gibt, sind fünf Entwürfe, die 1897 auf dem Dachboden des Rathauses gefunden wurden und jetzt im Museum zu sehen sind. Es handelt sich um drei Entwürfe für drei Seiten des Marktturmes und zwei Entwürfe für die Bemalung des Rathauses, in lichten Farben flott hingeworfene Skizzen von eminenter Erfindungsgabe. Ein Vergleich mit Merians Darstellung des Rathauses 1644 läßt allerdings erkennen, daß der Entwurf für den Marktturm im Regensburger Museum nicht zur Ausführung gelangte, sondern eine Malerei, wie sie eine Farbskizze von 1573 im Besitz des Bayerischen Nationalmuseums in München wiedergibt.

Die ehemalige Ahakirche

wird bereits im 10. Jahrhundert erwähnt. Sie befand sich unmittelbar außerhalb der Nordwestecke der römischen Kastellmauer an der Stelle des späteren Rathauses. Bei Erdarbeiten unter dem Reichssaalbau 1969 wurden Gräber aus der Zeit um 400 n. Chr. aufgedeckt. Gräber des 7. Jahrhunderts, aufgefunden am Kohlenmarkt und Haidplatz, legen den Gedanken nahe, daß hier im Vorfeld der Nordwestecke des Legionslagers eine spätantike Begräbnisstätte zu suchen sei, die bis ins frühe Mittelalter belegt wurde. Nimmt man ein Bestehen der Ahakirche so früher Zeit an, so entsteht hier eine ähnliche Situation wie vor der benachbarten Südwestecke des Kastells mit St. Georg, dem späteren St. Emmeram. Der Name „Ahakirche" unterliegt im Lauf der Jahrhunderte verschiedenen Abwandlungen: Ach-, Ay-, Ahakirche, schließlich als Geykirche. „Ach", altdeutsch „aha" bedeutet Wasser, Fluß (s. Bachgasse). Ache ist der Name zahlreicher Flüsse und Bäche. Die Achkirche muß also eine Wasserkirche, eine an einem Wasserlauf gelegene Kirche sein. Diese Bezeichnung ist hier weniger auf die Nähe der Donau zurückzuführen, als vielmehr auf den Vitusbach (s. d.), der, aus der

Bachgasse kommend, seinen Lauf an der Kirche vorbei, zur Donau nahm. Der später in Gebrauch gekommene Name Geykirche ist unschwer zu deuten. Hier bei der Kirche war der Markt, wo die Landleute der Umgebung ihre Erzeugnisse feilboten. Weil nun die aus dem Gäu kommenden Bauern die nahegelegene Kirche häufig besuchten, bürgerte sich der Name Geykirche, d. h. Gäukirche ein. Die Bezeichnung Achkirche in ihrer Bedeutung als Wasserkirche wurde damals schon nicht mehr verstanden.

Die Kirche mit dem Patronat St. Bartholomäus gehörte zum Kloster St. Emmeram. Da sie im Bereich des Rathauses lag, war sie den Mitgliedern des Rates zum Besuch der Messe sehr gelegen. Mit Einwilligung Papst Martins V. ging die Kirche 1430 in den Besitz der Stadt über, die sich erbot, für eine würdige Feier des Gottesdienstes darin zu sorgen.

Bereits um 1440 dürfte die Kirche nach außen hin nicht mehr in Erscheinung getreten sein, da sie durch einen Erweiterungsbau des Rathauses nach Osten (s. Neues Rathaus) überdeckt wurde. 1465 erfuhr ihr Inneres eine durchgreifende Erneuerung. Seit der Einführung der Reformation in Regensburg 1542 blieb die Kirche unbenützt. 1661 ging sie im Bau des Neuen Rathauses auf.

Der Marktturm,
ehemals eines der Wahrzeichen der Stadt, stand isoliert vom Rathaus am Kohlenmarkt, und zwar genau an der Stelle des Ostrisalites des Neuen Rathauses bei der Einmündung des Zieroldsplatzes. Der aus frühgotischer Zeit stammende Turm zählte zu den schönsten Gebäuden der Stadt. Er war der Stolz aller Regensburger, und der Rat scheute keine Kosten zu seiner Erhaltung und Verschönerung. Ein Bild vom Aussehen des Turmes vermittelt die Ansicht des Rathauses in Merians Topographia Bavariae von 1644, besser noch die Originalentwürfe M. Bocksbergers zu seiner Bemalung von 1573 im Museum. Einen weiteren Farbentwurf vom gleichen Jahr besitzt das Bayerische Nationalmuseum in München. 1510 lieferte der Regensburger Uhrmacher Hans Peutter eine kunstvolle astronomische Uhr, deren Zifferblätter mit drei Zeigern verschiedener Größe ausgestattet waren. Der kleinere zeigte die Viertelstunden an, der mittlere die ganzen Stunden. Der größte Zeiger aber, die „große Uhr" genannt, zeigte „auf eine fremde Weiß und Art die Stund nach der Länge des Tages" (Grienewald, 1615). Der Schlag ließ sich „auf der grossen erschröcklich brummeten Glock" vernehmen. Die Nachtstunden verkündete eine kleinere, hell klingende Glocke. Im Hochsommer schlug die große Glocke bis zu sechzehnmal an, da der längste Tag sechzehn helle Stunden hat. Außerdem zeigte die Uhr auch die Mondphasen an. Die kupferne, zur Hälfte vergoldete, zur Hälfte blau bemalte Mondkugel fertigte der Kupferschmied Hans Scheidecker. Im gleichen Jahr 1510 zierte der Maler Hans Mochinger die beiden Uhrseiten des Turmes mit Fresken.

Die zahlreichen Fremden, die zum Reichstag 1594 nach Regensburg kamen, konnten sich mit der ungewöhnlichen Schlagfolge der Uhr am Marktturm nicht zurechtfinden, so daß sie auf normalen Stundenschlag umgestellt werden mußte.

Den Turm mit der großen Durchfahrt zum Fischmarkt schloß eine umlaufende Galerie, hinter der sich das steile Helmdach erhob, auf dem eine Laterne mit Zwiebelkuppel saß. Den Abschluß bildete ein vergoldeter Hahn.

Der Marktturm stand im Mittelpunkt des bürgerlichen Lebens der Stadt. Türmer wachten von seiner Höhe aus Tag und Nacht über die Sicherheit der Bürger. Von seiner Dachgalerie herab ertönte bei städtischen oder familiären Feiern das Trompetenkonzert der Turmbläser. Neben seiner Toröffnung stand der Pranger (s. d.).

Johann Balthasar Bucher hieß einer der unglücklichen Marktürmer, durch deren Fahrlässigkeit das prächtige Bauwerk am 26. Juli 1706 in Asche sank. Alle Löschversuche schlugen fehl; der Turm brannte vollständig aus. Die gewaltige Hitze ließ die Mauern bersten. Das viele Wasser, das man auf das gefährdete Rathaus goß, richtete großen Schaden an. Zur Abtragung der Turmruine bestellte der Rat den Baumeister Ulrich Meßel aus Nürnberg. Die schuldigen Marktürmer mußten, in Eisen geschmiedet, bei den Aufräumungsarbeiten helfen. Aus Georgenstadt wurde ein sogenannter Gretzwascher gerufen, dem die Aufgabe zufiel, die großen Mengen geschmolzenen Metalls der Dachung, der Glocken und des Uhrwerks aus dem Brandschutt zu bergen.

Die Funktion des Marktturms wurde zunächst auf den Goldenen Turm (s. d.) in der Wahlenstraße übertragen, später auf den Rathausturm. Der Plan, den Marktturm in barocker Form wieder zu erstellen, scheiterte an der Geldnot der Reichsstadt.

ZIEROLDSPLATZ

Das kurze, nach Norden sich verengende Straßenstück, das vom Kohlenmarkt zum Schmerbühl und zum Fischgäßl führt, der „Zieroldsplatz", hieß in früherer Zeit „beim Marktturm" oder "hinter dem Marktturm". Dieser Marktturm (s. d.) nahm die Stelle der Südostecke des Neuen Rathauses ein. Auch nach Verschwinden des Turmes 1706 blieb die Ortsbezeichnung noch in Gebrauch.

Der Name „Zieroldsplatz" leitet sich von einem Familiennamen ab. Ein Johann Georg Zierold taucht 1700 in den Urkunden auf. Lokalisiert auf unseren Platz erscheint der Name Zierold in der Chronik des Plato-Wild 1742: „Bey Herrn Zierold, E. E. Hans Gerichts Assessor, gleich beim Rathaus". Damit ist der Familienname in Zusammenhang gebracht mit der nach ihm benannten Örtlichkeit. Um diese Zeit dürfte die Bezeichnung „Zieroldsplatz" entstanden sein, die erstmals auf dem Stadtplan von 1808 belegt ist. Dieser Zierold (oder seine Nachkommen) bewohnte das Haus Zieroldsplatz 2 (F 39), wie aus den Plänen der Wachten mit den Namen der Hausbesitzer aus der Zeit um 1770 (Stadtgrundrisse Nr. 11) hervorgeht.

Das Denkmal für Don Juan d'Austria

Der Zieroldsplatz bildet seit 1978 die Kulisse für ein Denkmal, das zum 400. Todesjahr von Regensburgs berühmtem Sohn Don Juan d'Austria (s. d.) errichtet wurde. Die Geschichte dieses Denkmals beginnt in der sizilianischen Hafenstadt Messina. Dort steht an der Piazza Catalani das überlebensgroße Standbild des Don Juan, des Sohnes Kaiser Karls V. und der schönen Regensburgerin Barbara Blomberg (s. d.).

Messina war 1571 Sammelpunkt der Schiffe der „heiligen Liga", einer von Spanien, Venedig und dem Kirchenstaat ausgerüsteten Flotte unter dem Oberbefehl des Don Juan. Sie richtete sich gegen die türkische Seemacht. Seit Jahren machten türkische Schiffe die Seewege des Mittelmeeres unsicher. Türkische Schiffsbesatzungen überfielen nach Seeräuberart die Küsten Italiens, mordeten, plünderten und verschleppten zahllose Küsten- und Inselbewohner in die Sklaverei. Dem Vordringen der Türken in das mittlere und westliche Mittelmeer sollte nun die „heilige Liga", die christliche Flotte, entgegentreten.

Von Messina aus nahm in der Nacht vom 15. zum 16. September 1571 die christliche Flotte Kurs auf die bei Korfu und im Golf von Patras operierende türkische Armada. Den ungeheueren Aufwand an Menschen und Material mögen einige Zahlen verdeutlichen: Der christlichen Flotte, bestehend aus 207 Galeeren, 6 Galeassen (große Galeeren) und einer Besatzung von 30 000 Soldaten, 12 900 Matrosen und 43 000 Ruderern, stand eine zahlenmäßig leicht überlegene türkische Flotte gegenüber. Bei Lepanto trafen die Gegner aufeinander. Aus der mit größter Erbitterung geführten Seeschlacht ging die christliche Armada als überragender Sieger hervor, nicht zuletzt wegen der überlegenen strategischen Konzeption Don Juans.

Seit diesem Tag von Lepanto, dem 7. Oktober 1571, wird Don Juan als der große Seeheld gefeiert. Papst Pius V. bestimmte den 7. Oktober als Tag des Rosenkranzfestes; wurde doch die Himmelskönigin von der gesamten katholischen Christenheit mit dem Gebet des Rosenkranzes um den Sieg über die Türken bestürmt. Das Kirchenpatrozinium „Maria vom Sieg" geht auf die Seeschlacht von Lepanto zurück.

Unmittelbar nach diesem weltgeschichtlich bedeutsamen Ereignis, 1572, also noch zu Lebzeiten Don Juans, schuf der Bildhauer Andrea Calamech in Messina das genannte Standbild. Der Initiative von Walter Boll gelang es, eine Kopie dieses Denkmals nach Regensburg zu bringen. Zunächst erreichte er bei den italienischen Behörden die Genehmigung zur Abformung der Bronzeplastik. Diese anstrengende Arbeit unter der heißen Sonne Siziliens besorgte der Schwandorfer Bildhauer Peter Mayer. Der Bronzeguß erfolgte in München. Die Kosten der Abformung und des Gusses trug Johann Vielberth, der die Kopie der Stadt zum Geschenk machte.

Die Häusergruppe Zieroldsplatz 3 (D 124/125)
früher Zieroldsplatz 3 (D 124) und Schmerbühl 2 (D 125)

schließt nördlich an das Rathaus an. Ab 1962 substanzbewahrend umgebaut. Erdgeschoßräume für die Erweiterung des Ratskellers genützt.

Bauteil D 124 (an das Rathaus anschließend): zwei schmale Giebelhäuser, das südliche mit Überschuß auf profilierter Vorkragung. Im Erdgeschoß Rundfenster aus dem Bestand des Dollingersaales eingesetzt. Den unmittelbar an das Rathaus schließenden Erdgeschoßraum überspannt ein Kreuzrippengewölbe, um 1300. Die Kehlrippen sitzen auf Kelchkonsolen. Östlich Fünfstrahlschlußstein mit Blätterkranz. Nach Westen anschließend der Dollingersaal.

Bauteil D 125 reicht in die späte Romanik. Straßenfront mit unregelmäßigen Fenstern, ihre Anordnung nach Sanierung dem ursprünglichen Bestand angepaßt. Eine gotische Doppelarkade aus der Westfassade fand Zweitverwendung im Rückgebäude des Runtingerhauses, eine spätgotische Doppelarkade aus der Südmauer gelangte in das Museum. In der Nordwestecke des Erdgeschosses gelegener Raum mit zweijochigem Kreuzrippengewölbe, frühgotisch, um 1230. Die Rippen ruhen auf Eck- und Wandpfeilern. Schlußsteine mit Blattfiguration. Ehemals Kapelle der Unschuldigen Kinder. — Dreiecksraum im Erdgeschoß mit einer durch die Grundrißform bedingten komplizierten Gewölbeführung. Figürliche Konsolplastik des 14. Jahrhunderts: südlich kniender Ballwerfer (1963 beschädigt und restauriert), westlich und östlich je eine Hand, die mit gespreizten Fingern die Last der Wölbung zu tragen scheint.

Der Dollingersaal, Zieroldsplatz 3 (D 124, 125)

Anstelle des Hauses Rathausplatz 3 (B 73) stand ehemals einer der bedeutendsten Wohnbauten Regensburgs, das Dollingerhaus. Es barg in seinem 1. Obergeschoß einen Festsaal, den vielgenannten Dollingersaal, in dem der sagenhafte Kampf Dollingers mit dem Hunnen Krako (s. d.) bildhafte Darstellung fand. Der Saal zählt seit Jahrhunderten zu den Sehenswürdigkeiten Regensburgs; die Stadtchroniken berichten seit dem 16. Jahrhundert über ihn. Erste Erwähnung findet er in einem Hausinventar des Jahres 1494: „die lauben, darin die gossen Ros sein". Der Dollingersaal öffnete sich demnach mit einer Laube, einer Loggia, zum Rathausplatz.

Unter den Festsälen des Regensburger Patriziats nimmt der Dollingersaal eine Sonderstellung ein, zunächst durch seine Architekturform. Kreuzrippengewölbe im Obergeschoß sind eine einmalige Erscheinung in Regensburg, sie finden sich sonst nur in Erdgeschoßräumen. Bedeutsam aber ist der Umstand, daß der bürgerliche Hausbesitzer die für mittelalterliche Vorstellungen geradezu herausfordernde Kühnheit besaß, seinen privaten Saal mit den Skulpturen eines Heiligen, eines Kaisers und eines ritterlichen Zweikampfes ausschmücken zu lassen, ein Hinweis auf den Anspruch der Ritterbürtigkeit des wohlhabenden Patriziats.

Trotz des Einspruchs geschichtsbewußter Bürger ließ ein verständnisloser Hausbesitzer das lokalgeschichtlich wie kunsthistorisch so wichtige Dollingerhaus 1889 abbrechen und durch einen Neubau ersetzen. Mit Unterstützung der deutschen Altertumsfreunde konnte wenigstens erreicht werden, daß die Architekturteile des einzigartigen Saales ausgebaut und von den kunstgeschichtlich hochbedeutenden Wandreliefs Gipsabgüsse hergestellt wurden. In dem zu dieser Zeit erbauten Erhardihaus an der Kalmünzergasse fand der Dollingersaal eine neue Heimstätte. Dieses alte Erhardihaus machten die Bomben des letzten Krieges zur Ruine. Der Saal blieb dabei zwar unzerstört, doch war er obdachlos geworden. Zehn Jahre lang lagerten seine Teile in einem Hof an der Neuen-Waag-Gasse. 1963/65 erfolgte sein Wiederaufbau anschließend an das barocke Neue Rathaus am Zieroldsplatz. Der Saal fand damit eine endgültige Bleibe und eine sinnvolle Nutzung seines Raumes.

72. Dollingersaal. Kupferstich aus: C. Vogl / A. Godin „Ratisbona Politica..." 1729. Hofbibliothek

Der Dollingersaal, eine zweischiffige Halle, wird von vier dem Spitzbogen folgenden Kreuzgewölben überspannt. Gurtbögen von verschiedener Breite scheiden die Schiffe. Gurten und Gewölberippen entwachsen einem gedrungenen achteckigen Mittelpfeiler und finden Aufnahme auf entsprechenden Wandpfeilern bzw. Konsolen, die teils mit flachem Laubwerk, teils mit Menschen-

73. *König Heinrich I. und Turnierszene Dollinger – Krako aus dem Dollingersaal. Holzschnitt, 1621. Museum*

köpfen geziert sind. Die verhältnismäßig kleinen Schlußsteine zeigen figürlichen Schmuck, darunter ein Fabelwesen und einen von geflügelten Drachen umgebenen Kopf. Der Saal gehört der Zeit um 1260/70 an.

Nicht die Architektur war es, die den Saal so berühmt machte, sondern seine plastische Ausstattung. Zwei Wandfelder tragen die vielgenannten Stuckreliefs, den legendären Turnierkampf Dollingers mit Krako sowie König Heinrich I. zu Pferd darstellend. Vollplastisch gearbeitet und gleichfalls in Stuck ausgeführt ist die Figur des Königs Oswald, die in einem weiteren Wandfeld steht. Die heutigen Stuckreliefs sind 1889 angefertigte Abgüsse der Originale, die über Eisendübel an die Wand modelliert waren und beim Abbruch des Saales zugrunde gingen. Von den Originalen erhielten sich lediglich der Kopf König Heinrichs sowie der seines Pferdes, die das Museum verwahrt. Auch die Oswaldfigur im Dollingersaal ist eine Nachbildung nach dem gleichfalls im Museum befindlichen Original.

Die Bildwerke des Dollingersaales sind von künstlerisch hohem Rang, besitzen außergewöhnliche kunstgeschichtliche Bedeutung und verdienen höchste Bewunderung. Sie mögen wenig später als der Saal entstanden sein, wohl kurz vor 1300. Die Turnierszene ist erfüllt von lebendiger Bewegung. Dollingers Lanze trifft in Krakos Ohr und hebt ihn aus dem Sattel. Durch die Wucht des Aufpralls geht sein Pferd in die Knie; sein Spitzschild wird nach rückwärts geschleudert. Dollinger, in vorwärtsstürmender Bewegung, bedient sich keines Schildes; er hat ihn, solchen Schutzes nicht nötig, um die linke Schulter gehängt. Ein Holzschnitt von 1621 (s. Dollingerlied) mit der Darstellung der Stuckreliefs trägt die Zuschrift: „Barbarus Hic Solidis Certant Germanus Et Armis Germanus Vicit Barbarus Occubuit" — Hier kämpfen im Zweikampf mit festen Waffen der Barbar und der Deutsche. Der Deutsche siegt, der Barbar stürzt darnieder.

Das zweite Stuckrelief stellt, wie die umlaufende Inschrift auf dem erwähnten Holzschnitt besagt, König Heinrich I., den Finkler dar: „Fertur Equo Celeri Hic Henricus In Ordine Primus: Aucupio Celeber Nec Minus Imperio" — Heinrich, in der Reihe der erste, auf schnellem Rosse reitend, berühmt als Vogelsteller, nicht weniger als Herrscher. Die anmutsvolle Gestalt des jugendlichen Königs sitzt auf trabendem Roß. Sein Gesicht ist dem Beschauer zugewandt; auf der behandschuhten Linken trägt er den Jagdfalken. Die Plastik regt an zu Vergleichen mit dem ein halbes Jahrhundert früher entstandenen Bamberger Reiter.

Das dritte plastische Werk des Dollingersaales ist die überlebensgroße Statue des heiligen Königs Oswald. Die Gestalt ist in ein hochgegürtetes faltenreiches Gewand gehüllt; um die Schultern schlingt sich ein Mantel. Von starker Ausdruckskraft ist das Gesicht mit den weit geöffneten Augen und dem sprechend bewegten Mund. Die rechte Hand hält ein Zepter, das Zeichen königlicher Würde, die linke trägt einen Pokal, auf dem ehemals ein Rabe saß, das Attribut des Heiligen (vgl. Oswaldplastik am Brückturm). Die Figur steht auf einer von drei Bettlern gestützten Konsole.

Zur ursprünglichen Ausstattung des Saales gehört der jetzt in die Ostwand eingemauerte Wandschrank, den ein (ergänzter) krabbenbesetzter Wimperg überhöht, der in einer Kreuzblume gipfelt.

Eine Wandvitrine birgt die seit dem 16. Jahrhundert im Dollingersaal verwahrte Klapptafel mit dem Dollingerlied (s. d., vgl. auch „Dollingersage").

ROTER HERZFLECK — SILBERNE-KRANZ-GASSE

„Roter Herzfleck" und „Silberne-Kranz-Gasse", zwei malerische Winkel mit poesievollen Namen, verbinden den Rathausplatz mit der Keplerstraße. Nur eine einzige Hausnummer umfaßt der Rote Herzfleck, das Anwesen Nr. 2 (D 136), die einstige Wirtschaft „Zum Roten Herzen", die dem „Fleck" den Namen gab. Nur am späten Nachmittag sendet die Sonne schräge Strahlen in den kühlen Winkel hinter dem Rathaus und verleiht Putzflächen und Architekturen des gotischen Hauses „Zum Roten Herzen" lebendige Plastik. Es mag ein wohlhabender Kaufmann gewesen sein, der sich hier im 14. Jahrhundert das stattliche Haus mit den reichen Architekturen erbauen konnte. Damals liebte man, angeregt durch italienische Beispiele, das Wohnen in halbgeöffneten Bogenhallen, sogenannten Loggien oder Lauben, die den Kaufleuten wohl auch zum Auslegen der Waren dienten. Die warme Jahreszeit aber war in unseren Breiten doch zu kurz, so daß man die Lauben, meist noch in gotischer Zeit, wieder vermauerte. Auch hier, am „Roten Herzen", wölbt noch eine einst offene Laube ihren Bogen. Vierpässe reihen sich in dichter Folge zur Brüstung. Eine verständnislose Zeit beraubte das Haus seiner gotischen Fenster. Lediglich an der Nordseite erhielt sich das Fragment einer doppelten Spitzbogengruppe.

Erst mit dem Beginn des 18. Jahrhunderts tritt die Geschichte des Hauses aus dem Dunkel.

Hans Arzwieser, der schon 1687 das Haus bewohnte und dort eine Schänke betrieb, erhielt 1700 die Erlaubnis, seine Gaststätte „Zum Roten Herzen" zu benennen. Da sie in unmittelbarer Nähe des Rathauses lag, ließen die Gesandten des Immerwährenden Reichstages für ihre Bediensteten dort ein Zimmer einrichten, in dem sie sich bei schlechter Witterung aufhalten konnten. „ist bis dato bey 650 Gulden Zinns und für Heizung aufgegangen" meldet die Bauamtschronik des Jahres 1731. Auf einem Stadtplan des gleichen Jahres taucht dann erstmals der Straßenname „Roter Herzfleck" auf. Später wird er auch auf die Silberne-Kranz-Gasse ausgedehnt. Bei Umwandlung verschiedener Straßennamen 1885 tritt dann das umgekehrte Verhältnis ein: Der Rote Herzfleck geht in der Silbernen-Kranz-Gasse auf. Seit 1906 gibt es wieder beide Bezeichnungen.

Auch die unmittelbar anschließende Silberne-Kranz-Gasse nennt sich nach einer Gaststätte gleichen Namens, deren einstige Herberge, das Haus Silberne-Kranz-Gasse 8 (D 137), direkt an das Rathaus schließt.

Das Haus Silberne-Kranz-Gasse 6 (D 138)

1963/64 substanzerhaltend umgebaut. Ein Wappenstein über dem Portal trägt die Inschrift: „Osias Schrader von Osterwick hat mich gebaut anno 1597". Diese Inschrift datiert jedoch nur einen Umbau. Der Kern des Hauses ist nach Ausweis der erhaltenen Architekturteile wesentlich älter. Das Portal an der Ostseite mit seinen profilierten Kämpfern gehört der Hochgotik an; desgleichen stammt die Rechteckpforte mit Dreipaßblendmaßwerk (in der nördlich anschließenden Hofmauer) aus gotischer Zeit. Repräsentativ wirkt die Eingangshalle. Holzsäulen — den Originalen getreu nachgebildet — stützen die mächtigen Balkenunterzüge. Westlich des Hofes befanden sich ehedem die Stallungen. Die steinernen Futtertröge gelangten in den Hof, wo sie nunmehr als Blumenbehälter dienen. Ein Raum des 1. Obergeschosses weist eine spätgotische Balkendecke auf. Die profilierte Balkendecke im 2. Obergeschoß stammt aus dem abgebrochenen Haus Goldene-Bären-Straße 4 (F 29).

Der ehemalige Gasthof „Zur Goldenen Hacke" in der Silbernen-Kranz-Gasse (D 132)

Trug das vorhergegangene Hochwasser die Schuld oder das Jahrhunderte hindurch andauernde Nagen der Ratten, daß die Fundamente des Gasthauses „Zur Goldenen Hacke" in der Silbernen-Kranz-Gasse vollständig untergraben waren? In der Nacht zum 25. Februar 1893 vernahmen die Bewohner des alten Hauses ein verdächtiges Rieseln, achteten aber nicht weiter darauf. Am Morgen trat dann die Katastrophe ein. Gegen acht Uhr stürzten mit donnerähnlichem Krachen Teile des Gasthofes und des angrenzenden Gebäudes zusammen. Zwei Frauen wurden unter den Trümmern begraben. Eine davon, die man um Hilfe rufen hörte, konnte gegen Mittag aus ihrer verzweifelten Lage befreit werden. Die Hackenwirtin aber, Anna Wolfseher, lag zu tief unter dem Schutt und konnte erst am folgenden Tag tot geborgen werden. Die Bewohner der noch stehengebliebenen Hausteile mußten über Feuerleitern aus den Fenstern geholt werden, weil die Treppenhäuser zusammengebrochen waren. „Es ist ein Glück", schrieb der Regensburger Anzeiger, „daß der Einsturz nicht bei Nacht erfolgte, sonst wäre es bei der Überfüllung beider Häuser (es wohnten gegen 70 Personen darin) ohne großen Menschenverlust nicht abgegangen." Das Grundstück der „Goldenen Hacke" ist jetzt unbebaut. Der Gastwirt Joseph Wolfseher errichtete 1887 einem Gelübde folgend die Ramwoldkapelle am Hochweg (s. d.).

NEUE-WAAG-GASSE — WAAGGÄSSCHEN

Beide Straßen sind benannt nach der sogenannten „Neuen Waag" (s. d.), Haidplatz 1 (B 61), in deren unmittelbarer Nähe sie sich befinden.

Das Waaggäßchen führte einst den Namen „Stadtknechtgasse". Die Stadtknechte übten die Tätigkeit von Gerichtsdienern aus. Ihnen oblag die Betreuung und Vorführung der Gefangenen. Sie mußten Verhaftungen vornehmen, geleiteten die Malefikanten zur Richtstätte, führten Verurteilte zur Stäupung an den Pranger und schritten stolz nebenher, wenn Dirnen, Bettler oder andere unliebsame Personen aus der Stadt gewiesen wurden. Unter den Aquarellen des Stadtsoldaten Leonhard Bleyer, reizenden Figurinen im Besitz des Museums, befindet sich auch die Darstellung eines Regensburger Stadtknechts um 1800. In zinnoberrotem Mantel, das Schlüsselwappen auf der Schulter, mit schwarzem Schiffhut, schwarzen Hosen, Schnallenschuhen und weißen Strümpfen mögen sie einen schmucken Anblick geboten haben.

Die Stadtknechte bewohnten ursprünglich Türme der Stadtbefestigung. 1579 erwarb die Stadt ein Gebäude unmittelbar bei der Neuen Waag und zwar jenes an der Ecke Waaggäßchen — Vor der Grieb (Waaggäßchen 2 (B 63)) und bestimmte es als Wohnhaus für die Stadtknechte. Von

74. Stadtknecht. Aquarell um 1800. Museum

dieser Zeit an dürfte der Name „Stadtknechtgasse" in Gebrauch gekommen sein. 1696 spricht die Bauamtschronik von dem baufälligen Stadtknechthäuschen hinter der Waag. Noch 1779, also mindestens 200 Jahre lang, war das Haus von den Regensburger Stadtknechten bewohnt. Die Bezeichnung „Stadtknechtgasse" scheint um 1800 erloschen zu sein. Gemeiner schreibt in seiner damals erschienenen Chronik vom „vormaligen Stadtknechtgäßchen". Der Stadtplan 1808 schreibt bereits „Waaggäßchen".

Das Haus „Zum Goldenen Hirschen", Waaggäßchen 1 (B 71/72)

wurde 1871 abgebrochen und durch einen Neubau ersetzt, doch trägt dieser noch das alte Wahrzeichen, einen liegenden steinernen Hirsch mit echtem Geweih (s. Wahrzeichen). Die Benennung „im Hirsch" erscheint bereits 1360. Im 16. Jahrhundert gehörte das Haus der Familie Schiltl. Während des Kurfürstentages 1575 hatte Christoph Schiltl die Ehre, den Kurfürsten von Köln in seinem Hause aufzunehmen.

Das ehemalige Gumprecht'sche Haus, Neue-Waag-Gasse 1 (B 62)

In den Jahren von 1314 bis 1347 trug ein Wittelsbacher die deutsche Kaiserkrone: Ludwig der Bayer. Seine Wahl erfolgte nicht einstimmig. Man hat neben ihm den ritterlichen, aber mäßig begabten Habsburger Friedrich den Schönen erkoren. Jahrelang herrschte blutige Fehde zwischen den beiden. Im Oktober 1322 endlich fiel die Entscheidung. Trotz glänzender Tapferkeit mußte Friedrich bei Ampfing die Waffen strecken. Nach der Schlacht kam Kaiser Ludwig der Bayer mit seinem gefangenen Gegenkönig auf dem Wege zur Burg Trausnitz an der Pfreimd durch Regensburg. Im Hause des reichen Bürgers Leopold Gumprecht, heute Neue-Waag-Gasse 1 (B 62), nahm er Quartier. Durch dieses Ereignis erlangte das Haus eine gewisse lokalgeschichtliche Bedeutung. Spätere Besitzer waren die Trainer.

Ein Schwibbogen, der die Neue-Waag-Gasse überspannte, verband das Haus mit dem schräg gegenüberliegenden Reichssaal. 1611 mußte der Bogen samt der darin befindlichen Kapelle St. Simon und Judas wegen Baufälligkeit abgetragen werden (s. Reichssaal).

An der einspringenden Ecke des Hauses neben der Toreinfahrt befindet sich die Konsolplastik eines stützenden Jünglings aus der Zeit um 1330 (s. Konsolenmännchen).

Das ehemalige Altmann'sche Haus, Neue-Waag-Gasse 2 (D 120)

An das Rathaus schließt westlich ein dreigeschossiges Haus an, das seine südliche Langfront der Neuen-Waag-Gasse zuwendet. Von den Brüdern Endres, Wilhelm und Sigmund Kastner kam es 1512 in den Besitz des Reichsmünzmeisters Martin Lerch und seiner Gattin Dorothea, einer geborenen Kastner. Lerch war um 1509 aus Schwäbisch Hall nach Regensburg zugewandert. Von 1512 bis 1621 beherbergte das Haus die reichsstädtische Münze.

Lerch muß ein jähzorniger Mann gewesen sein. In aufwallendem Zorn erschlug er einen seiner Knechte mit einer Schaufel. Er bereute diese Tat zutiefst und suchte sein Vergehen durch die Stiftung von Kreuzen zu sühnen. An seinem Haus ließ er ein steinernes Marienbild anbringen, das um 1830 noch zu sehen war. Auch die große Kreuzigungsgruppe aus dem Vorhof von St. Emmeram, deren Original im Chor der Minoritenkirche steht, ist eine Stiftung des reumütigen Münzmeisters. Das Bildwerk, eine Schöpfung des 1524 verstorbenen Dombaumeisters Erhard Heydenreich, trägt die Jahreszahl 1513. Die beiden Stifterwappen am Kreuz — ein springender Hirsch und ein Geweih — weisen auf Martin Lerch und seine Frau. Bezeichnend sind das Stoßgebet um Vergebung der Sünden, das unter den Wappen zu lesen ist sowie ein in lateinischer Sprache abgefaßter Trostspruch für den reuigen Sünder. Das spätgotische Steinkreuz an der Straße nach Lappersdorf ließ Martin Lerch ebenfalls zur Sühne für seine Bluttat errichten.

Von den Erben des Martin Lerch kam das Haus gegen Ende des 16. Jahrhunderts an die Altmann. Nur wenige Jahre blieb es im Besitz dieser Familie. 1607 verkaufte es der Junker Hans Georg Altmann an die Stadt.

Den Fechtern war es gestattet, im Hof des Gebäudes ihre Kunst auszuüben und Schule zu halten. Bereits 1607 taucht die Bezeichnung „Fechtschull" auf. „In der Altmännischen Behausung soll der Hof ausgeräumt werden, weillen denen Fechtern die Fechtschull daselbst zu halten Grosgünstig verwilliget seyen" heißt es in der Bauamtschronik des Jahres 1652.

Im Hof des Hauses fand 1652 eine Hinrichtung statt. Zu dem Reichstag, der in diesem Jahr unter Kaiser Ferdinand III. in Regensburg stattfand, erschien auch ein Oberst namens Günther von der Sittau, um bei den Reichsbehörden seinen rückständigen Sold zu verlangen. Da seine Forderungen abgewiesen wurden, geriet er mit dem zuständigen Beamten in heftigen Streit und erschlug ihn. Der gewalttätige Offizier wurde zunächst gefangengehalten. Schließlich sprach man das Todesurteil. Durch den Reichstag war viel Volk in Regensburg zusammengeströmt, weshalb der Rat peinlich darauf achtete, jede Beunruhigung oder Erregung der Öffentlichkeit zu vermeiden. Er verfügte deshalb, den Oberst unter Ausschluß der Öffentlichkeit zu richten. Er wurde in den Schranken der Fechter im Hof des Altmann'schen Hauses enthauptet.

Das Haus wendet seine südliche Langfront der Neuen-Waag-Gasse zu. Neueste Bauuntersuchungen unterscheiden einen älteren Bauteil im Osten, an das Rathaus anschließend, der in die Romanik reicht und einen jüngeren westlichen (gegen den Haidplatz), der im frühen 15. Jahrhundert entstand.

Östlicher Bauteil: Bemerkenswert die romanische Dreierarkade über den Fenstern des 1. Obergeschosses. Sie gehört dem 11. Jahrhundert an. An den Gewänden je zwei Figuren in Flachrelief; Flechtwerk bzw. Fabelwesen zieren die Rundbögen. Trennungssäulchen ergänzt. Sechs Rechteckfenster im 1. Obergeschoß zeichnen sich durch reiche Gewändeprofile und Mittelpfosten aus. Die postamentartigen Aufsätze an den Fensterbänken (vgl. „Arch", Haidplatz 4 [B 64]) tragen qualitätvollen plastischen Schmuck, leider z. T. stark abgearbeitet: kauernde Tiere und Laubwerk. Das ursprüngliche, stichbogige Portal (östlich der heutigen Einfahrt, jetzt Schaufenster) führte in eine ehemals zweischiffige, von Kreuzrippengewölben überspannte Halle. Durch Einzug von Zwischenwänden als solche heute nicht mehr erkennbar.

Westlicher Hausteil: Im Erdgeschoß dreijochiges Kreuzrippengewölbe, 15. Jahrhundert. Durch späteren Treppeneinbau angeschnitten. Schlußsteine: Bärtiger Kopf mit Hut, Rosetten. Im 1. Obergeschoß einstiger Festsaal, erst 1974 anläßlich von Sanierungsmaßnahmen freigelegt. An seiner Südmauer traten zwei reich gearbeitete Konsolen für einen Streichbalken (= an der Wand entlanglaufender Tragebalken) zutage. Eine davon zeigt einen männlichen Kopf, der aus dichtem Laubwerk hervorwächst (um 1380/90). — Raum mit Holzausstattung, sog. Ständerbohleneinbau, wie mehrfach bei Sanierungsarbeiten freigelegt.

In der Hausmitte Einfahrt, flach gedeckt. In die Wand der ansteigenden Treppe ist ein Judengrabstein eingelassen, so, daß Vorder- und Rückseite freiliegen. Vorderseite: hebräische Inschrift. Darunter Wappenstein Lerch/Kastner mit der Jahreszahl 1531. Rückseite: Oben abermals Familienwappen Lerch/Kastner, darunter eine hebräische Textzeile, nach unten folgend Inschrift: „Im 1519 Jar am 22 tag Hornung Sindt die Juden hie zu Regenspurg vertriben worden. Dernach im 1531 Jar am 10 tag May ist die stainen Stiegen gemacht worden". Ganz unten zwei leere Wappenschilde.

HAIDPLATZ

Der Name Haidplatz ist unschwer zu deuten. Eine Heide (ältere Schreibweise Haide) ist ein brachliegendes, mit Gesträuch bewachsenes Landstück. Der Name wird im Althochdeutschen mit „heida" wiedergegeben. Der Platz liegt etwa im Zentrum der römischen Zivilstadt, die westlich an das Kastell grenzte, dessen Westmauer durch die Linie der Bachgassen gekennzeichnet ist.

Es darf angenommen werden, daß der Platz bereits in römischer Zeit unbebaut blieb, und daß die Bajuwaren, als sie im 6. Jahrhundert von Castra Regina Besitz ergriffen, an dieser Stelle ödes Land, eben eine Heide, angetroffen haben. Diesen Überlegungen zufolge müßte die Benennung „Haidplatz" zu den ältesten der Stadt gehören.

Der Platz, den man stets als „die Haid" bezeichnete, war ursprünglich wohl umfangreicher. Erst die Bauten des Mittelalters engten ihn ein. Die frühesten Urkunden, die unsere Örtlichkeit erwähnen, stammen aus dem 12. und 13. Jahrhundert. Die Bezeichnungen lauten: in der Haid (1147), in Heide (1183), in Haida (1238).

Wegen seiner verhältnismäßig großen räumlichen Ausdehnung diente der Platz in all den Jahrhunderten zu öffentlichen Darbietungen verschiedenster Art. Während des Mittelalters erlebte er große Turniere. „Im darauffolgenden Jahre ward vor Fasten ein Turnier hier gegeben. Der Rat ließ die Schränke und die Grüb machen und die Heid ebnen und stellte die nötigen Wachten", schreibt Gemeiner zum Jahr 1349. Aus dem Jahre 1393 berichtet der gleiche Chronist: „Auf der Haid hatten in älteren Zeiten manchmal dreihundert Helme turniert und Weite genug gehabt...". Auch das sagenhafte Turnier zwischen dem Regensburger Hans Dollinger und dem Hunnen Krako soll auf dem Haidplatz stattgefunden haben.

Dollingersage

Um einen neunjährigen Waffenstillstand abzuschließen, schickten die Hunnen im Jahre 930 eine Gesandtschaft nach Regensburg. Mit dieser kam auch ein hunnischer Oberst namens Krako. Er war ein Riese von Gestalt. Zehn Werkschuhe war er hoch, auf dem Kopf trug er einen Helm von zwanzig Pfund. Sein Panzer aus Elefantenhaut war mit eisernen Schuppen benagelt. Dreieinhalb Ellen lang war sein Speer, sein Schwert hatte die Breite einer Männerhand. Aus dem spiegelblanken Schild grinste die Fratze eines geflügelten Teufels. Kein Wunder, daß jedermann glaubte, der Hunne sei mit dem Bösen im Bund.

Stolz rühmte sich Krako, in allen Turnieren Sieger geblieben zu sein und schon mehr als vierzig Ritter aus dem Sattel gehoben zu haben. Auch die in Regensburg um Kaiser Heinrich I. versammelten Ritter forderte er mit prahlerischer Rede zum Kampf heraus. Niemand wagte es jedoch, dem unheimlichen Herausforderer gegenüberzutreten. So siegessicher fühlte sich der Hunne, daß er verkünden ließ, es mit drei Rittern zugleich aufnehmen zu wollen.

Diese vermessenen Worte drangen bis in die Gefängnisse. Im Gießübl (s. d.), einem Kerkerturm beim Peterstor, lag Hans Dollinger, Angehöriger eines edlen Regensburger Geschlechtes. Wegen Majestätsbeleidigung hatte er eine Strafe zu verbüßen. Alsbald erbot sich Dollinger, den Kampf mit dem Prahler zu bestehen. Der Kaiser war Dollinger gnädig. Er entließ ihn aus dem Kerker und gönnte ihm Zeit zur Erholung. Dann ward er mit einer tüchtigen Rüstung und einem mutigen Pferde ausgestattet.

Herolde verkündeten Tag und Stunde des Kampfes. Dollinger betete am Grabe St. Erhards in Niedermünster und empfing das Sakrament. Nun fühlte er sich stark genug, den Kampf zu wagen. Nur das Gerücht, Krako sei mit höllischen Geistern im Bunde, beunruhigte ihn. Ein alter Priester von Niedermünster gab ihm den Rat, ein Kreuz auf dem Kampfplatz aufrichten zu lassen.

Kopf an Kopf stand die Menge auf dem Haidplatz, und an den Fenstern der anliegenden Häuser drängten sich die Zuschauer. In feierlichem Zuge nahte der Kaiser mit dem Hofstaat und der Ritterschaft. Auf einer Bühne nahmem die Großen des Reiches Platz.

Nun öffnen sich die Schranken. Ein Herold ruft. Mit funkelnder Rüstung tummelt Krako sein Streitroß in die Kampfbahn. Mit wilden Augen sucht er den Gegner. Wieder schallen Trompetenstöße. Hans Dollinger erscheint mit seinem Schildknecht und Waffenträger. Die Rosse schnauben und stampfen. Mit eingelegten Lanzen sprengten die Reiter gegeneinander. Atemberaubende Stille herrscht unter den Zuschauern. Da! — Ein Schrei des Entsetzens aus aller Mund. Dollinger stürzt vom Pferd. Unverletzt liegt er im Sand. Schnell rafft sich der Tapfere auf, schwingt sich auf sein Pferd und wagt ein zweitesmal das Treffen. Die Speere krachen. Staub wirbelt auf. Wieder stürzt Dollinger zu Boden. Die Menge wird still, alles zweifelt an einem glücklichen Ausgang des Kampfes. Unserem Hans kommt es vor, als habe er mit dreien zugleich zu kämpfen. Der Spiegel von Krakos Schild täuscht ihm zwei Ritter vor, die den Hunnen begleiten und ihn im Kampf unterstützen. Da erinnert sich Dollinger des priesterlichen Rates. Er reitet zum Kaiser und bittet ihn, ein Kreuz an die Kampfbahn zu stellen. Schon wird es aufgerichtet.

Zum drittenmal rennen die Gewappneten gegeneinander. Das Vertrauen auf höhere Macht stählt Dollingers Arm. Der Spuk ist verschwunden, Krako kämpft alleine. Die scharfe Lanzenspitze Dollingers trifft den Helm des Hunnen. Sie durchstößt das Eisen und dringt in Krakos Ohr. Samt dem Pferd stürzt der Riese in den Sand. Mit letzter Kraft schlingt der Gefallene seinen Fuß um den Hals des Pferdes und versucht es emporzureißen. Vergebens! Sterbend sinkt Krako zurück. Brausender Jubel erfüllt den Haidplatz.

Der Sieger nahm Krakos Pferd. Der Sitte gemäß zog er dem Unterlegenen die Rüstung aus. Er brachte sie nach Niedermünster. Die Vorsteherin des Klosters, Wiltrudis, bewahrte sie zum Gedenken an den Sieg des Guten am Grabe St. Erhards auf. Bis 1524 — anderen Angaben nach bis 1542 — blieb sie dort. Auf Begehren Kaiser Karls V. brachte man die Rüstung nach Wien.

Zum Dank für seine mutige Tat erhielt Dollinger den Ritterschlag. Der Kaiser gewährte ihm und seinen Nachkommen besondere Freiheiten.

Dollingerlied

Der Kampf Dollingers mit Krako — der Sieg des christlichen Abendlandes über das heidnische Asien — gestaltete sich zu einem historischen Volkslied. An die Besitzer des Dollingerhauses vererbte sich eine Klapptafel mit eingeklebten Pergamenthandschriften vom Jahre 1552. Sie befindet sich nun im wiedererstandenen Dollingersaal (s. d.). Die Aufzeichnungen des linken Blattes loben die Regententugenden und Heldentaten Kaiser Heinrichs I., das rechte Blatt bringt das bekannte Dollingerlied, das einstmals das Herz des Volkes bewegte:

Es rait ein Türck aus Türckhen Lanndt
Er rait gen Regenspurg in die Stadt
Da Stechen wardt
von Stechen war im wolbekhant.

Dollingersage und Dollingerballade fanden Eingang in die Stadtchroniken des 17., 18. und 19. Jahrhunderts. Der Historiker W. Hundt nimmt bereits 1555 in seinem „Stammbuch von Regensburg" darauf Bezug. Das Dollingerlied enthält alle die Handlung tragenden Ereignisse des Sagenstoffes. Die prahlerische Herausforderung:

Da rait er fuer des Kaysers Thuer
Ist niemant hin
der kumb herfuer
Der stechen Well umb Leib und Seel
umb Guet umb Ehr unnd das dem Teuffl die Seel wer...

Das Bündnis Krakos mit dem Teufel:

O Ihesu Christ steh mir ietz bey
Steck mit ein Zwey sind Irer drey...

Und schließlich den gerechten Sieg über den Heiden:

da stach der Dollinger denn Türckhen ab
Das er an dem Rückhenn lag.

Achim von Arnim und Clemens Brentano nahmen die Dollingerballade in ihre einzigartige Sammlung deutscher Volkslieder auf, die unter dem Namen „Des Knaben Wunderhorn" große Berühmtheit erlangte. Damit verschafften sie dem Volkslied aus Regensburg Eingang in die deutsche Literaturgeschichte.

Das Lied ist uralt. Vielleicht wurde die Erinnerung des Volkes nicht nur durch die Stuckreliefs im Dollingersaal (s. d.) gestützt, sondern auch durch eine ungarische Rüstung, angeblich jene Krakos, die Dollinger nach seinem Sieg am Grabe St. Erhards niedergelegt haben soll, und die, wie erwähnt, angeblich erst im 16. Jahrhundert nach Wien gebracht wurde. Daß aus dem Ungarn bzw. Hunnen der Sage ein Türke geworden ist, mag damit zu erklären sein, daß es zur Zeit der Abfassung des Gedichtes im 16. Jahrhundert nicht mehr die Hunnen waren, die das christliche Abendland bedrohten, sondern die Türken.

Bildliche Darstellungen des Kampfes (außer den Stuckreliefs im Dollingersaal) wurden mehrfach gegeben. Auf den aus der Frühzeit des 16. Jahrhunderts stammenden Tafelgemälden in der Niedermünsterkirche mit Bildern aus dem Leben und der Verehrung des hl. Erhard, finden sich auch zwei auf die Dollingersage bezügliche Darstellungen. Die eine zeigt Dollinger, wie er am Grabe des Heiligen um Beistand fleht, die andere den Zweikampf. Der Regensburger Ratsherr Johann Peihel, Besitzer des Dollingerhauses, ließ die Stuckreliefs des Saales in einem Holzschnitt wiedergeben. Das Blatt zeigt im Bogenfeld rechts unten das Wappen der Peihel, darüber die

Jahreszahl 1621 und die Initialen I P (Joh. Peihel). Links unten erscheint das Monogramm des Schneiders, C. in L. (Abb. s. S. 151) Eine Kopie dieses Blattes bringt Merian in seiner „Topographia Bavariae" von 1644 (Übersetzung der zugehörigen Textstellen s. S. 159).

Vorführung der Luftpumpe durch Otto v. Guericke auf dem Haidplatz

Ein Mann war es, der dem Namen der Stadt einen Platz in jedem physikalischen Lehrbuch sicherte und der bewirkte, daß Regensburg in den Hörsälen der Physik aller Hochschulen der Welt genannt wird: Otto von Guericke.

Regensburg, die Stadt der Reichstage im Jahre 1654. Kaiser Ferdinand III. und sein Sohn, der römische König Friedrich IV. zogen mit prunkendem Gefolge zum Reichstag ein. Die deutschen Kurfürsten und die Vertreter der Reichsstände nahmen hier ihren Wohnsitz. Die überfüllte Stadt bot einen bunten, festlichen Anblick. Auch Otto von Guericke, Bürgermeister von Magdeburg, befand sich unter den Gästen. Bereits ein Jahr zuvor, im Februar 1653, führte ihn sein politischer Auftrag nach Regensburg. Nicht seine diplomatische Tätigkeit, sondern seine naturwissenschaftlichen Entdeckungen überlieferten der Nachwelt seinen Namen.

In zwei Disziplinen der Physik hat Guericke bahnbrechend gewirkt und neue Erkenntnisse gefördert: auf dem Gebiet der Elektrizitätslehre und dem der Aerostatik. 1650 gelang die Erfindung der Luftpumpe, deren erstes Modell er aus einer der damals üblichen Handfeuerspritzen konstruierte. Mittels dieser Pumpe stellte er erstmals ein Vakuum her, indem er eine aus Kupferblech getriebene Kugel weitgehend luftleer pumpte.

Die Luftpumpe und die Wirkung des luftleeren Raumes führte Guericke auf Verlangen Kaiser Ferdinands III. während des Reichstags in Regensburg 1654 einer breiteren Öffentlichkeit vor. In seinem Werk „Experimenta Nova", das 1672 in Amsterdam erschien, schreibt Guericke, daß er seine Versuche gegen Ende des Reichstags dem Kaiser und mehreren Reichsfürsten vorgeführt habe. Leider gibt es keine näheren Hinweise, welche Experimente er im einzelnen mit dem Vakuum zeigte. Fest steht jedoch, daß er die Wirkung des luftleeren Raumes auf folgende Weise demonstrierte: An einem Haken hängt ein kupferner Zylinder, in dem sich ein Kolben bewegt. An diesem ist ein Seil befestigt, das über eine Rolle läuft. 40 Personen halten nun das Ende fest, während Guericke eine bereits luftleer gepumpte Kugel, ein Hilfsvakuum, an den Zylinder schließt. Dadurch wird der Kolben herabgedrückt und die sich am Seil festhaltenden 40 Personen hochgehoben.

Die Tradition in Regensburg verlegt die Vorführungen auf den Haidplatz, was der geschichtlichen Tatsache entsprechen dürfte. Als Höhepunkt nennt sie das berühmte Experiment mit den sog. Magdeburger Halbkugeln, die, luftleer gepumpt, von sechzehn Pferden unter gewaltigem Knall auseinandergezogen wurden. Es gibt keinen Anhalt dafür, daß dieser Versuch jemals in Regensburg stattgefunden habe. Aufschlußreich ist der Briefwechsel Guerickes mit dem Würzburger Jesuitenpater Caspar Schott, den dieser in seinem Werk „Technika curiosa" vollständig abdrucken ließ. Den Halbkugelversuch erwähnt Guericke erstmals in einem aus Magdeburg an Schott gerichteten Brief vom 21. Juli 1656, also erst zwei Jahre nach dem Regensburger Reichstag: „Ich habe mir auch zwei Schalen oder Halbkugeln anfertigen lassen ... Wenn ich sie zusammenlege und die Luft herausziehe, werden sie vom Gewicht der äußeren Luft stark zusammengepreßt gehalten, daß sechs kräftige Männer sie nicht auseinanderreißen können ..." In einem weiteren Brief, datiert vom 4. August 1657, erwähnt Guericke den Versuch mit größeren Halbkugeln. Berühmt wurde die Vorführung des Halbkugelversuches vor dem Großen Kurfürsten in Berlin am 1. Dezember 1663.

Hat dieses augenfälligste Experiment Guerickes auch nicht in Regensburg stattgefunden, so bleibt unserer Stadt doch der Ruhm, daß Guericke in ihren Mauern seine grundlegende Erfindung, das Vakuum und dessen Wirkungen, erstmals öffentlich gezeigt hat.

Absturz eines Gauklers auf dem Haidplatz

Carl Bernevin war Arzt, Bruchschneider und Seiltänzer. Sein Ruhm als Chirurg erfüllte fast ganz Europa, und seine Kunst, Brüche zu schneiden, galt als unnachahmlich. Von Grenoble in Frankreich kommend, betrat er Ende des Jahres 1672 erstmals den Boden der reichsfreien Stadt Regensburg, die er nicht mehr lebend verlassen sollte. Rasch verbreitete sich auch hier die löbliche Kunde von seinen Wundermitteln, Pulvern, Mixturen und der Kunstfertigkeit seiner Operationen. Die großen Erfolge seiner Kuren füllten ihm nicht nur die Kasse bis an den Rand, sondern forderten auch seinen Wagemut in verhängnisvoller Weise heraus.

Für den 4. Januar 1673 ließ Bernevin den Regensburgern ein Schauspiel ankündigen, wie es die Reichsstadt noch nicht gesehen haben sollte. Der Haidplatz war zu einer tollkühnen Seilfahrt ausersehen. Ein mehr als 50 Klafter langes Seil wurde vom Turm des „Goldenen Kreuzes" bis auf

75. *Ein mit Feuerwerk besetzter Gaukler stürzt 1673 auf dem Haidplatz vom Seil. Zeitgenössischer Kupferstich. Hofbibliothek*

das Pflaster vor der „Neuen Waag" gespannt. Es war ein regnerischer Abend, als um halb sieben Uhr Bernevin, an allen Gliedern mit Raketen und Schwärmern behangen, auf die Plattform des Turmes trat und durch einen Pistolenschuß die Aufmerksamkeit der dicht gedrängten schaulustigen Menge auf sich lenkte. Fackeln erleuchteten den nächtlichen Haidplatz. 20 Pfund Pulver trug Bernevin an seinem Körper, und „mehr einem brennenden Teuffel als einem Menschen gleichsehend" begann er über das schräge Seil zu gleiten. Mehrmals drehte er sich während des Abfahrens nach Art der Gaukler, „wobei die angehängten Schwärmer und Ragetlein gar schön und ordentlich ihre Wirkung anbrachten". Doch plötzlich geriet der Meister ins Wanken. Vergeblich versuchte er sich festzuhalten und mit den Füßen wieder auf das Seil zu schwingen. Laut tönte sein Hilferuf über die stumme Menge. Feuersprühend stürzte er in die Tiefe und schlug hart auf das Pflaster auf. Niemand konnte dem Sterbenden Beistand leisten, denn immer noch stoben ganze Kaskaden von Funken aus den brennenden Raketen. Sein Tod rettete einer unschuldigen Katze das Leben. Auch sie sollte nach dem geglückten Kunststück Bernevins, ebenfalls mit Feuerwerk behangen, die Fahrt über das schräge Seil antreten.

Märkte auf dem Haidplatz

Ein Markt für Viktualien auf dem Haidplatz darf schon im frühen 14. Jahrhundert angenommen werden. „Was die Regensburger Fragner (Krämer, Händler) von den Gau- (d. h. Gäu, Gäuboden) und Landleuten an der Haid kauften" heißt es bei Gemeiner zum Jahr 1320. Grienewald (um 1615) spricht von einem „Abendmarkt auf der Haid", der alle Dienstag und Freitag stattfindet. Von ca. 1830 an bis herein in unser Jahrhundert fand auf dem Haidplatz die Schranne statt, der Getreidemarkt (vgl. Alter Kornmarkt).

Der ehemalige Gasthof „Zum Goldenen Kreuz", Haidplatz 7 (D 75)

In dem Kranz historisch bedeutsamer Bauten, die den Haidplatz säumen, nimmt das burgartige Gebäude, der ehemalige Gasthof „Zum Goldenen Kreuz" die dominierende Stellung ein. Es gibt kaum einen Gasthof in Deutschland, der sich an Tradition mit dem „Goldenen Kreuz" messen kann. Überblickt man die Reihe all der Gäste mit klingendem Namen, die in den Räumen des angesehenen Hauses Herberge fanden, so kann man ohne zu übertreiben von dem berühmtesten Gasthof Deutschlands sprechen.

Erst seit 1862 bietet sich das Haus in seiner heutigen Gestalt dem Betrachter dar. Zuvor bestand es aus dem frühgotischen Patrizierturm mit westlichem Anbau; daran schloß sich gegen Westen ein niedrigeres, dreigeschossiges Renaissancehaus mit staffelgiebeligem Erker an, wie Abb. 76 ausweist. Erst der Umbau von 1862 schloß die ungleichen Gebäude zu einer gemeinsamen Front mit Zinnenabschluß zusammen. Der Erker wurde bis zum 4. Obergeschoß hochgeführt.

Die frühe Besitzgeschichte bezieht sich auf den östlichen Teil des Hauses. Als älteste Besitzer werden die Weltenburger genannt. Eine Wappentafel mit Inschrift kündet den Namen des Ratsherrn Hermann Zeller. Er erwarb das Haus 1456 von der Witwe Anna Weltenburger. Weitere Besitzer waren die Krafft, Seidl, Schwöller, Schlumberger, Hauer. Auf die Besitzergeschichte des ehemals westlich anschließenden Hauses weist die Bronzetafel von 1527 am Erker hin. Sie zeigt einen Geharnischten, das Wappen des Hans Thuner (Hirsch) haltend und das seiner Frau Ursula, einer geborenen Fugger (Reh). Das Allianzwappen Thuner/Fugger kehrt an der Fensterbrüstung des 2. Erkergeschosses wieder.

Das 16. Jahrhundert sieht das Haus bereits als Gasthof. Als solcher war es Absteigequartier von Kaisern und Königen, Fürsten und hohen Diplomaten und stand Jahrhunderte hindurch in höchstem Ansehen. Bereits König Ferdinand I. wohnte 1531 hier auf seiner Krönungsreise nach Aachen. Prominentester Gast des Hauses aber war Kaiser Karl V. (geb. 1500, gest. 1558), der während der Reichsversammlungen von 1532, 1541 und 1546 das „Goldene Kreuz" als Hoflager wählte. Während des letzten Aufenthaltes entdeckte der damals 46jährige und seit 7 Jahren verwitwete Monarch, ein von der Last der Regentschaft verzehrter, müde und alt aussehender Mann, seine große Altersliebe zu der schönen Regensburger Gürtlerstochter Barbara Blomberg. Das damals vielleicht 18jährige Mädchen muß von bestrickender Anmut gewesen sein; denn schon ihre Mutter nannte man in Regensburg die „Schöngürtlerin". Diesem Liebesverhältnis entsproß ein Sohn, den Barbara am 24. Februar 1547, dem 47. Geburtstag des kaiserlichen Vaters, wahrscheinlich im Haus ihrer Eltern in der Tändlergasse (s. d.) gebar. Kaiser Karl V. hat seine Geliebte nie mehr wiedergesehen. Noch einen Tag vor seinem Tod (1558) vermachte er ihr in einem geheimen Testamentsnachtrag 600 Golddukaten. Der Knabe, dessen Abstammung zunächst geheimgehalten wurde, kam 1550 zur weiteren Erziehung nach Spanien.

Barbara, ausgestattet mit einer Mitgift und einer Jahresrente, heiratete den kaiserlichen Offizier Hieronymus Kegel, der, nach Brüssel versetzt, bald zu höheren Diensten aufrückte. Zwei Söhne und eine Tochter gingen aus dieser Ehe hervor.

Barbaras Sohn aus der Verbindung mit Karl V., der nun den Namen Don Juan d'Austria erhielt, war zunächst zum geistlichen Beruf bestimmt. Der ehrgeizige und temperamentvolle Jüngling — von Karls legalem Sohn Philipp II. von Spanien als Halbbruder anerkannt — wollte aber davon nichts wissen. Trotz mannigfacher Widerstände setzte er es durch, sich dem Offiziersberuf widmen zu dürfen. Nach einem Sieg über die Mauren wurde er an die Spitze der spanischen Flotte gestellt. In der berühmten Seeschlacht von Lepanto bereitete er 1571 den Türken eine vernichtende Niederlage. Damit war er zu europäischem Heldentum aufgestiegen. Als „Retter des Abendlandes" ist er in die Geschichte eingegangen. Sein Halbbruder Philipp II. ernannte ihn zum Statthalter der Niederlande.

76. Gasthof „Goldenes Kreuz".
   Lithographie um 1850. Museum

Nach dem Tod ihres Mannes (1569) und dem großen Aufstieg ihres Sohnes wurde auch Barbara, deren Verhältnis zu Kaiser Karl V. längst kein Geheimnis mehr war, als die „erlauchte Mutter des erlauchtesten Don Juan" anerkannt. Ihre finanziellen Verhältnisse gestatteten es ihr, in Brüssel ein aufwendiges, ja verschwenderisches Leben zu führen. 1576 hatte sie eine Begegnung mit ihrem gefeierten Sohn, die einzige seit dessen frühester Kindheit. Dieser bewog sie, nach Spanien zu gehen. In dem bei Valladolid gelegenen Frauenkloster, wo ihr ein eigener Haushalt mit weiblicher Bedienung eingerichtet wurde, scheint es der immer noch lebenslustigen Regensburgerin wenig behagt zu haben. Sie übersiedelte 1580 nach Colindes, einem Städtchen am Golf von Biscaya. Die letzte Zeit ihres Lebens verbrachte sie zurückgezogen in dem nahegelegenen Dorf Ambrosero, wo sie am 18. Dezember 1597 starb, etwa 70 Jahre alt. Ihren großen Sohn Don Juan d'Austria, der 1578 im Feldlager von Namur der Pest zum Opfer fiel, überlebte sie um nahezu 20 Jahre. Im Franziskanerkloster San Sebastian de Hano fand sie ihre letzte Ruhestätte.

Dieses romantische und abenteuerliche Frauenschicksal bewegte noch jahrhundertelang die Gemüter und beschäftigte die Forschung bis auf den heutigen Tag. Barbaras Grab galt als verschollen. Nach einem Bericht in der Mittelbayerischen Zeitung vom 13. Januar 1965 konnte der Münchener Volkshochschuldozent Walter Liebau im Sommer 1964 anläßlich einer Spanienreise im Kloster San Sebastian de Hano (bei Santona) die Nachricht erhalten, daß bei Baumaßnahmen im Kloster zu Beginn der 1960er Jahre die Gebeine einer Frau gefunden wurden, bei denen es sich nur um die Barbara Blombergs handeln könne.

*

Im Jahre 1863 war Kaiser Franz Joseph von Österreich Gast im „Goldenen Kreuz". Das große Interesse, das er Don Juan d'Austria, dem Sohn seines großen Vorfahren Karl V. entgegenbrachte, veranlaßte die damaligen Hotelbesitzer, Karl und Adolf Peters, das Bildnis des Seehelden von Lepanto an der Front des Hauses anzubringen. Der westfälische Bildhauer Friedrich Preckel aus Warendorf wurde mit der Anfertigung eines Reliefporträts betraut, das er nach einer Denkmünze aus dem Jahre 1571 und einer Skizze aus der Wiener Ambraser-Sammlung in Ton formte. Das Relief wurde 1865 über dem Erdgeschoß des Turmes angebracht. Der Regensburger Lokalhistoriker C. W. Neumann hat durch seine Forschungen Regensburg eindeutig als Geburtsort Don Juans nachgewiesen. Kaiser Franz Joseph würdigte dieses Verdienst mit der Verleihung der goldenen Medaille für Kunst und Wissenschaft. Neumann ist auch der Verfasser jener Verse, die noch heute auf Spruchbändern um das Porträt des Helden am „Goldenen Kreuz" zu lesen sind.

Ludwig I. von Bayern war schon als Kronprinz und auch später als König wiederholt Gast im „Goldenen Kreuz". Auch 1842, anläßlich der Einweihungsfeierlichkeiten für die von ihm gegründete Walhalla, wählte er den Gasthof als Absteigequartier. An die Anwesenheit Ludwigs erinnert sein Porträtmedaillon am Hause.

Ein denkwürdiges Ereignis war die Ministerkonferenz von 1865, die das „Goldene Kreuz" als Tagungsort wählte. König Wilhelm I. von Preußen, der spätere deutsche Kaiser, traf damals mit dem Bayernkönig Ludwig II. und Bismarck zusammen.

Neben Kaisern und Königen sorgte aber auch die tüchtige Köchin des „Goldenen Kreuzes", Maria Schandri, für den Ruhm des Hauses. Ihr Kochbuch fand weiteste Verbreitung und ist den Köchinnen auch unserer Tage noch ein Begriff.

Die sogenannten Kreuzbälle waren das gesellschaftliche Ereignis für Regensburg im späten 19. Jahrhundert, die Gäste aus allen europäischen Hauptstädten anzogen. Als Attraktion galt der spiegelglatte, auf Federn schwingende Tanzboden, den die Besitzer Peters 1865 einbauen ließen. 1898 schloß der berühmte Gasthof seine Pforten.

*

Der Turm erhebt sich mit sieben Geschossen und schließt mit einem Zinnenkranz. In seinem 3. und 4. Obergeschoß gegen den Haidplatz je eine spitzbogige Doppelarkade. Trennungssäulchen mit Kelchkapitell, um 1250. An der Turm-Ostseite zwei Schießscharten, gegen den östlichen Haidplatz und die Neue-Waag-Gasse gerichtet. Im östlichen Anbau (unter dem Porträtmedaillon Ludwigs I.) Reste einer spitzbogigen Dreierarkade, rechteckig ausgebrochen.

Die dem hl. Leonhard geweihte Hauskapelle dürfte sich ursprünglich wohl im Erdgeschoß des Turmes befunden haben. Ein später als Kapelle benützter Raum, 1898 durch Einbauten unterteilt und 1933 wieder freigelegt, befindet sich im Erdgeschoß gegen den Innenhof. Er besitzt vier ungleiche Kreuzjoche, deren Rippen und Gurte von einem schlanken, achtseitigen Mittelpfeiler aufgenommen werden. Keine Schlußsteine. Die Wölbung gehört dem 15. Jahrhundert an.

Den Festlichkeiten und glanzvollen Empfängen diente der sog. Kaisersaal im 1. Obergeschoß mit Schmalseite gegen den Haidplatz. Seine barocke Stuckdecke stammt aus der Zeit um 1650. Im ovalen Mittelfeld der Reichsadler, in den kleineren Eckfeldern die Embleme der vier Elemente der Alten: Der Salamander verkörpert das Feuer, der Delphin das Wasser, der Hirsch die Erde und der Adler die Luft. Über den Türen Reliefbüsten. Im 1. Obergeschoß des Rückgebäudes der sog. Kreuzsaal, in dem die berühmten Kreuzbälle stattfanden (s. o.). Decke mit Jugendstilmalerei.

Das Thon-Dittmer-Haus, Haidplatz 8 (D 93/94)

Anstelle dieses vornehmen Palais am Haidplatz, zwischen Weingasse und Baumhackergasse, standen zwei mittelalterliche Gebäude, eine turmbewehrte Patrizierburg im Westen, an der Ecke zur Weingasse (D 94), und ein nach Osten anschließendes Gebäude (D 93), das bis zur Baumhackergasse reichte.

Die Patrizierburg an der Ecke zur Weingasse gehörte nach 1300 der mächtigen Familie der Auer. Von dieser ging das Haus an Konrad Frumold (s. d.) über, dessen Sohn Diepold es 1358 an Otto den Graner verkaufte. Spätere Eigentümer waren die Schwäbl. Im 17. und 18. Jahrhundert saßen hier die Erlbeck.

Nach Osten, zur Baumhackergasse, schloß das Alkofer'sche Haus (D 93) an. Um 1720 wohnte hier der Arzt und Botaniker Dr. Gg. Andreas Agricola.

Georg Friedrich, Edler von Dittmer (1727–1811), Hofkammerrat, Hofbankier, Kauf- und Handelsherr in Regensburg, erwarb 1781 das Anwesen D 94 am Haidplatz an der Ecke zur Weingasse von den Erlbeck'schen Erben. Wohl schon kurze Zeit später ließ er das mittelalterliche Gebäude seinen repräsentativen Bedürfnissen gemäß umgestalten. Eine Ansicht des Haidplatzes, ein Kupferstich von J. P. Forster, um 1785 entstanden, zeigt das ehemals Erlbeck'sche Haus mit einer Fassade im Stil des Klassizismus, eine dem jetzigen Aussehen des Thon-Dittmer-Hauses recht ähnliche Anlage, nur in der Ausdehnung kürzer, weil das östlich angrenzende Alkofer'sche Haus (D 93) noch nicht in die große Gesamtfront mit einbezogen ist.

Dittmer brachte es durch Handel mit Salz, Weinen und österreichischen Bergwerkserzeugnissen zu großem Reichtum und darf mit Recht als der erfolgreichste Handelsherr Regensburgs im 18. Jahrhundert bezeichnet werden. Von seinen 10 Kindern wurden nur 4 erwachsen, 2 Söhne und 2 Töchter. Die beiden unverheiratet gebliebenen Söhne starben 1795. Die ältere Tochter Elisabeth heiratete 1789 den aus Pommern stammenden Friedrich Mantey, die jüngere, Friederike Amalie, ehelichte 1795 den Kaufmann Carl Christian Thon. Kaiser Franz II. erhob 1800 Georg Friedrich v. Dittmer zusammen mit seinen Schwiegersöhnen Mantey und Thon in den Reichsfreiherrnstand,

77. *Haidplatz. Stahlstich von Emil Höfer nach einer Zeichnung von Hans Kransberger, um 1840*

die sich von nun an Freiherr v. Manthey-Dittmer und Freiherr von Thon-Dittmer nannten. Dittmer selbst schied 1803 aus der von ihm zu Ansehen und Größe gebrachten Firma aus.

Trotz nicht unbedeutender Rückschläge, die die kriegerischen Zeiten dem Handelshaus Dittmer brachten, erfolgte bald nach der Jahrhundertwende ein Umbau und eine erhebliche Vergrößerung des Palais durch Zusammenfassen mit dem ehemaligen Alkoferschen Haus D 93 an der Ecke zur Baumhackergasse. Unter der Leitung des fürstprimatischen Baumeisters Emanuel d'Herigoyen entstand das großzügige Stadtpalais mit seiner monumentalen klassizistischen Fassade gegen den Haidplatz. Die Baumaßnahmen waren wohl in dem für Regensburg so verhängnisvollen Jahr 1809 abgeschlossen.

1814 trat v. Mantey-Dittmer seinen Geschäftsanteil an seinen Schwager v. Thon-Dittmer ab. Seit dieser Zeit besteht für das Palais der Name Thon-Dittmer-Haus. Ein Sohn Thon-Dittmers, Freiherr Gottlieb v. Thon-Dittmer, war von 1836 bis 1848 Bürgermeister von Regensburg. 1848 berief ihn König Ludwig I. in das sogenannte Märzministerium; unter König Maximilian II. war er kurze Zeit bayerischer Staatsminister des Innern.

Das Thon-Dittmer-Haus ging 1856 in den Besitz der Stadt über. Das Museum besitzt das sogenannte Mantey-Dittmer-Zimmer mit Porträts und Erinnerungen an die Familie v. Dittmer.

Das Haus umschließt mit vier Flügeln einen größeren Innenhof. Beeindruckend wirkt die Empirefassade des Südflügels von 1809 am Haidplatz. Aus der langen, 15 Fensterachsen zählenden Front tritt ein Mittelrisalit, den ein Dreiecksgiebel mit dem Wappen der Dittmer schließt. Vier toskanische Sandsteinsäulen tragen die vorgestellte Altane.

Eine weite Eingangshalle führt in den stimmungsvollen Hof. Hier verebbt der Lärm der Straße. Längst ist das pulsende Geschäftsleben verstummt, das ihn einst erfüllte. Die Ladegaube mit der alten Aufziehvorrichtung hat ihren Dienst getan. Auf reich profilierter Konsole ragt ein schmaler gotischer Uhrerker aus der Wand, der wie eine traute Standuhr aus Altväters Zeiten wirkt. Am Fuß der Konsole stellte der Steinmetz ein Liebespaar dar, umgeben von Tieren, entstanden wohl um 1380. Es ist ein ungleiches Paar: Ein alter Mann liebkost ein junges Mädchen.

Unter dem Uhrerker steht die barocke Holzplastik einer noch jugendlichen Frau. Sie blickt auf das Stundenglas in ihrer Rechten; mit der Linken weist sie auf einen grinsenden Totenschädel zu ihren Füßen. Die Figur verkörpert einen weiblichen Chronos, eine Allegorie der Zeit. Sie soll erinnern an die Vergänglichkeit alles Irdischen. „Die Uhr nun außgelauffen ist. Bedenk daß Zeit zum sterben ist" mahnt die Inschrift der Kartusche im Sockel.

Eindrucksvoll die dreigeschossigen Renaissancearkaden an der Westseite des Hofes. Die Laubengänge, deren Säulenreihen wechselnde Kapitellformen aufweisen, entstanden um 1580 in der Nachfolge Hans Hiebers, des Baumeisters der Neupfarrkirche. Die Arkadenfront der Nordseite Neubau von 1979 in Anlehnung an jene der Westseite.

Im Erdgeschoß des Südflügels liegt die Sigismundkapelle. Vom Hof aus gelangt man durch ein Spitzbogenpförtchen, dessen Türe noch die originalen Beschläge besitzt, in den Kapellenraum. Den Stilformen zufolge entstand er um 1380. Eine Quergurte scheidet das Gewölbe in zwei Joche. Die kräftigen Birnstabrippen münden in zwei Schlußsteinen. Einen davon umgibt ein Kranz von lebendigem Laubwerk, durch den das Gesicht eines jungen Mannes blickt. Der andere zeigt eine Sitzfigur in langem Gewand vor Weinlaub, Trauben und Rosen. In der Südwestecke figürliche Konsole: Zwei Tierleiber mit Mähne und Schweif verbindet ein gemeinsamer menschlicher Kopf. Schwimmhäute spannen sich zwischen den krallenbesetzten Zehen. Über der Kapelle und dem nach Süden anschließenden Raum dürfte sich einstmals der Turm erhoben haben. 1968—70 wurde die Kapelle renoviert und mit einem kleinen Flügelaltar von 1488 aus dem einstigen Besitz der Familie Graner ausgestattet. Die Graner besaßen das Haus D 94 mit der Sigismundkapelle bis gegen Ende des 15. Jahrhunderts.

Die „Neue Waag" oder „Herrentrinkstube", Haidplatz 1 (B 61)

Den Haidplatz schließt im Osten eine umfangreiche Stadtburg ab, die „Neue Waag", auch „Herrentrinkstube" genannt. Die Namen verraten ein Stück Geschichte des Hauses. „Neue Waag" heißt es, weil es der Rat 1441 von der Familie Altmann erwarb und die Stadtwaage aus der etwas entlegenen St.-Albans-Gasse (s. d.) hierher verlegte. Der Name „Herrentrinkstube" besagt, daß die Ratsherren in dem stattlichen Haus gerne zu Festlichkeiten, zum Trunk und zu Tanzveranstaltungen zusammenkamen.

Bei dem Reichstag von 1541 unter Vorsitz Kaiser Karls V. fand in der „Neuen Waag" ein kirchengeschichtlich bedeutsames Ereignis statt: das berühmte Religionsgespräch zwischen Katholiken und Protestanten. Es sollte die unheilvollen weltanschaulichen Spannungen beseitigen und die beiden Konfessionen wieder vereinen. Der Kaiser selbst bestimmte die Gesprächspartner. Die katholische Sache vertraten Dr. Eck, der Mainzer Domherr Julius von Pflug und der Westfale

78. Neue Waag, Haidplatz 1 (B 61). Hofarkaden. Getuschte Federzeichnung von C. Th. Pohlig. Museum

Johann Gropper. Ihnen standen auf evangelischer Seite Luthers theologischer Mitarbeiter Ph. Melanchthon, der hessische Pfarrer Pistorius und der Straßburger Reformator Butzer gegenüber. Nach anfänglich kleineren Einigungserfolgen scheiterten die Verhandlungen.

Von 1783 bis 1875 standen in der „Neuen Waag" die vielen Tausend Bände der reichsstädtischen Bibliothek. Der Rat wußte den Wert dieser Bücherei wohl zu schätzen. Deshalb scheute er auch die hohen Kosten von 3119 Gulden nicht, um die zur Aufnahme der Bücher notwendigen baulichen Maßnahmen zu treffen.

Einen festlichen Anblick muß das Haus geboten haben, als es noch im Schmuck kolossaler Wandmalereien prangte. Zwei Jahre lang, von 1585 bis 1587, waren der aus Salzburg stammende Melchior Bocksberger (s. d.) und ein dem Namen nach nicht mehr bekannter Regensburger Maler damit beschäftigt, die Fassaden an der Neuen-Waag-Gasse, am Haidplatz und am Gäßchen Vor der Grieb mit Fresken zu bemalen.

Die „Neue Waag" befindet sich seit 1940 im Besitz des bayerischen Staates. 1944 trafen Bomben das Gebäude, die den Südflügel sowie große Teile des Daches zerstörten. In den Nachkriegsjahren verfiel das Gebäude immer mehr. 1958/60 konnte es einer durchgreifenden Erneuerung unterzogen werden.

Die Vierflügelanlage mit Turm, Wohnbau und Nebengebäuden, gehört zum Typ der „Patrizierburg" des beginnenden 14. Jahrhunderts. Breitspurig und sich nach oben zu stark verjüngend, steht der Turm an der Einmündung der Neuen-Waag-Gasse. Ursprünglich dürfte er einen Zinnenabschluß getragen haben. Auf dem Vogelschauplan von H. G. Bahre von 1644 (Stadtgrundrisse Nr. 1) trägt er bereits das heutige steile Pyramidendach, aus dem Giebelgauben nach allen vier Seiten blicken. In seiner Nordfront sitzt im 2. und 3. Obergeschoß je eine spitzbogige Doppelarkade; Trennungssäulchen mit Kelchblattkapitell.

Die Flügel der Neuen Waag umschließen einen stimmungsvollen Hof. An der Süd- und Westseite umlaufen ihn 1575 erbaute Arkaden, die sich im Stichbogen über toskanischen Säulen öffnen. Jede Arkadenfront ruht im Erdgeschoß auf einer einzigen Säule. In einem Fenstersturz der Hof-Ostseite die Jahreszahl 1573. An den Brüstungen linsenschnittförmige Ziegel in Diagonalstellung.

Im Erdgeschoß des Turmes die einstige Hauskapelle St. Christoph, die sich seit 1960 mit einem Rundbogen zum Haidplatz öffnet und Teil der an der Neuen-Waag-Gasse entlangführenden Fußgängerpassage ist. Den ehemaligen Kapellenraum überspannen zwei Joche eines Kreuzrippengewölbes. Zwei fünfstrahlige Schlußsteine (da von jedem noch ein Rippenstrang zur Schmalseite verläuft) mit Blattkränzen. Die steil gekehlten Rippen ruhen in den Ecken auf (überarbeiteten bzw. erneuerten) Konsolen. Der nach Osten anschließende Raum, ehemals Einfahrtshalle aus der Neuen-Waag-Gasse (heute Musikfachgeschäft) mit zweijochigem Gewölbe zwischen drei Gurtbögen. Kelchkonsolen, glatte Schlußsteine.

Im Nordtrakt durch zwei Geschosse reichender Saal, sog. Napoleonsaal, 1782 für die reichsstädtische Bibliothek eingebaut. An drei Seiten umlaufende klassizistische Holzgalerien. Den Deckendurchzug stützt eine massige Säule mit Laubwerkkapitell. Auch das 1. Obergeschoß des Turmes einst für Bibliothekszwecke genützt.

„Die Arch", Haidplatz 4 (B 64)

An der Südseite des Haidplatzes liegt ein stattliches Patrizierhaus, „die Arch" genannt. Zwei Gründe mögen Anlaß zu dieser Benennung gegeben haben. Zunächst einmal erinnert die keilförmige Anlage des nach drei Seiten hin freistehenden Hauses an den Bug eines Schiffes und mag zum Vergleich mit der Arche Noahs angeregt haben. Ein noch überzeugenderer Grund für diese Namensgebung dürfte das einstige Vorhandensein einer Uferbefestigung gewesen sein, die der aus der Roten-Hahnen-Gasse kommende Arm des Vitusbaches (s. d.) hier erforderte. Nach Schmeller wird ein Wasserbau, ein Beschlächt als „Arch" bezeichnet.

Im Mittelalter besaßen das Haus die Woller, ein reiches und angesehenes Bürgergeschlecht, das schon im 13. Jahrhundert bezeugt ist. Unter den späteren Besitzern ist der Stadtkämmerer Stephan Notangst zu nennen, einer der Stifter des Bruderhauses (s. d.).

Die dem Haidplatz zugekehrte Front läßt zwei Bauteile erkennen. Von besonderem Interesse der westliche. Sein 1. Obergeschoß durchbrechen sechs spätgotische Rechteckfenster mit reicher Profilierung. Die Mittelpfosten erneuert. Drei der Fenster zeichnen sich durch postamentartige Aufsätze an den Sohlbänken aus. An der schmalen (westlichen) Stirnseite, die dem „Bug des Schiffskörpers", der „Arch", entspricht, liegt die Eckverquaderung bis zum Dachansatz frei. Im 1. Obergeschoß (stark ergänzte) spitzbogige Dreierarkade, im Stockwerk darüber eine Doppelarkade.

An der Fassade zur Roten-Hahnen-Gasse stichbogiges Portal, hochgotisch. Im 1. Obergeschoß zwei venezianische, im Kleeblattbogen sich öffnende Doppelarkaden, im 2. Obergeschoß spitzbogige Doppelarkade, um 1300. An der Südwestecke sog. Überschuß, zurücktretendes Erdgeschoß und darüber vorkragendes Obergeschoß, zur Roten-Hahnen-Gasse hin schräg verlaufend. Die Vorkragung über profiliertem Sims. An der Ecke große, gefiederte Blätter, darunter Spitzkonsole.

Im Hof vermauerte Renaissancelauben. An der Ostseite Reste eines muschelförmigen Wandbrunnens. Die festgestellte Jahreszahl 1657 nicht mehr erkennbar.

Westlich der Hofeinfahrt am Haidplatz kreuzrippengewölbter, nahezu quadratischer Raum, die einstige Hauskapelle St. Laurentius. Im Schlußstein Reste eines Wappens und Laubwerk.

Der Justitiabrunnen

Regensburg gilt als Stadt schöner Brunnen. Schon im 8. Jahrhundert schreibt Bischof Arbeo, der Biograph des hl. Emmeram: „Regensburg ist uneinnehmbar aus Quadern erbaut, mit hochragenden Türmen und mit Brunnen reichlich versehen."

Der Brunnen auf dem Haidplatz entstand gleich den meisten Stadtbrunnen 1551, ursprünglich als hölzerne Anlage. Der Brunnen in seiner heutigen Gestalt geht zurück auf das Jahr 1656 (erneuert 1910). Auf gestuftem Sockel erhebt sich das achtseitige Becken. Ein kunstvoll geschmiedetes Rautengitter von 1592 mit Ranken- und Blumenbekrönung schließt es nach oben hin ab. Aus seiner Mitte erhebt sich ein gedrungener Pfeiler mit einem Kapitell aus Putten und Widderköpfen. Dieser trägt die lebensgroße Figur der Justitia.

Schöpfer der Brunnenfigur ist der Bildhauer Leoprand Hilmer, der auch die Figur für den Brunnen im großen Hof des Rathauses (s. d.) schuf. Nach Ausweis der Bauamtschronik wurde Hilmer für die Justitia mit 200 Gulden entlohnt und ein dem Namen nach nicht genannter Maler erhielt für die Bemalung des Brunnens 125 Gulden. Diese verhältnismäßig hohe Summe läßt darauf schließen, daß die Justitiafigur zumindest teilweise vergoldet war.

KREBSGASSE und STEINERGASSE

verbinden im rechten Winkel den Haidplatz mit der Glockengasse. Das einstige Gasthaus „Zum Blauen Krebs" im Anwesen Nr. 6 (B 37) gab der Krebsgasse den Namen. Die Bezeichnung „Steinergasse" geht auf einen Familiennamen zurück. Der Adreßkalender 1808 schreibt zum Anwesen Steinergasse 4 (B 31): „Steiners Johann Jakob, Fronbothens Erben".

Das Haus Krebsgasse 6 (B 37),
ehemals Gasthof „Zum Blauen Krebs", ist mit einem tragischen Stück Reichs- und Stadtgeschichte verknüpft. In einem Erdgeschoßraum dieses Hauses wurde der 1635 auf dem Haidplatz enthauptete kaiserliche General Ulrich von Schaffgotsch (s. d.) zwei Tage lang zur Schau gestellt, nachdem seine Bediensteten den Kopf wieder an den Rumpf genäht hatten. Auf Wunsch des Leibdieners Konstantin kam ein Maler in den „Blauen Krebs", der den blutigen Leichnam abbildete. Gumpelzhaimer weiß zu berichten, daß noch zu seiner Zeit (um 1840), von der Trauerfeier für Schaffgotsch herrührend, einige Säulen des Hausgewölbes „schwarz eingefaßt" waren, und unter der Tünche schwarze Rosettenmalerei zum Vorschein kam. An der Innenseite des Haustores befand sich damals noch ein Pappendeckel, auf dem ein gereimter Trostspruch stand:
„Wenn ich geh' aus diesem Haus
Gesegne mich Jesus Christus draus
All Schritt und Tritt geht Jesus mit
Mein Gang wird mir mißlingen nit."
Gumpelzhaimer hält den Reim für ein Gebet, das der Verurteilte mit seinem Beichtvater Christoph Donauer gesprochen hat. Donauer hat drei Jahre vorher Johannes Kepler zur Erde bestattet.

Das Eckhaus besteht aus einem schmalen, turmartigen Halbgiebel der Hochgotik und einem nach Norden anschließenden Bauteil. Im 2. Obergeschoß der Südseite Doppelarkade, um 1320. Die Renaissance des 16. Jahrhunderts nahm am Nordtrakt Umbauten vor, wobei der gotische Überschuß durch die noch vorhandenen Blendarkaden auf toskanischen Halbsäulen gestützt wurde.

79. *Westlicher Abschluß der Ludwigstraße mit „Neuer Uhr". Aquarell von J. Ostermayr, vor 1830. Museum*

LUDWIGSTRASSE

Die Ludwigstraße bildet das Endglied des langgezogenen, geländebedingten Straßenzuges, der, mit der Ostengasse beginnend, die Straße Unter den Schwibbögen, die Goliathstraße, den Kohlenmarkt und den Haidplatz zusammenschließt. Dieser auf der Höhe des Niederterrassenabhanges sich hinziehende Straßenzug ist seit dem Mittelalter eine der Hauptverkehrsadern der Stadt.

Der mittelalterliche Name für die Ludwigstaße lautete Auerstraße, so benannt nach dem Geschlecht der Auer, das hier ausgedehnte Besitzungen hatte. Später hieß sie Goldene-Arm-Straße. Der Name rührt von dem Kaufhaus „Zum Goldenen Arm" her, das sich im Haus Ludwigstraße 1 (B 20) an der Ecke zur Glockengasse befand. Noch zu Beginn unseres Jahrhunderts warb es mit einem großen Blechschild, auf das ein gewinkelter, goldgelber Arm gemalt war. Zu Ehren des Bayernkönigs Ludwig I. beschloß man 1830 die Umbenennung in „Ludwigstraße". In diesem Jahr weilte der König mit seiner Gemahlin Therese vom 16. bis 19. Oktober anläßlich der Grundsteinlegung der Walhalla in Regensburg. Trotz der ungeheuchelten Sympathie der Regensburger für den jungen König bürgerte sich der Name Ludwigstraße nur sehr langsam ein.

Die „Neue Uhr" und die Zwölfbotenkapelle (ehemals D 7)

Die Ludwigstraße ging ehemals nicht bis zum Arnulfsplatz durch, sondern wurde an ihrem westlichen Ende von einer Baugruppe (ehemals D 7) abgeschlossen, bestehend aus einem Turm, dem sogenannten Ruozanburgtor (s. d.) und einem Giebelhaus, dessen langgezogener, tonnengewölbter Durchgang die Verbindung mit dem Arnulfsplatz herstellte. Ein Grundriß und zwei Abbildungen befinden sich im Besitz der Hofbibliothek, ein Aquarell von J. Ostermayr in der Schausammlung des Museums überliefert gleichfalls ein Bild der malerischen Baugruppe mit dem Turm im frühen 19. Jahrhundert.

Der Turm erhielt 1545 eine Uhr, nach der er und die dortige Gegend „Zur Neuen Uhr" benannt wurden. Über dem Durchgang zum Arnulfsplatz befand sich die bereits 1253 erwähnte Zwölfbotenkapelle, die dem Deutschen Orden unterstellt war. Die vornehme Bäckerzunft hielt dort ihre Jahrtage (s. d.) und bestritt vier Wochenmessen. 1555 wurde die Kapelle profaniert. Man riß die drei Altäre und die Betstühle heraus und wandelte den Kapellenraum zu einem Getreidelager um. An das Tor der „Neuen Uhr" lehnte sich eine Klause, in der verarmte Bäcker ihren Lebensabend verbringen konnten.

Im Zuge der Vorbereitungen auf den Besuch König Ludwigs I. im Jahre 1830 fielen die „Neue Uhr" und das anschließende Giebelhaus mit der Zwölfbotenkapelle unter der Spitzhacke. Dadurch konnte die Ludwigstraße bis zum Arnulfsplatz fortgeführt werden. Schon damals empfand man diese Veränderung schmerzvoll als Zerstörung des Stadtbildes. Ein Zeitgenosse läßt sich dazu vernehmen: „Ein wohltätiges und von jedem Einwohner mit Dank anzuerkennendes Unternehmen war die Hinwegräumung des dunklen Schwibbogens bei der Neuen Uhr. Nur ist zu bedauern, daß es nicht möglich war, den alten, merkwürdigen Turm zu erhalten...".

Das Haus Ludwigstraße 3 (B 18/19)

Gaststätte „Schützenhof". Turmähnlicher, fünfgeschossiger Treppengiebelbau des Spätmittelalters mit östlich anschließendem Traufseithaus. An der Turmfassade zwei Kanonenkugeln. Im Keilstein des Tores die Jahreszahl 1652. Im 1. Obergeschoß des Anbaus, unmittelbar am Turm, Kopfkonsolen als Balkenträger, um 1440.

Das Haus Ludwigstraße 5 (B 17)

mit Hofarkaden der Renaissance, die sich mit Stichbogen über toskanischen Säulen öffnen.

Das Haus Drei-Mohren-Straße 1 (B 15)

an der Ecke zur Ludwigstraße gehört zu den in unserem Raum seltenen Fachwerkbauten. Wie dekorative Malerei wirken die dunklen Holzriegel zwischen den hellen Putzflächen. An der Ludwigstraße zweigeschossiger, flacher Kastenerker mit reicher Fachwerkgliederung, der mit einem Blendgiebel schließt. An der Drei-Mohren-Straße vorkragendes Obergeschoß. Das Fachwerk gehört dem 18. Jahrhundert an. Im östlichen Hausteil konnte stellenweise romanisches Mauerwerk nachgewiesen werden, bestehend aus Kleinquadern mit Fugenstrich. Über 200 Jahre lang, von 1732 bis 1965, befand sich in diesem Haus das Lebensmittelgeschäft Pflaum. Über dem Verkaufstisch züngelte die Ladenschlange, an der die bunten Spitztüten hingen.

AM RÖMLING

Die manchmal so eigenartig lautenden Regensburger Straßennamen haben der Forschung schon viele Rätsel aufgegeben. Kaum eine Straßenbezeichnung aber hat zu solch unterschiedlichen Deutungen geführt wie die Benennung „Am Römling". Die Straße, die heute diesen Namen trägt, hieß früher „Auergasse", weil die reichen und mächtigen Auer dort begütert waren. Lediglich das Haus Am Römling 2a (D 53), das die Straße nach Norden hin abschließt, hieß seit den ältesten Zeiten „der Römling". So schreibt auch noch der Stadtplan des Jahres 1865 (Stadtgrundrisse Nr. 25). Diese Bezeichnung dehnte sich auch auf die Straße aus und verdrängte den Namen „Auergasse".

Ältere Erklärungsversuche bringen den Namen in Zusammenhang mit den Römern und vermuten in dem Hause D 53 ein Warenhaus der römischen Händler. Später neigte man zu der Ansicht, der sich auch Walderdorff anschließt, die Bezeichnung von dem Familiennamen „Romär" ableiten zu können, den ein Regensburger Bürgergeschlecht im 13. und 14. Jahrhundert führte.

Die überzeugendste Deutung aber lieferte Schwäbl. Riemling, im Regensburger Sprachgebrauch Reamling, bedeutet Band, Gürtel, Riemen, ganz allgemein einen schmalen Streifen. Auch eine schlanke Ruderstange bezeichnet man als Riemen und der Ausdruck „in die Riemen legen" ist beim Rudern noch gebräuchlich. Wenn als „Riemling" ursprünglich ein Gebäude bezeichnet wurde — nämlich das Anwesen D 53 — so könnte sich der Name wohl von dessen schmaler Front herleiten. Sucht man nun auf alten Stadtansichten den Römling, so findet man auf Bahres Vogelschauplan von 1630, besser noch auf dem Merians von 1644 (Stadtgrundrisse Nr. 4) anstelle des heutigen Hauses Am Römling 2a (D 53) einen Hausturm, an den sich östlich ein überaus schmales Gebäude anlehnt, das mit seiner hohen Südseite schon von der Ludwigstraße aus zu sehen war. Dieses Schmalhaus könnte vom Volk recht wohl als „Riemhaus" oder „Riemling" bezeichnet worden sein. Diese Annahme wird erhärtet durch eine Urkunde von 1335, nach der Gumprecht der Auer „ein Haus in der Stadt daz westen, haisset das Riemhaus" erwarb.

Das jetzige Anwesen Am Römling 2a (D 53) — ein schlichter, dreigeschossiger Bau mit Walmgiebel — heißt „Zum Auge Gottes". Es trägt über der Türe eine polychromierte Steinplatte mit dem Auge Gottes und der Aufschrift: „Gott ist Gott, der Alles thut; das Haus steht in seiner Hut. 1867". Dieses „Auge Gottes" stammt bestimmt nicht erst von 1867, sondern besitzt eine weit ältere Tradition. Das Auge Gottes wurde mit Vorliebe an hohen, weithin sichtbaren Stellen angebracht und es läßt sich denken, daß es sich auch auf dem einstigen hohen, schmalen Riemhaus, dem Vorgänger des Anwesens D 53, befand.

Das ehemalige Haus der Auer mit der Thomaskapelle, Am Römling 12 (D 62)

Bereits 1287 war das Haus im Besitz der Auer, einer der bedeutendsten und einflußreichsten Regensburger Familien. Kein zweites Geschlecht der Stadt konnte sich solcher Macht und solchen Reichtums rühmen. Barbing, Sallern und die Herrschaften Weichs, Pentling, Graß, Teisbach, Gebelkofen und Riedenburg — nur um die bekanntesten zu nennen — gehörten zu ihren Besitzungen. Im Hause der Auer am Römling wohnte König Adolf von Nassau während des Reichstages 1295. Friedrich Auer von Brennberg, ein Angehöriger dieses Geschlechts, erhielt 1331 die Bürgermeisterwürde. Eine Leibgarde von 40 Gewappneten geleitete ihn von seinem Haus am Römling zur Kirche. Gestützt auf seinen Reichtum übte er eine arge Willkürherrschaft. Ratsfamilien, die es wagten, seiner Diktatur entgegenzutreten, verbannte er aus der Stadt. Seine grenzenlose Machtentfaltung und Selbstherrlichkeit wurden ihm zum Verhängnis. 1334 wurde er gestürzt und samt seinen Söhnen und seiner Verwandtschaft aus Regensburg verwiesen. Acht Jahre lang führte er von seiner Burg Brennberg aus erbitterte Fehde gegen die Stadt.

Die weitere Besitzgeschichte des Hauses nennt wohlhabende und vielgenannte Regensburger Familien: die Frumold, die Graner, die Dürnstetter, die Ingolstetter, die Pröbste auf Thunau, die Trainer. 1538 erwarb es der Buchdrucker Paul Kohl; 1605 ging es in den Besitz der Stadt über, die es an den Reichsfreiherrn Wilhelm von Maxlrain vermietete. Nach mehrmaligem Besitzerwechsel kam das Haus im späteren 17. Jahrhundert an die Familie Mämminger, bei der Bischof Marquard von Eichstätt wohnte, Prinzipalkommissar beim Immerwährenden Reichstag, der in diesem Haus 1685 starb. Von 1801 bis 1813 gehörte es dem zu seiner Zeit berühmten Arzt Dr. Johann Ulrich Gottlieb Schäffer, aus dessen Besitz es an den Buchdrucker und Verleger Heinrich Augustin gelangte.

Vom Baukomplex des Auerhauses ließ der Abbruch der Jahre 1888/89 nur noch einen Teil des Ostflügels bestehen mit der St. Thomas geweihten Hauskapelle. Mit dem Übertritt der Reichsstadt zum Protestantismus verlor auch die Thomaskapelle ihre sakrale Bestimmung. Der damalige Besitzer des Hauses, Paul Kohl, ließ den Altar entfernen und verwandelte den Raum in eine Kornschütte. Sein Nachfolger schenkte die beiden Glocken zum Guß einer großen Glocke für die evangelische Neupfarrkirche. Der Kapellenraum kommt heute in seiner ursprünglichen Schönheit leider nicht mehr voll zur Wirkung, da ihn Friedrich Perger 1646 durch eine Zwischendecke in zwei Geschosse teilte.

Die Thomaskapelle gehört der Gotik des frühen 14. Jahrhunderts an. Mit drei Seiten des Achtecks springt der Chor in die Straße Am Römling aus, deren Erscheinungsbild er wesentlich beeinflußt. Er schließt mit einem Pyramidendach. Darüber steigt ein steiler, mit Krabben besetzter Wimperg auf, an dessen südlichem Ansatz eine Tiergestalt kauert. Es scheint, als wolle sie sich mit verzweifelter Anstrengung an der schmalen Kante des Wimpergs festklammern und fürchte den Absprung in die Tiefe. Fünf hohe, lanzettenförmige Fenster — heute teilweise vermauert — erleuchteten den Kapellenraum.

Dem im Osten ausspringenden Chor entspricht an der Westseite (im Hof) ein polygones Treppentürmchen, das einstmals die Kapelle überragte und bis 1560 die Glocken trug. Im Innern führt eine

80. Ehemalige Thomaskapelle, Am Römling 12 (D 62). Schlußstein
81. Nördliche Konsolfigur des Chorbogens. Frühes 14. Jahrhundert

Wendeltreppe auf die Empore. 1888/89 wurde es bis zur Höhe des 1. Obergeschosses abgetragen und mit einem Pultdach gedeckt.

Eindrucksvoll und als bauliche Kostbarkeit von hohem Rang zu wenig gewürdigt ist das prächtige Sterngewölbe mit reichem figürlichen und ornamentalen Dekor an Konsolen und Schlußsteinen. Der Kapellenraum ist quadratisch. Von einem Mittelpfeiler ausgehend schwingen acht Kehlrippen sternförmig zu acht Dreistrahlschlußsteinen, einen achtzackigen Stern mit rautenförmigen Gewölbefeldern bildend. T-Strahlrippen überspannen die vier Eckquadrate. Sechsstrahlrippengewölbe in der Apsis.

Die Reliefbilder der Schlußsteine bilden ein interessantes ikonographisches Programm: Die Embleme der vier Evangelisten wechseln mit einem von Laubwerk umgebenen weiblichen Kopf, einer die Zunge bleckenden Teufelsfratze, einem knienden, ein Spruchband haltenden Engel und dem Lamm Gottes mit der Auferstehungsfahne. Die Schlußsteine in den vier Eckquadraten tragen Wappenschilde: den Schrägbalken des Hochstifts Regensburg, den Rautenschild der Baiernherzöge, die vierfache Zinne der Auer sowie einen Treppengiebel, aus dem eine Hand wächst, die einen Hammer schwingt. Aus dem Schlußstein der Apsis blickt das Antlitz Christi.

Die Gewölberippen werden von Laubwerkkonsolen aufgefangen. Den Chorbogen stützen zwei männliche Figuren. Die südliche hält mit den Händen zwei höckerige Tiere bei den Ohren; die nördliche Figur, in ein gegürtetes Gewand gekleidet, legt die linke Hand sinnend an den Kopf; mit der rechten stützt sie sich auf einen runden Gegenstand.

GLOCKENGASSE

Benannt nach dem ehemaligen Gasthof „Zur Goldenen Glocke", der sich im Haus Nr. 10 (B 25) befand. 1700 wird er erstmals genannt.

Das Haus der Elefantenapotheke, Glockengasse 1 (B 34)

Wenn man den Regensburger Häusern in ihre altersgrauen Gesichter blickt, so sehen sie aus wie liebe, traute Bekannte. Viele von ihnen wirken wie reiche Seigneure, manche dagegen schattenhaft, schmal und müde, wieder andere tragen Charme und Noblesse in den krummen Gassen. Diese alten Behausungen Regensburgs sind stumm geworden, ihre Seele schlummert. Aber Chroniken, Manuskripte, Bücher und Überlieferungen lassen die alten Heimstätten zu neuem Leben erwachen und geben ihnen ihre verschollenen Erinnerungen zurück.

Zu diesen Gebäuden gehört auch das Haus der Elefantenapotheke in der Glockengasse an der Ecke zum Haidplatz. Im frühen 16. Jahrhundert saßen hier die Aunkofer; seit 1633 ist hier eine

Apotheke untergebracht (s. Apotheken). Lange Zeit war das Haus Wohnstätte von Reichstagsgesandten. 1757 logierte hier der kurfürstlich-brandenburgische Gesandte Freiherr Erich Christoph von Plotho. Mit ihm und dem Haus verbindet sich eine Episode, die damals Aufsehen in ganz Deutschland erregte. Als der Notar Dr. Aprill im Auftrag der Reichsversammlung dem Gesandten das Achtsverfahren gegen seinen König, Friedrich von Preußen, verlesen und überreichen wollte, kam es zu einer im diplomatischen Verkehr des Reichstages wohl einmaligen Szene. Nachdem der Gesandte vom Inhalt des Schreibens Kenntnis erlangt hatte, „hat Se. Excellenz sich anfänglich entfärbt..." schreibt der Notar. Dann aber geriet der Diplomat in solchen Zorn, daß er „... mit zitternden Händen und brennendem Angesicht, beyder Arme in die Höhe haltend, in diese Formalie (Ausspruch) wider mich ausgebrochen: »Was, du Flegel! insinuieren?« (d. h. mir so etwas unterstellen). Ich antwortete hierauf: »Dieses ist mein Notariat Amt, dem ich nachzukommen habe.« Dessen ungeachtet fiel mich Er, Freyherr von Plotho, mit allem Grimm an, ergriff mich bey denen vorderen Theilen meines Mantels, mit Vermelden: »Willst du es zurücknehmen?«" Weil der Notar, der ja nur der amtliche Überbringer des Schreibens war, sich dessen weigerte, zerrte ihn v. Plotho mit aller Gewalt aus dem Zimmer und rief seinen beiden Bedienten zu: „Werfet ihn über den Gang hinunter". Gemeint hat er wohl die den Hof umgebenden Renaissancegalerien (s. u.). Die zwei ganz verdatterten Diener führten den Befehl ihres Herrn freilich nicht aus, sondern geleiteten den Notar samt den beiden Zeugen zur Türe und bedeuteten ihnen, das Haus so schnell wie möglich zu verlassen. Ein Kupferstich von 1759 zeigt das Porträt des temperamentvollen preußischen Gesandten über einer Vignette der Steinernen Brücke und der Stadt Regensburg.

Als die ehemalige Durchfahrt des Hauses (von der Ludwigstraße aus) 1881 in ein Ladengeschäft umgebaut wurde, traten bemerkenswerte Fresken aus der ersten Hälfte des 14. Jahrhunderts zutage. Ihre Aufdeckung erregte damals großes Aufsehen. Der Regensburger Reallehrer Christoph Schenkenhofer fertigte 1883 Pausen an, die er später in Farbe ausführte. Ein Teil der Fresken wurde zerstört, der Rest verschwand wieder unter Putz und Tünche. Die Wandbilder, in Form eines Frieses, stellen Szenen aus dem Ritterleben dar, gesäumt von einem Schriftband und schräggestellten Schilden mit Wappen namhafter Regensburger Familien.

Leider verblieb die kostbare alte Einrichtung der Elefantenapotheke nicht in Regensburg. 1916 gelangte sie als Schenkung an das Deutsche Apothekenmuseum in München, wo sie im letzten Krieg zerstört wurde. Alte Apothekengefäße und zwei schwere, gewendelte Messingsäulen, Träger für Schalenwaagen in der historischen Apotheke des Deutschen Museums in München, stammen aus der Elefantenapotheke.

Das Haus liegt an städtebaulich bedeutsamer Stelle, an der Einmündung der Ludwigstraße in den Haidplatz. Wenngleich der bauliche Kern der Vierflügelanlage noch dem 14. Jahrhundert angehört, so wurde doch das heutige Erscheinungsbild des Hauses um 1500 geprägt. Der Flügel an der Ludwigstraße weist in seinem Ostteil eine turmartige Erhöhung auf, die mit einem Treppengiebel schließt. Reizvoll der zweigeschossige Kastenerker auf reich profiliertem Fuß. Die beiden Läden des Apothekeneingangs mit klassizistischer Schnitzerei: Schlangen, deren Kopf an den einer Ente erinnert, mit Schleifen und Rosetten. Der gleiche Schnitzer fertigte auch die zwei Torflügel am Haus Metgebergasse 10 (D 41), wo er dasselbe Motiv verwandte.

An der Front zur Glockengasse wiederum großer Treppengiebel. Tor mit klassizistischen Flügeln vermittelt den Zugang zum Innenhof. Das späte 16. Jahrhundert umgab ihn an seiner Nord-, Ost- und Südseite mit zweigeschossigen Galerien, offenen Umgängen, deren Brüstungen aus dünnen Rundbalustern bestehen. Im 1. Obergeschoß der Ostseite Reliefstein mit Imperatorenbüste.

Mehrere Räume des 1. Obergeschosses mit Stuckdecken; der Nordostraum zeichnet sich durch reicheren Dekor aus: Bandelwerk um 1720.

Das sogenannte Huber'sche Stiftungshaus, Glockengasse 14 (B 27)

Zu Beginn des 17. Jahrhunderts gehörte das Haus dem Ratsherrn und Baudirektor Hans Huber. Als Anhänger des Protestantismus emigrierte er aus Wels in Österreich und fand in der evangelischen Reichsstadt Regensburg eine neue Heimat. Er starb 1626. Sein Haus in der Glockengasse vererbte er der Stadt und bestimmte es zu Wohnungen für evangelische Geistliche. Deshalb ging es unter dem Namen Huber'sches Stiftungshaus in die Häusergeschichte Regensburgs ein. Diese Bestimmung erfüllte es bis 1780. Damals verkaufte die Stadt das Anwesen an den Brauer J. M. Schleusinger. Seit 1862 gehört es dem Fürsten von Thurn und Taxis.

Das Haus besitzt eines der sagenumwobenen Kleindenkmäler Regensburgs: Aus einer Nische über der Türe blickt das Haupt Johannes des Täufers (s. d.). In die Nordostecke des Hofraumes ist die weitgehend verwitterte Skulptur eines menschlichen Kopfes eingemauert.

Die „Alte Münz", Glockengasse 16 (B 28)

In Regensburg wurden die ersten Münzen des ostdeutschen Raumes geprägt. Schon um 900 konnte sich Regensburg an Bedeutung mit den noch älteren karolingischen Münzstädten Köln und Straßburg messen. Der Regensburger Schlag blieb Vorbild für zahlreiche spätere deutsche Prägungen. 1220 widerruft Kaiser Friedrich II. das der Stadt Nürnberg erteilte Recht, Münzen von Regensburger Gepräge zu schlagen. Die Geschichte der Regensburger Münze ist ein Spiegelbild der wechselvollen Geschicke der Stadt.

Das früheste Regensburger Münzdenkmal ist ein Silberdenar Ludwigs des Frommen aus dem beginnenden 9. Jahrhundert. Er zeigt ein umpunktetes Kreuz im Perlkreis als Symbol des vom Kreuz beherrschten Weltalls. Auf der Kehrseite erscheint der Name REGA-NESB-VRC. Regensburg war zunächst Reichsmünze. Später ließen auch die Baiernherzöge und die Bischöfe hier ihre Münzen schlagen. Der Standort der frühesten Regensburger Münzstätte ist nicht bekannt. Vielleicht ist er in der Gegend des Gäßchens Im Drießl (s. d.) zu suchen. Der Name „Drießl" leitet sich ab von thesaurus, das Schatzkammer bedeutet. Die Münze der bairischen Herzöge ist wohl im Herzogshof, jene der Bischöfe im alten Bischofshof zu suchen. Um 1357 wird Karl Maehler als Münzmeister genannt.

Seit dem 15. Jahrhundert ist die Münze rein städtisch. Neben gewöhnlichen Zahlungsmitteln werden nun auch Medaillen und Klippen zur Erinnerung an Ereignisse der Reichs- und Stadtgeschichte sowie für Geschenkzwecke geprägt. Um 1509 berief die Stadt den aus Schwäbisch Hall stammenden Münzmeister Martin Lerch (s. d.), der 1512 das Anwesen Neue-Waag-Gasse 2 (D 120, s. d.) erwarb. Im gleichen Jahre verlieh Kaiser Maximilian I. der Stadt das Recht, goldene Münzen zu schlagen. Albrecht Altdorfer fertigte den Entwurf für einen Goldgulden, den Martin Lerch prägte. Der Rat entlohnte Altdorfer mit 16 Pfennigen 2 Wienern.

Bis 1621 blieb die reichsstädtische Münze in der Neuen-Waag-Gasse. In diesem Jahr verlegte der Rat das Prägewerk in das Anwesen Glockengasse 16 (B 28). Über ein Jahrhundert lang, von 1639 bis 1741, war das Münzmeisteramt in Händen der Familie Federer. Ihr folgte die Familie Busch. Das Haus in der Glockengasse beherbergte die reichsstädtische Münze bis 1803. Auch in den folgenden Jahren, bis 1810, in denen Regensburg als geistliches Fürstentum Carl von Dalberg unterstand, wurden in dem Hause, der nunmehrigen fürstprimatischen Münze, Geldstücke geprägt. Erst mit dem Jahr 1810, der Einverleibung Regensburgs in das bayerische Königreich, erlosch die Münzhoheit der Stadt.

Den zahllosen Territorien, Klein- und Kleinststaaten entsprachen nicht nur vielerlei Maße und Gewichte, sondern auch eine Menge Zahlungsmittel von höchst unterschiedlichem Wert. Nicht selten wurde daher Regensburg „mit böser fremder Münze überschwemmt". Der fürsorgliche Stadtrat erließ daher öffentliche Bekanntmachungen, in denen er die Bürger vor schlechter Münze und betrügerischen Geldwechslern warnte.

Auf Münzverbrechen standen schwere Strafen. 1534 verbrannte man in Stadtamhof einen gewissen Wenzel Pangartner auf dem Scheiterhaufen, weil er in einer Höhle auf dem Keilstein Falschmünzerei betrieben hatte. Nach Mitteilung des Chronisten Leonhard Widmann wurden ein vergoldeter Kelch und eine Patene mit ihm verbrannt. Ein Goldschmied aus Stadtamhof, der 1589 durch Abgüsse falsche Münzen hergestellt hatte, wurde, wie Raselius schreibt, „aus Gnaden" enthauptet.

Die „Alte Münz" an der Ecke der Gesandtenstraße und der Glockengasse ist ein Patrizierhaus des 13. Jahrhunderts. Nach Ausweis der Vogelschaupläne von H. G. Bahre von 1644 und 1645 (Stadtgrundrisse Nr. 1) besaß das Haus zur Glockengasse und gegen Westen je einen mächtigen Treppengiebel. Die Fassade an der Glockengasse gliedert ein flacher Rechteckerker der Spätgotik, den ein Pultdach deckt. Er ruht auf acht profilierten Doppelkonsolen. An beiden Straßenfronten Rechteckfenster mit Überhöhungen durch genaste Spitzbogenblenden, ebenso an der Hof-Westfassade.

Der Erdgeschoßraum längs der Gesandtenstraße wird von einem zweijochigen Kreuzrippengewölbe überspannt. Der östliche Schlußstein trägt ein Wappenschild, das ehemals farbig gefaßt war. Der nordwestlich anschließende Raum, ebenfalls zweijochig mit Kreuzrippen gewölbt, darf als die einstige Hauskapelle angesehen werden. Die gekehlten Rippen ruhen auf Kelchkonsolen; der südliche Schlußstein mit Blattkränzen. Kreuzrippenwölbung auch in dem über der Kapelle gelegenen Raum; ein in Regensburg seltenes Beispiel einer Obergeschoßwölbung.

AM ÖLBERG — PREDIGERGASSE

Die Straße Am Ölberg überwindet eine mäßig ansteigende Bodenerhebung, einen der sogenannten Bühle, deren die Stadtlandschaft Regensburgs mehrere aufzuweisen hat. Nicht nur der Name „Am Ölberg" ist dem Bereich des Religiösen entlehnt, auch der Gesamteindruck dieses

Straßenzuges ist würdig, verhalten, kirchlich. Die beiden großen christlichen Konfessionen begegnen sich hier mit bedeutenden Bauwerken. Die Hauptakzente setzen der mächtige Chor der Dominikanerkirche mit dem angebauten Kreuzgang und dem ehemaligen Klostergebäude; gegenüber die gewaltig aufstrebende Westfront der Dreieinigkeitskirche, deren anschließender Friedhof mit den prächtigen Grabmälern evangelischer Reichstagsgesandter der Straße Am Ölberg besondere Stimmung verleiht.

Die Straßenbezeichnung „Am Ölberg" stammt von der plastischen Darstellung einer Ölberggruppe, die sicher einmal zum Bereich des Dominikanerklosters gehörte und wahrscheinlich in einem überdachten Raum mit offener Schauseite zur Straße hin aufgestellt war. Man wird kaum fehlgehen in der Annahme, daß es sich dabei um jene Plastik handelt, die sich nun in einer Fensternische im Nordflügel des Dominikanerkreuzgangs befindet. Der Kreuzgang ist vom Ölberg aus unmittelbar zugänglich. Die Darstellung besteht jetzt nur noch aus der etwas derben, der Volkskunst angehörenden Figur des knienden Christus. Der zugehörige Engel mit dem Leidenskelch wurde 1947 gestohlen. Sicher zählten zu dieser Gruppe einst auch noch schlafende Jünger, die wohl seit der Transferierung in den Kreuzgang verschollen sind, da sie dort aus Platzmangel nicht aufgestellt werden konnten. Wann diese Ölbergdarstellung an ihren jetzigen Standort gelangte, läßt sich schwer feststellen. Sicher geschah das bereits im frühen 19. Jahrhundert.

1967 erfuhr die Straße Am Ölberg eine teilweise Neugestaltung. Die dem Kreuzgang vorgesetzte Mauer wurde abgetragen, das dahintergelegene, verwilderte Gärtchen in eine schöne Anlage umgewandelt und darin ein stilvolles Denkmal für die in beiden Kriegen gefallenen Angehörigen der Hochschule errichtet. Das Straßenbild hat dadurch erheblich gewonnen. Vor allem kommt der Chor der Dominikanerkirche in seiner strengen Gotik jetzt voll zur Wirkung. Leider verschwand mit der Niederlegung der Mauer auch das schmucke, gotische Spitzbogenpförtchen, durch das man vom Ölberg aus zunächst den Vorgarten und von dem aus den Kreuzgang und die Hochschule betrat. Ursprünglich vermittelte es den Zutritt zu einem malerischen Verbindungsgang, der von der Straße aus direkt in den Kreuzgang führte. Dieser Verbindungsgang wurde um die Mitte des vergangenen Jahrhunderts abgetragen und auch das Pförtchen sollte dem Spitzhacke zum Opfer fallen, „wenn nicht rechtzeitig ein Telegramm aus der Residenz den weiteren Abbruch eingestellt hätte". Der Aufstellungsort der Ölberggruppe darf in unmittelbarer Nähe dieses Pförtchens, mit großer Wahrscheinlichkeit an der Ecke zur Predigergasse, angenommen werden.

In der Vergangenheit wurde der Name „Am Ölberg" recht unterschiedlich gebraucht. Zunächst bezeichnete man damit nur das nördliche Straßenstück von der Gesandtenstraße bis zur Dominikanerkirche. Die südliche Fortsetzung hieß Predigergasse, gelegentlich auch lange Predigergasse, benannt nach dem Predigerorden der Dominikaner. Heute wird das schmale Sträßchen nördlich der Dominikanerkirche als Predigergasse bezeichnet. Anläßlich eines Territorialstreites zwischen der Stadt und den Dominikanern ließ der Rat 1653 einen genauen Lageplan des Klosters und der angrenzenden Straßen erstellen. Hier wird die nordöstliche Stelle der Kirche, also die Einmündung der heutigen Predigergasse, als „Am Ölberg" bezeichnet. Dies dürfte auch die früheste Erwähnung unseres Straßennamens sein. Nun tritt im 18. Jahrhundert. für das südliche Stück unserer Straße neben „Predigergasse" auch die Bezeichnung „Rote-Fahnen-Gasse" auf. Dort befand sich im Haus Am Ölberg 11 (C 30) die Gastwirtschaft „Zum Roten Fahnen", die seit etwa 1800 „Zum Mondschein" hieß, später dann, noch bis in die Zeit nach dem letzten Krieg, „Zum Silbernen Mondschein". Bereits 1667 wird sie genannt: „Zum roten Fahnen am Ölberg". Sie kann somit auf eine Tradition von 300 Jahren zurückblicken. Mit welcher Zähigkeit das Volk an Orts- und Straßennamen festhält, beweist die Tatsache, daß selbst der Stadtplan von 1860 für unsere Straße alle drei Namen nennt: Am Ölberg, Lange Prediger- oder Rote-Fahnen-Gasse. Die heutige Predigergasse bezeichnet er als „Predigergasse am Ölberg".

WAFFNERGASSE — SILBERNE-FISCH-GASSE

Die Fortsetzung der Straße Am Ölberg nach Süden heißt Waffnergasse, benannt nach dem Gewerbe der Waffenschmiede. Nun hat es aber einen Waffenschmied, einen Waffner, der alle Arten von Schutz- und Trutzwaffen, von Angriffs- und Verteidigungswaffen fertigte, nicht gegeben. Die Herstellung von Waffen besorgten spezielle Handwerkszweige: die Schildmacher, die Sporer, die Schwertfeger, die Klingenschmiede und Messerer, die Panzer- und Helmschmiede. Diese waffenfertigenden Handwerker bewohnten nicht nur die Waffnergasse — sie wird bereits 1264 genannt — sondern auch die angrenzenden Straßen und Gäßchen. In unmittelbarer Nähe, in der Silbernen-Fisch-Gasse, die in den Ölberg mündet, siedelten die Schildmacher, die Schilderer. 1282 ist sie als Schilterstraße bezeugt. Später hieß es hier „unter den Schiltern". Ursprünglich mag es sich dabei um wirkliche Schildmacher gehandelt haben, um Schmiede, die den hölzernen

Schild mit Eisen beschlagen. Später aber, als mit der Vervollkommnung der Panzerrüstung die Bedeutung des Schildes als Abwehrwaffe zurückging und der Schild immer mehr zum Zierstück wurde, muß bei dem Ausdruck „Schilderer" vor allem an den Maler gedacht werden, der auf den mit Leder oder Textil überzogenen Schild das Wappen malte. 1317 wird ein Maler namens Heinrich in der Gasse unter den Schiltern genannt. Das Handwerk der Schildmacher erlosch; der Straßenname aber blieb bestehen. Seit dem 17. Jahrhundert tritt daneben und allmählich an seiner Stelle die Bezeichnung „Silberne-Fisch-Gasse" auf. Der Name leitet sich vom Wirtshaus „Zum Silbernen Fisch" ab, das sich im Haus Nr. 15 (C 35) befand. Obgleich dieser Name schon in der Barockzeit geläufig war, schreiben noch die neueren Stadtpläne Regensburgs, etwa der des Jahres 1860: Silberne-Fisch-Gasse oder Unter den Schildern. So überdauerte die Erinnerung an dieses erloschene Gewerbe die Jahrhunderte und ragte herein bis in die Zeit unserer Großeltern.

Der Name „Waffnergasse" galt jedoch nicht für den gesamten Straßenzug, sondern nur für dessen nördliche Hälfte, etwa bis zur Einmündung des Eck zum Vaulschink. Von hier ab bis zum Emmeramer Tor hieß es „Sauwinkel", weil hier die Schweineställe des Klosters St. Emmeram lagen. 1622 besaß Niedermünster ein Haus „im Sauwinkel bei der Brickh zu St. Emmeram". Gemeint ist die Brücke, die beim Emmeramer Tor über den Stadtgraben führte. Der Name „Sauwinkel" verschwand im 19. Jahrhundert. Der Stadtplan 1808 schreibt bereits „hinter St. Emmeram".

ÄGIDIENPLATZ

Der Ägidienplatz hat seinen Namen von der dem heiligen Ägidius geweihten Kirche des ehemaligen Deutschen Ritterordens. Sankt Ägidius galt als Viehpatron, als Fürsprecher der Sünder ist er einer der 14 Nothelfer. Aus Ägidius machte der Volksmund Gidi und verunstaltete dieses Wort weiter zu Gidl, Gigl und schließlich zu Gilg. So erklärt es sich, daß der Ägidienplatz in alter Zeit auch Gilgenplatz genannt wurde. Der Stadtplan 1865 schreibt noch „Aegidii- oder St.-Gilgen-Platz".

Den Platz säumen zwei große geistliche Bezirke: im Norden der Bereich des einstigen Dominikanerklosters, im Süden der Gebäudekomplex des Deutschherrenordens. Die Bürgerhäuser an der Ostseite des Platzes, in ihrem Kern aus dem 16. Jahrhundert stammend, zinsten den Deutschherren. Lediglich an der Westseite treffen wir städtischen Besitz.

Zwei Jahrhunderte lang stritten geistliche und weltliche Macht um die Rechte auf dem Ägidienplatz. Das Jahr 1548 bot erstmals Anlaß zu Mißhelligkeiten. Damals verlegte die Stadt den Schweine- und Pferdemarkt auf den Platz. Die Orden erhoben schärfsten Einspruch dagegen. War es Provokation oder eine bauliche Notwendigkeit, als die Deutschherren 1564 beim Neubau einer Mauer ein Stück weiter als bisher auf den Platz hinausrückten? Die Zurechtweisung des Rates ließ nicht lange auf sich warten. Die Deutschherren beriefen sich jedoch auf drei Marksteine im Boden des Ägidienplatzes, in die das Ordenskreuz gehauen sei. Eine Verbindungslinie der Steine, so erklärten sie, weise nahezu die Hälfte des Platzes als ihr Eigentum aus. Die Stadt ließ diese Grenzführung nicht gelten und verzichtete lediglich aus nachbarlichen Rücksichten auf einen Abbruch der Mauer. 1643 ließen die Deutschherren den Bürgersteig bei der Ägidienkirche mit Planken säumen, in die das Ordenszeichen gebrannt war. Die Stadt, die dadurch ihre Rechte geschmälert sah, befahl die sofortige Auswechslung der „klösterlichen" Balken gegen reichsstädtische. Kurzerhand beorderten die Deutschherren ihre zinspflichtigen Bauern von Graß auf den Ägidienplatz und ließen die städtischen Balken einfach absägen. Dieses Vorgehen beantwortete der Rat mit Gefangensetzung der Bauern und abermaligem Ersatz der Planken. Noch mehrmals wiederholte sich dieses Spiel, bis ein städtischer Neubau auf dem Platz den Streit zu noch größerer Leidenschaft entfachte und sogar den Kaiser bemühte (s. Ballhaus). Erst 1770 fanden die Streitigkeiten ihren endgültigen Abschluß zu Gunsten der Stadt.

Das ehemalige Ballhaus, Ägidienplatz 7 (C 21)

An der Westseite des Ägidienplatzes, unmittelbar an der Stadtmauer, erbaute die Stadt 1652 ein Ball- und Komödienhaus. Die Streitigkeiten des reichsstädtischen Rates mit den Dominikanern und Deutschherren um die Rechte auf dem Ägidienplatz (s. o.) traten wegen dieses Baues noch schärfer auf. Mit aller Macht wehrten sich die Orden dagegen. Namentlich die Deutschherren fühlten sich durch das unmittelbar benachbarten, zum Ballhaus gehörigen Abort sowie eine weit ausladende Dachtraufe sehr belästigt und durch die Feuersgefahr, die das weitgehend aus Holz errichtete Gebäude in sich barg, erheblich bedroht. Der Rat kümmerte sich zunächst wenig um diese Proteste. Erst als die Dominikaner 1653 ein kaiserliches Strafmandat gegen die

Stadt erwirkt hatten, richteten die Regensburger Stadtväter ein untertäniges Rechtfertigungsschreiben an den Kaiser, in dem sie ihre Rechte auf den Platz darlegten. Trotz Fortführung des Prozesses kam der Bau zum Abschluß. 1760 mietete Prinzipalkommissar Fürst Alexander Ferdinand von Thurn und Taxis das Ballhaus. Der Einspruch der Orden brach nach mehr als hundertjährigem Streit am Einfluß des Fürsten. Um auch größere Theatervorstellungen abhalten zu können, erfolgte 1783 eine Erweiterung des Gebäudes, das nun als fürstliches Ballhaus und Hoftheater diente. 1804 verkaufte es die Stadt um 2000 Gulden an den Fürsten Karl Anselm von Thurn und Taxis. Nachdem es in späterer Zeit — nach Errichtung des Stadttheaters — als Remise für die Wagen des fürstlichen Hauses gedient hatte, wurde es 1922 abgetragen und an seiner Stelle ein Wohnhaus für fürstliche Beamte errichtet.

Einen recht lebensnahen Eindruck vom Ballhaus und seiner Umgebung vermittelt Kayser in seiner 1797 erschienenen Stadtbeschreibung: „... Es wird zur Sommers- und Winterszeit wöchentlich dreimal gespielt. Das Schauspielhaus, bekannter unter dem Namen Ballhaus, gehört der Stadt; der Fürst von Thurn und Taxis hat es aber für immer in der Miethe und überläßt es den Schauspielern unentgeldlich. Der Theatersaal ist klein, mit einer einzigen Galerie und etlichen Logen versehen, welche sich die Gesandtschaften bauen ließen, als Bürgerliche das Nobleparterre zu besuchen anfiengen. Der Weg in das Theater und aus demselben auf dem Ballplatz (d. i. der Ägidienplatz) ist, besonders bey übler Witterung, höchst elend. Man steht im Nachhausegehen in Gefahr, von den Fackeln halb verbrannt, oder von den Kutschen überfahren zu werden, oder im Koth zu versinken."

Die Gebäude des ehemaligen Deutschen Ordens,
Marschallstraße 5 (C 169) und Ägidienplatz 6 (C 168)

Herzog Ludwig von Baiern übergab 1210 dem Deutschen Orden Grundbesitz in Regensburg nächst dem Ägidienplatz sowie die Ägidienkirche. Der erste dem Namen nach bekannte Komtur ist der 1224 genannte Heinrich von Wildenau. Die Ordensniederlassung konnte in Regensburg sowie auf dem umliegenden Land Güter und Grundbesitz erwerben. In Baiern bestand der Orden bis 1809. Napoleon erklärte ihn für aufgelöst, die Regensburger Besitzungen fielen an den Fürstprimas Carl von Dalberg. Die mit der Ägidienkirche verbundene Pfarrei wurde 1811 aufgelöst.

Die Ordensgebäude stehen noch heute. Sie gliedern sich in das sogenannte „Alte Deutsche Haus" und in das „Neue Deutsche Haus".

Das „Alte Deutsche Haus", Ägidienplatz 6 (C 168), vom Orden 1683 erbaut, diente nach der Vereinigung Regensburgs mit Bayern dem letzten Fürstabt des säkularisierten Klosters St. Emmeram, Cölestin Steiglehner, als Wohnhaus. Dafür mußte er allerdings seine wertvolle Sammlung von Münzen, Gemmen und Antiquitäten dem bayerischen Staat überlassen. Steiglehner lebte dort, seinen Betrachtungen und den Wissenschaften hingegeben. Er starb in diesem Haus am 21. Februar 1819.

Nach Steiglehners Tod erwarb die Stadt das Gebäude, um es vorübergehend für Schulzwecke zu gebrauchen. 1837 wurden das katholische und evangelische Krankenhaus aus der Ostengasse 27 (H 180/181) hierher verlegt. Seit den 30er Jahren unseres Jahrhunderts dient das Haus unter dem Namen St.-Josefs-Heim als Alterspensionat.

Das „Neue Deutsche Haus", Marschallstraße 5 (C 169) wurde in den Jahren 1720 bis 1726 vom Deutschen Orden erbaut. Nach dessen Aufhebung verkaufte Fürstprimas von Dalberg das Gebäude an den Freiherrn von Lilien. 1836 erwarb es der Bleistiftfabrikant Johann Christoph Rehbach, der dort ein blühendes Industrieunternehmen gründete, das um 1865 zweihundert Arbeiter beschäftigte und jährlich über eine Million Dutzend Bleistifte versenden konnte. Gegen Ende des Jahrhunderts war die Rehbach'sche Bleistiftfabrik in Regensburg neben Faber in Nürnberg Bayerns größtes Unternehmen dieser Art. Ungünstige Umstände verursachten einen Rückgang des großen Privatunternehmens, das jedoch noch bis 1934 Bestand hatte.

Das sogenannte „Neue Deutsche Haus" besteht aus zwei Langflügeln, einem an der Waffnergasse und einem an der Marschallstraße, die sich im rechten Winkel zusammenschließen. Die Nordfront gegen die Marschallstraße gliedert ein Risalit mit einer bemerkenswerten Portalarchitektur. Die breite Korbbogenöffnung wird von zwei korinthischen Säulen flankiert, die einen Architrav und gerundete Giebelstücke tragen. Dazwischen zwei Wappen: Landkomtur Karl Heinrich von Hornstein und Ortskomtur. Dazu die Jahreszahl 1720. Im Obergeschoß wird der Risalit von Eckpilastern mit korinthischen Kapitälen gesäumt, ein Dreiecksgiebel schließt ihn. Über dem Fenster des Obergeschosses Wappen des Deutschmeisters Pfalzgraf Franz Ludwig, Bischof von Breslau und Worms.

Mehrere Räume des Obergeschosses zeichnen sich durch qualitätvolle Stuckdecken im Stil des frühen Rokoko aus: Bandelwerk mit z. T. figürlichen Darstellungen. Als Stukkator kommt Peter Appiani in Frage.

EMMERAMSPLATZ

Dieser verhältnismäßig großräumige Platz ist nach dem Regensburger Heiligen Emmeram (s. d.) benannt.

Das Regierungsgebäude Emmeramsplatz 9 (C 53/63)

begrenzt mit seiner repräsentativen Front die Nordseite des Emmeramsplatzes. An seiner Stelle befand sich ehedem eine große Hofstatt, die nach vielfachem Besitzerwechsel Bischof Albrecht Sigmund von Freising im Jahre 1655 um 3000 Gulden und 100 Reichstaler erwarb. Die Hälfte dieses Kaufpreises bezahlte der Regensburger Bischof. Damit entledigte er sich der Pflicht, dem Bischof von Freising und seinem Gefolge bei gelegentlichen Aufenthalten in Regensburg eine entsprechende Wohnung zur Verfügung zu stellen. Die Pflicht, den Bischof von Freising zu beherbergen, hatte das Regensburger Bistum 1628 übernommen. Damals erklärte sich das Bistum Freising bereit, sein ursprünglich am Alten Kornmarkt gelegenes Absteigequartier, den alten Freisinger Hof, den Karmeliten zum Bau ihres Klosters abzutreten. Seit dem Erwerb der Hofstatt am Emmeramsplatz durch das Bistum Freising führte sie den Namen „Freisinger Hof".

Im 18. Jahrhundert diente der Freisinger Hof dem kaiserlichen Prinzipalkommissar beim Immerwährenden Reichstag, dem Fürsten von Thurn und Taxis, als Residenz. Das fürstliche Haus mietete das Gebäude vom Bistum Freising und ließ es durch seinen Baumeister Anton Franz Zauffaly (Zoffany) für eine prunkvolle Hofhaltung einrichten. Am 2. April 1750 huldigten die Regensburger Bürger vor dem Freisinger Hof dem Fürsten Alexander Ferdinand nach dessen Amtsübernahme als Prinzipalkommissar, stellvertretend für Kaiser Franz I. Für den Erbprinzen Carl Anselm wurden innerhalb des Klosters St. Emmeram die von früheren Prinzipalkommissaren bewohnten Gebäudeteile unter dem Namen „Inneres Palais" zugemietet (vgl. „Äußeres Palais").

Ein verheerendes Feuer vernichtete 1792 diese erste Residenz der Fürsten von Thurn und Taxis. Nur mit großer Mühe konnten die wertvollsten Einrichtungsgegenstände in den nahegelegenen Friedhof von St. Emmeram gerettet werden. „Von dem hellen Feuer der Brunst beleuchtet, schimmerten hier zwischen Weihwasserkesseln die kostbaren Geschirre von Porzellan", schreibt der Augenzeuge Hosang. „Hier an den eisernen Kirchhofkreuzen hingen die prächtigen Lüster und Spiegel...". Das Geschrei der geretteten Affen und Papageien mischte sich in das Sturmläuten der Emmeramer Glocken. Sechsunddreißig Stunden wütete das Feuer. Obwohl die Bürger Regensburgs und Stadtamhofs mit ihren Löscheinrichtungen zur Hilfe eilten, gelang es nicht, das Feuer zu löschen. Der Freisinger Hof brannte restlos aus. Der Rat erließ ein Dekret, in dem er aufforderte, alle bei dem Brand verschleppten und entwendeten Gegenstände wieder abzuliefern. Fürst Karl Anselm von Thurn und Taxis weilte während dieses unglücklichen Ereignisses auf seinem Schloß Trugenhofen. 1804 erwarb das fürstliche Haus die Brandstätte am Emmeramsplatz vom Bistum Freising um 22 000 Gulden. Das Vorhaben, an dieser Stelle ein neues Palais zu errichten, kam nicht zur Durchführung. Fürst Karl Anselm verkaufte deshalb das Grundstück noch im gleichen Jahr an den Landesherrn von Regensburg, Carl von Dalberg. Dieser ließ durch seinen Hofarchitkten Emanuel d'Herigoyen an der Stelle des Freisinger Hofes wieder ein repräsentatives Gebäude erstehen, das früher unter dem Namen „Rotes Haus" bekannt war. Heute beherbergt es einen Teil der Regierung der Oberpfalz. Vor der Jahrhundertwende wurde es um ein Stockwerk erhöht und dadurch in seiner Wirkung beeinträchtigt. Das Korbbogenportal und der gefällige Balkon mit dem hübschen Eisengitter stammen von der Planung d'Herigoyens. Eine Gedenktafel an der östlichen Schmalseite des Hauses erinnert, daß darin der verdiente Geschichtsforscher, Pater Roman Zirngibl, Exkonventuale von St. Emmeram, 1816 sein von rastlosem Forschen erfülltes Leben beschloß.

Das Regierungsgebäude Emmeramsplatz 8 (C 149—152)

schließt den Emmeramsplatz gegen Westen hin ab. Die umfangreiche Anlage besteht im Kern aus dem sog. „Äußeren Palais" (C 149), das Fürstabt Coelestin Vogl (1655—1691) von St. Emmeram errichten ließ. Das Regierungsgebäude in seiner heutigen Ausdehnung erstand erst 1890, als es nach Niederlegung der anschließenden Häuser C 150/152 (Gasthof „Zum Goldenen Widder") und C 151 (ehemaliger Pfarrhof von St. Emmeram) nach Süden erweitert wurde.

Nach dem Brand des „Freisinger Hofes" (s. d.) mußte in Eile Umschau gehalten werden nach einem geeigneten Residenzgebäude für den Prinzipalkommissar, den Fürsten von Thurn und Taxis.

Unter allen in Aussicht genommenen Baulichkeiten der Stadt erwies sich ein dem Kloster St. Emmeram gehörendes Gebäude an der Westseite des Emmeramsplatzes am geeignetsten. Fürst Karl Anselm von Thurn und Taxis wandte sich deshalb von seinem Schloß Trugenhofen aus am 16. Mai 1792 an den Fürstabt von St. Emmeram, Coelestin Steiglehner, mit der Bitte, ihm dieses Haus zu überlassen, das bis dahin an den Gesandten von Kur-Trier beim Immerwährenden Reichstag vermietet war. Steiglehner willigte ein, allerdings gegen den verhältnismäßig hohen Mietbetrag von 1500 Gulden.

Freilich mußte das Gebäude vor Belegung zu einer den Repräsentationspflichten des Prinzipalkommissars würdigen Residenz ausgebaut werden. Innerhalb eines halben Jahres wurde das ursprünglich einfache Gebäude zu einem Palais mit z. T. prunkvollen Innenräumen umgestaltet. Am 5. November 1792 konnte es Fürst Karl Anselm beziehen, das nun die Bezeichnung „neues Äußeres Palais" trug. Der leitende Architekt des Umbaues war der fürstliche Baudirektor Joseph Sorg (ein Sohn des Bildhauers Simon Sorg); die Stuck- und Bildhauerarbeiten stammen mit größter Wahrscheinlichkeit von Christoph Itelsberger. Das Gebäude blieb fürstliche Residenz bis 1812. Seit dieser Zeit ist die Regierung der Oberpfalz (früher des Regenkreises) darin untergebracht. Eine kolorierte Aufrißzeichnung im Museum zeigt es nach seiner Umgestaltung von 1792.

Aus der Erbauungszeit unter Coelestin Vogl stammt das Portal (spätes 17. Jahrhundert). Zwei flankierende ionische Säulen tragen einen Architrav mit Giebelstücken, zwischen denen sich das Wappen des Abtes Coelestin befand. Es wurde in den Innenhof versetzt. Aus der Zeit des Umbaus von 1792 stammt die klassizistisch stuckierte Fassade, die 1890 auch im südlich anschließenden Erweiterungsbau fortgeführt wurde.

Gleichfalls aus der Zeit des Umbaues von 1792 stammt die dreiarmige Podesttreppe mit Flachbalustraden. An ihrer Ausmündung stehen zwei große klassizistische Vasen mit Schnitzdekor. Aus gleicher Zeit erhielt sich auch der einstige Fest- und Tanzsaal im 1. Obergeschoß, heute allgemein als „großer Saal der Regierung" bezeichnet. Kannelierte korinthische Pilaster gliedern die Wände. Die schmalen Pfeilerspiegel zwischen den Fenstern verleihen dem Saal im Verein mit dem Weiß der Vertäfelung, dem Glanz der Vergoldungen und dem Spiegeln des Parketts das Gepräge fürstlicher Repräsentation. Die Ausrundung der Ecken läßt die Grundform des Saales fast oval erscheinen. In jeder der vier Rundungen sitzt eine schmale Türe, darüber ein Rundmedaillon, deren symbolische Darstellungen — Blume, Garbe, Traube und entlaubter Baum — die vier Jahreszeiten versinnbildlichen. Ein Fries mit Fruchtgehängen, Vasen und Genien leitet zur Decke über. Die beiden großen Portale an den Schmalseiten werden von Dreiecksgiebeln überdacht und von korinthischen Doppelsäulen flankiert, die einen bis zur Decke reichenden Architrav tragen. INAUG. NONIS NOV. MDCCXCII steht in vergoldeten Buchstaben auf dem Architrav des Südportales — eingeweiht am 9. November 1792. APOLLINI ET CONVIVIIS — geweiht dem Apoll und der Geselligkeit — heißt es auf dem Architrav über dem Nordportal.

Das Schloß der Fürsten von Thurn und Taxis
Waffnergasse 6, 8 und Emmeramsplatz 5, 6, 7 (C 179 — 191)

Die Fürsten von Thurn und Taxis begründeten im frühen 16. Jahrhundert die Weltstellung ihres Hauses durch den von ihnen ins Leben gerufenen internationalen Postverkehr. Franz von Taxis gilt als der eigentliche Urheber des Postwerkes, das der fürstlichen Familie Ruhm und Reichtum brachte. Kaiser Matthias übertrug Fürst Lamoral 1612 das Reichspostgeneralamt als erbliches Lehen. Drei Jahrhunderte hindurch blieb die Post in Händen des fürstlichen Hauses. Um die Verwaltung der Posten im Reich umsichtiger leiten zu können, übersiedelte die fürstliche Familie 1702 von ihrer Residenz Brüssel nach Frankfurt am Main.

Kaiser Franz I. ernannte 1748 Fürst Alexander Ferdinand von Thurn und Taxis zum Prinzipalkommissar und übertrug ihm damit die Aufgabe, bei der ständig in Regensburg tagenden Reichsversammlung das Reichsoberhaupt, den Kaiser, zu vertreten. Nur ein reiches Fürstenhaus war dieser kostspieligen Repräsentation fähig. Das hohe Amt veranlaßte das fürstliche Haus, die Hofhaltung 1748 von Frankfurt nach Regensburg zu verlegen. Ein ganzes Heer von Marschällen, Kavalieren, Stall- und Jägermeistern, Pagen und eine zahllose Dienerschaft umgab den Fürsten. Eine eigene Pagerie sorgte für den Nachwuchs im Hofdienst, den eine strenge Rangordnung regelte.

Die erste Residenz der Fürsten in Regensburg war der sogenannte Freisinger Hof (s. d.) und nach dessen Brand das heutige Regierungsgebäude Emmeramsplatz 8 (s. d.). Seit 1812 residieren die Fürsten von Thurn und Taxis in den durch die Säkularisation freigewordenen umfangreichen Klostergebäuden von St. Emmeram, die sie vom bayerischen Staat u. a. als Entschädigung für die Abtretung der Post erhielten.

183

Der ehemalige alte Konventbau umschließt mit drei Flügeln im Westen, Süden und Osten den Kreuzgang, einen der größten und architektonisch bedeutsamsten Deutschlands. Am Westflügel des alten Konventbaues — längs der Straße zur Einfahrt in den Schloßhof — liegen an der Außenmauer spätromanische Architekturteile unterschiedlichster Anordnung frei. Am Südflügel im Schloßhof trat 1887 eine Reihe romanischer Rundbogenfenster zutage.

Der Westflügel enthält das mittelalterliche R e f e k t o r i u m, einen Raum zu sechs Fensterachsen, der 1689 eine Umgestaltung im herrschenden Stil des Barock erfuhr. Die im Segmentbogen gewölbte Decke stützen kräftige Volutenkonsolen. Gemälde auf Leinwand, vielleicht von Jakob Heubel, in Stuckrahmen gespannt, zieren die Deckenfelder. Sie zeigen Szenen aus dem Leben des hl. Benedikt. Die schwere Stuckdekoration (bezeichnet 1689) stammt vermutlich von Joseph Vasallo.

Nach Süden schließt die K l o s t e r k ü c h e an, ein romanischer Raum von erstaunlicher Höhe, der nach dem großen Klosterbrand 1166 entstand. Zwei kräftige Binnenpfeiler teilen den Raum in zwei Schiffe, die von je drei gestelzten Kreuzgewölben überspannt werden.

Abermals nach Süden folgt ein architektonisch interessantes T r e p p e n h a u s, dessen Mauern gleichfalls aus romanischer Zeit stammen. Der Einbau der Treppe dürfte unter Abt Erasmus Münzer (1493 — 1517) erfolgt sein.

Die F ü r s t l i c h e G r u f t k a p e l l e schließt an den Westflügel des Kreuzgangs an und ragt in den Kreuzgarten hinein. Der zweigeschossige neugotische Bau entstand 1836/41 unter Leitung des fürstlichen Baurats Karl Victor Keim (1798—1876). Auf dem Altar steht die bemerkenswerte überlebensgroße Marmorstatue des segnenden Christus von Joh. H. von Dannecker, die bereits 1827 für eine in Neresheim geplante Familiengruft in Auftrag gegeben war. Im Untergeschoß ruhen Mitglieder der fürstlichen Familie in Prunksarkophagen.

Im Obergeschoß des Südflügels liegt der sog. Löwensaal, benannt nach einer Folge von Löwenreliefs, die einst die Wände seines westlichen Vorraums zierten. 1959 konnte im Löwensaal ein Wandbild aus der Zeit um 1350, St. Christophorus darstellend, freigelegt werden.

82. Fürstliches Schloß. Schloßhof mit Kurfürstenbrunnen

Dem Westflügel des alten Konventbaues ist an der südlichen Stirnseite ein pavillonartiger Bau vorgesetzt, der das H a u p t t r e p p e n h a u s enthält. Kreuzgewölbe überspannen die dreiarmige Podesttreppe; das Geländer zeichnet sich durch gefällige Rokokoformen aus.

Unter Abt Anselm Godin (1725—1742) wurde der Ostflügel des alten Konventbaues vollständig abgetragen und neu errichtet, um einen neuen Kapitelsaal und die Bibliothek aufzunehmen. Als Architekt wirkte der Linzer Stadtbaumeister Johann Michael Prunner (s. d.).

D e n K a p i t e l s a a l im Erdgeschoß überspannen drei Joche mit Tonnengewölbe, die auf toskanischen Binnensäulen und entsprechenden Wandsäulen ruhen.

D e r B i b l i o t h e k s a a l nimmt die beiden Obergeschosse des Ostflügels ein. Sogenannte Böhmische Kappen überwölben den Mittelraum; Quertonnen mit Stichen überspannen die schmalen den Saal umlaufenden galerieartigen Umgänge. Eine Sensation in der Kunstwelt bedeutete es, als im August 1967 unter der klassizistischen Bemalung des Saales besterhaltene Fresken Cosmas Damian Asams aus dem Jahre 1737 zutagetraten. Die unter Aufsicht des Landesamtes für Denkmalpflege freigelegten Malereien, deren Qualität alle Erwartungen weit übertraf, sind ein bedeutendes Spätwerk des berühmten Rokokomalers und Baumeisters.

Der ehemalige „neue Konvent", mit dessen Errichtung 1666 begonnen wurde, umfaßt den äußeren Ostflügel des heutigen Schlosses sowie einen Nordflügel, der die Verbindung zum ehemaligen „alten Konvent" herstellt. An den Ecken des langgezogenen äußeren Ostflügels stehen quadratische Türme mit Kuppeldächern, darauf vergoldete Kronen. Dieser Bautrakt diente schon zur Reichstagszeit als „Inneres Palais" (s. d.) teilweise als Residenz der Prinzipalkommissare. Im 1. Obergeschoß dieses Flügels liegen die P r u n k r ä u m e des Schlosses, deren Ausstattung zum großen Teil aus dem Frankfurter Palais der Fürsten von Thurn und Taxis stammt.

Im Nordflügel des neuen Konvents befindet sich das sogenannte K o n v e n t z i m m e r , ein reich stuckierter Raum aus der Zeit um 1666.

Den Südflügel der großen Klosteranlage längs der Allee ließ der kunstsinnige Fürst Maximilian Maria Lamoral, der 1883 die Regierung des Fürstlichen Hauses übernommen hatte, abbrechen, und an dessen Stelle einen großzügigen S c h l o ß b a u im Stil der Neurenaissance aufführen. Den Entwurf dazu fertigte der Fürstliche Oberbaurat Max Schultze (1845—1926). Als Fürst Maximilian nach nur zweijähriger Regierungszeit starb, war der Schloßbau bis zur Dachhöhe gediehen. Sein Nachfolger, Fürst Albert († 1952) konnte ihn 1888 vollenden. Zugleich erfuhren auch die übrigen Fassaden der umfangreichen Bauanlage eine entsprechende Abänderung. Für Regensburgs Handwerk und Kunstgewerbe bedeuteten die mit dem Schloß-Neubau vergebenen Aufträge eine willkommene Förderung.

Anstelle des alten Abteigartens ließ Fürst Maximilian Karl 1828 R e i t s c h u l e u n d M a r s t a l l g e b ä u d e errichten. Mit dieser Aufgabe betraute er einen Architekten von Rang: Johann Babtist Metivier, einen der fähigsten Künstler des jungen bayerischen Königreichs. 1781 in der bretonischen Stadt Rennes geboren, wirkte Metivier seit 1811 als Inspektor der königlichen Hofbaukommission in München, wo er mehrere Adelspalais, darunter auch das des Ministers Montgelas errichtete. Die fürstliche Reitschule führte er als dreiteilige Anlage aus, deren zurückgesetztes Mittelstück die Reithalle enthält, die beiden langgestreckten Seitenflügel die Hofstallungen. Die rustizierten Fassaden mit den hohen Rundbogenfenstern und dem Konsolengesimse erinnern lebhaft an den klassischen Stil der Münchner Ludwigstraße. Der Bau erfuhr seine künstlerische Krönung durch Stuckreliefs des berühmten Münchner Bildhauers Schwanthaler. Die Innenwände der Reithalle zierte er mit einem Fries antiker Wagenrennen. Die Bekränzung siegreicher Pferde durch Viktoria stellt das Stuckrelief über dem Tor dar. Der Marstall verfügte über einen Krankenstall; sogar eine eigene Pferdeapotheke war vorhanden.

Inmitten des Schloßhofes steht der K u r f ü r s t e n b r u n n e n (s. Wahrzeichen).

Das Gartenschlößchen T h e r e s i e n r u h e (s. d.) findet Erörterung im Kapitel „Die Allee und ihre Denkmäler".

Die zum Schloß gehörige G a r t e n a n l a g e , im Volksmund Fürstgarten genannt, besteht aus den ehemaligen Klostergärten, aus Teilen des Zwingers und aus dem zugekauften Garten des Grafen Sternberg (s. d.).

GESANDTENSTRASSE

Ein bestimmter Name war der Gesandtenstraße während des Mittelalters nicht eigen. Als „lange Gasse" erscheint sie in den Belegen des 16., 17. und auch noch des 18. Jahrhunderts. Der Name „Scherergasse" für ein Teilstück der Gesandtenstraße tritt in einem Straßenverzeichnis aus der Zeit um 1700 auf: „ . . . bis in die Scherergasse; die geht beim rothen Hahn herauf gegen die Augustiner zu". Mit „Scherergasse" bezeichnete man demnach den Straßenbogen, der sich zusam-

83. Gesandtenstraße. Im Hintergrund die 1838 abgebrochene Augustinerkirche. Feder, mit Sepia laviert. Privatbesitz

mensetzt aus dem Südteil der Roten-Hahnen-Gasse (vom Gasthof „Zum Roten Hahn", Nr. 14 (B 50) bis zur Einmündung in die Gesandtenstraße) und dem Ostteil der Gesandtenstraße (von der Einmündung der Roten-Hahnen-Gasse bis zum Neupfarrplatz). Das westliche Stück der Gesandtenstraße in Richtung zum Bismarckplatz hieß nach wie vor „lange Gasse". Während des 18. Jahrhunderts wird dann der Ausdruck „lange Gasse" stets wieder für den gesamten Straßenzug gebraucht; der Name Scherergasse scheint in Vergessenheit geraten zu sein. Überraschend erscheint er wieder auf dem Stadtplan von 1808 als „Scherer-Straße", und zwar für die ganze Ausdehnung der heutigen Gesandtenstraße, vom Neupfarrplatz bis zum Bismarckplatz. Der Name könnte davon herrühren, daß unsere Straße die Schererwacht von der Wildwercherwacht (s. Wachten) trennt, wahrscheinlich aber von einer Familie namens Scherer, die im östlichen Teil der Straße ein Haus besaß.

Der Name Gesandtenstraße tritt amtlich zwar erst 1840 auf, doch war er neben der Bezeichnung „Schererstraße" schon längere Zeit vorher in Gebrauch. Der Reichstagskalender (Comitialkalender) von 1777 gebraucht ihn bereits. „Die Kirche zur heiligen Dreifaltigkeit steht ... in der Gesandtengaße" schreibt Kayser 1797. Daneben aber hielt sich die Bezeichnung „Schererstraße" noch lange. So schreibt der Stadtplan 1865: „Scherer- oder Gesandten-Strasse".

Die Benennung „Gesandtenstraße" hält die Erinnerung wach an die zahlreichen Gesandtschaften beim Immerwährenden Reichstag in Regensburg. Gerade unsere Straße verdient diesen Namen mit Recht; mehrere Gesandte wohnten an ihr und mehrere noch in ihrer nächsten Nähe. Der kleine Friedhof um die Dreieinigkeitskirche an der Gesandtenstraße birgt eine Reihe von Prunkgrabmälern evangelischer Reichstagsgesandter.

Das Haus Gesandtenstraße 2 (B 96)

Die Besitzgeschichte des Hauses ist von 1589 an, beginnend mit dem Eigentümer Sigmund Müllner, bis in die Gegenwart durch den Archivar des Historischen Vereins, Otto Fürnrohr, nahezu lückenlos festgestellt. Auf Müllner folgten im Besitz der Bürger Wolf Eisenmann (1589 — 1596) und der Handelsmann Lorenz Schramm (1596 — 1621). Das städtische Almosenamt, in dessen Eigentum es inzwischen gelangt war, verkaufte das Anwesen 1625 an den Arzt Dr. Johann Rosa, dem es in den folgenden 40 Jahren, bis 1665 gehörte. Haman (1671 — 1683), Erdinger, geb. Haman (1683 — 1701) und Pommer (ab 1701) nannten sich spätere Besitzer. Es würde zu weit führen, hier all die Namen und Daten wiederzugeben, die der vielfache Besitzerwechsel namentlich im 19. Jahrhundert bedingt. Weil das Haus viele Jahrzehnte, bis in die 50er Jahre unseres Jahrhunderts, der Familie Kappelmeyer und deren Erben gehörte, fand es unter dem Namen „Kappelmeyerhaus" Eingang in die ältere Literatur. 1962 erwarb es Notar Scheckenhofer, der es mit viel Sinn für die Belange der Denkmalpflege 1963/64 fachgerecht sanieren ließ.

Das schmale, aber weit in die Tiefe reichende Haus besteht aus dem frühgotischen Patrizierturm, um 1220, und dem nach Westen hin anschließenden Wohntrakt aus dem 15. Jahrhundert. Man muß den Blick schon sehr steil nach oben richten, um aus der engen Gesandtenstraße zu dem sieben Geschosse hoch aufragenden Turm hinaufblicken zu können. Bis 1964 trug er an drei Seiten den ursprünglichen Zinnenabschluß. Eine getuschte Federzeichnung (Abb. 83) vor 1838 mit Blick in die Gesandtenstraße gegen den Neupfarrplatz zeigt den Turm mit einem nach Westen geneigten Pultdach, über das die Südmauer (mit ihren zugesetzten Zinnen) aufragt. Die jetzt im 6. Obergeschoß der Westseite eingesetzte Doppelarkade mit Rundbogenblenden stammt von der Nordseite des 3. Turmgeschosses. Drei Schießscharten — innen trichterförmig sich verengende Standnischen, außen als Rechteckschlitze sichtbar — durchbrechen das 4. Turmgeschoß. Von ihnen aus konnte die Gesandtenstraße in ihrem östlichen und westlichen Verlauf bestrichen werden.

Um Raum zu gewinnen kragen die Obergeschosse des schmalen Wohntrakts zur Gesandtenstraße auf acht profilierten Konsolen vor. Sein ganzes Erdgeschoß nahm einstmals eine gewölbte Einfahrtshalle ein. Ihr nördlicher Teil bildet heute einen Flur mit (später eingebauter) ansteigender Treppe. Wölbung mit vier ungleichen Jochen, die sich um einen achtseitigen Mittelpfeiler gruppieren. An ihm schneiden die Schild- und Diagonalrippen unvermittelt an. Zwei der Schlußsteine zeigen langhaarige Menschenköpfe, einer die Büste eines bärtigen Mannes. Aus dem vierten Schlußstein (beim Treppenaufgang) blickt aus einem Kranz von Früchten das Gesicht eines Affen. An den Wänden werden die Rippen von figürlichen Konsolen aufgenommen.

Von diesem Flur aus gelangt man in den kleinen Innenhof; an seiner Nordseite eingeschossige Renaissancegalerie. Brüstung aus diagonal versetzten Weckenziegeln, wie mehrfach in Regensburg. Vom Rückgebäude münden drei spätgotische Rechteckfenster in den Hof. Sie zeichnen sich durch reichere Gewändeprofilierung aus; die Mittelsäulen sind ausgeschlagen.

Anläßlich der Sanierung des Hauses konnten mehrere Fresken freigelegt werden. Im Turmzimmer des 1. Obergeschosses barocke Malerei: biblischer Samson erschlägt die Philister mit einem Eselskinnbacken. Im 2. Obergeschoß des Turmes Architekturdarstellung — vielleicht eine Burg — in Rot und Schwarz. Darunter Sockelband mit nicht zu entziffernder Inschrift und Wappenfries.

Das Zandthaus, Gesandtenstraße 3 (C 96)

Die mächtige Patrizierburg an der Ecke der Gesandtenstraße und der Spiegelgasse gilt als das Stammhaus des Geschlechts der Zandt. Das Wappen dieser Familie, ein heraldischer Löwe mit langen Stoßzähnen und eine vom Historischen Verein angebrachte Inschrifttafel an der Ecke des Hauses weisen darauf hin. Das Patriziergeschlecht der Zandt spielte in der Geschichte der Stadt eine bedeutende Rolle. Durch seine wohltätigen Stiftungen erwarb es sich einen bleibenden Namen.

Das Haus erlebte im Laufe der Jahrhunderte eine wechselvolle Besitzgeschichte. 1718 vermählte sich die damalige Besitzerin, die verwitwete Gräfin von Windischgrätz, mit Freiherrn Leopold Wilhelm Freidl, dem auch Schloß Hauzenstein gehörte. Der Sohn aus dieser Ehe, Gottlieb Ferdinand von Freidl, verkaufte das Anwesen 1771 an den Fürsten von Thurn und Taxis, der die fürstliche Kanzlei, die Hofbibliothek und das Archiv in die Räume der alten Patrizierburg verlegte. Nachdem das säkularisierte Kloster St. Emmeram an das Haus Thurn und Taxis gekommen war, veräußerte Fürst Karl Alexander 1812 das Gebäude samt dem inzwischen hinzuerworbenen Haus Spiegelgasse 2 (C 97) an die Gebrüder Bernard. Diese richteten dort die heute noch bestehende Schnupftabakfabrik ein.

Der umfangreiche Baukomplex besteht aus zwei ursprünglich selbständigen, seit Jahrhunderten aber zusammengebauten Häusern: einem östlichen, an der Ecke zur Spiegelgasse gelegenen und einem westlich daran anschließenden. Auf den einstmals getrennten Besitz weisen das Vorhandensein von zwei Türmen und zwei Hauskapellen hin.

Im östlichen Gebäudeteil befand sich an der Ecke zur Spiegelgasse die zweigeschossige Hauskapelle St. Pankratius und Pantaleon. Aus ihr mag das oben genannte Wappen der Zandt stammen. Zur Zeit der Glaubensspaltung wurde sie profaniert. 1718 ließ der damalige Besitzer, L. W. von Freidl, das Gewölbe herausschlagen und neue Böden einziehen. Die Vogelschaupläne des 17. Jahrhunderts von Bahre und Merian (Stadtgrundrisse Nr. 1 und 4) bilden an der Ecke zur Spiegelgasse einen mächtigen Turm ab, der sich jedoch nicht an dieser Stelle befand, sondern östlich davon, unmittelbar an die Kapelle anschließend, wie die erhebliche Stärke der Umfassungsmauer ausweist. Der Turm, ältester Teil der Anlage und noch in die Romanik reichend, tritt heute nach außen hin nicht mehr in Erscheinung. Er wurde im Zuge der Baumaßnahmen von 1718 bis zur Höhe der Dachkante des Wohnbaues abgetragen. Drei romanische Fenster sitzen in seiner der Gesandtenstraße zugekehrten Front. Nach Süden schließt eine zweischiffige Halle an. Sie besteht aus einem Raum, dessen vier Gewölbejoche sich um einen achteckigen Mittelpfeiler gruppieren und einem nach Westen zu anschließenden Doppeljoch, insgesamt also sechs Joche. Im erstgenannten Raum laufen die Rippen am Mittelpfeiler unvermittelt auf, schwingen zu den Schlußsteinen hinauf und finden ihre Widerlager in reich profilierten Wandkonsolen. Schlußsteine: zweimal die Figur eines Einhorns und zwei Blattmasken. Im Zweijochraum glatte Tellersteine und einfache Konsolen. Die Wölbungen sind in das erste Viertel des 14. Jahrhunderts zu datieren.

*

Der westliche Gebäudetrakt gehört der Hochgotik an. Von der Gesandtenstraße aus führt ein stichbogiges Portal in einen zweischiffigen, fünfjochigen Flur, der durch die ganze, 24 m betragende Tiefe des Hauses reicht. Die Kehlrippen entwachsen Wänden und Pfeilern ohne Vermittlung. Sternfiguren, Masken und Rosetten in alter Fassung schmücken die Schlußsteine. Die Jahrhunderte sind an dieser kühnen Gewölbeführung, die kein zweites Beispiel in Regensburg kennt, nicht spurlos vorübergegangen. Durch den Druck der darüber befindlichen Baumassen und durch spätere Eingriffe geriet das architektonische Gefüge beträchtlich aus seiner Lage und mußte durch schwere Balkenunterzüge gestützt werden. Die Halle ist aber auch in ihrem heutigen Zustand noch von eindrucksvoller Raumwirkung.

Der zum Westteil des Zandthauses gehörende Turm erhebt sich an der Gesandtenstraße mit einem Stockwerk über die Dachkante; an der Südseite jedoch steigt er sechs Geschosse hoch an. An seiner Westseite freigelegte ursprüngliche Zinnenreihe. Die Überhöhung durch Rundbogenzinnen (von der Deischgasse aus gut zu erkennen) erfolgte wohl erst in barocker Zeit. Im Erdgeschoß dieses Turmes — Raumteil an der Gesandtenstraße — die ehemalige Hauskapelle, deren Patrozinium nicht mehr nachzuweisen ist. Dreijochiges Gewölbe mit Birnstabrippen, die von profilierten Kelchkonsolen ausstrahlen. Drei Schlußsteine, im mittleren eine Doppelrosette, in den äußeren eine Maske im Blätterkranz.

Von den Obergeschoßräumen ist vor allem der nördliche über der Einfahrtshalle gelegene zu erwähnen: reiche Stuckausstattung der Decke mit Bändern, Blattranken und Muschelwerk, um 1710. Man darf in diesem Raum wohl das mehrfach erwähnte „Apostelzimmer" erkennen.

Das Ingolstetterhaus (auch Neufferhaus), Gesandtenstraße 5 (C 95)
gehört zum Gebäudekomplex der Schnupftabakfabrik der Gebrüder Bernard. Es schließt westlich an das Zandthaus (Gesandtenstraße 3 [C 96]) an und erstreckt sich bis zum Gutenbergplatz. Im 14. Jahrhundert besaßen es die reichen Ingolstetter. Nach Schuegraf soll es das Stammhaus dieser Familie sein. In der älteren Literatur wird es nach der Familie Neuffer benannt, die es im vergangenen Jahrhundert besaß. Richard Strobel (Das Bürgerhaus in Regensburg, 1976) führte den passenden Namen „Ingolstetterhaus" ein.

Es lassen sich zwei Bauteile unterscheiden: ein älterer im Osten, an das Zandthaus anschließend, der dem späteren 14. Jahrhundert angehört und ein jüngerer gegen den Gutenbergplatz, der im wesentlichen durch Umbauten in der zweiten Hälfte des 16. Jahrhunderts entstand. Den Regensburgern ist das Haus durch zwei Löwenskulpturen vertraut, die beiderseits des Schaufensters des Schnupftabakladens in der Mauer sitzen. Dichtes Haar umgibt ihr menschlich anmutendes Gesicht mit den abstehenden Ohren und der eingefallenen Oberlippe. Über beiden Löwen eine Blattmaske. Die Skulpturen flankierten einst ein Portal, das sich wohl anstelle des Schaufensters befand. Demnach befänden sie sich an ursprünglicher Stelle. Sie stammen aus der zweiten Hälfte des 14. Jahrhunderts.

Das weitgespannte Stichbogenportal an der Gesandtenstraße zeichnet sich durch reiches Schnitzwerk im Bogenfeld aus (Ende des 17. Jahrhunderts).

An der Ecke zum Gutenbergplatz Runderker auf hübschen Volutenkonsolen, durch Lisenen und Gurtbänder gegliedert; einer jener Runderker des späteren 16. Jahrhunderts, wie sie die Renaissance in Regensburg wiederholt hervorbrachte: am Bischofshof, an den Häusern Krauterermarkt 1 (F 14), Goldene-Bären-Straße 12 (F 71), Am Wiedfang 2 (F 54).

Im rückwärtigen Teil des stattlichen Hauses befand sich die Kapelle „Unserer Lieben Frau hinter der Pfannenschmiede", kurzweg auch „Keßlerkapelle" genannt nach den einstmals in der Nähe wohnenden Kesselschmieden (s. Hinter der Pfannenschmiede). 1375 wird sie erstmals urkundlich erwähnt. Die Ingolstetter, die zu Beginn des 14. Jahrhunderts Eigentümer des Hauses waren, gründeten die Kapelle und statteten sie mit reichen Stiftungen aus. Zwei Kapläne hielten regelmäßig Gottesdienst. Als die Reformation auch in Regensburg Fuß faßte, erfuhr die Keßlerkapelle, wie so viele Regensburger Hauskapellen, das Schicksal der Profanierung. Im vergangenen Jahrhundert fiel sie den Fabrikumbauten zum Opfer. Ein Schlußstein aus der Kapelle mit einem Christuskopf befindet sich im Museum. Ein weiterer Schlußstein wurde 1889 als Fassadenschmuck an die ehemalige Pustetvilla, Kumpfmühler Straße 1 (J 148) versetzt, wo er heute noch zu sehen ist. Er zeigt im Hochrelief die Halbfigur einer Madonna mit dem Jesusknaben.

Das ehemalige reichsstädtische Gymnasium, jetzt Staatliche Bibliothek,
Gesandtenstraße 13 (C 14, später C 15)

Während des Mittelalters waren Erziehung und Unterricht fast ausschließlich den Klöstern und Domschulen vorbehalten. Den größten Teil ihres Unterrichts nahmen theologische Fächer ein. Es war daher namentlich im Zeitalter des Humanismus ein Anliegen aller Städte, weltliche Schulen einzurichten. 1503 wandte sich Dr. Joseph Grünbeck an den Rat der Reichsstadt mit der Bitte, in Regensburg eine weltliche höhere Schule errichten zu dürfen, nach damaligem Sprachgebrauch Gymnasium poeticum, Poetenschule, genannt. Der Stadt kam dieses Ansuchen sehr gelegen. Sie stellte im Haus Wahlenstraße 24 (E 6) geeignete Räume zur Verfügung und bestellte Grünbeck zum Leiter dieser Schule mit einem Jahresgehalt von 40 Gulden, zahlbar in vierteljährlichen Raten zu 10 Gulden. Grünbeck muß sich in seiner Stellung sehr bewährt haben, denn schon bei der ersten Auszahlung gewährte man ihm eine Zulage von 5 Gulden. Trotzdem scheint er Regensburg schon nach Jahresfrist wieder verlassen zu haben.

Die Unterrichtsräume in der Wahlenstraße wurden alsbald zu klein, weshalb der evangelisch gesinnte Rat die Schule um 1524 in das ihm unterstellte Augustinerkloster auf dem Neupfarrplatz verlegte und zwei der neuen Lehre zugetane Mönche, Georg Doschler und Leonhard Kalmünzer, mit der Erteilung des Unterrichts betraute. Um einen tüchtigen Leiter für seine Schule zu gewinnen, wandte sich der Rat an Luthers theologischen Mitarbeiter Philipp Melanchton in Wittenberg. Dieser sandte 1530 Andreas Denzel und nach dessen Tod 1534 Kaspar Naevius nach Regensburg, der nun der Schule als Rektor vorstand. Es ist verständlich, daß die Augustiner mit Mißfallen die Ausbreitung der evangelischen Schule in ihrem Kloster verfolgten. 1534 schlossen sie die unterrichtenden Mönche Doschler und Kalmünzer aus der Ordensgemeinde aus. Der Prior verlangte 1537 vom Rat, die Schule und deren Rektor Naevius endlich aus dem Kloster zu entfernen. Der Rat, der sich anfänglich weigerte, gab schließlich auf Vermittlung des Kaisers nach.

84. *Reichsstädtisches Gymnasium, heute Staatliche Bibliothek, Gesandtenstraße 13 (C 14, später C 15).*
    Aquarell um 1830

Bereits 1531 hatte die Stadt das große Anwesen des Reichshauptmanns Fuchs von Schneeberg an der Ecke der Straße Am Ölberg und der Gesandtenstraße (C 14, 15) um 1000 Gulden erworben. Der umfangreiche Hausstock besaß eine Hauskapelle. Eine Öffnung in ihrem Gewölbe gestattete dem alten Ritter Fuchs von Schneeberg, von seinem Krankenlager im darüberbefindlichen Zimmer auf den Altar zu blicken. In diese alte, aber geräumige Hofstatt zog nun 1537 das reichsstädtische Gymnasium ein. Auf Veranlassung des Superintendenten Ursinus wurde dort 1655 ein Schülertheater eingerichtet und zur Eröffnung das Drama „Der weinende Petrus" aufgeführt.

Der westliche Teil des alten Gebäudes an der Gesandtenstraße erwies sich jedoch so baufällig, daß er einzustürzen drohte. 1728 rief der Rat in einer Bittschrift alle Bürger Regensburgs um eine Beisteuer zum Neubau des Gymnasiums auf. Die Regensburger verschlossen sich dieser Bitte nicht. Der baufällige Gebäudeteil wurde abgetragen, und am 8. Juli 1728 konnte der Grundstein zum neuen Schulhaus gelegt werden. Bereits im Spätherbst des folgenden Jahres war der Bau vollendet, allerdings weit einfacher, als die großzügige Planung vorsah. Ein Modell im Museum veranschaulicht in welch repräsentativer Form das Gymnasium ursprünglich erstehen sollte. Eine Zeichnung in den Magazinbeständen zeigt das Gebäude vor dem barocken Neubau von 1728/29.

Die Schule hatte anfangs drei, später sechs Klassen. Der Unterricht erstreckte sich neben Religionslehre auf Latein, Griechisch, Geschichte, Erdkunde und deutsche Sprache, Musik und Chorgesang spielten eine große Rolle. Zur Vorbereitung oder Abkürzung des Universitätsstudiums schlossen sich noch drei Professuren für Theologie und orientalische Sprachen, für Philosophie und Mathematik und für schöne Wissenschaften an. Wer eine Universität besuchen wollte, mußte sich einer Prüfung unterziehen und eine öffentliche Abschiedsrede halten. Das Regensburger Museum verwahrt eine Reihe von Erinnerungsstücken an das reichsstädtische Gymnasium, darunter einen gedruckten Lehrplan von 1615, ein lateinisches Lehrbuch sowie Festgedichte und Preisreden.

Das Gymnasium erfreute sich großer Beliebtheit, und sein Ruf drang weit über die Grenzen der Reichsstadt hinaus. Nicht nur die Regensburger Bürger schickten ihre Söhne in die Lateinschule, auch ein Großteil des benachbarten Adels erhielt dort seine Bildung. Bereits 1551 rühmt der Rat in einem Schreiben an den Kaiser seine Schule: „Wir haben Gottlob! eine lateinische Schule allhier, darinn viel trefflicher Leute Kinder vom Adel und andere aus dem Land zu Franken, Fürstenthum Bayern und anderer Herrschaften, nun eine lange Zeit her in guten Künsten und Sitten, so unterwiesen worden, daß ihrer nicht wenige zu großer Herren Dienst und selbst am kaiserl. Maj. Hof gelanget sind."

Der Rat bewies seine soziale Gesinnung durch die Aufnahme begabter, mittelloser Schüler. Söhne armer Regensburger Bürger und selbst bedürftige Knaben von auswärts konnten die Schule unentgeltlich besuchen. Anfangs waren es zwölf, in besseren Zeiten sogar vierundzwanzig Stipendiaten. Sie hatten freie Wohnung, die Kost bezahlte der Rat. Als Gegenleistung mußten sie bei Feierlichkeiten als Chorknaben mitwirken.

Mit dem Anschluß Regensburgs an Bayern 1810 erfolgte 1811 eine Verschmelzung des evangelischen Gymnasiums mit dem katholischen Jesuitengymnasium und eine Verstaatlichung beider Schulen. Unter dem Namen „Königlich bayerisches Gymnasium" verblieb es bis 1875 in dem Gebäude an der Gesandtenstraße. In diesem Jahr wurde die Schule in das damals neu errichtete Gebäude, das spätere Alte Gymnasium, Ägidienplatz 1 (C 20) verlegt.

In die freigewordenen Räume des ehemaligen Gymnasiums poeticum an der Gesandtenstraße zog 1875 die Kreisbibliothek (heute Staatliche Bibliothek) ein.

Regensburgs reichsstädtische Bibliothek, als Ratsbibliothek in spätmittelalterlicher Zeit gegründet, verfügte über nicht unbedeutende Bestände, darunter auserlesene Werke. Schon Grienewald (um 1615) berichtet, daß sie einen „schönen Schatz von Büchern verwahre, worunter etliche von wunderlicher Größe an Ketten geschmiedet" (gegen Diebstahl). 1783 vereinigte der Rat alle in seinem Besitz befindlichen Bücherbestände zu einer allgemeinen Stadtbibliothek und brachte sie im Gebäude der Neuen Waag (s. d.) auf dem Haidplatz unter. Durch die Säkularisation flossen dieser Büchersammlung noch bedeutende Teile der Bibliotheken der aufgehobenen Regensburger Klöster zu. In der „Königlichen Bibliothek" für den bayerischen Regenkreis, kurzweg „Kreisbibliothek" genannt, wurden all diese Bestände konzentriert. Aus ihr ging die heutige „Staatliche Bibliothek" hervor.

Das ehemalige Gymnasium an der Gesandtenstraße — nun Staatliche Bibliothek — zeigt sich in der Barockgestalt des Neubaues von 1728/29 (s. o.). Bemerkenswert das reicher ausgestattete Sandsteinportal. Zwischen Giebelstücken der Reichsadler. Putten halten ovale Inschriftkartuschen. Anstelle des Ostteils, der einstigen Fuchs'schen Behausung, steht jetzt der 1902 errichtete Bau des ehemaligen Protestantischen Alumneums.

Das Haus Gesandtenstraße 16 (B 42/43)

vereint zwei Anwesen: das Eckhaus zur Glockengasse (B 42), das der Spätgotik angehört und das anschließende Haus an der Gesandtenstraße (B 43) mit barocker Fassadengliederung des 18. Jahrhunderts: Pilaster, Bandelwerk und reich profiliertes Traufgesims. Die Obergeschosse kragen an der Gesandtenstraße vor. Wohl anstelle von Konsolen stellte das späte 16. Jahrhundert toskanische Halbsäulen ein, über die sich an B 42 leicht gespitzte, an B 43 flache Rundbogen spannen. Die Arkadenreihe setzt sich am Nachbarhaus Gesandtenstraße 14 (B 44) fort. Das Eckhaus (B 42) besaß in seinem Nordteil einen Turm; nicht vom Typ der hochgotischen Patriziertürme, sondern einen bescheideneren, wohl nur vier Geschosse aufsteigenden Bau der Spätgotik. Turm und Wohnbau deckt heute ein gemeinsames, für Regensburg charakteristisches Pultdach.

HINTER DER PFANNENSCHMIEDE

heißt das Gäßchen, das in Höhe des Gutenbergplatzes parallel zur Gesandtenstraße verläuft. Seinen Namen führt es von den Kessel- und Pfannenschmieden, die im Mittelalter diese Gegend bewohnten. Mit der Bezeichnung „Unter den Keßlern" wird sie 1276 genannt; 1520 taucht der Name „Pfannenschmiedgäßlein" auf. Später heißt es stets „Unter den Pfannenschmieden", bis dann zu Beginn des 18. Jahrhunderts aus dem „unter" ein „hinter" wird, so bei Paricius 1722: „hinter denen Pfannen-Schmieden ohnweit den gulden Vässl (gemeint ist die Gaststätte „Zum Goldenen Faß", Spiegelgasse 10 (C 101)). Der Stadtplan 1808 schreibt bereits die heutige Bezeichnung: „hinter der Pfannenschmiede". Auf dem Land spricht man heute noch für „unter" mundartlich „inter". So dürfte auch bei unserer Straße statt „unter" den Pfannenschmieden „inter" den Pfannenschmieden gesprochen worden sein, woraus sich dann später, als die Pfannenschmiede hier längst nicht mehr wohnten, die fälschliche Bezeichnung „Hinter der Pfannenschmiede" entwickelte (vgl. Keßlerkapelle).

SPIEGELGASSE

Der Straßenname „Spiegelgasse" tritt zwar erst auf dem Plan von 1779 auf (Stadtgrundrisse Nr. 14), doch ist die Bezeichnung „in Speculo" — d. h. im Spiegel — bereits für das Jahr 1329 belegt. 1390 wird ein Stadel „im Spiegel" genannt. Schon früh, bestimmt aber seit 1667, gibt es im

Haus Spiegelgasse 4 (C 98)

die Gaststätte „Im Goldenen Spiegel", die dort bis um 1860 bestand. Der Klassizismus überzog die altersschiefen, im Kern romanischen Mauern, mit noblem Dekor: Fruchtgehänge und Mäanderband. Leider wurde der schöne Fassadenstuck um 1960 abgeschlagen. Ein gotischer Erker, keilförmig aus der Wand ragend, ruht auf wandgebundener Säule.

Das Adler'sche Haus, Spiegelgasse 1 (C 104)

Vierflügelanlage, von den Umbauten des Jahres 1607 geprägt. An der Spiegelgasse Erker mit Gurtgesimsen. Der Hochgotik um 1330 gehört ein Erdgeschoßraum im Südflügel an, den ein zweijochiges Kreuzrippengewölbe überspannt. Im Hof eine verwitterte Sandsteintafel, deren Wappen (Adler/Schrenckh) und Inschrift Kunde von der Besitzgeschichte des Hauses geben: „Christoph Adler, Burger allhie; Margaretha Schrenckherin sein ehelich Hausfraw. Anno 1607". Das Haus dürfte in diesem Jahr eine bedeutende bauliche Veränderung erfahren haben. Zu Ende des Jahres 1622 war das Haus Mittelpunkt aller Stadtgespräche. Der kursächsische Gesandte beim Regensburger Kurfürstentag, Hans Georg von Poellnitz, wurde darin am 25. Dezember von einem seiner Bediensteten namens Georg Plau ermordet. Die Tat fand grausige Sühne. Nachdem dem Mörder die rechte Hand abgeschlagen wurde, führte man den Verstümmelten auf den Rathausplatz, wo sein Haupt unter dem Schwert des Henkers fiel.

ROTE-HAHNEN-GASSE

Der leicht gewinkelte Straßenzug verbindet die Gesandtenstraße mit dem Haidplatz. Ein Arm des Vitusbaches (s. d.), der die Gasse einstmals durchfloß, dürfte ihren Verlauf weitgehend bestimmt haben. Der südliche Teil der Straße hieß ursprünglich „Scherergasse" (s. Gesandtenstraße). Später trat dann für dieses Teilstück der Name „Rote-Hahnen-Gasse" auf, benannt nach der heute noch bestehenden Gaststätte „Zum Roten Hahn" im Haus Nr. 10 (alt Nr. 14 [B 50]). Bereits 1577 wird Bernhard Leitgeb, Gastwirt „Zum Roten Hahn", genannt. Der Gasthof gehörte im 18. Jahrhundert zu den vornehmsten der Stadt. 1789 inszenierte der Intendant des fürstlichen Hoftheaters, Freiherr von Schacht, im „Roten Hahn" einen glanzvollen Ball anläßlich der Vermählung des Erbprinzen Alexander von Thurn und Taxis mit der Prinzessin Therese von Mecklenburg-Strelitz. Über dem (heutigen) 1. Obergeschoß der Straßenfront zwei spätromanische Doppelarkaden, um 1220/30.

Der nordwestliche Teil unserer Straße, von der Einmündung des Gäßchens Hinter der Grieb bis zum Haidplatz, hieß „Hinter der Flasche zu den drei Hacken". Als „Flasche" bezeichnete man das Haus Haidplatz 2 (B 65), das mit seiner Rückseite bis in die Rote-Hahnen-Gasse reicht. 1419 erwarb es der Bürger Stephan Notangst zur Unterbringung von 12 armen, alten Handwerkern. Aus dieser Stiftung ging das spätere evangelische Bruderhaus (s. d.) hervor. Das Haus wurde in mittelalterlicher Zeit „die Schwaig", später „Flasche" genannt. Den nordöstlichen Eckraum des Erdgeschosses überspannt ein zweijochiges Rippengewölbe aus dem beginnenden 14. Jahrhundert. Schlußsteine: nördlich Rosette, südlich Wappen (Stab mit zwei gegenständigen Halbmonden).

Seit 1885 wird der gesamte Straßenzug, von der Gesandtenstraße bis zum Haidplatz, als „Rote-Hahnen-Gasse" bezeichnet.

Das Haus Rote-Hahnen-Gasse 5 (B 98)

gehört in seinem Kern der Romanik an. Umbauten der Hoch- und Spätgotik bestimmen weitgehend seine historische Architektur. Reicher Bestand an Bauplastik.

An der Front zur Roten-Hahnen-Gasse weisen in Höhe des 1. Obergeschosses drei spätgotische, reich profilierte Rechteckfenster auf den einstigen Hauptraum. Ein stichbogiges Portal, dessen weit ausladende Laibung mit Wulsten und tiefen Kehlen ausgesetzt ist, führt in einen Flur, der sich zum Hof gleichfalls mit einem profilierten Stichbogen öffnet.

Den Erdgeschoßraum der Südostecke überspannt ein zweijochiges Kreuzrippengewölbe der Hochgotik. Von den beiden Schlußsteinen, einer Doppelrosette und einer Blattfiguration, strahlen die Birnstabrippen aus und geben die Last der Wölbung an flache Wandpfeiler weiter. Das südliche Joch fünfstrahlig. In diesem Raum ist wohl die einstige Hauskapelle zu erkennen. Der nach Westen anschließende Raum gleichfalls überwölbt, das Rippenprofil weist in die Spätgotik. Im Schlußstein Schild mit Hausmarke.

Die (erst 1872 an diese Stelle verlegte) Treppe führt im 1. Obergeschoß zu einem Vorplatz, der sich mit einem weit gespannten, profilierten Arkadenbogen zum Hof (bzw. eine später angebaute Altane) öffnet. Am nördlichen Bogenansatz Fabeltier, am südlichen weibliche Büste mit gedrehtem Turban. Über dem Bogen Konsolen, Träger der mittelalterlichen Balkendurchzüge: Büste bzw. Fabeltier.

An der Südseite des 1. Obergeschosses (von der Altane aus zugänglich) Raum mit interessanter, spätgotischer Gewölbeführung. Rippenprofil wie im darunterliegenden (an die Kapelle anschließenden) Raum (s. o.) Mittelschlußstein: umkränzter, gekrönter Engel; Schlußsteine der Gabelungen: Fabelwesen. Die Rippen ruhen auf Kopfkonsolen.

85. Rote-Hahnen-Gasse 5 (B 98).
Maskenkonsole, um 1170/80

Was dem Haus eine so bedeutende Stelle in der Bau- und Kunstgeschichte Regensburgs einräumt, ist der romanische Raum an der Nordwestecke des 1. Obergeschosses. Drei gratige Kreuzjoche, durch Gurtbogen getrennt, überwölben ihn. Von den vier Wulstkapitellen in den Ecken sind drei mit Masken von archaischem Aussehen besetzt. Die Gesichter sind von starker Ausdruckskraft und verraten Individualität. Stilvergleiche mit Bauplastiken aus St. Emmeram gestatten eine Datierung des Raumes in die Zeit um 1180.

Das Haus Rote-Hahnen-Gasse 2 (B 56), ehemals Gasthof „Zum Goldenen Ritter"
Das Haus, in seinem Kern romanisch, erfuhr Veränderungen im Zeitalter der Gotik und der Renaissance. An der Roten-Hahnen-Gasse dreifach gestufte Frontseite. Im Erdgeschoß des Mittelteiles zwei weitgespannte stichbogige Renaissancearkaden über toskanischen Halbsäulen. Darüber liegen die Stirnseiten der spätgotischen Profilkonsolen frei, die vor Einbau der Arkaden den Überschuß, d. h. die vorkragenden Obergeschosse, trugen. Im Giebel spitzbogiges Doppelfenster der Hochgotik.
Nach Durchschreiten der dunklen Einfahrt steht der Besucher überrascht vor den dreigeschossigen Renaissancearkaden an der Westseite des schmalen Innenhofes. Über den Tonnenwölbungen des Erdgeschosses öffnen sie sich im 1. Obergeschoß mit fünf Stichbogen über Rundpfeilern. Die Laube des 2. Obergeschosses, ebenfalls mit Rundpfeilern, jedoch ohne Bogenstellungen. Diagonal versetzte Ziegel bilden die Brüstungen. An den Kreuzungspunkten waagrecht versetzte, linsenschnittförmige Ziegel. Malerisch wirkt die zweigeschossige Aufzugsgaube an der nördlichen Schmalseite des Hofes. Über dem östlichen Arkadenbogen der Straßenfront war ehemals die Jahreszahl 1544 zu lesen. Sie darf als Hinweis auf die Zeit der Renaissanceumbauten des Hauses gewertet werden.

VOR DER GRIEB — HINTER DER GRIEB
Zwei schmale parallel laufende Gassen von stark mittelalterlichem Gepräge. Benannt nach dem mittelalterlichen Patriziergeschlecht derer „in der Grub", später auch „in der Grieb" geschrieben. Schon 1156 wird ein Ulrich de Gruba genannt; 1327 taucht ein Johannes von der Grub in den Urkunden auf. Eine Quelle des Jahres 1339 nennt einen Konrad in der Grub. Die mittelalterlichen Schreibweisen kennen die Formen „Grub", „Grüb" und „Grube". In einem Hausbrief des Jahres 1611 erscheint die Bezeichnung „Grieb".

Das Gravenreuterhaus, Hinter der Grieb 8 und Vor der Grieb 1 (B 83)
Die umfangreiche Anlage besteht aus zwei Anwesen, Hinter der Grieb 8 und Vor der Grieb 1. Ihre Bauglieder gruppieren sich um einen Innenhof. Vorrangiges Interesse beansprucht der südliche, am Gäßchen Hinter der Grieb gelegene Bauteil. Dieser war im Mittelalter wiederum in zwei Häuser geteilt, in ein westliches und ein östliches, was auch aus dem Vorhandensein von zwei Türmen hervorgeht. Sie treten im Straßenbild nicht in Erscheinung und sind nur vom Hof aus überschaubar.
Der westliche Bauteil besitzt eine malerische Straßenfront. Das stichbogige Portal unter dem Erker ist zwar zugesetzt, freigeblieben aber ist das Gewände mit den nahezu vollplastisch gearbeiteten Kämpferfiguren: Hund und Affe. Im 1. Obergeschoß dreiachsiger Erker der Spätgotik über reich profiliertem Fuß; die Rechteckfenster durch Kreuzstäbe unterteilt. Östlich neben dem Erker dreiteilige Fensterarkade, spitzbogig, mit überhöhtem Mittelteil und Giebelverdachung. 1975 wurden drei sog. Ständerbohleneinbauten des frühen 14. Jahrhunderts aufgedeckt, eine Raumauskleidung aus starken Balken. Der zu diesem Bauteil gehörige Hausturm, hochgotisch, nach 1300, erhebt sich sieben Geschosse hoch. In seinem Erdgeschoß die einstige Kapelle St. Dorothea. Zweijochiges Kreuzrippengewölbe; westliches Joch fünfstrahlig. Die Rippen setzen verhältnismäßig tief an. Sie entwachsen den Wandpfeilern ohne Vermittlung und münden in zwei Schlußsteinen: Stern bzw. Blüte im Blattkranz, Eisenringe. Bemerkenswert der östliche Schlußstein. Starke Wulste, die über seine Außenseite emporschwingen, erwecken den Eindruck, als sei er mit Tauen am Gewölbe verankert. Am Scheitel der Mittelrippe sitzt eine kleine Doppelrosette.
Der östliche Bauteil tritt gegen die Gasse Hinter der Grieb ein Stück zurück. Über dem reich profilierten Kämpfergesims des Tores — jetzt zu einem Fenster umgestaltet — stelzt sich der Stichbogen. Beiderseits je eine zweiteilige, im Spitzbogen sich öffnende Fensterarkade. Im 1. Obergeschoß liegt das Quaderwerk des großen Spitzbogens einer einstigen Loggia frei. Zugesetzt, drei kleine Fenster mit Eselsrücken. Die drei Fenstergruppen des 2. Obergeschosses haben geraden Sturz und Spitzbogenüberblendungen.
Als erste Besitzer der mächtigen Patrizierburg darf wohl das Geschlecht derer in der Grub (s. o.) angenommen werden. Mit dem Jahr 1381 tritt Konrad Gravenreuter als Eigentümer auf, in dessen Familie die Hausburg bis 1530 verblieb. In diesem Jahr erwarb sie der Ratsherr Konrad Peuchel.

*86. Hinter der Grieb.
Vorne Gravenreuterhaus, hinten Löblturm*

Der nach rückwärts orientierte Hausturm steigt sechs Geschosse hoch an. In seinem Erdgeschoß liegt ein frühgotischer, von zwei Kreuzjochen überwölbter Raum, wohl die einstige Hauskapelle, deren Patronat in Vergessenheit geriet.

Seit 1975 saniert und innen teilweise umgebaut als „Haus der Begegnung" und Gästehaus der Universität.

Das Haus der Löbl, Hinter der Grieb 2 (B 80)

Urkundliche Nachrichten über den Frühbesitz des Hauses liegen nicht vor, doch weist das Wappenbild eines Schlußsteines der Hauskapelle (s. u.) auf die Familie Löbl, die wohl als Erbauer des Hauses angesehen werden darf. Ein Friedrich Löbl wird in einer Urkunde des Jahres 1284 genannt. Im 15. und 16. Jahrhundert gehörte das Anwesen der Familie Amann. 1428 übergab Peter Amann die Rechte über seine Hauskapelle dem Rat der Stadt. Der Kammerer Kaspar Amann ist als Hausbesitzer für das Jahr 1519 gesichert durch eine Inschrifttafel im Hof, die sich unter einem dort eingemauerten jüdischen Grabstein befindet (s. Judensteine). Unter der Inschrift findet sich das Wappen der Amann, eine stilisierte Rose. Von den späteren Eigentümern sei der Senator und evangelische Prediger Christian Gottlieb Dimpfel genannt, der eine Chronik Regensburgs mit zahlreichen, z. T. vielfarbigen Abbildungen hinterließ. Die wertvollen Bände verwahrt das Stadtarchiv.

Der Hausturm bildet den bestimmenden Akzent im Straßenbild Hinter der Grieb. Mit einer Höhe von sieben Geschossen und dem ursprünglichen Zinnenabschluß erhebt er sich aus der dunklen Enge des Gäßchens. Die Eckverquaderung verleiht den Bruchsteinschichtungen seines Mauerwerks einen festen Halt. An der Südseite zum Gäßchen Hinter der Grieb sitzt im 2. Obergeschoß eine frühgotische Dreierarkade, nach 1250, im Spitzbogen sich öffnend. Gewände profiliert; Trennungssäulchen mit zweireihigen Blattkapitellen. Im Geschoß darüber zwei Rechteckfenster mit Überhöhungen aus genasten Spitzbogenblenden. Mittelpfosten ausgeschlagen.

Im Erdgeschoß des Turmes zweijochiger Raum, von Kreuzrippen und Mittelgurte überwölbt: die einstige Hauskapelle St. Simon und Judas. Die kräftigen Rippen sind gekehlt. Schlußsteine: westlich Rosette, östlich Löwen- oder Menschenkopf im Spitzschild, an den Ecken auslaufend drei Lilien, vermutlich Wappen der Löbl (s. o.).

Im Bereich der zweiten Stadterweiterung um 1320
Die sogenannte Ostenvorstadt

Von-der-Tann-Straße
Lehnerweg
Hütergang am Stärzenbach
Am Stärzenbach
Minoritenweg
Bertoldstraße
Heilig-Geist-Gasse

Ostengasse
Donaumarkt, Donaulände
Klostermeyergasse
Gichtlgasse
Schattenhofergasse
Hunnenplatz
Schwanenplatz

VON-DER-TANN-STRASSE

Wer möchte es der zwar schmalen, aber mit herrschaftlichen, villenartigen Miethäusern um 1890/1900 bebauten Von-der-Tann-Straße noch anmerken, daß sie ehedem nur ein Weg war, ein Weg entlang der inneren Stadtmauer, an dem nur Gärten und einzelne Häuser der Gemüsebauern, der sogenannten Krauterer, lagen. Das Sträßchen hieß deshalb bis 1885 Krauterweg. Merians Vogelschauplan von 1644 (Stadtgrundrisse Nr. 4) bildet den Krauterweg deutlich ab und kennzeichnet ihn durch die zahlreichen, mit Bäumen bestandenen Gärten an seiner Nordseite. Die Krauterer waren in dieser Gegend, der sogenannten Ostenvorstadt, schon früh ansässig, wohl schon vor ihrer Ummauerung um 1320. Sie versorgten die Stadtbevölkerung mit dem nötigen Gemüse, das sie auf dem Grünzeugmarkt, dem Krauterermarkt (s. d.), feilboten. Ausgehend vom Klareanger, führte der Krauterweg in östlicher Richtung längs der Stadtmauer bis zum heutigen Anwesen Von-der-Tann-Straße 38, und dann als „Lehnerweg" (s. d.) zum Ostentor. Die Fortsetzung dieses der Mauer folgenden Verkehrsweges führte schließlich als „Hütergang am Stärzenbach" (s. d.), die Ostengasse überquerend, zur Donau.

Von den Krauterern in der Ostenvorstadt berichtet bereits die Chronik des Leonhard Widmann aus dem Jahre 1534 anläßlich der Festnahme des Mörders Hans Reichart (s. d.). Die Krauterer blieben durch die Jahrhunderte an der späteren Von-der-Tann-Straße und deren nächsten Umgebung ansässig. Gab es 1808 noch 13 Krauterer oder deren Witwen, so waren es 1844 immerhin noch 9.

Neben den Krautgärten war es vor allem die Stadtbefestigung, die dem Krauterweg das Gepräge gab. Treppen führten hier zum Wehrgang auf der inneren Stadtmauer hinauf. Die drohende Türkengefahr ließ im 16. Jahrhundert auch am Krauterweg eine Verstärkung der mittelalterlichen Stadtmauer entstehen. Merians Vogelschauplan läßt sie als ummauerte Erdaufschüttung innerhalb des Zwingers erkennen. Ihre Plattform ist mit Kanonen bestückt, die das Vorfeld bestreichen konnten. Eine Mauer schloß sie vom Krauterweg ab, den sie an dieser Stelle nach Ausweis der alten Stadtpläne stark einengte. „Hafenbrädelbastei" hieß das Gelände nach einem seiner letzten Besitzer. Die Bastei wurde 1892 abgetragen. Auf ihrem Grund entstand 1904 das Wohnhaus Von-der-Tann-Straße 38.

Der Zwinger längs der westlichen Von-der-Tann-Straße (H 25) bis zum Stadtmauerturm XXI, der dort stand, wo heute die D.-Martin-Luther-Straße die Allee durchschneidet, etwa in Höhe des Hauses Nr. 13, gehörte dem Erzbischof von Mecheln, Franz Anton Fürst von Mean. Auf diesem Zwingergelände, auf dem heute die Häuser Von-der-Tann-Straße 2, 4, 6, 8, 10, 12 und 14 stehen, breitete sich ein „Lustgarten" mit Blumenbeeten und Spazierwegen aus, wie ja um 1850 noch fast im gesamten Zwingergelände um die Stadt sich Garten an Garten reihte. Auf den genannten Turm und die angrenzende Stadtmauer konzentrierte sich am 23. April 1809 das Feuer der französischen Breschbatterien. Die Österreicher verließen hier ihre Verteidigungsposten auf dem Wehrgang der Stadtmauer. Den Franzosen gelang es, hier den Graben zu überqueren und in die Stadt zu dringen. Kriegsberichten zufolge entdeckten die Franzosen einen Kanal, der das Regenwasser der späteren Von-der-Tann-Straße (nahe der Einmündung in die D.-Martin-Luther-Straße) in den Stadtgraben leitete. Eine der Kampfgruppen durchkroch den gewölbten Gang, sprengte das Eisengitter, das ihn gegen die Von-der-Tann-Straße zu abschloß und gelangte dadurch kaum bemerkt in die Stadt. Zwei Bleistiftzeichnungen in der Sammlung der Hofbibliothek bestätigen diesen Bericht. Sie zeigen das stadtseitige Absperrgitter sowie die Ausmündung des Kanals in den Stadtgraben.

1817 schenkte Erzbischof von Mean den Zwinger dem katholischen Waisenhaus. Als „Waisenhausgarten" ist er in die Lokalgeschichte Regensburgs eingegangen. Die Reste des zusammengeschossenen Mauerturmes wandelten sich zu einem Gartenhäuschen. In seinem Untergeschoß bemerkte man noch lange Zeit den Namen „Lauriston", dazu die Jahreszahl 1809. Lauriston, der Adjutant Napoleons, soll Name und Jahreszahl eigenhändig mit der Degenspitze in die Wand gegraben haben. Die Hofbibliothek besitzt eine um 1830 angefertigte Kopie des Schriftzuges. Mit der Bebauung der Von-der-Tann-Straße wurde die Turmruine abgetragen, der Graben aufgefüllt und der Waisenhausgarten aufgelöst. Eine Gedenktafel, ursprünglich an besagtem Gartenhäuschen angebracht, nun am Haus D.-Martin-Luther-Straße 13, trägt folgende Inschrift: „Zur Erinnerung an den 23. April 1809, an welchem die vereinigten französisch-bairischen Truppen durch dieses Häuschen Bresche schossen und stürmend in die Stadt drangen. Der Hochwürdigste Erzbischof von Mecheln und Primas von Belgien, Franz Anton Fürst von Mean, überließ hierauf bey seiner Abreise von Regensburg am 15. September 1817 den ganzen Zwinger dem katholischen Waisenhause, welches dies Häuschen reparieren ließ. 1820."

Seit 1885 führt der Krauterweg den Namen Von-der-Tann-Straße, so benannt nach Ludwig Freiherr von und zu der Tann, dem Befehlshaber des 1. bayerischen Armeekorps im Krieg 1870/71. Er war Inhaber des 11. Kgl. Bayer. Infanterieregiments in Regensburg, das unter seinem Namen bis zum Ende des 1. Weltkrieges bestand.

Die Bebauung der Straße erfolgte an der Südseite auf dem Gelände des Zwingers. Der vorgelagerte Stadtgraben wandelte sich zu Vorgärten, von denen manche noch die Senke des einstigen Grabens erkennen lassen. Daß es bei einem so neuen Bebauungsfeld, wie der Von-der-Tann-Straße, keine Relikte aus alter Zeit mehr gibt, scheint nicht verwunderlich. Trotzdem entdeckt der aufmerksame Beobachter am Ostgiebel des

Hauses Von-der-Tann-Straße 14

ein frühgotisches Architekturstück, das beim Bau des Hauses Wiederverwendung fand. Es handelt sich um ein Fenster in Form einer Doppelarkade. Das Trennungssäulchen endet in einem Kelchblattkapitell mit emporschwingenden Zungenblättern. Den Stilmerkmalen zufolge gehörte es der Zeit um 1240 an. Über dem Doppelfenster ist eine einfache Spitzbogenöffnung eingemauert.

Die ehemalige Wachsbleiche der Familie Kränner, Von-der-Tann-Straße 27 (H 60)

Mit der Von-der-Tann-Straße verbindet sich die Erinnerung an die Wachszieherfamilie Kränner, die auf dem Gelände der Von-der-Tann-Schule Wohnhaus, Fabrikgebäude und Wachsbleiche besaß. Wachskerzen waren neben Talg- und Öllichten Jahrhunderte hindurch die einzigen Lichtquellen zur Beleuchtung der Räume. Die Petroleumlampe wurde erst 1855 erfunden Das Wachs der honigleeren Waben wurde durch Umschmelzen mit Wasser, Weinstein oder Schwefelsäure gereinigt, in dünne Bänder gegossen und auf dem Rasen gebleicht; dahe der Name „Wachsbleiche". Der Familie Kränner gebührt ein Platz in der Lokalgeschichte Regensburgs wegen ihrer reichen Kunst- und Gemäldesammlung. Der 1818 verstorbene Wachszieher und städtische Gerichtsassessor Johann Paul Kränner legte den Grund zu dieser Sammlung, die schon eine Stadtbeschreibung des Jahres 1797 erwähnt. Sein Sohn Nikolaus Gottfried, gleichfalls eifriger Kunstsammler und dazu ein tüchtiger Geschäftsmann, nützte das billige Überangebot an Kunstschätzen zur Zeit der Säkularisation und vermehrte die Sammlung, die für Regensburg um so bedeutender war, als sie vornehmlich Werke süddeutscher und Regensburger Meister, unter ihnen Albrecht Altdorfer, Michael Ostendorfer, Hans Burgmayr und andere vereinigte. Beim Sturm Napoleons 1809 brannte Kränners Wachsbleiche nieder. Dabei fiel auch ein Teil der Gemälde den Flammen zum Opfer. Dennoch blieb ein bedeutender Rest erhalten. Die Wachsbleiche wurde im gleichen Jahr wieder aufgebaut, wie die im Museum erhaltene Firmentafel ausweist. Ihr Reliefbild zeigt einen Bienenkorb, auf dem ein Kranich steht, das Wappentier der Kränner. Erbe der Firma und der immer noch großartigen Kunstsammlung wurde ein Verwandter von Kränners Frau, der 1821 an Kindes Statt angenommene Johann Nikolaus Müller aus Sulzbach. Als er 1835 das Geschäft übernahm, schrieb er sich Müller-Kränner. Leider besaß er nicht den Kunstsinn seines Adoptivvaters. Schon zu seinen Lebzeiten wurden Holzschnitte und Kupferstiche in München veräußert. Mit seinem Tod 1868 erlosch die Firma. Die Gemäldesammlung konnte unserer Stadt leider nicht erhalten werden. Sie wurde durch den Regensburger Antiquar Augustin versteigert und so in alle Winde zerstreut. Nur wenige Stücke, darunter der aus der Altdorfer-Werkstatt stammende Flügelaltar der Minoritenkirche, gelangten über den Historischen Verein an das Museum.

LEHNERWEG

Die Fortsetzung der Von-der-Tann-Straße bis zum Ostentor hieß Lehnerweg. Den gibt es auch heute noch, doch machte ihn der Neubau des Albrecht-Altdorfer-Gymnasiums 1894 zur Sackgasse. Seinen Namen schöpfte er von einer gleichnamigen Familie. „Lehnerweg" nennt ihn der Stadtplan von 1808, wenngleich ein Hausbesitzer dieses Namens sich zu dieser Zeit in der Ostenvorstadt nicht nachweisen läßt. Die westliche Grenzmauer der Von-der-Tann-Schule trägt eine Steintafel mit der Inschrift: „Lehnerisches Eigenthümliches Gemäuer". Sie bezeichnet das Gartengrundstück, das 1844 dem Krauterer Johann Michael Lehner gehörte (Minoritenweg 22 (H 58)). Ob hier Beziehungen zu der namengebenden Familie Lehner bestehen, und inwieweit die Inschrift als Dokumentation des Straßennamens „Lehnerweg" angesehen werden kann, bedürfte eingehender Nachforschungen.

Die Weiterführung des Lehnerwegs jenseits der Ostengasse zur Donau hieß

HÜTERGANG AM STÄRZENBACH

Hier stand unmittelbar an der Stadtmauer das städtische Hüterhaus (H 192), das der Stadthirte bewohnte. Der schmale Gangsteig führte auf das mächtige Bollwerk der Ostentorbastei an der Donau, auf deren Gelände sich nun die Königliche Villa (s. d.) erhebt. Von hier aus genoß man einen umfassenden Blick auf die Stadt und gegen Osten eine herrliche Fernsicht in die Donauebene hinaus bis weit in die Vorberge des Bayerischen Waldes. Als sich an der Wende des 18. Jahrhunderts die Festungsanlagen in Alleen wandelten, besaß dieses, zu einem Garten umgestaltete Basteigelände der Kommandant der Fürstprimatischen Truppen in Regensburg, General Freiherr Franz von Zweyer, der hier im Stil des frühen Biedermeier ein Salettchen, einen Aussichtstempel, errichten ließ. Eine Radierung von Erhard aus dem Jahre 1817 gibt das Basteigelände wieder und läßt auch das Tempelchen unter den Kronen der alten Bäume erkennen. Die Donau trieb hier eine zweigängige Mühle.

Der Biedermeier liebte die Romantik, die Stille, den Schatten. Für ihn bot sich das Basteigelände mit seiner herrlichen Aussicht zu einer Gartenwirtschaft an. Breuninger hieß der Wirt, der hier seine Gaststätte „Bellevue" — zur schönen Aussicht — betrieb (H 190a/b). Auch König

87. Ostenbastei, im Hintergrund das Ostentor. Radierung von Erhard, 1817. Hofbibliothek

Maximilian II. von Bayern fand den Fernblick von diesem Gelände aus so entzückend, daß er den Wunsch aussprach, während seiner Aufenthalte in Regensburg hier wohnen zu können. Diesem Wunsch gemäß entstand 1854/56 auf der Höhe der alten Ostenbastei die Königliche Villa (s. d.). Den „Hütergang am Stärzenbach" gibt es nicht mehr. Seinem einstigen Verlauf entspricht der Weg, der vom westlichen Eingangstor aus der Ostengasse in den Villapark führt.

Die ehemalige königliche Residenz, genannt „Königliche Villa", Adolf-Schmetzer-Straße 1 (H 190)

König Maximilian II. weilte im Sommer 1852 längere Zeit in Regensburg, um durch die als heilsam gepriesenen Donaubäder seine Gesundheit zu fördern. Dieser Aufenthalt gab den entscheidenden Anstoß zum Bau einer königlichen Residenz in Regensburg, machte sich doch schon lange der Mangel eines Gebäudes bemerkbar, das räumlich wie ausstattungsmäßig geeignet gewesen wäre, den bayerischen Königen als Aufenthalt in ihrer oberpfälzischen Hauptstadt zu dienen. Nicht auf allerhöchsten Befehl sollte ein solches Bauwerk errichtet werden; die Stadt sollte mitwirkend in Erscheinung treten und dem Wunsche des Monarchen entsprechend ihm den Bau eines Schlosses in Regensburg anbieten. Freilich wäre die Stadt aus eigenen Mitteln dazu nicht in der Lage gewesen. Deshalb überließ ihr das königliche Bauamt in München drei säkularisierte Kanonikalhöfe sowie das Schlößchen Barbing. Durch den Verkauf dieser Objekte konnte die Stadt die für den Villabau entstehenden Kosten abdecken. Als Standort wählte Maximilian das Gelände der ehemaligen Ostenbastei (vgl. „Bellevue").

Mit Planung und Gestaltung beauftragte Maximilian II. den Architekten und Bildhauer Ludwig Foltz (1809—1867), einen Künstler mit großem Einfühlungsvermögen, ganz erfüllt vom Wesen zeitgenössischer Architektur, der Wiederentdeckung und Nachempfindung gotischer Bauformen. Seine erste Schulung an gotischem Formengut erhielt er in der Bauhütte des Münsters zu Straßburg. Nach einem Akademiestudium in München und einer Bildhauerlehre bei Schwanthaler 1832 lebte Foltz vorübergehend in Regensburg, wo er an der hiesigen Gewerbeschule als Lehrer wirkte. 1852 erfolgte seine Berufung an die Polytechnische Schule nach München.

„Es wird unverweilt mit dem Bau der K. Villa auf der alten Ostenbastei begonnen werden. Herr Professor Foltz aus München ist deswegen bereits gestern hier angekommen..." schreibt das Regensburger Tagblatt vom 30. Mai 1854. Die Bauausführung lag in Händen des Regensburger Maurermeisters und Bauunternehmers Wilhelm Madler. Die Arbeiten schritten rasch voran. Am 10. August 1855 konnte das Richtfest gefeiert werden. Nach etwas mehr als zweijähriger Bauzeit, im Sep-

88. Königliche Villa. Aquarell von Ludwig Foltz, 1853. Maillinger-Sammlung, München

tember 1856, konnte das vollendete Gebäude von einer königlichen Kommission abgenommen werden. Die Gesamtkosten überschritten die vereinbarte Summe von 71 285 Gulden nur geringfügig.

Foltz schuf ein kastellähnliches Schloß in gotisierenden Formen im Sinn des sog. Maximilianstils, so benannt nach den unter der Regierung Maximilians II. in München erstellten Bauten der Maximilianstraße. Die Königliche Villa kann als Fortführung dieses Baugedankens verstanden werden. Vom Donauufer aus bietet sie auf ihrem erhöhten Standort ein imposantes und malerisches Bild: charakteristisch die zinnenbekrönten Ecktürme, die Giebel, Terrassen und Galerien.

Die Bastei und ihr Vorgelände wandelten sich zu einem wohlgepflegten Garten, heute „Villapark" genannt. Man muß das Schlößchen nicht für sich alleine betrachten. Erst in der Zusammenschau mit dem Park und den Resten der Befestigung liegt der große Reiz der Anlage.

Neben dem Ausbau der Domtürme ist die Königliche Villa das einzige Bauwerk von Bedeutung, das die Neugotik — hier der sogenannte Maximilianstil — in Regensburg hervorgebracht hat. Erst vier Jahre nach ihrer Fertigstellung bewohnte sie König Maximilian II. für fünf Tage. Von dem Bau und seiner Innenausstattung zeigte er sich hoch befriedigt. 1860 weilte er ein zweitesmal in seiner Regensburger Residenz. Sein Sohn Ludwig II. hat sie nie betreten. Während des Krieges von 1866 beherbergte sie die Königin von Sachsen. In den Jahren 1887, 1890, 1898 und 1900 erlebte das Schlößchen noch einmal glänzende Tage durch die Anwesenheit des Prinzregenten Luitpold, der sich oft lobend über die schöne Aussicht äußerte, die man von den Terrassen aus genießt. 1914 beherbergte die Villa zum letztenmal einen bayerischen König: Ludwig III. Wegen der unpraktischen und engen Räume soll er sie scherzhalber das „Vogelhaus" genannt haben. Nach dem ersten Weltkrieg gelangte das Bauwerk in den Besitz des bayerischen Staates. Vierundzwanzig Möbelwagen beförderten das kostbare Mobiliar nach München.

AM STÄRZENBACH

Der Name „Am Stärzenbach" beschränkt sich heute auf das kurze Straßenstück zwischen dem Minoritenweg und der Ostengasse. Vor hundert Jahren noch verstand man unter „Stärzenbach" auch den östlichen Teil des Minoritenweges. Vor Erbauung der Königlichen Villa 1853 setzte sich unsere Straße als „Hütergang am Stärzenbach" (s. d.) über die Ostengasse zur Donau hin fort.

Der eigenartige Name „Stärzenbach", der 1321 erstmals genannt wird, erfuhr durch Schwäbl erstmals eine richtige Deutung. Daß es sich bei „Bach" nur um den Ostarm des Vitusbaches (s. d.) handeln kann, der hier in die Donau mündete, bedarf keiner Begründung. Das Vorwort „Stärzen" leitet sich ab von „Stürze", altbairisch „Stürz'n", das Deckel, hier Deckstein, Abdeckplatte bedeutet. Beim Stärzenbach muß es sich also um eine Abdeckung des Vitusbaches handeln. Diese Tatsache empfand man im Gegensatz zu dem offen fließenden Hauptlauf des Baches als so bedeutsam, daß man sie in einer Ortsbezeichnung festhielt.

Merians Vogelschauplan (Stadtgrundrisse Nr. 4) von 1644 läßt den Verlauf des Vitusbaches und seiner Verzweigungen deutlich erkennen. Der Ostarm nahm folgenden Verlauf: Abzweigung in der Oberen Bachgasse — Obermünsterstraße — Grasgasse — Klarenanger. Nun verschwindet der Bach und tritt erst beim Kirschgäßchen offen zutage. Durch die Straße am Stärzenbach und über die Ostengasse fließt er dann der Donau zu. Der auf dem Plan nicht sichtbare, also überdeckte Bachlauf entspricht der heutigen Von-der-Tann-Straße (s. d.). Hier unmittelbar hinter der Stadtmauer und mit ihr gleichlaufend, hätte der offen fließende Bach die Verteidigung beeinträchtigt und behindert. Deshalb deckte man ihn mit Steinplatten, mit „Stürzen", ab. Ursprünglich kam also nur dieser überdeckten Strecke der Name „Stärzenbach" zu. Erst später, als man den Begriff „Stürze" nicht mehr verstand, wurde der Name „Stärzenbach" auf den unteren, nicht überdeckten Teil des Baches ausgedehnt, während der bedeckte Lauf den Namen „Krauterweg" (s. d.) — heute Von-der-Tann-Straße — erhielt.

Der medizinische Garten des Dr. Oberndorfer

Die Gegend im äußersten Osten des alten Stadtgebietes gestattete durch ihre lichte Bebauung die Anlage von Gärten. Auch der berühmte Arzt und Gelehrte Dr. Johann Oberndorfer besaß hier ein großes Grundstück samt Wohnhaus, den Auhof. Auf diesem Gelände — heute stehen dort die Von-der-Tann-Schule und die Häuser östlich und westlich davon — legte er unter großen Mühen und Opfern einen medizinisch-botanischen Garten an, den ersten seiner Art in Regensburg, über den er in einem 1621 von ihm verfaßten Werk berichtet. Ein Denkstein aus der ehemaligen Gartenmauer, den das Museum verwahrt, gibt noch Kunde von dieser Sehenswürdigkeit des alten Regensburg.

Oberndorfer, nach dem eine Straße in Kumpfmühl benannt ist, kam 1557 als Knabe nach Regensburg, wo sein Vater eine Pastorenstelle an der Neupfarrkirche erhielt. Nach ausgedehnten

Studien ließ er sich 1584 als Arzt in Regensburg nieder und heiratete die Tochter Katharina des Ratsherrn Christoph Portner.

Neben dem großen Grundstück am Stärzenbach besaß er noch, wohl als Erbe seines Vaters, die Häuser Obere Bachgasse 14 (C 112) und Krauterermarkt 2 (F 15). Bereits nach drei Ehejahren verlor er seine Frau. Oberndorfer wandte sich nun nach Graz, wo er eine zweite Ehe mit Frau Fides Pühelmeier schloß. Als Inspektor der Grazer evangelischen Stiftsschule traf er mit Kepler zusammen, der dort Mathematik und Astronomie lehrte. Seit dieser Zeit verband die beiden eine enge Freundschaft. Die Protestantenvertreibung aus der Steiermark führte Oberndorfer wieder nach Regensburg zurück. Als Kepler 1621 in Regensburg eine Tochter Kordula geboren wurde, erbat er Frau Fides Oberndorfer als Taufpatin. Im Haus der späteren Witwe Oberndorfers am Krauterermarkt (s. d.) hinterstellte Kepler vor seiner Übersiedlung nach Sagan einen Teil seines Hausrates: „Also bey der Frauen Fides H. D. Oberndorffers selig wittib, meiner Frawen Gevatterin ...", heißt es in dem von Kepler eigenhändig geschriebenen Fahrnisverzeichnis, einem der wertvollsten Ausstellungsstücke des Kepler-Gedächtnishauses in Regensburg.

Der ehemalige Pfründ- und Pestinhof am Stärzenbach (H 63)

Dem Bau des Albrecht-Altdorfer-Gymnasiums in den Jahren 1893/94 mußte ein Haus weichen, dessen Mauern Jahrhunderte hindurch geistige und materielle, seelische und leibliche Not den Augen der Umwelt entzogen: der Pfründ- und Pestinhof. Nachdem das Lazarusspital (s. d.) an der Prüfeninger Straße während des Dreißigjährigen Krieges der Zerstörung anheimgefallen war, entschloß sich der Rat, hier im Osten der Stadt ein neues Haus zu bauen, das der Unterbringung der Ortsarmen dienen sollte, in dem aber auch in Pestzeiten kranke Personen Aufnahme und Pflege finden sollten. Mag es unseren sozialen Vorstellungen schon sehr widersprechen, Bedürftige und Seuchenkranke unter einem Dach zu beherbergen, so bedarf es keiner allzu regen Phantasie, um sich vorzustellen, welche Verhältnisse in dem Hause herrschten, als man „im unteren Laden", im Erdgeschoß, auch noch ein Arbeitshaus für Frauen und Männer einrichtete. „Anno 1688 hat man darinnen auch ein Zuchthaus zur Coercirung ungeratener Mann- und Weibspersonen angerichtet", meldet ein zeitgenössischer Chronist. Der Pestinbader, der im Pfründhof wohnte, führte die Aufsicht über die Sträflinge. Schließlich fand das Gebäude auch noch als Irrenanstalt Verwendung. Der Pfründhof zwischen Minoritenweg und Stärzenbach blieb Armenhaus bis zur Eröffnung des sogenannten „Saueren Gockels" (s. d.) in Kumpfmühl im Jahre 1892.

MINORITENWEG

Aus den Wohnvierteln des Stadtostens führt der Minoritenweg direkt ins Herz der Altstadt. Mit seiner östlichen Fortsetzung, der Reichsstraße, entwickelte er sich zu einer nicht unbedeutenden Verkehrsader von Ost nach West. Vor Jahrhunderten mag er, hier in der weniger dicht besiedelten Ostenvorstandt, wirklich nur ein „Weg" gewesen sein. Ein Blick auf die Stadtpläne des vergangenen Jahrhunderts zeigt, daß er beim heutigen Albrecht-Altdorfer-Gymnasium bereits endete und in einem Bogen in die Straße Am Stärzenbach (s. d.) mündete. Eine weitere Fortsetzung nach Osten, so wie es heute der Fall ist, wäre auch gar nicht möglich gewesen, da auch hier Mauer, Graben und Alleegürtel die Stadt noch fest umschlossen. Der Durchbruch des Minoritenweges durch die Allee beim Gymnasium und damit der Anschluß an die Reichsstraße erfolgte erst um 1880.

Den Namen schöpfte der Minoritenweg vom einstigen

Minoritenkloster,

dessen Kirche und Gebäude nun das Museum der Stadt beherbergen. Bereits 1218 und 1221 hatten Minoriten vorübergehend in Regensburg gewirkt. Aber erst 1226, als ihnen Bischof Konrad IV. (1204—1226) die romanische Salvatorkirche und ein dazugehöriges Haus überließ, konnten die Minoriten, auch Barfüßer oder Minderbrüder genannt, festen Fuß fassen. Ihr Predigteifer und der Bettelcharakter ihres Ordens machten sie besonders bei den niederen Volksschichten beliebt. Der jungen Ordensgemeinde flossen bald so reiche Almosen zu, daß sie nach 1250 mit dem Bau einer großen Predigtkirche, zunächst mit dem frühgotischen Langhaus, beginnen konnte. In der ersten Hälfte des 14. Jahrhunderts entstand dann der hochgotische Chor, über dessen Westgiebel sich ein zierlicher Dachreiter erhebt. Die Regel der Bettelorden gestattete, dem Gelübde der Armut entsprechend, keinen Turm. Etwa gleichzeitig mit dem Kirchenbau begannen die Minoriten mit der Erstellung ihrer Klostergebäude.

Das Regensburger Minoritenkloster bewahrte seinen kulturellen Hochstand bis zum Beginn der geschichtlichen Neuzeit. Dann aber folgte eine Epoche des religiösen und wirtschaftlichen Niedergangs. 1542 nahmen Rat und Bürger offiziell die Lehre Luthers an. Ein Teil der Mönche verließ damals das Kloster. Die Zurückgebliebenen übergaben die Klostergebäude gegen Gewährung einer Lebensrente an die Stadt, die dort die erste evangelische Druckerei des Hans Kohl unterbrachte. Kaiser Karl V. aber verlangte die Rückgabe des Klosters an den Orden. Die Stadt mußte sich dem kaiserlichen Druck beugen. 1552 kehrten wieder Minoriten nach Regensburg zurück, wo sie bis zur Säkularisation, 1803, wirkten. 1810 wandelte sich das Kloster zur Kaserne. Die Kirche wurde zur Maut- und Exerzierhalle, die wertvollen Glasgemälde aus ihrem Chor wanderten nach München, wo sie noch jetzt im Nationalmuseum gezeigt werden. 1931 erwarb die Stadt Kirche und Klostergebäude und richtete darin das Museum ein.

Das städtische Altersheim „Rosengarten", Minoritenweg 20 (H 57 a)

Der Bankier und Großkaufmann Hieronymus Löschenkohl (s. d.), durch Handel und Geldtransaktionen zu beachtlichem Vermögen gelangt, beauftragte den Linzer Baumeister Johann Michael Prunner (s. d.) mit der Errichtung eines repräsentativen Stadtpalais auf dem Neupfarrplatz, heute Dresdner Bank (s. d.), das 1733 vollendet war.

Dieser Prachtbau mochte den geschäftlichen Belangen Löschenkohls genügen; für seinen privaten, geselligen Bereich ließ er am Minoritenweg, einem damals nur dünn bebauten Gelände, ein vornehmes Gartenschlößchen errichten, das er „Rosengarten" nannte. Der reiche Bankier suchte es damit den Fürsten seiner Zeit gleichzutun, die neben ihren großen Residenzbauten intime Gartenkasinos schufen. Der „Rosengarten" Löschenkohls bildet gleichsam eine bürgerliche Parallele zur Amalienburg des Kurfürsten Karl Albrecht im Park von Nymphenburg. Die Regensburger nannten den Rosengarten das „Lusthaus am Zwinger" wegen der in unmittelbarer Nähe befindlichen Stadtbefestigung.

Mit dem Bau des „Rosengartens" wurde nach 1730 begonnen. Urkundliche Nachrichten über den Baumeister liegen zwar nicht vor, doch besteht kaum ein Zweifel, daß Löschenkohl mit der Planung gleichfalls den Architekten seines Stadthauses am Neupfarrplatz, J. M. Prunner, beauftragte. Die stilistischen Merkmale weisen eindeutig auf eine Urheberschaft. In seinem Gartenschlößchen und dem anschließenden Park veranstaltete Löschenkohl rauschende Feste, und es scheint, als strahle die heiter beschwingte Fassade noch heute einen Schimmer jener vergangenen Herrlichkeit aus. Den Festen diente ein Saal, der mit drei Seiten seines Achtecks pavillonartig an der Gartenfront ausspringt. Von den Wänden blickten einst stuckierte Putten auf festlich gekleidete Rokokopaare, die sich galant zu den Melodien eines Menuetts im Tanzschritt bewegten.

Die Außenfronten, von geschliffener Durchbildung, werden von bewegten Fenster- und Portalarchitekturen gegliedert. Halbsäulen mit korinthischen Kapitellen, bekrönt von steinernen Vasen, flankieren die Portale. Einzelne Werkstücke tragen Steinmetzeichen. Die Türen im Obergeschoß, aus edlem Nußbaumholz furniert, bilden eine Zierde des Hauses.

Die Chronik Gumpelzhaimers erwähnt als besondere Sehenswürdigkeit eine Aloe americana im Garten des Schlößchens, die im Mai 1735 nahezu 8000 Blüten hervorbrachte.

Nach dem geschäftlichen Bankrott Löschenkohls wurde das Gartenhaus am Minoritenweg verkauft. Der neue Besitzer gestaltete es zu einem eleganten Cafélokal um. Der „Rosenwirtsgarten" — so hieß die neue Gaststätte — bildete einen beliebten Treffpunkt der Regensburger Gesellschaft. Im Jahre 1860 erwarb die Stadt das Gebäude und richtete darin ein Altersheim ein.

BERTOLDSTRASSE

In der ersten Hälfte des 13. Jahrhunderts gehörten dem Regensburger Minoritenorden mehrere überragende Persönlichkeiten an. Allen voran zu nennen ist Bruder Bertold — nach ihm ist die Bertoldstraße (ehemals Minoritengasse) benannt — der berühmteste deutsche Volksprediger des Mittelalters. Die Gewalt seines Wortes schlug die Zuhörer aller Volksschichten in seinen Bann. Weil Kirchen die Massen der Zuhörer nicht zu fassen vermochten, predigte Bertold meist im Freien, von einem Felsvorsprung oder von einer Baumkanzel herab. In Bruder Bertold vereinigten sich geniale rhetorische Begabung, blühende Vorstellungskraft und eine tiefe Kenntnis der Volksseele, Gaben, die es ihm ermöglichten, in seinen Predigten Bilder von erschütternder Dramatik ebenso zu zeichnen wie übersinnliche Vorstellungen, geweckt mit Worten von zarter Innigkeit und Poesie. Um 1250 waren Regensburg und die Umgebung der Stadt das Arbeitsfeld seiner Missionstätigkeit. Später predigte er im Niederbaierischen und durchwanderte schließlich ganz

Europa. Überall rüttelte er die Gemüter auf; jeder einzelne fühlte sich angesprochen und getroffen. Man braucht nur eine seiner Predigten nachzulesen, um etwas zu spüren von der packenden Lebendigkeit seiner Sprache. Nach ausgedehnten Missionsreisen kehrte Bertold wieder nach Regensburg zurück. Er starb 1272 und fand in der Minoritenkirche, in der einst seine Stimme erscholl, seine letzte Ruhestätte. Bertold wurde wie ein Heiliger verehrt und sein Grab war lange Zeit das Ziel der Wallfahrer. Die Miniatur einer Wiener Handschrift des Jahres 1447 zeigt den Prediger, zu seinen Füßen die Zuhörer. Anläßlich der Neuherausgabe seiner Predigten 1862 erinnerte man sich in Regensburg wieder des großen Minoriten und forschte nach seinem inzwischen verschollenen Grabstein, der mit anderen aus der säkularisierten Kirche an Private verkauft wurde. C. W. Neumann entdeckte Bertolds Grabplatte mit der Konturenzeichnung des Mönchs als Pflasterstein im Flur des Pförringerhauses (s. d.) am Weißgerbergraben. Jetzt nimmt die wertvolle Grabplatte einen Ehrenplatz im Chor der einstigen Minoritenkirche ein.

Das ehemalige reichsstädtische Getreidemagazin, der „Leere Beutel", Bertoldstraße 9 (H 110)

„Der Salzstadel, Fleisch-, Korn-, Obst- und Holzmarkt stehen hier, mit Korn-, Fleisch- und Ballenhaus in sonderbarer Zier. Den Leeren Beutel auch, als Getreidekasten ansehlig sind gebaut: Und wo man nicht darf fasten". Mit diesen Worten gedenkt Jakob Sturm auch des sogenannten „Leeren Beutels" in seiner „Historisch-Poetisch-Zeit-verfassenden Beschreibung der Stadt Regensburg" aus dem Jahre 1660.

An der Bertoldstraße, gegenüber der Minoritenkirche, steht der düstere, hochgiebelige Bau, seit Jahrhunderten der „Leere Beutel" genannt. Erwähnt wird das Gebäude erstmals 1381. In diesem Jahr verkaufte der Stadtkämmerer Leupold Gumprecht „das Eckhaus der Lärnpeutel genannt" an Frau Christa Tollinger. 1596 (oder 1597) erwarb die Stadt das Anwesen wieder zurück und kaufte noch ein angrenzendes Bräuhaus dazu. Beide Gebäude ließ der Rat abbrechen und an ihrer Stelle ein städtisches Getreidemagazin, den heute noch stehenden „Leeren Beutel" errichten. Der Bau erfolgte in zwei Abschnitten: 1597/98 und 1606/07. Die Kosten betrugen 4637 Gulden. Eine geätzte Kalksteintafel von 1601, deren Inschrift sich auf den ersten Bauabschnitt bezieht, nennt neben den Namen der damaligen Mitglieder des Inneren Rates, des Bauamts und den Getreidepreisen auch die am Bau beteiligt gewesenen Werkmeister: den Zimmermann Georg Lipp, den Steinmetz Michael Dietlmaier (s. d.) und den Maurer Kaspar Fürholzer. Leicht farbig getönte Wappen, Fruchtgehänge und Ornamente rahmen die klare, ausgewogene Schrift. Die Tafel ist das schönste Werk des bedeutenden Meisters der Steinätzkunst Andreas Pleninger. Sechs weitere kunstvoll geätzte Platten des 17. und 18. Jahrhunderts, die sich früher im Innern des Lagerhauses befanden, geben Kunde von teueren, getreidearmen Zeiten. Sie nennen die jeweiligen Ratsmitglieder und die Kornpreise. Die Tafeln gehören zum Bestand der reichen Sammlung von Ätzplatten im Regensburger Museum.

Im Gesamteindruck des Baues wirkt die Gotik noch stark nach. In drei Geschossen übereinander stehen die kleinen, vergitterten Rechteckfenster mit Fassungen aus Grünsandstein. Schleppgauben, in vier Geschossen angeordnet, durchbrechen die mächtigen Dachflächen. Trotz der großen Sparsamkeit ließ der Rat den einfachen Zweckbau mit figürlichem Schmuck versehen. An drei Ecken sind unter den Giebelansätzen dekorative Konsolen mit Engelsfiguren angebracht, die das Stadtwappen halten. Schöpfer dieser Skulpturen ist Michael Dietlmaier (s. d.). Sein Steinmetzzeichen findet sich im Kopfstein über dem Tor an der Bertoldstraße.

Die Reichsstadt hatte guten Grund, sich mit dem lebensnotwendigen Getreide zu bevorraten, lag sie doch inmitten bairischen Hoheitsgebietes. Immer wieder berichten die Chronisten von Getreidesperren, die Baierns Herzöge und Kurfürsten gegen die Stadt verhängten. „Von Baiern wurde schon seit geraumer Zeit die Stadt mit einer Sperre des Getreides und Fleisches und anderer Viktualien geängstigt und dadurch eine große Teuerung hervorgebracht", schreibt Gumpelzhaimer zum Jahr 1692. Sieben Jahre später mußte sich der Rat wegen einer neuerlichen bairischen Getreidesperre an Österreich, Böhmen und die Pfalz wenden, um mit viel Unkosten Getreide aus diesen Gebieten nach Regensburg zu bringen. 1771 mußten Reichsversammlung und Rat sogar beim Kaiser klagen, um eine Aufhebung der bairischen Getreidesperre zu erwirken.

Wie lange man Getreide einst lagerte, geht aus zeitgenössischen Berichten hervor, nach denen der Rat 1633 Getreide ausgeben ließ, das bereits vor 200 Jahren aufgeschüttet wurde. Das Brot daraus soll sehr schmackhaft gewesen sein.

Das Gebäude wird gegenwärtig für eine Filialgalerie der Bayerischen Staatsgemäldesammlungen baulich umgestaltet.

Das Haus Bertoldstraße 11 (H 102), genannt „Steinsberg"

An den „Leeren Beutel" schließt nach Osten hin ein hochgotisches Langhaus an, das den Namen „Steinsberg" führte. Diese Bezeichnung kommt bereits 1260 vor, vielleicht im Zusammenhang mit einem der ältesten Steinbauten in dieser Gegend. Gekoppelte Spitzbogenblenden mit Nasen überhöhen die Rechteckfenster des 1. Obergeschosses. Sie gestatten eine Datierung in das beginnende 14. Jahrhundert. Bemerkenswert die Profilierung der Verquaderung der Südostecke als Auflösung der Abschrägung.

HEILIG-GEIST-GASSE

Die Fortsetzung der Bertoldstraße zum Prinzenweg trägt den seltenen Namen „Heilig-Geist-Gasse". Nur wenige Menschen führt der Weg durch diese stille, vom Verkehr der Großstadt kaum berührte Straße. Wie kam sie zu diesem Namen? Sicher von einer dem Heiligen Geist geweihten Kapelle, über deren Lage und Geschichte keine Quelle mehr Kunde gibt. Die Benennung ist sehr alt. Um 1368 heißt es „in dez hl. Geist Strazz". Später, im 18. Jahrhundert, sagte man einfach „im Geistgäßl". Mit dem Namen steht eine Reliefdarstellung in Beziehung, die sich am Eckhaus Fahrbeckgasse 1 (H 31) befindet. Über der Heiligen Familie schwebt auf Wolken Gottvater mit dem Heiligen Geist in Gestalt der Taube.

Das ehemalige Bischof-Wittmann-Heim, Heilig-Geist-Gasse 7 (H 91),
jetzt Kinderzentrum St. Vincent, Florian-Seidl-Straße 4

Mehr als hundert Jahre lang wirkte in der Heilig-Geist-Gasse eine Sozialeinrichtung der Kirche: das Bischof-Wittmann-Heim. Apollonia Diepenbrock (s. d.), die Schwester des nachmaligen Fürstbischofs von Breslau, eine große Wohltäterin der Regensburger Kranken und Armen, gab die erste Anregung zur Gründung einer Anstalt für verwaiste Knaben. Zu Ehren des im Rufe der Heiligkeit 1833 verstorbenen Bischofs Michael Wittmann, dessen besondere Fürsorge stets den Kindern galt, sollte die Gründung den Namen „Bischof-Wittmann-Anstalt" bekommen.

Ein Schüler Wittmanns, der Dompropst Michael Reger, trieb die Bemühungen weiter voran. 1860 gründete er mit sechs Männern einen Ausschuß, der Planung und geistige Vorarbeiten zum Abschluß brachte. Die praktische Durchführung erforderte zunächst eine geeignete Heimstätte, die sich im Hause Heilig-Geist-Gasse 7 (H 91) unmittelbar anbot. Um 1730 hatte es der Weihbischof L. v. Simmern für das Domkapitelsche Waisenhaus erbauen lassen. Durch Umzug des Waisenhauses in die Ostengasse gelangte das Haus an Private und stand nun zum Verkauf. Durch ein Darlehen konnte es für die Bischof-Wittmann-Anstalt erworben werden. Doch zeigten sich alsbald Schwierigkeiten, nicht nur finanzieller Art. Es mangelte auch an geeignetem Pflegepersonal und fast schien es, als ließe sich der Plan einer Anstaltsgründung nicht verwirklichen.

89. *Gräfin Antonia von Fugger-Glött, eine Wohltäterin des Bischof-Wittmann-Heimes. Ölgemälde*

Eine hochherzige Frau, die fromme Gräfin Antonia von Fugger-Glött, genannt „der Engel von Regensburg", stellte sich als Retterin ein. Sie ließ dem Unternehmen nicht nur finanzielle Hilfe angedeihen, sondern zog im November 1860 mit ihrer Kammerjungfer Franziska Prestele in das Haus an der Heilig-Geist-Gasse ein, um dessen Leitung zu übernehmen. Sie kann somit als die eigentliche, praktische Gründerin der Bischof-Wittmann-Anstalt gelten. Nun kam frisches Leben in das Unternehmen. Ein Verein zur Gründung einer Bischof-Wittmann-Stiftung rief alle Verehrer des seligen Bischofs auf, durch Beiträge die Anstalt zu erhalten und zu fördern. Noch im selben Jahre konnten die ersten vier Zöglinge aufgenommen werden.

Vier Jahre später ergaben sich durch die Erkrankung der Dienerin der Gräfin Fugger-Glött neue Schwierigkeiten. Die Übergabe der Anstalt an eine religiöse Genossenschaft schien aber an der finanziellen Frage zu scheitern, die Zahl der Zöglinge aber stieg ständig an. Fräulein Diepenbrock, von der erstmals der Gedanke einer Anstaltsgründung ausging, und ihre Freundin, Frau Käser, übergaben dem Verein den hohen Betrag von 10 000 Gulden, der die Einführung Barmherziger Schwestern zur Betreuung der Zöglinge ermöglichte.

1976 wurden das Bischof-Wittmann-Heim und das Katholische Kinderheim Ostengasse (s. d.) aufgelöst und zum Kinderzentrum St. Vincent, Florian-Seidl-Straße 4, zusammengeschlossen.

Die Kapelle Mariä Schnee, Prinzenweg 4 (H 91)

zählt zu den anmutigsten Schöpfungen des Rokoko in Regensburg. Der Kapellenraum gehört der Zeit um 1730 an, Stuckierung und Deckengemälde dürften etwas später, vielleicht nach der Mitte des 18. Jahrhunderts, entstanden sein. Weihbischof Anton Freiherr von Schneid konsekrierte die Kapelle 1789 zu Ehren Mariä Schnee.

Gekuppelte Wandpfeiler gliedern die Langseiten des verhältnismäßig kleinen Kapellenraumes. Putten tummeln sich auf den Kapitellen. Die beigegebenen Attribute kennzeichnen sie als Sinnbilder der vier Jahreszeiten: Bunte Blumen verkörpern den Frühling, vergoldete Ähren den Sommer, Weintrauben den Herbst und ein verschneites Tannenbäumchen den Winter. Die gesamte Stuckdekoration ist farbig gefaßt. Zwei Gemälde zieren die Decke. Das im südlichen Gewölbejoch zeigt in allegorischer Auffassung Glaube und Hoffnung, das im nördlichen Joch stellt die Liebe dar.

Der Altar stammt aus der Zeit um 1730. Im Gegenlicht eines Ovalfensters steht die lebensgroße Figur des Gekreuzigten, eine barocke Nachbildung nach romanischem Vorbild.

An der äußeren Nordostecke war die spätgotische Skulptur eines menschlichen Kopfes eingemauert. Seit Neuverputz der Fassade 1978 nicht mehr nachweisbar.

OSTENGASSE

Die Ostengasse ist der bedeutendste Straßenzug der mittelalterlichen Ostenvorstadt. Sie bildete sich im Zug der Ausfallstraße nach Osten, jenem uralten Verkehrsweg, den schon die Römer zur Erreichung ihrer Nachbarkastelle Straubing — Sorviodorum — und Passau — Boiodurum — benützten. Sie ist das östliche Glied der großen, den Stadtkern in seiner gesamten Breitenausdehnung durchschneidenden Verkehrsader von West nach Ost: Weitoldstraße, Wollwirkergasse, Ludwigstraße, Kohlenmarkt, Goliathstraße, Unter den Schwibbögen, Ostengasse. Hier in der Ostenvorstadt war der Platzmangel nicht so groß wie im alten Stadtkern. Deshalb sind hier die Häuser niedriger und unscheinbarer; die Patrizierburgen, wie sie im Bereich des Rathauses entstanden, fehlen hier gänzlich. Vor allem ließ sich hier die ärmere, kleinbürgerliche Stadtbevölkerung nieder, Handwerker und kleine Gewerbetreibende. Im vergangenen Jahrhundert mußte sich die Ostengasse gewaltige Einbrüche in ihren gotischen Baubestand gefallen lassen, weshalb sie heute den nüchternen Eindruck einer Vorstadtstraße erweckt. Fast möchte es deshalb etwas schwerfallen, ein Verhältnis zu diesem Straßenraum zu gewinnen.

Die Straße ist nach der Himmelsrichtung, in die sie führt, und nach ihrer Lage im Stadtplan benannt. Ein Schriftstück des 16. Jahrhunderts bezeichnet sie auch als „lange Gasse". Tatsächlich ist sie der längste, geradlinig verlaufende Straßenzug des Altstadtgebietes. Das Volk bedient sich bei der Beschreibung von Örtlichkeiten kaum der Himmelsrichtungen. Dem Autofahrer bezeichnet man den Weg mit links und rechts, im übrigen gebrauchte die Umgangssprache die Bezeichnungen „oben", „unten", „vorn", „hinten", oder gibt als Orientierungspunkte allgemein bekannte Örtlichkeiten an: beim Theater, am Bischofshof, neben dem Rathaus. Der Name Ostengasse ist also nicht aus der Volkssprache entstanden, sondern wurde aus amtlich-wissenschaftlicher Benennung vom Volk übernommen. Das Vorwort „Osten" verwendet der Regensburger Sprachgebrauch noch bei Ostentor, Ostenturm, Ostenallee, Ostenviertel.

In der Ostengasse gab es seit je viele Brauhäuser und Gaststätten. Das mag in der einstigen Fremdenbeherbergung begründet sein. Die Reisenden, die, von Passau, Linz oder Wien kommend, nach der Paßkontrolle am Ostentor in die Stadt eintraten, suchten meist in der ersten Gasse eine Unterkunft. Nicht weniger als zehn Wirtshäuser und Brauereien waren es noch vor hundert Jahren. Am Haus Nr. 32 (H 75) lud das Schild „Zum Weißen Bären" ein; der „Rote Hirsch" hatte sein Quartier in Nr. 20 (H 96). Josef Zink hieß der Wirt „Zum Schwarzen Roß" in Nr. 12 (H 104), im „Einhorn", Nr. 7 (H 150) bewirtete Konrad Graf die Gäste, und im „Bären an der Kette" in Nr. 16 (H 98) stand der Bräuer und Wirt Johann Michael Gampel hinter dem Schanktisch. Die „Goldene Kanne", Nr. 17 (H 175), bewirtschaftete Johann Baptist Käufel. Aber nicht nur ausgeschenkt wurde das Bier in der Ostengasse, sondern auch gebraut. Neben der Brauerei Brandl (s. d.) war die Brauerei Bolland, Nr. 26 (H 92), ihres guten Bieres wegen berühmt. Die Hofbibliothek besitzt ein Aquarell aus der Zeit um 1820, das den würdigen und beleibten Herrn „Bolland, Brauer in der Ostengasse" wiedergibt. Dem „Bär an der Kette" gegenüber, in Nr. 14 (H 103), dampften die Braupfannen des Georg Krammel, aus dessen Betrieb die spätere Brauerei Deschermeier hervorging. An der Ecke zur Schattenhofergasse, Nr. 13 (H 164), bereitete die Familie Lehr ihr Bier, und auf Nr. 4 (H 121) lag die Wohn- und Braubehausung der Elisabeth Löw, später Gasthof „Zum Rappen". Noch in unseren Tagen weist die Ostengasse eine stattliche Zahl von Gasthäusern auf.

Ein Aquarellblatt in der Hofbibliothek aus dem frühen 19. Jahrhundert zeigt von der Ostengasse aus einen Blick durch das Ostentor. Vor dem alten Wachthäuschen steht der Posten mit geschultertem Gewehr. (Das spätere Wachthaus, heute Adolf-Schmetzer-Straße 3 (J 54), wurde erst um 1850 im Stil der Neugotik erbaut.) Das Haus links des Tores, Ostengasse 37 (H 194), trägt über der Türe ein Wirtshauszeichen, ein Herz im Blätterkranz. 1844 gehörte es dem Branntweinbrenner Hubmann, der wohl auch das Schankrecht für Spirituosen besaß.

Den Regensburger Straßen fehlt vielfach der point du vue, der abschließende Blickpunkt; nicht aber der Ostengasse. Breitspurig steht der Turm des Ostentores über der Straße. Seine ragende Höhe bildet die senkrechte Komponente zu den niedrigen Fluchten der Häuserzeilen. Das Gesamtbild der Straße möchte so fast an eine Theaterkulisse erinnern.

Das Haus „Zum Bär an der Kette", ehemals Brauerei Brandl, Ostengasse 16 (H 98)

An der Ostengasse gibt es eine sehr alte Ortsbezeichnung, die schon 1391 genannt wird: „an der Kette". Sie läßt sich genau auf die Einmündung der Hallergasse lokalisieren. Mit großer Wahrscheinlichkeit bezieht sich dieser Name auf das Haus Nr. 16 (H 98), „Zum Bär an der Kette", wobei aber gleich bemerkt sei, daß die Verbindung mit „Bär" erst viel später hinzukam. Nach Schuegraf war die Familie der Probst auf Thunau Besitzer des Hauses „an der chetten". Um 1500 hat Andreas Heindl ein großes Brauhaus „an der Kette" erbaut. Wie entstand dieser Name? Es ist bekannt, daß bei Durchzügen fremder Truppen, bei innerstädtischen Unruhen oder bei Kaisereinzügen die Seitengassen durch Ketten (s. d.) abgesperrt wurden. Nun ergibt sich die Frage, weshalb sich die Bezeichnung „an der Kette" gerade an der Einmündung der Hallergasse in die Ostengasse festgesetzt haben sollte, wo doch zahlreiche andere Gassen gleichfalls mit Ketten abgesperrt wurden. Jedenfalls hat es die Benennung längst schon gegeben, ehe der Gasthausname „Bär an der Kette" auftaucht. Weil es nun zu Beginn des 18. Jahrhunderts in Regensburg bereits drei Bärenwirtschaften gab, einen „Schwarzen Bären" (s. d.), einen „Goldenen Bären" (s. d.) und in der Ostengasse auch einen „Weißen Bären" (s. d.), so ist es erklärlich, daß ein viertes, gleichfalls mit dem beliebten Bild des Bären bezeichnetes Wirtshaus zur Unterscheidung von den übrigen durch den Beisatz „an der Kette" belegt wurde. Die Kette paßte übrigens ausgezeichnet zum Bären, zogen doch einst immer wieder wandernde Bärentreiber mit Meister Petz an der Kette durch die Lande. So entstand also das Wirtshausschild, das heute noch an der Front des Hauses prangt: neben einem Baumstrunk ein aufrecht stehender Bär an langer Kette (Näheres darüber s. „Wahrzeichen").

Bedeutendstes Bürgerhaus der Ostenvorstadt. Die spätromanische Dreierarkade im 1. Obergeschoß weist vermutlich auf den einstigen Festsaal des Hauses. Die unversehrt erhaltene Gruppe öffnet sich im runden Kleebogen. Eines der Zwischensäulchen trägt ein Kelchkapitell, das andere ein Knospenkapitell. Die weiteren sechs Fenster des 1. Obergeschosses haben geraden Sturz und vorspringende Sohlbank. Zwei Torflügel des Rokoko mit gefälliger Schnitzerei, 1777 entstanden, schließen das gotische, durch reich profilierte Kämpfer ausgezeichnete Rundbogentor.

Die Decke im Flur des 1. Obergeschosses weist Malereien aus dem Ende des 16. Jahrhunderts auf. Die Putzflächen zwischen den Trägerbalken sind mit Blättern, Früchten und Ranken bemalt. Namentlich die Skala des Grün weist einen großen Farbenreichtum auf. Die durchlaufenden, in sattem Rotbraun gehaltenen Balken teilen die Malerei in mehrere Bahnen.

90. Bär an der Kette, Ostengasse 16 (H 98). Dreierarkade, Mitte 13. Jahrhundert

Der zur Fensterarkade gehörige Raum des 1. Obergeschosses besitzt eine beachtliche Ausstattung im Stil der Renaissance. Jede der drei Türen wird von kannelierten toskanischen Pilastern flankiert, die einen Architrav mit Schnitzerei tragen. Die Beschläge sind vorzügliche Arbeiten der Schmiedekunst. Selbst die Innenteile der Schlösser sind durch Gravierungen geziert. Die südliche Türe ist mit der Jahreszahl 1596 bezeichnet.

Das ehemalige Katholische Kinderheim, Ostengasse 27 (H 180/181),
jetzt Kinderheim St. Vincent, Florian-Seidl-Straße 4

Das Haus an der Ostengasse war ursprünglich Krankenhaus für arme katholische Dienstboten unter dem Patronat St. Joseph. Das Domkapitel ließ es 1667 erbauen. Adel und Bürger leisteten nicht unwesentliche Beiträge dazu. Zum Gedenken der Wohltäter und Stifter waren deren Wappen und Porträts auf den Gängen des Krankenhauses angebracht. Unter der Regierung des Fürstprimas Carl von Dalberg wurde für die protestantischen Kranken ein gegen die Ostengasse vorspringender Flügel angebaut. 170 Jahre lang, bis 1837, diente das Gebäude seiner segensreichen Bestimmung.
In diesem Jahr wurde das Krankenhaus auf den Ägidienplatz verlegt (s. Altes Deutsches Haus).

In das leerstehende Gebäude an der Ostengasse zog für einige Jahre eine Bleistiftfabrik. Von 1853 an beherbergte es das Katholische Kinderheim, das 1976 aufgehoben, mit dem ehemaligen Bischof-Wittmann-Heim (s. d.) zusammengeschlossen und als „Kinderzentrum St. Vincent" an die Florian-Seidl-Str. 4 verlegt wurde.

Eine Unterbringung von Waisenkindern in Heimen, ihre Pflege und Erziehung unter Aufsicht des Staates oder der Kirche kannte das Mittelalter nicht. Elternlose Kinder gesellten sich meist zu den Bettlern oder schlossen sich Vaganten an und verfielen so dem Laster der Straße. Erst zu Beginn der geschichtlichen Neuzeit nahmen sich die Gemeinden ihrer Waisen in größerem Umfang an. In Regensburg gab der Rat elternlose Kinder an Familien, die sich bereiterklärten, gegen Entgelt für deren Obdach und Erziehung zu sorgen, das städtische Almosenamt bestritt die Kosten für Nahrung und notdürftige Kleidung. Diese bestimmt gutgemeinten Absichten der Stadt führten nicht immer zu dem erhofften Erfolg. Nicht selten bemaßen die Pflegeeltern das Stücklein Brot für die Kinder gar zu klein, um aus den überwiesenen Geldern Vorteile zu gewinnen. Auch vernachlässigten sie die ihnen Anempfohlenen und hielten sie wenig zum Besuch der

Schule an. Mit Mißfallen äußert sich der Rat dazu: „... daß die armen, vater- und mutterlosen Waisen gar übel von ihren Kostherren und Frauen gezogen, und mehr zum Betteln als zur Schule gehalten..., daß sie nichts anderes als alle Üppigkeit und Leichtfertigkeit erlernen und hernach weder zu Handwerkern noch anderen ehrlichen Diensten gebraucht werden können".

Nachdem die evangelischen Waisenkinder bereits 1666 eine Heimstätte erhalten hatten (s. Bruderhaus), bescherte das Jahr 1731 auch den katholischen Waisenkindern Regensburgs ein Heim. Seine Entstehung verdankt es der aufopfernden Kraft des damaligen Weihbischofs Gottfried Langwert von Simmern. 1669 geboren und von seinem Onkel, einem Domherrn in Köln, erzogen, trat er in jungen Jahren vom Kalvinismus zur katholischen Kirche über. In Rom studierte er Theologie und wurde 1716 mit der Verwaltung der Diözese Regensburg betraut, deren Fürstbischof Kardinal Johann Theodor in Freising weilte. Sein ganzes Vermögen stellte v. Simmern in den Dienst barmherziger Liebe. Das Los der katholischen Waisenkinder Regensburgs lag ihm besonders am Herzen. Lange Zeit schon hegte er den Plan zur Errichtung eines katholischen Waisenhauses, wozu aber ein geeigneter Platz und die Mittel zum Unterhalt fehlten. Während eines Spaziergangs, so wird berichtet, entdeckte er nächst der Ostengasse „einen alten, tief hinter den Häusern hervorragenden Turm", der samt dem zugehörigen Grundstück Eigentum des Fürstbischofs von Regensburg war. Hier gedachte von Simmern sein Waisenhaus zu erbauen. Eigene Mittel und der Zustrom von Gaben der Gesandten beim Immerwährenden Reichstag ermöglichten einen baldigen Baubeginn.

Im August 1731 konnten die ersten acht Kinder ihr neues Heim beziehen. Bei diesem ersten katholischen Waisenhaus, das den Namen St. Salvator trug, handelt es sich um das Gebäude Heilig-Geist-Gasse 7 (H 91), in dem sich das Bischof-Wittmann-Heim (s. d.) ehemals befand.

Der Tagesablauf im Waisenhaus des 18. Jahrhunderts ist einförmig, streng, überbetont religiös ausgerichtet. 5.30 Uhr: Aufstehen. Jedes Kind richtet sogleich sein Bett, die größeren helfen dabei den kleineren. Anschließend Morgengebet. 6.45 Uhr: Besuch der Messe. Anschließend erhalten die Kinder Suppe und ein Stück Brot. 7.45 Uhr: Unterrichtsbeginn, eingeleitet durch geistlichen Gesang. 9 Uhr: Beginn der Arbeit (Kartätschen von Wolle, Spinnen, Stricken) mit vorhergehendem Gebet. 10.45 Uhr: Mittagsgebet. 11 Uhr: Mittagessen mit nachfolgender Vorlesung aus dem Katechismus. Danach wiederum Gebetszeit. Von 13 bis 15 Uhr Unterricht, beginnend mit geistlichen Liedern, endigend mit Gebet. 15 Uhr: Die Kinder erhalten ein Stück Brot. Danach kurze Andacht und Arbeit. 16.45 Uhr: Nachtgebet und Abendessen, anschließend geistliche Lesung und Litanei. Am Donnerstag haben die Kinder nach Beendigung des Rosenkranzes von 13.30 bis 16 Uhr Freizeit, die sich in der Regel im gemeinsamen Spaziergang erschöpft. Um die Waisen nicht an das damals auch für Kinder übliche Biertrinken zu gewöhnen, erhalten sie statt dessen einen „Trunk frischen Bronnenwassers". Sie begleiten jede öffentliche Prozession. Wenn das sogenannte Zügenglöckchen für einen Sterbenden ertönt, beten die Kinder kniefällig für die scheidende Seele. Auf Wunsch verrichten sie Bittgebete für Kranke in der Stadt.

Die entlassenen Knaben kommen in eine Handwerkslehre. Wohnung nehmen sie nach damaliger Sitte beim Meister. Während der Lehrjahre kommt das Waisenhaus für Wäsche und Kleidung auf. Anstelle des zu entrichtenden Lehrgeldes lernt der Waisenknabe ein Jahr länger. „Wird er ein guter Gesell", schreibt der Inspektor des Regensburger Waisenhauses 1803, „so ist sein Glück gemacht. Aber nicht so ergeht es den armen, bedürftigen Waisenmädchen. Drückender Schmerz und Betrübnis bemächtigen sich meiner fast täglich, wenn ich so die 25 unschuldigen Mädchen... betrachte und dann bei mir denke: Ihr seid jetzt so munter und froh in eurer Unschuld, welches Geschick mag wohl euch noch werden? Ewiges Dienen ist euer Los!"

Ein großer Wohltäter erwuchs dem Katholischen Waisenhaus in dem fürstlich Thurn und Taxis'schen Hofrat und Kanzleidirektor Michael Stephan Schirstel († 1801), der sein bedeutendes Vermögen dem Waisenhaus hinterließ. Zum Zeichen der Dankbarkeit setzten ihm die Waisenkinder in der hauseigenen Kapelle Mariä Schnee (s. d.) einen Denkstein. Seit Neuverputz 1978 leider nicht mehr nachweisbar. Abb. in der Hofbibliothek, Sammlung Resch.

Das ehemalige Kapuzinerkloster, Ostengasse 31 (H 189), später Kloster St. Klara

Um der Gegenreformation stärkeren Auftrieb zu verleihen, drängte Kaiser Matthias auf die Einführung der Kapuziner in Regensburg und förderte die Gründung eines Klosters in der Stadt. Der evangelische Rat suchte das zu verhindern; der Kaiser aber konnte seine Forderung durchsetzen. Auf seine Verwendung trat die Äbtissin von Niedermünster, Eva von Urhausen, einen Großteil des beim Ostentor gelegenen Weingartens für den Bau eines Kapuzinerklosters ab. Der Kaiser und seine Gemahlin begleiteten persönlich die Prozession in die Ostengasse, um an der feierlichen Grundsteinlegung 1613 teilzunehmen. Ein Weihestein in der südöstlichen Gartenmauer des Klosters, unmittelbar beim Ostentor, trägt auf zwei Seiten ein Kreuz mit der Jahreszahl 1614. Er kennzeichnet die Ausdehnung des Klosterbezirks und erinnert an die Vollendung des Klosterbaues. Ein weiterer Stein von der nordwestlichen Ecke wurde 1970 bei Sanierungsarbeiten an der Kapuzinergasse gefunden. Das 1810 säkularisierte Kapuzinerkloster wurde 1811 den Klarissen übergeben, deren Kloster St. Klara am Klarenanger (s. d.) den Stürmen des Krieges 1809 zum Opfer gefallen war.

1968 verkauften die Klarissen das Kloster an die Stadt. Im Laufe des Jahres 1974 verließen sie Regensburg. Ein Teil des Konvents zog in das neue Kloster im schwäbischen Wallfahrtsort Maria Vesperbild bei Ziemetshausen; die restlichen Nonnen begaben sich in das St.-Klara-Kloster in Dingolfing.

Das Haus Ostengasse 13 (H 164)

zeigt sich in klassizistischem Stuckdekor von 1789. Schuppenlisenen, Mäanderband und Festons an den Fensterbrüstungen vereinen sich zu heiterer und zugleich nobler Gesamtwirkung. Das Haus gehörte der Kaminkehrerfamilie Drexler. Auf dieses alte Gewerbe — einstmals Rauchfangkehrer genannt — weisen die Embleme im Keilstein über dem Haustor: Ein Löwe hält ein Schild mit Kaminkehrerleiter, Besen und Rußschaufel. Die erst später eingetiefte Jahreszahl 1789 und die Initialen L. J. beziehen sich auf den Bierbrauer Johann Lehr (s. d.).

Das Haus enthält noch spätromanische Bausubstanz. Es belegt damit die Bebauung der im frühen 13. Jahrhundert noch unbefestigten Ostenvorstadt (s. Stadtbefestigung).

DONAUMARKT, DONAULÄNDE

Der Uferstreifen zwischen Eiserner Brücke und Königlicher Villa, heute mit den Namen „Donaumarkt" und „Donaulände" umrissen, bietet einen recht trostlosen Eindruck. Wie aber Regensburg sich einst von dieser Seite zeigte, vermittelt ein Stahlstich um 1840 (Stadtansichten Nr. 33). In bewußt romantischer Auffassung werden die malerischen Schönheiten längs des Donauufers geschildert. Hinter der donauseitigen Stadtmauer erstreckten sich hier nach Ausweis des Stadtplanes 1808 die nach Familiennamen benannten Straßen H a g e n w e g , K l o s t e r m e y e r p l a t z und S t e f f e l g ä s s e l . Außerdem gab es noch den Zwörnerplatz und den St. Sebaldgang, der dem Schienengelände längs der Donau bis zur Einmündung der Kapuzinergasse entspricht. Seinen Namen schöpfte er von einer im Garten des Katholischen Waisenhauses (s. d.) gelegenen, dem hl. Sebald geweihten Kapelle, die schon 1260 genannt wird. Der Bürger Albrecht Eckersberger stiftete 1367 bei dieser Kapelle ein sogenanntes Seelhaus für fünf arme Männer, die, wie ihre Nachfolger, in klösterlicher Gemeinschaft lebten und im anschließenden Friedhof begraben wurden. 1782 wurde der Friedhof zu einem Garten umgestaltet und ein Gartenhaus hineingebaut, das erst vor wenigen Jahren verschwand. Die Sebalduskapelle fiel 1805 unter der Spitzhacke. Der Uferweg an der Donau nördlich des ehemaligen Katholischen Waisenhauses (Ostengasse 27 [H 180/181]) hieß noch 1880 „St.-Sebaldus-Gang". Als vor einigen Jahren im Garten dieses Hauses Erdarbeiten vorgenommen wurden, stieß man auf Gebeine aus dem ehemaligen Friedhof, die wieder der Erde übergeben wurden.

Dem Sebaldgang folgte donauaufwärts der Z w ö r n e r p l a t z , der mit dem Areal vor dem städtischen Lagerhaus, Donaulände 6 (H 156) identisch ist. Der hochgiebelige Bau mit dem gewaltigen Satteldach, der ehemals als Salzstadel diente, stammt aus dem Jahre 1672, wie ein Denkstein an seiner Nordseite ausweist. Dem Stadel gegenüber lehnte an der Stadtmauer das Färbehaus der Tuchmacher. Diese erhielten 1665 die Erlaubnis, „an der Stadtmauer zu Osten ... eine Färberstätte zu errichten". In Holzbottichen wurden hier die Tuche in die Farblösung getaucht und zur Erzielung einer gleichmäßigen Durchfärbung in steter Bewegung gehalten, das man „zwernen" nannte. Vom Rühren der Stoffe, vom „Zwernen" also, hatte der Zwörnerplatz seinen Namen erhalten. Allerdings gab es auch eine Familie namens Zwörner, die 1808 das Haus Keplerstraße 3 (D 105) besaß.

KLOSTERMEYERGASSE

und der vorher genannte Klostermeyerplatz verdanken ihre Bezeichnung dem Namen einer alten Regensburger Familie, die schon vor mehr als 500 Jahren in den Bürgerbüchern genannt wird. Im 17. und 18. Jahrhundert begegnen uns die Klostermeyer mehrfach als Brauer, Wirte und Bäcker. Zu Beginn des 19. Jahrhunderts gab es nicht weniger als vier Brauer dieses Namens. Unser Gäßchen dürfte nach jenem Martin Klostermeyer benannt sein, der schon vor 1719 hier ein Brauhaus besaß. 1890 erst mußte es einem häßlichen Ziegelbau weichen, den die Stadt hier als Lagerhaus errichtete und dessen sich die ältere Generation noch gut erinnert. 1944 wurde es durch Bomben zerstört. Die Stelle nimmt nun der Donaumarkt (s. d.) ein. Die fürstliche Hofbibliothek besitzt zwei Aquarellblätter aus den Jahren 1801 und 1806, von denen jedes einen Angehörigen der Familie Klostermeyer als Mitglied der bürgerlichen Freikompanie zu Pferd darstellt.

In früherer Zeit hieß unsere Gasse „Badgasse". Wird sie bereits 1444 als „Badstraße zu Osten" bezeichnet, so drückt sich eine Quelle aus der Zeit um 1700 ganz deutlich aus: „die bei dem Bierbrauer Clostermeyer herabgehende Gasse heißt Badgasse". An ihr muß demnach eines der öffentlichen Bäder Regensburgs gelegen haben. Später führte das Gäßchen auch den Namen „Einhorngasse" nach der Wirtschaft „Zum Einhorn", die im Eckhaus zur Ostengasse (Nr. 7 (H 150)) untergebracht war. Der Name Klostermeyergasse besteht seit etwa 1750.

Das Haus Klostermeyergasse 6 (H 143)

wurde durch Bomben zerstört. Im Bauschutt kamen zwei bis dahin überputzt gewesene Steine mit der eingetieften Strichzeichnung einer Bischofsbüste zum Vorschein. Sie wurden geborgen und beim Wiederaufbau des Hauses 1956 sichtbar eingemauert.

GICHTLGASSE

Der Klostermeyergasse folgt gegen Osten parallel die Gichtlgasse. Man könnte bei dem Namen und dem schattigen, kühlen Gäßchen an die Gicht denken, von der unsere Vorfahren so sehr geplagt waren. So ist es vielleicht auch den Stadtplanzeichnern des vorigen Jahrhunderts ergangen, die das Gäßchen fälschlich als „Gichtgasse" bezeichnen. Seinen Namen aber schöpfte es von dem Bürgergeschlecht der Gichtl. Um 1550 lebte ein Ratsherr dieses Namens. Dr. Michael Gichtl war 1617 fürstbischöflicher Leibarzt und Stadtphysikus. Während der Pest des Jahres 1629 behandelte er die Kranken im Haus der Löwenapotheke, Obere Bachgasse 2 (C 106). Das Archiv des St.-Katharinen-Spitals verwahrt zahlreiche Rezepte aus dem Jahr 1631, die Dr. Gichtl den kranken Spitalpfründnern verschrieben hat. Sie bilden wertvolle Quellen zur Medizingeschichte der Stadt. Welches Haus der Familie Gichtl gehörte — die Bauamtschronik 1714 spricht vom „Gicht- oder Dichtelkasten" — müßte erst durch eingehende Nachforschungen festgestellt werden. Pohlig bezeichnet das Haus Gichtlgasse 8 (H 151) als das der Familie Gichtl. Der Chronist Grienewald weiß aus der Zeit der Reformation zu berichten, daß sich am Haus der Gichtl ein merkwürdiges Marienbild befand. Sobald man es von seinem angestammten Platz entferne — zur Zeit der Glaubensspaltung mag das mit vielen Heiligenbildern geschehen sein —, zeigten sich augenblicklich Gespenstererscheinungen. Das Haus Gichtlgasse 5 (H 161) an der Ecke zur Ostengasse birgt noch Architekturreste aus hochgotischer Zeit.

SCHATTENHOFERGASSE

Als vorletzte zieht die Schattenhofergasse von der Ostengasse zur Donaulände. Alte Lagerhäuser mit großen Böden und hohen Ladegauben bestimmen ihr Bild. Von dem mittelalterlichen Schadenhof leitet sie ihren Namen ab. Schad hießen die Besitzer eines Hofes an unserer Gasse, weshalb sie bereits 1368 als „Schadstraße" genannt wird. Etymologisch weitaus interessanter aber ist der Name Dunnergasse, der im 17. Jahrhundert gebraucht wurde. Wo Lagerhäuser sind, muß es Fuhrwerke gegeben haben. Man kann sich vorstellen, mit welchem Gepolter die schweren Wagen über das ausgefahrene Kopfsteinpflaster des Gäßchens rumpelten, das nicht selten dem Rollen des Donners glich. Daher der Name Dunnergasse.

HUNNENPLATZ

Am Westende der Ostengasse öffnet sich gegen die Donau der Hunnenplatz. Die Tradition führt den Namen auf die Hunnen zurück, jenes räuberische Nomadenvolk Ungarns, das in der Schlacht auf dem Lechfeld 955 eine vernichtende Niederlage erlitt. C. W. Neumann bringt die Hunnen in Beziehung mit Regensburg. In einem Manuskript zu einem Regensburger Sagenbuch findet sich darüber folgende Aufschreibung:

Die Hunnen waren die gefürchtetsten Feinde des Abendlandes. Mordend und raubend durchzogen die wilden Reiterhorden deutsches Land. Ihre Zahl war so groß, daß man erzählte, ihre Rosse würden alle Gewässer austrinken und die Städte des Westens mit ihren Hufen zertreten. Nur dann wären sie zu besiegen, wenn der Himmel über ihnen zusammenbrechen oder die Erde sie verschlingen würde. Während des blutigen Ringens der Schlacht auf dem Lechfelde lag Herzog Heinrich in seiner Pfalz zu Regensburg krank darnieder. Als Siegesbotschaft sandten ihm die deutschen Fürsten gefangene Heerführer der Ungarn, unter ihnen den König Bultz und die Fürsten Lel, Sur, Tax und Schab. An ihnen wurde blutige Rache genommen. Auf dem heutigen Hunnenplatz, so berichtet die Sage, einem damals unbebauten Gelände vor der Stadtmauer, errichtete man drei Pfähle und hing die gefangenen Häuptlinge daran auf. Andere gefangene Hunnen wurden grausam verstümmelt oder haufenweise in Löcher geworfen und lebendig begraben.

Die umfangreichen Abbrucharbeiten östlich der Eisernen Brücke ließen vom Hunnenplatz nur ein einziges Haus übrig, das Bäckerhaus Hunnenplatz 5 (H 127), das ehemals der Alten Kapelle gehörte. Die bis Ende der 1950er Jahre betriebene Bäckerei befand sich seit mindestens 1451 in diesem Haus, das noch um 1800 den Namen „An der Richtbank" führte. Diese Bezeichnung tritt schon 1280 auf. Auf unserem Platz muß sich demnach eine Richtstätte befunden haben, wenn sie auch historisch nicht in Beziehung zu den Hunnen gebracht werden kann. Der Name „Hunnenplatz" aber könnte sich ableiten von „Hunteri"; so hieß der Richter einer Hundertschaft.

Zu einer anderen Deutung des Namens Hunnenplatz gelangt Schwäbl. Noch im vergangenen Jahrhundert, so weist er nach, hieß der Ort „Hennenplätzchen" oder „Hühnerplatz". Der Ausdruck „Hennerplatzl" wird gelegentlich heute noch von den Kindern gebraucht. Die Bauamtschronik des Jahres 1718 berichtet von einem Brand in dem Färberhaus am „Platz bei der sogenannten schwarzen Hännen". Noch 1844 befand sich im Anwesen Hunnenplatz 4 (H 128) eine Färberei. Vielleicht, so folgert Schwäbl, war an einem der Häuser des Platzes aus uns unbekanntem Grund eine schwarze Henne angebracht, die dem Platz den Namen gab.

Die Gegend führte gelegentlich auch den Namen „Am Graben", wahrscheinlich wegen einer Abzweigung des Vitusbaches (s. d.), der sich über den Hunnenplatz in die Donau ergoß.

Dem umfangreichen Abbruchwerk am Donauufer bei der Eisernen Brücke fiel auch

Das Haus Hunnenplatz 7 (F 155),
das Sterbehaus des Geschichtsforschers Joseph Rudolf Schuegraf,

zum Opfer. Hier möge eine kurze Biographie des vielzitierten, um die Geschichte Regensburgs und der Oberpfalz hochverdienten Mannes Platz finden.

Im 27. Band der Verhandlungen des Historischen Vereins widmet ihm Walderdorff eine ausführliche Lebensbeschreibung mit einem Verzeichnis seiner sämtlichen Schriften. Ihre Vielzahl erscheint uns geradezu unbegreiflich. Nicht weniger als 190 Nummern umfaßt die Liste seiner im Druck erschienenen geschichtlichen Abhandlungen, 180 Nummern die Zusammenstellung seiner Manuskripte. Die Bedeutung der Forschertätigkeit Schuegrafs wird erst klar, wenn man bedenkt, daß er nur selten Druckwerke zu Rate ziehen oder zum Vergleich benützen konnte, sondern daß er bei seinen Arbeiten fast ausschließlich aus zeitgenössischen Quellen schöpfte. Die Ergebnisse seiner Forschungen erschienen verstreut in historischen Zeitschriften, in Tageszeitungen oder als selbständige Werke in Form von Büchern oder Heftchen. Seine bedeutendste Leistung, die „Geschichte des Domes von Regensburg", ist 1848/49 erschienen. „Sie alleine würde genügen", schreibt Neumann, „um den Namen des unermüdlichen Forschers der Nachwelt dankbar überliefern zu müssen". Diese Dombaugeschichte ist das Ergebnis siebzehnjähriger Forschungsarbeit. Das Werk fand höchste Anerkennung. König Maximilian II. von Bayern ehrte den Verfasser mit einem Handschreiben; der Historische Verein honorierte das Druckrecht mit 300 Gulden. Schuegrafs Dombaugeschichte gehört heute zu den seltenen und gesuchten Werken auf dem Büchermarkt. Neben einer Geschichte der Regensburger Hauskapellen sei noch ein Büchlein erwähnt, das Schuegraf mit besonderer Liebe schrieb und in das er persönliche Erinnerungen einfließen ließ: „Die Umgebungen der Kgl. Bayerischen Kreishauptstadt Regensburg". Liebevoll geht er darin der Vergangenheit der Regensburger Vororte nach und gibt mit schwärmerischen Worten Stimmungsbilder aus den glücklichen Tagen des Biedermeier.

Schuegraf wurde 1790 in Cham geboren. In Prüfening besuchte er die Klosterschule der Benediktiner. 1804 treffen wir ihn als Studenten am Gymnasium von St. Paul, später in Amberg. Nachdem er bei verschiedenen Behörden Dienst getan hatte, trat er 1813 als Freiwilliger in die bayerische Armee ein, um sich dem Militärdienst beruflich zu widmen. Die starke Verringerung des Heeres 1823 hatte die Ruhestandsversetzung des damals erst 33 Jahre alten Oberleutnants

Schuegraf zur Folge. Mit Rücksicht auf seine schwache Gesundheit — er litt an einer chronischen Brustkrankheit — erhielt er zu der kargen Pension von 24 Gulden noch 4 Gulden aus der Invalidenkasse.

Trotz dieser materiellen Schwierigkeiten betrieb nun Schuegraf seine Forschungen mit Hingabe und Leidenschaft. Von 1827 ab treffen wir ihn in Regensburg, wo er 30 Jahre lang als Sekretär des Historischen Vereins tätig war. Mit Wehmut mußte Schuegraf erleben, wie noch zu seiner Zeit wertvollste Manuskripte aus säkularisierten Klöstern und Stiften sowie Akten aus den Archiven der Stadt und des Domkapitels zentnerweise von Altpapierhändlern aufgekauft wurden. Es gehört zu seinen großen Verdiensten, Not und Entbehrungen auf sich genommen zu haben, damit er Teile dieser kostbaren Archivalien durch Rückkauf vor der Vernichtung retten konnte.

Am 28. Oktober 1861 starb Schuegraf, fast 72 Jahre alt. Sein Wohn- und Sterbehaus am Hunnenplatz (abgebrochen 1964) trug eine Gedenktafel. Eine Straße in Kumpfmühl ist nach dem bedeutenden Geschichts- und Heimatforscher benannt.

SCHWANENPLATZ

Der Platz umfaßt heute nur noch vier Hausnummern, nachdem 1965 eine Reihe von Häusern im Bereich Schwanenplatz — Kalmünzergasse dem Abbruch anheimfiel, um eine breite Verkehrsader vom Dachauplatz aus nach Norden zu gewinnen. Den Namen gab dem Platz die einstige Gaststätte „Zum Silbernen Schwan", die um 1820 im (1965 abgebrochenen) Haus Kalmünzergasse 6 (F 162) ihren Sitz hatte. Das Wirtshauszeichen, eine Steinvolute mit dem Relief eines sitzenden Schwanes, und den Initialen IMS (d. h. Johann Michael Schleusinger) mit der Jahreszahl 1771, gelangte — wohl nach Stillegung des Gasthofes — zu unbekannter Zeit an das (ebenfalls 1965 abgebrochene) Haus Schwanenplatz 3 (F 164).

Das Haus Kalmünzergasse 7 (H 117)
Neue Nummer Schwanenplatz 1

Schon immer kannte man an der Westfassade dieses Hauses drei originelle gotische Tierfiguren, einen Bären mit großen Pranken, einen fressenden Affen mit einem Jungen und einen Hund mit aufgeringeltem Schwanz. Bei Instandsetzungsarbeiten 1967 trat die Hausteinfassung eines Loggiabogens zutage. Dabei erwies sich, daß die Figuren die einstige Brüstung zierten. Gleichzeitig konnte an den Bogenansätzen weitere Bauplastik freigelegt werden: nördlich der Kopf eines jungen Mannes, südlich ein Tier mit großen Ohren. Daß diesen Figuren einstmals symbolhafte Bedeutung zukam, ist wohl zu bezweifeln. Vielmehr dürfte es sich um eine humorvolle Darstellung von Figuren handeln, wie sie die Gotik liebte (sog. Drolerie).

Im Bereich der zweiten Stadterweiterung um 1320
Die sogenannte Westenvorstadt

Weißgerbergraben	Am Singrün
Zur Schönen Gelegenheit	Am Prebrunntor
Arnulfsplatz	Hundsumkehr
Bismarckplatz	Wollwirkergasse
Beraiterweg	Weitoldstraße
Holzländestraße	Kreuzgasse
Brunnleite	Am Judenstein
Lederergasse, Gerbergasse	Jakobstraße
Herrenplatz	Stahlzwingerweg

WEISSGERBERGRABEN

Wie der Name „Weißgerbergraben" andeutet, war hier einstmals ein Graben, nämlich der Stadtgraben, und dahinter die unter Herzog Arnulf um 920 erbaute Stadtmauer (s. d.). Den Graben speiste ein Arm des Vitusbaches (s. d.), der bei St. Oswald in die Donau mündete. Durch die abermalige Erweiterung der Stadtbefestigung nach Westen bis zum Prebrunn um 1300 verlor die Wehranlage entlang des Weißgerbergrabens ihre Bedeutung. Die Mauer verfiel und wurde abgetragen. Reste davon finden sich noch in den Häusern zwischen dem Weißgerbergraben und der Engelburgergasse. Die Grabenmulde wurde aufgefüllt und für den Vitusbach ein Bett „mit geschlagenen Stecken" (s. am Stecken), das heißt mit hölzerner Uferbefestigung, gebaut. Einzelne Brücken und Stege vermittelten den Verkehr über die Straße. Die terrassenartige Erhöhung, auf der die Häuser der östlichen Straßenseite stehen, die hochgelegenen Vorgärten und die verhältnismäßig große Breite der Straße lassen heute noch den einstigen Wehrgraben erkennen. 1549 meldet die Chronik die Pflasterung des Weißgerbergrabens. Damals erfolgte wohl auch die Auskleidung des Bachbettes mit Steinen.

1318 findet sich für die Straße erstmals die Bezeichnung „auf dem Graben", die auch noch später die Karte von 1645 (Stadtgrundrisse Nr. 1) vermerkt. 50 Jahre später, 1694, lesen wir erstmals „Weißgerbergraben". Hier am Graben waren also Gerber ansässig, die das Wasser des Vitusbaches für ihr Gewerbe nützten. Im Gegensatz zu den Rotgerbern, die derbes Sohlenleder herstellten, bereiteten die Weißgerber feines, weißes Leder. Noch um die Mitte des vergangenen Jahrhunderts beherbergten die Häuser 9 (D 17) und 24 (A 61) Weißgerbereien, desgleichen das benachbarte Anwesen an der Holzlände 3 (A 33). Die großen luftigen Bodenräume des Hauses 24 (A 61) mit dem stilvollen Barockerker dienten ehedem zum Trocknen der Häute.

Das Pförringerhaus, Weißgerbergraben 2 (A 50)

Anstelle des Hauses befand sich eine Badestube, die bereits 1318 Erwähnung findet (s. Badestuben). Der jetzige Bau entstand 1767, wie die Bauinschrift im Hausflur meldet: „Anno 1767 den 2ten Martius wurde der Grundstein von Johann Leonhard Staudt geschworenen Stadt-Chirurgus und seiner Frauen Maria Isabella einer gebohrnen Hoffmannin zu diesem Gebäude gelegt und nach zweien Jahren aufgebauet. S D G". Der Keilstein über dem Haustor nennt gleichfalls die Jahreszahl 1767.

Das Pförringerhaus und seine Besitzer stehen in enger Beziehung zur Medizinalgeschichte der Stadt. Aus der ehemaligen Badestube ist hier eine Stätte gesuchter ärztlicher Praxis geworden. 1798 verkaufte der Erbauer, der Bader, Chirurg und Geburtshelfer J. L. Staudt, das Haus an die Ärztefamilie Pförringer, deren Mitglieder bereits in der sechsten Generation hier als Ärzte und Chirurgen wirken.

Das Pförringerhaus, eine bewegt gegliederte, dreigeschossige Anlage mit Mansardendach, ist das repräsentativste Bauwerk der Straße, das so recht den Eindruck bürgerlicher Wohlhabenheit und Behaglichkeit vermittelt. Seine Fassaden ziert klassizistischer Stuckdekor: rustiziertes Erdgeschoß, Fensterumrahmungen mit geraden Verdachungen in den Obergeschossen. Rechteckige Tafeln zieren die Brüstungen. Die Torflügel und Fenstergitter im Erdgeschoß zeigen noch die Stilformen des Rokoko. Grabplatten aus verschiedenen Jahrhunderten bedecken den Boden des Flures. Aus der säkularisierten Minoritenkirche gelangten sie hierher. Unter ihnen befand sich auch das Epitaph des Bruders Bertold (s. d.), das hier 1862 wieder entdeckt und zunächst in den Domkreuzgang gebracht wurde. Nunmehr befindet es sich wieder in der einstigen, nun zum Museum gehörigen Minoritenkirche.

ZUR SCHÖNEN GELEGENHEIT

1905 wandten sich Bewohner dieser Straße an den Magistrat mit der Bitte, den Namen ihrer Straße abzuändern, da er, wie sie meinten, einen zweideutigen Sinn beinhalte und zu falschen Vorstellungen und Folgerungen Anlaß gebe. Der Magistrat entsprach dieser Bitte nicht mit der Begründung, daß altes Namensgut geschützt und erhalten werden müsse.

Der Begriff „Gelegenheit" bedeutete einstmals so viel wie Lage, Ansicht, auch Aussicht. Auf der Ansicht Regensburgs von 1589 (Stadtansichten Nr. 6) heißt es im Titel „... mit Irer gelegenheit gegen mitternacht", also mit ihrer Lage, ihrer Ansicht gegen Norden. In der Gegend unserer Straße, außerhalb der arnulfinischen Stadtmauer (s. d.), war die Bebauung noch lockerer, die Stadtlandschaft noch freier. Auch die Aussicht auf die Donau und die Winzerer Höhen mag noch wenig verbaut gewesen sein. Die „schöne Gelegenheit" bedeutete also die schöne Lage, die schöne Aussicht.

Ursprünglich führte die Straße „Zur Schönen Gelegenheit" den Namen „weite Straße". Im Vergleich zu den westlich benachbarten engen Gäßchen erscheint unsere Straße tatsächlich weit, breit. 1266 bereits wird geschrieben „ampla strata", also weiträumige, breite Straße; „in der weiten Straße" schreibt eine Quelle des Jahres 1322. Mit dem Zusatz „auf dem Pühl" oder „am Pühl in der weiten Straß" gibt es Quellen von 1373 und 1444. Der Pühl, d. h. der Bühl, die Bodenerhebung, ist im Nordteil unserer Straße noch heute augenscheinlich.

ARNULFSPLATZ

Am Schnittpunkt der von Ost nach West ziehenden Hauptverkehrsader Ostengasse — Ludwigstraße — Wollwirkergasse und der alten Nord-Süd-Verbindung von Kumpfmühl zum Weißgerbergraben entstand der freie Raum des heutigen Arnulfs- und Bismarckplatzes. Beide einst zusammenhängenden Plätze liegen unmittelbar außerhalb der von Herzog Arnulf um 920 vollendeten Stadtmauer (s. d.). Das westliche Stadttor, das Ruozanburgtor (s. d.) führte von der Ludwigstraße auf den Arnulfsplatz hinaus.

In frühester Zeit hieß dieses Areal vor der Stadtmauer „Wehr vor Burg", ein Name, der durch zahlreiche Quellen des 13. und 14. Jahrhunderts belegt ist.

Vor Erbauung des Stadttheaters 1804 bildeten Arnulfs- und Bismarckplatz einen zusammenhängenden Raum und hatten daher auch einen gemeinsamen Namen: Jakobshof oder Jakobsplatz, so benannt nach dem angrenzenden Schottenkloster St. Jakob.

Lediglich das einstige Zeughaus (s. d.), das sich bis 1803 anstelle des Stadttheaters (nicht des Neuen Hauses) befand, ragte ein kleines Stück in den Platz hinein. Nach Ausweis der Vogelschaupläne (Stadtgrundrisse Nr. 1 und 4) sowie eines im Besitz der Hofbibliothek befindlichen Planes lag es in der Flucht der westlichen Häuserreihe der Drei-Mohren-Straße und reichte mit seiner Westfront nur wenig in den Jakobsplatz hinein.

An das Zeughaus lehnten sich Tändlerbuden und Steinmetzhütten. Bereits 1381 ist der „Tandelmarkt vor Burg" belegt. Westlich des Zeughauses befand sich ein Stadel zur Lagerung stadteigenen Brennholzes, „der Herren Holzlege" genannt. Vermutlich fand auf dem Platz zeitweilig der Verkauf von Brennholz statt; denn der Plan von 1694 (Stadtgrundrisse Nr. 8) bezeichnet ihn als „Holzmarkt".

1803 mußte das Zeughaus dem Bau des Stadttheaters und des Neuen Hauses weichen. Dieses große, weit nach Westen vorgeschobene Gebäude trennte nun den Jokabshof in zwei Teile. Den nördlichen Teil, den heutigen Arnulfsplatz, nannte man wegen des leicht abfallenden Geländes den „Unteren Jakobshof", der spätere Bismarckplatz führte die Bezeichnung „Oberer Jakobshof". Die Verbindungsstraße zwischen beiden Plätzen, die heutige Neuhausstraße, hieß ursprünglich „Neue Straße beim Theater".

Die Umbenennung des „Unteren Jakobshofes" in „Arnulfsplatz" erfolgte 1872. Nach Auskunft der neuen Adreßbücher ist der Platz nach Kaiser Arnulf (887—899) benannt, dem Sohn Karlmanns, der nach seiner Wahl zum ostfränkischen König seine Residenz in Regensburg nahm. Ob bei dem Namen „Arnulf" nicht besser an den bairischen Herzog Arnulf (911—937) zu denken wäre, dem Regensburg seine erste Stadterweiterung verdankt, deren Mauer (s. o.) sich unmittelbar östlich des Arnulfsplatzes hinzog?

Der ehemalige Arnulfsturm (anstelle des Hauses Kreuzgasse 1 (A 218))

An der Einmündung der Kreuzgasse in den Arnulfsplatz, gegenüber der Brauerei Kneitinger, stand ein gewaltiger Turmbau nach Art der Regensburger Patriziertürme, der sogenannte Arnulfsturm. Der Name ist wohl in Beziehung zu setzen mit dem Arnulfswinkel (s. d.).

Im Jahre 1648 wurden die Regensburger eines Mittags durch ein ungeheures Geprassel erschreckt. Über dem Arnulfsplatz lag eine riesige Staubwolke. Der schon ein Jahr zuvor für baufällig erklärte Arnulfsturm war eingestürzt. Seine Steinmassen begruben das gegenüberliegende Anwesen des Brauers Klostermeyer (heute Brauerei Kneitinger, s. d.), wobei zwei Frauen den Tod fanden. Die Schuld schrieb man dem Weißbräuhausverwalter Meyer zu, der in dem Turm „eine ungeheure Menge Holz gerade an der schadhaften Mauer dem Brauer gegenüber aufgetürmt hatte". 3000 Gulden bezahlte die Stadt für den Wiederaufbau des beschädigten Brauhauses. Den fahrlässigen Meyer belegte sie mit einer Strafe von 1000 Gulden. Anstelle des eingestürzten Turmes und angrenzender Gebäude errichtete die Stadt ein Malzhaus (A 218) für ihr Weißes Brauhaus. Auch die Heuwaage (s. d.) wurde zu Beginn des 19. Jahrhunderts vom Bismarckplatz in dieses Gebäude verlegt, das später auch als Lagerhalle für die zu verzollenden Weine diente. Das Gebäude brannte 1907 ab. An seiner Stelle entstand das Wohn- und Geschäftshaus Kreuzgasse 1 (A 218). Bei den Ausschachtungsarbeiten stieß man auf die gewaltigen Grundmauern des Arnulfsturmes. Zur Erinnerung an ihn brachte man an der Ecke des Hauses das Reliefbild des Turmes an.

Gaststätte und Brauerei Kneitinger, Arnulfsplatz 3 (A 196),

eine der ältesten der Stadt, erfreut sich noch heute besonderer Wertschätzung der Regensburger. Im 17. Jahrhundert besaß sie ein Angehöriger der Brauerfamilie Klostermeyer (s. d.). An der Wende des 18. Jahrhunderts gehörte sie dem Bierbrauer Georg Adam Haller, der auch Mitglied der Regensburger Freikompanie zu Pferd (s. d.) war. Ein Aquarell von 1801 in der Hofbibliothek zeigt ihn als stolzen Standartenträger hoch zu Roß. Seit 1861 befindet sich die Brauerei im Besitz der Familie Kneitinger.

Das Haus Arnulfsplatz 4 (A 195)

Der Kern des Hauses reicht in die Spätgotik. Um 1830 erfuhren seine Fassaden eine Umgestaltung im Zeitgeschmack der Neugotik. Damals zierten seine Frontseiten Giebelzinnen (seit Beginn unseres Jahrhunderts zu Treppen überputzt). An der Fassade am Arnulfsplatz sprangen an den Giebelansätzen Ecktürmchen aus. Die Erneuerung des Hauses 1979 gab dem Erker sein ursprüngliches neogotisches Architekturbild wieder zurück. Im Hof, an der Nordwestecke des Hauses, rundes Treppentürmchen. Bei den Reichstagen nahm hier mehrfach der Kurfürst von Köln sein Absteigequartier. Auf sein Verlangen wurde die Hülling, die der Vitusbach (s. d.) auf dem Arnulfsplatz bildete (s. Bäckertaufe) und die namentlich im Sommer üblen Geruch verbreitete, 1652 ausgeschöpft und mit Brettern überdeckt. 1653 wohnte Kaiser Ferdinand III. in diesem Haus; 1779 beherbergte es die russische Gesandtschaft.

Im Rückgebäude (ehemals Lichtspielhaus „Capitol") befand sich bis in die Jahre nach dem ersten Weltkrieg die beliebte Regensburger Vergnügungsstätte „Velodrom".

Das Nachbarhaus, Arnulfsplatz 5 (A 194) konnte seine neogotische Fassadengliederung erhalten.

Das Haus Arnulfsplatz 6 (A 193), Gaststätte Emslander

In diesem Haus verbrachte der Maler und Schriftsteller Ludwig Bemelmann (1898 — 1962) seine Kindheit und Jugendzeit. Er war der Sohn eines flämischen Malers und der Tochter des Regensburger Brauereibesitzers Emslander am Arnulfsplatz. In Amerika brachte es Bemelmann zu bedeutendem Vermögen. In vielen seiner Bücher finden sich Erinnerungen an seine Regensburger Zeit. Die geschlossenste Darstellung über die Stadt gibt er in dem Roman „Hotel Splendid". Er schreibt: „Mein kleines Zimmer in Großvaters Haus war ganz oben, fast unter dem Giebel. Am schönsten war es in der Nacht; von meinem Fenster aus konnte ich, ohne Kopf und Augen zu wenden, den ganzen Platz übersehen, und wenn es dunkel und das Theater nach Eintreffen des Fürsten erleuchtet war, wurden seine Wagen, um die Pferde warm zu halten, langsam rings um den Platz gefahren. Die glänzenden Geschirre, die Livreen der Kutscher und Diener, die Laternen wurden zu einem zauberhaft erhellten, edelsteingeschmückten Karussell... Ich beobachtete dies alles stundenlang, bis das Theaterstück aus war...". Noch kurze Zeit vor seinem Tod schrieb er aus Amerika an einen Regensburger Freund: „Ich möchte recht bald nach Regensburg kommen und ein Buch über die Stadt und die Leute schreiben. »Die Leute von Regensburg« soll es heißen".

Das ehemalige reichsstädtische Zeughaus

nahm bis 1803 die Stelle des Stadttheaters ein (s. Arnulfsplatz). Zwei Aquarellblätter, eines im Museum, das andere in der Hofbibliothek, vermitteln ein Bild des aus gotischer Zeit stammenden Waffenarsenals. Die nördliche und südliche Schmalseite des dreigeschossigen, mit einem Satteldach gedeckten Baues schlossen mächtige Staffelgiebel. Gotische Strebepfeiler stützten seine Westmauer. Das Museum verwahrt eine der Eckbekrönungen des Gebäudes, eine Löwenskulptur aus der Zeit um 1280.

Das Zeughaus diente der Aufbewahrung von Kanonen, Handfeuerwaffen, Fahnen und Kriegsgerät. Die Verwaltung oblag dem vom Rat ernannten Zeugwart, der außerdem über die Geschütze auf den Wällen und Türmen der Stadtbefestigung zu wachen hatte. Der Zeugwart Hans Georg Steiner fertigte 1666 eine ausführliche Beschreibung aller damals vorhandenen Geschütze. Von den insgesamt 54 Stücken standen damals 37 im Zeughaus. Steiner nennt die Figuren und Sinnsprüche, mit denen die Rohre geziert waren und gibt das Gewicht der dazugehörigen eisernen Kugeln an. Fast alle Rohre trugen das Stadtwappen.

Kamen hochgestellte Persönlichkeiten nach Regensburg oder hielt gar der Kaiser Einzug in die Stadt, so wurden zur Begrüßung die Kanonen der Stadtbefestigung abgefeuert. So war es auch, als Kaiser Leopold I. 1663 zum Reichstag nach Regensburg kam. Um jeden unvorhergesehenen Zwischenfall bei der Ankunft des hohen Gastes auszuschließen, ordnete der Rat schon mehrere Tage vorher eine Kontrolle sämtlicher Geschütze an. Dabei fanden die Kanoniere drei Geschütze der Befestigung beim Ostentor scharf geladen. Mit bestem Willen aber waren die Kugeln nicht mehr aus den Rohren zu kriegen. Da vollführten die tapferen Kanoniere eine glorreiche Waffentat: Sie feuerten die drei in Richtung Donaustauf weisenden Geschütze einfach ab. Die Kugeln scheinen ihr Ziel nicht unbemerkt erreicht zu haben, denn wenige Zeit später ging beim Regensburger Rat ein Schreiben des Pflegverwalters von Stauf mit einer recht ungnädigen Beschwerde ein.

Neben den Geschützen barg das Zeughaus auch eine stattliche Anzahl von Handfeuerwaffen. Ein großes „Manöver" veranstaltete die Regensburger Bürgerwehr im Sommer 1543 auf dem Oberen Wöhrd, wo 1100 Mann mit 18 Kanonen in zwei Gruppen gegeneinander kämpften und bei dem es sogar einen, wenn auch unbeteiligten, Verwundeten gab. „Ein Barfüßer Mönch wurde

91. *Ehemaliges Zeughaus. Aquarell, 1833 (?). Hofbibliothek. Wohl retrospektive Darstellung. Das Zeughaus wurde bereits 1803 abgebrochen.*

von ongefähr mit einem Hadern aus einer Büxen getroffen, man wußte aber nicht von wem..." (Gumpelzhaimer).

Mehrfach wurden Bestände aus dem Zeughaus an benachbarte Orte ausgeliehen, denen die zu Repräsentationspflichten notwendigen Waffen fehlten. So erbaten sich aus den reichen Gewehrbeständen des Zeughauses 1670 die Kallmünzer zum Empfang Philipp Wilhelms 30 Musketen, um „mit Schuldigkeit aufwarten und im Gewehr stehen zu können". Zwei Monate später borgten sich die Burglengenfelder 40 Gewehre aus.

Von dem reichen Geschützbestand blieben lediglich drei Kanonen erhalten, die sich nun im Waffensaal des Museums befinden. Unter ihnen nimmt wegen ihrer künstlerischen Ausführung „die Pfeiferin" die Vorrangstellung ein. Sie wurde 1531 von Hans Turnknopf in Regensburg gegossen. „Ich bin die Pfeiferin / wo ich blas ist klein Gewinn", so steht, in modernes Deutsch übertragen, auf einem Spruchband, das sich um einen flötenblasenden Narren schlingt. Delphine bilden den Rohrabschluß. Die zugehörige Lafette stammt von 1656. Eine weitere Kanone goß Hans Allger in Regensburg 1595. Ein sogenanntes Falkonett, gleichfalls aus dem Zeughaus stammend, gehört der Zeit um 1600 an.

Das Museum besitzt ferner eine Reihe wertvoller Originalentwürfe zu verlorengegangenen Regensburger Geschützen. Die Werkzeichnung für den „Grimmig Löb" oder „Hans Narr" von 1532 ist nahezu 5 m lang. An der Rohrmündung ist die unter Rauch und Feuer austretende Kugel ersichtlich. Unter einem Narren in obszöner Stellung steht der kräftige Spruch: „Hans nar haps (heiß) Ich, wenn Ich driff den pescheis Ich". Der Entwurf für den „Elefant" (s. d.) stammt gleichfalls von 1532.

BISMARCKPLATZ

Der Platz führt diesen Namen seit 1885 nach dem Reichskanzler Fürst Otto von Bismarck (* 1815, † 1898), der Ehrenbürger der Stadt war. Vorher hieß der Platz „Oberer Jakobshof" oder „Oberer Jakobsplatz" (s. d.). Daneben tritt aber seit dem 17. Jahrhundert auch die Bezeichnung „bei der Heuwaag" auf. Heu als Futtermittel spielte einst auch im Wirtschaftsleben der Städte eine bedeutende Rolle. Neben dem Schiff war das von Pferd und Rind gezogene Fuhrwerk das einzige Transportmittel. Nahezu bei jedem Haus gab es einen Stall. Zu Reichsversammlungen kamen die Fürsten oft mit großem Gefolge und Hunderten von Pferden in die Stadt. Deshalb mußte Heu stets in ausreichender Menge vorhanden sein. Regensburgs Heumagazine bewahrten die Vorräte dieses wichtigen Futtermittels. Allerdings bereitete die Kontrolle der von den Bauern gelieferten Heumengen gewissen Schwierigkeiten. „Wegen Betrugs und Wucher der Landleute", sagt Gumpelzhaimer, oder, wie Donauer schreibt, „um dem Betrug der Bauern zuvorzukommen", wurde 1607 auf Anraten des städtischen Handelsgerichts eine Heuwaage gebaut. Das im Achteck aufgeführte turmähnliche Gebäude stand auf dem heutigen Bismarckplatz gegenüber der Einmündung der Gesandtenstraße. Den Außenbau errichteten Regensburger Maurer und Zimmerleute. Allerdings waren die reichsstädtischen Schlosser nicht in der Lage, die komplizierte Mechanik der Waage zu fertigen, weshalb man den Nürnberger Hans Puz mit dieser Aufgabe betraute. Fast achtzig Jahre lang erfüllte die Heuwaage ihren Dienst, bis sie 1690 erneuert werden mußte.

Die fürstliche Hofbibliothek verwahrt in ihren Sammlungen eine zeitgenössische, technisch genaue Abbildung der Heuwaage. Das Blatt, das erste aus einer Folge weiterer Detailzeichnungen, verdient nicht nur lokalgeschichtliches Interesse, sondern besitzt auch als Werkzeichnung von technohistorischer Bedeutung. Der beiliegenden „accuraten Beschreibung" nach bestand das Gebäude aus einem gemauerten Untergeschoß und zwei aufgesetzten Stockwerken aus Holz. Im obersten Geschoß befand sich das Waagwerk, aus einem Fenster ragte der Waagbalken mit den Ketten zur Aufnahme des Wiegegutes. Erst zu Beginn des vergangenen Jahrhunderts wurde die Heuwaage abgebrochen und in das Anwesen A 218 an der Ecke Arnmulfsplatz/Kreuzgasse (heute Kreuzgasse 1) verlegt. Noch 1837 wird der Bismarckplatz „Heuwaag- oder Jakobshof" genannt.

In den Zeiten des 30jährigen Krieges stand auf dem Bismarckplatz der Soldatengalgen (s. d.) der kaiserlichen Besatzungstruppen. Oberst Nidrum, der Stadtkommandant von Regensburg, ließ ihn wegen des Kurfürstentages 1636 entfernen, zwei Jahre später aber wieder aufrichten.

Das Bayerische Landesamt für Denkmalpflege führte in den Jahren 1976/77 unter Leitung von Dr. Udo Osterhaus auf dem Areal des Bismarckplatzes umfangreiche archäologische Untersuchungen durch. Dabei konnten wertvolle Erkenntnisse über das römische Lagerdorf gewonnen werden, das sich westlich des Kastells ausbreitete. Über den heutigen Bismarckplatz zog in römischer Zeit eine Straße, parallel zum größeren römischen Verkehrsweg Kumpfmühler Straße — Weißgerbergraben — Schiffslände. An ihr entstanden (in der Folge von Holzbauten) steinerne Häuser, deren Gehsteige eine offene Säulenhalle überdachte, so daß man sich eine bazarartige Anlage vorstellen darf. Von diesen Häusern konnten Fundamente und aufgehende Wände freigelegt werden, die aber so eng parallel verliefen, daß eine gleichzeitige Existenz dieser Bauten nicht angenommen werden kann. Sie müssen verschiedenen Zeiten angehören. Die Wände waren innen geweißt und z. T. mit einfachen Pflanzenmustern in rotbrauner und grüner Farbe bemalt. Gesichert ist das Vorhandensein einer Darre, einer Räucherkammer mit Heizraum, die wohl zum Räuchern von Fleisch diente. Außerdem konnten die Grundmauern eines (etwas späteren) römischen Kalkbrennofens mit Schürloch freigelegt werden. Da er wegen des Baues einer Tiefgarage nicht an Ort und Stelle konserviert werden konnte, wurde er vorsichtig abgetragen und auf dem Gelände der Berufsfachschule an der Alfons-Auer-Straße wieder aufgebaut. Bedeutendster römischer Einzelfund ist das Militärdiplom des Marcus Ulpius Fronto von 113 n. Chr. Die Soldaten der Hilfstruppen erhielten nach 25 Dienstjahren eine solche Urkunde — der Text ist in ein Bronzetäfelchen geritzt — mit der ihnen und ihrer Familie das römische Bürgerrecht zugesprochen wurde.

Das Grabungsfeld Bismarckplatz liegt westlich der um 920 unter Herzog Arnulf erbauten Stadtmauer (s. Stadtbefestigung). Wohl konnte festgestellt werden, daß dieser Mauer zwei ca. 8 m breite Gräben vorgelagert waren, doch durchschlugen sie die römischen Schichten vollständig, was eine erhebliche Einschränkung des Grabungsfeldes bedeutete.

Größeres Aufsehen noch als die Entdeckungen aus römischer Zeit machte der Fund eines Pferdegrabes des frühen Mittelalters, der in das 6. Jahrhundert datiert wird. In einer verhältnismäßig kleinen Grube fanden sich die Skelette von vier Pferden. Sämtliche Tiere waren, aus kultischen Gründen, enthauptet und folgten gleichsam ihrem Herrn in den Tod. Mit Gewißheit handelt es sich um einen Mann von hohem Adel, dessen Grab in nächster Nähe zu suchen ist, aber leider nicht aufgefunden werden konnte. Über den Pferdeskeletten entdeckten die Archäologen Zierbeschläge von vergoldeter Bronze, die vom Zaumzeug, vermutlich vom Reitpferd des hohen Herrn stammen. Die Beschläge zeigen auf der Schauseite Verzierungen im germanischen Tierstil. Es fanden sich Riemenverteiler, Zierbeschläge der Stirn- und Backenriemen, eine bronzene Ringtrense sowie Riemenzungen vom Sattelzeug aus Silberblech. Vergleichbare Beispiele zu diesem Fund gibt es in unserem Raum bisher nicht.

Über den Bismarckplatz zog die von Kumpfmühl herkommende Straße und führte weiter zum Weißgerbergraben, wo ein Donauübergang zu vermuten ist, der im Schelmengraben seine Fortsetzung findet. Diesen Straßenzug kreuzte am Bismarckplatz ein von Ost nach West verlaufender, die Donau begleitender Verkehrsweg. Hier, an strategisch wichtiger Stelle, erfolgte nun die Bestattung dieser hochgestellten Persönlichkeit, die vielleicht mit der Überwachung des wichtigen Verkehrsknotenpunktes oder des Donauüberganges betraut war (nach Udo Osterhaus, s. Literaturverzeichnis).

Stadttheater und Neuhaussäle, Bismarckplatz 6/7 (B 4)

Das beginnende 19. Jahrhundert bedeutete für Regensburg nicht nur einen politischen Wandel — aus der Freien Reichsstadt war ein geistliches Fürstentum geworden — es brachte auch eine neue Ära in der Kunst des Bauens und bereicherte das mittelalterliche Stadtbild durch eine Reihe von Bauwerken und Fassaden im Stil des Empire, des Ausklangs der klassizistischen Epoche. Von wenigen Ausnahmen abgesehen stammt der spätklassizistische Baubestand Regensburgs fast ausnahmslos von dem fürstprimatischen Hofarchitekten Emanuel d'Herigoyen.

Dem Landesherrn von Regensburg, Fürstprimas Carl von Dalberg, verdankt die Stadt auch ihr Theater. D'Herigoyen wurde zwar erst 1804 zum „Stadt und Landbaumeister für das Fürstentum Regensburg" berufen, erhielt aber bereits 1803 von Dalberg den Auftrag, die Pläne für das „neue öffentliche Theater- und Gesellschaftshaus" zu fertigen. In verhältnismäßig kurzer Zeit konnte dieses Bauvorhaben ausgeführt und am 7. September 1804 mit einem Prolog „Weihe des Tempels" und dem Lustspiel „Der Puls" eröffnet werden. Dalberg subventionierte das Theater mit einem Jahreszuschuß von 8000 Gulden; im übrigen spielten die jeweiligen Theaterdirektoren mit ihrem Ensemble auf eigene Rechnung.

Als das Fürstentum Regensburg 1810 zu Bayern kam, übernahm der bayerische Staat auch das Theater, das sich nunmehr „Königliches Nationaltheater" nannte. Der Staat bezahlte zunächst auch den von Dalberg gewährten Jahreszuschuß, der sich jedoch ständig verringerte und schließlich ganz ausblieb.

Nur wenige Jahrzehnte lang bestand diese früheste Regensburger Bauschöpfung d'Herigoyens. Ein Großfeuer am 18. Juni 1849 vernichtete Theater und Gesellschaftshaus. Ein Brand auf dem Speicherraum des Theaters breitete sich mit ungeheurer Heftigkeit aus, und bald stand der Dachstuhl in Flammen. Vom Rathausturm ertönte das Feuersignal. In Eile formierten sich die Löschhelfer — eine Berufsfeuerwehr gab es damals noch nicht — und schöpften mit Feuereimern Wasser aus der Donau, das sie in langen Eimerketten zur Handdruckspritze vor dem brennenden Theaterbau förderten. Mit rasender Schnelligkeit griff das Feuer um sich. Der schwache Wasserstrahl blieb wirkungslos. Unter

92. Stadttheater. Ansicht von SW. Stahlstich nach einer Zeichnung von Karl Viktor Keim. Um 1860. Museum

Einsatz aller Kräfte gelang es, wenigstens die angrenzenden Häuser zu retten. Der Theaterbau aber mußte den Flammen preisgegeben werden. Einige gerettete Möbelstücke und ein Teil der Kostüme bildeten den traurigen Rest des einstmals so glanzvollen Hauses. „Noch 14 Tage später", heißt es in einem zeitgenössischen Bericht, „zeigten glühende Trümmerreste nachts die Stätte an, wo sich vormals Musik und Wort zu harmonischer Einheit im Theaterkunstwerk vereinigt hatten."

Die Regensburger aber wollten nicht ohne Theater bleiben. Auf Initiative des Reichsrats Wilhelm Neuffer bildete sich ein Bürgerkomitee mit dem Ziel, die Mittel für den Wiederaufbau des Musentempels aufzubringen. Der bayerische Staat stellte den Platz, Baumaterial und die Gelder aus der Brandversicherung zur Verfügung. Fürst Maximilian Karl von Thurn und Taxis gewährte eine Beisteuer von 3000 Gulden. Im Mai 1851 konnte unter Leitung des fürstlichen Baurats Karl Viktor Keim (s. d.) der Wiederaufbau auf den Grundmauern d'Herigoyens begonnen werden, dessen Entwürfe im wesentlichen beibehalten wurden. Bereits am 12. Oktober 1852 wurde nach einem Prolog des Direktors Gerlach das neue Theatergebäude mit Meyerbeers Oper „Die Hugenotten" feierlich eröffnet. 1859 ging es aus dem Besitz des Staates in den der Stadt Regensburg über und nannte sich fortan „Stadttheater Regensburg".

Der Theaterbau schließt mit seiner Schaufront den Bismarckplatz im Norden. Aus dem Langflügel tritt ein dreiachsiger Mittelrisalit vor, den ein Dreiecksgiebel mit Akroterien schließt. Die Bekrönung bildet das Sinnbild der Musen, Lyra und Schwan, flankiert von Delphinen. Beiden Seitenfluchten sind Balkone auf gekuppelten Säulen vorgesetzt. Sie sind eine Zutat Keims beim Wiederaufbau 1851/52. Dreiecksgiebel auf Volutenkonsolen überdachen die Fenster des 1. Obergeschosses, auch an den Seitenflügeln. Der Theaterbau umschließt auch Säle für Konzerte und Veranstaltungen, so den Neuhaussaal, der das Obergeschoß des westlichen Seitenflügels einnimmt. Den Saal umläuft eine Galerie auf toskanischen Säulen.

Die ehemalige Prüfeninger Herberge, Bismarckplatz 8 (B 8)

Abt Otto Krafft (s. d.) von Prüfening ließ das Gebäude als Stadtpalais des Klosters, als Absteige in Regensburg und wohl auch als Gästehaus, 1701 erbauen. 1799 war es an den französischen Gesandten vermietet. Schon in fürstprimatischer Zeit war darin die baierische „Haupt Mauth und Zollinspektion" untergebracht. 1815 erwarb es der fürstlich Thurn und Taxis'sche Bibliotheksdirektor Graf Alexander von Westerholt, von dessen Erben es 1846 in den Besitz des Freiherrn Ludwig Karl Reichlin von Meldegg kam. Seit 1862 gehört es dem fürstlichen Haus von Thurn und Taxis, dessen Mitglieder es bis 1886 bewohnten.

Das palaisartige Gebäude umschließt mit vier Flügeln einen Innenhof. Die Fassaden erfuhren eine Umgestaltung im 19. Jahrhundert. Bestimmend für die Westfront gegen den Bismarckplatz wirkt das korbbogige Portal mit dem darüber befindlichen Balkon auf Volutenkonsolen. An der Ostseite des Hofes zweigeschossige, verglaste Holzgalerie mit Schlaguhr. Auf dem Mansardendach aus Blech geschnittenes Kreuz mit ausladenden Balkenenden, das Wappenbild des Klosters Prüfening.

Das Haus Bismarckplatz 9 (C 8)

an der Ecke zur Gesandtenstraße beherbergte während des Reichstages von 1541 den Kurfürsten Joachim von Brandenburg. Der Besitzer, Christoph Scheckenbach, ließ damals — ein Jahr vor dem offiziellen Übertritt der Stadt zur Lehre Luthers — evangelischen Gottesdienst in diesem Hause abhalten. Johann Georg Muck hieß der Hauseigentümer, bei dem 1556 Kaiser Ferdinand I. während des damaligen Reichstags wohnte. 1594 stieg hier der Erzbischof Johann von Trier ab. 1716 beherbergte das Haus die kurfürstlich Hannover'sche, 1742 die herzoglich württembergische Gesandtschaft.

Das sogenannte Präsidialpalais, Bismarckplatz 1 (C 6/7)

Zwei klassizistische in ihrer Anlage verwandte und auch zur gleichen Zeit entstandene Bauwerke bestimmen weitgehend das Bild des Bismarckplatzes: im Norden der langgezogene Bau des Stadttheaters mit dem Neuen Haus, im Süden das sogenannte Präsidialpalais. Fürstprimas Carl von Dalberg ließ es 1805 durch seinen Hofarchitekten, Emanul d'Herigoyen für den französischen Gesandten beim Immerwährenden Reichstag, Theobald Jacques Justin Baron de Bacher, erbauen. Die großzügige Anlage des Palais spiegelt die engen Beziehungen Dalbergs zu Frankreich wider. Nachdem Regensburg 1810 bayerisch und Sitz der Regierung des Regenkreises geworden war, diente das Gebäude dem Regierungspräsidenten als Wohnung, weshalb es noch jetzt den Namen „Präsidialpalais" führt. Heute ist darin das Präsidium der Landpolizei untergebracht.

Die große Dreiflügelanlage richtet seine monumentale Schaufront dem Bismarckplatz zu. Über die Front zu neun Fensterachsen springt ein von sechs mächtigen Kalksteinsäulen mit korinthischem Kapitell getragener Portikus vor, den ein Dreiecksgiebel schließt. Im Giebelfeld steht das stuckierte Wappen des Bauherrn Carl von Dalberg, gehalten von geflügelten Genien, umgeben von Rankenwerk. Stuckierte Greifenornamente zwischen kleinen Rundöffnungen zieren den Fries. Die Erdgeschoßfront mit den rundbogigen Fenstern ist gebändert; die hohen Fenster des Hauptgeschosses haben gerade Verdachung. Eine breite Freitreppe führt zu der von alten Bäumen gesäumten Anlage mit dem Springbrunnen hinab. D'Herigoyen, der bedeutendste Architekt

93. *Präsidialpalais, Bismarckplatz 1 (C 6/7). Erbaut 1805*

des Klassizismus in Regensburg, gestaltete das Palais in der von ihm immer wieder bevorzugten Tempelform: Schaufront mit vorgestelltem Säulenportikus und Dreiecksgiebel. Schon seine Zeitgenossen bestätigten ihm „Solidität und Geschmack bei möglichst geringem Kostenaufwand und ein auf sichere Theorie und praktische Erfahrung gegründetes Bauen". Fünf Originalpläne d'Herigoyens zu diesem Palais verwahrt das Museum.

Die nach Süden und Osten ansteigende Bodenwelle, auf der das Präsidialpalais steht, hieß einst der „Rinderbühl", der Bühl, d. h. die Erhebung, auf dem der Rindermarkt stattfand (auf dem benachbarten Ägidienplatz war zeitweilig der Schweinemarkt). Hier stand vor Erbauung des Palais ein städtischer Getreidestadel, der den Tuchwalkern und Leinwebern auch als Manghaus diente. 1569 wurde er wohl anstelle des 1414 errichteten „Kornhaus vor burch" mit einem Kostenaufwand von 3662 Gulden neu gebaut. An diesen Getreidespeicher schloß sich der städtische Marstall an, in dem die Pferde für den städtischen Dienstgebrauch standen. Ein Modell im Museum veranschaulicht dieses verschwundene Gebäude mit den kraftvollen Renaissancefassaden.

Im Hof des Präsidialpalais findet sich im Scheitel einer Rundbogentüre noch die Jahreszahl 1569. Im Flur des Erdgeschosses erinnert eine geätzte Solnhofener Platte von 1569 an den Bau des einstigen Getreidespeichers: ANNO DOMINI MDLXIX HAEC DOMVS EST CVRA FVGGERI EXSTRVCTA FIDELI FRVMENTI TVTVS POSSET VT ESSE LOCVS ...

>   Herr Stephan Fugger Bauherr war
>   Als dieser Bau vollbracht ist gar.
>   Kein Unkost spart ein Ehrw. Rat,
>   Nächst Gott man ihms zu danken hat.
>   Noch merk dabei mein lieber Christ,
>   Daß Brot ohne Wort nichts Nützliches ist.

Auf der rechten Tafelseite die Namen der damaligen Ratsmitglieder.

Das Haus Bismarckplatz 5 (A 238)

zeigt sich im noblen Fassadendekor des Klassizismus. Girlanden und Tafeln, Sonnen und Rosetten sind die schmückenden Motive, die im Wechsel an den Fensterbrüstungen wiederkehren. Lisenen gliedern die Fronten. Die Stuckierung erfolgte 1792, wie die Jahreszahl über der Türe ausweist (s. Hausschilder mit Handwerkssymbolen). Das Haus beherbergte früher die Jakobsapotheke. Ähnlichen Fassadenschmuck trägt das Haus Ostengasse 13 (s. d.).

BERAITERWEG

Der leicht gebogene Straßenzug überwindet eine schwache Bodenwelle, den einstigen „Rinderbühl" (s. d.) und folgt dem Verlauf der um 920 vollendeten arnulfinischen Stadtmauer. „Beraiten" leitet sich ab von dem mittelhochdeutschen Wort „reiten" oder „raiten", d. h. rechnen, zählen. Noch heute gibt es die sogenannten Geldreitern, Siebe mit verschiedener Lochgröße zum Sortieren und damit zum Zählen der Münzen. An der Westseite des Beraiterweges, vor der Einmündung in den Ägidienplatz, lag der Almosenamts-Beraiterhof, die Rechnungsstelle des städtischen Almosenamtes, jene Behörde, die mit der Unterstützung der Stadtarmen betraut war. Die Wachtpläne im Museum aus der Zeit um 1770 verzeichnen an dieser Stelle den „Bereuther Hoff". Bei dieser Amtsstelle gab es Rechnungsbeamte, „Beraiter", Rechner. Von dieser Bezeichnung leitet sich der Name des Beraiterweges ab.

An der Westseite des Beraiterweges, anschließend an das einstige Getreidemagazin anstelle des Präsidialpalais (s. d.) befand sich der reichsstädtische Marstall, in dem die Pferde des Bürgermilitärs sowie die für den städtischen Dienstgebrauch eingestellt waren. Auch die Dienstpferde des Prinzipalkommissars von Thurn und Taxis hatten hier ihre Stallungen.

HOLZLÄNDESTRASSE

Vor Entwicklung und Ausbau der Eisenbahnen und dem damit verbundenen billigen Transport von Kohle war in unserer Gegend Holz das ausschließliche Brennmaterial. Dem Brennholz kam deshalb große wirtschaftliche Bedeutung zu. Beachtliche Holzmengen, vornehmlich Nutzholz, wurden aus dem Bayerischen Wald den Regen herabgeflößt. Die Namen „Holzgartenstraße" (s. d.) und „Am Holzhof" (s. d.) erinnern an die ehemaligen Lagerplätze. Auch die Holzländestraße, die vom Weißgerbergraben längs der Donau nach Westen zieht, führt ihren Namen auf einen Holzlagerplatz zurück, der sich von der Oswaldkirche bis über die Brunnleite hinaus erstreckte. Das Holztor (s. d.) am Ende des Weißgerbergrabens vermittelte durch die Stadtmauer den Zugang zum Uferstreifen, zur Lände. Hier war der Markt für Brennholz. Große Holzschiffe brachten die Scheite aus den Forsten um Kelheim und Hienheim donauabwärts zur Lände. Die Stadtansicht H. G. Bahres von 1630 (Stadtansichten Nr. 10) schildert das rege Treiben an der Holzlände. Stapel von Scheiten lehnen an der Stadtmauer; Frauen verhandeln mit den Holzhändlern. Zweirädrige Karren beförderten das Holz vom Schiff zum Stapelplatz.

Überschwemmung und Eisgang richteten an der Holzlände nicht selten großen Schaden an, und manches Scheit schwamm bei Hochwasser die Donau hinab. 1784 stieß das Eis das Holztor ein, drang in die Stadt und bereitete dem Holzturm (s. d.) bei der Oswaldkirche den Einsturz. Die hochgehenden Fluten lähmten den Schiffsverkehr auf der Donau, so daß sich alsbald empfindlicher Holzmangel einstellte. „Es war daher eine große Freude", schreibt Gumpelzhaimer, „das erste Holzschiff wieder ankommen zu sehen; augenblicklich war das Holz verkauft."

Der ausgedehnte Handel mit Brennholz beschäftigte eine Reihe heute verschwundener Gewerbe. Die Holzmesser, von der Stadt bestimmte Männer, prüften mit Eisenstäben die Abmessungen der zum Verkauf bestimmten Stapel. Das Adreßbuch von 1844 nennt noch acht Holzmesser. Die Lände war stadteigenes Gebiet. Die Holzhändler hatten deshalb Lagergebühren zu entrichten, deren Höhe sich aus der Menge des angekommenen Scheitholzes errechnete. Der Holzländeschreiber hatte darüber Buch zu führen.

Die Scheite mußten vor dem Verbrauch erst zersägt und gekliebt, d. h. gespalten werden. Diese Arbeit verrichteten die Holzschneider, die mit Sägebock, Beil und Handsäge von Kundschaft zu Kundschaft zogen. Noch um 1900 war es üblich, daß auf dem Kohlenmarkt Holzschneider auf Arbeit warteten.

Über die Bestrafung der Holzdiebe s. Straftriller.

BRUNNLEITE

„Brunnleite" heißt die platzartige Straßenerweiterung am Ostende der Lederergasse. Der Name setzt sich zusammen aus „Brunn", das heißt „Quelle", und aus „Leite". Im bairischen Sprachgebrauch bedeutet „Leite" allgemein Weg, speziell aber Abhang, abschüssiges Gelände. „Brunnleite" deutet demnach auf abfallendes Gelände mit einer Quelle, einem Wasserlauf. Wohl neigt sich das Terrain merklich zur Donau hin, das Vorhandensein eines Wasserlaufes in dieser Gegend ist jedoch nicht überliefert. Es gab auch ein Geschlecht der Prunnlait, das nach Schuegraf hier ansässig war. Es führte eine Quelle mit sechs Rinnsalen im Wappen. Ein Gruftdeckel in der Weintingerkapelle, jetzt Teil des Museums, erinnert an Friedrich und Greimold Prunnlait und dessen Frau Ursula.

Der Name Brunnleite wird erstmals 1007 genannt. Damals beschenkte Kaiser Heinrich II. das Bistum Bamberg mit zwei Hofstätten an der Brunnleite. Das Haus eines Eisenhändlers an der Brunnleite wird 1489 „im Stöcklein" genannt. Schwäbl denkt bei dieser Bezeichnung an den kleinen Häuserblock, heute Nr. 2, 3 und 4 (A 29, 30, 31), der inmitten unseres Platzes steht. Noch jetzt ist der Ausdruck „Stock" für eine geschlossene von Straßen umgebene Häusergruppe gebräuchlich, zum Beispiel „um den Stock gehen".

Die Donau bildete bei der Brunnleite einst eine Einbuchtung, wodurch eine halbinselartige Landzunge entstand. Die Stadtansicht von H. G. Bahre, 1626 (Stadtansichten Nr. 10) läßt deutlich das Zurücktreten des Uferstreifens an dieser Stelle erkennen. Hier war der Ländeplatz für die Flöße, die das Steinmaterial zum Dombau von Abbach und Kapfelberg donauabwärts brachten. Nach Schuegraf stand hier eine zum Dombau gehörige Steinmetzhütte, was auf eine Bearbeitung zumindest einzelner Werkstücke vor ihrem Weitertransport zur Dombaustelle schließen läßt. Schwäbl übermittelt noch eine weitere Ortsbezeichnung aus unserer Gegend: der Schwall. Dieser Name kommt im 13. und 14. Jahrhundert mehrfach in Beziehung zur Brunnleite vor. Der Volksmund bezeichnet heute als „Schwall" jene Erscheinungen auf der Wasseroberfläche, die bei Gegenströmung, z. B. unterhalb der Steinernen Brücke, entstehen. Den Schwall an der Brunnleite mögen wohl die durch die Halbinsel bedingten Strömungsverhältnisse verursacht haben.

Das ehemalige reichsstädtische Armen- und Arbeitshaus,
dann evangelisches Waisenhaus und Zuchthaus, Brunnleite 1 (A 25 mit 28)

1724/25 vereinigte man einen alten an der Ecke zur Lederergasse stehenden Getreidestadel mit einem benachbarten Bürgerhaus zu dem stattlichen Gebäude. Dort erhielten arbeitslose Leute Beschäftigung, um sie „vom Betteln, Müßiggehen und daraus entstehendem liederlichen Leben" abzuhalten. Ein Teil des Hauses diente außerdem als Altersheim, ein weiterer blieb gebrechlichen

Personen vorbehalten, jedoch nur solchen, die nicht mit ansteckenden Krankheiten behaftet waren.

1666 erhielten die evangelischen Waisenkinder Regensburgs erstmals eine Heimstätte (s. Bruderhaus). Das Glück, in dieser Anstalt Aufnahme zu finden, hatten jedoch nur die sogenannten bürgerlichen Waisenkinder, solche, die von bürgerlichen Eltern und aus rechtmäßiger Ehe stammten. Alle übrigen Waisenkinder mußten sich „mit anderweitigen Unterstützungen begnügen". So sehr hat Standesdenken die Menschen des Barock erfüllt, daß sie selbst Kinder gleichen Schicksals noch unterschieden in „bürgerliche Waisenkinder" und solche unehelicher, nichtbürgerlicher Abstammung, die man „Erzieh- oder Ziehkinder" nannte. Für diese Ärmsten der Armen tat sich durch eine Stiftung des Ratsherrn Michael Gundinger 1725 ein Zuhause auf, in einem stadteigenen Gebäude an der Brunnleite. Schließlich obsiegte doch die Überzeugung, daß eine räumliche Trennung der Waisenkinder „unterschiedlichen Standes" nicht notwendig sei; man vereinigte alle in dem großen Haus an der Brunnleite. Zu einer gleichen Behandlung aller Kinder innerhalb ihrer Gemeinschaft aber konnte man sich noch nicht entschließen. Als Beispiel sei hier nur angeführt, daß die „bürgerlichen Waisenkinder" sechsmal in der Woche Fleisch zum Mittagessen erhielten, die „Erziehkinder" nur viermal.

Die Verlegung des Waisenhauses an die Brunnleite erwies sich als großer Nachteil für die Kinder, denn das umfangreiche Gebäude diente gleichzeitig auch als Verwahrungsort für „liederliche Weibspersonen" und schließlich sogar als Zuchthaus. Waisenkinder und Kriminalverbrecher unter einem Dach! Waren auch die Räume des Waisenhauses von denen des Zuchthauses „durch zwei Gattern" getrennt, so ließ sich der Umgang der Kinder mit den Sträflingen doch nicht ganz vermeiden. In einer 1806 erschienenen Schrift rügt der damalige Waiseninspektor Kand. Mayer die allzugroße Absonderung der Waisenkinder von der Welt, ihre mechanische Erziehung, das einförmige Leben und das Übermaß an religiöser Betätigung. Vor allem aber klagt er über die unmittelbare Nachbarschaft des Zuchthauses und die Berührung der Kinder mit den Strafgefangenen. Er schreibt: „Es erregt meiner Meinung nach schon eine gewisse Erbitterung und Verstocktheit in den Herzen der Kinder, wenn sie sich mit den strafwürdigsten Verbrechern in eine Klasse gestellt sehen, und außerdem entsteht auch aus dem Umgange mit den Züchtlingen, der doch nicht ganz vermieden werden kann, mancher Nachteil für ihre Moralität". Wie Mayer berichtet, haben die Kinder den Sträflingen schon „manches Liedchen und manchen Kernausdruck abgelernt". 1809 erst wurde das evangelische Waisenhaus von der Brunnleite wieder in das Gebäude an der Alten Manggasse verlegt. Trotz aller Schwächen und Nachteile: Aus der Sicht der Zeit bedeutet die Errichtung des Evangelischen Waisenhauses Fortschritt und Segen.

Nach Auszug des Waisenhauses fanden wiederum arbeitsscheue Personen in dem Hause zwangsweise Beschäftigung. Nach dem Anschluß Regensburgs an Bayern 1810 wurde das kgl. Militärlazarett in das umfangreiche Gebäude verlegt, das dort bis 1889 verblieb.

LEDERERGASSE, GERBERGASSE

Über das ledererzeugende und lederverarbeitende Gewerbe in Regensburg liegen sehr frühe Nachrichten vor. Der Mönch Arnold von St. Emmeram erzählt bereits um das Jahr 1035 von einem Schuhmacher, der in das Kloster eintrat, bald aber wegen des ihn so sehr bedrückenden Gelübdes der Armut wieder in die Welt und zu seinem Gewerbe zurückkehrte.

Ursprünglich gerbte der Schuhmacher sein Leder selbst. Lederbereitung und Lederverarbeitung lagen somit in einer Hand. Eine Urkunde des Klosters Prüfening von 1170 berichtet, daß in der Achkirchenstraße, der heutigen Bachgasse (s. d.), Sattler und Schuhmacher wohnten. Um diese Zeit war die Trennung von lederherstellendem und lederverarbeitendem Handwerk bereits vollzogen, doch reicht die Ansiedlung von Schuhmachern und Sattlern in der Bachgasse in jene Zeit zurück, als sie auch noch Gerber waren.

Dem Bestreben, die Gerbereien vor die Stadt hinauszuverlegen, mögen die Lederer im 13. Jahrhundert gefolgt sein und die Lederergasse und die Gerbergasse besiedelt haben. Hauptsächlich waren es Rotgerber, die Bereiter von Sohlenleder, die hier ihre Heim- und Arbeitsstätten gründeten, und von denen die Gassen den Namen schöpften. 1251 heißt diese Gegend bereits „unter den Lederern". Ein Steuerregister von 1391 schreibt: „di obern strazz under den ledrärn". Zum Trocknen der Häute diente der sogenannte Ledererstadel, dessen Aufrißzeichnung von 1650 das Museum verwahrt. 1688 wird den Lederern der Neubau eines Dörrstadels bewilligt. 1822 wohnten noch 3 Lederer in dieser Gegend: Lederergasse 4 (A 23), Brunnleite 8 (A 97) und Wollwirkergasse 7 (A 187). Das Haus Weintingergasse 3 (A 42) war Stadel des Ledermeisters Molter.

Die Ledergasse gehört zu den verkehrsarmen Straßen der Stadt. Das mag jedoch einst anders gewesen sein, als die Landstraße nach Nürnberg noch durch das Prebrunntor führte. Damals hatte die Ledergasse neben der Wollwirkergasse zumindest einen Teil des Fernverkehrs nach Nürnberg aufzunehmen.

Nur die schmale nördliche Häuserzeile und ehedem die Stadtmauer trennten die Ledergasse von der Donau. Hier stand einer der originellsten und baulich reizvollsten Mauertürme, der sogenannte Ledererturm (s. d.), unter dem das Ledertürl (s. d.) zum Uferstreifen hinausführte. „Auf Vorstellung der Lederer", schreibt Gumpelzhaimer zum Jahr 1619, „wurde das kleine, vermauerte Ledertürchen wieder geöffnet."

Trotz mancher Einbrüche in ihren Baubestand, vornehmlich im 19. Jahrhundert, konnte die Ledergasse den Charakter eines gotischen Straßenzuges bewahren. Ein Großteil der Häuser gehört in seinem Kern der Gotik an.

Das Haus Ledergasse 25 (A 145)

kann als das bedeutendste Anwesen der Straße bezeichnet werden. Aus der langgestreckten Front springt ein auf Kragsteinen ruhender Erker aus. Eine Steintafel an seiner Brüstung vom Jahre 1560 erinnert an Hans Pierckhel und seine Frau Anna Wisserin. Von den Ehewappen zeigt eines einen dreiblättrigen Baum, das andere eine Hausmarke. Der Keilstein des Haustores meldet die Jahreszahl 1732. Damals mag das Haus einen Umbau erfahren haben. An die Langfront schließt westlich ein viergeschossiger turmähnlicher Anbau an. In dem Anwesen und seinen Rückgebäuden wurde ehedem die Schmausbrauerei betrieben, deren Sommerkeller in Kumpfmühl, der Schmauskeller (s. d.), zu den beliebtesten Wirtsgärten zählte. Das Haus in der Ledergasse birgt heute noch die Gaststätte „Schmausbrauerei".

HERRENPLATZ

Der Herrenplatz, unmittelbar an der Donau im dünner besiedelten Westen gelegen, zählt zu den größten unbebauten Räumen innerhalb des mittelalterlichen Stadtbezirks. Der Ausdruck „Herren" bedeutet stadteigenen Besitz. Geläufig ist noch der Name „Herrentrinkstube" (s. d.). Drei städtische, also „Herren"-Einrichtungen befanden sich auf unserem Platz und verliehen ihm den Namen: der Herren Roßmühle, der Herren Holz- und der Herren Malzhaus. 1611 ließen die „Herren", die Ratsherren, auf dem Platz eine durch Pferdekraft angetriebene Mühle erbauen: der Herren Roßmühle. Sie stand für Notzeiten in Bereitschaft, wenn durch Feindeinwirkung oder Hochwasserschaden die Donaumühlen nicht zu gebrauchen waren. Der Herrenplatz diente zeitweilig auch zur Lagerung stadteigenen Holzes, weshalb er auch „Platz an der Herren Holtz" genannt wurde. Ein Wachtposten, dem 1644 ein Schilderhaus erbaut wurde, hatte die Holzdiebe abzuwehren. Schließlich muß noch eines städtischen Malzhauses, des „Herrenmalzhauses" auf dem Platz gedacht werden. Zeitweilig wurde auch der benachbarte Platz Am Singrün zum Herrenplatz gezählt.

Dem Lebensstil des Barock entsprangen die Schaustellungen der Reitkünste, des spanischen Schulreitens, der Quadrillen zu Pferd und beliebter Reiterspiele, welche die mittelalterlichen Turniere ersetzten. Wegen seiner räumlichen Größe veranstaltete die Regensburger Reichstagsgesellschaft auf dem Herrenplatz allerlei reiterliche Kunst- und Bravourstücke, namentlich das beliebte Ringelstechen, bei dem der Reiter im gestreckten Galopp einen Holzspeer durch einen über der Reitbahn hängenden Ring zu führen hatte. Zwei stark gedunkelte Ölbilder aus der Zeit um 1650 im Besitz des Museums veranschaulichen den Ablauf einer solchen Veranstaltung, bei der neben dem Ringelstechen auch mit Lanzen nach aufgesteckten Holzköpfen gezielt wurde. Von einem Turm mit bekrönenden Eckerkern schauen Damen den Spielen zu. Mit Sicherheit handelt es sich hierbei um jenen Turm, den H. G. Bahre auf seiner Stadtansicht von 1630 (Stadtansichten Nr. 10) und Merian auf seinem Vogelschauplatz von 1644 (Stadtgrundrisse Nr. 4) wiedergeben. Die Möglichkeit liegt nahe, daß er zu dem von Herzog Albrecht IV. 1489 errichteten Schloßbau gehörte (vgl. Am Singrün), dessen Stelle mit der des heutigen Anwesens Am Singrün 2 (A 6) identisch sein dürfte. Ein großes Ringelstechen fand anläßlich des Reichstages von 1653 auf dem Herrenplatz statt. Dieses Stechen mag Anlaß zur Entstehung der genannten Gemälde gewesen sein.

Während des Spanischen Erbfolgekrieges überrumpelte Graf Santini mit bairischen Truppen die Stadt. 2000 Mann Infanterie lagerten auf dem Herren- und Nonnenplatz. Im Frühjahr 1726 ließ der Kaufmann Pürkel auf dem Herrenplatz die heute noch grünenden Kastanienbäume pflanzen.

AM SINGRÜN

„Am Singrün" heißt der kleine Platz in der nordwestlichen Ecke der Regensburger Altstadt. „Sin" hat die Bedeutung von „immer". Singrün heißt demnach „immergrün", bedeutet also eine immergrüne Pflanze. Die Botanik kennt eine Reihe immergrüner Pflanzen. Die bekannteste darunter ist jene mit dem lateinischen Namen Sempervivum, kurzweg „das Immergrün", im Volksmund „Donnerkraut" oder „Donnerbart" genannt. Diese ursprünglich auf Felsen der Alpen wild wachsende Pflanze erfuhr eine weit nach Norden reichende Kultivierung. Da ihr der Volksglaube blitzabwehrende Kraft zuschreibt, wurde sie vielfach auf Scheunen und Hausdächern gepflanzt. Am Singrün in Regensburg könnte vielleicht ein Haus gestanden sein, auf dessen Dach das Donnerkraut wucherte. Auch wäre es möglich, daß sich immergrüner Efeu daran hochrankte. Der Name „Am Singrün", ursprünglich nur für das (angenommene) Haus gebräuchlich, dehnte sich schließlich auch auf dessen Umgebung aus. In einer Urkunde des Jahres 1499 heißt es: „... in Preprun et Sigrun..."

Die Gegend Am Singrün steht in Beziehung zu einem Schloßbau, den Herzog Albrecht IV. von Baiern 1489 dort errichtet haben soll. Die völlig verarmte Reichstadt unterwarf sich 1486 bairischer Herrschaft. Herzog Albrecht ließ Regensburg sogleich wirtschaftliche Hilfe angedeihen und begann alsbald mit dem Bau eines Schlosses. Der Überlieferung nach soll es auf dem Grund des Anwesens Nr. 2 (A 6) gestanden sein (s. Herrenplatz, Ringelstechen).

Die ehemalige Porzellanmanufaktur,
heute Bischöfliches Knabenseminar, Am Singrün 1 (A 160)

Die Verarbeitung von Rohporzellan reicht in Regensburg in das letzte Viertel des 18. Jahrhunderts zurück. In seinem 1787 erschienenen „Versuch einer medicinischen Ortsbeschreibung der Stadt Regensburg" berichtet der Arzt Dr. Jakob Christian Gottlieb Schäffer (s. d.), daß seit einigen Jahren sich zwei Familien in der Stadt niedergelassen haben, „die besonders kleine Kaffeebecher verschieden bemalen, brennen, polieren und deren viele 100 000 Stücke das Jahr durch fertigen und über Wien nach der Türkey verschicken". Es handelt sich dabei um sogenannte „Türkenkoppchen", kleine Schalen, die Regensburger Porzellanmaler aus verschiedenen Manufakturen als Rohmaterial bezogen und bemalten. In großen Mengen wurden sie von hier aus auf der Donau in den Vorderen Orient verschifft. Johann und Franz Matthias Willand — Vater und Sohn — unterhielten in Regensburg eine Porzellanmalergesellschaft. Daneben sind die Regensburger Porzellanmalerfamilien Amberg, Haag und Trier bekannt.

Der 1738 in Speyer geborene Johann Heinrich Koch hatte 1765 in Regensburg das Bürgerrecht erworben und war längere Zeit Gesellschafter des Regensburger Großkaufmanns Georg Friedrich von Dittmer (s. d.). 1790 wird Koch als „Bankier des jüngeren Willand" genannt. Es liegt nahe, daß der tüchtige Geschäftsmann Koch nicht nur aus der Bemalung des Porzellans Gewinn ziehen wollte, sondern auch aus dessen Herstellung. Deshalb wandte er sich 1803 an den Magistrat der damals fürstprimatischen Residenzstadt Regensburg, das Zwingergelände beim Singrün käuflich erwerben und darauf eine Porzellanfabrik errichten zu dürfen.

Der Antrag Kochs wurde von der fürstprimatischen Regierung wohlwollend aufgenommen, war das Unternehmen doch dazu angetan, Arbeit und Verdienst in die wirtschaftlich schwache Stadt zu bringen. „Von landesväterlichem Eifer beseelt, Industrie und Wohlstand in der guten Stadt Regensburg durch angemessene Grundsätze zu fördern, können Kurfürstliche Gnaden (d. i. Carl von Dalberg) nicht anders, als mit wahrem Wohlgefallen die wohlgemeinten Absichten ... zu bewilligen", heißt es im Schreiben an Koch vom 25. November 1803. Es wird ihm das ausschließliche Recht zur Porzellanherstellung auf fünf Jahre erteilt. Der Verkauf des Grundstücks wird genehmigt und dem Unternehmer außerdem das Recht zugestanden, das Abwasser seiner Fabrik in den Stadtgraben zu leiten. Mit dem Bau des Fabrikgebäudes darf er ein Stück weit auf den Platz Am Singrün herausrücken.

Zur Festsetzung des Kaufpreises mußte das Grundstück — es handelt sich um das Terrain zwischen innerer und äußerer Stadtmauer — genau beschrieben werden. Hier, zwischen den Mauern, stand ein „Saletl", ein Gartenhäuschen, sowie ein zweigeschossiges Sommerhaus, „zu ebener Erde Küche samt Herd ... im Stock darüber Vorflezl und Sommerstüberl, zugleich ein Abtritt mit Brettern verschlagen ...". An den Garten schloß eine Roßmühle an. Mittels Göpeln konnten durch Pferdekraft drei Mahlgänge zum Malzbrechen angetrieben werden. Außerdem befanden sich noch auf dem Gelände ein Mauerturm sowie das Wachthäuschen des Prebrunner Türls (s. d.), einer Öffnung in der Stadtmauer an der Stelle, wo heute die Prebrunnstraße die Allee durchschneidet.

Die Regierung legte dem Magistrat nahe, bei der Festsetzung des Kaufpreises die förderungswür-

94. *Ehemalige Porzellanfabrik, heute Bischöfliches Knabenseminar, Am Singrün 1 (A 160). Aquarell von Heinrich Klonke, 1829. Museum*

dige Unternehmung Kochs gebührend zu berücksichtigen. Die Verhandlungen zogen sich in die Länge. Schließlich einigte man sich auf die Summe von 2500 Gulden.

Nach etwa einjähriger Bauzeit sind das palaisartige Fabrikations- und Wohngebäude (A 160) und das anschließende Werksgebäude (A 161) vollendet. Das zweigeschossige, repräsentative Hauptgebäude gliedert an den Schaufronten je ein leicht vorspringender, von einem Dreiecksgiebel überhöhter Mittelrisalit, dem sechs korinthische Pilaster vorgeblendet sind. Stuckiertes Rankenwerk ziert die Giebelfelder. Das Erdgeschoß birgt die Fabrikations- und Magazinräume, das Obergeschoß dient dem Besitzer als Wohnung. In dem nach Süden anschließenden Seitenbau stehen die Brennöfen. Planfertiger ist der fürstprimatische Hofarchitekt Emanuel d'Herigoyen (s. d.).

1805 verlassen die ersten Produkte die neue Manufaktur. Haupterzeugnis sind die Türkenbecher, daneben aber werden zunehmend auch Gebrauchsgeschirre, Andenkentassen, Pfeifenköpfe und Puppengeschirr produziert. Nach seinem Tod 1815 hinterläßt Koch neben der wirtschaftlich stabilen Fabrik noch ein bedeutendes Vermögen.

1816 erwirbt die Manufaktur der aus Wien stammende Daniel Treiber für 13 000 Gulden. Auch unter seiner Leitung entstehen ansprechende Erzeugnisse. Eine Kaffeekanne aus der Zeit um 1820, im Besitz des Museums, in tiefem Kobaltblau glasiert, zeigt im ovalen Malfeld ein hübsches Genrebild: Ein Knabe streichelt ein Häschen, das auf dem Schoß einer Dame sitzt.

Nur fünf Jahre lang, von 1816 bis 1821, besitzt Treiber die Regensburger Manufaktur. Nach ihm erwirbt Joseph Pallestier den Betrieb Am Singrün; nach weiteren fünf Jahren, 1826, sehen wir ihn im Besitz eines gewissen Dominikus Auliczek, der Erfahrungen in der Porzellanherstellung aus der Manufaktur Nymphenburg mitbrachte.

Mit Johann Heinrich Anton Schwerdtner, einem gebürtigen Regensburger, der die Manufaktur 1829 erwirbt, kehrt wieder Stetigkeit in den Besitzverhältnissen ein und damit wirtschaftlicher Aufschwung. Neben Gebrauchsgeschirr wird auch künstlerisch anspruchsvolle Ware hergestellt. Die Kaffeeservice und hübschen Erinnerungstassen dieser Epoche zeigen u. a. Ansichten der bedeutendsten Gebäude und Plätze der Stadt sowie reizende Veduten der Umgebung. Das Adreßbuch von 1835 nennt nicht weniger als 30 Porzellanmaler.

Eine besondere Auszeichnung wurde der Manufaktur 1830 zuteil. Anläßlich der Grundsteinlegung der Walhalla weilten König Ludwig I. und seine Gemahlin Therese vom 16. bis 19. Oktober 1830 in Regensburg. Zum Andenken an diese Tage überreichte der Magistrat dem König einen Pokal, der Königin aber ein Frühstücksgeschirr, ein Dejeuner aus der Manufaktur Schwerdtner Am Singrün. Während das königliche Paar den Reichssaal besuchte, wurde das Service im Appartement der Königin, dem sog. Präsidialpalais (s. d.) am Bismarckplatz, aufgestellt. „Für Ihre Majestät die Königin hatte die Stadt ein Kaffee- und Thee-Dejeuner aus der hiesigen, sich seit kurzem sehr gehobenen ...

Porzellan-Fabrik des Herrn Landwehr-Majors Schwertner bestimmt, worauf die wichtigsten Gebäude, Plätze und interessantesten Ansichten der Umgebung Regensburgs von Künstlern sich befanden." Die Königin nahm das Geschenk an mit den Worten: „So schön auch alles ist, so werde ich es doch zum Gebrauche nehmen, um nur recht oft der frohen Tage in Regensburg erinnern zu können." In einem Handschreiben vom 3. November 1830 an den damaligen Bürgermeister Eggelkraut bedankte sich die Königin von München aus nochmals für das Geschenk.

Das hübsche Empiregebäude Am Singrün blieb in seiner ursprünglichen Gestalt bis 1908 erhalten. In diesem Jahr erfuhr es durch Architekt Hauberrisser die Aufstockung um ein Geschoß. Obgleich dabei architektonische Gliederung und Stilelemente übernommen wurden, hat das Gebäude durch die Verschiebung der Proportionen doch viel von seiner einstigen Wirkung verloren.

AM PREBRUNNTOR

heißt das kurze Straßenstück, das den Platz Am Singrün mit der Prebrunnstraße verbindet. Der Name ist irreführend. Nicht nach dem im Herzogpark stehenden Turm des Prebrunntores ist die Straße benannt, sondern nach dem sogenannten Prebrunner Türl (s. d.), das hier zwischen dem späteren Württembergischen Palais und dem Bischöflichen Studienseminar durch die Stadtmauer führte. Ein schmaler Steg überquerte in der Flucht der heutigen Straße Am Prebrunntor den Stadtgraben.

Das ehemalige Württembergische Palais, jetzt Naturkundemuseum, Am Prebrunntor 4 (A 4)

Der fürstlich Thurn und Taxis'sche Hofrat Georg Friedrich von Müller erwarb 1804 aus dem Nachlaß seiner Schwiegermutter die Anwesen mit den Litera-Nummern A 4, 9 und 10 zwischen der heutigen Prebrunnstraße und der Hundsumkehr. Dazu kaufte er noch das Gelände der ehemaligen Befestigungsanlagen beim Prebrunntor und ließ es zu einem Garten umgestalten. Sein umfangreicher Grundbesitz entspricht im wesentlichen dem Areal des heutigen Herzogsparks. Auf dem Grundstück A 4 ließ er anstelle eines baufälligen Gartenhäuschens ein großzügiges Palais errichten, zu dem der fürstprimatische Hofarchitekt Emanuel d'Herigoyen (s. d.) die Pläne fertigte. Ausführung und Bauleitung oblagen dem Amtskollegen Müllers, dem fürstlich Thurn und Taxis'schen Baudirektor Joseph Sorg (s. d.). Nach zweijähriger Bauzeit, 1806, konnte von Müller sein stattliches Gebäude beziehen.

Die Dreiflügelanlage besitzt zwei Schaufronten, die sich im Westen dem Park, im Osten der Prebrunnstraße zuwenden. Trotz sparsamster Fassadengliederung wirkt das Palais vornehm, monumental. Erdgeschoß gebändert, darüber umlaufender Sims. Wenig vortretende Mittelrisalite zu drei Fensterachsen. Über den Fenstern des 1. Obergeschosses Stuckfriese: an der Südseite ein Opferaltar nach antikem Vorbild, dem sich Prozessionen von Frauen mit Blumenschalen, Blütengebinden und einem Bienenkorb nähern; ähnliche Darstellung im Fries am Westflügel. Die Stuckarbeiten stammen mit Sicherheit von Christoph Itelsberger (s. d.). Ähnliche Stuckfriese am Haus Wahlenstraße 18 (E 9/10) und Am Brückenfuß 5 in Stadtamhof. Bemerkenswert die Architektur der Kamine.

Nahezu 40 Jahre lang konnte sich von Müller dieses schönen Besitzes erfreuen. 1803 war er für kurze Zeit Besitzer des säkularisierten Klosters Prüfening (s. d.). Er ist der Begründer des Von-Müller-Gymnasiums. Die Müllerstraße am Oberen Wöhrd ist nach ihm benannt. Nach seinem Tod, 1843, ging der Besitz an die Herzogin Paul von Württemberg, die ihn durch den Erwerb angrenzender Grundstücke noch erweiterte. 1873 erbte Palais und Gartenanlage ihr Sohn, Herzog Ferdinand Maximilian von Württemberg, nach dessen Tod 1891 seine Witwe, die Prinzessin Hermine von Schaumburg-Lippe, die erst 1930 im hohen Alter von 87 Jahren starb. Seit 1931 ist die Stadt Regensburg Eigentümerin von Palais und Park, der in den Jahren 1950/52 durch Stadtgartendirektor Rudolf Hehr eine Neugestaltung erfuhr und so zu dem schönsten Park von Regensburg geworden ist.

Das Palais birgt die Sammlungen des Naturwissenschaftlichen Vereins. Als Naturkundemuseum konnte es 1961 der Öffentlichkeit zugänglich gemacht werden. (Die zugehörigen Gebäude Am Prebrunntor 4 [A 9 und 10] s. S. 228.)

Die noch stehende Basteimauer an der Donau führt nach dem Park und Palais den Namen „Herzogsmauer". Auf ihrer Höhe erhebt sich ein kleiner, pavillonartiger Söller, ein Rundtempelchen, von dem aus man einen schönen Ausblick auf den Strom, den Oberen Wöhrd und die Winzerer Höhen genießt. Das Kuppeldach ist aus Werksteinen gewölbt; ein Obelisk bekrönt es.

Der Uferstreifen längs der Herzogsmauer hieß „bei der gelben Mauer", wohl wegen einer gelben Flechte, die das alte Gemäuer überzog. Den Namen erwähnt schon die Bauamtschronik 1749. Er dehnte sich allmählich aus auf den Uferweg bis hinunter nach St. Leonhard und erscheint selbst noch auf den Stadtplänen um 1900. Später kam dann die Benennung „An der Herzogmauer" in Aufnahme. Heute ist der Uferstreifen — ohne Bezeichnung — in den Promenadeweg längs der Donau einbezogen.

Das Haus Am Prebrunntor 2 (A 5),

ein stilvoller Empirebau, gehörte gleich dem Nachbaranwesen Hundsumkehr 3 (A 8) dem zu seiner Zeit — nach 1800 — berühmten Arzt Dr. Elias Theodor Heßling (s. d.), der auch die Elefantenapotheke besaß.

HUNDSUMKEHR

Im äußersten Nordwesten der Altstadt, beim Herzogspark unmittelbar an der Donau, gibt es eine Straße mit dem kuriosen Namen „Hundsumkehr". Vom Herrenplatz aus führt sie in westlicher Richtung zum alten Prebrunnturm, wo sie als Sackgasse endet. 1885 wurde der Name Hundsumkehr amtlicherseits beseitigt und die Straße der Holzlände angeschlossen. Erst 1911 kehrte die althergebrachte Bezeichnung wieder in das amtliche Regensburger Straßenverzeichnis zurück. Dieser originelle Name hat schon frühzeitig zu Deutungen aufgefordert. Ältere Chronisten glaubten dabei an einen umkehrenden Hund denken zu müssen. Auf der Suche nach einem solchen gerieten sie an jene Steintafel, die über dem Eingang zum Prebrunnturm (s. d.) angebracht ist. Sie trägt die Vollplastik eines sich herabstürzenden Löwen, in dessen ausschwingender Darstellung man die Bewegung des Umkehrens erkennen wollte. Den Regensburgern sagte man einfach nach, sie hätten den Löwen als Hund aufgefaßt, und damit glaubte man den Namen Hundsumkehr hinlänglich erklärt zu haben. Selbst Walderdorff kann sich bei seinem Deutungsversuch vom „Hund" noch nicht trennen, wenngleich er dabei nicht an das Haustier denkt, sondern an den technischen Ausdruck „Hund" oder „Wuhr", das so viel wie Wehr beim Flußbau bedeutet. Deshalb schlägt er anstelle des Namens Hundsumkehr die Bezeichnung „An der Wuhr" vor. Auf die „Umkehr" läßt er sich bei seiner Erklärung allerdings nicht ein.

Entgegen diesen Vorstellungen geht Schwäbl bei seiner Deutung nicht vom Sachlichen, sondern mehr vom Sprachlichen aus. Bei „Hunds" denkt er an das mittelhochdeutsche Verhältniswort ‚unz', später „untz" geschrieben. Das bedeutet „bis", auch „bis zu", „bis zur". Als Beispiel für den Gebrauch dieses Wortes mag hier ein Satz stehen, mit dem das sogenannte Mausoleum Emmerami, eine Chronik des Klosters St. Emmeram und der Stadt aus dem Jahre 1729 den Verlauf des Regensburger Burgfriedens beschreibt: „... um Dechbettener und Königswiesener Hölzer, untz (=bis) auf den Burgberg ... untz auf den Gänsberg (=Napoleonshöhe), danach von dem Gänsberg untz an die Brücke zwischen Weinting und Einhausen...". Dieses Beispiel heimischer Literatur des frühen 18. Jahrhunderts läßt deutlich den Gebrauch des Wortes untz im Sinn von „bis" erkennen. Hundsumkehr wäre demnach unz Umkehr, bis zur Umkehr also. Daß es hier eine Umkehr gibt, bemerkt auch der jetzige Besucher dieser Straße, vor deren Betreten er schon eine Tafel mit der Aufschrift „Sackgasse" liest. Das war jedoch nicht immer so.

Das ganze Mittelalter hindurch führte die verkehrsreiche Landstraße nach Nürnberg durch das Prebrunntor, also auch über unsere Hundsumkehr. Auch noch nach Neuanlage der Nürnberger Straße am nördlichen Donauuferseits über Winzer im Jahre 1486 konnte man durch das Prebrunntor das westliche Vorgelände der Stadt erreichen. Diese Verhältnisse änderten sich jedoch während des Dreißigjährigen Krieges. 1633 ließ nämlich der bairische Kommandant von Regensburg Troibrez, das Tor vermauern und außerhalb des Turmes ein Hornwerk anlegen. Die Straße konnte seit dieser Zeit nur noch bis zum Turm benützt werden; hier war man gezwungen umzukehren. Die Straße reichte demnach bis zur Umkehr, d. i. unz Umkehr. Diese Deutung des Namens findet eine Bestätigung auch darin, daß die Ortsbezeichnung Hundsumkehr erst seit dem Dreißigjährigen Krieg in Gebrauch kam. Trotz dieser überzeugenden Erklärung müssen wir nochmal auf den „Hund" kommen. Unsere Straße liegt am äußersten Ende der mittelalterlichen Stadt. Arme, elende Bevölkerungsschichten mögen in dieser Gegend gewohnt haben; in der Regel siedelte die mindere Bevölkerung nächst der Stadtmauer. Die sanitären und hygienischen Verhältnisse mögen hier noch weit schlimmer gewesen sein als in den übrigen Teilen der Stadt. Bekanntlich setzt der Volksmund widerwärtigen, unangenehmen und verächtlichen Dingen und Eigenschaften die Silbe „Hunds" vor. Erinnert sei an Hundswetter, Hundsarbeit, Hundsfressen, Hundstage, hundsmüde, hundsübel. Aus dieser Betrachtung ergibt sich eine Überlagerung, ja eine Vermengung der Begriffe „unz" und „Hunds".

In der Gartenmauer des

Hauses Hundsumkehr 3 (A 8)
findet sich die Trennungssäule einer romanischen Fensterarkade. Das Kapitell zeigt an den Schmalseiten Rollen. Die Eckknollen der Basis sind noch gut erhalten. Den Stilformen nach dürfte die Säule der Zeit um 1200 angehören. Ihre Herkunft ist unbekannt.

Die Baugruppe Am Prebrunntor 4 (A 9, 10)
gehört zum Areal des Württembergischen Palais (s. d.) und trägt deshalb die gleiche Hausnummer. Seit 1804 gehörten die Gebäude dem fürstlich Thurn und Taxis'schen Hofrat von Müller (s. d.), später der Herzogin Paul von Württemberg (s. d.). Eine Idylle des unbekannten Regensburg birgt der Hof dieses von der Hundsumkehr zugänglichen Hauses. „Gott und die Zeit es gegeben hat / daß micht Leonhard Ebner gebauet hat." Mit diesen Worten kündet eine Kalksteintafel den Namen des Erbauers. Zugleich nennt sie das Jahr der Entstehung: 1588. Im Mittelfeld zeigt die Tafel das Wappen der Familie Ebner: drei Sterne im Schrägbalken. Das alte Haus stellt gegen den Herzogspark zu eine lauschige, von Rundsäulen auf quadratischen Sockeln getragene Vorhalle aus. Wenn an stillen Sommernachmittagen die schräge Sonne lange Schatten auf das Pflaster zeichnet und der Duft von Blumen und Sträuchern aus dem Park hereinströmt, könnte man sich versetzt fühlen in eine antike Säulenhalle in südlicher Landschaft.

WOLLWIRKERGASSE

Den mittelalterlichen Brauch, daß Angehörige des gleichen Handwerks dieselbe Straße bewohnten, finden wir auch bei der Wollwirkergasse belegt. Die Wollwirker hatten einen großen Anteil am Wirtschaftsleben der Stadt. Ihre Zunft umschloß die Wollweber und die Wollschläger, deren Aufgabe es war, die Wolle zu kardätschen und zu kämmen. Regensburger Wolltuche galten zeitweise als Spitzenerzeugnisse. Aus dem Handwerksstand der Wollwirker ging das Ratsgeschlecht der Woller hervor, deren Stammhaus in dieser Gasse zu suchen ist. Das Haus Nr. 19 (A 182), vor einem Jahrzehnt wegen Baufälligkeit abgetragen, besaß einen spätgotischen Erker, an dessen seitlicher Fensterbank ein Schild mit dem Symbol der Wollwirker, dem sogenannten Weberbogen, angebracht war.

Die Wollwirkergasse kann als die einstige Hauptstraße der Westenvorstadt bezeichnet werden. Sie liegt im Zug der einst so bedeutenden Ost-West-Verbindung Ostengasse — Goliathstraße — Haidplatz — Ludwigstraße — Hochweg. Vor Errichtung der Nürnberger Straße am nördlichen Donauufer hatte die Wollwirkergasse neben der Lederergasse (s. d.) einen Großteil des Fernverkehrs nach Franken zu vermitteln. Vielleicht lassen sich daraus die einstmals zahlreichen Niederlassungen von Bierbrauern und Gastwirten in dieser Gegend erklären, ähnlich wie es heute noch in der Ostengasse, dem östlichen Gegenstück der Wollwirkergasse, auffallend in Erscheinung tritt.

Die Einmündung der Wollwirkergasse in den Arnulfsplatz hieß „Böhmisches Eck". Seit einem Jahrhunderts geriet diese Bezeichnung außer Gebrauch. Speziell als „Böhmisches Eck" galt das Eckgebäude, Arnulfsplatz 8 (A 191), das alte Kulissen- und Requisitenhaus des Stadttheaters. Bereits 1391 wird es das „pehaimische ekch" genannt. Der Name hat also nichts mit Böhmen zu tun, sondern geht auf einen Hausbesitzer Peheim oder Behaimer zurück.

Das Haus Wollwirkergasse 25 (A 179)
zählt zu den wenigen bürgerlichen Neubauten der Barockzeit in Regensburg. Die Decke des weiträumigen Flures im Erdgeschoß ist stuckiert. Zweige rahmen ein Herz, das die Buchstaben H A P umschließt. Sie bezeichnen den Namen des einstigen Hauseigentümers Hans Adam Praunsmändel. Eine fast zur Unlesbarkeit verwitterte Sandsteintafel im Hof bekundet, daß jener Hans Adam Praunsmändel, Bürger und Handelsherr zu Regensburg, im Jahre 1707 dieses Haus „von Grund aus neu erbauet hat".

Die Praunsmändel waren eine Familie von Goldschmieden, die bereits im 16. Jahrhundert in Regensburg auftreten. 1572 wanderte ein Peter Praunsmändel von Salzburg zu, der in Regensburg sein Meisterwerk fertigte. Ein Hans Peter Praunsmändel trat 1606 als Lehrjunge bei dem Regensburger Goldschmied Reitter ein. 1654 erscheint er im Schuldbuch der Stadt mit 400 Gulden. Nach fünfjähriger Lehrzeit wurde 1614 Matthäus Praunsmändel als Goldschmied freigesprochen und Hans Praunsmändel trat 1620 bei dem Regensburger Goldschmied Christoph Stumpffeder eine fünfjährige Lehrzeit an.

Der Erbauer des Hauses in der Wollwirkergasse, Hans Adam Praunsmändel, hat es als Kaufmann zu bedeutendem Wohlstand gebracht. Davon zeugt neben dem stattlichen Haus auch sein guterhaltenes Barockgrabmal. Vom ehemaligen Friedhof St. Lazarus an der Prüfeninger Straße (s. d.) gelangte es in das Museum. Zwei allegorische Figuren, Glaube und Hoffnung versinnbildlichend, flankieren ein Reliefbild, das die Erweckung des Lazarus darstellt. Zwischen zwei Putten ist das Wappen der Praunsmändel angebracht. Es zeigt einen Mohren mit goldener Krone, der in der rechten Hand eine goldene Mondsichel und in der linken Pfeil und Bogen hält. Die Inschrift im Sockel des Denkmals bezeichnet den Verstorbenen als „Kauf- und Handelsmann, kaiserl. Quecksilberfaktor, Stadtgerichtsassessor". Er ertrank am 8. Mai 1718 in der Donau.

Sein Sohn, Wolfgang Magnus Christoph Praunsmändel, war ebenfalls Kaufmann. In seinen Geschäften war er weniger glücklich als der Vater, denn wir finden ihn später als Torschreiber des Peterstores. Die wirtschaftlichen Sorgen der Familie veranlaßten seine Frau, mit den drei Kindern nach Amerika auszuwandern. Auch ihr scheint das Glück nicht hold gewesen zu sein, denn schon mit zehn Jahren mußte der junge Heinrich Praunsmändel den schweren Seemannsberuf ergreifen. Nach einem abenteuerlichen Leben kehrte er 1765 nach Regensburg zurück, wo er nach dem Tod des Vaters dessen Torschreiberstelle erhielt. Dieses Amt erfüllte er treu und gewissenhaft mehr als 40 Jahre lang. Er war der letzte Schreiber des Peterstores. Als Goethe 1786 als „Kaufmann Moeller" in Regensburg weilte und am 5. September die Stadt durch das Peterstor verließ, notierte der Torschreiber Praunsmändel den Satz in sein Rapportbuch: „Beim Weih-St.-Peterstor hinaus den 5. per Posta Hr. Möller von Leipzig" (vgl. „Weißes Lamm").

Weitere Häuser der Wollwirkergasse

Als ein Wahrzeichen der Gasse könnte man die zwei Kanonenkugeln bezeichnen, die dem Gasthaus an der Ecke zur Haaggasse (Haaggasse 15 (A 121)) den Namen „Zur Schwedenkugel" verliehen. Sie mögen 1633 in das Haus geschlagen haben, als die schwedische Artillerie in nächster Nähe beim Prebrunntor eine Bresche schoß. Der damalige Hausbesitzer ließ sie wohl zur Erinnerung an der abgeschrägten Ecke zur Haaggasse einmauern. Unter den Kugeln befinden sich zwei spätgotische Postamente mit vorgesetzten Schilden, von denen jedes eine Hausmarke trägt. Die Postamente, die von einer Fensterbank stammen, kamen erst in neuerer Zeit an diese Stelle. Schuegraf fand sie noch an ihrem ursprünglichen Platz, an einer Fensterbank des Hauses, wie auch eine Zeichnung in der Hofbibliothek ausweist.

Der alte Brauereistadel, das Haus Nr. 1 (A 190) bietet den Anblick traurigen Verfalls. Wo das herabfließende Regenwasser den Putz abbröckeln ließ, tritt das Bruchsteinmauerwerk in der alten Technik des Fischgrätverbandes zutage. Der Scheitelstein des eingesunkenen Tores zeigt im Schild eine Hausmarke und die eingetiefte Jahreszahl 1630. Wohl erst nachträglich an diesen spätgotischen Stadel versetzt.

Eine originelle Hausmarke mit der Jahreszahl 1747 weist der Keilstein des Anwesens Nr. 7 (A 187) auf.

In den Bereich der Wollwirkergasse gehört auch der sogenannte Ehscheiderturm (Ramwoldplatz 3), ein spätromanischer Wohnturm in der damals noch nicht in den Befestigungsgürtel eingeschlossenen Westnervorstadt (s. Stadtbefestigung). Sechs Geschosse hoch, mit Satteldach schließend. Seine Funktion ist noch nicht hinlänglich geklärt. Die Feldgeschworenen und Flurwächter wurden als „Markscheider" (Mark = Grenze, Grundstücksgrenze), „Ehscheider", bezeichnet.

WEITOLDSTRASSE

Die Benennung „Weitoldstraße" für den westlichen Teil der Wollwirkergasse ist verhältnismäßig jung; sie tritt erst im Laufe des 16. Jahrhunderts auf. Bis dahin hieß der ganze Straßenzug vom Arnulfsplatz bis zum Platz Am Singrün „unter den Wollwirkern". Im Testament Albrecht Altdorfers von 1538 wird für die Weitoldstraße noch „Unter den wolburchen" — unter den Wollwirkern — geschrieben. Weitold ist der Name einer Familie, die an der Straße ansässig war. Eine Quelle aus dem 16. Jahrhundert nennt einen „Heinrich den Umtuer, den Weitolden". Nach dem Verschwinden des Geschlechtes verstand das Volk den Straßennamen nicht mehr, weshalb er Verunstaltungen und Abwandlungen verfiel. Um 1700 wird „Weitolzergassen" geschrieben; „Weitolzstraße" verzeichnet der Stadtplan 1865 (Stadtgrundrisse Nr. 25).

Das ehemalige Haus Albrecht Altdorfers (A 169)

Albrecht Altdorfer (s. d.) besaß an der Weitoldstraße ein Haus (A 169). 1532, sechs Jahre vor seinem Tod, kaufte der Künstler die „Behausung, Hofstat und Garten dabey" für 136 Rheinische Gulden. Altdorfer baute das Haus seinen Bedürfnissen gemäß und nach seinen Plänen um, wozu

95. *Haus Albrecht Altdorfers an der Weitoldstraße (A 169), Südwestansicht. Farbige Zeichnung von Bösner, um 1850. Museum*

ihm eine gewisse Söldnerin und deren Tochter ein Darlehen von 60 Gulden und 24 Goldkronen liehen. In seinem Testament verpflichtete er die Erben des Hauses zur Rückzahlung der Schuld.

Das kulturgeschichtlich bedeutsame Haus mußte 1909 dem Turnhallenbau der Kreuzschule weichen. Ein Bild im Museum von Bösner um 1850, eine Bleistiftzeichnung von Pohlig und eine zeitgenössische Photographie im Besitz des Museums zeigen das malerische Gebäude inmitten des großen Gartens, nach dem es mit zwei schmucken Renaissancegiebeln blickt. Altdorfer hat wohl nur den Winter in seiner Behausung an der Oberen Bachgasse Nr. 7 (E 157) zugebracht. Den größten Teil des Jahres wird er sich in dem freier gelegenen, licht- und sonnenreicheren Haus an der Weitoldstraße aufgehalten haben. Dort befand sich auch eine Malstube. Hier hatte er Farben, Werkzeuge und einen Teil seines Kunstbesitzes. Das Verzeichnis seiner Hinterlassenschaften nennt im Haus an der Weitoldstraße das „malstübl". Schreinerwerkzeug samt dem „leimpfendl" diente zum Zurichten der Bildtafeln. Weiterhin nennt das Verzeichnis ein „Castl mit farb", zwei Truhen, darin „truckte kunst", das sind gedruckte Kunstblätter, Holz- oder Kupferstiche, sowie mehrere Gemälde, darunter eines von Albrecht Dürer. Nach Altdorfers Tod 1538 verkauften die Erben, darunter der Bruder des Künstlers, Erhard Altdorfer, das Haus um 200 Gulden an den Schultheis Ambrosius Aman.

Das Haus Weitoldstraße 6 (A 138), Gasthof zu den Maltesern

Das malerische Bauwerk folgt in seiner Anlage der gerundeten Einmündung des Rühlgäßchens. Das 2. Obergeschoß öffnet sich zur Straße mit einem von Holzstützen getragenen offenen Gang. An der Rückseite ragt ein im Achteck angelegter Turm auf, dessen abgeflachtes Mansardendach noch um 1850 mit einer Zwiebelhaube schloß.

Das Bürgerstift St. Michael, ehemals Katholisches Bruderhaus,
Weitoldstraße 16 und 18 (A 155, 159)

Die dreiflügelige Anlage A 155 hieß einst das „gelbe Haus". Im 18. Jahrhundert gehörte es dem wohlhabenden Kaufmann Johann Jakob Pürkel (s. d.), dem Besitzer von Pürkelgut (s. d.), der es an mehrere Gesandtschaften beim Reichstag vermietet hatte. Seit 1816 diente es als evangelisches Armen-, Versorgungs- und Beschäftigungshaus. Stadtpfarrer Schönberger (s. d.) von

St. Rupert († 1829) gab den ersten Anstoß zur Errichtung einer katholischen Bruderhausstiftung, der er in seinem Testament 3400 Gulden vermachte. Weitere Legate kamen hinzu. Mit diesen Geldern konnte 1833 das Haus Weitoldstraße 16 (A 155) erworben und 1834 den ersten Pfründnern geöffnet werden.

Den größten Zuwachs von 200 000 Mark erhielt der Stiftungsfond 1888 durch den damaligen Besitzer der Jesuitenbrauerei J. L. Niedermayer. Die günstigen Vermögensverhältnisse gestatteten 1889 den Ankauf des im Zuge der Weitoldstraße nach Westen angrenzenden Gebäudes Weitoldstraße 18 (A 159).

Fürstin Mathilde von Thurn und Taxis richtete in einem Teil des Katholischen Bruderhauses 1860 das erste Regensburger Kinderspital ein, das 1926 an die D.-Martin-Luther-Straße verlegt wurde und aus dem die städtische Kinderklinik hervorging. 1947 erhielt das Bruderhaus den Namen „Bürgerstift St. Michael".

Fassadengliederung und Anlage des Hauses — durch Eingriffe im 19. Jahrhundert teilweise verändert — lassen darauf schließen, daß hier der Linzer Stadtbaumeister Johann Michael Prunner (s. d.) tätig war, der für den einstigen Besitzer Pürkel auch das Schloß Pürkelgut erbaute.

KREUZGASSE

Obwohl die Kreuzgasse in den geschäftigen Arnulfsplatz mündet, gehört sie doch zu den stillen Gassen Regensburgs. Diesen Umstand verdankt sie nicht nur ihrer Enge, sondern weit mehr der Eigenart ihres Verlaufs. Vor dem Kloster zum Heiligen Kreuz, nach dem sie benannt ist, unterbricht sie plötzlich ihre Geradlinigkeit und biegt in einem rechten Winkel zum Platz Am Judenstein ab. Diese ungewöhnliche Straßenführung läßt sich aus der Geschichte dieser Stadtgegend erklären. Bis um das Jahr 900 führte die Kreuzgasse geradlinig in das westliche Vorgelände der Stadt. Dort ließ Herzog Arnulf um 900 einen Steinbruch anlegen, der das Material für den gewaltigen Mauerbau lieferte, der die erweiterte Stadt außerhalb der römischen Kastellmauer umschloß. Dieser Steinbruch wurde schließlich so weit ausgebeutet, daß seine Abbaumulde das ganze Areal vom späteren Platz Am Judenstein bis zum Stahlzwingerweg einnahm.

Der fortschreitende Abbau machte auch vor der Kreuzgasse nicht halt. Sie wurde abgegraben und diente schließlich nur noch als Sackgasse den Fuhrwerken als Zufahrt zum Steinbruch. Über der später wieder zugeschütteten, bis zu 7 m tief gewesenen Abbaugrube wurde die Kreuzgasse zwar wieder hergestellt, doch entstand 1233, direkt auf ihrer einstigen Verlängerung nach Westen, das Kloster zum Heiligen Kreuz. Herzog Arnulf war es also, der diesen alten Verkehrsweg zumindest teilweise zerstört hatte. Damit läßt sich vielleicht der Name erklären, der für die Kreuzgasse ehedem gebräuchlich war: Arnulfswinkel. „Arnoldswinkel" heißt er bereits 1274. Selbst noch der Stadtplan von 1808 schreibt „Arnolfs Winkel oder Hl. Creuzgäßel". Die gleiche Bezeichnung gibt es noch 1878 (Stadtgrundrisse Nr. 26).

Das Dominikanerinnenkloster zum Heiligen Kreuz, Am Judenstein 10 (A 206/207)

Der Niederlassung der St.-Klara-Schwestern im Osten der Stadt vor 1288 entsprach als Pendant im Westen die Ansiedlung einer Vereinigung frommer Frauen. Sie siedelten sich um 1230 bei einer bereits bestehenden Kapelle an, nach Paricius einem verfallenen Kirchlein zu St. Sixtus. Die Bürger Regensburgs schenkten den „armen" Schwestern 1233 einen Baugrund bei der Steingrube (s. d.) unmittelbar hinter der Stadtmauer. Bischof Sigfried (1227—1246) erteilte die Erlaubnis zum Bau eines Klosters, das der inzwischen geschlossene Konvent 1244 beziehen konnte. Für die Bauzeit der Kirche gibt eine Stiftung des Grafen Heinrich von Ortenburg das gesicherte Jahr 1237. Die Ordensmitglieder lebten nach der Regel des hl. Augustin nach Art der Schwestern des hl. Sixtus in Rom, das entspricht der Regel der Dominikanerinnen.

Religiöses und geistiges Zentrum der Ordensgemeinschaft wurde ein romanisches Kruzifix aus der Mitte des 13. Jahrhunderts, das 1244 dem Kloster erstmals den Namen „Hl. Kreuz" gegeben hat. Allerdings wurde es erst 1669 auf dem Hochaltar aufgestellt.

Zu einer Kontroverse zwischen den Dominikanerinnen und dem Rat kam es 1495. Die Wächter eines Stadtmauerturmes, der dem Kloster direkt gegenüberlag, sangen und pfiffen, teils aus Langeweile, vielleicht aber auch um die Nonnen zu ärgern, so laut, daß Chorgebet und Nachtruhe der frommen Frauen gestört wurden. Um diesem Übelstand abzuhelfen, versuchten die Dominikanerinnen den Turm zu mieten, was aus begreiflichen Gründen nicht gestattet werden konnte. Um den Wächtern wenigstens den Einblick in ihr Kloster zu wehren, begannen sie „ein hölzernes Zimmerwerk" aufzurichten, eine Art Sichtblende aus Brettern. Der Rat mußte dieses Unternehmen verhindern, weil die Wächter dadurch die Sicht auf einen Teil der Stadt verloren hätten. „Hierüber erhoben

96. St. Kümmernis und der Geiger.
Ölgemälde, 18. Jahrhundert.
Dominikanerinnenkloster Hl. Kreuz

die Nonnen ein gewaltiges Geschrey", schreibt Gemeiner, und „ließen den Rath durch ihren Prediger und Beichtvater auf offener Kanzel scharf angreifen".

Die Nonnen vom Hl. Kreuz entgingen dem Schicksal der Säkularisation. Unter der Regierung Dalbergs übernahmen sie 1803 den Volksschulunterricht der Mädchen der Oberen Stadt, den sie auch weiterführten, als Regensburg 1810 an Bayern kam. Der bayerische Staat ließ deshalb das Kloster unangetastet. Noch heute erteilen Schwestern vom Hl. Kreuz Unterricht an der nach ihrem Kloster benannten Kreuzschule. Hl. Kreuz dürfte das einzige Dominikanerinnenkloster sein, dessen Konvent keine Unterbrechung seit seiner Gründung erfuhr, deren Jahr allgemein mit 1233 angenommen wird.

Bei der Beschießung Regensburgs durch Napoleon 1809, als das Kloster der St.-Klara-Schwestern am Klarenanger (s. d.) ein Raub der Flammen wurde, gewährten die Nonnen vom Hl. Kreuz ihren obdachlosen Mitschwestern für längere Zeit liebevolle Aufnahme.

Unter den zahlreichen Kunstwerken, die das Kloster im Laufe seiner Geschichte erwarb und pflegt, ist ein Gemälde der sog. hl. Kümmernis gewiß nicht das kostbarste, sicherlich aber gehört es zu den kulturkundlich interessantesten. Vielverschlungen sind die Pfade, die zur Entstehung des heute völlig erloschenen Kümmernis-Kultes führten. Ihnen nachgespürt und die kulturgeschichtlichen Zusammenhänge lückenlos geklärt zu haben, ist das Verdienst von Gustav Schnürer und Joseph M. Ritz (s. Literaturverzeichnis). Der Dom der italienischen Stadt Lucca bei Pisa bewahrt seit den ältesten Zeiten das Schnitzwerk eines Gekreuzigten. Bereits gegen Ende des 8. Jahrhunderts genoß es unter dem Namen Volto santo innige Verehrung. Der Gekreuzigte ist in ein bis fast an die Knöchel reichendes Gewand gekleidet, das Haupthaar fließt in langen Strähnen auf die Schultern, der Bart läuft in zwei Spitzen aus. In den ausgestreckten Händen sind die Nägel nur symbolisch angedeutet. Nicht als ein vom Schmerz verzehrter, gequälter Leichnam mit Dornenkrone ist Christus hier dargestellt, sondern als lebender Erlöser blickt er vom Kreuz auf den Betrachter; die Merkmale des Leidens sind bewußt zurückgedrängt. Die Figur war wohl seit dem 15. Jahrhundert mit einem Mantel bekleidet, die Füße steckten in Schuhen, das Haupt trug eine Krone. Nachbildungen dieses vielverehrten Kreuzes fanden während des Mittelalters weiteste Verbreitung.

Die aufkommende Gotik mit ihren realistischen Darstellungen des Leidens und Kreuzestodes Christi ließ die Erlöserbilder vom Typ des Volto santo dem Volksbewußtsein immer mehr entschwinden, schließlich verstand man ihren Sinngehalt nicht mehr. Etwa seit dem frühen 15. Jahrhundert entwickelte sich aus diesen alten Erlöserbildern ein neuer Kult, der von Steenbergen in Holland seinen Ausgang nahm. Die Legende wandelte den bekleideten Erlöser um in eine ans Kreuz geschlagene Frau und bezeichnete sie als eine portugiesische Königstochter, die von ihrem heidnischen Vater an einen unchristlichen König verheiratet werden sollte. Das fromme Mädchen aber bat Gott, ihren schönen Körper so zu entstellen, daß der Bräutigam sie nicht mehr begehre. Auf ihr Gebet ließ Gott ihr einen starken Bart wachsen. Der enttäuschte und erzürnte Vater aber ließ sie, gleich ihrem göttlichen Bräutigam, ans Kreuz nageln. Das Volk nannte sie Wilgefortis, Ontkommer, meist aber St. Kümmernis.

Ein Wunder, das sich bereits beim Volto santo ereignet haben soll und das man nun auf die hl. Kümmernis übertrug, hat die Phantasie des Volkes in hohem Maße beflügelt: Ein armer Geiger, so erzählt die Legende, spielte einst vor dem Bild der Heiligen. Zum Dank dafür schenkte sie ihm einen ihrer goldenen Schuhe. Als man diesen bei dem Spielmann entdeckte, hielt man ihn des Diebstahls für überführt und schleppte ihn zum Galgen. Als letzten Wunsch erbat er sich, nochmals vor St. Kümmernis spielen zu dürfen. Die Bitte ward gewährt. Um seine Unschuld zu bezeugen, warf ihm die Heilige auch den anderen Schuh zu. Die Legende grenzt hier fast schon ans Märchen, doch liegen hoher gesellschaftspolitischer Reiz und tiefer moralischer und sozialer Gehalt in dieser Erzählung; gehörte der Spielmann einst doch zu den Landfahrenden und damit zu den Verachteten, ja Ausgestoßenen (vgl. Schottenportal).

Die Verehrung der hl. Kümmernis fand in Baiern große Verbreitung. Mittelpunkt des Kultes war Neufahrn bei Freising. Die Verehrung St. Kümmernis ist auch für Regensburg verbürgt. Die Dominikanerinnen zum Hl. Kreuz besaßen einst eine Plastik dieser Heiligen, deren Verbleib allerdings nicht mehr nachgewiesen werden kann. Sie war mit vier Nägeln am Kreuz befestigt, das Haupthaar zu Flechten gebunden, um das Kinn des fraulichen Antlitzes zog ein Bart bis zu den Ohren. Da die Figur am Oberkörper unbekleidet war, umhüllten sie die Nonnen mit Leinwand. Kann über dieses Bildwerk auch keine Klarheit mehr gewonnen werden, so besitzt das Kloster doch noch das bereits erwähnte Gemälde der hl. Kümmernis aus der Rokokozeit, das die bärtige Heilige mit Rock und mantelartigem Kleid darstellt, die Krone auf dem Haupt. Zu ihren Füßen steht ein Tisch mit dem Schuh, davor der kniende Geiger.

In seiner Beschreibung des Domes von Regensburg erwähnt Schuegraf unter den Schätzen des Domes, gestützt auf die Chronik des F. J. Grienewald, einen silbernen Altar, welcher „aber selten geöffnet wurde. Darin war in der Wand das Bildniß St. Liberatae oder der heiligen Kümmernus in Kreuzform mit einem von geschlagenem Silber zierlich und mit Edelsteinen besetzten Rocke geschmückt". Sicherlich wurde auch dieser Altar samt dem kostbaren silbernen Hochaltar 1633 von den Schweden geraubt. Die Nachricht liefert uns jedenfalls wiederum einen Beweis für den Kümmerniskult in Regensburg.

Das Haus Kreuzgasse 19 (A 210)

ist das Wohn- und Sterbehaus des Regensburger Geschichtsschreibers Christian Gottlieb Gumpelzhaimer. 1766 als Sohn eines Regensburger Ratsherrn geboren, besuchte er das Gymnasium sei-

97. Christian Gottlieb Gumpelzhaimer (1766—1841). Pastell-Kopie von Christian Ludwig Bösner, 1850, Museum

ner Vaterstadt und bezog dann die Universität Göttingen, wo er das Studium der Rechtswissenschaft zum Abschluß brachte. Nach einem vorübergehenden Aufenthalt in Wien kehrte er 1788 nach Regensburg zurück. Hier, beim Immerwährenden Reichstag, trat er in diplomatische Dienste des Großherzogs von Mecklenburg-Schwerin. Seine große Zuneigung aber galt der Vergangenheit Regensburgs. Als auf Anregung König Ludwigs I. von Bayern 1830 der Historische Verein für Oberpfalz und Regensburg gegründet wurde, war Gumpelzhaimer dessen erster Vorstand. Von 1830 bis 1838 erschien bei Pustet sein vierbändiges Werk „Regensburgs Geschichte, Sagen und Merkwürdigkeiten", eine schier unerschöpfliche Quelle für die politische Geschichte der Stadt, für ihre Kultur- und Sittengeschichte. Ereignisse von historischer Tragweite stehen in buntem Wechsel neben den Zufälligkeiten des Alltags in streng chronologischer Reihenfolge. „Von Kindheit an mit Liebe gegen meine Vaterstadt erfüllt... mit Vorliebe für Geschichte und Alterthum in erster Jugend... der Archivwissenschaft zugeführt, blieb mir auch im glücklichen Wechsel meines Schicksals stets die Neigung, die früheren und späteren Verhältnisse meiner Vaterstadt näher kennenzulernen" schreibt er im Vorwort des 1. Bandes. Ist das Werk auch nicht frei von Irrtümern und mag auch die Geschichtsbetrachtung seiner Zeit nicht mehr modernen Grundsätzen entsprechen, so ist es doch das Standardwerk für die lokale Stadtgeschichte. Gumpelzhaimer starb 1841. Sein Grabmal aus dem aufgelassenen Friedhof St. Lazarus (s. d.), das auch die Ruhestätten seiner beiden, früh und jeweils nach kurzer Ehe verstorbenen Gattinnen bezeichnete, befindet sich im Museum. Das Haus trägt eine Gedenktafel.

AM JUDENSTEIN

Nur sieben Hausnummern umfaßt der Platz Am Judenstein, der seinen Namen von einem jüdischen Grabstein herleitet, der aus dem 1519 zerstörten Judenfriedhof in diese Gegend gelangte. Schon die Karte von 1645 kennt die Bezeichnung „Am Judenstein". Albrecht Altdorfer, der in unmittelbarer Nähe, an der Weitoldstraße (s. d.) ein Haus besaß (A 169), war als Mitglied des Rates maßgeblich an der Vertreibung der Juden aus Regensburg beteiligt. Es erscheint daher nicht ausgeschlossen, daß er es war, der den Stein in diese Gegend bringen ließ. Heute steht er an der Nordostecke der Kreuzschule (s. Judensteine). Die längst unleserlich gewordene Inschrift dieses aus dem Jahr 1374 stammenden Grabsteines lautete: „Diesen Grabstein habe ich gesetzt dem Haupte... dem Priester der Gerechtigkeit, der Krone meines Hauptes... meinem lieben und rechtschaffenen Vater, meinem Lehrer Rabbi Mose, einem Sohn Josephs gesegneten Gedächtnisses, der in die himmlische Welt abberufen wurde am 2. Tag und begraben wurde am 3. Tag am 8. Kislev im 136. Jahr des 6. Tausend. Seine Seele sei vereint mit dem Bund des Lebens. Amen.

Das Haus Am Judenstein 9 (A 203)

an der Ecke zur Kreuzgasse erlebte 1828 eine grausige Bluttat. Dort wohnte der pensionierte Schlegelmeister J. A. Keimel mit seiner Frau und dem einzigen Sohn Adam. Schlegelarbeiter nannte man jene Bauleute, die zur Befestigung der Donauufer Pfähle mittels eines Schlegels in den Grund rammten. Dieser Sohn Adam, der als Zimmergeselle arbeitete, ließ schon seit geraumer Zeit Anzeichen geistiger Zerrüttung erkennen. In der Nacht vom 18. zum 19. April überkam ihn ein Anfall von Raserei. Seiner Sinne nicht mehr mächtig stürzte er in das Schlafzimmer und erschlug seine betagten Eltern mit einer Zimmermannsaxt. In blinder Wut tötete er den Hund und zertrümmerte die Einrichtung des Zimmers. Die Mitbewohner des Hauses, die den Lärm vernahmen und wohl auch den Geisteszustand des Zimmergesellen kannten, verharrten in Todesangst in ihren Zimmern, hatten sie doch jeden Augenblick das gewaltsame Eindringen des Wütenden in ihre Wohnungen zu gewärtigen. Der Mörder aber besetzte, mit seiner Axt und einer Muskete bewaffnet, das Fenster über der verschlossenen Haustüre. Nur unter großer Gefahr gelang es der Polizei, den Eingang aufzubrechen und den sich heftig zur Wehr setzenden Täter zu überwältigen. Wochenlang bildete die grausige Bluttat das Stadtgespräch von Regensburg. Gerüchte wollten wissen, daß die Nichteinwilligung der Eltern zur Verheiratung mit einem evangelischen Mädchen den Sohn zum Mord getrieben habe; andere erzählten, der Mörder habe in betrunkenem Zustand gehandelt. Eine große Volksmenge folgte wenige Tage später den Särgen der ermordeten Eltern und noch mehr Neugierige säumten die Straßen, durch die der Leichenzug seinen Weg nahm. Der Regensburger Kupferstecher Johann Bichtel hat das grausige Geschehen „nach dem Bestand des richterlichen Augenscheins aufgenommen". Der Mörder steht mit blutbesudeltem Hemd über den am Boden liegenden Opfern, die aus klaffenden Wunden bluten. Eben holt er mit der Axt zu einem neuen Schlage aus.

98. *Jakobstraße. Aquarell um 1830. Hofbibliothek*

JAKOBSTRASSE

Die Jakobstraße schöpft ihren Namen vom einstigen Schottenkloster St. Jakob, das um 1090 außerhalb der damaligen westlichen Stadtbefestigung (der um 920 vollendeten arnulfinischen Stadtmauer [s. d.]) entstand. Um 1730 wird die heutige Jakobstraße „Jakobergasse" genannt; seit 1808 blieb die Bezeichnung „Jakobstraße" unverändert.

Den Raum der südlich an der Straße gelegenen Grünanlage nahmen ehedem der Klosterfriedhof (s. Kirchhof bei St. Jakob) und die Kirche St. Nikolaus ein, die Pfarrkirche der kleinen Klosterpfarrei. Sie mag gegen 1160 entstanden sein, als das Schottenkloster die Pfarrechte über seine Grunduntertanen erhielt. Die Nikolauskirche — im Volksmund St. Nimian genannt — erwies sich aber schon 1560 als baufällig. Abt Balthasar schloß deshalb mit dem Regensburger Rat einen Vertrag, in dem sich die Stadt verpflichtete, das Kirchlein abzutragen und den Friedhof an der Abbruchstelle durch eine Mauer wieder zu schließen. Die Hohlziegel des Daches blieben im Besitz des Klosters, aus dem Steinmaterial der Kirche baute die Stadt später die Torwarthäuschen des Jakobstores.

Ein Aquarellblatt aus der Zeit um 1830 im Besitz der Hofbibliothek zeigt die Südseite der Jakobstraße: links die „englische Parkanlage", wie der Chronist sie nennt, rechts das Haus Jakobstraße 7 (A 236) mit seiner stilvollen Fassade, an dessen Stelle sich noch 1822 ein städtischer Stadel befand.

STAHLZWINGERWEG

Die Regensburger Armbrustschützen (s. d.), auch Stahlschützen genannt, erhielten 1640 im Zwinger, dem Gelände zwischen innerer und äußerer Stadtmauer nächst dem Jakobstor, eine neue Übungsstätte. Aus „Stahl", dem stählernen Bogen der Armbrust und „Zwinger", der Örtlichkeit, an der die Schießübungen stattfanden, erklärt sich die Bezeichnung „Stahlzwinger", die ursprünglich nur für die Übungsstätte der Stahlschützen gebraucht wurde. Der Stahlzwingerweg, unmittelbar an der Stadtmauer und bei der Schießstätte der Stahlschützen vorbeiführend, hieß bis 1885 „Hinter der Mauer". Erst seit dieser Zeit führt er seine heutige Bezeichnung (s. Schützen).

DIE WÖHRDE

Die Donau bildet bei Regensburg mehrere Inseln, die im Sprachgebrauch als Wöhrde bezeichnet werden. Das Wort entwickelte sich aus dem Mittelhochdeutschen „warid", aus dem „werd" und schließlich unser Wöhrd geworden ist. Es bedeutet ein ganz oder teilweise von Wasser umgebenes Stück Land, also eine Insel oder Halbinsel. Der deutsche Norden gebraucht den Ausdruck „Werder": Marienwerder, Werder an der Havel. Neben den zwei großen Donauinseln, dem Oberen und Unteren Wöhrd, gibt es in Regensburg noch die sogenannte Jahninsel, die einst „das Wöhrdl" oder die „Weideninsel" genannt wurde. Seit der neuen Stromregulierung hängt sie mit dem Oberen Wöhrd zusammen. Die „Lauserinsel" an der Lieblstraße wird 1645 als „Vischerwörth" bezeichnet. Ein jetzt meist trockener Wassergraben, der „Fischgang", trennt sie vom Oberen Wöhrd. Eine langgestreckte Insel, der Mariaorter Wöhrd, zieht sich nach der Einmündung der Naab in der Donau hin. Im Osten der Stadt gab es vor Erbauung des Luitpoldhafens mehrere Inseln. Nach der größten, dem Bruderwöhrd, ist die Bruderwöhrdstraße benannt Dem Namen nach gehörte die Insel einer Bruderschaft. Ein Stich Merians von 1635 (Stadtansichten Nr. 13) bildet die Insel ab. Eine Brücke verband sie mit dem Festland. Auch von einem Siechenwöhrd ist die Rede. Er gehörte zum Besitz des Siechen- und Leprosenhauses, der Heimstätte der Aussätzigen (s. d.).

Die Entstehung des heutigen Flußsystems wird bereits in den Aufzeichnungen der alten Lokalhistoriker Plato, Gemeiner und Gumpelzhaimer dargelegt, deren Ansichten Adolf Schmetzer durch exakte Forschungen bestätigte. Danach mündete die Naab ursprünglich nicht bei Mariaort, sondern floß parallel zur Donau bis Stadtamhof, wo sie den Regen aufnahm. Dadurch bildete die heute noch bestehende Insel bei Mariaort mit dem heutigen Oberen und Unteren Wöhrd eine zusammenhängende, schmale Landzunge zwischen Donau und Naab. Etwa um die Zeit, als Castra Regina von den Römern erbaut wurde, entstand anstelle der späteren Steinernen Brücke ein Durchbruch zwischen beiden Flußläufen, der den Unteren Wöhrd abtrennte. Das Jahr 1304 brachte eine gewaltige Flutkatastrophe. Am 25. Mai dieses Jahres durchbrach die Donau die Landzunge zwischen Pfaffenstein und Winzer, schuf so den Oberen Wöhrd und benutzte das Naabbett als ihren nördlichen Arm. In Erinnerung an das alte Flußsystem spricht die Bauamtschronik noch 1657 von einem Brunnen „bei der Naab am Oberen Wöhrd hinter dem Gasthaus zur Ente" (Gasthaus „Zur Goldenen Ente", Badstraße 32 (D 177)). Schwäbl bezeugt, daß noch zu seiner Zeit (1915) der nördliche Donauarm im Volksmund als „Naab" bezeichnet wurde.

Die Strömungsverhältnisse nach dem Einbruch der Donau in das Naabbett 1304 führten nun dem nördlichen Donauarm fast alles Wasser zu; der südliche, an Regensburg vorbeifließende Arm, drohte zu versickern. Das bedeutete für die Stadt eine große Gefahr, waren doch Schiffahrt, Lände- und Zollrecht für ihren Handel und ihre Wirtschaft eine Lebensnotwendigkeit. Die Regensburger nützten deshalb den trockenen Sommer des Jahres 1305, um die Durchbruchstelle an der Westspitze des Oberen Wöhrds gegenüber von Pfaffenstein durch den Bau eines vorgeschobenen Beschlächts stark einzuengen und dadurch dem südlichen Donauarm wieder mehr Wasser zuzuführen. Diese Stelle hieß das Wehrloch, weil hier dem Zufluß des Wassers in den nördlichen Donauarm „gewehrt" wurde. „Beim Wehrloch" ist eine noch heute geläufige Ortsbezeichnung. Zwischen Winzer und Pfaffenstein gibt es den von Rehtal herführenden Wehrlochweg.

Dieses Wehrloch bildete Jahrhunderte hindurch einen Zankapfel zwischen der Reichsstadt Regensburg und dem sie umgebenden Land Baiern. Die bairischen Kurfürsten, die die Stadt auf jede erdenkliche Weise drückten, versuchten ihr im wahrsten Sinne des Wortes beim Wehrloch das Wasser abzugraben. Immer wieder gingen sie daran, dem nördlichen, am bairischen Stadtamhof vorbeifließenden Donauarm mehr Wasser zuzuführen, um ihn auch mit größeren Schiffen und Salzzügen befahrbar zu machen. Damit sollte es ihnen gelingen, das Zollrecht der Reichsstadt zu umgehen. Allenthalben melden die Chroniken, daß Vertreter der Reichsstadt und Baierns am Wehrloch zusammenkamen, um Streitigkeiten zu schlichten. 1753 rückten die Baiern sogar mit Soldaten und Werkleuten an und zerstörten in siebenwöchiger Arbeit das von der Stadt erbaute, einengende Beschlächt.

Die Wöhrde gehörten stets zum Hoheitsgebiet der Reichsstadt, wenngleich Baiern immer wieder versuchte, Rechte auf die Inseln geltend zu machen. Zumindest das Sandgraben und die Grasnutzung auf dem Wöhrdl, der heute sogenannten Jahninsel, wollte es auch für sich in Anspruch nehmen. Hauptsächlich waren es Schiffsmeister und Fischer, die auf den beiden großen Inseln, dem Oberen und dem Unteren Wöhrd, wohnten. Die zahlreichen Zunftembleme aus barocker Zeit in den Türstürzen der alten Häuser längs der Bad- und Werftstraße, Donauschiffe und Fische darstellend, weisen noch darauf hin (s. Wahrzeichen). Noch 1812 lebten von insgesamt 34 Fischerfamilien 30 auf dem Oberen und Unteren Wöhrd.

Das Beschlächt

Die beiden Inseln verbindet seit 1388 ein Steindamm, das Beschlächt. Das Wort leitet sich ab von „schlagen". Eine Doppelreihe von Holzpfählen, mittels der Ramme oder des Schlegels in den

Grund getrieben — geschlagen — festigte den Steindamm, hielt die Quader zusammen und schützte sie vor Unterspülung. Die sogenannten Schlegelarbeiter bildeten eine eigene Gruppe innerhalb der städtischen Bauhandwerker. Noch 1844 stand anstelle des Anwesens Wöhrdstraße 5 (H 209) die „städtische Bauamts-Schlegelarbeiter-Schupfe". Ein Stahlstich von Konrad Wießner um 1850 mit einer Ansicht der Steinernen Brücke (Stadtansichten Nr. 54) zeigt deutlich das Einschlagen der Pfähle auf dem Beschlächt. Ein Modell im Museum veranschaulicht die Konstruktion einer Ramme. Den amtlichen Straßennamen „Am Beschlächt" gibt es seit 1885.

Der Obere Wöhrd

Besonders seit dem 16. Jahrhundert ging man daran, durch technische Einrichtungen die Kraft des strömenden Wassers zu nutzen. Namentlich auf dem Oberen Wöhrd entstanden Mühlen-, Hammer- und Sägewerke, deren Wasserräder sich geschäftig in der Donau drehten. 1522 soll erstmals eine Sägemühle erbaut worden sein. 1529 berief der Rat einen „Kunstverständigen" namens Kugelschmidt aus Augsburg und beauftragte ihn mit der Errichtung eines Eisenhammers. Diesem folgte 1666 ein Kupferhammer. Beide Hammerwerke standen auf dem Grund der heutigen Anwesen Am Beschlächt 1, 2, 3 (D 195/196/197). Die erste Papiermühle mit Hadernzerreißanlage und Stampfe entstand 1539 (heute Müllerstraße 21/23 (D 199)). In das Dröhnen der Schmiedehämmer und das Klappern der Getreidemühlen mischte sich das dumpfe Poltern einer Walkmühle, die die Stadt am Oberen Wöhrd für die Tuchmacher errichtete. Sie nahm die Stelle der heutigen Anwesen Müllerstraße 13, 15 und 17 ein (D 201). All diese Bauten waren fast ausschließlich aus Holz errichtet. Hochwasser und Eisgänge fügten ihnen nahezu alle Jahre schwere Schäden zu und verursachten erhebliche Reparaturausgaben für die Stadt. Dem Zeichner H. G. Bahre verdanken wir eine Ansicht der Wöhrde mit den Mühlen aus dem Jahr 1638 (Stadtansichten Nr. 14). Das Museum besitzt außerdem eine zart getönte Federzeichnung des Jakob Hufnagel von 1594. Sie zeigt den Blick von der Steinernen Brücke gegen Westen auf das Beschlächt, die Mühlen und den Eisenhammer der Stadt. Die Modellkammer des Museums verwahrt Modelle und Werkzeichnungen städtischer Mühlen des 16.—18. Jahrhunderts.

Ehe Regensburg den Gürtel seiner Grünanlagen erhielt, besaß es schon zwei schattenspendende Alleen auf den Wöhrden. Der Rat beauftragte 1654 das Bauamt, aus dem Ameldorfer Forst junge Linden, Erlen, Nußbäumen und Eichen zu holen und damit die Gegend vor dem Jakobstor und die beiden Inseln zu bepflanzen. So entstand auf dem Unteren Wöhrd eine aus zwei Baum-

99. *Mühlen auf dem Oberen Wöhrd. Ausschnitt aus einem Prospekt des nördlichen Donauufers von H. G. Bahre, 1638 (Stadtansichten Nr. 14). Museum*

reihen, auf dem Oberen Wöhrd eine aus drei Reihen in Diagonalstellung angeordneter Bäume bestehende Allee. Kayser rühmt in seiner 1797 erschienenen Stadtbeschreibung die Allee auf dem Oberen Wöhrd als einen sehr angenehmen Spaziergang. „Man hat zu den beiden Seiten den Strom und über demselben auf der einen Seite die Stadt mit ihrer Ebene, auf der anderen die Berge mit ihren darangebauten Dörfern, Kirchen, Feldern, Wein-, Kraut- und Baumgärten; überall, wo man hinblickt, mannigfaltigen Reiz!" Der Regensburger Lokalhistoriker Schuegraf schreibt 1852: „Noch weist der Oberwerd von diesen Jahren (1654) Bäume auf, die, wenn sie sprechen und schreiben könnten, manch artiges Anecdötchen bekannt geben könnten. Diese Allee war nämlich der einzige Unterhaltungsplatz, wohin die Herrschaften ihre Spazierfahrten dirigierten, und wohin die junge und schöne Welt wallfahrtete." Von dem alten Baumbestand ist auf dem Unteren Wöhrd nichts mehr vorhanden. Auf dem Oberen Wörd stehen bei der Jahnturnhalle ein paar alte Bäume. Mehrere, sogar noch in Doppelreihe und durch jüngere Pflanzungen ergänzt, befinden sich an der verlängerten Lieblstraße auf dem Gelände des Wassergewinnungsgebietes. Die Allee reicht bis an die Westspitze der Insel.

Abschließend sei hier noch ein Wort des Chronisten K. S. Hosang über die Baumanlagen auf dem Oberen Wöhrd zitiert: „Der obere Wöhrd war vor Zeiten ein Lieblingsspaziergang. Das gesandtschaftliche Personal des Reichstages, die Kaufleute, und die ganze schöne Welt erquickte sich im Schatten der Bäume der Donauinsel. Die Eisstöße von 1784 und 1789 aber hatten viele Bäume niedergelegt... Als aber die Anlagen um die Stadt (die Allee) so reizend heranwuchsen, kam der obere Wöhrd in Vergessenheit und der Schatten der alten Bäume gab niemand mehr außer einigen Seilermeistern und Schafherden eine Kühlung."

Auf der Insel wurde der längst in Vergessenheit geratene Brauch des Fischerstechens geübt; bei feierlichen Anlässen wurden auf seinen Rasenflächen Feuerwerke abgebrannt. 1788 führte der Theaterdirektor Emanuel Schikaneder mit seiner Schauspielergruppe auf dem Oberen Wöhrd mehrere Stücke auf, darunter auch das Schauspiel „Hans Dollinger", den sagenhaften Turnierkampf, den der Regensburger Hans Dollinger mit dem Hunnen Krako siegreich bestand. 3000 Zuschauer sollen dieser Aufführung beigewohnt haben. Schikaneder ist der Verfasser des Textes zu Mozarts „Zauberflöte".

Die Brücke zum Oberen Wöhrd

Eine Verbindung der Stadt mit dem Oberen Wöhrd durch eine Brücke bedeutete für die Regensburger eine unerläßliche Notwendigkeit, nicht nur wegen der zahlreichen dort ansässigen

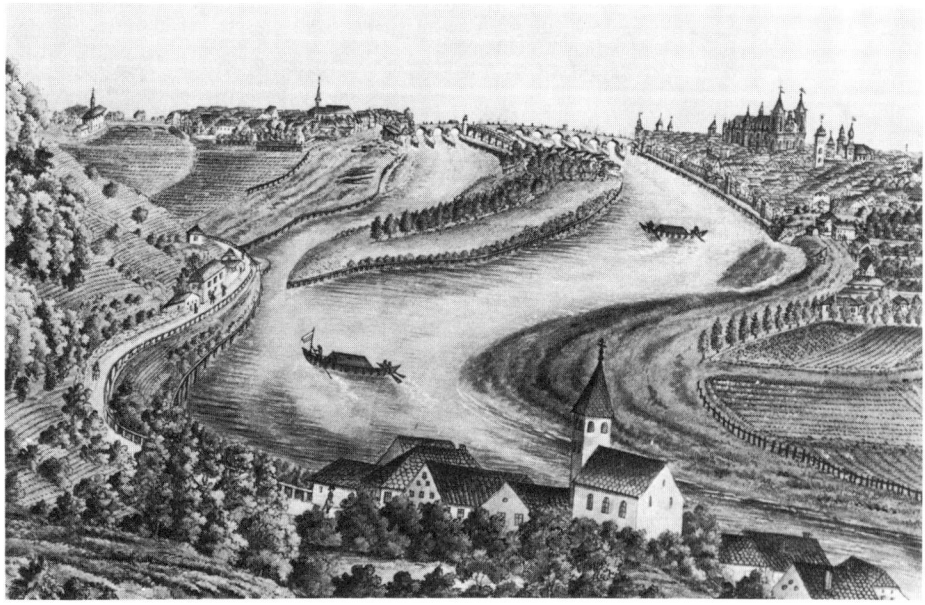

100. Blick von den Winzerer Höhen. Kolorierter Kupferstich von Theob. Christ. Friedrich, 1811. Hofbibliothek

101. Auffahrt vom Oberen Wöhrd zur Steinernen Brücke. Aquatintablatt von Heinrich Elsberger, um 1810. Hofbibliothek

Schiffer- und Fischerfamilien und der stadteigenen Mühlen und Hammerwerke. Vor allem konnte die Stadt durch eine Brücke ihr territoriales Recht auf die Insel demonstrieren; wurden doch immer wieder Ansprüche von seiten Baierns auf den Oberen und Unteren Wöhrd geltend gemacht.

Nach Schuegraf bestand schon um 1395 ein Steg zwischen dem Oberen Wöhrd und Stadtamhof westlich des St.-Katharinen-Spitals. Von hier aus — die Gegend hieß „unter den Waidnern" (s. d.) — ließ Herzog Albrecht IV., wohl anstelle des ursprünglichen Steges, 1489 eine feste Brücke auf den Oberen Wöhrd schlagen. Damals war Regensburg vom Reich losgelöst und gehörte zum Herzogtum Baiern. Nachdem aber die Stadt 1492 wieder zum Reich zurückgekehrt war und das alte, gespannte Verhältnis zu Baiern erneut bestand, konnten die Regensburger den Oberen Wöhrd nur dann erreichen, wenn sie zuerst bairisches Gebiet in Stadtamhof und anschließend die bairische Brücke zur Insel überschritten. Sie zogen es daher vor, mittels Kähnen auf den Oberen Wöhrd zu gelangen.

Der Rat beschloß deshalb 1499, eine neue Brücke auf die Insel zu bauen, „und dagegen die des Herzogs Albrecht vom Hof (Stadtamhof) aus abzuschaffen". Aber erst drei Jahre später konnte der Plan verwirklicht werden. Man entschloß sich zur technisch einfachsten Lösung und baute 1502 unter der Leitung des städtischen Bauherrn Jakob Schneck vom 10. Pfeiler der Steinernen Brücke aus eine Seitenbrücke auf den Oberen Wöhrd hinab. Fünf Pfeiler aus Werksteinen stützten die Tragbalken, die ihrerseits die Querhölzer der Brückenbahn trugen. Auf dem 2. Pfeiler stand ein hölzerner Turm, von dem aus mit einem Haspelwerk ein Stück der Brückenbahn hochgezogen und somit bei Gefahr der Übergang gesperrt werden konnte. Mehrere Jahreszahlen, in die Werksteine der Pfeiler gegraben, weisen auf Ausbesserungen und Erneuerungen der Brücke hin. Der 3. Pfeiler trägt eine Kalksteintafel mit der Inschrift „Johann Christoph Wendler, Bauamtsdirektor, 1768".

Während des 30jährigen Krieges ließ der bairische Kommandant von Regensburg die Brücke durch Feuer vernichten. Sie erstand später wiederum mit hölzerner Fahrbahn. Im Februar 1784 hoben die Wasser der Donau drei Joche der Brücke ab und spülten sie hinweg. Eisschollen beschädigten die Pfeiler und zerstörten das Holzwerk der Aufziehvorrichtung.

Noch 1877 bestand die Brückenbahn aus Holz. Damals ließ die Stadt über die Pfeiler Eisenschienen legen, die eine Wellbedachung mit Basaltschotterung trugen. Die Eisenkonstruktion aus dem 19. Jahrhundert wurde 1960 durch eine Auflage aus überarbeitetem Beton ersetzt.

Der Obere Wöhrd war im Gegensatz zu seiner Nachbarinsel der landschaftlich schönere, deshalb auch der bevorzugtere. Hier bauten sich im 18. Jahrhundert wohlhabende Familien und Reichstagsgesandte ihre Sommerhäuser.

Die Villa Lauser, Lieblstraße 2 (D 162)

An der Lieblstraße steht hinter hochragenden Pappeln ein vornehmes Gartenschlößchen, die sogenannte Villa Lauser, eine der wenigen Neuschöpfungen des Klassizismus in Regensburg. „G. F. v. D. 1795" — d. h. Georg Friedrich von Dittmer — steht auf einem Inschriftstein im Sockel der Nordseite. Dittmar, kurbairischer Kammerrat, Hofbankier und Salzkontrahent, „der vermöglichste aller Regensburger Handelsbürger", dessen Stadtpalais wir am Haidplatz begegneten (s. Thon-Dittmer-Haus), ist der Bauherr dieser eleganten Villa. Der fürstliche Baudirektor Joseph Sorg fertigte den Plan. Nach einem späteren Besitzer, dem fürstlich Thurn und Taxis'schen Oberjustizrat Liebl, ist die Straße benannt. Seit Beginn unseres Jahrhunderts gehört der Besitz der Familie Lauser.

Geradlinigkeit, Strenge und Noblesse sind die Merkmale des breit hingelagerten Bauwerks. An den dreigeschossigen Mittelpavillon, in dessen Dreiecksgiebel das stuckierte Wappen der Dittmer prangt, schließen beiderseits langgestreckte Seitenflügel zu sechs Fensterachsen an, die mit einer Dachbalustrade aus Flachbalustern und stuckierten Vasen schließen.

Den Eintretenden empfängt eine ovale Vorhalle. In Rundnischen standen vier lebensgroße, grau gefaßte Holzfiguren, Gestalten aus der griechischen Mythologie. Das Stiegenhaus, zu dem sich das Obergeschoß mit drei Rundbogen öffnet, repräsentiert durch eine Doppeltreppe und einen halbrund ausspringenden Balkon. Abundantia, die Göttin des Überflusses, einen Genius aussendend — Sinnbild des Bauherren und seiner weitreichenden Beziehungen — ist im Deckengemälde dargestellt.

Der Hauptraum, ein weiträumiger Festsaal, liegt im ersten Stock des westlichen Seitenflügels. Die Fenster, durch Ovalspiegel überhöht, stehen in Rundbogennischen. Mythologische Szenen bilden die Themen der drei Deckengemälde: Pallas Athene umgeben von den vier Lebensaltern, Bacchus und Amor und die drei Parzen. Die Wandstücke zwischen den Fenstern schmücken Groteskmalereien auf gelbem Fond. Die Schräge, die zur Decke überleitet, wird durch Architekturmalereien in Rechteckfelder gegliedert, deren blauer Grund mit graugetönten Szenen spielender Kinder bemalt ist. Sämtliche Malereien, um 1810 entstanden, stammen mit größter Wahrscheinlichkeit von dem Regensburger Maler Joseph Zacharias. Die zwei prachtvollen weißen Öfen an der Ost- und Westseite des Saales fertigte vermutlich der Bossierer Redlweck, der auch die Öfen für den Fürstabt von St. Emmeram lieferte.

Eine Brücke überspannt den nun meist trockenen Graben, ehemals „Fischgraben" genannt, der die zur Villa gehörende Insel vom Oberen Wöhrd trennt. Gleichzeitig mit dem Bau der Villa oder wenige Jahre später wurde diese Insel in einen englichen Park umgewandelt. Die Kronen alter Eichen und Schwarzpappeln überschatten steinerne Vasen und Putten. Von einer Balustrade aus schweift der Blick hinaus auf den Strom und die idyllischen Häuser am gegenüberliegenden Ufer.

Am Westende der Parkinsel steht ein Salettchen in Form eines gestreckten Achtecks. Baumrinde und flache Steine verkleiden die Außenwände, das hohe, moosbewachsene Schindeldach wirkt wie eine mollige Haube. Einen ganz anderen Eindruck vermittelt der Innenraum. Die Wände des Saales, der Platz für eine kleine Gesellschaft bietet, sind mit chinesischen Szenen in leuchtenden Farben bemalt. Drachen, chinesische Schriftzeichen, Sonnengötter, Blumenfelder und Blütenzweige wechseln in bunter Folge. Eine Hohlkehle leitet zur Kuppel über, in der sich ein blau-gelber Himmel mit exotischen Vögeln öffnet. Leider sind die Malereien wie der ganze Pavillon in einem Zustand fortgeschrittenen Verfalls.

Wenn vom Einfluß chinesischer Formenwelt auf die deutsche Kunst des 18. und frühen 19. Jahrhunderts die Rede ist, wird man kaum von Regensburg sprechen. Es gibt viele Städte, deren Gärten und Schlösser großartige Chinesereien bergen. Die kleinen Ansätze zur Nachahmung jener fremdartigen Darstellungen im Park der Villa Lauser sind eigentlich die einzigen Denkmäler dieser Art in Regensburg und besitzen deshalb für unsere Stadt geradezu Seltenheitswert.

An der Ostspitze der Parkinsel liegt ein zweiter Pavillon, eine Art chinesischer Turm im kleinen. Seine einstmals bemalten Glasfenster wurden im Kriege zerstört. Gut erhalten sind die Darstellungen in der Kuppel, Ölmalereien auf Leinwand. Schlitzäugige Damen tragen galant das Sonnenschirmchen, bezopfte Gesellen musizieren oder vollführen akrobatische Kunststücke. Anmutig wirken die Farben: das Grau der Figuren auf dem Gelb des Grundes. Nun liegt das

102. Villa Lauser. Chinesischer Pavillon im Park. Aquatintablatt von P. W. Schwarz nach einer Zeichnung von G. Adam, 1803. Hofbibliothek

Gartenhaus verlassen. Die Drachen vom Dach sind fortgeflogen ins Fabelland und die wenigen vorhandenen Glöckchen bewegen sich stumm im Wind.

Villa und Park erlebten einst rauschende Feste. Auf dem Kanal schaukelten lampionbehangene Luxusgondeln, mit denen die Gäste hinausglitten in den ruhigen Wellengang des nördlichen Donauarmes, für sie die Fahrt auf dem Canale grande, die ihnen den Zauber venezianischer Nächte ahnen ließ.

Das Dittmersche Grundstück am Oberen Wöhrd gehörte vordem den Familien Berberich und Kaiser. Dort befand sich ein barockes Gartenschlößchen, genannt „Carls Lust". Ein äußerst seltenes Kupferblatt aus dem Jahr 1771 von J. Mayr in Regensburg im Besitz der Hofbibliothek gibt eine Ansicht des verschwundenen Schlößchens wieder.

Weitere Häuser auf dem Oberen Wöhrd

Um 1730 entstand das hübsche Rokokohaus Lieblstraße 13 (D 181). Die stilistischen Merkmale weisen auf einen dem österreichischen Rokoko angehörenden Architekten. Mit Sicherheit kann es dem Linzer Stadtbaumeister J. M. Prunner zugeschrieben werden, der mehrfach in Regensburg beschäftigt war. Um 1750 befand sich das Haus im Besitz des Kauf- und Handelsmanns Andreas Maunz.

„In einem anderen Gartenhaus des Oberen Wöhrds", schreibt Kayser 1797, „das auch eine sehr angenehme Lage hat, besteht seit ein paar Jahren für die Noblesse ein Casino", eine elegante Gaststätte, in der sich das vornehme Regensburg zu Billard- und Kartenspiel traf. Es handelt sich um das schöne Spätrokokohaus Badstraße 54 (D 166), in dem noch heute die Gaststätte „Casino" betrieben wird.

Wie vor Jahrhunderten, so ist auch heute noch der Obere Wöhrd für die Regensburger eine Insel der Erholung und Entspannung. Die Jahnturnhalle, ein großer Sportplatz, das RT-Becken sowie Ruder- und Tennisclubs laden zu sportlicher Betätigung. Den Romantikern aber blieb die wild bewachsene Westspitze der Insel.

Der Untere Wöhrd

Am östlichen Teil der Insel unterhielt die Stadt einen Ziegelbrennofen sowie einen Ofen zum Brennen von Kalk. Diese Betriebe verschlangen große Mengen von Brennholz, weshalb am Unteren Wöhrd die Axthiebe der „Scheitelklieber" erklangen. Wahrscheinlich hatten sie auch das Holz zur Beheizung der städtischen Ämter zu machen. 1550 errichtete die Stadt zwei Scheunen, eine beim Prebrunntor und eine am Unteren Wöhrd zur Aufbewahrung der Holzscheite (auch im Prebrunn befand sich ein Ziegelofen). Die Bauamtschronik des Jahres 1651 spricht von den „Schindelklieberhütten" auf dem Unteren Wöhrd. Das dürfte jedoch im Zusammenhang mit der Herstellung von Dachschindeln zu verstehen sein, die mit dem Beil aus astfreien Holzklötzen abgespalten wurden. Neben einigen Mahlmühlen gab es auf der Insel auch eine Knoppernmühle für die Färber und eine Ölmühle. Außerdem hatte das städtische Bauamt dort mehrere Städel zum Lagern von Material und Werkzeugen. Ein ehemals städtischer Stadel ist das Haus Wöhrdstraße 41 (H 243). Zwei hübsche Wappensteine mit den Stadtschlüsseln — einer von 1591, der andere von 1753 — weisen das Gebäude als städtisches Eigentum aus.

Die Insel eignete sich auch zur Isolierung von Personen mit ansteckenden Krankheiten. An ihrem Ostteil, dem sogenannten Spitz, steht heute noch das ehemalige Pestlazarett (s. d.), das während der letzten großen Seuche 1713/14 traurige Tage erlebte. Auch durchziehende Truppen und fremdes Kriegsvolk wurde, um eine Berührung mit der Stadtbevölkerung nach Möglichkeit zu vermeiden, am Unteren Wöhrd einquartiert.

Angeregt durch die Anlage der schönen Allee um die Stadt durch Fürst Karl Anselm von Thurn und Taxis 1779, ließ Bürgermeister Bösner im gleichen Jahr am Unteren Wöhrd eine Anlage von hundert Eichen pflanzen, nachdem bereits 1654 dort eine aus zwei Baumreihen bestehende, kleinere Allee entstanden war. Trotzdem blieb der Untere Wöhrd stets die weniger beachtete und weniger geschätzte Insel. Kayser findet, daß er ländlich aussieht und daß ihm die Scheunen der dortigen Ziegelhütte „das Ansehen einer wüsten Insel geben". Selbst noch 1830 meint Weilmeyer, daß er mehr einem Dorf als einer Vorstadt gleiche.

Das Aufkommen der Dampfschiffahrt brachte auch den Unteren Wöhrd zu Ehren. Eine Schiffahrtsgesellschaft hatte dort ihre Niederlassung aufgeschlagen. Von hier aus konnten die Reisenden das Schiff nach Passau, Wien und Budapest besteigen. Noch jetzt kündet eine Gedenktafel am Haus Werftstraße 8 (H 226) davon: „Gasthaus zum Dampfschiff. Während des Personenverkehrs nach Wien, vor Bestehen der Eisenbahn, Absteigequartier hoher und höchster Herrschaften, darunter Ihre Majestät die Königin Karola von Sachsen." Vordem hieß dieser Gasthof „Zum Goldenen Schiff".

Bedeutende Straßen und Ortsbezeichnungen außerhalb des mittelalterlichen Stadtbereichs

Adolf-Schmetzer-Straße
Galgenbergstraße, Kellerweg
Pulverturm
Am Napoleonstein
Kumpfmühler Straße

Helenenstraße
Prüfeninger Straße
Hochweg
Brunnweg

ADOLF-SCHMETZER-STRASSE

Die früheste Bezeichnung unserer Straße lautete „Weg nach Straubing". Sie findet sich auf einer Stadtansicht des H. G. Bahre von 1638 (Stadtansichten Nr. 14). „Landstraße von Wien über Straubing" schreibt der Stadtplan von 1808. Seit 1872 gibt es den amtlichen Namen Straubinger Straße, und zwar für den gesamten Verlauf vom Ostentor bis zur Stadtgrenze. Ständige Überschwemmungsgefahr bewirkte nach 1900 eine Verlegung des Teilstückes von der Haymostraße an nach Süden, das beim Hohen Kreuz wieder in die alte Straße einmündet. Seitdem gibt es auch eine Alte Straubinger Straße. Das Teilstück vom Ostentor bis zur Prinz-Ludwig-Straße heißt seit dem Krieg Adolf-Schmetzer-Straße. Der Name geht zurück auf den 1943 verstorbenen städtischen Oberbaurat Adolf Schmetzer. Regensburgs bauliche Entwicklung von der Jahrhundertwende bis in die zwanziger Jahre ist aufs engste mit diesem Namen verknüpft. Als einer der ersten betrieb Schmetzer eine umfassende Stadtverschönerung und eine systematische Denkmalpflege. Seine besondere Liebe aber galt der Regensburger Ortsgeschichte, zu deren Bereicherung er durch Forschungen, Vorträge und zahlreiche Veröffentlichungen beigetragen hat.

103. Neu-St. Niklas (Adolf-Schmetzer-Straße 5 [J 55]) und Ostentor.
Aquarell von Georg von Dittmer, um 1825. Museum

Der Bierbrauer Johann Christoph Lehr, der im frühen 19. Jahrhundert die Gebäude des einstigen Leprosenhauses St. Nikolaus (s. d.) an der heutigen Adolf-Schmetzer-Straße besaß, erbaute um 1805 vor dem Ostentor das Anwesen Adolf-Schmetzer-Straße 5 (J 55) und übertrug das Schankrecht von seinem Besitz St. Niklas auf das neue Haus. Die dort eingerichtete Gaststätte nannte er „Neu-St.-Niklas". Noch heute befindet sich dort ein Gasthaus gleichen Namens. Neu-St.-Niklas nannte man aber auch das Gelände und die allmählich entstehende Ansiedlung zwischen Villa- und Bruderwöhrdstraße. Zur Unterscheidung wurde für das ehemalige Leprosenheim der Name „Alt-St.-Niklas" gebräuchlich.

Kurz bevor die Straubinger Straße das Stadtgebiet verläßt, steht neben dem Anwesen Nr. 40 (L 91) ein altes Steinkreuz, das „Hohe Kreuz". Der Flurname „Am Hohen Kreuz" geht ebenso darauf zurück wie die Benennung des Hohen-Kreuz-Weges. Auf mehrfach gestuftem Rundsockel erhebt sich eine schlanke Rundsäule aus Sandstein, deren quadratisches Kapitell ein Kreuz aus Kalkstein trägt. Die der Straße zugewendete Seite zeigt im Kreuzungspunkt die Plastik einer Madonna mit Kind auf der Mondsichel, die Kehrseite die Figur des Gekreuzigten. In die Säule ist ein Steinmetzzeichen geschlagen, in den Querbalken des Kreuzes die Initiale R. Über der Madonna sowie beiderseits unter den Querbalken findet sich ein Wappen mit einem von rechts oben nach links unten verlaufenden Schrägband. Ein solches Wappen führte auch das Bistum Regensburg. Das Kreuz gehört der Gotik an. Gumpelzhaimer erwähnt es zum Jahre 1694. Nachdem von der Steinernen Brücke ein Kreuz wegen Baufälligkeit entfernt worden war, nahm sich die Geistlichkeit aller im Stadtgebiet stehenden Kreuze besonders an. Auch „das hohe Kreuz, welches unter St. Niclas gegen Barbing zu steht", wurde auf Anweisung des Bischofs repariert, worin jedoch der Rat einen Eingriff in seine Zuständigkeit erblickte.

GALGENBERGSTRASSE, KELLERWEG

Der Wanderer, der sich von Süden her der Reichsstadt näherte, mag auf einem der vorgeschobenen Hügel verweilt und das imposante Bild betrachtet haben, das sich ihm hier bot: zu seinen Füßen die Donauebene, in der sich die mauerbewehrte Stadt ausbreitete mit ihren ragenden Türmen und den mächtigen Dachflächen der Kirchenschiffe, dahinter die rebenbewachsenen Hänge der Winzerer Höhen und des Keilsteins und halb im Osten die verblauenden Vorberge des Bayerischen Waldes. Vor ihm aber erhob sich als Zeichen der Hohen Gerichtsbarkeit der Stadt und als schauriges Warnungsmal der Galgen, an dem die Gehängten im Winde baumelten. Dieser Höhenrücken führt heute noch den Flurnamen „auf dem Galgenberg". Der Feldweg nach Oberisling hieß bis zum Standort des Hochgerichts „Galgenweg". Aus ihm wurde die Galgenbergstraße und die in ihrem Verlauf die Eisenbahn überspannende Brücke heißt Galgenbergbrücke.

Nach dem Abbruch des Hochgerichts wurde es einige Jahrzehnte ruhig auf dem Galgenberg, bis 1829 ein Regensburger Brauer dort den ersten Sommerkeller (s. d.) eröffnete. „Die Stätte, welcher sich sonst der Wanderer mit Entsetzen und Grauen nahte", schreibt Schuegraf 1830, „wurde gegenwärtig in eine schöne Anlage mit einem Wirtshause und Keller verwandelt, und da, wo einst so mancher gräßlichen Tod gefunden, erklingen jetzt die Gläser lustiger Zecher bei Rundgesängen bis tief hinein in die Geisterstunde." Die Regensburger aber legten dieser ersten Gaststätte auf dem Berg den Namen „Galgenwirt" bei. Eine steinerne Urkunde des Baubeginns auf dem Galgenberg ist in die Südwand des Hauses Galgenbergstraße 21a eingelassen. Die Gedenktafel mit einem hübschen Relief des Emblems der Bierbrauer meldet: „Im Jahre 1831 wurde dieser Keller vom Grunde aus neu zu bauen angefangen und anno 1832 vollendet von Johann Georg Dietl, Brauer vom weißen und braunen Brauhaus in Regensburg." Gleichzeitig entstanden auch der Kneitingerkeller und der nicht mehr bestehende Obermünsterkeller. Diesen ersten Sommerkellern mit Bierausschank auf dem Galgenberg folgten bald weitere, und 1844 gab es dort nicht weniger als zehn Kellergaststätten. Der Kellerweg hält die Erinnerung daran wach. In den Jahren nach dem letzten Krieg haben der Sternbräukeller, der Stadtkeller und der einst so beliebte Brandlkeller den Betrieb eingestellt. Und doch zeigt sich hier wiederum jene Zähigkeit, mit der in Regensburg bewußt oder unbewußt an Überkommenem festgehalten wird. War der Galgenberg seit 1830 eine Stätte der Bierlagerung und des Bierausschanks, so entstanden dort nach der Jahrhundertwende zwei große Brauereien: die Sternbrauerei und das Brauhaus Regensburg. Sie gehören der Vergangenheit an. Jetzt befindet sich die Brauerei Thurn und Taxis, die größte der Stadt, auf dem Galgenberg.

PULVERTURM

Am Ostrand des Galgenberges ließ die Wohnungsnot nach dem ersten Weltkrieg seit 1921 eine 16 Baracken umfassende Siedlung entstehen, im Regensburger Sprachgebrauch kurzweg „der

Pulverturm" und ihre Bewohner die „Pulvertürmler" genannt. Der Name rührt von einem um 1835 dort für die Regensburger Garnison errichteten Pulvermagazin her. Zwischen den dunkelbraun gestrichenen Holzbaracken standen öffentliche eiserne Brunnen, denn einen Leitungsanschluß in den Wohnungen gab es nicht. Über 40 Jahre lang war der Pulverturm, der zeitweilig bis zu 500 Menschen beherbergte, das Moabit von Regensburg. Mitunter brachte er recht originelle Typen hervor, wie den „Bürgermeister vom Pulverturm", den stets geschniegelten Götz Harry, dem seine dunklen Geschäfte nie nachzuweisen waren und auf den der Modeausdruck „schräg" ausgezeichnet paßt. Die Siedlung wurde 1965/68 abgetragen. Moderne Wohnbauten nehmen nun ihre Stelle ein. Der „Pulverturm" lebt nur noch in der Erinnerung der Regensburger.

AM NAPOLEONSTEIN

Eine Geländemulde mit der Straße nach Unterisling trennt den Galgenberg von einer östlich davon gelegenen Erhebung, die ehemals „Gänsberg" hieß und jetzt unter dem Namen „Napoleonshöhe" bekannt ist. Ein dort stehender sesselförmiger Stein heißt Napoleonstein. Von hier aus, so sagt die Überlieferung — und auch historisch-topographische Überlegungen sprechen dafür — leitete Napoleon am 23. April 1809 die Schlacht um Regensburg. Dem Kaiser ging der Angriff zu langsam vonstatten. Deshalb, so erzählt man, ritt er näher an die Stadt heran bis in die Gegend der heutigen Kinderklinik, wo ihn eine Flintenkugel am Bein verwundete. Trotzdem soll Napoleon wieder zu seinem Feldherrnhügel zurückgeritten sein und auf dem Stein Platz genommen haben, wo Ärzte die Wunde verbanden. Privatier Franz Niedermayer, dem das Grundstück später gehörte, ließ den Stein 1855 neu aufrichten und das umgebende Gelände ebnen. Auf Veranlassung des Literaten Marchner wurde dem Stein 1864 eine Kanonenkugel eingefügt und an seiner Südseite eine Inschriftafel angebracht, die in goldenen Buchstaben kündete: „Von dieser Höhe aus leitete Napoleon I. die Schlacht vom 23. April 1809, wurde verwundet und auf diesem Stein sitzend, verbunden". Tafel und Kanonenkugel verschwanden um die Jahrhundertwende. Seit Beginn der 1970er Jahre weist wieder eine Tafel an ursprünglicher Stelle mit dem Text von 1864 auf die Bedeutung des Steines hin. Die Geländeerhebung mit dem „Napoleonstein" ist jetzt in eine Grünanlage umgewandelt. Vom Unterislinger Weg aus ist sie vor Abzweigung der Bajuwarenstraße zugänglich. Der Napoleonstein ist das Sockelstück einer reichsstädtischen Burgfriedenssäule. Eine Wand des Schaftloches ist ausgebrochen. Dadurch ergibt sich die sesselartige Form (s. Burgfrieden).

KUMPFMÜHLER STRASSE

Vor mehr als 100 Jahren, als hinter dem Grüngürtel der Allee Mauer und Graben die Stadt noch umschlossen hielten, gab es eine Kumpfmühler Straße im heutigen Sinn noch nicht. Zwar deckte sich die alte „Landstraße von München und Augsburg", ein auf beiden Seiten mit Bäumen bestandener und mit Schotter befestigter Fahrweg, im wesentlichen mit der heutigen Kumpfmühler Straße, führte aber nur bis zum Dörnbergpalais, um von da ab dem Lauf der heutigen Wittelsbacherstraße folgend durch das Jakobstor die Stadt zu erreichen. Der Durchbruch der Kumpfmühler Straße durch die Allee und damit der Anschluß an die Schottenstraße erfolgte erst 1867. Dazu mußte die an dieser Stelle noch stehende Stadtmauer abgetragen und der Graben aufgefüllt werden. So wurde ein neuer Ausgang aus der Stadt geschaffen, die Kumpfmühler Straße geradlinig nach Norden verlängert und über die Schottenstraße die Verbindung mit dem Bismarckplatz und dem Stadtkern hergestellt. Die amtliche Bezeichnung „Kumpfmühler Straße" gibt es seit 1827.

Wer vor dieser Zeit zu Fuß den stillen Vorort Kumpfmühl erreichen wollte, um im gemütlichen Mälzlgarten einzukehren oder dem Massingerwirt einen Besuch abzustatten, mußte zunächst das Jakobstor durchschreiten und dann dem „Fußsteig von Kumpfmühl" folgen, wie ihn der Stadtplan des Jahres 1808 nennt. Dieser Feldweg deckte sich ungefähr mit der Hoppestraße. Er führte hinter dem Dörnbergpark herum, folgte der Augustenstraße und mündete in die Augsburger Landstraße.

Die Kumpfmühler Straße deckt sich im wesentlichen mit der antiken römischen Heerstraße, die als Via Augustana von Regensburg nach Augsburg zog. Entsprechend der römischen Gepflogenheit, die Toten längs der Ausfallstraßen zu bestatten, säumten auch unsere Straßen ausgedehnte Gräberfelder. Mit ihren Grabmälern bot sie ein, wenn auch bescheidenes, Abbild der „Königin der Straßen", der Via Appia in Rom. Die Gräber zogen sich von der Gegend des heutigen Bismarckplatzes aus bis nach Kumpfmühl hin. Seine größte Ausbreitung erreichte das Leichenfeld bei der heutigen Kumpfmühler Brücke. Schon immer gab dieses Gelände bei Grundaushebungen römische Fundstücke frei. Die große Ausbeute aber brachte der Bau der Eisenbahnlinie nach Nürnberg in den Jahren 1871 bis 1873, der einen Großteil des Gräberfeldes anschnitt und zahlreiche römische Grabsteine, Sarkophage und Grabbeigaben zutage förderte. Die Aufdeckungen überwachte damals mit großer Umsicht und Sachkenntnis Pfarrer Joseph Dahlem. Ihm in erster Linie ist es zu danken, daß das Fundgut nicht zerstreut, sondern dem Historischen Verein übergeben wurde. Heute zählt es zu den wertvollsten Sammlungsgegenständen der römischen Abteilung des Museums. Die verschiedenen Bestattungsarten sowie die Grabbeigaben lassen recht deutlich das Vordringen christlichen Glaubensgutes in unserer Heimat erkennen. Die Ausgrabungen an der Kumpfmühler Straße sind für die Kulturgeschichte Regensburgs von größter Bedeutung, sie bilden einen Teil der Historie der Stadt (vgl. auch „Kumpfmühl" und „Anfänge des Christentums").

Das Haus Kumpfmühler Straße 1 (J 148)

ist den alten Regensburgern als „Pustetvilla" bekannt. Erbaut wurde es 1830 für den fürstlich Thurn und Taxis'schen Hofrat Friedrich Anton Mauerer, die Pläne stammen von Karl Viktor Keim (s. d.). 1888 erwarb Friedrich Pustet das Haus und ließ es zu seiner heutigen Form umgestalten. Über der Türe Schlußstein aus der ehemaligen Keßlerkapelle (s. d.) mit Mariendarstellung. Ein romanisches Taufbecken, das im Garten als Blumenvase diente, gelangte an das Bayer. Nationalmuseum in München.

Das Dörnbergpalais, Kumpfmühler Straße 2 (J 33, später J 34, seit ca. 1880 J 147)

Zu Beginn des 19. Jahrhunderts, als Regensburg geistliches Fürstentum unter Carl von Dalberg war, setzte die erste Bebauung außerhalb der mittelalterlichen Stadtbefestigung ein. Auf dem Gelände geschleifter Hornwerke entstanden Sommerhäuser und an die Allee schoben sich parkähnliche Gärten mit einzelnen Villen heran. Eines der bedeutendsten dieser Bauwerke entstand an der Kumpfmühler Straße, erstellt 1804/05 durch den fürstlich Thurn und Taxis'schen Hoffaktor (Bankier) Philipp Reichenberger, der im Haus Ludwigstraße 6 (D 8) ein Bankgeschäft betrieb. Reichenberger war Vorstand der jüdischen Gemeinde Regensburgs. Zur Fertigung der Pläne für seinen Villenbau gewann er den begabten Hofarchitekten des Landesherrn, den aus Portugal stammenden Emanuel d'Herigoyen (s. d.). Ausführung und Bauleitung waren dem fürstlich Thurn und Taxis'schen Baudi-

104. Dörnbergpalais, Kumpfmühler Straße 2

rektor Joseph Sorg (s. d.) übertragen. Ähnlich lagen die Verhältnisse beim Württembergischen Palais (s. d.).

Die dreiteilige Anlage besteht aus einem Mittelbau, an den sich gegen Westen Seitenflügel anschließen. Die Hauptfassade zur Kumpfmühler Straße gliedert ein kleiner Portikus in Form eines Altans. Zwei dorische Säulenpaare tragen Gebälk und Dreiecksgiebel. Das Erdgeschoß ist gebändert. Die Fenster des Obergeschosses haben gerade Verdachung. Umlaufender Sims. Darüber Mezzaningeschoß.

Von der Witwe Reichenbergers ging der Besitz 1820 an den Großhändler Ludwig Paul von Axter. Von diesem erwarb ihn 1833 Ernst Friedrich Graf von Dörnberg (1801—1878), ein Schwager des Fürsten Maximilian Karl von Thurn und Taxis. Als Chef der fürstlichen Gesamtverwaltung beteiligte er das Haus Thurn und Taxis mit großem Gewinn am Bau von Eisenbahnen und industriellen Unternehmungen. Nach seinem Dienstvertrag erhielt er davon feste Tantiemen, die ihm ein ansehnliches Vermögen einbrachten. Er ließ 1834 die beiden Seitenflügel vergrößern und mittels Korridoren dem Hauptbau anschließen. Eine Federzeichnung im Besitz des Museums, um 1825, zeigt das Dörnbergpalais vor dieser Erweiterung. Den Park vergrößerte er durch Zuerwerb auf seinen heutigen Umfang und ließ ihn in den Jahren 1864 bis 1867 nach Plänen des berühmten Landschaftsgärtners Karl von Effner gestalten. Etwa zur selben Zeit entstanden das Rosarium sowie der Gartenpavillon im Schweizer Landhausstil an der Nordseite des Parks. Der 1836 geborene, gleichnamige Sohn des Besitzers, ein allseits gebildeter, hochherziger, unverheiratet gebliebener Mann, konnte das väterliche Vermögen noch bedeutend vermehren, so daß es bei seinem Tod 1897 rund 18 Millionen Mark betrug. In seinem Testament verfügte Graf Dörnberg: „Ich bestimme mein gesamtes ... Vermögen zur Unterstützung von Waisen, zu Stipendien, zur Gründung von wohltätigen und nützlichen Anstalten ...". Die „Dörnberg'sche Waisenfondstiftung" überdauerte die Kriege und kann alljährlich noch jetzt Bedürftige mit namhaften Summen bedenken.

Die ehemalige Zuckerfabrik anstelle des Justizgebäudes

Bis nach 1800 blieb das tropische Zuckerrohr der einzige Lieferant für die begehrte Handelsware Zucker. Noch im 17. Jahrhundert war Zucker so teuer, daß die Durchschnittsbevölkerung zum Süßen der Speisen fast ausschließlich Honig verwendete. Der Chemiker Achard gründete 1801 die erste Fabrik zur Gewinnung von Zucker aus Rüben. In den Jahren 1837/38 entstand an der Kumpfmühler Straße Regensburgs erste „Runkelrübenzuckerfabrik", und zwar an der Stelle des jetzigen Justizgebäudes. Einige Jahrzehnte konnte der Betrieb mit Gewinn arbeiten. Walderdorff rühmt ihn in der 1. Ausgabe seines Buches: „Die Zuckerfabrik des Herrn Fikentscher, ein großartiges Establissement." Zucker wurde damals noch mit Knochenkohle raffiniert. Um die zur Verkohlung nötigen Knochen zu beschaffen, gingen Frauen herum, die, wie ein Regensburger Zeitgenosse schreibt, „alle Knochen in der Stadt zusammenkaufen; auf dem Lande sammeln sie auch bei den Abdeckern und wenn sie auf den Gottesäckern etwas finden, so nehmen sie keinen Anstand, solches unter das andere Gebein zu mengen." Die Ausbeute der Regensburger Zuckerfabrik war freilich nur eine geringe. Nach genau 50 Jahren ihres Bestehens mußte das Unternehmen 1888 stillgelegt werden. Auf dem Areal dieser alten Zuckerfabrik entstand 1901/04 das Justizgebäude nach Plänen von Friedrich Niedermayer im Stil der Neurenaissance.

HELENENSTRASSE

Bis 1908 führte die Waffnergasse durch das zum Areal des fürstlichen Schlosses gehörende Emmeramer Tor (s. d.), überquerte auf einer schmalen Brücke den Stadtgraben und verlief als Fußweg durch die Allee und den einstigen Zerzoggarten zur Kumpfmühler Straße. In den Jahren 1906—08 entstand, unmittelbar neben dem Emmeramer Tor, ein neuer Straßendurchbruch aus der Stadt durch den Alleegürtel. Das Baugeschäft Frank und Hummel (heute Hifinger und Hummel) erstellte damals in Verlängerung der Waffnergasse (s. d.) eine massive Brücke über den Stadtgraben, einen der frühesten Eisenbetonbauten in Regensburg. Die Pläne dazu fertigte der fürstliche Oberbaurat Max Schultze. Die Brücke und der ausgebaute Fahrweg zur Kumpfmühler Straße erhielten zur Erinnerung an die 1890 verstorbene Erbprinzenwitwe Helene von Thurn und Taxis die Namen „Helenenbrücke" und „Helenenstraße". Das Emmeramer Tor wurde durch die neue Straßenführung außer Funktion gesetzt.

PRÜFENINGER STRASSE

Die amtliche Bezeichnung „Prüfeninger Straße" gibt es erst seit 1872. Alte Pläne bezeichnen unsere Straße als „Weg nach Priefling". Noch vor 100 Jahren führte sie nach Verlassen des Jakobstores durch Feldfluren nach dem Kloster Prüfening. Selbst gegen Ende des vergangenen Jahrhunderts stand ihre Bebauung noch in den Anfängen. Um 1880 stellten sich dann die ersten Häuser ein. Erst nach der Jahrhundertwende, namentlich nach dem ersten Weltkrieg, schob sich eine Wachstumsspitze, dem Verlauf der Straße folgend, weit in das unbebaute Gelände nach Westen vor. Zusammen mit dem Hochweg und der Dechbettener Straße bildete sie das Grundgerüst für das ausgedehnte Bebauungsfeld der westlichen Stadterweiterung.

Unter den Linden

An der Prüfeninger Straße, gleich außerhalb des Jakobstores, lag eine für die Kulturgeschichte Regensburgs bedeutsame Örtlichkeit: der Platz „Unter den Linden", dessen Name heute nur noch in dem gleichnamigen Café am Stadtpark weiterlebt (s. Gaststätte „Zum Roten Roß" in grüner Allee). Er nahm etwa das Areal der östlichen Hälfte des heutigen Stadtparks ein. Die Chronisten erwähnen den Platz erstmals 1511 und berichten, daß er in diesem Jahr umfriedet und mit Linden bepflanzt wurde. Der herrliche Baumbestand fiel jedoch den Vorkehrungen gegen das anrückende Schwedenheer 1633 zum Opfer. Der Lindenhain wurde völlig kahl geschlagen, und die Stadt mußte froh sein, daß sie wenigstens die Stämme für ihr Bauamt abholen durfte. Als nach dem Friedensschluß die Bürger wieder aufatmen konnten, erfolgte auch alsbald — 1654 — die Wiederbepflanzung des Lindenplatzes. Weitere Baumpflanzungen erfolgten dort 1656 und auch noch 1718. Alois Resch, ein begeisterter Regensburger und Kunstfreund, hinterließ aus dem Jahre 1838 eine gefühlvolle, im romantischen Geist der Zeit verfaßte Schilderung des Lindenhaines: „Diese stolz und kräftig emporgewachsenen Lindenbäume bieten . . . wenn dieselben grünen und blühen, durch ihren kühlenden Schatten, durch ihren lieblichen Geruch und durch ihr sanftes, stilles, heiliges Säuseln . . . dem Spaziergänger und dem um ihre wirtlichen Stämme Lagernden einen in hohem Grade reichen und angenehmen Genuß." Unter den Linden fand alljährlich das Frühlingsfest der Regensburger Schulkinder statt (s. d.).

Mit der Geschichte der „Linden" untrennbar verbunden ist die Regensburger Schießstätte (s. Schützen).

St. Lazarus

ein Spital für Aussätzige und Pestkranke, s. S. 573.

HOCHWEG

Mit der Gegend des Hochwegs verbindet sich die Vorstellung von einem der neuzeitlichsten Wohngebiete Regensburgs. Der Hochweg selbst aber ist sehr alt. Schon vor 2000 Jahren zogen römische Legionssoldaten über ihn, verband er doch Castra Regina mit einer am Donaubogen gelegenen Zweigniederlassung. Römische Funde am Hochweg und auf dem sogenannten Schanzacker gegenüber der Naabmündung weisen darauf hin. Römische Landstraßen wurden in späterer Zeit allgemein als „Hochwege" oder „Hochstraßen" bezeichnet.

Vom Stadtpark aus führt der Hochweg zunächst in gerader Linie nach Westen, überbrückt den Lohgraben und durchzieht dann in einer sanften Krümmung den westlichen Teil der Regensburger Bucht, heute allgemein als „Donaubogen", früher als „oberes Burgfeld" bezeichnet. Die Anlage des ehemaligen Flugplatzes und später der Bau der Messerschmittwerke unterbrachen den Verlauf des Hochweges. Als gepflegte Teerstraße führt er heute bis zum Siemens-Werner-Werk, westlich davon nur noch als einfacher Feldweg unter der Mariaorter Brücke hindurch bis Großprüfening. Dieser westliche Teil führte beim Roten-Brach-Weg an einer alten, Ende der 1960er Jahre aufgefüllten Kiesgrube vorbei, die bereits 1496 als „alte Sandgrube" bezeichnet wird. Dort verließ der Hochweg reichsstädtisches Gebiet und trat nach Baiern ein. Davon zeugt noch eine der wenigen Burgfriedenssäulen nächst der Bonifaziuskirche (s. Burgfrieden).

Als die Landstraße nach Nürnberg noch nicht über Winzer führte, sondern durch das Prebrunntor zur Fähre nach Prüfening, rollte der Fernverkehr zunächst über den Hochweg und bog dann in südlicher Richtung ab, um kurz vor dem Kloster Prüfening beim sogenannten Raststein (s. d.) die Prüfeninger Straße zu erreichen. Die Bezeichnung „Hochweg" findet sich erstmals auf einer Ansicht (Stadtansichten Nr. 23) von 1713/14.

Am Hochweg wohnte von alters her der Wasenmeister, der Abdecker. Seine Behausung, im Volksmund die „Schinderhütte" genannt, wurde 1955 abgebrochen.

In Höhe des heutigen Teppichwerkes steht am Hochweg die Ramwoldkapelle. Josef Wolfseher (s. d.), Land- und Gastwirt „Zur Goldenen Hacke" (s. d.), und dessen Frau Anna, ließen die Kapelle 1887 auf Grund eines Gelübdes errichten. Wolfseher war bei Arbeiten auf seinem nächst dem Hochweg gelegenen Feld „am breiten Rain" Jauche in die Augen gespritzt, so daß ihm Gefahr drohte zu erblinden. In seiner Not gelobte er, auf seinem Feld eine Kapelle zu Ehren des seligen Ramwold zu erbauen.

Ramwold (s. d.) war als Nachfolger des hl. Wolfgang, von 975 bis 1000 Abt des Klosters St. Emmeram. Die Legende berichtet, daß er im hohen Alter erblindete, dem Herrn aber dafür dankte, daß er nur das äußere Gesicht verloren habe und mit dem inneren Gott um so mehr schauen könne. Als er nach bereits zweijähriger Blindheit einst am Grab des hl. Emmeram betete, schlief er ein. Im Traum gewahrte er, daß der Gekreuzigte sich zu ihm herabneigte und zwei brennende Kerzen an seine Augen hielt. Als er die Hitze der Flammen empfand, erwachte er und bemerkte, daß ihm das Augenlicht zurückgegeben ward. Der selige Ramwold galt deshalb als Helfer bei Augenleiden. Bemerkenswert erscheint die Tatsache, daß die heute dem Volksbewußtsein entschwundene Legende zu Ende des vergangenen Jahrhunderts noch so lebendig war, daß man sich des seligen Ramwold erinnerte und nach ihm die Kapelle benannte. Noch jetzt steht sie, flankiert von zwei unter Naturschutz stehenden Ulmen, am Hochweg. Besitzt sie auch keinen kunsthistorischen Wert; für die Heimatgeschichte Regensburgs ist sie bedeutsam und erhaltenswert.

BRUNNWEG

In den westlichen Teil des Hochweges mündet der Brunnweg ein. Seinen Namen verdankt er einem alten Schöpfbrunnen, der hier einst mitten in den Feldern stand. 1564 ließ ihn der Rat für die Regensburger Stadtbauern erneuern.

Wahrzeichen und Kleindenkmäler

Im Bereich des Domes

Der Dombaumeister

Die bekannteste Regensburger Sage berichtet von der Wette des Baumeisters des Domes mit dem der Steinernen Brücke. Jeder wollte sein Werk vor dem des anderen vollenden. Mit Hilfe des Teufels gewann der Brückenbaumeister die Wette. Aus Gram hierüber stülpte sich der Dombaumeister einen Kübel über den Kopf und stürzte sich vom hohen Münster herab (s. Steinerne Brücke).

Ganz hoch oben an der Nordseite des Domes, vom Höfchen beim Eselsturm aus sichtbar, ragt ein Wasserspeier in Form einer männlichen Gestalt aus der Wand. Der Sage nach soll es der sich in die Tiefe stürzende Baumeister sein. Die Gestalt ist in gespannter Haltung wiedergegeben. Die

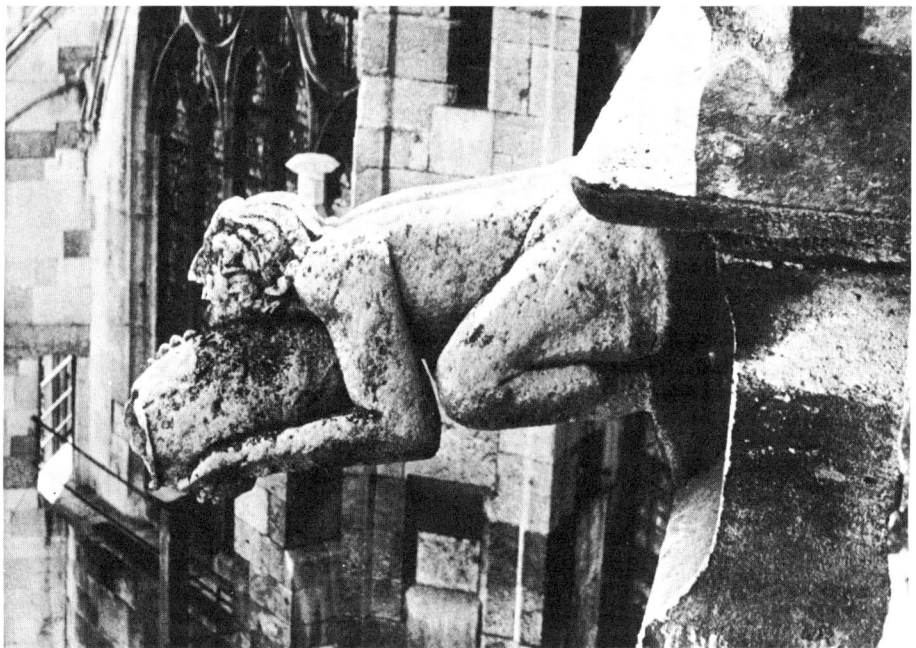

105. Dom, nördliche Chorpartie. Wasserspeier. Der „Baumeister, der sich in die Tiefe stürzt"

Beine mit den feisten Schenkeln stemmen sich gegen die Quader; der Kopf mit geöffnetem Mund und großer Hakennase stützt sich auf einen Krug, aus dem bei Regen das Wasser abläuft. Der Betrachter, der von unten aus dieses Wahrzeichen sieht, glaubt durch den steil nach oben gerichteten Blick ein Männlein zu sehen, das seinen Kopf in einem Gefäß verbirgt. Gut zu erkennen ist die Plastik von den obersten Ostfenstern des Eselsturmes. Die Sage nimmt keine Rücksicht darauf, daß die Steinerne Brücke schon hundert Jahre lang fertigstand, ehe der Grundstein des jetzigen Domes gelegt wurde.

Der Elefant am Dom

Nach den Aufzeichnungen des Chronisten Gumpelzhaimer haben die Regensburger erstmals im Jahre 1629 einen Elefanten gesehen, der in einem Gasthaus Am Wiedfang gezeigt wurde (s. Gasthaus „Zum Schwarzen Elefanten"). Aber schon 300 Jahre vorher konnten sie das steinerne Konterfei eines Dickhäuters am Dom betrachten. An den Strebepfeilern des Chores sind in Höhe der ersten Galerie Wasserspeier in Form eines Hundes, eines Löwen, eines Affen und eines Schafbokkes angebracht. Sie werden von originellen Konsolfiguren gestützt. Die Stützfigur des Schafbocks bildet ein reizender kleiner Elefant. Vom Eingang der Dombauhütte aus ist er auch mit unbewaffnetem Auge deutlich erkennbar. Die kurzen säulenartigen Beine stemmen sich schräg nach hinten; der Rüssel ist leicht angehoben. Die angedeutete Erhöhung auf dem Rücken scheint einen

Sattel darzustellen. Wie kam der gotische Steinmetz zur Darstellung einer Elefantenplastik? Vielleicht begegnete er als Teilnehmer an einer Pilgerfahrt einem Elefanten. Die Figur könnte aber auch nach Zeichnung oder Beschreibung eines Reisenden entstanden sein.

Der Bienenkorb

An der südlichen Chorseite des Domes, etwas versteckt hinter einem Strebepfeiler, befindet sich in nicht allzu großer Höhe über dem Sockel ein sehr kunstvoll gearbeiteter kleiner Lichterker, in dem in früheren Zeiten ein Licht für die Toten des Domfriedhofes brannte. Der Aufbau endigt in einem zierlichen Helm mit kleiner Dachgaube, die als Rauchabzug diente. Die Konsole ist mit hübschem Blattwerk geschmückt. Dieser Lichterker hieß einst im Volksmund „der Bienenkorb". Wenn sein Aussehen auch nicht direkt dem eines Bienenkorbs entspricht, so kann man doch bei einiger Phantasie der ganzen Form nach eine besonders hübsch gestaltete Bienenbehausung erkennen, zudem die kleine Lichtöffnung in der Mitte des Erkers einem Flugloch nicht unähnlich ist. Der „Bienenkorb" zählt ebenfalls zu den Wahrzeichen des Domes.

106. Dom, südliche Chorpartie. Lichterker, sogenannter Bienenkorb

Der Sage nach sollte dieses kunstvolle Gehäuse in früherer Zeit an einer der höchsten Spitzen des Domes gegen den Friedhof zu gestanden sein. Um aber die darin wohnenden Bienen vor dem scharfen Wind, der stets um die Höhen des Chores pfeift, besser zu schützen, wurde es an seinen jetzigen Platz hinter dem Pfeiler in ein zugemauertes Spitzbogenfenster gesetzt. Der Kartäuser Jeremias Grienewald will selbst oft beobachtet haben, wie die Bienen in dem steinernen Gehäuse aus- und eingeflogen sind. Er schreibt im Jahre 1615: „Wunderbarlich ist es, wie sich die Bienen allda in dem steinernen Häuslein haben ihre Wohnung suchen und zur Sommerzeit aus- und einfliegen mögen, noch mehr, wie sie sich in einem so harten und kalten Stein haben behelfen können und wo sie ihre Nahrung gefunden."

Die ungetreue Steinmetzbraut

Im vergangenen Jahrhundert waren noch mehrere Denkzeichen des Domes im Volke lebendig, die aber im Laufe der Jahrzehnte völlig in Vergessenheit geraten sind. Heute kennt kaum noch jemand die Steinmetzbraut, die vom Teufel entführt wird, obwohl man einstens behauptete, daß derjenige, der dieses Bildwerk nicht gesehen habe, nicht in Regensburg gewesen sei.

Beiderseits des Chores erheben sich schlanke, hochstrebende Treppentürme. Ihre Pyramidenansätze werden von kleinen Tierfiguren und ornamentalem Pflanzenwerk geschmückt. Der südliche Treppenturm gegen den Domplatz zu trägt als Eckzier das Bildnis eines jungen Mädchens, das von einem entsetzlichen Teufel mit krummer Nase und abstehenden Fledermausohren getragen wird. Die Maid setzt sich ihrem Widersacher mit allen Kräften zur Wehr und strampelt mit den Beinen. Der Böse aber hat seine häßliche Pranke in die Wade des Mädchens geschlagen; mit der zweiklauigen Hinterpfote, die ihm aus der Brust gewachsen scheint, stemmt er sich gegen die Quader des Mauerwerks und versucht angestrengt, sein Opfer emporzuheben. Das Ganze ist ein wildes Knäuel ineinander verschlungener Glieder und flatternder Röcke. Die Regensburger erzählten, das Mädchen sei die Braut eines Steinmetzgesellen gewesen, der es zur Strafe für seine Treulosigkeit vom Teufel habe entführen lassen. Die Gruppe ist eine charakteristische Schöpfung der hohen Gotik mit der oft wiederkehrenden Gegenüberstellung von Schönheit und Häßlichkeit. Die Braut, von verlockender Anmut und dennoch voll schmählicher Untreue, erfährt durch das häßliche Höllentier die verdiente Strafe. Durch den unverkennbaren Humor in der Darstellung ist der Ernst des Ereignisses ins Scherzhafte gewendet. Die kleine Gruppe ist dem unbewaffneten Auge vom Domplatz aus nicht sichtbar. Man muß sich schon bis zur Höhe der Dachgalerie bemühen, um dieses vergessene Wahrzeichen aus geringerer Entfernung betrachten zu können.

Juden, ein Schwein melkend

Eine höchst merkwürdige Figurengruppe befindet sich am dritten Strebepfeiler des südlichen Langhauses, von Westen gezählt. Sie zeigt ein stehendes Schwein, nach dessen Zitzen zwei Juden greifen, während ein dritter am Ohre hält. Zur Kennzeichnung tragen sie den charakteristischen Judenhut. In dieser Plastik ist dem mittelalterlichen Judenhaß ein Denkmal gesetzt. Auch in früheren Jahrhunderten hatte dieses Volk unter Verfolgungen und Ausweisungen viel zu leiden, und man glaubte, mit diesen Untaten ein gottgefälliges Werk zu vollbringen. Im Schwein ist hier die Verkörperung des Teufels zu sehen, dessen Gift die Juden in Form der Schweinsmilch in sich aufnehmen. Diese Darstellung in Regensburg ist nicht einmalig; eine ähnliche Gruppe findet sich auch an der Pfarrkirche zu Wittenberg. Martin Luther schreibt dazu im „Schemhamphoras": „Es ist hie zu Wittenberg an unser Pfarrkirchen ein Saw in Stein gehawen; da ligen junge Ferkel und Juden unter, die saugen, hinter der Saw steht ein Rabin...". Nach Angaben Schuegrafs befindet sich ein Steinbild gleichen Inhalts auch an der Kirche zu Köthen/Anhalt. An der Stadtapotheke zu Kelheim war ebenfalls ein solches Spottbild auf die Juden angebracht. Ein Reliefstein zeigte ein Schwein mit drei Juden. Einer von ihnen umarmte das Tier, ein zweiter hielt es am Schwanze und hob in obszöner Weise dessen Hinterbein, der dritte saß am Boden und saugte an den Zitzen. Die zugehörige Inschrift nahm Bezug auf die Ausweisung der Juden aus Regensburg 1519. Das kulturgeschichtlich wertvolle Denkmal mußte 1945 beim Einmarsch der Amerikaner abgenommen und zertrümmert werden. Am Hause befindet sich noch jetzt ein Grabstein aus dem 1519 zerstörten Judenfriedhof zu Regensburg.

Die Jungfrau mit dem Einhorn

Die Strebepfeiler des südlichen Seitenschiffes tragen in Erdgeschoßhöhe ikonographisch bedeutsame Skulpturen. Unter diesen befindet sich auch die Darstellung eines Mädchens mit einem Einhorn. Dieses pferdeähnliche Tier mit einem geradestehenden Horn auf der Stirn stammt aus der persischen Mythologie. Die alten Zoologen zweifelten nicht an seiner Existenz. Es galt als edles Tier, stark und schnell, so daß kein Jäger imstande sei, es zu fangen. Das sollte nur einer Jungfrau gelingen, der es sich zutraulich nähert und seinen Kopf in ihrem Schoß zu bergen sucht. Nach christlicher Auslegung wurde das Einhorn ob seiner Schönheit und Stärke zum Sinnbild für Christus; die Jungfrau verkörperte Maria, in deren Schoß sich die Menschwerdung Christi vollzog. Der Handlungsablauf bedeutet demnach die Verkündigung an Maria. Auch in Wolfram von Eschenbachs „Parzifal" klingt dieses Thema an: „Ein Tier heißt Monicirus, das erkennt der Maide rein so groß, da es schläft auf der Maide Schoß." Dieses mythologische Gleichnis regte einen Bildhauer der Regensburger Dombauhütte zu dieser eindrucksstarken Darstellung an. Maria ist als zartes Mädchen, auf einem Schemel sitzend, dargestellt.
Ihre Hände streicheln den Kopf des Einhorns, das, von einem Hunde gehetzt, ihr zueilt, und seinen Kopf in ihrem Schoße zu bergen sucht. Die künstlerisch hochrangige Gruppe gehört der Zeit um 1330 an.

107. Dom, Jungfrau mit dem Einhorn. Um 1330

Die Sonnenuhren

Am zweiten Strebepfeiler des südlichen Langhauses (von Westen gezählt) kann man bei genauer Betrachtung und günstiger Beleuchtung, am besten bei tiefem Sonnenstand, zwei übereinanderstehende Sonnenuhren erkennen. Die tiefer gelegene Uhr stammt aus dem Jahre 1487, bei der darüber befindlichen ist die Jahreszahl 1509 gut zu erkennen. Diese beiden in die Quader des Strebepfeilers geschlagenen Uhrzeichnungen zählte man einst ob ihrer Seltenheit zu den Wahrzeichen des Domes.

Die Uhr von 1487 — die Jahreszahl ist unter der Zeichnung in den Quader getieft — ist eine sogenannte Vertikaluhr. Sie stammt noch aus der Zeit, als man den Tag von Sonnenaufgang bis Sonnenuntergang in zwölf gleiche Zeiteinheiten teilte, so daß die „Winterstunden" wesentlich kürzer waren als die „Sommerstunden". Nur zur Zeit der Tag- und Nachtgleiche hatte eine Stunde die Dauer unserer heutigen. Auf diese ungleiche Länge der Stunden weist eine lateinische Inschrift hin, die über dem Gradnetz der Uhr in die Wand getieft ist: LONGI(TV)DO · DIERV(M) · HO(R)E · INEQ(VA)LES, was besagt, daß jeder Tag voll ungleicher Stunden ist. An der Oberkante des Gradnetzes sind die Stunden durch Planetenzeichen angegeben, da man jeweils einem Planeten die Herrschaft über eine Stunde zuschrieb. Die Uhr ist genau nach dem Polhöhengrad von Regensburg konstruiert. Der eiserne Zeiger, heute nicht mehr vorhanden, mußte genau senkrecht zur Wandfläche gerichtet sein. Leider ist der untere Teil der Zeichnung in einen Sandsteinquader gemeißelt und deshalb weitgehend verwittert. Nur die in den wetterfesten Kalkstein geschlagenen Ziffern, Zeichen und Linien überdauerten die Jahrhunderte ohne größeren Schaden. Die etwas höher angebrachte Uhr von 1509 gibt bereits unsere normalen Stunden an.

Die Kunst Sonnenuhren zu konstruieren war im frühen Mittelalter ausschließlich den Gelehrten in den Klöstern vorbehalten. Im 11. Jahrhundert lehrte im Kloster St. Emmeram der Mönch Wilhelm, der spätere Abt von Hirsau, Mathematik und Astronomie. Er verstand sich besonders auf die Konstruktion von Sonnenuhren. Auch das sogenannte Astrolabium (s. d.) geht auf ihn zurück. Im späten Mittelalter, als die beiden Domsonnenuhren entstanden, war ihre Berechnung zwar kein mathematisches Geheimnis mehr, jedoch konnte auch ein geschickter Steinmetz eine solche schwierige Zeichnung nicht selbst anfertigen. Es ist wohl anzunehmen, daß sich der Steinmetz den Plan an der Hohen Schule zu Ingolstadt anfertigen ließ und die Pause dann auf die Quaderwand übertrug. 1509, im gleichen Jahr also, als die Domsonnenuhr entstand, ließ der

108. Dom, Strebepfeiler des südlichen Langhauses. Sonnenuhr vom Jahre 1487

Regensburger Rat den Professor der Astronomie Johann Ostermaier von der Hochschule aus Ingolstadt kommen, damit er eine Sonnenuhr für den Marktturm berechne. Ostermaier dürfte demnach auch das Gradnetz der Domsonnenuhr gezeichnet haben.

Schuegraf bringt in seiner Dombaugeschichte eine leider unrichtige Wiedergabe der Uhr von 1487, die auch Zahn übernahm. Was Schuegraf für das Zeichen des verfertigenden Steinmetzen hielt, ist das Planetenzeichen für den Saturn.

Eine dritte Sonnenuhr findet sich in der Südwestecke des südlichen Domturmes. Sie stammt aus dem Jahre 1606. Von ihr auf die Quader gemalten Zeichnungen sind nur noch undeutliche Spuren erhalten.

Die törichten und die klugen Jungfrauen

Der Außenpfeiler des Hauptportales trägt an seiner Innenseite zwei Konsolen, jede mit fünf Frauenbüsten besetzt, die einem Kelch ornamentaler Blätter entwachsen. Die Büsten drängen sich um die Konsolen und scheinen diese mit ihren Schultern zu stützen. Über einzelnen Gesichtern liegt Scherz, Naivität, andere blicken ernst, fast melancholisch vor sich hin. Die Skulpturen entstanden in der Zeit nach 1400. Da sie ohne jedes Attribut sind, wird ihre Deutung umstritten bleiben. Mit großer Wahrscheinlichkeit sind sie als die fünf törichten und die fünf klugen Jungfrauen zu deuten, von denen der Evangelist Matthäus in einem Gleichnis spricht. Die fünf törichten Jungfrauen versäumten die Ankunft des Bräutigams und konnten daher nicht zur Hochzeit eingehen, denn „die Tür ward verschlossen". Der Standpunkt am Kirchenportal wäre somit gerechtfertigt, zumal sich die Darstellung dieser Jungfrauen aus dem Gleichnis des öfteren an den Eingängen mittelalterlicher Kirchen findet.

Nach anderer Deutung sind in diesen Büsten zehn Sibyllen zu erkennen, weissagende Frauen aus der antiken Mythologie. Die christliche Kunst des Mittelalters hat sie Propheten und Aposteln, den Kündern des Wortes Gottes im Alten und Neuen Testament, gelegentlich als die Prophetinnen des Heidentums gegenübergestellt.

Die reitenden Könige

Der Betrachter der Westfassade des Domes gewahrt an den Stirnseiten der vier Turmpfeiler je eine Königsfigur, auf einem phantastischen Tiere reitend. Zum Zeichen der Königswürde tragen sie Krone und Zepter.

Die Reiterfiguren versinnbildlichen die vier Weltreiche, das chaldäische, das persische, das griechisch-mazedonische und das römische, die der Prophet Daniel in einer Vision unter dem Bilde von vier phantastischen Tieren schaute. In den reitenden Königen selbst ist somit Nebukadnezar (auf einem Löwen), Cyrus (auf einem Bären), Alexander der Große (auf einem Panther) und Julius Cäsar (oder Augustus, auf einem Einhorn) zu erkennen. Das eigentliche kirchengeschichtliche Thema dieser symbolhaften Verkörperung der vier Weltreiche liegt darin, daß nach der

Prophetie Daniels das Reich Jesu Christi dazu bestimmt ist, diese vier Weltreiche abzulösen. Der Dom ist Petrus, dem ersten Papst und Stellvertreter Christi auf Erden geweiht. Nach mittelalterlicher Denkweise ist dem Papst nicht nur die höchste geistliche Gewalt, sondern auch die größte weltliche Macht gegeben. Wir haben also in dem ganzen Zyklus die Unterordnung der irdischen Gewalt unter die des Papstes zu verstehen. Mußten doch die mittelalterlichen Kaiser erst vom Papst gekrönt werden, um wirklich Kaiser zu sein.

Die Figuren (Kopien) entstanden im späten 14. Jahrhundert, einer Zeit als der gelehrte Domherr Konrad von Megenberg (s. d.) in Regensburg wirkte. Er war ein eifriger Verfechter der Machtstellung des Papstes, selbst gegenüber dem Kaiser. In Angelegenheiten des Dombaues hatte Konrad von Megenberg ein gewichtiges Wort mitzusprechen. So dürfte wohl unter seinem Einfluß dieser symbolische Hinweis auf die weltliche Macht des Papstes entstanden sein.

Der halbbehauene Quader am Nordschiff

An der Außenwand des nördlichen Langhauses, etwa 2 m über dem Sockel, ließen die Werkleute des Dombaues ein handgroßes Stück an einem Quader unbearbeitet. Als rauher und zerklüfteter Brocken ragt es aus der flachen Wand heraus. Ganz bewußt blieb diese Stelle unbehauen. Sie erfuhr nicht einmal eine Rohbearbeitung, während die ganze übrige Quaderfläche fein geglättet ist. Diese Kuriosität ist nur damit zu erklären, daß einer der Gesellen der Nachwelt ein Denkmal hinterlassen wollte, das zeigen soll, wie rauh und uneben das Steinmaterial war, und wieviel Mühe und Schweiß es gekostet hat, die unförmigen Brocken zu formen und zu glätten. Wir kennen den Namen dieses humorvollen Werkmannes nicht. Um nicht ganz anonym zu bleiben, hat er sich neben dem unbearbeiteten Stück mit seinem Steinmetzzeichen verewigt, das des öfteren am Dom zu finden ist.

Inschriften von Meistern

Neueste Forschungen zur Baugeschichte des Domes weisen auf einen Baubeginn mit dem Chor zwischen 1240 und 1250. Streitigkeiten zwischen Bischof und Stadt ließen den Bau zunächst nicht recht vorankommen. Eine päpstliche Ablaßurkunde, 1254 für den Dombau ausgestellt, berichtet vom aufwendigen Neubau, der bereits begonnen habe. Seit dieser Zeit gingen die Bauarbeiten zügig voran. Der Großbrand des Jahres 1273 brachte einen empfindlichen Rückschlag. Im April 1275 wurde der Grundstein für den Neubau des Schiffes gelegt. Die Weihe des Chores erfolgte 1276. Meister aus dieser frühesten Zeit sind dem Namen nach nicht überliefert. Die älteste Nachricht, die sich auf einen Dombaumeister bezieht, stammt vom Jahre 1283. Die Urkunde — in Angelegenheiten des Deutschen Hauses auf dem Ägidienplatz ausgefertigt — nennt einen „Meister Ludwig Steinmetz". Über sein Lebensschicksal ist nur wenig bekannt. Schuegraf zufolge war Meister Ludwig gebürtiger Regensburger und Mitglied des Rates. Neben zwei Söhnen, Konrad und Wichmann, hinterließ er eine Witwe, die in einer Urkunde aus Niedermünster von 1306 ausdrücklich als „Anna, die Hinterbliebene Ludwigs, des Meisters vom Werk St. Peter" bezeichnet wird. Noch 1340 heißt sie „die Tymmeisterin". Es darf angenommen werden, daß Meister Ludwig die Gestaltung der Baupläne entscheidend beeinflußt hatte.

In dem Strebepfeiler westlich des Portales am südlichen Querhaus findet sich der Name LVDBICH in einen Quader getieft. Mit großer Wahrscheinlichkeit bezieht sich diese Inschrift auf Meister Ludwig, dem Schuegraf in seiner Dombaugeschichte ein Distichon widmet:

> Wenn die Geschichte auch schweigt, wenn Lieder dich
> auch nicht besingen,
> Reden in Ewigkeit, Ludwig! die Steine von dir.

Noch ein zweiter Name ist nahe dem Südportal den Steinen anvertraut. FRIDRICH ist in einen Quader links oberhalb des Portales gemeißelt. Der Name mag vielleicht dem Nachfolger Ludwigs angehören, über den jegliche Nachricht fehlt. Ein Werkstein an der nördlichen Chorseite trägt in Augenhöhe über dem Terrassensockel den Buchstaben F, der als Monogramm Friedrichs gedeutet werden kann. Die Inschriften wurden erst gegen Ende des vergangenen Jahrhunderts entdeckt.

Ein weiterer Meister hat seinen Namen im Innern des Domes verewigt. Im südlichen Nebenchor, am Arkadenzwischenpfeiler zum Hauptchor, ist in schön geformten Majuskeln, ca. 1,20 m über dem Pflaster, der Name HAIRICVS eingetieft.

109. Dom, Westportal. Porträt des Parliers Hans Engl, des Bruders des Dombaumeisters Andreas Engl, um 1410/20.

Bildhauerporträts und Steinmetzdenkmäler

Nur gering sind unsere Kenntnisse von jenen mittelalterlichen Bildhauern und Steinmetzgesellen, denen Regensburg den Ruf verdankt, eine der schönsten Städte Deutschlands zu sein. Die Ideen und Entwürfe der großen Baumeister wären ohne das Kunstvermögen der Poliere, Steinmetzen, Bild- und Laubhauer nicht Wirklichkeit geworden. Nur wenige Andenken an sie leben am Dome fort. Nicht nur mit ihren Steinmetzeichen haben sie sich verewigt. Auch ihre Gesichter hielten sie im Abbild fest, wenn auch dem oberflächlichen Betrachter nicht sichtbar. Der großzügigen Gesinnung der kirchlichen Bauleitung verdankten sie die Freiheit, ihre Porträts am Dom, neben den Figuren von Engeln und Heiligen, anbringen zu dürfen.

Die künstlerische Ausstrahlung der Prager Parlerhütte, organisiert im Großmeisterklub der „Junker von Prag", ist um 1400 über ganz Deutschland hin nachweisbar, in Regensburg am Westportal des Domes mit seiner prächtigen Vorhalle. Der leitende Bildhauer dieses Bauabschnitts brachte an dem von ihm geschaffenen Werk sein Bildnis an. Von der Unterseite des Baldachins der äußersten linken Figurennische blickt die Porträtbüste des Meisters herab, verkehrtstehend zur Blickrichtung des Betrachters. Ein junger Mann ist hier dargestellt mit ausdrucksvollem Gesicht. Unmittelbare Beziehungen zur Parlerhütte sind hier unverkennbar. Seinen Kopf bedeckt eine Haube mit seitlich sackartig herabhängender Kuppe, ähnlich einer phrygischen Mütze. Ornamental angeordnete Haarsträhnen quellen darunter hervor. Über dem energischen Mund steht ein starker Schnurrbart. In die gerundete Brust der Büste hat der Meister sein Zeichen geschlagen, ein T-förmiges Gebilde mit gewinkeltem Schaft. Die Büste stammt aus der Zeit um 1410. Sie stellt das Porträt des Parliers Hans Engl dar, den Bruder des Dombaumeisters Andreas Engl (vgl. F. Dietheuer: Das Dombaumeistergeschlecht der Roritzer. Genealogie 6/1976). Ein Sammelquader von Steinmetzzeichen in unmittelbarer Nähe, im Sockel des nordwestlichen Strebepfeilers des Südturmes, zeigt in Großausführung im spitzen Schild das Steinmetzzeichen der Parler.

Der Dombrunnen (s. d.) trägt in seinem Gebälk zwei kleine Hängefiguren, jede bezeichnet 1500. In der östlichen ist das Porträt des Dombaumeisters Wolfgang Roritzer zu erkennen, in der westlichen das seines Sohnes Dionys (vgl. Dietheuer a. a. O.).

Nicht nur Meister, auch Poliere und Gesellen haben ihre Porträts am Dom hinterlassen. An der Westseite des Südturmes, beiderseits des Portales, stehen unter Baldachinen die Figuren heiliger Bischöfe. Der südlichste dieser Baldachine ist ein Stück höher gerückt als die übrigen, um Platz zu machen für zwei Reliefbüsten, das Bildnis eines jungen Paares, eines Steinmetzen und seiner Frau. Ein kleiner Teufel schwingt mit beiden Händen sein Versuchungsnetz über dem Paar.

110. Dom, Südturm, Westseite. Reliefbüsten eines Steinmetzen und seiner Frau, um 1360/70

Die Innenwand des südlichen Seitenschiffes gliedern Spitzbogenblenden, deren Bogen auf Figurenkonsolen ruhen. Die letzte im Westen stellt einen jungen Steinmetzen dar, der gerade das Zeichen zum Aufziehen eines Steines gibt. Greifzange und Seilende der Hebevorrichtung sind deutlich erkennbar. Die Plastik entstand um 1350.

Über der Vierung des Domes sollte ein achteckiger Kuppelbau erstehen, zu dessen Ausführung es jedoch nicht mehr kam. 1697 erhielt die offene Vierung ein Kuppelgewölbe, das 1838 durch das heutige neugotische Kreuzgewölbe ersetzt wurde. Über diesem Gewölbe ragen aus den Ecken des Oktagons Büsten heraus, die als Auffänger der Dienste der Vierungskuppel gedacht waren. Einer dieser Zierköpfe stellt einen Bischof dar, die Mitra auf dem Haupt, ein anderer eine junge Frau. Mit großer Wahrscheinlichkeit aber darf eine der Büsten, deren Kopf eine flache Kappe trägt, als Bildnis eines Werkmeisters gedeutet werden. Das Gesicht mit der breiten, leicht gekrümmten Nase ist von beredtem Ausdruck. Die Stilmerkmale weisen die Entstehung der Skulpturen in die erste Hälfte des 14. Jahrhunderts, in die Regierungszeit des Bischofs Nikolaus von Ybbs (1313—1340). In dieser Zeit ist Albrecht der „Tuembmaister" (genannt 1318) mit der Bauleitung des Domes betraut. Demnach wären in den Dargestellten Bischof Nikolaus und Meister Albrecht zu erkennen. Eine weitere Büste mit höherer, in der Mitte des Umfangs eingeschnürter Kopfbedeckung verrät ebenfalls betont individuelle, porträtähnliche Züge.

Weiterhin ist des Steinmetzen Wernhart zu gedenken, der gleichfalls in der ersten Hälfte des 14. Jahrhunderts am Dom arbeitete und im Domfriedhof begraben wurde. Unter der Hohlkehle der südlichen Sockelmauer, nahe am Chor, ist ein länglicher Stein eingelassen, dessen Inschrift Kunde gibt von der Ruhestätte des Meisters: HIE · LEIT · WIRNHART · DER STAINMAIZZEL · WEGRAWEN · GOT · MUZZ · SEIN · SEL · HAWEN — Hier liegt Wernhart der Steinmetz begraben, Gott muß seine Seele haben. Bei genauer Betrachtung ist festzustellen, daß die Inschrift einst eine Fortsetzung nach unten hatte, der Stein aber abgeschlagen und zur Ausbesserung der Sockelmauer verwendet wurde. Er dürfte also erst nachträglich an diese Stelle gesetzt worden sein.

Im Innern des Domes, rechts des Nordportales, findet sich in Augenhöhe die Inschrift: HIE LEIT GEDERUT. Schuegraf vermutet, daß es sich hierbei um die Todesanzeige eines vom Gerüst gestürzten Steinmetzen namens Gederut handelt. Sein Zeichen ist über der Schrift in die Wand geschlagen und des öfteren am Dom zu finden.

Bauhütte, Steinmetzen und Steinmetzzeichen

Unter „Hütte" oder „Bauhütte" verstand man ursprünglich den Bretterschuppen, die Holzhütte nächst der Baustelle. Im Sommer saßen die Werkleute in Hütten, die an einer Seite offen standen. Geschlossene Hütten dienten im Winter und bei schlechter Witterung als Arbeitsraum. Weil die Werkleute dort auch ihre Versammlungen abhielten, dehnte sich der Begriff „Bauhütte" auch auf die Angehörigen der mittelalterlichen Großbaustelle, etwa eines Dombaues, aus. „Bauhütte" bedeutete also die ganze Organisation des Baues schlechthin. Wo ein großer Kirchenbau entstand, erfolgte die Gründung einer Bauhütte, ein Zusammenschluß unter den Handwerkern mit religiöser Satzung und niederer Gerichtsbarkeit. Die Bauhütte blieb bis zur Vollendung des Bauwerkes bestehen.

Neben den Zimmerleuten, die mit der Aufstellung der Lehr- und Arbeitsgerüste und mit der Errichtung des Dachstuhles betraut waren, bildeten die Steinmetzen die bedeutendste Gruppe von Handwerkern innerhalb der Bauhütte. Die begabtesten unter ihnen waren die Bildhauer. Als Künstlern oblag ihnen die Schaffung der figuralen Bauplastik. Die sogenannten Laubhauer zierten Kapitelle, Konsolen und Simse mit pflanzlichen Motiven und Ornamenten. Sicher waren sie auch imstande und befugt, kleinere und einfachere figürliche Darstellungen anzufertigen. Die eigentlichen Steinmetzen, die zugleich auch Maurer waren, befaßten sich mit der Zurichtung der Quader, mußten daneben aber auch die schwierigere Arbeit der Herstellung von Elementen für Pfeiler, Rippen und Maßwerk verstehen. Alle beherrschen sie die Kunst, den bearbeiteten Stein farbig zu fassen.

Für die Bedeutung Regensburgs und seiner Dombauhütte spricht die Erwählung der Stadt zur Abhaltung eines Hüttentages im Jahre 1459, zu dem sich Werkleute aus ganz Deutschland zusammenfanden, um eine neue Steinmetzordnung zu beschließen. Ihr Geltungsbereich umfaßte das ganze damalige Reichsgebiet. Nach dieser Ordnung galt als oberste Hütte jene in Straßburg. Ihr Werkmeister wurde in allen die Steinmetzen betreffenden Streitfragen als oberster Richter anerkannt. Die Ordnung regelte auch die Ausbildung der Steinmetzen. Fünf Jahre lang hatte der Lehrling zu „dienen", zu lernen. Dem fertigen Gesellen wurde sodann vom Meister ein Zeichen zuerkannt, falls er nicht schon ein vom Vater ererbtes Zeichen mitgebracht hatte. Dieses Zeichen durfte er fortan an allen von ihm gefertigten Werkstücken anbringen.

Diese Steinmetzzeichen waren vielfach vererbt, war es doch weithin der Brauch, daß der Sohn den gleichen Beruf erlernte, wie der Vater. Da sich die Steinmetzzeichen nach dem Recht der Erstgeburt vererbten, besaß der erstgeborene Sohn das gleiche Zeichen wie der Vater. Die nächstgeborenen Söhne erhielten ein vereinfachtes oder erweitertes Zeichen, wenn sie gleichfalls den Beruf eines Steinmetzen erlernten. Heiratete ein Geselle die Tochter eines Meisters, der selbst keinen Sohn besaß, so durfte er das Zeichen des Schwiegervaters führen.

Im Zeitalter der Spätgotik besaßen die großen Bauhütten eigene Mutterfiguren, sogenannte Schlüssel, aus denen neue Zeichen abgeleitet und verliehen wurden. Die Regensburger Dombauhütte hatte als Mutterfigur das Tierkreiszeichen „Schütze". Der wandernde Geselle, der über ein aus dem Schlüssel entnommenes Zeichen verfügte, konnte sich damit in der Fremde als Steinmetz ausweisen; natürlich mußte er es in den Schlüssel seiner Bauhütte stellen können. Bei Akkordarbeit dienten die in die Werkstücke geschlagenen Zeichen dazu, die Arbeitsleistung und damit die Entlohnung des einzelnen Steinmetzen zu bemessen.

Ehe die Bauhütten im Zeitalter der Spätgotik neue Zeichen aus ihren Mutterfiguren verliehen, gingen die Steinmetzzeichen aus den Hausmarken (s. d.) hervor. Der angehende Steinmetz brachte sein Zeichen bereits an seine Arbeitsstelle mit.

Die unveränderte Weitergabe der Zeichen an den erstgeborenen Sohn bzw. ihre Veränderungen für nachgeborene Söhne sei hier am Beispiel der Familie Roritzer gezeigt, deren redendes Wappen der Rohrreißer ist, die Zwergrohrdommel. Es findet sich an einem Weihwasserstein in der Kapelle „In der Rast" im Domkapitelhaus und auf dem linken Seitenaltar der St.-Anna-Kirche in Großprüfening (s. d.) mit der Datierung 1488.

Bei Arbeitsaufnahme an einem Bauwerk schlugen sämtliche der daran beteiligten Steinmetzen ihr Zeichen in einen Sammelquader. Drei solcher Sammelsteine finden sich am Regensburger Dom: einer im Sockel des nordwestlichen Strebepfeilers des Nordturmes, die beiden anderen im Sockel des nordwestlichen Strebepfeilers des Südturmes. Letztere sind verhältnismäßig gut erhalten. Ihre Zeichen treten deutlich hervor, wenn man die Oberfläche des schwarz patinierten Quaders vorsichtig mit Kreide bereibt. Die Abbildung gibt den nördlichen der beiden Sammelquader wieder. Häufig erscheinen auch Zeichen im Wappenschild. Auf der Abbildung deutlich erkennbar das Zeichen der Parler im großen, schräggestellten Spitzschild links oben. Es weist auf einen Besuch des Prager Meisters Peter Parler zu einer der üblichen Baubesprechungen. Direkte Beziehungen Peter Parlers, des Meisters der Bauhütte des Prager Veitsdomes zum Regensburger Dombau lassen sich zwar nicht bezeugen, doch verrät die plastische Dekoration des Westportals eine weitgehende künstlerische Verwandtschaft mit der Prager Parlerhütte. Das gleiche Zeichen der Parler, ebenfalls erhaben gearbeitet und in den geneigten Spitzschild gestellt, erscheint am sogenannten Parlerstein des Ulmer Münsters. Zwischen den einzelnen Schilden werden auf dem Regensburger Sammelquader zahllose kleine Steinmetzzeichen sichtbar.

Der südliche der beiden Sammelsteine, ebenfalls bedeckt mit vielen Zeichen in größerer und kleinerer Ausführung, scheint erst nachträglich an diese Stelle gesetzt worden zu sein. Um das Format eines Sockelquaders zu erhalten, mußte seine Höhe beschnitten werden.

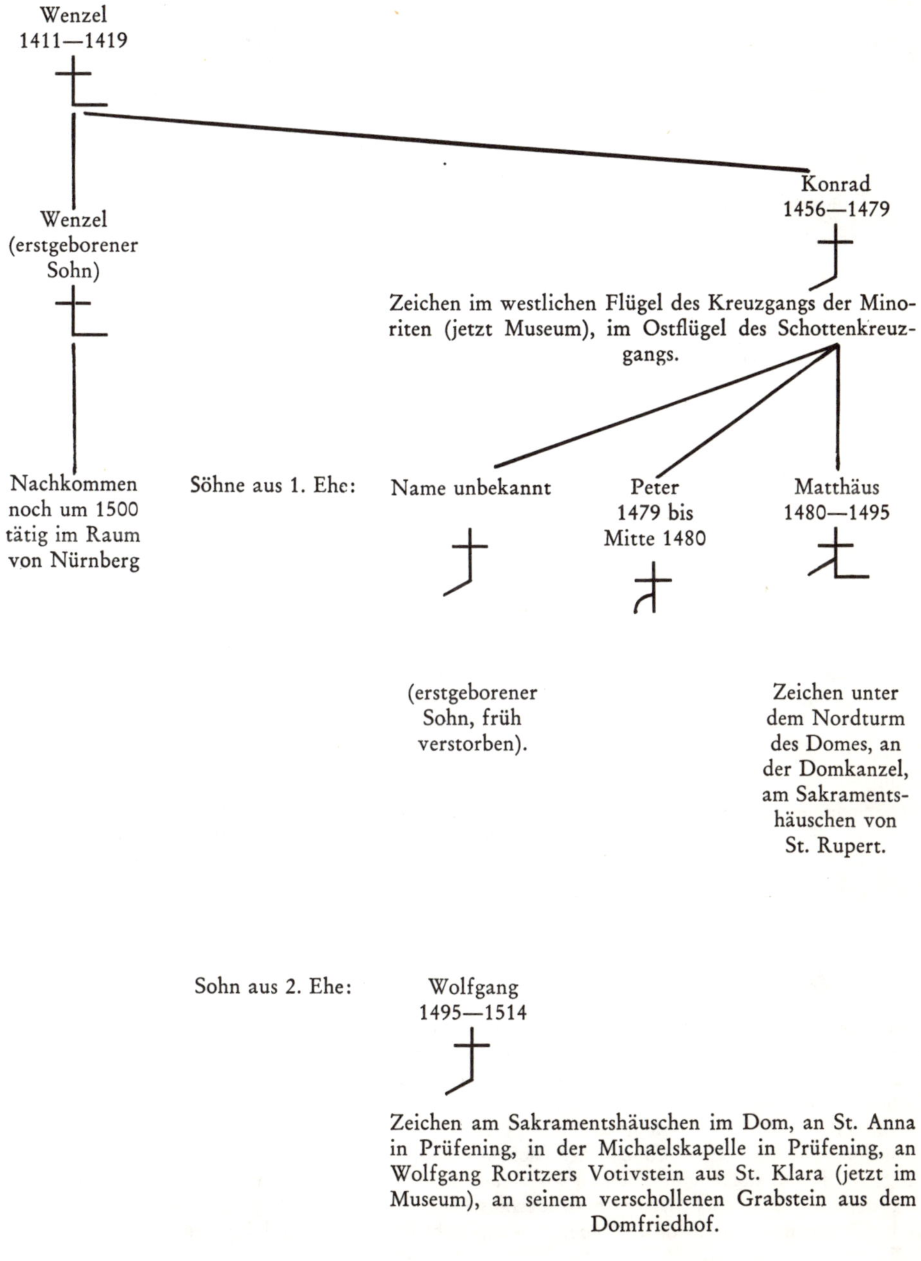

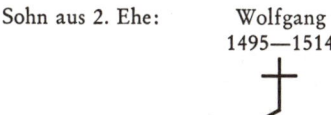

261

111. Dom, Südturm, Sockel des nordwestlichen Strebepfeilers: Sammelquader mit Steinmetzzeichen

Die Zeichen im Sammelquader unter dem Nordturm sind erloschen, da sich ausgerechnet über dieses baugeschichtlich so bedeutsame Denkmal viele Jahre hindurch ein Strom von Regenwasser ergoß. Schuegraf konnte 1830 die Zeichen noch aufnehmen und dort auch noch die Jahreszahl 1489 erkennen.

Die Bauwerke Regensburgs weisen Steinmetzzeichen in großer Zahl und aus allen Bauperioden auf. Die ältesten dürften jene an der 1125 geweihten St.-Andreas-Kirche in Prüfening sein. Zeitlich folgen ihnen die Zeichen an den Buckelquadern des Römerturmes aus der Mitte des 12. Jahrhunderts. Die verhältnismäßig großen Zeichen haben die Form des Buchstabens T oder eines Kreuzes, das an einer Seite ein Halbkreis umzieht (gekreuzte Richtscheite und Biege?). Gelegentlich erscheint auch ein verzerrtes oder schiefgestelltes S. Steinmetzzeichen aus der zweiten Hälfte des 12. Jahrhunderts zeigen die Quader der Niedermünsterkirche. Zeitlich schließen sich ihnen jene an der Schottenkirche St. Jakob (um 1200) an. In viele der sauber geglätteten Quader sind Zeichen in Form von Großbuchstaben und Kreuzen geschlagen. An einzelnen Säulen entdeckt man ein Signum, das Pfeil und Bogen darstellt, das Tierkreiszeichen „Schütze". Zeichen aus der Zeit nach 1250 finden sich in großer Zahl an der Dominikanerkirche und vor allem am Dom.

Eine Vielzahl der Steinmetzzeichen an der Neupfarrkirche (Baubeginn 1519) wurden von Büchner-Suchland nachgewiesen und identifiziert.

Die Steinmetzzeichen der Romanik sind einfach, etwa zu zwei Dritteln Großbuchstaben, zu einem Drittel Bilder oder Werkzeuge. Mit Beginn der Spätgotik werden sie stäbchenförmig und vielgestaltiger, aber auch trockener. Kunstvolle Zeichen weisen die Werksteine der Dreieinigkeitskirche auf (Baubeginn 1627).

Die Figuren der Verkündigung

An den westlichen Vierungspfeilern stehen sich die überlebensgroßen Figuren einer Verkündigung gegenüber, Maria und der Engel Gabriel. Sie stammen von der Hand des sog. Erminoldmeisters (s. d.), geschaffen um 1280. Die Figuren sind von überragender künstlerischer Qualität. Strahlendes Lachen im Gesicht des Engels offenbart die Freude, die Frohe Botschaft überbringen zu dürfen. Aufgewühlte Bewegtheit und Geste lassen noch die Erregung des Fluges spüren. Maria empfängt den Engel mit würdevoller Demut. Glückliches Lächeln umspielt ein Antlitz von übersinnlicher Schönheit. Die rechte Hand, steil emporgerichtet, wirkt mehr abwehrend als grüßend. Die Fülle der Gewänder ist in tief unterschnittenen, schwer herniederrauschenden Falten geordnet. Die monumentalen Bildwerke, in alter Bemalung, wurden zu einem Wahrzeichen des Domes und der Stadt.

112. Dom, westliche Vierungspfeiler. Verkündigungsgruppe vom sog. Erminoldmeister. Um 1280

Der Teufel und seine Großmutter

Zwei groteske Kleinfiguren an der Innenseite des westlichen Domportales werden vom Volk „der Teufel und seine Großmutter" genannt. Von alters her gehören sie zu den bekanntesten Wahrzeichen des Münsters, und wer sie nicht gesehen hat, so hieß es, der habe auch den Dom zu Regensburg nicht gesehen.

In höhlenartigen Nischen, die von einem genasten Spitzbogen überragt und von einem gedrungenen Säulenbündel gestützt werden, hocken die berühmt gewordenen Gestalten. Zur Rechten gewahrt man den Teufel in Gestalt des Drachen mit krallenbesetzten Flügeln, menschenähnlichem, fratzenhaftem Gesicht und einem fliegenden Haarschopf zwischen den stumpfen Hörnern. Das kauernde Wesen scheint voller Spannung zu sein, so, als wollte es sich im nächsten Augenblick auf den Betrachter stürzen.

In seiner Symbolsprache undeutlicher erscheint das Gegenstück an der linken Portalseite. Auch hier handelt es sich um ein Tier in gekrümmter, hockender Haltung, zwischen dessen Klauen ein langer Schweif sichtbar wird, der in einer zottigen Haarquaste endigt. Dichte Haarsträhnen fließen vom Rücken herab. Kopf und Rumpf umhüllt nach Altfrauenart ein faltenreiches Tuch, aus dem ein menschliches Gesicht hervorblickt, das Gesicht eines alten Weibes mit zahnlosem Mund und wunderlichem Grinsen. Dieses gleichfalls satanische Wesen — eben des Teufels Großmutter, die ja auch häufig im deutschen Märchen erscheint — entbehrt nicht einer gewissen Komik. Auch im mittelalterlichen Mysterienspiel waren Teufelsszenen mit Drastik und Humor geladen. So empfing zum Beispiel die Hölle den ohne Beute zurückkehrenden Teufel mit Schmähungen und Prügeln.

Den beiden Skulpturen kommt apotropäische, d. h. unheil- und dämonenabwehrende Bedeutung zu. F. Dietheuer sieht in der „Großmutter" einen Löwen mit Totenbinden um das Haupt, Sinnbild der Hölle. Die beiden Mächte, Teufel und Hölle, sind die großen Versucher auf unserem Weg zu Christus, vom Kirchenportal zum Hochaltar. Die Figuren entstanden im späten 14. Jahrhundert, als Meister Liebhart Mynner den Regensburger Dombau leitete. Eine überraschende Analogie zu diesen Skulpturen entdeckte Dietheuer an der Kathedrale zu Aub an einem Kapitell um 1250.

113. Dom, Innenseite des Hauptportales. „Teufel und seine Großmutter". Ende des 14. Jahrhunderts

Der blaue Esel

Das Doppelfenster des dritten Joches im Südschiff des Domes zeigt bunte Szenen aus dem Marienleben. Die wertvollen Glasbilder sind ein Werk Eberhard des Väßlers aus der Zeit um 1370. Zuhöchst oben ist in einer „Flucht nach Ägypten" ein kleiner blauer Esel zu sehen, der ebenfalls zu den Wahrzeichen des Domes zählt. Es ist bezeichnend, daß das Volk immer das Unscheinbare und schwer Zugängliche in den Kreis seiner besonderen Betrachtung gezogen hat.

114. Dom, Südwand des Querschiffes. Christus am Kreuz, mit natürlichem Haar und Bart. Mitte des 16. Jahrhunderts

Christus mit dem wachsenden Bart

Eine wundersame Legende rankt sich um den überlebensgroßen Domkruzifixus, der hoch an der Wand des südlichen Querschiffes hängt. Ein namenloser Künstler des 16. Jahrhunderts schuf dieses eindrucksvolle Andachtsbild, das auch den Ungläubigen oder Fernestehenden in seinen Bann schlägt und den seelisch Bereiten gleichsam zu innerem Mitleiden zwingt. Mit erschütternder Realistik schildert der Künstler hier die letzten Qualen des Herrn. Die Augen sind gebrochen, und es scheint, als hätte der stöhnend geöffnete Mund eben die letzten Worte gesprochen: Es ist vollbracht. Eine Krone aus jähen Dornen schlingt sich um das sterbend geneigte Haupt. Wild flattert das Lendentuch im Wind. Um den Betrachter noch mehr zu ergreifen, umgab der Künstler das Antlitz des Sterbenden mit natürlichem Haupt- und Barthaar. Ein herzförmiges Behältnis hängt an einer Schnur um den Hals des Gekreuzigten, doch ist es im Dämmer des Kirchenraumes kaum zu erkennen. Es scheint sich um eines jener silbernen Votivherzen zu handeln, wie sie in den Wallfahrtskirchen unseres Raumes noch zahlreich anzutreffen sind. Das Volk erzählt, der Künstler habe für seine Schöpfung das eigene Haar geopfert, das immer noch weiter wachse. Wenn der ganze Körper damit eingehüllt sei, stehe der Jüngste Tag bevor.

Christus wächst aus der Wand

Eine ähnliche, heute fast ganz vergessene fromme Sage knüpft an die Gestalt eines Schmerzensmannes in der „Kapelle der Verlassenheit" an, die sich im östlichen Erdgeschoß des Domkapitelhauses befindet. Nur gedämpft dringt das Licht in den einsamen Kapellenraum, den ein spätgotisches Gewölbe mit reicher Netzfiguration überspannt. Die Kapelle wurde einstmals auch „In der Rast" genannt. Wallfahrtsorte mit „Rastkapellen" gibt es mehrfach in Altbaiern. Sie entstanden an Plätzen, an denen heilige Personen gerastet haben sollen. Besonders der hl. Wolfgang, dessen Legende von größeren Wanderungen berichtet, gab hinreichend Grund zur Annahme von

Rastpunkten (vgl. St. Wolfgang bei Baumburg). Aber auch das Bild des sitzenden Schmerzensmannes wurde vom Volk als „Christus in der Rast" bezeichnet (Ratskapelle bei Hohenaschau, Obb.). Auf ein solches Bild geht der Name unserer Kapelle „In der Rast" zurück. Über der Grabtafel des angesehenen Geschlechts der Woller an ihrer Westwand ragt die Halbfigur eines Erbärmdechristus aus der Wand. Das dornenumwundene Haupt ist in stiller Demut geneigt, die viel zu kleinen Hände liegen über der schmalen Brust. Der halbgeöffnete Mund läßt die Zunge hervortreten, um die fieberheißen Lippen zu netzen. Die Plastik entstand um 1377. Von dieser Christusfigur erzählte man einst in Regensburg, daß sie immer weiter aus der Wand herauswachse. Wenn der ganze Körper des Schmerzensmannes erscheine, beginne der Untergang der Welt.

Noch um die Wende zu unserem Jahrhundert war die Kapelle täglich von zahlreichen Andächtigen besucht. Seit 1910 etwa ist sie der Öffentlichkeit nicht mehr zugänglich. Das dürfte der Grund dafür sein, daß die an den Schmerzensmann knüpfende Überlieferung weitgehend in Vergessenheit geraten ist.

Der Dombrunnen,

nächst dem Portal des südlichen Querschiffes, gehört zu den Wahrzeichen des Münsters. Bis auf den Grundwasserspiegel der Donau, der hier 17 m unter dem Pflaster liegt, reicht der Schacht hinab. Die heutige Brunnenanlage entstand anstelle eines nicht mehr vorhandenen Vorgängers. Sie läßt drei verschiedene Bauabschnitte erkennen. Der Zeit um 1480 gehört die Brüstung an, deren Felder formschönes Astwerk ziert. Über die Brüstung erheben sich zwei reich profilierte Pfeiler. Der nördliche trägt eine zierliche Figurengruppe: Christus und die Samariterin. Die beiden Pfeiler verbindet ein prachtvoll komponierter Sprengwerkbaldachin, an dem das Schöpfrad mit der langen Kette hängt. Seine künstlerische Formgebung ist eine andere als die der Pfeiler. Verborgen und nur dem Kundigen sichtbar sind zwei kleine Hängefiguren an der Ost- und Westseite des Baldachins. Jede von ihnen trägt ein Schriftband mit der Jahreszahl 1500. Diese Datierung beweist, daß zumindest der Baldachin eine Schöpfung des Dombaumeisters Wolfgang Roritzer ist. Eine der beiden Hängefiguren dürfte mit Sicherheit sein Porträt darstellen.

Einst war bei den Regensburger Kindern der Glaube verbreitet, ihre neugeborenen Geschwister seien aus dem Dombrunnen geschöpft.

Das Sakramentshäuschen

an der Evangelienseite des Hochaltares im Dom, ein 15 m hohes, reich verziertes Gehäuse, zählt zu den hervorragendsten Leistungen der Spätgotik in Regensburg. Der Bau wurde nach zwei voneinander unabhängigen Planungen durchgeführt. Nach einem ersten Entwurf vom Jahre 1493 entstand der Unterbau. Aus einem flaschenförmigen, mit Maßwerkblenden gezierten Fuß wächst eine schlanke, mit Astwerk belegte Säule hervor. Sie trägt das Wappen des Stifters, des Domherrn Graf Georg von Preysing († 1498), darunter auf einem Band die Jahreszahl 1493. Die Säule stützt das Tabernakelgehäuse. An seinen abgeschrägten Seitenkanten stehen unter Baldachinen die Figuren der Heiligen Petrus und Paulus. Sie stammen aus neuerer Zeit und sind kunstgeschichtlich von minderer Bedeutung. Den Tabernakel schließt nach oben ein weit vorkragender reicher Sprengwerkbaldachin.

Verschieden vom Unterbau und ohne jegliche organische Verbindung mit ihm erhebt sich darauf der weit einfachere dreigeschossige Oberbau, ein über Eck gestellter Pfeiler, den freistehende Fialen und Heiligenstatuetten gliedern. Die abschließende Fiale reicht mit ihrer Kreuzblume bis über die zweite Galerie des Presbyteriums. Dieser zweite Bauabschnitt wurde erst nach Vollendung des Unterbaues geplant. Er ruht auf den abgeschlagenen Fialen des Baldachinkranzes.

Im Sockel findet sich mehrmals ein Steinmetzzeichen, ein im Schaft nach links gebrochenes Kreuz. Es ist das Zeichen des Meisters Wolfgang Roritzer. Das Sakramentshäuschen ist sein Werk. Nach Vollendung des Unterbaues scheint Roritzer das Sakramentshäuschen der Nürnberger St.-Lorenz-Kirche von Adam Krafft kennengelernt zu haben. Das mag ihn veranlaßt haben, seinen ursprünglich mit dem Sprengwerkbaldachin abschließenden Plan durch den genannten Aufbau zu erweitern.

Als sich das tragische Schicksal Wolfgang Roritzers erfüllt hatte — er wurde 1514 auf dem Rathausplatz enthauptet — war sein Werk noch nicht ganz vollendet. Das beweisen einzelne Details am Oberbau, deren letzte Ausarbeitung unterblieb.

Gregoriusmesse — Reliefstein im Domkreuzgang

Die sogenannte Gregoriusmesse, ein im hohen Mittelalter sehr beliebter und weit verbreiteter Typ des Andachtsbildes, stellt den heiligen Papst Gregor den Großen vor einem Altar kniend dar, auf dem Christus in der Gestalt des Schmerzensmannes erscheint. Der Bildinhalt geht auf einen Wunderbericht des Paulus Diaconus zurück. Als Gregor in der Kirche S. Croce in Rom einer Frau die Kommunion spendete, soll diese über die Verwandlung von Brot in Christi Fleisch gelacht haben, weil sie in der Hostie die von ihr selbst bereitete und in der Kirche geopferte Oblate erkannte. Auf das Gebet Gregors hin habe sich die Hostie in ein blutiges Fingerglied verwandelt.

Die Kunst stellte statt des Fingergliedes den ganzen Schmerzensmann dar und erweiterte den Bildinhalt durch Hinzufügen der Leidenssymbole. Mit der Verehrung des Bildes glaubte das Volk Ablässe zu gewinnen, namentlich den großen Ablaß der Kirche S. Croce in Rom.

In Regensburg, an der Westwand der Mittelhalle des Domkreuzganges, findet sich eine Darstellung der Gregoriusmesse aus dem Ende des 15. Jahrhunderts. Eine Rotmarmorplatte zeigt im Relief Papst Gregor, angetan mit Pluviale und Tiara, vor einem Altar kniend, auf dem die Halbfigur des Schmerzensmannes steht, umgeben von den Leidenswerkzeugen. Der Kelch, der umgestürzt auf der Patene liegt, gehört jedoch zum Typus der sogenannten Messe von Bolsena, wo ein Priester während des Opfers einen Tropfen des konsekrierten Weines verschüttete, der auf dem Altartuch die Gestalt einer blutroten Hostie annahm.

Der in schwer lesbaren Minuskeln geschriebene Text nimmt Bezug auf den mit der Verehrung des Bildes verbundenen Ablaß. Dort heißt es, in modernes Deutsch übertragen: „Wer diese Figur ehrt mit einem Paternoster und einem Ave Maria, gewinnt durch die dem heiligen Gregor in der Kirche S. Croce gewordene Erscheinung den Ablaß dieser Kirche von 34 000 Jahren und von 2 Päpsten je einen von 40 Jahren." Weiterhin wird in der Inschrift ein Ablaß von 4 Bischöfen von je 40 Tagen sowie ein weiterer Ablaß von 30 Päpsten zu je 200 Tagen zugesichert. Das Denkmal macht deutlich, welche Übertreibungen und welcher Mißbrauch mit dem Ablaßwesen bereits damals getrieben wurden.

Als die Reformation einsetzte und auch auf katholischer Seite Kritik am Ablaßwesen geübt wurde, verschwanden die Bildwerke der Gregoriusmesse aus den Kirchen. Zu dieser Zeit dürfte auch das Regensburger Bildwerk vom einstigen St.-Gregor-Altar im Dom in den Kreuzgang versetzt worden sein.

Die Verbindung mit dem Ablaß und der Glaube an Gregor als Förderer der Seelenmessen ließen das Bild der Gregoriusmesse häufig auf Grabdenkmälern erscheinen.

Epitaph Kölderer im Domkreuzgang

Im Ostflügel des Domkreuzganges findet sich ein kleines Epitaph, das dem Andenken eines Kindes gilt. Die aus dem Domfriedhof stammende Platte gelangte nach dessen Auflösung zunächst in das Kapitelhaus und kam später in den Kreuzgang. Das Reliefbild zeigt einen liegenden, nackten, auf einen Totenkopf gestützten Knaben; darüber das Wappen der Familie Kölderer. In eine Renaissancekartusche unter dem Bildteil ist eine lateinische Inschrift getieft, deren deutsche Übersetzung lautet: „Am 16. November 1583 starb im Herrn" — die weitere Inschrift

115. Domkreuzgang. Epitaph Johann Jakob Kölderer, 1583. Geheimschrift

ist in einer aus Winkeln und Punkten zusammengesetzten Geheimschrift verfaßt. Darauf folgt wiederum lateinischer Text, zu deutsch: „ein Regensburger Diakon im Alter von sechs Tagen, dessen Seele Gott loben möge. Amen. Er ruhe in Frieden."

Immer wieder hat dieses Kuriosum die Regensburger Lokalgeschichtsforschung beschäftigt. Schon 1752 wird diese Geheimschrift erwähnt. Die Regensburger Zeitung vom Mai 1774 bringt bereits eine Auflösung der verschlüsselten Schriftzeichen. Sie ergänzen den lateinischen Text mit den Worten: „Knabe Johann Jakob Kelderer." Warum der Name dieses Kindes in Hieroglyphen gekleidet wurde, ist schwer zu sagen. Walderdorff vermutet, daß der Vater des Kindes der Domherr Sebastian Kölderer sei, der 1589 wegen unerlaubter Verehelichung sein Kanonikat verlor. Um unerkannt zu bleiben, dürfte er der Anbringung des Namens nur unter Verschlüsselung zugestimmt haben. Dem steht die Behauptung Schuegrafs entgegen, der die Ansicht vertritt, es handle sich hierbei um einen Sohn des fürstlichen Regensburger Hofmarschalls J. M. Kölderer. Die Beifügung „Diakon" erklärt er mit einer dem Knaben bereits in der Wiege verliehenen geistlichen Würde, wie das einstmals des öfteren geschah.

Denkstein im Domkreuzgang an das Schiffsunglück bei Donaustauf

Im Nordflügel des Domkreuzganges findet sich ein Denkstein, eine Schiefertafel, deren Goldschrift Kunde gibt von einer Schiffskatastrophe, die sich am 25. Juni 1645 bei Donaustauf ereignete. An diesem Tag fuhr vom Gries in Stadtamhof ein Schiff mit dem Bestimmungsort Wien ab, an dessen Bord sich 130 Personen befanden. Trotz der sommerlichen Jahreszeit führte die Donau Hochwasser. Ein heftiger Sturmwind schleuderte das hölzerne Schiff bei Donaustauf gegen eine Ufermauer, an der es zerschellte. Ein großer Teil der Fahrgäste kam in den Fluten um. Unter den Reisenden befand sich auch Johann Conrad Herold mit seiner aus italienischem Adel stammenden Gattin Lucretia und dem Söhnchen Antonio. Mutter und Kind, die sich in der Schiffshütte aufhielten, ertranken. Herold konnte das Ufer erreichen. Zum Dank für die glückliche Errettung trat er in den Geistlichenstand. 1646 ließ er den genannten Denkstein setzen.

Eine ähnliche Schiffskatastrophe ereignete sich am 25. Juni 1775, gleichfalls bei Donaustauf. Ein Ordinarischiff mit etwa 150 Personen an Bord und einer großen Ladung an Kaufmannsgütern, das sich auf der Reise nach Wien befand, zerschellte durch die Unvorsichtigkeit der Schiffsleute, die die sogenannte Kugel, wohl einen vom Wasser überspülten Felsen, ansteuerten. Fürst Karl Anselm von Thurn und Taxis, der auf seinem Sommersitz Donaustauf weilte, leistete den Ertrinkenden und Geretteten tätige Hilfe. Ein zeitgenössisches Kupferblatt, bei Merz und Bullmann in Augsburg erschienen, bringt eine Abbildung und Beschreibung des Unglücks.

Das Ordinarischiff, das am 22. Juni 1837 von Regensburg abfuhr, trug eine fröhliche Gesellschaft. Die Reisenden saßen auf dem Dach der Schiffshütte und vertrieben sich die Langeweile durch lautes Singen. Ein Mann, der etwas über den Durst getrunken und dadurch die Abfahrt versäumt hatte, kam kurz vor Donaustauf auf einer Zille nachgefahren und wollte auf das Schiff übersteigen. Um den verspäteten Fahrgast zu empfangen, standen die Leute auf dem Hüttendach auf und verdeckten so den Ruderknechten die Sicht auf die Donaustaufer Brücke. Durch das ständige Lärmen und Singen überhörten sie deren Warnrufe. Das Fahrzeug geriet mit den Vorderrudern in die Stützen der Holzbrücke und schlug dermaßen dagegen, daß sie krachend zusammenstürzte. Das Schiff brach in zwei Teile auseinander. Herabfallende Brückenbalken schlugen den im Wasser treibenden Menschen Arme und Beine ab. Ein Kupferstich von Johann Bichtel hält das Unglück im Bilde fest. Männer und Frauen in biedermeierlicher Kleidung suchen in höchster Todesangst Balken und Schiffsteile schwimmend zu erreichen, um sich daran festzuklammern. Auf dem nach oben gekehrten Schiffsboden steht händeringend ein Mann, andere werden mit betend erhobenen Händen dargestellt. Im Hintergrund sieht man die Burg und Häuser von Donaustauf. Die Zahl der Todesopfer blieb verhältnismäßig gering, weil ein mitreisender Russe, ein ausgezeichneter Schwimmer, viele der Schiffbrüchigen aus den Fluten rettete.

In St. Emmeram

Das Astrolabium aus St. Emmeram,
jetzt im Museum der Stadt Regensburg, beansprucht einen bevorzugten Platz unter den romanischen Frühwerken deutscher Kunst. Auf quadratischer Bodenplatte erhebt sich ein palmettengezierter Schrägsockel, aus dem der Träger des Hauptstückes hervorwächst, ein sich nach oben zu verjüngender Achteckpfeiler vor flacher Rückwand. Über dem einfachen Kapitell des Pfeilers sitzt ein weit ausladender, in Voluten endigender Kämpferstein. Dieser trägt die Figur eines leicht nach links gewendeten knienden jungen Mannes, der, emporblickend, die rechte Hand schützend vor die Augen hält. Auf der bis zur Höhe des Kämpfers aufsteigenden Rückwand sitzt eine kreisrunde Scheibe, der sich die Figur des Knienden einfügt. Auf der Rückseite der Scheibe ist die Zeichnung eines astronomischen Systems eingetieft. Ornamental wirkende Umschriften an ihrer Vorder- und Rückseite erläutern die Figur sowie die Bedeutung der eingeritzten astronomischen Zeichnung.

116. *Astrolabium, aus St. Emmeram,
um 1060/70. Museum*

SIDEREOS MOTUS RADIO PERCURRIT ARATUS; zu deutsch: Der Sterne Lauf hat Aratos mit dem Stab (dem Jakobsstab) gemessen. In dem knienden Jüngling haben wir also Aratos aus Soloi in Kilikien zu erkennen, den Verfasser des astronomischen Lehrgedichts „Phainomena" (um 270 v. Chr.), in dem er in klarer Sprache und korrekten Versen die Lage der Hauptkreise, Sternbilder und Wetterzeichen nach den Werken des Eudoxos beschreibt. Dieses Gedicht fand im Altertum nicht nur bei Dichtern, sondern auch bei Fachgelehrten wie Hipparch, größte Anerkennung. Bis ins Mittelalter hinein beeinflußte es die Astronomie.

In die Rückseite der Scheibe sind drei konzentrische Kreise eingeschlagen, deren äußerer Zwischenraum in 60 Grade, der innere in 360 Grade unterteilt ist. Das Mittelfeld weist ein System von sich schneidenden Geraden auf. Eine waagrecht verlaufende Gerade stellt den Horizont vor (bezeichnet ORIZON), eine Senkrechte durch ihren Mittelpunkt weist nach dem Zenit. Die Neigung der Polachse unter einem Winkel von 48 Grad gegen die Horizontlinie wird bestimmt durch die geographische Breite Regensburgs (nach neueren Messungen ca. 49 Grad). Senkrecht zur Polachse stehen 5 Gerade: die Linien der 2 Polarkreise, die der 2 Wendekreise und die des Äquators. Ein Lot, vom südlichen Ende der Äquatorlinie auf den Horizont gefällt, kennzeichnet die Äquatorhöhe. Im Mittelpunkt, im Nordpol und in den südlichen Endpunkten der vier nördlichen Hauptkreise sind Löcher für einzusetzende Metallstifte. Die Umschrift erklärt das Liniensystem: CLIMA CICLI CARDO CELI LOCOS EXTIMA SIGNI. MULTUS AD HEC USUS EST. PATET HINC SUB ACUMINE VISUS. Zu deutsch: Die Breitenkreise, die Hauptpunkte des Himmels, die Lage der äußersten Tierzeichen, alles dies wird beim Blick auf die Stifte offenbar. Das Anvisieren der Stifte ermöglichte bei richtiger Aufstellung des Lehrgeräts im Freien mit Blickrichtung des knienden Jünglings nach Süden die Bestimmung der Lage des Nordpols und der Hauptkreise.

Das Material (mit Ausnahme des Sockels, der aus Sandstein besteht und einer späteren Restauration angehört) ist Kalkstein, dessen Oberfläche durch Auswitterung eine Struktur erhielt, die stark an Tuff erinnert.

Die historische Bedeutung für die Entwicklung der Astronomie und die hohe künstlerische Qualität machen das Astrolabium zu einem Werk von höchstem wissenschaftlichem und kulturgeschichtlichem Wert.

Die Überlieferung brachte das Astrolabium mit dem gelehrten Mönch Wilhelm in Verbindung, der bis 1069 im Kloster St. Emmeram Astronomie und Mathematik lehrte. Schriftliche Quellen bestätigen diese Tradition. Die Bayerische Staatsbibliothek München verwahrt eine Emmeramer Handschrift „de astronomia", der eine Zeichnung beiliegt, die genau das Liniensystem der Scheibe des Astrolabiums wiedergibt. Die Schrift stammt von Wilhelms Hand. Die stilistische Datierung weist in die Emmeramer Zeit Wilhelms vor seiner Abberufung als Abt nach Hirsau (1069), so daß die Entstehung des Lehrgeräts um 1060/70 angenommen werden muß. Ein hochbegabter Künstler fertigte das Gerät nach Wilhelms Angaben. Daß es in Regensburg entstand, beweist die Festlegung der Polachse unter 48 Grad.

Bis zur Säkularisation stand das Astrolabium jahrhundertelang im Kreuzgarten von St. Emmeram. Pater Bernhard Stark entdeckte es dort 1793, ganz von Rosen überwachsen, als er auf Anregung Petersens nach dem „sphärischen Uhrwerke" des Wilhelm von Hirsau suchte. In seinen Aufzeichnungen kommt Bernhard Stark zu der Überzeugung, daß das von ihm im Kreuzgarten aufgefundene Monument identisch ist mit jenem, das in den Schriften Wilhelms in Bild und Wort wiedergegeben ist. Pater Stark ließ es 1801 aus dem Kreuzgarten in einen Raum des Klosters versetzen (vielleicht in den Kreuzgang). Schließlich gelangte es in den Domkreuzgang. Eine Zeichnung aus der Mitte des 19. Jahrhunderts im Besitz der Hofbibliothek zeigt es in dessen Mittelhalle aufgestellt. 1880 wurde es in die Sammlungen des Historischen Vereins in der Ulrichskirche aufgenommen und bildet heute das bedeutendste Werk frühromanischer Plastik in der Paulsdorferkapelle des Museums.

Der sogenannte Heinrichsstuhl

In der mittleren der drei Westnischen der Wolfgangskrypta bei St. Emmeram steht eine steinerne Cathedra, der sogenannte Heinrichsstuhl. Ursprünglich befand er sich vor dem Mittelpfeiler des Doppelnischenportales in der Vorhalle der Emmeramskirche. Ein Stich aus dem 18. Jahrhundert bildet ihn dort stehend ab. 1894 wurde er an seine jetzige Stelle transferiert. Die Cathedra ist aus einem Dolomitblock gehauen. Vor einer flachen Rückwand rundet sich eine halbkreisförmige Lehne. Die Sitzfläche wird von einem Mittelstück und zwei weitgehend beschädigten Löwen getragen.

Die Tradition bringt den steinernen Sitz in Beziehung zu dem Baiernherzog Heinrich dem Zänker, der von 951 bis 995 lebte. Alle Tage, so berichtet die Sage, ritt Heinrich von seiner Burg in Abbach nach St. Emmeram zur ersten Frühmesse. Wenn die Kirche noch verschlossen war, setzte er sich auf den steinernen Stuhl vor dem Portal und erwartete das Öffnen des Gotteshauses. Der Volksmund prägte deshalb den Namen „Heinrichsstuhl".

Ehemals galt die Annahme, es handle sich bei dem sog. Heinrichsstuhl um eine Bischofscathedra aus der Zeit vor 975, als der jeweilige Abt von St. Emmeram zugleich auch Bischof von Regensburg war. Diese Ansicht fand eine Stütze in einer ganz ähnlichen steinernen Cathedra im Dom zu Augsburg.

Max Piendl konnte 1962 überzeugend nachweisen, daß an der Stelle der Vorhalle der Emmeramskirche und dem nach Norden anschließenden Vorhof bis zur Torwand am Emmeramsplatz sich die Pfalz Kaiser Arnulfs (887—899) befand. Die Vorhalle der Emmeramskirche nahm der Thronsaal ein, an den sich nach Norden weitere Räume anschlossen. Damit erfährt die Cathedra eine neue, überzeugende Deutung: Sie war der Sitz des Herrschers im großen Thronsaal, der Sala Regia, der heutigen Vorhalle von St. Emmeram. Der steinerne Thronsessel stand somit bis 1894 an ursprünglicher Stelle. Seine Entstehung muß folgerichtig in die Zeit Arnulfs, um 890, gerückt werden. Mit diesen Erkenntnissen gewinnt auch die Skulptur des thronenden Christus am Mittelpfeiler der Vorhalle, unter der der Thron einst stand, eine neue Sinngebung: Zu Füßen des Salvators, des thronenden Heilands in der Glorie, der die Welt mit der Rechten segnet und in der Linken das Buch des Lebens hält, steht der Thron des irdischen Herrschers (vgl. dazu: K. Gamber: Die Pfalz Kaiser Arnulfs in Regensburg und ihr künstlerischer Schmuck. VO 117 [1977] S. 183).

Der „letzte Mönch" von St. Emmeram

Über die Brüstung des letzten Nordfensters von St. Emmeram blickt die Figur eines Mönches in das Kirchenschiff. Die Plastik, aus bemaltem Stuck, wirkt in Haltung und Gebärde so natürlich, daß man beim ersten Anblick glauben möchte, ein Benediktiner stehe da oben und beobachte die Kirchenbesucher. Sein Rosenkranz hängt über die Brüstung, die Hände hält er betend gefaltet. Das hagere Gesicht mit dem energischen Kinn und der hohen Stirn weist augenfällig porträtähnliche Züge auf.

Die Figur stellt den Klosterverwalter und späteren Fürstabt Johann Baptist Kraus dar. Ein Vergleich mit einem zeitgenössischen, 1752 erschienenen Porträtstich des Abtes beweist die Identität eindeutig. Mit 16 Jahren bereits gehörte Kraus dem Konvent des Klosters St. Emmeram an. 1730 wurde der damals 30jährige Pater Johann Baptist zum Cellarius, zum wirtschaftlichen Verwalter des Klosters, bestimmt. Zwölf Jahre hindurch bekleidete er dieses arbeitsreiche Amt. Besondere Aufgaben und Verantwortung brachte ihm die Barockisierung der Emmeramskirche durch die Brüder Asam in den Jahren 1731 bis 1733. In seinem Amt hatte er sich nicht nur um die Beschaffung des Baumaterials zu kümmern, es verlangte von ihm auch Rechenschaft über die auszuzahlenden Löhne an die Arbeiter und damit ihre Beaufsichtigung. Diese mögen seinen wachsamen Blick gelegentlich recht lästig empfunden haben. Um ihr Mißfallen darüber zum Ausdruck zu bringen, schufen sie eine Porträtplastik des Klosterverwalters und setzten sie in die Nähe jener Stelle, von der aus er am öftesten die Arbeiter bei ihrer Tätigkeit beaufsichtigte. Das dürfte wohl von der Empore der Kirche aus geschehen sein. Weil die Figur dort aber störend gewirkt hätte, setzten sie diese hinter die Brüstung des westlichsten Fensters der Nordseite. Dort

117. St. Emmeram. Porträtfigur des späteren Abtes Johann Baptist Kraus, sogenannter letzter Mönch

oben sollte Pater Johann Baptist für immer verurteilt sein, die Kirche zu überwachen. Von 1742 an stand Johann Baptist Kraus als Fürstabt an der Spitze der Emmeramer Klostergemeinde.

An die originelle Porträtfigur knüpft eine Sage an, die in ihrem Inhalt eigentlich ganz geschichtliche Wahrheit ist; nur kannte das Volk den Namen des Dargestellten nicht mehr und verstand es, die Erzählung humorvoll auszuschmücken: Als die St.-Emmerams-Kirche ihr prächtiges Rokokokleid erhielt, war ein Mönch des Klosters beauftragt, die Aufsicht über die in der Kirche beschäftigten Künstler und Arbeiter zu führen. Von früh bis spät stand er hoch oben auf dem luftigen Plätzchen, von dem aus er die ganze Kirche überblicken konnte. Meister und Gesellen fühlten sich von ihm aber gar zu sehr überwacht und spielten ihm deshalb einen Streich. Als er strengen Klosterbruders in Gips, bemalten es und setzten es an die Fensterbrüstung. Da ist er nun verdammt, für ewige Zeiten Wache in der Kirche zu halten und ist somit der „letzte Mönch" des Klosters St. Emmeram.

Außer dieser Anekdote ist noch eine mehr legendäre Deutung dieser Plastik überliefert: Ein besonders frommer und demütiger Mönch von St. Emmeram hat bei allen Gottesdiensten freiwillig die schweren Blasbälge für die Orgel getreten. Bei den Höhepunkten des Gottesdienstes lag er mit dem Rosenkranz in der Hand in tiefer Anbetung auf dem Boden ausgestreckt. Während dieser Zeit wurden die Bälge von übernatürlichen Kräften in Bewegung gehalten. Zum Gedenken an dieses wunderbare Geschehen wurde das Bild des frommen Klosterbruders bei der Orgel angebracht.

Kruzifixustorso am Benediktusaltar in St. Emmeram

Mit dem offiziellen Übertritt Regensburgs zur Lehre Luthers im Jahre 1542 war die religiöse Einheit der Stadt keineswegs hergestellt. Regensburg lag inmitten des katholischen Baiern und beherbergte neben dem Domstift eine Reihe katholischer Klöster. Anhänger der alten und der neuen Glaubenslehre lebten eng beieinander, und vielfach beherrschte der Streit um konfessionelle Anschauungen das Tagesgeschehen. Von den zahllosen kleinen Bosheiten, die uns heute kurios und lächerlich erscheinen, die man sich aber damals mit Genugtuung antat, sei hier nur ein Beispiel erwähnt: Der evangelische Superintendent Lenz und der katholische Domprediger Georg Ernst waren arge Widersacher. 1633 ließ der Domprediger dem evangelischen Geistlichen ein Paar Stiefel „zur Abreise" anfertigen und sie des nachts heimlich an dessen Pfarrhof nageln. Auf Befehl Herzog Bernhards von Weimar, der inzwischen mit dem protestantischen Heer die Stadt erobert hatte, mußte der Domprediger in denselben Stiefeln zum evangelischen Gottesdienst im Dom erscheinen und die Predigt hören.

Auch nach dem Westfälischen Frieden, der dem Dreißigjährigen Krieg und den Glaubensstreitigkeiten ein Ende bereiten sollte, blieben die weltanschaulichen Spannungen erhalten. An diese Zeit des Mißtrauens und der Zwietracht erinnert der Torso eines Gekreuzigten auf dem Benediktusaltar im rechten Seitenschiff der Emmeramskirche. Schon vielen Kirchenbesuchern mag dieses eigenartige Bruchstück aufgefallen sein, das in einem hübschen Rokokoschrein hinter Glas zur Schau gestellt wird. Die Plastik aus rotem Marmor, der Hände und Beine fehlen, gehört der zweiten Hälfte des 16. Jahrhunderts an. Das Rokoko stellte den Torso vor eine Strahlengloriole und flankierte ihn mit zwei reizenden Engelchen in Polierweiß mit vergoldeten Flügeln.

Der Ursprung dieser Plastik blieb unbekannt, und niemand weiß, welch frevelhafte Hand sie einst geschändet hat. Die Quellen zur Regensburger Lokalgeschichte geben keine Kunde davon. Lediglich Abt Johann Baptist Kraus von St. Emmeram erwähnt in seinem „Bericht von den heiligen Leibern..." (1761) ein „steinernes, gestimmeltes Brust-Bild" und gibt eine darauf bezügliche Nachricht in lateinischer Sprache wieder. Aus dem schwer zu verdeutschenden Text läßt sich folgende Geschichte zusammenreimen: Am Hause eines Regensburger Schmieds stand ein steinernes Kruzifix. Die Lutheraner zertrümmerten es, weil sie dessen öffentliche Verehrung für anstößig hielten. (Zur Entfernung eines Kruzifixes auf der Steinernes Brücke (s. d.) 1694 mögen vielleicht ähnliche Gründe geführt haben). Daraufhin ereigneten sich in dem Haus des lutherischen Schmieds sehr merkwürdige Vorgänge. Die Schmiedleute konnten so lange keine Ruhe finden, bis sie das Kreuz wieder an seiner ursprünglichen Stelle errichtet hatten. Wie es in der Schrift heißt, mußten sie das Kreuz „auf uns Katholiken zu", also vermutlich in Blickrichtung auf die benachbarten katholischen Häuser oder eine Kirche, aufstellen. Dieses Kreuz war mit einem um die Enden der Balken gelegten Band geziert, wie man es heute noch gelegentlich bei Prozessionskreuzen sieht, und stand vermutlich in einer mit Tuch ausgeschlagenen Nische. Band und Tücher fand man aber stets abgestoßen; das Kreuz duldete die von den Lutheranern wieder angebrachten Drapierungen nicht. Dieses seltsame Geschehen soll sich 1657 in Regensburg ereignet haben. Im gleichen Jahr kam der Kruzifixustorso in die Emmeramskirche.

An der Schottenkirche St. Jakob

Das Portal der Schottenkirche St. Jakob — Deutung seines Bildprogramms

Irische Benediktinermönche, im Volksmund „Schotten" genannt, gründeten um 1090 in Regensburg das Kloster St. Jakob. Die Weihe einer ersten Kirche erfolgte 1120, der Bau der jetzigen Schottenkirche mit ihrem berühmten Portal war um 1200 im wesentlichen abgeschlossen.

Die Portalanlage, kurzweg „Schottenportal" genannt, bildet nicht nur eine der Hauptsehenswürdigkeiten der Stadt, sondern gilt weit über den örtlichen Rahmen hinaus als eines der bedeutendsten Werke abendländischer Kunst und Kultur. Die Literatur über das Portal ist umfangreich. An die 70 Versuche zur Deutung seines für den Laien rätselhaften Bildprogramms wurden aufgeboten und wieder verworfen. Die jüngste und wohl auch fundierteste Erklärung stammt von Franz Dietheuer, der nach vieljährigen theologischen und historischen Studien eine richtungsweisende Aufschlüsselung gibt. Nachfolgender Übersicht liegen seine Erkenntnisse zugrunde.

Dach, Sockel und Wandpfeiler umschließen die Portalwand wie ein gewaltiger Rechteckrahmen. Einzelheiten waren früher erst dann zu sehen, wenn man durch eine dachlose Vorhalle in unmittelbare Nähe herantrat. Alle Figuren und Zierstücke waren einst farbig gefaßt oder vergoldet; in den Bohrlöchern steckten bunte Edelsteine. Bauzeit um 1185; im Mai 1189 jedenfalls war das Portal fertig und für die Kreuzfahrer des 3. Kreuzzuges die Sensation vor ihrer Einschiffung auf der Donau.

Ein kräftiges Quergesims versinnbildet die Gerichtsschranke. Über ihr liegt der zweigeschossige „Himmel", dargestellt durch zwei Reihen von Arkadenbogen. Darunter findet das Gericht statt über Satan und seinen Anhang, über den Antichrist, Lügenprophet, Tod und Totenreich; weiterhin über die schlechten Christen, über die ungläubigen Juden und die verstockten Heiden. Unter dem Blitzband von Ost nach West (unmittelbar unter dem Ansatz des Daches) tagt das höchste Gericht, steht die Waage des Weltgerichtes. Christus in seiner Mitte ist die Zunge der Waage. Je sechs Apostel zu seinen Seiten sind die Schöffen und bilden die Waagbalken. Flankiert wird dieses Gerichtsforum von zwei Vertretern aus der Heiligenschaft: östlich auf lehnenlosem Stuhl Kaiser Karl der Große, westlich auf dem Thron Erzbischof Patrick, der Apostel Irlands.

118. Schottenkirche St. Jakob, Nordportal. Lithographie von Domenico Quaglio, um 1816. *Hofbibliothek*

Der obere Stock des „Himmels" ist in zweimal fünf Arkadenbogen gegliedert, ein Bezug auf das Gleichnis von den zehn Jungfrauen. Nur wer die zehn Gebote hält, kann auf den Himmel hoffen. Das untere Himmelsgeschoß weist zweimal vier Bogen auf; vier ist die Zahl der Erde, acht die Zahl des Himmels und der acht Seligkeiten. Die vier westlichen Tragfiguren stellen den Chor der vier Elemente dar: von Westen her Luft, dann Erde mit Schlangen, Wassermann und Feuer. Chorführerin ist die Erde und bedeutet als große Mutter zugleich Eva. Die vier wilden Tierköpfe unter den Bogenscheiteln versinnbilden die vier Winde, die den Weltbrand anblasen werden. Die Tragfiguren der vier östlichen Bogen bedeuten die vier Himmelsrichtungen, aus denen die Menschen zum Heile, aber auch zum Gericht gerufen werden. Von Ost nach West: Osten, Norden, Westen, Süden, Chorführer ist der Norden, der seine Hand trauernd an die Wange hält; als Adam trauert er über die vielen, die unten in der Hölle verlorengehen. Die vier Himmelsrichtungen haben auch die Bedeutung der vier Lebensalter oder die der vier Jahreszeiten und symbolisieren zusammen mit den vier Elementen die von Gott geordnete Natur, die, zum Weltende durch Feuer gereinigt, sich zum Baustoff einer neuen Schöpfung wandelt. Unter den Arkadenbogen der Ostseite sind drei Köpfe zu sehen, ganz östlich eine Kugel. Die Köpfe stehen für die drei Erzengel; die Lichtkugel verkörpert den Engel, der die Auserwählten siegeln wird, damit sie ohne Gericht die mit der Goldkette geschmückte östliche Gerichtsschranke durchschreiten können auf ihrem Weg ins Paradies. Das Zickzack des Feuerflusses unterspült die Gerichtsschranke und läßt keinen Bösen durch.

In den sieben großen Portalbogen (mit Bezug auf die sieben Planetenbahnen) ist wiederum der Himmel zu erkennen, in dessen Mitte in Halbfigur Christus als Lehrer mit dem Buch des Lebens thront, östlich von ihm der Kirchenpatron Jakobus, westlich dessen Bruder Johannes. Dieser hält das Büchlein der Geheimen Offenbarung hoch, dessen Hauptfiguren am Portal zur Darstellung kommen. Weil der siebenfache Portalbogen ursprünglich mit den Farben der vier Elemente bemalt war (rot vom Feuer der Endzeit, blau von den Wassern der Sintflut, gelb von der Luft als lichtes Zeichen der Gnade und grün von der Erde als Sinnbild der neuen Erde nach dem Endgericht), stellt er zugleich den Regenbogen dar, auf dem Christus oben mit den Heiligen und Engeln zum Weltgericht erscheint.

Zehn lagernde Löwen, je fünf beiderseits des Portals auf den Deckplatten des Gewändes, verkörpern starke Engelwächter am Throne Christi und bringen zum Ausdruck, daß Christus mehr ist als sein Ahne Salomon, der große König der Juden. Der Türsturz zeigt die große Wasserpflanze: Christus ist der Lebensquell und der Lebensbaum des Paradieses. Am Ansatz der äußersten Kehle der Portalrundung findet sich westlich die Büste Kaiser Friedrich Rotbarts, der den Schottenmönchen einen Schutzbrief verlieh; östlich die Büste seiner Frau Beatrix.

In das Portalgewände sind zweimal drei Säulen eingestellt, die sechs Weltalter vorstellend, die von Christus zum Heile gerufen sind. Im Schmuckkapitel der östlichen Mittelsäule ist gegen Norden zu ein Männerkopf mit geschlossenen Augen zu sehen, das Porträt des Abtes Christian († 1150), der die Schottenkirche umbauen ließ. Aus dem gleichen Kapitell blickt gegen Westen der Porträtkopf des Abtes Gregor I., der mit dem Bau des Portals begann. Im Kapitell der westlichen Mittelsäule sitzen drei bartlose Köpfe: in der Mitte das Porträt des ersten Schottenabtes Marian, der als Seliger verehrt wird; daneben die Bildnisse seiner beiden Gefährten Johannes und Candidus, mit denen er 1068 nach Regensburg kam.

Über die Bedeutung der Gewändefiguren s. S. 616.

Inmitten der östlichen Hauptbildfläche thront Maria mit dem Jesusknaben. Sie bedeutet die pilgernde Kirche im Babylonien dieser Welt und ist darum von Gestalten des Untergangs umgeben. Unter ihren Füßen erscheint Satan in Drachengestalt, wie er mit dem Maul den Elias (in Löwengestalt) ermordet und mit dem Schwanz den knienden Beter Henoch erdrückt. Die Meeressirene darunter bedeutet die Heidenschaft, aus der die Kirche die guten Fische fängt für das Reich Gottes, die schlechten Fische aber wegwirft.

Unter den zwei östlichen Arkaden schreiten zwei Hunde. Sie versinnbildlichen die Bekehrung eines großen Teiles der Juden zu Christus in der Endzeit. Die zwei Riesenköpfe bedeuten Truggeister oder Gog und Magog, die in der Endzeit Krieg führen gegen die heilige Stadt Jerusalem. Links von Maria buhlt ein Erdenkönig mit der Babylon und wird von ihr zu Sünde und Götzendienst verführt. Das Reliefbild westlich der Madonna will zum Ausdruck bringen, daß die Stimme von Braut und Bräutigam nicht mehr gehört wird in Babylon.

Sechs Rauchpilze — drei östlich und drei westlich unter den Arkadenbogen der Hauptbildflächen — stehen über den sechs Schöpfungswerken und künden Gericht und Weltuntergang durch Feuer an. Der Goldlorbeerkranz links oben unter dem Hund der östlichen Bildwand wartet als

Lohn auf das Haupt der Braut Kirche. Der fünfblätterige Unkrautbüschel daneben bedeutet die schlechten Christen, über die das Gericht ergehen wird.

Mittelpunkt der westlichen Hauptbildfläche ist der thronende Saladin als Antichrist (1187 nahm er Jerusalem den Kreuzrittern weg; er starb 1193 zu Damaskus). Das glatthäutige Tier zu seiner Linken kommt aus dem Meer und ist das Wappentier des Antichrists. Es zermalmt im Rachen einen verfolgten Christen, der ihm noch sein Schwert tief hineinstoßen kann. Der große Greif rechts des Thronenden ist ein Doppelwesen aus Adler und Löwe und bedeutet auch ein Doppeltes: Tod und Totenreich, die von Christus bei seiner zweiten Ankunft als Letzte vernichtet werden, nachdem sie in der Auferstehung der Toten ihren Raub herausgeben mußten. Unter dem Thron Saladins läuft ein flügelloser Drache, das Tier aus dem Land, der Lügenprophet, der die von Heiden bewohnte Erde zu verführen sucht und darum an der Erdkugel schnullt. Unter dem linken Arkadenbogen fliegt der Blitzdrache und wirkt Scheinwunder für den Antichrist. Das Schlangenpaar unter dem rechten Arkadenbogen haucht aus dem Luftraum Fieber und Pest nach unten. Der Löwenzahnstock östlich wird dürr, das bedeutet Hungersnot für die Tiere; die Hirsenrispe westlich davon versinnbildlicht den Hunger für die Menschen. Hunger und Seuchen sind Plagen in der Welt, häufen und steigern sich aber in der Endzeit.

Über dem Sockel der westlichen Bildwand stehen vier Figuren: Die drei westlichen Halbfiguren — es sind bartlose Mönche — halten das Evangelienbuch vor der Brust. Erst muß die Botschaft vom Reiche Gottes allen Völkern verkündet sein, ehe das Ende der Welt durch Feuer naht. Deshalb steht als vierte Figur links von den Mönchen die Feuersirene, die, auf den Befehl zum Weltbrand wartend, die Hände über die feurigen Schwänze hält.

Vor dem Sockel der rechten und linken Bildwand kommen je zwei Todeslöwen mit Beute zur Darstellung. Menschliche oder tierische Beute im Rachen des lagernden Löwen bedeutet Seelen in der jenseitigen Reinigung, die um Gebete bitten, damit sie, gereinigt, zur Anschauung Gottes eingehen können. Seit dem Altertum wird der das Leben auslöschende Tod stets als männlicher, rot gefärbter Löwe dargestellt. Der gute Löwe aber wird vergoldet (oder gelb gefärbt als Lichtgestalt) und bedeutet einen starken Engel, einen Wächter des Heiligtums oder des Paradieses.

Die in der Ecke beim westlichen Rahmenpfeiler eingestellte große Schmucksäule zeigt an ihrem Kapitell die Häupter von drei Schottenmönchen, die als Steinmetzen die insgesamt 153 Portalfiguren geschaffen haben. Als Selige schauen sie aus den Lilien und Lebensbaumblättern dieses Säulenkopfes herab.

Die kauernden Figuren an den Ecken der zwei großen, die Portalwand östlich und westlich abschließenden Pfeiler bringen in Verbindung mit den Skulpturen des Portalgewändes (s. S. 616) die zweistöckige Hölle zum Ausdruck, wo oben und unten je ein Verdammter vom feurigen Höllenseil umschlossen ist. Die Kugeln zwischen den Höllenseilen an den Außenpfeilern versinnbildlichen verdammte Lichtengel. Am östlichen Außenpfeiler ist unter dem mit der Goldkette geschmückten Gesims ein Flechtornament angebracht, das am westlichen Pfeiler fehlt. Die gekreuzten Ovalschlingen des dreisträhnigen Bandes sind von einem Kreis durchschossen. Es ist das Sonnenzeichen Christi, der die „Sonne der Gerechtigkeit ist, in deren Strahlen Heilung liegt" (Malachias 3,20). Das Zeichen steht am östlichen Pfeiler, weil der Weltrichter von Osten her zum Gericht erscheinen wird. Nach dem Sirach-Buch hat die Sonne dreimal — das ist vielmal — mehr Glut als der Hochofen im Schmelzwerk. Deshalb erscheint das seit der Steinzeit bekannte Sonnenzeichen (sein Inhalt sind nicht die vier Speichen eines Rades, sondern die vier Weltquadranten, die die Sonne bei ihrem Lauf bescheint) meist dreistreifig, wie auch hier am Schottenportal.

Bibel in Stein, Predigt ans Volk in der Bildersprache, als Inhalt die 15 Vorzeichen des Weltgerichts, das ist die geistige Botschaft des Schottenportals.

Reliefbild des Mönchs Rydan in St. Jakob

Im Innern der Jakobskirche, unmittelbar rechts am Portal, gewahrt man das steinerne Bild eines Mönches. In eigenwilliger Weise brachte man die Reliefplastik in horizontaler Lage an. Ein langer Mantel, der die Gestalt bis zu den Knöcheln bedeckt, reiht sich unten zu parallelen Längsfalten. Die Füße stecken in absatzlosen Schuhen. Aus dem vollbackigen, noch jugendlich anmutenden Gesicht blicken ernste Augen. Kapuze und Tonsur lassen in dem Dargestellten einen Mönch erkennen, einen Angehörigen des Schottenklosters St. Jakob. Seine Hände umschließen einen langen Gegenstand, ähnlich einem Langholz, einer Latte. Am linken Oberarm hängt an einem Band ein großer Schlüssel.

Der liegende Mönch ist keine anonyme Figur; er hat wirklich gelebt und gewirkt, ist eine historische Persönlichkeit. Das beweist der am Kopfende der Plastik in den Quader eingegrabene

119. Schottenkirche St. Jakob. Relieffigur des Mönchs Rydan

Name RYDAN. Die von unten nach oben verlaufende Majuskelschrift wurde erst im vergangenen Jahrhundert nach Entfernung der Tünche entdeckt. Sicher hatte es mit Rydan eine besondere Bewandtnis; weshalb sollte sonst dem Klosterbruder in der Kirche ein Denkmal gesetzt worden sein. Die Geschichte kennt die Gründe dafür nicht.

Wiebel sieht in dem Dargestellten den Wächter der Jakobskirche. Der längliche Gegenstand bedeutet für ihn den Riegelbalken, mit dem das Kirchentor einstmals verschlossen wurde. Noch heute kann man aus dem hinter der Plastik verlaufenden Mauerkanal einen Balken zum Verriegeln der Türe hervorziehen. Noch augenfälliger weist der Schlüssel auf die Pförtnertätigkeit des liegenden Mönches hin. Wiebel bringt die Plastik in Zusammenhang mit den außen im Portalgewände angebrachten Figuren der Gauklertruppe, mit den Dirnen, dem Kuppler, dem Verbrecher (s. S. 616) und unterlegt die Darstellung aus der Geheimen Offenbarung: „Draußen sind die Hunde, die Zauberer, die Unzüchtigen, die Mörder, die Götzendiener und jeder, der Lüge tut". Ihnen soll Rydan den Eintritt in das Haus des Herrn verwehren. Diese Deutung wirkt überzeugend; ihr steht jedoch die Tatsache entgegen, daß sämtliche Figuren des Portales anonym sind, daß keine die Zuschrift eines Namens besitzt, während die Mönchsplastik im Innern der Kirche ausdrücklich durch den Namen RYDAN gekennzeichnet ist.

Dietheuer deutet Rydan als den Baumeister des Schottenportales, als jenen, der das umfangreiche theologische Programm ins Plastische umgesetzt hat und mit der Leitung der Ausführung beauftragt war. Mit beiden Händen umfaßt Rydan das rotgefärbte Richtscheit, die Meßlatte, die wegen Raumenge etwas ausgebogen erscheint. Sie diente zum Maßnehmen am Bau und ist das Attribut des Baumeisters. Der überdimensionale Schlüssel kann nach Dietheuer zunächst real verstanden werden. Noch heute ist es Brauch, daß der leitende Architekt eines Kirchenbaues nach dessen Vollendung dem weihenden Bischof den Schlüssel darbietet. Der Schlüssel kann aber auch sinnbildlich verstanden werden. Rydan trägt den „Schlüssel zur Erkenntnis" (nach Lukas 11,52); war er es doch, der die theologische Gemeinschaftsarbeit der Schottenmönche mit außergewöhnlichem Gefühl für Maß und Wirkung in eine dem Volk verständliche Sprache der Bilder übertragen hat. Damit man den demütigen Meister nicht mit einem Heiligen verwechselt, ist seine Gestalt in liegender Stellung angebracht. Über dem schwarzen Ordenskleid trägt er den faltenreichen Chormantel, in dem die Benediktiner bei feierlichen Handlungen erschienen. Der festliche Anlaß ist hier die Übergabe des vollendeten Portalbaues durch den Baumeister Rydan.

Das Volk hat jeder Ikonologie zum Trotz sich selbst seine Geschichte um den Mönch Rydan gebildet: Viele Jahre schon tat der Bruder Pförtner zu St. Jakob treu seinen Dienst am Kirchenportal und war den Regensburgern ein lieber, alter Bekannter geworden. In der Kirche seines Klosters war er stets der erste und letzte und erfüllte seinen Dienst eifrig und gewissenhaft. Und war die Kälte noch so grimmig, pünktlich zur gewohnten Stunde schloß Rydan am Morgen die Kirchentüre auf und kein noch so früher Kirchgänger brauchte auf das Öffnen des Gotteshauses zu warten. Auch als der Herbst seines Lebens anbrach und Rydan alt und gebrechlich geworden war, wollte er den liebgewonnenen Dienst an der Pforte nicht aufgeben und betete im stillen, der Herr möge ihn an seiner geliebten Pforte sterben lassen. Seine Bitte fand Erhörung. Eines Morgens fanden Kirchgänger Rydan vor der offenen Pforte liegen. Der Tod hatte ihm während des Dienstes Riegel und Schlüssel aus der Hand genommen. Zur Erinnerung an den pflichtbewußten Mönch ist der Denkstein mit seinem Bildnis neben die Pforte gesetzt worden.

Eine andere Sage um den Mönch von St. Jakob erzählt K. S. Hosang: Rydan war ein Ordensbruder des Schottenklosters St. Jakob. Zu spät bereute er seinen Entschluß, dem Leben der Welt entsagt zu haben. Weil ihm die Freiheit mehr bedeutete als sein Gelübde, verließ er eines Nachts heimlich das Kloster durch das Kirchenportal, dessen Schlüssel er als Pförtner besaß. Als er die Kirchentüre hinter sich verschlossen hatte und eben den ersten Schritt in die Welt hinaus setzen wollte, entfiel ihm der große Schlüssel. Beim Suchen verwickelten sich seine Beine in dem langen Lederriemen, an dem der Schlüssel hing. Rydan fiel zu Boden und brach sich ein Bein. Der unglückliche Mönch rief um Hilfe und gestand dem Klosterobern seine beabsichtigte Flucht. Das Bein wollte nicht heilen, die Bruchstelle wurde brandig und Rydan mußte sterben. Vor seinem Tod bat er den Abt und die Mitbrüder, zum Zeichen seiner Reue sein Bildnis in Stein an der Kirchenpforte, dem Ort seines Vergehens, anzubringen. Daher rührt die liegende Gestalt des gefallenen Klosterbruders.

Die verhältnismäßig junge Sage unterscheidet nicht zwischen Pförtner und Mesner. In der Kirche gab es zu keiner Zeit einen Pförtner, hier verrichtete der Mesner den Dienst. Der Pförtner saß an der Klosterpforte, nicht am Kirchenportal.

Der Steigbügel in St. Jakob

Selbst jene Regensburger, die behaupten, die Stadt „wie ihre Hosentasche" zu kennen, mögen vielleicht ein kleines Kuriosum in der Schottenkirche St. Jakob übersehen haben. Hoch oben unter dem Kapitell der sechsten Säule der nördlichen Reihe (von Osten gezählt) ist in eine Fuge ein eiserner Dorn getrieben. Daran hängt ein alter Steigbügel von mäßiger Größe. Die Jahrhunderte haben ihn mit einer braunen Rostschicht überzogen. Man weiß nicht, zu wessen Sattelzeug dieser Bügel einst gehörte und kennt nicht die Hand, die ihn an diese unzugängliche Stelle brachte. Den Formen nach zu schließen stammt der Steigbügel aus dem 16. oder 17. Jahrhundert, eine Datierung, die zeitlich zu den Geschehnissen paßt, mit denen ihn die Sage in Verbindung bringt, mit der Zeit des Dreißigjährigen Krieges.

Im Jahre 1633 wurde auch Regensburg zum Kriegsschauplatz. Im Herbst rückte Herzog Bernhard von Weimar, der Führer der protestantischen Union, gegen die Reichsstadt vor, die bairische Truppen verteidigten. Am 5. November gelang es ihm, nach heftigem Beschuß Herr der Stadt zu werden. Schlecht erging es damals der katholischen Geistlichkeit. Alle Stifte und Klöster wurden für aufgehoben erklärt und die Kirchen dem evangelischen Gottesdienst eingeräumt. Am letzten Tag des Jahres 1633 mußten alle Geistlichen Regensburg in Richtung nach dem katholischen Ingolstadt verlassen und jeder durfte nur mitnehmen, „was er in seinem Ranzen tragen konnte".

In dieser Zeit, so berichtet die Sage, benützte die Reiterei der Eroberer die St.-Jakobs-Kirche als Pferdestall. Als sie endlich — nach Rückeroberung der Stadt durch kaiserliche Truppen 1634 — dem katholischen Gottesdienst wieder zugänglich gemacht werden konnte, fand man beim Aufräumen der Kirche noch einen Steigbügel. Zum Gedenken an die schweren Zeiten befestigte man ihn an einer Säule des Gotteshauses.

Im Bereich der Dominikanerkirche

Bruder Diemar, der Bauleiter der Dominikanerkirche

Die Dominikanerkirche gehört zu den frühesten Schöpfungen der deutschen Gotik. Gemäß der Regel des Ordens ist sie in strenger Schlichtheit erbaut. Unmittelbar auf die Baugeschichte bezügliche Nachrichten fehlen zwar, doch lassen sich aus verschiedenen Ablaßbriefen Rückschlüsse auf den Fortgang des Kirchenbaues gewinnen. Aus einem Ablaßbrief des Papstes Innozenz IV. vom Jahre 1246 weiß man, daß damals der Kirchenbau bereits in Gang war. Noch 1306 wurde an der Kirche gebaut.

Ob und wie weit Albertus Magnus, der von 1236 bis 1240 im Regensburger Dominikanerkloster weilte, die Plangestaltung der Kirche beeinflußte, läßt sich über Vermutungen nicht hinausführen. Kann auch eine unmittelbare Mitgestaltung durch Albert nicht nachgewiesen werden, so wäre es doch unverständlich, wenn er an der Entstehung einer Kirche seines Ordens nicht regen Anteil genommen hätte. Es darf wohl mit Gewißheit angenommen werden, daß er zumindest durch Ratschläge und gestaltende Hinweise mitgewirkt hat, vielleicht aber noch mehr durch die Beischaffung von Ablaßgeldern.

Die östlichste Dienstfigur der nördlichen Chorkapelle stellt einen knienden Mönch dar in der weißen Kutte der Dominikaner, umgürtet mit schwarzem Lederriemen. Seine linke Hand ist erhoben; die rechte hält einen großen Zirkel, das Attribut seiner Tätigkeit als Bauleiter. Der Blick ist ruhig visierend in die Ferne gerichtet. In einem Quader neben der Figur sind die Worte eingegraben: BRU DER · DIE MAR. Die Inschrift war lange Zeit übertüncht und wurde erst während des 19. Jahrhunderts freigelegt.

120. Dominikanerkirche. Bruder Diemar. Dienstfigur der nördlichen Chorkapelle

Der Planfertiger der Dominikanerkirche ist unbekannt. Es läßt sich nicht rechtfertigen, Bruder Diemar als den entwerfenden Architekten schlechthin zu bezeichnen. Doch weist die Tatsache, daß sein Bildnis mit dem Attribut des Baumeisters in der Kirche verewigt ist, darauf hin, daß er als leitender Werkmeister am Kirchenbau beteiligt war.

Pfeilerbekrönung am Nordchor der Dominikanerkirche

Der östlichste Strebepfeiler am Nordchor der Dominikanerkirche endigt in einem Schmucksokkel. Auf diesem ruht, lang hingestreckt, ein männlicher Löwe. Durch den flachgedrückten Kopf zieht ein übergroßes Maul mit sägeartigen Zähnen. In den Pranken hält er zwei Schafe, ein gehörntes, einen Widder also, und ein ungehörntes. Tierreliefs zieren die beiden Schmalseiten des Sockels. In der östlichen ist ein Hund mit weit aufgerissenem Maul und erhobenen Pfoten zu erkennen; ein Affe in kauernder Stellung bildet die Zier der westlichen Sockelseite. Die Skulpturen gehören der Zeit um 1280 an.

Zwei Interpretationen stehen sich gegenüber. Nach F. Dietheuer symbolisiert der lagernde Löwe — einstmals zinnoberrot gefärbt — das Totenreich. Dietheuer verweist auf Papst Innozenz III. (1198—1216) und den Kirchenrechtslehrer Wilhelm Durantis (1237—1296), nach denen Widder und Schaf Sinnbild von Priester- und Laienstand in der jenseitigen Reinigung sind. Sie bitten die Gläubigen um Gebet und gute Werke für ihre Seelenruhe. A. Hubel sieht in dem Löwen teuflische Mächte, den Antichrist, der die Schafe aus der Herde Christi, die Gläubigen, zu verschlingen sucht.

Die Lehrkanzel aus dem Dominikanerkloster

In der Albertuskapelle, die vom Kreuzgang des Dominikanerklosters Am Ölberg aus zugänglich ist, steht eine aus Eichenholz gefertigte Lehrkanzel aus spätmittelalterlicher Zeit. Zwei Sitze sind hintereinander und in verschiedener Höhe angeordnet. Sie werden von Vorder-, Rück- und Seitenwänden allseits umschlossen. Den rückwärtigen, höher gelegenen Sitz schließt eine zu einer geschweiften Spitze ausgeschnittene Lehne, die ausgestochene Pflanzenornamente zieren. Bewegte Ausschneidungen weisen auch die Seitenwände auf. Die Rückwand des tiefergelegenen Vordersitzes zeigt Rankenwerk in ausgestochenen Konturen. In die vordere Abschlußwand des Doppelsitzes ist das Konturenbild eines lehrenden Dominikaners gezeichnet. Neben seinem Haupt hängt eine Sanduhr zur Bemessung der Redezeit. Was er lehrt, enthüllt das ihn umgebende Spruchband. Es sind, in lateinischer Sprache, die Worte des Engels aus der Geheimen Offenbarung 14, 7: „Fürchtet den Herrn und gebet ihm Ehre, weil gekommen ist die Stunde seines Gerichtes". Unten nennt ein zweites Band den Namen des Lehrenden: S. vincencius. Dargestellt ist also der heilige Vinzenz Ferrerius, der gelehrte Dominikaner und berühmte Prediger des Letzten Gerichts, der von 1357 bis 1419 lebte. Einer seiner Zuhörer ist rechts unten abgebildet, ein lauschender Novize mit über den Kopf gezogener Kapuze.

Neben den Stilmerkmalen, die in die Spätgotik weisen, gibt auch der Name des lehrenden Dominikaners, St. Vinzenz, Anhaltspunkte zur Datierung des eigenartigen Doppelkatheders. Vinzenz Ferrerius wurde 1455 durch Papst Kalixtus III. heiliggesprochen; die Kanzel kann also nicht vor diesem Zeitpunkt entstanden sein.

Das kunst- und kulturgeschichtlich bedeutsame Gestühl stellt einen Katheder dar, einen spätmittelalterlichen Doppellehrstuhl. Er diente hauptsächlich bei wissenschaftlichen Vorlesungen, daneben aber auch bei Disputationen und bei Prüfungen. Auf dem höhergelegenen Sitz nahm der Magister Platz, der leitende Professor. Der Tiefsitz war für den Bakkalaureus bestimmt, für den Träger des niedrigsten akademischen Grades, der zwar bereits befugt war, gewisse Vorlesungen zu halten, aber immer noch dem Stand der Lernenden angehörte. Seine Stellung wäre vergleichbar mit der des heutigen Referendars. Magister und Bakkalaureus waren von ihrer Kanzel aus dem Auditorium der Hörer zugewandt. Diese saßen auf den die vier Wände des Raumes umlaufenden, die Lehrkanzel einschließenden Sitzbänken. Sie gehören der Zeit nach 1450 an, stammen also aus gleicher Zeit wie die Kanzel selbst. In die Seitenteile dieser Bänke — links und rechts vom Eingang — sind die Bildnisse von zwei bedeutenden Angehörigen des Dominikanerordens eingetieft, die den Lernenden Vorbild bei ihren Studien sein sollten. An der südlichen Seitenwand erkennt man das Bild des gelehrten Albertus Magnus, der mehrere Jahre im Regensburger Dominikanerkloster wirkte und 1260 Bischof von Regensburg wurde. Die ihm beigegebenen Attribute, Stab und Buch, weisen ihn als Bischof und Gelehrten aus. Das zugehörige Spruchband kündet einen auf Albertus zutreffenden Vers aus dem Psalm: „Zu wunderbar ist dein Wissen für mich." Die gegenüberliegende Wand trägt das Bild des Thomas von Aquin, des heiligen Dominikaners und Kirchenlehrers. Mit der rechten Hand weist er auf einen Kelch, den seine linke umfaßt. Auf die Schulter des Gelehrten hat sich eine Taube niedergelassen, Sinnbild des Heiligen Geistes, um ihm die Lehren ewiger Weisheit ins Ohr zu flüstern. Die Rücklehnen der Bänke schließt ein Fries mit ausgestochenen Sinnsprüchen aus der Heiligen Schrift und den Werken der Kirchenväter.

Die örtliche Tradition brachte die Lehrkanzel mit Albertus Magnus in Verbindung, der von 1236 bis 1240 im Regensburger Dominikanerkloster Theologie und Philosophie lehrte, daneben aber auch naturwissenschaftliche Fächer. In der Botanik trat er als selbständiger Forscher auf. Albert, der als Seliger verehrt wird, war ein Mann von umfassender Gelehrsamkeit, weshalb er den Namen Doctor universalis trug. Albert habe, so erzählte man in Regensburg, von diesem Katheder aus gelehrt, darum prägte der Volksmund den Namen „Albertus-Magnus-Kanzel". Albert, der 1280 starb, hat den nahezu 200 Jahre nach seinem Tod erst entstandenen Lehrstuhl nie gesehen. Und doch ist eine gewisse Beziehung zu Albertus Magnus nicht zu verkennen; betrifft sie auch nicht die Lehrkanzel, so doch den Raum, in dem sie steht. Dieser Raum war mit größter Wahrscheinlichkeit jener Hörsaal, in dem Albertus lehrte. Für diese Annahme sprechen zwei Gründe. Einmal steht fest, daß er noch in spätgotischer Zeit als Lehrsaal diente, wie die originale Einrichtung beweist; zum andern besteht die Tatsache, daß er unmittelbar an den einstigen Kapitelsaal des Klosters anschließt, der jetzt als Sakristei der Dominikanerkirche dient. Nach alter klösterlicher Gepflogenheit lag das Auditorium stets neben dem Kapitelsaal. Weihbischof Ernst Graf Graf von Wartenberg konsekrierte den Hörsaal 1694 als Albertuskapelle.

Gegen Ende des vergangenen Jahrhunderts befand sich unser Hörsaal, die Albertuskapelle, in einem ziemlich heruntergekommenen Zustand. Der verstorbene Fürst Albert von Thurn und Taxis nahm sich der seinem Namenspatron geweihten Kapelle an und ermöglichte 1897 ihre Instandsetzung und Ausgestaltung. Aus dieser Zeit stammen die künstlerisch hochstehenden Altarbilder des damals in Regensburg lebenden Malers Josef Altheimer.

Ehemaliges Dominikanerkloster, Albertuskapelle. Lehrkanzel, nach 1455

An der Steinernen Brücke

Das Brückmännchen

Die Steinerne Brücke galt in den Jahrhunderten des Mittelalters als ein Wunder der Baukunst. Weithin drang ihr Ruf, und jeder, der behauptete, sie gesehen zu haben oder über sie geschritten zu sein, mußte von ihren Wahrzeichen berichten, deren berühmtestes das sagenumwobene Brückmännchen ist.

Das jetzige „Bruckmandl", wie es der Volksmund nennt, thront über der westlichen Steinbrüstung, gerade an der höchsten Stelle der gegen die Mitte zu ansteigenden Brücke, mehr als 11 m über dem Donaustrudel. Eine gedrungene Säule endigt in einem postamentartigen Aufsatz, auf dessen Satteldach die Figur des Brückmännchens rittlings nach Süden gerichtet sitzt.

Säule und Männchen wurden am 23. April 1854 aufgerichtet. Das Männchen ist ein Werk des Bildhauers Anton Blank, den Entwurf zur Säule fertigte der damalige Civil-Bauingenieur Michael Mauerer.

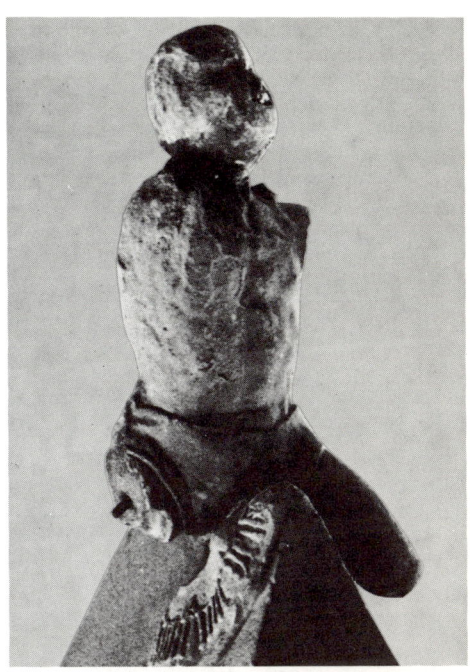

121. Brückmännchen. Torso der um 1579 angefertigten Plastik. Museum

Die reiche Tradition, die an das Brückmännchen knüpft, bezieht sich jedoch auf die Vorgänger dieser Skulptur. Das Regensburger Museum verwahrt den Torso des alten, jedoch nicht ursprünglichen Männchens, eine Sandsteinfigur, der Arme und Beine fehlen. Der mit einer knappen Badehose bekleidete junge Mann reitet auf einem Satteldach, über dem sich ein Spruchband mit Aufschrift in spätgotischen Buchstaben entrollt: chuck wie heiß. Der Anfang der Schrift ist verdorben. Das c kann nur unsicher wahrgenommen werden. Der Text ist zu ergänzen: Schuck wie heiß. Der Kopf des Jünglings ist merklich in den Nacken gebeugt, im leicht geöffneten Mund wird eine Reihe von Zähnen sichtbar. Gelocktes Haar bedeckt das Haupt und fließt in Strähnen auf die Schultern. Das Männchen wendet den Oberkörper, mehr aber noch den Kopf nach links. Ehemals saß es auf dem Giebel einer Türe, die zu einer an die Ostseite des 3. Pfeilers (von Süden gezählt) gebauten Schleifmühle hinabführte. C. Vogl gibt im „Mausoleum" von 1729 folgende Schilderung: „... über einer Schleiff-Mühl-Thür ein nackend von Stein gehauenes Männlein mit vorgeschlagener Hand vor die Augen / als ob die Sonne ihme die Augen blendete / hereinwerts in die Stadt die Thumb-Kirchen anschauend / darunter die Worte eingehauener zu lesen: Schuck wie haiß". 1791 wurde an die Westseite der Brücke bei der Abzweigung zum Oberen

Wöhrd ein steinernes Zollhäuschen gebaut und auf dessen Dach das Brückmännchen übertragen. Eine Zeichnung davon befindet sich in der Sammlung der Hofbibliothek. Bei den Kämpfen zwischen Franzosen und Österreichern auf der Steinernen Brücke 1809 verlor das Männchen Arme und Beine. Ein Märzsturm des Jahres 1817 schleuderte es auf die Brückenbahn herab, wobei auch noch der Kopf abbrach. Notdürftig zusammengeflickt kam es wieder auf das Dach des Zollhäuschens und harrte dort aus bis zu dessen Abbruch 1826. Zunächst verbrachte man es in das Antiquarium im Domkreuzgang, später gelangte es in die Sammlungen des Hist. Vereins in der Ulrichskirche. Nun wird das Brückmännchen im Museum der Stadt verwahrt.

Auch dieses alte Brückmännchen hatte einen Vorgänger, der 1579 zerstört wurde. Nach Ausweis der Bauamtschronik dieses Jahres mußte ein neues Männchen angefertigt werden, jenes also, das sich heute im Museum befindet.

Die älteste Abbildung des Brückmännchens findet sich auf der Vorzeichnung zu einem Kupferstich von Jakob Hufnagel aus dem Jahr 1594, die nur wenige Jahre nach der Anfertigung der im Museum befindlichen Skulptur entstanden ist. Das wertvolle Blatt verwahrt das Museum. Hufnagel gibt auf dieser Stadtansicht (Stadtansichten Nr. 8) im Vordergrund zwei Wahrzeichen der Steinernen Brücke wieder: den sogenannten größten und kleinsten Stein (s. d.) und das Brückmännchen. Auf dem Dach eines kleinen Torbaues, eben jenes genannten Abstiegs zur Schleifmühle, an den beiderseits die Brüstung der Brücke anschließt, sitzt das Männchen, das die linke Hand schützend vor die Augen hält. Mit der Rechten stützt es sich auf das Spruchband, dessen Text hier etwas unrichtig mit „Schiuck wie hais" wiedergegeben ist. Im Giebel befindet sich das Stadtwappen mit der Jahreszahl 1446. Sie mag ein Renovierungsdatum bezeugen oder auf die Errichtung dieses Torbaues hinweisen. Eine Schrifttafel darunter meldet in Übereinstimmung mit der Bauamtschronik „RENOVIERT Anno 1579". Auf der Hufnagelschen Darstellung verläuft die Kante des Satteldaches im rechten Winkel zur Brückenbahn; das Männchen ist frontal zur Brücke gerichtet, jedoch aus der Hüfte nach links gedreht. Da Torbau und Männchen an der Ostseite der Brücke standen, war die Plastik mit dem Oberkörper nach Süden gewandt. Diese auf der Hufnagelschen Darstellung ersichtliche Drehung aus der Hüfte weist auch der Torso im Museum in gewissem Maße auf. Beim neuen Brückmännchen von 1854 ist davon nichts mehr zu erkennen.

Die Bedeutung des Brückmännchens hat die Forschung schon mehrfach beschäftigt.

122. Älteste Abbildung des Brückmännchens. Ausschnitt aus einer aquarellierten Federzeichnung von Jakob Hufnagel, 1594. Vorlage zu einem Kupferstich (Stadtansichten Nr. 8). Museum

In einer Emmeramer Handschrift des 15. Jahrhunderts entdeckte J. A. Endres eine wichtige, auf das Brückmännchen bezogene Verszeile. Diese ergänzt die Aufschrift des Spruchbandes mit folgenden Worten: „Schuh wie haiß / zu Regensburg seyn dy heut(er) faist". Endres erklärt den Reim mit der unbequemen Reitgelegenheit des Brückmännchens auf der scharfen Kante des Satteldaches und sieht darin eine humorvolle Anspielung auf die mageren Regensburger Pferde.

Die diesem Reim vorausgehenden und nachfolgenden Verszeilen sind in lateinischer Sprache abgefaßt. Die unmittelbar vorstehenden Zeilen lauten in wörtlicher Übersetzung: „denn der Mikrokosmus (d. i. der Mensch), nicht gut bekleidet, schaut aus nach der Kurve der Sonne, sprechend: Schuh wie haiß usw.". Das heißt also, das Brückmännchen blickt nach der Sonnenbahn, sicherlich nach dem höchsten Standpunkt der Sonne. Damit läßt sich auch sehr gut die Bewegung der Figur erklären: die Drehung nach Süden und das Vorschlagen der Hand vor die von der Sonne geblendeten Augen bzw. das Anvisieren des höchsten Sonnenstandes. Süden bedeutet Wärme, Hitze; deshalb ist die nach Süden weisende Figur lediglich mit einer kurzen Hose bekleidet. Die Zusammenschau all dieser Umstände läßt das Brückmännchen als sog. Südweiser verstehen. Solche Südweiser an Bauwerken, auch „Engel des Mittags" genannt, finden sich mehrfach an bedeutenden Bauten, so am Straßburger Münster, am Dom zu Genua, an der Kathedrale von Chartres.
Lediglich die Aufschrift auf dem Spruchband „Schuck wie heiß" scheint einen Widerspruch zu beinhalten. „Schuck" bedeutet nämlich „husch" und wird als Ausdruck der Kälteempfindung gebraucht. „Es schuckert mich" heißt nach Schmellers Bayerischem Wörterbuch „es überläuft mich kalt". Dieser vermeintliche Widersinn fand eine Lösung durch F. J. Beranek:

Das „Maißbuch", eine Sammlung von Legenden aus jüdischen und christlichen Quellen enthält u. a. eine Reihe von Erzählungen um die Person des um 1200 in Regensburg lebenden jüdischen Gelehrten Juda ben Samuel, der den Beinamen „Juda der Fromme von Regensburg" führte. Für uns ist daraus folgende Geschichte bedeutsam: Zur Zeit des Juda wurde ein Kind geboren, das nicht sprechen konnte. Die Mutter ging zu Juda und erbat seine Hilfe. Der sprach: „Trage das Kind gen Landshut. Wenn du in das Dorf Gumle(?) kommst, so frage den ersten, der dir begegnet, was du tun sollst." Das befolgte die Frau. Im Dorf begegnete ihr ein Mann, der ihr riet, das Kind ins Feuer zu werfen. Aus Furcht, es möge verbrennen, befolgte die Mutter diesen Rat nicht und kehrte zu Juda nach Regensburg zurück. Der tadelte sie und hieß sie, abermals den Weg anzutreten und wiederum den ersten, der ihr begegne, zu fragen. „Wirf das Kind ins Wasser!" riet ihr diesmal ein Mann. Da antwortete die Frau: „Wirf du es hinein, ich will es mit meiner Schürze auffangen, damit es nicht ertrinkt!" Der Mann warf das Kind in den Fluß. Da schrie es: „Schuch schuch schuch, wie kalt ist mir!" und konnte von der Stunde an reden.

Diese Geschichte, die in ihrer Einfachheit und Anspruchslosigkeit so recht dem wundergläubigen Sinn des mittelalterlichen Menschen entsprach, wurde sicher auch Gemeingut der christlichen Bevölkerung Regensburgs und ihrem Schatz von Erzählungen einverleibt. Ihren Höhepunkt findet sie in dem Ausruf des bis dahin stummen Kindes „schuch wie kalt", der sicher einstmals sehr geläufig und vielgebraucht war als Äußerung der Kälteempfindung.

Die Worte „Schuck wie heiß" beim Brückmännchen sind nach Beranek als scherzhafte Verdrehung zu deuten, deren Widersinn damals jedermann als Witz verstand und verspürte. Diese Deutung erfährt eine Stütze in der angeführten Emmeramer Handschrift des 15. Jahrhunderts, in der es heißt: „Schuh wie haiß / zu Regensburg seyn dy heuter faist". Dieser Reim, zu einer Zeit entstanden, als das Volk den Witz der Verdrehung verstand, beinhaltet nicht nur den Widersinn von „schuch" und „heiß", sondern auch den noch heute verständlichen, der Häuter, abgemagerte Pferde als feist, als wohlgenährt bezeichnet. Wir haben es hier mit einem sogenannten Lügengedicht zu tun, einer Reimfolge mit scherzhaften Verdrehungen, ähnlich unserem „dunkel war's, der Mond schien helle ...".

Die Sage deutet das Brückmännchen als den Baumeister der Steinernen Brücke, der mit Hilfe des Teufels die Wette gegen den Dombaumeister gewann (über die Sage s. Steinerne Brücke).

Die blaue Hose des Brückmännchens

Seit alter Zeit hatte der Regensburger Rat die Verpflichtung, dem Kloster Prüfening alljährlich um Pfingsten eine blaue, leinene Halbhose, zwölf rote Lederriemen und einen schwarzen vier Ellen langen Wollgürtel zu überreichen. Diese Gaben überbrachte der Zöllner der Steinernen Brücke im Auftrag der Stadt und erhielt für diese Bemühung vom Kloster einen halben Eimer Bier, dreißig weiße Brote und dreißig Eier. Die Abgabe der Stadt und ihre Überbringung durch den Zöllner der Brücke scheint eine Formsache gewesen zu sein, um alle Jahre erneut das uralte

Recht der Brücken- und Pflasterzollfreiheit des Klosters Prüfening zu bekräftigen. 1366 überbrachte der Brückenmeister Konrad der Engelmaier Hose, Riemen und Gürtel.

An diesen Brauch schloß sich die Sage an, die blaue Leinenhose gehöre für das Brückmännchen. Weil dieses aber ein solches Kleidungsstück nicht gebrauche, schicke man es dem Kloster Prüfening. Die Donau, so berichtet die Überlieferung, sei ehemals hinter Stadtamhof vorbeigeflossen und die Stelle ihres jetzigen Strombettes, das von der Steinernen Brücke überspannt wird, sei einstmals eine dem Kloster Prüfening gehörige Wiese gewesen. Daher zinse der Regensburger Rat dem Kloster Prüfening alle Jahre mit den genannten Gaben.

Skulpturen männlicher Köpfe an der Steinernen Brücke

Im Verhältnis zur Baumasse der Brücke recht klein und unauffällig, dem oberflächlichen Betrachter nicht erkenntlich, blicken aus dem Quaderwerk drei menschliche Antlitze. Über der Mitte des 8. Pfeilers der Westseite (von Süden gezählt) ragt ein Männerkopf aus der Brückenwand. Das Haar ist in der Mitte gescheitelt und zu beidseitig abstehenden wulstigen Zöpfen geflochten. Über den Mund, der nur als rechteckige Vertiefung angedeutet ist, zieht ein schmaler Schnurrbart. Das ganze Gesicht wirkt roh, ungeschlacht, nahezu eckig. Die niedrige Stirn und die abstehenden Ohren verstärken diesen Eindruck. Die Plastik stammt aus der Erbauungszeit der Brücke. Mit Gewißheit muß in der Maske das — wenn auch noch idealisierte — Porträt des leitenden Baumeisters gesehen werden, der sich an seinem Werk verewigte.

Zwei weitere Kopfskulpturen, jedoch wesentlich jünger als die Brücke — stilistisch der Gotik zuzuweisen — finden sich an der Ostseite. Aus einem Quader am 7. Pfeiler (von Süden gezählt) blickt ein Männergesicht mit herabwallendem Haupt- und Barthaar. Die Plastik eines Männerkopfes mit gescheiteltem Vollbart trug der 6. Pfeiler (von Süden gezählt). Verwitterungsschäden haben sie fast gänzlich zerstört, so daß heute nur noch der Umriß des Steines zu erkennen ist, in den sie einst gemeißelt war: eine aufrechtstehende Rechteckplatte mit oben abgeschrägten Ecken. Daß die beiden letztgenannten Skulpturen erst später eingefügt wurden, beweist auch der Umstand, daß die sie tragenden Quader nicht im Mauerverband der Brücke stehen. Der Gedanke liegt nahe, daß anläßlich einer größeren Reparatur der Brücke in spätgotischer Zeit, ausgeführt von der Dombauhütte, Meister und Polier ihre Porträts in das Quaderwerk setzten.

123. *Steinerne Brücke, Westseite. Idealisiertes Porträt des Brückenbaumeisters*

Der Basilisk an der Steinernen Brücke

Die geistige und materielle Not der Menschen vergangener Jahrhunderte fand bildhaften Ausdruck in Form von häßlichen, sagenhaften Tieren, sogenannten Basilisken. Der Mythologie nach ist der Basilisk das giftigste aller Tiere, eine Mittelnatur zwischen Eidechse, Hahn und Schlange. Sein Zischen bringt Tod, sein Gifthauch versengt Bäume und Sträucher. Andere Beschreibungen klingen noch abenteuerlicher. Nach ihnen ist der Basilisk ein aus einem dotterlosen Hahnenei durch eine Kröte auf dem Mist ausgebrütetes Tier. Seit Blick, der sog. Basiliskenblick, galt für den Menschen als tödlich. Nur das Wiesel (s. d.) war imstande, das Verderben und Tod bringende Tier zu töten.

124. Steinerne Brücke, Ostseite. Relief eines Basilisken

Das Bild des Basilisken brachte man des öfteren an Bauwerken an, um sie vor Zerstörung zu bewahren und Dämonen und Unheil von ihnen abzuwenden. In diesem Zusammenhang ist auch das Relief eines Basilisken an der Steinernen Brücke zu verstehen, das wie kein anderes Bauwerk der Stadt dem Wüten der Elemente preisgegeben ist. Nur wenige Regensburger werden diese unscheinbare, aber kulturgeschichtlich nicht unbedeutsame Plastik entdeckt haben. In einer Rechtecknische über dem zehnten Bogen der Ostseite (von Süden gezählt) sitzt eine phantastische Tiergestalt. Der Kopf, der dem eines Hahnes nicht unähnlich ist, läßt den Ansatz des Kammes, einen gekrümmten Schnabel und ein kleines Ohr erkennen. Eine böse Gereiztheit scheint das Tier befallen zu haben. Zornig schlägt es den glatten Schweif durch die Hinterbeine auf den Leib, die Krallen klammern sich an der unteren Steinkante fest. Die am unteren Nischenrand eingetiefte Jahreszahl 1733 dürfte wohl von einer späteren Erneuerung stammen.

Die Reliefskulptur eines Wiesels

befindet sich, fast zur Unkenntlichkeit verwittert, am 9. Pfeiler der Ostseite (von Süden gezählt). In der älteren Literatur wird diese Tierplastik als Eidechse bezeichnet, in Verkennung des Zusammenhangs mit dem Basilisken (s. d.). War doch von allen Tieren nur das Wiesel imstande, den gefürchteten, gifthauchenden Basilisken zu überwinden und zu töten. Das Wiesel ist in emporkletternder Stellung wiedergegeben; das Aufsteigen kann als Gebärde des Sieges gedeutet werden. Leider konnte keine Abbildung aus neuerer Zeit ermittelt werden, etwa eine Fotografie. Sie hätte die Skulptur deutlich veranschaulicht und die oben angeführte Fabel-Theorie erhärtet. Lediglich zwei, wie es scheint „verschönte" Abbildungen, Lithographien, sind überliefert, so bei Resch 1835 und bei Kleinstäuber 1878 (s. Literaturverzeichnis).

Die kämpfenden Hähne an der Steinernen Brücke

An der Innenseite der östlichen Brüstung, nahe der Abzweigung zum Oberen Wöhrd, erscheint ein Reliefstein mit der Darstellung von zwei kämpfenden Hähnen. In angriffsbereiter Stellung, mit zornig gespreizten Krallen, abstehenden Flügeln und geschwollenem Kamm stehen sie sich gegenüber. Zwischen den Tieren ist die Jahreszahl 15·80 in den Stein getieft, die sicher auf eine Erneuerung schließen läßt. Der Stein von 1580 ist im Museum deponiert, an der Brücke befindet sich ein Abguß.

Eine ganz ähnliche Darstellung eines Hahnenkampfes aus der Zeit um 920 findet sich an der Kreuzkirche zu Achtamar auf einer Insel des Sees Wan in der Türkei.

In der Mythologie gilt der Hahn als Sinnbild des Lichtes und der Wachsamkeit. Der Kirchenvater Augustinus († 430) sieht im Hahnenkampf das Bild für Maß und Schönheit.

In dem Evangelienbuch, das Kaiser Arnulf dem Kloster St. Emmeram schenkte, dem berühmten Codex Aureus, jetzt in der Münchener Staatsbibliothek, finden sich zwei Paare von kämpfenden Hähnen, gemalt um 870.

Die spätere lokale Tradition sah in den Kampfhähnen auf der Brücke die ständig streitenden Parteien, die Reichsstadt Regensburg und das angrenzende Herzogtum Baiern, dessen Territorium unmittelbar jenseits der Brücke begann.

Der Löwe an der Steinernen Brücke

An der Westseite der Brücke findet sich am 4. Pfeiler (von Süden gezählt) die Reliefplastik eines lagernden Löwen. Das Tier reißt den Rachen weit auf; den Schweif schlägt es durch die Hinterbeine auf den Rücken. Tief eingekerbte Rillen kennzeichnen die Rippen. Die stark verwitterte Skulptur stürzte bei der Sprengung der Brücke im April 1945 in die Donau, konnte aber bei Baggerarbeiten geborgen werden. Die aus der Erbauungszeit der Brücke stammende Plastik wird nun im Museum verwahrt. An der Brücke befindet sich seit deren Wiederherstellung im Jahre 1966 eine Nachbildung.

Der Löwe, König der Tiere, galt als Symbol der Kraft und Stärke. Als Wächter und Beschützer der Brücke sollte er alle Gefahren von ihr fernhalten.

Das Stadt- und Brückenwappen

Die Kopfsteine des 12. Bogens der Westseite (von Süden gezählt) tragen zwei Wappenschilde. Das nördliche zeigt die gekreuzten Stadtschlüssel, das südliche die Steinerne Brücke mit ihren drei Türmen in heraldisch verkürzter Form. Die gleiche Darstellung erscheint auf dem Siegel des Brückenmeisteramtes, dessen frühest nachweisbarer Abdruck an einer Urkunde des Jahres 1307 hängt. Die Brücke hatte ihre eigene Verwaltung unter einem aus dem Rat der Stadt erwählten Brückenmeister. Die Einnahmen aus dem Brückenzoll dienten zur baulichen Erhaltung der Brücke.

Der „größte und der kleinste Stein"

hieß eines der Wahrzeichen der Steinernen Brücke. Die früheste Abbildung davon bringt Jakob Hufnagel im Vordergrund einer Nordansicht der Stadt aus dem Jahre 1595 (Stadtansichten (Nr. 8). Das Kupferblatt, das links das Brückmännchen wiedergibt, zeigt rechts einen Quader, den „größten Stein", der die Jahreszahl 1515 trägt und am unteren Rand den Vermerk „erneuert 1575".

Dieses Wahrzeichen bestand in einer größeren Steinplatte, in deren Mitte ein kleiner Stein mittels Blei eingekittet war. Ihr ursprünglicher Standort ist nicht mehr bekannt. Schließlich diente die Platte als Bodenbelag in dem an den Mittelturm bei der Abzweigung zum Oberen Wöhrd angebauten Wachhäuschen. Als dieses samt dem Mittelturm 1784 abgebrochen wurde, erhob man die Steinplatte und entfernte daraus den eingekitteten „kleinsten Stein", den man als Markierung erkannte. Man hoffte darunter Nachrichten über den Bau der Brücke zu finden. Tatsächlich kam eine verzinnte, zugeschmolzene Blechkapsel zum Vorschein, in der sich weitgehend vermodertes und durch den Rost des Bleches zerstörtes Papier befand. An eine Auswertung des Inhalts war nicht zu denken. Die Steinplatte fügte man schließlich in das Geländer über dem 11. Bogen der Westseite ein (von Süden gezählt). Bei der Erneuerung der Brückenbrüstung im Jahre 1877/78 verschwand dieses Wahrzeichen.

Die Plastik eines liegenden Hundes

mit Blickrichtung nach Norden, nach Stadtamhof, der bereits 1878 „seit langer Zeit" der Kopf fehlte, befand sich auf einem Brüstungsstein über dem 10. Bogen der Ostseite (von Süden gezählt). Der Torso verschwand während des ersten Weltkrieges.

Figurenschmuck am Brückturm

Die Nordfront des Brückturms trägt eine aus vier Figuren bestehende Gruppe. Vorausgeschickt sei, daß es sich hier weder um die Originale handelt noch um deren ursprünglichen Standort.

Mittelpunkt der Gruppe bildet die Großplastik eines Königs. Eine Reifenkrone mit drei dreiblätterigen Lebensbäumen sitzt auf dem gelockten Haar. Das Kleid, über den Hüften gegürtet, fällt in parallelen Falten bis zu den Knöcheln hinab. Über den Schultern hängt lose ein Mantel. Auf der behandschuhten Linken steht ein Vogel. Die Figur erhebt sich auf einer Konsole in Form eines gehörnten Riesenkopfes.

Die Plastik gehört der Zeit um 1290 an. Ursprünglich befand sie sich hoch oben an der Südseite des nördlichen Brückturms (auf Abb. 49 und 50 gut zu erkennen). Nach Abbruch des Turmes 1810 gelangte sie 1835 mit weiteren Figuren vom mittleren Turm der Steinernen Brücke an den stadtseitigen Brückturm. Dort befindet sich nun eine Kopie, die Originalplastik verwahrt das Museum.

Diese Figur stellt den hl. Oswald, König von Northumbrien, einen der vierzehn Nothelfer dar, dessen Verehrung sich seit dem 12. Jahrhundert in Süddeutschland verbreitete. Früh schon nahm sich die Dichtung dieses Heiligen und Königs von England an. Spielmannslieder aus dem 12. bis 14. Jahrhundert, deren Inhalt jedoch frei erfunden ist, stellen den hl. Oswald in den Mittelpunkt ihrer Handlungen. Wie alle Spielmannsdichtungen haben auch diese eine Brautfahrt des Helden zum Ausgangspunkt. Durch einen Pilger vernimmt Oswald die Kunde von der schönen Tochter eines heidnischen Königs, der jedem Bewerber den Kopf abschlagen läßt. Auf den Rat eines Pilgers wird das Gefieder eines Raben mit Gold beschlagen und der so geschmückte Vogel als Liebesbote zur Jungfrau entsandt. Mit Brief und Ring kommt der Rabe wieder zu Oswald zurück. Dieser erscheint hierauf mit großer Heeresmacht im heidnischen Land und entführt die Jungfrau. Der Vater verfolgt die Fliehenden mit großem Zorn. In höchster Not gelobt Oswald, jede Bitte, die in Gottes Namen an ihn gerichtet wird, zu erfüllen. So entkommt er mit der Braut glücklich nach England. Nach der Hochzeit er-

125. *Steinfigur des Königs Philipp, um 1207. Vom Mittelturm der Steinernen Brücke, Museum*

scheint Christus in der Verkleidung eines Pilgers und verlangt von Oswald in Gottes Namen Weib und Reich. Oswald hält sein Wort. Als er trauernd die Bitte gewährt, gibt Christus sich zu erkennen.

Dieses Epos mag der Grund dafür sein, daß Oswald zum Schirmherrn der Pilger und Reisenden, insbesondere aber der Kreuzfahrer, erklärt und sein Bild an belebten Straßen und Knoten des Verkehrs aufgestellt wurde, so an der Steinernen Brücke. In unmittelbarer Nähe der alten Überfuhr über die Donau, beim Ausgang des Weißgerbergrabens, befindet sich die Oswaldkirche. Aus der Zeit um 1290 stammt die Oswaldstatue aus dem Dollingersaal (s. d.). Diese und eine weitere Oswaldplastik verwahrt das Museum. Bei St. Emmeram wurde im 12. Jahrhundert eine St.-Oswald-Kapelle gebaut. In einem Bildfenster des Domes um 1365 erscheint St. Oswald im Kreis der Nothelfer. Regensburg darf als einer der Mittelpunkte des Oswaldkultes und als Ausgangspunkt der Verbreitung seiner Legende betrachtet werden.

Beiderseits der Oswaldstatue thronen zwei kleine Sitzfiguren. Rechts König Philipp von Schwaben (1198—1208), ausgewiesen durch die in die Fußplatte getiefte Inschrift: PILIP' · RX · ROMA (d. h. Philipp, römischer König). Das Haupt trägt einen Kronreif mit drei Lebensbäumen in Form des Dreiblatts, die Rechte hält eine häuschenförmige Schatulle, ein Behältnis für Reliquien, ein Reliquiar. Das Mittelalter kannte die Eidesleistung in Form der Berührung eines Reliquiars. Hier ist also ein eidliches Versprechen des Königs dargestellt. Die linke Hand hält ein verwittertes rundes Gebilde, wohl den Reichsapfel. Es wäre auch an eine große Münze zu denken, Sinnbild königlicher Freigebigkeit. Die Plastik entstand 1207. Sie wurde angebracht zum Dank und zur Erinnerung an Freiheiten und Rechte, die König Philipp in einem Schutzbrief vom 9. März 1207 der Stadt verlieh.

Östlich davon erscheint eine weibliche Sitzfigur. Auch sie trägt eine Reifkrone mit drei Lebensbäumen. Die Hände umschließen ein schwer zu erkennendes Gebilde, einem Füllhorn nicht unähnlich. Mit Sicherheit stellt die Figur die Gemahlin König Philipps dar, Irene von Griechenland († 1208). Das Füllhorn könnte hier wieder als Quelle reicher Gaben an die Stadt gedeutet werden.

Beide Figuren gehören dem Ende der romanischen Epoche an. Kunstgeschichtlich sind sie als die frühesten profanen Bildwerke des bairischen Raumes bedeutungsvoll. Sie sind als Rechtsdenkmäler zu verstehen, die das Bewußtsein um die gewährten Rechte und Privilegien sichern sollten.

Aus gleicher Zeit stammt auch die Halbfigur, die sich unter der Statue des hl. Oswald befindet. Die glotzenden Augen, mandelförmig ausgehöhlt, waren wohl ursprünglich mit Blei oder einem Glasfluß ausgesetzt. Der geöffnete Mund fletscht die Zähne; die Hände liegen auf der Brust.

Die drei zuletzt genannten Figuren stammen vom Mittelturm der Steinernen Brücke (s. d.). Nach dessen Abbruch 1784 gelangten sie zusammen mit der Plastik eines sitzenden Greifen (von einem römischen Grabmal stammend) an die sogenannte „schöne Pforte", einem Portal, durch das man von der Brücke zum Katharinenspital gelangen konnte (auf Abb. 49 gut zu erkennen). 1810 fiel dieser Portalbau gleich dem nördlichen Brückturm dem Abbruch anheim. Die Figuren fanden — mit Ausnahme des Greifen — 1835 einen neuen Platz am stadtseitigen Brückturm. Dort befinden sich heute Nachbildungen. Die Originale sind im Museum zu sehen.

An den Häusern der Stadt

Regensburg genießt den Ruf, die Stadt mit den meisten Erinnerungstafeln und Kleindenkmälern zu sein. Manche sind zu Wahrzeichen der Stadt geworden. Wer mit Beschaulichkeit und offenen Sinnen für die kleinen Schönheiten durch die Gassen Alt-Regensburgs wandert, wird an manchen der traditionsreichen, schiefwändigen Häuser kleine, oft recht versteckt angebrachte Steinbilder finden, deren Geschichte vielfach in Vergessenheit geraten ist. Der Dom und die Steinerne Brücke haben Regensburg berühmt gemacht — diese unscheinbaren Kleindenkmäler aber sind es, die den Gassen den ganz besonderen Reiz und die so oft gerühmte traute Stimmung verleihen. Sind es auch meist nicht Kunstwerke von großer Bedeutung; den Regensburgern sind sie liebe, traute Bekannte.

Konsolenmännchen

Die Raumnot innerhalb der mittelalterlichen Stadt fand einen Niederschlag in der Bauweise der Häuser. Um Raum zu gewinnen, ließ man die oberen Stockwerke einmal oder wiederholt über die unteren vorkragen und die Ecken der Häuser an den Einmündungen enger Gassen abrunden oder abschrägen, um den Fuhrwerken das Einbiegen zu erleichtern. Die vorspringenden Obergeschosse

126. Neue-Waag-Gasse 1 (B 62). Konsolfigur, um 1330

ruhen auf Konsolsteinen, die je nach Finanzkraft und Kunstsinn des jeweiligen Bauherrn eine mehr oder weniger reiche bildnerische Ausstattung erfuhren. Neben reichen Profilierungen oder pflanzlichen Motiven finden sich auch figürliche Darstellungen, kleine, aus der Konsole hervorwachsende Männchen.

Das schönste Beispiel dafür bietet das Haus Neue-Waag-Gasse 1 (B 62). Eine Mauerecke erfuhr hier eine starke Abschrägung, um die Einfahrt in das Haustor zu ermöglichen. Den Übergang von der Schräge zur Kante vermittelt ein Profilstein, aus dem eine stützende männliche Figur fast vollplastisch herausgearbeitet ist. Verhaltenes Lachen umspielt das noch jugendliche Gesicht. Mit seiner Linken weist der Mann herausfordernd auf das übergroße Gesäß. Wenn man nicht wüßte, daß Goethe in seinem „Götz von Berlichingen" das vielgebrauchte Kraftwort erst vierhundert Jahre nach der Entstehung dieses kleinen Kunstwerkes prägte, so könnte man mit gutem Recht annehmen, daß der mittelalterliche Steinmetz das berühmte Zitat hier plastisch zur Anschauung bringen wollte. Die Skulptur gehört der Gotik um 1330 an. Am Haus Wahlenstraße 9 (E 22) wird das vorspringende Obergeschoß von mehreren Kragsteinen getragen. Aus einem dieser Steine ist ein Konsolenmännchen in ganzer Figur gehauen. Die zwerghafte Gestalt, deren Kopf im Verhältnis zum Körper viel zu groß ist, blickt versonnen vor sich hin. Die Plastik gehört der Zeit um 1440 an.

Aus hochgotischer Zeit stammt auch das Männchen, das am Haus Neupfarrplatz 12 (E 153) neben dem Eingang in der Pfarrergasse aus der Wand hervorwächst. Der Körperhaltung nach scheint es einstmals unter einem vorspringenden Mauerteil angebracht gewesen zu sein. Ein ähnliches Männlein, vielleicht aus jüngerer Zeit, trifft man über dem Tor des Anwesens Gesandtenstraße 4 (B 97½).

Es würde zu weit führen, hier alle figürlichen Darstellungen an Konsolen inventarmäßig zu erfassen; genannt seien nur die schönen Figuren an den Konsolen der Thomaskapelle (s. d.) am Römling und das erst 1962 im Zuge der Altstadtsanierung freigelegte Konsolenmännchen in einem Erdgeschoßraum des Hauses Zieroldsplatz 3 (D 124, 125 (s. d.)). Die Skulptur wurde 1963 mutwilligerweise schwer beschädigt.

Hausmarken

Zur Besitzbezeichnung dienten in früheren Jahrhunderten die sogenannten Hausmarken. Es waren dies geometrische Figuren, die auch Merkzeichen oder Handmale genannt wurden. Träger dieser Zeichen waren die Familien. Mit der Hausmarke konnte sich ihr Inhaber als Besitzer oder

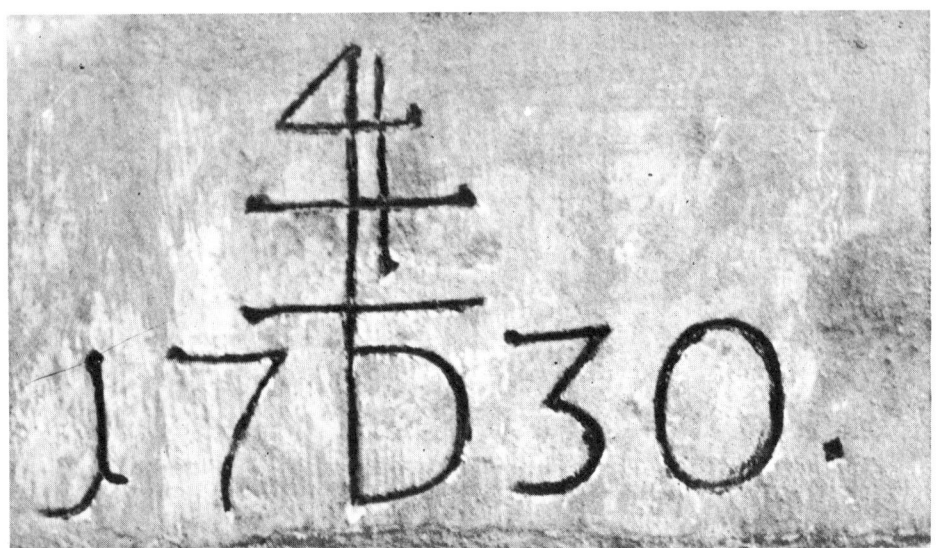

127. Ägidienplatz 3 (C 22). Hausmarke, 1730

Verfertiger einer Ware ausweisen. Diese Merkzeichen reichen bis in die ältesten Zeiten zurück und waren über ganz Europa verbreitet. Aus ihnen sind die frühen Steinmetzzeichen (s. d.) hervorgegangen. Nicht nur Häuser, auch das zugehörige bewegliche Eigentum, namentlich Vieh und Geräte, wurden mit der Hausmarke versehen. Es ist hierbei vor allem an leicht abhandenkommende Werkzeuge, an Karren und Pferdegeschirre zu denken, die oft ausgeliehen wurden und die der des Schreibens unkundige Besitzer leicht mit der Hausmarke kennzeichnen konnte. Sicherlich wurde auch in Regensburg das Stadtvieh von den jeweiligen Besitzern mit der Hausmarke bezeichnet, um es nach der gemeinsamen Weide wieder unterscheiden zu können. Auf dem Lande war es üblich, in das im Dorfbackofen gemeinsam gebackene Brot die Hausmarke mit einem Stempel aus Holz oder Ton zu drücken. In Graubünden bezeichnete man die im Beinhaus aufbewahrten Schädel mit der Hausmarke des Toten.

An den alten Regensburger Häusern finden sich gelegentlich noch Hausmarken, die dem Kundigen Aufschluß über die Besitzgeschichte geben können. Den Flur des Anwesens Untere Bachgasse 10 (B 93) überspannt ein Kreuzrippengewölbe. Einer der Schlußsteine und eine Wappenkonsole zeigen ein Kreuz mit Horn, die Hausmarke der Familie Pfollenkofer, die im frühen 15. Jahrhundert das Haus besaß. In einem Erdgeschoßraum des Hauses Krauterermarkt 2 (F 15) ziert den Schlußstein eine Hausmarke in Form eines Pfeiles mit Querbalken. Leider kennt man die Familie, der dieses Zeichen gehört, ebensowenig wie jene, deren Marke an einem Schlußstein im Obergeschoß des Hauses Rote-Hahnen-Gasse 5 (B 98) zu finden ist. Hausmarken in Wappenschilden tragen zwei spätgotische Postamente (wahrscheinlich von einer Fenstersohlbank), die am Haus Haaggasse 15 (A 121) an der Ecke zur Wollwirkergasse (s. d.) eingemauert sind. Die einzelnen Gewölbejoche des Dominikanerkreuzgangs stifteten Familien bzw. Handwerksinnungen und ließen an den Schlußsteinen ihre Wappen anbringen. Zwei Schlußsteine im Ostflügel tragen statt der redenden Wappen die Hausmarken der Stifter. Die Umschriften nennen die zugehörigen Namen: „andreas hewsmeckk" und „steffan prueler".

Die Hausmarken vererbten sich gleich den Steinmetzzeichen nach dem Recht der Erstgeburt. Die nachfolgenden Brüder fügten der ursprünglichen Hausmarke noch ein Element zur Unterscheidung bei. Dadurch entstanden oft recht komplizierte Figuren. Das beweist eine Hausmarke vom Jahre 1730 in einem Quaderstein neben der Haustüre des Anwesens Ägidienplatz 3 (C 22).

Hausschilder der Schiffer und Fischer am Oberen und Unteren Wöhrd

Die Geschichte der Donauschiffahrt reicht bis in prähistorische Zeit zurück. Fast ein halbes Jahrtausend lang beherrschten die Römer den Strom, den sie von seinem Ursprung bis zur Mündung kannten und mit Schiffen befuhren. Ungezählte Gläubige fuhren zur Zeit der Kreuzzüge donauabwärts und zahllose Abenteurer und Vagabunden trug der Strom nach Konstantinopel, dem „goldenen Byzanz" des Mittelalters, die dort reich und glücklich werden wollten. Durch die Donau errang Regensburg im 12. und 13. Jahrhundert seine beherrschende Stellung im Orienthandel, der bis Kiew und an die Ostküste des Schwarzen Meeres reichte.

Bis zum 18. Jahrhundert hatte sich eine Vielzahl von Donauschiffen entwickelt, die sich je nach dem Verwendungszweck in Bauart und Größe unterschieden. Läßt sich auch nicht jede Schiffsart genau bestimmen, so kann man im allgemeinen doch dreizehn verschiedene Typen herausstellen. Das größte aller damaligen Donauschiffe war der nach seinem Entstehungsort benannte „Kelheimer", ein 30 bis 40 m langes Fahrzeug, das größtenteils nur zur „Nauwärtsfahrt", d. h. zur Talfahrt, verwendet wurde. In Österreich und Ungarn, wo die größere Stromtiefe den Gebrauch dieser Schiffe begünstigte, dienten sie vornehmlich dem Getreidetransport. Der Schiffmeister und seine Gesellen steuerten die Fahrzeuge mit zwei langen Streichrudern sicher durch die Untiefen des Stromes und durch die Tragbalken der Brücken. Gleich den „Ulmer Schachteln" dienten auch die „Kelheimer" als sogenannte Ordinarischiffe der Beförderung von Personen. Der Größe nach folgte als nächste Schiffsart die „Salzzille". Auf ihr wurde das begehrte Gewürz unter unsäglichen Mühen für Mensch und Tier von Passau her gegen den Strom getreidelt. Weitere Schiffstypen waren die „Gamsplätte", der „Spitzfahrem", die „Futterplätte" (zum Mitführen von Futter für die Zugpferde), die „Bruckzille", die „Roßplätte" (zum Transport der Pferde stromabwärts), die „Patanze", die „Stoierplätte", die „Salmutze", die „Waidzille" und der „Uferfahrm", der den Verkehr zwischen den Stromufern vermittelte. Schließlich gab es noch die Mühlschiffe, die unterhalb der Steinernen Brücke vor Anker lagen.

Nahe verwandt mit dem Beruf des Schiffers war der des Fischers. Schiffer und Fischer siedelten längs des Stromufers, namentlich auf dem Oberen- und Unteren Wöhrd.

Steinerne Denkmäler der Schiffer und Fischer sind die vielfach kunstvoll gearbeiteten Hausschilder, die sich an den Heimstätten der alten Schiffer- und Fischerfamilien längs der Bad- und Werftstraße erhalten haben. Die kleinen, von schmucken Rokokokartuschen gerahmten Reliefs stammen zumeist aus dem späteren 18. Jahrhundert und zeigen in origineller Darstellung das Symbol des Gewerbes: Schiff oder Fisch. Neben der Jahreszahl ihrer Entstehung tragen sie die Initialen des Namens des jeweiligen Meisters. Nachfolgendes Inventar nennt die Hausschilder der Schiffer und Fischer auf den Donauinseln längs der Werft- und Badstraße.

Am Unteren Wöhrd:

Werftstraße 18 (H 234). Im Türsturz Rokokokartusche mit Ordinarischiff. Die Streifenbemalung des Schiffskörpers durch Rillen wiedergegeben. Ausgeschrieben der Name „Georg Christoph Naimer" (alte Regensburger Schifferfamilie), dazu die Jahreszahl 1763. Das Haus besaß 1808 der Schiffsmeister Georg Gottlieb Naimer.

Werftstraße 24 (H 240). Im Türsturz Relief: drei ineinander verschlungene Fische, die Initialen P.W.M. und Jahreszahl 1719.

128. Badstraße 42 (D 172). Hausschild mit Zunftemblem der Schiffer, 1756

129. Werftstraße 24 (H 240). Hauszeichen eines Fischers, 1719

Am Oberen Wöhrd:
Badstraße 14 (D 184). Im Keilstein der Haustüre in kalligraphisch ausgezeichneter Schrift „Christian Gottlieb Naimer 1796". Im Hausflur große Stuckkartusche von 1693, Inschrift Psalm. An der nördlichen Gartenmauer gegen die Lieblstraße im Türsturz Anker und die Initialen C G N (= Christian Gottlieb Naimer, Schiffsmeister) und Jahreszahl 1794. Links daneben in der Gartenmauer Stein mit den Initialen I. B. und der Jahreszahl 1656. Im Wappen Ruder gekreuzt mit Enterhaken.
Badstraße 24 (D 180). Im Türsturz (jetzt Fenster) Donauschiff, Initialen J. Z. (= Johann Ziegler, alte Regensburger Schifferfamilie) und Jahreszahl 1717. Das Haus gehörte 1808 der Schiffsmeisterswitwe Anna Veronika Ziegler.
Badstraße 26 (D 179). Im Türsturz Relief eines Donauschiffes mit daraufgebauter Hütte und zwei Ruderknechten. Im Spruchband die Initialen I. C. N. (wahrscheinlich Johann Christian Naimer) und Jahreszahl 1776. Das Anwesen besaß 1808 der Schiffsmeister Georg Christian Naimer.
Badstraße 36 (D 175). Im Türsturz palmettengeschmückte Kartusche, darin Anker und die Initialen J. C. N. (= Johann Christian Naimer, Schiffsmeister) und Jahreszahl 1790. Im Flur Solnhofener Platte mit Relief eines Donauschiffes mit angehängtem Kahn. Dazu Inschrift: „Mit Gott und der Zeit hat mich Johann Ludwig Naimer in dem Jahre 1744 von Grund aufgebaut." Anschließend Text religiösen Inhalts. 1808 besaß das Haus der Schiffsmeister Johann Leonhard Naimer.
Badstraße 38 (D 174). Über der Haustüre Kalksteintafel mit dem Relief eines Fisches, den Initialen H. N. (Hieronymus? Naimer) und der Jahreszahl 1768. Das Haus gehörte 1808 dem Schiffsmeister Johann Christoph Naimer.
Badstraße 42 (D 172). Im Türsturz Relief eines Donauschiffes mit zwei Ruderknechten und der Jahreszahl 1756. Links die Initialen G. N. I., rechts E. B. L. (L jedenfalls Laurer, alte Regensburger Schifferfamilie). 1808 besaß das Haus der Schiffsmeister Johann Gottlieb Laurer.
Lieblstraße 4 (D 161). Über der Haustüre oben gerundete Sandsteintafel mit Relief eines Fisches, darüber Ruder und Enterhaken, dazu die Initialen G. A. G. (= Gruber, Abraham Gottlieb, Schiffsmeister und Fischer) und Jahreszahl 1791. Am gleichen Haus einige Meter nördlich Stein mit Fischrelief, Jahreszahl 1655 und Initiale P. (weitere durch Verwitterung unleserlich).

Hausschilder mit Handwerkssymbolen

Das Haus Bismarckplatz 5 (A 238) mit seinem noblen, klassizistischen Fassadendekor, zeigt im Keilstein der Haustüre einen Vogel, der ein Hufeisen im Schnabel trägt, die Jahreszahl 1792 und die Initialen I L D. D ist der Anfangsbuchstabe des Namens Diener, einer Familie von Schmieden. Die beiden stuckierten Greife über der Haustüre halten die Embleme dieser Zunft: Hammer und Zange. Noch 1822 wohnte dort der Schmiedmeister Johann Wolfgang Diener. Schon 1676 gehörte das Anwesen einem Hufschmied namens Peter Margraff.

Das südöstlich anschließende Gebäude, Bismarckplatz 4 (A 239), trägt über dem rückwärtigen, zum Lothgäßchen führenden Eingang gleich drei Tafeln mit Handwerkssymbolen. Die älteste gehörte nach Ausweis des Emblems einem Hufschmied. Die oben dachförmig abgeschrägte Platte zeigt im Relief ein kräftiges Hufeisen, darunter eingetieft den Namen Michael Silbernagl und die Jahreszahl 1567. Eine unmittelbar daneben angebrachte Solnhofener Platte gibt den Hinweis, daß das Anwesen im 18. Jahrhundert im Besitz der Familie Diener war, die auch das oben besprochene Haus Bismarckplatz 5 (A 238) besaß. Die Platte zeigt nämlich wiederum den Vogel mit dem Hufeisen im Schnabel, das Wappentier der Diener, den Vermerk „Renov. 1767" und die Initialen I D für (Johann oder Joseph) Diener. Eine dritte Tafel an gleicher Stelle trägt den Vermerk: „Umgebaut Hans Kaiser 1886". Hobel und Zirkel weisen den Genannten als Schreiner aus.

Nach Norden schließt das Anwesen Lothgäßchen 1 (A 240) an. Eine schöne Tafel vom Jahre 1575 über der Haustüre kennzeichnet es als den Wohnsitz des Meisters Jorg (= Georg) Meistaller. Die Embleme seiner Zunft — Hammer und Kelle — weisen ihn als Steinmetz und Maurer aus. Zwischen diesen Werkzeugen ist das Steinmetzzeichen des Meisters ersichtlich, das sicherlich auch als Hausmarke gebraucht wurde. 1808 gehörte das Haus dem Schreinermeister Karl Christian Loth, nach dessen Familie das Lothgäßchen benannt ist.

130. Lothgäßchen 1 (A 240). Hausschild des Steinmetzmeisters Georg Meistaller, 1575

Embleme der Bierbrauer — Aus der Geschichte des Regensburger Bieres

Johannes Aventinus, der „Vater der bairischen Geschichtsschreibung", charakterisiert seine Landsleute mit folgender Bemerkung: „Das bairische Volk trinkt gern ... gern sitzt der gemeine Mann bei Trunk, singt, schreit, tanzt, kartet, spielt ...". Dieser treffliche Ausdruck Aventins hat insbesondere Geltung auch für die Regensburger, denn zu allen Zeiten war Regensburg eine Stadt

131. Am Ölberg 5 (C 84/85). Zeichen des Braurechts für Johann Michael Schleusinger, 1780

des Bieres. Im 18. Jahrhundert zählte man nicht weniger als vierzig Brauereien in der Stadt. Können wir sie auch nicht mit unseren heutigen Großbetrieben vergleichen, so spricht doch ihre stattliche Zahl für einen nicht geringen Bierkonsum.

Nahezu sämtliche Regensburger Klöster verfügten über ihre eigene Brauerei: Ober- und Niedermünster, die Jesuiten, die Augustiner, St. Emmeram, die Minoriten, die Karmeliten, die Schotten zu St. Jakob, die Dominikanerinnen zum Heiligen Kreuz, St. Klara; aber auch das evangelische Bruderhaus, das Katharinenspital und der Bischof. Heute noch leben die Klosternamen in den Gaststättenbezeichnungen fort. Die Klöster, die seit 1310 von der an die Stadt zu entrichtenden Umsatzsteuer befreit waren, durften Bier nur für ihren eigenen Bedarf brauen. Das Ausschenken an die Bürger „über die Gasse" war ihnen streng untersagt. Allerdings durchbrachen sie dieses Verbot immer wieder, was eine nicht geringe wirtschaftliche Benachteiligung der bürgerlichen Brauer und der Regensburger Wirte bedeutete. Beschwerden an den Bischof und ständige Streitigkeiten zwischen den Klostervorständen und dem Rat waren die Folge.

Das Gewerbe des Bierbrauers vererbte sich in der Regel durch mehrere Generationen. Die Behner, Clostermaier, Eltele, Friedl, Lehr, Polland, Schleusinger waren alte Regensburger Brauerfamilien. Als Symbol des Braurechts ließen sie das Emblem der Bierbrauer — Gerstenähre, Malzschaufel und Schöpfer — an ihren Brauanwesen, vielfach im Keilstein der Haustüre, anbringen, dazu die Jahreszahl und die Initialen ihres Namens.

Am Ölberg liegt die alte Braustätte der Familie Schleusinger, die dort ihr Gewerbe bereits im 18. Jahrhundert betrieb. Am Haus Nr. 5 (C 84/85), an der Ecke zur Dänzergasse, findet sich im Keilstein der Türe das Emblem der Bierbrauer, dazu die Jahreszahl 1780. Die Initialen I. M. S. künden den Namen des Brauers: Johann Michael Schleusinger. Er war nicht nur Bierbrauer, sondern wirkte auch im Rat als Bauamtsinspektor. Das gleiche Emblem aus dem Jahre 1776 findet sich noch einmal eingeschnitzt in den Tragbalken der Toreinfahrt an der Dänzergasse. Mitglieder dieser Familie besaßen Brauereien in der Kalmünzergasse (Nr. 5 (H 118)) und in der Ledergasse (Nr. 25 (A 145)). Vor den Schleusingern betrieb die Brauerfamilie Friedl die Brauerei am Ölberg.

Ein besonders schönes Braueremblem in Form eines Oberlichtgitters findet sich über dem Tor des Gasthofs „Zum Rappen", Ostengasse 4 (H 121). Die schmiedeeiserne Arbeit aus dem Jahr 1803 zeigt über eine Braupfanne ragend drei Ähren und zwei Malzschaufeln. Die verschlungenen Buchstaben G und B weisen auf den Brauer (Johann) Georg Beckstein.

Gerstenähre, Malzschaufel und Schöpfer (mit den Initialen J. G. D.) weisen das Haus Obere Bachgasse 21 (E 165) als Braustätte aus.

Nicht mehr an ursprünglicher Stelle befindet sich ein Reliefstein mit dem Brauemblem, der nunmehr am Neubau Donaumarkt 3 (Ecke Trunzergasse) angebracht ist. Er stammt aus dem Jahre 1773 und zeigt über einer senkrecht stehenden Ähre zwei gekreuzte Malzschaufeln sowie die Initialen I. L. und B. ST.

Das Braueremblem im Vierpaß trägt das Anwesen Ledergasse 9 (A 125), jetzt Gaststätte „Goldener Anker". 1808 braute dort der Bürger Johann Ludwig Putzenberger.

Bier war zu allen Zeiten ein Volksgetränk und schon immer zu teuer. Ein Ratsbeschluß von 1551 gestattete dem Almosenamt (städt. Wohlfahrtsamt) die Errichtung eines eigenen Brauhauses, das jedoch für die Stadt keinen Gewinn abwerfen durfte, damit das Bier, das nur an Arme ausgeschenkt wurde, möglichst billig blieb.

Auch für die Güte des Bieres sorgte der Rat. Die Brauordnung von 1454 gibt nicht nur genaue Anordnung, wann gebraut werden sollte, sondern bestimmte auch die Qualität des Bieres. „Ein Braumeister soll zu einem Brau Winterbier nicht mehr sieden denn 90 Eimer und zu einem Brau Sommerbier 80 Eimer und nicht weniger einschütten denn 6 Schaff Gerste". Brauer, die schlechtes Bier herstellten, hatten strenge Strafen zu erwarten. Das bewies der Rat besonders augenfällig im Jahre 1605. Die Fässer mit dem mangelhaft befundenen Bier ließ er vor das Rathaus bringen und ihnen dort den Boden einschlagen, so daß sich der Inhalt in den aus den Bachgassen kommenden Vitusbach ergoß. Der Stadtgerichtsassessor I. A. Feischel fügt seiner 1712 geschriebenen Chronik hinzu: „Es wäre dieß heut zu Tage noch öfter von nöthen."

Besondere Bierkenner scheinen die Pfründner des St.-Katharinen-Spitals gewesen zu sein. Die Spitalakten des 17. und 18. Jahrhunderts berichten immer wieder von Klagen der Pfründner über die Qualität des Spitalbieres. Der schon mehrfach beanstandete Braumeister wollte aber nicht zugeben, daß das Bier des Bischofshofes dem Spitalbier an Güte weit überlegen sei. Daraufhin fand 1755 in der Spitalamtsstube eine Bierprobe statt. Der Braumeister mußte aus zwei Krügen Kostproben nehmen und zugeben, daß das Bier der bischöflichen Brauerei weit milder sei. Die ihm erteilte scharfe Verwarnung hatte Erfolg, die Klagen der Spitalpfründner verstummten auf viele Jahre.

„Braunes Bier ist der gewöhnliche Trank und wird bei uns sehr gut gebraut und unglaublich viel verbraucht" schreibt Gottlieb Schäffer in seiner medizinischen Ortsbeschreibung von Regensburg 1787. Das mag man wohl glauben, wenn man vom gleichen Verfasser weiterhin erfährt, daß selbst die Kinder „des Mittelstandes und der Tagwerker" mittags und abends braunes oder auch weißes Bier tranken. „Die Kinder der Vornehmen", so berichtet er, „werden meist an Wasser gewöhnt".

132. *Der Bierkoster beim Brauer der Karmelitenbrauerei, Johann Niedermeyer. Aquarell um 1820. Hofbibliothek*

Weil das Bier als Volksnahrungsmittel eine so große Rolle spielte, sorgten die Stadtväter auch dafür, daß ihre Bürger bekömmliches, würziges Bier erhielten. Um das zu gewährleisten, bestellte die Stadt zwei Männer, sogenannte Bierkoster, die jeden Sud, ehe er ausgeschenkt wurde, probieren mußten, ob er für die Regensburger gut genug sei. Paricius nennt 1753 bei der Aufzählung der Regensburger Gewerbe auch die Bierkoster: Matthäus Grießmann und Johann Christoph Nierenberger. Selbstverständlich mußten die Koster etwas vom Bier verstehen; meist waren es Braumeister oder stadtbekannte Bierkenner. Wollte ein Brauer einen Sud zum Ausschank bringen, so hatte er zuvor die städtische Behörde zu benachrichtigen, die ihrerseits den Bierkoster beauftragte, den Trank zu prüfen. Um jeden Betrug auszuschließen, waren die Koster angewiesen, sich das Kostbier nicht aus dem Keller bringen zu lassen, sondern selbst hinabzusteigen und in ihrem Beisein das Bier den Fässern entnehmen zu lassen. Eine überraschende Nachvisitation sollte erweisen, „ob das Bier noch im vorigen gerechten Stand sich befinde...".

Wehe dem Brauer, der zum Würzen des Bieres unerlaubte Zutaten verwendet hatte! Die Bierkosterordnung nennt solche Zusätze: Kreuzerwurz, Kien, Kandelkraut, Birkenreis, Hopfenreben, Pilsensamen, „dadurch den Leuten die Köpfe toll gemacht werden". Der Koster, der glaubte, solche Zusätze festgestellt zu haben, mußte unverzüglich beim Vorstand des Handelsgerichts, dem Hansgraf, Anzeige erstatten.

Ob sich die Bierkoster stets so streng an ihre Vorschriften gehalten haben, möchte man bezweifeln, wenn man die Abbildung betrachtet, ein Aquarell aus der Zeit um 1820 im Besitz der fürstlichen Hofbibliothek. Beim Bierbrauer Johann Niedermeyer der Karmelitenbrauerei (G 8) waltet soeben der Bierkoster seines Amtes. Während er mit prüfendem Blick den Inhalt des Glases untersucht, hält er hinter dem Rücken die Hand auf, in die der Brauer mit saurer Miene ein Geldstück legt. Wollte der Urheber ein Scherzblatt oder eine Allegorie auf die Bestechlichkeit der Bierkoster schaffen? Ihre Bezahlung war jedenfalls schlecht, so schlecht, daß der Magistrat den Bierkostern 1819 eine einmalige Zuwendung von zwölf Gulden genehmigte.

Das Recht, weißes Bier zu brauen, nahm der Rat für sich allein in Anspruch, wie dies auch in Baiern ausschließlich landesherrliches Privileg gewesen ist. 1620 errichtete der Rat ein Brauhaus für Weißbier, nach dem die Weißbräuhausgasse benannt ist. Noch 1813 weist der Adreßkalender das Anwesen Weißbräuhausgasse 2 (G 91) als „Löbl. Gemeiner Stadt Weißbrauhaus" aus. Ein paar Jahre später befand es sich dann in Privathänden.

Die „Judensteine"

An den Straßenfronten und in den Höfen der Häuser entdeckt der aufmerksame Beobachter gelegentlich Steinplatten mit hebräischen Schriftzeichen. Es sind dies Grabsteine aus dem einstigen Judenfriedhof, sogenannte Judensteine, die Regensburger Bürger zur Erinnerung an die Vertreibung der Juden aus Regensburg im Jahre 1519 an ihren Häusern einmauerten.

Das Volk zerstörte in seiner Wut nicht nur die Häuser der Juden und ihre Synagoge. Der Vernichtungswahn machte auch vor dem jüdischen Friedhof nicht halt. Dieser lag auf der sogenannten Emmeramer Breite, dem Gelände südlich des Klosters St. Emmeram. Mit seinen mehr als 4000 Leichensteinen war er weit berühmt und barg die Ruhestätten zahlreicher jüdischer Gelehrter. Viele fremde Juden unternahmen Wallfahrten dahin. Die tobende Menge legte 1519 mit einem Mauerbrecher Teile der Umfriedung nieder, warf die Grabsteine um, zerstörte sie oder schaffte sie weg. Auf dem verwüsteten Friedhof errichtete man drei Kreuze mit dem Bildnis Christi und denen der Schächer.

Ein Großteil der Judengrabsteine fand Verwendung beim Bau der Neupfarrkirche, die an der Stelle der zerstörten Synagoge erstand. Viele wurden von den Bürgern als Trophäen an den Häusern der Stadt eingemauert. Bereits 1720 setzten Nachforschungen nach diesen Grabsteinen ein. Ein getaufter Jude namens Christoph Gottfried ging den Steinen nach und schrieb ihre Texte ab, wofür er vom Rat eine Gratifikation von 6 Gulden erhielt. Paricius („Allerneueste und bewährte Nachricht..." 1753) zählt 17 solcher Judensteine auf und gibt Übersetzungen der hebräischen Texte. Der bekannteste davon ist der „Judenstein" an der Kreuzschule, nach dem der Platz Am Judenstein (s. d.) benannt ist.

Standorte weiterer Steine: Evangelisches Krankenhaus, Emmeramsplatz 11 (C 135/136), Südseite, am Boden aufstehend. — „Neue Waag", Haidplatz 1 (B 61), Hof. — Hinter der Grieb 2 (B 80), Hofraum. Der Stein ist der Frau Genele, der Tochter des Rabbi Jekutiel, gewidmet. Kammerer (Bürgermeister) Kaspar Amann, zur Zeit der Judenvertreibung Besitzer des Hauses, ließ den Stein dort anbringen und darunter eine Inschriftstafel mit seinem Wappen setzen, deren Text in modernem Deutsch lautet: „Anno Domini 1519 am Montag am Abend nach Petri Stuhlfeier sind die Juden aus der Stadt geschafft und am andern Tag danach keiner mehr gesehen

133. Emmeramsplatz, Evangelisches Krankenhaus, Südseite. Grabstein aus dem 1519 zerstörten Judenfriedhof

(worden). Lob sei Gott." — Neue-Waag-Gasse 2 (D 120), Treppenmauer. — Vor der Grieb 2 (B 63), Südseite, in Höhe des 1. Obergeschosses. — Domkreuzgang, Nordflügel, im Pflaster liegend. - Rathaus, Lochgefängnis (s. d.). — Einer der Steine gelangte nach Kelheim, wo er noch heute an der Stadtapotheke zu sehen ist, ein anderer nach dem sogenannten Klösterl an der Donau zwischen Kelheim und Weltenburg. Dort findet er sich in die Mauer gegen die Donau zu eingesetzt. Weitere Steine gelangten donauabwärts nach Österreich.

Unter dem Verputz der alten Regensburger Häuser liegen sicher noch zahlreiche Judensteine verborgen. Bei Bau- und Abbrucharbeiten treten immer wieder verschleppte Denkmäler aus dem Judenfriedhof zutage. Das Regensburger Museum besitzt eine bedeutende Sammlung jüdischer Grabsteine, wohl die größte Deutschlands.

„Welche Ausbeute für die Geschichte hätte ein der Sprache kundiger Historiker damals hinsichtlich des Alters und der Zeit, seit welcher die Juden hier gewohnt, dort finden können" klagt der Chronist Gumpelzhaimer, „wenn bei dieser Zerstörung auf diese Monumente Rücksicht genommen worden wäre".

Hebräische Inschrift am ehemaligen Salzstadel, Brückstraße 2 (F 73)

Der ehemalige Amberger Salzstadel, Brückstraße 2 (F 73), trägt an seiner Südseite einen kleinen Denkstein mit hebräischen Buchstaben. Unter der einzeiligen Schrift ist die Jahreszahl 1519 eingehauen, abermals darunter erscheint ein Stein in Form eines Parallelogramms mit der erhaben gearbeiteten Jahreszahl 1551. Nach Pangkofer besteht die hebräische Schrift aus zwei Wörtern. Das erste ist von rechts nach links zu lesen und kann in freier Übersetzung als „Kaiser" wiedergegeben werden. Das zweite Wort ist ein in hebräische Schriftzeichen gekleideter deutscher Ausdruck und heißt „Knechlein", Knechtlein also. Zusammengefaßt ergibt sich die Formulierung „Kaiserknechtlein".

Die Geschäftspraktiken der Juden, aber auch rassische und religiöse Gegensätze nährten einen tiefen Haß gegen sie. Bei den Kaisern aber standen die Juden als willkommene Geldgeber in großer Gunst und erfreuten sich des besonderen Schutzes. Das Volk nannte sie deshalb die „kaiserlichen Kammerknechte" oder die „Kaiserknechte". Die Inschrift „Kaiserknechtlein" verbunden

134. Brückstraße 2 (F 73). Hebräische Inschrift, 1519

mit der Jahreszahl 1519, dem Jahr der Vertreibung der Juden aus Regensburg (s. Neupfarrplatz) bringt somit den Spott über sie zum Ausdruck. 1519 nützte die Stadt die politisch günstige Zeit nach dem Tod Kaiser Maximilians I. und wagte die Ausweisung der Juden trotz des scharfen Protestes des Reichsregiments in Innsbruck. Die Zahl 1551 nennt das Jahr der Wiederherstellung des baufällig gewordenen Salzstadels.

Der Bär an der Kette

Zu Beginn des 18. Jahrhunderts gab es in Regensburg drei Bärenwirtschaften: den Schwarzen Bären (G 73), den Goldenen Bären (F 61) und den Weißen Bären (H 75). Als sich nun in der Ostengasse ein vierter Gasthof mit dem beliebten Schild des Bären auftat, mußte er zur Unterscheidung von den übrigen ebenfalls einen Beinamen tragen. Dabei griff man auf eine alte, an der Ostengasse gelegene Ortsbezeichnung zurück, die bereits 1391 genannt wird: An der Kette (s. Ostengasse). So hieß also der neue Gasthof „Zum Bären an der Kette" (Ostengasse 16, H 98). Die Kette paßte übrigens ausgezeichnet zum Bären, zogen doch immer wieder wandernde Bärentreiber mit Meister Petz an der Kette durch die Lande. Die uralte Ortsbezeichnung „an der Kette" ist heute zwar vergessen, doch blieb sie lebendig in dem erst viele Jahrhunderte später entstandenen Wirtshausnamen und dem zugehörigen Schild, einem Fresko, das heute noch an der Front des Hauses prangt: neben einem Baumstrunk ein aufrecht stehender Bär an langer Kette, die über den Stuckrahmen des Bildes hinausläuft und nach einigen Metern in einem runden Mauerloch verschwindet. Über dem Bild steht geschrieben: „Dieß Hauß stehet in Gottes Hand / zum Bärn an der Kettn ists Benantt. Renovirt 1758."

An die Gaststätte knüpft eine originelle Geschichte, die fast schon zu einer Regensburger Volkssage geworden ist: Eines Tages rumpelte durch das Ostentor, von der Straubinger Landstraße herkommend, der Wagen eines fahrenden Zirkus, zu dem auch ein Tanzbär gehörte. In einem Gasthof an der Ostengasse nahm der Schausteller mit seinen Tieren Quartier. Der Bär kam in den Stall im Hof, den zwei für den Metzger bestimmte Kälber räumen mußten. Für die folgende Nacht aber hatte ein Dieb, den es nach dem zarten Kalbfleisch gelüstete, einen Einbruch in diesen Stall geplant. Zu mitternächtlicher Stunde schwang er sich über die Hofmauer und erbrach die Türe des Stalles. Als der Dieb im Dunkeln nach einem der Kälbchen greifen wollte, fühlte er struppige Haarbüschel in seinen Händen und vernahm zugleich das zornige Brummen des im Schlaf gestörten Bären. Ehe der zu Tode erschrockene Dieb das Weite suchen konnte, er-

135. Ostengasse 16 (H 98). Bär an der Kette. Fresko

hielt er von einer krallenbewehrten Pranke eine derbe Ohrfeige und ein zottiger Körper versperrte ihm den rettenden Rückweg. In heller Verzweiflung schrie der Eindringling um Hilfe, denn nichts anderes glaubte er, als dem Leibhaftigen selbst in die Hände gefallen zu sein. Eiligst kamen Wirt und Gesinde mit Lichtern herbei. Dem Zirkusmann gelang es, den Jammernden aus der Umklammerung des Bären zu befreien. An den folgenden Tagen war das Stückchen des Bären das Stadtgespräch von Regensburg. Niemand wollte es versäumen, den tüchtigen Meister Petz zu sehen. Scharenweise strömten die Regensburger in die Ostengasse. Der Wirt, den der Bär nicht nur von einem empfindlichen Schaden bewahrt hatte, sondern auch dessen Bierabsatz erheblich ansteigen ließ, kaufte das Tier und erlöste es von seinem anstrengenden Wanderleben. Wie ein treuer Hund wurde der brave Bär gehalten und konnte sich an seiner langen Kette frei bewegen. Seit dieser Zeit heißt die Herberge an der Ostengasse „Zum Bär an der Kette".

Das Hündlein gegenüber dem Bischofshof

Am Haus Watmarkt 9 (F 17) an der Ecke zur Goliathstraße, gegenüber dem Bischofshof, ist ein sitzendes Hündlein zu sehen, das recht verlassen auf das Getriebe dieser verkehrsreichen Stelle herabblickt. Früher war es den Regensburgern ein bekanntes Wahrzeichen, dessen Geschichte jeder Schulbub zu erzählen wußte. K. S. Hosang weiß in seinen „Nebenstunden" zu berichten, daß dort einmal ein Regensburger Bürger wohnte, dessen Hündlein ihm eines Tages einen Geldbeutel mit der stattlichen Summe von 300 Dukaten nach Hause brachte. Von diesem Geld soll das Eckhaus neu erbaut worden sein. Zum Andenken an den glücklichen Fund und an das kluge Tier wurde dessen steinernes Bild am Hause angebracht.

Die Plastik gehört der Gotik an und stammt mit Sicherheit aus der Regensburger Dombauhütte. Gewiß hat sie schon den Vorgänger des jetzigen Hauses geziert und erhielt bei dessen Neubau wieder einen gebührenden Platz.

Das Pesthündlein

Nur ein paar Schritte davon entfernt, am westlichen Eckhaus der Goliath- und Brückstraße (Posthorngäßchen 2, F 69), war abermals das steinerne Relief eines Hundes zu finden. Dieses für die Ortsgeschichte Regensburgs so bedeutsame Denkmal wurde durch Unverstand bei Verputzarbeiten im Spätsommer 1967 zerstört. Um dieses kleine, nun leider verschwundene Wahrzeichen hat sich eine Sage gewoben, die heute noch im Volk lebendig ist.

Als die schrecklichste aller Seuchen, die schwarze Beulenpest, wieder in der Stadt Regensburg wütete, lagen alle Bewohner dieses Hauses gegenüber dem großen Goliath krank darnieder. Nur ein kleiner Hund blieb von der Seuche verschont. Längst war kein Krankenpfleger mehr zu haben und niemand wagte sich aus Furcht vor Ansteckung aus dem Haus. Da nahm das kluge Hündlein einen

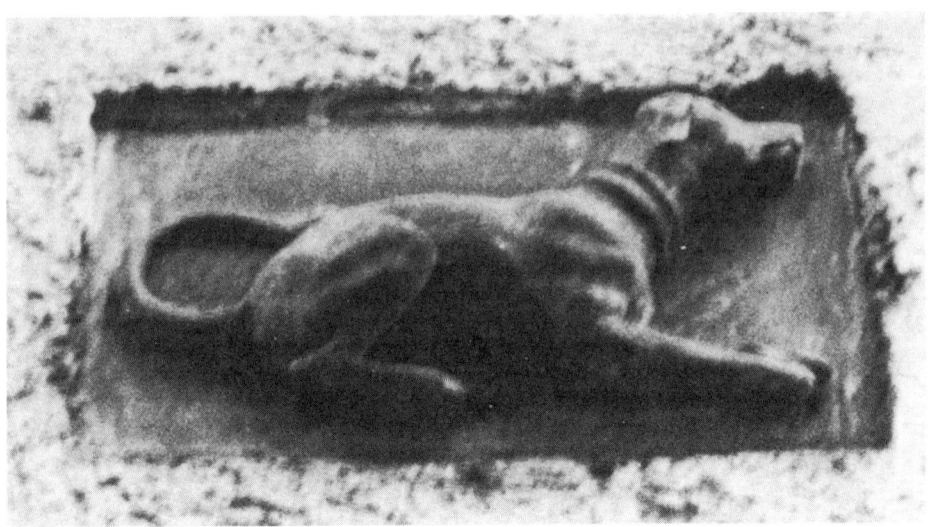

136. Posthorngäßchen 2 (F 69). Ehemaliges Pesthündlein

Korb, mit dem es in gesunden Tagen seinem Herrn stets das Brot geholt hatte und brachte allen Kranken Lebensmittel. Doch bald hatte die Pest alle Bewohner dahingerafft. Als endlich das fürchterliche Sterben nachzulassen schien, schaute ein Bekannter nach dem Herrn des Hündleins. Er fand aber nur mehr das traurige, verlassene, halbverhungerte Tier. Der gute Mann hatte Erbarmen mit ihm und nahm es zu sich. Zur steten Erinnerung an die große Not und das treue Tier ließ er eine Steinplatte mit dem Relief eines Hundes am Hause einmauern.

Die Anbringung einer Kopie nach dem verschwundenen Original wäre zu wünschen.

Der Hirsch am Rathausplatz

Gegenüber dem Alten Rathaus stand ehedem das Haus „Zum Goldenen Hirschen" (s. d.), heute Waaggäßchen 1 (B 71/72). Schon 1360 wird der Name „im Hirsch" genannt. Als man das Haus 1871 abbrach und durch einen Bau im Stil der Neugotik ersetzte, wurde sein altes Wahrzeichen, ein lebensgroßer liegender Hirsch aus Stein mit echtem Geweih, wieder an der Fassade angebracht. Die schöne Tierplastik stammt aus barocker Zeit und dürfte, dem Namen nach zu schließen, einstmals vergoldet gewesen sein. Daran knüpft eine der schönsten Regensburger Sagen:

Wieder einmal versammelten sich der Kaiser und die Mächtigen des Reiches in Regensburg, um Reichstag zu halten. Die Stadt bot einen bunten, festlichen Anblick. Da wurde nicht nur über das Schicksal des Reiches beraten, sondern auch die heiteren Seiten des Lebens kamen zu ihrem Recht. Es wurde getanzt und gezecht, und Gaukler und fahrendes Volk fanden sich ein, um vor den hohen Herrschaften ihre Künste zu zeigen. Eines Morgens drängte sich das schaulustige Volk dicht in den engen Gassen, um den prunkvollen Jagdzug des Kaisers zu bestaunen, der sich unter Fanfarenschmettern zum Tor hinausbewegte. Die waldreiche Umgebung Regensburg bot ja reichlich Gelegenheit, dem edlen Waidwerk zu huldigen. Als es Mittag wurde, erfüllten plötzlich Schreie und Pferdegetrappel die Gassen. Ein großer, edler Hirsch mit mächtigem Geweih flüchtete über den Haidplatz dem Rathause zu, verfolgt vom Kaiser, der gerade mit dem Speer zum Wurfe ausholte. In seiner Todesangst rettete sich das gehetzte Tier in das nächste geöffnete Haustor, das krachend hinter ihm ins Schloß fiel. Der Speer des Kaisers aber blieb in dem harten Holz des Tores stecken. Zornentbrannt pochte der Kaiser an der verschlossenen Türe und forderte die Herausgabe des Tieres. Die Pforte öffnete sich, und an der Seite des alten Vaters bat ein junges Mägdelein den Kaiser kniefällig um das Leben ihres Schützlings. Da legte sich der Zorn des wilden Jägers. Die Bitte wurde gewährt; denn nimmer wollte der Kaiser — die Sage nennt seinen Namen nicht — mit Gewalt eindringen und frevelnd deutsches Hausrecht brechen.

Zum Andenken an die Rettung des Tieres und den Großmut des Kaisers wurde das steinerne Bild des Hirsches mit dessen echtem Geweih über der Türe angebracht.

137. Rathausplatz (Waaggäßchen 1, B 71/72). Steinplastik eines Hirschen mit echtem Geweih

Das Mühlespiel am Römerturm

Wer vom Albrecht-Altdorfer-Platz aus das Quaderwerk des Römerturmes in einer Höhe von 4 bis 5 m genau betrachtet, der wird nach einigem Suchen außer großen Steinmetzzeichen (s. d.) ein Kuriosum ganz besonderer Art entdecken. Links unterhalb des Schwibbogens kann man in einem der Quader deutlich die Zeichnung eines Mühlespieles erkennen. Steinhauer des 12. Jahrhunderts haben sie in den Quader geschlagen, um sich während der Arbeitspausen mit dem beliebten Spiel des Mühlfahrens zu unterhalten. Der Bogen, der aus dem mittleren Quadrat nach links herauszieht, stammt von einem Steinmetzzeichen, das mehrfach am Turm zu finden ist. Beim Studium dieser Zeichnung läßt sich erkennen, daß die Figur dieses Zeichens — Kreuz mit Bogen — in die Zeichnung des Mühlespieles mit einbezogen wurde. Der senkrechte Kreuzbalken deckt sich mit der linken Seite des inneren Quadrates, der Querbalken schneidet die linken Seiten des inneren und äußeren Quadrates und tritt über sie hinaus. Wahrscheinlich wurde bei einem augenblicklichen Mangel an Werksteinen auch der die Zeichnung tragende Quader in die Mauer gefügt. Dieses unscheinbare Denkmal am Römerturm erbringt den Beweis, daß das sogenannte Mühlfahren zu den ältesten Spielen gehört.

Der Denkstein in der Obermünsterstraße

Würde man tausend Regensburger fragen, welche Bewandtnis es mit dem Denkstein habe, der am Hause Obermünsterstraße 11 (E 100) in Höhe des ersten Stockwerkes angebracht ist, so würde man wohl von keinem eine richtige Auskunft erhalten.

Der barocke Reliefstein zeigt einen geharnischten Kriegsmann, der mit betend erhobenen Händen vor einem Kruzifix kniet. Neben ihm am Boden liegt sein Helm mit wallender Federzier. Die Figur stellt den bairischen Generalfeldzeugmeister und Oberst Johann Wolfgang Freiherrn von Salis dar, der sich während des Dreißigjährigen Krieges in der kaiserlichen Armee hohe Verdienste erwarb. Bei einem Treffen mit den Schweden in Mecklenburg erlitt er 1639 eine tödliche Verwundung. Trotz der Kriegswirren konnte der Leichnam nach Regensburg gebracht und in der ehemaligen Augustinerkirche auf dem Neupfarrplatz mit allen Ehren bestattet werden. Dem damaligen Brauch entsprechend wurden Helm, Schild, Galadegen und Fahne des Toten am Grabe niedergelegt. Gemäß seinem letzten Willen wurde das Herz dem Leib entnommen und in Niedermünster beigesetzt, wo die Schwester des Verstorbenen, Maria von Salis, Äbtissin war.

138. Römerturm, Südseite. Mühlespiel und Steinmetzzeichen

Diese ließ zum Gedächtnis an den hohen kaiserlichen Offizier besagten Denkstein meißeln und über seinem Herzen in der Niedermünsterkirche anbringen.

1838 wurde die Augustinerkirche abgetragen. Schild, Fahne und Degen des Wolfgang von Salis kamen an den Historischen Verein und sind heute im Waffensaal des Museums zu sehen. Der Degen bildet ein besonderes Schmuckstück der Sammlung. Den Griff ziert z. T. vergoldete figürliche und ornamentale Eisenschneidearbeit des berühmten Meisters Daniel Sadeler aus München, die Klinge ist eine Arbeit des Pedro de Velmonto von Toledo.

Anläßlich einer Restaurierung der Niedermünsterkirche um die Mitte des vergangenen Jahrhunderts wurde der Denkstein entfernt und von dem Bauinspektor Michael Maurer erworben. 1855 war er Bestandteil einer Gartenmauer. Als Walderdorff 1896 sein Buch über Regensburg herausgab, galt der Stein bereits als verschollen. Erst 1924 gelang es H. Schöppl, das Denkmal wieder zu entdecken.

Die Johannesbüste in der Glockengasse

Über dem Eingang zum Haus Nr. 14 in der Glockengasse (B 27) steht in einer Nische eine Büste Johannes des Täufers. Die großen Augen blicken ernst und durchdringend, der schön geformte Mund mit den aufgeworfenen Lippen verleiht dem Gesicht einen wehmutsvollen Zug. Von oben herab wächst aus der Nische eine rechte Hand heraus, deren gekrümmte Finger eben im Begriff sind, sich zu einer Faust zu schließen. In die rückwärtige Nischenwand sind beiderseits der Skulptur von oben nach unten die Worte eingetieft: JOHANES BAPTISTA. Die Kalksteinskulptur ist schwer datierbar. Sie scheint der Gotik anzugehören und dürfte in Wiederverwendung in späterer Zeit, wohl im 17. Jahrhundert, an ihre jetzige Stelle gelangt sein (s. Hubersches Stiftungshaus).

Die Regensburger wußten einmal zwei Geschichten um dieses Johannesbild zu erzählen, berücksichtigten jedoch die Inschrift nicht, sondern sahen darin stets den Kopf eines Enthaupteten. Die eine Erzählung berichtet, das Haus sei von alters her eine Freiung gewesen, ein Ort, an dem die richterliche Gewalt keinen Zugriff hatte. Einst konnte sich ein Verbrecher durch die Flucht in diese Behausung retten und damit der ihn erwartenden Todesstrafe glücklich entgehen. Aus Dankbarkeit ließ er seinen fast schon verlorenen Kopf in Stein hauen und darüber die Hand des Henkers anbringen.

Eine andere Geschichte, die Hosang in seinen Aufzeichnungen mitteilt, bringt die Skulptur mit der Belagerung Regensburgs durch die Schweden 1633 in Verbindung. Danach soll der Besitzer dieses Hauses in verräterischen Beziehungen zu den Belagerern gestanden sein. Der Kommandant von Regensburg erfuhr davon. Er ließ ihn ergreifen und zum Tode verurteilen. Auf sein inständiges Flehen widerfuhr ihm Gnade, doch mußte er zur Sühne ein steinernes Haupt an seinem Hause anbringen, nach dessen Schopf die Hand des Henkers greift.

Beide Geschichten lassen sich historisch nicht begründen. Das Haus war weder eine Freiung, noch ist aus der Geschichte der Belagerung Regensburg während des Dreißigjährigen Krieges ein ähnlicher Vorfall überliefert. Herkunft und Bedeutung der Plastik sind unbekannt. Warum gerade dieses Haus ein Bild des großen Asketen, Predigers und Täufers Christi trägt, läßt sich freilich kaum noch ergründen.

Die Semmeln im Kuhgäßchen

Will jemand von der Lederergasse nach St. Leonhard hinüber, muß er durch das Kuhgäßchen, das so eng ist, daß zwei Personen Not haben, aneinander vorbeizukommen. Dort ist in eine Hauswand der östlichen Straßenseite (St.-Leonhards-Gasse 6 (A 134a)) knapp über dem Boden ein Stein eingelassen, in den zwei zusammenhängende Halbkugeln eingemeißelt sind, die das Volk als Semmeln oder als sogenannte Koppel, eine heute noch gebräuchliche Brotform, deutet. Dieses Relief rahmen senkrecht und quer verlaufende Wulste und Rillen. Die Sage berichtet, daß in diesem Gäßchen ein Bäckerjunge einer ihm entgegenkommenden Kuh nicht ausweichen konnte und von ihr an der Hauswand erdrückt wurde. Zum Andenken an dieses tragische Ereignis sollen die beiden Semmeln in den Sockelstein des Hauses gemeißelt worden sein. Seit dieser Zeit nennt man den schmalen Weg das Kuhgäßchen. Andere behaupten, nicht eine Kuh, sondern eine Hexe habe den armen Bäckerbuben des Nachts erdrückt. Daher rührt der Name Hexengäßchen, der in früherer Zeit für das Kuhgäßchen gebräuchlich war. Das Fragment mutet romanisch an. Sicher stammt es aus St. Leonhard. Seine Bedeutung und der Zusammenhang, in dem es einst stand, lassen sich heute kaum mehr ergründen.

139. Glockengasse 14 (B 27). Steinbüste des Johannes Baptista

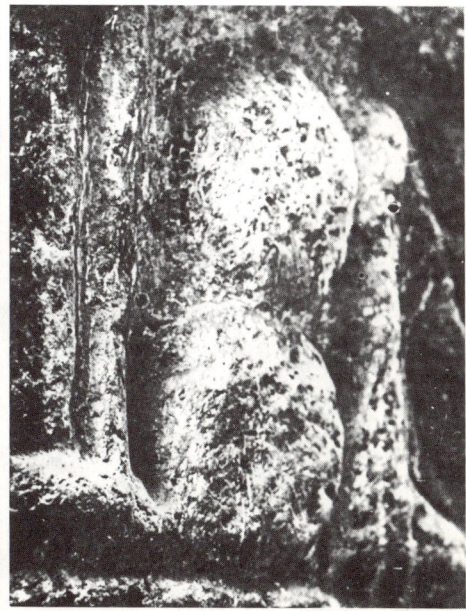

140. Kuhgäßchen. Sogenannte steinerne Semmeln

Kettensperren

Der aufmerksame Beobachter entdeckt an einigen der alten Häuser Regensburgs in deren Wand eingelassene Eisenringe oder eingemauerte eiserne Kloben mit einer Öse. Es handelt sich dabei um die Überreste mittelalterlicher Straßensperren. Das bewegte Leben in Regensburg machte aus Gründen der Sicherheit des öfteren die Sperrung gewisser Straßen notwendig, vornehmlich dann, wenn fremdes Volk in Mengen zusammenströmte, wie es der Fall war bei Turnieren und Kaisereinzügen. Namentlich Turniere gaben immer wieder Anlaß zu Streitigkeiten zwischen den teilnehmenden Rittern, die sich nicht selten zu größeren, für die Stadt höchst unangenehmen Raufereien zwischen ihren Gefolgsleuten ausweiteten. Aber auch innerstädtische Unruhen, Massenzusammenrottungen und besonders die Durchzüge fremder Truppen bedingten Sicherheitsvorkehrungen und die Absperrung bestimmter Straßen und Gäßchen. Nicht selten gebärdete sich die durchmarschierende Soldateska wie in Feindesland und versuchte in unbeobachteten Augenblicken zu plündern. Um die unwillkommenen Gäste rasch durch die Stadt zu schleusen, gab man die Durchgangsstraßen frei. Die einmündenden Seitengassen aber sperrte man ab und verhinderte dadurch ein Auseinanderschwärmen der Kriegshaufen. Deshalb finden sich Reste dieser Sperrvorrichtungen meist an der Einmündung kleinerer Gassen in verkehrswichtige Durchgangsstraßen. Neben den Seitengassen waren auch jene Gäßchen zur Absperrung vorgesehen, die den Zugang zu größeren Plätzen vermitteln, etwa dem Alten Kornmarkt oder dem Haidplatz.

Die Absperrung geschah in der Weise, daß schwere schmiedeeiserne Ketten quer über die Straßen von Haus zu Haus gezogen wurden. Kloben und Ringe, die zum Teil noch in den Mauern stecken, dienten zu ihrer Aufhängung. Sie lassen sich in einigen Fällen noch an gegenüberliegenden Hausfronten nachweisen. Riesige Schlösser sicherten die Ketten gegen widerrechtliches Entfernen. Stadtknechte wachten an den Sperren, daß nicht Unbefugte darüberstiegen oder darunter hindurchschlüpften.

Pohlig fand 1918 noch an zahlreichen Häusern Reste dieser Straßensperren, deren Bestand sich aber seitdem erheblich verringerte. Seit 1963 sind am Alten Rathaus und am Anwesen Roter Herzfleck 2 (D 136) die gesamten Sperrketten mit den dazugehörigen Vorhängeschlössern als Schaustücke wieder angebracht. Eine Untersuchung des Bestandes an Kettengliedern, Ringen und Kloben im Jahr 1970 lieferte folgendes Ergebnis:

141. Weiße-Hahnen-Gasse 6 (F 88). Sperrvorrichtung. Kloben mit Öse

142. Sperrketten und Vorhängeschloß am Alten Rathaus

An der Einmündung der Weißen-Hahnen-Gasse in die Straße Unter den Schwibbögen: Weiße-Hahnen-Gasse 6 (F 88), Ostmauer: Kloben mit Öse. Gegenüber, Unter den Schwibbögen 1 (F 93), Westmauer: schweres, bewegliches Kettenglied in eingemauertem Zapfen.

An der Einmündung des Posthorngäßchens in die Goldene-Bären-Straße: Posthorngäßchen 2 (F 59), Ostmauer: Bruchstück eines Klobens, mit Blei in der Wand verankert.

An der Einmündung der Blauen-Lilien-Gasse in die Goldene-Bären-Straße: Goldene-Bären-Straße 6 (F 61), Westmauer: Halbring.

An der Einmündung der Baumhackergasse in die Keplerstraße: Baumhackergasse 2 (D 107), Ostmauer: schmiedeeiserner Kloben mit Öse.

An der Einmündung des Gäßchens Im Drießl in die Keplerstraße (Durchgang beim Keplerhaus): Keplerstraße 5 (D 104), Ostwand: Halbring.

An der Einmündung der Metgebergasse in die Keplerstraße: Weinmarkt 1 (D 37), Ostmauer: Halbring.

An der Einmündung der Engelburgergasse in den Platz Am Weinmarkt: Engelburgergasse 4 (D 26), Ostwand: Kloben mit Öse.

An der Kreuzung Tändlergasse/Kramgasse: Tändlergasse 1 (F 11), Südwand: bewegliches Kettenglied. Tändlergasse 4 (F 9), Ostwand: Kloben mit Öse.

Am Rathaus, beim Durchgang vom Rathausplatz zum Roten Herzfleck: links Ring, rechts die gesamte Sperrkette mit Vorhängeschloß. Roter Herzfleck 2 (D 136), Südwand: Sperrkette mit Vorhängeschloß. Gegenüber am Rathaus: Ring.

An der Einmündung des Waaggäßchens in die Straße Vor der Grieb. Hierdurch führt der Zugang zum Haidplatz und zum Rathausplatz. Waaggäßchen 2 (B 63), Ostmauer: Halbring. Gegenüber, Vor der Grieb 2 (B 78): großer Kloben mit Öse.

In der Weißen-Lilien-Straße, Haus Nr. 2 (E 78), Nordostecke: in einem Ring bewegliches Kettenglied.

Markierungen dieser Fundstellen auf dem Stadtplan machen deutlich, daß eine der Hauptdurchgangsstraßen die Linie Ostengasse — Unter den Schwibbögen — Goliathstraße — Rathausplatz-Haidplatz (und weiter durch die Ludwigsstraße zum einstigen Ruozanburgtor) darstellte. Noch deutlicher tritt eine weitere wichtige Verkehrsader hervor, die von der Steinernen Brücke ausgeht und den Weg Goldene-Bären-Straße — Keplerstraße (und weiter zum Prebrunntor) nimmt.

Nicht nur durch Ketten, auch mittels Schrankbäumen konnten die Straßen gesperrt werden. Vielleicht sind die Eisenplatten im Durchgang beim Glockenturm der Alten Kapelle (von der Kapellengasse zum Alten Kornmarkt) der Rest einer Sperrvorrichtung durch Balken. Die Möglichkeit liegt nahe; handelt es sich hier doch um einen Zugang zum Alten Kornmarkt, einem einstmals bevorzugten Platz zur Abhaltung von Turnieren.

Immer wieder berichten die Chroniken vom Sperren der Straßen. Die älteste Nachricht darüber stammt aus dem Jahr 1158. Während des Durchzugs böhmischer Truppen nach Italien zum Kriegszug Barbarossas ließ der Rat die Seitengassen sperren, um Ausschreitungen der durchziehenden Truppen zu verhindern. Die Hauptstraßen blieben für den Durchmarsch frei. — Im Krieg König Ottokars von Böhmen gegen die bairischen Herzöge 1266 unterhandelte Ottokar mit der Stadt wegen des Durchzugs seiner Truppen. Der Rat gewährte eine freie Straße durch die Stadt; die anderen ließ er mit Ketten und Schrankbäumen sperren. — Wegen Neubesetzung der Ratsherrnstellen und des Bürgermeisteramtes 1355 wurden „die Ketten in den Gassen mit Gesperren und Schrankbäumen versehen" (Gemeiner). — Anläßlich eines großen Turniers auf dem Haidplatz 1393 erfolgte die Schließung der Tore und die Sperrung der Seitengassen mittels Ketten. — Die innerstädtischen Unruhen des Jahres 1492, ausgelöst durch die Untersuchungsprozesse wegen des Abfalls der Stadt vom Kaiser, bedingten eine Sperrung der Straßen. — Bei der Karfreitagsprozession 1618 beabsichtigte der Bischof auch solche Straßen zu durchziehen, die der Rat nicht als Prozessionswege freigegeben hatte. Als die Prozession am Rathaus vorbeiziehen wollte, ließ der Rat die Sperrketten aufziehen, „allein man schlüpfte unten durch und reichte sich zum Theil die Fahnen unter die Ketten weg, und versuchte dieses Spiel im nächsten Jahre wieder, da dann die Ketten verdoppelt wurden" (Gumpelzhaimer). — 1626, als bairisches Kriegsvolk mit Gewalt in die Stadt gelegt werden sollte, kam es zu Unruhen und zu einem Volksauflauf. Der Rat ließ die Straßen mit Ketten sperren. Diese Beispiele ließen sich noch beliebig vermehren.

Als 1689 das Emmeramer Pfarrhaus neu gebaut wurde, gestattete der Rat, mit dem Bau ein Stück auf das stadteigene Pflaster herauszurücken, machte dem Prälaten von St. Emmeram aber zur Bedingung, die erforderlichen Schließhaken für die „Gassenketten" einzumauern. 1702 verordnete der Rat eine „Visitation der Gassen-Ketten und Schlossen" (Gumpelzhaimer), und noch 1741 wurden „einige Säulen zu den Gassenketten neu gemacht". Die Befestigung der Ketten erfolgte also nicht immer unmittelbar an den Häusern, sondern auch an Säulen, die neben den Häusern standen. Besonders deutlich geht das aus einer Notiz der Bauamtschronik von 1618 hervor: „Mit großem Widerwillen der Klerisei (Geistlichkeit) wurden an den geistlichen Häusern eichene Säulen mit Ketten zum Sperren gesetzt."

Erst 1779 verordnete der Rat die endgültige Entfernung der Sperrketten und ihre Einlieferung beim städtischen Bauamt. Es waren insgesamt 115 Ketten mit einem Gewicht von 71 Zentnern und 3 Pfund. Lediglich die Kettensperre am Rathaus blieb noch bis 1818 bestehen.

Ketten der mittelalterlichen Straßensperren fanden Wiederverwendung bei der ehemaligen Hauptwache auf dem Neupfarrplatz, wo sie bis 1971 zwischen vorgestellten Steinsäulen hingen (s. Hauptwache).

Die Durchfahrt von Schiffen auf der Donau konnte durch quer über den Strom gezogene Ketten verhindert werden. In den unruhevollen Zeiten des Dreißigjährigen Krieges bedeutete diese Schiffssperre eine wesentliche Sicherung und einen Machtfaktor der Stadt. 1645 errichtete die Stadt eine Kettensperre über die Donau, die vom Prebrunn zum Oberen Wöhrd reichte. Das ungeheure Gewicht dieser Kette erforderte zu ihrem Spannen und Abnehmen die Anlage eines Radzugwerkes. Aufbewahrt wurde sie in einer sogenannten Kettengrube unmittelbar an der Donau beim Prebrunn. Das Ende des Krieges brachte 1649 die Beseitigung dieser Schiffssperre: „Die Ketten über die Donau in das Gewölbe auf der Fechtschule gebracht" (Gumpelzhaimer). Während des Spanischen Erbfolgekrieges 1704 allerdings mußte die Donau wiederum mit Ketten gesperrt werden.

Die eisernen Stadtmaße am Rathaus

Zu Zeiten, als Deutschland in zahllose Kleinstaaten zerrissen war, als allenthalben Schlagbäume dem Kaufmann die Straßen versperrten und von einem Fürstentum ins andere oft nur eine Wegstunde lag, gab es noch kein einheitliches Maßsystem. Eine verwirrende Vielfalt von Längen-, Flächen- und Raummaßen erschwerten Handel und Gewerbe. Jedes Ländchen, nahezu jede Stadt hatte ihre eigenen Maße, so auch die Reichsstadt Regensburg.

Wenn man die Stufen zum Portal des Alten Rathauses hinaufsteigt, bemerkt man links an der Abschrägung des Portalbaues drei in der Mauer verankerte Eisenstäbe von verschiedener Länge. Wie die darüber eingetiefte Inschrift belehrt, bestimmen sie die Längen von „statschuch, statöln und statklafter", d. h. von Stadtschuh, Stadtelle und Stadtklafter. Sie stellen gewissermaßen die „Urmaße" von Regensburg dar. Die Eisenstäbe sind an den Enden gewinkelt, geben also die Maße in lichten Weiten wieder. Eingefeilte Querrinnen lassen Unterteilungen erkennen. Die Maßstäbe stammen aus der Mitte des 15. Jahrhunderts und waren für Regensburgs Handwerker und Gewerbetreibende verbindlich. Aber auch der fremde Kaufmann und Händler hatte sich nach ihnen zu richten, wenn er in Regensburg Waren feilbieten wollte. Darum ließ der Rat die Maße hier am einstigen Marktplatz, dem heutigen Rathausplatz anbringen, an einer für jedermann zugänglichen Stelle. Streit und Irrtum waren damit ausgeschlossen.

Eine Nachmessung ergibt für den Stadtschuh eine Länge von 31,2 cm. Im Vergleich zum bairischen Schuh mit 29,2 cm, den man aber „Fuß" nannte, war der reichsstädtisch-regensburgische um 2 cm länger. Die Stadtelle am Rathaus weist eine Länge von 81 cm auf. Dagegen war die bairische Elle mit 83,3 cm ein Stückchen länger. Übrigens gab es in Deutschland über 100 verschiedene Längen der Elle. Der dritte Maßstab, der Stadtklafter, hat die respektable Länge von 189 cm. Das Quadrat daraus diente auch als Feldmaß. Heute ist das Klafter noch als Maß für Brennholz geläufig.

Jahrhunderte sind vergangen, und die meisten Völker der Erde haben sich auf das metrische System geeinigt. Die eisernen Regensburger Maßstäbe aber erinnern noch an längst vergangenes Stadtrecht und verlorene Eigenstaatlichkeit.

Die Regensburger Originale im „Gravenreuter" Hinter der Grieb

Hinter der Grieb, einem der malerischsten Gäßchen Alt-Regensburgs, liegt die Gaststätte „Zum Gravenreuter" (Hinter der Grieb 10, B 84). Im frühen 19. Jahrhundert hieß sie „Zum Blauen Engel". Der Klassizismus hat die jahrhundertealten Mauern des Hauses mit einem feinen Fassadendekor überzogen. Büstenreliefs in Blattgehängen und Blumengirlanden verleihen der Hausfront ein geradezu festliches Gepräge.

Die wenigsten Regensburger aber wissen, daß diese Gaststätte ein Museum für längst verstorbene Regensburger Originale ist. Komische Menschen, über die man sich wundert oder die man belacht, hat es zu allen Zeiten gegeben. Besonders aber war das beschauliche 19. Jahrhundert reich an solch eigenwilligen Gestalten. Im „Gravenreuter" Hinter der Grieb kann man die getreuen Konterfeis der Originale als geschnitzte Konsolfiguren unter den Tragbalken der Decke finden.

„Mozartl" nannte man in den 80er Jahren einen Musikanten, der mit seiner Harfe von Wirtshaus zu Wirtshaus zog. Er war ein kleiner Mann mit kräftiger Nase. Wie die Regensburger ausgerechnet auf den Namen Mozartl kamen, ist nicht einzusehen, denn mit seinem großen Namensvetter hatte er außer dem langen Haar, das er nach Künstlerart bis tief in den Nacken trug, nichts gemein. Beide aber waren Musiker, wenn auch unser Mozartl nicht mit jenen großen Talenten begabt war, die seinen berühmten Kollegen auszeichneten. Sein ganzes Können bestand nämlich nur in einer einzigen Melodie, die er auf seinem Instrument, einem mit Saiten bespannten Holzrahmen, herunterklimperte. Und selbst da griff er zum Gaudium der Zuhörer noch oft genug daneben. Dann schüttelte der wunderliche Alte voll Unmut seinen Holzrahmen, als ob der die Schuld an diesem Mißgeschick trüge.

„Krebshaut" hieß man den Emmeramer Mesner von einst. Seine Haut war nämlich krebsrot, die Nase zwetschgenblau, zwei Farben, die man bei Menschen antrifft, denen Alkohol in beachtlichen Mengen zum Lebensbedürfnis geworden ist. So verhielt es sich auch bei der „Krebshaut". Selbst noch nach einer zweistelligen Zahl von Maßen und Schoppen zeigte er nicht die geringsten Anzeichen eines Rausches.

In der Galerie der Regensburger Originale befindet sich auch der „Schmalzler-Franzl", eine bekannte Wirtshauserscheinung seiner Zeit. Zu diesem Namen verhalf ihm der Schnupftabak, den er in ungeheuren Mengen konsumierte. Seine Nasenlöcher hatten sich auf diese Quanten eingestellt und entsprechend erweitert. Von Beruf war der Franzl Hausierer, wobei er mit seinem Bauchladen nicht schlecht verdiente. Dafür konnte er sich auch manchen Tropfen genehmigen. Der bösen Wirkung des Alkohols vermochte er weniger zu widerstehen als sein Kollege „Krebshaut". So schwankte er denn wieder einmal mit seinem Bauchladen und schwerer Schlagseite durch die Regensburger Gassen und fiel der Länge nach auf das Pflaster. Da kollerten die Kragenknöpferl, Schuhbandln und Pfefferpackerl, und der Geschädigte brauchte für den Spott nicht zu sorgen. Bei seinen Stammtischfreunden aber rächte er sich, indem er ihnen „Schmai" zum Schnupfen anbot, den er mit Ruß vermischt hatte.

Schließlich müssen wir noch des „Wusti Wusti" gedenken, eines Regensburger Wurstverkäufers von anno dazumal. „Wusti Wusti" heißt eigentlich „Würstchen! Würstchen!" aber unser Original hatte es nie gelernt, ein R zu sprechen. Den Damen war der „Wusti Wusti" besonders zugetan, er grüßte jede mit tiefer Verneigung, ob er sie kannte oder nicht. Außer seinem Sprachfehler hatte er noch ein kleines Übel an sich, das eigentlich nicht recht zu seinem Beruf paßte. Die Reinlichkeit war nicht gerade die stärkste Seite des „Wusti Wusti", so daß schließlich auch seine Kleidung viel von ihrer ursprünglichen Sauberkeit einbüßte. Trotzdem erfreute er sich in dieser von Hygiene weniger geplagten Zeit eines glänzenden Geschäftes.

Auch im Regensburg des 18. Jahrhunderts gab es Originale. Wie sehr man sich über sie freute beweist die Tatsache, daß man ihr Aussehen und ihre Gewohnheiten im Bilde festhielt. Das Kupferstichkabinett der Hofbibliothek verwahrt eine Reihe von Bildnissen Regensburger Originale des 18. und frühen 19. Jahrhunderts. Da findet sich ein Kupferstich des „Pfeiferlweibes" und ihres trinkfesten Begleiters mit dessen Devise: „All mei Silba und all mei Gold / Is mia durch di Gurgl grollt". Ein weiterer Stich zeigt einen Musikanten, dessen Name leider nicht überliefert ist, der aber drei Instrumente zugleich spielen kann: Mit dem Mund bläst er die Harmonika, mit der Hand zupft er die Gitarre und mit einem an den rechten Oberschenkel gebundenen Stab schlägt er die Triangel. Seine Gefährtin, eine resolute Regensburgerin, sitzt beim Bier und raucht die Pfeife. Hübsche Aquarelle übermitteln die Bildnisse von weiteren Regensburger Originalen und von Menschen „am Rande der Originalität".

Unsere nüchterne, schnellebige Zeit kann sich die Originale nicht mehr leisten. Als letztes Regensburger Original könnte man vielleicht die Zeitungsverkäuferin Frau Maria Scheid aus der Ledergasse nennen, die bis vor wenigen Jahren mit trockenem Humor und nicht geringer Lautstärke die Schlagzeilen der neuesten Regensburger Sensationen und Skandale ausrief.

Der Mauerstein vom einstigen Pulverturm

Zu den unbekannten Kleindenkmälern Regensburgs zählt ein roh behauener Kalkstein, der im Hof des fürstlichen Schlosses, unmittelbar neben der Einfahrt, in die Wand eingelassen ist. Darüber befindet sich eine Gedenktafel, deren lateinische Inschrift die Geschichte dieses Steines schildert. Er soll die Erinnerung an ein Unglück wachhalten, das Regensburg am 8. Mai des Jahres 1624 erlebte.

Gegen 2 Uhr nachmittags erhob sich ein heftiger Wind. Große Tropfen klatschten hernieder; ein starkes Gewitter kündigte sich an. Innerhalb weniger Minuten steigerte sich der Regen zum Wolkenbruch, der jedoch nicht über der ganzen Stadt niederging, sondern hauptsächlich über dem Gebiet von St. Emmeram und außerhalb der Stadt in Kumpfmühl, Prüll und Graß. Binnen einer Viertelstunde fielen solche Wassermassen, daß man in den genannten Vororten mit Kähnen fahren konnte. Da erschütterte plötzlich ein fürcherlicher Donnerschlag die Stadt, „nicht anders, alß wan die gröste Charthaun mit Pulver geladen abgeschoßen wern worden" (Raselius). Ein Blitz hatte in den sogenannten Pulverturm geschlagen, der bei der Emmeramer Bastei (im heutigen Schloßpark, nächst der Albertstraße) stand und als Artilleriemagazin diente. Die Explosion der dort gelagerten 200 Zentner Schießpulver hob den Turm aus dem Grund. Sogar seine eiserne Türe barst in Stücke. Ein Steinhagel ging über die Umgebung nieder. Bis zu 50 Pfund schwere Quader flogen in die Stadt. Die Heftigkeit der Detonation läßt sich ermessen wenn man erfährt, daß Mauersteine des Pulverturmes bis zum einstigen Petersfriedhof (beim heutigen Hauptbahnhof) geschleudert wurden, wo sie Marmorepitaphien zertrümmerten. Ein alter Soldat namens Sebastian Schelling, der sich gerade unter dem Emmeramer Tor aufhielt, wurde getötet und seine Frau, die vor der Mauer Schweine hütete, von den Steinen erschlagen. Tragisch verlief eine junge Mutter, die mit ihrem neugeborenen Kind in einem Hause nächst der Obermünsterkirche schlief. Ein Stein traf sie direkt am Herzen, „daß sie des andern Tags sterben müßen, Das Kind aber lebendig geblieben" (Raselius). Zahllose Fensterscheiben und Dachziegel lagen zerschlagen am Boden.

Durch die Wirkung der Explosion fielen große Teile der Wehrmauer bei der Emmeramer Bastei in den Graben. In den gefahrvollen Zeiten des Dreißigjährigen Krieges aber mußte der Rat mehr denn je auf die Sicherheit der Bürger bedacht sein. Er beschloß daher die unverzügliche Wiederherstellung der Befestigungsanlage. Auf die ohnehin verarmte Stadt senkte sich eine neue Last: Jeder Hausbesitzer mußte drei Gulden geben und jeder Inwohner einen Gulden. Nur die armen Kirchen- und Schuldiener waren von dieser Steuer befreit.

Der unscheinbare Mauerstein im Schloßhof — wenn auch nicht mehr an ursprünglicher Stelle — stammt von dem zerstörten Pulverturm. Im vergangenen Jahrhundert waren noch mehrere der fortgeschleuderten Steine des Turmes zur Erinnerung an den Häusern der Stadt eingemauert. Am Haus der „Goldenen Taube" (Pfauengasse 6, E 62, jetzt Kaufhaus Merkur) waren zwei solcher Steine mit Eisen beschlagen und an Ketten aufgehängt.

Die Hofbibliothek besitzt eine zeitgenössische Darstellung des Blitzschlages in den Pulverturm. Wie sehr der Chronist noch zwischen realer Wirklichkeit und mystischen Anschauungen steht bezeugt die Tatsache, daß er den eingeschlagenen Blitz als Skorpion wiedergibt, als Tier, das Unglück und Verderben bringt.

Die Putte mit den sechs Fingern

Bis zum Jahre 1889 stand auf dem Emmeramsplatz der sogenannte Kurfürsten- oder Arnulfsbrunnen. Wer heute diesen schönen Brunnen sehen will, muß sich in den Hof des fürstlichen Schlosses begeben, dessen Zierde er seit dieser Zeit bildet. Die gediegene Renaissanceschöpfung ist mit großer Wahrscheinlichkeit ein Werk des Regensburger Bildhauers Michael Dietlmaier. Die Aufstellung des Brunnens erfolgte 1578. Den Namen „Kurfürstenbrunnen" verdankt er der plastischen Zier seines achtseitigen Beckens, dessen Felder das Wappen des Reiches und die der sieben Kurfürsten zeigen. Aus dem Becken erhebt sich eine Kandelabersäule, an deren Fuß Männerköpfe das Wasser in das Becken speien. Die Bekrönung der Säule bildet die Figur Kaiser Arnulfs.

Mit dem Verschwinden des Brunnens aus dem öffentlichen Bereich der Stadt ging den Regensburgern auch die Erinnerung an ein einstiges Wahrzeichen verloren. An den stark verwitterten Reliefs der Beckenwand sieht man noch heutzutage eine wappenhaltende Putte mit sechs Fingern an der rechten Hand, ein Kuriosum, das einstmals als Sehenswürdigkeit gezeigt wurde. Der Regensburger Bildhauer Hundertpfund, der 1831 mit der Renovierung des Kurfürstenbrunnens beauftragt war, wollte diesen Fehler des Renaissancekünstlers berichtigen und den sechsten

Finger des Putto entfernen. Diesen Eingriff wehrte man ihm jedoch mit dem Hinweis ab, daß der überzählige Finger nicht aus Versehen, sondern mit Absicht angebracht wurde, da man vor Zeiten ein Kind mit sechs Fingern ertrunken im Brunnenbecken fand. Diese Anekdote, die offensichtlich aus neuerer Zeit stammt, berichtet der Erzähler K. S. Hosang, der auch noch eine weitere Episode um den Kurfürstenbrunnen zu berichten weiß. Eine der Ecklisenen des Beckens schmücken musizierende Kinder. Eines davon bläst einen Dudelsack, der so über dem Leib des nackten Knäbleins liegt, daß ihn Hundertpfund bei seinen Ausbesserungsarbeiten für den Bauch des Kindes hielt und ihm mit dem Meißel einen Nabel eingrub. Nach Beendigung der Renovierungsarbeiten meißelte Hundertpfund seinen Namen in die Beckenwand. Einige Tage später kratzte eine unbekannte Hand vier Worte vor den Namen in den Sandstein, so daß sich der Satz ergab: „Dieser Nabel ist von Hundertpfund". Auch dieser „hundertpfündige Nabel" wurde den Fremden als Wahrzeichen gezeigt.

Kurfürstenbrunnen, 1578.
Putte mit 6 Fingern

Stadtbefestigung

Die Römermauer — Schutzwall des Kastells und der frühmittelalterlichen Stadt

„Uneinnehmbar, aus Quadern erbaut, mit hochragenden Türmen". Mit diesen Worten beschreibt Bischof Arbeo von Freising in seiner nach der Mitte des 8. Jahrhunderts entstandenen Lebensbeschreibung des hl. Emmeram Regensburg und seine Stadtmauer. Dieser Ausspruch bezieht sich auf Regensburgs erste Stadtbefestigung, die Römermauer. Arbeo kannte das mächtige aus klobigen, roh behauenen Quadern gefügte Bollwerk noch in ragender Höhe, mit Türmen und Toren. Die Mauern von Castra Regina, zum Schutz der römischen Legionen errichtet und 179 vollendet, schirmten auch die frühmittelalterliche Stadt.

Die Kastellmauer umschreibt ein Rechteck mit abgerundeten Ecken. Die Länge (von Süden nach Norden) beträgt etwa 550 m, die Breitenausdehnung (von Osten nach Westen) etwa 450 m. Wenige Meter vor der Kastellmauer verläuft ein Spitzgraben (mit V-förmigem Querschnitt), ca. 6 m breit und 3 m tief. An der Nordseite mag die Donau einen Graben erübrigt haben. Auf einem Fundament aus Bruchsteinen und zwei Lagen von Sandsteinblöcken erhebt sich der zwischen 70 und 90 cm hohe Mauersockel. An mehreren Stellen ist er heute noch obertägig erhalten (Porta Praetoria, Parkhaus, Ernst-Reuter-Platz), an seiner größeren Mauerstärke und der Abschrägung erkennbar. Auf ihm ruht die durchschnittlich 1,80 m breite Kastellmauer. Ihre Quader, Sand- oder Kalksteinblöcke, sind nicht durch Mörtel gebunden, sondern sorgfältig bearbeitet und aneinandergefugt. Die Mauerkrone trägt Zinnen. Gesamthöhe nahezu 9 m. An den vier Ecken erheben sich Türme (vgl. Am Königshof). In Abständen stehen in der Mauer, nach außen hin mit ihr bündig, 18 Zwischentürme. Jeden Mauerzug durchbricht ein Tor, ähnlich der Porta Praetoria, mit zwei Durchfahrten und zwei Türmen, so daß sich eine Gesamtzahl von 30 Türmen ergibt. An der Innenseite der Mauer ein Erdwall angeböscht, an der Sohle ca. 10 m breit, der agger (vgl. Erhardigasse). Auf seiner Höhe verläuft der Wehrgang. Über die Böschung dieser Erdrampe können die Verteidiger in breiter Front und dadurch in kurzer Zeit den Wehrgang erreichen. Noch in römischer Zeit wurde — um Platz im Innern des Kastells zu gewinnen — dieser Erdwall teilweise abgetragen.

Die Außenmauer des Kastells bestimmte weitgehend die Straßenführung der mittelalterlichen Stadt. Seine Lage läßt sich nahezu auf den ersten Blick aus dem heutigen Stadtplan ablesen. Folgende Straßen begrenzen es: Südostrundung am Ernst-Reuter-Platz (aufgedeckt 1955/61) — Nordseite des Fuchsengangs — am Südende der Fröhlichen-Türken-Straße das Südtor, die Porta Decumana (s. Fröhliche-Türken-Straße/Peterstor) — nördlich des St.-Peters-Wegs im Garten von Obermünster, heute Bischöfl. Zentralarchiv, Südwestrundung An der Hülling (s. d.) — unter den Häusern östlich der Oberen Bachgasse — bei der Einmündung der Gesandtenstraße in den Neupfarrplatz das Westtor, die Porta Sinistra — östliche Häuserzeile der Wahlenstraße — Nordwestrundung am Kohlenmarkt — Goliathstraße — Unter den Schwibbögen, hier das Nordtor, die Porta Praetoria — Nordostrundung am St.-Georgen-Platz — Adolph-Kolping-Straße — am Dachauplatz das Osttor, die Porta Principalis Dextra — D.-Martin-Luther-Straße.

Bei einem Gang um dieses Straßengeviert kann die Mauer noch an mehreren Stellen wahrgenommen werden, deren bedeutendste Teile bei den jeweiligen Straßen bereits näher erörtert sind. Nachfolgend seien kurz die über dem Boden befindlichen Reste der Ummauerung des Kastells aufgezeigt: Südostrundung am Ernst-Reuter-Platz (s. Am Königshof) — einzelne Quader an der Südseite (am St.-Peters-Weg) des Hauses Fröhliche-Türken-Straße 14 (F 191), diese aber nicht an ursprünglicher Stelle, sondern aus dem Garten von Obermünster stammend — Porta Praetoria (s. d.) Unter den Schwibbögen — Nordostrundung am St.-Georgen-Platz (s. d.) — anschließend eine längere Strecke an der Adolph-Kolping-Straße — ein Mauerzug von ca. 60 m Länge im Parkhaus am Dachauplatz — im Keller der Klarenangerschule, D.-Martin-Luther-Straße 8 (G 16). Hier findet sich das Fundament der Römermauer bis zur Sockelabschrägung, auf dem einzelne, nicht im ursprünglichen Verband stehende Quader liegen. Sie wurden wohl beim Bau der Schule 1869 als Anschauungsmaterial dort hinterlassen — am Nordende des mittelalterlichen Stadtmauerstückes Am Königshof ein römischer Quader in ursprünglicher Lage.

Die Stadtmauer Herzog Arnulfs

Der Raum innerhalb des Gevierts der römischen Kastellmauern genügte der stets wachsenden Bevölkerung der Handels- und Residenzstadt Regensburg schon in karolingischer Zeit nicht mehr. Außerhalb des Kastells, namentlich westlich und nördlich davon, das ist westlich der Bachgassen und längs des Uferstreifens nördlich der Linie Unter den Schwibbögen — Goliathstraße — siedelte sich Stadtvolk an, entstanden die Behausungen wohlhabender Handelsgeschlechter. Auch das Kloster St. Emmeram lag außerhalb der schützenden Mauer. 916 wurde Regensburg durch Kaiser Konrad I. († 918) erobert und zerstört. Danach setzte unter dem tatkräftigen Baiernherzog Arnulf, der Regensburg zu seiner Residenz erkoren hatte, der Wiederaufbau der Stadt ein und vor allem auch die Errichtung einer erweiterten Stadtbefestigung. Die Römermauer dürfte damals, von einzelnen Beschädigungen abgesehen, noch ungebrochen gestanden sein. Die Führung der neuen, unter Arnulf um 920 vollendete Mauer nahm ihren Ausgang von der Donau bei St. Oswald, folgte beim Weißgerbergraben, erstreckte sich über Arnulfs- und Bismarckplatz, folgte dem Beraiterweg und traf, das Kloster St. Emmeram in einem nach Süden ausholenden Bogen umschließend, bei Obermünster auf den Südlauf der Römermauer. Der arnulfinischen Stadtmauer waren zwei ca. 8 m breite Gräben vorgelagert. Den somit in den Mauerring einbezogenen Stadtteil nannte man die „Neustadt". Der Mönch Arnold von St. Emmeram läßt sich 1036/37 zu diesem Mauerbau vernehmen: „Das Kloster des heiligen Märtyrers Emmeram, das sich zuerst außerhalb der Stadt befunden hatte, stand nun innerhalb der Stadtmauern von Regensburg, die Herzog Arnulf . . . erbaut hatte." Die arnulfinische Stadtmauer setzte nun die Westmauer des Römerkastells samt der Porta Sinistra außer Funktion. Teile der römischen Westmauer müssen aber nach Quellen aus Obermünster noch im 11. Jahrhundert gestanden sein.

Der schon längst besiedelte Uferstreifen nördlich der römischen Kastellmauer dürfte vielleicht schon vor 920 eingegliedert worden sein durch abriegelnde Mauerbauten, die von den beiden Nordecken des Kastells zum Stromufer führten.

Die Stadtmauer, wie sie nun um 920 vollendet war, hatte vier Tore: das Ruozanburgtor am Westende der heutigen Ludwigstraße (später „neue Uhr" genannt, s. d.), das Emmeramer Tor in der Mauerecke zwischen Obermünster und St. Emmeram am Südende der Oberen Bachgasse, das sogenannte Schwarze Burgtor (s. d.). anstelle der römischen Porta Principalis Dextra am Dachauplatz und das Hallertor zwischen St.-Georgen- und Hunnenplatz, das nach mehrfachen Umbauten erst 1868 abgetragen wurde.

Die Stadtbefestigung des hohen Mittelalters

Ein Bogen von vier Jahrhunderten wechselvoller Geschichte spannt sich vom Mauerbau Herzog Arnulfs bis zu dem umfassenden Befestigungswerk der hochmittelalterlichen Stadt um 1300. Westlich und östlich des Berings, den die Stadt seit 920 eingenommen hatte, entstanden neue Ansiedlungen, die Westen- und Ostenvorstadt, deren Bewohner, meist Handwerker und kleine Gewerbetreibende, auf Einbeziehung in einen Mauerring drängten. Deshalb entschlossen sich Rat und Bürgerschaft, die beiden „Vorstädte" in den Mauerring mit einzuschließen. Die Ummauerung der Westenvorstadt schloß beim Ägidienplatz an die arnulfinische Mauer an, verlief in nordwestlicher Richtung entlang dem heutigen Wiesmeier- und Stahlzwingerweg, das Kloster der Schotten St. Jakob und das der Dominikanerinnen zum Heiligen Kreuz einschließend, und stieß bei der Hundsumkehr an die Donau. Die Lage der beiden Klöster mag für den Verlauf des Mauerzuges bestimmend gewesen sein. Die neue Stadtmauer im Westen hatte drei Tore: das Prebrunntor, das Jakobstor und das Emmeramer Tor (nicht zu verwechseln mit dem Emmeramer Tor der arnulfinischen Stadtmauer (s. o.).

Etwa gleichzeitig mit der Einbeziehung der Westenvorstadt oder kurze Zeit nachher erfolgte die Befestigung der Vorstadt im Osten. Von-der-Tann-Straße, Lehnerweg und der ehemalige Hütergang am Stärzenbach kennzeichnen den Mauerverlauf, der bei der späteren Königlichen Villa die Donau erreichte. Damit waren auch die Klöster der Minoriten und Klarissen in die Befestigung einbezogen. Als Gegenstück zum Prebrunntor am westlichen Stadtende entstand hier das Ostentor. Die Lage des Peterstores anstelle der römischen Porta Decumana blieb unverändert. Der verstärkte Ausbau der Mauer entlang dem Flußufer mit dem Turm der Steinernen Brücke erfolgte nach 1320. Mit der Stadtbefestigung, die sich nun von der Donau beim Prebrunntor bis wieder zur Donau beim Ostentor erstreckte, und heute noch durch den Grüngürtel der Allee (s. d.) erkennbar ist, erreichte das mittelalterliche Regensburg seine größte Ausdehnung.

1284 begann die Ummauerung der „Vorstädte". Eine Quelle aus diesem Jahr berichtet: „Die Regensburger Bürger begannen die Vormauern ihrer Stadt zu erbauen; für das glänzende und starke Werk trieben sie mit viel Beharrlichkeit Steuern ein . . .". Neben urkundlichem Material berichten über den Mauerbau Steininschriften, denen als Quellen größte Bedeutung zukommt. Jeder Besucher des Herzogsparkes kennt die Schrifttafel mit dem herabdräuenden Löwen, die sich über dem Eingang des Prebrunnturmes (s. d.) befindet. Ihre heute etwas schwer lesbaren Majuskeln ergeben den Text: ANNO · DNI · M · CCLXXXX · III · HOC · OPVS · INCEPTV · EST · IN · VIGILIA · BEATI · GEORII. Die Inschrift besagt, daß am Vigiltag vor St. Georg (22. April) 1293 hier mit dem Bau der Stadtmauer begonnen wurde.

143. Bauinschrift von 1293 am Prebrunnturm

Dem Verlauf der Mauer folgend, stößt man im Anwesen Stahlzwingerweg 17 (A 230) auf eine weitere Steintafel, deren Text, in Reimen abgefaßt, gleichfalls an den Mauerbau erinnert:

WOL · MUEZ · IN · HIE · VND · DORT · GELINGEN ·
DIE · DES · WERCHES · IE · GEDAHTEN · VN · VOLLBRINGEN ·
DAZ · MAN · VON · DER · TUNAWE · VNTZ · AN · DIE · STAT ·
VON · SANT · GEORIN · MESS · VNTZ · HERR · GALLI ·
HAT · ZUBRAHT · DES · PFLAKH · HER · VLRICH · D · WOLLER ·
DER · DIE · ZIT · WAS · DER · STAT · CHAMERAER ·

Aus dem Text geht hervor, daß der Mauerbau unter Leitung des Stadtkämmerers Ulrich Woller von der Donau „untz an die stat", d. h. bis zu dieser Stelle, entstand („untz" vgl. Hundsumkehr. Die Tafel ist undatiert, doch läßt sich ein Kammerer Ulrich der Woller 1301 nachweisen (Gemeiner). Die Ummauerung der Westen- und Ostenvorstadt dürfte spätestens um 1310/20 als abgeschlossen betrachtet werden.

Den Ring schloß die Errichtung der Stadtmauer längs der Donau. Ein Inschriftstein am Haus Herrenplatz 2 (A 12) gibt Kunde davon: + ANNO · DNI · M · CCC · XX · HOC · OP' · EST · IN · CEPDV · IN VIGILIA · ASSESIONIS · DNI · IN DIEB' · ILLIS · FVID · DNS · COPD' · KAMERAERIV' AN · D' HANDE. In modernes Deutsch übertragen heißt das: „Im Jahre 1320 wurde dieses Werk an der Vigil von Christi Himmelfahrt (7. Mai) begonnen. Zu dieser Zeit war Herr Gompertus an der Hayde Kämmerer" Die Tafel trägt ein erhaben gearbeitetes Spitzschild, auf dem die weitgehend verwitterten Stadtschlüssel noch wahrzunehmen sind.

Die Strafe einer Geldbuße zum Bau der Stadtmauer von St. Alban (s. d.) bis zur Steinernen Brücke im Zusammenhang mit dem Verrat des Konrad Frumold (s. d.) 1337/39 setzt ein weiteres Datum zum Mauerbau längs der Donau. Allerdings ist hier nicht an einen Neubau der donauseitigen Stadtmauer zu denken — dieser war damals mit Gewißheit abgeschlossen — als vielmehr um eine Verstärkung.

Kaum ist das große Werk des Mauerbaues vollendet, gehen die Regensburger daran, einen zweiten, äußeren Ring auf der Landseite um die Stadt zu legen: die Zwingermauer. In ihr Vorfeld senkte sich der Stadtgraben. Wiederum sind es steinerne Bauurkunden, die aus dem Bereich der Ostenvorstadt Nachricht davon geben. Eine Steintafel in der Durchfahrt des Ostentores trägt die Inschrift: ANNO · DNI · MCCCXXX · MARTINI · HVB · MAN · AN · DEN · GRABEN · MIT · DER · AVSSERN · MAVR. An Martini des Jahres 1330 begann man demnach mit den Arbeiten am Stadtgraben und an der „außern Mauer", der Zwingermauer. Der Stein befindet sich nicht an ursprünglicher Stelle. Mit Sicherheit war er ehedem an der Zwingermauer dieser Gegend angebracht, von deren Erbauung er berichtet. Inschrift und Anbringungsort eines weiteren Denksteines, dessen Text gleichfalls Bezug nimmt auf den Bau von Graben und Zwingermauer im Bereich der Ostenvorstadt überlieferte Schuegraf: ANNO · DNI · M/CCC · LXXXIII · IAR · VO · pfingstē · vn / tz · auf · michah / elis · hat · man · / gemauert · di · / avzer · mauer / im · grabē · vō / d · stat · zw · sant / paulz · purcht. Die Tafel, heute nicht mehr vorhanden, befand sich „in der Zwingermauer unter dem Baron von Schleichschen Hause" (Schuegraf, VO 21), das etwa mit dem heutigen Anwesen Von-der-Tann-Straße 18 identisch ist. Ihr Text besagt, daß von dieser Stelle bis zum St.-Pauls-Burgtor, dem späteren Peterstor, in der Zeit von Pfingsten bis Michaeli (29. September) 1383 Stadtgraben und Zwingermauer erbaut wurden. Damit ergibt sich ein genaues Datum für das freigelegte Zwingertürmchen am Ernst-Reuter-Platz (s. d.). Ein weiterer Inschriftstein, gefunden 1851 auf dem Grund des Anwesens E 191 b (VO 15/1853, S. 477), das entspricht etwa dem Areal des ehemaligen Von-Müller-Gymnasiums (Jesuitenplatz 2), also ebenfalls in nächster Nähe des Peterstores, bildet gleichfalls einen wertvollen Beleg zum Bau von Zwingermauer und Graben an dieser Stelle. Die Inschrift ist nur bruchstückhaft überliefert: . . . i · tz · hat · man · / gemawrt · di · / Avzer · mawr · / i · grabē · vō · dē · / stam · indē · m · d · / mawr · vntz · zw · / dē · purchtor. Außerdem verzeichnete eine verschollene Kammerrechnung der Stadt aus dem Jahre 1353 die Ausgaben für die Ausmauerung des Stadtgrabens zu Osten mit 32 Pfund Regensburger Pfennigen. Gegen 1400 ist auch, vom Peterstor ausgehend, die Westenvorstadt mit Zwingermauer und Graben versehen.

Zusammenfassend kann gesagt werden, daß sich der Bau der Stadtmauer, 1284 beginnend, etappenweise fortsetzte und nach knapp 40jähriger Bautätigkeit, um 1320, auf der Landseite vollendet war. In diesem Jahr begann der Mauerbau längs der Donau, der um 1330 als abgeschlossen betrachtet werden darf. Unmittelbar nach Fertigstellung des gesamten Mauerrings, um 1330, setzte die Anlage von Zwingermauer und Graben ein, deren Bau sich über einen Zeitraum von ca. 70 Jahren bis 1400 erstreckte, sicher aber von mehrjährigen Pausen unterbrochen war.

Die Stadtbefestigung hatte folgendes System: Innere Stadtmauer, 1,80 Meter bis zwei Meter stark. In ihr sitzen die Mauertürme. Auf der Höhe der Mauer verläuft der gedeckte Wehrgang, der auch durch die Türme führt, so daß man auf ihm um die ganze Stadt gehen kann. Etwa zehn

144. Partie der Stadtbefestigung. Deutlich lassen sich die Stadtmauer (mit Mauerturm), Zwinger, Zwingermauer und Graben (mit Beeten) unterscheiden. Deckfarbenaquarell, um 1830. Museum

Meter vor der inneren Mauer erstreckt sich die niedrigere Zwingermauer mit den Zwingertürmchen und dieser wiederum vorgelagert verläuft der ca. 20 Meter breite und sechs bis acht Meter tiefe Graben. Der Raum zwischen den Mauern heißt „Zwinger". Fünf Tortürme durchbrechen den Befestigungsring an der Landseite: Ostentor, Peterstor, Emmeramertor, Jakobstor, Prebrunntor. An der Stromseite erhebt sich über der Steinernen Brücke das Brücktor. Von den Gassen längs der Mauer steigen Treppen zum Wehrgang empor. Nach einem im Historischen Verein befindlichen Manuskript von ca. 1700 gab es in der inneren Stadtmauer 1166 Schießlöcher; 782 in der Zwingermauer. Die Schießscharten in den Türmen sind dabei nicht mitgerechnet. Die Öffnungen scheinen in Normalzeiten von innen mit hölzernen Läden verschlossen gewesen zu sein; denn eine Notiz bei Gumpelzhaimer zum Jahr 1703 besagt: „... die Schießlöcher auf den Stadtmauern aufgemacht...". 25 Türme sitzen auf der inneren Mauer an der Landseite; die donauseitige Stadtmauer bewehren 13 Türme. 28 Türme sichern die Zwingermauer. Insgesamt 66 Türme, in steiler Abwehrparade, kennzeichnen das Bild der mittelalterlichen Stadtbefestigung.

Verrat an der Stadtmauer

Kaiser Ludwig der Bayer steht 1337 mit gewaltiger Heeresmacht vor Regensburg, dessen feste Mauern trotzen. Der Kaiser aber hat Freunde in der Stadt. Sie wollen ihm die Festung in die Hände spielen. Konrad Frumold, Angehöriger eines reichen Geschlechts, ist das Haupt der Verschwörer. Beim Ägidienplatz beginnen sie heimlich einen Gang unter der Stadtmauer zu graben. Durch ihn sollen die Feinde in die Stadt gelangen, Mann hinter Mann. Gesammelt werden sie die Regensburger überrumpeln. Wochenlang schon dauern die Arbeiten und niemand merkt etwas; denn die Verräter graben im Hof eines direkt an der Mauer gelegenen, dem Kaiser gehörigen Gebäudes, dem burggräflichen Gerichtshaus, dem späteren „Alten Deutschen Haus" (s. d.), heute Altersstift St. Josef, Ägidienplatz 6 (C 168). Nur noch geringer Anstrengungen bedarf es, den Stollen bis zu den Belagerern voranzutreiben. In letzter Minute aber entdecken Wächter den Verrat. Zwei der Arbeiter ergreifen sie auf frischer Tat. Die Überrumpelung der Stadt ist damit gescheitert.

Zur Strafe ließ der Rat zwei der Verräter sogleich an den Zinnen der Stadtmauer, angesichts des Feindes, erhängen. Frumold konnte entkommen. Die Regensburger aber schworen Rache an ihm zu nehmen. Damaliger Sitte gemäß sprachen seine Verwandten für ihn und versuchten, sein Leben durch eine Geldleistung zu erkaufen. Es ging die Rede, daß Frumold, sobald er in die Stadt zurückkehre, mit einer Geldbuße bestraft würde, um damit ein Stück der donauseitigen Stadtmauer zu erbauen. Daraufhin kehrte Frumold nach Regensburg zurück, wurde jedoch sogleich ergriffen und eingekerkert. Nach langem Prozeß sprach man ihn 1339 des Todes schuldig. Das Urteil wurde durch Erwürgen vollstreckt.

Um die Stelle des Verrats zu kennzeichnen — die Grabung erfolgte in nächster Nähe des noch stehenden Mauerturmes XXXII beim Ägidiengang — ließ der Rat eine steinerne Gedenktafel in die Stadtmauer einfügen, die sich jetzt im Hof des Altersstifts St. Josef, Ägidienplatz 6 (C 168) befindet. Die mittelhochdeutsche Inschrift lautet: ANNO · DOMI · M · CCC · XXXVII · DES · ERITAGS · VOR · SAND · VRBANSTAG · WART · DAS · LOCH · FVNDEN · VND · ZWEN · DARINN · GEFANGEN · DI · DAZ · LOCH · GRVBEN · VND · WVRDEN · DES NAHSTEN · FREITAGS · DARNACH · AN · DI · ZINN · ERHANGEN. — Im Jahre 1337, am Dienstag vor St. Urban (25. Mai), ward das Loch gefunden und zwei darin gefangen, die das Loch gruben. Am darauffolgenden Freitag wurden sie an den Zinnen erhängt.

Abt Cölestin Steiglehner, der nach der Säkularisation von St. Emmeram das „Alte Deutsche Haus" am Ägidienplatz erwarb und bewohnte, ein Freund der Geschichte und der Altertümer, ließ, angeregt durch die Inschrift des Denksteins, im Jahre 1812 und dann nochmals 1818, Untersuchungen der Stadtmauer im Hof seines Hauses, an der Stelle der Grabung von 1337, vornehmen. Dabei stieß man unter einem angebauten Hühnerstall auf einen überwölbten unterirdischen Raum, von dem aus eine Öffnung in ein abermals darunterliegendes, gleichfalls überwölbtes Gelaß führte. Darin befand sich eine Steinsäule, etwas über 5 Schuh (etwa 1,50 Meter) hoch, der Eisenriegel der vermoderten Falltüre zwischen den beiden Geschossen sowie Schutt und Knochen. Steiglehner ließ einen (jetzt in der Hofbibliothek befindlichen) Grund- und Aufriß der unterirdischen Anlage erstellen. Es erscheint nicht ausgeschlossen, daß Frumold am Ort seines Verrats, in dem unterirdischen Gelaß, und zwar an besagter Steinsäule, erdrosselt wurde. Diese Annahme gewinnt an Wahrscheinlichkeit dadurch, daß die Säule nach Ausweis des Planes an ihrem oberen Ende einen Ring trug, der sicher zum Fesseln des Delinquenten bestimmt war.

Leider lassen sich die unterirdischen Räume heute nicht mehr nachweisen; sie wurden um 1840 in den Bau eines Kanales einbezogen.

Die Basteien des 16. Jahrhunderts

Als die Türken immer weiter nach Westen vordrangen und schließlich Wien belagerten, ließ der Rat 1529/30 zur Verstärkung der Stadtmauern zwei Festungswerke, sogenannte Basteien erbauen. Dabei handelt es sich um gewaltige, von Mauern umgebene Erdaufschüttungen im Bereich der Stadtmauer, des Zwingers und des Grabens. Die Plattform dieser Basteien, durch Schanzkörbe gesichert, diente zum Aufstellen von Geschützen. Eine Bastei entstand nächst dem Ostentor, die Ostenbastei, eine weitere beim Kloster zum Heiligen Kreuz, die Kreuzbastei. An den Bau der letzteren erinnert eine Inschrifttafel in der Gartenmauer des Anwesens Stahlzwingerweg 25 (A 161): „Anno domini 1529 belagert der Türk mit großer Heereskraft die Stadt Wien, aber er schuf nichts. Da ward diese Bastei zu bauen angefangen und im 1530. Jahr vollendet...". Unter den anschließend aufgeführten Ratsmitgliedern erscheint auch der Name Albrecht Altdorfer. Der Bau dieser Befestigungswerke verlangen von der Bürgerschaft beträchtliche Opfer. Der Rat wandte sich auch an die Geistlichkeit und forderte sie auf, einen Beitrag zu dem gemeinnützigen Werk zu leisten. Der Klerus nahm „dieses Ansinnen aber sehr übel" (Gumpelzhaimer) und schlug eine Beisteuer rundweg ab, was eine nicht unberechtigte Entrüstung der Öffentlichkeit hervorrief. Die Sympathien, die Rat und Bürgerschaft der Lehre Luthers damals bereits entgegenbrachten, mögen bei diesen Vorkommnissen eine nicht unbedeutende Rolle gespielt haben.

22 Jahre später, 1552, befestigte der kaiserliche Obrist Graf Philipp von Eberstein die Stadtmauer gegen Kurfürst Moritz von Sachsen und Markgraf Albrecht von Brandenburg. Eberstein ließ das alte Kirchlein Weih-St.Peter (s. d.) abbrechen, um freies Vorfeld vor der Mauer zu bekommen. Aus dem gewonnenen Steinmaterial wurde die Petersbastei errichtet, die vor der Südostecke des Römerkastells am heutigen Ernst-Reuter-Platz lag. Gleichzeitig entstand eine kleinere Bastei bei St. Emmeram. Eine bereits vorhandene, kleinere Bastei „im Eck an der Stadtmauer zu Osten bey dem Lohturm" (Gumpelzhaimer) wurde erneuert. Sie dürfte identisch sein mit der „Stärzenbachbatterie" bzw. der später sogenannten Hafenbrädlbastei (s. d.). Die seit 1530 bestehende Ostenbastei erfuhr eine Verstärkung; das Prebrunntor ließ Eberstein mit Erde und Steinen zuschütten und auf die dadurch gewonnene Plattform Schanzkörbe setzen. Die donauseitige Stadtmauer wurde mit dem Steinmaterial der abgetragenen St.-Albans-Kapelle (s. d.) erhöht.

Eine Ausbesserung und Verstärkung erfuhr die donauseitige Stadtmauer vom Ostentor bis zum Wiedfang 1610, wie eine Gedenktafel mit den Namen der damaligen Mitglieder des Inneren Rates in der Mauer am Wiedfang neben dem zum Uferstreifen hinausführenden Mauerdurchbruch, dem einstigen Ohmtürlein (s. d.), kundtut.

145. Stahlzwingerweg 25 (A 161). Erinnerungstafel an den Bau der Kreuzbastei, 1529/30

Die barocken Vorwerke des 17. Jahrhunderts

Grundlegend wandelte sich das Bild der Stadtbefestigung im 17. Jahrhundert, als der Mauerring 1632/34 im Hinblick auf die Geschehnisse des Dreißigjährigen Krieges eine Verstärkung durch sogenannte Hornwerke erhielt. Zur Beratung und Planung zog der Rat den Nürnberger Ingenieur Johann Carl heran, den Erbauer der Dreieinigkeitskirche. Elf gewaltige Außenwerke, V- oder M-förmig in das Vorfeld des Grabens ausgreifend, umgaben sternartig den mittelalterlichen Mauergürtel. Namentlich das Ostentor, das Peterstor und das Prebrunntor sicherte man durch große Vorwerke. Sie bestanden aus Erdwällen und Gräben mit Palisadenzäunen. Merians Vogelschauplan 1644 (Stadtgrundrisse Nr. 4) gibt einen umfassenden Überblick über das Befestigungssystem. Zeitgenössische Tuschezeichnungen von H. G. Bahre (Stadtgrundrisse Nr. 3) erläutern die bauliche Struktur im einzelnen und vermitteln Details.

Verfall der Stadtbefestigung

Mit der fortschreitenden Entwicklung der Feuerwaffen im 18. Jahrhundert verlor die Stadtbefestigung immer mehr ihre militärische Bedeutung. Gräben und Zwinger wandelten sich in eine Flucht von Gärten. Anstelle der barocken Außenwerke entstand 1779 die Allee (s. d.). Der Bestand der mittelalterlichen Mauer blieb jedoch unangetastet bis weit in das vergangene Jahrhundert hinein. Seiler drehten auf den überdachten Wehrgängen ihre Schnüre und Seile, Spaziergänger benützten sie bei Regenwetter. In Türmen, auf Treppen und Mauern aber tummelten sich die Regensburger Buben.

Dem trinkfreudigen Biedermeier wurde der Stadtgraben manches Mal zum Verhängnis. Mußte er ihn doch überqueren, wollte er sich an den beliebten Bierquellen der Vororte laben, in Prüfening, in Prüll oder im Mälzgarten in Kumpfmühl. Wohl säumten Planken die steile Grabenwand, gerade das aber war das große Unglück des Wirts von Dechbetten. Im Rausch glaubte er nämlich, er sei schon zu Hause und wollte wie gewöhnlich über den Gartenzaun steigen. Statt dessen kletterte er über das Geländer des Stadtgrabens, stürzte hinab und brach das Genick.

Mehr Glück hatte der Frisör Katzensteiner. Als er einst einen Kessel Vitusöl vom Kloster Karthaus Prüll nach Hause trug, verfehlte er in finsterer Nacht die Brücke beim Peterstor, stürzte in den Graben und kam ohne Verletzung wieder heraus.

Ähnlich ging es einem Regensburger Laternenanzünder, der beim Prebrunner Türl samt seiner Leiter in den Graben fiel. Zum Glück ließ er die Leiter nicht los, die sich mit ihm in ein weiches

146. *Ostenbastei. Kupferstich, vermutlich von Wenzel Hollar, um 1635. Hofbibliothek*

Gartenbeet senkte, so daß er mit dem Schrecken davonkam. Obwohl seit 1827 Laternen die Allee erhellten, hörten die Unfälle nicht auf. Eine in Vergessenheit geratene Regensburger Sage schließt daran an: „Einst gingen drei Handwerkskameraden vom Bier nach Hause; sie sollen Stieglitz, Fink und Zeisig geheißen haben. Der Stieglitz ging voraus, kam dem Graben zu nahe und fiel hinein. Der Fink sah nach, was passiert sei, und stürzte gleichfalls nach. Durch die Hilferufe irre gemacht, verlor auch der dritte den rechten Weg und fiel gleichfalls hinunter. Alle drei aber kamen, wohl weil sie leichte Vögel waren, ohne Schaden davon. Der Platz aber, wo sie hinunterfielen, hieß von da an das ‚Springhäusel'."

Erst seit 1859 fiel Stück für Stück der Wehranlage unter der Spitzhacke. Nur ein bescheidener Rest von Türmen und Mauerteilen gibt heute noch Zeugnis von der einstigen Wehrhaftigkeit der Stadt.

Die noch stehenden Reste der Stadtbefestigung

Beginnen wir unsere Wanderung um den Befestigungsgürtel im Villapark, so finden wir dort noch ein Stück des Grabens samt Futtermauer und gleichlaufend ein Stück der Zwingermauer nebst einem mit fünf Seiten des Achtecks in den Graben vorspringenden Zwingertürmchen. Es besitzt noch eine nach Norden gerichtete Schießscharte mit Rundöffnung unter dem Schlitz, eine sogenannte Schlüsselscharte. Nächst dem Donauufer und nun in den Bau der Königlichen Villa einbezogen steht hier ein über achteckigem Grundriß aufgeführter Turm, den auch die Ansicht der Befestigungsanlage von H. G. Bahre, 1633 (Stadtgrundrisse Nr. 3) wiedergibt; ebenso ein kleiner Kupferstich, vermutlich von Wenzel Hollar, 1636, im Besitz der Hofbibliothek (Abb. 146).

*

Das Ostentor (XVII) gehört zu den schönsten gotischen Stadttoren Deutschlands. Es entstand um 1300 über der nach Wien führenden Ausfallstraße. Den fünfgeschossigen Torturm verstärken zwei seitlich vorgesetzte Flankierungstürme. Die Torduchfahrt öffnet sich beiderseits im Spitzbogen. Das Torgewände, auf kurzem Schrägsockel ansteigend, ist durch Stufung gegliedert. Über dem tiefsitzenden Kämpfergesimse stelzt sich der Spitzbogen. Ein Rippenkreuzjoch überspannt die Torhalle.

147. *Ostentor von außen. Erbaut um 1300*

148. Blick durch das Ostentor. Vor dem Schilderhaus die Torwache. Links das Bäckerhaus Ostengasse 37 (H 194). Aquarell um 1800. Hofbibliothek

Der Torturm zeigt in augenfälliger Weise die Einrichtungen mittelalterlicher Stadtverteidigung. An der Außenseite des Turmes springen in Höhe des zweiten Obergeschosses über der Toröffnung zwei aus Werksteinen errichtete, auf geschrägten Kragsteinen ruhende Vorbauten aus, sogenannte Gußerker oder Pechnasen. Sie dienten einstmals dazu, die bis zum Fuß des Turmes vorgedrungenen Angreifer mit siedendem Öl oder Pech zu begießen. Der nördliche Erker ist gut erhalten, der südliche weitgehend verfallen. Beiderseits der Erker wird die Turmwand von je einer Schießscharte, sogenannten Senkscharten (mit halbkreisförmiger Öffnung unter dem Schlitz) durchbrochen, die sich im Innern zu Nischen weiten. In diesen standen die Schützen, die von den Senkscharten aus mit der Armbrust das Gelände unmittelbar am Fuß des Turmes bestreichen konnten. Gleiche Scharten finden sich im darunterliegenden Geschoß sowie an der Nord- und Südseite des Turmes. Mit viel Geschick ist das Geläufe für das Fallgatter in die Architektur des Turmes eingeplant. Beiderseits der äußeren Toröffnung erheben sich schlanke, aus Werksteinen errichtete Pfeiler. Sie decken die Mauerschlitze, in denen das schwere, aus Balken gezimmerte Fallgatter herabgelassen werden konnte. Die Zugketten liefen durch eine Schlitzöffnung im ersten Obergeschoß in das Turminnere. Eine ähnliche Anlage auch an der Innenseite der Toröffnung.

Aus dem spitzen Helmdach treten gegen Osten und Westen Gauben hervor. Genaste Rundbogenblenden überhöhen ihre Rechteckfenster.

Die dreigeschossigen Flankierungstürme besitzen quadratisches Untergeschoß. Gestufte Schrägen leiten zur Achteckform der Obergeschosse über. Einschnitte in die Stufen ergeben eine zinnenartige, ornamentähnliche Wirkung. Einzelne Werksteine der Toranlage tragen Steinmetzzeichen aus der Zeit um 1300.

*

In Verfolgung des Mauerverlaufs treffen wir an der Alleeseite (Südseite) der Häuser V o n -
d e r - T a n n - S t r a ß e 18 u n d 4 Ausbauten, die auf den Fundamenten einstiger Zwingertürmchen errichtet wurden. Die Häuser selbst stehen auf dem Gelände des Zwingers; die Ausbauten springen in den südlich vorgelagerten Garten, den ehemaligen Stadtgraben, aus. Ebenso verhielt es sich bei dem 1973 abgebrochenen Haus Lehnerweg 3 (H 196). Bereits 1905 hat Pohlig auf diese Erscheinung hingewiesen (Hist. Verein R Ms. 498).

*

Grabungen unter Leitung des Bayerischen Landesamts für Denkmalpflege in den Jahren 1955/61 legten die S ü d o s t r u n d u n g d e s R ö m e r k a s t e l l s a m E r n s t - R e u t e r - P l a t z frei (vgl. Am Königshof). Dabei konnte auch ein Zwingertürmchen aufgedeckt werden, für dessen Zeitstellung — 1383 — eine Inschrifttafel (s. S. 315) ein genaues Datum liefert. Zwinger und Graben müssen hier erst um 1880 zugeschüttet worden sein. Der Katasterplan von 1878 (Stadtgrundrisse Nr. 26) gibt das Türmchen noch an. Gleich jenem im Villapark tritt es mit fünf Seiten des Achtecks in den Graben vor. Es ist aus geschichteten Bruchsteinen mit Eckverquaderung errichtet; an der Südostseite erhielt sich eine Schlüsselscharte.

*

Am Königshof (s. d.) steht noch ein etwa sechs Meter hohes und 22 Meter langes Stück der inneren Stadtmauer, das sich mit einer Breite von 2,30 Metern an der Sohle nach oben hin verjüngt. Das Mauerstück verläuft in Nord-Südrichtung und erhebt sich genau auf den Fundamenten der Römermauer. Ein römischer Quader wird unmittelbar am Gehsteig an der Nordostecke sichtbar. Hier Am Königshof, genauer noch im Hof der Klarenangerschule, stieß die um 1300 erbaute Mauer der Ostenvorstadt (längs der späteren Von-der-Tann-Straße) auf die Römermauer, jene charakteristische Ecke in der Stadtbefestigung bildend, die auf Bahres Südansicht der Stadt von 1639 (Stadtansichten Nr. 15) deutlich sichtbar ist.

*

Nur noch die Straßenbezeichnungen „Am Peterstor", „St.-Peters-Weg" (s. d.) und der Rest eines Flankenturmes erinnern an eines der großen Tore der Stadtbefestigung, an d a s P e t e r s t o r. An die Stelle des römischen Südtores, der Porta Decumana (s. Fröhliche-Türken-Straße) trat im Mittelalter das St.-Pauls-Burgtor, das spätere Weih-St.-Peters-Tor, kurz auch Peterstor genannt.

Die Toranlage bestand aus einer Gruppe unregelmäßig zueinander gestellter Türme, deren Lage der Stadtplan 1808 (Stadtgrundrisse Nr. 19) mit ziemlicher Genauigkeit ermitteln läßt. Das dominierende Bauwerk bildete der östliche Flankenturm (XXIV. „Löbl. Gmr. Stadt Hochwartthurm zu St. Peter (Adreßkalender 1808)). Der Turm ragte sechs Geschosse hoch auf und schnitt eigenartigerweise in die Zwingermauer ein, sprang also ein Stück in den Graben vor und ein Stück in den Zwinger. Geschützscharten durchbrachen seine oberen Stockwerke. Den Zugang zur Stadt vermittelte zunächst eine etwa zu zwei Dritteln über den Stadtgraben reichende Steinbrücke, deren Rundbogen heute noch zu sehen ist. Daran schloß die Zugbrücke an, deren Auf-

149. Südostrundung der Römermauer am Ernst-Reuter-Platz, vorgelagert die mittelalterliche Zwingermauer mit Zwingertürmchen. Freigelegt 1955/61

ziehvorrichtung ein unmittelbar am Grabenrand stehender Vorbau aufnahm. Diese ursprünglich hölzerne Anlage wurde 1783/85 durch einen Steinbau ersetzt. Eine größere Toröffnung darin nahm den Wagenverkehr auf; ein danebengelegenes Pförtchen benützten die Fußgänger. Hinter diesem Vorbau erhob sich der nicht sehr hohe Hauptturm des Peterstores (XXV). Südwestlich davon, bei der Einmündung des St.-Peters-Weges, stand an der inneren Stadtmauer ein weiterer Turm (XXVI), der „Gießübel" (s. d.).

Die napoleonische Beschießung 1809 traf das Peterstor schwer. Das Ausmaß der Schäden veranschaulicht ein zeitgenössischer Kupferstich von Johann Bichtel mit einer Ansicht der teilweise zerstörten Theresienruhe (s. d.) und der Stadtmauer im Bereich des Peterstores. Was von der Toranlage um 1850 noch erhalten war, läßt eines der Aquarelle von J. Ostermayr im Museum erkennen.

Nur wenige Jahrzehnte des Bestehens waren dem schwer getroffenen Stadttor noch gegönnt. In einer Entschließung vom 17. Februar 1875 genehmigte die Regierung die Beseitigung des Tores. Es fehlte auch damals nicht an Stimmen, die sich für seine Erhaltung einsetzten. Doch siegte der „Fortschritt", das alte Stadttor mußte fallen. Die Abbrucharbeiten wurden dem Regensburger Maurermeister Heilmeier in Akkord übergeben. Die Regensburger Zeitung schrieb dazu in ihrer Ausgabe vom 23. März: „Die Demolierungsarbeiten am Peterstor sind so weit fortgeschritten, daß heute mit dem Abbruch des eigentlichen Torbogens begonnen wurde. Der angebaute Turm ist bis zur Höhe der anstoßenden Umfassungsmauer des Taxisschen Hofgartens abgetragen." Dem mit Eifer betriebenen Zerstörungswerk folgten die Aufräumungsarbeiten nur langsam. Wochenlang lag am Ausgang der Fröhlichen-Türken-Straße ein Berg von Schutt, dessen Staub der Wind weit in die umliegenden Gassen trieb.

Erhalten blieb vom Peterstor der Unterteil des östlichen Flankenturmes (XXIV), der sich zu dem Wohnhaus Am Peterstor 3 (G 158) wandelte. Deutlich kann heute noch die Turmgestalt sowie das Ausspringen in den Stadtgraben wahrgenommen werden, der hier gleichfalls noch samt Futtermauer und Brücke erhalten blieb.

*

Im Park des Fürstlichen Schlosses längs der Allee läßt sich an mehreren Stellen noch deutlich die Senke des einstigen Stadtgrabens erkennen. Hier erhielt sich der Rest eines ummauerten Erdwalles der Emmeramer Bastei (s. d.), den heute ein aus dem Dörnbergpark stammendes Salettchen krönt. Hier stand auch der 1624 durch Blitzschlag explodierte Pulverturm (s. Wahrzeichen).

Nächst der Helenenbrücke (s. d.) steht im Bereich des Schloßparks verträumt der malerische Bau des Emmeramer Tores (XXX). Man möchte es eher für eine Parkzier als für eines der mittelalterlichen Stadttore halten. Ein lohnendes Motiv für den Maler, der die Romantik liebt. Der Torbau entstand, stilistischen Merkmalen zufolge, Mitte des 13. Jahrhunderts oder kurz danach. Er müßte also schon einige Zeit vor dem Mauerbau des 14. Jahrhunderts errichtet worden sein. Hier (vom Ägidienplatz bis zur Hülling) verlaufen die Stadtmauer des Herzogs Arnulf von 920 (s. d.) und die hochmittelalterliche Befestigung in etwa deckungsgleich. Das Emmeramer Tor könnte somit auf alten Fundamenten der arnulfinischen Mauer stehen. Dem dreigeschossigen Torturm ist zur Verstärkung eine Barbakane, ein Verteidigungswerk, vorgelegt. Die Außenseite des Tores öffnet sich im Stichbogen, die Innenseite im Rundbogen. Beide Öffnungen stehen in Spitzbogenblenden, die vom Kämpfergesimse umlaufen werden. Die Torhalle ist zur Hälfte in der Tonne gewölbt, zur Hälfte flach gedeckt. Die Barbakane hat ebenfalls spitzbogige Toröffnung. Die halbrunden Flankentürme stammen aus späterer Zeit, wahrscheinlich aus dem 15. Jahrhundert, Geschütz- und Senkscharten durchbrechen sie.

Im Gegensatz zu den übrigen Tortürmen ist das Emmeramer Tor nicht über einer Fernstraße errichtet, weshalb ihm nur geringere Bedeutung zukam. Es blieb fast ständig geschlossen; nur im Bedarfsfalle wurde es geöffnet. Das in unmittelbarer Nähe des Klosters St. Emmeram gelegene Tor gab Anlaß zu manchen Mißhelligkeiten zwischen dem Regensburger Rat und dem Abt von St. Emmeram. Um den Getreidewägen die Einfahrt in das Kloster zu erleichtern, ersuchte der Abt 1564, das Tor während der Erntezeit offenzuhalten. Der Rat gestattete dies, ordnete aber an, daß zwei Torsteher den Verkehr überwachen und auf Gefahren achten sollten. Jeden Abend mußte dem Kammerer über die Passanten Bericht erstattet werden.

Die drohende Kriegsgefahr des Jahres 1632 veranlaßte die Vermauerung der Toröffnung. Im folgenden Jahr wurde es durch die Kampfhandlungen des Dreißigjährigen Krieges in seinem Oberteil zusammengeschossen, 1643 wieder aufgebaut. Erst 1873 wurde es wieder für den Fußgängerverkehr geöffnet. Eine kleine Brücke überspannte den Stadtgraben und vermittelte durch das Tor den Zugang zur Waffnergasse. Erst mit dem Bau der Helenenbrücke (s. d.) zu Beginn unseres Jahrhunderts wurde das Tor außer Funktion gesetzt. In seinem Obergeschoß befand sich das Atelier der 1955 verstorbenen Fürstin Margarete von Thurn und Taxis.

In das Mauerwerk des Turmes war eine aus Jurakalk gefertigte Trutzfigur eingelassen, eine derbe, der Volkskunst nahestehende Arbeit, die der Zeit um 1220 angehören dürfte. Eine Ansicht des Emmeramer Tores in der Hofbibliothek läßt auch den Standort dieser Skulptur erkennen. 1867 gelangte sie in die Sammlungen des Historischen Vereins und befindet sich nun im Museum.

*

An der Allee zwischen Ägidiengang und Ägidienplatz verläuft noch ein Stück der Stadtmauer. Ihr geschichtetes Bruchsteinmauerwerk ist hier gelegentlich im sogenannten Fischgrätverband versetzt. Sie ruht auf den Fundamenten der arnulfinischen Stadtmauer von 920 (s. d.). Nächst dem Ägidiengang steht der einzige auf der Landseite der Stadtbefestigung noch erhaltene Mauerturm (XXXII). Er gehört dem späten 13. Jahrhundert an. Über quadratischem Grundriß erhebt er sich mit fünf Geschossen. Ursprünglich trug er einen Zinnenkranz, heute schließt er mit einem flachen Ziegelhelm. Eckquader festigen den Mauerverband. Im 2. Obergeschoß der Ostseite springt ein auf Kragsteinen ruhender Aborterker aus, der bei Feindgefahr auch als Gußerker dienen mochte. Die Schießscharten sind teilweise ausgeschlagen, um sie für die Benützung mit Feuerwaffen brauchbar zu machen. Die Rechteckoffnungen unter dem Dach dienten als Schießlöcher für kleinere Geschütze. Vom Garten des Altenstiftes St. Josef am Ägidienplatz ist der Turm gut zu übersehen. In seiner Nähe gruben 1337 Verräter einen Gang unter der Mauer (s. Frumold).

*

Eine Aufrißzeichnung H. G. Bahres von 1633 (Stadtgrundrisse Nr. 3) gibt die Anlage des Jakobstores wieder, das 1301 erstmals urkundlich erwähnt wird. Bei der Einmündung des Stahlzwingerweges in die Jakobstraße, schräg gegenüber dem Eckhaus Jakobstraße 12 (A 229), erhob sich über der inneren Stadtmauer, etwas über Eck gestellt, der Turm des Jakobstores (XXXIV). Durchschritt man seine Toröffnung, so gelangte man in eine Art Innenhof, in den hier erweiterten Zwinger, den gegen Norden und Süden abermals zwei, die innere und äußere Stadtmauer verbindende Mauerzüge abschlossen. Unmittelbar vor den beiden, von der Anlage des Jakobstores noch erhaltenen Rundtürmen verlief der Stadtgraben. Die Türme verband eine Mauer mit dem Tor zur Brücke über den Graben.

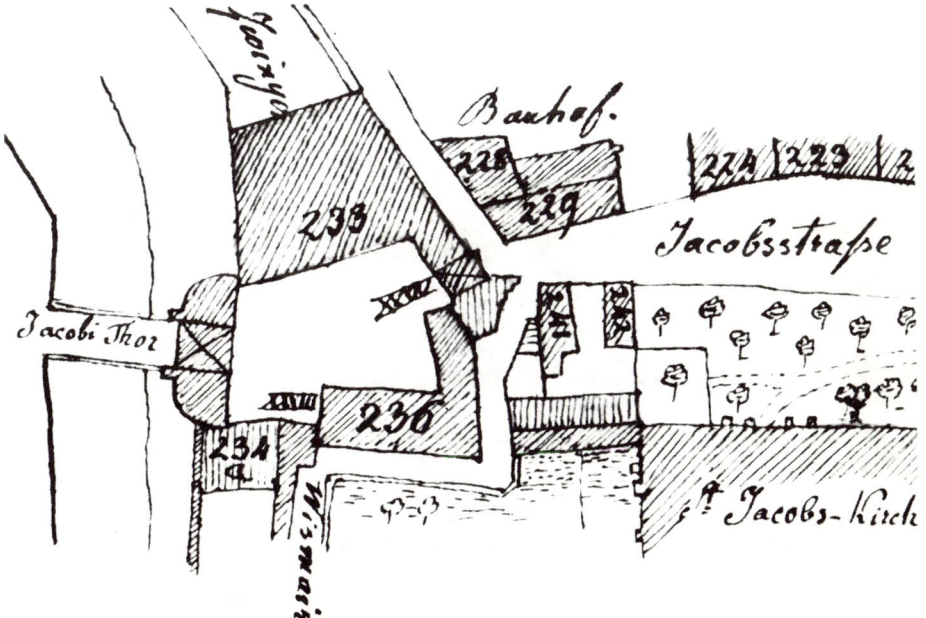

150. Plan des Jakobstores und seiner Umgebung. Tuschezeichnung, um 1800. Hofbibliothek

An die Stelle der nördlichen Abschlußmauer trat im 18. Jahrhundert ein städtischer Stadel, das heutige Anwesen Stahlzwingerweg 1 (A 233), jetzt Polzeirevier, gegenüber entstand gleichfalls ein stadteigenes Lagerhaus, das sich zum heutigen Wohngebäude Jakobstraße 7 (A 236) wandelte. Den Raum innerhalb des Zwingers nennt das Adreßbuch 1822 „Unterm Jakobstor".

Der unmittelbar hinter der Stadtmauer verlaufende Wiesmeierweg mündete einst nicht wie heute geradlinig in die Jakobstraße, sondern führte, zweimal abgewinkelt, hinter dem Anwesen Jakobstraße 7 (A 236) herum und trat dann erst hinter dem Turm des Jakobstores in die Jakobstraße ein. Die Verhältnisse werden deutlich aus einer kleinen Planskizze um 1800 in der Hofbibliothek. Der Turm muß um 1810 gefallen sein; der Stadtplan von 1812 (Stadtgrundrisse Nr. 16) verzeichnet ihn nicht mehr.

Auch das die beiden Rundtürme verbindende Mauerstück mit der Toröffnung wurde beseitigt, 1828 aber im Stil der Neugotik wieder aufgebaut, um 1903 der Schienenführung der Straßenbahn endgültig zu weichen. Geblieben sind die beiden Rundtürme der Toranlage die heute als „Jakobstor" bezeichnet werden. Die an ihnen angebrachten Schießscharten befinden sich nicht mehr an ursprünglicher Stelle.

*

Im Zuge der Ummauerung der Westenvorstadt entstand über der Ausfallstraße nach Nürnberg, an der Nordwestecke der Stadtbefestigung, 1293 das P r e b r u n n t o r (II) als westliches Gegenstück zum Ostentor. Durch dieses Tor führte während des Mittelalters der Handelsweg nach Franken, weshalb die Bezeichnung „Nürnberger Tor" in Gebrauch kam. Die Nürnberger Straße entlang dem Nordufer der Donau über Stadtamhof und Winzer entstand erst 1486.

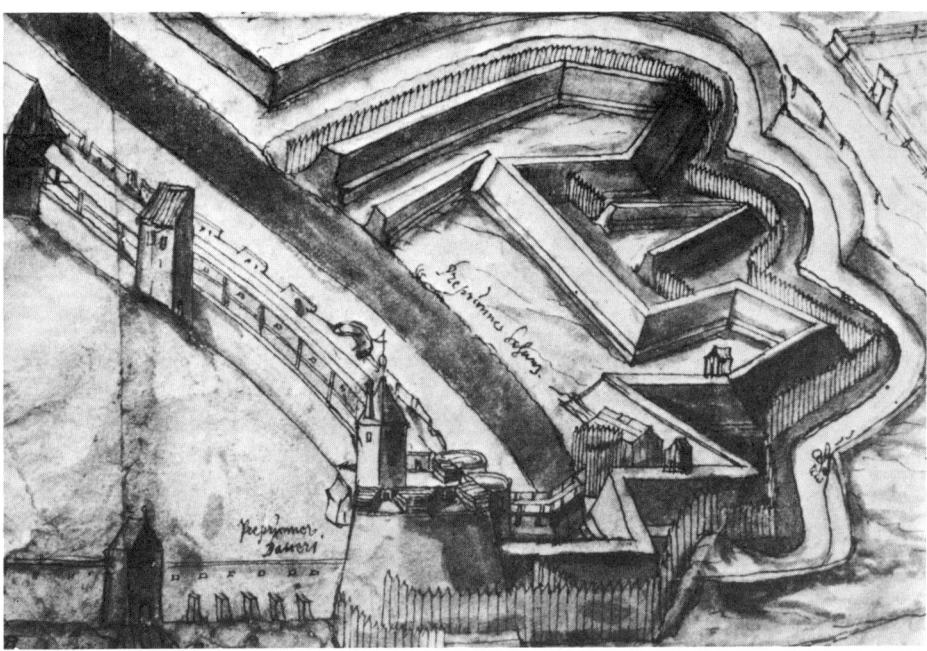

151. Befestigungsanlage mit barocken Vorwerken am Prebrunn. Lavierte Federzeichnung von H. G. Bahre, 1633 (Stadtgrundrisse Nr. 3). Museum

Die Verteidigungsanlage am Prebrunn war seit dem 16. Jahrhundert einem ständigen Wandel unterworfen. Bereits 1552 verlor der Torturm seine Funktion als Stadttor, als er durch den Bau einer Bastei (s. o.) teilweise verschüttet wurde. Diese mußte 1625 verbessert und erhöht werden. H. G. Bahre bildet 1633 die Toranlage mit der vorgesetzten Aufschüttung und zwei halbrunden Flankierungstürmen ab: „Prebrunner Batterie". Deutlich wird auf dieser Ansicht auch die Anlage des barocken Hornwerkes „Prebrunner Schanz" (Stadtgrundrisse Nr. 3).

Die heute so ruhige Gegend am Prebrunntor erschütterten die Kampfhandlungen des Dreißigjährigen Krieges. 1633 rückte die schwedische Armee vor Regensburg, das kaiserliche und bairische Truppen besetzt hielten. Ende Oktober hatten die Schweden bereits Stadtamhof eingenommen. Am 2. November brachten sie eine schwere Batterie von „25 Pfünder Kanonen" in Stellung und fingen an, beim Prebrunnturm Bresche zu schießen. Am Abend des 3. November gähnte hier ein gewaltiges Loch in der Wehranlage. Schon formierten sich die schwedischen Truppen zum Sturm. Das bewog den bairischen Kommandanten Troibrez die Stadt den Schweden zu übergeben. Bei der Rückeroberung Regensburgs im darauffolgenden Jahr wurde die Prebrunner Befestigung wiederum schwer getroffen; der Turm sank in Trümmer. Ein Kupferstich Merians, der die Belagerungsschlacht um Regensburg 1634 vor Augen führt (Stadtansichten Nr. 13), zeigt deutlich die Flugbahnen der Geschosse und die Qualmwolken nächst dem Prebrunnturm.

1642 erfolgte der Wiederaufbau des Turmes. Damals mag auch die Inschrifttafel von 1293 (s. S. 314) an ihre jetzige Stelle gekommen sein. 1656/58 meldet die Chronik den Neubau der Prebrunner Bastei, in deren Erdaufschüttung das Vorwerk des Turmes mit den beiden Flankierungstürmen verschwand. Von Verstärkungen der Stadtbefestigung, insbesondere der Prebrunner Bastei, schreibt Gumpelzhaimer zum Jahr 1706: „Zur Verteidigung der Stadt traf man große Anstalten, besonders für die Prebrunner Bastei, Schanzkörbe, Erdfässer, Blockhäuser, Spanische Reiter, Palisaden, Pechkränze, Schlagbäume und Gattern wurden für alle Tore hergerichtet."

Dann aber wurde es ruhig um das Prebrunntor. 1804 erwarb es samt dem Basteigelände der fürstliche Hofrat von Müller (Näheres s. Württembergisches Palais). 1955/56 wandelte sich der Prebrunnturm zu einem Aussichtsturm. Von seiner Plattform aus genießt man einen umfassenden Blick über die westliche Stadt und den Strom.

Der Prebrunnturm erhebt sich über quadratischem Grundriß vier Geschosse hoch und schließt mit einem Zinnenkranz. In einem Quader an der Nordostecke erscheint die Jahreszahl 1599. Durch die rundbogige innere Toröffnung betritt man die tonnengewölbte Durchfahrt, deren Ausmündung zugemauert ist, da der Turm an der Außenseite im Erdreich der anschließenden Bastei steckt. Den Zugang an der Westseite, wegen der Erdaufschüttung im 2. Obergeschoß gelegen, vermittelt eine profilierte Spitzbogentüre, über der sich die S. 314 näher besprochene Inschrifttafel befindet, die den Turm in das Jahr 1293 datiert. Im Herzogspark finden sich Reste der 1656 errichteten Bastei sowie der Stadtgraben mit Futtermauer, der hier in die Donau mündete.

*

An der Hundsumkehr zieht sich auf einer Strecke von ca. 20 m ein Stück der donauseitigen Stadtmauer hin, eine etwa 3,50 m hohe Bruchsteinschichtung. In ihr erhielt sich eine mehrfach gestufte, von einem Stichbogen überspannte Geschützscharte. Die Lage unmittelbar über dem Boden erklärt sich aus der Anhebung des Terrains durch spätere Aufschüttungen. Das von hier aus nach Norden gerichtete Geschützfeuer sollte ein Festsetzen des Feindes am nördlichen Donauufer und am Oberen Wöhrd verhindern.

*

Ein donauseitiger Turm der Stadtmauer (III) ist zu dem Wohnhaus Herrenplatz 2 (A 12) umgebaut. Er trägt die auf S. 314 näher erläuterte Gedenktafel, die ihn in das Jahr 1320 datiert. Nach einer Zeichnung von J. Popp in der Hofbibliothek befand sich die Schrifttafel mit dem Stadtwappen ursprünglich an der Westseite. Der einstige Turm weist noch Senkscharten und eine Rundscharte auf (s. Gefängnisse).

*

In der Bebauungslinie längs des Stromufers läßt sich an mehreren Stellen die einstige Stadtmauer durchfühlen. An der Donauseite der Anwesen Am Wiedfang 3/5 (F 51/52) tritt sie noch mit einigen ausgeschlagenen Schießscharten und Rechtecköffnungen deutlich in Erscheinung.

*

Längs des Stromufers treffen wir beim Mautturm und den unmittelbar westlich anschließenden Mauttor auf ein weiteres Stück der Stadtbefestigung. Architektonisches Interesse verdient die der Donau zugekehrte Seite des Mautturmes, wegen der Nähe der Fischerhütten (s. d.)

152. Mauttor und Mautturm der donauseitigen Stadtbefestigung, dahinter Rathausturm und Goldener Turm

auch „Fischturm" genannt. Malerisch wirkt der zweigeschossige, auf Kragsteinen in unregelmäßiger Höhe ruhende Flacherker. Das Tor wurde 1611 erbaut. Es bestand aus einer überwölbten Durchfahrt mit zwei Öffnungen, einer donauseitigen und einer stadtseitigen. Die Quaderung der Pfeiler und des Stichbogens liegen beiderseits frei. Die Toröffnung an der Donauseite ist zugesetzt. Hier trägt der Keilstein des Bogens eine Kartusche mit der Inschrift

MAVT
THOR
1611

Turm und Torbau bildeten zusammen das reichsstädtische Mauthaus, Keplerstraße 12 (D 150). Die beiden obersten Geschosse über dem Tor gehören wohl dem 19. Jahrhundert an. Im Innern an der Nordseite Teil des Wehrgangs erhalten, von profilierten Doppelkonsolen getragen.

*

Der Brückturm (X), auch Schuldturm (s. d.) genannt, entstand gleich dem Mittelturm (s. d.) und dem Schwarzen Turm (s. d.) im 13. Jahrhundert. Ein Siegel der Brücke von 1307 bildet bereits alle drei Türme ab. Der Brückturm erhebt sich auf dem 15. Pfeiler der Steinernen Brücke (s. d.). Die Kampfhandlungen des Dreißigjährigen Krieges beschädigten ihn 1633 schwer. 1648 erfolgte sein Wiederaufbau. Eine neue Schlaguhr, gefertigt von dem Uhrmacher Abraham Habrecht, erhielt der Turm 1652. Der Maler Christoph Fuchs vergoldete die Zeiger. Schelchshorn goß eine neue, 731 Pfund schwere Uhrglocke. Gleichzeitig mit dem Einbau der Uhr wurde der Turm frisch verputzt und — wohl mit dem Reichsadler — bemalt. Kaiser und Könige, geistliche und weltliche Fürsten veranstalteten durch das Brücktor glänzende Einzüge in die Reichsstadt.

Der etwa viergeschossige Turm erhebt sich über quadratischem Grundriß. Den geschweiften Ziegelhelm bekrönt eine Laterne mit Zwiebelabschluß. Eine Dachgaube an der Nordseite trägt an der Fensterbrüstung das Schlüsselwappen. Die Toröffnungen sind spitzbogig; die brückenseitige steht in einer Stichbogennische. Ein gratiges Kreuzgewölbe überspannt die Torhalle. Erhalten blieben die schweren Angeln, die ehedem die Torflügel trugen sowie die eiserne Führungsklammer des Riegelbalkens (über den Figurenschmuck s. Wahrzeichen).

*

Ein weiteres Stück der donauseitigen Stadtmauer findet sich an der Wurstküche (s.d.), deren südliche Abschlußwand sie bildet. Das Mauerstück ist durch eine Tafel bezeichnet.

*

Im Bereich der Königlichen Villa (s.d.) steht noch einer der donauseitigen Mauertürme, der Anatomie- oder Pulverturm (XVI, s.d.). Er ist in Bruchsteintechnik mit Eckverquaderung erbaut, einzelne Werkstücke tragen Steinmetzzeichen. An der Ost- und Westseite sind noch die Öffnungen für den Wehrgang markiert. Beim Bau der Königlichen Villa wurde er in deren Bereich gezogen und im Stil der Neugotik mit einem Balkon und einem Zinnenkranz versehen.

Die nicht mehr bestehenden Türme, Tore und „Türln"

In der Stadtmauer längs der Donau gab es eine Reihe kleinerer Tore und „Türln". Der rege Warenumschlag machte hier mehrere Zugänge vom Uferstreifen in die Stadt notwendig. Von der Nordostecke der Stadtbefestigung bei der Königlichen Villa donauaufwärts treffen wir beim sogenannten Pulver- oder Anatomieturm das „Pulvertürl". Ein Torturm vermittelte den Zugang zur Hölzernen (heute Eisernen) Brücke, der den Namen „Hölzerner Brückturm" (XIV) führte. Ein wohlhabender Bürger, Heinrich Sinzenhofer, vermachte 1418 in seinem Testament der Stadt 100 Rheinische Gulden zur Errichtung dieses Torturmes, jedoch mit der Auflage, spätestens ein Jahr nach seinem Tod mit dem Bau zu beginnen. Schon die ältesten Stadtansichten geben den Turm wieder, so Michael Wolgemut 1493 (Stadtansichten Nr. 2). Im 17. Jahrhundert (und wohl auch schon früher) trug der Turm an der Nordseite einen Holzvorbau zur Aufnahme des Hebewerkes für die Zugbrücke. Aus Sicherheitsgründen konnte auch die Brücke zum Unteren Wöhrd unterbrochen werden. Eine Bleistiftzeichnung in der Hofbibliothek sowie eine Reihe von Skizzen und Aquarellen im Besitz des Museums zeigen den malerischen Turm, wie er sich vor der Mitte des vergangenen Jahrhunderts darbot. 1863 wurde er abgebrochen. Unmittelbar westlich des Turmes führte ein Pförtchen durch die Stadtmauer auf den Uferstreifen, die „Lände" hinaus. Es führte den Namen „Roßtürl", weil die Zugpferde der Schiffe, die hier bei den

153. Sogenanntes hölzernes Brücktor. Aquarell von J. Ostermayr, um 1830. Museum

154. Ledererturm und Ledererfürchen. Aquarell von J. Ostermayr, um 1830. Museum

155. *Stadtmauer. Aufstieg zum Wehrgang beim Ledererturm. Aquarell von A. Meirmann, 1851. Museum*

156. *Stadtmauer mit Wehrgang und dem Schiegenturm bei der Brunnleite. Aquarell von Josef Ostermayr, um 1830. Museum*

Salzstädeln anlegten, durch dieses Türchen in die Stadt gelangten. Östlich der Wurstküche lag das „K r ä n c h e r t o r", das seinen Namen von dem unmittelbar danebenstehenden Kran zum Entladen der Schiffe herleitete. Gleich westlich der Steinernen Brücke erhob sich der Rundbau des „O h m - t u r m e s" (IX), neben dem das „A h m"- o d e r „O h m t o r" (s. d.) lag, dessen Maueröffnung Am Wiedfang noch jetzt besteht. Beim ehemaligen Fleischhaus am Fischmarkt führte das „F l e i s c h - t ö r l", im Volksmund auch „W a m p e n t ü r l" genannt, zum Fluß hinaus. Durch das „W e i n t o r" (s. d.) gelangten die auf der Donau ankommenden Fässer in den Weinstadel. Am Nordende des Weißgerbergrabens bei St. Oswald stand der „H o l z t u r m" (VIII). Durch das westlich davon gelegene „H o l z t o r" gelangte man zur Holzlände hinaus (s. Holzländestraße). In der Stadtmauer an der Brunnleite stand der sogenannte S c h i e g e n t u r m (VII), ein malerischer Bau mit Eckerker unmittelbar unter dem Dachansatz. Hinter den donauseitigen Häusern der Ledderergasse (s. d.) erhob sich über dem „L e d e r e r t ü r l" der „L e d e r e r t u r m" (VI). Kurz vor dem Prebunntor führte das „k o t i g e T o r" zum Uferstreifen hinaus. Nachdem das Prebunntor durch die Anlage eines Vorwerkes unpassierbar geworden war, entstand beim Platz Am Singrün ein neuer Ausgang durch die Stadtmauer nebst einer Holzbrücke über den Stadtgraben: das „P r e b r u n n e r T ü r l", auch „N e u e s"- o d e r „N e u t ü r l" genannt (s. Am Prebrunntor). Am St.-Peters-Weg stand bis 1902 der sogenannte P l a c i d u s t u r m (XXVIII).

Die Nordansicht der Stadt von H. G. Bahre, 1630 (Stadtansichten Nr. 10), läßt die vergangenen Tore und Türln längs des Stromufers mit ihren oft reizenden Architekturen erkennen. Die duftigen Aquarelle J. Ostermayrs im Museum und einzelne Blätter in der Hofbibliothek halten die malerischen Partien der verschwundenen Regensburger Stadtbefestigung im Bilde fest.

**Die Allee
ihre Bauten und Denkmäler**

Den Grüngürtel seiner Alleen verdankt Regensburg der Hochherzigkeit des Fürsten Carl Anselm von Thurn und Taxis. In den Jahren 1779 bis 1781 ließ er anstelle verfallener Festungswerke und verwildertem Gelände vor den Stadtmauern eine Baumallee erstehen, die, vom Prebrunntor an der Donau ausgehend, die Stadt in einem Halbkreis umfaßt und die Donau beim Ostentor wieder erreicht. Diese Allee des Fürsten Carl Anselm hatte, wenn in der Anlage auch wesentlich kleinere, so doch weit ältere Vorgänger. Anläßlich eines großen Ungewitters, das 1511 über der Stadt niederging und großen Schaden verursachte, erwähnt der Chronist Gemeiner die Neubepflanzung des Platzes Unter den Linden vor dem Jakobstor. „Solchen Anfang", schreibt er, „hat schon vor 300 Jahren ein Vergnügungsort genommen, ... ehe das Fürstenhaus von Thurn und Taxis durch die Anlage der Carlsallee die Umgebung von Regensburg in Zaubergefilde verwandelt hatte..." Eine gleichfalls sehr frühe Nachricht über eine Gartenanlage im Sinne einer Allee stammt aus dem Jahre 1572. Damals ließen der Ratsherr Wolf Eckenthaler und der Stadtschreiber Johann Eppinger auf eigene Kosten im Zwinger — das ist der Raum zwischen innerer und äußerer Stadtmauer — „die schönsten Anlagen und Verzierungen machen." Diese gärtnerische Ausgestaltung des Zwingers reichte vom Ostentor bis zur heutigen D.-Martin-Luther-Straße. 82 Jahre später, 1654, beauftragte der Rat das Bauamt, die beiden Donauinseln sowie die Gegend vor dem Jakobstor mit jungen Erlen, Eichen, Nußbäumen und Linden zu bepflanzen.

Eine recht gute Vorstellung vom Aussehen des Geländes außerhalb der Stadtmauer vor Anlage der Allee vermittelt ein Stich von Wismeyer und Lindner (Stadtansichten Nr. 23). Noch steht die mittelalterliche Stadtmauer wehrhaft da. Die ihr vorgelagerten barocken Hornwerke und Basteien aber sind zum Teil bereits eingeebnet, die noch stehenden mögen von Strauchwerk überwuchert gewesen sein. In den Gräbern bildeten sich Tümpel. Feldwege durchkreuzen das Gelände, Ackerfluren und Viehweiden schieben sich bis an die Mauern heran. Lediglich da, wo heute die Kumpfmühler Straße die Allee durchbricht, steht bereits eine einzelne Baumreihe. Dieses wüste Gelände wandelte sich nun auf Begehren des Fürsten Carl Anselm in eine Allee. Er selbst tut seinen Willen kund: „Ich habe die Idee gefaßt, eine Allee von Bäumen ... zur Zierde der Stadt und zur Gesundheit der Einwohnerschaft anlegen zu lassen. Diese Allee will ich auf meine Kosten machen lassen und verlange nur, daß dieselbe zu meinem Andenken Taxissche Allee genannt werden möge." Am 12. April 1779 machte der Fürst der Stadt das Angebot und am 17. Mai bereits beginnen die Arbeiten. Die erhaltenen Rechnungsbelege lassen den großen Aufwand an Löhnen und Material-

157. Die Allee beim Emmeramer Tor. Kupferstich, um 1800. Hofbibliothek

kosten erkennen. Umfangreiche Erdbewegungen planieren das zerfurchte Gelände. Erde und Dünger werden herangefahren. Große Kosten verursachen Beschaffung und Tranport der jungen Bäume. Stangen und Spagat zu ihrem Aufbinden sind erforderlich. Dazu kommen die Ausgaben für Baumwachs, für Zäune und für das Fahren von Wasser zum Begießen. Durchschnittlich sind stets 40 bis 50 Mann beschäftigt; während der Wintermonate sind es natürlich weniger. 1780 wird auch schon der erste Alleeaufseher namens Dimpfl genannt. Nach zweijähriger Arbeitszeit, 1781, sind die Arbeiten im wesentlichen abgeschlossen. Als eine Anlage aus meist zwei, gelegentlich auch aus drei Baumreihen umzieht nun die Allee die Stadt. In seiner glänzenden Arbeit über die Regensburger Allee, deren Forschungsergebnisse auch hier zum Teil verarbeitet sind, hat Dr. Richard Strobel die Gesamtsumme aller Ausgaben des Fürsten für die Allee genau ermittelt. Sie betrug 12 007 Gulden und 45 Kreuzer.

Die Stadt hatte somit allen Grund, dem Fürsten für dieses Geschenk zu danken. Sie ließ noch 1779 von dem Regensburger Münzmeister G. C. Busch eine Erinnerungsmünze prägen, deren Stempel der Medailleur J. M. Bückle fertigte. Die Vorderseite zeigt das Brustbild des Fürsten, der lateinische Text der Rückseite lobt den Gründer und bringt den Dank der Stadt zum Ausdruck. Am 13. November 1779 überreichte eine Abordnung des Rates dem Fürsten ein goldenes und zwei silberne Exemplare nebst einer gedruckten Dankadresse. Zur Erinnerung an ihren Stifter erhielt die Anlage den Namen „Fürst-Anselm-Allee".

Fürstprimas Carl von Dalberg verschönte seine Residenzstadt Regensburg in den ersten Jahren des 19. Jahrhunderts durch die Ausweitung des Alleegürtels. 1804 traf der Hofgärtner Bode aus Aschaffenburg ein und fertigte Pläne für den weiteren Ausbau der Allee. Durch Schleifung der Befestigungsanlagen vor den Stadttoren, namentlich vor dem Peterstor und dem Jakobstor, konnten neue Grundstücke zur Bepflanzung gewonnen werden. Teile des Stadtgrabens wurden an Bürger verkauft, um sie in Gärten umzuwandeln. Die Bepflanzung mit Bäumen längs der heutigen Dr.-Johann-Maier-Straße, der Kumpfmühler Straße sowie der Albert- und Margaretenstraße könnte ebenfalls auf die Initiative Dalbergs zurückgehen.

Seit ihrem Bestehen bildet die Allee ein wichtiges Kapitel aller Regensburger Stadtführer. Kayser bespricht sie in seiner 1797 erschienenen Stadtbeschreibung: „Der Weg um die Stadt auf der Landseite hatte viele Hügel und Wälle, war daher zu einem Spaziergang sehr unbequem und gewährte wenig Schatten. Se. Hochfürstl. Durchlaucht der regierende Fürst von Thurn und Taxis ließ im Jahre 1780 die Wälle und Hügel abtragen, die Vertiefungen ausmauern, die ganze Landseite mit einer schönen Allee bepflanzen und mit Ruhebänken versehen." Der Stadtführer von Fr. v. P. Ertl, 1842, versteigt sich zu folgendem Lob: „So herrliche Spaziergänge, wie sie Regensburg hat, findet man in ganz Teutschland nicht." Weilmeyr bringt 1830 eine bemerkenswerte Nachricht zur Geschichte der Allee. Er schreibt: „Die obere Hälfte (damit meint er die Strecke vom Jakobstor bis zur Maximilianstraße) wird gewöhnlich häufiger und von der eleganteren Welt besucht als die untere" (die Ostenallee). Davon mag sich vielleicht jene wenig soziale Bestimmung ableiten, die noch in den Jahren des ersten Weltkrieges Geltung hatte: Das Alleestück zwischen Jakobstor und Maximilianstraße war für Kinderwägen nebst Begleitung gesperrt.

Die allgemeine Begeisterung für die Allee regte auch die private Initiative an. Hauptsächlich längs der heutigen Albert- und Margaretenstraße — bis 1893 hieß sie Allee- und Staatsstraße — erwarben wohlhabende Bürger und Reichstagsgesandte Grundstücke, wandelten sie in sogenannte Lustgärten um und erbauten darin Salettchen und Sommerhäuser. Auch Graf Sternberg, bekannt als hervorragender biologischer Schriftsteller, erwarb das Gelände eines geschleiften Festungswerkes vor dem Peterstor, ließ es zu einem botanischen Garten umgestalten und erbaute darin das leider zerbombte Schlößchen Theresienruhe (s. d.).

Schon in den ersten Jahren des Bestehens der Allee gab es Leute, die aus Mutwillen, Eigennutz oder Unverstand Wege, Bänke und Rasenflächen beschädigten. Reiter ließen ihre Pferde über die gepflegten Spazierwege traben und selbst mit Fuhrwerken wollte man darüberfahren. Der Rat wies Polizeisoldaten und Flurwächter an, über die Pflanzungen ein wachsames Auge zu haben und Übeltäter, wenn nötig, mit Gewalt zu ergreifen. Noch während der Arbeiten an der Allee erließ der Rat ein erstes Dekret zu ihrem Schutz, in dem er „alles Fahren, Reiten, Vogelstellen und Schießen, Laubrechen oder Sammlung abfallender Früchte, Betteln, Blüthe abbrechen und Verunreinigung" unter Androhung empfindlicher Strafen verbietet.

Das „Regensburgische Diarium", die wöchentlich erscheinende Zeitung, veröffentlicht in ihrer Ausgabe vom 21. Dezember 1779 die Strafen, die den Alleefrevler erwarteten: Baumschänder sollten mit 8 Pfund Pfenningen bestraft werden, im Wiederholungsfall mit 16 Pfund. 10 Reichstaler betrug die Buße für den, der zum drittenmal beim Schänden von Bäumen ergriffen wird. Sollte jedoch der Übeltäter nicht in der Lage sein, das Geld zu erlegen, so sollte er „mit ergiebiger Leibstraf ohn Rücksicht gezüchtiget" werden. Es erscheint uns heute unbegreiflich, daß das Hüten von Vieh in der Allee, das Hineintreiben von Schweinen, Schafen und Ziegen, das Trocknen der Wäsche und das Anhäufen von Müll eines eigenen Verbotes bedurfte. Die Nutzung der Rasenfläche als Viehweide scheint jedoch immer wieder versucht worden zu sein, so daß der Rat mit Pfänden der Herde, ja mit Niederschießen von Tieren drohen muß. 1801 wendet er sich verschärft gegen alle Alleeschänder. Jeder ertappte Baumfrevler oder Zerstörer einer Bank soll „ohne weiteres in das Arbeitshaus abgeführt" oder mit angehängter Tafel an den Wegen zur Schau gestellt und zur Karrenstrafe in der Allee verurteilt werden. Wertvoller als das Prangerstehen mag folgende Strafe sein: Der Schänder hat anstelle des verwüsteten Baumes einen neuen zu pflanzen und diesen 10 Jahre lang zu pflegen.

Als die Allee 1780 ihrer Vollendung entgegenging, öffnete eine Gaststätte ihre Pforten, die vom ausklingenden Rokoko bis herein in unser Jahrhundert in Regensburg Rang und Namen hatte; das Wirtshaus „Zur Grünen Allee", nach seinem Gründer Jakob Baltasar Prinz auch kurzweg „Prinzengarten" genannt. „Im Monat Mai, in welchem gerade die Natur mit ihrem grünen Kleide prangte", schreibt Schuegraf, „da strömte die ganze Bevölkerung Regensburgs der neuen Allee, und nach eingenommener Besichtigung ... dem Prinzengarten zu. Am 10. Mai 1780 feierte die Reichsstadt Regensburg in dem Prinzengarten das erste Volksfest." Jakob Prinz erwarb ein Grundstück bei der Einmündung der heutigen Albertstraße in die Margaretenstraße und errichtete dort, unmittelbar an der neuen Allee, eine Gaststätte, die auf Geheiß des Rates den Namen „Zur Grünen Allee" tragen mußte. Prinz verstand es, durch sein gutes Bier und seine aufmerksame Bedienung die Regensburger in Scharen anzulocken. Aber schon nach einem Jahr verkaufte Prinz die beliebte und gutgehende Gaststätte an Johann Christoph Schwenold um 2100 Gulden, in dessen Familie sie fast 70 Jahre lang blieb. Die Gaststätte erfreute sich so großer Beliebtheit, daß selbst auswärtige Besucher der Stadt nicht versäumten, dort einzukehren. Es hatte fast das Aussehen, meint Schuegraf, als gäbe es um Regensburg keinen anderen Unterhaltungsort als den Prinzengarten. Erst 1911 wurde die Gaststätte geschlossen. Noch heute aber steht das Gebäude des einstigen Prinzengartens, nunmehr Albertstraße 1 (J 43), in seinem anheimelnden Biedermeierkleid an der Allee und es scheint, als träume dieses schöne Alt-Regensburger Haus unter den Kronen der mächtigen Bäume in seliger Erinnerung von vergangenen Zeiten mit ihrer unbeschwerten und anspruchslosen Fröhlichkeit.

Eine zweite Gaststätte im Bereich der Allee erfreut sich noch heute großer Beliebtheit: das Café „Unter den Linden", ehemals „zum Roten Roß in grüner Allee", Dr.-Johann-Maier-Straße 1 (J 22). Johann Adam Rüsselhuber bewirtete dort um 1808 die Gäste. In diesem Haus am Eingang zum Stadtpark erfreute das „Regensburger Figurentheater" die Kinder. Noch in den 20er Jahren unseres Jahrhunderts spielte dort Papa Beck mit seinen Stabmarionetten Stücke mit 5 und mehr Akten, in deren Mittelpunkt der Kasperl mit seiner Gretl als Sieger über Tod und Teufel stand.

Die Namen für die einzelnen Alleeabschnitte „Prebrunnallee" — „Fürstenallee" — „Ostenallee" verschwinden immer mehr aus dem Sprachgebrauch der Regensburger. Dagegen aber hält sich die Bezeichnung „Studentenwiesl" für den beliebten Kinderspielplatz, der die Senke zwischen der Ostenallee und der Landshuter Straße einnimmt. Bereits der Stadtplan von 1808 verzeichnet die „Studentenwiese", ein Beweis, daß die Regensburger Schüler und Studentlein auch in früheren Zeiten Gelegenheit hatten, im Freien zu tollen. Auf dem Gebiet östlich des Studentenwiesels bis zur Gabelsbergerstraße — heute steht dort das Hallenbad — befand sich die städtische Baumschule. In alter Zeit hieß die Gegend zwischen dem Peters- und Ostentor das „Weixelholz". 1603 wurde es vom Rat der Stadt erworben. Ein dort befindlicher Weiher wurde mit dem Schutt der zerstörten Weih-St.-Peters-Kirche teilweise aufgefüllt.

Das einstige Gartenschlößchen des Grafen Sternberg, später genannt „Theresienruhe" (J 53)

Im Park des fürstlichen Schlosses stand bis 1949 ein vornehmes Gartenpalais. Weiß leuchteten seine Fassaden aus dem Grün des Parks und prägten das Bild der Allee nächst dem Keplerdenkmal.

Graf Kaspar von Sternberg, der einem böhmischen Adelsgeschlecht entstammte, erhielt bereits mit elf Jahren eine Domherrnstelle zugesprochen. 1785, vierundzwanzig Jahre alt, wird er in das Regensburger Domkapitel aufgenommen. Sternberg machte seinem geistlichen Stand keine Unehre, bleibt aber zeitlebens Weltmann. Enge Beziehungen unterhält er zur Regensburger Reichstagsgesellschaft. Als hoher Staatsbeamter des Fürstentums Regensburg unter Carl von Dalberg übt er einen nicht unbedeutenden politischen Einfluß aus. Die große Liebe Sternbergs aber gehört den Naturwissenschaften, vornehmlich der Botanik. Deshalb zählt er auch zu den eifrigsten Mitgliedern der damals noch jungen Regensburger Botanischen Gesellschaft (s. d.). 1804 erwirbt er das Terrain einer Befestigungsanlage vor dem Peterstor — rund 1¼ Tagwerk — um es zu einem botanischen Garten umzugestalten. In seiner Lebensbeschreibung erinnert er sich: „Die Außenwerke von Regensburg wurden geschleift und die Räume zu Gärten verkauft ... Ein solches Treiben ist ansteckend. Trotz allen meinen Gefühlen und innerer Überzeugung von dem (politischen) Nichtbestande Regensburgs ... ließ ich mich doch hinreißen, mir ein geschleiftes Hornwerk vor dem Tor zu kaufen, um dort einen Garten anzulegen ..." Im Mai 1804 unternimmt er eine Reise nach Oberitalien. In Venedig trifft er mit dem Professor der Architektur, Giovanni Antonio Selva zusammen, der ihm die Pläne eines Schlößchens für seinen Regensburger Garten erstellt. Nach Regensburg zurückgekehrt beauftragt er den fürstprimatischen Hofarchitekten, Emanuel d'Herigoyen (s. d.), mit der Ausführung der Pläne und der Leitung des Baues.

Sternberg selbst schreibt: „Ich hatte mir von dem Baumeister Sylva in Venedig eine Zeichnung samt Grundriß für eine Villeggiatura fertigen lassen. Die Gründe zu dem Gebäude wurden gegraben, und im Monat Oktober (1804) der Grundstein in Anwesenheit des Fürst Primas (Carl von Dalberg), vieler meiner Freunde ... gelegt." 1805 ist der Bau vollendet.

Die Villa richtet ihre Schaufront nach Osten. Ein dreiteiliger ionischer Portikus mit Dreiecksgiebel gliedert die Fassade. Stuckiertes Rankenwerk füllt das Giebelfeld. Die Freitreppe flankieren steinerne Sphinxe. An das repräsentative Mittelgebäude schließen beiderseits nach Westen hin Seitenflügel für botanische Zwecke an. Hauptraum der Villa ist ein runder, von einer Kuppel überwölbter Salon.

Sternberg widmet nun seine ganze Kraft der Anlage und Verschönerung seines botanischen Gartens, der nur durch einen kleinen Graben und niedrige, lebende Zäune abgeschlossen ist. In Garten und Villa entfaltet sich ein reges gesellschaftliches und wissenschaftliches Leben. Die Botanische Gesellschaft (s. d.) hält während der Sommermonate ihre Zusammenkünfte dort ab. „... Mein Garten, der nahe an der Promenade (d. h. der Allee) lag, war nur durch eine Rollbrücke von ihr getrennt, die mittels einer zu tretenden Feder von selbst über den Graben rollte, um die Kommenden hereinzulassen. Botaniker kamen, sich Pflanzen zu holen, gingen in die Bibliothek, sie zu bestimmen, wo Freund Felix ihnen die Bücher schaffte. Baron von Löw (s. d.) zeichnete mit Meisterhand Blumen, seine Frau saß daneben und schrieb, die Kinder tobten im Garten und mein kleines Patchen wurde zum Dessert gebracht und mit Erdbeeren gefüttert. Dreimal die Woche hielt ich in meinem Gartensaal Vorlesun-

158. Gartenpalais „Theresienruhe"

159. *Graf Kaspar v. Sternberg. Im Hintergrund das Gartenschlößchen „Theresienruhe". Gemälde, um 1807. Museum*

gen über die Physiognomie der Pflanzen nach Alexander von Humboldt, die zahlreich besucht wurden. Am Abend nach der Promenade kamen die Freunde zum Tee, um den Abend im Kühlen zuzubringen, und wenn ein klarer Himmel die Gestirne in voller Pracht erscheinen ließ, sie mit dem Reichenbach'schen Sehrohr zu betrachten. Der Genuß eines wissenschaftlichen Treibens war mit jenem des geselligen Lebens im Kreise bewährter Freunde verbunden; er erfüllte ganz das Ideal, welches mir bei der Anlage dieses Gartens vorgeschwebt hatte." Den Himmelsbeobachtungen mit dem Fernrohr mag eine mit Geländer versehene Plattform auf dem Dach der Villa gedient haben, die auf einigen alten Abbildungen zu erkennen ist.

Der botanische Garten rückte zu einer Sehenswürdigkeit Regensburgs auf. Zahlreiche der durchreisenden Fremden besuchten ihn. Unter ihnen befand sich auch der junge Joseph von Eichendorff, der am 13. Mai 1807 in Regensburg weilt.

Am 23. April 1809, als die von Österreichern besetzte Stadt von den Franzosen im Sturm erobert wurde, erlitt auch das Gartenschlößchen schwere Schäden, lag es doch in nächster Nähe des Peterstores, wo die französischen Batterien Bresche schossen. Die Granaten strichen durch den Garten und rissen alle Bäume auf Mannshöhe ab. Österreichische Jäger hatten sich im Schlößchen verschanzt, wurden aber von den Franzosen daraus verdrängt und zogen sich in die Stadt zurück. Vom Turm des Peterstores aus nahmen sie nun ihrerseits die inzwischen von Franzosen besetzte Villa unter Feuer. Nach der Einnahme Regensburgs marschierten unablässig Truppen durch den Garten, Zäune, Sträucher und Blumen niedertretend. Türen und Möbel der Villa verbrannten die Franzosen an ihrem Lagerfeuer. Ein zeitgenössischer Kupferstich von Johann Bichtel veranschaulicht Garten und Palais nach den Zerstörungen. Die heute großen Platanen an der Ostseite des Schloßparks sind als kleine Bäumchen wiedergegeben.

Nachdem 1808 der Bruder Sternbergs gestorben war, schien eine Übersiedlung des Grafen nach Böhmen unabdingbar, um die Verwaltung der ausgedehnten Besitzungen zu übernehmen. Schweren Herzens nahm Sternberg 1810 endgültig Abschied von dem ihm so lieb gewordenen Regensburg. Garten und Villa hatte bereits vorher Carl von Dalberg erworben. 1810 gelangte das Fürstentum Regensburg an das Königreich Bayern. Die Besitzungen Dalbergs fielen an den bayerischen Staat, damit auch der Sternberg'sche, später Dalberg'sche Garten samt dem Palais, den aber König Maximilian I. von Bayern der botanischen Gesellschaft wiederum zur Verfügung stellte.

Garten und Villa gingen 1813 für 6000 Gulden in den Besitz des Fürsten Karl Alexander von Thurn und Taxis über. Sicherlich auf Anregung seiner Gemahlin, der Fürstin Therese, ging man unmittelbar nach dem Erwerb daran, die Kriegsschäden am Gartenschlößchen zu beseitigen. Die Bauakten des fürstlichen Zentralarchivs geben Auskunft darüber. Bereits 1814 verzeichneten sie Ausgaben für die Wiederinstandsetzung. Im Juli: „Dem Christoph Itelsberger Bildhauer alhier für gemachte Stukatorarbeit in dem Garten-Salon accordietermaßen 88 Gulden." Im Oktober: „Dem Mahler Zacharias für verschiedene Arbeit 326 Gulden." Der Schreiner Frey aus Sallern fertigt acht beiderseits furnierte Flügeltüren aus Pappelholz sowie zwei große Spiegelrahmen. Für das Beschlagen der genannten Türen erhielt der Schlosser Löffler 48 Gulden. Die Gesamtausgaben beliefen sich 1814 auf 1834 Gulden, 8 Kreuzer, 4 Heller. Im folgenden Jahr gingen die Arbeiten weiter. Das Sternberg'sche Wappen im Giebelfeld wurde ersetzt durch die Initialen FT, d. h. Fürstin Therese, war die Villa doch nun bestimmt, die Privatbibliothek der hochgebildeten Fürstin aufzunehmen. Ein 1815 erstellter Katalog der englischen, italienischen und lateinischen Literatur zeigt auf der Titelseite eine Vignette des Gartenschlößchens. Im Fries des Portikus werden die Worte angebracht THERESENS RUH, aus denen im Regensburger Sprachgebrauch für das Bauwerk der Name „Theresienruhe" entstand.

132 Jahre lang bildete „Theresens Ruh" ein Schmuckstück des Schloßparks und der Allee. In den letzten Kriegsmonaten mußte es den Mannschaften der Luftschutzpolizei als Quartier dienen. Ein Bombenangriff auf Regensburg 1945 traf auch die Villa, die bis 1949 teilweise in Ruinen lag. Überraschend erfolgte ihr völliger Abbruch. Heute grünt der Rasen über ihren Grundmauern und die alten Regensburger vermissen bei einem Blick über den Zaun des Schloßparks das einst so hübsche Gartenpalais.

Die Botanische Gesellschaft

Es war am zweiten Pfingstfeiertag des Jahres 1789, als der Provisor der Elefantenapotheke, David Heinrich Hoppe, von einer botanischen Exkursion aus den Jurabergen bei Matting in die Stadt zurückkehrte. Auch an diesem Tag trug er wieder eine reiche Beute seltener und schöner Pflanzen in seiner blechernen Botanisierbüchse heim. Beim Jakobstor begegneten ihm seine gleichfalls botanisch interessierten Freunde Duval und Graf de Bray, denen er seine Schätze zeigte. Sein Eifer und die Schönheit der Pflanzen begeisterten auch sie, so daß, wie Hoppe in seinem Tagebuch mitteilt, „de Bray zu den Worten sich veranlaßt sah, Regensburg könne einmal in der Botanik berühmt werden". Diese Worte bestärkten Hoppe in seinem schon längst gehegten Plan, in Regensburg eine Botanische Gesellschaft zu gründen. Als Hoppe wieder einmal auf den Jurahöhen südwestlich von Regensburg, die heute den Namen Max-Schultze-Steig führen, herumstreifte und Pflanzen sammelte, überraschte ihn ein plötzlich aufziehendes Gewitter. Er flüchtete von der Höhe herab zur Donau. Unter einem Felsen gegenüber von Sinzing fand er Schutz. Diesen Felsen nannte er von nun an den „Schutzfelsen".

Der Gedanke, eine botanische Gesellschaft zu gründen, ließ unseren Hoppe nicht mehr los. Am 14. Mai 1790 wanderte er mit gleichgesinnten Freunden — zu ihnen gehörte neben den genannten Duval und de Bray auch die Pharmazeuten E. W. Martius, Stallknecht und Funck sowie der Regensburger Stadtphysikus Dr. Kohlhaas — hinaus zum „Schutzfelsen", wo er mit ihnen die zu bestimmenden Satzungen beriet. Die Freunde stimmten begeistert bei und so ward unter dem „Schutzfelsen" der Gründungsakt der Regensburger Botanischen Gesellschaft vollzogen, der ersten botanischen Gesellschaft der Welt. Zur Erinnerung an diese denkwürdige Begebenheit trägt der „Schutzfelsen" eine Inschrifttafel, deren französischer Text in deutscher Übersetzung lautet: „David Heinrich Hoppe, während einem seiner botanischen Ausflüge von einem heftigen Gewitter überrascht, suchte Schutz unter diesen Felsen, die er Schutzfelsen genannt hat. Die Botanische Gesellschaft von Regensburg, die er im Mai 1790 gründete, hat ihm in Anerkennung diese von Flora begünstigte Gegend geweiht. F. G. de Bray. C. Duval." Die Stifter der Tafel waren Franzosen. Graf de Bray war Attaché am Regensburger Reichstag, Charles Duval Lehrer der Mathematik an der Pagerie des Fürsten von Thurn und Taxis.

Die Botanische Gesellschaft umfaßte zunächst sechs Mitglieder: Den Präsidenten Dr. Kohlhaas, den Sekretär Martius und die ordentlichen Mitglieder Hoppe, Stallknecht und Duval. Graf de Bray wurde zum Ehrenmitglied ernannt. Die Hauptaufgabe der jungen Vereinigung bestand zunächst in den wöchentlichen Exkursionen in die Umgebung Regensburgs, der Anlage von Herbarien und der allmählichen Beschaffung einer botanischen Bibliothek. Während des Winters fanden anstelle der Ausflüge Zusammenkünfte in der Wohnung eines der Mitglieder statt.

David Heinrich Hoppe, 1760 in Vilsen (Hannover) als das jüngste von 16 Kindern geboren, trat nach Abschluß der Lateinschule Gehilfenstellen in verschiedenen Apotheken an. 1786 kam er an die Elefantenapotheke in Regensburg. Nach sechsjähriger Tätigkeit entschloß er sich zum Studium der Medizin in Erlangen, wo er auch zum Doktor promovierte. Gleich darauf kehrte er

160. David Heinrich Hoppe (1760–1846), Gründer der Botanischen Gesellschaft. Ölgemälde, Naturkundemuseum

wieder in sein geliebtes Regensburg zurück, wo er eine ärztliche Praxis eröffnete. Seine große Leidenschaft aber war nach wie vor die Botanik. Mit Freuden entsagte er deshalb seinem Arztberuf, als Fürstprimas Carl von Dalberg am Regensburger Lyzeum eine Lehrstelle für Botanik errichtete und ihn als Professor für dieses Fach dahin berief. Neben dieser Tätigkeit war Hoppe nahezu ein halbes Jahrhundert lang Direktor der Botanischen Gesellschaft und leitete die von ihr herausgegebene Zeitschrift „Flora". 45 Jahre lang wanderte er Jahr für Jahr in die Bayerischen und Salzburger Alpen, um die alpine Pflanzenwelt an Ort und Stelle zu studieren. Er wohnte im Haus Maximilianstraße 23 (G 129), heute Hotel Weidenhof, das bis zum ersten Weltkrieg mit einer Gedenktafel bezeichnet war. 1846 starb Hoppe und fand auf dem Friedhof zu St. Peter nächst dem jetzigen Hauptbahnhof seine Ruhestätte. Sein literarischer Nachlaß umfaßt 17 umfangreichere Werke und mehr als 200 Aufsätze in botanischen Zeitschriften. Der Gesellschaft vermachte er eine wertvolle Sammlung von Moosen, einen Teil seiner Bibliothek und Herbarien sowie sein Ölporträt, das im Naturkundemuseum zu sehen ist. Seit 1885 trägt die westlich des Dörnbergparks entlangführende Straße nach ihm den Namen „Hoppestraße".

Die Botanische Gesellschaft gewann rasch an Mitgliedern und Ansehen in der wissenschaftlichen Welt. Die bedeutendsten Botaniker des In- und Auslandes rechneten es sich als Ehre an, ihr anzugehören. Vordringlichste Aufgabe war nun die Anlage eines botanischen Gartens. Hoppes Freund Martius hatte zuvor schon einige Medizinpflanzen, den roten Fingerhut und den stark giftigen Eisenhut beim „Schutzfelsen" verpflanzt. Die erste Anlage eines Gartens ermöglichte der fürstliche Hofkommissar Kayser, in dessen Wohnung auch ein Raum zur Aufbewahrung der Sammlungen und zur Abhaltung der Sitzungen zur Verfügung stand. Bald aber mußten wegen Verkaufs des Hauses Sammlungen und Pflanzen wandern. Ein Mietgarten im Westen der Stadt gewährte den Pflanzen vorübergehend Asyl. Assessor Lehner, nach dessen Familie der Lehnerweg benannt ist (s. d.), bot nun seinen großen, zwischen Von-der-Tann-Straße und Minoritenweg gelegenen Garten der Gesellschaft an. Auch übernahm er dessen Pflege und gestattete die Aufnahme der Sammlungen in seiner Wohnung. Ein ungünstiger Stern aber schien über dem Unternehmen gestanden zu sein, denn schon nach wenigen Jahren starb Lehner und Pflanzen und Sammlungen waren erneut heimatlos geworden. In dieser Not fand sich in der Person des Dompropstes Thurn ein neuer Wohltäter. Er ließ die Pflanzen in seinen Garten am Domplatz — Thurn bewohnte die sogenannte Residenz, Domplatz 6 (E 57) — versetzen. Zu den dort gezüchteten heimischen Pflanzen kamen noch etwa 100 exotische Arten. Das inzwischen nach Salzburg übergesiedelte Gründungsmitglied Funck schickte von dort aus seltene Alpenpflanzen. Ein noch erhaltenes Verzeichnis nennt die Namen von 289 Arten, die in dem Garten am Domplatz Pflege und Wartung fanden.

Ein großer Freund und Gönner erwuchs der Gesellschaft in Fürstprimas Carl von Dalberg. Er schenkte ihr den großen Garten des 1803 säkularisierten Klosters St. Emmeram. Hoppe, den er zum Professor der Botanik berief, bestellte er zugleich mit einem festen Gehalt zum Direktor dieses Gartens. Östlich daran anschließend entstand 1804 ein weiterer Garten, als Graf Sternberg den Grund eines geschleiften Festungswerkes zu einem botanischen Garten umgestaltete. In diesen ließ er dann 1805 ein Gartenschlößchen, die später sogenannte Theresienruhe (s. d.), bauen.

Als 1810 die Klostergebäude von St. Emmeram an den Fürsten von Thurn und Taxis übergingen, war die Gesellschaft wiederum ihres Gartens beraubt, doch hatte ihr Dalberg, noch wenige Tage vor seinem Tod, eine beträchtliche Summe zur Neuanlage eines Gartens überschrieben. Die Gesellschaft erwarb damit das Gelände des heutigen Hallenbades. Trotz der wiederholten Mißerfolge gingen die Mitglieder zu Beginn des Frühjahrs 1817 mit Eifer daran, das neue Grundstück zu kultivieren und in einen botanischen Garten umzugestalten. Weitere Gönner gewährten großzügige Stiftungen zur Anlage eines Wohn- und Glashauses. Doch gegen die Mitte des Jahrhunderts zu starben die Förderer hinweg. Zwar erhielt die Gesellschaft noch einzelne Restbeträge aus Stiftungen — auch König Ludwig I. gewährte einen Jahresbeitrag von 300 Gulden — doch reichten die Mittel nicht mehr aus, den Garten zu erhalten. So wurde er denn 1854 an den Gärtner Hirschbeck verkauft, von dem ihn die Stadt erwarb und dort die Stadtgärtnerei anlegte.

Am 50. Jahrestag der Gründung der Botanischen Gesellschaft, dem 14. Mai 1840, versammelten sich alle in Regensburg anwesenden Mitglieder zu einer Exkursion nach dem „Schutzfelsen", um an dieser historischen Stätte dem nun bald 80jährigen Gründer, David Heinrich Hoppe, ihre Glückwünsche zu entbieten. Die 100jährige Wiederkehr der Gründung wurde 1890 festlich begangen. Die Gedenktafel am Schutzfelsen wurde erneuert und mit folgendem Zusatz versehen: „Diese Tafel wurde erneuert beim 100jährigen Jubiläum der k. k. bot. Gesellschaft am 14. Mai 1890." Die große Tradition der „Regensburgischen Botanischen Gesellschaft" wird noch heute lebendig weitergeführt.

Denkmal für den Stifter der Allee,
Fürst Carl Anselm von Thurn und Taxis

Fürstprimas Carl von Dalberg, der Regent des geistlichen Fürstentums Regensburg von 1803 bis 1810, ließ dem Schöpfer der Regensburger Allee, Fürst Carl Anselm von Thurn und Taxis, bereits ein Jahr nach dessen Tod, 1806, auf dem Gelände der geschleiften Peterstorbastei ein vornehmes Denkmal errichten. Auf mehrfach gestuftem Unterbau erhebt sich ein rechteckiger Sockel, den ein vorkragender, reich profilierter Sims beschließt. Darauf folgt, etwas zurückgesetzt, der gleichfalls sockelähnlich ausgebildete Mittelteil, an dessen Westseite in großen Bronzelettern die Widmungsinschrift steht:

> DEM
> ERSTEN STIFTER DER ANLAGEN
> CARL ANSELM
> FÜRSTEN VON THURN UND TAXIS
> MDCCCVI

An der Ostseite prangt das in Sandstein gemeißelte, von Eichenlaub und Lorbeer umrankte Wappen des fürstlichen Hauses. Über dem Mittelteil erhebt sich ein Obelisk. Das Steinmaterial für das Denkmal soll von abgebrochenen Türmen der Regensburger Stadtmauer stammen. Den Entwurf fertigte Dalbergs Hofarchitekt, der Portugiese Emanuel d'Herigoyen. Die fürstprimatische Regierung richtete 1806 ein Schreiben an den Stadtmagistrat von Regensburg, in dem sie ersucht, „zu dem von Eminentissimo angeordneten Obelisken vor dem Peterstor einen großen Stein von acht Schuh für die Inschrift abzulassen". Der Stein scheint aber nicht geliefert worden zu sein, da das Denkmal mit Ausnahme der Sandsteintafel für das Wappen, aus kleineren Kalksteinquadern aufgemauert ist.

Den Platz zu dem Denkmal ließ Dalberg mit einem Oval von Pappeln und Kastanienbäumen umgeben, von denen einige heute noch grünen. Mit dem Obelisk schufen Dalberg und sein Architekt den eigentlichen Mittelpunkt der ganzen Allee und einen der schönsten Plätze der Stadt.

Der Regensburger Kupferstecher Johann Bichtel wählte den Obelisken und seine Umgebung als Vorwurf für eines seiner schönsten Blätter: Das Denkmal säumen die gleichzeitig gepflanzten

161. Allee mit Obelisk und Theresienruhe. Kupferstich von Johann Bichtel, nach 1813. Hofbibliothek

Bäume, rechts ist das Gartenschlößchen Theresienruhe erkennbar. Spaziergänger beleben die Alleewege. Den Vordergrund nimmt eine Gruppe hübscher Regensburgerinnen in der kleidsamen Tracht der Biedermeierzeit ein.

Das Keplerdenkmal

Johann Kepler, dessen Phantasie und genialer Geist die Gesetze der Planetenbewegung erschloß, starb am 15. November 1630 in Regensburg und wurde auf dem Petersfriedhof vor den Mauern der Stadt begraben. Schon wenige Jahre später wußte man nicht mehr, wo die Gebeine des großen Toten ruhen. Es war die Zeit des Dreißigjährigen Krieges. Verteidigungsvorkehrungen, Einnahme der Stadt durch die Schweden und Rückeroberung durch kaiserliche Truppen verwüsteten den Friedhof. Man darf wohl eine restlose Zerstörung der Grabstätte annehmen, sonst hätte sicher die Witwe Keplers, die seit 1635 in Regensburg lebte, die Ruhestätte ihres Mannes betreut, so daß sie späteren Zeiten erhalten geblieben wäre (s. Keplers Grabschrift).

150 Jahre vergingen, ehe man sich der Dankespflicht besann, Kepler durch ein Erinnerungsmal zu ehren. Der Rektor des Regensburger Gymnasiums, Philipp Ostertag, gab als erster den Anstoß zur Errichtung eines Denkmals. Mit einer Schrift „An das aufgeklärte teutsche Publikum" suchte er 1786 für seinen Plan zu werben. Sein Aufruf aber verhallte ungehört. Noch einmal mußten zwei Jahrzehnte vergehen, ehe der Gedanke des Denkmalbaues wieder aufgegriffen wurde. Von den Männern um Fürstprimas Carl von Dalberg gingen 1806 erneute Bestrebungen aus. Vor allen waren es die unermüdlich treibende Kraft des Grafen Kaspar von Sternberg und die finanziellen Möglichkeiten Dalbergs, die den Plan schließlich zur Wirklichkeit reifen ließen.

Emanuel d'Herigoyen, „Stadt- und Landbaumeister für das Fürstentum Regensburg", ein bedeutender Architekt des Klassizismus, fertigte den Plan und zwar ursprünglich in Form eines Tempels mit Vorhalle und ovalem Innenraum. Dalberg jedoch lehnte diesen Entwurf ab. D'Herigoyen schuf sodann die Anlage, wie sie tatsächlich zur Ausführung kam: einen offenen Rundtempel, in dessen Mitte die Büste des Geehrten steht.

Verfolgt man die Baugeschichte des Denkmals näher, so stößt man auf die interessante Entdeckung, daß seiner heutigen Form eine Zeichnung von Keplers eigener Hand zugrunde liegt. Es handelt sich um einen Entwurf Keplers zum Titelbild seiner 1627 erschienenen „Rudolphinischen

162. *Keplers eigenhändiger Entwurf zum Titelblatt der „Rudolphinischen Tafeln".* Nationalbibliothek Wien

163. *Titelblatt zu Keplers „Rudolphinischen Tafeln". Kupferstich von Georg Coeler, Nürnberg, 1627.* Keplermuseum

Tafeln". Das Blatt, eine getuschte Federzeichnung, verwahrt die Nationalbibliothek in Wien. Keplers Zeichnung stellt einen säulengetragenen Tempel auf fünfeckigem Sockel mit rundem Kuppeldach dar, auf dessen äußerem Rand die Figuren der Arithmetica, der Geometria, der Astronomia und der Optica stehen. Den fünf tragenden Säulen entsprechen fünf Figuren der Astronomen vor Kepler, nämlich jene des Copernicus, des Regiomontanus, des Ptolemäus, des Tycho Brahe und des Albategnius. Die Säule des Ptolemäus, dessen astronomisches Weltbild Kepler widerlegte, ist geborsten. Diesen Entwurf Keplers hat nach einigen Abänderungen Georg Coeler aus Nürnberg für das Titelbild der „Rudolphinischen Tafeln" in Kupfer gestochen. Das Kupferblatt zeigt wiederum den offenen, säulengetragenen Tempel auf erhöhtem, jedoch zehneckigem Unterbau. In seinem Innern sieht man abermals bedeutende Astronomen vor Kepler. Die sechs allegorischen Figuren auf dem Rand des Kuppeldaches beziehen sich auf die Hilfswissenschaften der Astronomie: „Magnetica" mit der Kompaßnadel, „Stathmica" mit der Waage, „Doctrina Triangulorum" mit Zirkel und Winkelmaß, „Logarithmica" mit den sogenannten Rechenstäben des Neper, des Erfinders der Logarithmen, die „Optica" mit dem Fernrohr und die „Physica", die mit strahlender Sonne und beleuchteter Erde die geradlinige Ausbreitung des Lichts versinnbildlicht. Im Zenit der Kuppel thront die gekrönte Urania in einem Wolkenwagen. Die Säulen tragen die zur Erforschung der Sternenwelt dienenden Instrumente. Was die Darstellung besonders wertvoll macht ist das Selbstbildnis Keplers in einer Seitenfläche des Tempelunterbaues. Der Forscher sitzt an der Schmalseite seines Arbeitstisches, auf dem eine brennende Kerze, das verkleinerte Abbild des Tempeldaches und ein Tintenfaß mit Feder stehen. Als Sinnbild kaiserlicher Zahlungskraft schwebt über dem Tempel der Reichsadler, der Münzen aus seinem Schnabel fallen läßt. Die meisten davon rollen in das Innere des Tempels, ein kleiner Teil nur landet auf dem Schreibtisch des Gelehrten, eine Anspielung auf die geringe Entlohnung des kaiserlichen Brotgebers. Kepler selbst richtet einen recht sorgenvollen Blick auf den Betrachter.

164. Keplerdenkmal. Porträtbüste Keplers von Friedrich Döll, 1808

Pater Placidus Heinrich von St. Emmeram, der an der Regensburger Hochschule als Physiker und Astronom wirkte, wird es gewesen sein, der d'Herigoyen die Anregung gab, das Titelblatt der Rudolphinischen Tafeln als Grundlage für den Denkmalsentwurf zu verwenden. Das Buch war in Regensburg bekannt und greifbar. Ein Exemplar wurde bereits ein Jahr nach seinem Erscheinen, 1628, in die Ratsbibliothek aufgenommen, ein zweites Exemplar widmete Keplers Sohn Ludwig 1634 der Stadt. Beide Bücher sind jetzt im Kepler-Gedächtnishaus ausgestellt. Somit ergibt sich die überraschende Tatsache, daß Kepler den Plan zu seinem Denkmal im wesentlichen selbst entworfen hat.

Mit nicht allzu einschneidenden Abänderungen hat d'Herigoyen den Stich Coelers und damit die Zeichnung Keplers in seinen Entwurf eingearbeitet. Acht dorische Säulen tragen den gefälligen Rundtempel, in dessen Mitte auf einem Sockel aus rotem Marmor die Büste Keplers steht. Tierkreis- und Planetenzeichen aus vergoldeter Bronze gliedern den Architrav, eine vergoldete Armillarsphäre krönt das Kuppeldach. Keplers Büste aus Cararamarmor schuf Bildhauer Friedrich Döll aus Gotha. Ihre unverkennbare Übereinstimmung mit dem kleinformatigen Keplerbildnis der Rudolphinischen Tafel läßt vermuten, daß dieses — vielleicht neben einem anderen, heute nicht mehr bekannten Porträt — dem Bildhauer als Vorlage diente. Die tiefliegenden Augen, die hohe, etwas eingebrochene Stirn, die leicht betonten Backenknochen und der schmerzliche Zug um den Mund verraten weitgehende Ähnlichkeit. Man darf annehmen, daß Kepler sein Porträt für die Rudolphinischen Tafeln, das ja unter seinen Augen entstand, gebilligt hat. Das wiederum berechtigt zu dem Schluß, daß die Regensburger Denkmalbüste dem wahren Aussehen Keplers einigermaßen nahekommt.

Die Vorderseite des Sockels schmückt ein Relief aus weißem Marmor, ein Werk des Bildhauers Johann Heinrich von Dannecker aus Stuttgart. Es zeigt in allegorischer Darstellung Keplers Genius, der den Schleier von der geheimnisvollen Urania hebt. Die Göttin überreicht ihm ein Fernrohr, an dessen Entwicklung Kepler großen Anteil hat. Urania hält in der Hand eine Rolle mit der Zeichnung zu den ersten beiden Keplerschen Gesetzen.

1808 war der Denkmalbau vollendet. Dalberg bestimmte als Weihetag den 27. Dezember, den Geburtstag Keplers. Die Festgäste versammelten sich im Gartenschlößchen Sternbergs, der späteren, im Krieg zerstörten Theresienruhe, wo die verhüllte Büste Keplers stand. Während eines musikalischen Festspieles erfolgte die Enthüllung. Acht Männer in altdeutscher Tracht, gefolgt von den Honoratioren, trugen sie dann aus dem Schlößchen zum nahegelegenen Denkmal, wo sie unter Kanonendonner aufgestellt wurde. Zahllose Menschen säumten den Platz vor dem einstigen Petersfriedhof, dem ursprünglichen Standort des Denkmals, nächst dem Grab Keplers. Im neuerbauten Theater — es war damals erst vier Jahre alt und ist gleichfalls ein Werk d'Herigoyens — fand eine Festvorstellung statt, die durch den Prolog „Keplers Geburtstag" eingeleitet wurde. Nach der Vorstellung lud Dalberg die Gäste zu einem Festessen in das Neue Haus. Philipp Ostertag, der als erster die Idee einer Denkmalserrichtung aussprach, erlebte den Weihetag nicht mehr. Er war bereits 1801 gestorben. Fürstprimas Carl von Dalberg würdigte sein Verdienst damit, daß er seiner Witwe am Tag der Denkmalsweihe eine Rente aussetze.

Anläßlich der Denkmalsweihe erschien eine anonyme, von Placidus Heinrich verfaßte Festschrift „Monumentum Keplero dedicatum Ratisbonae", die heute zu einer literarischen Seltenheit geworden ist. Sie beinhaltet in lateinischer Sprache eine Beschreibung von Keplers Leben und eine Würdigung seiner wissenschaftlichen Leistungen, daneben auch genaue Angaben über das neu errichtete Denkmal. Der Maler Joseph Bouillot stattete sie mit vier lithographischen Tafeln aus. Ebenfalls 1808 kam ein jetzt ebenfalls sehr selten gewordener Kupferstich von H. Ritter nach einem Aquarellbild des Malers Baron von Goez heraus. Er zeigt das Keplerdenkmal inmitten eines idealisierten, gefühlvollen Landschaftsbildes. Die Vorberge des Bayerischen Waldes im Hintergrund erscheinen stark überhöht. Neben dem Denkmal ist die Westmauer des alten Petersfriedhofes sichtbar, in dem Kepler bestattet wurde. Im Vordergrund links werden drei um die Erbauung des Denkmals verdiente Persönlichkeiten wiedergegeben: der fürstprimatische Baudirektor und Architekt d'Herigoyen, Graf Sternberg und Pater Placidus Heinrich von St. Emmeram. Die Figurengruppe rechts davon stellt den Maler Freiherrn von Löw vor, der sich einen Namen als Illustrator botanischer Werke machte, seine Frau, eine geborene von Diede und seine Kinder.

Bereits ein Jahr nach Vollendung des Denkmals, 1809, brauste der napoleonische Sturm über Regensburg hinweg. Beim Wiederaufbau des zerstörten Stadtviertels legte man die geradlinig nach Süden verlaufende, breite Maximilianstraße an, in deren verlängerter Achse das Denkmal stand und so einen architektonisch reizvollen Abschluß der neuen Straße bildete. Mit dem Bau

165. Das Keplerdenkmal in seiner früheren Umgebung. Links: d'Herigoyen, Sternberg, Placidus Heinrich. Kupferstich von H. Ritter nach Vorlage von J. F. v. Goez, 1808. Hofbibliothek

der sogenannten Ostbahn, 1858, erhielt Regensburg Anschluß an den Weltverkehr. Im Süden der Stadt entstand der Bahnhof, dessen Zufahrt die verlängerte Maximilianstraße war. Dieser Straßenführung stand aber nun das Keplerdenkmal im Wege. 1859, nach langwierigen Verhandlungen, einigte man sich schließlich dahin, das Denkmal ein Stück weiter nach Westen an seine heutige Stelle zu versetzen.

Die Predigtsäule

Nächst dem ehemaligen Peterstor steht die sogenannte Predigtsäule. Über einem kreuzförmigen Sockel erhebt sich eine schlanke, über Eck gestellte Säule. Eine Plastik des Gekreuzigten mit Maria und Johannes bekrönt sie. Umlaufende Simse teilen jede Seite des Schaftes in sechs Felder mit schwerfällig gearbeiteten Reliefbildern.

Für den Laien wäre es wohl vergebliche Mühe, die Bedeutung dieser seltsamen Steinbilder enträtseln zu wollen. Endres gelang eine weitgehende, wenn auch nicht endgültige Klärung der Symbolik dieser Darstellungen.

Das Kultdenkmal entstand im frühen 14. Jahrhundert. Im Laufe der Zeiten erfuhr es zahlreiche Restaurierungen, die letzte 1959/60. Bei einer Erneuerung im Jahre 1858 mußte die bekrönende Kreuzigungsgruppe durch eine Kopie ersetzt werden. Das Original befindet sich im Museum. Lediglich die untersten Bildfelder blieben von den Renovierungen unberührt und in ihrem ursprünglichen Zustand erhalten. Da sieht man einen Engel, der mit gezücktem Schwert die Verdammten in den Abgrund der Hölle stürzt. Die Gerechten streben mit gefalteten Händen dem Himmel zu, der durch eine doppelte Reihe von Heiligen in Büstenform angedeutet ist. Die Verstorbenen stehen aus den Gräbern auf und die brausenden Wasser geben ihre Toten wieder frei. Auf einem Wagen steht der Prophet Elias, ihm zur Seite umarmen sich zwei unbekleidete Gestalten. Diese lange Zeit ungeklärt gebliebene Gruppe deutet Endres als eine Wiedergabe der Prophetie des Maleachis, in der es heißt: „Sehet, ich werde euch den Propheten Elias senden, ehevor der Tag des Herrn kommt, der große und furchtbare. Und er wird das Herz der Väter zu den Kindern und das Herz der Kinder zu ihren Vätern wenden." In kindlich naiver Weise hat der Bildhauer diesen letzten Ausspruch durch die beiden sich umarmenden Figuren zum Ausdruck gebracht.

Zusammenschauend erkennt man in dem ganzen Bilderzyklus eine Versinnbildlichung des Jüngsten Gerichtes, der sich auch die nach oben folgenden Darstellungen einfügen. Es sind dies u. a. auch die zwölf Apostel, die als sitzende Figuren in dreimal vier Feldern untergebracht sind. Darüber thront der Weltenrichter, ihm zur Seite Maria und Johannes. Posaunende Engel kündigen das Jüngste Gericht.

Wir kennen den Zweck der Errichtung dieses Denkmals nicht. Vielleicht wurde es aus frommer Dankbarkeit gesetzt, vielleicht hat es Reue und Sühne für begangene Untat geschaffen, vielleicht sollte es die Erinnerung an ein besonderes Ereignis festhalten.

Die Jahrhunderte haben einen Kranz von Sagen und Erzählungen um die Predigtsäule gewoben. Die älteste auf das Denkmal bezugnehmende Legende findet sich in der „Gesta Caroli Magni", die ein Mönch des Regensburger Schottenklosters Weih-St.-Peter innerhalb der Jahre 1270 und 1278 verfaßte. Darin ist folgende wunderbare Begebenheit mitgeteilt: König Karl kommt aus Italien nach Deutschland, um es für den christlichen Glauben zu gewinnen. Nach Verlauf eines Jahres ist das ganze Land bekehrt mit Ausnahme der festen Stadt Regensburg. Gegen sie zieht nun Karl mit einem wohlausgerüsteten Kriegsheer. Ein Engel verkündet ihm den Sieg und befiehlt, auf einem Hügel nahe der Stadt, den Gott durch ein Kreuz kennzeichnen wird, die Zelte aufzuschlagen. Das Kriegsheer nähert sich den Mauern Regensburgs. Einer der Heerführer entdeckt das Kreuz und benachrichtigt den König, der hier das Lager errichten läßt. Bischöfe und Priester aus Karls Heer predigen bei dem wunderbaren Kreuz den Mannschaften. Karl selbst verkündet die Erscheinung des Engels und die Auffindung des Kreuzes. Erst nach einem Jahr der Belagerung gelingt es die Stadt einzunehmen und ihre Bewohner dem christlichen Glauben zuzuführen. Erobernd zieht Karl nach Spanien weiter. Dort erreicht ihn die Kunde, daß die vertriebenen Heiden nach Regensburg zurückgekehrt seien und die Stadt schwer bedrängten. Eiligst findet sich Karl mit seinen Mannen vor Regensburg ein. Aber erst nach acht Tagen stellen sich die Heiden zum Kampf. In dieser Zeit läßt der fromme König auf dem einstmals durch das Kreuz bezeichneten Hügel täglich durch sieben Bischöfe, die sein Heer begleiten, den Soldaten das Wort Gottes verkünden. Der Platz soll deshalb auf Wunsch des Königs „uf der Predige" heißen. Die Schlacht beginnt und wird durch das Erscheinen eines weißen Reiters auf weißem Pferde zugunsten der Christen entschieden. Auf dem Kreuzhügel vor der Stadt läßt Karl die Gefallenen bestatten und darüber eine Kirche erbauen. Noch ehe sie geweiht ist, siedeln sich dort schottische Mönche als Inklusen an. Der König zieht mit dem Klerus und vielen Fürsten hinaus, um das Gotteshaus zu weihen, findet aber die heilige Handlung bereits vollzogen. Die Klausner berichten, daß während der Nacht Wohlgeruch und himmlischer Lichtglanz die Kirche erfüllten. Der heilige Petrus selbst, umgeben von Aposteln und Engeln, habe den Weihakt vollzogen. Auf Geheiß König Karls sollte deshalb der Ort für ewige Zeiten „Weih-St.-Peter" genannt werden.

Dieser Überlieferung nach wäre die Predigtsäule die Nachfolgerin des Kreuzes aus der Legende. Das Weih-St.-Peter-Kloster verschwand erst 1552, es fiel Kriegsvorkehrungen zum Opfer. Zeugnisse des 14. und 15. Jahrhunderts berichten von den „Weih-St.-Peters-Kirchweihfesten", bei denen die Schottenmönche von einer alten Linde herab predigten und dem Volk den Ablaß spendeten. Die Gegend hieß deshalb „auf der Predigt unter den Linden". Diese Kirchweihfeste waren meist mit größeren Jahrmärkten (s. d.) verbunden. In diesem Zusammenhang ist es naheliegend, die Säule als ein Zeichen des Marktrechts und Marktfriedens zu deuten, zugleich aber auch als Symbol für eine Stätte der Rechtsprechung. Die Predigtsäule wäre demnach den sogenannten Urteilssäulen beizuordnen. Ihre Darstellung des Jüngsten Gerichts ließe sich sehr gut mit dieser Bestimmung in Zusammenhang bringen.

Das Denkmal für Polizeidirektor Gruber

Der Anschluß Regensburgs an das junge bayerische Königreich 1810 brachte für die Stadt einschneidende Reformen. Bayerns allgewaltiger Minister Montgelas, ein Mann von kühlem Verstand und ganz dem Geist der Aufklärung huldigend, baute mit starker Hand einen modernen, einheitlichen, bayerischen Staat. Er beseitigte ohne Rücksicht auf Tradition und historische Entwicklung alle Sonderrechte, altväterischen Einrichtungen und den letzten Rest von barockem Zopf. Der straff zentralistisch regierte Staat beschnitt Rechte und Befugnisse der Gemeinden weitgehend. Das machte sich besonders in Regensburg spürbar, wo mit einer jahrhundertealten Eigenstaatlichkeit und Selbstverwaltung gebrochen werden mußte. In den großen Städten, auch in Regensburg, traten an die Stelle der bisher gewählten Bürgermeister vom Staat ernannte Polizeidirektoren.

Die Übergabe der Stadt an Bayern vollzog der von König Maximilian I. entsandte Freiherr von Weichs, der auch die neue bayerische Verwaltung hier einführte. Weichs mag in Regensburg eine noch etwas barock verschnörkelte Welt vorgefunden haben. Reste alter Reichstagsherrlichkeit, vielleicht auch ein etwas engstirniges Beamtentum; denn noch im Dezember 1810 dringt er in München auf die alsbaldige Einsetzung eines Polizeidirektors: „Regensburg, eine der ersten Städte des Reiches, bewohnt von vielen sehr gebildeten Menschen ... bedarf eines Polizeidirektors, der Kraft und Mut hat, durchzugreifen, dessen Bildung fein und dessen Verhältnisse unabhängig von den Einwohnern der Stadt sind." Wenige Monate später erfolgte die Ernennung des 1765 in Amberg geborenen Franz Xaver Gruber zum Polizeidirektor von Regensburg.

Gruber entfaltete in Regensburg eine segensreiche Tätigkeit, die von den leidgeprüften Bürgern um so dankbarer empfunden wurde, als die Kriegsverheerungen des Jahres 1809 die Stadt dem wirtschaftlichen Ruin nahegebracht hatten. Aber schon nach dreieinhalbjähriger Amtszeit starb Gruber. Auf dem Petersfriedhof wurde er im November 1814 zu Grabe getragen. Nach seinem Tod erschien eine Reihe von Lobschriften auf ihn.

Wenige Monate nach Grubers Tod faßten die Bürger Regensburgs den Entschluß, den verdienten Polizeidirektor durch ein Denkmal zu ehren. Die Witwe Grubers gab daraufhin eine „Dankes-Zuschrift" an die „Herren Bürger zu Regensburg" in Druck, in der sie in pathetischen Worten ihren Dankgefühlen Ausdruck gibt. Zum Schluß bemerkt sie, daß sie auf den Grabstein ihres Gatten folgende, auf das Denkmal bezügliche Worte setzen lassen werde: „Der schönste Kranz ward ihm gewunden / Da er des Amtes schwere Bürde / Mit Staatespflicht und Menschenwürde / Mit Weh und Wohl so schön verbunden / Wanderer! willst du weiterlesen / Geh zu jenem Denkmal hin! / Wer ein guter Mann gewesen / Zeugt der edle Bürgersinn."

In der Ostenallee, nahe der D.-Martin-Luther-Straße, steht das schlichte, im Stil des Empire 1815 aus Sandstein erbaute Denkmal. Ein rechteckiger Sockel trägt einen, aus Quadern aufgebauten und mit einem vergoldeten Lorbeerkranz geschmückten Obelisken, den Giebelverzierungen, sogenannten Akroterien, schließen. Eine Solnhofener Platte in der Ostseite des Sockels trägt die Inschrift: „Dem Andenken des Polizey-Direktors Franz Xaver Gruber die dankbaren Bürger Regensburgs 1815". Weilmeyr kannte 1830 noch die heute fehlende Inschrift der Westseite, die lautete: „Treu dem Könige, rastlos thätig für Bürger-Wohl, wirkte er nur kurze Zeit, aber uns immer unvergeßlich". Die Schrifttafel müßte 1910 noch vorhanden gewesen sein; denn der Verwaltungsbericht der Stadt dieses Jahres bringt die auf das Denkmal bezügliche Nachricht: „... die Fugen verstrichen und die Inschriften sowie einzelne Architekturteile vergoldet."

Das Zollerdenkmal

Am sogenannten Studentenwiesl (s. d.) steht eines der wenig beachteten Denkmäler Regensburgs. Auf künstlichem Hügel erhebt sich das aus Eisen gegossene Monument für Generalleutnant Friedrich Johann Daniel Alois Baron von Zoller, nach dem auch die Zollerstraße benannt ist. Während alle übrigen Denkmäler in Beziehung zur Geschichte Regensburgs stehen oder an Persönlichkeiten erinnern, die im Leben der Stadt eine Rolle gespielt haben, steht das Zollerdenkmal außerhalb dieser Reihe. Es ist sozusagen das Privatdenkmal für einen Mann, der wohl als Krieger und Haudegen eine gewisse Berühmtheit erlangte, dessen Bindung an Regensburg aber lediglich darin bestand, daß er in der 1810 bayerisch gewordenen Stadt das königliche Linien-Infanterieregiment kommandierte. Die Familie von Zoller ließ das Denkmal nach dem Tod des Generals 1821 errichten. Die lokale Kunstgeschichte ließ es unbeachtet; dennoch nimmt es in Gestaltung und Technik eine für Regensburg einmalige Stellung ein.

Die Kunst des Eisengusses kannte schon die Gotik. Gegossene Kanonenkugeln, Geschützrohre und gußeiserne Stubenöfen sind aus dem frühen 15. Jahrhundert bekannt. Der Kunstguß, namentlich der Reliefguß in Eisen, stand an der Wende zum 19. Jahrhundert in hoher Blüte und war um 1800 große Mode. Regensburg jedoch weist außer dem Zollerdenkmal kein Beispiel dieser Technik mehr auf, von einigen unbedeutenden Grabplatten abgesehen. Der Guß des Zollerdenkmals ist eine Arbeit des Eisenwerks von Bodenwöhr. Auf einem gemauerten Unterbau steht ein zweistufiger, aus schweren Eisenplatten bestehender Sockel, auf dem ein massiger Eisenkubus militärische Embleme trägt. Die meisten davon gingen im Laufe der Zeit verloren. Nur noch eine Fahne, eine Helmbrünne, ein Kanonenrohr und ein Köcher mit Pfeilen gruppieren sich um den hohen Schanzkorb. Ursprünglich jedoch war der Sockel reich geziert mit Trommeln, Trompeten, Pauken, Hellebarden und Säbeln, wie eine zeitgenössische Darstellung im Besitz der Hofbibliothek ausweist. Die vier Felder des Aufbaues tragen Inschriften. Der Text an der Schauseite meldet, daß Baron von Zoller am 24. Mai 1762 geboren wurde und am 25. Februar 1821 in Regensburg starb. Die Inschriften der Nord- und Westseite führen die Schlachtenorte an, an denen der Gefeierte teilnahm und zählen seine Orden und Titel auf. Ein Gedicht, ganz im Stil der Zeit, rühmt die Tugenden des Barons. Zwei Eisentafeln — jetzt nicht mehr nachweisbar — trugen die Namen „Hundertpfund" und „Bergmann". Hundertpfund, ein Regensburger Bildhauer, ist der Modelleur des Denkmals; Bergmann schuf den Entwurf.

Karl Sebastian Hosang teilt auch eine Anekdote über das Zollerdenkmal mit: „Zwei Bauern stritten sich wegen des Zollerschen Monuments. Der eine sagte, das Gußeisen müsse viele Zentner schwer sein, der andere behauptete, es könne nicht mehr als einen Zentner wiegen. Die Wette wurde eingegangen, und als das Geld erlegt war, sagte der eine: «Die 6 Kronen sind mein, denn es steht deutlich am Monument eingegossen: Hundertpfund». Allein er kratzte sich hinter den Ohren, als er hörte, dies sei der Namen des Bildhauers, welcher das Modell verfertigt hatte."

Denkmal für König Ludwig I. von Bayern

An der Wende zu unserem Jahrhundert besann sich Regensburg einer Dankespflicht, der nachzukommen es eigentlich schon Jahrzehnte früher Ehrenaufgabe der Stadt gewesen wäre: der Dankespflicht an König Ludwig I. von Bayern. Regensburg, durch die Auflösung des Immerwährenden Reichstages 1806 zur bedeutungslosen Stadt eines geistlichen Fürstentums herabgesunken und durch den Sturm napoleonischer Truppen weitgehend zerstört, kam 1810 an Bayern. Der Glanz des jungen Königreichs berührte Regensburg aber nur wenig. Erst König Ludwig I. versuchte, der großen, geschichtlichen Vergangenheit der Stadt gerecht zu werden und ihre wirtschaftliche Kraft zu heben. Ludwig I., der große Kunstmäzen auf Bayerns Königsthron, ließ vor den Toren der Stadt die Walhalla erstehen, deren Grundstein 1830 gelegt wurde, und nach deren Vollendung, 1842, mit dem Bau der Befreiungshalle beginnen. Die Stilreinigung des Domes, 1834 bis 1838 sowie der Ausbau der seit dem Mittelalter unvollendet gebliebenen Türme in den Jahren 1859 bis 1869 gehen auf seine Initiative zurück. Freilich konnte er der Stadt damit nur einen kleinen Teil ihrer einstigen kulturellen Bedeutung zurückgeben. Durch den Bau des Ludwig-Donau-Main-Kanals 1845 versuchte er die darniederliegende wirtschaftliche Lage der Stadt zu heben. Es gab dann auch einige Jahre voll Betriebsamkeit auf der neuen Wasserstraße, schließlich aber siegte die Eisenbahn und der Kanal verödete.

Im Auftrag der Stadt modellierte der Münchner Akademiedirektor Ferdinand von Miller um 1900 ein Reiterstandbild des Königs, das Ludwig von Miller in Bronze goß. Das Denkmal stellt den Monarchen hoch zu Roß im reichen Krönungsornat dar. Ein Lorbeerkranz ziert sein Haupt; mit der Rechten hält er das Zepter hoch. Der Blick ist in weite Ferne gerichtet. Mag der Kunstwert des Denkmals auch umstritten sein, die Zeitgenossen jedenfalls heben besonders rühmend die überzeugende Porträtähnlichkeit hervor.

Das Standbild, das eine Höhe von 3 m hat, ruht auf einem Sockel aus Untersberger Marmor, den die Firma „Marmorindustrie Kiefersfelden" lieferte. Der Stein trägt auf der Vorderseite die Inschrift: LUDWIG I. KÖNIG VON BAYERN. Auf der Rückseite stehen die Worte: ERRICHTET VON DER DANKBAREN STADT REGENSBURG. Der Bruch des schweren Sockelblockes bereitete große Schwierigkeiten. Das Steinbruchunternehmen berichtete am 19. Mai 1901 an den damaligen Stadtbaurat Adolf Schmetzer, daß drei große Bruchstücke verworfen werden mußten und der Sockelblock nun erst im vierten Bruch gesichert sei. Zehn Tage dauerte der Transport des Blockes zur Bahnstation. Die Aufstellung in Regensburg übernahm der hiesige Steinmetzmeister Hirschmann. Die Erzgießerei Miller sandte einen Facharbeiter zur Montage des Standbildes nach Regensburg. Als Aufstellungsort wählte man den Domplatz.

Der 8. Mai 1902 brachte die feierliche Enthüllung des Denkmals in Anwesenheit des Prinzregenten Luitpold. Begrüßt von dem Jubel der Regensburger, dem Geläute der Kirchenglocken und dem Dröhnen der Salutschüsse kam Luitpold in Begleitung mehrerer Prinzen und des Staatsministers von Feilitzsch gegen 9 Uhr am Bahnhof an. In der Königlichen Villa nahm er Wohnung. Die Festlichkeiten eröffnete ein Pontifikalamt im Dom, dem sich ein Diner im Hause des Fürsten von Thurn und Taxis anschloß. Nachmittags 2 Uhr erfolgte die Enthüllung des Denkmals auf dem prächtig geschmückten Domplatz. Während des Festaktes verlieh der Prinzregent den Verdienstorden vom hl. Michael 2. Klasse an Bürgermeister Stobäus. Kommerzienrat Karl Pustet erhielt den gleichen Orden 3. Klasse, Stadtbaurat Adolf Schmetzer wurde der Orden 4. Klasse verliehen. Anschließend bewegte sich ein prunkvoller Festzug durch die Straßen. Eine Tafel im Neuhaussaal beschloß den festlichen Tag.

34 Jahre nur stand das Denkmal an seiner ursprünglichen Stelle am Domplatz vor dem Hauptpostamt. 1936 mußte es dem immer stärker werdenden Verkehr weichen und fand in den Anlagen beim Hauptbahnhof einen neuen Standort.

Das Denkmal für Bischof Sailer

Als letztes der zahlreichen Denkmäler, die König Ludwig I. zu errichten befohlen hatte, entstand in Regensburg das Standbild für Bischof Johann Michael Sailer. Die Bronzestatue, von Professor Widnmann in München modelliert, wurde von der Erzgießerei Miller gegossen. Der Gefeierte ist stehend, in bischöflicher Kleidung, jedoch ohne Mitra dargestellt. Die Haltung der Hände bringt die Geste des Lehrens zum Ausdruck. Ursprünglicher Standort des Denkmals war der Emmeramsplatz. Am 20. Mai 1868, dem 36. Todestag des Bischofs, erfolgte die feierliche Enthüllung. Nach einem Festgottesdienst in der Emmeramskirche würdigte Regierungspräsident von Gutschneider die Persönlichkeit Sailers und übergab im Namen des bereits am 29. Februar dieses Jahres, also wenige Monate vor der Enthüllung verstorbenen Königs, das Denkmal in die Obhut der Stadt. Die Menge, die den festlich beflaggten Emmeramsplatz füllte, brachte ein begeistertes Hoch auf den verewigten Monarchen aus.

Während des letzten Weltkrieges wurde das Standbild abmontiert und nach Hamburg verschickt, um dort für Rüstungszwecke eingeschmolzen zu werden. Es entging jedoch diesem Schicksal und konnte in den Jahren nach dem Krieg auf dem sogenannten Glocken- und Denkmälerfriedhof in Hamburg wieder aufgefunden und nach Regensburg zurückgebracht werden. 1951 fand es in den Anlagen beim Hauptbahnhof in unmittelbarer Nachbarschaft des Denkmals für König Ludwig I. einen neuen Aufstellungsort.

Sailer, 1751 in Aresing bei Schrobenhausen als Sohn eines Schuhmachers geboren, zählt zu den bedeutendsten Theologen und Priestererziehern des 19. Jahrhunderts. Er war der Lehrer des Prinzen und späteren Königs Ludwig I. während dessen Studienjahren an der Landshuter Universität. Auch noch als König blieb Ludwig seinem einstigen Lehrer ein Freund und Gönner und wußte dessen Rat in kirchenpolitischen Angelegenheiten zu schätzen. 1821 wurde Sailer Domkapitular in Regensburg, ein Jahr später Weihbischof. Durch die Verwendung des Königs konnte er 1829 — Sailer zählte damals bereits 78 Jahre — den bischöflichen Stuhl besteigen. Nur noch vier Jahre lang bekleidete er dieses hohe Amt. Er starb 1832 und fand im Dom seine Ruhestätte. Über seinem Grab im südlichen Seitenchor ließ Ludwig bereits 1837 von dem Bildhauer Conrad Eberhard ein Denkmal im Stil der Neugotik errichten, das Sailer als Kirchenlehrer auf dem bischöflichen Stuhl sitzend darstellt. Zwei Knaben zu seinen Füßen halten die Insignien der Bischofswürde und Wissenschaft: Hirtenstab und Buch.

Das Denkmal für Freiherrn von Gleichen

Südlich des Emmeramer Tores, in nächster Nähe der Helenenbrücke, erhebt sich das Denkmal für den Reichstagsgesandten Freiherrn von Gleichen. Auf länglich-rechteckigem, gestuften Sandsteinblock ruht die Gestalt einer ägyptischen Sphinx. Der Unterteil des Blockes trägt die Widmungsinschrift:

ZUR ERINNERUNG
AN
HEINRICH CARL
FREIHERRN
VON GLEICHEN
MDCCCVII

Den zurückgesetzten Oberteil ziert ein vergoldeter Eichenkranz. Der Entwurf für das Denkmal stammt mit großer Wahnscheinlichkeit von d'Herigoyen, die Plastik der Sphinx von Christoph Itelsberger.

Freiherr von Gleichen, dem zu Ehren 1807 das Denkmal errichtet wurde, gehört zu jenen interessanten, hochgebildeten Persönlichkeiten, deren Regensburg an der Wende zum 19. Jahrhundert eine ganze Reihe beherbergte. Als Kammerherr des Königs von Dänemark vertrat Karl Heinrich von Gleichen sein Land an den Höfen zu Madrid, Paris und Neapel. Er war ein vielseitig interessierter Philosoph, glänzender Essayist und Literat und stand in Verkehr mit den damaligen literarischen Berühmtheiten in Deutschland und Frankreich. Enge Beziehungen verbanden ihn auch mit dem Regensburger Landesfürsten, Carl von Dalberg.

Nach ausgedehnten Studienreisen, die ihn durch ganz Europa führten, ließ sich der gelehrte Weltmann und Diplomat 1779 in Regensburg nieder. Gestützt auf ein großes Vermögen und ein beträchtliches Ruhegehalt konnte er sich sorglos seinen wissenschaftlichen Neigungen hingeben. In seinem gastlichen Hause sammelte er gleichgesinnte Freunde zu regem Gedankenaustausch um sich. Seine philosophischen Studien führten ihn auch zur Beschäftigung mit okkultistischen Spekulationen. Die Denkmalsphinx entsprang nicht nur der Freude des Klassizismus am Formengut der Antike. Den geistigen Hintergrund der Plastik bildet eine der philosophischen Schriften von Gleichens: „Metaphysische Ketzereien oder Versuche über die verborgensten Gegenstände der Weltweisheit und ihre Grundursachen", die 1791 erschien. Darin legte er seine Gedanken über das Wesen der Materie nieder und suchte sie durch zwei sich rechtwinkelig schneidende Gerade inmitten eines Kreises graphisch zu veranschaulichen. Auf diese geometrische Figur stützt auch die Sphinx auf dem Denkmal ihre Pranke. Die Titelvignette zu dem genannten Werk stellt ebenfalls eine Sphinx dar.

Freiherr von Gleichen war ein warmherziger Menschenfreund und Wohltäter der Regensburger Armen, denen er nach seinem Tode bedeutende Vermächtnisse hinterließ. Der Platz für sein Denkmal ist nicht willkürlich gewählt. Hier soll er, auf einer Gartenbank sitzend, besonders gerne verweilt und auch den Regensburger Armen seine Wohltaten gespendet haben. Der bairische Regierungsassessor G. A. Resch teilt in seinen Aufzeichnungen nachfolgende, auf den Freiherrn bezügliche Anekdote mit: Als Herr von Gleichen eines Tages wieder auf seiner geliebten Bank in der Allee beim alten Emmeramer Stadttor saß, kamen zwei Handwerksburschen und baten ihn um ein Almosen. Von Gleichen griff in die Tasche und zog seine Börse heraus, die ihm einer der Burschen entriß und davoneilte. Der andere versicherte, dem Dieb nachlaufen zu wollen und erbat sich den mit einem goldenen Knopf versehenen Stock des Freiherrn, um damit den Übeltäter zur Strecke zu bringen. Natürlich ließ sich keiner der beiden Gauner je wieder blicken. Herr von Gleichen erzählte diese Geschichte oft und freute sich stets herzlich über den Einfall der beiden Landstreicher.

Noch eine andere Überlieferung weist auf die Herzensgüte des wohlhabenden Weltmannes. Im Jahre 1807 mußte von Gleichen erleben, daß ihn sein Vermögensverwalter betrog. Als der Betrug aufkam, beging der Verwalter Selbstmord. Nicht der materielle Verlust, sondern die Tatsache, daß der Verwalter nicht an den verzeihenden Großmut seines Herrn glaubte, sollen den Freiherrn so gekränkt und niedergeschlagen haben, daß er noch im selben Jahr starb.

Das Denkmal für Graf von Görtz

Leo von Klenze gilt neben Schinkel als bedeutendster Architekt des Klassizismus. Achtundvierzig Jahre lang, von 1816 bis 1864 war er Architekt und Bauberater König Ludwig I. König und Künstler trafen sich in gemeinsamer Begeisterung für die Antike. München machte er zu einer wahrhaft königlichen Residenz und schuf königliche Straßen und Plätze: Ludwigstraße und

166. Denkmal für Graf von Görtz. Lithographie von C. Heinzmann nach Leo von Klenze, 1822. Hofbibliothek

Odeonsplatz, Wittelsbacher- und Königsplatz. Zu seinen bedeutendsten Schöpfungen zählen die Walhalla und die Befreiungshalle, wofür Klenze die Ehrenbürgerschaft Regensburgs erhielt.

Gemessen an diesen Leistungen gibt innerhalb der Stadt nur ein bescheidenes Bauwerk Zeugnis vom Können des großen Architekten: das Denkmal für Graf Johann Eustach von Schlitz-Görtz. Es entstand im Jahre 1824 in den Anlagen, da, wo seit 1867 die Kumpfmühler Straße den Alleegürtel durchschneidet. Eine zeitgenössische Lithographie von C. Heinzmann weist als Entwerfer der stilvollen Denkmalanlage Leo von Klenze aus. Demmelmaier und Neuhauser hießen die ausführenden Steinmetzen. Ein von Hermen getragenes Gehäuse auf hohem Sockel umschließt die Büste des Grafen, ein Werk des Münchner Bildhauers Ludwig Schwanthaler.

Ein Verehrer des Grafen Görtz lobt ihn im überschwänglichen Stil der Zeit: „... und dankbar schlinget um seine Schläfe die Erinnerung die Palme der Unsterblichkeit in folgender... Inschrift: Ihm und seinen Tugenden — Von seinen Freunden und Verehrern". Diese Widmung steht in bronzenen Buchstaben am Sockelbau. Aufschriften unter den Büsten der Säulen nennen diese Tugenden: Familientreue, Wohltätigkeit, Frömmigkeit, Bürgersinn, Vaterlandsliebe, Geselligkeit.

Graf Görtz, 1737 auf dem Familiensitz Schlitz in Hessen geboren, trat 1778 in den diplomatischen Dienst Friedrichs des Großen, der ihn wegen seiner hervorragenden staatsmännischen Eigenschaften zum preußischen Staatsminister ernannte. 1787 kam er als preußischer Gesandter beim Immerwährenden Reichstag nach Regensburg. Lange schon litt Regensburg unter den Bedrückungen französischer Besatzung. Truppendurchzüge, Einquartierungen und Geldleistungen wollten kein Ende nehmen. Als endlich 1801 der Reichstag zur Ratifikation des Friedens von Lunéville zusammentrat, gelang es Görtz, den Abzug der französischen Truppen zu erwirken. Binnen 24 Stunden wurden die Soldaten aus der Stadt Regensburg gezogen. Dieser Erfolg brachte dem allseits beliebten Diplomaten den Ehrennamen „Licht von Regensburg" ein. Mit der Auflösung des Reiches und des Reichstages war auch der politischen Tätigkeit des Grafen ein Ende gesetzt. 1821 starb er in Regensburg, der Stadt, der er 33 Jahre lang in Treue verbunden blieb.

Aber nicht nur auf politischem Gebiet verwendete sich Görtz für Regensburg. Auch als Privatmann erwies er sich als großer Menschenfreund. Eine kleine Begebenheit, von einem Zeitgenossen mitgeteilt, läßt so recht den Charakter des Grafen erkennen: Als Görtz einst mit seinem Diener in der Allee spazierenging, überraschte sie ein plötzlich einsetzender Regen. Der Diener zog die Jacke aus, hing sie seinem Herrn, den er sehr liebte, um die Schulter und lief, einen Wagen zu holen. Dabei erkältete er sich, erkrankte und starb. Der trauernde Graf ließ ihn auf seine Kosten bestatten. Außerdem ließ er in der Allee zwei mit Baumrinde verkleidete und mit Ruhebänken ausgestattete Häuschen errichten, in die sich Spaziergänger bei überraschendem Regen flüchten konnten. Die Regensburger erinnern sich noch gut dieser Rindenhäuschen, die erst während des letzten Krieges verschwanden. Eines stand in der Ostenallee unweit des Hallenbades, das andere an der Kumpfmühler Straße, in nächster Nähe des Denkmals.

Das Mahnmal für die Kriegsgefangenen

Vom Verband der Heimkehrer, der Kriegsgefangenen- und Vermißtenangehörigen gingen seit 1952 Bestrebungen aus, den Gefangenen des Weltkrieges ein Denkmal zu setzen. 1954 erfolgte die Ausschreibung eines Ideenwettbewerbes, an dem sich vier Regensburger Künstler beteiligten. Von den eingegangenen Entwürfen wurde die Arbeit des Regensburger Bildhauers Hans Muth ausgewählt und in Auftrag gegeben. Neben der Stadt Regensburg beteiligten sich an der Finanzierung auch der Landkreis, die Regierung der Oberpfalz, das Haus Thurn und Taxis sowie der Heimkehrerverband. Als Standort des Denkmals wurde der Platz der Republik bestimmt und zwar das Anlagestück zwischen Wittelsbacher- und Dechbettener Straße. Das Denkmal stellt in strenger, moderner Linienführung die Gestalt eines Gefesselten dar, die in ihrer Herbheit den Kampf um die Freiheit und die Last der Jahre hinter Stacheldraht eindrucksvoll zum Bewußtsein bringt. Die Plastik ist in die Schmalseite eines Monolithen aus Muschelkalk geschlagen, der bereits vor dem Krieg als Material für die Erneuerung der Justitiafigur auf dem Haidplatzbrunnen dienen sollte. Am 1. September 1955 erfolgte in Anwesenheit des damaligen Oberbürgermeisters Hans Herrmann die Enthüllung des Denkmals.

Die Wegsäule vor dem Jakobstor

Wenn man durch das Jakobstor stadtauswärts geht, findet man zur Rechten eine schlanke, gotische Wegsäule. Das Volk nennt sie „Pestsäule", obwohl sie mit dieser schrecklichen Menschheitsgeißel vergangener Zeiten in keinen Zusammenhang gebracht werden kann. Ein frommer Regensburger Bürger namens Ruger Krugl ließ im Jahre 1459 die Säule errichten. Der Grund dafür ist unbekannt; doch darf mit Sicherheit ein Verlöbnis angenommen werden. Bei der Anlage der barocken Festungswerke kam die Säule innerhalb einer Bastei, der sogenannten Jakober Schanze zu stehen, wie eine zeitgenössische Zeichnung des H. G. Bahre von 1633 im Museum erkennen läßt. Dem klassizistischen Zeitgeschmack des frühen 19. Jahrhunderts stand das gotische Denkmal im Wege. Es wurde 1804 abgebrochen. Fürstabt Cölestin Steiglehner von St. Emmeram erwarb es als privates Eigentum und brachte es auf das dem Kloster gehörende, inzwischen aber säkularisierte Gut Hohengebraching, wo es als Parkzier Aufstellung fand. Nach Jahren aber stürzte die Säule in Trümmer. Weder der alte Fürstabt noch die nachfolgenden Gutsherren kümmerten sich um das zerfallene Denkmal. Erst ein späterer Besitzer von Hohengebraching, ein Herr von Benda, ließ die Trümmer sammeln und die Säule am Rand des Hohengebrachinger Waldes aufstellen. 1845 kehrte das Denkmal wieder nach Regensburg zurück. Bendas Nachfolger, F. X. Mundigl, übergab die Säule kostenlos an die Stadt, in deren Auftrag sie Ludwig Foltz (s. d.) restaurierte und an ihrem jetzigen Platz, nur wenige Meter von ihrem ursprünglichen Standort entfernt, wieder aufrichtete.

Anschaulicher als Worte vermag ein Vergleich beider Bilder auszusagen, was an dem Denkmal originaler gotischer Bestand ist und was Foltz im Stil der Neugotik hinzufügte. Der Schaft trägt einen zweigeschossigen Figurentabernakel, den Spitzgiebel nach vier Seiten hin abschließen. Den Unterteil des Aufbaues zieren in Reliefbildern Christus und die zwölf Apostel sowie der betende Stifter und drei Frauen. In der Kehle des Vorsprungs steht in eingetiefter Minuskelschrift: Rvger · Krvgl · pvrger · czv · regns · hinter · dem heiligen Krewcze · hot · angefange · den · 5 · mart. Die Jahreszahl 1459, gleichfalls durch Minuskeln ausgedrückt, findet sich an der Westseite des Schaftes. Die Bilderfolge des Obergeschosses zeigt Kreuztragung, Kreuzigung, Auferstehung und Christus als Weltenrichter mit Maria und Johannes. Schilde an den vier Ecken tragen Hausmarken. In den Giebelfeldern: Steinmetzzeichen und die Initialen L F (= Ludwig Foltz), der Name „Maurer" mit beigesetztem Kreuz (Maurer hat sich um die Rückführung der Säule nach Regensburg verdient gemacht) — der Name „Mundigl" (s. o.) und das Schlüsselwappen der Stadt.

167. Wegsäule vor dem Jakobstor. Hier vor ihrer Renovierung am Waldrand von Hohengebraching. Aquarell um 1840. Hofbibliothek

168. Die Säule nach ihrer Wiedererrichtung 1845. Lithographie von Hans Kransberger. Museum

Das Kriegerdenkmal
im Alleeteil Unter den Linden fügt sich in seiner künstlerischen Gestaltung harmonisch den alten Regensburger Alleedenkmälern ein. Am 31. Oktober 1926 fand unter dem damaligen Oberbürgermeister Dr. Otto Hipp die feierliche Weihe statt. Entwurf und Modellierung des plastischen Schmuckes stammen von der 1955 verstorbenen Frau Fürstin Margarete von Thurn und Taxis. Die Ausführung wurde dem Münchener Bildhauer Otto Straub übertragen.

Auf dreimal gestuftem Sockel erhebt sich ein kubischer Block, dessen vier Seiten von Reliefs geziert werden. Die allegorischen Darstellungen bringen Abschied, Kampf, Tod und Verklärung des Kriegers zum Ausdruck. Der Fries über den Reliefs versinnbildlicht das Werk, das die Heimat für den Krieg leistet. Das Material, feinkörniger Kalkstein, stammt aus dem Bruch Ebenwies bei Etterzhausen.

Der Burgfrieden

Wenn von Regensburg und seiner Vergangenheit die Rede ist, wird immer wieder darauf verwiesen, daß Regensburg eine Reichsstadt war. Das besagt, daß die Stadt nicht einem Fürsten oder Landesherren, sondern unmittelbar Kaiser und Reich unterstand. Auf dem Höhepunkt ihrer wirtschaftlichen Macht, inmitten der Auseinandersetzungen zwischen Herzog und Bischof, gewinnt die Stadt immer mehr politische Macht, Vorrechte und Privilegien. 1245 gewährt ihr Kaiser Friedrich II. die freie Wahl von Bürgermeister und Rat. Damit erlangt Regensburg seine Unabhängigkeit und wird Reichsstadt. 1256 tritt es dem Rheinischen Städtebund bei.

550 Jahre lang saß diese Reichsstadt wie ein Dorn im Fleisch des sie umgebenden bairischen Landes. Das Herzogtum und spätere Kurfürstentum Baiern schob sich dicht bis an die Stadtmauern Regensburgs heran und ließ dazwischen nur ein verhältnismäßig schmales Territorium, das, obgleich außerhalb der Mauern gelegen, noch der reichsstädtischen Obrigkeit unterstand. Man nannte dieses Gebiet den Burgfrieden. Die Grenze zwischen bairischem und reichsstädtisch-Regensburgischem Territorium hieß Burgfriedensgrenze. Diese nahm ihren Ausgang an der Donau gegenüber von Kneiting, zog in einem nach Süden ausholenden Bogen um die Stadt, schloß Kumpfmühl und Karthaus-Prüll aus und erreichte bei Irlmaut gegenüber von Schwabelweis wiederum die Donau. Die Nordgrenze der Reichsstadt bildete das rechte Donauufer, doch zählten der Obere- und Untere Wöhrd sowie das Katharinenspital jenseits der Steinernen Brücke zu ihrem Hoheitsgebiet. Regensburg besaß demnach im Gegensatz zu anderen Reichsstädten nur ein bescheidenes Territorium außerhalb seiner Mauern. Vor allem aber lagen dort keine nennenswerten Dörfer und Ansiedlungen, deren Steuergelder den reichsstädtischen Finanzen zugute gekommen wären.

Diese Burgfriedensgrenze war durch 21 Grenzsteine, sogenannte Mark- oder Burgfriedenssäulen gekennzeichnet, von denen sich ein Dutzend in unsere Tage rettete. Es sind meist mannshohe, vierkantige Steinsäulen, deren Kopfstück die Form eines Satteldaches, seltener die eines Zeltdaches aufweist. Gelegentlich hatten die Marksteine auch die Form eines Kreuzes, weshalb man sie Kreuzsäulen nannte. Einerseits tragen sie den bairischen Rautenschild, auf der gegenüberliegenden

169. *Burgfriedenssäule, ehemals bei der alten Sandgrube am Hochweg, jetzt Ecke Killermannstraße/Roter-Brach-Weg*

170. *Kreuzsäule, ehemals am Weg nach Oberisling, jetzt beim Universitäts-Sportgelände*

Seite das Schlüsselwappen der Stadt, darüber den doppelköpfigen Reichsadler. Massige Steinsockel verleihen ihnen einen festen Halt. Grau und verwittert, zum Teil mit Flechten bewachsen, stehen sie an Wegböschungen, inmitten von Feldern oder hinter Gartenmauern als stumme Zeugen einer bewegten Vergangenheit.

Beginnen wir unsere Grenzbegehung im Westen an der Donau. Gegenüber dem Dorf Kneiting lag in den Feldern, genau 96 Schritte von der Donau entfernt, ein großer Felsblock, der Wuzelstein (1). Der Name erklärt sich aus seiner gefalteten, zerfurchten, „zwusleten" Oberfläche. Obgleich er weder das bayerische noch das reichsstädtische Wappen trug, galt er als Grenzstein. Von hier aus zog die Grenze in gerader Richtung zu einer noch gut erhaltenen Burgfriedenssäule (2). Sie stand an einer alten Sandgrube am verlängerten Hochweg. Nach Bebauung dieses Geländes fand sie Aufstellung an der Ecke Killermannstraße / Roter-Brach-Weg. Anstelle des üblichen gerauteten Schildes trägt diese Säule das kurbairische Wappen: als Zeichen der Kurwürde und des Reichsverweseramtes den Reichsapfel auf dem Rautenmuster. In den Sockel ist ein Erneuerungsvermerk getieft: „RENOVIRT 1665". Nach Südosten verlaufend erreichte die Grenze die Prüfeninger Straße, wo in Höhe der heutigen Kaufmännischen Berufsschule ebenfalls eine Säule stand, der „Raststein" genannt (3). Auf einem daneben gelegenen Stein konnten die Wanderer sitzen und rasten. Die Säule ist nicht mehr vorhanden (vgl. Abb. 286: „Raststein N"). Von den nun folgenden zwei Säulen bei Dechbetten (4, 5) hat eine die Jahrhunderte überdauert (4). Sie stand am Lohgraben nächst der Bahnanlage. Der Bau der Autobahn (der sog. Westumgehung) verdrängte sie. Nachdem sie einige Jahre im Vorgarten des Anwesens Hochweg 54 zugebracht hatte, fand sie im Sommer 1974 wieder Aufstellung in ihrem ursprünglichen Standort, jedoch in völlig veränderter Umgebung. Die Säule befindet sich nun auf dem Mittelstreifen der Kirchmeierstraße, unmittelbar nach deren Überquerung der Autobahn. Der weitere Grenzverlauf schloß Königswiesen ein und erreichte eine Burgfriedenssäule am Hang des Ziegetsberges südlich des einstigen Gutshofes (6). Die gut erhaltene Säule wurde erst 1963 umgeworfen und zertrümmert.

Die gleiche Richtung beibehaltend gewann nun die Grenze den Scheitel des Ziegetsberges. Von den beiden Säulen auf seiner Höhe steht eine noch sehr gut erhalten im Pfarrgarten bei der Kirche (7). Der Stein am Weg nach Graß (8) ist nicht mehr nachzuweisen. Von da aus schwenkte die Grenze nach Norden ab und umging Kumpfmühl und Karthaus in der Weise, daß beide Siedlungen außerhalb des Burgfriedens, also auf bairischem Gebiet, zu liegen kamen. In Kumpfmühl finden sich noch drei gut erhaltene Grenzsäulen: an der Simmernstraße (9), an der Bischof-Wittmann-Straße gegenüber der Wolfgangskirche (10) und an der Nordmauer des Klostergartens der Karmeliten (11). Diese Säule steckt bis zum Oberteil im Erdreich. Von einer nicht mehr existierenden Säule (12) zog die Grenze wiederum nach Süden, erreichte bei der gleichfalls nicht mehr auffindbaren Säule beim „Bruderholz" (Stadtgrundrisse Nr. 12), südlich von Neuprüll (13) den sich hier allmählich senkenden Ziegetsberg und wandte sich dann gegen Osten in Richtung des alten Weges nach Oberisling (verlängerte Galgenbergstraße). Dort stand bis in die Mitte der 1960er Jahre eine Kreuzsäule.

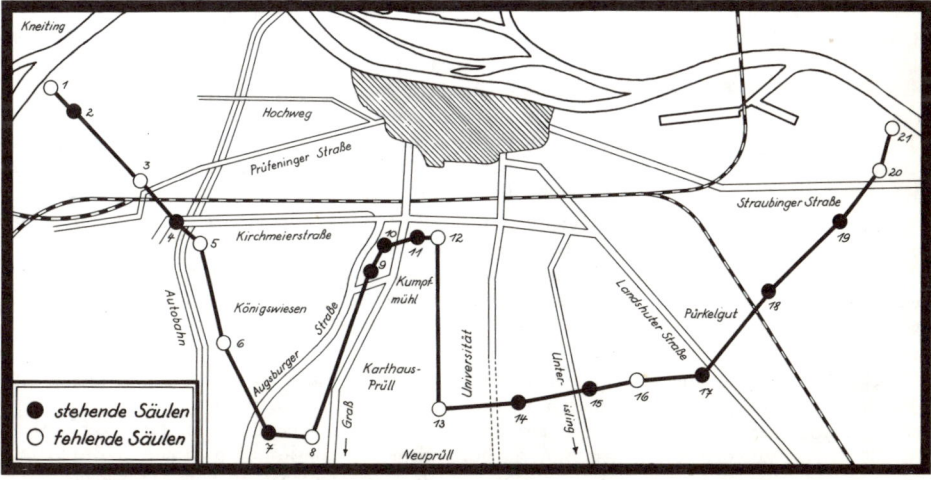

171. Burgfriedensgrenze. Die Ziffern bezeichnen die Standorte der Burgfriedenssäulen

Nachdem sie vorübergehend Aufstellung beim Universitätsbauamt gefunden hatte, erhielt sie vor einigen Jahren auf einer Wiese nächst dem Universitäts-Sportgelände, nur wenige Hundert Meter von ihrem ursprünglichen Platz entfernt, einen neuen Standort. Die Säule hat die Form eines Kreuzes (14). Weiter nach Osten führend schnitt die Grenze den Unterislinger Weg, an dessen östlicher Böschung in Höhe der Bajuwarenstraße der Sockel einer einstigen Kreuzsäule steht, der in der Geschichte Regensburgs eine gewisse Berühmtheit erlangte: der Napoleonstein (15) (s. d.). Im weiteren Verlauf überquerte die Grenze den ehemals bis Unterisling führenden Hinteren Mühlweg, an dessen Böschung (etwa an der Einmündung der Markomannenstraße in die Bajuwarenstraße) sich bis 1973 eine stark verwitterte Säule fand (16). Bei der baulichen Erschließung des Areals verschwand sie. Die Grenze erreichte dann, weiter nach Osten ziehend, die Bundesstraße nach Landshut. Die Säule, die dort ihren Standort hatte, mußte, wie viele andere, ebenfalls eine Verschiebung ihres angestammten Platzes hinnehmen. Sie befindet sich seit 1974 an der Einmündung der Benzstraße in die Landshuter Straße (17). Nach Nordosten verlaufend erreichte die Grenze Pürkelgut. Dort steht eine Säule nördlich des Bahnübergangs nächst einer Kleingartenanlage (18). Die letzte der erhaltenen Säulen steht am alten Weg nach Irl, nur wenige Schritte östlich der ehemaligen Gewehrfabrik (19). Der Stein zeigt Spuren mutwilliger Beschädigung. An der Straubinger Straße stand bei Irlmaut eine Kreuzsäule (20), die angeblich vom Bombenwurf zum Opfer fiel. Auch die letzte Säule — sie befand sich nicht weit entfernt vom südlichen Donauufer gegenüber der Fabrik von Heyden (21) — ist den Zeitläuften erlegen.

Es ist das Verdienst von Rainer Schmeißner, die rechtsgeschichtlichen Grundlagen des Burgfriedens der Stadt neu interpretiert zu haben. Vor allem aber hat er die Burgfriedenssäulen als erhaltenswerte Rechtsdenkmäler wieder in das Bewußtsein gerückt und sie neu inventarisiert.

Durch all die Jahrhunderte bildete diese Grenze einen ständigen Zankapfel zwischen Regensburg und dem Land Baiern, das die Reichsstadt auf alle erdenkliche Weise zu drücken suchte, ihr zeitweise die Zufuhr sperrte und der Stadt gelegentlich alle Rechte außerhalb ihrer Mauern absprach. Immer wieder fanden Vermarkungen dieser umstrittenen Grenze statt; Kommissionen beider Parteien trafen sich zu gemeinsamen Grenzbegehungen, ohne je zu einem endgültigen Ergebnis zu gelangen. Wie wenig die bairischen Herzöge diese Grenze respektierten zeigt sich deutlich darin, daß Albrecht IV. im Jahre 1477 die Genehmigung erteilte, innerhalb des reichsstädtischen Burgfriedens nach Erz zu graben. Gleichzeitig wurden die dort ansässigen Bauern angehalten, Steuern an das Land Baiern zu entrichten.

1496 erfolgte eine neuerliche Festsetzung der Burgfriedensgrenze und in den folgenden Jahren die Aufstellung der Marksäulen. Auch dieses Mal gelang es nicht, die Differenzen zu beseitigen Ein neuer Rechtstermin wurde 1553 anberaumt. Die Verhandlungen zogen sich über Jahre hin, ohne eine Beendigung der Streitigkeiten herbeizuführen. Inzwischen schadhaft gewordene Säulen wurden im Beisein von Abgeordneten Baierns und Regensburg repariert. Anlaß zu langwierigen Meinungsverschiedenheiten gab die Beseitigung des Wuzelsteins. Der Regensburger Handelsmann Benedikt Hertzmannseder, in dessen Acker der Wuzelstein lag, ließ diesen 1612 durch einen Steinbrecher zertrümmern, da er angeblich von dessen Bedeutung als Grenzmarke nichts wußte. Der daraus sich ergebende Nachteil für die Stadt wurde erst ein Menschenalter später kund, bei einer Grenzbegehung im Jahre 1671. Als die berittenen Kommissionen der Reichsstadt und Baierns an der Donau ankamen, suchte man vergeblich nach dem Wuzelstein. Ein Abgeordneter Baierns erklärte dashelb einen aus der Donau ragenden Felsen als den Wuzelstein und damit als erste Grenzmark. Die Regensburger aber wollten das nicht zugeben, weil der ursprüngliche Stein viel weiter westlich lag. Da sie ihn aber nicht mehr nachweisen konnten, mußten sie den in der Donau liegenden Stein als rechtmäßig anerkennen; der reichsstädtische Burgfrieden war damit freilich um 100 Schritte kleiner geworden. Der Name „Wuzelstein" übertrug sich nun auf den in der Donau liegenden Felsen. Noch vor hundert Jahren hieß die dortige Gegend „am Wuzelstein".

Streng achtete der Rat auf diese für die Stadt so bedeutungsvolle Grenze. Deshalb veranlaßte er zu gewissen Zeiten offizielle Grenzbegehungen und Kontrollen der Burgfriedenssäulen, so auch 1611. Damals fand man den Wuzelstein in Ordnung, die Säule an der alten Sandgrube wackelte, jene bei Dechbetten war vom Blitz zerschlagen, mehrere hatten keine Eisenklammern, eine war umgefallen, die Säule an der Kumpfmühler Straße war locker und die bei Pürkelgut von Gesträuch überwuchert.

Nicht nur offizielle Augenscheinnahmen fanden statt; der Rat wies auch die Flurwächter an, alle Monate den Burgfrieden zu umreiten und die Grenzsäulen zu überprüfen.

Ausgesprochenes Pech hatten die Regensburger bei einer Grenzbegehung im Jahre 1775. Mehr als 100 Herren aus den städtischen Ämtern, bürgerliche Kavallerie und berittene Stadtsoldaten, zahlreiche Honoratioren in Kutschen sowie einige Hundert Menschen zu Fuß nahmen unter der Führung des Ratsherrn Selpert daran teil. Der Zug ging zum Jakobstor hinaus, wo sich sämtliche

Stadtbauern und die Feldgeschworenen anschlossen. Auf der heutigen Schillerwiese hielt Herr Selpert eine Ansprache. Dann bewegte sich der Zug zum Wuzelstein, um von dort aus seinen Weg von einer Grenzsäule zur anderen zu nehmen. Endlich war Karthaus-Prüll erreicht und damit knapp die Hälfte des Weges zurückgelegt. Der Schlößlwirt Holzer hatte dort Zelte aufgerichtet, in denen sich die müden Teilnehmer an Speisen und Getränken erfrischen konnten. Als man auf die Landstraße nach Burgweinting traf, setzte überraschend ein heftiger Platzregen ein. Auf schnellstem Wege suchte nun ein jeder die schützende Stadt zu erreichen. Triefend vor Nässe kamen die müden Wanderer durch das Ostentor in die Stadt. Trotzdem hielten sie aus, sammelten sich wieder und zogen über den Alten Kornmarkt zum Neupfarrplatz, wo Ratsherr Selpert vor seiner Wohnung eine Dankrede hielt. Die Besichtigung der restlichen Burgfriedenssäulen erfolgte am nächsten Tag.

Die für Regensburg so bedeutsame Burgfriedensgrenze wurde immer wieder beschrieben und graphisch dargestellt. So ist eine Reihe von Kupferstichen und Handzeichnungen mit der Wiedergabe des Grenzverlaufes auf uns gekommen. Eine sehr schöne und zugleich verlässige Übersicht über den Burgfrieden und seinen Grenzverlauf bietet eine kolorierte Federzeichnung von Sebastian Püchler (Stadtgrundrisse Nr. 9). Weitere Übersichten: Stadtgrundrisse Nr. 5, 6, 7, 12, 16. Das Museum besitzt Abbildungen der einzelnen Burgfriedenssäulen, Federzeichnungen aus dem Anfang des 18. Jahrhunderts.

Plan des reichsstädtischen Burgfriedens. Kolorierte Federzeichnung von Jakob Sebastian Püchler, 1765. Museum (Stadtgrundrisse Nr. 9)

Die Stadtteile außerhalb des Alleegürtels

Prüfening

Der Ort Großprüfening

Bis in die Gegenwart konnte das westliche Vorgelände der Stadt seine Anziehungskraft als bevorzugtes Ausflugs- und Erholungsgebiet behaupten. Wenn die Regensburger von einem Spaziergang nach Prüfening sprechen, so meinen sie weniger das Schloß Prüfening, sondern vielmehr das einstige Dorf Großprüfening mit seiner einladenden Gastlichkeit, aber auch die Siedlung Kleinprüfening jenseits der Donau, die bereits zum Landkreis gehört sowie die bewaldeten Hänge der Marienhöhe. Es ist ein anmutiges Landschaftsbild, das sich dem Betrachter von dort oben aus bietet. Am Horizont dehnt sich die türmereiche Stadt. Moderne Hochbauten an ihren Peripherien, dahinter die verblauenden Berge des Bayerischen Waldes. Zu seinen Füßen zieht der mächtige Strom, an dessen jenseitigem Ufer aus den Kronen uralter Bäume die romanischen Doppeltürme und die barocke Palastfassade der ehemaligen Abteikirche Prüfening herübergrüßen. Zwischen Strom und Kloster breitet sich das Dorf Großprüfening aus.

Großprüfening, seit 1938 ein Stadtteil von Regensburg, liegt ziemlich abseits des Verkehrs; denn die durch den Ort führende Straße findet ihre Fortsetzung nur als einspuriger Fahrweg längs des Max-Schultze-Steiges zur Fähre nach Sinzing und weiter nach Matting. Früher war das freilich anders. Ehe 1486 die Nürnberger Straße am linken Donauufer angelegt wurde, führte dieser belebte Verkehrsweg durch das Prebrunntor nach Großprüfening, von hier mittels der Fähre über die Donau, dann den tief eingeschnittenen Hohlweg hinauf nach Riegling und weiter in nordwestlicher Richtung auf den Höhen zwischen Laaber und Naab.

Wegen seiner Lage abseits des Durchgangsverkehrs und des Fehlens von geeignetem Siedlungsgelände zeigt der Ort nicht jene Entwicklung vom Dorf zur Vorstadt, wie das in Steinweg und besonders in Reinhausen auffallend in Erscheinung tritt. Die Nähe der Großstadt beeinflußte das Ortsbild kaum. Es sind meist schlichte, ländliche Häuschen, die sich längs der Straße Großprüfening sowie der Mattinger- und Leichtlgasse reihen.

Die römische Siedlung und das Kastell gegenüber der Naabmündung

Die Gegend nördlich von Großprüfening gegenüber der Naabmündung war schon zu Beginn unseres Jahrhunderts durch Lesefunde als römisches Siedlungsgebiet bekannt. Systematische Grabungen unter Leitung des Landesamts für Denkmalpflege konnten in den 70er Jahren längs der Donau einen vicus, die sog. Naabsiedlung, nachweisen. Sie bestand aus etwa vierzehn Gebäuden, kleineren unterkellerten Häusern oder größeren, ebenerdigen Wirtschaftsgebäuden. Am Ostrand der Siedlung fanden sich ein größerer Steinbau mit einer Darre zum Konservieren von Fleisch und Getreide (vgl. Bismarckplatz), ein Brunnen und ein Becken, das vielleicht zum Färben oder Gerben gebraucht wurde. Auch ein kleines Gräberfeld konnte nachgewiesen werden. Unter den Einzelfunden ist eine Bronzestatuette der Minerva zu nennen, die als Schutzgöttin der Soldaten Verehrung genoß. Die „Naabsiedlung" sank unter dem Alamannensturm um 240 n. Chr. in Asche. Im Brandschutt eines Hauses fanden sich sogar noch Waffen, ein Beweis dafür, daß es der Besitzer in größter Eile verlassen mußte. Nach der Zerstörung der Siedlung wurde hier zur Überwachung des Naabtales ein Wachtturm errichtet.

Luftaufnahmen im Sommer 1977 ließen in einem Acker nördlich des Kornwegs eine dunkle Verfärbung der jungen Saat in Form eines Vierecks erkennen. Die Grabungen des Jahres 1978 wiesen hier die Fundamente eines weiteren römischen Kastells nach, neben Kumpfmühl und Castra Regina das dritte im Regensburger Raum. Die Datierung steht noch aus. Die durchschnittliche Stärke der Grundmauer von 1 m läßt auf eine Höhe von ca. 9 m schließen. Das kleine Kastell besaß die Abmessungen 60 × 80 m und war für eine Besatzung von etwa 150 Mann bestimmt.

Der Ortsname

Prüfening wird im Jahre 999 erstmals genannt und lautet nach damaliger Schreibweise Brueningun. Der Ort Prüfening bestand also bereits vor der 1109 erfolgten Gründung des Klosters. Nach der begründeten Meinung von Ernst Schwarz geht die Ortsbezeichnung Prüfening auf einen Romanen namens Probinus zurück, dessen Name sich nach den Gesetzen der althochdeutschen Sprache während des 9. Jahrhunderts zu Pruvin entwickelte. Prüfening kann demnach eine von einem Pruvin im 9. Jahrhundert gegründete Siedlung sein. Spätere Schreibweisen für unseren Ort lauten Prifning und Priefling, wie es auch heute noch vom Volk gesprochen wird.

Die St.-Anna-Kirche

Kultureller und künstlerischer Mittelpunkt Großprüfenings ist das Kirchlein zu Ehren der heiligen Anna. Es nimmt keine zentrale Stelle in der Dorfanlage ein und tritt auch nicht aus der Flucht der die Straße säumenden Gehöfte hervor. Das St.-Anna-Kirchlein entstand in spätgotischer Zeit. Johann Grasser, Abt des Klosters Prüfening, ein naher Verwandter des berühmten Baumeisters, Steinmetzen und Bildschnitzers Erasmus Grasser, ließ 1488 anstelle eines vererbten Hauses in Großprüfening das Kirchlein errichten. Es darf wohl angenommen werden, daß der Plan dazu von Erasmus Grasser stammt. Die Ausführung oblag der Regensburger Dombauhütte unter den Halbbrüdern Matthäus und Wolfgang Roritzer. Das Steinmetzzeichen des letzteren findet sich an der Westseite des Kirchleins. Außerdem verewigten sich die Roritzer durch das Reliefbild in der steinernen Mensa des nördlichen Seitenaltares. Es zeigt das redende Wappen der Roritzer, die Zwergrohrdommel, den Rohrreißer, der auf einem Hammer sitzt, dem Werkzeug des Steinmetzen. Eine ganz ähnliche, ebenfalls auf die Roritzer bezügliche Darstellung findet sich an einem Weihwasserbecken der Kapelle „In der Rast" im Domkapitelhaus (s. Steinmetzzeichen).

Ist es auch kein in Stein geschriebener Name, der die Erinnerung an den edlen Abt und Kirchenstifter wachhält, so kündet doch die Sprache der Heraldik noch heute seinen Namen: Ein Traubenbündel, aus dem mittleren von drei Hügeln hervorbrechend, das Wappen der Grasser, ist in die steinerne Mensa des Hauptaltares getieft. Ein Schild mit dem Kreuz, dem Sinnbild des Klosters Prüfening, dazu Hirtenstab und Mitra, weisen auf die Abtwürde des Stifters hin. Die Jahreszahl 1488 in den Steinsockeln beider Seitenaltäre läßt auf die Erbauungszeit schließen. Vor der Zerstörung der Kirche (s. u.) war am Nordportal die Jahreszahl 1487 zu lesen.

Der schlichte Raum wird überhöht durch die Holzplastik der Kirchenpatronin St. Anna, der Mutter Mariens, die im Schrein des spätgotischen Flügelaltares thront. In der Kunst unserer Heimat spielte die Darstellung dieser Heiligen eine nicht unbedeutende Rolle, gilt sie doch als eine der beliebtesten Volksheiligen des bairisch-böhmischen Raumes. Häufig findet sich St. Anna dargestellt im Verein mit Maria und dem göttlichen Kind, eine Gruppe, die die Kunstsprache mit dem Namen „Anna selbdritt" bezeichnet. In dieser Auffassung steht St. Anna auch auf dem Hauptaltar in Großprüfening vor uns. Es ist ein Werk von weit überdurchschnittlich künstlerischem Rang, das mit Sicherheit Erasmus Grasser gegen Ende des 15. Jahrhunderts schuf. Reife frauliche Schönheit prägt das Antlitz der Heiligen. Ihr Blick ruht auf dem Jesusknaben, dessen

172. Großprüfening, St.-Anna-Kirche. Holzplastik St. Anna selbdritt, spätgotisch

heiteres Gesichtchen ihre Zuneigung zu erwidern scheint. Voll lebendiger Bewegung, voll der Spiele von Formen und Linien ist der weite Mantel. Auf ihm kniet Maria als Himmelskönigin und reicht mit zarter Hand dem Kind einen Apfel dar. In hingebender Liebe umschließen die Arme St. Annas Mutter und Kind. Den Hintergrund bildet ein von Engeln gehaltener Teppich. Die Innenbilder der Seitenflügel zeigen im Relief Joachim und Anna vor der goldenen Pforte, sowie Geburt, Tempelgang und Verkündigung Mariens.

Den Hauptaltar flankieren zwei kleinere Flügelaltäre. Der nördliche mit dem Wappenbild der Roritzer (s. o.) birgt im aufgesetzten Schrein eine Plastik Mariens mit dem Kind, über deren Haupt zwei Engel die Krone halten. Die Reliefbilder der Heiligen Christophorus und Jakobus zieren die Innenseiten der Flügel.

Der südliche Seitenaltar zeigt in der Mensa die Reliefdarstellung eines Hufeisens, einer Zange sowie mehrerer Hämmer und Nägel. Das läßt an eine Stiftung der Schmiedezunft denken. Oder sollte es vielleicht im Zusammenhang stehen mit dem Ort Schmidmühlen bei Burglengenfeld, dem Geburtsort Erasmus Grassers? Die Pedrella stellt auf bemaltem Hintergrund eine kleinfigurige Szene des Martyriums des hl. Sebastian vor. Als Vollfigur in vornehmer Zeittracht tritt uns im aufgesetzten Schrein St. Sebastian entgegen. Die Plastiken eines Benediktinerheiligen und St. Ottiliens füllen die Innenseiten der Flügel. Die Seitenaltäre stehen künstlerisch unter dem Hauptaltar. Sie dürfen der Werkstatt Erasmus Grassers zugeschrieben werden.

Jahrhunderte hindurch war das Kirchlein Streitobjekt zwischen dem Reichsstift St. Emmeram und der Abtei Prüfening. Beide Klöster beanspruchten die pfarrlichen Rechte in Großprüfening. Die Emmeramer betrachteten das Kirchlein als Filiale von Dechbetten, das zu St. Emmeram gehörte, die Prüfeninger sahen es als ihre ureigene Stiftung an. Der Streit wurde schließlich dahingehend entschieden, daß der Pfarrvikar von Dechbetten jährlich drei Gottesdienste in Großprüfening zu halten hatte, nämlich am Tag der Kirchenheiligen Anna, an St. Sebastian und am Kirchweihfest.

Im Zuge der Säkularisation sollte die St.-Anna-Kirche 1809 abgebrochen werden. Die Einwohner von Großprüfening suchten dieses Vorhaben zu verhindern. Sie wandten sich mit einem Gesuch an die staatliche Klosterkommission und erboten sich, das Kirchlein um 200 Gulden zu kaufen. Auch versprachen sie, für dessen baulichen Unterhalt aufzukommen. Die Bewohner Großprüfenings rechneten bestimmt, daß die Kommission ihre Bitte erfüllen würde, „um so mehr, als die Kapelle in allen Teilen baufällig sei und ihr Inneres bloß in drei kleinen Altären von wenig Wert bestehe, während die zwei Glöckchen am Turm noch am wertvollsten seien". Die Behörde scheint jedoch diesem Ansuchen zunächst nicht entsprochen zu haben, denn sie verfügte den Verkauf des Kirchleins und dessen Umbau zu einer Wohnung. Trotz dieser Weisung ging das St.-Anna-Kirchlein schließlich in den Besitz der Ortsgemeinde Großprüfening über und mit ihr 1938 an die Stadt Regensburg.

Bomben des Krieges zerstörten die Kirche weitgehend. Den gemeinsamen Bemühungen von Pfarrei und Stadt ist es zu danken, daß das heimat- und kunstgeschichtlich bedeutsame Gotteshaus wieder aus den Ruinen erstand. An die Zerstörung erinnert ein in der Kirche aufgehängtes Ölbild. Es handelt sich um eine ältere Nachbildung des berühmten Gnadenbildes „Mariahilf" von Lukas Cranach d. Ält. in der Jakobskirche zu Innsbruck. In die Leinwand des Bildes, an der Stelle des Ärmels der Madonna, hat sich bei der Bombardierung ein faustgroßer Stein gebohrt und blieb fest darin sitzen. Noch heute ist er dort zu sehen. Die Zuschrift auf dem Bild lautet: „Nach dem Fliegerangriff am 10. April 1945 aus der zerstörten St.-Anna-Kirche in Regensburg-Prüfening + nur mit diesem Stein im Arm + unversehrt geborgen."

Das Haus Bei der Schanze Nr. 7

Von den meist ländlichen Dorfbauten hebt sich das stattliche Haus Bei der Schanze Nr. 7 durch die beachtlichen Ausmaße und seinen herrschaftlichen Charakter ab. Abt Otto Krafft von Prüfening ließ es 1702/03 für seinen Schützling, den jungen, aus Tirol stammenden Maler Johann Gebhard (s. d.) erbauen. In dem großen Nordostzimmer des ersten Stockes lag das Atelier des Künstlers, der die Decke mit einem Fresko der Himmelfahrt Mariens bemalte. Der Bau dieses geräumigen und teueren Hauses erregte den Unwillen der Prüfeninger Mönche gegen ihren Abt Otto in hohem Maße. Sie glaubten nämlich, der Abt habe bereits für die Ausbildung des jungen Malers Gebhard zu viel Geld ausgegeben und beantragten sowohl beim kurfürstlichen Geistlichen Rat in München als auch in Rom die Absetzung des großzügigen Abtes. Sie beschuldigten ihn, er habe „einen Bau gegen 3000 Gulden geführt, fruhe und spatt selbsten hinabgegangen, den Bauleithen zugesprochen, mit Klosterpferden Kalch, sand und stein zufahren lassen". Nach dem Aussterben der Gebhards kam das Haus wieder in Klosterbesitz und soll nach örtlicher Überlieferung als Krankenhaus gedient haben.

Das Haus Großprüfening Nr. 21,
jetzt Gaststätte, ist ein Barockbau von stattlichen Abmessungen mit schweren barocken Fenstergittern und Hausteinfassungen an Portal und Fenstern. Ein Schild über dem Türsturz mit einem Kreuz, dem Wappen des Klosters Prüfening, läßt auf einen Amtshof des Klosters schließen.

Das Haus Annagasse 5
In der Ostwand spätgotischer Lichterker, mit einem Tierfragment bekrönt.

Die Donaufähre
in Großprüfening wird bereits im Jahre 1189 genannt, und zwar anläßlich des Austausches einiger Äcker an der Donau bei Kleinprüfening. Tauschpartner waren der Regensburger Bischof Konrad III. (1186—1204) und Abt Balduin von Prüfening. Bei diesem Tauschgeschäft verlangte der Bischof ausdrücklich die Zusicherung, daß die Angehörigen des Hochstifts stets unentgeltlich mit der dem Kloster Prüfening gehörenden Fähre über die Donau gesetzt werden. Die Fähre bedeutete eine beachtliche Einnahmequelle des Klosters Prüfening, namentlich vor der Errichtung der Nürnberger Straße längs des nördlichen Donauufers über Winzer 1486. Der gesamte Fernverkehr nach Nürnberg mußte vor dieser Zeit die Fähre bei Großprüfening benützen.

Straßen- und Flurnamen
Eine Reihe von Straßennamen in der Ortsflur von Prüfening reicht in alte Zeit zurück. Die Leichtl- und Biersackgasse, nach einheimischen Familien benannt, gab es schon 1834, desgleichen den Niefangweg, der seinen Namen von der Flurbezeichnung „Niefang" nördlich der Bahnanlagen herleitet. Niefang ist als neu umfangenes, neu eingezäuntes Gelände zu deuten. Längs der Donau führte die Wasserstraße oder der Schiffritt, auf dem Pferde die Schiffe donauaufwärts bis Neuburg zogen. Der Straßenname Bei der Schanze geht auf die Flurbezeichnungen „Schanzacker" und „Schanzwiesel" zurück. Diese Namen könnten sehr wohl mit den „Schanzen", der Ummauerung des 1978 aufgedeckten römischen Kastells gegenüber der Naabmündung (s. d.) begründet werden. Der Rote-Brach-Weg leitet seinen Namen vom „roten Brachacker" ab, der in den sogenannten Klostergründen zwischen der Bahnlinie und der Donau lag. Auch dieser Flurname lebt in der Straßenbezeichnung „An den Klostergründen" fort. Der Erminoldweg führt längs der westlichen Schloßmauer die Anhöhe zu einem Waldstück hinauf, das der Volksmund noch heute das „Pumperhölzl" nennt. Diesen Namen gibt es auch anderwärts für Wäldchen, die gerne von Liebespaaren aufgesucht werden. Der Weg mit dem ehemaligen Namen „Prüfeninger Kellerbreite", so benannt nach dem einstigen Prüfeninger Sommerkeller (s. d.), wurde in jüngster Zeit in Fürst-Albert-Allee umbenannt. Schließlich wäre noch der Max-Schultze-Steig zu nennen. So heißt das Naturschutzgebiet auf den Höhen längs der Donau, das der 1926 verstorbene fürstliche Oberbaurat Max Schultze als Spazier- und Wandergebiet erschlossen hat.

Kloster Prüfening
Etwas abseits des Ortes Großprüfening liegt die alte Benediktinerabtei Prüfening. Zahlreiche gesicherte Quellen geben Nachricht über die Entstehung von Kirche und Kloster. Der Bamberger Bischof und Staatsmann Otto I., der allein in der Oberpfalz sechs Klöster stiftete, gründete Prüfening im Jahre 1109. Den für den Klosterbau erforderlichen Grund erwarb er von der Alten Kapelle in Regensburg. 1109 begannen die Bauarbeiten. 1114 zogen Benediktinermönche aus ihrer Niederlassung in Hirsau im Schwarzwald in das neue Kloster Prüfening ein, das Otto mit reichem Grundbesitz beschenkte. Die Oberhoheit über das Kloster blieb beim Hochstift Bamberg. Als ersten Abt von Prüfening berief Otto 1114 den im Ruf eines heiligmäßigen Lebens stehenden Erminold aus Hirsau. 1117 wurde er von Bischof Ulrich von Augsburg zum Abt geweiht. Nur vier Jahre lang stand er der Prüfeninger Ordensgemeinde vor. Seine strenge Klosterdisziplin wurde ihm zum Verhängnis. Ein wegen der allzuharten Klosterzucht empörter Mönch schlug ihn derart, daß er am folgenden Tag, dem 6. Januar 1121, verschied. Das Kloster bestand bis zur Säkularisation im März 1803.

Sage von der Entstehung des Klosters

Zu dem Reichstag, der 1107 nach Regensburg ausgeschrieben wurde, hatten sich so viele Reichsstände eingefunden, daß niemand mehr in der Stadt Obdach finden konnte. Selbst der Bischof von Bamberg, der eigene Hofhaltung hier hatte, war gezwungen, außerhalb der Stadt Unterkunft zu suchen. Er lagerte sich im Westen am Fuße des Hügels, wo er die Aussicht auf die Naab und die Stadt zugleich genoß. Hier in einer Hängematte, die er unter schattigen Nußbäumen anbringen ließ, pflegte er der Ruhe. In Betrachtung der schönen Natur sank er bald in Schlummer, der ihm ein wunderbares Traumbild vor die Sinne zauberte. Er sah Engel vom Himmel auf die Erde herniederschweben, welche duftende Blumen streuten und süße Lieder sangen. Liebliches Glockengeläute ertönte dazwischen.

Durchschauert von heiliger Ehrfurcht, gelobte der Bischof, an dem Orte, wo er geruht hatte, eine Kirche mit Kloster zu bauen, wozu er, unterstützt von den Großen des Reiches, schon nach kurzer Zeit den Grund legen ließ. Rasch stieg der Bau empor. Stolz grüßten die Türme des Gotteshauses hinaus in das Donautal, und unter hellem Glockengeläute zogen Benediktiner unter ihrem ersten Abte Erminold von Hirsau in die luftigen Klosterräume ein.

Die Gegend um das Kloster war sehr wasserreich. Darum hatte man hier eine Brunnstube mit Viehtränke angebracht. In die Nähe dieser Viehtränke kam eine Wölfin, wo sie sich mit ihren Jungen lagerte.

Dies verursachte unter den Einwohnern der umliegenden Gehöfte und Ortschaften große Aufregung. Erwachsene gingen nur bewaffnet an ihre Arbeit, Kinder dagegen wurden allen Ernstes ermahnt, das Haus nicht zu verlassen. Dessen ungeachtet erschnappte eines Tages das Raubtier ein Knäblein und trug es dem Walde zu. Zur selben Stunde waren aber die Ritter von Regensburg und Abbach dorthin zur Jagd gezogen. Als die Wölfin, die schon tief ins Dickicht eingedrungen war, ihre Beute zum Fraße niedersetzen wollte, ertönte das Geschmetter der Jagdhörner. Erschrocken ließ sie das Knäblein fallen, horchte einen Augenblick auf und suchte dann eilends das Weite.

In einer Schlucht, vor der die Wölfin das Knäblein liegen ließ, hatte ein Eremit seine Klause. Er hörte das Kind weinen, stieg die kleine Anhöhe hinan und nahm es zu sich.

Wunderbarerweise war das Kind, das nach seinem Aussehen kaum älter als ein Jahr sein mochte, nicht verletzt. Nur das Gewand, an dem es das Raubtier gefaßt, war zerrissen. Der Ein-

173. Ehem. Klosterkirche Prüfening. Stahlstich nach einer Zeichnung von Bernhard Grueber, 1845. Privatbesitz

siedler bereitete ihm aus Moos ein Lager und stillte seinen Hunger mit der Milch, die er von einer Rehziege, welche er gezähmt, erhielt.

Das Knäblein erholte sich rasch und entwickelte sich unter der Obhut und Fürsorge des Einsiedlers zu einem prächtigen Jungen. Er zeigte sich in allem sehr anständig, lernte fleißig und half dem Einsiedler bei der Arbeit, die er im Garten und in der Klause verrichtete.

Nun traf es sich, daß der Herzog von Bayern, der in Regensburg residierte, einen Jagdzug in die dortigen Wälder veranstaltete. Bei der Verfolgung eines Hirsches kam er vom rechten Wege ab und zur Grotte des Einsiedlers. Hier erfuhr er vom Schicksal des Jungen. Er fühlte Mitleid mit ihm und brachte ihn in ein Kloster nach Regensburg, wo er die sorgfältigste Pflege genoß. Später wurde er zum Ritter geschlagen. In seinen Unternehmungen immer glücklich und im Kampfe immer siegreich, starb er als Held für das Vaterland.

Noch mehrmals hatte sich die Wölfin bei dem Kloster und in der Umgebung gezeigt, wurde aber endlich von einem Jäger, der ihr Tag und Nacht nachstellte, erlegt. An der Stelle, wo sie mit ihren Jungen lagerte, ließ das Stift eine Wölfin mit ihren Jungen in Stein hauen und darauf eine Inschrift anbringen, die auf das Ereignis Bezug nahm. (Aus: Sittler, N.: „Sagen und Legenden der Oberpfalz", Regensburg, 1906.)

Gumpelzhaimer weiß in seiner Regensburger Chronik zu berichten, daß zu dem genannten Brunnen aus dem benachbarten Wald Ergle eine trächtige Wölfin kam, wo sie ihren Durst stillte und ihre Jungen warf. Dieses sonderbare Ereignis soll sich während der Regierungszeit des Abtes Erbo, des Nachfolgers des seligen Erminold, zugetragen haben. (Erbo leitete die Geschicke des Klosters Prüfening von 1121 bis 1162.) Zur Erinnerung daran ließ das Stift eine Wölfin mit ihren Jungen in einen Stein hauen und dazu einen lateinischen Vers setzen, dessen deutsche Übersetzung lautete: „Schmachte nicht mehr, o Wölfin, wo Rosse und Rinder getrunken! / Dir und der Brut ist ein Tisch reichlich gedeckt, so iß!" — Noch 1866 war dieser Denkstein in Prüfening zu sehen. Ob mit dem Steinbild der Wölfin vielleicht der romanische Brunnenlöwe (s. d.) nördlich der St.-Andreas-Kirche gemeint war?

Der genannte Wald Ergle oder Argle liegt zwischen Großberg und Hohengebraching, selbst noch in den neueren Karten bezeichnen dort ein Waldstück als „Argle". Nochmals begegnet uns die Bezeichnung als „Ergleberg", der aber in der Nähe Kumpfmühls zu suchen wäre. Während des Städtekrieges 1388 belagerte Herzog Albrecht I. von Baiern die Stadt. Die Regensburger unternahmen einen Ausfall. Die Baiern wichen bis Kumpfmühl zurück, wo ihnen am „Bürger- oder Ergleberg" eine schwere Niederlage bereitet wurde.

Die ehemalige Klosterkirche St. Georg
Baugeschichte, Beschreibung

Bischof Otto von Bamberg (um 1062—1139) gründete 1108 das Kloster Prüfening. Anlaß dazu war ein Gebot, das er im Traum erhielt, als er während des Reichstages 1108 wegen Quartiermangels westlich der Stadt an der Stelle des späteren Klosters übernachtete (s. Sage von der Entstehung des Klosters). Otto, der etwa zwanzig Klöster gründete und zahlreiche reformierte, besetzte Prüfening mit Mönchen aus dem Reformkloster Hirsau, wo erneuertes benediktinisches Leben blühte. Beginn des Baues 1109. Geweiht 1119. Gegen 1130 dürfte die Kirche im wesentlichen vollendet gewesen sein. Sie ist der erste größere Kirchenbau der hirsauischen Schule in Bayern.

Dreischiffige Pfeilerbasilika mit östlichem Querschiff. Über den quadratischen Jochen der beiden Nebenchöre steigen die fünfgeschossigen Türme auf. Sie öffnen sich im obersten Geschoß mit je vier, im darunterliegenden Geschoß mit je zwei Doppelarkaden. Ihre Trennungssäulchen tragen Würfelkapitelle, z. T. mit Dekor. Von den ursprünglich drei Chorapsiden sind nur die der beiden Nebenchöre erhalten; der polygonale Schluß des Hauptchores entstand im 17. Jahrhundert anstelle der ursprünglich halbkreisförmigen Apsis. Das Mauerwerk des Kirchenbaues besteht aus glatt behauenen, sorgfältig versetzten Kalksteinquadern.

Die Gotik des späten 15. Jahrhunderts fügte der romanischen Basilika am nördlichen Seitenschiff eine Kapelle hinzu, ein Werk Wolfgang Roritzers. Die ursprünglich dem heiligen Michael geweihte Kapelle trägt jetzt den Titel Maria-Hilf-Kapelle. Bemerkenswert ist die schöne, spätgotische Netzfiguration des Gewölbes. Neben dem bereits erwähnten Neubau des Hauptchores brachte die Renaissance des 17. Jahrhunderts die jetzige Einwölbung des Querschiffes und Langhauses. Auch die unterwölbte Orgelempore gehört dieser Zeit an. Die letzte bauliche Veränderung des romanischen Gotteshauses führte das Barockzeitalter mit der Errichtung des Westbaues durch, der sich in der ganzen Breite des Langhauses vor die romanische Westfront legt. Schon manchem Besucher mag dieser eigenartige Westbau aufgefallen sein, dessen Architektur ein Mittelding zwischen Kirchen- und Palastfassade darstellt. Er stammt aus dem Jahr 1718. Bis zu dieser Zeit lag vor der westlichen Kirchenfront eine aus dem Mittelalter stammende Vorhalle, das sogenannte Paradies. Abt Otto Krafft ließ sie abtragen und an dessen Stelle den dreigeschossigen, nur die Tiefe eines Zimmers einnehmenden Westbau aufführen. Lisenen aus grünem Sandstein gliedern die eindrucksvolle Barockfassade. Die Horizontale betont ein schwerer, durch die ganze Breite der Baufront ziehender Sims. Den figürlichen Schmuck der Fassade fertigte der Prüfeninger Bildhauer Anton Ney. Die Sandsteinplastik des Drachentöters und Kirchenpatrons St. Georg füllt die große Nische im Mittelfeld des Giebels. Auf den Seitenpostamenten stehen die Figuren St. Benedikts und Bischofs Ottos, des Ordensgründers und des Klosterstifters. Im Erdgeschoß des barocken Westbaues befindet sich eine Vorhalle, an deren Süd- und Nordwand je ein flott gearbeiteter, ganz in Stuck ausgeführter Rokokoaltar steht. Die stilistischen Merkmale weisen auf den genannten Bildhauer Anton Ney, der im Auftrag von Abt Romanus II. um 1730 auch die überlebensgroßen Stuckfiguren St. Josef und St. Nepomuk schuf. Sie standen ursprünglich im sogenannten „Paradies" vor der Kirche und befinden sich nun unter der Orgelempore. Die Obergeschosse des Westbaues enthalten Zimmer, die als Gasträume für den kaiserlichen Prinzipalkommissar beim Reichstag, Herzog Christian zu Sachsen-Zeitz, bestimmt waren, dessen Wappen Abt Otto Krafft zwischen die Giebelschenkel des Portales setzen ließ.

Weiheinschrift

Zwei Jahre vor Erminolds Tod, am 12. Mai 1119, weihten der Regensburger Bischof Hartwich (1105—1126) und der Stifter, Bischof Otto von Bamberg, die Klosterkirche ein, obgleich auf eine völlige Fertigstellung nach nur zehnjähriger Bauzeit (Baubeginn 1109) nicht geschlossen werden kann. Vor allem dürfte sich der Ausbau der Türme bis gegen 1130 hingezogen haben.

Am südwestlichen Vierungspfeiler befindet sich eine romanische Inschrifttafel aus dem Jahr 1119, deren Text auf die Weihe der Kirche Bezug nimmt. Die Buchstaben, romanische Majuskeln, sind mit Holzstempel in eine Tonplatte eingedrückt. Auch das Randornament ist mittels einer Model hergestellt. Nach dem Prägen wurde die Tonplatte gebrannt. Wir haben hier gleichsam eine frühe Parallele des Buchdrucks vor uns.

Romanische Fresken

1897 traten im Hochchor, in den Nebenchören und der Vierung kunstgeschichtlich bedeutsame Fresken zutage. Sie wurden mit den Mitteln der damaligen Zeit teilweise restauriert. Die ältesten, wohl um 1125/35 entstandenen sind jene des Hochchores. Ihr Hauptthema bildet die Allerheiligenliturgie. Höhepunkt das Deckenbild im Chorquadrat: Die Kirche, versinnbildlicht durch eine thronende Frau, hält in der rechten Hand die Kreuzesfahne, in der linken die Erdscheibe. Süd- und Nordwand des Hauptchores überziehen je vier horizontale Bemalungszonen. Dargestellt sind Heilige und Propheten sowie Personen geistlichen und weltlichen Standes. Das unterste Wandbild zeigt südlich den Klostergründer, Bischof Otto von Bamberg, ihm gegenüber an der Nordwand die Figur eines Kaisers, bisher als Heinrich V. (1106 – 1125) bezeichnet, wahrscheinlicher aber Kaiser Lothar II. (1133 – 1137). Ausführliche Beschreibung und Ikonographie im Inventar der bayer. Kunstdenkmäler, Bezirksamt Stadtamhof, 1914, sowie bei H. Karlinger: „Die hochromanische Wandmalerei in Regensburg", 1920.

Das Hochgrab des seligen Erminold

Erminold, der erste Abt des Klosters Prüfening, starb am Dreikönigstag des Jahres 1121 an den Folgen eines Mordanschlages, verübt durch einen haßerfüllten Klosterbruder. Bald nach seinem Tod setzte die Verehrung Erminolds bei seiner Grabstätte ein. 1283 erhob Bischof Heinrich II. (1277—1296) die Gebeine Erminolds, eine frühe Form der Seligsprechung. Die Jahreszahl 1283 ist gesichert durch die Inschrift einer Bleiplatte, die anläßlich einer zweiten Erhebung der Gebeine 1707 im Sarg gefunden wurde.

Die Erinnerung an Erminold wäre wohl weitgehend entschwunden, hätte ihm nicht Abt Ulrich von Prüfening um 1283 in der Klosterkirche ein Hochgrab errichten lassen. Mit der Ausführung betraute er einen Bildhauer mit überragenden künstlerischen Fähigkeiten. Die Kunstgeschichte hat den unbekannten Meister nach diesem Werk benannt: Erminoldmeister. Auf einer an den Kanten geschrägten Platte mit umlaufender Inschrift ruht die lebensgroße Gestalt des Abtes. Unter einem Kranz ornamentaler Locken steht das durchgeistigte Gesicht, aus dem energische Augen blicken. Die gewinkelte Linke hält den Abtstab. Mit jäher Bewegung umfassen die Hände ein Buch, der Daumen der Linken greift in die Seiten, es zu öffnen, um daraus vorzulesen. Erminold ist im Gegensatz zur herkömmlichen Grabplastik als Lebender dargestellt. Die Fülle des Gewandes ordnete der Künstler in großzügigen, tiefschluchtenden Falten. Vom gleichen Meister stammen die Verkündigungsfiguren an den Vierungspfeilern des Domes, die Figur des lehrenden Petrus im Museum sowie die Archivoltenfiguren am Westportal des Münsters von Basel.

Der Hochaltar,

eine stattliche Renaissanceschöpfung, gehört der Zeit um 1610 an. Er zeigt gewisse Übereinstimmungen mit dem Hochaltar der ehemaligen Klosterkirche Karthaus-Prüll und soll von dem gleichen Meister stammen. Die von zwei Säulen flankierte, rundbogige Mittelnische birgt eine geschnitzte Kreuzigungsgruppe vor gemaltem Hintergrund; seitlich davon je ein Engel, Glaube und Gerechtigkeit versinnbildlichend. St. Georg zu Pferd, den Drachen tötend, bildet die Hauptfigur des oberen Auszugs. Zwei weitere Heiligenfiguren und ein Engel bekrönen den abschließenden Dreiecksgiebel. In dem geschnitzten, in Glanzgold und Glanzsilber gefaßten, spätbarocken Antependium befindet sich der Schrein mit den Reliquien des seligen Erminold (s. d.).

Der Magdalenenaltar

im nördlichen Querhaus ist ein Prunkstück des späten Barocks. Abt Otto Krafft stiftete ihn 1710 zu Ehren der heiligen Büßerin. Der Altar gilt als bedeutendste Schöpfung des Prüfeninger Bildhauers Franz Anton Ney (s. d.). Den sechssäuligen Aufbau flankieren die Statuen Magdalenas und St. Helenas. Von besonderem Reiz ist die Figur der heiligen Magdalena, die zum Zeichen der Buße die Geißel schwingt. Das schmale, mädchenhafte Antlitz mit dem zum Sprechen geöffneten Mund ist von adeliger Schönheit.

Der damals vierunddreißigjährige Johann Gebhard (s. d.) erhielt den Auftrag, das Altarbild mit der Büßerin zu malen. Magdalena hält die Hände flehentlich betend erhoben. Ihr Blick ist, dem Zeitstil entsprechend, schmachtend aufwärts gerichtet, wo im Halbdunkel Engel mit dem Kreuz Christi zu ihr herniederschweben. Auch in diesem Bild zeigt sich die Vorliebe des Künstlers für den starken Kontrast von Licht und Schatten. Die Farben wirken kühl und zurückhaltend. Das Bild trägt die Signatur „Johann Gebhard fecit in Prifling". Es scheint nicht den Beifall

174. Johann Gebhard: Maria Magdalena, Ölgemälde, 1710. Ehemalige Klosterkirche Prüfening, Magdalenenaltar

aller Ordensmitglieder gefunden zu haben. Namentlich der Bruder Benedikt Paumann nahm Anstoß an der Figur der Magdalena, weil sie „... nackt und kaum die Brüste mit den Armen genug bedeckte". Diese Kritik kann einigermaßen verwundern, da man gerade in jenen Jahren in dieser Beziehung oft erstaunliche Großzügigkeit zeigte. Diese ganz unbegründete Haltung liegt wohl in dem Mißfallen, das ein Teil der Prüfeninger Benediktiner ihrem Abt Otto Krafft (s. d.) und dem Maler Gebhard entgegenbrachte. Im gleichen Jahre, als das Magdalenenbild entstand, beantragte der Konvent die Absetzung des kunstfreudigen Abtes wegen angeblicher Verschwendung von Klostergut. Fünf Jahre später entschied der Prozeß zugunsten des Abtes.

Die barocken Deckenbilder

Die der Barockzeit angehörenden Fresken der ehemaligen Klosterkirche sind ein Werk des mehrfach genannten Prüfeninger Malers Johann Gebhard. Mit Begeisterung hat sich der Künstler dieser Aufgabe hingegeben. Die Deckenbilder des Hauptschiffes haben Versuchung, Marter, Tod und Glorie des Kirchenpatrons St. Georg zum Inhalt. Obwohl Johann Gebhard in erster Linie Tafelmaler war, hat er hier auch als Freskant ein beachtliches Können gezeigt. Er stellte die vielfigurigen, in kräftigem Kolorit gemalten Szenen vor großartige Architekturkulissen. Leider fehlt den Bildern der prunkende Stuckrahmen, so daß sie etwas verloren auf dem weiten Tonnengewölbe wirken. Die Malereien entstanden wohl um 1719. Wahrscheinlich hat sie der damalige Abt Otto Krafft zur Sechshundertfeier der Klostergründung in Auftrag gegeben.

Der Prüfeninger Maler Johann Gebhard

„Es sind Geißhirten jahrelang auf den Almen herumgelegen, haben in den Himmel hineingeschaut und sich aus der blauen Luft eine Sehnsucht geholt, die sie hinunter in die Städte trieb und zu großen Künstlern werden ließ..." An diese Worte Ludwig Thomas könnte man denken, wenn man die Lebensgeschichte Johann Gebhards, des vielbeschäftigten Rokomalers aus Prüfening, nachliest. In der Bachleiten, einer einsamen Waldschlucht bei Velthurns in Südtirol, kam Johann Gebhard 1676 zur Welt. In dieser romantischen Berggegend an der Eisack verlebte er seine Kinderjahre. Vielleicht war er für das väterliche Schmiedehandwerk zu schwach, denn schon bald gaben ihn die Eltern als Ministrant in das ein paar Wegstunden von seinem Heimathaus entfernt gelegene Kloster Säben. Dort entdeckte man bald seine große Begabung zum Malen. In dem Nerianerfrater Franz Metz (s. d.) fand er seinen ersten Lehrmeister. Die Chronik des Klosters Säben berichtet, daß dieser kunstbegabte Mönch einen Kreis von Schülern um sich sammelte, unter denen sich auch der Ministrantenknabe Johann Gebhard befand.

Es war ein glücklicher Umstand, daß damals auch Pater Otto Krafft, der spätere Abt des Klosters Prüfening, als Administrator in Säben weilte. Dieser kunstbeflissene Mann erkannte das Talent des jungen Gebhard. 1693 wählten die Mönche von Prüfening Otto Krafft zu ihrem Abt, der schon im nächsten Jahr Frater Metz und Johann Gebhard von Säben an sein Kloster kommen ließ.

Unter der Leitung von Abt Otto Krafft entfaltete sich Prüfening zu einem Mittelpunkt barocken Kunstschaffens. Besonders förderte er den jungen Gebhard, den er zunächst als seinen Kammerdiener beschäftigte, ihm aber bald eine kostspielige Ausbildung an der Nürnberger Kunstakademie ermöglichte. Gebhard kehrte um 1702 nach Prüfening zurück und heiratete die Haushälterin seines Gönners. Die Trauung vollzog der Abt persönlich, und zwar in Affecking bei Kelheim. Im Dorfe Großprüfening ließ er für das junge Paar ein stattliches Wohnhaus erbauen, das heutige Anwesen Bei der Schanze Nr. 7 (s. d.).

Band Johann Gebhard nun auch kein unmittelbares Dienstverhältnis mehr an das Kloster Prüfening, so stand er doch unter dessen Schutz und hat während seines ganzen Lebens von Prüfening und den dieser Abtei nahestehenden Klöstern bei der Vergebung von Aufträgen stets eine besondere Berücksichtigung erfahren. Johann Gebhard hatte acht Kinder; der älteste Sohn Otto wurde 1703 in Regensburg geboren, alle übrigen in Prüfening. Freundschaft und die gemeinsame Liebe zur Kunst verbanden Johann Gebhard mit dem in Prüfening mehrfach beschäftigten Bildhauer Anton Ney, bei dessen Trauung in Prüfening mit Josepha Haz am 25. Juli 1720 er als Trauzeuge genannt wird. Mehrfach arbeiteten beide Künstler am selben Ort.

Am 13. Februar 1756 starb Johann Gebhard und wurde auf dem Friedhof in Dechbetten begraben. Er hinterließ ein umfangreiches Werk an Altarblättern und Deckengemälden. Altarbilder von seiner Hand finden sich in Steinweg, Sinzing, Prüfening (Magdalenaaltar), Oberaltaich, Pielenhofen, Kelheim, Ensdorf, Abensberg, Matting und Donaustauf; Deckenbilder in Prüfening, Waldsassen, Pettenreuth und Reichenbach, nur um einige Orte der näheren Umgebung zu nennen. In Regensburg wirkte er vornehmlich in St. Emmeram und St. Rupert. Von seinem Sohn Otto sind Deckengemälde u. a. in der Dominikanerkirche in Regensburg, in Schwabelweis (s. d.), in Hohenschambach und Pfaffenberg nachzuweisen, Tafelbilder in der Dominikanerkirche und in der Alten Kapelle.

Der Maler Frater Franz Metz

wurde um 1640 in Braunau am Inn geboren. Er gehörte dem Nerianerorden an und kam als Sakristan in das Kloster der Benediktinerinnen in Säben in Tirol, wo er reichlich Zeit und Muße fand, seiner Neigung zum Malen nachzugehen. In dem hoch über dem Städtchen Klausen gelegenen Kloster Säben sammelte Metz einen Kreis kunstbegeisterter Schüler um sich, unter denen sich auch der Maler Fink und der junge Johann Gebhard (s. d.) befanden. Eines Tages, als Frater Metz im Turmatelier beschäftigt war, überraschte ihn ein Gewitter. Ein überaus heftiger Donnerschlag beraubte ihn seiner Sinne, so daß er „etwas verrückt wurde". 1694 weilte Abt Otto Krafft aus Prüfening für längere Zeit im Kloster Säben, dessen Administrator er früher gewesen war. Am 14. Juli dieses Jahres machte er mit Metz und dessen Schülern einen Spaziergang hinunter nach Klausen. In einem unbewachten Augenblick stürzte sich Frater Metz in die Fluten der Eisack. Dem Schüler Fink gelang es, ihn aus dem reißenden Fluß zu retten. Die plötzliche Abkühlung in dem eiskalten Gebirgswasser bewirkte eine ganz unerwartete und vollständige Heilung des Geisteskranken. Der kunstbegeisterte Abt Otto Krafft nahm ihn und den jungen Johann Gebhard am 7. August 1694 von Säben mit nach Prüfening, um die Malkunst der beiden in den Dienst seines Klosters stellen zu können. Dort trat Metz vom Nerianerorden in den der Benediktiner über und erhielt den Namen Innozenz. Nicht mehr allzulange sollte sich Frater Metz seiner Kunst hingeben können. Um 1704 erblindete er, nachdem er vorher noch das Wessobrunner Gnadenbild (s. d.) gemalt hatte. Mit größter Geduld ertrug er dieses schwere Schicksal 20 Jahre lang, bis er am 3. Februar 1724 in Prüfening starb. Bedeutendere Kunstwerke von seiner Hand haben sich dort nicht erhalten. Nach den Aufzeichnungen des Paters Edmund Walberer stammen die Bilder an den Prüfeninger Chorstühlen, die Abt Romanus I. anfertigen ließ, von Frater Innozenz Metz.

Die ehemalige Kirche St. Andreas

Altersgrau und unscheinbar steht westlich des Klosters das 1125 durch Bischof Otto von Bamberg geweihte St.-Andreas-Kirchlein. Einst diente es als Pfarrkirche für den weltlichen Bezirk des Klosters. Neben den Klosterbediensteten, soweit sie dem Laienstand angehörten, besuchten dort auch Pfründner den Gottesdienst, denn schon früh errichteten die Mönche von Prüfening ein Almosenhaus für alte und kranke Leute. Der romanische Taufstein beweist, daß im St.-Andreas-Kirchlein die Kinder des weltlichen Klostergesindes die Taufe empfingen; für Seminaristen und Dorfkinder fand dort an den Sonntagen der Religionsunterricht statt. An das Kirchlein schloß der Friedhof an.

Die Architekturen von St. Andreas verdienen bedeutendes kunstgeschichtliches Interesse. Die für die Hirsauer Bauschule typischen Würfelkapitelle mit Ecknasen, wie sie an den doppelten Klangarkaden des Turmes auftreten, sind außer drei Prüfeninger Kreuzgangkapitellen eine in Altbaiern einmalige Erscheinung.

Die Säkularisation verwandelte das Andreaskirchlein in eine Scheune. Pater Emmeram, Prinz von Thurn und Taxis, der Leiter des im Entstehen begriffenen Benediktinerkonvents Prüfening, gelang es, dem Verfall des Kirchleins Einhalt zu tun. Die Apsis, die 1803 einem großen Scheunentor weichen mußte, ist seit 1955 in der ursprünglichen Bauweise bereits wieder errichtet. Bei der Innenrestaurierung traten 1961 romanische Fresken zutage. Sie stellen einen Fries von Medaillons mit Heiligenbildern dar.

Der romanische Brunnenlöwe

Nördlich der ehemaligen Andreaskirche befindet sich die Steinskulptur eines liegenden Löwens. Die Mähne fließt in gelockten Strähnen herab; im Maul werden sägeartige Zähne sichtbar. Zwischen den Pranken hält er einen menschlichen Kopf, dessen Gesicht primitiv gestaltet ist: große, kreisförmige Augen, der Mund lediglich durch Einritzung angedeutet. Die Skulptur, ein Werk des 12. Jahrhunderts, stammt mit Gewißheit aus dem Klosterbezirk von Prüfening. Um 1900 wurde sie in den Park des fürstlichen Schlosses nach Regensburg verbracht. Pater Emmeram von Thurn und Taxis holte sie wieder nach Prüfening zurück (vgl. die Sage von der Entstehung des Klosters).

Das Brunnenhäuschen

Nur wenige Besucher von Prüfening entdecken das malerische, unter dem Blätterdach alter Bäume versteckte Brunnenhaus, das sich etwas abseits in der Nähe der ehemaligen Ökonomiegebäude befindet. Die Gegend von Prüfening wird seit je als wasserreich geschildert. Der Überlieferung nach soll es bereits unter Abt Erbo erbaut worden sein, der dem Kloster von 1121 bis 1163 vorstand. Die Bauformen weisen in die Romanik des 12. Jahrhunderts. Die quadratische Anlage ist aus sorgfältig behauenen, gut verfugten Quadern erbaut. Ein reich profilierter Sims und ein romanischer Rundbogenfries an der nördlichen Giebelseite bilden den architektonischen Schmuck des gleichsam in den Boden gesunkenen Häuschens.

175. Prüfening, romanisches Brunnenhaus

Astronomie und Physik

Bis zur Säkularisation galten neben den Universitäten die Klöster als die vorzüglichsten Stätten der Geistesbildung. Nicht nur philosophische Fächer und Theologie wurden dort gelehrt; die Klöster bildeten auch Mittelpunkte naturwissenschaftlicher Forschung, die sich in Regensburg namentlich auf Physik und Astronomie erstreckte. Als baulicher Rest einer reichen Tradition hat sich in Prüfening eine barocke Sternwarte, der sogenannte „astronomische Turm" erhalten. Der quadratische Unterbau hat vier Geschosse und gegen Norden und Süden geschweifte Giebel. Auf ihm erhebt sich ein achteckiger Turm, der mit einer Kuppel schließt. Rundbogenfenster öffnen sich nach allen Seiten hin. Trotz der einstigen Zweckgebundenheit ist der Bau voll Harmonie und barocker Beschwingtheit. Ein schöner Wandbrunnen aus der Spätzeit der Renaissance mit Muschelnische und muschelförmiger Bekrönung ziert die Nordseite. Zwei Engelsköpfe und ein Obelisk mit der Jahreszahl 1616 schmücken die Brunnenwand. Abt Martin Pronath, ein eifriger Förderer der Wissenschaften, ließ den Astronomieturm in der zweiten Hälfte des 18. Jahrhunderts erbauen.

Das Kloster besaß auch ein Naturalienkabinett und ein „mathematisches Museum", eine mit zahlreichen, zum Teil sehr wertvollen physikalischen Apparaten ausgestattete Sammlung. Die Ausstattung des astronomischen Turmes und der Apparatesammlung besorgte der Schreinermeister Peter Stäubl, der sich auch auf die Kunst des Schmiedens verstand. Zur Herstellung optischer Gläser verfügten die Prüfeninger Mönche über eine eigene Glasschleifanlage.

Abt Rupert Kornmann — Säkularisation

Unter Rupert Kornmann, den die Prüfeninger Mönche 1790 zum Abte wählten, erreichte das Kloster seine höchste Blüte, aber auch das Ende seiner 700jährigen Tradition. Der wissenschaftliche Ruhm Abt Kornmanns und seines Konvents drang weit über die Grenzen der engeren Heimat hinaus. „Jedes Studium wird betrieben und blühet auf. Der Prälat (Kornmann) hängt mit Leib und Seele an den Wissenschaften", schreibt kein Geringerer als der Gelehrte Lorenz Westenrieder. 1793 ernannte die Münchener Akademie der Wissenschaften Abt Rupert Kornmann zum Mitglied. Aber auch jeder Mönch mußte „ein seinem Alter, seinen Kenntnissen, Fähigkeiten angemessenes wissenschaftliches Fach betreiben". Dieser Tätigkeit diente eine umfangreiche und vielseitige Bibliothek, die eine stete Bereicherung erfuhr. Daneben verfügte Prüfening über erlesene Sammlungen, unter denen vor allen die der Kupferstiche hervorragte. Abt Kornmann vermehrte sie um einige Tausend Blätter. In der Sammlung der Originalhandzeichnungen bedeutender Meister befanden sich nach dem Zeugnis von Prüfeninger Konventualen Blätter von Lukas Cranach, Philipp Rugendas, P. P. Rubens, Paul Veronese, Zouffali und anderen. Kornmann legte auch eine Sammlung von Elfenbeinschnitzereien an. Pater Edmund Walberer (s. d.) stand der physikalisch-mathematischen Sammlung des Klosters vor. Für seine meteorologischen Beobachtungen erhielt er eine Auszeichnung der Akademie.

Am Tag des Ordensgründers St. Benedikt, dem 21. März 1803, erschien die kurfürstliche Aufhebungskommission in Prüfening unter Führung des Herrn von Limbrun, der dem versammelten Konvent die Aufhebung des Klosters verkündete. Bereits im darauffolgenden Monat begannen die Versteigerungen. Nicht nur die Klostergebäude und das gesamte Inventar kamen unter den Hammer, sondern auch die dem Kloster gehörenden Güter und Liegenschaften außerhalb Prüfenings. Die Kunstsammlungen wurden dem kurfürstlichen Kupferstichkabinett einverleibt. Neun Fuhrwerke brachten Bücher, Handschriften, Gemälde und Kunstgegenstände nach München. Ein Teil der Bücher und Archivalien aus Prüfening gelangte nach Metten, ein Teil in die Provinzialbibliothek, Neuburg/Donau. Der Regensburger Verleger und Buchdrucker Anton Pustet kaufte aus der säkularisierten Prüfeninger Klosterbibliothek 68 Zentner Bücher als Makulatur zum Preis von 45 Gulden.

„Von allen ständischen Rechten und Prärogativen beraubt, aus dem Besitze sämtlicher Güter hinausgeworfen, von allem Ansehen entblößt, zur Entfernung von meinem Stift bestimmt, ... ohne mindesten Wirkungskreis, ist mir außer den todten Zimmern, die ich bewohne, nichts mehr übrig; und diese sind in diesem Augenblick, sowie das ganze Kloster, feilgeboten." So schildert Abt Kornmann die Situation in Prüfening im Juni 1803. Die Patres begannen sich um Pfarrstellen oder um ein anderweitiges Unterkommen umzusehen. Abt Rupert Kornmann baute sich in Kumpfmühl ein Haus (s. d.), wo er zusammen mit seinem ehemaligen Mitbruder Pater Johann Kaindl wohnte und sich seinen Studien und Betrachtungen hingab. In der ländlichen Abgeschiedenheit Kumpfmühls entstand sein philosophisches Hauptwerk: „Die Sibylle der Zeit" und „Die Sibylle der Religion", das seine Bedeutung auch heute noch nicht verloren hat. Seine wahre Größe aber zeigte sich in seiner Nächstenliebe und der Freigebigkeit gegen die Notleidenden.

176. Rupert Kornmann, letzter Abt von Prüfening. Kupferstich von C. W. Bock, 1801

Viele erhielten von ihm wöchentliche, monatliche oder jährliche Unterstützungen. Am 23. September 1817, wenige Stunden nach seinem 60. Geburtstag, schied er friedlich aus dieser Welt und fand im Friedhof der Oberen Stadt an der Prüfeninger Straße seine Ruhestätte. Dem Wunsch des Verstorbenen gemäß ließen die Erben ein Grabmal setzen, das eine weibliche Figur darstellt, die Religion versinnbildlichend, die mit der Rechten zum Himmel emporweist. Das Denkmal ist nicht mehr erhalten. Als ausführender Künstler darf der Regensburger Bildhauer Christoph Itelsberger angenommen werden, von dessen Hand sich zwei Entwürfe zu diesem Denkmal — getuschte Federzeichnungen — in der fürstlichen Hofbibliothek befinden. Die Blätter zeigen eine Vorder- bzw. Rückansicht des Grabmals und tragen die Signatur: „C. Itelsperger fecit Ratisbon." Der Historische Verein veranlaßte 1892 die Überführung der sterblichen Reste des Abtes aus dem Friedhof an der Prüfeninger Straße in die ehemalige Klosterkirche, wo eine Gedenktafel die Stelle der Bestattung im nördlichen Seitenschiff bezeichnet. Neben diesem Epitaph erinnert auch der an der Ostseite der Prüfeninger Schloßmauer sich hinziehende Kornmannweg an den bedeutenden Prälaten.

Pater Edmund Walberer,

der unzertrennliche Freund des Abtes Rupert Kornmann, zog sich gleich diesem nach der Säkularisation ihres Klosters Prüfening in den damals noch stillen Vorort Kumpfmühl zurück. Zwei Jahre lang war er als Pfarrer in Karthaus-Prüll tätig. Nachdem Kornmann 1817 starb und dessen Hausgenosse, Pater Johann Ev. Kaindl, ihm 1824 in die Ewigkeit gefolgt war, siedelte Walberer von Kumpfmühl nach Regensburg über, wo er sich ganz seinen Betrachtungen, dem Gebet und dem Genuß seiner reichhaltigen Bibliothek hingab. Besonders beschäftigte ihn die Abfassung einer Chronik seines geliebten Klosters Prüfening. Das zweibändige Manuskriptwerk „Materialien zu einer Geschichte des Klosters Prüfening", begonnen 1824, dem mehrere Zeichnungen beigegeben sind, verwahrt die Klosterbibliothek Metten bei Deggendorf.

1842 starb Pater Walberer und wurde auf dem Lazarusfriedhof an der Prüfeninger Straße bestattet. Nach Auflassung des Friedhofes übertrug man den schlichten Grabstein in den Park nach Prüfening, wo er nun im Schatten der riesigen Linde an der östlichen Parkmauer lehnt. Die lateinische Inschrift kündet in deutscher Übersetzung: „Neben diesem Stein liegt der ehrwürdige Pater Edmund Walberer begraben, geboren in Schwarzenbach bei Pressath am 21. Februar 1768, Profeß und Priester in Prüfening, ein frommer, demütiger und allen lieber Herr. In Sachen der Landwirtschaft, der Mathematik, der mechanischen Physik war er sehr beschlagen und hat sich um sein Kloster sehr verdient gemacht. Außerdem war er in der Aushilfsseelsorge tätig und zuletzt Pfarrer in Prüll. Seine Mitbrüder hat er überlebt bis auf den 20. Juni 1842." Diese Angabe der Grabinschrift ist nur insoferne richtig, als Edmund Walberer der letzte Pater von Prüfening war. Das letzte Ordensmitglied war Frater Frobenius Weigl, der erst nach der Säkularisation die Priesterweihe erhielt und 1852 als Domkapitular von Regensburg starb.

Vom Kloster zum Schloß Prüfening

Als erster Käufer der säkularisierten Klostergebäude trat 1803 der fürstlich Thurn und Taxis'sche Domänenrat Müller auf. Schon nach kurzer Zeit aber ging der ganze Besitz an den gleichfalls im fürstlichen Hofdienst stehenden Geheimrat Baron von Vrins-Berberich zu einem Kaufpreis von 29 137 Gulden über. Dieser verlieh dem Kloster den Charakter eines Schlosses. Den Klostergarten ließ er zu einem öffentlichen Park umgestalten. Sein Verdienst ist die Anlage einer schattenspendenden Pappelallee längs der Prüfeninger Straße vom Schloß Prüfening bis zum Jakobstor. Auf einem Stahlstich von K. Wießner, 1845 (Stadtansichten Nr. 54), ist sie deutlich zu erkennen. Der Braumeister des Klosters, Bartelme Dorfner, kaufte das ehemalige Klosterbrauhaus nebst Schankgerechtigkeit und den Garten bei der Andreaskirche und eröffnete in Prüfening eine Gaststätte, die zu einem bevorzugten Ausflugsziel der Regensburger Biedermeier wurde. An Sonn- und Donnerstagen standen vor dem Jakobstor Wagen bereit, um die zahlreichen Gäste von der Stadt in die Schloßgaststätte zu den sogenannten „Prüfeninger Gesellschaftstagen" zu bringen. Mit begeisterten Worten schildert Schuegraf die Ausfahrt der Wagen nach Prüfening: „Wirklich scheint es, als wolle man Hellas Zeiten in den Olympischen Spielen erneuern. Renn- und Schweizerwagen, und Staatskarossen stehen vor dem schönen, altertümlichen Jacobsthore in Menge bereit, und fort gehts im sausenden Galopp, daß die Erde dröhnt. Ein herrliches Wetter! Auch ich eile dahin." Der um die Geschichte Regensburgs so verdiente C. W. Neumann erzählt in seinen Manuskripten, daß man sich in Prüfening vor Menschen, Reitern und Wagen und der Eleganz und Schönheit der Equipagen in den Wiener Prater hätte hineinträumen können.

Nach dem Tode von Vrints-Berberich ging Prüfening 1843 durch Erbschaft an den Freiherrn Francois van Zuylen-Nyevelt über und schließlich im Jahre 1899 an das fürstliche Haus von Thurn und Taxis.

Der Park

Baron Vrints-Berberich, der 1806 die säkularisierte Klosteranlage Prüfening erwarb, ließ den alten Klostergarten in einen öffentlichen Park umwandeln. Heute ist er der Allgemeinheit leider nicht mehr zugänglich. An seiner Ostseite, nächst der Mauer, breitet seine vielhundertjährige Sommerlinde von acht Metern Stammumfang ihre knorrigen Äste aus. Die Legende bringt sie in Zusammenhang mit Bischof Otto von Bamberg, dem Gründer des Klosters. Als er beim Reichstag des Jahres 1108 den Lärm der überfüllten Stadt floh, soll er unter ihrem Blätterdach geruht und im Traum jene Vision erlebt haben, die ihn zur Gründung des Klosters bewog.

An der östlichen Parkmauer befindet sich der Grabstein Pater Edmund Walberer (s. d.).

Die Mönche von Prüfening liebten es, an warmen Sommerabenden mit ihren Gästen aus St. Emmeram oder mit den Domherren von Regensburg Kegel zu schieben. Der Historiker I. R. Schuegraf, der als Bub gegen manch gutes Trinkgeld die Neune wieder aufstellte, verbindet frohe Kindheitserinnerungen damit: „... und da weiter unten — o süße Erinnerung, was erblickt mein Auge! — steht noch die große Linde, unter deren Dach die Klosterherren an den Tagen der Feyer, oder wenn die Kaisersheimer, oder die nahen Emmeramer, und öfter noch die Domherren zu Besuch kamen, Kegel geschoben?...Welch schöne Thaler spendeten da oft lustige Kaisersheimer, oder die reichen Domherren für meine Mühe! Aber ich verstand auch schon die Kunst, vornehm die Kugel darzureichen. Wie oft in die tiefe Nacht rollte noch der Kugeldonner über das eichene Brett!" Das Zwiebeltürmchen an der Nordostecke der Parkmauer — zu Klosterzeiten befand sich auch an der Nordwestecke und beim Sphinxtor ein solches — ist ein Teil dieser ehemaligen Kegelbahn.

Einen chinesischen Turm könnte man den entzückenden Tee- und Musikpavillon nennen, der eine besondere Zierde des Parkes bildet. Die reizende Gartenarchitektur ist im Achteck angeordnet. Holzpfosten tragen den Oberbau, der sich mit Loggien nach allen Seiten hin öffnet. Das geschweifte Dach bekrönt eine chinesische Laterne. Brüstungen und Wände sind mit Drachen und Chinoiserien bemalt. Dieser Pavillon stammt aus dem Garten des 1880 abgebrannten fürstlich Thurn und Taxis'schen Schlosses Donaustauf. Nachdem Fürst Albert von Thurn und Taxis Schloß Prüfening 1899 erworben hatte, wurde der Pavillon hierher übertragen.

177. Gartentempel, frühes 19. Jahrhundert. Prüfening, Schloßpark

In der südöstlichen Ecke des ansteigenden Gartens, geborgen unter dem Laubdach der alten Bäume, träumt ein kleiner Tempel in verschwiegener Erinnerung. Das Gartenhaus ist im Stil des Empire um 1808 erbaut, als Baron Vrints-Berberich Schloßherr in Prüfening war. Über eine Freitreppe steigt man zu diesem Tempel empor, der aus einer Vorhalle und einem geschlossenen Raum besteht. Vier dorische Säulen tragen den Architrav mit Triglyphenfries. Über der Türe rautenförmiger Stein mit Widmungsinschrift: „Meiner / verklärten unvergeßlichen Freundin / der / Begründerin dieses Gartens". Im Dreiecksgiebel die später unter Fürst Albert von Thurn und Taxis stuckierte Initiale A (nach freundl. Mitteilung von P. Emmeram von Thurn und Taxis).

Dechbetten

Landschaftsbild

Die Landschaft im Westen der Stadt ist sanft bewegtes Hügelland, das aus der Regensburger Bucht in leichten Wellen zu den Kuppen des Königsberges, des Dreibäumerlberges und der Platte ansteigt, um schließlich von den Höhen des Max-Schultze-Steiges steil zum Stromufer der Donau abzufallen. Den Gesichtskreis schließen die Winzerer Höhen und die bewaldeten Hänge der Marienhöhe oberhalb Kleinprüfening. Man kann diese Landschaft eine ideale nennen. Sie ist poetischer als jene im Norden der Stadt, ihre Luft erscheint zarter, ihr Licht klarer und abgewogener; ein Landschaftsbild, wie es Claude Lorrain malte: großzügig und von epischer Ruhe. Zwei Klöstern verdankt diese Landschaft ihre Vergeistigung, ihre Erhebung zur Kunstlandschaft: Prüfening und St. Emmeram.

Wasserverhältnisse

Die Gegend um Dechbetten war einst sehr wasserreich. Die ersten Regensburger Wasserleitungen (s. d.) erschlossen die Quellengebiete um den Ort. Damals waren die Hänge um Dechbetten noch bewaldet und die Ergiebigkeit der Quellen dadurch eine weit größere als das heute der Fall ist. In der Tertiärmulde von Dechbetten entspringt der Lohgraben, der nach Überquerung der Bahnanlagen und der Prüfeninger Straße entlang der nach ihm benannten Lohgrabenstraße nach Prebrunn hinüberfloß und dort in die Donau mündete. Dem gleichen Quellgebiet entstammt auch das Wasser der ehemaligen Emmeramer Klosterleitung. Das Wasser der ersten städtischen Leitung, deren Brunnstube nahe der Ziegelei Mayer und Reinhard liegt, entstammt sogenannten Reinhauser Schichten, die hier von tonigen Zwischenlagen durchsetzt sind.

Der Ortsname

In diese Fluren schmiegt sich der Ort Dechbetten. In den Emmeramer Traditionen (863—885) tritt der Ortsname erstmals auf: cellula, que dicitur Dehtapeta: die kleine Zelle, die Dechbetten heißt. Ein Einsiedler, wohl der erste Bewohner der Gegend von Dechbetten, nannte also seine Zelle dehtapeta, das bedeutet „fromme Bitte, fromme Gebete". Der Ortsname Dechbetten leitet sich somit von dem Zellennamen dehtapeta ab. Um die Zelle des Eremiten — sie wird die Stelle der heutigen Kirche eingenommen haben — entstanden die ersten Ansiedlungen, wuchs der Ort Dechbetten.

Aus der Geschichte des Ortes

Dechbetten war Sitz eines edlen Geschlechts, der Dechbetter. Sie werden im 12. Jahrhundert genannt. Die einschlägigen Urkunden bezeugen in Dechbetten eine „Villa", ein adeliges Landgut, einen Herrensitz. Von ihm fehlt heute jede Spur. Schuegraf und nach ihm das Inventarwerk der bayerischen Kunstdenkmäler sehen den Rest eines einstigen wasserbewehrten Adelssitzes in jenem Turm, der erst 1869 trotz zahlreicher Proteste abgetragen wurde. Er stand im Garten des heutigen Anwesens Nr. 1 (alt Nr. 10) inmitten eines Weihers, den das Überwasser der Emmeramer Brunnstube am Westende des Ortes speist und das noch heute das Grundstück durchfließt. Wegen des sehr sumpfigen Untergrundes wird wohl allmählich ein Verfall der Turmfundamente eingetreten sein, weshalb das Bauwerk im Volksmund der „versinkende Turm von Dechbetten" hieß. Der Historische Verein ließ nichts unversucht, das geschichtlich und

178. Der „versinkende Turm" von Dechbetten. Aquarell von J. Ostermayr, um 1830. Museum

architektonisch bedeutsame Bauwerk zu retten. Ein Gutachten bei der kgl. Regierung und wiederholte Vorstellungen beim Generalkonservator für die Erhaltung historischer Bauten blieben erfolglos. Der Maler J. Ostermayr, dem wir die vielbewunderten, duftigen Aquarelle von Regensburgs Straßen und Befestigungsanlagen verdanken, hat um 1830 auch den Turm von Dechbetten im Bilde festgehalten. In bewußt romantischer Auffassung und mit vollendeter Maltechnik stellt Ostermayr das Bauwerk als quadratischen, dreigeschossigen Turm inmitten eines verschilften Weihers vor Augen. Aus dem spitzen Zeltdach treten nach allen Seiten Gauben hervor. Die großen Fenster des Obergeschosses wurden wohl erst in späterer Zeit eingebrochen. Die Mauern zeigen Spuren fortgeschrittenen Verfalls. Als Staffage wählte der romantisch fühlende Künstler einen Hirten mit Schafen.

1850 weilte der Dichter Eduard Mörike für längere Zeit in Pürkelgut. Er fand Gefallen an den Schönheiten der Stadt und ihrer Umgebung. Auch der malerische Turm in Dechbetten fand einen Niederschlag in seinen Aufzeichnungen. In einem Brief Mörikes und seiner Schwester Klara an ihren gemeinsamen Freund Hartlaub heißt es: „Am meisten aber interessierte mich und den lieben Eduard ein altersgrauer, gotischer Turm, der einzeln auf einer Wiese steht, von einem Wassergraben umschlossen, und fast mitten im Dorfe. Der Bauer, dem der Hof gehört, benutzt ihn zur Aufbewahrung seines Strohes und sonstigem Gerümpel. Kein Mensch wußte uns Näheres von seiner ursprünglichen Bedeutung zu sagen..." In seinen Lobgedichten auf die Umgebung Regensburgs 1818 gedenkt Wiedenmannn im schwärmerischen Stil des Biedermeier auch des Turmes zu Dechbetten:

> Auch ein Turm, schon halb versunken,
> Ragt aus einem Teich hervor,
> Um ihn schreien nachts die Unken
> Ihren monotonen Chor,
> Und die Würmlein mit den Funken
> Schwärmen gern an ihm empor;
> Doch des alten Turms Entstehen
> Läßt sich nimmermehr ersehen.

Nach dem Aussterben der Dechbetter kam das Landgut samt Wasserschloß in den Besitz des Klosters St. Emmeram und diente den Klosterherren als Sommeraufenthalt. 1536 gehörte es den Stiftsdamen von Obermünster. In einem Fenster des oberen Turmgeschosses befand sich eine gemalte Glasscheibe. Sie zeigte ein von einem Engel gehaltenes Wappen und die Umschrift: „Elisabeth Paulstorfferin Corfraw zu Obermünster 1536." Ähnliche Wappenscheiben, vermutlich aus der gleichen Werkstatt, hängen an den Fenstern des Altdorfersaales im Museum.

Erst nach dem letzten Krieg verschwanden die letzten Reste einer Ringmauer, die sicher zu diesem einstigen Wasserschloß gehörte.

Bis zur Säkularisation 1802 unterstand Dechbetten den Klöstern St. Emmeram und Prüfening. Als Fürstprimas und Kurerzkanzler Carl von Dalberg 1803 Regensburg und das Bistum als geistliches Fürstentum übernahm, gehörte unser Ort als fürstlich primatische Hofmark Dechbetten zum neuen Staatsverband. Nach der Übernahme des Fürstentums Regensburg an das junge Königreich Bayern im Jahre 1810 kam Dechbetten als selbständige Gemeinde hinsichtlich der Gerichtsbarkeit an das kgl. bayerische Landgericht Stadtamhof. Dechbettens Bewohner waren Bauern und Taglöhner. Erst um die Wende zu unserem Jahrhundert siedelten sich einzelne Industrien in der Ortsflur an: 1900 das große Ziegelwerk Mayer und Reinhard, 1908 die Maschinenfabrik Schlageter (heute Scholz), 1928 die Sägenfabrik Gottfried. 1938 wurde Dechbetten dem Stadtverband von Regensburg eingemeindet.

In Dechbetten gedieh auch die Rebe. Bereits 1184 werden dort ein Weinberg und ein Winzer genannt. Der Hang bei der Ziegelei Mayer führte die Flurbezeichnung „Weinberg". Auch der Familienname Weinzierl kommt vor. 1834 noch gab es in der Dechbettener Ortsflur zwei Feldwege, deren Namen sich vom einstigen Weinbau ableiteten: den „Weinbergweg" und den „Weingassenweg". Zur Erinnerung an den Weinbau in dieser Gegend gibt es heute zwischen Dechbetten und dem Schloß Prüfening eine Straße mit dem Namen „Dechbettener Weinberg".

Der idyllisch gelegene Ort war einst mehr als heute Ausflugsziel der Regensburger. Mit Kind und Kegel zog man in den stillen Jahren der Biedermeierzeit an heißen Sommersonntagen in die ländlichen Vororte hinaus, vornehmlich zum Tegernheimer Keller, aber auch nach Pürkelgut und Karthaus-Prüll, nach Prüfening und Dechbetten, wo man sich bei den „Biergelegenheiten" zu fröhlicher Kurzweil niederließ. Auch der um die Erforschung unserer Heimatgeschichte hochverdiente Schuegraf preist in überschwänglichen Worten das gastliche Dechbetten.

Die älteste Abbildung Dechbettens findet sich auf einem Stich Merians, der die Belagerung Regensburgs durch kaiserliche Truppen 1634 zeigt (Stadtansichten Nr. 13). Am äußersten linken Rand ragt die Kirche Dechbettens — die Vorgängerin der jetzigen — ins Bild. Bezeichnung: Ehbetten. Weitere Abbildungen finden sich auf den Vogelschauplänen der Stadt und ihrer nächsten Umgebung von H. G. Bahre von 1639 und 1645 (Stadtgrundrisse Nr. 1).

179. Dechbetten. Links Bildstock bei der heutigen Eisenbahnbrücke, auf dem Hügel die „Gloriette". Stahlstich nach einer Zeichnung von Bernhard Grueber, 1845. Privatbesitz

Alle übrigen älteren Abbildungen entstammen dem frühen 19. Jahrhundert, enstanden aus der schwärmerischen Begeisterung des Biedermeier für die Schönheiten ländlicher Idyllen. Der Zeit um 1830 gehört eine hübsche, bei Reithmayr in Regensburg erschienene Lithographie an, die den Ort von Südosten zeigt, genau von der erhöhten Stelle aus, wo der Königswiesener Park beginnt. Die Bildmitte nehmen die Kirche und der „versinkende Turm" ein. Das Haus mit dem Walmdach ist das heutige Anwesen Nr. 4 (alt Nr. 8). Auf der Höhe der „Platte" im Hintergrund sind ganz zart die Umrisse der „Gloriette" (s. d.) erkennbar. Als Vordergrundstaffage wählte der Zeichner eine Biedermeierdame und einen Buben. Die Figuren sehen aus wie Verwandte des Struwwelpeter, der etwa zur gleichen Zeit entstanden ist.

Geradezu eine Seltenheit ist das Büchlein „Regensburger Vergißmeinnicht" geworden, das 1845 erschien und eine Folge von Stahlstichen von Bernhard Grueber mit Ansichten der Stadt und ihrer näheren Umgebung enthält. Unter diesen befindet sich auch ein Blatt mit einer Abbildung Dechbettens. Es vermittelt einen Blick auf die Kirche, das Haus mit der jetzigen Nr. 4 (alt Nr. 8), den „versinkenden Turm" und das Steinkreuz an der Straßenböschung (s. d.). Den Vordergrund nimmt eine Darstellung des Bildstockes ein, der bis heute an der Auffahrt zur Dechbettener Eisenbahnbrücke steht. Sehr deutlich ist hier die „Gloriette" auf der Höhe der „Platte" zu erkennen.

Kirche und Gnadenbild

Mittelpunkt der dörflichen Siedlung Dechbetten war ein gotisches Kirchlein, das 1722 dem Bau der jetzigen barocken Kirche weichen mußte. Noch geben zwei Gewölbeschlußsteine des 14. Jahrhunderts, in die südliche Friedhofsmauer eingelassen, Zeugnis davon. Das Antlitz Christi und das einer Madonna blicken aus ihrem Rund.

Nach Abtragung der gotischen Kirche legte Abt Wolfgang Mohr von St. Emmeram 1722 den Grundstein zur heutigen Kirche mit dem Patronat Maria Himmelfahrt. Nach vierjähriger Bauzeit war das Gotteshaus vollendet, ein Barockbau von klaren Abmessungen, kraftvoller Gliederung und hochgezogener Schaufront im Westen, dabei aber von jener ockerfarbenen Behaglichkeit, wie sie altbairischen Landkirchen eigen ist. Weihbischof Langwerth von Simmern vollzog am 13. August 1726 die feierliche Konsekration. Von den geplanten Türmen kam nur der nördliche zur Ausführung; sein Gegenstück an der Südseite gedieh nur bis zur Höhe der Langhauswand. Mit besonderer Liebe gestaltete der Architekt die Hausteingliederung des Portales. Korinthische Säulen tragen einen Architrav mit Giebelstücken, zwischen denen in einer Muschelnische die Steinplastik einer Madonna mit dem Kinde steht. Im Gebälk sitzt das Wappen von St. Emmeram. Die Portalarchitektur verrät enge Beziehungen zu der des Deutschen Hauses am Ägidienplatz, die etwa gleichzeitig entstanden ist. Gerade das Kleine und Unauffällige ist oft dazu angetan, Herz und Gemüt zu erfreuen. So auch bei diesem Kirchenportal, dessen Türklinke durch besondere Originalität überrascht. Um 1725 gestaltete ein unbekannter Künstler diese Klinke in Form einer Nixe. Diese der germanischen Mythologie entlehnte Darstellung ist vielleicht durch den einst so großen Wasserreichtum der Gegend um Dechbetten zu deuten. Der Schweif der Nixe, einem Füllhorn gleichend, endet in einem gewölbten Seerosenblatt, nach dem die Nixe mit der Linken greift. Das maskenhaft, modern anmutende Gesicht mit dem kurzgeschnittenen Haar und die feine Durchbildung der Hand beweisen eine absolute Beherrschung des schwer zu bearbeitenden Materials. Wie ein geheimnisvoller Spuk hebt sich die metallene Plastik von dem kunstvoll gearbeiteten Schlüsselschild ab, das in einem Muschelnymbus hinter dem Kopf der Nixe ausläuft.

Die eichenen Torflügel hüten einen Raum von überraschender Helligkeit, voll Spannkraft und Harmonie. Nicht die Dekoration gibt hier den Ton an; das Gnadenbild ist Blickpunkt und künstlerische Mitte zugleich. Das ausgehende Mittelalter ließ in unserem Raum eine Reihe von Marienwallfahrten entstehen, so im nahen Mariaort, in Kneiting und in Kager. Auch Dechbetten mag seit dieser Zeit als Wallfahrtsstätte gelten. Das Gnadenbild ist älter als das barocke Gotteshaus. Schon in der gotischen Kapelle zierte es den Hauptaltar. Ein Meister von ausgesprochen bairischer Mentalität, wahrscheinlich Hans Paur aus Eichstätt, schuf um 1505 diese Madonna aus Lindenholz. Inmitten eines Reigens schwebender Engel steht Maria mit dem Erlöser der Welt. Fraulicher Liebreiz und mütterliche Güte sprechen aus dem geneigten Antlitz der Gottesmutter. Auf ihrem rechten Arm sitzt das göttliche Kind, das Gesicht dem Beschauer zugewandt. Verlangend greift es nach einer geöffneten Frucht, die an den Kernen als Granatapfel zu erkennen ist. Von alters her galt der Granatapfel neben der Rose als Symbol der Madonna. Die linke Hand Mariens trägt das Zepter, das Zeichen himmlischer Herrschaft. Ihr geöffneter Mantel fließt in lebendig bewegten Falten herab

180. *Gnadenmadonna von Dechbetten. Andachtsbild. Kupferstich von Zimmermann, 1769. Museum*
181. *Dechbetten. Gnadenmadonna in der Kirche. Holzfigur, um 1505*

bis zur Mondsichel zu ihren Füßen, aus der ein ernster Männerkopf blickt, das Gesicht Adams, Symbol der sündigen Menschheit. Auf der Rückseite der Plastik steht: REN. 1659. Weitere Erneuerungen folgten 1804, 1876 und 1906.

Das Gnadenbild von Dechbetten zog Pilger in großer Zahl an. Ihre größte Zeit erlebte diese Wallfahrt im Zeitalter des Barock. Kaiser Ferdinand III. und seine Gemahlin Maria waren der Gottesmutter von Dechbetten in inniger Liebe zugetan und verbrachten manche Stunde der Verehrung vor ihrem Bild. Am 22. Dezember 1636 erfolgte zu Regensburg die einstimmige Wahl Ferdinands zum römischen König und künftigen Kaiser. An diesem Tag verordnete er, daß gegen eine jährliche Auszahlung von 400 Gulden eine tägliche Messe zum Heil des Hauses Habsburg im Kirchlein zu Dechbetten gelesen werde. Bis zum Jahr 1817 wurde unter dem Gnadenbild diese sogenannte Kaisermesse alle Tage gefeiert. Die schweren Kronen auf dem Haupt von Mutter und Kind sind ein Geschenk der Kaiserin.

Im März 1641 besuchte das Kaiserpaar die Kirche und schenkte eine drei Pfund schwere silberne Ampel, zwei Meßgewänder und einen Mantel für die Gottesmutter. Ein halbes Jahr später, als der Kaiser von Augsburg über Regensburg nach Wien zurückreiste, vermachte er der Kirche zwei silberne, innen vergoldete Meßkännchen und einen silbernen Teller. Zur Anschaffung von Glocken ließ er 100 Gulden zurück. Auch während des Reichstages von 1653 besuchten Ferdinand III. und seine Gemahlin die Kirche von Dechbetten und stifteten vier große silberne Leuchter.

Den festlichen Rahmen für dieses Gnadenbild, den Hochaltar aus der Zeit des späten Rokoko, schuf der Regensburger Bildhauer Simon Sorg (1708 – 1792). Die Altarteile — mit Ausnahme der Bildhauerarbeiten — entstanden in der Werkstatt des Schreiners Heinrich Karl in Stadtamhof. Für jede Fuhre von Werkstücken, die über die Steinerne Brücke nach Dechbetten gebracht wurden, mußten 2 Kreuzer Brückengeld entrichtet werden. 1767 war der Altar aufgestellt, jedoch noch ohne Fassung. Es fehlten Marmorierung, Bemalung und Vergoldung. „Den H. Sorg kann ich nicht genug loben", schreibt 1767 der Pfarrvikar von Dechbetten. „Er arbeitet von früh morgens bis über ein Uhr mittags, ohne etwas zu essen oder zu trinken. Der Wirth (und Bildhauer) von Dechbetten Andreas Ney ist trefflich dem H. Sorg an die Hand gegangen; er hat auch die gefährlichsten Arbeiten in der Höhe verrichtet" (H. Schlemmer: Ferdinand III. stiftete die „Kaisermesse". AH 4/1974). Erst 8 Jahre später, 1775 erhielt der Altar die Fassung. Er gehört zu den Hauptwerken des begabten Meisters und späteren Hofbildhauers Simon Sorg, der in Zusammenarbeit mit Karl und Zeller 1769/72 auch den Hauptaltar für die Alte Kapelle schuf.

Durch alle Jahrhunderte pilgerten die Regensburger in ihren Anliegen zur Lieben Frau von Dechbetten, deren Verehrung bis auf den heutigen Tag geblieben ist.

Karl Sebastian Hosang weiß von der Gottesmutter zu Dechbetten eine humorvolle Geschichte aus dem biedermeierlichen Regensburg zu berichten, die ihrer Originalität wegen hier wiedergegeben sei: „Die Studenten rufen alle Jahre, ehe sie geprüft werden, unter Abhaltung eines Hochamtes die Mutter Gottes von Dechbetten um ihren Beistand an. Ehedem gab es viele Eltern, welche glaubten, dieses Gnadenbild gebe den sie wahrhaft verehrenden Studenten mit den Augen oder Fingern einen Wink, daß sie sich einen Preis erhoffen dürften.

Einst fragte eine solche Mutter ihren von Dechbetten kommenden Studenten: ‚Hat die Maria gewinkt?' ‚Gewiß Mutter', sagte der Knabe; als aber der Student bei der Preisverteilung durchfiel, schalt die Mutter: ‚Du gottloser Bub! Du unterstandest dich der Mutter Gottes zu lügen.' ‚Ja Mutter', sagte der Knabe, ‚sie hat gewinkt, aber über die Achsel hinaus.'"

Die Säkularisation unterstellte die Kirche von Dechbetten 1817 der Pfarrei Prüfening.

Der Friedhof

QVI ELVCIDANT ME VITAM ETERNAM POSSIDEBVNT — Diejenigen, die mich verherrlichen, werden das ewige Leben besitzen — steht über dem gefälligen Renaissanceportal mit dem Wappen des Klosters St. Emmeram und der Jahreszahl 1628, durch das man den stillen Dechbettener Friedhof betritt. Von seinen zahlreichen Grabtafeln sind die vier der Malerfamilie Gebhard (s. d.) an der westlichen Friedhofsmauer von besonderer kulturgeschichtlicher Bedeutung. Leider sind die Kalksteinplatten schon weitgehend verwittert, von Flechten überwuchert und durch ein vorgebautes Grabdenkmal so unzugänglich geworden, daß die Entzifferung ihrer Inschrift nur noch mit Mühe gelingt. Hier findet sich der Denkstein des „Kunstberümten Hr. Johann Gebhardt Mahler", des Stammvaters der Malerfamilie, der am 13. Februar 1756 im Alter von 80 Jahren starb. An seiner Seite ruht seine Frau „Annamaria Gebhartin Mahlerin in Priffling", die „mit ihrer Ehe he (Ehehälfte?) Johann Gebhart Kunstmahler in Prüfling christlich gehaust 43 Jahr". Sie starb am 27. November 1746.

Auch die Söhne, denen Johann Gebhard sein künstlerisches Erbe weitergab, fanden neben den Eltern ihre letzte Ruhe: Benedikt Albert († 1741), Otto († 1773) und Andreas († 1774). Johann und Otto Gebhard zählen zu den bedeutendsten Rokokomalern unseres Raumes. Die Bedeutung des Andreas Gebhard liegt hauptsächlich auf dem Gebiet der Dekor- und Faßmalerei. Daneben betätigte er sich auch als Miniaturmaler. Von Benedikt Albert Gebhard, den seine Grabschrift „edel und kunstreich" nennt, läßt sich kein Werk mehr nachweisen. Da er bereits mit 25 Jahren starb, wird er wohl hauptsächlich als Gehilfe in der Werkstatt des Vaters gearbeitet haben.

An der Südwand der Kirche erinnert eine stattliche Kalksteinplatte an den Leutnant und Kunstmaler aus Wien, Anton Franz von Weißenregner, der 1778 in Großprüfening starb.

Der Dechbettener Friedhof birgt auch die sterbliche Hülle des Prüfeninger Bildhauers und Stukkators Franz Anton Ney (s. d.), der 1758 in Großprüfening durch Selbstmord aus dem Leben schied. Nur spärlich fließen die Nachrichten über seine Persönlichkeit. Ney gehörte zu dem Künstlerkreis, den die kunstsinnigen Prüfeninger Äbte des 18. Jahrhunderts um ihr Kloster scharten und es so zu einem der bedeutsamsten Kunstzentren unseres Raumes machten. Nicht nur ein berufliches, sondern auch ein freundschaftliches Verhältnis verband Anton Ney mit Johann Gebhard. Beredter als biographische Nachrichten sprechen die Zeugnisse seiner Kunst, die er vorwiegend in den Abteikirchen Prüfening und Weltenburg hinterließ. Manch bedeutende Rokokoplastik unbekannter Herkunft in den Dorfkirchen der Oberpfalz mag ein Werk des Meisters von Prüfening sein. Mit Herz und Hand war Ney den Formgesetzen des Rokoko verschrieben. Mehr noch als mit Schnitzmesser und Meißel leistete er auf dem Gebiet des Stuckierens, dessen Technik den bewegten Formen des Rokoko in besonderer Weise entgegenkam.

Nördlich der Kirche liegt die umfangreiche Grabanlage der freiherrlichen Familie van Zuylen-Nyevelt. Diese alte flämische Familie erwarb 1843 das Schloß Prüfening, das sie bis 1898 besaß. In diesem Jahr kaufte François van Zuylen-Nyevelt das Gut Königswiesen. Er starb 1906 als letzter männlicher Nachkomme und fand im Familiengrab in Dechbetten seine Ruhestätte. Die oberste Tafel der Grabanlage nennt den Kgl. Preuß. Kämmerer Franz Xaver Freiherr van Zuylen-Nyevelt († 1835), den Kgl. Bayer. Kämmerer Alexander van Zuylen-Nyevelt († 1870) und Wilhelmine van Zuylen, geborene Gräfin von Jenison-Walworth († 1844). Ein Grabdenkmal für Mitglieder dieser Familie findet sich an der Nordseite der Kapelle im Königswiesener Park.

Die ehemalige Friedhofskapelle

fiel einem Luftangriff am 25. Februar 1944 zum Opfer. Der kleine Altar aus weißem Marmor, datiert 1615, konnte unversehrt aus dem Schutt geborgen werden. Halbsäulen und Gebälk rahmen das Altarbild, ein Relief, Christus am Kreuz mit Maria und Johannes darstellend. Darunter zweizeiliger Vers: Jung und Alt Gedenckt stet an die Letzte Stund / So seit Ihr Alzeith an der Seel gesund / 1. 6. 15. Darunter leere Pedrella. Der Altar befindet sich an der Nordwand der Kirche unter der Empore.

Das Steinkreuz an der Kirchmeierstraße

An der Kirchmeierstraße, westlich der Eisenbahnbrücke, erhebt sich auf hoher Säule mit korinthischem Kapitell ein barockes Steinkreuz. Den Betrachter mag die Blickrichtung des Kreuzes verwundern, wendet es sich doch mit seiner Frontseite von der Straße ab. Ursprünglich war es zu dem von der Brücke aus nach Dechbetten führenden Weg orientiert, der durch den Ausbau der Kirchmeierstraße verschwand. Pater Heinrich Ledermann aus dem Kloster St. Emmeram, von 1734 bis 1745 Pfarrvikar von Dechbetten, ließ das Kreuz 1749 errichten. Vielleicht handelt es sich um eine Nachfolge jenes Kreuzes, das H. G. Bahre auf seiner Regensburger Stadtansicht von 1630 (Nr. 10) auf der Höhe von Dechbetten wiedergibt und das er „Zum hohen Creuz" bezeichnet. Die Sockelinschriften sind durch Verwitterung und Betonausflickung zum Teil unlesbar geworden. Das Kreuz zeigt auffallende Ähnlichkeit, in der Gestaltung des Sockels und der Säule nahezu Übereinstimmung mit dem fünfzehn Jahre älteren Steinkreuz an der Theodor-Storm-Straße in Kumpfmühl (s. d.).

Der Bildstock an der Dechbettener Straße

An der Dechbettener Straße, östlich der Eisenbahnbrücke, steht ein steinerner Bildstock. Ein kapellenartiges Gehäuse umgibt eine im Relief dargestellte Kreuzigungsgruppe. Im Giebelfeld darüber das Wappen des Klosters St. Emmeram und das des Abtes Hieronymus II. Feury (1609 – 1623). Es zeigt unter einem Schrägbalken drei Feuerzungen, eine Versinnbildlichung des Namens Feury. In der Architektur des Gehäuses wirkt die Gotik noch nach. Wir dürfen in Abt Feury wenn nicht den Stifter, so doch den Erneuerer des Bildstockes sehen. Das Kloster St. Emmeram besaß bis zur Säkularisation ausgedehnte Gründe in Dechbetten.

Die Mariensäule

Gegenüber der Gaststätte „Dechbettener Hof" (ehemals Gaststätte Fiederer) wurde 1708 unter einer Linde auf hoher Säule das barocke Steinbild einer Madonna aufgerichtet. Um 1960 mußte der völlig morsch gewordene Lindenbaum gefällt und die schadhafte Säule abgetragen werden. Seit 1969 befindet sich die Mariensäule wieder an ursprünglicher Stelle.

Die „Gloriette"

Der Hügelrücken zwischen Dechbetten und Prüfening heißt „die Platte". Davon leitet sich auch der Straßenname „Auf der Platte" ab. Von dieser Höhe aus genießt man einen umfassenden Fernblick auf den Ort Dechbetten und die Stadt. Hier erhob sich ehemals ein säulengetragener, offener Rundbau, „Gloriette" genannt. Der Höhenrücken hieß im Volksmund deshalb der „Sommerhäuslberg". Der Rest dieses Salettchens verschwand erst in den Jahren nach dem letzten Krieg. Auftraggeber für diesen Bau — vielleicht ein Werk d'Herigoyens — könnte Baron Vrints-Berberich gewesen sein, der 1806 das säkularisierte Kloster Prüfening und umliegende Gründe erwarb. In seinen Erinnerungen erwähnt der Chronist Hosang auch die Gloriette bei Dechbetten. Dort erschoß sich am 29. September 1833 der Regensburger Baumwollhändler Joh. Nep. Wirth mit einer Pistole. Im stillen Regensburg der Biedermeierzeit erregte dieser Selbstmord größtes Aufsehen. Vor seinem Tod schrieb Wirth seinen Namen auf die Marmorplatte des Tisches in der Gloriette, wozu von unbekannter Hand ein Vers gefügt wurde, in dem es zum Schluß heißt: „Durch die Pistol zu sterben / schien ihm ein leichtes Ding. / Er drückte ab im Gloriette / bei Prüfening."

Ziegetsdorf

Ziegetsdorf gehört zu den jüngsten Regensburger Vororten. Erst in den Jahren nach 1800 machten sich Ansiedler auf dem damals teilweise bewaldeten Bergrücken seßhaft. Den 5. Februar 1805 könnte man als den offiziellen Geburtstag von Ziegetsdorf bezeichnen. Eine Regierungsentschließung mit diesem Datum — Regensburg war damals Hauptstadt eines geistlichen Fürstentums, regiert von dem Kurerzkanzler Carl von Dalberg — überließ den Ansiedlern etwas über 40 Hektar unkultivierten Grund auf der Höhe des Ziegetsberges zur Urbarmachung und Bebauung. So entstand in den folgenden Jahren die Siedlung Ziegetsdorf, nach damaligem Sprachgebrauch als „Kolonie" bezeichnet. Die Neusiedler, meist Taglöhner, Gütler und Maurer, nannte man „Kolonisten".

„Zige" heißt Föhre, Kiefer. Wie man heute noch ein Tannen-, Birken- oder Buchenwäldchen im poetischen Sprachgebrauch als Tannet, Birket oder Buchet bezeichnet, so nannte man einen kleinen Wald aus Föhren, aus „Zigen", ein Ziget. So entstand für den mit Föhren bewachsenen Berg der Name Ziegetsberg, von dem die spätere Siedlung den Namen Ziegetsdorf schöpfte. Die kleine Gemeinde, die 1836 bereits 20 Hausnummern zählte, gehörte zur Pfarrei Prüfening. Die Toten wurden auf dem Friedhof in Dechbetten bestattet. Grabinschriften, meist auf ausgewaschenen Kalksteinplatten, künden noch Namen und Berufe der alten Ziegetsdorfer, die bereits hundert und mehr Jahre im stillen Dechbettener Friedhof ruhen. Eine Platte von 1851 ist gewidmet dem Andenken des Simon und der Walburga Wagner, „Kolonisteneheleute von Ziegetsdorf". Verhältnismäßig oft wird auf den Grabschriften der Beruf des Söldners genannt, womit man den um Sold, um Bezahlung arbeitenden Taglöhner, den Hilfsarbeiter, bezeichnete. Die alten Grabplatten beweisen aber auch, daß der Name Ziegetsdorf keinen sprachlichen Veränderungen unterworfen war. Nur einige der Tafeln geben die heute noch geläufige, mundartliche Aussprache „Ziegersdorf" wieder.

Von dem Waldbestand auf dem Ziegetsberg ist zwar jetzt nichts mehr vorhanden, doch lassen ihn alte Karten und Ansichten deutlich erkennen. Die Umgebungskarte der Stadt von J. Weishof, 1705, zeigt den Ziegetsberg mit der Landstraße nach München und Augsburg. Der Kupferstecher hat Wald und Buschwerk deutlich wiedergegeben. Die Karte bringt die Bezeichnung „Degelberg". Sie war früher neben dem Namen Ziegetsberg gebräuchlich, jedoch mehr für die östliche Seite des Bergrückens, die sogenannte Graßer Höhe. An den verschwundenen Waldbestand erinnern neben alten Abbildungen auch noch die Straßenbezeichnung Am Zieget sowie die Flurnamen „Holzäcker", „Holzgrund", „Holztagewerk" und „Ziegetacker".

Was Ziegetsdorf in der nichtmotorisierten alten Zeit so beliebt als Ausflugsziel machte, war seine schöne Aussicht. Noch jetzt kann man vor der Ortstafel „Regensburg" parkende Personenwagen beobachten, deren Insassen die herrliche Fernsicht ins weite Donautal und zu den Bergen des Bayerischen Waldes genießen. Gegen Süden öffnet sich der Blick an föhnigen Abenden bis zu den Gipfeln der Alpen, die jedoch nicht als zusammenhängende Kette wahrgenommen werden können, sondern als einzelne Gipfelgruppen. 1818 erschien im Verlag Eggensperger in Stadtamhof ein Büchlein mit dem Titel „Die Wanderungen um Regensburg". Darin preist der Verfasser J. Wiedenmann in schwärmerischen Gedichten die schöne Umgebung der Stadt, wobei er auch auf die „Kolonie Ziegetsdorf" zu sprechen kommt: „Dort auf jenem Berge Rücken / Den wir jetzt so frei erblicken / Stand erst noch vor kurzer Zeit / Ein Gehölze dicht und breit / — Dieser Wald ward umgehauen / Bessere Saaten hinzubauen / Und die Gründe teilten sie / Bildend eine Kolonie / — So erhob sich auf den Höhen / Schnell das Dörflein, das wir sehen / Und vom Holze das dastand / Ward es Ziegetsdorf genannt."

Die junge Siedlung Ziegetsdorf ist freilich nicht reich an Kulturdenkmälern und Kunstschätzen, doch wurde der Name Ziegetsdorf in der Gelehrtenwelt immer wieder genannt, als in den Jahren 1934/35 Grabungen auf dem Ziegetsberg die Überreste eines römischen Merkurheiligtums freilegten. Schon seit Jahren gab der Grund der Familie Mayer, Augsburger Straße 96, immer wieder römische Kleinfunde frei, und schon der Vorbesitzer klagte darüber, daß so viele Steine ihn bei der Feldarbeit behindern. 1934 setzten dann systematische Grabungen ein. Zunächst stieß man auf die Grundmauern einer nahezu quadratischen Tempelanlage, bestehend aus einem Innenraum von ca. 7 m Seitenlänge mit einer rechteckig ausspringenden Nische für das Götterbild und einem Umgang von etwa 14 m Seitenlänge. Zur freudigen Überraschung fand sich, in einer Grube liegend, ein großer, mit Pilastern, korinthischen Kapitellen und reichen Profilen geschmückter Votivaltar für Merkur, den vielverehrten Gott des Handels, der Kaufleute und jeglichen materiellen Gewinns. „Zu Ehren des göttlichen Hauses haben dem Gotte Merkur und seiner

182. Votivaltar und großes Standbild des Gottes Merkur aus der Tempelanlage auf dem Ziegetsberg. Museum

Mutter Maia Gaius Servandius Serotinus, Zenturio der 3. Italischen Legion und Servandius Herculanus, sein Sohn, aufgrund eines Gelübdes (diesen Altar) gesetzt, gern und freudig für erwiesene Wohltat", lautet die eingetiefte Weiheinschrift. Außerdem wurden die Grabungen durch die Aufdekkung zahlreicher größerer und kleinerer Standbilder belohnt, die teils im Tempel, teils auf dem Vorplatz aufgestellt waren. Alle stellen den Gott Merkur dar. Die Kultbilder lassen — im einzelnen verschieden — die typischen Attribute dieses Gottes erkennen: Geldbeutel, Schlangenstab (Caduceus), Flügelhut und Flügelschuh. Zu seinen Füßen Widder bzw. Hahn. Aus den aufgefundenen Bruchstükken konnte auch eine besonders große Merkurstatue rekonstruiert werden. Die Zugehörigkeit des Kopfes scheint jedoch nicht gesichert. Alle Statuen waren mit Gewalt zerschlagen. Sie sind von bescheidener künstlerischer Qualität. Ihre Entstehung geht auf ansässige Steinmetzen zurück.

Unter dem Tempelboden konnten Brandspuren eines hölzernen, durch Feuer zerstörten Vorgängerbaues festgestellt werden. Eine gleichzeitig aufgefundene steinerne Urkunde — sie war im Neubau des Tempels als Mauerstein verwendet worden — nennt auch den Stifter: den Soldaten Rufonius Placidus der 3. Italischen Legion. Dieser Tempel muß abermals einen Vorgänger gehabt haben. Zwei urkundliche Beweise liegen dafür vor. Zunächst heißt es in der steinernen Stiftungsurkunde des Rufonius Placidus, daß er den Tempel wiederherstellte, „der vom Feuer verzehrt war". Außerdem fand sich auch die Gründungsurkunde des allerersten Tempels, die ebenfalls als Baustein verwendet war. Ihrer nur noch bruchstückhaften Inschrift zufolge errichteten ihn zwei Brüder namens Cassius.

Die beiden hölzernen Vorgängerbauten werden wohl den Alamanneneinfällen des 3. Jahrhunderts zum Opfer gefallen sein. Der dritte und letzte, in Steinbauweise errichtete Tempel dürfte vielleicht von der Lagerverwaltung selbst in Auftrag gegeben worden sein. Der mehrfach aufgefundene Stempel der 3. Italischen Legion auf Dachziegeln läßt darauf schließen. Im 4. Jahrhundert wurde er endgültig zerstört. Entweder haben ihn die um 357 eingefallenen Juthungen dem Boden gleichgemacht oder er fiel dem Glaubenseifer der ersten Christen zum Opfer.

Die Grabungen 1934 legten in wenigen Metern Entfernung außerdem noch die Grundmauern von zwei weiteren, kleineren Tempeln frei.

Solche Heiligtümer für den beliebten Gott Merkur errichteten die Römer vorzugsweise an belebten Fernstraßen oder auf aussichtsreichen Höhen, wie hier auf dem Ziegetsberg. Die zahlreich im Tempelbezirk aufgefundenen Götterbilder lassen auf wohlhabende Besucher schließen. Außer den Soldaten werden es hauptsächlich Kaufleute gewesen sein, die sich mit einer Opfergabe den Segen Merkurs auf ihren beschwerlichen Reisen erbaten.

Weihealtar, Inschriftsteine und Götterbilder finden sich in der römischen Sammlung des Museums. Die Merkurstraße in Ziegetsdorf erinnert an das versunkene römische Heiligtum.

Königswiesen

In der Talmulde zwischen dem Königsberg — im Volksmund „Dreibäumerlberg" genannt — und dem Nordhang des Ziegetsberges lag bis zu Beginn der 1970er Jahre der alte Gutshof und einstige Herrensitz Königswiesen. Königsberg hieß die Erhebung nordwestlich der Wolfgangskirche, über die Hafnersteig, Königswiesenweg und Klenzestraße zur Kirchmeierstraße hinabziehen. Beide Namen, Königswiesen und Königsberg, bezeugen königlichen Besitz und weisen in das frühe Mittelalter, als nach der bairischen Landnahme die Königswiesener Fluren an die Baiernherzöge fielen und nach der Absetzung Tassilos (788) an das fränkische Königshaus übergingen. Durch Herzog Ludwig den Kelheimer gelangte Königswiesen um 1220 an das Kloster Prüfening, das dort einen Hofmeister bestellte.

Die Regensburger Hafner und Töpfer hatten von alters her das Recht, auf den Königswiesener Gründen nach Tegel und Lehm zu graben. Das Kloster Prüfening gestattete diese Entnahme gegen eine geringe Abgabe. Zu einer Auseinandersetzung zwischen den Regensburger Hafnern und dem Prüfeninger Hofmeister kam es 1290, als dieser für die Abgabe des Lehms höhere Gebühren forderte. Der Streit wurde zugunsten der Handwerker entschieden, und das Kloster Prüfening gelobte, sie „zu ewigen Zeiten" mit dem nötigen Ton von Königswiesen zu versorgen. Das Rohmaterial wurde den Meistern vor die Haustüren gefahren. Dafür hatten sie am Tag des Klosterheiligen, des Drachentöters Georg, einen Zins zu entrichten und eine Anzahl irdener Geschirre zu liefern. An die Tongründe und die Degelgrube in Königswiesen erinnert die Straßenbenennung „Hafnersteig". Dieser Weg führte einst zu den Lehmgruben bei Königswiesen. Eine muldenartige Vertiefung an seinem südlichen Ende nächst dem Von-Müller-Gymnasium läßt den ehemaligen Abbau von Erdreich erkennen. Dort sammelte sich das Wasser des sogenannten Haunerweihers, der im Zuge der neuen Straßenführungen zugeschüttet wurde.

1663 erwarb die Stadt Regensburg Gutshof und Grundbesitz von Königswiesen, das jedoch dem Kloster Prüfening grund- und vogtbar blieb. Die Kaufverhandlungen gestalteten sich schwierig und langwierig, weil dazu auch der bairische Kurfürst seine Einwilligung erteilen mußte; denn mit dem Erwerb von Königswiesen war eine Erweiterung des reichsstädtischen Burgfriedens verbunden. Noch bis vor wenigen Jahren stand eine guterhaltene Burgfriedenssäule auf der Anhöhe südlich des Gutshofes.

Als Regensburg 1810 bayerische Stadt wurde, fiel auch der Landbesitz der vormals fürstprimatischen Residenzstadt Regensburg dem Königreich Bayern anheim. So wurde Königswiesen Eigentum des bayerischen Staates, der den Besitz schon wenige Jahre später an die Eheleute Schiekofer verkaufte, von denen Königswiesen 1829 an den bayerischen Halloberbeamten Edmund von Boutteville gelangte. Gutshof und Gründe blieben bis zur Jahrhundertwende im Besitz dieser französischen Emigrantenfamilie. Der Enkel des Ersterwerbers, Ulrich von Boutteville, der das Gut in den 90er Jahren übernahm, machte es zu einem landwirtschaftlichen Musterbetrieb. Ihm verdanken wir die Anlage des schönen Parkes, der, jetzt Teil der städtischen Anlagen, sich von Königswiesen bis Dechbetten hinzieht. An dessen Südende ließ er für die vornehme Regensburger Gesellschaft eine Gaststätte erbauen. „Gegenwärtig befindet sich daselbst eine gute, viel besuchte Restauration", schreibt Walderdorff 1896. Leider fiel das Gebäude den Bombardierungen des 2. Weltkrieges zum Opfer.

Freiherr François van Zuylen-Nyevelt, der 1899 das ehemalige Kloster Prüfening an den Fürsten von Thurn und Taxis verkauft hatte, erwarb im gleichen Jahr den Gutsbesitz Königswiesen. Mit ihm kehrte letztmals feudalherrlicher Lebensstil in Königswiesen ein. François van Zuylen-Nyevelt verfügte über einen umfangreichen Wagenpark, hielt einen Leibdiener und veranstaltete große Gesellschaften, bei denen sich Regensburgs Adel, die hohe Beamtenschaft und Offiziere trafen. Er starb 1906. Erbin von Königswiesen war seine Tochter Jeanette, verheiratete von Rom. Da sie schon 1909 dem Vater in den Tod folgte, ging der Besitz auf ihre Tochter Esther über, die einen bürgerlichen Diplomlandwirt namens Georg Lanz heiratete. 1938 erwarb die Stadt Königswiesen zum zweitenmal.

1964 brachte das Gut seine letzte Ernte ein. Mehrere Jahre standen dann noch, verwahrlost und immer mehr verfallend, die roten Backsteinbauten des Gutshofes. In den Jahren 1971 – 1975 erwuchs auf den Königswiesener Fluren, vor allem auf dem sog. Königsberg (s. d.), eine Trabantenstadt, geplant und z. T. ausgeführt durch die „Neue Heimat", gemeinnützige Wohnungs- und Siedlungsgesellschaft mbH in Hamburg sowie durch die Stadtbau GmbH Regensburg. Dieser neue Stadtteil besteht aus Hochhäusern und mehrgeschossigen, langgestreckten Wohnanlagen, einer Kirche, zwei Schulen, Sportanlagen und einem Einkaufszentrum. Die Gesamtansicht des neuen Stadtteils wird von vielen als häßlich verschrien. Unbestritten aber bietet sie dem, der sich von Süden der Stadt nähert, eine imposante Skyline, die nicht in Konkurrenz tritt zum Bild der alten Stadt und deshalb nicht pauschal auf Ablehnung stoßen sollte.

An einem Stallungsgebäude des alten Gutshofes befand sich eine barocke Sandsteinfigur des hl. Johannes Nepomuk. Nach Abbruch des Gebäudes mußte sie einige Jahre im Magazin des Museums zubringen. Durch die Initiative von Königswiesener Bürgern konnte die Figur restauriert und als Erinnerung an das „historische Königswiesen" an der Friedrich-Ebert-Straße 1977 einen neuen Standplatz erhalten.

Kumpfmühl

Aus der Geschichte des Ortes

Das Hügelland der Bayerischen Hochebene schickt seine nördlichen Ausläufer bis an den Stadtrand von Regensburg heran. Die am weitesten vorgeschobenen Erhebungen, der Eisbuckel und der Königsberg, bilden eine flache Talmulde, an deren Ostrand der Vitusbach der Stadt zustrebt. Die geschützte Lage, wohl auch das Vorhandensein fließenden Wassers, lockten schon die Menschen der Vorzeit, hier ihre Lagerstätten aufzuschlagen. Die Aufdeckung von Gräberfeldern auf der Höhe bei Graß beweist, daß bereits 1000 Jahre vor Christi Geburt Menschen der späteren Bronzezeit hier die Asche ihrer Toten bestatteten.

Große Bedeutung erlangte die Gegend von Kumpfmühl in römischer Zeit. Gegen Ende des ersten Jahrhunderts, als unter Kaiser Domitian (81 – 96 n. Chr.) das römische Weltreich seine Donaugrenze zwischen Passau und Eining mit Kastellen sicherte, entstand auch auf der Höhe des Königsberges (nördlich der heutigen St.-Wolfgang-Kirche) ein Kastell. Von dieser geographisch günstigen Stelle aus konnte der Donaubogen samt Einmündung von Naab und Regen sowie die hier beim Stromübergang zusammentreffenden wichtigen Verkehrswege überwacht werden. Etwa 500 Mann berittener Hilfstruppen hielten das Lager besetzt. Es hatte die Form eines Rechtecks von 137 m ost-westlicher und 160 m nord-südlicher Ausdehnung mit abgerundeten Ecken und bestand aus einem Erdwall mit Graben, innerhalb dessen sich die Holzhütten für die Soldaten befanden. Die Befestigung erfuhr später eine Verstärkung durch eine zwei Meter breite Steinmauer, der sich ein neun Meter breiter Spitzgraben vorlagerte. Auf seiner Sohle zog sich eine Reihe von Palisaden hin, deren Pfostenlöcher nachgewiesen werden konnten. An das Kastell schloß sich ein ziviles Lagerdorf an, dessen Bewohner die Garnison mit den Bedürfnissen des täglichen Lebens versorgten. Unter dem Ansturm der Markomannen 170 n. Chr. sanken Lager und Zivilsiedlung in Asche und wurden nicht wieder aufgebaut. Die lokale Forschung hatte die Existenz eines Kastells längst an dieser Stelle vermutet; seine endgültige Feststellung gelang aber erst im Oktober 1924 durch den Nachweis der vier Flanken mit dem davorliegenden Graben.

Immer wieder gab der Boden Kumpfmühls Werke römischer Kleinkunst, Geräte, Waffenteile und Ausrüstungsgegenstände frei, so 1873 (Asamstraße) die Bruchstücke eines Militärdiploms, das dem Veteranen Secco und seiner Familie 166 n. Chr. das römische Bürgerrecht beurkundet (vgl. Bismarckplatz) und 1892 im Bereich der Hofgartensiedlung (Karl-Anselm-Straße) eine römische Beinschiene aus Bronzeblech, von einer Paraderüstung stammend, zusammen mit einem Augenschutzkorb für ein Pferd. Daß der Wein bei den Römern eine wichtige Rolle spielte, ist bekannt, daß es aber dafür auch auch noch einen Fund als Belegstück geben sollte, ließe sich nicht erwarten. Auf dem Grund des Anwesens Kumpfmühler Straße 47 (K 23) stieß man bei Bauarbeiten 1954 auf ein römisches Weinfaß aus Tannenholz. Es stützte die Wandung eines Brunnenschachtes im Lagerdorf des Kumpfmühler Kastells. Das Faß wurde konserviert und befindet sich nun samt den übrigen Fundstücken im Museum. Neben leuchtend rotem Terra-Sigillata-Geschirr (und Scherben) gilt als bemerkenswerter Fund eine tönerne Maske, die einstmals ein Schauspieler trug. Derb-humorvolle Theateraufführungen auf rasch gezimmerter Bühne bedeuteten für die Soldaten der abgelegenen Garnison eine willkommene Unterbrechung des grauen Alltags im Lager.

1885 erfolgte die Aufdeckung einer umfangreichen römischen Badeanlage auf dem nach Norden abfallenden Gelände des Königsberges, etwa 300 m westlich der Theresienkirche, durch Pfarrer J. Dahlem, den Begründer der wissenschaftlichen römischen Lokalforschung Regensburgs. Es handelt sich dabei um eine aus mehreren Räumen bestehende Anlage. Drei davon konnten durch eine Heizvorrichtung, ein Hypocaustum, erwärmt werden. Die Heißluft strömte aus einem Heizkanal unter dem auf Pfeilern ruhenden, steinernen Fußboden hindurch, erwärmte ihn und entwich durch rechteckige Ziegelröhren unter dem Verputz der Seitenwände, so daß auch von diesen Wärme ausstrahlte. Das Bad verfügte sogar über eine Schwimmhalle mit einem ca. 9 × 10 m großen Becken. Leider konnte die interessante Freilegung nicht obertägig erhalten werden, obgleich man die ganze Anlage mit einem Zaun umgab und die Mauern mit Ziegelplatten abdeckte. Um sie vor völliger Zerstörung zu bewahren, überdeckte man sie wieder mit Erdreich, so daß an der Oberfläche heute davon nichts mehr zu sehen ist.

Die Erinnerung an das römische Kumpfmühl bewahrte der Flurname „An der Römerschanze" für das Gelände am Königsberg. Heute erinnert daran die Straßenbezeichnung „Am Kumpfmühler Kastell".

Unter dem Namen „Genstal" rückt Kumpfmühl 1009 erstmals in das Licht der Urkunden. Kaiser Heinrich II., der Heilige, beschenkte damals das neu gegründete Kloster Prüll mit einem Ackerfeld, das bei dem Dorf Genstal lag.

Das Museum besitzt einen kolorierten Flurplan Kumpfmühls aus dem Jahr 1585 mit der ältesten Darstellung der Siedlung, die eine Doppelreihe von Häuschen als Straßendorf charakterisiert. Wegen seiner topographischen Genauigkeit, den Flurnamen sowie den Standortangaben der Burgfriedenssäulen kommt dem Plan erhöhte Bedeutung zu. Einzelne Grundstücke besitzen noch in unseren Tagen die gleiche Ausdehnung wie 1585, so auch der einstige Emmeramer Garten, „Bauernhuet" genannt, der nunmehrige Westteil des Grundstücks der Karmeliten mit dem Fischteich (K 27), den heute wie ehedem der Vitusbach speist. Man würde hinter der nüchternen Klostermauer längs der Kumpfmühler Straße nicht einen so romantischen Weiher vermuten, in dessen Mitte sich eine kleine Insel mit alten Bäumen befindet. Schon der Plan von 1585 bildet diesen Weiher ab und in seiner Mitte einen zinnenbewehrten Wachturm, der nur auf der jetzt mit Bäumen bewachsenen Insel gestanden sein konnte. Von ihm ging die Sage, daß er uralt und einstmals von Riesen bewohnt gewesen sei. Auch die großen Vogelschaupläne von H. G. Bahre von 1639 und 1645 (Stadtgrundrisse Nr. 1) geben diesen Weiherturm wieder. Schon 1350 wird er genannt. Am 10. November dieses Jahres teilten Hans der Frauenberger und Friedrich der Auer von Brennberg mit Heinrich dem Zandt den Garten, Weiher und Turm zu Kumpfmühl. Unter dem Namen „Hohes Haus in Chumpfmül" wird der Turm 1381 erwähnt. Der Flurname „Hühnerturmbreite" — vielleicht wurden Hühner in dem inzwischen verfallenen Turm gehalten — hängt zweifellos damit zusammen.

Schwere Zeiten kamen über Kumpfmühl im Dreißigjährigen Krieg, als das kaiserliche Heer in der Gegend lagerte. Auf Merians schönem Stich von 1634 (Stadtansichten Nr. 13) sind die Aufstellung der Streitkräfte und die Zerstörungen in Kumpfmühl deutlich wahrzunehmen. Während der Jahre 1713 und 1714, als die Pest in Regensburg herrschte, war Kumpfmühl von seiten Bayerns streng von der verseuchten Reichsstadt abgeschlossen. Nur gegen Vorzeigen eines Gesundheitspasses konnten eigens ausgewählte Personen auf dem Markt in Kumpfmühl Lebensmittel für die Stadt einkaufen. Die Seuche griff aber auch auf das Dörfchen Kumpfmühl über. Weil die Bewohner ihre Pfarrkirche St. Vitus in Prüll (s. d.) nicht mehr besuchen durften, wohnten sie dem Gottesdienst auf dem dortigen Friedhof bei. Eine Prüller Chronik berichtet, daß sie während der schweren Zeit jede Nacht vor dem großen Wegkreuz, wohl einem Vorgänger des jetzigen Steinkreuzes an der Theodor-Strom-Straße, zusammenkamen und um Abwendung des Übels den Rosenkranz beteten. Zusammen mit denen von Karthaus-Prüll waren es 15 Personen, die dem Schwarzen Tod zum Opfer fielen. Im Friedhof der 1804 abgebrochenen Nikolauskirche, die zur Klosteranlage von Prüll gehörte, fanden sie ihre Ruhestätte. Unter ihnen war auch der von den Minoriten in Regensburg entsandte Pestseelsorger Pater Cassian Schleicher. Ihm wurde an der Friedhofmauer ein Grabstein mit Inschrift gesetzt. Bis ins vergangene Jahrhundert hinein veranstalteten die Gläubigen von Kumpfmühl alljährlich am Tag des Pestpatrons St. Sebastian, dem 20. Januar, eine Wallfahrt nach Karthaus-Prüll, wo sie am sogenannten Pestgottesdienst mit Predigt teilnahmen. Diese Tradition wird heute noch durch die Pfarrei St. Wolfgang in kleinem Rahmen fortgesetzt.

Kumpfmühl gehörte nicht zum Territorium der Reichsstadt, sondern war Hofmark des Klosters Prüll, das die Grund- und Vogteirechte über den Ort besaß. 1809 erlebte Kumpfmühl den Aufmarsch der napoleonischen Heeresmacht, die von Hohengebraching her vor die Stadt rückte und sie stürmend eroberte. Das ehemalige Haus Gutenbergstraße 9 (K 28), das sich der letzte Abt des säkularisierten Klosters Prüfening, Rupert Kornmann (s. d.) in Kumpfmühl baute, diente den Franzosen als Lazarett. Das Haus wurde 1944 durch Bomben zerstört.

Das Dorf Kumpfmühl blieb selbständige Gemeinde, auch dann noch, als Regensburg 1810 an Bayern kam. Erst 1818 wurde es gemeindepolitisch mit der Stadt Regensburg vereinigt.

Der Biedermeier liebte das anheimelnde Kumpfmühl mit seinen gemütlichen Biergärten, seiner Landluft und den weiterführenden Spaziergängen nach Prüll und Graß. Gerne pilgerte er an sonnigen Nachmittagen oder lauen Sommerabenden dorthin. Der Biedermeier bevorzugte die Windstille, den Schatten. 1813 begann man deshalb eine Baumallee von der Stadt nach Kumpfmühl anzulegen, deren letzte Zeugen erst in den fünfziger Jahren bei der Verbreiterung der Kumpfmühler Straße fielen. 232 Vogelbeer- und Akazienbäume, ein Geschenk des Fürsten von Thurn und Taxis, beschatteten die „Kumpfmühler Chaussee". Die Kosten der Anpflanzung übernahm die Stadt, die Herstellung der Seitenwege für die Spaziergänger geschah im Scharwerk. „Nach Kumpfmühl ziehen sich im Sommer gern reiche Familien der Stadt, um dort eines angenehmen Aufenthaltes zu genießen, und auch solche, deren Gesundheit zerrüttet ist, um sich wieder im Genuße der Landluft zu stärken" (Schuegraf, Umgebungen).

Der Ortsname

Genstal ist der alte Name für Kumpfmühl. Noch an der Wende vom 18. zum 19. Jahrhundert war den Bewohnern diese Bezeichnung geläufig. Weil es auch die Schreibweise Gänsstall dafür gibt, hat man bei der Deutung dieses Namens an Bauernhöfe mit überwiegender Gänsehaltung gedacht, was durch den einstigen Wasserreichtum der Kumpfmühler Fluren nicht unbegründet erscheint. Freytag glaubt die Bezeichnung Genstal von einem alten Personennamen ableiten zu können, etwa von Gandi, von Gento oder Genzo. Ein Zusammenhang mit dem Flurnamen Gänsberg für den Hügel mit dem sogenannten Napoleonstein am Unterislinger Weg ist nicht nachzuweisen. Seit 1350 taucht neben Genstal auch der Name Chupfmül, Kumpfmühl auf, den der Ort der Kumpfmühle (s. d.) verdankt, die sich seit den ältesten Zeiten in der Siedlung befand. Die Mühle war eine oberschlächtige. Um die Kraft des von oben her auf das Mühlrad fallenden Wassers besser nützen zu können, trug das Rad hölzerne Schüsseln, sogenannte Kumpfe. Das mittelhochdeutsche Wort „Kumpf" heißt Schüssel, Gefäß. Noch heute hört man zuweilen den Ausdruck „Kumpf" oder „Kümpfel" für jenes metallene oder hölzerne Gefäß, das die Mäher am Gürtel tragen, um darin ihren Wetzstein zu verwahren und zu netzen. Die Schwere des Wassers drückte die Kumpfe des Mühlrades nach unten und versetzte es so in drehende Bewegung. Die Mühle wurde deshalb die „Kumpfmühle" genannt.

Die Kumpfmühle

Das für die Geschichte des Ortes Kumpfmühl so bedeutsame Mühlengehöft zerstörten Bomben des Krieges im Dezember 1944. An die Stelle der alten Kumpfmühle trat ein Zweifamilienhaus, das sich zur Erinnerung „Haus Kumpfmühle" nennt. Die Mühle war uralt. Vielleicht versorgte sie schon die römischen Besatzungstruppen mit Mehl. Sicher aber darf sie der Zeit der bairischen Landnahme zugerechnet werden. Später war sie Emmeramer, schließlich Prüller Klostermühle. Ihr Besitzer hieß Kumpfmüller, ein Name, den auch das Adreßbuch unserer Tage noch mehrfach verzeichnet.

Die Mühle stand etwa 100 Meter südöstlich der Theresienkirche auf dem Grundstück Gutenbergstraße 7 (alt K 30) und umfaßte ein ganzes Gehöft, das man durch ein weites Hoftor betrat. Die Nordseite an der Gutenbergstraße flankierte ein langgezogenes, schmales Gebäude, in dem die Stallungen untergebracht waren; denn zur Mühle gehörte ein Ökonomiebetrieb. Die Mühle selbst mit der großen Radstube befand sich im Süden der hufeisenförmigen Anlage. Das Wasser des Vitusbaches speiste das auf dem heute noch sichtbaren Hügel gelegene Mühlweiherl, von dem aus sich das Wasser oberschlächtig auf das gewaltige Rad ergoß. Das grobe Pflaster des Hofes durchsetzen ausgediente Mahlsteine, Wein rankte an den Hauswänden empor, und vor der Haustüre standen Tisch und Bank. Gleichmäßig rauschte der Mühlbach, dröhnend und ächzend drehte sich das Rad in den mächtigen Lagern.

Während des 19. Jahrhunderts besaß die Familie Heigl das Mühlanwesen, mehr als 50 Jahre lang, wodurch der Name „Heiglmühle" entstand. 1891 betrieb sie der Kumpfmühler Landwirt Johann Zacher. Letzter Besitzer war der von Graß hereingezogene Treutinger, der die Mühle

183. Die Kumpfmühle an der Gutenbergstraße. Federzeichnung von Andreas Reindl, 1944

1895 erwarb. Nach den Erzählungen alter Kumpfmühler waren ihm die Leute so dankbar, wenn er ihnen während des ersten Weltkrieges ein Stümpferl gehamsterter Körner „schwarz" ausmahlte. Die Mühle verlor immer mehr an Bedeutung. 1919 stellte sie ihren Betrieb ein. Treutinger, der letzte Müller der Kumpfmühle, starb 1933, 86 Jahre alt.

Der Baubestand des alten Kumpfmühl

erlitt durch Kriegseinwirkungen, Neubauten und Straßenverbreiterungen empfindliche Einbußen. Es waren meist kleine, ländlich anmutende Giebelhäuser mit schiefen Dächern und niedrigen Fenstern, die die Kumpfmühler Häuserzeile beiderseits der alten Heerstraße nach Augsburg bildeten. Die Entstehung des neuen Kumpfmühl vollzog sich erst seit Beginn unseres Jahrhunderts, im wesentlichen in vier Etappen: Der St.-Wolfgangs-Bauverein erstellte seine Miethäuser längs der Augsburger Straße. Eisenbahner-Wohnhäuser entstanden auf der Höhe des Eisbuckels. Am Nordhang des Ziegetsberges erwuchs in den letzten Jahren vor dem Krieg die Ganghofersiedlung. Ab 1933 trat an die Stelle der Gewächshäuser und Beete des einstigen fürstlichen Hofgartens eine Siedlung von Zweifamilienhäusern, die Hofgartensiedlung. Schließlich errichtete unsere Zeit moderne Wohnbauten Am Kumpfmühler Kastell, Am Mühlbach, längs der Karthauser- und Nibelungenstraße und östlich der Ganghofersiedlung.

Das ehemalige Anwesen Bocksbergerstraße 5 (K 9)

fiel 1970 dem Abbruch anheim. Es war das älteste Gebäude Kumpfmühls vom Typ des nachmittelalterlichen Giebelhauses. An seiner Ostseite trug es eine Steintafel mit dem Wappen der Törring (jetzt im Flur des Neubaues). Die lateinische Inschrift besagt, daß Graf Johann Conrad Lorenz von Törring, Domdekan in Regensburg, das Haus 1686 restaurieren ließ. Später befand sich hier der sogenannte Mälzelgarten, eine beliebte Bierwirtschaft der Biedermeierzeit. Gegen Ende des vergangenen Jahrhunderts betrieb im Nebenhaus F. Thenn eine Tonwarenfabrik.

Das Anwesen K 9 erstreckte sich gegen Osten bis zur Straße Am Mühlbach, nach Süden bis zum Hofgartenweg. Es umfaßte auch das Haus Bocksbergerstraße 6 sowie einen im Garten gelegenen, 1961 aufgefüllten kleinen Teich. Nach dem Besitzer, dem Ökonom Michael Hauner, nannte man es an der Wende zu unserem Jahrhundert und auch später noch den „Haunerhof". Zu diesem Besitz gehörte auch der nun zugeschüttete Haunerweiher am Ende des Hafnersteigs, westlich des Karl-Freytag-Parks.

184. Bocksbergerstraße 5 (K 9). Wappentafel der Grafen von Törring

185. Haus Gutenbergstraße 10 (K 29). Erbaut 1753

Das Haus Gutenbergstraße 10 (K 29)
fällt durch seinen Grundriß auf, der die Form eines symmetrischen Fünfecks aufweist. Fensterarchitekturen und die ehemals von einer Balusterbrüstung gesäumte, flache Bedachung lassen an italienische Bauweise erinnern. Oberhalb des Erdgeschosses verläuft ein profilierter Sims; barocke Sandsteinfassungen rahmen Fenster und Türen. Die zum Nordwesteingang führende Freitreppe ist größtenteils verschüttet. Die Decke des einstigen Saales im ersten Obergeschoß ist stuckiert. Eine Steintafel über der östlichen Türe nennt die Jahreszahl 1753 und die Buchstaben S. E. In diesem Jahr erwarb das Karmelitenkloster am Alten Kornmarkt zur Erholung seiner Ordensmitglieder vom Stift Obermünster einen Garten in Kumpfmühl um 700 Gulden, das spätere Grundstück K 29, in dem der damalige Prior, Pater Michael a. s. Philippo 1753 besagtes Haus Gutenbergstraße 10 als Sommeraufenthalt der Konventualen erbauen ließ. Er stattete es mit einer Kapelle aus, in der auch die Bewohner Kumpfmühls die Messe hören konnten. Der Platz in der spitzwinkeligen Gartenecke und die Abschrägung an der Gartenfront bedingten die eigenartige, fünfeckige Anlage.

Die Säkularisation brachte das Anwesen zunächst in den Besitz des Staates, von dem es dann an Private gelangte. Nach dem Adreßbuch von 1822 wohnten dort die ehemaligen Prüfeninger Konventualen, Pater Edmund Walberer (s. d.) und Pater Johann Evang. Kaindl. Nach 1830 gehörte das Haus dem kgl. bayer. Finanzdirektor in Regensburg, Baron Albrecht Ludwig von Seutter. Alle Bemühungen der Karmeliten, nach Wiederbegründung ihres Klosters auch Haus und Garten in Kumpfmühl zurückzuerwerben, schlugen fehl. 1851 aber gelang es, das westlich anschließende, etwas tiefer gelegene Grundstück, den „Bauernhuet" (s. d.) mit dem Fischteich (K 27), zu kaufen, auf dem dann im Jahre 1900 Kloster und Kirche St. Theresia entstanden. Die Karmeliten ließen in ihren Bemühungen nicht nach und konnten 1921 endlich auch ihren ursprünglichen Klostergarten, K 29, von der Maschinenfabrik H. Lanz zurückerwerben. Beide Grundstücke sind heute zu einem vereinigt. Lediglich das alte Gartenhaus der Karmeliten, Gutenbergstraße 10, befindet sich im Besitz der Stadt.

Der ehemalige Veri-Fischer-Keller
Noch einer alten Bierschenke auf dem Eisbuckel sei hier gedacht, die namentlich um die Mitte des vergangenen Jahrhunderts die zechfreudigen Regensburger gerne besuchten. Es ist dies der 1836 erbaute Fikentscherkeller, später Veri-Fischer-Keller genannt, heute Hotel Wiendl, Universitätsstraße 9 (L 173). Hosang schreibt in seinen ergötzlichen „Nebenstunden" darüber folgendes: „Auf dem Eisbuckel wird in einem geräumigen, hellen und über einem ungeheuren Felsenkeller neu erbauten Zimmer gegessen, getrunken und froh gelebt. Die heitere Aussicht macht hier alle Menschen heiter. Bei

diesem Bau wurde nichts vergessen, was zur Bequemlichkeit dienet. Man kann mittels einer Würfel (Kurbel) die leeren Fässel hinunter — die vollen dagegen leicht heraufdrehen und das Wasser aus dem Brunnen, welcher mitten durch den Keller gebohrt ist, ohne alle Mühe schöpfen. Von hier aus sieht man die ihrer Vollendung entgegengehende Walhalla."

Das Haus des Abtes Rupert Kornmann (K 28)

Unter den namhaften Persönlichkeiten, die Kumpfmühl beherbergte, ragt die Gestalt des letzten Abtes von Prüfening, Rupert Kornmann, heraus. Der Klostersturm der Säkularisation fegte 1803 auch das vor den Toren Regensburgs gelegene Benediktinerkloster Prüfening hinweg. Die Mönche zerstreuten sich. Abt Rupert Kornmann bezog zunächst eine Privatwohnung. Bald aber baute er sich in dem damals stillen Vorort Kumpfmühl ein eigenes Haus, Gutenbergstraße 9 (K 28), wo er sich einigermaßen wieder in die Abgeschiedenheit klösterlichen Lebens zurückversetzt fühlte und sich ungestört seinen Studien und dem Sammeln von Altertümern, Kunstgegenständen und Münzen hingeben konnte.

Die Kriegsdrangsale des Jahres 1809 zwangen den kränklichen Abt, sein Haus zu verlassen und nach Regensburg zu flüchten. Die von Süden her vorrückende Armee Napoleons lagerte teilweise in Kumpfmühl. Sie brachte ihre vor Regensburg verwundeten Soldaten dorthin und verwandelte das Haus des Abtes in ein Lazarett. Bei seiner Rückkehr fand Kornmann alle Schlösser erbrochen und Schränke und Truhen geplündert. In seinem Schlafzimmer lagen noch drei von den Franzosen zurückgelassene Tote. Das Blut der Verwundeten, namentlich der Amputierten, drang durch die Ritzen und Bretter unter den Fußboden, wo es nach Wochen zu faulen begann. Kornmann mußte die Dielen aufreißen und teilweise ersetzen lassen.

In Kumpfmühl bildete sich um Rupert Kornmann ein Kreis von Gelehrten und Künstlern. Enge Beziehungen verbanden den Abt mit Carl von Dalberg. Das fürstliche Haus von Thurn und Taxis wählte ihn zum Religionslehrer für die Prinzessinnen Therese und Sophie. 1813 beehrte das sächsische Königshaus den Abt mit einem Besuch. Kurze Zeit darauf durfte Kornmann Bayerns ersten König, Maximilian Joseph, und dessen Sohn, Prinz Karl, in Kumpfmühl empfangen.

Das Haus Rupert Kornmanns fiel 1944 einem Bombenangriff zum Opfer. Es hatte nahezu die gleiche bauliche Form — langgestreckt, zweigeschossig, Walmgiebel — wie das 1975 abgebrochene Haus Kumpfmühler Straße 63 (K 6) mit der Gaststätte „Fürstengarten". Erhalten aber blieb der idyllische, vom Vitusbach durchflossene Garten, in dem einstmals der Abt mit seinen gelehrten Gästen lustwandelnd manch geistvolles Gespräch über Literatur, Philosophie, Theologie und Pädagogik führte. Zwei Birnbäume aus der Zeit Rupert Kornmanns tragen heute noch reiche Frucht. Inmitten des Parkes steht am kleinen Teich ein stilvolles Salettchen.

Die Armen- und Versorgungsanstalt „Sauerer Gockel" (K 12, 14, 16)

Zum trauten Bild des alten Kumpfmühl gehörte die städtische Armen- und Versorgungsanstalt, Kumpfmühler Straße 50/52 (K 12, 14, 16), die 1892 hier eingerichtet wurde. Der Volksmund nannte sie den „Saueren Gockel". 1958 mußten die Gebäude der Straßenverbreiterung weichen. Den großen, nach Westen anschließenden Garten, in dem nun das Bürgerstift Kumpfmühl steht, verzeichnet bereits der Flurplan Kumpfmühls vom Jahre 1585 (im Museum) als mauerumfriedetes, mit Bäumen bestandenes Grundstück. Im 18. Jahrhundert erwarb es die Äbtissin Magdalena von Dondorff (1719 bis 1765) für das Reichsstift Obermünster. Um 1800 (oder etwas früher) entstand das stilvolle Salettchen in der Nortwestecke des parkähnlichen Gartens gegenüber der Wolfgangskirche. Es erscheint geradezu unbegreiflich, daß noch zu Beginn unseres Jahrhunderts der Vorschlag gemacht werden konnte, die infektionskranken Regensburger in Ermangelung eines entsprechenden Krankenhauses in diesem Gartenhaus unterzubringen. Der Volkswitz strafte dieses unmögliche Vorhaben. Lange Zeit war für das hübsche Gartenhaus die Bezeichnung „Pesthäusl" in Gebrauch.

Der Eisbuckel

Die Hügelrücken im Süden Regensburgs reichen mit ihren Ausläufern bis in das Stadtgebiet. Die am weitesten nach Süden vorgeschobene Erhebung ist der Eisbuckel in Kumpfmühl. Er verdankt seinen Namen nicht den eisigen Winden, die im Herbst und Winter über seine Höhen pfeifen, sondern einem Eiskeller, den die Stadt im 17. Jahrhundert auf diesem Höhenrücken anlegte. Regensburg, damals noch Mittelpunkt des Reiches, hatte stets vornehme und verwöhnte Gäste zu bewirten, die auch während der warmen Jahreszeit nicht auf gekühlte Speisen verzichten wollten. „In der Hoffnung, den Kaiser hier zu sehen, wurde für ihn bei Kumpfmühl eine Eisgrube gemacht, Dachung darüber geführt und mit Eis aus Prüel vollgelegt", schreibt Gumpelzhaimer zum Jahr 1644. Das Eis lieferte der vom Vitusbach gespeiste Karthauser Weiher, der an der Nordseite des Klosters lag. 1658 erwähnt die Chronik 153 Eisfuhren. Das Verhältnis der Reichsstadt zum Kloster Prüll scheint nicht immer harmonisch gewesen zu sein, denn zu Beginn des Jahres 1666 versagten die Kartäusermönche der Stadt das Eis für ihre Grube. Die Regensburger beschlossen daraufhin, auf eigenem Grund eine Eisgrube anzulegen. 1671 wurde der baufällige Eiskeller auf dem Prüller Grund eingerissen und aufgefüllt.

Der alte Flurname „Eisbuckel" wurde lebendig gehalten durch die Bezeichnung „Eisbuckelstraße" für den Verkehrsweg, der von der Friedenstraße in südlicher Richtung auf die Höhe führt. Wohl etwas übereilt faßte man 1967 den Beschluß, die Eisbuckelstraße in „Universitätsstraße" umzubenennen. Für diesen zweifellos begründeten, aber neuen Namen hätte sich bestimmt eine Straße im Bereich des sich stets ausweitenden Universitätsgeländes gefunden.

Steinkreuze in Kumpfmühl

Wenn man von der Theresienkirche die Gutenbergstraße zum Eisbuckel hinaufgeht, sieht man zur Linken ein Steinkreuz, das der Zeit der Gotik angehört. Auf quadratischem Sockel erhebt sich ein massiger Schaft mit der Vollplastik des Gekreuzigten. Einst stand das Kreuz auf einem Rain hinter der ehemaligen Kumpfmühle. Die Schauseite war dem Vitusbach zugekehrt. Als die ersten Eisbuckelhäuser entstanden, mußte es seinen angestammten Platz verlassen, um an die Nordseite der Gutenbergstraße zu wandern. Beim Bau des Verlagsgebäudes Pustet wurde es abermals um einige Meter versetzt. Die Jahrhunderte sind nicht spurlos daran vorübergegangen. Der Schaft wäre zerfallen, hätte man nicht 1906 starke Eisenklammern zu seiner Festigung eingesetzt. Im Gegensatz zu den meisten Kreuzen unserer Heimat ist es nicht stumm, sondern durch seine

186. Das Sühnekreuz auf dem Eisbuckel (Gutenbergstraße)

187. Barockes Wegkreuz von 1734 an der Theodor-Storm-Straße

Inschrift redend, wenn auch in schwer verständlicher Sprache. Sockelschräge und Schaft bedeckt eine Folge von Wörtern, deren gotische Majuskeln teils beschädigt, teils unleserlich sind. Ergänzt geben sie Kunde von grausiger Tat:

+ DO CHRISTVS GEPVRT WARER
MCCC I IN DEM DRIVT ZEHENT
IAR MAN SRI D VEITSTAGH DO WART
HAINR. D. ZANT ERSLAGEN

In modernes Deutsch übertragen heißt das: Im Jahr 1313 nach Christi Geburt, als man den St.-Veits-Tag (15. Juni, St. Vitus) schrieb, ward Heinrich der Zandt erschlagen. Wir haben also ein mittelalterliches Sühnekreuz vor uns, das zum Gedächtnis der Ermordung des Heinrich Zandt errichtet wurde, einem Angehörigen dieser wohlhabenden und einflußreichen Regensburger Patrizierfamilie. Urkunden aus gleicher Zeit lassen darauf schließen, daß der Mord aus Rache geschah.

Solche Sühnekreuze sind in unserem Raum nicht selten. Unsere Vorfahren stellten sie an Mordstätten und Kreuzwegen auf. Den Standort des Kreuzes am Vitusbach erklärte der Tag des hl. Vitus, an dem die Bluttat geschah. St. Vitus ist einer der vierzehn Nothelfer. Im Mittelalter genoß er große Verehrung. Nach der Überlieferung hat St. Vitus durch das Zeichen des Kreuzes Wunder gewirkt. Die Errichtung des Kreuzes am Vitusbach ist daher wohl auch als Anruf an den Heiligen zu verstehen, durch dessen Fürbitte für die Arme Seele des Gemordeten göttliche Gnade erfleht werden soll.

Ein weiteres Steinkreuz fand 1953 durch die Baugemeinde Regensburg (Dr. Rief) Aufstellung an der Schmalfront des Hauses Hofgartenweg 6. Der Katasterplan weist seinen ursprünglichen Standort zwischen der Fikentscherstraße und der Straße Am Mühlbach aus, und zwar in Höhe des Anwesens Hofgartenweg 2. Es stand hart am östlichen Arm des Vitusbaches, des sogenannten Mühlbaches, der das Rad der Kumpfmühle in Bewegung setzte. Das Kreuz ist roh behauen und ohne inschriftliches oder symbolisches Merkmal. Daher ist auch schwer festzustellen, ob es sich um ein Sühnekreuz handelt, um ein Denkzeichen für glückliche Errettung oder um einen Gemarkungsstein.

An der Abzweigung der Theodor-Storm-Straße von der Karthauser Straße erhebt sich ein schönes, barockes Wegkreuz. Einst stand es inmitten freier Felder, längst aber haben es die Wohnbauten der Großstadt umschlossen. Auf quadratischem Sockel erhebt sich eine hohe Rundsäule mit korinthischem Kapitell, das die Plastik des Gekreuzigten trägt. Ein Strahlenkranz umgibt sein geneigtes Haupt, das Lendentuch scheint im Winde zu flattern. Von besonderem Interesse ist die Inschrift im Sockel. Sie lautet: Lege et respICe In faCIeM ChrIstI qVI Vere hIC LangVores nostros tVLIt attrItVs est propter sCeLera nostra. Zu deutsch: Lies und schaue an das Gesicht Christi, der wahrlich hier unsere Verfehlungen trug und zuschanden geschlagen worden ist unserer Missetaten wegen. Die Angabe einer Jahreszahl fehlt. Der Schreiber hat sie uns aber nicht vorenthalten, sondern im Text in Form eines Chronogramms versteckt. Setzt man alle Großbuchstaben der Reihe nach zusammen, so ergibt sich die Zahl 1734.

Im November 1957 mußte das Kreuz aus Verkehrsrücksichten abgetragen und einige Meter seitwärts der Straßengabelung neu aufgerichtet werden. Auch waren die alten Fundamente schon so schadhaft, daß ein Einsturz der hohen Säule zu befürchten war. Bei der Wiederaufstellung erlebten die Steinmetzen eine nicht geringe Überraschung. Beim Herausschlagen alter Mörtelreste fanden sie im Sockel einen Ziegelstein, der sich als Verschlußplatte einer Höhlung erwies. Nach Entfernung des Ziegels entdeckten die Werkleute eine runde Bleidose von etwa acht Zentimeter Durchmesser. In den Deckel ist die Jahreszahl 1734 geprägt, die gleiche, die auch das Chronogramm der Sockelinschrift wiedergibt. Die Dose enthielt ein Messingkreuz mit zwei Querbalken und den Buchstaben SWS. Ein Balken trägt das lateinische Wort „crux", d. h. Kreuz. In den Schaft ist das Wort „Schyrensis" eingraviert. Es handelt sich hierbei also um ein sogenanntes Scheyrer Kreuz.

In der Kirche zu Scheyern bei Pfaffenhofen in Oberbayern befindet sich ein berühmtes Kreuz, eine prächtige Arbeit aus dem frühen 18. Jahrhundert. Es hat eine Höhe von mehr als einem Meter, ist aus reich vergoldetem Silber und mit Edelsteinen und Emaillemedaillons besetzt. Schaft und beide Querbalken bergen eine große Kreuzreliquie. Dieses Kreuz von Scheyern genoß einstmals große Verehrung und begründete sogar eine Wallfahrt. Kleine, die Grundform wiedergebende Nachbildungen, sogenannte Scheyrer Kreuze, fanden weite Verbreitung und waren als Amulette sehr begehrt.

Außer diesem Scheyrer Kreuz enthielt die Bleidose noch drei kleinere Holzkreuze. Leider war die beigegebene Papierrolle schon so weitgehend vermodert, daß es nicht gelang, ihre Schrift zu entziffern. Sicher hätte sie eine Nachricht über den Stifter und die Ursache der Errichtung des Kreuzes enthalten. Der mit den Arbeiten betraute Steinmetz schlug nun zusätzlich in die Bleidose die Zahl 1957, das Jahr der Renovierung und Wiederaufrichtung des Kreuzes und verschloß sie wieder mit dem Ziegelstein in der ursprünglichen Höhlung.

Namhafte Persönlichkeiten Kumpfmühls

Kumpfmühl beherbergte eine Reihe bedeutender Persönlichkeiten, von denen Abt Rupert Kornmann (s. d.) bereits genannt ist. Auch der letzte Abt von Prüll, Nikolaus Roßbauer, lebte nach der Aufhebung seines Klosters in Kumpfmühl. Sein ehemaliger Mitbruder, Pater Benno Schluga, kaufte in Kumpfmühl ein Haus „nächst dem Metzger Heigl" (Scheglmann, Geschichte der Säkularisation). Heigl war nicht Metzger, sondern der Besitzer der Kumpfmühle. Das Haus wäre also in nächster Nähe der Mühle zu suchen. Von Pater Schluga berichtet die Überlieferung, daß er sich in seinem Haus eine Kapelle eingerichtet habe. Jeden Morgen, so wird erzählt, ging er gegen Karthaus „bis zum alten Steinkreuz" (an der Theodor-Storm-Straße, s. d.), sah lange auf das verlassene Kloster Prüll hinüber und kehrte dann mit Tränen in den Augen wieder heim. Schluga starb 1811.

Ein hochberühmter Mechaniker seiner Zeit war der aus Kumpfmühl stammende Johann Nepomuk Mälzel, der Erfinder des Musikautomaten und des Taktmessers. Seine Eltern bewohnten das Haus Bocksbergerstraße 5 (K 9), die einstmals unter dem Namen Mälzelgarten bekannte Bierwirtschaft. Als Sohn eines Orgelbauers erblickte er am 17. August 1772 das Licht der Welt. Mit seinem mechanischen Geschick verband sich große musikalische Begabung. Nachdem Mälzel sich einige Jahre lang als Klavierlehrer in Regensburg betätigt hatte, wanderte er als Zwanzigjähriger nach Wien, wo er eine mechanische Werkstätte, hauptsächlich für Musikinstrumente, eröffnete. 1805 gelang ihm eine Erfindung, die dem Geschmack des aufkommenden Biedermeier so recht entsprach: die Konstruktion des Panharmonikons, eines Vorläufers des Orchestrions. Es handelt sich dabei um ein selbstspielendes Musikwerk, das ein Blasebalg und Walzen zum Erklingen brachten. Großes Aufsehen erregte ein von ihm gebauter Trompeterautomat. Mälzels Arbeiten fanden im Wien der Zeit des Kongresses allgemeine Anerkennung. Der Kaiser von Österreich verlieh ihm 1808 den Titel eines „Hofkammermaschinisten". Zu dieser Zeit befaßte sich Mälzel auch mit dem Bau von Hörrohren, von denen auch Beethoven eines benützte, nach seinen Aussagen aber „nicht brauchbar genug für mich".

In seiner Wiener Werkstätte empfing Mälzel häufig die Besuche Beethovens. Zunächst gestalteten sich die Beziehungen beider Männer eng und freundschaftlich. Beethovens VII. Symphonie und ein von dem Komponisten eigens für das Panharmonicon gesetztes Musikstück „Schlacht bei Vittoria" kamen 1812 auf Mälzelschen Musikautomaten im Festsaal der Wiener Universität erstmals zur Aufführung. Zwischen den Darbietungen blies ein Mälzelscher Trompeterautomat zwei Märsche mit Orchesterbegleitung. Schließlich planten Mälzel und Beethoven zu weiteren Aufführungen eine gemeinsame Reise nach London. Der Plan scheiterte aber an einem inzwischen aufgetauchten Rechtsstreit. Nach Beethovens Darstellung ließ Mälzel in Wien Einladungsplakate anschlagen, auf denen er sich als Eigentümer der von Beethoven komponierten Musikstücke ausgab. Auch soll er ohne Einwilligung Beethovens dessen Kompositionen mit seinen Automaten in anderen Städten aufgeführt haben.

Mälzel war nicht nur ein genialer und erfolgreicher Konstrukteur, sondern ein ebenso geschäftstüchtiger Mann, der es verstand, aus seinen Erfindungen großen Gewinn zu schlagen. Ausstellungsreisen führten ihn durch ganz Europa. Was seinen Namen aber bis heute lebendig hielt, sind seine Arbeiten zur Herstellung eines Taktmessers, zu dem aber bereits andere Mechaniker erhebliche Vorarbeiten geleistet hatten. Da Mälzel mit den notwendigen Verbesserungsarbeiten nicht recht vorankam, reiste er nach Amsterdam zu dem berühmten Mechaniker Winkel, der die entscheidenden Gedanken zur Lösung des Problems lieferte. Auch mit diesem geriet Mälzel in einen Urheberstreit, doch brachte er es fertig, daß der geschäftliche Gewinn des 1816 in Paris patentierten und dort auch fabrikmäßig hergestellten Taktmessers ihm zufiel. Abermals führte Mälzels Weg durch mehrere europäische Hauptstädte, in denen er bei Ausstellungen seiner Apparate auch einen Seiltänzerautomaten zeigte. 1826 wanderte er schließlich nach Amerika aus, wo er nach zwölfjährigem Aufenthalt am 21. Juli 1838 in La Guaira, dem Hafen von Caracas in Venezuela, starb, ein Vermögen von einer halben Million Taler hinterlassend.

Der Wagenfabrikant und Sattlermeister Jakob Staffa (gestorben 1830), dessen Werkstätte sich auf dem Grund des Hauses Kumpfmühler Straße 45 (K 24) befand, genoß wegen der Herstellung besonders kunstvoller Kutschen ausgezeichneten Ruf.

Die Bischof-Wittmann-Straße

Über das Bestehen der Bischof-Wittmann-Straße gibt es einen sehr frühen Nachweis. Die Flurkarte Kumpfmühls aus dem Jahre 1585 (im Museum) läßt deutlich ihren Verlauf vor vier Jahrhunderten erkennen: damals schon charakteristisch die schroffe Abwinkelung aus der Kumpfmühler Straße, nach wenigen Metern abermals eine Abbiegung, um, nahezu parallel zur Kumpfmühler Straße verlaufend, westlich des heutigen Altersheimgartens die Höhe bei der Wolfgangskirche zu erreichen. Stadtpläne aus dem Beginn des vorigen Jahrhunderts bilden den Verlauf der Straße allerdings mit größerer Genauigkeit ab, vor allem die Umgebungskarte Regensburgs von 1829 (Stadtgrundrisse Nr. 22). Freilich führte sie damals noch nicht ihren heutigen Namen. In den Adreßbüchern bis ca. 1885 wird sie als „Weg auf den Stadler- und Behnerkeller" bezeichnet. Um 1900 kam dann der Name „Hohlweg" in Gebrauch. Die Straße war vor ihrem Ausbau auch ein echter Hohlweg, tief eingegraben in den Abhang. Auf den Nummernschildern der Häuser 3, 5 und 9 konnte man um 1970 noch den Namen „Hohlweg" lesen. Ein Straßenverzeichnis aus der Zeit um 1910 schreibt: „Hohlweg. Etwas tiefer gelegener Fuhrweg zu den Sommerkellern westlich von Kumpfmühl."

An der Straße lagen drei bekannte und gerne besuchte Sommerkeller. Das langgestreckte, um 1800 entstandene Gebäude des einstigen Behnerkellers (später Niebauer) im Schatten alter Kastanienbäume, Bischof-Wittmann-Straße 16 (J 204), mußte einer Spielanlage weichen. „Behnerkeller" hieß die Gaststätte nach dem Bierbrauer Johann Matthäus Behner, dessen Brauerei sich zwischen dem Schulbergl und der Engelburgergasse befand. Das heute namenlose Verbindungssträßchen zwischen dem Weißgerbergraben und der Engelburgergasse bezeichnet der Stadtplan von 1808 als „Behnergässel".

Auch das alte Gebäude des Stadlerkellers, unmittelbar am Hohlweg gelegen, heute Bischof-Wittmann-Straße 12 (J 205), fiel zu Beginn der 1970er Jahre dem Abbruch anheim.

Zünftig ging es zu bei den Sommerfesten am Schmauskeller (J 206), wenn unter dem Schatten mächtiger Kastanienbäume die Kapelle des „Radfahrer Trompeterkorps" aufspielte. Der Schmauskeller war, gleich den beiden vorher genannten, noch ein richtiger Sommerkeller, in dem die Schmausbrauerei in der Lederergasse 25 (A 125) die kühle Tiefe unter der Erde zur Lagerung des Bieres nützte; denn künstliche Kühlung gab es damals noch nicht. Wogende Getreidefelder umgaben den beliebten Schmauskeller, und kein Haus störte die Aussicht über die Stadt. Da wurden zum Gaudium der Alten und zum Staunen der Jungen große Papierfiguren mit Warmluft gefüllt und wie Ballone zum Steigen gebracht. Wenn es dunkelte, dann zauberten Hunderte von Lampions eine venezianische Nacht vor. 1910 ging der Schmauskeller in den Besitz der Brauerei Bischofshof über. Die Kellergebäude fielen den Bomben des Krieges zum Opfer, aber die moderne Gaststätte auf ihrem Boden (Bischof-Wittmann-Straße 26) trägt noch den Namen „Schmauskeller". Nur die Bäume des Wirtschaftsgartens sind noch die alten, und wenn der Wind sanft über ihre Wipfel streicht, dann ist es, als rauschten sie von seliger, vergangener Zeit.

Die Bischof-Wittmann-Straße ist seit den zwanziger Jahren nach dem Regensburger Bischof Michael Wittmann benannt.

Erinnerungen an Alt-Kumpfmühl

Verschwunden ist der fürstliche Hofgarten mit seinen roten Ziegelbauten und Gewächshäusern. Fürst Albert von Thurn und Taxis ließ ihn 1890/91 mit einem Kostenaufwand von einer halben Million Mark auf der sogenannten Kumpfmühler Breite anlegen. An seiner Stelle entstand seit 1933 eine Siedlung von Zweifamilienhäusern, die Hofgartensiedlung. Der Hofgarten — nach ihm ist der Hofgartenweg benannt — lieferte das Gemüse für die fürstliche Küche, den Blumenschmuck für das Schloß und die Emmeramskirche sowie die Pflanzen für den Schloßpark. Im Winter polterte der ofengeheizte Wagen mit rauchendem Kamin über das Kopfsteinpflaster der Kumpfmühler Straße, um die Blumen ins fürstliche Schloß zu bringen.

Da gab es das Haus des „Unteren Holzer", Kumpfmühler Straße 47 (K 23), und das des „Oberren Holzer", Kumpfmühler Straße 62 (K 3), ehedem das zum Kloster Prüll gehörige Schulhaus. Die Gaststätte „Fürstengarten", Kumpfmühler Straße 63 (K 6) war bereits 1844 Wirtsbehausung. Um 1900 führte die Gaststätte den Namen „Zur Neuen Welt". Abgebrochen 1975 (vgl. Haus Rupert Kornmanns). 1800 wurde auf einem zu Niedermünster gehörenden Acker das Haus Kumpfmühler Straße 42 (K 26) erbaut. Noch steht das alte Wartnerhaus, Kumpfmühler Straße 44 (K 22). 1844 wohnte dort der Bader für das Dorf Kumpfmühl, Christoph Auernheimer. An der Straßengabelung Augsburger Straße/Karthauser Straße duckte sich einst das ebenerdige Gemeindehüterhaus, seit 1837 Armenhaus, später Polizeistation Süd, Augsburger Straße 1 (K 1). Anstelle des Anwesens Augsburger

188. Der Schmauskeller in Kumpfmühl. Postkarte nach Zeichnung von Johann Graf, nach 1910

Straße 5 stand das walmgiebelige Haus des Schneidermeisters Peter Amann (K 1½). Das ländlich anmutende Häuschen Am Vitusbach 1a (K 10), das „Gratzlhaus", mußte 1973 einem modernen Wohnbau weichen. Es lag tief unten in der Senke des Vitusbaches. Obstbäume und wuchernde Hollerstauden verdeckten die alte, traute Heimstatt. Bis 1969 dehnte sich am Südende der Fikentscherstraße der Schafererweiher. Mit seiner Trockenlegung verschwand — vom Teich im Karmelitengarten abgesehen — der letzte Kumpfmühler Weiher. Den Zufluß empfing er von einer Quelle auf seinem Grund, die Ableitung mündete in den Vitusbach. Sein Ostteil war dicht mit Schilf bewachsen, in dessen Dickicht im Spätsommer Tausende von Vögeln nächtigten. Im Winter bot er den Kumpfmühlern Bahnen zum Eisstockschießen (vgl. ergänzend: Wartner, Hubert: Als wir Kumpfmühler noch unter uns waren . . . In: Regensburger Almanach 1979).

Noch eines Kumpfmühler Künstlers und stadtbekannten Originals sei an dieser Stelle gedacht, des Theaterdirektors Max Linnbrunner. Während der Sommermonate leitete er die Bühne in Marienbad und kehrte zur Winterspielzeit immer wieder in sein geliebtes Regensburg und in seinen Musentempel am Bismarckplatz zurück. Linnbrunner, eine himmellange, knorrige Erscheinung, meist in einen Trachtenanzug gekleidet, auf dem Hut den zitternden Gamsbart und stets grantelnd, war ein außerordentlich begabter Schauspieler. Er konnte es sich leisten, eigenwillig zu sein und mit den Herren im Rathaus gelegentlich auf Kriegsfuß zu stehen, verdiente er doch an den böhmischen Bühnen nicht schlecht und hatte außerdem eine sehr vermögende Zachertochter von Kumpfmühl geheiratet, deren Elternhaus, das Zacheranwesen mit der Gaststätte „Zacherwirt", Kumpfmühler Straße 46 (K 18 und 20), er auch bewohnte. Linnbrunner zeigte sich als ein erbitterter Gegner der Verlegung der Straßenbahn nach Kumpfmühl und wollte es nicht gestatten, an seinem direkt an der Straße gelegenen Haus einen Oberleitungsträger anbringen zu lassen. Schließlich aber mußte er sich doch dazu herbeilassen. Vom Stammtisch beim Zacher hatte es sich bis ins Rathaus durchgesprochen, daß der erboste Mime dem ersten Trambahnwagen und seinen prominenten Fahrgästen beim Zacherhaus einen handfesten und keineswegs freundlichen Empfang bereiten werde. Als dann bei der Erstbefahrung der Kumpfmühler Strecke am Donnerstag, dem 3. Februar 1927, der girlandengeschmückte Triebwagen mit den Ehrengästen, unter ihnen Oberbürgermeister Hipp und Bürgermeister Herrmann, am Zacheranwesen vorbeiratterte, sah man gespannt zu den Fenstern der Wohnung Linnbrunners im 1. Stock hinauf. Was bot sich hier der Rathausprominenz und den erwartungsvollen Zuschauern? Linnbrunners Kehrseite, genauer gesagt: sein unbekleidetes Gesäß, wölbte sich zu jedermanns Augenweide zum Fenster heraus. Zum Glück war damals noch eine Zeit, in der man Verständnis auch für derben Humor hatte. Niemand fühlte sich beleidigt oder verletzt, Linnbrunners Rache wurde mit schallendem Gelächter aufgenommen.

Das Zacheranwesen fiel 1944 einem Bombenangriff zum Opfer. Linnbrunner war nicht unter den Toten, die man aus den Trümmern barg. Obwohl er mit einem Schlag ein armer Mann geworden war, trug er als echte Künstlernatur an diesem Verlust nicht schwer. Er verbrachte noch einige Jahre in Zurückgezogenheit und ganz in der Welt seiner künstlerischen Vergangenheit lebend, ehe er die Augen für immer schloß. Sein Grab befindet sich am Oberen Friedhof. Ein Kreuz mit den aus Blech geschnittenen Figuren Christi und der Madonna, jetzt im Garten des Bürgerheims Kumpfmühl, stammt aus dem Zacheranwesen. Seine Stelle nehmen jetzt die Häuser Kumpfmühler Straße 48 und 50 mit dem davorgelegenen Park- und Marktplatz ein (vgl. ergänzend: Reinemer, Walther: Theater-Geschichten. In: Regensburger Almanach 1979).

Karthaus-Prüll

In den Jahren nach dem zweiten Weltkrieg, vor allem aber seit dem Beginn der 1960er Jahre, erlebte Regensburg auch im Süden eine beachtliche Ausweitung seines Bebauungsgebietes. Das Nervenkrankenhaus und die gewaltigen Baublöcke der Universität bestimmen das Stadtbild und setzen immer wieder neue Akzente.

Der Wildpark Pruoil

„Ein Ort zum Einschließen des Wildes, vom Volk Pruoil genannt." Mit diesen Worten wird Prüll im Jahre 888 erstmals genannt. Pruoil, später Prüll, bedeutet eine sumpfige, mit Buschwerk bewachsene Wiese. Der Name wurde aber auch für einen Wildgarten, für ein Gehege, gebraucht. Es mag sein, daß bereits die agilolfingischen Baiernherzöge sich nächst ihrer Residenzstadt Regensburg, anstelle der späteren Ortschaft Prüll, einen Wildgarten angelegt haben. Nach ihrer Absetzung schenkte Karl der Große das ganze Gelände südlich der Stadt im Jahre 794 dem Kloster St. Emmeram, von dem Kaiser Arnulf (887–899) diesen Wildgarten im Jahre 888 durch Tausch erwarb. Die darüber ausgestellte Urkunde beinhaltet die oben genannte erste Erwähnung unseres Ortes. Der einstige Wasserreichtum und die sumpfigen Gründe der Gegend um Prüll sind heute noch augenfällig. Speisten doch die Quellen auf den Höhen einen Teil der alten Regensburger Wasserleitung. In Prüll selbst entspringt der Vitusbach. Der große Vitusweiher nördlich des Klosters wurde während des zweiten Weltkriegs — oder kurz danach — zugeschüttet. 1969 noch konnte es protestlos geschehen, den landschaftlich so schönen Schafererweiher (s. d.) mit seiner ausgedehnten Schilfzone aufzufüllen und zu tilgen. Auch der zu einem Wildgehege nötige Wald fehlte ehedem nicht. Mehrere Flurnamen beweisen sein einstiges Vorhandensein: das Buchenhölzl, das Klosterfeldhölzl, das Pumperhölzl östlich des Graßer Weges, das Prüller Wäldchen usw. Alte Abbildungen lassen die Bewaldung der Prüller Höhe deutlich erkennen.

Kirche und Kloster

Auf dem Gelände des Wildparkes gründete Bischof Gebhard I. (995—1023), der Nachfolger des hl. Wolfgang, im Jahre 997 ein Doppelkloster für Benediktinerinnen und Benediktiner und weihte es dem Heiligen Geist, sowie den Heiligen Vitus, Georg und Bartholomäus. Das Kloster führte den Namen Prüll. Nach einem Brand im Jahre 1105 erstand die Kirche auf den Grundmauern des zerstörten Gotteshauses von neuem. 1110 wurde sie geweiht. Die Betreuung von Fremden und Fahrenden mag für die Gründung des Klosters außerhalb der Stadtmauern, in unmittelbarer Nähe der alten Landstraße nach Augsburg, mitbestimmend gewesen sein. Das bereits 1130 bezeugte Vorhandensein einer großen Pilgerherberge sowie eines Armen- und Krankenhauses rechtfertigen diese Annahme. Nach wechselvollen Geschicken geriet das Kloster um die Mitte des 15. Jahrhunderts in große Verschuldung. Eine im Jahre 1451 veranlaßte Visitation mußte auch einen bedenklichen Verfall der Klosterdisziplin feststellen. Der letzte Benediktinerabt von Prüll, Christoph Welser, ein gelehrter, weltoffener und baulustiger Herr, ließ trotz der schlechten wirtschaftlichen Lage kostspielige Neubauten errichten. Auch die zwei speerschlanken, achteckigen Türme, noch heute das weithin sichtbare Wahrzeichen der einstigen Klosteranlage, gehen auf seinen Bauwillen zurück. Die Schuldenlast nahm schließlich solche Ausmaße an, daß Abt Welser selbst Kelche und Monstranzen verkaufen mußte, um den Lebensunterhalt seiner Ordensgemeinde zu sichern.

Von den untragbaren Verhältnissen in Prüll hatten auch die Kartäuser in Nürnberg erfahren. Sie wandten sich an Herzog Albrecht IV. von Baiern und baten ihn, das verschuldete und teilweise verwaiste Kloster ihnen zu überlassen. Mit Einwilligung des Papstes Sixtus IV. und des Herzogs konnten sie 1484 das Kloster Prüll in Besitz nehmen. Seit dieser Zeit wurde die Benennung „Karthaus-Prüll" geläufig. Die von den Benediktinern hinterlassenen Gebäude waren für das Ordensleben der Kartäuser ungeeignet. Deshalb gingen die neuen Mönche, an ihrer Spitze Prior Michael Schreppler, mit Eifer daran, die Klosteranlage ihrer Ordensregel entsprechend baulich umzugestalten. Einen Teil der von ihren Vorgängern unter großen Kosten aufgeführten Gebäude ließen sie kurzerhand wieder abtragen. Weil die Kartäuserregel keinen Turm, sondern nur einen Dachreiter gestattet, wollte Prior Schreppler auch die beiden Kirchtürme niederlegen lassen. Zum Glück verhinderte Herzog Albrecht noch rechtzeitig dieses Vorhaben. Die Kartäuser erbauten ab 1498 den spätgotischen Chor der Kirche sowie den Kreuzgang, dessen Wölbung 1587 vollendet war und daran anschließend vierzehn Häuschen, sogenannte Kartausen, von denen jede samt zugehörigem Gärtchen den Lebensbereich eines Kartäuserpaters bildete. Die Türen dieser Zellen, von denen die erste 1489 vollendet war, mündeten in den Kreuzgang. Von diesen Kartausen stehen einige noch heute und verleihen dem Straßenbild nördlich der Kirche ein malerisches Aussehen.

Stillschweigen, Betrachtung und Fasten sind die tragenden Fundamente des Kartäuserordens. Etwa acht Stunden am Tag sind dem Gebet und geistlichen Übungen gewidmet. Das Stillschweigen, das die Ordensregel vorschreibt, wird nur an Sonn- und Festtagen und beim wöchentlichen gemeinsamen Spaziergang unterbrochen.

1605 erhielt die Kirche ihre Renaissanceausstattung. Stuckdekor überzieht, netzartig gefeldert, die Gewölbetonnen. Den prächtigen Hochaltar stiftete zur gleichen Zeit Herzog Wilhelm V. von Baiern, genannt der Fromme, der ein Jahr lang in der stillen Abgeschiedenheit des Klosters lebte. Die Kartause an der Südostecke, die er bewohnte, wurde in eine Kapelle umgewandelt und mit einem Türmchen geschmückt, wie auf einem Stich der Klosteranlage von Michael Wening, 1726, deutlich zu sehen ist.

Zu Beginn des 17. Jahrhunderts lebte in Karthaus-Prüll der Mönch Jeremias Grienewald, der Verfasser einer Chronik von Regensburg. Das 1615 datierte Manuskript bildet eine bedeutende Quelle zur Geschichte der Stadt. Grienewald war der Sohn protestantischer Eltern, bekannte sich aber zur katholischen Kirche und trat 1602 in den Kartäuserorden ein. Er starb 1626. Das Original seiner wertvollen Chronik besitzt der Historische Verein.

Der Dreißigjährige Krieg warf 1633 seine Brandfackel nach Regensburg. Die schwedischen Belagerer eroberten die Reichsstadt, plünderten und brandschatzten die Klöster und Kirchen. Auch das Kloster Prüll erlitt schwere Schäden; die Mönche mußten es vorübergehend verlassen. Unermeßlich war der Verlust an Wert- und Kunstgegenständen. Aus dieser schweren Zeit ist folgende Anekdote überliefert: Der Klosterschreiber Johann Hoffner ist mit dem Pater Schaffner von Karthaus-Prüll in Geldgeschäften nach Regensburg unterwegs. Gemächlich reiten die beiden der nahen Stadt zu. Dort nehmen sie eine nicht unbeträchtliche Geldsumme in Empfang und treten den Heimweg an. Als sie sich dem Kloster nähern, sprengen zwei schwedische Reiter heran. Der Schreiber, wegen seiner Furchtsamkeit „Hasenhansl" genannt, sucht zu entkommen, aber an eine Flucht ist nicht mehr zu denken. Mit Geschrei und gezogenem Säbel stürmen die schwedischen Kriegsknechte auf sie zu. Die Lage der Klosterleute ist nahezu hoffnungslos. Da zieht der Pater seine Kapuze über den Kopf und wendet blitzschnell sein Pferd, so daß er mit dem Schweden Kopf an Kopf steht. Noch ehe der Kriegsknecht auf ihn einschlagen kann, faßt er dessen Pferd am Zügel und reißt mit solcher Kraft daran, daß das Tier zu Boden stürzt und den Reiter unter sich begräbt. Jetzt faßt auch der Hasenhansl Mut. Er schleudert den prallen Geldsack mit 300 Gulden seinem Gegner mit solcher Wucht ins Gesicht, daß dieser, seiner Sinne nicht mehr mächtig, vom Pferde sinkt. Durch den Lärm aufmerksam geworden, kommen Köhler aus dem nahen Wald herbei. Sie erschlagen die zwei Schweden, plündern sie aus und verscharren sie am Waldrand. Mit den erbeuteten Schwedenpferden reiten Pater Schaffner und der Schreiberling in den Klosterhof ein. Soweit die Überlieferung. Der Klosterschreiber, nun kein „Hasenhansl" mehr, trat bald darauf in das bairische Heer ein, brachte es bis zum Oberst und wurde später sogar in den Adelsstand erhoben. Als Oberst Johann von Bittfels machte er der Sakristei in Prüll wertvolle Geschenke.

Schon ein Jahr später, 1634, war Regensburg abermals Mittelpunkt kriegerischen Geschehens. Diesmal waren es kaiserliche und bairische Truppen, die vor der von den Schweden besetzten Stadt lagerten und sie schließlich eroberten. Kaiser Ferdinand III. schlug in Karthaus-Prüll sein Hauptquartier auf. Ein zeitgenössischer Stich Merians zeigt die von Schweden besetzte Stadt und die kaiserlichen Belagerungstruppen. Im Vordergrund ist groß die Klosteranlage von Prüll darge-

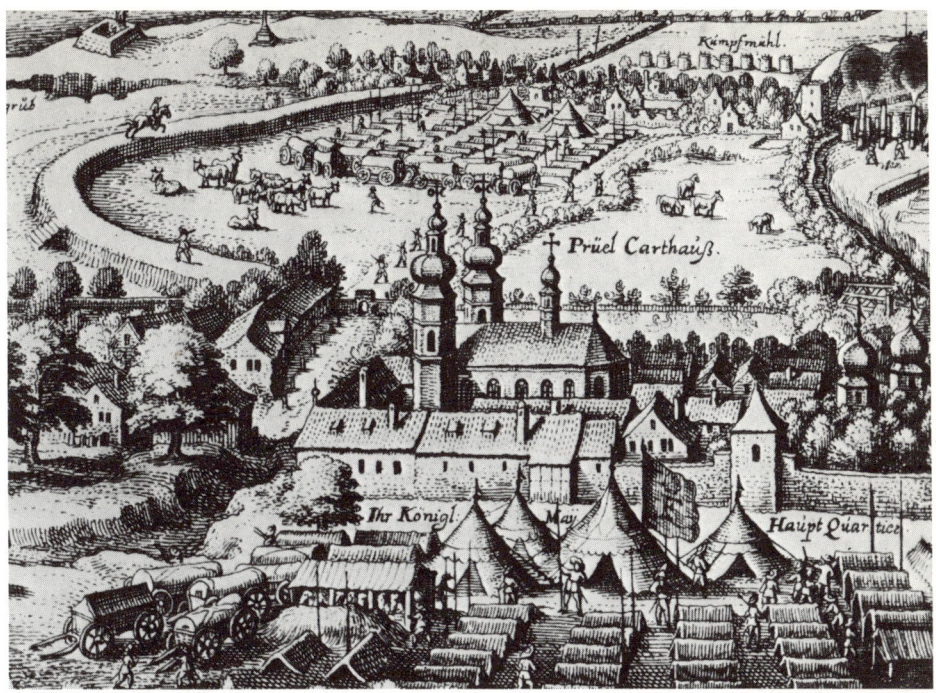

189. *Karthaus-Prüll im Dreißigjährigen Krieg. Ausschnitt aus einem Kupferstich von Matthäus Merian, 1634 (Stadtansichten Nr. 13)*

stellt inmitten von Truppen, feuernder Kanonen, Bagagewagen und rauchender Lagerfeuer. Die Türme der Klosterkirche trugen damals noch barocke Zwiebelhauben. Südlich des Klosters stehen vornehme Spitzzelte. Die wehende Flagge trägt die Initiale F, das heißt Ferdinand III. (Stadtansichten Nr. 13). Die Schweden konnten die hart bedrängte Stadt nicht halten. Am 28. Juli 1634 zogen kaiserliche Truppen in Regensburg ein. Die Folge der zweimaligen Belagerung, der ständigen Truppendurchzüge und der Lebensmittelknappheit war ein fürchterliches Wüten der Pest.

Während der Belagerung Regensburgs durch kaiserliche und bairische Truppen 1634 fiel durch eine Kugel Graf Marcus Octavianus Fugger, ein Angehöriger des berühmten und begüterten Augsburger Geschlechts. Sein Bruder Maximilian setzte ihm in der Klosterkirche ein Denkmal. Ein Pfeiler des südlichen Seitenschiffes trägt eine Kalksteinplatte, die in feinst ausgeführtem Relief das Bildnis des Gefallenen in der Uniform eines kaiserlichen Offiziers des Dreißigjährigen Krieges vor einem Kruzifix kniend zeigt. Drei feuernde Kanonen hinter dem Dargestellten sollen die Kriegshandlungen vor der belagerten Stadt versinnbildlichen, die mit ihren Befestigungen links im Bild zu erkennen ist. Der Stadt gegenüber bildete der Künstler die Klosterkirche Prüll mit dem vorgelagerten Vitusweiher ab. Ganz rechts unten ist eine kleine Mönchfigur wahrzunehmen, in der vielleicht der Stifter des Denkmals, Graf Maximilian Fugger, gesehen werden kann. Die eingetiefte lateinische Inschrift lautet in deutscher Übersetzung: Hier ruht der erlauchte Graf Marcus Octavianus Fugger, welcher am 8. Juni 1634 vor der belagerten Stadt Regensburg von einem Geschoß getroffen, sein Blut für die Befreiung des Vaterlandes heroisch vergoß und sein Leben opferte. Zu seinem Andenken hat sein erlauchter Bruder Maximilianus nicht nur diesen Stein setzen, sondern auch eine der zerstörten Zellen wieder herstellen lassen. Im Jahre 1666 am ... (Tag und Monat wurden nicht eingesetzt).

Wieder gewann das Kloster Freunde und Wohltäter, mit deren Hilfe es gelang, die Schäden des großen Krieges zu überwinden. Zu ihnen zählte auch Kaiser Ferdinand III., der nicht nur während der Belagerung in Prüll weilte, sondern auch während des Reichstages 1653 mit seiner Gemahlin Gast des Klosters war. Bis zur Säkularisation zeigte man den Besuchern noch die

Stelle, wo der Kaiser zum Zeitvertreib Rosenkränze drechselte, und den Stuhl, auf dem die Kaiserin saß, um ihrem Gemahl das Rad der Drehbank anzutreiben.

Prior Arnold Münzenthaler kann als zweiter Gründer der Kartause Prüll bezeichnet werden. Seiner umsichtigen Planung und ausgezeichneten Wirtschaftsführung verdankte das Kloster die rasche Wiedergesundung nach den schweren Verlusten des Dreißigjährigen Krieges. Von seinem Tod ist folgende sonderbare Begebenheit überliefert: Im Jahre 1677 reiste der Prior in Ordensangelegenheiten nach Wien. Auf der Fahrt dahin erkrankte er schwer und starb am Abend des 1. September. Zu dieser Stunde waren die Brüder des Prüller Klosters im Dämmer der Kirche versammelt und beteten, wie täglich um diese Zeit, die für die Verstorbenen zu verrichtenden Gebete. Auf einmal neigte sich die von Prior Münzenthaler gestiftete silberne Ampel mit dem Ewigen Licht so tief, daß Öl ausfloß und das Licht erlosch. Voll Schrecken gewahrten die Brüder diesen unheimlichen Vorgang und deuteten ihn als schlimmes Vorzeichen. Nach ein paar Tagen traf im Kloster die Nachricht vom Tod des Priors ein.

Sein Nachfolger Sigismund Diez gehört zu den bedeutendsten Prioren in der Geschichte des Klosters Prüll. Vor seinem Eintritt in den Kartäuserorden war er Sekretär des Fürsten Lobkowitz und mit diesem oft am Reichstag in Regensburg, wo er unter den Persönlichkeiten und Gesandten zahlreiche Freunde gewann. Diese Beziehungen nützte Prior Diez und konnte manch wohlhabendes Mitglied der Immerwährenden Reichsversammlung zu einer ansehnlichen Spende für die künstlerische Ausgestaltung der Klosterkirche bewegen. Unter seiner Regierungszeit entstand in Prüll eine Reihe von Neubauten: die Pfarrkirche St. Vitus (s. d.), die Bibliothek, das Refektorium, mehrere Kartausen für die Patres sowie die Zellen für die Laienbrüder. Schloß Haus bei Köfering, das den Kartäusern gehörte und ihnen als Sommeraufenthalt und Erholungsort diente, übernahm Prior Diez in gänzlich verfallenem Zustand. In den Jahren 1679 bis 1681 ließ er es durch den Straubinger Maurermeister Kaspar Pülmayer neu erbauen.

In die Zeit des Priors Diez fällt auch die große Pestepidemie der Jahre 1713/14. Auch in Prüll und dessen Nachbarschaft forderte die Seuche ihre Opfer. Von den insgesamt fünfzehn an der Pest Verstorbenen erhielten die beiden ersten noch eine würdige Bestattung, obgleich man die Totenträger nahezu mit Gewalt zur Ausübung ihres Dienstes zwingen mußte. Die später verstorbenen Personen wurden des Nachts von den Totengräbern auf einen Wagen geladen und ohne Zeremoniell auf dem Friedhof um die St.-Nikolaus-Kirche westlich des Klosters begraben. Auch einen der Totengräber raffte die Seuche dahin. Die Bewohner Kumpfmühls, denen der Besuch der Kirche wegen Ansteckungsgefahr verboten war, wohnten dem Gottesdienst auf dem Friedhof bei.

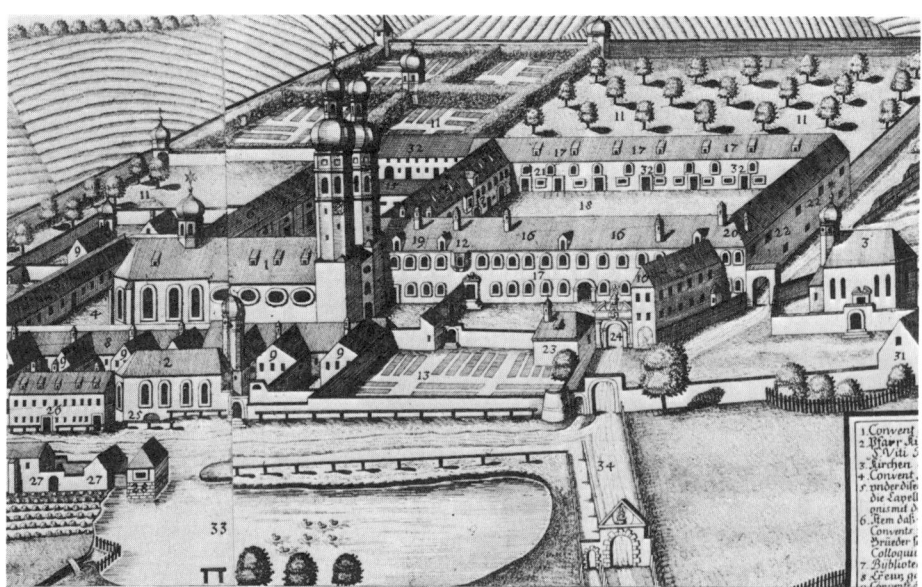

190. Klosteranlage von Prüll. Kupferstich mit zwei Platten von Michael Wening, 1726

Ein Blitzschlag verursachte am 25. August 1717 einen Brand im nördlichen Turm der Klosterkirche. Auf Bitten des Priors Diez sandte die Stadt Feuerspritzen und Militär zum Löschen. Trotz aller Anstrengung konnte der Turm nicht gerettet werden. Nachdem das Feuer seit 2 Uhr früh gewütet hatte, stürzte gegen 8 Uhr die Kuppel des Turmes ein. Die Uhrglocken schmolzen. Bereits ein Jahr später konnte der Turm wieder hergestellt werden.

Kardinal Christian August, Herzog zu Sachsen-Zeitz, der seit 1719 Prinzipalkommissar am Immerwährenden Reichstag zu Regensburg war, ließ den ersten Stock des Südflügels der Klostergebäude als Wohnung für sich und sein Gefolge ausbauen. Sein Wappen ist heute noch über dem Eingang des nunmehrigen Anstaltsgebäudes zu sehen.

Einen genauen Überblick über die Klosteranlage, wie sie seit dem 18. Jahrhundert bis zur Säkularisation bestand, vermittelt ein Kupferstich von Michael Wening aus seiner Beschreibung des Rentamts Straubing von 1726. Im Bereich des Klosters stehen drei Kirchen: die Konventskirche, heute Anstaltskirche (1), deren Turmpaar damals noch barocke Hauben trug, die Pfarrkirche St. Vitus für die weltlichen Untertanen des Klosters (2), jetzt Wohnhaus Karthaus Nr. 7, und die Friedhofskirche St. Nikolaus (3) im Westen der Anlage, die 1804 versteigert und abgebrochen wurde. An den Kreuzgang (8), der die Klosterkirche im Norden und Osten umzieht, schließen sich die Kartausen an (9); jene an der Südostecke (10) ist in eine Kapelle mit Zwiebeltürmchen umgewandelt. Die Klostergebäude bilden ein Rechteck mit einem Zwischentrakt. Im Nordflügel befinden sich das Priorat (12) mit dem später sogenannten Napoleonserker, die Kanzlei (19), die im Obergeschoß gelegenen Fürstenzimmer (16) und einige Gästezimmer (17). Den Osttrakt nehmen die Brauerei (20) und Werkstätten ein (22). Pfisterei (Bäckerei) (21), Stallungen (32) und weitere Fremdenzimmer sind im Südflügel untergebracht. Die Zellen der Laienbrüder (15) beherbergt ein Bau unmittelbar südlich der Kirche. Im Ostflügel befinden sich Konventskapitel (6) und Bibliothek (7). Vor der Pfarrkirche St. Vitus (1) breitet sich der vom Vitusbach gespeiste Vitusweiher (33) mit dem Fischhäuschen (28) aus. Der große Konventsgarten (11) diente der Erholung der Ordensmitglieder.

1803 erfolgte die Säkularisation (s. d.). Die Klostergebäude kamen an Private und wechselten in rascher Folge mehrfach den Besitzer. Die Kirche, für weltliche Zwecke nicht nutzbar, ließ der Staat der Verwahrlosung anheimfallen.

Prüll war ausersehen, während des Krieges 1809 Kaiser Napoleon für eine Nacht zu beherbergen. Von Pürkelgut aus fuhr Napoleon, am Bein leicht verwundet, in einer Kutsche nach Prüll

191. Karthaus-Prüll. Klosterhof zur Biedermeierzeit. Stahlstich von Joh. Poppel nach einer Zeichnung von Ed. Gerhard, um 1840

hinüber, wo sich das Hauptquartier der französischen Streitkräfte befand. Der Überlieferung nach war es das Erkerzimmer im ersten Stock des Prioratsgebäudes, das Napoleon in der Nacht vom 23. zum 24. April 1809 als Schlafraum diente. Der Erker führt seit dieser Zeit die Bezeichnung „Napoleonserker". Der pensionierte fürstlich Thurn und Taxis'sche Stallmeister Friedrich Müller, der einen Teil der säkularisierten Klostergebäude erworben hatte und in Karthaus eine Landwirtschaft betrieb, berichtet in einer Eingabe, daß am 23. April 1809 Napoleon mit seinem Generalstab bei ihm übernachtete. Müller gibt an, daß ihm in dieser Nacht ein Pferd, vier Kühe, achtzehn Schweine, alle Hühner und der gesamte Vorrat an Früchten von zwei Jahren abhanden kam. Im Zimmer Napoleons sei die Kommode erbrochen und daraus drei Staats-Obligationen, jede zu 1300 Gulden sowie eine goldene Dose und ein Brillantring entwendet wurden. Im Oktober 1963 wurde am einstigen Prioratsgebäude eine von Franz Ermer geätzte Gedenktafel angebracht: „Hier hat Napoleon I. am 23. April 1809 Quartier genommen."

In der Biedermeierzeit war Karthaus das Ziel zahlreicher Regensburger Nachmittagsausflügler, die sich dort Bier und Kaffee schmecken ließen. Ein Bild aus jenen glücklichen Tagen vermittelt ein Stahlstich von Gerhard und Poppel aus der Zeit um 1840, der den Betrachter in eine wahrhaft biedermeierliche Idylle versetzt. Die Abbildung zeigt den Hof vor der Klosterkirche. Den südlichen Turm, der seine barocke Zwiebel verlor, deckt ein Notdach. Die jetzige Bedachung erhielten die Türme erst nach der Mitte des vergangenen Jahrhunderts. Rechts sieht man das einstige Prioratsgebäude mit dem „Napoleonserker", in dessen Untergeschoß die Gaststätte untergebracht ist, links die Kegelbahn. Bei den Bierfässern im Hof unterhalten sich die Gäste.

1834 erwarb der Bezirk Oberpfalz die ehemaligen Klostergebäude. Um sie nutzbringend zu verwenden beschloß man, eine Armenbeschäftigungsanstalt dort einzurichten. Sie scheint etwa zwei Jahre lang, bis 1850, in Betrieb gewesen zu sein. Die mangelhafte Unterbringung der Geisteskranken aus der Oberpfalz in sogenannten Verwahrungshäusern ließ den Plan reifen, Karthaus zur Pflegeanstalt zu machen. Am 1. Januar 1852 eröffnete Direktor Dr. Kiderle die Anstalt, die sich bis heute zum modernen Nervenkrankenhaus entwickelt hat.

Das Haus Karthaus-Prüll Nr. 7, einst Pfarrkirche St. Vitus

Das Haus Nr. 7, nördlich der Klosterkirche, entstand aus der einstigen Pfarrkirche St. Vitus, die als Seelsorgkirche für die weltlichen Untertanen des Klosters und für die Bewohner des Dorfes Kumpfmühl diente. Sie besaß drei Altäre. Den Hauptaltar stiftete Domscholast Johann Paul von Leoprechting, die beiden Seitenaltäre schenkten zwei Kumpfmühler Bürger: der Schmiedemeister Johann Georg Hofmann und der Zimmermann Georg Neuhoffer. Gegen Ende des 17. Jahrhunderts erwies sich die Kirche so schadhaft, daß sich eine von Prior Sigismund Diez geplante Renovierung als nicht mehr durchführbar erwies. Der Vitusbach, der noch jetzt das Haus durchfließt, hatte die Fundamente so weitgehend unterspült, daß die Kirche 1683 ganz abgerissen und neu gebaut werden mußte. Sie war 1686 vollendet. Die gleichfalls neu angelegte Brunnenstube unter der Kirche war 1685 fertiggestellt. Der gewölbte Bogen, durch den der Vitusbach austritt, ist heute noch im Sockel an der Nordseite des nunmehrigen Wohnhauses zu sehen. Die Bauarbeiten führte der Regensburger Maurermeister Josef Kaltenkrauter aus.

Die Säkularisation bedingte den Umbau der Vituskirche zum Wohnhaus. In der Ausschreibung zur Versteigerung der säkularisierten Klostergüter von Prüll ist sie folgendermaßen genannt: „die bisherige Pfarrkirche für das Dorf Kumpfmühl, welche aber der Käufer auf seine Unkosten demolieren muß, und nur die Baumaterialien nützen kann." Noch heute aber ist in der Grundform des Hauses im Osten der Chor der einstigen Kirche deutlich zu erkennen.

Kunstgegenstände und Säkularisation

Die Kartause Prüll gehörte zu jenen bairischen Klöstern, die sich durch einen großen Reichtum an Kunstwerken auszeichneten. Zu ihren vorzüglichen Schätzen zählten eine große Anzahl von Ölgemälden und eine Reihe kostbarer Glasbildwerke im Chor der Kirche und im Kreuzgang. Am 18. März 1803 erschien die Aufhebungskommission, an ihrer Spitze Landrichter Peter von Welz aus Kelheim, der dem Abt Nikolaus Raßbauer und dem versammelten Konvent die Aufhebung ihrer Ordensgemeinde und die restlose Einziehung der Klostergüter verkündete. Bereits vier Wochen später begannen die Versteigerungen. Gebäude und Grundstücke, Pferde, Kühe und Geflügel, Weizen, Erbsen und Wein, die Vorräte an Hopfen und Malz, Möbel, Silbergeräte, Uhren und Kutschen wurden zu Spottpreisen an den Meistbietenden verkauft.

Sein besonderes Augenmerk aber richtete Welz auf die Öl- und Glasbilder, die er als willkommene Bereicherung der Kunstsammlungen seines kurfürstlichen Herrn erkannte. In einem Schreiben nach München berichtet er: „Man trifft hier überaus schöne Malereien von den berühmtesten Meistern an." Die wertvollen Glasbildwerke ließ er sogleich entfernen und gewöhnliches Bauglas an ihre Stelle setzen, weil er einsah, „daß dieselben für einen Liebhaber einigen Werth haben".

Der Ruf der Kunstschätze lockte im Juli 1803 auch den kurfürstlichen Galerieinspektor und späteren Direktor der Pinakothek, Johann Georg von Dillis, nach Prüll. Alles, was ihm kostbar und des Mitnehmens wert erschien, ließ er in Kisten verpacken und zunächst in das Depot nach Schleißheim bringen, wo man erst fünfzig Jahre später mit der Aussortierung begann. Das noch vorhandene, von Dillis abgefaßte „Verzeichnis der Gemälde und Kunstsachen" aus Prüll läßt ermessen, welche Werte das Kloster einst bewahrte. Dabei ist das Verzeichnis nicht einmal vollständig, wie noch vorhandene, nicht aufgeführte Glasbildwerke aus Prüll beweisen. Außerdem wurden Gemälde auch gegen bar an Ort und Stelle versteigert. Holzschnitte und Kupferstiche, „noch aus dem Ausschuß ausgewählt", füllten eine eigene Kiste.

Die Glasbilder aus Prüll zählen heute zu den Sammlungsstücken des Bayerischen Nationalmuseums in München. Zu den schönsten gehört das um 1508 von den Herzogen Albrecht IV. und Wilhelm IV. gestiftete Fenster aus dem Chor der Klosterkirche, das der Regensburger Glasmalerschule entstammt. Das Mittelstück zeigt Christus am Kreuz mit Maria und Johannes vor felsiger Landschaft. In den Seitenstücken begegnen uns die herzoglichen Stifter. Links kniet Albrecht IV. mit schwerer goldener Kette um den Hals auf rotem Teppich vor einem Betpult. Hinter ihm steht sein Patron, der Evangelist Johannes. Im rechten Seitenstück ließ sich Herzog Wilhelm IV. in ritterlicher Rüstung abbilden, das Rautenbanner über der Schulter. Der Heilige neben ihm ist St. Bartholomäus.

Neben zwölf Wappenscheiben, acht Fenstern mit Heiligenfiguren und einigen weiteren Glasbildwerken aus Prüll verwahrt das Bayerische Nationalmuseum auch 28 Glasgemälde-Kabinettscheiben vom Kreuzgang des Klosters, die der Nürnberger Glasmaler Johann Schaper um 1659 schuf. Sie stellen die Legende des heiligen Bruno dar, des Stifters des Kartäuserordens. Vier dieser Bilder schildern die grausige Begebenheit, die den Heiligen bewogen haben soll, der Welt für

192. Karthaus-Prüll. Herzog Albrecht IV. und der Evangelist Johannes. Glasgemälde aus dem Chor der Kirche, um 1508. Bayer. Nationalmuseum, München

immer zu entsagen: In Paris starb ein Gelehrter namens Diokres. Vor der Beerdigung trug man den Sarg in die Kirche, um das Totenoffizium zu beten. Während des Gebetes richtete sich der Tote auf, seine bleichen Lippen öffneten sich und mit furchtbarer Stimme rief er: „Aus gerechtem Urteil Gottes bin ich angeklagt worden." Entsetzt verließen Volk und Priester den schaurigen Ort. Am nächsten Tag, als man bei der neuerlich vollzogenen Bestattung wieder zu dieser Gebetsstelle kam, bewegte sich abermals der starre Körper und schrie: „Aus gerechtem Urteil Gottes bin ich gerichtet worden." Genauso ging es am dritten Tag, wo der Tote die Worte hervorstieß: „Aus gerechtem Urteil Gottes bin ich verdammt worden." Der Leichnam des Gelehrten wurde daraufhin auf dem Schindanger verscharrt.

Auch der Beauftragte für die Klosterbibliotheken, Freiherr von Aretin, stattete Prüll einen Besuch ab und wählte die kostbarsten Werke für die kurfürstliche Hofbibliothek, die jetzige Bayerische Staatsbibliothek in München aus. Ein Großteil der Bücher samt den prächtig geschnitzten Regalen wanderte in die Bibliothek nach Straubing, der Rest gelangte als Makulatur zu einem Pappendeckelmacher nach München. Die Überlieferung berichtet, daß der Feldweg nach Neuprüll mit Büchern aus der Klosterbibliothek befestigt worden sei.

Kunstgeschichtliches

Die Klosterkirche Prüll zählt zu den ältesten Hallenbauten des Regensburger Kunstkreises. Ihre große Wirkung liegt in der Harmonie des Raumes. Der Baumeister, ein Künstler von hoher Begabung, schuf in Prüll, gestützt auf heimische Bautradition, einen Kirchenraum in Form einer dreischiffigen Halle. Ausgewogene Klarheit und ein Wohlklang der Verhältnisse bestimmen die Raumwirkung. Neben dem rein künstlerischen Gestaltungsvermögen verfügte der Baumeister auch über ein gediegenes Wissen der Technik und des Systems. Ihm gelang hier der kühne Versuch, den Raumgedanken der damals bereits bestehenden Erhardikapelle, sowie der Ramwold- und Wolfgangskrypta auf die größeren Verhältnisse einer Klosterkirche zu übertragen.

1904 wurde im südlichen Schildbogen der Westempore ein romanisches Fresko aus dem Ende des 12. Jahrhunderts aufgedeckt. Es stellt in dreiteiliger Komposition die Szene der Verkündigung dar. Im Mittelteil steht Maria vor einem Thronsessel in einer Bogenhalle. In ihrer Linken hält sie zwei Spindeln, die beiden dazugehörigen Wollknäuel liegen in einer Schale zu ihren Füßen. Von links nähert sich mit wuchtigem Flügelschlag der Erzengel Gabriel, die Rechte grüßend erhoben. Von besonderem Reiz ist die Darstellung im rechten Bildteil. Der Maler muß ein großer Freund der Natur gewesen sein; denn hier versammelte er auf höchst originelle Weise Pflanzen, Tiere der Luft, des Wassers und der Erde. Im Becken eines kunstvollen Brunnens, den ein wasserspeiender Löwe krönt, tummeln sich Fische, stilisierte Blüten blühen in Vasen auf einem recht sachlich anmutenden Blumenständer, Vögel sitzen auf dem Rand des Brunnenbeckens und auf dem Dach der tempelartigen Halle, Hasen spielen im Gras. Ganz links kniet ein kleiner Mönch in weißer Kutte, der Stifter des Bildes. Die Gesamtstimmung der Malerei ist zart und hell, mehr durch die Kontur als durch die Farbe wirkend. Rot, gelb und weiß sind die herrschenden Farben, daneben kommen mattes Grün, gebrochenes Blau und gelegentlich Violett zur Anwendung. Die Glorien Mariens und des Engels weisen in zwei konzentrischen Kreisen Bohrlöcher auf, in die ehedem Steine oder Glasflüsse eingesetzt waren. Das Bild wurde 1907 restauriert.

Der Hauptaltar, eine bedeutende Anlage der Spätrenaissance, trägt die Bezeichnung MDCV (1605). Über hohem Tabernakel, flankiert von den Heiligen Johannes Baptista und Bruno, erhebt sich ein dreiteiliger Aufbau, dessen Mittelstück eine geschnitzte Kreuzigungsgruppe bildet. In den beiden Seitennischen stehen die Statuen der Heiligen Bartholomäus und Hugo. Das nach oben abschließende Geschoß zeigt zwischen Giebelstücken die Halbfigur Gottvaters, seitlich davon St. Vitus und St. Georg. Den Aufzug schließt ein Engel mit gebreiteten Flügeln. Der Altar wurde während der Schwedenzeit 1633 schwer beschädigt. Kurfürst Maximilian I. von Baiern übernahm die Kosten der Wiederherstellung. Über die 1641 erfolgten Ausbesserungsarbeiten liegen archivalische Nachrichten vor. Danach verlangte der Regensburger Bildhauer Bartholomäus Müller für Instandsetzungsarbeiten am Altar und für die Neuanfertigung der Figuren St. Johannes Bapt. und Bruno 50 Gulden, der Maler Georg Christoph Einmart erhielt für das Malen des Hintergrundes der Kreuzigungsgruppe, einer Landschaft „mit einer schönen lufft" und zwei fliegenden Engeln 40 Gulden. Von ihm stammt auch ein Entwurf für den von den Schweden gänzlich zerstörten Tabernakel, der dann allerdings in abgeänderter Form zur Ausführung gelangte. Für Neufassungsarbeiten und Ausbesserungen an der alten Fassung berechnete der Stadtamhofer Maler Leonhard Rauch 100 Gulden.

Stilistisch verwandt mit dem Hauptaltar in Prüll ist jener in Prüfening.

Ein bedeutendes Kunstwerk der Klosterkirche ist das prächtige Chorgestühl, das ebenfalls der Zeit um 1605 angehört. Die Rücklehnen der einzelnen Sitze, die sogenannten Dorsalien, haben die Form von Muschelnischen, die Stallen werden durch Kandelabersäulchen getrennt. Den abschließenden Fries durchläuft eine geschnitzte Inschrift in lateinischer Sprache, die Ermahnungen für die Mönche beim Chorgebet beinhaltet. Sie lautet in deutscher Übersetzung: Richte nach oben das Herz, trage gut vor, achte des Sinnes! Nicht sei der Leib beim Choral, vor dem Portale der Geist! Nicht die Stimme, die Stimmung; nicht Saitengeklingel, die Herzsait'; Nicht der Klang, nur der Drang betet in Psalmen vor Gott! — Ausgeschnittenes Rollwerk bildet den bekrönenden Abschluß. Der Zeit um 1690 gehören die prächtigen aus Eichenholz geschnitzten Paramentenschränke an.

Zur Innenausstattung der Kirche gehörte eine größere Anzahl von Gemälden. Während die Bilder an den Wänden des Langhauses durch die Säkularisation entfernt wurden, blieben jene im Chor erhalten. Sie sind in Stuckrahmen eingepaßt. Über jedem Gemälde befindet sich das geschnitzte Wappen des Stifters. Die Darstellung einer sehr figurenreichen Kreuztragung an der linken Chorwand wird dem Münchner Landschaftsmaler Franz Joachim Beich zugeschrieben. 1937 kehrten sechs der säkularisierten Bilder wieder nach Prüll zurück.

Neuprüll

Die Säkularisation traf nicht nur die Mönche schwer, sondern auch die sieben Taglöhner, die auf dem Gutshof beschäftigt waren. Der Staat entschädigte sie für den Verlust ihrer Arbeitsstelle durch die Zuweisung von je drei Tagwerk Ackergrund südlich der Prüller Höhe an dem damals schon als Feldweg vorhanden gewesenen, heutigen Neuprüller Weg. Sechs der Gutsarbeiter ließen sich 1804 dort nieder. Die Siedlung erhielt, weil die Bewohner von Prüll kamen, den Namen Neuprüll. Noch heute (1980) finden wir in Neuprüll den Nachkommen eines „Uransiedlers", Herrn Krempf, Anwesen Nr. 13, dessen Vorfahre als Landarbeiter im Klostergutshof tätig war. Am 1. Januar 1904, genau hundert Jahre nach Gründung der Siedlung, kam Neuprüll zusammen mit Karthaus-Prüll zum Stadtverband von Regensburg.

Graß

Im Tal des Aubaches, südlich von Kumpfmühl, liegt der alte Ort Graß, seit 1977 Stadtteil von Regensburg. Von der einst dörflichen Beschaulichkeit ist nichts geblieben. Die nach Schema gebauten Mehrfamilienhäuser der 1960er und 70er Jahre bestimmen das Ortsbild.

Die älteste Schreibweise des Ortsnamens lautet Grazze, das E. Schwarz und A. Schmeller mit Buschwerk, Gebüsch, wiedergeben. Nach Schmeller bedeutet „das Graß" auch Fichten- und Tannensprossen oder Zweige, die zu Viehfutter und Streu kleingehackt werden. Damit ist der heute fehlende Nadelholzbestand dieser Gegend nachgewiesen.

150 Jahre lang, von 1120 bis 1271, war das Geschlecht der Grazze Besitzer von Graß. Am frühesten genannt wird Luitwin von Grazze. 1335 gingen Burganlage und Güter von Graß in den Besitz der Regensburger Familie Löbl über, die jedoch 1396 die Hälfte des Besitzes an die vielgenannte Familie Auer abtrat. Mit Beginn des 15. Jahrhunderts tritt der Deutsche Orden als Besitzer von Graß auf. Eine Fehde, 1425 ausgebrochen zwischen den Rittern des Deutschen Ordens und dem Sohn des Vizedoms von Straubing, Emmeram Nothaft, brachte schwere Zeiten über den Ort. Die Burg wurde erobert, die Bauern geplündert und mehrere von ihnen als Gefangene weggeführt. Während des Dreißigjährigen Krieges 1633/34 sank die Burg in Trümmer. Sie wurde nicht mehr aufgebaut. 1803 traf auch den Deutschherrenorden das Schicksal der Säkularisation. Die 16 Bauern von Graß — bis dahin Untertanen des Deutschherrenordens — kauften 1806 von der königlichen Landesdirektion in München die säkularisierten Grundstücke um 12 768 Gulden. Die gemeinsam erworbenen Gründe — meist Waldbestand — durften auch gemeinsam genutzt werden. Außer dem Kaufpreis hatten sie noch einen jährlichen Zins nach München zu entrichten und die Auflage, die Schloßkapelle zu unterhalten. Der Vertrag nennt eine Reihe heute weitgehend vergessener Grasser Flurnamen: das Gschwändholz, den alten Schlag, den Birkenschlag, das Brandholz, das Frauenschlagl, die Pflegerwiese, die Holz-

wiese. Die 1806 festgelegte Vereinbarung des Unterhalts der Kirche überdauerte die Zeiten. Sie wurde auch von der Stadt Regensburg bei der Eingemeindung von Graß am 1. Januar 1977 übernommen. Bereits 1970 hatte Graß sich mit Oberisling zu einer Gemeinde zusammengeschlossen. Den Anstoß dazu gab die Planung des Klinikums der Universität Regensburg, das auf den Fluren von Graß erstehen soll. Mit dem ersten Bau, der Zahnklinik, ist bereits begonnen.

Überrest der einstigen Burganlage ist der verhältnismäßig tiefe, ehemals ganz mit Mauerwerk gefütterte Ringgraben, über den im Westen eine Schlagbrücke führte. Innerhalb des Berings steht noch die einstige St. Michael geweihte Schloßkapelle, eine Anlage des 14. Jahrhunderts. Während die Burg im Dreißigjährigen Krieg der völligen Verwüstung anheimfiel, kam das Kirchlein mit kleineren Schäden davon. Trotzdem war es 1689 so baufällig, daß es die Deutschherren teilweise abtragen und mit Veränderungen wieder errichten ließen. Davon kündet die Inschrift in zwei an die Ostwand der Kirche gemalten Kartuschen beiderseits des Altares. Auf die einstige Wehrhaftigkeit der Anlage deutet noch die 1,88 m dicke Südmauer des Kirchleins. An die Besitzerfamilie Löbl (s. o.) erinnern zwei Wappensteine am Gewölbeansatz: Spitzschilde mit einem menschlichen (?) Kopf, an den drei Ecken nach außen stehende Lilien (vgl. Haus der Löbl, Hinter der Grieb 2 [B 80]). Den Altar, eine gefällige Renaissanceschöpfung, schenkte Abt Godin von St. Emmeram um 1733. In der Nische des zweisäuligen Aufbaus steht St. Georg, den Drachen tötend. Beiderseits der Säulen die lebensgroßen Figuren St. Katharina und St. Barbara.

Oberisling

Die früheste urkundliche Erwähnung des Ortes bezeugt zugleich seine Bindung an das Kloster St. Emmeram. Kurz vor seinem Tod schenkte Markgraf Berthold vom Nordgau († 980) seine Güter in Oberisling dem heiligen Emmeram. Für diesen empfing sie der Abt des Klosters, Ramwold (975–1001). Von den Erträgnissen der frommen Stiftung sollte das Kloster Arme und Fremde verköstigen und kleiden. Der vom Kloster bestellte Verwalter saß auf dem Sal- oder Fronhof. Er wachte über die Bewirtschaftung der Klostergüter und die Abführung der Zinsen. Außerdem übte er auch die Polizeigewalt aus. Um seinen Besitz in Oberisling abzurunden, tauschte das Kloster unter Abt Richolf (1010–1020) die Gründe von Leoprechting gegen ein Grundstück in Langenerling ein. Im 11. Jahrhundert erscheint in den Urkunden ein Edelgeschlecht von Isningen, das sich bis ins 13. Jahrhundert nachweisen läßt.

Der Ortsname erscheint 975–998 in der Form Ysininga; 1070–1095 wird Isiningen geschrieben, 1313 Isning. Im 14. Jahrhundert setzt dann die Schreibweise Isling ein, womit aber stets Oberisling gemeint ist im Unterschied zu Unterisling, das 1293 erstmals genannt wird.

Gewiß hat das Kloster St. Emmeram bereits in romanischer Zeit eine Kirche in Oberisling erbaut. Von dieser ursprünglichen Anlage ist heute nichts mehr zu erkennen. Lediglich die 91 cm dicken Langhausmauern weisen in eine frühe Zeit, ebenso die rundbogigen Doppelarkaden des Turmes. Seine Bauform, Satteldach und Treppengiebel (ähnlich im benachbarten Pentling), läßt sich in unserem Raum verhältnismäßig selten nachweisen. Der gotische Chor schließt mit drei Seiten des Achtecks. Die Ausstattung des Innenraums vollzog sich in zwei Perioden: im frühen 18. Jahrhundert im Stil des Rokoko und gegen Ende des Jahrhunderts in klassizistischen Formen. Bestimmte Akzente setzte die Rokoko mit den beiden Seitenaltären: Muschelwerk und geschweifte Pilaster, auf deren Voluten sich Engel tummeln. Damals wurden auch die gotischen Gewölberippen des Chores abgeschlagen und durch Ornamentbänder aus Stuck ersetzt. Klassizistisch die Dekoration des Chorraumes, um 1790. Holzsäulen bzw. Lisenen mit korinthischen Kapitellen markieren die Ecken; vor den Fenstern Balustraden. Das große Bild des Hauptaltares stellt den Kirchenpatron St. Martin dar, den vielverehrten bairischen Volksheiligen, in der bekannten Szene der Mantelteilung. Die Mensa des Hauptaltares steht frei.

Am Namensfest des Kirchenheiligen Martin, am 11. November, zogen die Gläubigen der umliegenden Ortschaften brauchtumsmäßig nach Oberisling. „Schon um halb sieben Uhr gingen die Dechbettener weg. Zu ihnen gesellten sich die Pentlinger und Grasser mit ihren Fahnen. Die Kumpfmühler sammelten sich in der Pfarrkirche St. Vitus in Prüll. Aus östlicher Richtung kamen Burgweinting und Harting. Amt mit Predigt zelebrierte abwechslungsweise einer der vier Pfarrer. An die musikalische Gestaltung des Gottesdienstes dürfen wir keine großen Ansprüche stellen, weil ein Teilnehmer 1765 lakonisch bemerkte: ‚Der Mesner und die Mesnerin sangen.' Beim ‚Hahnbauer' traf sich die Geistlichkeit mit Gästen aus der Benediktinerabtei (St. Emmeram) zum Festmahl mit Martinsgans" (H. Schlemmer, Alt-Bayer. Heimat 3/1974).

Durch die Säkularisation des Klosters St. Emmeram fiel die Hofmark Oberisling an den bayerischen Staat, der sie dem Landgericht Stadtamhof unterstellte. Die Kirche wurde Filiale von Hohengebraching. Seit 1. Januar 1977 gehört Oberisling zur Stadt Regensburg.

Pürkelgut

Die Wachstumsspitzen der Stadt tasteten sich schon vor dem ersten Weltkrieg an die Grenzen des alten reichsstädtischen Burgfriedens heran, z. T. überschritten sie ihn bereits. Die NS-Zeit schob ihre Kasernenbauten an der Landshuter Straße weit nach Südosten voran. Seit Beginn der 1970er Jahre entstand das Bebauungsgebiet an der Benzstraße. Unberührt von aller Neubautätigkeit steht im sumpfigen Wiesengrund nördlich der Landshuter Straße der alte Landsitz Pürkelgut.

Nördlich der Hochterrasse, die sich, etwa der Landshuter Straße folgend, von Pürkelgut nach Burgweinting hinzieht, läßt sich geologisch ein altes Seebecken nachweisen. Vor Jahrhunderten blinkte hier der Spiegel des Pautensees, von dessen Vorhandensein wir erstmals aus dem Jahre 1364 erfahren. Die Regensburger Aussätzigen, auch Sondersieche genannt, die an der heutigen Adolf-Schmetzer-Straße ihre Heimstätte hatten und die Einwohner der Gemeinde Irl besaßen an den Pautensee grenzende Grundstücke. Die Bauern von Irl beklagten sich in genanntem Jahr darüber, daß die Sondersiechen nicht zur gemeinschaftlichen Arbeit der Uferbefestigung und der Ausbesserung am Damm des Pautensees verpflichtet seien. Der See ist längst verlandet. Geblieben sind die moorigen Gründe um Pürkelgut, spärliche Reste der Wasserbewehrung des Schlosses, einzelne Tümpel gegen Burgweinting zu sowie der Pürkelguter Graben, der südlich des Schlosses entspringt. Vor hundert Jahren erinnerten noch einzelne Flurnamen an den verschwundenen Pautensee: die Seeäcker, die Moosäcker, der Seegraben.

Das Schloß Pürkelgut bietet sich dem Betrachter in einem Zustand trauriger Verwilderung. Eine Reihe hoher Pappeln verbirgt es dem Blicken. Knorrige Weidenstämme säumen Teich und Kanäle der alten Wasserbewehrung. Pürkelgut, einst „das Sanssouci der Reichstagsgesandten von Regensburg", zeigt die Spuren malerischen Verfalls. Wo ehedem geldgewaltige Kaufleute barocke Feste feierten, wohnen jetzt Arbeiter des fürstlichen Gutes.

Wohl schon in bairischer Frühzeit lag hier ein Meierhof, der die Küche der Agilolfingerherzöge in ihrer Residenz am Alten Kornmarkt mit Viktualien versorgte. Unter dem Namen Neuhausen finden wir Pürkelgut 1273 erstmals bezeugt. Am 10. Juli dieses Jahres hielt dort Herzog Otto II. von Baiern einen Gerichtstag ab. Pürkelgut — ursprünglich auf bairischem Territorium gelegen, kam aber schon früh unter die Oberhoheit der Reichsstadt Regensburg. Die ersten, dem Namen nach bekannten Besitzer sind Regensburger, nämlich die Frau Christina Tollinger und ihr Sohn Friedrich, die das Landgut 1361 an die Brüder Hädrer, gleichfalls Bürger von Regensburg, verkauften. Diese mußten sich vor dem Rat verpflichten, das Gut nur an Regensburger zu veräußern, damit es der Gerichtsbarkeit und Steuerpflicht der Stadt nicht verlorengehe. So sehen wir Pürkelgut durch all die Jahrhunderte im Besitz von Regensburger Familien mit Ausnahme weniger Jahre, in denen es schenkungsweise den Minoriten überlassen war. 1844 erwarb es das Fürstliche Haus Thurn und Taxis.

Ein schweres Unglück traf das Gut im frühen 16. Jahrhundert. Ein Brand legte es in Schutt und Asche. In solch verwüstetem Zustand erwarb es der Regensburger Patrizier Wolfgang Horneck, der 1529 mit dem Wiederaufbau begann. Neben den Wirtschaftsgebäuden entstand damals auch ein Schlößchen, das Horneck mit Mauern und Graben umgab. Auch der Rat unterstützte den Bauherrn und erklärte sich bereit, ihm auf die Dauer von vier Jahren von 25 Eimern bairischen Weines und 50 Eimern Bieres keine Steuer zu berechnen. Nur zwei Jahre lang konnte sich Horneck seines neuen Besitzes erfreuen. Schon 1531 starb er und wurde in St. Emmeram begraben. Sein Bronzeepitaph am vorletzten Pfeiler der Südreihe stellt ihn in ritterlicher Kleidung vor einem Kreuz kniend dar. Die Inschrift besagt, daß er vier Sprachen beherrschte und fast ein Drittel Europas bereist habe. Eine Steintafel im Schloß zeigt sein Wappen, eine rechte Hand mit einem Ring am Daumen sowie die Inschrift „Wolfgang Horneck".

Pürkelgut liegt hart an der Grenze, aber noch innerhalb des reichsstädtischen Burgfriedens. Das beweist noch sehr deutlich eine unmittelbar nordöstlich des Gutes stehende reichsstädtische Burgfrie-

193. Pürkelgut. Bauinschrift von 1728, darunter die Wappen des Johann Pürkel und seiner Frau

denssäule. Das benachbarte Herzogtum Baiern versuchte des öfteren, Pürkelgut unter seine Herrschaft zu bringen. So ließ der bairische Pfleger 1528 einen flüchtigen Verbrecher von Pürkelgut, also von reichsstädtischem Gebiet, als Gefangenen abführen und ein Jahr später versuchte er, von dem Gutsherrn Horneck widerrechtlich eine Gebühr zu erheben. Die Reichsstadt bestand jedoch nachdrücklich auf dem Recht über ihr Territorium.

Die Schrecknisse des Dreißigjährigen Krieges bekam auch Pürkelgut schwer zu spüren, dessen Name sich von „Neuhausen" um diese Zeit allmählich in „Einhausen" wandelte. 1633 war nicht nur die Stadt, sondern auch das Gut von kaiserlichen Soldaten besetzt, das sie gegen den Ansturm der schwedischen Truppen tapfer verteidigten. Schließlich aber konnten sie der Übermacht nicht trotzen. Die Kämpfe verwandelten den Edelsitz zum zweitenmal in einen Trümmerhaufen. Der damalige Gutsherr, Stephan Horb, war zum armen Mann geworden.

Nahezu hundert Jahre lang lag der Sitz in Ruinen, bis ihn der Regensburger Handelsherr Johann Jakob Pürkel erwarb, dessen Familie auch das Haus an der Heuport am Domplatz besaß. Dieser ließ das Schloß nach 1728 neu erstehen, so, wie es sich heute in seinem Barockgewand dem Beschauer darbietet. Eine steinerne Chronik von Pürkelgut könnte man die kunstvolle Bauinschrift nennen, die er in eine Kartusche über dem Hauptportal setzen ließ: „Dieser Ort hieß erst Neuhausen / Wolf von Horneck führte ihn auf / Stand fast hundert Jahr verwüstet nach der Kriegszeiten Lauf / Johann Jakob Pürkel hat ihn von Grund auf neu erbaut / und Neu-Pürkelseck genannt / Gott dem er dabei vertraut / Schütt auf Erben, Stamm und Haus / Glück und Himmels Segen aus / A C 1728 d 9 April / A C 1529". Jakob Pürkel hat also den ursprünglichen Namen Neuhausen, den des ersten Wiedererbauers Horneck und seinen eigenen Namen in der Bezeichnung „Neu-Pürkelseck" zusammengezogen. Er soll das Gut, wie die Sage berichtet, aus lauter Kreuzermünzen erbaut haben. Jeden Samstag während der Bauzeit sei er mit seinem großen „Bullenbeißer", einer Dogge, an deren Halsband das Säckchen mit den Kreuzern hing, von Regensburg nach Pürkelgut hinausgegangen, um Maurer und Zimmerleute zu entlohnen.

Das Schloß, ein dreigeschossiger Rechteckbau, kehrt seine Schaufront nach Norden. Aus ihrer Mitte springt ein halbrunder Vorbau aus, den eine Halbkuppel deckt. Die quadratischen Ecktürme springen über die Schmalseiten vor. Mansarddach mit Schleppgauben. Portal stichbogig, Profilrahmung. Über dem Scheitel Ehewappen, Pürkel und Ehefrau. Beiderseits des Portals erhielten sich die Mauerkanäle und die hölzernen Rollen zur Aufnahme der Seile für die Zugbrücke über den Wassergraben. Das große Rundbogenfenster über dem Portal (nun zugesetzt), zum ehemaligen Festsaal gehörig, mit reicher Architekturgliederung: Profilrahmung, Pilaster, bekrönende Vasen. Über dem Scheitel Kartusche mit Bauinschrift von 1728 (s. o.).

Den Zugang zum Nordportal bildet ein Damm, der die vorgelagerte Wasserbewehrung in zwei Teile scheidet. Den Stilmerkmalen nach zu schließen, beauftragte Pürkel mit dem Bau den damals in Regensburg mehrfach beschäftigten Linzer Stadtbaumeister Johann Michael Prunner (s. d.).

Während des napoleonischen Krieges 1809 war Pürkelgut nahe daran, abermals völlig zerstört zu werden. Der linke Flügel der österreichischen Armee lag zwischen der Landshuter Straße und Irlmaut. Die Soldaten hatten Pürkelgut gleich einem Kastell mit Kanonen umgeben. Die Franzosen drängten mit großer Heeresmacht von Süden her nach. Um von ihrem linken Flügel nicht abgeschnitten zu werden, zogen die Österreicher eiligst von Pürkelgut ab und ließen sogar ihre Kanonen zurück. Am 23. April nahm Kaiser Napoleon für wenige Stunden im Schloß sein Quartier. Es darf angenommen werden, daß hier die Ärzte den Notverband an seinem verwundeten Bein durch einen festen Verband ersetzen. Von Pürkelgut fuhr Napoleon mit der schweren, viersitzigen Karosse des damaligen Gutsbesitzers Hartmeier nach Karthaus Prüll, wo er die Nacht verbrachte. Nach etwa vier Wochen wurde die Kutsche dem Besitzer wieder zurückerstattet. Nach dem Tod Hartmeiers erwarb Ökonomierat G. Hamminger den Besitz Pürkelgut. Die Karosse schenkte er seinem Schwiegersohn Lang in Niedertraubling. Da sie zum täglichen Gebrauch zu schwer war, ließ sie Lang zu einem Feuerwehrwagen für Niedertraubling umarbeiten. Als solcher war sie noch 1905 in Gebrauch. In seinen „Erinnerungen..." berichtet Hamminger, daß seine Schwiegermutter 1809 als sechzehnjähriges Mädchen bei ihrem Onkel in Pürkelgut weilte und Zeugin war, wie Napoleons Bein verbunden wurde.

Die Biedermeierzeit schätzte Pürkelgut als Ziel nachmittäglicher Sommerspaziergänge. Gutsherr Hartmeier hatte 1829 das Braurecht erworben und bewirtete im Gutshof die Gäste. Schuegraf wird nicht müde, im überschwänglichen Stil der Zeit die Vorzüge des Ortes zu preisen: „Im regelmäßigen Quadrat sind die Sitze gereiht, von schattigen Bäumen überwölbt, und überall ist ein buntes Gemisch, selten leer eine Bank oder Laube. Hier blickt verstohlen eine ernste und dort eine mutwillige Diana aus belaubtem Gebüsche hervor, und Endymione flattern, wie Schmetterlinge, überall umher. Jetzt beginnt im Schloß wieder lockende Musik, leer werden plötzlich Sitze und Bänke, Arm in Arm eilt alles dem Schlosse zu, und im Wirbel bewegt sich dort die muntere Jugend."

Eine Gedenktafel am Eingang zum Wirtschaftshof erinnert daran, daß der Dichter Eduard Mörike vom 6. September bis 22. Dezember 1850 in Pürkelgut weilte. Mörike und seine Schwester Klara be-

194. Schloß Pürkelgut. Aquarell von Heinrich Klonke, 1829. Museum

suchten ihren Bruder Ludwig, „Louis" genannt, der als Verwalter des fürstlich Thurn und Taxis'schen Gutes tätig war. In ihrer Begleitung befand sich auch die Braut Mörikes, Gretchen Speeth. Die Reisenden kamen von Mergentheim am Abend des 5. September in Regensburg an und übernachteten zunächst im „Goldenen Posthorn" (s. d.). Am folgenden Tag begaben sie sich nach Pürkelgut. Gretchen Speeth mußte jedoch aus gesundheitlichen Gründen bereits am 13. Oktober die Heimreise nach Mergentheim antreten. Während der ersten Tage wohnte Mörike in einem Zimmer des Schlosses, zog aber dann in das wohnlichere Wirtschaftsgebäude, wo er im sogenannten Napoleonszimmer Unterkunft fand. „Es ist in einzelnen Teilen wirklich noch dieselbe Stube", schreibt Mörike an seinen Freund und Studiengenossen, Pfarrer Hartlaub, „worin Napoleon, als er bei der Karthause von Regensburg an der Ferse durch eine mattgewordene Kugel verwundet wurde, am 23. April 1809 übernachtete." Hier irrt Mörike. Napoleon wurde nicht bei Karthaus-Prüll verwundet und übernachtete auch nicht in Pürkelgut. Man war sich also bereits zu seiner Zeit, erst vierzig Jahre nach den Ereignissen, über die tatsächlichen Verhältnisse bereits nicht mehr im klaren. Das ist um so verwunderlicher, als Mörike weiterhin schreibt, daß der Mann, der Napoleon in Pürkelgut bewirtete, noch lebt. „Er trug, um den Kaiser in der Nähe zu sehen, selbst ein Fäßchen Bier herauf, erreichte aber nicht den Zweck, da ihm Napoleon alsbald den Rücken zukehrte und durchs Fenster sah."

Der Aufenthalt Mörikes in Pürkelgut fand zwar keinen Niederschlag in seinen Dichtungen, wohl aber in seinen Briefen und in dem sogenannten Musterkärtchen. Seine Aufzeichnungen gewähren reizende Einblicke in die Lebensverhältnisse des nachbiedermeierlichen Regensburg. Der Dichter benutzte den Aufenthalt zur Besichtigung der hauptsächlichsten Sehenswürdigkeiten der Stadt, der Kirchen, der fürstlichen Gemäldegalerie und der damals noch jungen Walhalla. Auch den Besuch des Theaters ließ er sich nicht entgehen. Gern kehrte er in den Gaststätten Regensburgs und der näheren Umgebung ein. In seinem Schreibkalender verzeichnete er vierundzwanzig solcher „Biergelegenheiten". Vom Besuch der Stadtamhofer Dult (s. d.) gibt er eine anschauliche Schilderung. Von des Dichters eigener Hand sind zwei Zeichnungen des Schlosses Pürkelgut bekannt. Die hier wiedergegebene von fremder Hand beschriftet und mit falscher Jahreszahl versehen. Am 17. Oktober 1850 schreibt Mörike an seinen Freund Hartlaub: „... So ein Spaziergang um den See, im Morgensonnenschein, ist gar zu angenehm; ich kann da halbe Stunden lang, allein das reine Spielgelbild des Schlößchens mit seinem geschlängelten Umriß auf der immer bewegten Wasserfläche

195. Schloß Pürkelgut. Zeichnung des Dichters Eduard Mörike

betrachten, dem Hin- und Herziehen einiger Schwäne (es sind ihrer fünf oder sechs, von der Fürstin gestiftet) zusehen und manche mir noch unbekannte Eigentümlichkeiten dieser Tiere beobachten..."

Neben mehreren Alltagsbegebenheiten aus dem damaligen Pürkelgut schilderte Mörike auch sehr eindrucksvoll einen Sonnenuntergang an der Steinernen Brücke: „... wir trennten uns von den anderen am Dom, durchstrichen die Stadt, verschiedene wundersame Gäßchen, und setzten uns zuletzt, mit einem Thammerschen Vesperstück in Klaras Korb, auf jene Bank an der (für jetzt geschlossenen) Garküche unfern der großen Brücke (Mörike meint die Wurstküche), sahen den Wirbeln der Donau zu, den Schiffern, die ein schwer beladenes Fahrzeug an einem langen Seile stromaufwärts zogen, der Sonne, die mit ihrem rosenroten Lichte endlich nur noch die Wölbungen der drei vier äußersten Brückenpfeiler füllte, auch diese jetzt verließ und gleichzeitig den letzten Glitzerschein in den Scheiben der höchsten Giebelhäuser von Stadtamhof zurückzog..."

Mörike beschäftigte sich auch mit Zeichnen und Malen. Eine entsprechende Ausbildung hat er nicht erhalten. Als Autodidakt konnte er sich diese Fähigkeiten aneignen und sie weiterentwickeln. Neben den genannten Zeichnungen des Schlosses Pürkelgut gibt es noch ein neuentdecktes Blatt im Besitz des Schillermuseums, das auf ein Ereignis während des Aufenthalts Mörikes in Regensburg Bezug nimmt. Es handelt sich um die Darstellung des Brandes eines Stadels an der Gichtelgasse (H 152, heute Gichtelgasse 6), den Mörike vom Dachboden eines gegenüberliegenden Hauses beobachtete und für seine Braut Gretchen in minuziöser Genauigkeit aquarellierte. Ein Brief an sie vom 7. November gibt näheren Aufschluß dazu: „Nächstens wird etwas fertig, dessen Gegenstand Du schwerlich erriethest. Die Clara macht mir Angst, es werde Dir des schauerlichen Stoffes wegen wenig Freude machen, denn, kurz, es ist eine naturgetreue Darstellung des Brandes in Regensburg, dem wir am Nachmittag des 21. Oct. vom oberen Boden eines benachbarten Hauses aus zuschauten. Dieß Ereigniß war für mich vom größten Interesse da ich mein Lebenlang dergleichen niemals in der Nähe beobachten konnte. Deßhalb und weil ich mir viel Mühe damit gab, ... wirst Du es sicher gern zu Deinen Pürkelguter Andenken legen...".

Burgweinting

Vorgeschichte — villa rustica — römische Funde

Der fruchtbare Lößboden der Hochterrasse am Rand des Donautales lockte schon den Menschen der Steinzeit, in der Gegend des heutigen Burgweinting seine Rundhütten zu bauen. Funde von Siedlungsresten beweisen das. Auch für die nachfolgenden Perioden, die Bronzezeit und die Hallstattzeit, ist die Ansiedlung von Menschen in und um Burgweinting bezeugt.

In römischer Zeit rückt die Gegend um Burgweinting deutlicher in das Licht der Geschichte. Auf dem sog. Kirchfeld lag eine villa rustica, ein römischer Gutshof. Nachdem 1909 dort das Fragment eines römischen Grabmals zutage trat, setzten 1911/12 und 1915/16 Grabungen ein. Dadurch konnte ein ummauerter Gutshof nachgewiesen werden, der neben anderen (noch unentdeckten) die Truppen in Castra Regina mit Lebensmitteln versorgte. Innerhalb der Ummauerung stellten die Grabungen insgesamt 9 Gebäude fest, darunter ein größeres Wohnhaus mit zwei beheizbaren Räumen. Freilich ist nicht erwiesen, daß sämtliche Gebäude zur gleichen Zeit bestanden. Funde von Scherben aus terra sigillata lassen darauf schließen, daß der Gutshof seit der 1. Hälfte des 3. Jahrhunderts bis ins 4. Jahrhundert in Betrieb stand.

Unter den römischen Funden aus Burgweinting gibt es zwei herausragende Stücke: einen Dachaufsatz aus gebranntem Ton in Form eines zweigeschossigen, ornamental durchbrochenen Rundturms. In der älteren Literatur wird er als „Lichthäuschen" gedeutet und kultischer Verwendung zugeschrieben. Weit bedeutender ist der Fund eines römischen Meilensteines. 1909 kam er in einer Gruftwand der Kirche zum Vorschein. Zu unbekannter Zeit wurde er von seinem ursprünglichen Standort, der Heerstraße nach Augsburg, dorthin verschleppt. Seine Inschrift ist erheblich zerstört. Neben der Titulatur der Kaiser Septimius Severus (193—211) und Marcus Aurelius (161—180) gab er die Entfernung in römischen Meilen an, vom Standort aus gerechnet nach Augsburg und zur Legion in Castra Regina. Da die Zahlen der Meilen nicht lesbar sind, muß angenommen werden, daß die Ziffern nicht eingetieft, sondern nur mit Farbe aufgemalt waren. Anläßlich eines Straßenbaues wurde er an der Wende vom 2. zum 3. Jahrhundert aufgestellt. Beide Fundstücke im Museum.

Der Ortsname

Die Gründung des Ortes Burgweinting reicht zurück in die Zeit der bairischen Landnahme. Urkundlich erwähnt wird er erstmals um 790 in der Form Wihmuntinga, abgeleitet von dem Personennamen Wihmund, dem ersten bairischen Ansiedler von Burgweinting. Um 1050 wird Wimintingen geschrieben, 1145 Wimtingen. 1321 tritt erstmals die heute noch gebräuchliche Schreibweise Weinting auf. Nach dem Ort nannte sich ein Edelgeschlecht: die Weintinger. Angehörige dieser Familie waren auch in Regensburg ansässig, in der Ostenvorstadt nächst dem Minoritenkloster. Die Kalmünzergasse hieß noch bis gegen 1700 „Weintingergasse". Friedrich der Weintinger ließ für seine Familie bei der Minoritenkirche eine eigene Grabkapelle errichten, die Weintingerkapelle (jetzt Teil des Museums). 1304 wurde er dort begraben. Zum Ortsnamen Weinting tritt erstmals 1352 die Vorsilbe „Burg", so daß sich nun der Name Burgweinting herausbildete zur Unterscheidung von Laberweinting. Volkstümlich aber blieb der Name Weinting noch lange Zeit und noch 1732 wird in amtlichen Schreiben der Ortsname einfach als „Weinting" gebraucht.

Politische Verhältnisse

Seit dem hohem Mittelalter gehörte Burgweinting zum Besitz des Hochstifts Regensburg, verwaltet von der gleichfalls bischöflichen Herrschaft Donaustauf. Der Pfleger von Stauf übte auch in Burgweinting namens des Bischofs die Gerichtsbarkeit aus. Mit der Gründung des geistlichen Fürstentums Regensburg unter Carl von Dalberg 1803 gelangte mit dem Hochstift auch Burgweinting an den neuen Staat und nach dessen Auflösung 1810 an das Königreich Bayern. Burgweinting gehörte nun zum bayer. Landgericht Stadtamhof, später zum Landkreis Regensburg. Seit 1. Januar 1977 ist es dem Stadtgebiet von Regensburg eingegliedert.

Der Kampf um Burgweinting 1809 — Kozabekdenkmal

Schwere Kriegsnöte brachte das Jahr 1809 über Burgweinting. Regensburg war von österreichischen Truppen besetzt. Die Franzosen rückten mit großer Heeresmacht von Süden her an. Die ersten Treffen verliefen für die Österreicher verhängnisvoll. Mit Tagesanbruch des 23. April 1809 stand die österreichische Armee zwischen Oberisling, Burgweinting und Karthaus-Prüll zum Abmarsch über die Donau nach Böhmen bereit. Weil die Steinerne Brücke die Masse des zurückflutenden Heeres nicht zu fassen vermochte, schlugen Pioniere in den frühen Morgenstunden des 23. April bei Weichs eine Schiffsbrücke über die Donau, die von den Franzosen zunächst nicht entdeckt wurde. In Burgweinting lag das 3. Bataillon des k. und k. österr.-ung. Infanterieregiments „Erzherzog Karl". Es erhielt Verstärkung durch die Truppen des Generals Sutterheim und durch ein Ulanenregiment unter Führung von General Klenau. Mit den anstürmenden französischen Kavalleriedivisionen entwickelte sich bei Burgweinting ein dreistündiges Reitergefecht. Die Strategie der Österreicher zielte vor allem dahin, die Franzosen möglichst lange von der Schiffsbrücke fernzuhalten, über die die Österreicher in dichten Kolonnen drängten. Der Tapferkeit der österreichischen Soldaten im Gefecht um Burgweinting ist es zu danken, daß ein Großteil ihrer Hauptmacht die Donau überschreiten konnte. Besonders heiß umkämpft war der Friedhof.

Schwer getroffen sank der österreichische Fahnenträger sterbend nieder. Der Gefreite Tomas Kozabek nahm die Fahne an sich, riß das Fahnentuch vom Schaft, wickelte es sich um den Leib und kämpfte weiter. Er wurde gefangengenommen, doch gelang es ihm wieder zu entkommen. Da er keine Möglichkeit mehr sah, über die Schiffsbrücke zu gelangen, durchschwamm er die Donau. Bei Cham traf er wieder zu seinem Regiment und übergab die gerettete Fahne.

Diese Heldentat vermochte besonders in den von Patriotismus und vaterländischer Hochstimmung getragenen Jahren des beginnenden 20. Jahrhunderts zu begeistern. Hundert Jahre nach den Ereignissen, 1909, entstand auf Anregung des immer noch bestehenden Regiments „Erzherzog Karl" für den tapferen Kozabek ein Denkmal. Vor allem erachtete es der damalige Bürgermeister, Nikolaus Burkart, als Ehrenpflicht, das Denkmal auf Kosten der Gemeinde zu errichten. Am 6. Juni 1909 fand die Enthüllungsfeier statt, zu der neben einer Abordnung des Karl-Regiments auch ein Kommando des 11. Infanterieregiments „Von der Tann" aus Regensburg erschien. Das blockhaft wirkende Denkmal, in den Formen der Grabmalkunst des Jugendstils, steht an historischer Stelle, am Platz des Ereignisses. Am nördlichen Ortseingang von Burgweinting unmittelbar an der Bundesstraße erhebt es sich inmitten einer Grünanlage.

Die Kirche

Auf sanft ansteigender Bodenwelle am nördlichen Ortsrand erhebt sich die Kirche St. Michael. Der Kern der Anlage reicht in die Romanik. An den Langhauswänden unter dem Dachansatz zugesetzte

Spitzbogenfensterchen. Spätgotischer Chor, mit fünf Seiten des Achtecks schließend. Turm an der Südostecke des Langhauses. Nach Einsturz auf dem starken Unterbau 1657 wieder aufgebaut. Rundbogige Schallöffnungen; Kuppel mit Laterne. Den Chorraum überspannt ein Rippengewölbe. Die gekehlten Rippen ruhen auf Spitzkonsolen und münden in einem Teller-Schlußstein. In der nördlichen Chorwand rechteckige Sakramentsnische, von profiliertem Spitzbogen und Fialen überhöht. Im Bogenfeld Schweißtuch mit Christushaupt im Relief. Schmiedeeisernes Rautengitter. Spätgotisch. Kanzel um 1720. In den Muschelnischen des Korpus die Kleinfiguren der vier Evangelisten. Vor dem nördlichen Seitenaltar Grab der Juliane Engelbrecht (s. d.), an der Mensa deren Bild, Ölgemälde von Erwin Schöppl.

Juliane Engelbrecht

Am 7. April 1853 verstarb in Burgweinting Juliane Engelbrecht, erst achtzehn Jahre alt. Sie war das sechste Kind frommer Landleute. Das stille und zurückgezogene Mädchen konnte vom Tag ihrer Erstkommunion an weder essen noch trinken. Zugleich stellte sich eine unerklärliche Krankheit ein, die der damals bekannte Regensburger Arzt Dr. Herrich-Schäffer weder heilen noch lindern konnte. Oft lag Juliane gekrümmt auf dem Bett, zeitweise vermochte sie nicht zu atmen. An den Freitagen steigerten sich die Schmerzen in besonderem Maße. Trotz des schweren Leidens zeigte sich Juliane als fromme Dulderin. Acht Jahre hindurch nahm sie weder Speise noch Trank zu sich; einzige Nahrung war die Hostie bei der Kommunion. Selbst der damalige Regensburger Bischof, Valentin von Riedl (1842—1857), besuchte die Kranke in Burgweinting. Protokolle von Augenzeugen, die stets um Juliane waren, bestätigen deren heiligmäßigen Lebenswandel. Mit Genehmigung der Kirchenbehörde wurden ihre sterblichen Überreste aus dem Friedhof in die Kirche (s. d.) übertragen.

Harting

Das etwas abseits des Verkehrs gelegene einstige Dorf Harting ist seit dem 1. Januar 1977 Stadtteil von Regensburg. Das heutige Erscheinungsbild der Siedlung prägen vorwiegend Zweifamilienhäuser der Jahre um 1960 und 1970. Ein gewachsener Ortskern, eine Dorfmitte, ist nicht erkennbar. Nach dem topographischen Atlas von Bayern, ca. 1819, könnte Harting als Straßensiedlung eingeordnet werden.

In Aufzeichnungen des Klosters St. Emmeram, den sog. Emmeramer Traditionen, wird der Ort Harting bereits im 9. Jahrhundert genannt: 863/64 in uico Hartinga — im Dorfe Harting. Im 11. Jahrhundert wird Hertingen geschrieben. Härtting, Härting und schließlich Harting heißt es dann bereits im 14. Jahrhundert. Namenkundlich läßt sich Harting als Gründung eines Harto erklären. Ein Edelgeschlecht, das sich nach dem Ort nannte, hatte in Harting seinen Sitz.

Der aus Luxemburg stammenden Familie Kirsch-Puricelli, die ausgedehnte Ländereien ihr eigen nennt und eine Vielzahl von Gütern im Umkreis von Regensburg besitzt, gehörte auch das große Gut Harting, das mit ca. 167 ha Grund von der Stadt Regensburg erworben wurde. Die wirtschaftlichen Flächen werden weiterverpachtet; die alten, baufälligen Gutsgebäude erwartet der Abbruch. Nach der Familie Kirsch-Puricelli, die ihren großen Landbesitz nie als Spekulationsobjekt betrachtete, sondern sich den Problemen und Bedürfnissen der neuen Zeit gegenüber stets großzügig und aufgeschlossen erwies, ist eine Straße im Stadtwesten benannt.

Kultureller Mittelpunkt des neuen Stadtteils ist heute wie ehedem die Kirche. Harting war bis zur Säkularisation dem Reichsstift St. Emmeram inkorporiert, d. h. nicht nur die Kirche war Eigentum des Klosters, auch alle Gottesdienste sowie die Seelsorge für die Bewohner von Harting lagen in Händen der Mönche von St. Emmeram. An das romanische Langhaus der Kirche ließ Abt Frobenius Forster 1769 Chor und Turm anbauen. Daran erinnert heute noch das gemalte Wappen des Klosters St. Emmeram sowie das des Abtes über dem Chorbogen der Kirche. Der romanische Charakter der ursprünglichen Anlage tritt deutlich in Erscheinung durch die Mauerstärke von 1,26 m. In der Dicke der Südmauer führt von der Empore aus eine Treppe auf das Gewölbe. Die Träger der Empore — wandgebundene Pfeiler — weisen ebenso in die Romanik wie das vermauerte Rundbogenportal der Südseite. An der Nordseite der Friedhofsmauer Steinkreuz, übermörtelt.

Die Kirche ist dem hl. Koloman geweiht, ein in unserer Gegend seltenes Patronat. Scheinbar genoß St. Koloman schon frühzeitig in St. Emmeram eine gewisse Verehrung, da Bischof Albert (1260—1262) eine Kolomankapelle im Bereich des Klosters weihte. Nach der Legende stammt St. Koloman aus Schottland und befand sich mit einigen Gefährten auf Pilgerfahrt ins Heilige Land.

Über das Ries zog er die Donau abwärts. In der Stockerau oberhalb Wiens ereilte die Pilger ein schreckliches Schicksal. Da man sie für feindliche Späher hielt, wurden sie an einem dürren Baum erhängt, angeblich am 13. Oktober 1012. Der verdorrte Baum, an den man St. Koloman hing, begann zu grünen und aus dem Leichnam floß frisches Blut. Das Deckengemälde der Kirche, von Matthias Schiffer, um 1700, zeigt diese Szenen. Markgraf Heinrich I. von Österreich ließ den Leichnam Kolomans in die Benediktinerabtei Melk überführen.

Weitaus verbreiteter als bei uns ist die Verehrung St. Kolomans in Oberbayern. Sog. Kolomansköpfe aus Holz brachte man dem Heiligen bei Kopfleiden dar. Diese Köpfe wurden schließlich zu Kultobjekten. Man berührte sie bei Kopfschmerzen mit dem Kopf oder bedeckte sie unter Gebeten mit dem Hut, den man anschließend aufsetzte. Eine kultische Verehrung des Heiligen ist in Harting zwar nicht überliefert, doch besteht bei der Kirche in Harting eine St.-Kolomans-Bruderschaft (vgl. Johannesschüssel). Früher zogen von Harting aus jährlich zwei Wallfahrten: am 16. Juni nach Mariaort und am 20. Oktober nach Donaustauf.

Neben der St.-Kolomans-Kirche gab es auch eine St.-Kolomans-Kapelle. Diese mußte 1971 dem Bau der neuen Kreisstraße weichen. Eine neue Kolomanskapelle konnte 1976 in unmittelbarer Nähe des neuen Friedhofes geweiht werden.

Stadtamhof

Der Name

In Stadtamhof gibt es eine Straße mit der Bezeichnung „An der Schierstadt". Dieser Name erinnert an die erste urkundlich bezeugte Ansiedlung auf dem Boden Stadtamhofs, an ein Landgut namens Scierstat, das ein Jude Samuel im Jahre 981 dem Kloster St. Emmeram verkaufte. Dieser Bauernhof stand wohl unmittelbar beim späteren Kloster St. Magn, an der vom Hochwasser am wenigsten bedrohten Stelle der Stadtamhofer Flur. Die Ortsnamenforschung hat die Bedeutung von „Scierstat" noch nicht mit absoluter Sicherheit bestimmt. „Stat" heißt jedenfalls Ort, Stelle, Stätte. Ernst Schwarz gibt jener Erklärung den Vorzug, die „Scierstat" als Hof eines Skiren deutet. Das Volk der Skiren stieß bereits vor der Landnahme zu den Baiern und ist in ihnen aufgegangen.

In der Nähe des Bauerngutes Scierstat, im Winkel zwischen Donau und Regen, siedelten sich Schiffer und Fischer an. Der Bau der Steinernen Brücke und die mit dem festen Donauübergang verbundene Verkehrssteigerung wirkten sich günstig auf die Entwicklung der Siedlung aus. Noch während der Bauzeit der Brücke, 1138, gründete der Regensburger Kanoniker Gebhard das Kloster St. Magn. 1212 verlegte Bischof Konrad IV. das Katharinenspital an den nördlichen Brückenkopf. So wuchs allmählich um St. Magn im Osten und um das Katharinenspital im Westen der neue Ort „An der Stetten", aus dem später die Vorstadt am Hof, die „bairische Grenzstadt Stadtamhof" entstand.

Geschichte und Entwicklung des Ortes

Der allmählich wachsende Ort bildete seine Hauptstraße in der Verlängerung der Brückenbahn. 1151 erhob Kaiser Konrad III. die Siedlung zur Marktgemeinde. Ludwig der Bayer erließ 1322 den Bewohnern auf die Dauer eines Jahres alle Steuern und Abgaben, damit sie „unser vorstat umb mauren und pawen sollen". Damit erhielt Stadtamhof seine erste Ummauerung. Sie hatte die Form eines Rechtecks, umfaßte im Westen das Katharinenspital, im Osten das Kloster St. Magn und schloß im Norden in Höhe der heutigen Gebhardstraße ab. Durch jeden Mauerzug führte ein Tor. Damit erhielt die Siedlung nach außen hin bereits das Aussehen einer Stadt. Auch die Bayernherzöge waren Stadtamhof stets wohlgesinnt. Der Ort wuchs allmählich über seine Befestigung hinaus, doch setzten Regen und Donau sowie die Flutmulde des Protzenweihers seiner Ausdehnung natürliche Grenzen. Diese räumliche Einengung bedingte von vornherein eine dichtere, geschlossenere, mehr städtisch anmutende Bebauung.

Fürchterliche Zerstörungen und harte Kriegslasten sollte unser Stadtamhof in den kommenden Jahrhunderten tragen. Der unselige Städtekrieg brachte 1388 eine gänzliche Verwüstung. Mit Zustimmung Hans Zengers, dem Stadtamhof damals verpfändet war, rissen die Regensburger alle Häuser dort nieder, um eine Festsetzung des Feindes zu verhindern. Aber schon fünfundzwanzig Jahre später zog für den wiederaufgebauten Ort eine neue Gefahr herauf: Die Hussiten, fanatische Anhänger der Lehre eines böhmischen Theologen namens Huß, fielen brennend und raubend in bairisches Land ein, plünderten Dörfer, führten das Vieh hinweg und verbreiteten durch ihre Gewalttaten Angst und Schrecken. Bedrohlich näherten sie sich auch Regensburg und schon waren Sulzbach, Walderbach und Nittenau zerstört. Zur Sicherung Regensburgs wurde die Brücke in Donaustauf abgetragen und der nördliche Kopf der Steinernen Brücke in Stadtamhof sollte mit Wehr und Graben umgeben werden. Der Bau einer solchen Verteidigungsanlage aber fiel nicht leicht. Neben den finanziellen Opfern standen dem Vorhaben westlich der Brücke die Bauten des Katharinenspitals im Wege, auf der gegenüberliegenden Seite bildeten mehrere Wohnhäuser ein Hindernis. Eines dieser Häuser gehörte einem Stadtamhofer namens Goppelt, der sich mit allen Mitteln dem geplanten Abbruch widersetzte und im Regensburger Bischof eine Stütze fand. Nach langwierigen Unterhandlungen entschloß man sich 1430 angesichts der drohenden Gefahr endlich zum Abbruch eines Teiles der Spitalgebäude und der genannten Wohnhäuser, um Platz für eine starke Befestigung des Brückenkopfes zu gewinnen. Dabei fiel auch die romanische Katharinenkirche unter der Spitzhacke, wurde aber im gleichen Jahre etwas weiter westlich wieder aufgebaut. Ein tiefer, von der Donau gespeister Graben umgab das Festungsgelände. Eine starke Maueranlage und zwei Rundtürme bildeten im Verein mit dem sogenannten Heinrichsturm, dem nördlichen Turm der Steinernen Brücke, einen festen Schutz. Die Wehranlage wurde mit neun Geschützen bestückt. Alle alten Kanonen, die man bekommen konnte, kaufte man auf

196. Stadtamhof mit Steinerner Brücke und Nordansicht von Regensburg.
Aquarellierte Federzeichnung, um 1600. Bayer. Hauptstaatsarchiv, München

und ließ daraus bei den Regensburger Gießern Chron und Heinrich Stein neue Geschütze fertigen. Angesichts dieser kostspieligen Brückenbefestigung glaubten die Regensburger, Mittel aus einer allgemein erhobenen Hussitensteuer zu erhalten, doch bekamen sie auf ihre Anmeldung nicht einmal eine Antwort.

Erweckte Stadtamhof durch seine Ummauerung und seine Bauweise zunächst nur nach außen hin den Eindruck einer Stadt, so erhielt es Ende des 15. Jahrhunderts — Schuegraf nennt das Jahr 1496 — auch die rechtliche Stellung einer solchen. Herzog Albrecht der Weise von Baiern verlieh ihm ein Stadtwappen, drei gekreuzte, goldene Schlüssel im Rautenfeld. In Konrad Speyer bekam es seinen ersten Bürgermeister.

Die schweren Zeiten wollten für die leidgeprüften Bewohner von Stadtamhof kein Ende nehmen. Der Dreißigjährige Krieg legte den Ort bis auf das Katharinspital und ein paar Häuser in Asche. Auch das St.-Magn-Kloster und die Kirche sanken in Trümmer.

„Lieber bairisch sterben, als kaiserlich verderben!" — so lautete der bairische Wahlspruch im Krieg um die spanische Erbfolge zwischen Österreich und Frankreich. Baierns Kurfürst, Max Emanuel, der sich Frankreich anschloß, brachte mit diesem Krieg unsagbares Elend über sein Volk und Land. Besonders schwer traf die Geißel des Krieges das bairische Stadtamhof. Max Emanuel, Baierns „Blauer Kurfürst", hatte seine Truppen nördlich der Donau zusammengezogen und im Schloß zu Weichs sein Hauptquartier aufgeschlagen. Stadtamhof ließ er mit zusätzlichen Wällen und Palisaden befestigen. Regensburg dagegen, als freie Reichsstadt und Sitz des Immerwährenden Reichstages, schloß die Tore und erklärte sich neutral. Da aber der kaiserlich-österreichische Feldmarschall Herbeville sich mit großer Heeresmacht von Cham her näherte, bemächtigte sich Max Emanuel durch Handstreich der Stadt, besetzte die Tore und entwaffnete die Bürger.

Am 10. August 1704 erschien Herbeville mit österreichischen Truppen vor Stadtamhof. Auf dem Dreifaltigkeitsberg und an der Regenbrücke ließ er schwere Geschütze auffahren. Durch einen Parlamentär forderte er den Kommandanten von Stadtamhof auf, sich zu ergeben. Die bairische Besatzung und die Bürger Stadtamhofs aber waren entschlossen, sich bis zum äußersten gegen den verhaßten Feind zu wehren. Am Abend des 11. August setzte die Beschießung ein. Am folgenden Tag befahl Herbeville den Sturmangriff an drei Stellen: hinter dem Franziskanerkloster, bei Sankt Magn und am Gries. Besatzung und Bürger Stadtamhofs verteidigten sich verzweifelt. Trotzdem gelang den Österreichern der Einbruch, zuerst der Infanterie beim heutigen Franziskanerplatz. Die wütenden Eroberer übten nun schreckliche Rache. Nachts noch drangen die Soldaten mit brennenden Fackeln, den Degen in der Hand in die Häuser, raubten und plünderten.

„Eine wilde Hetze trieb der rohe Feind mit den Bürgern, mit Weibern und Töchtern". Allenthalben loderten Brände. 4000 Gulden Brandsteuer und 2000 Gulden Lösegeld hatte die verwüstete Stadt zu leisten; außerdem mußten 600 Husaren und alle Offiziere von den Bürgern verpflegt werden. Die Bedrückungen und Mißhandlungen aber wollten kein Ende nehmen. In äußerster Not sandten die Stadtamhofer erprobte Männer ihres Rates an den kaiserlichen Hof mit einem Bittschreiben, in dem sie ihre betrübliche Lage schilderten. Ein scharfer Befehl Kaiser Leopolds an Herbeville brachte alsbald Abhilfe.

Mehr als eineinhalb Jahrhunderte später, im Jahre 1862, setzte die Stadtamhofer Garnison den bei der Verteidigung des Städtchens am 12. August 1704 gefallenen Bürgern ein Denkmal. Eine schlichte Steintafel am Hause An der Schierstadt Nr. 3, unter einer aus Blech geschnittenen Madonna im Strahlenkranz, meldet die Namen von zwölf Stadtamhofer Bürgern, die im Kampf um die Heimat ihr Leben ließen, allen voran den des Spitalmeisters vom Sankt-Katharinen-Spital, Kaspar Gutwein, nach dem die benachbarte Gutweinstraße benannt ist.

Das schwerste Schicksal aber traf unser Stadtamhof im Jahre 1809. Regensburg und die nördlichen Vororte Reinhausen, Steinweg und auch Stadtamhof waren damals von Österreichern besetzt. Um den Rückzug ihrer Truppen nach Böhmen zu decken, versuchten sie, Regensburg mit allen Mitteln gegen die von Süden her nachrückenden Franzosen zu verteidigen. Regensburg umgaben damals noch die mittelalterlichen Befestigungen. Die österreichische Besatzung verrammelte die Tore, besetzte die Wehrgänge und pflanzte allenthalben Geschütze auf. Am Morgen des 23. April 1809 — es war ein Sonntag — begann der französische Angriff auf Regensburg. Die auf den südlichen Höhen aufgefahrenen Batterien eröffneten ein heftiges Feuer gegen die Mauern und auf den Südteil der Stadt, das sich im Laufe des Tages vor allem auf die Gegend des Peterstores und die Befestigungsanlagen östlich davon konzentrierte. Die alten Wehranlagen aber hielten stand. Obgleich ein ganzer Stadtteil bereits in hellen Flammen stand, schien der Mut der

197. Stadtamhof nach den Zerstörungen 1809. Vorne die Flutbrücke über den Protzenweiher. Kupferstich von Johann Bichtel. Hofbibliothek

österreichischen Verteidiger unerschüttert. Allmählich lösten sich jedoch in der Gegend des Klarenanger (s. d.) Teile der Stadtmauer und stürzten in den Graben. Gegen Abend setzten die Franzosen zum Sturm an. Unter ungeheuren Verlusten überquerten sie das Vorfeld der Mauern und den Stadtgraben. Mit Sturmleitern erklommen sie die Mauer und drangen zugleich durch eine Bresche in die Stadt. Die französischen Sturmtrupps öffneten von innen das Peterstor. In Massen drangen jetzt die Franzosen in die Stadt. Die von lodernden Bränden erleuchteten Gassen Regensburgs erlebten nun ein entsetzliches Blutvergießen. In einem erbarmungslosen Gemetzel — Mann gegen Mann — zogen sich die Österreicher fechtend von Gasse zu Gasse nach Stadtamhof zurück. Knäuel Kämpfender füllten die Steinerne Brücke, auf die österreichische Batterien vom Dreifaltigkeitsberg aus ihre Haubitzen schleuderten, Freund und Feind vernichtend.

Der französische Marschall Lannes wollte nun in Verfolgung der Österreicher sogleich in Stadtamhof einrücken. Unter schwersten Opfern gelang es ihm, das verrammelte Tor des Nordturms der Steinernen Brücke zu sprengen und mit einigen Sturmtrupps in die Stadtamhofer Hauptstraße vorzudringen. Das heftige Artilleriefeuer vom Dreifaltigkeitsberg aus zwang ihn jedoch zum Rückzug nach Regensburg.

Dem fluchtartigen Rückzug der österreichischen Armee über den Regen mußte Stadtamhof geopfert werden. Österreichische Granaten und brennende Pechkränze verwandelten das Städtchen, dem die Beschießungen der vorhergegangenen Tage schon schwere Wunden geschlagen hatten, in kurzer Zeit in ein prasselndes Flammenmeer. Zumindest für die Dauer einiger Stunden waren die Franzosen dadurch am Nachrücken gehindert. Die Österreicher konnten so in Eile den Regen überschreiten.

Bis nachts zehn Uhr dauerte das österreichische Geschützfeuer vom Dreifaltigkeitsberg aus. Ein scharfer Nordwind entfachte die Brände noch mehr und trieb das Feuer bis zur Steinernen Brücke. Um Mitternacht standen etwa siebzig Häuser in Brand; die Flammen schlugen über der Hauptstraße zusammen. An ein Löschen war nicht zu denken. Verängstigt saßen die Bewohner in den Kellern ihrer brennenden Heimstätten und in den Klöstern St. Magn und Notre Dame.

Noch im Laufe der Nacht rückten die Franzosen in das brennende Stadtamhof ein und begannen zu plündern, wo es noch etwas zu plündern gab. Selbst den obdachlos gewordenen Bewohnern, die über die mit Verwundeten und Toten bedeckte Brücke nach Regensburg flüchteten, raubten sie ihre letzten Habseligkeiten und zogen ihnen sogar Kleider und Schuhe aus.

Die ganze Nacht hindurch wütete das Feuer und auch noch am folgenden Tag loderten die Flammen. Stadtamhof war ein rauchender Trümmerhaufen. Fünfundneunzig Wohnhäuser und das St.-Katharinen-Spital sanken in Asche. Mit dem Rathaus verbrannten auch alle Akten und Urkunden zur Geschichte Stadtamhofs. Mehr als dreitausend Bewohner waren obdachlos geworden, viele, namentlich ältere Leute, starben in den folgenden Tagen und Wochen an Strapazen, Entbehrungen und Hunger, manche wurden von stürzenden Hauswänden und Schornsteinen erschlagen. Der Schaden betrug nach einer amtlichen Schätzung nahezu 900 000 Gulden.

Am Nachmittag des 24. April kam Napleon nach Stadtamhof. Am zerstörten Brücktor erwartete ihn eine Abordnung der Bürgerschaft. Als die Männer den Kaiser erblickten, warfen sie sich auf die Knie und baten um Hilfe für die zerstörte Stadt. „Das bringt der Krieg mit sich; beruhigt euch, ich werde euch entschädigen", soll Napoleon geantwortet haben.

„Nie sah ich so viele Tränen fließen, als bei der Fronleichnamsprozession des Jahres 1809", schreibt der Chronist Karl Sebastian Hosang aus Stadtamhof, der Zeuge der damaligen Ereignisse war. „Der Zug kam von der St.-Mang-Kirche wie sonst über den Stadtamhofer Platz. Allein es waren da keine prächtigen Altäre aufgestellt, die Straße war mit keinen Blumen besät und anstatt daß man sonst wie durch einen frisch grünenden Birkenhain wandelte, schlängelte sich die Prozession ohne Musik ganz einfach durch die aufgetürmten aus den Brandstätten geschaffenen Beschütthaufen, worunter immer noch Kohlen und rauchende Brände glühten und welche Jahre lang von Kindern und armen Leuten durchwühlt wurden, weil sie noch immer viele Nägel und manchmal auch Gold beim Umgraben fanden. Anstatt Geläute, Gesang, Paukenschlag hörte man nichts als lauter Weinen und Wehklagen."

Das Wappen von Stadtamhof

Stadtamhof läßt deutlich noch den Charakter eines bairischen Landstädtchens erkennen. Die Jahrhunderte lange Zugehörigkeit Stadtamhofs zum bairischen Herzog- und Kurfürstentum hat dem Ort das Gepräge gegeben. Im Gegensatz zur ehemals freien Reichsstadt Regensburg ist Stadtamhof in seinen Wesensmerkmalen bairisch geblieben, und seine Bewohner fühlen sich heute noch in erster Linie als Stadtamhofer, dann erst als Regensburger. Diese bairische Mentalität wird bei Beflaggungen spürbar. Während in Stadtamhof fast ausschließlich weiß-blaue Fahnen wehen, bevorzugen die Regensburger die schwarz-rot-goldenen Bundesfarben.

War Stadtamhof auch politisch von Regensburg getrennt, so mußte es doch in all den Jahrhunderten die oft schweren Geschicke der Reichsstadt teilen. Die engen Beziehungen Stadtamhofs zu Regensburg, aber auch zum Land Baiern finden im Wappen des Städtchens bildhaften Ausdruck. Es zeigt drei gekreuzte rotgoldene Schlüssel im weiß-blauen Rautenfeld, darüber eine Mauerkrone. Wann Stadtamhof das Wappen erhielt, läßt sich mit absoluter Sicherheit nicht nachweisen, doch darf mit Bestimmtheit angenommen werden, daß Herzog Albrecht der Weise dem Ort das Wappen verlieh, als er ihn Ende des 15. Jahrhunderts zur Stadt erhob.

Bereitete die bairische Herrschaft rund um die Reichsstadt, die jegliche Zufuhr von außen sperren konnte, den Regensburgern schon Sorge genug, so wollte man eine Stadt unmittelbar vor den eigenen Toren gar nicht aufkommen lassen. Man wollte eine Stadt, „die in alten Zeiten keine Stadtrechte gehabt hatte, auch nicht zum offenen Nachteil sich erheben und erstarken, und keine Nachbarin aufkommen lassen, am wenigsten ihr schön tun" schreibt Gemeiner. „ . . . die Stadtamhofer hatten das Regensburgische Stadtwappen sich angemaßt, und zu den zwei Schlüsseln im Siegel einen dritten genommen . . ."

Stadtamhofs Wappen begegnet uns erstmals auf den bairischen Landtafeln des Philipp Apian im Jahre 1566, einem aus 24 Blättern bestehenden Kartenwerk, das damals auf der Welt nicht seinesgleichen hatte. Im Rahmen eines Wandgemäldes aus der Zeit um 1740 findet sich das Wappen Stadtamhofs in der St.-Mang-Kirche. Zwei Fresken mit Bildern aus dem Leben des Kirchenheiligen Magnus bedecken die Wände beiderseits des Hauptaltares. Rechts sieht man die Ankunft des Heiligen auf der Donau. Unter dem Schifflein liegt ein Putto, der in der Rechten das Wappen in schwungvoller Rokokokartusche hält. Am ehemaligen Stadtamhofer Rathaus, Hauptstraße 7 (alt Nr. 109), finden sich im Scheitelstein des westlichen Torbogens die drei gekreuzten Schlüssel mit der Jahreszahl 1823.

Zeitgenössische Ansichten

Mit dem Begriff Stadtamhof verbindet sich heute das Bild der breiten Hauptstraße, gesäumt von den Fronten behäbiger, abgewalmter Giebelhäuser. Der schöne, erst 1875 vollendete Turm der St.-Magn-Kirche mit seinem grünen Kupferhelm und die mächtige Dachfläche des spätgotischen Salzstadels beherrschen das Bild von der Steinernen Brücke aus. Über das Aussehen des alten Stadtamhof unterrichten uns zahlreiche Abbildungen, darunter auch die älteste Ansicht Regensburgs, ein Holzschnitt von Michael Wolgemut aus der Weltchronik des Hartmann Schedl, 1493 (Stadtansichten Nr. 2), der im Vordergrund die Häusergruppen von Stadtamhof mit der St.-Magn-Kirche und die Befestigung des nördlichen Brückenkopfes wiedergibt.

Eine eindrucksvolle und topographisch wertvolle Schilderung Stadtamhofs, der Steinernen Brücke und des donauseitigen Regensburgs besitzt das Bayerische Hauptstaatsarchiv München. Das 48x47 cm messende Blatt, eine kolorierte Federzeichnung aus der Zeit um 1600, gibt im Vordergrund eine detaillierte Ansicht der breiten, in Verlängerung der Steinernen Brücke entstandenen Hauptstraße als Mittelachse, gesäumt von einfachen, traufseitigen Häusern. Die ausgesteckten „Boschen", Büsche von Tannengrün, weisen auf verhältnismäßig viele Wirtshäuser hin. Die Befestigung ist noch teilweise erhalten. St. Magn erscheint in seiner ursprünglichen romanischen Gestalt. Aufschlußreich die Anlage des St.-Katharinen-Spitals und die Befestigung des Brückenkopfes. Genau wiedergegeben die Stromverhältnisse und die Steinerne Brücke mit ihrer leicht nach Osten gerichteten Ausbuchtung (s. Abb. 196).

Sehr aufschlußreich ist die um 1630 entstandene lavierte Federzeichnung von Hans Georg Bahre (Stadtansichten Nr. 11). Sie zeigt auf drei Blättern Partien an der Donau östlich und westlich der Steinernen Brücke. Der staffelgiebelige Bau unmittelbar östlich der Brücke mit dem Rautenwappen ist der Amtssitz des bairischen Pflegers. Durch die Grenzlage zur Reichsstadt kam dem bairischen Stadtamhof erhöhte politische Bedeutung zu. St. Magn zeigt sich noch deutlich als romanischer Bau. Schon wenige Jahre nach Entstehung dieser Zeichnung, 1634, wurden Kirche und Kloster von den Schweden völlig zerstört und erst im 18. Jahrhundert in ihrer heutigen Barockform wiedererstellt. Die nach Osten folgende malerische Häusergruppe erinnert lebhaft an den heutigen Baubestand an dieser Stelle, wenngleich von einer Identität im engeren Sinn wohl nicht gesprochen werden kann. Das Bild schließt der im 15. Jahrhundert entstandene bairische Salzstadel. Eine Ansicht Stadtamhofs, ebenfalls mit breiter Detailschilderung, lieferte Hans Georg Bahre 1638 auf einem großangelegten Prospekt, der die Verhältnisse längs der Donau von Winzer bis Tegernheim wiedergibt (Stadtansichten Nr. 14). Topographisch weniger aufschlußreich ist eine Abbildung bei Ant. W. Ertl in „Chur-Bayerischer Atlas". 1690.

Ein nicht mehr bestehendes Wandgemälde im Antiquarium der Residenz in München von Hans Donauer, das um 1590 entstand, zeigte Stadtamhof von den Weingärten am Dreifaltigkeitsberg aus. Das zerstörte Wandbild ist in einer Nachbildung, einem Aquarell von Karl August Lebschée, um 1870, überliefert. Michael Wening widmete Stadtamhof in seiner Beschreibung der bairischen Rentämter, die 1726 erschien, ein hübsches Kupferblatt. Der Regensburger Kupferstecher Johann Mayr fertigte 1781 einen „Prospect von Stadtamhof..." (Stadtansichten Nr. 36). Zahlreich sind die Darstellungen Stadtamhofs, die auf Gesamtansichten Regensburgs im 18. und 19. Jahrhundert erscheinen. Schließlich sei noch ein Stahlstich von K. Wießner genannt: „Regensburg und seine Umgebungen..." (Stadtansichten Nr. 54). Das 1845 erschienene Tableau gibt im Mittelbild eine recht wirkungsvolle Ansicht Stadtamhofs mit der Steinernen Brücke, dem Beschlächt und der St.-Magn-Kirche mit dem noch unvollendeten Turm.

Straßen, Häuser, Erinnerungen

Die Hauptstraße

Stadtamhofs entstand in ihrer heutigen Gestalt nach den Zerstörungen des Jahres 1809. Bestandbildend tritt hier das breite Giebelhaus mit Hofeinfahrt und abgewalmtem Frontgiebel auf. Die Bebauung der Hauptstraße geht im wesentlichen auf einen Entwurf des Regensburger Maurermeisters Johann Nepomuk Liebherr zurück. Eine Entwurfsskizze von seiner Hand zum Wiederaufbau der Straße, um 1810 entstanden, verwahrt das Museum. Trotz der Einheitlichkeit der Haustypen bildet die Stadtamhofer Hauptstraße mit der Toranlage im Norden und den 1825 erstellten Basarbauten beiderseits der Brückenauffahrt ein geschlossenes Ensemble von bedeutendem städtebaulichem Wert. In der einstmals nur durch Schotter befestigten Hauptstraße sammelten zwei gepflasterte Rinnen längs der Häuserreihen das Regen- und Abwasser und leiteten es in einem Graben dem Regen zu. Krämer und Obsthändler hatten vor den Häusern ihre Buden aufgeschlagen. In Stadtamhof gab es seit je viele Bierbrauer und Wirte. 1812 waren es insgesamt 16, von denen nicht weniger als elf ihre Gasthäuser an der Hauptstraße hatten. Auf Nr. 15 (alt Nr. 116), heute Stadlerbräu, gab es den „Schwarzen Hahn" und auf Nr. 5 (alt Nr. 108), jetzt Colosseum, den „Schwarzen Adler". Im Haus Nr. 1 (alt Nr. 106) bewirtete Jakob Steiger die Gäste, an der Ecke zur Andreasstraße (Nr. 1, alt Nr. 21), stand Joseph Kerner hinter dem Schanktisch. Das Haus Nr. 4 (alt Nr. 19) beherbergte die Gaststätte des Matthias Rosenmeyer und das mit Nr. 6 (alt Nr. 18) jene des Alois Meyer. Kern und Rothkappel hießen die Wirte in den Häusern Nr. 8 (alt Nr. 17) und Nr. 10 (alt Nr. 16), heute Gasthaus Weber. Der „Goldene Greif" hatte seinen Sitz im Haus Nr. 14 (alt Nr. 14), der heutigen Marienapotheke. Auf Nr. 12 (alt Nr. 15) traf man sich beim Wirt Alois Brentner. Schließlich sei noch der „Rote Hirsch" genannt, der im Haus Nr. 24 (alt Nr. 9), heute Schildbräu, seine Heimstatt hatte.

Das Haus Nr. 2 (alt Nr. 20) beherbergte die traditionsreiche Stadtamhofer Buchdruckerei Schaupp. Bereits 1667 war ein Buchdrucker namens Johann Egid Raith in Stadtamhof tätig, in dessen Werkstätte das „Mausoleum" gedruckt wurde, ein für die Geschichte des Klosters St. Emmeram und der Stadt Regensburg überaus wertvolles Buch. 1709 ging die Druckerei an Johann Baptist Lang über und von diesem 1721 an Johann Hank, der bis 1739 in Stadtamhof tätig war. Anschließend führte die Familie Riepel die Druckerei, von der sie im Jahre 1804 Lorenz Stephan Schaupp erwarb. Durch die Zerstörung 1809 verlor er sein Haus und seine gesamte Einrichtung. Als Schaupp am 23. April 1809 mit seiner Frau aus dem brennenden Stadtamhof über die Steinerne Brücke nach Regensburg flüchtete, entriß ihm ein französischer Soldat den ledernen Beutel, in dem er sein ganzes Barvermögen und einige Schmuckgegenstände bei sich trug. Als er am nächsten Tag wieder nach Stadtamhof zurückkehrte, fand er sein Haus nur noch als rauchenden Trümmerhaufen vor. Die Lettern seiner Druckerei waren zu einem Metallklumpen zusammengeschmolzen. Die Druckerei des Lorenz Schaupp übernahm 1838 dessen aus Salzburg stammender Schwiegersohn Josef Mayr. Erst in den Jahren des letzten Krieges hörte die Druckerei Mayr in Stadtamhof auf zu bestehen. Ihr Betrieb befand sich zuletzt im Haus Andreasstraße 24.

Das Haus Nr. 7 (alt Nr. 109) ist das ehemalige, 1823 erbaute Stadtamhofer Rathaus. An dieser Stelle stand vorher das bairische Salzamt, das dem Brand des Jahres 1809 zum Opfer fiel.

Zum Bild der Stadtamhofer Hauptstraße gehörte bis in die dreißiger Jahre das sogenannte Walhallabockerl. So unglaublich es klingen mag: Eine Kleinbahn, die Regensburg mit Wörth verband, hatte ihren Kopfbahnhof in der Stadtamhofer Hauptstraße, nächst dem Nordende der Steinernen Brücke. Die Lokalbahn AG München eröffnete 1889 die Strecke Stadtamhof-Donaustauf, eine für die damalige Zeit sehr fortschrittliche Verkehrsregelung. Seit 1903 durfte die Schmalspurbahn, im Regensburger Sprachgebrauch „das Walhallabockerl" genannt, sogar bis Wörth/Donau dampfen. Vor der Auffahrt zur Steinernen Brücke befand sich eine Weiche, die es der Lokomotive ermöglichte, nach Abstellen der kleinen Personenwagen die Stadtamhofer Hauptstraße so rasch wie möglich wieder zu verlassen, damit sie nicht allzu viel Ruß und Qualm in die oberen Stockwerke der Häuser pustete. Die Strecke verlief längs der Hauptstraße und durch deren Abschlußtor, zog dann schräg über den Dultplatz und gelangte durch die Drehergasse nach Steinweg, wo sie die Steigung bei der Auffahrt zur alten Regenbrücke zu überwinden hatte. Nach Reinhausen erst erreichte das Bockerl die freie Strecke. Man fand überhaupt nichts Komisches dabei, wenn ein Bediensteter der Lokalbahn AG mit roter Fahne dem Zug durch Stadtamhof, Steinweg und Reinhausen voranlief, um die Strecke zu sichern und die übrigen Verkehrsteilnehmer vor dem Herannahen des fauchenden Ungetüms zu warnen. Dazu tat das Bockerl sein Möglichstes, um die Aufmerksamkeit auf sich zu lenken: Zum Fauchen und Poltern gab es noch schrille Töne aus seiner Dampfpfeife und die Räder vollführten in den engen Kurven einen durchdringenden Heulton. Den Regensburgern war das Walhallabockerl namentlich an den Sonntagen unentbehrlich, um die Wälder des Thiergartens zu erreichen. Ich erinnere mich noch gut daran, wenn wir als Buben auf unseren Rädern mit dem Walhallabockerl nach Tegernheim um die Wette fuhren, wobei wir trotz des weit ausholenden Straßenbogens noch Sieger blieben. Seit 1933 ist diese kleinbürgerliche Idylle aus der Stadtamhofer Hauptstraße verschwunden. Die Strecke von Stadtamhof bis zum Bahnhof Reinhausen übernahm die elektrische Straßenbahn, die nun auch schon wieder der Vergangenheit angehört. Das Bockerl verkehrte im Reisezugbetrieb noch bis 1960 zwischen Reinhausen und Wörth, zuletzt nur noch mit einem Zugpaar. Weil es so treu gedient und sich einen Platz im Herzen der Regensburger erobert hat, kam es nicht zum alten Eisen. Als Denkmal fand die Lokomotive 99 523, Baujahr 1908, zunächst Aufstellung in der Grünanlage an der Bahnhofstraße. 1976 kehrte sie nach Stadtamhof zurück. Am Europakanal, nicht weit entfernt vom einstigen Abfahrts- und Zielbahnhof, erhielt das Bockerl einen neuen Standort.

Die Seifensiedergasse

schöpfte ihren Namen von den dort wohnenden Seifensiedern. 1812 ging der Seifensieder Schiffmann im Haus Nr. 6 (alt Nr. 43) seinem Gewerbe nach und noch 1844 wirkte im gleichen Anwesen der Seifensieder Ignatz Brückelmeyer. Eine Gedenktafel am Haus Nr. 8 (alt Nr. 42) erinnert daran, daß die Gasse unter Bürgermeister Eser 1843 gepflastert wurde. Aus spätmittelalterlicher Zeit stammen die Anwesen Nr. 2a und 4a (alt Nr. 46 und 47). Der Keilstein des Hoftores mit der Jahreszahl 1756 trägt eine Hausmarke und die Initialen JS. An der Seifensiedergasse liegen die Behausungen des Stadtamhofer Zweiges der berühmten Familie Kuchenreuter (s. d.). Das Haus Nr. 14 (alt Nr. 39) beherbergte 1812 Wohnung und Werkstätte des Büchsenmachers und Herstellers chirurgischer Instrumente Jakob Kuchenreuter; im Haus Nr. 12 (alt Nr. 40) schaffte der Büchsenmacher Alois Kuchenreuter. In die Wand des Hauses Nr. 10 (alt Nr. 41) ist eine romanische Maske aus Sandstein eingelassen, die sehr wahrscheinlich von der romanischen St.-Magn-Kirche stammt.

An der Ecke zur Andreasstraße erhebt sich auf quadratischem Sockel mit reich profiliertem Sims eine hohe Rundsäule, deren korinthisches Kapitell ein Steinkreuz trug. Barocke Anlage, um 1720. Sockelinschrift: „Gestiftet von Johann Fischl, Schiffsmeister von Stadtamhof. Renoviert 1865 von Johann Daxer, Schiffsmeister von Stadtamhof. Renoviert und hierher versetzt 1922 von der Stadt Stadtamhof". Der Initiative von Frau Hanna Feulner, Steinweg, ist es zu danken, daß die schwer beschädigte Säule 1978 instandgesetzt und das fehlende Kreuz (ähnlich jenem an der Theodor-Storm-Straße, s. d.) durch ein nachempfundenes Barockkreuz, jedoch ohne Korpus, ersetzt werden konnte. Noch um die Mitte des vergangenen Jahrhunderts lebten Angehörige der Familie Fischl als Schiffsmeister Am Gries.

Entlang der Wassergasse

Wo sich heute längs der Donau von der Steinernen Brücke bis zur Regenmündung ein gepflegter Spazierweg hinzieht, drängte bis vor einem Menschenalter die Donau dicht an die Häuser der Wassergasse heran. Noch um 1900 lag zwischen der Südseite der Anwesen und dem nördlichen Donauarm nur ein wenige Meter breiter Uferstreifen. Die Nähe der Donau erklärt den Namen „Wassergasse".

Unmittelbar am Strom liegt das alte Stadtamhofer Schlachthaus, das jetzt der Firma Saemer als Faßschuppen dient (alt Nr. 88). Die Ansicht Stadtamhofs von H. G. Bahre 1626 bildet es bereits ab. In seiner jetzigen Form entstand es 1818. Wegen des ständig eindringenden Hochwassers wurde 1838 der Boden ein Stück höher gelegt. Allerdings stellte sich dann heraus, daß dadurch der Raum so niedrig wurde, daß die Metzger beim Schlachten eines Ochsen mit dem Beil nicht mehr ausholen konnten. Der Geschichtenerzähler Hosang weiß zu berichten, daß die Stadtamhofer Metzger, um das Problem zu lösen, den Schlächter samt dem Ochsen in eine Grube stellen wollten. Ein ganz Schlauer soll sogar den Vorschlag gemacht haben, den Ochsen kniend zu schlachten.

Im nördlichen Donauarm zog sich längs der Wassergasse bis zum Salzstadel hinab eine weidenbewachsene Insel hin, das „Mühlwührl". „Wührl" heißt kleiner Wöhrd; Mühlwührl bedeutet also Mühlwöhrd, Mühlinsel. Hier lag die sogenannte „Neue Mühl" mit fünf Mahlgängen. 1629 wurde sie erbaut und war noch vor einem Jahrhundert in Betrieb. 1844 besaß sie der Müller Martin Roßhirt. Auf dem Mühlwührl hatten sich gegen Ende des vergangenen Jahrhunderts Fischotterfamilien angesiedelt, die der damalige Besitzer der Gaststätte „Eiserne Birn", Wassergasse 22 (alt Nr. 80), abschoß und an das Karmelitenkloster in Regensburg verkaufte. Seit etwa 1890 machte sich hier eine starke Verkiesung und ein Zurücktreten des Stromes bemerkbar. Es bildeten sich zahlreiche Tümpel, die mit den Abwässern des Schlachthauses im Sommer üble Dünste verbreiteten. Das Auffüllen des verlandeten Flußarmes brachte Abhilfe. Unserer Zeit blieb es vorbehalten, die Halden und restlichen Tümpel in eine breite Uferpromenade umzuwandeln.

Wie nahe aber einstmals der Fluß an die Häuser der Wassergasse heranreichte, mag folgende wahre Begebenheit veranschaulichen: Das Jahr 1784 brachte außergewöhnlich starken Eisgang. Ein Metzger, der von seinem Erker an der Wassergasse den sich unter ihm vorbeiwälzenden Eismassen zusah, bemerkte zu spät das Herannahen eines großen Schollenberges. Ehe er sich in Sicherheit bringen konnte, riß ihn die Eismasse samt dem Erker in die tosenden Fluten. Zwar konnte er sich an einen dahertreibenden Balken klammern, schien aber trotzdem rettungslos verloren zu sein. „Haus und Hof und all mein Hab und Gut dem, der mich rettet!" schrie er aus Leibeskräften. Die Mönche von St. Magn sahen den Unglücklichen unter den Fenstern ihres Klosters vorbeitreiben. Da sie die Unmöglichkeit einer Rettung erkannten, gaben sie ihm von oben herab die Generalabsolution. Schon näherte er sich der Mündung des Regens. Seine Hilferufe übertönten das Tosen der Wellen. War es reine Nächstenliebe, oder lockte das Versprechen der hohen Belohnung zwei Schiffergesellen, die Rettung zu wagen? Im leichten Kahn, unter Einsatz des Lebens, erreichten sie den Hilfeschreienden und brachten ihn glücklich an Land. „Kommt", sprach er, „damit ich euch belohnen kann", und gab ihnen, wie Schuegraf getreulich berichtet, ein Pfund Leber.

Am Gries

Die Gasse, die vom alten Stadtamhofer Salzstadel nach Osten zum Regen führt, heißt Am Gries. Diese Straßenbezeichnung ist sehr alt. Gries, althochdeutsch grioz, bedeutet Strand, flaches, sandiges Ufer. Der Name bezieht sich auf das Ufer des Regens, der sich hier unmittelbar in die Donau ergießt. Die Ortsbezeichnung „Gries" gibt es in mehreren Städten für eine am Wasser entlangziehende Gasse, so in Landshut und in Burghausen.

Die Straße Am Gries zählt zu den noch unentdeckten Schönheiten Alt-Stadtamhofs; gehört sie doch zu den wenigen Baugruppen, die von den Zerstörungen des napoleonischen Krieges 1809 verschont geblieben sind. Die unregelmäßige Häuserzeile muß jedes Malerauge entzücken. Schlichte, manchmal recht schmalbrüstige, aber sauber geputzte und in heiteren Farben getünchte Häuschen reihen sich bunt aneinander.

Vorwiegend waren es Fischer und Schiffer, die in alter Zeit den Gries bewohnten. Zwei Bilder am Haus Nummer 4 (alt Nr. 55), den Sturm auf dem See und Christus als Gebieter über Wind und Wasser darstellend, errinnern an diese Gewerbe. Ein großes, bemaltes Steinrelief am Haus Nr. 13 (alt 60), hat gleichfalls die Stillung des Seesturmes zum Inhalt. Zahlreiche Personenschiffe fuhren einstmals vom Gries aus donauabwärts nach Passau und Wien. Aber auch Holzarbeiter und Schiffbauer, die einen Teil des auf dem Regen ankommenden Triftholzes verarbeiteten, hatten am Gries ihre Heimstätten. In den Gasthöfen „Goldener Löwe", Am Gries 17 (alt Nr. 62), die noch heute besteht, und „Goldener Hecht", Nr. 29 (alt Nr. 68) traf man sich zu fröhlichem Trunk. Das Haus Nr. 7 (alt Nr. 57) beherbergte eine der ältesten Hafnerwerkstätten. Eine buntglasierte Kachel mit dem Bild der Auferstehung und das Relief einer Töpferwerkstatt vom Jahre 1780 weisen auf das alte Handwerk hin. Christus ist in die niedrige Werkstätte, in der ein Töpfer an der Drehscheibe sitzt, eingekehrt und segnet mit ausgebreiteten Armen das Hafnergewerbe.

Unmittelbar am Regen steht ein stattliches Barockhaus von 1786, Am Gries 36 (alt Nr. 75). 1812 besaß es die Schiffmeisterswitwe Theresia Kellner. Zu Beginn unseres Jahrhunderts befand sich dort eine gepflegte Badeanstalt, die auch von den Mitgliedern des fürstlichen Hauses und vom Regensburger Klerus gerne besucht wurde. In schwimmenden Kabinen konnten Lattenroste, je nach Wunsch des Bedenden, für tieferes oder seichtes Wasser eingestellt werden. Am Regen entlang zog sich eine Uferpromenade mit Ruhebänken und Kahnverleih.

Im Haus Nr. 19 (alt Nr. 63) kam Karolina Gerhardinger (s. d.), die Gründerin des Ordens der Armen Schulschwestern, zur Welt. Das Haus trägt eine Gedenktafel.

1809 stattete Napoleon dem Gries einen Besuch ab. Mit zahlreichem Gefolge ritt er durch die Straße bis zur Mündung des Regens.

Am Protzenweiher

Im Regensburger Sprachgebrauch verstand man unter der Bezeichnung „Protzenweiher" die aufgefüllte Flutmulde der Donau beiderseits der nach Norden verlängerten Stadtamhofer Hauptstraße.

198. Am Gries 7. Christus segnet das Hafnergewerbe. Tonrelief, 1780

Das Gelände durchzieht jetzt der Europakanal, dessen Durchstich im März 1973 begann. Bis zu dieser Zeit fanden auf dem Protzenweiher alljährlich die Frühjahrs- und Herbstdult statt. Der Regensburger Stadtplan bezeichnet das kurze Wegstück, das vom Nordende der Stadtamhofer Hauptstraße nach Westen zieht, als „Am Protzenweiher". In Erinnerung an die alte Tradition der Dult auf dem einstigen Protzenweiher heißt die Straße längs des Kanals zwischen Drehergasse und Steinweg „Dultplatz". Die Regensburger Dult hat nun einen festen Platz ca. 600 m weiter westlich.

Der Name „Am Protzenweiher" deutet den früheren Zustand dieses Geländes an. Die ursprüngliche Flutmulde blieb oft stellenweise lange Zeit mit Wasser gefüllt. Bei Hochwasser der Donau glich sie einem See. Die Verbindung zwischen Stadtamhof und Steinweg stellte eine Flutbrücke her, ein gemauerter Straßendamm. Nach den verheerenden Überschwemmungen des Jahres 1784 mußte die Brücke neu gebaut werden. Der Volksmund bezeichnete sie als „Waisenhausbrückl". Der Name bezieht sich auf das nördlich davon gelegene einstige Waisenhaus, das heutige Anwesen Steinweg 1 (alt Stadtamhof Nr. 4). Ein anschauliches Bild des Waisenhausbrückls und des Protzenweihers im frühen 19. Jahrhundert vermittelt ein Kupferstich von Johann Bichtel, der die Zerstörungen nach den Kämpfen des Jahres 1809 wiedergibt.

„Brotz" oder „Protz" hat die Bedeutung von Kröte. Der Protzenweiher ist demnach ein Gewässer, in dem Kröten hausen. Die einstige Flutmulde, der „Weiher", war demnach von zahlreichen „Brotzen", von Kröten, besiedelt.

Bei hohem Wasserstand der Donau mußten Schiffer mit Kähnen die Verbindung zwischen Stadtamhof und Steinweg aufrechterhalten. Größere Fuhrwerke konnten den Protzenweiher nicht überqueren, was eine empfindliche Störung des Fernverkehrs nach Nürnberg und dem norddeutschen Raum bedeutete. Die Zustände beim Hochwasser des Jahres 1834, wie sie der Chronist K. S. Hosang schildert, mögen uns geradezu unbegreiflich erscheinen. Die Überschwemmung des Protzenweihers machte es damals den Schiffern unmöglich, „die von Winzer, Sallern, Weichs usw. in die Stadt kommenden Marktleute in ihren Waidzillen überzusetzen. Der Wind spritzte die bei Stadtamhof über den Steindamm rollenden Wellen gleich einem Wasserstaub weit fort. Nur in gewissen Zeiträumen und da nicht ohne Gefahr, konnte man mit ruhigen, bejahrten Pferden über den Damm fahren."

Nach der Zerstörung Stadtamhofs durch die Österreicher 1809 wurde der Protzenweiher mit dem Schutt der abgebrannten Häuser aufgefüllt. Bei den Ausschachtungen für den Europakanal stieß man erwartungsgemäß auf die Flutbrücke und entdeckte insgesamt drei zu verschiedenen Zeiten entstandene Brücken. Das Waisenhausbrückl hatte demnach zwei Vorgänger, deren ältester vermutlich aus der Erbauungszeit der Steinernen Brücke stammte.

Der Pfaffensteiner Weg

führt vom Franziskanerplatz in westlicher Richtung nach dem ehemaligen Ort Pfaffenstein. Die Gegend westlich des Franziskanerplatzes, im wesentlichen der heutige Pfaffensteiner Weg, hieß einstmals „unter den Wieden". Selbst noch der Adreßkalender von 1818 kennt diese Bezeichnung. Beim Ausdruck „Wieden" ist nicht an Weiden zu denken, wahrscheinlich auch nicht an „wid", das so viel wie „Holz" bedeutet (vgl. Wiedfang), sondern dürfte (nach R. Freytag) eine Entstellung des Namens „unter den Waidern" sein. Demnach hatten dort die Waider, die Färber, ihre Arbeitsstätten. Der Waid, auch Färberwaid genannt, ist eine auch bei uns gedeihende Farbpflanze, die noch im vergangenen Jahrhundert anstelle des teueren Indigos zum Färben von Textilien gebraucht wurde. Interessant ist in diesem Zusammenhang, daß sich im Anwesen Pfaffensteiner Weg 12 (alt Nr. 169/170) noch zu Beginn des 19. Jahrhunderts eine Färberei befand (1812: Seitz Georg, Färber). Das Haus beherbergte auch die Gaststätte „Zum Raben".

Ein paar alte Häuser, traute Heimstätten aus spätbarocker Zeit, von den Verheerungen des Jahres 1809 verschont geblieben, säumen den Pfaffensteiner Weg. Das Anwesen Nr. 10 (alt Nr. 168) beherbergte Wohnung und Werkstätte des Steinmetzmeisters Ludwig Graf. Die Initialen seines Namens — L G, der Zirkel als Emblem seiner Zunft und sein Steinmetzzeichen sind in Kalkstein gehauen, über der Türe angebracht. Rokokoformen zeigt eine Kartusche vom Jahr 1766 im Sturz einer Türe im Innern des Hauses. Sie trägt die Initialen IGM. Im Hofraum findet sich noch eine Gedenktafel, daß Ludwig Graf und seine Ehefrau Anna den rückwärtigen Teil des Hauses 1840 erbauten.

Kirche und Kloster St. Magn

Der Regensburger Domherr Gebhard, ein wohlhabender, aus der Oberpfalz stammender Edelmann, faßte den Plan, „an der Stetten", d. h. am Gestade zwischen Donau und Regen ein Kloster für Augustinerchorherrn zu gründen. Der Legende nach soll dort bereits seit dem Jahre 1134 eine Kapelle zu Ehren des heiligen Magnus gestanden sein. 1138 konnte Gebhard seine beabsichtigte Klostergründung verwirklichen. Er schenkte dazu sein Gut Sitzenhof bei Burglengenfeld, seine Mutter Judith das Gut Schneitweg bei Regenstauf. Mit Eifer ging nun Gebhard ans Bauen. 1139 erwirkte er eine päpstliche Schutzbulle für seine Gründung und vermachte ihr seinen gesamten Besitz in Stadtamhof: die umliegenden Felder, einen Bauernhof, sechs Weingärten auf dem Dreifaltigkeitsberg, die Wiesen zwischen Regen und Donau und schließlich noch das Gut Kittensee bei Velburg. Aus einem Brief Gebhards geht hervor, daß noch 1146 an Kirche und Kloster gebaut wurde und daß Werkleute aus Oberitalien am Bau beschäftigt waren. Hauptpatron der Kirche wurde der hl. Andreas, St. Magnus blieb zweiter Kirchenheiliger. Gebhard stand als erster Prior seiner Klostergründung vor. Die Gebhardstraße erinnert an den hochherzigen Stifter.

1161 ist wiederum von großen Baukosten die Rede. Mit Rücksicht darauf und auf die Bedürftigkeit des Klosters schenkte Bischof Hartwig II. der Kirche von St. Magn den Kornzehent und das Opfergeld der Kirche von Sallern.

Nach 1400 lebte im Kloster St. Magn der Geschichtsschreiber Andreas (s. d.).

Der Dreißigjährige Krieg brachte die völlige Zerstörung von Kirche und Kloster. Im November 1633 hatten die Schweden Regensburg und Stadtamhof erobert. Zur besseren Verteidigung beschlossen sie, ganz Stadtamhof einschließlich der Andreaskirche und des Klosters St. Magn abzubrechen. Trommler machten diese schreckerregende Kunde im Städtchen bekannt. Dem Beschluß folgte umgehend der Vollzug. Nur das Katharinenspital, zwei Mühlen und fünf Häuser entgingen der Zerstörung.

Für den Klerus in Regensburg und Stadtamhof brach eine schwere Zeit an. Die Eroberer zogen den Bischof, die vornehmsten Geistlichen und aus jedem Kloster einige Mönche als Geiseln ein, um ein Lösegeld von 100 000 Reichstalern zu erzwingen. Trotz Verkaufs der noch nicht geplünderten Kirchenschätze konnte diese Summe nicht aufgebracht werden. Der schwedische Kriegsrat beschloß daher, die Gefangenen um das Leben würfeln zu lassen, und jene, die das Los treffen würde, zu henken. Eines der Todeslose traf auch den damaligen Propst Kaspar von St. Magn. Schließlich kamen die grausigen Urteile doch nicht zur Vollstreckung. Zehn Jahre mußten vergehen, bis sich St. Magn, wenn auch in ganz bescheidenen Ausmaßen, wieder aus den Trümmern erhob. 1643 ließ der damalige Administrator des Klosters, Gregor Schrittenloher von Rohr, eine kleine Behelfskirche und bescheidene Unterkünfte für die Mönche errichten. Eine Zeichnung aus dem Jahre 1651 zeigt diese provisorische Anlage von St. Magn.

1642 feierte das evangelische Regensburg das hundertjährige Bestehen seiner Gemeinde. Dieses Jubelfest rief aber auch die Erinnerung an die „Schöne Maria" (s. d.) wach. Namentlich die Jesuiten warben dafür, der „Schönen Maria" wieder eine Andachtsstätte zu schaffen. Freilich war an die Errichtung eines marianischen Gotteshauses in der streng evangelisch regierten Reichsstadt nicht zu denken. Das bairisch-katholische Stadtamhof aber bot sich dazu an. Auf dem Gelände von St. Magn fand sich schließlich ein geeigneter Bauplatz. In zweifacher Hinsicht sollte die neue Kapelle ein Gnadenort werden: vorrangig durch ein Bild der „Schönen Maria", daneben aber auch durch die Abmessungen. Sie sollten denen des „heiligen Hauses von Loreto" gleichen, das, der Legende gemäß, die Mutter Gottes in Nazareth bewohnte und von Engeln nach Loreto an der italienischen Adriaküste getragen wurde. Am 6. September 1643 konnte die Loretokapelle geweiht werden. Um einen unmittelbaren Bezugspunkt zur „Schönen Maria" zu gewinnen, suchte man nach Erinnerungsstücken aus der Zeit der ersten Wallfahrt und fand noch die Mirakelbilder des Kunz Seytz (s. d.), die in der Kapelle aufgestellt wurden. Die Wallfahrt nahm zunächst einen beachtlichen Aufschwung. Das Gnadenbild, eine „Schöne Maria", wurde mit Edelsteinen und Ringen geziert. Soldaten, die bei den Stadtamhofer Befestigungsanlagen Wache hielten, drangen eines Mittags in die Kapelle und plünderten das Marienbild. Die Täter konnten nicht ermittelt werden. 1731 fiel die Loretokapelle unter der Spitzhacke.

Der Grundstein zur heutigen St.-Magn-Kirche wurde unter Propst Albert Praun am 29. April 1697 gelegt. Die Weihe der Kirche erfolgte nach zwanzigjähriger Bauzeit am 7. November 1717. Die umfangreichen Klostergebäude entstanden in den Jahren 1730 bis 1738. Nur wenige Jahrzehnte dienten sie ihrer ursprünglichen Bestimmung, denn schon 1803 fiel St. Magn der Säkularisation zum Opfer. Die Gebäude beherbergen nun, gründlich instandgesetzt, die Kirchenmusikschule. An der Nordfassade konnte man mehr als ein halbes Hundert Kugelköpfe aus Blei zählen, die zur Erinnerung an die Schreckenstage von 1809 in die Wand eingeputzt waren. Heute sind mehrere davon in einer Vitrine im Innern des Gebäudes zu sehen.

Von der gediegenen, spätbarocken Ausstattung seien die Deckengemälde genannt, die dem vorzüglichen, jedoch wenig bekannten Maler Matthias Schiffer zugeschrieben werden. Stilistische Erwägungen lassen aber auch an Johann Gebhard aus Prüfening denken. Der Hochaltar ist eine vornehme Schöpfung der Zeit um 1720. Das Altarblatt, die Marter des Kirchenheiligen Andreas darstellend, schuf um die gleiche Zeit ein unbenannter Maler aus Kallmünz. Schließlich sei noch ein Blick auf das bedeutendste Ausstattungsstück der Kirche geworfen, auf das Chorgestühl. Das aus Eichenholz geschnitzte, tabakbraune Gestühl mit insgesamt 12 Sitzen gehört der Zeit um 1740/50 an. Rahmen und Gesimse werfen köstliches Muschelwerk auf. Prächtige Reliefschnitzerei — 24 Bilder aus dem Leben des heiligen Augustinus — ziert Rücklehnen und Brüstungen. Die Schnitzwerke zählen ob ihrer Feinheit mit zu den besten Leistungen des Rokoko unseres Kunstraumes.

Der Ausblick auf die Steinerne Brücke, den Strom und auf Stadtamhof, der sich Goethe darbot, als er auf seiner Durchreise im „Weißen Lamm" zu Regensburg wohnte, bewog den Dichter zu einem Eintrag in sein Tagebuch: „... die Donau erinnert mich an den alten Main. Bei Frankfurt haben Fluß und Brücke ein besseres Aussehen, hier aber nimmt sich das gegenüberliegende Stadtamhof recht artig aus." Goethe sah damals das jetzige Wahrzeichen von Stadtamhof, den Turm der St.-Magn-Kirche noch nicht. Dieser entstand erst im Jahre 1875. Baumeister Josef Zitt führte die Maurerarbeiten aus, Zimmermeister Krön erstellte den Dachstuhl und Spenglermeister Anton Huber deckte die flache Kuppel mit Kupferblech. Am 14. Oktober 1875 kündete ein grüner Tannenbusch auf der Spitze der Helmstange und flatternde Fahnen die Vollendung des Werkes.

St. Magn bildete seit der Säkularisation eine Filiale der Dompfarrei. Der damalige Dompfarrer und spätere Bischof Michael Wittmann war von 1804 bis 1825 auch Seelsorger der Gemeinde Stadtamhof. Seit 1912 ist St. Magn Pfarrkirche der selbständigen Pfarrei Stadtamhof.

Die Franziskaner in Stadtamhof

Um die Missionsarbeit der Gegenreformation in der evangelischen Reichsstadt voranzutreiben, ließen sich 1630 Franziskanermönche mit Unterstützung Kaiser Ferdinands in Regensburg nieder. Da sie zunächst ohne eigenen Besitz waren, fanden sie im sogenannten Pappenheimer Hof vorübergehend Unterkunft. Das Stift der Alten Kapelle überließ ihnen St. Cassian als Predigtkirche. Zwar vertrieben die Geschehnisse des 30jährigen Krieges die Mönche aus der Stadt; nach der Einnahme Regensburgs durch die kaiserlichen Truppen 1634 kehrten sie jedoch unverzüglich zurück. Durch Vermittlung des bairischen Kurfürsten Maximilian I. erhielten die Franziskaner 1638 die Spitalkirche und den dazugehörigen alten Pfarrhof als Wohnung. Jedoch waren auch hier die räumlichen Verhältnisse ebenso unzulänglich wie in St. Cassian. Deshalb entschloß sich der Regensburger Bischof Kardinal Franz Wilhelm von Wartenberg (1649—1661) zu einem Neubau von Kirche und Kloster. Trotz der allgemeinen Not nach den schweren Jahren des Krieges konnte am 16. September 1650 der Grundstein zur Kirche gelegt werden, die nach dreijähriger Bauzeit vollendet war. Die zugehörigen Klostergebäude bezogen die Mönche 1652.

Die Franziskanerkirche, ein einschiffiger, von Kreuzgewölben überspannter Raum von bescheidenen Ausmaßen, besaß entsprechend dem franziskanischen Armutsgebot eine nur schlichte Ausstattung. Sie barg neun Altäre; im Untergeschoß wölbten sich zwei große Grüfte für die Ordensangehörigen. Als leitender Baumeister wird der Laienbruder Hugolin Partenhauser genannt.

Fürstbischof Franz Wilhelm Graf von Wartenberg, ein Sohn Herzog Ferdinands in Bayern, war ein besonderer Förderer der Franziskaner. Er starb 1661. In seinem Testament verfügte er, daß sein Herz in der Kapelle der Residenz in München zu verwahren sei, seine Eingeweide aber in einer kupfernen, versilberten Urne in der Franziskanerkirche in Stadtamhof beizusetzen seien. Bis zur Klosteraufhebung 1802 befand sich diese in einer Nische beim Hochaltar, die eine kupferne Gedenktafel verschloß, deren Inschrift Bischof Franz Wilhelm selbst bestimmt hatte: „Bittet für Franz Wilhelm, einen Sünder." Den Leichnam des Bischofs trugen Franziskanermönche zu den Trauerfeierlichkeiten in den Dom. Anschließend geleitete der Trauerzug den toten Bischof nach Karthaus. Von dort aus wurde er nach Altötting überführt, wo er viele Jahre lang die Würde eines Propstes bekleidet hatte.

Der Klostersturm der Säkularisation fegte auch die Franziskanerniederlassung hinweg. 1802 erschien der Landrichter Paul von Asch und verkündete den Brüdern das Ende ihrer Ordensgemeinde. Nicht schnell genug konnten die Einrichtungsgegenstände von Kirche und Kloster verschleudert werden. Unter den damals veräußerten Kunstsachen befand sich auch ein Altarblatt mit einer Darstellung der unbefleckten Empfängnis Mariens, das der Prüfeninger Maler Johann Gebhard 1743 für die Franziskanerkirche gefertigt hatte.

Die Franziskanerkirche barg die Gräber zahlreicher bairischer Adelsfamilien. Der Staat benachrichtigte diese Familien von der Profanierung des Gotteshauses und forderte sie auf, sterbliche Überreste und Grabmäler ihrer Verwandten abzuholen, andernfalls sie der Vernichtung anheimfallen würden. Die in den Grüften ruhenden Gebeine der Franziskanermönche wurden erhoben und in einem Sammelgrab auf dem Dreifaltigkeitsberg beigesetzt. Eine schlichte Gedenktafel bezeichnete die Begräbnisstätte. Dieses Grab ist heute verschollen.

Die säkularisierten Klostergebäude brannten in den Kämpfen des Jahres 1809 ab. An ihrer Stelle steht jetzt das Landesvermessungsamt. Die profanierte Kirche diente über 100 Jahre als Stadel. 1909 mußte sie dem Neubau des Hauses Franziskanerplatz 8 weichen.

Nur die Bezeichnung „Franziskanerplatz" und ein muschelförmiges Weihwasserbecken in einem Abstellraum des Hauses Nr. 8 erinnern noch an die Tätigkeit dieses Ordens in Regensburg.

Im Haus Franziskanerplatz 17 (alt Nr. 173) verehrte der Schiffmeister Paul Lauerer ein steinernes Marienbild, das er bei der Säkularisation des Franziskanerklosters erworben hatte. Während der Beschießung Stadtamhofs am 23. April 1809 weilte er in Pielenhofen. Während der Nacht des 23. April träumte er, das Marienbild in seinem Hause spreche zu ihm und fordere ihn auf, eiligst nach Regensburg zurückzukehren und sein Haus vor dem Feuer zu retten. Lauerer kehrte noch während der Nacht nach Stadtamhof zurück und fand den an seinem Hause angebrachten Holzbau bereits in Flammen. In letzter Minute gelang es ihm, dem Feuer Einhalt zu gebieten und sein Haus vor der sicheren Zerstörung zu bewahren. Die Marienstatue entdeckte Heinrich Schöppl 1911 im Hof des Anwesens Pfaffensteiner Weg 10 (alt Nr. 168).

Das Schulhaus, ehemals Kloster De notre Dame

1735 bezogen Schwestern De notre Dame einen Klosterneubau in Stadtamhof, der mit Unterstützung des Reichstagsgesandten von Kurköln, Freiherrn von Karg, errichtet wurde. Die Hauptaufgabe der Nonnen bestand in der schulischen Unterweisung von Mädchen aus vornehmen Familien; daneben beschäftigten sie sich auch mit der Anfertigung feiner Handarbeiten. Um 1770 betrug die Zahl der Nonnen etwa 20. Dem Kloster stand eine Oberin vor, die alle zwölf Jahre neu gewählt wurde. Bis zur Säkularisation wirkten die Ordensschwestern als Lehrerinnen in Stadtamhof. 1892 erwarb die Gemeinde Stadtamhof das inzwischen zu einer Kaserne umgewandelte Klostergebäude und richtete es zu dem heute noch bestehenden Schulhaus ein.

Das Katharinenspital

Zu den großen Sozialleistungen der mittelalterlichen Kirche gehört die Gründung von Spitälern. In Regensburg ist ein Johannesspital zu Beginn des 12. Jahrhunderts verbürgt. Es lag neben dem Stift St. Johann beim Dom. Die ungesunde Luft in der eng bebauten Stadt, das Fehlen fließenden Wassers vor allem räumliche Beengung veranlaßten Bischof Konrad IV. (1204—1226), das Spital um 1212 unmittelbar an das Nordufer der Donau, westlich der Steinernen Brücke, zu verlegen. Um dieses Vorhaben ausführen zu können, erwarb Bischof Konrad ein Haus samt Hofstätte — es nahm wohl die Stelle der heutigen Spitalgebäude ein — das zur Brückenbauhütte gehörte und früher schon Armen und Kranken eine notdürftige Heimstatt gewährte. Konrads ständiges Bestreben war es nun, dieses „neue Hospital" durch den Erwerb angrenzender Grundstücke zu erweitern und durch Neubauten zu verbessern, wozu er einen Großteil seines väterlichen Erbgutes veräußerte. Er besaß somit die oberste Verfügungsgewalt über das Spital, die er auch seinen Nachfolgern auf dem Regensburger Bischofsstuhl zusicherte. In seinem letzten Lebensjahr, 1226, bestimmte er weiterhin, daß die Verwaltung des Spitals von vier Mitgliedern des Domkapitels und vier Bürgern der Stadt ausgeübt werden solle. Diese von Bischof Konrad bestimmte Verwaltungsform bestand durch Jahrhunderte. Die vier geistlichen und die vier weltlichen Spitalräte ernannten einen geistlichen und einen weltlichen Spitalmeister. Weil das Spital für die Bürger Regensburgs bestimmt war, sollte es nach Konrads Wunsch den Namen „Regensburger Bürgerspital" führen. Mindestens hundert arme und erwerbsunfähige Menschen sollten dort eine Heimstätte finden.

Diese älteste Wohltätigkeitsanstalt Regensburgs stand unter dem Patronat Johannes des Täufers und Johannes des Evangelisten. Mit dem Bau der Katharinenkirche (s. d.) um 1239 wurde die Bezeichnung „Katharinenspital" geläufiger. Sie tritt urkundlich erstmals 1238 auf.

In der Folgezeit erfreute sich das Spital einer steten Mehrung seines Besitzes durch zahlreiche Stiftungen und Zuwendungen, was eine Besserung der Lebenshaltung seiner Pfründner zur Folge hatte. Nicht weniger als 250 Urkunden aus der Zeit von 1226 bis 1500, die das Spitalarchiv verwahrt, geben Zeugnis von der Bruderliebe und Gebefreudigkeit geistlicher, adeliger und bürgerlicher Wohltäter. Die Spitalsassen schieden sich in Vollpfründner, die im Spital Wohnung und volle Verpflegung genossen und in Halbpfründner, denen das Spital nur die Wohnung stellte. Dazu erhielten sie noch wöchentlich 7 Pfund Brot und täglich ein Köpfl (0,83 Liter) Bier.

Intoleranz und konfessioneller Streit herrschten im ersten Jahrhundert der Glaubensspaltung auch im Katharinenspital. Nachdem Rat und Bürgerschaft Regensburgs sich 1542 offiziell zur neuen Lehre bekannt hatten, glaubte der Rat, die evangelische Religion ohne viele Umstände auch im Katharinenspital einführen zu können; dies um so mehr, als das Spital, obwohl jenseits der Donau gelegen, stets zum reichsstädtischen Territorium gehörte und die vier bürgerlichen Spitalräte bereits der neuen Lehre angehörten. Der geistliche katholische Spitalmeister wurde verdrängt und ihm schließlich sogar der Aufenthalt im Hause versagt. Die Friedhofskirche St. Michael, die heutige Spitalkirche, wurde ihrer sakralen Bestimmung entfremdet und in einen Viehstall umgewandelt. Ein evangelischer Prediger führte Luthers Lehre mit ihren neuen Gebräuchen bei den Spitalpfründnern ein. Diese Maßnahmen blieben nicht ohne Erfolg, so daß schließlich Angehörige der evangelischen Konfession den Großteil der Pfründner bildeten.

Nicht minder rücksichtslos als die reichsstädtischen Behörden versuchte Baiern unter Kurfürst Maximilian I. im Zuge der Gegenreformation zu Beginn des 17. Jahrhunderts die neue Lehre aus dem Spital zu verdrängen und die evangelischen Pfründner mit Gewalt wieder katholisch zu machen. Maximilian war sogar bestrebt, sich das Hoheitsrecht über das Katharinenspital anzueignen. Ein kurfürstlicher Befehl verbannte nicht nur die evangelischen Geistlichen aus dem Spital, sondern verwies auch die evangelischen Pfründner, die nicht bereit waren, katholisch zu werden, aus ihrem Heim. Im Bewußtsein ihres Rechtes leisteten sie jedoch dieser Weisung keine Folge. 1628 rief der evangelische Spitalmeister einen Geistlichen zu seiner todkranken Frau. Durch einen Zuträger erhielt der kurfürstlich-bairische Pfleger von Stadtamhof Kenntnis von diesem Besuch. Sogleich ließ er das sogenannte Posttürl (s. d.) schließen, das den Zugang zu den Spitalgebäuden von der Steinernen Brücke aus vermittelte. Dadurch wollte er dem Prediger den Rückweg nach Regensburg versperren. Nur der Umstand, daß der Spitalmeister einen zweiten Schlüssel zum Posttürl besaß, rettete den Geistlichen vor der Gefangensetzung. Die Bedrückung der evangelischen Pfründner hörte nicht auf. 1629 wurde ihnen die Pfründe gesperrt, so daß sie vom Regensburger Rat mit Geld unterstützt werden mußten. Am 14. Mai 1630 wies der Pfleger von Stadtamhof die evangelischen Pfründner endgültig aus dem Spital. Angst und Erregung bemächtigte sich der alten, hilflosen Leute; doch hofften sie noch auf eine Zurücknahme dieser Anweisung, da ihnen der Regensburger Rat zu bleiben befahl. Diese Hoffnung erwies sich als trügerisch. Eine Woche nach diesem Erlaß wurde Gewalt angewendet. Man schämte sich nicht, den Armen ihre dürftigen Habseligkeiten vor die Türe zu stellen und sie ihrem weiteren Schicksal zu überlassen. Die Reichsstadt bereitete den Ausgewiesenen ein notdürftiges Obdach.

Der Westfälische Friede, der 1648 das Ende des unseligen Dreißigjährigen Krieges brachte, setzte auch den Streitigkeiten im Katharinenspital ein Ende. Er stellte es wieder unter die Jurisdiktion der Reichsstadt Regensburg und machte die Stiftung paritätisch, so daß katholische und evangelische Pfründner unbehelligt ob ihrer Religionszugehörigkeit unter einem Dache wohnen konnten.

Diese Verhältnisse blieben unverändert bis gegen Ende des vergangenen Jahrhunderts. Seit 1860 etwa setzten von katholischer und protestantischer Seite Bestrebungen ein, die Parität im Katharinenspital zu lösen. Nach langwierigen Verhandlungen einigte man sich darauf, den Anteil der Protestanten mit 400 000 Goldmark abzufinden. Dieses Übereinkommen trat 1891 in Kraft, so daß seit dieser Zeit das Spital wieder eine rein katholische Stiftung ist. Die Abfindungssumme floß den evangelischen Wohltätigkeitsstiftungen zu. Die aus dem Spital ausgeschiedenen 55 protestantischen Pfründner fanden Aufnahme in evangelischen Wohltätigkeitsanstalten.

Zur Kenntnis des mittelalterlichen und nachmittelalterlichen Spitalbezirks leistete K. Busch (VO 82/1932) wichtige Forschungen. Zwei getuschte Federzeichnungen von Hans Georg Bahre aus den Jahren 1630 und 1638 (Stadtansichten Nr. 11 und 14) liefern wertvolle Hinweise zur Topographie des Katharinenspitals.

Die ursprünglichen Gebäude bestanden aus einem langgezogenen Südflügel, der die Krankenstuben und den Schlafsaal enthielt, und dem nördlich davon gelegenen Speisehaus. Dazwischen lag in unmittelbarer baulicher Verbindung die Katharinenkirche, deren Empore als Verbindungsgang zwischen beiden Trakten diente. Die Ostfronten dieser drei Gebäude schoben sich bis zur Steinernen Brücke vor. Ein kurzes Stück westlich des Spitalbezirks zweigte von der Donau der Spitalmühlkanal ab. Er floß unter dem Spitalbrauhaus und dem Krankenbau hindurch und mündete beim letzten Joch der Steinernen Brücke wieder in die Donau. Dieser Kanal, kurz „Spitalgraben" genannt, diente sanitären Zwecken und trieb die Mühle, die unter dem Ostteil des Krankenbaues lag. Der Graben schnitt somit eine Insel ab, den Spitalanger. Hier standen das Badehaus und das „Antwerch", eine Maschine, mit der die Schiffe stromaufwärts durch die Steinerne Brücke gezogen wurden. Weitere Spitalgebäude waren das Knechtehaus sowie zwei Häuser zur

199. Katharinenspital, Ansicht von Süden. Ausschnitt aus einem Prospekt des nördlichen Donauufers. Lavierte Federzeichnung von H. G. Bahre, 1638 (Stadtansichten Nr. 14). Museum

Unterbringung des männlichen und weiblichen Pflegepersonals. Der „Traidkasten" barg die Getreidevorräte. Freilich war die Anordnung der Baulichkeiten innerhalb des Spitalbezirks in den Jahrhunderten gewissen Änderungen unterworfen.

An Kirchen standen im Spitalbereich die Katharinenkirche (s. d.), die sogenannte Scharkirche im südöstlichen Trakt der Spitalgebäude, in der die Protestanten ihren Gottesdienst feierten und die heute noch bestehende Katharinenspitalkirche (s. d.), an deren Südseite der Friedhof lag.

Die Kampfhandlungen des Jahres 1809 legten das Katharinenspital zum größten Teil in Schutt und Asche und brachten größtes Elend über die Pfründner. Mit nahezu übermenschlicher Kraft setzte sich der damalige Spitalmeister Wolfgang Sperl für den Wiederaufbau ein. Durch die Unterstützung des damaligen Landesherrn von Regensburg, Carl von Dalberg, gelang es, die Spitalgebäude wieder zu errichten. In dieser Bauform sind sie auf uns gekommen. In den Jahren 1956/57 erfuhren die Gebäude eine teilweise Umgestaltung und Modernisierung. Außer der Spitalkirche ist vom Baubestand vor 1809 nur noch der westliche Teil des Krankenbaues erhalten. Ein Kreuzgewölbe aus schweren Rippen überspannt das Erdgeschoß, das sich an den Langseiten mit Rundbogen öffnet. Die Bogenöffnungen sollten bei Überschwemmungen den Abfluß des Wassers ermöglichen.

Der „Posttürlstreich"

Baiern empfand die Reichsunmittelbarkeit Regensburgs stets als Dorn im Fleische und die Chroniken sind voll der Berichte über kleine und große Bosheiten, die man sich gegenseitig zufügte. Die Gegensätze wurden besonders deutlich, als zu den politischen Spannungen im 16. und 17. Jahrhundert die religiösen Auseinandersetzungen zwischen dem katholischen Baiern und der evangelischen Reichsstadt kamen. In diese Zeit der Unduldsamkeit und Intoleranz fällt der Streit um das Posttürl, eine trotz der ernsten Umstände humorvolle Begebenheit.

Am nördlichen Ende der Steinernen Brücke führte gegen Westen eine Treppe, der sogenannte Spitalsteig, zum Donauufer hinab. Nachdem man einen Bretterverschlag passiert hatte, gelangte man in das Posttürl, das den Zugang zu den Gebäuden und Höfen des Katharinenspitals vermittelte. Das Posttürl bezog seinen Namen von den kaiserlichen Postboten, die durch dieses Pförtchen ihren Weg nach Regensburg nahmen. Wer den Schlüssel dazu besaß, konnte den damals stark befestigten und streng kontrollierten Brückenkopf des bairischen Stadtamhof umgehen.

Im Juni 1637 reiste Joachim Wieninger, kurfürstlich-bairischer Pfleger zu Stadtamhof in Amtsgeschäften nach Wörth. Die Regensburger benutzten seine Abwesenheit, um in den Besitz des Posttürls zu gelangen. Der Groll über den Verlust des Katharinenspitals, dessen Pfründner unter der Botmäßigkeit des bairischen Kurfürsten wieder zum alten Glauben zurückkehren mußten, veranlaßte folgende Geschehnisse: Als die Bürger beiderseits der Donau in tiefem Schlaf lagen, schlichen die Regensburger Sax und Geyer heimlich an das Posttürl. Mit Brecheisen hoben sie das alte, morsche Tor aus den Angeln und setzten dafür das mitgebrachte „reichsstädtische" Posttürl ein, das ein kunstfertiger Regensburger Zimmermann nach den genauen, heimlich abgenommenen Maßen anfertigte. Durch ein mächtiges Schloß war es auf reichsstädtischer Seite zu versperren. Damit aber war der Rachedurst der Regensburger noch nicht gestillt. Aus Protest über die Unterstellung des Katharinenspitals unter die Oberhoheit des katholischen bairischen Kurfürsten nagelten sie in der gleichen Nacht den Zugang zu der nächst der Steinernen Brücke gelegenen Katharinenkirche (s. d.) zu. Die nächtliche Arbeit ging so rasch und geschickt vonstatten, daß selbst die Stadtamhofer Schildwache nichts davon merkte. Der bairische Pfleger von Stadtamhof war aber deswegen nicht verlegen. Hatten ihm die Regensburger durch ihren Streich den Zugang zur Steinernen Brücke versperrt, sollten sie nicht mehr in das Spital gelangen können. Deshalb ließ er seinerseits ebenfalls das Posttürl verrammeln und zwar mit einer massiven Eisenstange, die quer über beide Torflügel geschoben wurde. Um aber auf keinen Fall einen Konflikt mit dem Kaiser heraufzubeschwören, sollten die kaiserlichen Postboten nach vorheriger Anmeldung das Pförtchen anstandslos passieren können. Ein Protest der Regensburger beim bairischen Kommandanten von Stadtamhof nützte nichts und eine Unterredung, die Wieninger einer reichsstädtischen Abordnung gewährte, war so kurz, daß diese nicht einmal Zeit hatte, das Protestschreiben der Stadt zu übergeben. Der Hilferuf der Regensburger an den Kaiser hatte mehr Erfolg. Am 20. Dezember 1637 erhielt die Reichsstadt wieder die Herrschaft über das Spital.

Der Streit um das Posttürl ist als köstliches Schildbürgerstück in die Geschichte Regensburgs eingegangen. Franz Hiltl hat die kuriose Geschichte nach den Akten des bayerischen Hauptstaatsarchives wiedergegeben.

Die Katharinenkirche

Kein Stein von ihr steht heute mehr auf dem anderen und nur einige alte Abbildungen geben Kunde vom Aussehen des aus spätromanischer Zeit stammenden Gotteshauses. Die heutige Spitalkirche wird zwar Katharinenkirche genannt, ist aber dem heiligen Michael geweiht. Sie erscheint unter der Bezeichnung „Spitalkirche" in diesem Buch.

Zu Beginn des 13. Jahrhunderts gab das Regensburger Domkapitel zwei Kirchenneubauten in Auftrag. Südlich des romanischen Domes entstand St. Ulrich und jenseits der Donau wurde beim Spital ein Gotteshaus zu Ehren der heiligen Katharina errichtet. Eine Bulle Papst Gregors IX. von 1239 berichtet von Geldschwierigkeiten des Katharinenspitals bei der Fertigstellung der Kirche. Diese Urkunde gibt einen ziemlich genauen Hinweis auf die Entstehungszeit des Baues, der um 1245 vollendet war. Die Bauforschung beweist eine weitgehende Ähnlichkeit in Architektur und Bauplastik zwischen St. Katharina und St. Ulrich, was auf gleiche Entstehungszeit und auf dieselbe Bauhütte schließen läßt. Gleich der Ulrichskirche und dem Emmeramer Kreuzgang ist auch bei St. Katharina der Einfluß nordfranzösischer Werkleute nicht zu verkennen.

Als die Hussiten sengend und brennend in Baiern einfielen und die Städte sich zu stärkerer Verteidigung rüsteten, mußte die Katharinenkirche den Stadtamhofer Befestigungsbauten bei der Steinernen Brücke weichen, wurde aber 1430 ein Stück weiter westlich wieder aufgebaut. Bei der Beschießung von Stadtamhof durch die Österreicher fiel die Katharinenkirche gleich dem Spital den Flammen zum Opfer. Nur ein Teil der Ostmauer mit dem interessanten Portal blieb stehen, das drei Jahre später auch abgetragen wurde. Während dieser Zeit hat der Regensburger Kupferstecher Johann Bichtel eine bis ins Detail ausgearbeitete Tuschezeichnung des baugeschichtlich höchst bedeutsamen Portales angefertigt. Das dreifach gestufte Gewände des kraftvoll gegliederten Doppelportals war mit Säulen ausgesetzt. Die mit strenger Geradlinigkeit gezeichnete Figur des Mittelpfeilers stellte einen segnenden Bischof dar, dessen Fußplatte zwei kauernde Mönche trugen.

Schon auf den ersten Blick ist eine weitgehende Übereinstimmung mit dem Westportal von St. Ulrich zu erkennen. Noch deutlicher wird der Vergleich, wenn wir auf eine Federzeichnung zurückgreifen, die das Ulrichsportal im 17. Jahrhundert zeigt, denn auch dieses ist nicht mehr in seiner ursprünglichen Fassung erhalten und seines ganzen figürlichen Schmuckes beraubt. Auch bei St. Ulrich war dem Mittelpfeiler eine segnende Bischofsfigur vorgestellt. Das große Bogenfeld schmückten lebendige Reliefdarstellungen der Geburt Christi.

Die Spitalkirche

Zum Spitalbezirk gehörte die Spitalkirche, auch Katharinenspitalkirche genannt. Diesen Namen führt sie seit 1809; ursprünglich war sie Friedhofskirche unter dem Patrozinium St. Michael. Um sie herum fanden die Pfründner die letzte Ruhestätte. Wie der Plan von Stadtamhof von der Hand des kurfürstlichen Maurermeisters Sebastian Schmid aus dem Jahre 1786 ausweist, war die Kirche von einer Friedhofsmauer umgeben. Eine Blendnische an der Südostseite der Kirche mag ehedem eine an Friedhöfen gerne angebrachte Ölberggruppe oder ein größeres Grabmal gerahmt haben. In der darin befindlichen Spitzbogennische wurde das Totenlicht entzündet.

Strobel (Romanische Architektur in Regensburg, 1965) bezeichnet die Spitalkirche als den qualitätsvollsten Bau der Spätromanik in Regensburg. In ihrer heutigen Gestalt ist sie das Produkt eines vielschichtigen Bauprozesses, dessen einzelne Phasen am Baubestand sowie anhand von Bauinschriften und aus Archivalien nachgewiesen werden können. Ältestes Bauglied ist der sechseckige, hochgewölbte Zentralraum, dessen Entstehungszeit um 1230 anzusetzen ist. In die sechs Ecken sind Dreiviertelsäulen eingesetzt, deren eigenwillige Kapitelle besonderes kunstgeschichtliches Interesse beanspruchen. Sie haben die Form von Halbkugeln, die eigenartig geformtes, phantasievolles Laubwerk belegt. Aus ihnen steigen die geschärften Wulstrippen auf und vereinigen sich in der Kuppel zu einer Sechsecköffnung, die ehemals einen steinernen Dachreiter trug. Drei große Fenster öffnen sich mit Gruppen von je drei genasten Spitzbogen.

Der Zentralraum erfuhr 1287 gegen Westen eine Erweiterung durch ein zweijochiges Langhaus, wovon ein Inschriftstein mit dem Wappen der Familie Zandt Kunde gibt. Da sich der Stein an ursprünglicher Stelle befindet, handelt es sich dabei zweifellos um jene Allerheiligenkapelle, die Heinrich der Zandt, ein großer Wohltäter des Katharinenspitals, 1287 im Spitalbezirk erbauen ließ. Die Wölbung des Westjoches, die Fenster und der Dachreiter über dem Westgiebel stammen von einer eingreifenden Restaurierung in den Jahren 1858 bis 1860.

Östlich an den Zentralbau schließt ein spätgotischer Chorteil an. Einer Bauinschrift am südwestlichen Strebepfeiler zufolge wurde er im Jahre 1489 durch den Spitalmeister Andreas Walner aus Deggendorf errichtet, und zwar anstelle eines Vorgängerbaues, der gleichzeitig mit dem Zentralbau um 1230 entstanden war. Beim Bau des Jahres 1489 fanden die Gewölbekonsolen des ursprünglichen Chorbaues von 1230 Wiederverwendung. Wegen angeblicher Baufälligkeit wurde der spätgotische Chor in den Jahren 1858 bis 1860 völlig abgetragen und auf den Grundmauern von 1489 wiedererrichtet. Die Konsolen der ursprünglichen Anlage, die, wie bemerkt, der spätgotische Chorbau von 1489 wieder verwendete, kamen beim Neubau von 1860 nicht mehr zum Einsatz. Vier davon befinden sich nun im Museum. Sie entsprechen stilistisch jenen des Sechseckraumes.

Ein Achteckbau aus der Zeit um 1623 — nach einem ehemals dort aufbewahrten Bild des hl. Josef, das vielleicht von Jakob Heubel stammt, „Josefskapelle" genannt — schließt nördlich an das Langhaus an. Ein kuppelartiges Helmgewölbe überdacht ihn. Bei der Restaurierung von 1858/60 erfuhr dieser Bauteil eine neugotische Gliederung. Gleichzeitig mit ihm scheint die Sakristei entstanden zu sein, die sich zwischen den Zentralbau und die Josefskapelle einschiebt.

Die Einrichtung der Kirche besteht aus einem Flügelaltar. Er stammt aus der Kirche von Martinsberg, dessen Häuser und Kirche der Anlage des Truppenübungsplatzes Hohenfels weichen mußten. Seit 1958 befindet er sich im Chor der Katharinenspitalkirche. Hauptfigur ist die Holzplastik der hl. Katharina aus der Zeit um 1500. Die Flügel zeigen Gemälde mit Szenen aus dem Leben der heiligen Margaretha und Barbara sowie eine Anbetung der Hirten und der Könige. In der Josefskapelle fand ein gleichfalls aus Martinsberg stammender, spätgotischer Flügelaltar Aufstellung, dessen Mittelpunkt die um 1400 entstandene Holzfigur des hl. Andreas bildet.

Unter den Grabsteinen der Kirche ist vor allem jener zu nennen, der das Andenken wachhält an ein Mitglied der Regensburger Patrizierfamilie Zandt, die dem Katharinenspital stets reiche Zuwendungen machte. Die Umschrift der quergestellten Sandsteinplatte lautet in deutscher Übersetzung: „Im Jahre des Herrn 1250, am Tag des heiligen Martin, ist Ulrich Zandt gestorben." Die Platte zeigt im Mittelfeld das Wappen der Zandt (s. d.), flankiert von zwei auf genasten Spitzbogen stehenden Kreuzen.

Drei Grabtafeln erinnern an die schreckliche Zeit der letzten Pestepidemie 1713/14. An der Außenseite der südöstlichen Chorwand kündet eine Kalksteinplatte das tragische Schicksal der Familie des Stadtamhofer Apothekers und Kandidaten der Medizin, Kaspar Ignatius Düring, der 1713 samt seiner Gattin und seinen zwei Töchtern der Seuche zum Opfer fiel. Der Stein trägt sein Wappen: drei Rosen und einen Ring mit durchgezogenem Band. In die innere Südwand des Langhauses ist die Gedenkplatte für das Mädchen Maria Euphrosina Waldschmid eingelassen,

Tochter des Wundarztes und Spitalbaders, die der Schwarze Tod 1713 im Alter von 14 Jahren dahinraffte. Die fürchterliche Menschheitsgeißel, die Pest, forderte 1713 auch das Leben des Spitalmeisters Johann Adam Winkler, wie seine Grabplatte an der inneren Nordwand des Langhauses meldet.

Ein schlichter Gedenkstein erinnert an den 1827 verstorbenen Spitalmeister Wolfgang Sperl, dem das Katharinenspital nach den Zerstörungen des Jahres 1809 seinen Wiederaufbau verdankt.

Tafelbild „Die beiden Johannes"

Das Katharinenspital besitzt ein wertvolles Tafelbild von Albrecht Altdorfer, die beiden Johannes darstellend. Das großformatige und neben der Alexanderschlacht bedeutendste Gemälde Altdorfers entstand etwa 1513/15. Nach den Aufzeichnungen des Chronisten Raselius (1563—1602) befand es sich zu dessen Zeit im Bereich von St. Emmeram. In diesem Bild stellt Altdorfer Johannes den Täufer und Johannes den Evangelisten in ihren grundverschiedenen Charakteren gegenüber. Die beiden Heiligen haben sich am Rand eines Waldes niedergelassen. In visionärer Schau blickt der Evangelist in die Ferne. Auf einem Baumstumpf hat er einen mächtigen Folianten aufgeschlagen, in den er seine apokalyptischen Gesichte schreibt. Weniger vergeistigt, mehr der Erde verhaftet erscheint der Täufer, an den sich das Lamm schmiegt. Gleich stark wie die Gestalten der Heiligen wirkt die sommerliche Landschaft. Üppig wuchern Blumen und Kräuter und fast möchte man vermeinen, den Duft des Waldes zu spüren. Das Bild befand sich seit 1931 als Leihgabe in der Alten Pinakothek in München. 1968 kehrte es nach Regensburg zurück. Im Museum ist es nun auch in seiner Heimatstadt den Kunstfreunden zugänglich.

Silberstatuette der hl. Katharina

Zum Kunstbesitz des Spitals gehört eine Silberstatuette der Schutzheiligen des Spitals, der Nothelferin St. Katharina. Die Heilige ist in einen faltenreichen Mantel gekleidet. Eine Krone aus Laubwerk, mit Perlen und syrischen Granaten im Stirnreif, ziert ihr Haupt. Als Attribute ihres Martyrertodes trägt sie das zerbrochene Rad und das Schwert. Der Umschrift im Sockel ist zu entnehmen, daß der Spitalmeister Konrad Etteldorfer 1479 einen Goldschmied mit der Anfer-

200. Albrecht Altdorfer: Der Evangelist und der Täufer. Ausschnitt aus dem Tafelgemälde „Die beiden Johannes", um 1513/15. Museum. Leihgabe des St.-Katharinen-Spitals

tigung dieses Silberfigürchens beauftragte, dessen Gesamthöhe einschließlich des auf vier Löwenfüßen stehenden Sockels nur 36,5 cm beträgt. Das Beschauzeichen weist die mit äußerster Präzision ausgeführte Statuette als Regensburger Arbeit aus. Sie ist stilistisch nahe verwandt mit der Figur des hl. Sebastian (s. d.) im Domschatz.

Stadtamhofer Persönlichkeiten

Zu Beginn des 15. Jahrhunderts lebte im Kloster St. Magn der Chorherr Andreas mit dem Beinamen Presbyter, der als einer der bedeutendsten Regensburger Chronisten der damaligen Zeit Erwähnung verdient. Seine in deutscher Sprache verfaßte „Chronik der bairischen Fürsten" gilt als erste Zusammenfassung bairischer Geschichte und ist zugleich ein wertvolles Denkmal bairischer Sprache und Literatur. Die Andreasstraße ist nach ihm benannt. Der Historische Verein ließ 1884 zu Ehren des verdienten Geschichtsschreibers an der Außenwand der Kirche eine Gedächtnistafel anbringen.

Karolina Gerhardinger, die Gründerin des Lehrordens der Armen Schulschwestern, erblickte Am Gries, im Haus Nr. 19 (alt Nr. 63) als Kind frommer Schifferleute 1797 das Licht der Welt. Ein großes Brachfeld auf dem Gebiet des Unterrichts und der Erziehung tat sich auf, als die Säkularisation auch die Chorfrauen von Notre Dame, die bis dahin den Mädchen Unterricht erteilten, aus ihrem Kloster in Stadtamhof vertrieb. Bischof Michael Wittmann, damals noch Dompfarrer, bestimmte die junge Karolina zum Lehrberuf. 1812 zog sie mit drei weiteren Lehrerinnen in das wiedereröffnete Mädchenschulhaus, um die Erziehungs- und Bildungsarbeit der Klosterfrauen von Notre Dame fortzuführen. Zwanzig Jahre später gelang es ihr, mit tatkräftiger Unterstützung des Priesters Sebastian Job, in Neunburg vorm Wald das erste Haus des von ihr gegründeten Ordens der Armen Schulschwestern zu eröffnen. Nach Jahren mühevoller Aufbauarbeit und mit Unterstützung König Ludwigs I. konnte Mutter Theresia von Jesu, wie Karolina mit ihrem Klosternamen hieß, 1843 das Mutterhaus ihres Ordens nach München verlegen. Das Kloster am Anger in München wurde der Mittelpunkt des Ordens, der sich in der Folgezeit rasch ausbreitete. Theresia Gerhardinger reiste 1847 in Begleitung von fünf Schwestern nach Amerika, wo sie nach großen Strapazen und Enttäuschungen in Milwaukee ein amerikanisches Mutterkloster gründen konnte. Ein päpstliches Dekret bestimmte Mutter Gerhardinger als Generaloberin über alle Provinzen des Ordens. Sie starb 1879 in München. Demut, Bescheidenheit und Armut gehörten zu ihren vorzüglichsten Tugenden. Sie, die Ordensgründerin und Generaloberin, trug nur abgenützte Kleidung; die einfachsten Speisen genügten ihr. Als Schrift auf ihrem Grabstein bestimmte sie die von ihr schriftlich niedergelegten Worte: „Hier ruht in Gott die ärmste Sünderin Maria Theresia, die um Gebet und gute Werke bettelt." Die Tätigkeit der Armen Schulschwestern ist heute aus dem Bereich katholischer Schule und Krankenpflege nicht mehr wegzudenken. Wirkt es nicht fast erregend, wenn man sieht, daß das Geburtshaus der Ordensgründerin Am Gries noch unverändert steht, daß die Räume noch die nämlichen sind, in denen Karolina ihre Kindheit und Jugend verbrachte? Eine Terrakottafigur, von der Hand der Fürstin Margarete von Thurn und Taxis, Theresia Gerhardinger darstellend und eine Gedenktafel zieren das kleine Fischerhaus.

Im Gegensatz zu diesen bekannten Persönlichkeiten wird der Name eines Stadtamhofer Chronisten kaum noch genannt: Karl Sebastian Hosang. Er ist nicht der Verfasser von weitschweifigen Annalen, dafür aber ein köstlicher Schilderer kleiner Zufallsgeschichten und Anekdoten aus dem Alltag seiner Zeit, von Begebenheiten, die Herz und Gemüt der Stadtamhofer und Regensburger von einst bewegten und die heute für die Volkskunde und Kulturgeschichte unserer Stadt so ungemein wertvoll sind. Hosang wurde 1769 geboren. Er lebte in Stadtamhof und starb 1842 als königlicher Salzamtsschreiber. Diese kurzen Lebensdaten lassen die ganze Welt und Umgebung aufleuchten, in der unser Erzähler wurzelte: Aus der Zeit, in der das letzte Rokoko verblühte, ragt sein Leben herein bis in die späten Jahre des Biedermeier. In seinen meist humorvollen Geschichten, in denen er den Ton seiner Zeit traf wie kaum ein anderer, berichtet er von Nachtwächtern und Bürgergardisten, von Postillionen und wunderlichen alten Käuzen, die noch wie er selbst Regensburgs Glanzzeit erlebten, den Immerwährenden Reichstag, kurzum, von all jenen schnurrigen oder rührenden Figuren, die uns aus den Bildern Spitzwegs lieb und traut geworden sind. Unser Hosang war ein echtes Stadtamhofer und Regensburger Kind, das in seinem tiefsten Wesen in seiner Heimat wurzelte. Vertiefen wir uns in seine Aufschreibungen, so spricht so viel Gemüt und Warmherzigkeit aus ihnen, daß wir den Schreiber förmlich sitzen sehen in seiner behaglichen Wohnstube der Altväterzeit in der Gebhardstraße 3 (alt Nr. 139) mit ihrem kunsterfüllten Hausrat und den Familienbildern an den Wänden, gebeugt über eines der sieben Bändchen, denen er seine Gedanken anvertraut und die den Titel tragen „Geschriebenes in Nebenstunden". Die ganze Welt jenes altmodischen, kleinstädtischen Regensburg und Stadtamhof wird darin lebendig, das einstmals war und das uns wie ein Märchen erscheint. Die Büchlein, in blaues Altbuntpapier gebunden, gelangten durch Adolf Schmetzer an den Historischen Verein.

Steinweg

Lage und Bauweise

Am Fuß des Dreifaltigkeitsberges, durch den Europakanal von Stadtamhof getrennt, zieht sich vom Schelmengraben bis zu den Wassern des Regens der Ort Steinweg hin. Eng geschlossene Bauweise ist vorwiegend auf die Durchgangsstraßen beschränkt, auf die Hauptstraße Steinweg und die Schwandorfer Straße. Im alten Bebauungsgebiet herrschen Häuser mit abgewalmten Frontgiebeln und einfache Traufenhäuser vor. Dazwischen machen mehrgeschossige Mietshäuser der Jahrhundertwende den Einfluß der nahen Stadt geltend. 1970 befanden sich noch zwei landwirtschaftliche Betriebe in Steinweg.

Der Name

Die Siedlung entstand aus zwei ursprünglich getrennten Baugruppen. Die eine, die sich dem Flußufer entlangzog, hieß „Am Regen", die andere, deren Häuserreihe längs der Fortsetzung der Stadtamhofer Hauptstraße und der heutigen Schwandorfer Straße stand, führte den Namen „Am Steinweg", der sich schließlich auf die immer mehr zusammenwachsende Ansiedlung ausdehnte. Die älteren Chronisten führen den Ortsnamen auf die Beschotterung des Flußufers und der Hauptstraße mit großen Steinen zurück, womit die Bewohner das Gelände vor den hochgehenden Fluten der Donau und des Regens zu befestigen suchten. Der Name Steinweg läßt jedoch nicht nur an eine steinige, sondern auch an eine gepflasterte Straße denken. Mit Erbauung der Steinernen Brücke — die Brücke über den Regen war damals bereits vorhanden — erlangte die Ansiedlung besondere Bedeutung für den Durchgangsverkehr. So erscheint es naheliegend, daß die durch den Ort führende Straße schon früh gepflastert wurde, ein für damalige Verhältnisse wohl so bedeutender Umstand, daß er Anlaß zur Entstehung eines Ortsnamens geben mochte.

Aus der Geschichte des Ortes

Verhältnismäßig spät erst tritt Steinweg in das Licht schriftlicher Aufzeichnung. 1320 wird der Sohn eines Ulrich Pertoltz auf dem Steinweg genannt. Ortsgeschichtlich bedeutsam und für die einstige Trennung des Gemeindegebietes von Steinweg aufschlußreich ist eine Mitteilung des Chronisten Raselius. 1332 verkaufte Sigfrid Velsel einen Weingarten am Schelmengraben und vier dazugehörige Äcker, von denen einer zu Pfaffenstein am Burgweg lag, einer unweit dem Steinweg, der dritte befand sich hinter dem Bäckerhaus am Regen und der vierte am St.-Mang-Weg.

Der Dreifaltigkeitsberg, um den sich das heutige Steinweg bogenförmig hinzieht, hieß in ältester Zeit Geiersberg. Schon 1259 ist dieser Name bezeugt. Herzog Ludwig der Strenge von Baiern erbaute auf dem Berg eine Feste, die er Landskron nannte. Jahrelang schon stand er mit den Regensburgern wegen der Zolleinnahmen in Streit. Nun konnte er von seiner Burg aus den Reichsstädtern von Norden her jegliche Zufuhr sperren. Tief mußten die Regensburger in den Säckel greifen, um den Zorn des Herzogs zu beschwichtigen. 1259 durften sie die verhaßte Zwingburg zerstören. Nach Mitteilung Schuegrafs fand man 1833 die äußeren Grundmauern der Burg bei der Anlage der Maulbeerbaumpflanzungen für die geplante Seidenraupenzucht. War auch die Burg verschwunden, der Name Landskron blieb an den daran gelegenen Grundstücken haften. Noch 1319 heißt ein Weingarten des Katharinenspitals „an der Landskron". Auch der oben genannte Burgweg erhielt seine Bezeichnung von der Feste des strengen Baiernherzogs. Immer mehr schwand der Name Geiersberg aus dem Sprachgebrauch und die Benennung „Osterberg" trat an seine Stelle. Den alten Steinwegern ist sie noch geläufig. Ob sich der Name vom althochdeutschen ostar, d. h. ostwärts, ableitet, ist fraglich. Jedenfalls paßt er auf unseren Osterberg, den östlichen Ausläufer der Winzerer Höhen. Seit Erbauung der Dreifaltigkeitskirche wird die Bezeichnung Dreifaltigkeitsberg gebraucht. Alle drei Namen unseres Berges sind in Straßenbenennungen festgehalten: Geiersbergweg, Osterbergweg, Dreifaltigkeitsbergweg.

Die ersten Ansiedler von Steinweg waren Weinbauern. Die stufenförmigen Abhänge des Dreifaltigkeitsberges und seine westliche Fortsetzung waren bedeckt von Weingärten, deren Rebstöcke saftige, blaue Trauben trugen. 1290 erwähnen die Urkunden vier am Geiersberg gelegene Weingärten und auch den ersten Weinzierl namens Friedrich Senft. Steinweg war Markt und durfte ein Wappen führen: eine blaue Traube. Die alte Gaststätte in Steinweg, ehemals Weinschenke — sie bestand bis Mitte der 1970er Jahre — hieß „Zur Blauen Traube" (Steinweg 11, alt Nr. 53). Johann Wolfgang Schifferl bewirtete dort 1713 die Gäste. In seinem Wappen führte er einen Mann, der in der rechten Hand eine blaue Traube hält. 1776 wird Adam Schutzbier als Gastgeber genannt und noch das Adreßbuch von 1844 weist einen Max Schutzbier als Wirt zur Blauen Traube aus. Das schmucke, aus Blech getriebene Wirtshausschild, eine blaue Traube nebst Wirt und Wirtin im Blätterkranz, kündet noch heute von einstiger Gastlichkeit in diesem Hause. Die Traubengasse hält die Erinnerung wach an den verschwundenen Weinbau auf dem Dreifaltigkeitsberg. Wohl mögen die Verwüstungen der Weingärten im 30jährigen Krieg als Grund für den Rückgang des Weinbaues gewertet werden; doch stellten sich seit dem 17. Jahrhundert auch andere Lebensgewohnheiten ein. Der Absatz des Weines gestaltete sich immer schwieriger, das Bier begann den Wein zu verdrängen. Gab es 1813 noch zwölf Weinzierln, so waren es 1844 nur noch zwei. Dafür entstanden am Fuß des Berges Bier- und Sommerkeller. 1786 wird das Rabenwirtshaus genannt, woran der Rabenkellerweg erinnert.

Nicht nur Weinbauern bevölkerten das alte Steinweg. Auch zahlreiche Steinmetzgesellen, die am Dombau arbeiteten, wählten den Vorort als Wohnsitz.

Der Dreißigjährige Krieg verschonte auch die kleine Gemeinde am Regen nicht. Nach heftigem Beschuß erstürmten die Schweden am 25. Oktober 1633 das befestigte Steinweg und besetzten den Ort. Am gleichen Tag eroberten sie auch die Nachbargemeinden Stadtamhof und Reinhausen.

1639 wird ein Gemeindeturm erwähnt, dessen Standort nicht mehr zu ermitteln ist. Der noch 1836 bezeugte Flurname „hinterm Turm" geht darauf zurück. Anstelle des Anwesens Nürnberger Straße 2 (alt Nr. 42½) stand das kurbairische Mauthaus. Die kranken Gemeindearmen fanden Aufnahme im Siechenkobel.

1796 hatte Steinweg unter Quartier- und Verpflegungslasten für die Armee Napoleons schwer zu leiden.

201. Steinweg 11. Wirtshausschild „Zur Blauen Traube"

Auch das Schreckensjahr 1809 ging nicht spurlos an unserem Vorort vorüber, wenngleich Steinweg auch nicht das schwere Schicksal traf, das der Nachbargemeinde Stadtamhof beschieden war. Nachdem die Franzosen am 23. April 1809 Regensburg erobert hatten, versuchten sie, den über die Steinerne Brücke sich zurückziehenden Österreichern nachzusetzen. Noch aber waren Stadtamhof und Steinweg in österreichischer Hand. Um ihren Rückzug zu decken und die Franzosen am unmittelbaren Nachdrängen zu hindern, schossen österreichische Batterien vom Dreifaltigkeitsberg aus in den Abendstunden des 23. April Stadtamhof in Brand. Gegen 21 Uhr hatten die Österreicher Stadtamhof und Steinweg vollends geräumt. Im Haus Steinweg Nr. 30 (alt Nr. 46) blieben zehn österreichische Soldaten zurück. Erschöpft und betrunken lagen sie in einem Zimmer beisammen. Ein eingedrungener Franzose durchbohrte einen nach dem andern der Wehrlosen mit seinem Bajonett.

Am 1. April 1924 kam der Markt Steinweg zusammen mit den übrigen, nördlich der Donau gelegenen Vororten zum Stadtgebiet von Regensburg.

Die Dreifaltigkeitskirche — ein Pestgelöbnis

Als man das Jahr 1713 schrieb, wütete ein fürchterlicher Würgengel in Regensburg: die schwarze Beulenpest. Unbarmherzig forderte die Seuche ihre Opfer unter den Bewohnern der Stadt. Überblickt man die Totenziffern, so versteht man den Chronisten, der da schreibt: „Der stürmische Herbstwind schüttelte nicht so viel Blätter von den Bäumen, als die giftige Luft Menschen in die Erde geworfen hat." Die Seuche blieb zunächst auf reichsstädtisches Gebiet, also auf das Stadtgebiet südlich der Donau beschränkt, das streng vom umgebenden bairischen Territorium abgeschlossen war. Um den Postverkehr mit der isolierten Reichsstadt ohne Kontakt von Person zu Person aufrechterhalten zu können, bediente man sich einer an Ketten aufgehängten eisernen Truhe. Diese befand sich über dem Einlaßtürchen beim sogenannten Schneller (s. d.) an der Steinernen Brücke und war zur Aufnahme der ein- und abgehenden Postsachen bestimmt. Erst 1803 verschwand dieses Andenken an Regensburgs schwerste Tage.

Trotz der Sperrmaßnahmen drang die Seuche auch in die nördlichen Vorstädte. Um dem fürchterlichen Sterben Einhalt zu gebieten, gelobten die Bürger von Stadtamhof und Steinweg, auf dem Osterberg eine Kirche zu Ehren des Dreifaltigen Gottes zu erbauen. Der Stadtamhofer Brauer Michael Schlecht gilt als Urheber dieses Gedankens. Am 18. September 1713 wurde der Grundstein gelegt. Neun Tage später starb nach achtjähriger Ehe die Frau des Michael Schlecht. Auch seine drei Söhne fielen der Pest zum Opfer. Ungeachtet dieser Schicksalsschläge und der Not der Zeit trieb Michael Schlecht den Kirchenbau immer wieder voran. Noch ehe das Gotteshaus fertiggestellt war, stifteten er und eine Stadtamhoferin einen silbernen, teilweise vergoldeten Kelch. Die Inschrift in der Fußplatte lautet: „Michael Schlecht B: und Pierprey und desse Hausfrau und Anna Cathrina Weissin zu Statt am Hoff 1714." Die genannte Frau des Schlecht war damals aber bereits tot. Am 28. Juli 1715 endlich konnte der Regensburger Weihbischof Albert Ernst Graf von Wartenberg die feierliche Benediktion des neuen Gotteshauses vornehmen, nach-

202. Michael Schlecht, Ausschnitt aus einem Gemälde, 1715. Pfarrei Heilige Dreifaltigkeit

dem um die Mitte des Jahres 1714 die Pest erloschen war. In Scharen strömten die Gläubigen herbei, um Gott für ihre Errettung zu danken. Michael Schlecht konnte diesen Freudentag noch erleben, aber wenige Monate später, am 16. Oktober 1715, starb auch er. In die Ostwand der Kirche ist links vom Eingang sein Epitaph eingelassen. Unter dem Flachrelief einer Pieta kniet der Verstorbene im Zeitkostüm. „Alhier ligt begraben der Ehrengeachte Mich. Schlecht, burger und Pierpreu zu statt am Hoff, so gestorbē den 16. oct: 1715. seines alters 51 Jahr Erster Urheber dises Gotthaus."

Michael Schlecht stiftete in seinem Todesjahr 1715 ein Ölgemälde in die Kirche. Das kultur- und heimatgeschichtlich überaus bedeutsame Bild befindet sich nun in der sogenannten Hauskapelle in Steinweg Nr. 21 gegenüber dem Pfarrhof. Es stellt in gefälliger Farbkomposition eine Kalvarienbergszene vor dunkler Stadtsilhouette dar. Links vorne kniet der Stifter, Michael Schlecht, den Rosenkranz in den gefalteten Händen. Rechts unten findet sich sein Wappen: ein durch einen Schrägbalken geteilter Schild mit drei Blüten im oberen Feld. Auf dem Balken die Devise: QUIS UT DEUS — Wer ist wie Gott? Die dargestellte Magdalena trägt der Überlieferung nach die Züge einer hübschen Stadtamhofer Bürgerstochter, die später zur Dirne herabsank. Eine große Kartusche in der vorderen Bildmitte trägt die Inschrift: „Übersetzt durch Michael Schlecht. Bürger und Pierpreu zu Statt am Hoff, Erster anfänger und Urheber dises Gotteshauses Anno 1715."

Die Zünfte von Stadtamhof, Steinweg und des Pfleggerichts Weichs ließen 1714 die Decke des Langhauses mit Fresken schmücken. Sie haben in neun Bildern die Stillung des Sturmes auf dem Meer, den reichen Fischfang und die sieben Werke der leiblichen Barmherzigkeit zum Inhalt.

Zur ursprünglichen Ausstattung der Kirche, deren Einrichtung durch „Renovierungen" des öfteren dezimiert wurde, gehören die Altäre. Den Hauptaltar, eine viersäulige Anlage mit Akanthusschnitzerei, stiftete um 1713 der 1729 verstorbene Stadtamhofer Brauer Johann Georg Christoph Höchtl. Auf die Taufnamen des Stifters beziehen sich die lebensgroßen Seitenfiguren: links St. Georg, den Drachen tötend, rechts der hl. Christoph, das Kind auf der Schulter. Die Figur des Erzengels Michael, gleichfalls rechts vom Hauptaltar, stammt vom Schalldeckel der entfernten Kanzel.

Aus gleicher Zeit stammen die Nebenaltäre. Ihre Bilder stehen in enger Beziehung zu dem Verlöbnisgrund, der den Bau des Gotteshauses veranlaßte. Das Bild des linken Seitenaltares hat den

203. Dreifaltigkeitskirche von Osten mit Mesnerhaus, Kapelle zum gegeißelten Heiland und Stationssäulen. Stahlstich von Bernhard Grueber, 1845. Privatbesitz

Martertod des vielfach angerufenen Seuchenpatrons St. Sebastian zum Inhalt. Johann Gebhard (s. d.), der bedeutende Maler aus Prüfening, fertigte es um 1713. In einem wirkungsvollen Spiel der Lichter und Schatten steht die Gestalt des Märtyrers, den Engel umsorgen. Das Bild ist signiert: „Johann Gebhardt fecit in Prifling 1713." Auch das Oberbild des Altars, die Heilige Familie darstellend sowie das Bild im Aufzug des Hauptaltares, St. Josef, stammen von Johann Gebhard. Das Altarblatt des rechten Seitenaltares — es stammt aus jüngerer Zeit — zeigt den einst sehr verehrten Pestpatron St. Rochus.

Die überlebensgroße Gruppe der Pieta in einem Engelreigen, nun an der nördlichen Seitenwand, ist eine Stiftung der Margaretha Wirth aus dem Jahr 1717. Die Beichtstühle kamen nach Schuegraf 1732/35 in die Kirche. Die Betstühle zeichnen sich durch reiches Akanthusschnitzwerk an Wangen und Brüstungen aus.

Das Weihwasserbecken, aus rotem Marmor, gehört zur ursprünglichen Einrichtung. Ein Balusterschaft trägt die ovale, mit Bossen gezierte Schale. Im Sockel die Buchstaben Q. H. E. H. und die Jahreszahl 1715.

Ein gotisches Steinrelief, Christus an einem Astkreuz, das sich nun an der Südwand links vom Eingang befindet, war vordem an der jetzigen Kriegergedächtniskapelle eingemauert.

Der sogenannte Pestleichenstein (s. d.) in der Ostwand der Kirche rechts vom Eingang stammt von der Umfriedung des Pestlazarettes am Unteren Wöhrd.

Die hundertjährige Wiederkehr der Weihe des Gotteshauses wurde 1815 feierlich begangen. Triumphbögen aus grünen Zweigen überspannten den Weg auf den Berg. Kränze schmückten das Äußere sowie den Innenraum der Kirche. Für die Festteilnehmer, die man in großer Zahl erwartete, standen Hütten und Zelte bereit, in denen Wirte Bier und Wein ausschenkten. Feuergruben, in den Äckern rings um die Kirche ausgehoben, dienten den Pilgern zum Kochen und Wärmen der mitgebrachten Speisen. Für die Predigten im Freien war eine Kanzel errichtet. In der Kirche und auch im Friedhof standen zusätzliche Beichtstühle. 23 000 Gläubige sollen damals auf dem Dreifaltigkeitsberg zu den Sakramenten gegangen sein. Das Gedränge war zeitweise so groß, daß Beichtstühle samt den Priestern umgeworfen wurden.

Die Kirche erfuhr 1837 eine Veränderung. Architekt Freiherr von Reichlin legte der Ostseite eine stimmungsvolle Halle im byzantinischen Stil vor. Den ursprünglich kleinen Dachreiter ersetzte er durch einen schmalen Turm über dem Vorhallendach. Unter Architekt Heinrich Hauberrisser erfolgte 1933 eine beträchtliche Erweiterung der Kirche nach Westen.

Die Kapelle

Am Ende des Kreuzweges, der von Steinweg auf den Berg führt, steht eine schlichte Kapelle. Sie wurde um 1730 erbaut und war dem gegeißelten Heiland geweiht. Ihr gefälliger Rokoaltar, den reiches Muschelschnitzwerk ziert, befindet sich nunmehr in der sogenannten Hauskapelle in Steinweg Nr. 21 gegenüber dem Pfarrhof. Die Stelle des Altarblattes nimmt die Schnitzfigur des gegeißelten Heilands an der Martersäule ein. Den bekrönenden Abschluß der Altaranlage bildet eine Plastik Gottvaters. Am Antependium befindet sich ein kleines Ölbild, die Grablegung Christi darstellend. Die angefügte Bezeichnung „1821" bezieht sich auf eine Renovierung.

Architekt Heinrich Hauberrisser baute die Kapelle 1922 zu einer Krieger-Gedächtniskapelle um.

Der Kreuzweg

Von Steinweg aus führt der Dreifaltigkeitsbergweg direkt zur Kirche hinauf. Kreuzwegstationen begleiten ihn. Dieser Kreuzweg scheint bald nach Erbauung der Kirche angelegt worden zu sein, vielleicht entstand er zusammen mit der Kapelle zum gegeißelten Heiland (s. d.) um 1730. Ein Kupferstich von Johann Mayr, 1780 (Stadtansichten Nr. 34), bildet ihn ab. Die jetzigen Stationssäulen stammen aus dem Jahr 1845. Sie tragen die Namen der Stifter. Auf Betreiben der Gattin des Stadtamhofer Steinmetzmeisters Ludwig Graf (s. d.) wurden damals anstelle der alten, gemauerten Stationssäulen die jetzt noch bestehenden Kalksteinsäulen errichtet. Ein Stahlstich von Johann Poppel, um 1845, der einen Blick vom Dreifaltigkeitsberg über Stadtamhof und Regensburg vermittelt (Stadtansichten Nr. 55), läßt noch die früheren, mit Ziegeln aufgemauerten Stationssäulen des Kreuzwegs erkennen.

Der Friedhof

Das Relief einer Traube und die Buchstaben ST W, d. h. Steinweg, zieren den Keilstein des stilvollen Friedhofsportales auf dem Dreifaltigkeitsberg. Die über dieser Traube eingetiefte Jahreszahl 1798 erinnert daran, daß die Bürger von Steinweg damals ihren Gottesacker errichteten und ihn mit einer Mauer umfriedeten. In Scharen strömte das Volk auf den Berg, als der damalige Generalvikar Valentin Anton Freiherr von Schneid die feierliche Friedhofsweihe vornahm. Das bairische Linienmilitär aus Straubing erhöhte die Festlichkeit durch eine glanzvolle Parade. Die Figur eines trauernden Putto, wohl von einem aufgelassenen Grab stammend, fand auf dem Portalgiebel einen Platz. Der Volksmund aber deutet die kleine Plastik als bittende Arme Seele. Das Schnitzwerk des Gekreuzigten mit der schmerzhaften Mutter an der Ostseite des Mesnerhauses, eine etwas ländlich-derbe, aber recht ansprechende Gruppe, stammt gleich dem Portal aus dem Jahr der Friedhofsgründung.

Außen an der Südostecke der Friedhofsmauer steht als Ruhebank ein steinerner Sarkophag. Nur einige Meter davon entfernt befindet sich ein Massengrab österreichischer Soldaten, die am 19. April 1809 bei dem vergeblichen Versuch, Stadtamhof stürmend zu erobern, den Tod fanden. Den Österreichern war es gelungen, von ihren Stellungen auf dem Dreifaltigkeitsberg aus das Stadtamhofer Tor gegen den Protzenweiher zu sprengen und in den von napoleonischen Truppen besetzten Vorort einzudringen. In der Stadtamhofer Hauptstraße empfing die Angreifer ein mörderisches Gewehrfeuer. Unaufhaltsam drangen die Österreicher bis zur Steinernen Brücke vor, dann aber brach ihr Sturm zusammen. Nun mußten sie abermals den Todesmarsch durch die Stadtamhofer Hauptstraße fechtend zurücklegen. Mit mehr als 800 Toten bezahlten die Österreicher den mißglückten Sturm. Am folgenden Tag gelang ihnen endlich die Einnahme Stadtamhofs. Beim Einrücken fanden sie die Straßen mit den Leichen ihrer Kameraden bedeckt. Noch während der folgenden Nacht wurde besagtes Massengrab auf dem Dreifaltigkeitsberg ausgehoben. Die Bestattung der gefallenen Österreicher erfolgte am Vormittag des 21. April.

1803 erfolgte die Säkularisation des Franziskanerklosters in Stadtamhof. Die in der Gruft der Kirche ruhenden Gebeine der Mönche brachte man auf den Bergfriedhof und setzte sie in einem Sammelgrab bei. Eine schlichte Gedenktafel — heute ist sie leider nicht mehr nachzuweisen — bezeichnete die Begräbnisstätte: „Hier ruhen die irdischen Überreste der ehrwürdigen P. P. Franziskaner, die aus der Conventsgruft von Stadtamhof hierher gebracht. R. J. P."

1812 errichtete auch die Gemeinde Stadtamhof einen Friedhof, gleichfalls auf dem Dreifaltigkeitsberg. Bis zu diesem Zeitpunkt wurden die Verstorbenen Stadtamhofs auf dem Friedhof von Steinweg beigesetzt. Zur Anlage des neuen Gottesackers wurde der einer Gastwirtswitwe gehörende Grund, der unmittelbar westlich an die Begräbnisstätte von Steinweg anschloß, um 325 Gulden erworben. Eine Sammlung bei der Bürgerschaft von Stadtamhof erbrachte das nötige Geld. Damals, so weiß Hosang zu berichten, lebte in Stadtamhof ein Tapezierer, der nicht mehr als drei Schuh maß. Dieser kleine Mann zeichnete lediglich einen Groschen in die Sammelliste. Das erschien manchen Stadtamhofern doch etwas wenig und sie gaben ihm zu verstehen, daß man um einen Groschen nicht viele Erdschollen würde kaufen können. „Wenn alle Stadtamhofer eine Bahre von meiner Länge brauchten", erwiderte der Angesprochene, „bedürfte der Friedhof keiner Erweiterung. Ich zahl halt vom Schuh einen Kreuzer." Josef Muck von Stadtamhof war der erste, der am 7. Juli 1812 im neuen Friedhof bestattet wurde. „Es kommt die Stunde, in der alle, die in diesen Gräbern ruhen, die Stimme des Gottessohnes hören werden." So steht, in lateinische Worte gefaßt, über dem schlichten Portal. Nur einzelne Grabmäler des Empire aus der Gründungszeit des Friedhofes sind noch erhalten.

Der Transport der Leichen auf den Berg bereitete im Winter bei Glätte oft große Schwierigkeiten. „Bei Glatteis weiß man nicht hinauf noch hinunterzukommen", berichtet der Stadtamhofer Chronist Hosang. „Auf der steilen Berghöhe stürzten einmal die Bartträger mit dem Sarg so, daß der Deckel aufsprang und der aus demselben fallende Leichnam (Kranzberger, Weißhäuslwirtin) einen scheußlichen Anblick gewährte...". Der Gärtner Johann Kranzberger bewohnte 1844 das Haus Steinweg Nr. 24, das sich anstelle des heutigen Anwesens Lappersdorfer Straße 14 befand.

Zeitgenössische Darstellungen

Von Steinweg und der Dreifaltigkeitskirche gibt es mehrere zeitgenössische Darstellungen. Ein Ölgemälde in Breitformat von Samuel Friedrich Schmieder, 1725, im Besitz des Museums, gibt im Vordergrund die Häuser von Steinweg und das Hatztheater (Stadtansichten Nr. 26) wieder. Sehr hübsch ist ein Aquarellblatt um 1840 in der Sammlung der Fürstlichen Hofbibliothek mit einem Blick in die Steinweger Hauptstraße. Links das ehemalige Waisenhaus (s. d.).

Eine etwas unbeholfene, aber recht getreulich wiedergegebene Darstellung von der Hand des Chronisten Hosang um 1820 läßt die Kirche in ihrem ursprünglichen Bauzustand mit dem barok-

204. Blick auf Steinweg vom Protzenweiher aus. Aquarell um 1840. Hofbibliothek

ken Dachreiter im Westen erkennen. Ein Stahlstich von Gerhard und Poppel um 1840 stellt die Kirche nach ihrer ersten Erweiterung von 1837 mit der vorgelagerten Säulenhalle dar. Bernhard Grueber lieferte um 1845 einen Stahlstich, der den Dreifaltigkeitsberg mit Kirche, Mesnerhaus, Kapelle und Kreuzwegstationen von Osten wiedergibt. Den Vordergrund bilden die an der heutigen Lappersdorfer Straße gelegenen Häuser von Steinweg.

Das ehemalige Waisenhaus St. Peter

Langgestreckter, zweigeschossiger Bau, im Kern gotisch, in der Barockzeit weitgehend verändert. Dieses Haus erwarb 1736 der Regensburger Weihbischof Langwert von Simmern (1669—1741) und richtete darin das Waisenhaus ein. Sechs Jahre früher, 1730, hatte er das Regensburger Waisenhaus (s. d.) gegründet. Mehr als hundert Jahre lang fanden hier die Waisenkinder von Stadtamhof und wohl auch von Steinweg Aufnahme und Betreuung. Das Haus gehörte gleich den nach Norden anschließenden drei Gebäuden zu Stadtamhof. An der Schmalseite des Waisenhauses zur Straße steht in einer Nische unter einem Sprengwerkbaldachin die spätgotische Steinplastik eines Schmerzensmannes. Christus mit der Dornenkrone, die Wundmale zeigend, ist in leicht schreitender Stellung wiedergegeben. Drei im Verhältnis kleinfigürliche Apostel knien zu seinen Füßen. Die Plastik ist eine Kopie des wertvollen, um 1500 entstandenen Originals, das jetzt in der Altarnische der Weintingerkapelle des Museums steht.

Ein Kupferblatt des Regensburger Stechers Bernhard Gottlieb Fridrich zeigt das Porträt des wohltätigen Weihbischofs von Simmern. Devisen in den vier Eckkartuschen des Blattes künden von seinen Tugenden. In einer der Kartuschen ist auch das Stadtamhofer Waisenhaus abgebildet. Ein Exemplar dieses Stiches im Besitz der Fürstlichen Hofbibliothek ist mit Randbildern versehen. Die untere Abschlußleiste bildet ein Aquarell des Waisenhauses, das soeben Zöglinge unter Aufsicht eines Priesters verlassen.

Das Palais Traubengasse 6 (alt Nr. 55)

Frühklassizistische, zweigeschossige Anlage mit Mansarddach. Durchlaufender Sims zwischen den Geschossen. Mittelrisalit mit fünf Fensterachsen. Erdgeschoß gebändert. Großes korbbogiges Portal,

*205. Sog. Schützenhalle,
Traubengasse 6 (alt Nr. 55)*

drei Torflügel aus Eichenholz. Medaillons an Bandgehängen füllen die Felder. Im Mittelfeld verschlungenes Monogramm. Ein Fries von Vasen und Greifen auf dem Abschlußbalken, im Keilstück das Emblem der Brauer. Doppelpilaster mit ionischen Kapitellen gliedern das Obergeschoß. An den Mittelrisalit schließen östlich und westlich Seitenflügel zu je sieben Fensterachsen an.

Das Haus war Braustätte. Joseph Jordan betrieb dort in der ersten Hälfte des 19. Jahrhunderts Brauerei und Gaststätte „Zum Weißen Hahn". Noch 1954 Gaststätte „Schützenhalle".

Die Feuerschützengesellschaft Stadtamhof in Steinweg hatte dort ihre Schießstände. Die Fürsten von Thurn und Taxis waren stets Ehrenmitglieder dieser alten Schützenvereinigung. 1891 veranstaltete die Gesellschaft nachträglich zur Vermählung von Fürst Albert mit Fürstin Margarete ein Festschießen, an dem das fürstliche Paar persönlich teilnahm. Straßen und Häuser Stadtamhofs und Steinwegs prangten aus diesem Anlaß in festlichem Schmuck. Fürst Albert gewann den 12. Preis, den er aus der Hand seiner Gemahlin, die persönlich die Preise verteilte, entgegennahm. Anläßlich der Taufe des Erbprinzen Franz Joseph von Thurn und Taxis veranstaltete die Gesellschaft ein Taufschießen, zu dessen Erinnerung eine Medaille geprägt wurde.

Während des Krieges 1809 nahm der österreichische General Klenau für einige Zeit Quartier in diesem Haus. Bei der Beschießung Stadtamhofs vom Dreifaltigkeitsberg aus am 23. April 1809 gab er den strengsten Befehl, das in direkter Feuerlinie der Zerstörungsbatterien liegende Gebäude unter allen Umständen zu schonen.

Kleindenkmäler

Die Häuser Steinwegs weisen eine Reihe kunstgeschichtlich wertvoller Kleindenkmäler auf. Aus spätgotischer Zeit stammt das holzgeschnitzte Salvatorbild am Haus Schwandorfer Straße 25 (alt Nr. 28). Christus, die Rechte segnend erhoben, hält in der Linken die Weltkugel. Aus dem Jahre 1778 stammt das Relief des hl. Georg am Haus Steinweg Nr. 14. Madonnenstatuen finden sich an den Häusern Bäckergasse 25 und 35.

Kuchenreuterpistolen

Mit Steinweg verbindet sich der Name der weitberühmten Büchsenmacherfamilie Kuchenreuter. Drei Jahrhunderte hindurch übten Angehörige dieser Familie die Kunst des Büchsenmachens in Regensburg aus. Während des Dreißigjährigen Krieges, um 1640, kam erstmals ein Kuchenreuter namens Georg, von Beruf Büchsenmacher, nach Regensburg. In Steinweg ließ er sich nieder und richtete dort eine Büchsenmacherwerkstätte ein. Von vornherein spezialisierte er sich auf die Herstellung von „Faustbüchsen", wie man die Pistolen damals nannte. Bald stand er im Ruf eines überaus tüchtigen Handwerkers und wurde mit Aufträgen geradezu überhäuft.

Die Familientradition nennt als eigentlichen Begründer des Weltrufes der Kuchenreuterwaffen den in Regensburg ansässigen Johann Jakob (1709—1783), der auch Hofbüchsenmacher des Fürsten von Thurn und Taxis war. Er und seine beiden Brüder hatten klar erkannt, daß die Schußleistung der Pistolen vor allem durch eine absolut präzise Laufherstellung, aber auch durch weitere Vervollkommnung der Visieranlage und der Grifform gesteigert werden kann. In unermüdlicher, zäher Arbeit gelang es den Brüdern, Pistolen von so großer Durchschlagskraft und Zielsicherheit herzustellen, daß fast alle europäischen Fürsten zu ihren Kunden zählten. Auch Kaiser Napoleon und der preußische König waren Besitzer einer „Kuchenreuter", wie man die aus Regensburg stammenden Pistolen kurz nannte. Neben einfacheren Gebrauchswaffen verließen die Kuchenreuterwerkstätte auch Prunkpistolen, die sich an Lauf und Griff durch künstlerische Ziselier- und Einlegearbeiten auszeichneten. Wie bekannt die Kuchenreuterpistolen waren, beweist die Tatsache, daß sie sogar Eingang in ein Gedicht von Adalbert von Chamisso fanden. In seinem „Bösen Markt" läßt er einen reichen Herrn von einem Räuber überfallen, der ihn mit vorgehaltener Pistole zwingt, ihm Uhr und Ring für ein paar Batzen zu „verkaufen". Als der Strolch den vollen Geldbeutel des Herrn erblickt, bietet er ihm sogar die Pistole dafür an und spricht: „Die Pistole für den vollen! / Sie ist von dem besten Meister, / Kuchenreuter, glaub ich, heißt er, / Nehmt sie für den Beutel hin!" Der Überfallene, nun im Besitz der Waffe, will den Räuber zur Rückgabe der Wertgegenstände zwingen. Dieser aber entfernt sich lachend, die Pistole war nicht geladen. Zum Schluß dann heißt es: „Jener, mit dem Kuchenreuter / In der Hand, sah nicht gescheuter / Aus, als Augenblicks zuvor." Der wegen seiner Liebesabenteuer bekannte Italiener Casanova war Besitzer von Kuchenreuterpistolen. In Warschau gelang es dem Abenteurer, in Beziehungen zu König Pomiatowski zu treten, wodurch er einer glänzenden Hofstellung entgegensah. Diese Hoffnung machte ein Duell mit dem Kronmarschall, den Casanova schwer verwundete, zunichte. Das Duell wurde mit Kuchenreuterpistolen ausgetragen.

Das Germanische Nationalmuseum Nürnberg konnte 1962 aus dem Kunsthandel ein Bildnis des Johann Jakob Kuchenreuter erwerben, des berühmtesten Mitglieds dieser Familie. Das Porträt stammt von dem in Prag tätig gewesenen Maler Joseph Ries. Frau Babette Kuchenreuter, Schäffner-

206. *Johann Jakob Kuchenreuter, Begründer des Weltrufes der Kuchenreuterpistolen. Pastellbild im Besitz der Familie*

straße 27, gab 1969 eine Reihe von Pastellbildern des 18. Jahrhunderts, Familienmitglieder darstellend, an den Vetter ihres Mannes, Herrn Josef Kuchenreuter in Cham. Darunter befindet sich auch das hier wiedergegebene Porträt des Johann Jakob Kuchenreuter.

Die Familie zweigte sich in einen Steinweger, einen Stadtamhofer und einen Regensburger Stamm. In Cham hatte sich 1824 ein Michael Kuchenreuter niedergelassen. Spätere Kuchenreuter waren mehrfach bayerische Hofbüchsenmacher. Zu Beginn des vergangenen Jahrhunderts lebten in Steinweg die Büchsenmacher Christoph Kuchenreuter im heutigen Anwesen Steinweg 28 (alt Nr. 46½) und Alois Kuchenreuter im Haus Bäckergasse 27 (alt Nr. 6). An der Nordwand des alten Steinweger Friedhofs liegt die Begräbnisstätte der Steinweger Kuchenreuter. „Mit ihr erlosch dieser Stamm" ist unter dem Namen der 1913 verstorbenen Maria Kuchenreuter zu lesen. Das erhebliche Barvermögen sowie Haus und Grundstück stifteten sie und ihr 1898 unverheiratet verstorbener Bruder Adam zur Errichtung einer Seelsorgestelle in Steinweg. Das Kuchenreuterhaus, Steinweg 28 (alt Nr. 46½), ist jetzt Pfarrhof von Steinweg. Die Kuchenreuterstraße hält die Erinnerung wach an diese berühmte Regensburger Familie.

Tiergefechte im Hatzhaus

Nicht immer war das Rokoko jenes galante, anmutig lächelnde Zeitalter, als das man es sich gemeinhin vorstellt. Kulturellem Fortschritt und einer wahren Harmonie der Seele standen Verderbtheit des Rechtswesens und Freude an Roheit und Barbarei gegenüber.

Einer dieser beschämenden Rückfälle in die Grausamkeit früherer Jahrhunderte waren die **Tiergefechte**, die „Hatzen". Schon 1653 sollte in Regensburg der Kampf eines Stieres mit einer Löwin gezeigt werden. Das Tier besaß aber mehr Vernunft als sein Besitzer. Die Löwin flüchtete, und die enttäuschten Zuschauer forderten unter Drohungen die Rückerstattung ihres Eintrittsgeldes.

Regensburg war neben Wien die einzige Stadt, die im 18. Jahrhundert eine eigene Arena für Tiergefechte besaß. In Steinweg, im Garten des Gasthofs „Zur Blauen Traube", entstand ein ovales, aus Holz errichtetes Amphitheater. Es findet sich abgebildet auf einem Ölgemälde von Samuel Friedrich Schmieder, 1725 (Stadtansichten Nr. 26), sowie auf einem Kupferstich von Johann Mayr, 1780 (Stadtansichten Nr. 34). Im Erdgeschoß der Anlage befanden sich die Käfige für die Tiere, die durch aufziehbare Gatter zur Arena hin und auch nach rückwärts geöffnet werden konnten. Über den Tierbehältern verlief ein Gang für die Hatzknechte, und etwas zurückgesetzt erhoben sich zwei Stockwerke von Galerien für die Zuschauer. In der Mitte der

207. Hatzknecht, um 1780

Arena befand sich ein überdeckbares Wasserbecken, ein Mast mit Querbalken war zum Aufsteigen für die Bären bestimmt. Der Fürst von Thurn und Taxis ließ das Hatztheater 1776 auf seine Kosten ganz neu wiedererbauen. Ihm war eine eigene Loge vorbehalten.

Bei diesen Tiergefechten wurden Bären, Stiere, Wildschweine und Hunde aufeinander losgelassen, nachdem man sie vorher durch Aushungern zu großer Wildheit gereizt hatte. Stiere machte man wütend, indem man ihnen Feuerwerkskörper, Kugeln mit Eisenspitzen oder lebende Katzen auf den Rücken band, Hirsche zwang man durch Peitschenhiebe, über Hindernisse zu setzen. Nicht selten wurden bei diesen grausigen Darbietungen Tiere schwer verletzt oder zerrissen. In den Verzeichnissen werden deshalb auch solche Tiere genannt, die keine „Loser", kein Ohren, haben, weil sie ihnen bei der Hatz von den Hunden abgebissen oder ausgerissen wurden. Zuweilen liehen die Metzger gegen Entgelt auch Schlachtochsen zur Hatz. Einer Eingabe des Metzgers Fichtlscherer von Stadtamhof ist zu entnehmen, daß er gegen fünf Gulden Entschädigung einen Ochsen zur Hatz entlieh. Beim Kampf mit einem Hirsch stieß ihm dieser das Geweih in den Kopf, so daß er sofort geschlachtet werden mußte. Zudem hatten ihn die Hunde so sehr zerbissen, daß große Teile des Fleisches nicht mehr verwendet werden konnten.

Das Unternehmen ging zu Kosten des Fürsten Karl Anselm von Thurn und Taxis, der 1777 einen Kammerdiener namens Hilt als Hatzdirektor und den Metzger Johann Lingauer als Hatzmeister bestellte. Die fürstliche Theaterintendanz führte die Oberaufsicht. Zu diesen verabscheuungswürdigen Schaustellungen, die jeden Sonntagnachmittag stattfanden, lud am Samstag eine Abordnung von Hatzknechten in rotem Wams und federgeschmücktem Hut ein. Sie zogen durch die Straßen und priesen unter Trommelschlag die Veranstaltung an. Gedruckte Hatzzettel, von denen die Fürstliche Hofbibliothek eine Sammlung von 52 Stück aus dem Jahre 1780 besitzt, verkündeten das Programm. Der Regensburger Rat verhielt sich diesen Veranstaltungen gegenüber jedoch zurückhaltend und ablehnend, weil er sie als nicht förderungswürdig und sittenverderbend erkannte. Aus diesem Grund verbot er, wenn auch nur vorübergehend, das Ausrufen durch die Hatzknechte auf reichsstädtischem Gebiet.

Zur Erwerbung von Bären für die Hatz unternahm Hatzdirektor Defraine mit sieben Begleitern 1783 eine Reise nach Polen. Von den neun angekauften Tieren kamen nach zweimonatigem Transport nur sechs in Regensburg an. Einer der Männer mußte, von einem Bären schwer verwundet, in Polen zurückgelassen werden.

Die Vorsehung bereitete den Schindereien ein Ende. Das Jahr 1784 brachte einen schweren Eisgang. Ungeheuer schwoll das Wasser der Donau an, überschwemmte weite Gebiete und führte gewaltige Eisplatten mit sich, die neben mehreren Häusern in Steinweg auch das Hatztheater erheblich beschädigten. Viele der Tiere wurden dabei von ihren Leiden erlöst. Der Fürst zog sich von dem Unternehmen zurück. Metzger Lingauer führte jedoch die Tiergefechte noch einige Zeit auf eigene Rechnung weiter. 1795 erfolgten die letzten Vorstellungen.

Reinhausen

Zwischen dem weit ausholenden Bogen der Nordgaustraße, dem Regen und dem nördlichen Arm der Donau breitet sich der Vorort Reinhausen aus. Es sind zwei Welten, die sich in diesem Stadtteil Regensburgs begegnen: ländliche Idylle an den Gestaden des Regens und moderne Großstadt mit ragenden Hochbauten und funkelnden Ladenzeilen. Die große Eingemeindung des Jahres 1924 gliederte auch Reinhausen, damals das größte Dorf der Oberpfalz mit 5000 Einwohnern, dem Stadtgebiet Regensburgs ein. Reinhausen besaß im Gegensatz zu anderen Regensburger Stadtteilen die Möglichkeit einer ungehinderten Erweiterung, hauptsächlich nach Osten auf der ebenen Talsohle der Regensburger Bucht. Dieser Umstand sowie der Durchzug bedeutender Verkehrsstraßen bedingten hier die charakteristische Entwicklung vom Dorf zur Vorstadt mit ihrer gemischten Bauweise, jenem Nebeneinander und Durcheinander von ländlichen Baugruppen, von Arbeitersiedlungen der zwanziger Jahre und neuzeitlichen Wohnblöcken.

Der Ortsname

Der Name Reinhausen leitet sich vom Regen ab. Als Reginhusen, d. h. „bei den Häusern am Regen", erscheint er erstmals im Jahre 1007 in einer Schenkungsurkunde Kaiser Heinrichs II., des Heiligen. In moderndeutsche Sprache übertragen heißt es darin: „Wir Heinrich, durch Gottes Gnaden König und Kaiser, ... haben unserem Stift in Bamberg drei Herdstätten nächst der Donau, zwei bei der Brunnleiten und zwei bei Reginhusen geschenkt." Die folgenden Jahrhunderte kennen unterschiedliche Schreibweisen: Raynhausen, Ranhausen, Rainhausen, Ränhausen. Dem Gesetz der Etymologie folgend, muß der Ort Reinhausen heißen. Die amtliche Bezeichnung lautete im vergangenen Jahrhundert jedoch „Rainhausen". Die Gemeinde beantragte 1885 beim bayerischen Innenministerium die Änderung des Ortsnamens. Die Behörde gestattete die etymologisch richtige Schreibweise des Namens: Reinhausen.

Fischer, Holzknechte und Weinbauern

Die ersten Ansiedler Reinhausens mögen Fischer und Flößer gewesen sein. Der Regen, die wirtschaftliche Lebensader des Dorfes, trug ganze Wälder von Blöchern aus den holzreichen Bergen des Bayerischen Waldes heraus in die Ebene. Die Stämme kamen einzeln als Treibholz an oder verbunden zu Flößen, die man „Fluder" nannte. „Fluderherren" hießen die Inhaber der Flößereibetriebe. Kurz vor der Regenmündung lag der große Holzstapelplatz, auf dem Stämme und Bretter zum Kauf angeboten wurden. Von diesem 1769 errichteten sogenannten Holzgarten — er nahm das Gelände unmittelbar südöstlich der neuen Regenbrücke ein — schöpfte die Holzgartenstraße ihren Namen. Dort hatte das kurbairische Holzgarteninspektionsamt seinen Sitz, eine Behörde, die den Absatz des Holzes und die damit zusammenhängenden Gebühren und Zölle überwachte. Im Nikolauskirchlein am Regen (s. d.) erinnert eine Grabplatte an den 1788 verstorbenen Holzgartenamtinspektor Franz Xaver von Wurzer. Das Haus Holzgartenstraße 36 (alt Nr. 68) beherbergte die Holzgartenschreiberei. Die fürstliche Hofbibliothek besitzt einen aquarellierten Plan aus der Zeit vor 1800, der die Zufahrtswege zum Holzgarten mit genauen Entfernungsangaben von der Stadt in Schritten angibt. Nach 1802 wurde das Gelände des einstigen Holzgartens teilweise mit Siedlungshäuschen bebaut. Aber auch am jenseitigen Ufer des Regens ländeten Flöße, wovon die Straße Am Holzhof Zeugnis gibt. Auch die mächtigen Balken für den Dachstuhl des Domes schwammen 1459 den Regen herab. Für die schwere Arbeit erhielten die Holzknechte einen „Badpfennig" (die Gebühr für die Benützung einer öffentlichen Badestube), den Meistern wurde ein Ehrenwein gereicht.

Auch der Fischerei kam eine nicht geringe Bedeutung zu. Die Nähe der großen Stadt und die einst zahlreichen Fasttage boten den Reinhausener Fischern günstige Absatzmöglichkeiten. Auf die Erwerbstätigkeit der alten Bewohner weist der Kirchenheilige von Reinhausen hin, St. Nikolaus, den die Schiffer und Flößer als ihren Schutzpatron erkoren. Sein Bild findet sich im Wappen der alten Flößersiedlung, das auf der linken Seite des längsgeteilten Schildes St. Nikolaus zeigt, auf der rechten die unentbehrlichen Handwerksgeräte der Holzknechte, Seil und Axt.

Neben Holztrift und Fischerei spielte der Weinbau eine bedeutende Rolle im Wirtschaftsleben des Dorfes. Die Hänge des Reinhausener Berges boten eine günstige Lage zur Bepflanzung mit Rebstöcken. Die Weingärten erstreckten sich von der Alten Waldmünchner Straße bis zum Reichen Winkel in der heutigen Konradsiedlung. Jeder Garten führte einen eigenen Namen, der auch nach Erlöschen des Weinbaues noch lange als Flurname fortlebte. Am Reinhausener Berg lag der Preunt-Weingarten und der Truckenbrot-Weinberg. Nahe der Alten Waldmünchner Straße gab es einen Garten mit dem Namen „der Ger". Eine Anpflanzung, der Kamrär, war wohl nach der Chamer Straße benannt. Die Gärten gehörten zum großen Teil den Klöstern Rohr und Walderbach, aber auch dem Stift Niedermünster, der Alten Kapelle und dem Kloster St. Emmeram in Regensburg. 1341 stifteten zwei Regensburger Bürger für das Ewige Licht im Domfriedhof, das in der heute noch stehenden Lichtsäule im Domgarten brannte (s. d.), einen Zins von einem Pfund Pfennigen aus einem Weingarten am Reinhausener Berg. 1836, als die große Zeit des Weinbaues längst vorüber war, bezeichneten sich von den insgesamt 88 Hausbesitzern des Dorfes (weitere 25 gab es im Holzgarten und 11 längs der Alten Waldmünchner Straße und am Reinhausener Berg) noch 22 als Weinzierl. Die Weinzierlstraße und das Gasthaus „Blaue Traube" in der Hauptstraße, Reinhausen 8 (alt Nr. 46) halten die Erinnerung an den erloschenen Weinbau wach.

Alte Abbildungen des Ortes

sind nur wenige überliefert. Eine Federzeichnung von H. G. Bahre aus dem Jahr 1638 im Besitz des Museums (Stadtansichten Nr. 14) zeigt als kleinen Ausschnitt den Regen und summarisch die Häuschen von Reinhausen. Eine ähnliche Abbildung vom Jahr 1710 verwahrt das bayerische Staatsarchiv. Recht unbeachtet blieb eine ortsgeschichtlich überaus wertvolle Darstellung des alten Reinhausen auf einer Landwehrfahne aus dem Jahre 1758. Sie wird in der Sakristei der St.-Josefs-Kirche verwahrt und alljährlich bei der Fronleichnamsprozession mitgetragen. Das Fahnenbild, in Ölfarben ausgeführt, zeigt Maria auf einer Wolkenbank und darunter, die ganze Breite der Fahne einnehmend, eine topographisch wertvolle Wiedergabe der Häuserpartie längs des Regens mit einem Teil der Brücke, dargestellt in der Manier der Votivbildmaler. Jedes einzelne Haus ist liebevoll und im Detail wiedergegeben und kann mit einiger Genauigkeit am heutigen Baubestand nachgewiesen werden. Männer sind gerade damit beschäftigt, mittels Stangen Treibholz aus dem Regen an Land zu bringen. Hinter der langen Häuserzeile steigen die Hänge des Reinhausener Berges auf.

Der Baubestand des alten Reinhausen

gehört vorwiegend der Zeit um 1800 an. Charakteristisch für die Häuser an der Oberen und Unteren Regenstraße, der „Schaufront" Alt-Reinhausens, sind die meist abgewalmten Frontgiebel, gelegentlich auch Pultdächer und die im Rundbogen sich öffnenden Hoftore. Hier am Regenufer liegen auch die alten Einkehren, in denen einst auch die Flößer nach harter Arbeit das Bier durch die durstigen Kehlen rinnen ließen: das Rabenwirtshaus (Zum Schwarzen Raben), Obere Regenstraße 23 (alt Nr. 1), das „Goldene Kreuz", Obere Regenstraße 8 (alt Nr. 34, 36), und der „Rote Hirsch", Untere Regenstraße 7 (alt Nr. 64), dessen barockes Wirtshauszeichen, das steinerne Reliefbild eines springenden Hirschen, im Sturz der Gartenpforte ein vergessenes Dasein fristet. Im einstigen Holzgarten herrscht das einfache Giebelhaus der Ansiedler nach 1802 vor, ebenerdig, gelegentlich mit ausgebautem Dachgeschoß. Typische Vertreter dieses Siedlungs- und Gärtnerhauses sind die Anwesen Holzgartenstraße 35, 40, 42, 60, 61. Das schöne Haus Holzgartenstraße 36 (alt Nr. 68) mit abgewalmten Frontgiebeln stammt aus dem Jahre 1802. Es gehörte dem Wirt Jakob Gaßner.

Die Kirche

Unmittelbar am Regen erhebt sich auf schmaler Geländestufe das Kirchlein, dem Schutzheiligen der Flößer, St. Nikolaus, geweiht. Seine Anlage reicht in romanische Zeit zurück. Die halbkreisförmige Apsis mit dem kleinen, rundbogigen Ostfenster ist noch romanischer Baubestand. Das Südfensterchen gehört der Gotik an. Das sinnenfrohe 18. Jahrhundert kleidete die kleine Dorfkirche in ein heiteres Barockgewand. Das Jahr der Umgestaltung, 1754, und das Monogramm des Meisters, W W, sind in den Sturz des südlichen Kirchenportals gehauen. Durch die erweiterten Fenster strömt nun mehr Licht in den ursprünglich düsteren Kirchenraum. Das Langhaus erfuhr eine beträchtliche Erweiterung nach Westen. Damals entstand auch der durch Pilaster und reiche Simse gegliederte Turm mit seiner barocken Zwiebel, das Wahrzeichen der alten Flößersiedlung. Die genannte Abbildung aus dem Jahr 1710 läßt noch den ursprünglichen romanischen Turm erkennen. Wer die paar Treppen der Umfriedung des einstigen Gottesackers um die Kirche hinaufsteigt, gewahrt gleich an der Ecke die Steinplastik des Kirchenheiligen, ein bedeutendes Werk der Gotik des 14. Jahrhunderts. Das Innere der Kirche ist licht und heiter. Den Hauptaltar, eine gefällige Anlage des späten 17. Jahrhunderts, ziert ein Gemälde des Kirchenpatrons St. Nikolaus. Der Heilige im bischöflichen Ornat hält in der Linken das Pedum, in der rechten ein Buch mit seinem Attribut: drei goldene Äpfel. Der Blick ist sinnend nach oben gerichtet. Der unbekannte Künstler stellte den Heiligen in eine sturmbewegte Landschaft, die in ihrer Düsterkeit an romantische Krippenhintergründe erinnert. Den oberen Aufbau des Altares ziert die bemalte Holzfigur einer Madonna aus der Zeit um 1500. Auf dem linken Arm trägt sie das Kind, in der Rechten hält sie als Zeichen himmlischer Macht das Zepter. Die beiden Nebenaltäre stammen aus der Frühzeit des Rokoko. Der linke Altar birgt die flott geschnitzte Statue einer Madonna, der rechte einen Schmerzensmann vom Typ des Christus in der Rast.

Unter den wenigen noch erhaltenen Grabsteinen kommt dem Epitaph des Simon Eder, von dessen zweiter Frau Magdalena errichtet, erhöhte heimatgeschichtliche Bedeutung zu. Unter dem Relief einer Kreuzigung kniet der Verstorbene im Zeitkostüm, neben ihm seine Familie. Kreuze

208. Reinhausen, Nikolauskirche. St. Nikolaus, Schutzpatron der Schiffer und Flößer. Steinbildwerk, 14. Jahrhundert

kennzeichnen die bereits verstorbenen Mitglieder. „Anno 1614 den 28. März ist in Gott verschieden der ehrbar Simon Eder, gewester Zollner an der Regenbrück..." Ein weiterer Stein erinnert an den 1788 verstorbenen Holzgartenamtinspektor Joseph Franz Xaver von Wurzer.

Reinhausen gehörte ursprünglich zum Pfarrverband Sallern. 1899 wurde es Expositur und 1913 selbständige Pfarrei, nachdem bereits 1906 unter Pfarrer Wieshuber der Bau der neubarocken Pfarrkirche St. Josef begonnen hatte, deren Weihe 1912 erfolgte.

Die Regenbrücke

Ehe noch die Steinerne Brücke ihre Bogen über die Donau wölbte, bestand schon eine Brücke über den Regen, und zwar an der gleichen Stelle, die heute noch die sogenannte alte Regenbrücke einnimmt. Die alten Beziehungen Regensburgs zu Böhmen machten schon frühzeitig diesen Flußübergang notwendig. Eine Urkunde vom Jahre 1194 erwähnt diese Brücke erstmals. Eine Unzahl hölzerner Pfosten soll die gleichfalls aus Holz gebaute Brückenbahn getragen haben. Erst 1472, während eines außerordentlich trockenen Sommers, wurden die hölzernen Stützen durch Pfeiler aus Stein ersetzt. Schuegraf fand noch um 1830 am westlichsten Brückenpfeiler einen Wappenstein mit der Jahreszahl 1472 und dem Steinmetzzeichen des Baumeisters. Der Stein kann heute nicht mehr nachgewiesen werden.

Welch vernichtende Gewalt der heute so stille Regen noch zu Beginn der geschichtlichen Neuzeit besaß, erfahren wir aus dem „Mausoleum Emmerami" des Abtes Coelestin Vogl von 1752. Seinen Aufzeichnungen nach wurde 1572 „die ganz steinerne mit Schwimmbögen gemacht gewesten Brucken über den Regen mitten im Sommer durch einen großen Wasserguß eingeworfen". Unter nicht geringen Mühen erfolgte der Wiederaufbau der Brücke. Davon kündete ein nur wenig bekanntes Denkzeichen in einem Quader an der Nordseite des westlichen Pfeilers: das bairische Rautenwappen mit der Jahreszahl 1573 (1962 noch nachweisbar). Damals erhielt die Brücke an beiden Enden Befestigungen. Den Reinhausener Brückenkopf sicherte ein mächtiger Turm, in dem der Zöllner seines Amtes waltete. Von Konrad Engelmaier, der 1366 Brückenmeister der Steinernen Brücke wurde, weiß man, daß der Zöllner der Regenbrücke jährlich 15 Pfund Regensburger Pfennige, vier Hühner und einen Hasen abzuliefern hatte. Eine Grabplatte von 1614 in der Nikolauskirche in Reinhausen (s. d.) erinnert an Simon Eder, „gewester Zollner an der Regenbrück".

Während des Dreißigjährigen Krieges wurden die Brückenbefestigungen hart umkämpft und teilweise zerstört. Im napoleonischen Krieg fiel der Brücke große strategische Bedeutung zu. Die Franzosen, die sich in den nördlichen Vororten Regensburgs festgesetzt hatten, mußten am Abend des 18. April zunächst einer österreichischen Übermacht weichen und sich aus Reinhausen zurückziehen. Dabei steckten sie mit Pechkränzen einige Joche der Brücke in Brand. Wenige Tage später, in der Nacht zum 24. April 1809, flutete das geschlagene österreichische Heer über die behelfsmäßig wieder instandgesetzte Regenbrücke und zog sich eiligst nach Böhmen zurück. Nachdem die letzten Truppen den Fluß überschritten hatten, zerstörten die Österreicher die Brücke vollends durch Feuer. Blutrot spiegelte sich die brennende Brücke in den Wassern des Regens.

Als Wahrzeichen der alten Regenbrücke gilt die Rokokoplastik des hl. Johannes von Nepomuk. Die mächtige Gestalt des Heiligen flankieren zwei Engelchen mit ausgebreiteten Flügeln, von denen eines das patschige Kinderhändchen als Geste des Schweigens an den Mund legt. Der Legende nach mußte St. Nepomuk als standhafter Hüter des Beichtgeheimnisses den Märtyrertod erleiden. In Prag wurde er von der Karlsbrücke in die Moldau gestürzt. Deshalb genießt St. Nepomuk besondere Verehrung als Helfer bei Wassergefahr. Die Engelchen gelten als Sinnbild der Verschwiegenheit. Urkundliche Nachrichten über die Plastik fehlen, doch weisen die Stilmerkmale der künstlerisch hochstehenden Figurengruppe auf die Werkstätte des nach der Mitte des 18. Jahrhunderts in Regensburg tätigen Bildhauers Simon Sorg.

Im Zuge der Säkularisation, als Kirchengut verstaatlicht, Feldkapellen abgetragen und Wegkreuze entfernt wurden, mußte auch St. Nepomuk seinen angestammten Platz auf der Regenbrücke verlassen. 1803 wurde das Steinbildwerk unter großen Anstrengungen auf den Dreifaltigkeitsfriedhof gebracht, wo es eine provisorische Aufstellung fand. Vierundzwanzig Jahre lang mußte St. Nepomuk dort ausharren, ehe er wieder an seinen ursprünglichen Platz zurückkehren durfte. Die Regierung des Regenkreises gab 1827 dem Drängen frommer Bürger nach und genehmigte die Rückführung des Standbildes auf die Regenbrücke.

Der Chronist Hosang überliefert in seinen „Nebenstunden" einen Vers über die Wiederaufstellung des Bildwerkes und bringt es in eine humorvolle Beziehung zu den zahlreichen Waschfrauen, die zu seiner Zeit das weiche Wasser des Regens zum Spülen der Wäsche benutzen.

„Heiliger Johann von Nepomuk!
Dein Bild der Verschwiegenheit
Stand schon viele Jahre in dem Kirchhof
Der heiligen Dreifaltigkeit.
Weil aber dort die Toten
ohnehin nicht plaudern und schwätzen,
Wollte man es zum zweitenmal
Nicht fern von den Waschweibern setzen."

Flur- und Straßennamen

Die Alte Waldmünchner Straße, schon 1339 als Champstrazz, als Straße nach Cham beurkundet, spielte seit den ältesten Zeiten als völkerverbindender Verkehrsweg nach Böhmen eine bedeutende Rolle. Sie führte einst über den Reinhausener Berg, dann dem Regental folgend bis Nittenau, um von da aus entweder über Bruck nach Waldmünchen zu führen, oder weiterhin dem Regen entlang nach Cham zu verlaufen. Die erste Poststrecke von europäischer Bedeutung, die Linie Prag—Madrid, verlief auf dieser Straße, und die Postreiter nahmen ihren Weg auch durch Reinhausen.

Der Reinhausener Berg hieß früher „Galgenberg". Bereits 1375 ist dieser Name bezeugt. Auf seiner Höhe, dem heutigen Sandberg, erhob sich, weithin sichtbar, der Galgen des „Gerichts am Regen". Reinhausen gehörte zum kurfürstlich bairischen Pfleggericht Stadtamhof. Es muß einen eigenartigen Anblick geboten haben, inmitten der ausgedehnten, Belebung spendenden Weingärten den Galgen aufragen zu sehen. Die Karte von 1781 (Stadtgrundrisse Nr. 12) bildet ihn als dreisäulige Anlage ab. Es war dies das bairische Hochgericht im Gegensatz zum Reichsstädtisch-Regensburgischen Hochgericht auf dem Galgenberg südlich der Stadt. Der Reinhausener Galgen soll bis 1809 als abschreckendes Zeichen auf der Höhe des Berges gestanden sein. Der Weg zum Hochgericht hieß „Galgengasse". Ein anliegendes Feldstück führte den Namen „Henkeracker".

Die Siedlung nördlich der Brandlberger Straße heißt „Im Reichen Winkel". Diesen Namen führt auch die Fortsetzung der Alten Waldmünchner Straße. Er leitet sich von zwei Flurnamen dieser Gegend her: 1423 wird ein Weingarten „im Reichenwinkel" genannt; ein Feld hieß der „Reichenwinkelacker". Diese Namen gehen wiederum zurück auf die angesehene und wohlhabende Regensburger Familie Reich, die in Reinhausen Grund und Boden besaß.

Im Nordosten der Gemeindeflur Reinhausens dehnt sich die große Konradsiedlung aus. Nach ihrem Gründer, dem Oberbürgermeister Dr. Otto Schottenheim, wurde sie einstmals, wie auch heute noch gelegentlich, „Schottenheimsiedlung" genannt. Dort gibt es einen Platz mit der Bezeichnung „Am Flachlberg". Die Karte von 1829 (Stadtgrundrisse Nr. 22) kennt den Flurnamen „Flackl-Berg". Der Name steht wahrscheinlich in Beziehung mit dem Stadtamhofer Bürger und Gastwirt Hans Flachl.

Die Straßenbenennung „Am Judenfeld" leitet sich von dem Flurnamen „Judenfeld" nahe der Ortsgemarkung Sallern ab. Als die Juden 1519 aus Regensburg vertrieben wurden, fanden einige von ihnen vorübergehend Aufnahme in Sallern (s. d.).

Beim Gasthof „Zum Schwarzen Raben", Obere Regenstraße 23 (alt Nr. 1) gab es einen Schopperplatz, wie in Regensburg am Oberen Wöhrd, wo die hölzernen Schiffe ausgebessert und die Ritzen zwischen den Brettern gedichtet, „geschoppt" wurden.

Sallern

Der Ortsname

Eingeengt von den Jurahängen des „Sallerner Berges" und den dunklen Wassern des Regens zieht sich Sallern als Straßendorf beiderseits des alten Verkehrsweges nach Amberg hin. Der Regenfluß verhalf der Siedlung zu ihrem Namen, der nach Ernst Schwarz bis in die Zeit der Illyrer zurückreicht, einem indogermanischen Volk, das bereits ein halbes Jahrtausend vor Christus in unserer Gegend siedelte. Die illyrische Form „salaria" für Sallern kann in unserer Sprache wiedergegeben werden mit „Leute am Fluß". „sal" bedeutet eilen, strömen. In zahlreichen Flußnamen ist es auf uns überkommen: Saale, Salach, Sulz.

Aus der Geschichte des Ortes

Die Geschichte Sallerns reicht weit in das Mittelalter zurück. Ehe noch die Kreuzheere nach dem Grab des Erlösers in Jerusalem aufbrachen, ehe noch die Staufenkaiser mit dem Papsttum um die Macht in Italien rangen, war Sallern schon Sitz eines edlen Geschlechtes, das sich nach dem Ort nannte: der Sallerer.

Seit dem 11. Jahrhundert saßen sie auf ihrer Burg zu Sallern. Kein Stein von ihr steht heute mehr auf dem anderen, doch wurden noch 1680 bauliche Reparaturen daran vorgenommen. Auf die Sallerer folgten 1435 die kriegerischen Herren von Sattelbogen, eines der angesehensten Geschlechter des Landes. Von ihrem Reichtum kündet ihr Turnierreim: „Ich mein auch die von Satelpogen / die sind oft nachgezogen dem löblichen Thurney / mit großer Costung und Geschrey." Ein Angehöriger dieser Familie, Erasmus von Sattelbogen, zählte zu den rauf- und zechfreudigsten Rittern seiner Zeit. Gleich anderen Adeligen unterhielt er auch in Regensburg einen Wohnsitz, der wüste Trinkgelage erlebte. Das Geld zu seinem leichtfertigen Lebenswandel pumpten ihm die Regensburger Juden. Bei einer Auseinandersetzung mit seinen Gläubigern erschlug er in aufwallendem Zorn einen von ihnen. Um seine Tat zu verheimlichen, knebelte er mit Hilfe seines Sohnes die beiden jüdischen Zeugen, packte sie samt dem Toten in eine Kiste und versuchte damit aus der Stadt zu kommen. Die Untat wurde entdeckt und die beiden Juden konnten aus ihrer fürchterlichen Lage befreit werden. Den Tätern jedoch gelang die Flucht. Die Regensburger aber rückten mit einem Fähnlein Bewaffneter aus, brachten Vater und Sohn als Gefangene zurück und türmten sie ein. Nur den hohen Fürsprechern hatten sie es zu danken, daß sie dem Henker entgingen und mit einer zehnjährigen Landesverweisung davonkamen.

209. Sallern, Kirche, Grabmal für den 1577 verstorbenen Hans von Leublfing

Auf die Alberger, die nur wenige Jahrzehnte die Hofmark Sallern besaßen, folgten im 16. Jahrhundert die Leublfinger, sehr strenge und bei ihren Untertanen wenig beliebte Herren. Ein prächtiges Grabmal aus rotem Marmor im Chor der Kirche stellt den 1577 verstorbenen Hofmarksherren Hans von Leublfing in glänzender Ritterrüstung dar. Damals gehörten Sallern, Gallingkofen und Zeitlarn nicht zum bairischen Herzogtum, sondern zur kurpfälzischen Oberpfalz, die von Neuburg a. D. aus regiert wurde. In Sallern befand sich ein kurpfälzisches Pflegamt. Die Straßenbezeichnung „Kurpfälzer Weg" erinnert noch an die politische Zerrissenheit des Landes. Neben der Niederen Gerichtsbarkeit besaß Sallern auch den Blutbann, das Recht, Verbrecher mit dem Tod zu bestrafen. Die Richtstätte befand sich an der Straße nach Zeitlarn, etwas außerhalb von Gallingkofen. Lange Zeit erhielt sich der Flurname „Galgenberg".

In den politisch und religiös unruhigen Zeiten des 16. und 17. Jahrhunderts wechselten mit den Hofmarksherren von Sallern auch deren Konfessionen. Sie waren evangelisch und eine Zeitlang auch dem Calvinismus zugetan. Später kehrten sie wieder zur katholischen Kirche zurück. Diesem Wechsel der religiösen Überzeugung hatten auch die Untertanen zu folgen. 1625 starb der letzte evangelische Pfarrer von Sallern.

Eine Heimatgeschichte von Sallern, zusammengestellt von Oberlehrerin Z. Meyer, liefert interessante Einblicke in die wirtschaftlichen, sozialen und gesellschaftlichen Zustände der Hofmarksuntertanen, deren Klagen wegen schlechter Behandlung und Überforderungen durch die Herrschaft kein Ende nehmen wollen. Die viele Fronarbeit im Herrschaftswald und auf den Feldern — Scharwerk genannt — läßt die Bauern kaum noch zu eigener Arbeit kommen. Zudem wandelte besagter Hans von Leublfing brachliegende Gründe in Felder um, deren Bestellung für die Untertanen zusätzliche Lasten brachte. Aber auch mit seinem Nachbar, dem Hans Thumer von Zeitlarn, lag der Leublfinger wegen des Grenzverlaufes in Streit. Ohne Grund sperrte er dessen Untertanen den am Regen entlangführenden Weg nach Sallern, „so daß die armen Leute gezwungen sind, die gar böse Landstraße zu karren oder eine Stunde Umweg zu machen". Auch die Frau des Leublfinger suchte ihren Vorteil auf Kosten der Untertanen. Nicht nur, daß sie zum Schaden der Bauern auf der gemeinsamen Weide zu viele Schafe hielt, begehrte sie auch widerrechtlich von jedem Haus eine Fastnachtshenne. In beiden Streitfällen jedoch verlor sie gegen die Beschwerden der Untertanen. Neben dem Hofmarksherrn waren die Hörigen auch dem Richter zu Scharwerk und Zinsleistungen verpflichtet. Besonders arg trieben es der Richter Hagenauer und seine Gattin. Da es keine Magd bei ihr aushalten konnte, gebot sie den „Weibern", Holz und Wasser zu tragen, auszukehren, zu kochen und das Vieh zu versorgen. Die Hafnerin von Sallern, die sich weigerte, wurde von der Richterin geschlagen und in den Turm gesperrt, während die vier kleinen Kinder der Betroffenen zu Hause ohne Pflege lagen.

Die Kirche

Eine Kirche in Sallern ist freilich erst 1161 bezeugt, doch besteht die begründete Annahme, daß schon zur Zeit der Bistumsgründung durch den hl. Bonifatius um 739 ein Gotteshaus in der Siedlung stand. Vom frühesten romanischen Kirchlein in Sallern fehlt jede Spur, dagegen tritt das Bild des mittelalterlich-gotischen Baues aus der Zeit um 1400 im Chor der Kirche noch machtvoll in Erscheinung. Die Kehlrippen des hohen Chorgewölbes strahlen von zierlichen Konsolen aus, schwingen in hohem Bogen empor und vereinigen sich in zwei Schlußsteinen, von denen der westliche im schräg geteilten Schild zwei Trauben zeigt: einmal in erhabener Arbeit, einmal vertieft, entsprechend den zwischen hell und dunkel wechselnden Farben des Wappens. Aus dem Schlußstein über dem Hauptaltar blickt das Antlitz Christi. Die jüngste Restaurierung legte an der Flachdecke des Langhauses ein barockes Freskogemälde frei. In einer beglückenden Harmonie pastelzarter Töne stellt es die Himmelfahrt Mariens dar, das alte Patrozinium der Kirche in Sallern. Unter einer Vielzahl von Tüncheschichten barg der Chorraum noch seine originale spätgotische Bemalung, die nun wieder in ursprünglicher Kraft auf den Betrachter wirkt. Der Turm mit der elegant geschwungenen Kuppel ist eine Schöpfung des späten Barocks. Reinhausen, Winzer, Gallingkofen, Weichs, Wutzlhofen, Kareth und Rehtal gehörten einst zur ausgedehnten Pfarrei Sallern.

Totenleuchte im Friedhof

In der Nordostecke des Friedhofs steht eine spätgotische Lichtsäule, eine Totenleuchte. Im Unterbau zwei Reliefdarstellungen: Christus, die Wundmale zeigend und Ölbergszene. Darüber die quadratische Laterne. Sie öffnet sich nach jeder Seite mit einem Spitzbogenfenster, das ein Wimperg überdacht. An den Ecken Strebepfeilerchen. Den Abschluß bildet eine hohe Fiale mit Kreuzblume (vgl. „Totenleuchten").

Wein und Bier in Sallern

Der kleine Schlußstein in der Kirche mit dem Bild der Trauben ist die letzte Erinnerung an den einst blühenden Weinbau in Sallern. Eine Urkunde des Jahres 1161 spricht dem Dompfarrer in Regensburg den Weinzehent zu; denn Sallern gehörte seit den frühesten Zeiten zur Dompfarrei. Schon damals aber muß der Sallerner Wein ziemlich sauer gewesen sein, so daß man ihn mit Honig versüßte und warm trank. Besser als der Wein scheint in Sallern das Bier gewesen zu sein, das mit Beginn der geschichtlichen Neuzeit die Rebenkultur zum Erliegen brachte. Der Wirt in Sallern war wegen der Güte seines selbst gebrauten Bieres weit berühmt. Ganze Schiffsladungen führte er zum Verkauf donauabwärts bis Ungarn. Die Sallerner aber beklagten sich darüber, daß sie namentlich während der Erntezeit nicht genügend Bier bekommen könnten und sich meist mit dem Nachsud begnügen müßten. Das starke Bier erhitzte die Köpfe, Händel und Raufereien waren keine Seltenheit. Der Regensburger Rat verbot sogar im Jahre 1600 den Bürgern den Besuch des Wirtshauses in Sallern.

Die Juden in Sallern

Sallern steht in enger Beziehung zu einem bedeutenden Kapitel Regensburger Kulturgeschichte: zu den Juden und ihrer Vertreibung. Die große Regensburger Judengemeinde erwarb 1210 vom Kloster St. Emmeram ein Grundstück südlich vor den Mauern Regensburgs, die sogenannte Emmeramer Breite und errichtete dort einen Begräbnisplatz. Jahrhunderte hindurch war dieser Friedhof ein weit berühmtes Denkmal jüdischer Tradition und Kunst. Die Überlieferung will wissen, daß die Regensburger Juden vor Erwerb dieses Geländes ihre Toten in Sallern bestatteten, wohin sie an den Sabbaten zogen, um die Gräber ihrer Vorfahren zu besuchen. Damals soll das Sprichwort geprägt worden sein, daß derjenige, der über die Steinerne Brücke gegangen sei und keinen Juden gesehen habe, nicht in Regensburg gewesen wäre. Als 1519 die Regensburger Judenstadt zerstört, der Friedhof geschändet und die Juden vertrieben wurden, fanden viele von ihnen in Sallern eine Zufluchtsstätte. Der damalige Hofmarksherr, Heinrich von Alberg — sein Grabstein befindet sich noch in der Kirche — stand ihnen nicht feindlich gegenüber und bot ihnen einige Häuser, darunter auch den heutigen Pfarrhof, als Wohnstätten an. Eine Inschriftstafel im Pfarrhof gibt noch Kunde davon. Aber nur wenige Jahrzehnte fanden die Juden in Sallern ein Asyl. Schon 1577 wurden sie durch den Hofmarksherrn Hans von Leublfing auch von dort vertrieben. Das noch erhaltene Protokoll besagt: „Ich Hans von Leublfing zum Hauzenstein ... Thue khundtt, daß ich ... die Juden aus meiner Hofmarch Sallern außgeschafft habe ...". Der Straßenname „Am Judenfeld" und der Flurname „Judenau" erinnern noch an den Aufenthalt der Juden in Sallern.

Weichs

Der Ortsname

Der Ortsname Weichs kommt im Altbairischen mehrfach vor. Dörfer mit dem Namen Weichs gibt es bei Mallersdorf und bei Dachau, ein Weiler in der Nähe von Kelheim und einer südlich von Murnau in Oberbayern nennen sich gleichfalls Weichs. Ihre Namen gehen auf die gleiche althochdeutsche Form zurück wie der unseres Regensburger Stadtteils Weichs, nämlich auf wihs, das bedeutet Dorf, Flecken. In einer Tauschurkunde des Jahres 888 wird Weichs erstmals bezeugt. Damals war die althochdeutsche Form wihs bereits im Aussterben begriffen und das Wort Dorf trat allmählich an seine Stelle. 1310 wird bereits der heutige Name Weichs geschrieben. Die Siedlung kann also auf ein sehr ehrwürdiges Alter zurückblicken. Ihre Entstehung darf in den ersten Jahrhunderten der bairischen Landnahme angenommen werden.

Die Herren von Weichs

Kernstück des heutigen Stadtteils Weichs ist immer noch der mächtige Baukörper des Schlosses, dessen Anfänge sich im Dunkel der Geschichte verlieren. Ursprünglich königlicher Besitz, wurden Burg und Ländereien in Weichs an adelige Herren zu Lehen gegeben, die sich nach der Feste nannten: die Weichser. Bis ins späte 13. Jahrhundert saßen sie auf ihrem Herrensitz zu Weichs. Heute noch künden sechs Epitaphien in der Dominikanerkirche und deren Kreuzgang die Namen dieses edlen Geschlechts.

Es würde ermüden, alle Grundherren von Weichs aufzuzählen, die im Laufe der Jahrhunderte vielfach wechselten. Es sei nur erwähnt, daß 1280 die Baiernherzöge Eigentümer von Weichs wurden und in der Folgezeit Burg und Hofmark an reiche Regensburger Patrizierfamilien verpfändeten: an die Auer, die Gumprecht, die Thundorfer, die Sitauer, die Amann. Zu Beginn des 16. Jahrhunderts erscheinen in Weichs die böhmischen Grafen von Guttenstein. Heinrich von Guttenstein ließ 1516 das Schloß mit Graben und Zwingmauer umgeben. Den Guttenstein folgten die Herren von Plittersdorf. Aber auch die hielten es dort nicht lange aus und veräußerten den Besitz um 4300 Gulden an das Kloster Niedermünster, von dem Weichs im Jahre 1600 endlich in den Besitz des Baiernherzogs Maximilian I., des späteren Kurfürsten, überging.

Schloß und Bräuhaus

Das Schloß, eine Vierflügelanlage, hat sich im wesentlichen erhalten. Architektonisches Interesse verdienen ein staffelgiebeliger, mit Stichbogenblenden ausgesetzter Anbau an der Südseite aus der Zeit um 1600 sowie ein barocker Dachreiter mit Zwiebelabschluß. In der Nordmauer steckt eine zugesetzte Rundscharte. Die einstige, St. Martin geweihte Schloßkapelle ist seit dem Ende der Schloßherrschaft profaniert. Von der Umfriedung zieht sich längst der Johannisstraße noch ein etwa 100 Meter langes Mauerstück hin, an dessen Ende ein teilweise verfallener Rundturm in Bruchsteintechnik steht. Der vorgelagerte Graben wurde erst 1910 eingeebnet. Seine Stelle nimmt jetzt ein langgestreckter Gemüsegarten ein. Die Straßennamen „Grabengasse" und „Weichser Schloßgasse" erinnern noch an die große Zeit der Feste Weichs.

210. Weichs, Schloß und Brauhaus. Links die Holzstapel des Holzgartens. Kupferstich von Michael Wening, 1726

Mit Herzog Maximilian I. von Baiern brach für Weichs eine neue, bedeutungsvolle Zeit an. Maximilian ließ sein neu erworbenes Schloß noch mehr befestigen und verschönern und bald danach, 1601, unmittelbar daneben eine Braustätte für weißes Bier errichten, das „Weiße Preuhaus", dessen langgestreckter Baukörper trotz Hochwasser und Eisgang der Donau die Jahrhunderte überdauerte. Noch Ende der 1960er Jahre beherbergte es die Gaststätte „Zach-Bräu". Weißes Bier war damals erst kurze Zeit bekannt und seine Herstellung ausschließliches Privileg des Landesherrn. Der Chronist Hosang erinnert sich, daß Quellwasser aus Pfaffenstein ins Weiße Brauhaus nach Weichs gebracht wurde, „wo das beste Weizenbier daraus erzeugt wurde". Noch in den Jahren vor dem ersten Weltkrieg dampften in Weichs die Braupfannen. Die große Ansicht des nördlichen Donauufers von Hans Georg Bahre aus dem Jahre 1638 (Stadtansichten Nr. 14) gibt auch eine Darstellung des Schlosses und Brauhauses zu Weichs. Im Vordergrund wird das Weiße Brauhaus wiedergegeben, aus dessen Kamin eine mächtige Dampfwolke steigt. Das Schloß dahinter trägt noch nicht den heutigen Dachreiter. An der Ecke der Umfassungsmauer ist einer der charakteristischen Rundtürme erkennbar. Am Ufer sieht man Holzstapel. Hier, beim sogenannten Holzgarten, der sich von Reinhausen herab dem Regen und der Donau entlangzog, wurde das Flößholz aus dem Bayerischen Wald gelagert. Daß in Weichs auch Wein gebaut wurde, beweist die genannte Abbildung deutlich. Bischof Konrad IV. (1204—1226) löste 1226 die von seinem Domkapitel verpfändeten und zum Teil verkauften sechs Weinberge in Weichs wieder ein und beschenkte die Domherren erneut mit diesen Besitzungen. Er knüpfte jedoch daran die Bedingung, daß der aus den Weichser Trauben gekelterte Wein zu seinem Andenken der „Bischofswein" genannt werde.

Als im Dreißigjährigen Krieg das Amtsgebäude des bairischen Pflegers in Stadtamhof von den Schweden zerstört wurde, bezog der Pfleger, auch Landrichter genannt, die Räume des Weichser Schlosses. Von dieser Zeit an, das ganze 17. und 18. Jahrhundert hindurch, walteten dort „Gnaden Herr Landrichter" ihres Amtes. Der Landrichter war kurfürstlich bairischer Hofrichter, Verwaltungs- und Steuerbeamter sowie Militärkommandant und in Weichs auch Bräuverwalter, ein Beamter in höchst einflußreicher Stellung, der im Pfleggericht Weichs seinen kurfürstlichen Herren vertrat. Die Grenze seines Verwaltungsbezirks umschloß die heutigen Vororte Weichs und Reinhausen, überschritt südlich von Sallern den Regen und verlief, durch 19 Marksteine ge-

211. Typisches Weichser „Kolonistenhaus", erbaut 1800 (Am Weichser Anger 2a), mit einem der originellen Tretbrunnen. Im Hintergrund das Schloß

kennzeichnet, hinter Kareth, Rehtal, Kager und Hinterberg fast parallel zur Donau und stieß gegenüber von Etterzhausen an die Naab. Die Südgrenze des Pfleggerichts bildete die Donau (s. Stadtgrundrisse Nr. 12). Da der Landrichter auch die Hohe Gerichtsbarkeit ausübte, stand in Reinhausen nächst der heutigen Alten Waldmünchner Straße ein dreibeiniger Galgen.

Vom Schloßgut zur Gärtnersiedlung

An der Wende des 18. Jahrhunderts ging die Schloßherrschaft in Weichs zu Ende. Im Zuge der sogenannten Kulturmandate des Kurfürsten Karl Theodor, die zur Einführung ertragreicherer Wirtschaftssysteme die Zertrümmerung großer Güter vorsahen, löste der bairische Staat 1799 das Schloßgut auf; das kurfürstlich-bairische Hofmarksgericht Weichs blieb jedoch noch bis 1804 bestehen. Schloß, Nebengebäude, Scheunen und Ländereien wechselten nun die Besitzer. Die Grundstücke der ehemaligen Hofmark, in kleine Parzellen eingeteilt, verkaufte der Staat an Siedlungswillige, meist an Gärtner, die den fruchtbaren Schwemmboden der flachen Talsohle zum Anbau von Gemüse und namentlich von Rettichen nützten. Aus der Zeit um 1800 stammen die noch zahlreich erhaltenen, eingeschossigen Giebelhäuser vom Typus des Weichser Gärtnerhauses. Eines der ältesten ist das Anwesen Am Weichser Anger 2a, das im Jahre 1800 auf dem Johannisacker erbaut wurde. So entstand eine neue Siedlung Weichs, nach damaligem Sprachgebrauch ähnlich wie Ziegetsdorf als „Kolonie" bezeichnet. Das Weichser Schloß wandelte sich zu einem Wohnhaus für meist kinderreiche Familien, ein Flügel davon diente eine Zeitlang auch als Armenhaus.

Am 1. April 1924 schloß sich die bis dahin selbständige Gemeinde Weichs mit 1188 Einwohnern dem Stadtverband Regensburg an. Der letzte Bürgermeister von Weichs, Sebastian Regner, übergab das Gemeindesiegel an die Regensburger Stadtverwaltung.

St. Nepomuk von Weichs

Der Mai des Jahres 1737 brachte einen mehrere Tage lang anhaltenden Regen und daraufhin eine der größten Überschwemmungen in der Geschichte Regensburgs. Das Wasser bedeckte die beiden Wöhrde vollkommen und in den Gassen nahe der Donau konnte man mit Kähnen fahren. Es läßt sich ermessen, welche Verheerungen die hochgehenden Fluten in Weichs hervorriefen, das damals noch ohne schützenden Damm im Flutgebiet der Donau lag. In diesem Jahr ließ Georg Ferdinand von Tengler, der damals als Landrichter im Schloß zu Weichs seines Amtes waltete, dem Brückenheiligen und Helfer in Wassernot, Johannes Nepomuk, am Weichser Anger eine Statue errichten. In den Steinsockel ließ er seine Wappen, die Jahreszahl 1737 und die Anfangsbuchstaben seines Namens meißeln: G.F.V.T., d. h. Georg Ferdinand von Tengler. Diese Figur des heiligen Johannes Nepomuk gab Anlaß zu der Bezeichnung „Johannisstraße" sowie zu dem Flurnamen „Johannisacker". Die Holzplastik mußte 1938 dem Bau der Nibelungenbrücke weichen und steht jetzt im Kreuzgarten des Museums.

Zur Verehrung des hl. Nepomuk in Weichs weiß Hosang folgende Geschichte zu erzählen: Ein russischer Reichstagsgesandter fuhr mit seinem Wagen über die Steinerne Brücke. Von da aus sah er viele Menschen, die teils zu Fuß, teils mit Kähnen auf der Donau dem nahegelegenen Weichs zuströmten. Auf die Frage des Gesandten, was das zu bedeuten habe, bekam er zur Antwort, daß man in Weichs dem Wasserheiligen St. Nepomuk unter freiem Himmel einen Altar errichtet habe und daß dabei Litaneien gesungen würden. „Aha!" sagte er, „das ist der böhmische Hansel". Als er mit seinem Gefährt von der Steinernen Brücke auf die damals hölzerne Brücke zum Oberen Wöhrd abbiegen wollte, scheuten die Pferde, gingen durch, und der Wagen zerschmetterte. Der Gesandte brach sich dabei Arm und Bein. Da gab er selber zu, daß das Unglück die Folge seiner Frevelworte war, da ihn die Strafe gerade auf einer Brücke ereilte. Der Gesandte bestätigte auch, daß seine braven Pferde vorher noch nie gescheut hätten.

Der Weichser „Radi"

Bei dem Namen Weichs wird man unwillkürlich zuerst an den Weichser „Radi" denken. Die uralte Siedlung an der Donau erlangte durch dieses „rasse" Gemüse eine über den lokalen Rahmen hinausgehende Berühmtheit. Der Rettichbau in Weichs kann auf eine 100jährige Tradition zurückblicken. Die Überlieferung läßt die Rettichkulturen an der Donau sogar schon in römischer Zeit entstehen.

Um 1870 begannen die Weichser erstmals in größerem Umfang in dem sandigen Schwemmland der Donau Rettiche zu ziehen. Diese würzigen und saftigen Früchte gediehen in der fruchtbaren Erde von Weichs so gut wie nirgendwo und bald wurden die Weichser Rettiche zur Krone unter den Rettichen. Einer alten Bauernregel folgend müssen die Samen an Johanni, am 24. Juni, oder am Tag des heiligen Kilian, am 8. Juli, gesteckt werden. Der Verkauf der Rettiche blieb zunächst nur auf die Stadt und deren nähere Umgebung beschränkt. Die Gärtner Johann Hauer und Peter Straßberger waren es, die gegen Ende des vergangenen Jahrhunderts das Rettichgroßgewerbe in Weichs begründeten. Ihrem kaufmännischen Geschick gelang es, dem Rettich den norddeutschen Markt zu erschließen. In Sachsen und namentlich in Berlin fand der „Radi" bald reißenden Absatz. In den zwanziger Jahren eröffnete die Gärtnerei Hauer in der Zentralmarkthalle in Berlin einen eigenen Verkaufsstand für Rettiche. In der Zeit vom April bis zum Oktober nahmen vom Bahnhof Walhallastraße aus fast jeden Tag ganze Waggonladungen von Rettichen ihren Weg nach dem deutschen Norden. Aber auch in München, Augsburg und Nürnberg entdeckte man die Schmackhaftigkeit des Rettichs. Vor der Jahrhundertwende wurde neben dem Maßkrug auch der Rettich zum Symbol Münchner Bierkellerseligkeit.

Der Rettich macht Durst und ist Zeit seines Lebens selbst ein durstiger Geselle. Aber das kalte, unmittelbar aus der Leitung fließende Naß tut ihm weh, er liebt das laue, abgestandene Wasser. Wahre Ungetüme von Brunnen standen ehedem in den Hausgärten von Weichs. Zwei Buben sprangen auf das Schaukelbrett des Brunnens und setzten durch Treten das Schöpfwerk in Bewegung. Bei dieser anstrengenden Tätigkeit konnten sie sich an einem, den Brunnen umgebenden Holzgerüst festhalten. Das Grundwasser ergoß sich aus den fünf bis sechs Meter tiefen Brunnen in Rohrleitungen, durch die es großen, über den Garten verteilten Fässern zufloß. Erst wenn es die Kühle der Tiefe verloren hatte, taugte es zum Tränken der Rettiche. Nur mehr wenige solcher kulturkundlich bemerkenswerter Brunnen stehen noch in den Weichser Gärten. Die Rettichverkäuferinnen am Domplatz mit den herzhaften Buschen aus roten Radieschen und schneeweißen Monats- oder Bierrettichen gehören zum Lebensbild der Stadt.

Volksmedizin und Volksglaube zogen auch den Rettich in den Bereich ihrer Betrachtungen. Rettichscheiben, auf die Zehen gebunden, sollen Hühneraugen vertreiben. Rettichsaft gilt als Mittel gegen die Bleichsucht und zur Beseitigung von Kröpfen. Lange Rettichschwänze prophezeien einen kalten Winter.

Daß der Rettich in Weichs und damit in Regensburg Heimatrecht besitzt, beweist der Faschings-Gaudi-Ruf der Regensburger: „Radi-Radi!"

Die Altwasser

Zum Bild von Weichs gehören die umfangreichen Altwasser der Donau, die sich, zum Teil mit lichtem Auwald durchsetzt, von der Nibelungenbrücke längs den Weichser Wiesen bis Schwabelweis hinabziehen. Noch in den Jahren des ersten Weltkrieges lieferten sie den Regensburger Bierbrauern das Eis für die Sommerkeller. Buben und Mädel tummelten sich hier beim Schlittschuhfahren und den Eisstockschützen boten sie spiegelglatte Bahnen.

Schwabelweis

Ortscharakter und Lage

Moderne Industrielandschaft und dörfliche Beschaulichkeit, Technik und Naturschutzgebiet, das sind die Gegensätze, die uns auf dem altgeschichtlichen Boden von Schwabelweis entgegentreten. Die ockerfarbenen Wände der Kalksteinbrüche, die rauchenden Schlote der Schachtöfen, Förderanlagen und himmelwärtsstrebende Hochspannungsmasten bilden die Kulisse der Siedlung Schwabelweis, die sich in der baumlosen Donauebene zwischen den Hängen des Keilsteins und dem Strom ausbreitet. Die ländliche Siedlung, ohne bauliche Geschlossenheit, kann ursprünglich als Reihendorf bezeichnet werden. Ein ausgesprochener Siedlungskern fehlt.

Der Ortsname

Schwabelweis gehört zu den ältesten Siedlungen der Donauebene. Ehe noch auf kreischenden Holzrädern die Wagenburgen der Bajuwaren unseren Raum durchzogen, als der Urwald noch bis dicht an die Ufer des Stromes reichte, war die Gegend um Schwabelweis schon Siedlungsland. Bronzezeitliche Gräberfunde nächst der Eisenbahnbrücke beweisen das. Urkundlich wird der Ort erstmals im Jahre 821 bezeugt. Abt Siegfried von Engelbrechtsmünster schenkte damals seine Besitzungen in Schwabelweis an das Kloster St. Emmeram. Die älteste Schreibweise des Ortsnamens ist Suabiluuis. 1082 wird Suebilwise, später Swabelwis geschrieben. Hier zeigt sich eine enge sprachliche Verwandtschaft mit dem benachbarten Weichs, das im Althochdeutschen als wis, das heißt Dorf, wiedergegeben wird. In „Schwabel" steckt der altdeutsche Name Swabilo; Schwabelweis ist demnach die Ursiedlung, die Gründung eines Swabilo.

Aus der Geschichte des Ortes

Im 11. Jahrhundert war Schwabelweis Sitz eines edlen Geschlechts, das sich nach dem Ort nannte. Die Herren von Schwabelweis scheinen aber ihren Edelsitz frühzeitig wieder verlassen zu haben; denn schon im 13. Jahrhundert tritt das Kloster St. Emmeram als dominierender Grundherr der Schwabelweiser Fluren auf. Es unterhielt in der Siedlung einen Amtshof, der die Stelle des heutigen Pfarrhofes eingenommen haben soll. Ein Vogt besorgte die Verwaltung, überwachte die Abgabe der Gülten und übte die Rechtsprechung aus. Neben St. Emmeram verfügte auch das Regensburger Hochstift über ein, „wenn auch schlechtes Hofmärkl" in Schwabelweis. Die Bezeichnung „Hochstiftstraße" erinnert an diese Beziehung. Auch die Klöster St. Klara, das Stift Obermünster, der Deutsche Orden und das St.-Katharinen-Spital hatten Grundbesitz in Schwabelweis. Der Chronist Gemeiner berichtet zum Jahr 1441 — damals übte das Katharinenspital die Vogteirechte in Schwabelweis aus — von der Verurteilung eines berüchtigten Räubers, der die Schwabelweiser Kirche aufgebrochen hatte. Der Vogt ließ alle Gerichtsuntertanen des Dorfes mit Panzer, Eisenhüten, Handschuhen, Armbrüsten und Spießen versehen. Einschließlich des Pfarrers zählte die Dorfschaft damals 29 bewaffnete Männer.

Kriege und die ungestümen Hochwasser der Donau suchten den Ort vielfach heim. Die Folgen des Dreißigjährigen Krieges senkten sich schwer auf den Ort. Die Schweden, die Regensburg eroberten und die Burg Donaustauf zur Ruine machten, brandschatzten und plünderten auch Schwabelweis. Neun Jahre lang blieben die Weinberge verödet. Der Eisstoß der Donau soll einmal ein solches Ausmaß angenommen haben, daß sich die Schollen bis zur Höhe des Kirchendaches stauten.

Auf den einst bewaldeten Höhen des Keilberges lag der gemeindeeigene Waldbesitz. Der Plan von 1829 (Stadtgrundrisse Nr. 22) schreibt „Gemeinde Holz Schwabelweis". Aufgrund der Erlasse Kurfürst Karl Theodors beantragten die Bewohner 1798 die Aufteilung des Gemeindewaldes. Das Teilungsprotokoll erlaubt interessante Einblicke in die damaligen Rechtsverhältnisse und nennt die Umstände, womit die Schwabelweiser ihre Wünsche begründeten: „Weil den Schwabelweisern von den benachbarten Weichser und Reinhausener Untertanen gar so viel gestohlen wurde und weil mit einem gemeinschaftlichen Aufseher nichts ausgerichtet sei — weil sich einige Gemeindeglieder zu viel hieraus zueignen, daß, wenn es ein jeder so machen wollte, das ganze Holz in kurzer Zeit gänzlich abgewendet würde — weil jene, welche wenig Feldbau haben, dem Streurechen und Holzabwenden mehr obliegen können — weil zwischen den Gemeindegliedern selbst immerwährend Zwickereien und Streitigkeiten entstehen...". Der Gemeindewald wurde sodann in drei Abteilungen geschieden, in eine mit gutem Baumbestand, in eine mit mittelmäßigem Wuchs und in eine mit minder gutem Holz. Entsprechend der Zahl der Dorfbewohner teilte man jede Gruppe in 32 Parzellen. Jedes Gemeindemitglied erhielt seinen Anteil durch das Los zugesprochen. Nun folgte das Einsetzen der Grenzsteine. Dabei wurden zwei elfjährige Buben, Michael Sendlbeck und Michael Baumgartner „unter Haarschütteln zweimal um den Markstein geführt". Diese altüberkommene Sitte sollte den Jungen die Standorte der Grenzsteine nachdrücklich und bis ins hohe Alter im Gedächtnis bewahren und damit eine widerrechtliche Versetzung der Steine verhüten. Eine ähnlich altbairische Rechtsgewohnheit war es auch, Zeugen bei der Abfassung von Urkunden bei den Ohren zu ziehen. Das Protokoll über die Teilung des Gemeindewaldes unterzeichneten die beiden Dorfführer, Georg Schiller und Joseph Bauer. Da sie des Schreibens unkundig waren, ersetzten sie ihre Namen durch Kreuzzeichen.

Eine erdbebenartige Erscheinung erlebte Schwabelweis im Jahre 1783. Die Bewohner vernahmen ein gewaltiges Donnern, obgleich keine Wolke am Himmel stand. Die auf dem Keilstein mit Streurechen beschäftigten Leute flohen dem Dorfe zu. Pater E. Reichmayer von St. Emmeram, der damals den Gottesdienst in Schwabelweis versah, untersuchte daraufhin die Hänge des Keilsteins und beobachtete eine Vielzahl frisch aufgeworfener Erdhaufen, großen Maulwurfshügeln gleich, die er als Ausschüttungen einer im Berginnern erfolgten Detonation deutete.

Auch das unheilvolle Jahr 1809 warf seine Schatten auf Schwabelweis. Die österreichische Armee kam am 22. April völlig erschöpft und von den nachrückenden Franzosen hart bedrängt, vor Regensburg an. Auf ihrem fluchtartigen Rückzug nach Böhmen mußten die Österreicher die Donau überqueren. Da die Steinerne Brücke die Masse des zurückflutenden Heeres nicht zu fassen vermochte, holte man in der Nacht vom 22. zum 23. April die Schiffermeister von Regensburg und Stadtamhof zusammen und bat sie, gegen gute Bezahlung alle ihre Fahrzeuge zur Verfügung zu stellen, um oberhalb von Schwabelweis einen zweiten Donauübergang für die österreichische Armee zu schaffen. Am Morgen des nächsten Tages war die Pontonbrücke fertiggestellt. Die Pioniere hatten nicht mehr Zeit, sie mit einem Geländer zu versehen, denn schon begannen die Österreicher, in dichten Kolonnen über den Strom zu setzen. In einem dreistündigen Reitergefecht im Raume Oberisling-Burgweinting (s. d.) deckte die österreichische Kavallerie den Übergang über die Schiffbrücke. Als die Franzosen die Brücke bemerkten, richteten sie starkes Artilleriefeuer darauf, das die Batterien der Österreicher, die auf den Höhen hinter Weichs und Reinhausen aufgefahren waren, erwiderten. Gegen Mittag konnten die letzten österreichischen Truppen, wenn auch unter schweren Verlusten, die zum Teil brennende Brücke passieren. Die unaufhaltsam nachdrängenden Franzosen versuchten nun, den Feind über die Pontonbrücke zu verfolgen. Österreichische Soldaten schlugen jedoch die Haltetaue der Schiffe durch, das Gebälk brach zusammen, und brennend trieb die Brücke den Strom hinab.

Aus diesen schweren Tagen ist folgende Geschichte überliefert: Aus Furcht vor dem wilden Kriegsgeschehen verließen die verängstigten Bewohner von Schwabelweis ihre Häuser und verbargen sich in den Wäldern der Tegernheimer Schlucht. Auch ihre Wertsachen und das Vieh nahmen sie mit. Nur einige alte Leute und ein paar beherzte Burschen blieben in der Ortschaft zurück. Der Anführer einer Gruppe französischer Soldaten forderte einen jungen Schwabelweiser namens Egidius Schmid auf, sie noch bei Nacht auf dem kürzesten Weg nach Frauenzell zu führen. Dem Burschen blieb nichts übrig, als sich mit den Soldaten auf den Weg zu machen. Als die Dunkelheit vollends hereingebrochen war und der Trupp sich in den dichten Wäldern der Vorberge befand, zerschlug der Bursche seine Laterne, flüchtete in das verstrickte Gehölz und versteckte sich in einem hohlen Baum. Drei Tage lang irrten die französischen Soldaten in den Wäldern umher, bis sie endlich, erschöpft und ausgehungert, Frauenzell erreichten.

Am 1. April 1924 kam Schwabelweis mit 1618 Einwohnern zum Stadtverband von Regensburg. Der letzte Bürgermeister hieß Franz Biendl; er war Direktor des Kalkwerkes Funk. Zur Ortsflur von Schwabelweis gehörten zur Zeit der Eingemeindung die Ortschaften Walhallastraße, Vorder und Hinter Keilberg und Brandlberg sowie die Einöden Keilstein, Tegernheimer Keller, Harthof und Glashütte.

Vom Weinbau

Schwabelweis ist alter Weinort. An dem sonnigen Südhang des Keilsteins gedieh die Rebe sehr gut. Bereits 1149 wird der Weinbau in Schwabelweis erwähnt. Bei dem kirchlichen, aber auch dem privaten Grundbesitz in der Ortsflur handelte es sich meist um Weinberge. Die Flurnamenforschung konnte eine Reihe von Weinbergnamen ermitteln. 1480 werden der „Uternagel" und der „Sigenhoffer" genannt. Sie gehörten der einflußreichen Regensburger Familie Sittauer. Unternagel-, Sigenhoffer- und Sittauerstraße halten die Erinnerung daran wach. Die Schidenstraße leitet ihren Namen von einem Weinberg „die Schieden" ab. Der Weg zu den Weingärten am Keilsteiner Hang heißt heute noch Weinbergstraße.

Schließlich sei noch der

„Schwabelweiser Sandfrauen"

gedacht, die bis in die Zeit des ersten Weltkrieges alle Samstage am Krauterermarkt vor der Adlerapotheke den sogenannten Fegsand, ein Putzmittel, an die Regensburger Hausfrauen verkauften. Ihr Rohmaterial war der helle Steinsand von den Abraumhalden der Kalkbrüche, den sie zermahlten und zu verschieden feinen Sorten von „Fegsand" siebten. Die Putzmittelindustrie hat ihnen freilich längst das Geschäft abgenommen.

Die Kirche

Auf mauerumfriedetem Hügel erhebt sich das Gotteshaus zu Ehren St. Georg. Die Überlieferung will wissen, daß sich auf jener, vom Hochwasser geschützten Erhebung eine heidnische Kultstätte befand, ehe noch Missionare das Christentum in unsere Gegend brachten. Die heutige

212. Schwabelweis, Kirche. Erbaut 1770

Kirche hatte eine Vorgängerin, wahrscheinlich stammte sie aus romanischer Zeit. Das St.-Georgs-Patrozinium läßt auf eine sehr frühe Gründung schließen.

Das Reichsstift St. Emmeram ließ 1770 unter Fürstabt Frobenius Forster mit dem Bau der jetzigen Kirche beginnen. Nach sechsjähriger Bauzeit erhielt sie die Weihe. „Herr, segne dieses Haus, das ich in deinem Namen erbaut habe", so steht auf dem Spruchband am Chorbogen, unter dem Engel ein Doppelwappen tragen: das des Fürstabtes Frobenius Forster und das des Klosters St. Emmeram. Pfarrlich gehörte Schwabelweis zu St. Rupert bei St. Emmeram. Diese engen Beziehungen des Ortes und der Kirche zum Reichsstift St. Emmeram sind heute noch in mehreren Straßennamen lebendig: Reichsstiftstraße, Frobenius-Forster-Straße und St.-Rupert-Straße. Die Dionys-Danegger-Straße erinnert an den Emmeramer Subprior und Pfarrer von Schwabelweis, Pater Dionys Danegger (1767—1828). Die Kirche war bis zur Säkularisation 1803 dem Reichsstift St. Emmeram inkorporiert.

Das Innere des Kirchenraumes ist im Stil ländlichen Rokokos ausgestattet. Otto Gebhard, Angehöriger einer bedeutenden Prüfeninger Malerfamilie, zierte die Decke des Langhauses und die des Chores mit Fresken. Das große Bild über dem Hauptschiff schildert in bewegten Szenen das Martyrium des Kirchenheiligen Georg; das Fresko über dem Chor nimmt Bezug auf die Heiligen des Klosters St. Emmeram. Auf einer Wolkenbank, von Engeln umschwärmt, thront Maria, das Kind mit der Rechten umschlingend. Ihr zu Füßen verharren die Heiligen Wolfgang, Emmeram, Benedikt und Rupert in hingebender Verehrung. Die Deckenbilder wurden ursprünglich einem unbekannten Maler zugeschrieben. Erst die umfassende Renovierung 1959 legte am Chorfresko das Signum des Meisters von Prüfening frei: „Otto Gebhard pinxit."

Ein spätgotisches Vesperbild aus dem Ende des 15. Jahrhunderts überragt alle anderen Kunstwerke der Kirche in der Kraft künstlerischen Ausdrucks und in der Tiefe seelischen Erlebens. Maria, den Leichnam des Sohnes auf den Knien, wird zum Spiegel verzehrenden Schmerzes. Der unbekannte Bildschnitzer, ein Meister von ausgesprochen bairischer Mentalität, vermochte diesem Schmerz noch eine Note edler Verklärung zu geben. In ihrer Breite und Fülle läßt die Komposition deutlich die Bindung an den Figurenblock erkennen. Das bedeutende Kunstwerk stand bis 1926 in einer Nische der Friedhofsmauer. Damals wurde es gestohlen, konnte aber nach Jahresfrist wieder beigebracht werden und fand dann Aufstellung im Pfarrhof. Seit 1959 bildet es, in neuer Fassung, eine hervorragende Zierde der Kirche.

Das Hochwasser des Jahres 1909 schwemmte in Schwabelweis eine barocke Nepomukstatue an, die als Ersatz für die Pieta in der Mauernische des Friedhofes Aufstellung fand. Bubenhände schändeten aber des öfteren diesen frommen Ort, so daß heute die Nische vermauert ist. St. Nepomuk prangt jetzt, ebenfalls neu gefaßt, an der Nordwand des Kirchenschiffes. Der ehemalige Friedhof birgt noch ein paar alte, schmiedeeiserne Grabkreuze.

Die umgebenden Ortschaften

Weit jünger als Schwabelweis sind seine umgebenden Ortschaften und Weiler. Die Siedlung Walhallastraße entstand erst mit dem Bau der Eisenbahnlinie Regensburg — Schwandorf — Amberg — Nürnberg, die 1859 den Verkehr aufnahm und hier eine Haltestelle eröffnete. Aus dieser Zeit stammt auch die erste Eisenbahnbrücke über die Donau in Regensburg, die unter der Regierung König Maximilians II. von Bayern durch die Ostbahn A.G. errichtet wurde. Dem Zeitgeschmack entsprechend trug sie auf den Widerlagern zinnenbewehrte, dem Stil der englischen Gotik nachgeahmte Doppeltürme. Keilberg kam anfangs der zwanziger Jahre zu Schwabelweis und damit zu Regensburg. Der Name Brandlberg leitet sich ab von „Brand". Noch jetzt spricht der Volksmund von „brandeln", vom Geruch, der bei Brand entsteht. Brandlberg ist somit das auf dem Berg, der Anhöhe gelegene Siedlungsland, das durch Abbrennen von Buschwerk entstand. Auf dem Keilberg stand inmitten lichten Föhrenwaldes eine einfache Gaststätte, der Keilsteiner Keller. Durch die Rauflust seiner Gäste erlangte er eine gewisse Berühmtheit. Weit beliebter war der in der sogenannten Tegernheimer Schlucht (s. d.) gelegene Tegernheimer Keller. Seine Lage in romantischer Waldschlucht kam dem Geist des Biedermeier sehr entgegen. In dem selten gewordenen 1845 erschienenen Bändchen „Regensburger Vergißmeinnicht", einem mit reizenden Stahlstichen aus der Umgebung Regensburgs ausgestatteten Erinnerungsbüchlein, ist auch dem alten Tegernheimer Keller ein hübsches Blatt gewidmet. Der Historiker Schuegraf zeichnet in seinem 1830 erschienenen Bändchen „Die Umgebungen der K. Bayer. Kreishauptstadt Regensburg" ein lebensvolles Bild des Tegernheimer Kellers: „Ein schöner Frühlingsnachmittag. Eine zahllose Menge Menschen drängt sich dem jenseitigen Donauufer entlang, Reiter, Fußgänger und Wagenfahrer. Auch der spiegelhelle Strom ist mit Kähnen bedeckt, angefüllt mit frohen, lebenslustigen Menschen.

Doch wohin ist der eilende Zug gerichtet? Tegernheim, wo heute sich der Sommerkeller wieder öffnet, ist das Ziel so vieler Anstrengung, so vieler Eile; denn wer zu spät kommt, und kein eigenes Trinkgeschirr mit sich bringt, der kann seinen Durst an der Quelle stillen.

Ich setzte bei Schwäbelweis über die Donau, und eilte, um ein Plätzchen und einen Krug zu erobern, ehe Regensburg und Stauf sich dort häuslich niedergelassen. Glücklich erreichte ich auch, was ich wünschte." Auch der Dichter Eduard Mörike hat den einst so beliebten Tegernheimer Keller in seinen Erinnerungen festgehalten (s. Abb. 232).

Zum Gemeindegebiet von Schwabelweis gehörte auch das ehemalige Gut Harthof, das 1256 als Besitz des Klosters St. Emmeram genannt wird. Der Name ist als „Hof am Hart", das heißt „am Wald", zu erklären. Eine Glashütte nächst dem Harthof, östlich der Eisenbahnlinie, hat ihren Betrieb längst eingestellt. Der Glashüttenweg erinnert noch an sie.

Keilberg

Mit dem geographischen Begriff „Keilberg" ist jener Ausläufer des Fränkischen Jura umrissen, der im Norden vom Wenzenbach, im Westen vom Wutzlhofener Urtal, das die Eisenbahnlinie nach Hof aufnimmt, und im Süden von der Donau begrenzt wird. Im Osten lagert sich der Keilberg an der Linie Tegernheimer Keller — Irlbach an das Urgebirge an. Die Höhe des Keilbergs bildet eine mit Steppenheide und Wald bewachsene, nach Westen sich neigende Hochfläche, die gegen das Donautal zu schroff abfällt. Die Masse des Bergstockes besteht fast ausschließlich aus plumpem Felsenkalk, der an manchen Stellen des südlichen Steilhanges, dem Keilsteiner Hang, zu malerischen Felsgruppen und Türmen ausgewittert ist.

Die Siedlung Keilberg ist zwar politisch ein Stadtteil von Regensburg, entspricht aber in ihrem Baucharakter weder einem solchen noch einem Vorort im hergebrachten Sinn. Der Ort ist vielmehr eine mehr oder weniger planlos gewachsene Streusiedlung auf unregelmäßig gewellter Hochflächenlandschaft. Geschlossene Baugruppen fehlen ebenso wie eine erkennbare Ortsmitte. Vorherrschend ist das Giebelhaus einfachster Bauart für eine oder zwei Familien.

„Keilberg" und „Keilstein" waren ursprünglich nur die Flurbezeichnungen für den Höhenrücken. Jedoch schon die Umgebungskarte der Stadt vom Jahre 1829 (Stadtgrundrisse Nr. 22) kennt die Ortsnamen Vorder- und Hinter-Keilberg für die wenigen, damals auf dem Höhenrücken vorhandenen Häuser. Der Tradition nach soll es ein Köhler gewesen sein, der als erster seine Heimstätte auf dem Keilberg aufgeschlagen hat. Als zweiter Ansiedler soll ihm sein Schwiegersohn namens Heß gefolgt sein. Die Chronik meldet die Namen weiterer früherer Siedlerfamilien: Amann, Pauderer, Merl, Salhofer, Seiler, Weichart, Aumer. Nachkommen all dieser Familien wohnen noch heute auf dem Keilberg.

Die meist von Kalkbrennern, Steinbrucharbeitern und Maurern bewohnte Siedlung wuchs rasch an. Bereits vor der Jahrhundertwende war die Zahl der schulpflichtigen Kinder so groß, daß der Ort ein eigenes Schulhaus bekam. Trotzdem hat es Keilberg nie zu einer selbständigen Gemeinde gebracht. Ursprünglich gehörte es zur Gemeinde Schönberg, kam dann zu Schwabelweis und mit dieser Gemeinde 1924 zum Stadtverband von Regensburg.

Einst war der Keilberg ein wenig betretenes Gebiet. Zwar liebte der Biedermeier die „Landpartien", doch zog er die angenehmen Spazierwege nach den westlichen Vororten dem beschwerlichen Marsch auf den Höhenrücken vor, auf den damals nur zwei kümmerliche Feldwege führten. Erst die um 1900 geborene Generation entdeckte die landschaftlichen Reize des Keilbergs und seines Hinterlandes. Für viele Regensburger war der Keilsteiner Keller, der zwischen schütteren Waldteilen auf einsamer Höhe stand, das Ziel sonntäglicher Ausflüge. Wenn dann nach anstrengender Bergwanderung das Bier die Gemüter zu sehr erhitzte, kam es nicht selten zu Streit und blutigen Raufereien, die dem Keilsteiner Keller einen nicht gerade guten Ruf, aber auch wiederum neue Anziehungskraft verliehen. Das Gaststättengebäude wurde gegen Ende des letzten Krieges gesprengt.

Große Schwierigkeiten bereitete den Keilbergern die Versorgung mit Trinkwasser, da das durchlässige Kalkplateau nur wenig Oberflächenwasser bietet. Die Bevölkerung schöpfte ihren Wasserbedarf aus zwei Brunnen, dem sogenannten Silberbrunnen, dessen Quelle heute noch fließt und dem Spitaler Brunnen, so benannt nach dem Katharinenspital, aus dessen Grundstück auf dem Keilberg die Quelle hervortrat. Diese dürftige Wasserversorgung konnte der weit verstreuten Siedlung nicht genügen. Nach Überwindung zahlreicher Schwierigkeiten gelang den Keilbergern 1924 der Bau einer Wasserleitung. Die Straßenbezeichnung „Brunnensteg" erinnert an die erste Wasserversorgung auf dem Berg.

Keilberg, das erst spät eine eigene Kirche bekam, gehörte zur Pfarrei Irlbach. Seit 1911 aber rief eine Glocke, das Geschenk des Pfarrers von Irlbach, die Gläubigen dreimal täglich zum Gebet. In den Kriegstagen des Jahres 1917 sollte sie für Rüstungszwecke eingeschmolzen werden. Die Keilberger aber bewahrten sie vor diesem Schicksal. Während der Nacht nahmen sie die Glocke heimlich aus ihrem hölzernen Turm, vergruben sie in einem Acker und führten mit dem Pflug frische Furchen darüber. Die Polizei konnte weder die Täter ermitteln noch das Versteck der Glocke ausfindig machen. Nach Kriegsende, 1919, lag sie eines Tages wieder vor dem Holzgerüst.

Vom Turm der Kirche aus genießt man eine prächtige Fernsicht. Donauabwärts reicht der Blick bis zur Wallfahrtskirche auf dem Bogenberg. Nach Nordosten erblickt man den 1039 m hohen Czerkow in der Tschechei und gegen Norden den Turm der Maria-Hilf-Kirche in Amberg. Bei Föhneinbruch kann man mit Blickrichtung nach Süden die schimmernde Kette der Alpen erkennen.

Alte Ansichten des Keilbergs gibt es nicht. Lediglich eine Abbildung der Stadt Regensburg während der kaiserlichen Belagerung 1634 von Merian (Stadtansichten Nr. 13) gibt im Hintergrund auch den Keilberg wieder. Sie läßt deutlich erkennen, daß der Südrand des Berges bereits damals weitgehend verkarstet war, wenngleich die Rodung zur Zeit der ersten Ansiedler die Waldzone abermals zurückdrängte. Zu Füßen des steil abfallenden Kalkfelsen erstrecken sich Weinberge. Die Höhe trägt die Bezeichnung „Kästein". Die erste bekanntgewordene Erwähnung des Flurnamens „Keilstein" stammt aus dem Jahr 1508. Die Einnahmeregister des Klosters St. Emmeram nennen einen Weinberg „Kachenstain", 1519 einen solchen mit dem Namen „Kahenstain". 1590 wird Kächstein geschrieben, 1643 Kächenstein. Ein Kheinstainer Weingarten kommt 1651 vor. Die Wortbestandteile Kachen, Kahen, Kächen und ihre Entwicklung zu Keil fanden bis heute keine befriedigende Erklärung.

1951 erst wurden auf dem Keilberg amtliche Straßenbezeichnungen eingeführt. Dabei fanden die örtlichen Flurnamen weitgehend Berücksichtigung: An der Schauergrube, Am Vogelherd, Am Keilstein, Hutweide. Auch Namen von Pflanzen, die häufig auf dem Berg vorkommen, verwendete man zu Straßenbezeichnungen. Die Alfons-Sigl-Straße ist nach dem ersten Pfarrkuraten von Keilberg benannt. Leider vermißt man eine Hans-Koller-Straße. In der Person des Hauptlehrers Hans Koller erwuchs der Bevölkerung 1908 ein Mann, der sich unermüdlich für die Belange der Keilberger einsetzte. Die Errichtung der Wasserleitung, der Ausbau der Straße und die Eingemeindung nach Regensburg sind zum großen Teil sein Verdienst.

Mehr als dem Liebhaber heimatlicher Kunst und Geschichte bietet der Keilberg dem Geologen und Botaniker. Nahezu das ganze Massiv des Berges besteht aus Kalkstein von vorzüglicher Reinheit. Die günstige Lage an der Eisenbahn ließ schon früh eine ausgedehnte Kalkindustrie aufblühen. Nächst der Station Walhallastraße entstand anfangs der 1870er Jahre das Kalkwerk Funk, dem 1877 der Betrieb Micheler folgte. Zwei Jahre später entstand das Werk Andre Büechl. Der Eisenerz- und Schlemmhüttenweg erinnern an einen Bergwerksbetrieb. Nächst dem Weg zur Hohen Linie befand sich der nahezu 60 m tiefe Theresienschacht, der kaolinhaltigen Keupersandstein zur Porzellanfabrikation und das Mineral Roteisenoolith zu Farbzwecken förderte. Das Eisenvorkommen bewirkt auch die intensive Rotfärbung der Ackererde in dieser Gegend. Die Ostecke des Keilberges wird von Eisensandstein gebildet, dessen ockerfarbene Massen oft eine prachtvolle rote Bänderung aufweisen. Am Sockel der Kirche sowie zur Ummauerung des Friedhofes fand dieses Gestein Verwendung.

Nächst dem Tegernheimer Keller (s. d.), in der sogenannten Tegernheimer Schlucht, treffen Juraformation und Urgebirgsmassen der Ausläufer des Bayerischen Waldes aufeinander. Gewaltige Verwerfungen haben einst hier stattgefunden; die Schichten der Erdkruste treten hier offen zutage. Nach Aussage bedeutender Wissenschaftler gehören die Aufschlüsse in der Tegernheimer Schlucht zu den geologisch interessantesten Punkten in Deutschland. Einer der besten Kenner heimatlicher Geologie, der 1928 verstorbene Regensburger Augenarzt und Geologe aus Leidenschaft, Dr. August Brunhuber, berichtet dazu: „Der Tegernheimer Keller, dessen Umgebung zu den geologisch interessantesten Lokalitäten Deutschlands gehört, da hier ein Einblick in die Anlagerung der sedimentären Schichten an das Urgebirge gegeben ist, ist in einen alten Steinbruch im Eisensandstein hineingebaut. In der am Ausgang der Tegernheimer Schlucht gelegenen Tongrube sieht man an der westlichen Wand wiederum den Eisensandstein (einzelne Schichten ziemlich reich an Mangan) und unter diesem den Opalinuston aufgeschlossen. In seinen oberen Lagen durch Zersetzung gelblich, sonst hellgrau, in seinen unteren Partien mergelig und härter, zeigt er allenthalben die Spuren starker Pressung. Er enthält viel Schwefelkies in feinen Körnern und einzelnen Knollen mit Kristallen sowie stellenweise gut ausgebildete Gipskristalle; von Versteinerungen sind nahezu vertikal aufgerichtet. Auf sie folgt der Jurensismergel des Lias, der die östliche Wand der Grube bildet, zunächst in Gestalt gelbbrauner, sandiger Mergel mit wenigen Versteinerungen, dann in Form harter, oolithischer, grauer Kalkmergel, die zum Teil ganz erfüllt von Versteinerungen sind. Auf sie folgen die dunklen, blätterigen Positonienschiefer. Die Schichten des mittleren und unteren Lias scheinen zu fehlen. Nur in der Wand aus rötlichem Rotliegenden, welche die Grube nordöstlich begrenzt, finden sich eingepreßt vereinzelte Stücke von grauem Angulatensandstein. Zahlreiche lose Blöcke desselben Gesteins finden sich nordöstlich der Grube am Beginn des Hohlweges, der zur Hohen Linie hinaufführt. Verfolgt man die an der Westseite der Schlucht sich hinaufziehende Wasserrinne, so trifft man über dem Eisensandstein auf die Schichten des unteren weißen Jura, die mit ersterem infolge von Verwerfungen mehrmals wechsellagern. Auf der Keilberger Höhe, westlich vom Punkt 472 am Wege vom Dorf Keilberg nach der Hohen Linie ist der Angulatensandstein (Keilberger Sandstein) am besten aufgeschlossen..."

Zwei Interessengebiete begegnen sich am Keilsteiner Hang: der industrielle Abbau des Kalksteins und eine Zone geschützter Pflanzen und Tiere. 1939 wurde der Ostteil des Hanges zum Naturschutzgebiet erklärt; denn hier gedeiht eine sehr artenreiche Kalkflora mit teilweise schon äußerst selten gewordenen Pflanzen. Während Osterglocke und Seidelbast noch zu den häufiger anzutreffenden Arten gehören, bedarf es schon eines großen Spürsinns, die Standorte von Türkenbund oder Diptam aufzufinden. Zu den größten Seltenheiten der Keilsteiner Pflanzenwelt aber gehören der Regensburger Goldregen mit dem lateinischen Namen Cytisus Ratisbonensis und das fast ausgestorbene Federgras, dessen lange, federartig behaarte Granen sich im Wind silberweiß wellen. Die zur Musterung aufgerufenen Keilberger Burschen trugen es einst als Hutschmuck. Der seltene Apollofalter, der die Kalkfelsen umgaukelt, zählte zu den begehrtesten Sammelobjekten der Entomologen.

Auf den Winzerer Höhen

Von Steinweg bis Kager erstreckt sich der Bergrücken der Winzerer Höhen. Gebieterisch stemmen sie sich gegen die Donau, drängen den Strom aus seiner Nordostrichtung ab und zwingen ihn, seinen Lauf nach Osten zu nehmen. Ein uralter, wohl bis in keltische Zeit zurückreichender Verkehrsweg überwindet den Höhenzug: der Schelmengraben. Aus der Ebene der nördlichen Donauniederung steigt er steil, in schluchtartiger Enge bis zur Höhe empor, die er bei einem Wegkreuz, einer wenig schönen Eisenkonstruktion mit gußeisernem Korpus aus der Zeit um 1880, erreicht. Sicher hatte dieses Kreuz einen Vorgänger, vielleicht ein steinernes Sühnedenkmal für begangene Untat. Wurden doch Morde und Verbrechen gerade in der verschwiegenen Schlucht von Hohlwegen begangen. Hohlwege galten außerdem als Aufenthaltsorte Verwunschener, als Tummelplatz böser Geister und Verdammter.

Der Schelmengraben gehört zu den ältesten Straßen im Stadtgebiet. Mit seiner nördlichen Verlängerung, die über Kallmünz und Schmidmühlen die alte Eisenstadt Amberg erreicht, zählt er zu den ältesten Fernstraßen der Oberpfalz. Die Altstraßenforschung sieht in ihm die südliche Fortsetzung der sogenannten Bernsteinstraße, des Handelsweges von der Elbemündung zur Donau, auf dem auch das begehrte Harz aus der Ostsee, der Bernstein, nach dem Süden gelangte. Bereits um das Jahr 770 werden die Winzerer Höhen und der Schelmengraben, wenn auch nicht mit ihren heutigen Namen, genannt. Der Freisinger Bischof Arbeo, der zu dieser Zeit das Leben des hl. Emmeram beschrieb, berichtet von einem Wallfahrer, der zum Grab des Heiligen nach Regensburg pilgerte. Nach beschwerlichem Marsch stand er „auf dem Berge oberhalb der Weinpflanzungen" zwischen Donau und Regen. Von dort aus erblickte er die stark befestigte Stadt und „stieg den Pfad zu dem Anlegeplatz am Fluß hinab". Der Berg mit den Weinpflanzungen kann nur die Winzerer Höhe sein; der Pfad, der zur Donaufähre führte, ist der Schelmengraben. Die Wegbezeichnung „Schelmengraben" tritt 1326 erstmals auf. „Graben" bezieht sich auf die tiefe Einkerbung, die Wagenräder, Pferdehufe und Regenwasser dem Bergrücken in zwei Jahrtausenden eingeschluchtet haben. Das Wort „Schelm" hat im Mittelhochdeutschen die Bedeutung von Pest, Seuche, Aas. „Schelm" hieß auch der Abdecker, der gefallenes Vieh verwertete und beseitigte, ein nach damaliger Auffassung dem Henker verwandter, wenig ehrenvoller Beruf. Aus der Bezeichnung „Schelmengraben" läßt sich somit schließen, daß hier der Wasenmeister, der Schinder, seinem Gewerbe nachging.

Beim Kreuz am Schelmengraben zweigt nach Westen einer der beliebtesten Spazierwege der Regensburger ab. Er führt den Namen „Auf der Winzerer Höhe" und folgt dem Rand des Höhenzuges, unmittelbar am städtischen Burgfrieden verlaufend, bis nach Kager. Kurz nach der Abzweigung steht ein palaisartiges im Stil ludovizianischer Klassik um 1833 errichtetes Gebäude, das Café Seidenplantage. Dieser Name ruft die Erinnerung wach an den Versuch König Ludwigs I., die Zucht der Seidenraupe und die Erzeugung von Rohseide auch in Regensburg zu beheimaten. Die verwilderten Hänge der Winzerer Höhen boten sich zur Anpflanzung des Maulbeerbaumes an, dessen Blätter den Seidenraupen zur Nahrung dienen. Dabei handelte es sich jedoch nicht um den ersten Versuch dieser Art; die Regensburger Seidenerzeugung hat eine weit ältere Tradition.

Der Regensburger Domherr Konrad von Megenberg, einer der größten Naturforscher des Mittelalters, schreibt in seinem, um 1353 verfaßten Werk „Ökonomik" den für die Geschichte der Seidenerzeugung in Regensburg bedeutsamen Satz: „Solche Raupen werden auch an manchen Orten Deutschlands gezüchtet und besonders in unserer königlichen Stadt Regensburg. Aus der Seide dieser Raupen werden aber in höherem Maße Frauenschleier gewebt als andere Seidenstoffe." Damit ist nicht nur die Gewinnung von Rohseide zu so früher Zeit in Regensburg verbürgt, sondern auch ihre Verarbeitung zu zarten Geweben für Frauenschleier. Die nächsten Nachrichten von Seidenraupen und Maulbeerbäumen in Regensburg stammen dann erst wieder aus dem Jahr 1625. Kurfürst Maximilian I. von Baiern ließ damals eine amtliche Umfrage nach den Standorten von Maulbeerbäumen in seinem Kurfürstentum ergehen. Unter zahlreichen Fehlanzeigen findet sich die Mitteilung des Pflegers von Stadtamhof, der das Vorhandensein von acht Maulbeerbäumen meldet. Als Standort der von Megenberg aus dem 14. Jahrhundert gemeldeten Maulbeerbäume sowie der letztgenannten können nur die Winzerer Höhen angenommen werden. Übrigens müssen noch 1803 solche Bäume vorhanden gewesen sein, denn der Regensburger Naturwissenschaftler Jakob Christian Schäffer (s. d.), dem es erstmals gelang, Papier ohne Zusatz von Lumpen herzustellen, verwendete für seine Papierversuche auch Blätter und Rinde des weißen Maulbeerbaumes mit dem lateinischen Namen Morbus alba.

Diese Tradition lebte um 1820 wieder auf, als man versuchte, durch die Anlage einer Seidenplantage die darniederliegende Gewerbetätigkeit der Stadt zu heben. Ihr Schirmherr war König Ludwig I. Obgleich der damals noch junge König allen Industrialisierungen entgegenstand und eine ausgesprochene Abneigung gegen Fabriken hatte, förderte er doch diesen Plan nach Kräften; ja, er wurde zu einer seiner Herzensangelegenheiten. Vor allem war es der Leutnant Ziegler vom 4. Linien-Infanterieregiment, das damals in Regensburg lag, der sich diesem Gedanken besonders widmete. 1833 gründete er eine „Gesellschaft zur Förderung der Seidenzucht", deren Direktor er wurde. Die Gründung erfolgte in Form einer Aktiengesellschaft. Man druckte 1000 Aktien zu je 50 Gulden, doch nicht einmal die Hälfte konnte abgesetzt werden. Bei den Sammlungen des Historischen Vereins liegt ein Generalversammlungsbericht der Gesellschaft von 1836, der von 388 verkauften Aktien spricht. Vom gleichen Jahr ist auch ein Verzeichnis der Aktionäre erhalten; es waren im ganzen 276, von denen allerdings viele nur halbe Aktien besaßen. An der Spitze der Liste steht König Ludwig I. von Bayern, der 50 Aktien erwarb. Der Fürst von Thurn und Taxis erscheint mit 10 Stück. Den Rest erwarben Bürger, Beamte und Geistliche aus Regensburg und Umgebung. Der Historische Verein besitzt eine solche Aktie im Original.

Im Mai 1833 kaufte die Gesellschaft von dem vereinnahmten Geld 12 Tagwerk Ackerland auf den Winzerer Höhen, zu denen später noch 6 Tagwerk Pachtgrund kamen und bepflanzte sie mit Maulbeerbäumen. „Durch die Umgrabung dieser Grundstücke und Setzung der Maulbeerbäume wurde vielen verdienstlosen Leuten Arbeit verschafft", schreibt ein Zeitgenosse. Damals mag auch das Wirtschaftsgebäude, das heutige Café „Seidenplantage" erbaut worden sein. Der Betrieb richtete sich ganz nach italienischem Vorbild. Die Maulbeerbaumpflanzung nannte man die „Plantage". In der „Magnanerie" wurden die Raupen gezogen, die Zwirnerei hieß „Filatorium",

213. Die Seidenplantage, heute gleichnamiges Café. Der Höhenrücken ist mit jungen Maulbeerbäumen bepflanzt. Lithographie von Hechler, 1839. Hofbibliothek

in der „Filanda" erfolgte das Haspeln der gewonnenen Seide. Besondere Schwierigkeiten bereitete die Wasserversorgung. Mit dem sehr hohen Aufwand von 1500 Gulden mußte ein 46 m tiefer Brunnen in den Felsen gesprengt werden. Im ersten Jahr begann der Betrieb mit 15 000 Raupen, deren Zahl sich später auf etwa 100 000 steigerte. Das Oktoberfest des Jahres 1838 brachte eine Ausstellung von roher, gesponnener und gefärbter Seide aus Regensburg, die allgemeinen Beifall fand.

Die Seidenraupenzucht sollte über ganz Bayern verbreitet werden, Regensburg war als Zentralstelle ausersehen. Die Filialen — zeitweise waren es über 50 — erhielten von Regensburg Maulbeerpflanzen und Raupeneier und lieferten die gewonnenen Kokons wieder hier ab, wo sie weiter verarbeitet wurden. Der Jahresbericht der Gesellschaft von 1836 erwähnt Zulieferungen aus Würzburg, Nürnberg und Eichstätt.

Doch über dem ganzen mit viel Idealismus und großen Hoffnungen begonnenem Unternehmen waltete kein guter Stern. Gewinne konnten nicht erzielt werden und die Gesellschaft geriet immer mehr in Schulden, obgleich die Regierung ihre Ziele förderte. Um 1860 drohte die Zwangsversteigerung der Liegenschaften. Um diese abzuwenden, beschloß man in einer Generalversammlung am 20. April 1861 den freihändigen Verkauf des ganzen Besitzes. Ein Regensburger Privatier namens Lutz steigerte Gebäude und Gründe um 8100 Gulden. Nach Rückzahlung der Schulden blieb für das gesamte Aktienkapital — es waren inzwischen 400 Aktien abgesetzt worden — ein winziger Rest von 251 Gulden $15^{2}/_{8}$ Kreuzern. Die Aktionäre erhielten für je 50 einbezahlte Gulden ganze $31^{1}/_{2}$ Kreuzer zurück. Das war das bittere Ende der „Gesellschaft zur Förderung der Seidenraupenzucht". Die Maulbeerbäume wurden abgeholzt und die Gründe wieder anderer landwirtschaftlicher Nutzung zugeführt oder brach liegen gelassen. Als Zeugen dieser verschwundenen Regensburger Seidenraupenzucht stehen am Hang der Winzerer Höhen, etwa 100 m westlich des Schelmengrabens, noch zwei mächtige Maulbeerbäume. Aus der Anfangszeit des Unternehmens gibt es eine hübsche Lithographie von Hechler, die das beflaggte Wirtschaftsgebäude, das heutige Café Seidenplantage, auf dem mit Maulbeerbäumen bepflanzten Bergrücken zeigt.

Auf halber Höhe des Schelmengrabens zweigt der Österreicherweg ab, ein an seiner Südseite mit älteren Villen bebautes Sträßchen. Sein Name beschwört eines der schwärzesten Kapitel in der Geschichte Regensburgs. Napoleonische Truppen hatten gegen Abend des 23. April 1809 die von Österreichern verteidigte Stadt im Sturm erobert. Plündernde Soldateska durchzog die Straßen, erbrach die Haustüren und beraubte selbst Obdachlose und Gebrandschatzte ihrer letzten Habe. Das Gelände nördlich der Donau aber befand sich noch in den Händen der Österreicher. Im Sturmschritt drangen deshalb die Franzosen durch das eroberte Regensburg und versuchten noch am späten Abend über die Steinerne Brücke nach Stadtamhof und gegen den Dreifaltigkeitsberg vorzudringen, wo die Österreicher bei dem heute nach ihnen benannten Weg starke Geschützeinheiten verschanzt hatten. Der Zusammenstoß der Gegner auf der Steinernen Brücke war fürchterlich. „... die Kämpfenden stiegen über Tote und Sterbende und beschossen sich aus unmittelbarer Nähe; Mann gegen Mann stritt, die Gewehre zerbrachen aneinander, die Bajonette bogen sich in der Wut des Kampfes." Um den Rückzug ihrer Armee nach Böhmen zu decken und ein weiteres Vordringen der Franzosen nach Stadtamhof zu verhindern, schossen die Österreicher von den Höhen herab mit Haubitzgranaten Stadtamhof in Brand. Gegen Mitternacht glich das Städtchen einem wogenden Flammenmeer, das ein Nachrücken der französischen Armee mit ihren schweren Geschützen und Pulverwägen unmöglich machte. „Von diesem Platz aus wurde Stadtamhof am 23. April 1809 in Brand geschossen". Dieser lapidare, aber inhaltsschwere Satz steht unter gekreuzten Kanonenrohren auf der Gußeisentafel eines Denkmals, das der Historische Verein in Form einer Säule auf gestuftem Unterbau im Jahre 1890 am Österreicherweg errichten ließ.

Pfaffenstein

Den steil aufragenden Jurafelsen verdankt die Siedlung Pfaffenstein ihren Namen. Von alters her besaß der Regensburger Klerus, vor allem das Kloster St. Emmeram und das Domstift, ausgedehnte Besitzungen, namentlich Weingärten, in den Fluren von Pfaffenstein. Einer dieser Felsen oder Steine — Stein ist das alte Wort für Fels — bei einem den „Pfaffen" gehörenden Grundstück mag Anlaß zu der Benennung „Pfaffenstein" gegeben haben. Dem Ausdruck „Pfaffe" wohnte ursprünglich kein abwürdigender Sinn inne, gab es doch in Regensburg eine Pfaffengasse, einen Pfaffengau usw. Die Schreibweise des Ortsnamens änderte sich im Laufe der Jahrhunderte. 1387 wird Pfäffelstein, 1433 Pfaffelstein, 1573 Pfeffelstein geschrieben.

Gleich Winzer und Steinweg war Pfaffenstein eine Siedlung von Weinbauern. Noch 1835 lebten von etwa 20 Hausbesitzern des Dorfes mehr als die Hälfte vom Weinbau; denn entlang des gesamten Höhenzuges von Steinweg bis Kager reifte die Traube. Zahlreiche Flurnamen im Ortsbereich von Pfaffenstein weisen auf den einstigen Weinbau: der Prunnweingart, der Fischerweingarten, der Plattenweinberg, der Trainerweinberg, um nur einige zu nennen. Auf dem Höhenkamm zog sich zum Schutz der Weingärten eine Mauer hin; alte Darstellungen lassen außerdem Wächterhütten sowie Bütthäuser, in denen die Trauben gepreßt wurden, erkennen. An die Zeit des Weinbaues in Pfaffenstein erinnert die Statue eines Heiligen, die, kaum beachtet, in einer Nische im Garten des ehemaligen Anwesens Nürnberger Straße 104 stand (jetzt Luitpoldstraße 9). Die wertvolle barocke Figur stellt den heiligen Papst Urban I. dar, der als Schirmherr der Weinbauern und als Beschützer der Weingärten gilt. Urban, die Tiara auf dem Haupt, hält in der Hand sein Attribut, die Traube. Wir haben hier die Darstellung eines Heiligen vor uns, die in der Kunst Altbaierns nur noch selten anzutreffen ist.

An den Hängen entsprangen mehrere Quellen. Auch bei Pfaffenstein traten, wie der Chronist Hosang mitteilt, drei Quellen mit vorzüglichem Wasser aus dem Berg. Der Stadtamhofer Bierbrauer Blaimer kaufte 1827 eine davon. Ihr Wasser besaß nach unserem Gewährsmann eine solche Güte, daß man es bis nach Weichs ins Weiße Brauhaus brachte, „wo das beste Weizenbier daraus erzeugt wurde".

Pfaffenstein hat durch seine Lage Anteil an der Donauniederung und an den Hängen der Winzerer Höhen. Dem Siedlungscharakter nach ist es ein Straßendorf. Ländlich anmutende Giebelhäuser wechseln mit villenartigen Gebäuden, die nun immer zahlreicher die Hänge mit ihrer genußreichen Fernsicht hinaufklettern. Gleichzeitig mit Niederwinzer, Oberwinzer und Kager kam Pfaffenstein mit 292 Einwohnern und 40 Wohngebäuden am 1. April 1924 zum Stadtgebiet von Groß-Regensburg.

Winzer

Der Ortsname

Dort, wo die Donau ihren nördlichsten Punkt erreicht und von dem andrängenden Höhenrücken gebieterisch in ihrem Laufe gehemmt und nach Süden abgelenkt wird, liegt Winzer, bestehend aus den Ortsteilen Ober- und Niederwinzer, hingeschmiegt an den Hang des Juraausläufers. Nur noch der Ortsname Winzer, das bedeutet Weingärtner, Weinbauer, erinnert daran, daß an den Hängen nördlich der Donau sich einst Weingarten an Weingarten reihte, in deren besonnter Südlage eine kostbare Traube heranreifte, die den geschätzten Baierwein ergab. Der Name Winzer ist keine bairische Prägung; der Beruf des Weinbauern wird im Bairischen stets mit Weinzierl wiedergegeben. Das Wort Winzer ist vielmehr römischen Ursprungs, entstanden aus „ad vinitores", daß heißt „bei den Winzern". Der Ortsname müßte demnach in römische Zeit zurückreichen. Diese Erklärung gibt die Etymologie; so will es auch die fest verwurzelte Regensburger Tradition.

Römischer Weinbau?

Das Gebiet nördlich der Donau mit Winzer und den Winzerer Höhen gehörte nun freilich nicht zum römischen Territorium; auch gibt es vom nördlichen Donauufer keine gesicherten römischen Funde. Es läßt sich aber leicht denken, daß die Römer tagsüber ihre Weingärten an den Hängen bebauten und am Abend wieder auf das Gebiet der Legionen südlich der Donau zurückkehrten. Auf den geliebten Wein wollte man keineswegs verzichten. Der Transport des begehrten Getränks in Fäßchen oder in Schläuchen auf Saumtieren über die Alpen, schließlich das Umfüllen in größere Fässer und der anschließende Wagen- oder Schiffstransport gestalteten sich, auf Dauer gesehen, doch zu umständlich. Wenn die Römer nachweislich an Rhein und Mosel die Rebe pflanzten, warum sollten sie dann nicht auch die günstigen Regensburger Verhältnisse dazu genutzt haben?

Am heutigen Weinweg, unmittelbar gegenüber von Niederwinzer, konnte 1950 ein kleines Heiligtum für den Weingott Bacchus (Liber Pater) mit einem gut erhaltenen Weihestein aufgedeckt werden. Dabei fand sich auch noch das Reliefbild des Bauerngottes Silvanus mit einem Rebmesser, also weitere Hinweise auf römischen Weinbau in Regensburg.

Bayerwein

Sicherlich lernten die eingewanderten Bajuwaren von der zurückgebliebenen romanischen Bevölkerung, die Rebe zu pflanzen und zu pflegen. Der aus den Trauben unserer Gegend gewonnene Bayerwein war das ganze Mittelalter hindurch das Getränk des kleinen Mannes wie des Fürsten. Obgleich gegen 1600 das immer mehr aufkommende Bier den Weinbau unterdrückte und nach dem Dreißigjährigen Krieg ein Großteil der Weingärten verödet lag, vielleicht auch klimatische Veränderungen sich ungünstig auswirkten, spielte der Weinbau gegen Ende des 18. Jahrhunderts noch eine so bedeutende Rolle, daß der Chronist Albrecht Christoph Kayser 1797 die Weinlese als eines der „Nationalfeste" der Regensburger bezeichnet. Der Regensburger Arzt Christian Gottlieb Schäffer weiß 1787 zu berichten: „Unsere Herbsttage sind meist sehr schön; die in der Nähe wachsenden Bergtrauben sind schon gleich in den ersten Tagen des Weinmonds reif und ausgezeigt auf die Kelter getragen worden, um Bayerwein zu erhalten. Der Landmann liebt diesen Wein." Volksnäher drückt sich zweieinhalb Jahrhunderte früher der große bairische Geschichtsschreiber Aventin über den Bayerwein aus: „Der gemeine Mann auf dem Gäu in Baiern sitzt Tag und Nacht beim Weine." Noch um 1850 lebte fast die Hälfte der Bewohner Winzers vom Weinbau.

Eine kostbare Erinnerung an den Weinbau in Winzer findet sich im Sockel des Hauses Nürnberger Straße 182 (alt 28½), der sog. Alten Mauth. Dort ist ein Kreuzstein eingelassen, auf den Rainer Schmeißner aufmerksam gemacht hat. Er zeigt im Relief ein Kreuz, beiderseits des Schaftes die Embleme des Weinbauern, Rebmesser und Traube, darunter die Jahreszahl 1570. Über dem Querbalken die Initialen H P. Der Stein ist von erheblichem kulturgeschichtlichem Wert.

Aus der Geschichte des Ortes

Winzer war Sitz mehrerer Adelsfamilien, deren älteste, die Winzerer, schon im frühen 14. Jahrhundert auf ihrer Burg zu Niederwinzer saßen. 1357 tritt Ritter Ulrich der Kuttenauer ihre Nachfolge an; 1370 ist Konrad Hofmeister Herr zu Niederwinzer. Im 15. Jahrhundert werden als Besitzer der Feste die Puntinger, dann die Altmann genannt, denen das Geschlecht der

214. Nürnberger Str. 182. Reliefstein, 1570

Gießer folgte. Ein Sandsteinepitaph in der östlichen Friedhofmauer erinnert an die 1472 verstorbene Barbara, Ehefrau des Jordan Gießer von Winzer. Die Altfraunberger waren die letzten, die um 1630 auf der Burg zu Niederwinzer saßen. Eine Tuschezeichnung im Museum sowie das Tableau von H. G. Bahre, 1638 (Stadtansichten Nr. 14), geben eine Ansicht des staffelgiebeligen, turmbewehrten Schloßbaues. Der Dreißigjährige Krieg machte ihn zur Ruine. Kein Stein des Schlosses steht heute mehr auf dem anderen. Lediglich der Flurname „hinterm Schlößl" weist auf den verschwundenen Edelsitz. 1685 erwarb der Deutsche Orden in Regensburg den heruntergekommenen Besitz und errichtete anstelle des Schlosses ein Brauhaus mit Gaststätte. 1686 reiste der Bayreuther Lehrer Johann Erdmann, der sich nach Humanistenart Creta nannte, nach Regensburg, um beim Reichstagsgesandten von Sachsen-Lauingen, Dr. Krahmer, als Schreiber zu arbeiten. Ehe er in die Stadt kam, übernachtete er in der Gaststätte in Winzer. Gegen 11 Uhr abends vernahm er ein großes Gepolter und trotz verschlossener Türe betrat ein Gespenst das Zimmer. Nachdem es eine halbe Stunde herumgepoltert hatte, entfernte es sich wieder. Wie der zu Tode erschrockene Creta am nächsten Tag vernahm, war in Winzer allgemein bekannt, daß es an diesem Ort spuke. Der Pfleger des Deutschen Ordens ließ die verfallene Gaststätte „Zum Goldenen Kreuz", wie sie nach dem Symbol des Deutschritterordens genannt wurde, 1689 neu erstellen, wovon ein Denkstein am Haus Nürnberger Straße 234 (alt Nr. 8) Nachricht gibt: „Maximilian Alban Haidt, Pfleger des Deutschen Hauses in Regensburg und Maria Eleonora, seine Ehefrau, haben diese Tafern pauen lassen 1689." Die alte Gaststätte „Zum Goldenen Kreuz" in Winzer besteht jetzt unter dem Namen „Abensberger Hof" im Anwesen Nürnberger Straße 230 (alt Nr. 28). Zwei Reliefsteine, einst an der Südwand des Hauses eingemauert, zeigten das Wappen des Deutschordenskomturs Maximilian von Ow mit der Jahreszahl 1693, sowie das des Komthurs zu Regensburg, Maximilian Rudolph von Westernach. Die Wappentafeln lassen sich nicht mehr nachweisen. Nach Aussagen von Ortsbewohnern kamen sie in den zwanziger Jahren nach München. Dieses alte Gasthaus ist die Sterbestätte des Fürsten Karl Anselm von Thurn und Taxis, dem Regensburg die erste Anlage seiner Allee (s. d.) verdankt. Am 13. November 1805 war der Fürst von einer Spazierfahrt nach Etterzhausen zurückgekehrt. Im Wagen wurde er von einem Schlag befallen. In Winzer brachte man ihn in das Gastzimmer des „Goldenen Kreuzes", wo er wenige Stunden später in einem Lehnsessel verschied. Der Gastwirt Peter Kurz, der sich mit größter Anteilnahme um den sterbenden Fürsten bemühte, erhielt als Anerkennung für seine

215. Winzer, Blick vom gegenseitigen Donauufer. Stahlstich von Joh. Poppel nach einer Zeichnung von Ed. Gerhard, um 1840

Dienstfertigkeit einen neuen, sehr schönen Lehnsessel sowie das in Öl gemalte Porträt des verstorbenen Fürsten. Der Wunsch, das Bild im Sterbezimmer aufzuhängen, wurde gerne erfüllt. Nach Aufhebung des Deutschen Ordens durch Napoleon 1809 fielen dessen Güter an Fürstprimas Carl von Dalberg, 1810 an Bayern. Winzer bildete zunächst einen Teil des neugegründeten Landgerichts Regenstauf, später kam es an das Bezirksamt Stadtamhof. Am 1. April 1924 wurde die Gemeinde Winzer mit den Ortschaften Oberwinzer, Niederwinzer, Kager und Pfaffenstein der Stadt Regensburg eingemeindet.

Winzer und die Winzerer Höhen gehören seit der Biedermeierzeit zu den Lieblingsspaziergängen der Regensburger. Die Höhen mit ihrer herrlichen Fernsicht haben auch König Ludwig I. von Bayern und seinen Architektenkreis angezogen. Bei der Auswahl des Standortes für die Walhalla wurden neben dem Bergrücken bei Mariaort auch die Winzerer Höhen in Erwägung gezogen. Mit dem Ende des Weinbaues verödeten die Hänge und überwucherten mit Unkraut und Gestrüpp. Den ersten Anstoß zu ihrer Kultivierung gab der 1872 gegründete Verschönerungsverein mit der Anlage eines gepflegten Spazierweges vom Dreifaltigkeitsberg zur Seidenplantage (s. Winzerer Höhen).

Die Kirche

Auf beherrschendem Hügel erhebt sich das Gotteshaus St. Nikolaus, des bevorzugten Patrons am Wasser gelegener Kirchen. 1297 wird sie erstmals erwähnt. Von der romanischen Anlage tritt nichts mehr in Erscheinung. Der romanische Turm mußte 1937 aus Sicherheitsgründen abgetragen werden; der heutige erstand damals nach altem Vorbild. Auch das Langhaus erfuhr Veränderungen. Um 1905 erfolgte eine Erweiterung nach Westen durch Anstückelung des Querschiffes und des Chores. Die beiden Seitenaltäre im Stil des Rokoko gehören zur originalen Innenausstattung. Den rechten ziert eine bemerkenswerte, flott geschnitzte Figur der heiligen Katharina aus der Zeit um 1770 mit ihren Insignien, Rad und Schwert. Eine Plastik Mariens, der Schlange den Kopf zertretend, wohl aus gleicher Zeit, krönt den linken Nebenaltar.

Beiderseits des südlichen Friedhoftores sind Steinreliefs in die Wand gemauert: links Christus am Ölberg, eine Arbeit des frühen 16. Jahrhunderts, rechts Maria mit den Heiligen Nikolaus und

Sebastian aus dem Ende des 17. Jahrhunderts. Die darunterstehende Inschrift ist weitgehend verwittert. Die innere Friedhofmauer trägt rechts vom Ostausgang eine Steinfigur, Christus an einem Kreuz mit hochgezogenen Querbalken.

Die Mühle

An den Hängen der Winzerer Höhen entspringen mehrere Quellen, deren stärkste unmittelbar nach ihrem Austritt eine Mühle zu treiben vermag. Bereits um das Jahr 1150 hat der Mönch Ascricus des Klosters St. Emmeram, das von alters her Weinberge bei Winzer besaß, die Quelle gefaßt und so „ein kunstreiches und mühevolles Werk vollbracht". Bis 1925 hielt sie das Rad der alten Mühle unmittelbar an der Kirche in Bewegung. Das steile Gefälle des Hanges gestattete den Antrieb von zwei stufenförmig angeordneten Mühlrädern. Das aus dem Berg tretende Wasser schoß in einer auf Trägern ruhenden Rinne in die hohe Radkammer, wo es zuerst ein Rad von 8 m Durchmesser zum Drehen brachte und anschließend auf die Schaufeln eines zweiten, gleich großen, tiefer gelegenen Rades hinabstürzte. Das Mühlanwesen bestand aus den Gebäuden Nürnberger Straße 254 und Winzersteig 1 (alt Nr. 22), an dessen Straßenfront eine Steintafel aus dem Jahre 1902 mit einem Mühlrad an den vorletzten Mühlenbesitzer Johann Ferstl und seine Frau Susanna erinnert. Am Steilhang über der Mühle steht vom gotischen Quellhaus noch die Abschlußmauer, durch die zwei spitzbogige Pförtchen führen. Abt Johannes Tegernbeck von St. Emmeram ließ die Brunnstube 1491 instandsetzen, wie ein sehr schön in Muschelkalk gearbeiteter Denkstein an der Quellhausmauer mit dem Wappen des Abtes und dem des Klosters St. Emmeram ausweist. Noch heute schüttet die Quelle mit unverminderter Stärke und versorgt Winzer mit frischem Wasser.

Die Straße nach Nürnberg

Winzer, durch all die Jahrhunderte ein unbedeutendes Dörfchen von Weinzierln und Fischern, lag bis ins 15. Jahrhundert fernab jeder größeren Verkehrsverbindung; gab es doch kaum einen fahrbaren Weg dahin. Die Landstraße nach Nürnberg führte ursprünglich nicht über Winzer, sondern durch das Prebrunntor und über die Schillerwiese zur Fähre nach Prüfening. Winzer war nur mittels der Fähre zu erreichen oder auf Steilwegen über den Höhenrücken. Einen Fahrweg längs der Donau gab es nicht, denn „die Anhöhen der Berge erhoben sich an manchen Orten gerade aus des Stromes Tiefen empor". Die mißliche Wirtschaftslage und eine immer größer werdende Verschuldung zwangen die Reichsstadt Regensburg 1486, ihre sogenannte Freiheit aufzugeben und sich an Baiern anzuschließen. Herzog Albrecht IV. wollte der Stadt ihre alte Machtstellung zurückgewinnen und sie sogar zu seiner Residenz erheben, wie der bereits begonnene Schloßbau am Singrün (s. d.) bezeugt. Die Großzügigkeit der herzoglichen Pläne beweist die Einbeziehung der nördlich der Donau gelegenen Orte Winzer, Steinweg, Pfaffenstein, Kareth und Reinhausen in den Burgfrieden der Stadt. Mit dieser Vergrößerung des städtischen Territoriums hängt auch die Verlegung der Straße nach Nürnberg zusammen, die seit dieser Zeit durch Winzer führt. Auf herzoglichen Befehl wurden die Steilhänge zur Donau hin abgetragen und so ein neuer, wenn auch zunächst nur schmaler Verkehrsweg längs des nördlichen Stromufers geschaffen. Die wenige Jahre später, 1492, wieder zu Kaiser und Reich zurückgekehrte Stadt war mit dieser neuen Straßenführung nun durchaus nicht mehr einverstanden, konnte doch im bairischen Stadtamhof, durch das die Kaufmannszüge nach Nürnberg nun fahren mußten, der reichsstädtische Handel nicht nur durch Zölle beeinträchtigt, sondern sogar gesperrt werden. Aber auch die fremden Kaufleute zeigten sich unzufrieden mit dieser Straße. Aus ihren Beschwerden ist zu erfahren, wie unzulänglich die Verkehrsverhältnisse in Winzer waren. Wie Gemeiner berichtet, beklagten sie sich darüber, „daß ihre Güterballen an dem engen Fahrweg des Dorfes Winzer beschädigt und aufgerissen wurden". Noch 1832 war der Verkehr durch Winzer äußerst behindert. Der Chronist Karl Sebastian Hosang schreibt dazu: „Das Dorf Winzer durchläuft die Landstraße, die aber so eng ist, daß nur ein Wagen durchfahren kann und das Ausweichen zweier Wagen unmöglich ist. Die von Nürnberg kommenden, breit geladenen Güterwagen füllen die Straße so aus, daß sie links und rechts an die Mauern des Hartmann'schen Bräuanwesens streifen und das Gastzimmer so finster machen, daß man am hellen Tag ein Licht anzünden dürfte. Gleichwohl sind schon oft unvorsichtige Menschen bei der Durchfahrt eines solchen Wagens nicht zurückgetreten, sondern stehengeblieben und sind jämmerlich zerquetscht worden. Wenn nicht der Maurerpinsel jederzeit die blutigen Spuren an den Wänden verwischt hätte, so würden die Durchreisenden eine ganze Galerie Kopfabdrücke an den Mauern mit Grausen erblicken können."

216. Blick auf Winzer. Vorne das Haus Nürnberger Straße 170. Aquarell um 1820. Hofbibliothek

1832 erfuhr die Straße eine Verbreiterung. Das Brauhaus des Peter Hartmann wurde abgebrochen und ein Stück weiter nach Süden gegen die Donau zu wieder aufgebaut, was an der Straßenverbreiterung beim „Brauhaus Winzer", Nürnberger Straße 249 (alt Nr. 19), dem einstigen Hartmann'schen Bräuhaus, heute noch deutlich wird.

Erwähnt sei in diesem Zusammenhang noch der sogenannten Schiffritt, ein streckenweise gepflasterter, schmaler, längs des Donauufers sich hinziehender Wegstreifen, auf dem Pferde die Zillen donauaufwärts zogen. Die Karte von 1829 (Stadtgrundrisse Nr. 22) verzeichnet den Schiffritt, ebenso noch der Katasterplan von 1894.

Die Fähre

Zwei Fähren verbanden Winzer mit dem gegenüberliegenden Donauufer. Eine davon setzte zwischen der Gaststätte „Alte Mauth", Nürnberger Straße 182 (alt Nr. 28½), und der Schillerwiese über den Strom. Eine zweite Fähre vermittelte den Donauübergang zwischen der Ortsmitte von Niederwinzer und dem vom gegenüberliegenden Ufer aus nach Süden führenden ehemaligen Mitterzwerchweg, der heutigen Boessnerstraße. Die Karten von 1829 und 1830 (Stadtgrundrisse Nr. 22, 23) verzeichnen beide Fähren. Die Fähre in Niederwinzer besaß namentlich vor dem Bau der Straße nach Nürnberg 1486 große Bedeutung. Bereits 1062 wird sie in einer Salzburger Urkunde genannt. Die alten Wegverhältnisse lassen auf eine dritte Fähre bei Oberwinzer schließen, die den bei Kager und Oberwinzer geernteten Wein über die Donau setzte.

Kager

Wo sich der Kamm der Winzerer Höhen steil zum Brücklgraben, jenem von Adlersberg herabziehenden Taleinschnitt, hinabsenkt, greift die Burgfriedensgrenze Regensburgs am weitesten nach Westen aus. Hier, am abfallenden Höhenzug, liegt die uralte bäuerliche Siedlung Kager. Der Ortsname kommt in Altbaiern häufig vor. Es gibt nicht weniger als 19 Kager, 3 Kagern und ein Kagers. Eigenartigerweise läßt sich der Name außerhalb Bayerns nicht nachweisen. Kager ist die alte Bezeichnung für ein umfriedetes Grundstück, einen eingezäunten Bezirk. Die Kager — die alte Schreibweise gebrauchte stets die weibliche Form — bedeutet Pfahlwerk, dichtes Gesträuch, auch lebender Zaun. Dieser Name, ursprünglich nur für die Umfriedung gebraucht, wurde allmählich auch auf den Platz ausgedehnt und schließlich auf die darauf befindliche Siedlung übertragen.

Die Bewohner von Kager lebten gleich denen der benachbarten Orte Winzer und Pfaffenstein vom Weinbau. „In dieser Hofmark sind meist lauter Weinzierln, von denen nur etliche wenige einen kleinen Feldbau haben", berichtet Wening 1726 in seiner Beschreibung der bairischen Rentämter, und noch 1835 nennen sich die Besitzer der fünfzehn Anwesen in Kager fast durchwegs Weinzierl. Mit dem Weinbau im Zusammenhang steht auch der Flurname „Herzoggwänder" für eine Gemarkung nordöstlich des Dorfes, der bis in die Zeit der bairischen Landnahme zurückreicht und darauf hinweist, daß die römischen Weinberge dieser Gegend in den Besitz der bairischen Herzöge übergegangen sind.

Kulturmittelpunkt der Siedlung ist das romanische Kirchlein zu Ehren St. Michael. Nach glaubwürdiger Überlieferung erhielt es seine Weihe durch Papst Leo IX., der im Oktober des Jahres 1052 in Regensburg weilte. Auf seiner Weiterreise über Nürnberg nach Bamberg soll er die Kirchen von Kager und Bruckdorf aus der Ferne geweiht haben. Die Straße nach Nürnberg führte damals noch nicht durch Winzer, sondern über Prüfening und die Höhen bei Riegling und Vogelsang. Von hier aus soll der Papst mit gleichzeitigem Blick auf beide Kirchen die Benediktion vorgenommen haben. Ein altes Steinkreuz auf der Höhe bei Sinzing kennzeichnete den Ort der Segnung. Kirche und Hofmark Kager gehörten seit frühester Zeit zum Kloster Kastl bei Neumarkt. 1537 fielen sie durch Tausch an das Reichsstift St. Emmeram, wo sie bis zur Säkularisation verblieben. Das Kirchlein muß 1182 eine bauliche Veränderung erfahren haben, denn am 18. Juli dieses Jahres nahm Bischof Konrad II. (1167—1185) eine neuerliche Weihe vor. Die Nachricht davon beinhaltet auch die erste Erwähnung unseres Ortes: in latere montis Kagere — an der Seite des Berges Kager. Seit dieser Zeit werden sich die Bauformen der Kirche nicht mehr entscheidend geändert haben. Aus dem einschiffigen, flach gedeckten Kirchenraum springt im Osten das Halbrund der Apsis aus. Der zierliche Dachreiter trägt ein Glöcklein, das Felix Koch aus Stadtamhof 1750 goß. Anläßlich einer Grabung im Jahre 1896 gelang die Entdeckung eines unterirdischen Ganges, der von der Apsis aus in östlicher Richtung verläuft und ursprünglich gewölbt und ausgemauert war. Dieser Gang weist das Gotteshaus als Fliehkirche aus. Bei Feindgefahr konnten sich die Bewohner in das Kirchlein zurückziehen und es durch den Gang, der an verborgener Stelle ins Freie führte, unbemerkt verlassen.

Die Stelle des Altarbildes nimmt die nach 1400 entstandene Statue einer Madonna ein. Der spätgotische Bildschnitzer verkörperte Maria als zartes Mädchen. Leise Wehmut überschattet das schmale Antlitz mit den sanft geformten Lippen. Der Blick ist in die Ferne gerichtet und es scheint, als suchten die Augen Mariens nicht mehr irdische Dinge, sondern erlebten bereits eine Vorahnung des Geschehens auf Golgatha. Dieses innige Bild der Gottesmutter, aus der nahegelegenen Feldkapelle „Maria Tannerl" hierher übertragen, zog die Herzen der Gläubigen in besonderem Maße an. Als Gnadenbild „Maria Tannerl" wurde es Mittelpunkt einer vielbesuchten Wallfahrt mit blühendem Votivwesen. Die Ex-Voto-Bilder aus Kager, die tiefe Einblicke in das Fühlen und künstlerische Schaffen des Volkes gewährten, zählten zu den bedeutendsten des ganzen Landkreises. Die Wallfahrt ist seit dem ersten Weltkrieg erloschen, und nicht mehr eine einzige Votivtafel schmückt die kahlen Kirchenwände. Im übrigen ist der Altar mit seiner breiten, bildhaften Erzählerlust ganz dem Herzen des Volkes verbunden. Links neben dem Aufzug steht der heilige Papst Urban, der Beschützer der Weinberge, mit seinem Attribut, der Traube. Gleichsam als letzte Erinnerung an die blühende Rebenkultur dieser Gegend umranken Weinlaub und Trauben die Säulen des Altares. Das Gegenstück zu St. Urban, eine Figur mit Buch und Mitra, stellt wohl den Regensburger Heiligen Erhard dar. St. Ottilia, die volkstümliche Helferin bei Augenleiden, trägt das Buch mit den zwei Augen; natürlich darf auch St. Leonhard, der Schutzpatron der Gefangenen und der Tiere, nicht fehlen.

Zu den Kunstwerken des Kirchleins zählt eine gotische Kanzel, deren kubischen Körper Flachschnitzerei bedeckt. Von Ranken und Blattwerk umgeben, springen zwei Tiere gegeneinander: Hirsch und Einhorn. Der Künstler wählte diese Figuren nicht willkürlich. Hirsch und Einhorn, Gestalten von mythologischer Bedeutung, nennt schon der Physiologus, ein um das Jahr 150 in Alexandrien entstandenes Schriftwerk. Das Bild des Hirsches, das auch die Edda kennt, galt unseren Vorfahren als Sinnbild der Wilden Jagd. Ihm sei, so glaubten die Alten, die Gabe verliehen, sich durch Fressen gewisser Kräuter von Krankheiten zu heilen. Auch könne er im Alter die Jugend wieder gewinnen. Ins Christliche umgedeutet, entstand daraus der Hunger der Seele nach Christus, dem Quell des Lebens. So wurde der Hirsch zum Heilszeichen, zum Symbol für Christus, der das Kraut wider den Tod verleiht. In der Legende erscheint dem heiligen Hubertus ein kreuztragender Hirsch. Zähne des Hirsches (Grandeln) werden als Amulett an der Uhrkette getragen. Als volkstümliches Ornament auf Strickmustern und Stoffdrucken blieb die Figur des Hirsches bis heute lebendig.

„Es ist ein kleines Tier, dem Zicklein gleich, aber sehr kühn, mit seinem Horn haut es gewaltig um sich..." So beschreibt der Physiologus das Einhorn, das nach alter Auffassung von keinem Jäger gefangen werden konnte. Nur angesichts einer reinen Jungfrau legt es seine Wildheit ab, nähert sich ihr und birgt seinen Kopf in ihrem Schoß. Die christliche Auslegung dieser heidnischen Überlieferung machte so das Einhorn zum Symbol der Jungfräulichkeit (s. Einhorn am Dom).

Prebrunn

Der Name

Die Gegend an der Donau westlich des Herzogsparkes führte den Namen „Prebrunn", der heute noch in den Straßenbenennungen Prebrunnallee, Prebrunnstraße und Am Prebrunntor lebendig ist. Selbst noch der amtliche Regensburger Stadtplan von 1957 kennt für das Gelände nördlich der Altdorferstraße die Sammelbezeichnung „Prebrunn". Die ruhige Verkehrslage, die schöne Aussicht auf die Winzerer Höhen und den Strom sowie die ausgedehnten Grünanlagen machten den Prebrunn zu einem der bevorzugtesten Wohngebiete Regensburgs. „Brunn" bedeutet in der alten Sprache soviel wie Wasser. Heißt doch jetzt noch das Weihwasser auf dem Land „der Weichbrunn". Eine an Weihern und Bächen wachsende Frühlingspflanze ist die Brunnkresse. Der Name unserer Örtlichkeit muß also mit Wasser zusammenhängen. Tatsächlich war der Prebrunn einstmals eine wasserreiche Gegend. Der von Dechbetten herüberkommende Lohgraben speiste dort mehrere Teiche, die ihren Abfluß in die Donau nahmen. Die Regensburger Flurkarten des vergangenen Jahrhunderts weisen im Prebrunn drei Weiher aus. Das Mittelhochdeutsche kennt das Wort „brehen", das stark leuchten, funkeln, glänzen bedeutet. Der Name Prebrunn erklärt sich somit sprachlich als leuchtendes, glänzendes Wasser. Diese Ableitung erfährt sachlich durch das klare Wasser der Teiche im Gegensatz zur meist schmutzig-grauen Donau eine Erhärtung.

Geschichte

Der Prebrunn taucht 1181 erstmals in der Welt der Urkunden auf. Herzog Otto von Wittelsbach tauschte damals dieses Gebiet vom Abt des Klosters Prüfening gegen ein beim Kloster gelegenes Grundstück ein. Der Herzog ließ auf seinem neuerworbenen Besitz ein Schloß erbauen, das später samt den dazugehörigen Gründen und Hofstätten in den Lehensverband überging und stets in der Hand einflußreicher Regensburger Familien blieb. Schon zwei Jahre nach diesem Tausch starb Herzog Otto. Zum Andenken an den tapferen Baiernherzog ließ der Rat im Prebrunn eine St.-Otto-Kapelle erbauen, die Bischof Conrad III. (1186—1204) 1187 weihte. Man weiß heute nicht mehr, wie die romanische Kapelle ausgesehen hat, denn schon 1552 fiel sie Verteidigungsvorkehrungen zum Opfer. General Philipp von Eberstein ließ sie abbrechen und ihr Steinmaterial zum Befestigungsbau verwenden. Ihre letzten Reste verschwanden während des 30jährigen Krieges, als das Prebrunntor verschüttet und die heute noch stehende Bastei, der große Erdhügel im Herzogspark, darübergebaut wurde. Als der fürstlich Thurn und Taxissche Hofrat

Georg Friedrich von Müller 1804 am Prebrunntor sein vornehmes Wohnhaus, das spätere Württembergische Palais, erbauen und auf dem Basteigelände einen Garten, den Herzogspark, anlegen ließ, brach ein Stück des mit Bäumen und Sträuchern bewachsenen Hügels ein, wobei ein ausgemauerter Raum zum Vorschein kam. Der herbeigerufene Regensburger Archivar und Chronist Carl Theodor Gemeiner glaubte in dem Mauerwerk die Reste der Ottokapelle zu erkennen.

Kriegsdrangsale und Verwüstungen kennzeichnen die Geschichte vieler Regensburger Vororte. Auch unser Prebrunn erlebte zweimal eine völlige Zerstörung. Die Auseinandersetzung der Städte mit den bairischen Herzögen 1388 ließ Prebrunn in Asche sinken. Zwei Jahre später, 1390, baute der wohlhabende Regensburger Bürger Jakob Graner die verwüstete Vorstadt wieder auf. Die zweite Zerstörung erlebte Prebrunn im Dreißigjährigen Krieg. Die bairische Besatzung in Regensburg traf gegen die anrückende schwedische Armee rücksichtslose Verteidigungsmaßnahmen. Am 23. Oktober 1633 — die Schweden hatten die Stadt bereits umringt — mußten auf Befehl des bairischen Kommandanten Troibrez der Ziegelstadel im Prebrunn und zwei Häuser zerstört werden. Am Abend des folgenden Tages ließ er die ganze Siedlung samt dem Schlößchen durch Feuer vernichten. Man kann das Elend dieses Krieges ermessen, wenn man erfährt, daß es nahezu zwanzig Jahre dauerte, bis man an den Wiederaufbau der zerstörten Vorstadt schreiten konnte. 1651 forderte der Rat die Hafner, Ziegelbrenner und Schiffbauer auf, den Prebrunn wieder zu besiedeln.

Das zerstörte Schloßgut gelangte 1650 in den Besitz der Regensburger Brauerfamilie Haller. Die Erinnerung an das Schlößchen blieb wach durch eine bereits im 18. Jahrhundert beliebte Gaststätte „Zum Schlößl". Noch heute wird dort (Altdorferstraße 11 [J 8]) eine Gaststätte gleichen Namens betrieben. Das Germanische Nationalmuseum in Nürnberg besitzt einen kolorierten Flurplan des Prebrunn aus der Zeit vor 1787 mit genauer Lagebestimmung der damaligen Gebäude, Gärten und Weiher. 1787 verkauften die Haller Prebrunn an den Ratsherrn Sigmund Georg Ulrich Bösner (1726—1800), der es seinem Sohn Johann Heinrich Thomas Bösner (1766—1845) vererbte. Dieser war unter Dalberg fürstprimatischer Landesdirektionsrat. Nachdem Regensburg 1810 an Bayern gekommen war, oblag ihm das einflußreiche Amt des Vorstands des Stadtmagistrats. Der Adreßkalender von 1808 weist insgesamt fünf im Prebrunn gelegene Anwesen (J 1, 2, 4, 8 [Schlößl] und 12) als Besitz Bösners aus. 1839 veröffentlichte er im 4. Band der Verhandlungen des Historischen Vereins eine auch heute noch wertvolle Geschichte der Vorstadt Prebrunn. Auch der zu seiner Zeit (nach 1800) berühmte Arzt Dr. Joh. Ulrich Gottl. Schäffer besaß ein Haus im Prebrunn (Westendstraße 11 [J 3]). 1339 wird nächst dem Prebrunn ein grabenumzogener Garten erwähnt, der „in dem Belieben der Herren von Regensburg steht", d. h. er befand sich im Besitz der Stadt. Dabei handelt es sich um jenes Areal (J 15), das von der seit 1781 bestehenden Firma Michael Barthel (Dalbergstraße 6), im Regensburger Sprachgebrauch „Pechbarthel" genannt, eingenommen wurde. Die Karte von 1829 (Stadtgrundrisse Nr. 22) verzeichnet es als „Seppengarten".

Einen bedauernswerten Verlust erlitt das Ensemble Westendstraße 1973 durch den Abbruch des architektonisch bedeutsamen Hauses Nr. 1 (J 10). Die alte dort beheimatete Gaststätte hieß einst „Zum Silbernen Brett", zuletzt „Zum Goldenen Lamm". Das Haus mit den schönen Werksteinportalen und dem Treppengeländer aus schweren Barockbalustern entstand um 1720/30. Von der südlichen Gartenmauer beließ man das Stück mit der Steingewändetüre. Im Sturz von Blattwerk gerahmte Kartusche, darin Herz mit Hausmarke und den Initialen L G. Datiert 1721.

Das „Schlößl"

Eine Federzeichnung von der Hand des Hans Georg Bahre vermittelt ein anschauliches Bild des Prebrunn im frühen 17. Jahrhundert. Mittelpunkt der Ansiedlung ist das „Schlößlein", ein turmbewehrter Herrensitz inmitten eines Weihers, der zweifellos auf den von Otto von Wittelsbach getätigten Schloßbau zurückgeht. Auch die hübsche, barocke Gartenanlage mit den stern- und herzförmigen Beeten und dem Springbrunnen ist zu erkennen. Deutlich sind auch die Weiher wiedergegeben, deren glänzendes Wasser der Gegend zu dem Namen Prebrunn verhalf. Längs der Donau reihen sich bescheidene Handwerkerhäuser. Gegen Westen, zur heutigen Schillerwiese, wird die Siedlung durch eine von der Donau ausgehende Mauer abgeschlossen, in deren Mitte der sogenannte Schopperturm steht. Durch seine Toröffnung führte die Straße nach Prüfening und zur Fähre nach Winzer.

Hafner, Ziegelbrenner und Schiffbauer

Prebrunn beherbergte seit je die Wohn- und Arbeitsstätten der Hafner, Töpfer, Ziegelbrenner und Schiffbauer. Die erwähnte Tauschurkunde von 1181 nennt die Siedlung vicus figulorum, Hafnervorstadt. Diese Handwerker besaßen seit den ältesten Zeiten das Recht, Tegel auf den

217. Prebrunn mit dem Schlößl und dem Schopperturm. Lavierte Federzeichnung von H. G. Bahre, um 1630. Museum

dem Kloster Prüfening gehörenden Gründen bei Königswiesen zu graben. Der Hafnersteig (s. d.) führt zu der einstigen Lehmgrube südwestlich von Kumpfmühl. Ein Rechtsabkommen vom Jahre 1290 verpflichtete das Kloster, den Hafnermeistern den Ton vor ihre Werkstätten am Prebrunn zu fahren, wobei es einen Lohn von drei Pfennigen pro Fuhre erheben konnte. Als Gegenleistung hatten die Hafner alljährlich am Tag des hl. Georg dem Kloster 100 irdene Geschirre zu liefern. Einen Teil ihrer Erzeugnisse verkauften die Hafner in den Läden in der Stadt (s. Hafnerbühl), einen Teil setzten sie in der Umgebung ab. Nach altem Herkommen stellten sie von Weihnachten bis Mariä Lichtmeß die Arbeit ein. Die Hafnerordnung bestimmte, daß die Innung alljährlich zwei Beschaumeister zu wählen habe, die „alles Hafenwerch wie das allhie gemacht wird" zu prüfen haben, „so oft des nott ist."

Dem Hafner als Hersteller kunstvoller Ofenkacheln kam einst große Bedeutung zu. Zwar kannte bereits die Gotik den Kachelofen, doch erst die Renaissance mit ihrer verfeinerten Wohnkultur brachte die große Mode des Zimmerofens, der den rußenden, offenen Kamin allmählich verdrängte. Seit dieser Zeit gesellte sich zu den Aufgaben des Hafners neben der Herstellung von Töpfen auch die Fertigung bildgezierter, bunt glasierter Ofenkacheln, die zusammengesetzt oft einen ganzen Zyklus profaner oder sakraler Darstellungen ergaben. Die keramische Abteilung des Regensburger Museums, deren älteste Sammlungsstücke Töpferarbeiten unseres Raumes aus dem 9. und 10. Jahrhundert bilden, verwahrt eine interessante Ofenkachel, die im Relief die Töpferwerkstätte des Andreas Hantlas aus dem Jahre 1552 zeigt.

Auch Ziegelbrenner gingen im Prebrunn ihrem Gewerbe nach. Von ihrer Arbeit kündet die mächtige Qualmwolke des Brennofens, den H. G. Bahre auf seinem Panorama der Stadt von 1630 (Stadtansichten Nr. 10) mit vielen Einzelheiten wiedergibt und als „Ziegelhütten" bezeichnet. 1560 überzog dort der Regensburger Hafner Hans Perzl 5574 Dachplatten mit farbigen Glasuren für die Türme der Neupfarrkirche, mit denen sie z. T. noch heute gedeckt sind. 1577 ließ der Rat im Prebrunn auch einen Kalkofen errichten.

Neben Töpfern und Ziegelbrennern siedelten in der Vorstadt auch Fischer und Zillenbauer, wovon der Schopperturm Zeugnis gibt. Ein Schiff „schoppen" heißt die Fugen zwischen den Planken wasserdicht machen. 1459 lebte ein Meister Albrecht, „Schopper am Prebrunn" (s. Schopperplatz).

Die Schillerwiese

Westlich an den Prebrunn schließt längs der Donau ein zum Teil mit Bäumen bestandenes Wiesengelände an: die Schillerwiese. Die alten Regensburger sagen immer noch „Kuhwiese". Der Plan von 1829 (Stadtgrundrisse Nr. 22) schreibt „Kühwiese". Seit 1905, dem Jahr der hundertsten Wiederkehr von Friedrich Schillers Todestag, trat an die Stelle des Namens „Kuhwiese" die Bezeichnung „Schillerwiese". Damals fand auf dem schönen Wiesengelände an der Donau eine Gedenkfeier für den großen deutschen Dichter statt. Dabei wurde auf einem künstlich aufgeschütteten, noch jetzt wahrnehmbaren Hügel eine „Schillerlinde" gepflanzt. Der Regensburger Arzt Dr. Raimund Gerster hielt eine begeisternde Festrede.

Der Baumbestand der Schillerwiese stammt zum großen Teil aus der Zeit nach 1800. Der Vorstand des Regensburger Stadtmagistrats, H. J. Th. Boessner (s. d.), seit 1800 Besitzer des Prebrunn, schreibt: „Wenn es mir gelungen ist, durch den Schatten meiner Bäume, deren ich zu Prebrunn mehr als einhundert gepflanzt habe, die Gegend zu verschönern und meinen Zeitgenossen Erquickung zu verschaffen, so habe ich einen Lieblingswunsch meines Lebens erreicht."

Der Überlieferung nach soll Kaiser Karl V. die Gegend der heutigen Schillerwiese zur Erholung nach anstrengenden Regierungsgeschäften bevorzugt haben. „Kaiser Karl V. ist diesen Spazierweg fast alle Abend im Reichstag Ao. 1541 Lustes halber geritten", schreibt eine Regensburger Chronik.

Nach Beseitigung der Regensburger Richtstätten, des Galgens und der Köpfstatt, unter Fürstprimas Carl von Dalberg, wurden die Hinrichtungen auf der Schillerstraße vollzogen.

Prebrunn — Ensemble Westendstraße. Links das 1973 abgebrochene „Goldene Lamm"

**Der Jahresablauf
in Brauchtum und Kunst**

NEUJAHR

Der Neujahrstag hatte schon im Altertum und während des deutschen Mittelalters festliche Bedeutung. Auch im alten Regensburg begleitete den Jahreswechsel vielgestaltiges Brauchtum. Da gab es zunächst das „Neujahranblasen", das sich in mancher Stadt bis heute erhalten hat. „Um die Gemüter zu erheben", schreibt der Chronist Gemeiner, ließen die Türmer am Silvesterabend weithin über die Stadt ihre Trompeten erschallen. Sängerknaben zogen von Haus zu Haus. Aus dem 18. Jahrhundert ist überliefert, daß am Silvesterabend alte Frauen vor den Fenstern sangen, begleitet von einer „Cyther mit einer Curvel" (Mettenleiter), worunter wohl eine Drehleier zu verstehen ist.

Zum Jahreswechsel erfreute man sich durch kleine Geschenke. Besonders beliebt zum Schenken waren die eigens für diesen Zweck geprägten sogenannten Schaugroschen. Die Regensburger Münze fertigte nicht nur Geldstücke als Zahlungsmittel, sie prägte auch Medaillen und Klippen zur Erinnerung an Festlichkeiten und zu Geschenkzwecken. Das Regensburger Museum verwahrt mehrere Schenkmünzen zum neuen Jahr, namentlich aus der Zeit von 1603 bis 1648. Viele zeigen das Regensburger Stadtwappen in verschiedenen Abwandlungen und auf der Kehrseite einen Neujahrsreim:

DAS NEIE IAR ZU GEDENKEN
DUE ICH EUCH DEN SCHAUGROSCHEN SCHENKEN

oder

DIS NEU IAHR ZU LEBEN
WOL UNS DAS CHRISTKINDLIN GEBE 1622

Bis gegen Ende des 18. Jahrhunderts waren Geschenkmünzen zum neuen Jahr gebräuchlich. Eine Silbermünze aus dem Jahr 1780 im Museum trägt eine sinnige Prägung für besonders kinderfreudige Braut- und Eheleute. Sie zeigt einen nackten, auf einem Füllhorn reitenden Knaben, dazu die Umschrift:

ES WERDE IN DEM NEUEN JAHR

Im Regensburg der Biedermeierzeit gab es als Neujahrsgratulanten neben dem Kaminkehrer, der heute noch als Glücksbringer gilt, den Briefträger und den Postillon. Die Nachtwächter, die 1791 in Regensburg eingeführt wurden, gingen am Silvesterabend von Haus zu Haus ihres Bezirks, sagten ihren Glückwunschreim auf und überreichten ihren „Gesang der Regensburger Nachtwächter". Es sind dies mit Gedichten bedruckte Zettel, die aus den Jahren 1839 bis 1844 in der fürstlichen Hofbibliothek erhalten sind. Außerdem finden sich dort noch zwei Blätter der Jahre 1862 und 1866. In dem Neujahrsgedicht der Regensburger Nachtwächter von 1840 heißt es:

> Wieder ist ein Jahr dahingeschwunden
> Und ein neues dämmert schon herauf.
> Oh, oh streu du wieder Glück und Frieden
> Jedem hin auf seinen Lebenslauf.

Bis zur Mitte des vergangenen Jahrhunderts war es üblich, das Programm des Regensburger Theaters, den Theaterzettel durch eigene Boten den Personen von Rang bekanntzumachen. Am Neujahrsabend erschien der Zetteltträger und gratulierte mit einem gedruckten Gedicht.

Karl Sebastian Hosang erinnert sich an zwei Regensburger Neujahrsbräuche aus der Zeit nach 1800: an das Neujahrsgeldeinsammeln der Stadtamhofer Invalidengarnison mit einem Hanswurst und an die Auszahlung des Neujahrsgeldes in lauter schönen Dukaten an das Personal des Salzamtes durch Baron von Dittmer.

ST. SEBASTIAN

Seit dem 16. Jahrhundert ist St. Sebastian einer der vorzüglichsten und geachtetsten bairischen Volksheiligen. Die Legende berichtet, daß auf die Anrufung seiner Fürbitte hin eine fürchterliche Pestepidemie in Rom erlosch. Deshalb gilt St. Sebastian als Seuchenpatron. Es ist verständlich, daß auch in Regensburg, einer Stadt, die so oft von verheerenden Krankheiten heimgesucht wurde, dieser Heilige innige Verehrung genoß. In der alten Dompfarrkirche St. Ulrich opferte das gläubige Volk vor dem Bildnis St. Sebastians Häuschen aus Wachs. Damit sollte wohl zum Ausdruck kommen, der Heilige möge das Haus des Opfernden vor Unheil und Pest verschonen. Die geopferten Wachshäuschen wurden zu drei mächtigen Kerzen umgeschmolzen, die zu Ehren des Heiligen brannten.

Weil St. Sebastian seines Glaubens wegen von mauretanischen Bogenschützen mit Pfeilen durchbohrt wurde, ist sein Attribut der Pfeil. Dem Amulett des Sebastianspfeiles schrieb man abwehrende Kraft gegen Krankheiten zu. Im Sebastianslied von 1707 heißt es: „Die solche Pfeile tragen, nicht nach der Peste fragen."

Die große Volkstümlichkeit St. Sebastians ist vor allem darauf zurückzuführen, daß ihn die Schützen zu ihrem Schutzheiligen erkoren. 1526 ist er als Patron für die Regensburger Schützen bezeugt, die ihm zu Ehren alljährlich in der Kapelle „Zur Schönen Maria" ein Amt feierten.

Die furchtbaren Seuchen, die noch im 18. Jahrhundert wüteten, gaben Anlaß zur Gründung von Bruderschaften mit dem Patrozinium St. Sebastians. In Regensburg gibt es seit 1746 in Niedermünster eine St.-Sebastians-Bruderschaft. Das Hauptfest wird am 20. Januar, dem Namenstag des Heiligen, mit Hochamt und Prozession begangen. Den Mitgliedern der Bruderschaft werden durch Gnadenbriefe mehrerer Päpste Ablässe gewährt. Die Niedermünsterkirche besitzt auch ein St.-Sebastians-Reliquiar in Form einer Monstranz aus vergoldetem Kupfer aus der Mitte des 18. Jahrhunderts.

Wie sehr man der Gnadenvermittlung des Heiligen vertraute und mit welch großer Verehrung ihm das Volk begegnete bezeugen noch jetzt die zahlreichen Darstellungen seines Martyriums. Regensburgs bedeutendstes Sebastiansbild findet sich auf einem dem Heiligen geweihten Altar in der Dominikanerkirche. Es ist eine Kopie des Gemäldes von Hans von Aachen in der Michaelskirche zu München. Leuchtend treten die hellen Fleischtöne des gemarterten Körpers aus dem Dunkel des Bildes. Aus unmittelbarer Nähe legen die Bogenschützen auf den Bekenner an. Ihr Befehlshaber, hoch zu Roß, gibt soeben das Kommando zum Abschießen einer weiteren Serie von Pfeilen. Mit beredter Gebärde, die vornehmlich in den gespreizten Fingern der linken Hand zum Ausdruck kommt, erteilt ein Soldat einem der mauretanischen Schützen Anweisungen zum Zielen. Über der Szene schwebt ein Engelpaar mit den Insignien glorreich überstandenen Martyriums: Krone und Palmzweig. Der Maler Hans von Aachen, der sich vor allem an Tintoretto und Michelangelo bildete, trat 1590 in bairische Hofdienste.

In der Dreifaltigkeitskirche in Steinweg (s. d.), die ihre Entstehung einem Pestgelöbnis verdankt, ist der linke Seitenaltar St. Sebastian geweiht. Das Altarblatt von Johann Gebhard stellt die Marter des Heiligen vor eindrucksvollem Landschaftshintergrund dar.

Das Domschatzmuseum besitzt eine vergoldete Silberstatuette des hl. Sebastian. Entstanden im letzten Viertel des 15. Jahrhunderts, Beschauzeichen Regensburg. Anläßlich der Heiltumsweisung (s. d.) des Jahres 1496 erstmals genannt. Nahe stilistische Verwandtschaft mit der 1479 datierten Statuette der hl. Katharina (s. d.) im St.-Katharinen-Spital. Bischof Rupert II. (1492—1507) schenkte das Figürchen zusammen mit anderen Kleinodien 1505 dem Dom. Der spätgotische Goldschmied zeich-

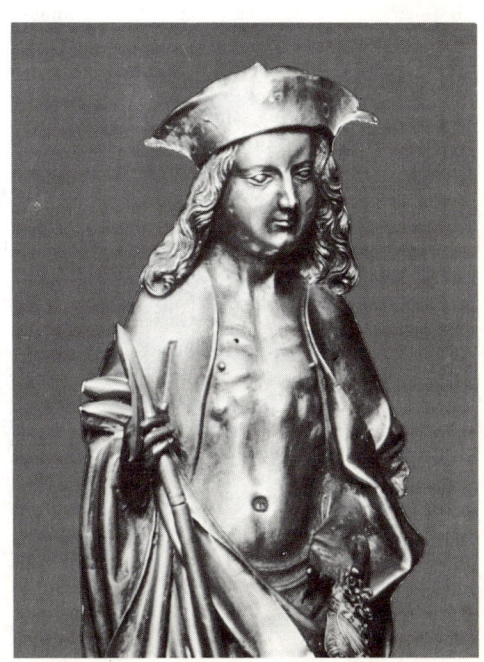

218. St. Sebastian. Silberstatuette, letztes Viertel 15. Jahrhundert. Domschatzmuseum

nete in das knabenhafte, leicht geneigte Antlitz den Ausdruck tiefer Ergebenheit. Lose hängt der Mantel über den Schultern, die Brust ist entblößt. Die linke Hand trägt an einem Kettchen zwei mit Stoff umhüllte und mit Perlschnüren verzierte Reliquien: ein Knochenstück sowie einen Zahn des Heiligen. Die fein durchgebildeten Finger der rechten Hand umschließen das Attribut, den Pfeil. Dieser ist im Verhältnis zur Statue zu groß und nicht fest mit den Fingern verbunden (auf der Abbildung bis zur Spitze durch die umschließende Hand gerutscht). Die Spitze ist abnehmbar, so daß der Schaft eine oben und unten offene Röhre bildet. Diese dürfte dem Brauch der Sebastiansminne gedient haben. Durch den Schaft des Pfeiles, die Röhre, saugten die Gläubigen den am Namensfest des Heiligen, dem 20. Januar, geweihten Wein aus dem Behälter, wobei sie gesegnet wurden. Anläßlich einer Renovierung 1890 wurde der Saugpfeil oben und unten zugelötet, da man seine ursprüngliche Funktion nicht mehr verstand.

Der äußere Mittelpfeiler der Vorhalle von St. Emmeram trägt eine dem 17. Jahrhundert angehörende Sandsteinplastik des Heiligen. Der Märtyrer ist in der typischen Haltung mit hochgebundenem Arm und angezogenem Bein an einen Baumstamm gefesselt. Auch die Volkskunst hat sich mit Vorliebe der Darstellung des pfeiledurchbohrten Martyrerkörpers angenommen.

FASTNACHT — HANDWERKERSPIELE — SCHLITTENFAHRTEN

Trotz der strengen und ernsten Gläubigkeit des Mittelalters hatten Lachen und tolle Ausgelassenheit festen Bestand, angefangen vom Hofnarren am Thron bis zu den rauhen Faschingsscherzen des Volkes. Maskerade, Frohsinn und Witz gehörten von je zur Humanitas und nur das Böse kennt das Lachen nicht. Der Fasching wird in Deutschland seit dem hohen Mittelalter gefeiert. Seine größte Pracht entfaltete er im 16. und 17. Jahrhundert. Über den Zank und Hader der Glaubensspaltung hinweg erbte das Barock von der Renaissance den Sinn für Scherz und Narretei.

Auch unser Regensburg weiß seit vielen Jahrhunderten frohe Faschingstage zu verleben, nur waren die Späße einst derber als heute. Namentlich in den vier Tagen vor Beginn der Fastenzeit herrschte in der alten Reichsstadt die größte Ausgelassenheit. Als offizieller Teil des Regensburger Faschings galt der Fastnachtstanz auf dem Rathaus oder in der Herrentrinkstube (der Neuen Waag) auf dem Haidplatz. Dieses Fest war vornehmlich den höheren Ständen und der Geistlichkeit vorbehalten; der Bürger erhielt nur schwer Zutritt dazu. Neben den Ratsherren mit ihren Frauen und Töchtern, dem Bischof und dem Abt von St. Emmeram erschien auch der Adel der näheren Umgebung. Die Eröffnung des Fastnachtstanzes war an eine bestimmte Form gebunden. Mit feierlichem Zeremoniell bat eine Abordnung des Rates den Bischof und den Abt um einen Fastnachtskrapfen. Die Veranstaltung ging auf gemeinsame Kosten. Die Geistlichkeit kam für die Krapfen auf, der Rat sorgte für Wein und Musik. Diese Feste, bei denen auch Tänze und Vorführungen geboten wurden, kosteten der Stadt jedesmal eine beträchtliche Summe, die man aber trotz aller sonstigen Sparsamkeit großzügig ausgab.

Neben dieser mehr offiziellen Begehung des Faschings stand die Lustbarkeit der Bürgerschaft, die Fastnacht mit Maskerade, Possentreiben und Spielen der Handwerker feierte.

„Fastnacht wurde in diesem Jahr, so bedenklich und kümmerlich die Zeiten auch waren, froher und kurzweiliger begangen als sonst", schreibt der Chronist Gemeiner zum Jahre 1458. Auf dem Rathaus zeigten die Zünfte ihre traditionellen Tänze, die Söldner boten Fechtübungen dar und die Schüler von St. Emmeram und dem Domstift spielten Theater. Auf den Straßen aber durfte alles „täntgehen", d. h. in Maske. Besonders ausgelassen trieben es die Regensburger Bürgersöhne. Sie zogen maskiert durch die Gassen, wobei es meist mehr auf die Schreckhaftigkeit der Maske als auf deren Schönheit ankam. Die Hauptbelustigung bildete das sogenannte „Schutzen" oder „Fuchsprellen". Die Burschen warfen die Vorübergehenden auf eine ausgespannte Ochsenhaut und prellten sie damit in die Höhe. Man empfand diesen derben Spaß aber durchaus nicht als Beleidigung; denn selbst der Administrator Pfalzgraf Johann, der von 1507 bis 1538 den Regensburger Bischofsstuhl innehatte, ein den weltlichen Freuden sehr aufgeschlossener Herr, hat mit großem Gefallen zugesehen, wie seine Hofleute während der Fastnacht selbst junge Kleriker auf die Kuhhaut warfen und prellten. 1515 beschloß der Rat, die Juden auf die Dauer von drei Jahren vor diesem Mutwillen zu schützen, natürlich nur gegen Entrichtung eines entsprechenden Lösegeldes an die Stadtkasse, wobei man nicht vergaß, der Regensburger Jugend nach Ablauf dieser Frist ihr altes Recht wieder einzuräumen. Im Fasching 1522 hätte das Fuchsprellen beinahe böse Folgen gehabt. In diesem Jahr verübte man diesen Scherz vor allem an fremden Studenten und fahrenden Schülern. Einige von ihnen fühlten sich beleidigt und drohten den Regensburger Burschen Rache an, so daß man öffentliche Unruhen befürchtete. Der Rat ließ die Verschwörer in den Bierhäusern und Wohnungen ergreifen, auf das Rathaus führen und anschließend aus der Stadt weisen. Ein Geistlicher, der sich 1522 als Bäckerknecht verkleidet „und ganz in Mehl umgekehrt hatte", sollte gleichfalls auf die Ochsenhaut geworfen werden. Als er sich zu erkennen gab, wurde er freigelassen.

Zu Reichstagszeiten feierte man den Fasching mit besonderem Aufwand und Luxus. Namentlich war es das barocke Jahrhundert, das mit seiner Freude an Pomp und Üppigkeit großen Gefallen an ausgelassenem Fastnachtstreiben fand. 1653 begann man bereits am Dreikönigstag mit den Lustbarkeiten. Der Herzog von Württemberg veranstaltete einen kostspieligen, aus 27 Wagen bestehenden Maskenzug, an dem er, seine Gemahlin und viele adelige Personen als Bauern und Bäuerinnen verkleidet, teilnahmen. Schon damals war es üblich, die herrschende Mode zu verspotten. So trug der Kurier, der den Zug anführte, eine ellenlange Nase und einen Knebelbart, der so groß war, daß ihn begleitende Personen an Schnüren festhalten mußten. Der Zug ging vom Bischofshof aus, dem Quartier des Herzogs, und führte zur Wohnung des Reichsvizekanzlers, Graf Kurz, gegenüber der Dompropstei.

Zur Faschingszeit führten die Regensburger Handwerker traditionelle Spiele auf. Der Text eines solchen Spieles hat sich erhalten, es ist das „Schreinerspill, wie das alhie zu Regenspurg ist gehalten worden Im 1618. Jar." Das Stück ist in Reimen verfaßt. Es treten auf: 7 Schreinermeister, 22 Gesellen, 4 Narren, ein Hauptmann, Bauer, Bäuerin usw. Dem rohen Zeitgeist entsprechend enthält das Spiel manch Derbes und Zotenhaftes.

Am Aschermittwoch veranstalteten die Schreiner das sogenannte Lichtverbrennen, wohl eine Symbolisierung des Endes der bei Licht vor sich gehenden Winterarbeit. Sie fertigten ein hölzernes Modell ihrer beim Weintor gelegenen Herberge und umbanden es mit Feuerwerkskörpern. Bei Dunkelheit entzündeten sie diese und ließen das Holzmodell auf der Donau treiben. „Das Schießen daraus mit Raketen und Feuerkugeln dauerte (1618) zwei ganze Stunden."

Ein anderes Handwerkerspiel, das bereits 1619 als althergebracht bezeichnet wird, veranstalteten die Lederer. Mit Bettstätten und Säcken zogen sie über die Straße und führten einen Tanz auf, bei dem Reime vorgetragen und Raketen gezündet wurden.

Zum Regensburger Fasching gehörte auch die Schlittenfahrt der Schüler des Jesuitenkollegs St. Paul. „Die Modenwelt oder Maskerade auf Schlitten" ist ein Stich betitelt, der den Maskenzug der Schüler vom Jahre 1792 wiedergibt. Mehr als 60 Reiter und Schlitten zeigen humorvolle Zusammenstellungen, Allegorien auf die Zeitverhältnisse und die Schwächen der Menschen. Beischriften geben Erläuterungen zu den einzelnen Bildern. Ein Zettel vom Jahre 1793 in der Sammlung Resch der Hofbibliothek nennt den Weg, den die Schlittenfahrt der Schüler am 21. Januar dieses Jahres nahm: von St. Emmeram, der Wohnung des Prinzipalkommissars aus durch die Marschallstraße, über den Ägidienplatz, durch Beraiterweg und Gesandtenstraße zum Neupfarrplatz, von da zum Domplatz und Alten Kornmarkt, schließlich durch das Ostentor hinaus nach Barbing, dann wieder zurück nach St. Emmeram mit einem Abstecher nach Stadtamhof.

Todesfälle im Kaiserhaus, Kriege, Seuchen und schwere Zeitläufte haben dem Regensburger Fasching oft ein vorzeitiges Ende bereitet, so daß der Rat Verordnungen gegen „alles Vermummen" (Maskerade) erlassen mußte. Als wegen der angespannten politischen Lage 1516 ein öffentlicher Fasching in Regensburg nicht stattfinden konnte, ließ der Rat für 5 Pfund Pfennige Konfekt an die Bürgerkinder verteilen, und der bischöfliche Administrator Johann verehrte den Frauen und Töchtern der Ratsherren je ein Stück Wildpret.

Trotz weitgehender Narrenfreiheit kam es doch immer wieder zu Ausschweifungen, anzüglichen Possenspielen und obszönen Darbietungen. Während des Faschings 1510 ließen sich zwei junge Bürger „in der unverschämten Stellung des Venuswerkes" auf einem Karren durch die Stadt ziehen. Dafür verordnete ihnen die Obrigkeit ein „Ruhebett" im Narrenhäuschen. Sie wurden in den eisernen Käfig unter dem Rathauserker gesperrt und dem Gespött der Leute preisgegeben.

Ein Markstein in der neueren Geschichte des Regensburger Faschings, dessen Formen sich im Laufe der Zeit gewandelt haben, ist die Gründung der Karnevalsgesellschaft „Narragonia" im Jahre 1846. Im folgenden Jahr trat die Vereinigung mit Prinz, Prinzessin und einem Narrenumzug erstmals an die Öffentlichkeit. Begeistert berichtete darüber die Regensburger Presse: „Die gestrige Hauptproduction hat an fröhlicher Gemütlichkeit und heiterer Laune alles übertroffen, was hier in neuerer Zeit in dieser Beziehung geboten worden ist." Aber schon das dritte Jahr nach ihrer Gründung — es war das Revolutionsjahr 1848 — brachte das vorläufige Ende der Narragonia. Bis ins kleinste war alles zu einem großen Maskenzug für den Faschingssonntag vorbereitet, da folgte wie ein Blitz aus heiterem Himmel eine Mitteilung des Komitees der Narragonia: „Der Ernst der Zeit erregte mächtig in uns den Gedanken, den angezeigten öffentlichen Maskenzug ganz zu unterlassen...". Am Schluß dieser Bekanntmachung heißt es: „Mit dem heutigen Tag begräbt die Narraconia den Hanswurst und die Mitglieder." Weil man aber schon so viel Geld für die Vorbereitungen ausgegeben hatte, entschloß man sich, den Faschingszug doch noch durchzuführen. Zeitberichten zufolge bewegte sich der Zug am 5. März 1848 im Trauerschritt durch die Straßen, manche Teilnehmer trugen Trauerflor und einige sollen sogar geweint haben.

Ein halbes Jahrhundert später, 1897, erwachte die Narragonia zu neuem Leben. Prinz Pepi I. (Josef Rothdauscher) festigte damals aufs neue die Herrschaft der Narren in Regensburg.

EISSTOSS UND HOCHWASSER

Den lustigen Faschingswochen folgten oft bittere Notzeiten, die Eisgang und Hochwasser der Donau mit sich brachten. Fast möchte es scheinen, als ob die Gewalt von Eis und Wasser einst verheerender war, als in unseren Tagen. Von den zahlreichen Überschwemmungen in der neueren Geschichte Regensburgs wird keine mit solch erschreckenden Auswirkungen geschildert als die des Jahres 1784.

Dem Frühling dieses Jahres ging ein überaus harter Winter mit ungeheuren Schneemassen voraus. Das Eis der Donau staute sich zu drei bis vier Fuß dicken Massen und an manchen Stellen „fror der Strom bis auf den Grund aus". In Erwartung einer großen Überschwemmung traf der Rat alle notwendigen Vorkehrungen. Um die hölzernen Brücken auf den Oberen und Unteren Wöhrd zu befestigen, wurden sie mit vielen Fuhren von Steinen beschwert. Die Wasserräder der zahlreichen Mühlen längs der Donau wurden aufgezogen und alle in den Strom ragenden Vorbauten mit Seilen und Ketten festgebunden. In den letzten Februartagen fiel plötzlich Tauwetter ein. Mit donnerartigem Krachen setzte sich die ungeheure Eismasse in den frühen Morgenstunden des 28. Februar in Bewegung und staute sich vor der Steinernen Brücke. Dabei stieg das Wasser unaufhörlich an und erreichte eine Höhe, daß es beim Zusammenstoß der Eisschollen über die Brücke hinwegspritzte. „Der Strom glich einem tobenden See", schreibt ein Augenzeuge. Die Gewalt des Eises drückte die Tore der Stadtmauer längs der Donau ein. Der Anprall der Schollen riß die Quader samt den Eisenverklammerungen aus den Pfeilern und Stirnvorlagen der Brücke und erschütterte den Mittelturm so stark, daß er abgetragen werden mußte.

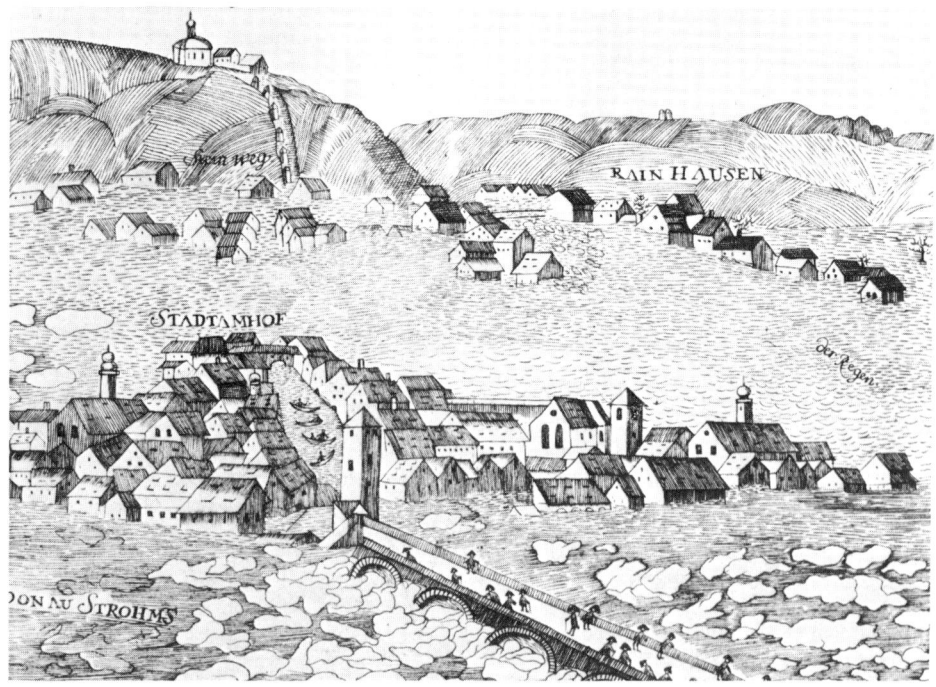

219. Eisgang und Überschwemmung 1789. Zeitgenössischer Kupferstich von Adam Friedrich

Das große Unheil aber begann, als die tobenden Fluten die hölzernen Brücken, die zu den Wöhrden führten, hinwegrissen. Dadurch waren die Bewohner der Inseln völlig abgeschnitten. Man hörte ihre Notschüsse und sah sie händeringend auf den Häusern stehen. Trotz des fürchterlichen Brausens konnte man ihre Hilferufe vernehmen. Am 1. März, als sich die Gewalt des Wassers etwas gemildert hatte, gelang es drei beherzten Fischern vom Oberen Wöhrd, mit einer Zille den reißenden Strom zu überqueren. Glücklich landeten sie in der Nähe des Prebrunn. Mit einer Ladung Lebensmittel gelangten sie wieder auf die Insel. Durch ein Sprachrohr verständigte man sich auch mit den Bewohnern des Unteren Wöhrds. Auch sie brauchten dringend Lebensmittel. Der Schiffsmeister Bäuml wagte die gefährliche Überfahrt und brachte als erste Lebensmittelsendung Brot und Bier auf die Insel.

Zu den unübersehbaren Schäden, die das Hochwasser verursachte, kam ein empfindlicher Mangel an Trinkwasser, da alle Brunnen auf den Wöhrden und in der Nähe der Donau überschwemmt waren. Das Trinkwasser mußte in vielen Hundert Eimern aus den vom Strom entfernten Teilen der Stadt herbeigeholt werden.

Johann Mayr, Kupferstecher in Regensburg, gab eine Beschreibung der Ereignisse heraus: „Das trawrige Andenken Regensburgs bey den fürchterlichen Verheerungen des dießjährig. Eisganges 1784". Von ihm stammt auch ein Kupferblatt, das die Eismassen der Donau und die zerstörten Brücken zu den Wöhrden erkennen läßt.

Auch die äußerst strengen Winter der Jahre 1789 und 1799 brachten verheerende Eisstöße mit anschließenden Überschwemmungen. Ein anschauliches Bild der Ereignisse von 1799 schildert Karl Sebastian Hosang: „Mit entsetzlichem Krachen", so berichtet er, „brachen an der Steinernen Brücke die Endsbäume hölzerner Brücken entzwei. Auf einmal hörte das Krachen und Anschlagen der Eisschollen auf, und das vorher brausende und tobende Wasser stand plötzlich still; denn bei Tegernheim und Schwabelweis blieb die Eisdecke in den Ufern eingeklemmt felsenfest stehen, die nachdrückenden Eismassen verschoben sich darunter so, daß in Regensburg und Stadtamhof alles erschrak, als man sah, wie das Wasser von Minute zu Minute anschwoll und die Schollen sich haushoch übereinander türmten...". Als sich nach Tagen das angestaute Wasser endlich verlaufen hatte, waren Felder und Wege mit Eismassen bedeckt. Angeschwemmte Brückenteile, Schiffshölzer, Stangen und Teile von Mühlen lagen umher. Auf dem Protzenweiher blieb das Eis bis Pfingsten liegen.

Hosang war auch Zeuge des großen Eisstoßes von 1826. Damals wuchs durch die anhaltende Kälte auf dem Grund der Donau eine riesige Eismasse an. Das Wasser staute sich an dieser Eiswand und bildete einen gewaltigen Wassersturz. Hunderte von Menschen überschritten „bei Tag und auch bei Nacht im Mondenschein" die Eisdecke der Donau, „um dieses seltene Phänomen in der Nähe zu betrachten". Die vielen Leute, die diesem Schauspiel zusahen und glaubten, am Ufer zu stehen, bemerkten nicht die große Gefahr, in der sie schwebten. Sie befanden sich nämlich nicht auf festem Boden, sondern auf einer hohlen Eisplatte; das Wasser hatte das Gestade darunter weggespült. Mit Schrecken sah man plötzlich „auf der anderen Seite eine ganze Wand des Beschlachts untergehen und verschwinden". Durch einen Kanonenschuß sollte den stromabwärts gelegenen Dörfern beim Abrücken des Eisstoßes ein Zeichen gegeben werden. Da die Pfeilerinseln der Steinernen Brücke weitgehend unterspült waren, durfte der Erschütterung halber das Geschütz nicht, wie vorgesehen, auf der Brücke abgefeuert werden, sondern mußte den Warnschuß beim Ostentor abgeben.

Am östlichen Ende der Keplerstraße, beim Torabschluß der Stadtamhofer Hauptstraße und an der Einmündung des Schallern zur Weinlände finden sich aus Werksteinen errichtete Pfeiler, die mit senkrecht verlaufenden Einschnitten versehen sind. Eingeschobene Sperrbalken sollten das Eindringen der Eisschollen in die Straßen verhindern.

DER PALMESEL

Der urbairische Brauch, zur Erinnerung an den Einzug des Herrn in Jerusalem am Palmsonntag einen hölzernen Esel in einer Prozession um die Kirche zu geleiten, ist auch für Regensburg verbürgt. Auf dem sogenannten Palmesel, einem meist recht massiven Erzeugnis handwerklicher Kunst, saß die Figur Christi mit Krone und Purpurmantel, in der einen Hand den Palmzweig haltend, die andere segnend erhoben. Die Stelle der Holzfigur vertrat gelegentlich auch ein Kleriker, der, auf dem Holzesel reitend, von den Ministranten um das Gotteshaus gezogen wurde.

Aufklärung und Säkularisation haben diesem Brauch ein Ende bereitet. Mit ihm ist ein köstliches Stück bairischen Volkstums und bairischer Religiosität verlorengegangen.

Um den glorreichen Einzug Christi in Jerusalem die Gläubigen recht eindringlich erleben zu lassen, scheint es in Regensburg der Brauch gewesen zu sein, bei dem Umzug um die Kirche für die Kinder Süßigkeiten auszuwerfen. In den Aufschreibungen des Mesners Vitztum von Obermünster — er starb 1833 — fand sich nämlich, wie Hosang mitteilt, folgende Notiz: „Auch durfte am Palmsonntag der Palmesel den Kindern kein Zuckerwerk schmeißen." Nach Hosangs Zeugnis kam in Regensburg der Brauch des Herumführens eines Palmesels in den ersten Jahrzehnten des vergangenen Jahrhunderts ab.

OSTERN
Passionsspiele, Geißler, Kreuzschlepper und Ostergelächter

Wir können uns kaum eine rechte Vorstellung machen, was unseren Vorfahren die Fastenzeit und das Erlebnis der Karwoche bedeuteten. Seit uralten Zeiten gilt das Fasten als Mittel, dem Menschen Gott näher zu bringen. Das Mittelalter kannte eine überaus strenge Fastenordnung. In frühester Zeit bestand die Fastenspeise lediglich aus Mehlbrei. Später, gegen Ende des 15. Jahrhunderts, wurden durch den sogenannten Butterbrief auch Milch- und Butterspeisen erlaubt.

Den Höhepunkt der Vorbereitungszeit auf das Osterfest bildete die Karwoche. In diesen Tagen fanden auch in Regensburg Passionsspiele, sogenannte Passionskomödien statt, bei denen das Leiden und Sterben Christi theatralische Darstellung fand. Die Aufführungen fanden auf eigens dazu errichteten Bühnen meist vor den Gotteshäusern statt. In seiner „Musikgeschichte der Stadt Regensburg" teilt Mettenleiter ein Bruchstück eines solchen Regensburger Passionsspieles mit. In diese Aufführungen schlich sich jedoch im Laufe der Zeit viel Profanes ein. Das Regensburger Ordinariat erließ deshalb Verbote dieser Spiele, so 1721 und 1735. In einer Verordnung vom 8. Juli 1735 heißt es: „Wo gegen alles Verbot am heiligen Karfreitag das Leiden Christi noch öffentlich und theatralisch dargestellt wird, da soll das sogleich zur ernstlichen Abschaffung angezeigt werden." Im Anschluß an diese Spiele zog eine große Prozession durch die Straßen Regensburgs. Dicht gedrängt säumten die Zuschauer die Prozessionswege. Kostümierte Spieler zeigten dabei Szenen aus der Leidensgeschichte. Diesen folgten Gruppen von Kreuzziehern, die im Bußgewand schwere hölzerne Kreuze mit sich schleppten. Geißler und die „Ausgestreckten", die in religiöser Verzückung gleich dem Gekreuzigten die Arme ausgespannt hielten, schlossen sich dem Zuge an. Die zahlreichen Verbote bewirkten, daß diese Bräuche gegen Ende des 18. Jahrhunderts abebbten. Zwei Aquarelle um 1800 im Besitz des Museums, die einen Kreuzschlepper und einen Geißler darstellen, lassen darauf schließen, daß dieser Brauch in Regensburg damals noch nicht erloschen war.

Am Karfreitag des Jahres 1832 ging erstmals wieder nach vielen Jahren mit Bewilligung der Regierung die Prozession aus dem Dom, um die heiligen Gräber in anderen Kirchen zu besuchen.

220. Geißler und Kreuzschlepper. Aquarelle um 1800. Museum

Hosang erzählt dazu: „Eine alte Frau äußerte darüber ihre größte Freude und wünschte, daß auch wieder wie ehemals die Kreuzzieher, die Ausgespannten und die Geißler mitgehen dürften."

Auch die sogenannten Ölbergandachten waren von schauspielerischen Darbietungen begleitet. Dagegen richtete sich ein Verbot vom Jahre 1783: „Wegen verschiedener Unfuge und Ungereimtheiten bei Ölbergandachten mit lebenden singenden Personen, einem hölzernen, dreimal fallenden Christus etc., soll künftig Christus der Herr mit seinen Jüngern nur so vorgestellt werden, wie er zu seinem himmlischen Vater betet, ohne andere theatralische Vorstellungen und Fälle, mit Predigt und Segen."

Am Ostersonntag galt als äußeres Zeichen der Freude und des Sieges das sogenannte Ostergelächter. In der Predigt erzählte der Priester Schnurren und Schwänke, worüber die Zuhörer in lautes Lachen ausbrechen durften.

Passion und Auferstehung in der Bildenden Kunst

Dieses innige Passionserlebnis fand seinen Niederschlag auch in der bildenden Kunst. Ölberggruppen, das Bild des Schmerzensmannes, Kreuzigungs-, Beweinungs- und Auferstehungsdarstellungen geben beredtes Zeugnis davon.

*

Unter den zahlreichen Ölbergdarstellungen in Regensburg sei jenes eindrucksvolle Steinrelief an der Ostwand der Mittelhalle des Domkreuzganges genannt, das zum Epitaph der 1410 verstorbenen Barbara Gumpert gehört. Christus kniet betend unter den dichten Bäumen des Ölgartens, über denen Gottvater segnend auf einer Wolke schwebt. Von den schlafenden drei Aposteln ist Petrus frontal dem Betrachter zugewendet. Bekannter, weil zugänglicher, ist die der Spätzeit des 15. Jahrhunderts angehörende Ölberggruppe im Domgarten sowie jene im Vorhof von St. Emmeram, die Abt Johann Baptist Hemm um 1710 für den Westchor der Emmeramskirche stiftete und die erst in neuerer Zeit in den Vorhof der Kirche kam.

*

Der Schmerzensmann, in der Kunstsprache „Erbärmdechristus" genannt, ist ein der deutschen Gotik und Frührenaissance entstammendes Andachtsbild. Der Typus des Erbärmdechristus ist auch in Regensburg, in stillen Winkeln der Kirchen oder auf Grabmälern, mehrfach anzutreffen. In der Erdgeschoßhalle des Kapitelhauses befindet sich eine solche Darstellung, ein bemaltes Steinrelief aus der Zeit um 1430, das wegen seiner Eindringlichkeit hier Erwähnung finden soll. In stichbogiger Flachnische steht Christus, die Wundmale zeigend, vor dem Kreuz, an dem Rute und Geißel hängen. Der halbgeöffnete Mund scheint zu sprechen, die Haltung des Körpers verrät die Mühe des Stehens. Den Hintergrund bildet ein von Engeln gehaltener Vorhang. Zu Füßen des Schmerzensmannes kniet das Stifterpaar. Das Wappen des Mannes ist das der Familie Naumeyer. Die Reliefplatte diente wohl ursprünglich als Aufsatz für einen Altar. Eine eindrucksstarke, der Spätgotik angehörende Plastik des Erbärmdechristus besitzt die Kirche St. Magn in Stadtamhof. Hierher gehören auch die Steinfigur des sogenannten „nackten Herrgotts" (s. d.), ehemals Vorhof der St.-Klara-Kirche an der Ostengasse, sowie der Schmerzensmann am ehemaligen Waisenhaus in Steinweg (s. d.).

*

Den Höhepunkt der Passion veranschaulichen die plastischen oder gemalten Kreuzigungsbilder. Stellvertretend für ihre große Zahl sei hier der linke der beiden gotischen Seitenaltäre in St. Leonhard betrachtet. Der Passionsaltar zeigt bei geschlossenen Flügeln Verkündigung, Geburt Christi, Anbetung der Könige und Darbringung im Tempel. Im geöffneten Zustand schildern die Bilder auf den Flügeln den verräterischen Kuß des Judas, Geißelung, Dornenkrönung und Kreuztragung. Die große Mitteltafel stellt die vielfigurige Szene der Kreuzigung dar. Das Bild ist voll Leidenschaft und Dramatik. Der Maler verzichtete weitgehend auf räumliche Tiefe und ordnete die zahlreichen Figuren gleichsam übereinander an. Aus dem dichten Gedränge von Menschen und Pferden ragen hoch drei Kreuze heraus. Während die Schächer mit verrenkten Gliedmaßen und verbundenen Augen verzerrt am Querbalken hängen, ist die Gestalt Christi von nahezu geometrischer Geradlinigkeit. Einer der Knechte bemüht sich, dem dürstenden Herrn mit dem viel zu kurzen Hysopstengel den Essigschwamm an die Lippen zu führen. Dabei muß sich der Scherge so sehr strecken, daß das Hinterteil seiner enganliegenden Hose platzt und als Lappen herabhängt. Der Kreuzesschaft scheidet das Bild in zwei Hälften, deren Symmetrie nur wenig durchbrochen wird. Den unteren Bildteil füllen die Gruppen der trauernden Frauen und der würfelnden Soldaten. Im Gegensatz zu dem erregten Getümmel unter den Kreuzen ist die Szene der Beweinung von verhaltener Trauer. Die Reife des Künstlers zeigt sich in der Größe des seelischen Ausdrucks, der sich in der beherrschten Gebärde des Johannes und im leiderfüllten, aber tränenlosen Antlitz der Gottesmutter offenbart. Johannes und Magdalena stützen die einer Ohnmacht nahe Mutter der Schmerzen. Ganz unbekümmert um das Geschehen der Kreuzigung sind die Würfelnden. Der Gewinner reißt den bortengesäumten Leibrock energisch an sich. Einer der enttäuschten Verlierer ist eben dabei, die Augen der drei Würfel in seiner Hand zu zählen.

Die Bilder sind nach A. Hubel in Mischtechnik auf Nadelholz ausgeführt. Sie entstanden um 1430/40 von einem unbekannten Regensburger Maler. Nach Hosang wurde der Altar 1835 im Kirchlein des Lazarusfriedhofes (s. d.) an der Prüfeninger Straße aufgestellt, wo er sich noch 1864 befand. Von dort kam der wertvolle Flügelaltar wieder nach St. Leonhard zurück.

Die Kunstgeschichte kennt eine Reihe stilistisch verwandter und vor allem in der Gruppierung sehr ähnlicher Bilder. Auffallende Übereinstimmung weist eine etwa gleichzeitige Darstellung in der Kirche zu Hallstatt in Oberösterreich auf.

*

Ergriffen steht man vor dem Tafelbild, das den Rundbogen des Portales zwischen der Alten Kapelle und der südlich vorgelagerten Gnadenkapelle füllt: Christus im Grab. Hans Mielch, der Schüler Albrecht Altdorfers und spätere Münchner Hofmaler, schuf dieses Gemälde als Epitaph für den Stiftskanoniker Urban Prunner, der in der Gnadenkapelle seine Ruhestätte fand.

Vor dunklem Hintergrund ruht auf gestufter Bahre der Leichnam Christi, nicht als hagere, vom Leiden gezeichnete Gestalt, sondern als schöner, wohlproportionierter Körper. Das friedvolle Antlitz ist entspannt. Schlaff hängt die rechte Hand zu Boden. Aus der Bildmitte ragt der Schaft des Kreuzes mit blutumrandetem Nagelloch, zu Füßen des heiligen Leichnams steht ein prunkvoller Leuchter.

Die Kleinfigur des Stifters Urban Prunner nimmt die linke Bildecke ein. Der Kanoniker kniet, den Rosenkranz in Händen, auf einem Betschemel. Hans Mielch fertigte das Gemälde noch zu Lebzeiten Prunners, kurz vor 1544. Das Monogramm des Künstlers, HM, findet sich in der Mitte des unteren Bildrandes.

Der Entwurf für das Bild stammt nicht von Hans Mielch, sondern geht vielmehr auf eine Zeichnung Raffaels zurück, die der Louvre in Paris verwahrt. Der Italiener Marcanton, der vorwiegend Raffaels Entwürfe zur Vervielfältigung in Kupfer stach und der Geist und Formensprache des Meisters sehr getreu wiederzugeben verstand, fertigte auch ein Blatt nach der oben genannten Zeichnung Raffaels. Genau nach diesem Stich Marcantons kopierte Hans Mielch die

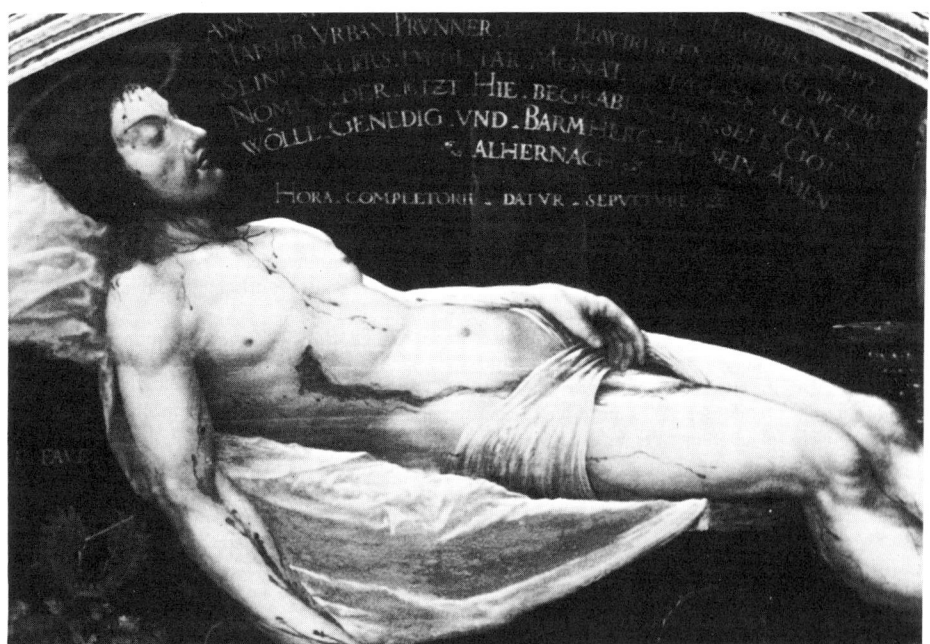

221. Alte Kapelle. Christus im Grab. Gemälde von Hans Mielch, um 1544

Gestalt Christi. Solche Entlehnungen deutscher Maler und Bildhauer aus der Kunst Italiens waren im Zeitalter der Renaissance keine Seltenheit.

Am 19. Mai 1632 starb in Regensburg „der Wohl Edl und Gestreng" Herr Christoph von Fehra, Stallmeister des berühmten Feldherrn Tilly. Seine Angehörigen ließen ihn im südlichen Seitenschiff der Dominikanerkirche bestatten. „Zue schuldigen Ehrn und Immerwehrenden angedenckhen" wie auf der Schrifttafel zu lesen ist, stifteten sie eine ergreifende Beweinungsgruppe, die aber bereits um 1500 entstand, also weit älter ist als das Grab. Vor ihrer Verwendung als Grabdenkmal mag sie der Zierde eines Gotteshauses oder einer Kapelle gedient haben. In stichbogig gewölbter, mit schwebenden Engeln bemalter Nische knien Maria und Magdalena. Mit beiden Händen stützt die Mutter den toten Körper ihres Sohnes. Trauer, aber auch duldende Hingabe sprechen aus ihrem Antlitz. Voll des Schmerzes blickt die jugendliche Magdalena auf den Leichnam des Herrn. Leid und Ergriffenheit der Büßerin erfahren durch die Gebärde der Hände beredten Ausdruck.

*

Unter den Auferstehungsbildern Regensburgs nimmt das Gemälde aus der Werkstatt Altdorfers auf dem Flügelaltar aus der Minoritenkirche von 1517 den ersten Rang ein. Der Künstler malte den Körper des Auferstandenen in leuchtend ocker- und rosafarbenem Inkarnat, das in prachtvollem Gegensatz steht zu dem bläulichen Weiß des Lendentuches und dem tiefen Weinpurpur des Mantels. Christus steht auf der Umfassung einer schweren Kalksteintumba. Mit der Linken hält er die wehende Auferstehungsfahne, betäubt liegen die Wächter am Boden, deren Rüstungen in tiefblauen Farben stählern aufblitzen. Hoch ragt ein dunkler Baum in den lichten Himmel, der sich in glühenden Farben öffnet, um den Auffahrenden aufzunehmen.

Der Flügelaltar — er stellt Verkündigung, Geburt, das Abendmahl und die Auferstehung dar — war vermutlich am Ostende des nördlichen Seitenschiffes der Minoritenkirche aufgestellt. Aus der Sammlung Kränner, Regensburg, gelangte er an den Historischen Verein und von diesem an das Museum.

Auf Grabmälern finden sich Reliefbilder der Auferstehung oft in hervorragender künstlerischer Gestaltung. Die Vorhalle der Alten Kapelle birgt eine solche Auferstehungsdarstellung aus der Zeit um 1470/80. Sie zeigt den Auferstandenen mit der Siegesfahne in weitem, faltenreichem Mantel. Daneben weist St. Barbara auf die kniende Kleinfigur eines Kanonikers. Der Schöpfer dieses Votivreliefs ist unbekannt, doch ist anzunehmen, daß das Epitaph des Kanonikers Matthias Polling im Domkreuzgang vom selben Meister stammt.

SCHÜLERFESTE

Die Schüler der Regensburger Schreib- und Rechenschulen begingen alljährlich ein Fest, das man virgatum, Rutenfest, nannte. Es war einstmals weit verbreitet und geht auf Papst Gregor IV. zurück. Dieser stiftete es zu Ehren seines Vorgängers, Gregors des Großen, der Unterricht und Erziehung großzügig gefördert hatte. Das Fest hat sich durch Jahrhunderte erhalten. Ursprünglich wurde es auch in Regensburg am 12. März, dem Tag des heiligen Gregorius gefeiert, entwickelte sich aber im Laufe der Zeit zu einem Maienfest. Der Platz „Unter den Linden" vor dem Jakobstor erlebte alle Jahre im Frühsommer das Rutenfest. Geschmückt mit Blättern und Zweigen zogen Schüler und Schülerinnen mit ihren Lehrern vor die Stadt hinaus und führten zu den Klängen der Geige, Laute und Trommel Tänze und Reigen auf. Die Schulkinder schnitten Ruten ab und überreichten sie unter Aufsagen von Reimsprüchlein ihren Lehrern für späteren Gebrauch. Der Regensburger Chronist Andreas, ein Chorherr von St. Magn in Stadtamhof, erwähnt dieses Fest erstmals im Jahre 1425. Ursprünglich fand es im sogenannten Prüller Holz statt. 1559 aber werden die Schulhalter angewiesen, mit ihren Schülern in den Schießgarten, den Platz vor dem Jakobstor zu gehen und „fleißig aufmerken hin, damit ihre Kinder züchtig seien". Auch sollten keine Musikinstrumente mitgenommen und die Knaben von den Mädchen abgesondert werden. Damit das Treiben unter den Linden nicht allzu lebhaft werde, ordnete der Rat an, daß täglich sich nur eine Klasse dort einfinden solle.

Der reiche Regensburger Handelsmann und Ratsherr Johann Anton Kuefner erwähnt in seinem Testament vom Jahre 1738 auch das Schülerfest. Er bestimmte in seiner letztwilligen Verfügung, daß die Regensburger Schulkinder bei ihrem alljährlichen Ausflug am Gregoriustag auf seine Kosten mit braunem Bier und Stritzeln, Speckkücheln oder Kreuzersemmeln bewirtet werden sollten.

Der fürstliche Bibliothekar Kayser berichtet 1797, daß das Fest „zu dem Ende der schönen Jahreszeit" begangen werde. Er bezeichnet es als eines der „Nationalfeste" der Regensburger.

222. Reifentänzer. Aquarell, 1802. Museum

Damals war der Brauch des Rutenschneidens scheinbar bereits vergessen. Auch nennt Kayser das Fest „vacatum" und nimmt somit Bezug auf die Vakanz, die Ferien. Erst um die Mitte des vergangenen Jahrhunderts kam der Brauch außer Übung.

Das Regensburger Museum besitzt zwei hübsche Aquarelle aus dem Jahre 1802 mit Darstellungen jugendlicher Tänzer, die bei den Schülerfesten unter den Linden auftraten. Das eine Blatt zeigt zwei „Reifentänzer", das andere zwei „Sicheltänzer". Die Reifentänzer mit moosgrünen Käppchen halten weiß-blau und weiß-rot bemalte Bogen in den Händen, die Sicheltänzer tragen weite Strohhüte und schwingen weiß-blau und weiß-rot umwickelte Sicheln und Wetzsteine. Jeden Tänzer schmücken Schärpen, Armschleifchen und Strumpfbänder in den entsprechenden Farben.

Im Juli 1834 weilten die Prinzen des bayerischen Königshauses in Regensburg. Ihnen zu Ehren veranstalteten die Schützen einen großen Auszug. Dabei wurden auch Sichel- und Reifentänze aufgeführt.

AUFSTELLEN DER MAIBÄUME

Im Mittelpunkt des dörflichen Lebens am 1. Mai steht teilweise noch heute der Maibaum, dessen früheste Erwähnung bis ins 13. Jahrhundert zurückreicht. Noch 1637 versucht eine oberpfälzische Polizeiverordnung den Maibaum als ein „unflätig, unchristlich Ding" abzuschaffen. Das reichsstädtische Brauchtum Regensburgs kennt den Maibaum im herkömmlichen Sinne nicht; doch zogen die Regensburger Burschen mit Musikbegleitung vor die Häuser der Reichstagsgesandten und stellten vor deren Türen Bäume auf. „Das Mai-Baim setzen an die gesanden Haiser in Regensburg A. 1790" ist ein Aquarellblatt betitelt, das sich im Besitz der Hofbibliothek befindet. Hinter der Musikkapelle mit Trompete, Klarinette und Geigen geht ein Polizeisoldat, dem bäumetragende Männer folgen. Jeweils drei von ihnen haben sich einen Baum auf die Schulter geladen. Beiderseits des Portales eines der Häuser im Hintergrund — das Wappen kennzeichnet es als gesandtschaftliches Gebäude — stehen bereits je zwei Bäume.

CHRISTI HIMMELFAHRT

Die ausgeprägte schauspielerische Begabung, eine Stammeseigenart des Altbaiern, fand nicht nur in zahlreichen Laienbühnen und Bauerntheatern ihren Ausdruck, sie drängte ihn auch, das biblische Geschehen im Laufe des Kirchenjahres zu dramatisieren. Neben der theatralischen Darstellung des Passions- und Weihnachtsgeschehens erlebten die Regensburger alljährlich auch die Himmelfahrt Christi. Karl Sebastian Hosang, der in ergötzlichen Kleingeschichten eine Fülle von Kulturbildern aus dem Regensburg des ausgehenden 18. Jahrhunderts bis zur Biedermeierzeit schildert, berichtet auch von diesem typisch bairischen Brauch am Fest Christi Himmelfahrt. An diesem Tag wurde während des Gottesdienstes in den Kirchen eine hölzerne Christusfigur emporgezogen, die durch eine Öffnung in der Decke den Augen der Zuschauer entschwand. Um den Eindruck des Schwebens zu erwecken, hing die Figur an einem einzigen dünnen Seil. Dadurch drehte sie sich während des Emporziehens. Dem Volksglauben nach waren die Gewitter des kommenden Sommers aus jener Richtung zu erwarten, nach der die Christusfigur beim Verschwinden in der Deckenöffnung blickte.

Die Aufklärung betrachtete diese überkommenen Sitten als Mißbräuche der biblischen Wahrheiten. Die kirchlichen Behörden erließen Verbote, die den harmlosen und beliebten Volksbräuchen ein Ende bereiteten. Nach Hosangs Mitteilung fand sich in den Aufzeichnungen des Mesners Vitztum von Obermünster folgender Eintrag: „Im Jahre 1790 durfte Christus, unser Herr, nicht mehr in den Himmel fahren. Mir ist es recht, ich kann diesem Verbot nichts entgegensetzen; es fragt sich aber nur, wie kann man dann inskünftig wissen, woher die Donnerwetter kommen?"

Noch um 1830 befand sich auf dem Dachboden des Domes ein Kasten mit einer Christusfigur, die alljährlich am Himmelfahrtstag mit einer eigens dazu angefertigten Vorrichtung durch eine Gewölbeöffnung emporgezogen wurde.

FRONLEICHNAM

Im Gegensatz zu anderen Städten wurde in Regensburg die Fronleichnamsprozession erst spät eingeführt. Um das Jahr 1408 bewegte sie sich erstmals durch die Straßen der Stadt. Ihre Einführung in Regensburg wird dem verdienten Ratsherrn und Bürgermeister Matthäus Runtinger zugeschrieben, dem die Stadt auch ihr erstes Straßenpflaster verdankt.

Bürger in Harnisch flankierten die Altäre und verliehen so den Lesungen der Evangelien einen festlichen Rahmen. Deshalb ging der mittelalterlichen Fronleichnamsprozession gewöhnlich eine Harnischbeschau voraus. Die Geharnischten gruppierten sich zuerst am Ostentor-Altar, dann an den Altären beim Jakobs- und Prebrunntor. Zuletzt mußten sie beim Schlußevangelium am Dom Aufstellung nehmen. Damit sie zur rechten Zeit auf ihren Posten eintreffen konnten, hatten sie sich zu beeilen und mußten versuchen, „auf einem kürzeren Wege dem Zuge zuvorzukommen", schreibt Gemeiner zum Jahre 1463. Wegen der schweren Rüstungen brauchten die Geharnischten vor dem Allerheiligsten nicht zu knien, sondern mußten sich nur verbeugen. Veranstaltung und Organisation der Prozession waren ausschließlich Sache des Rates. Der Bischof und die Domherren wurden vom Stadtrat schriftlich zur Teilnahme eingeladen. Der Abt von St. Emmeram und die Äbtissinnen von Obermünster, Niedermünster und St. Paul wurden durch Ratsherren, der Abt von Prüfening und der Propst von St. Magn durch Boten um ihr Erscheinen gebeten. Die Sänger und Figurenträger bestellte und bezahlte der Rat.

Die Zünfte folgten mit ihren Fahnen der Prozession nach einer strengen, durch Jahrhunderte hindurch aufrechterhaltenen Rangordnung. Gemeiner schildert in seiner Regensburger Chronik die genaue Reihenfolge von achtundzwanzig Zünften. Zuerst kamen die Stadtbauern, dann folgten in langer Reihe die übrigen Zünfte nach gesellschaftlicher und sozialer Rangstellung. Den Ehrenplatz vor dem Allerheiligsten nahm die vornehme Bäckerzunft ein. Dem Himmel folgte eine riesige Volksmenge. Das Landvolk kam an diesem Tag oft viele Meilen weit her, um den großen Ablaß von zehn Jahren und einigen hundert Tagen zu gewinnen, der nach Beendigung der Prozession den Begleitern des Allerheiligsten gewährt wurde.

Besonderen Prunk entfaltete die Prozession im Jahre 1532, als Kaiser Karl V. in Regensburg weilte und in feierlicher Form am Umzuge teilnahm. Er wohnte im Goldenen Kreuz am Haidplatz, der „in einen Hain von grünen Bäumen verwandelt war". Vor dem Gebäude der Neuen Waag war ein Prachtaltar aus Tüchern von Gold und Samt in Form eines Hutes errichtet. Um zehn Uhr erschienen zehn kaiserliche Trompeter vor dem Eingang des Goldenen Kreuzes und verkündeten den Beginn der Prozession. Über zweihundert Herren des Adels kamen aus der Herberge des Kaisers, jeder mit einer brennenden Kerze in der Hand, um die Prozession zu eröffnen.

Zwei silberne Säulen, eine mit der kaiserlichen, die andere mit der königlichen Krone „künstlich und schön geschmelzet" wurden den hohen Herren nachgetragen. Den Bischöfen und Domherren folgte das Allerheiligste. Der Erzbischof von Salzburg war auserkoren, das Sakrament zu tragen. Herzog Georg von Sachsen und Pfalzgraf Friedrich begleiteten ihn. Der Kaiser selbst schritt alleine im Zug. Er trug eine brennende Fackel in der Hand und auf dem Haupt einen mit Perlen durchflochtenen Rosenkranz. Nach der Prozession fand für die Personen von Rang ein Festessen im Bischofshofe statt.

Bescheidener verlief die Prozession zehn Jahre später, als die Lehre Luthers auch in Regensburg Fuß gefaßt hatte und die Stadt zum neuen Glauben übergetreten war. Die Ratsherren, die in früheren Jahren einen großen rotseidenen Himmel über der Monstranz getragen hatten, sagten ihr Erscheinen zur Prozession ab und bekundeten, daß sie dazu auch den Himmel nicht mehr herleihen würden. In aller Eile ließ das Domkapitel einen neuen Himmel anfertigen. Bedienstete des Hochstiftes mußten ihn tragen. Am Vorabend des Fronleichnamsfestes holten die Zünfte ihre Fahnen aus den Kirchen, erschienen aber am anderen Tage nicht zur Prozession. Kein Handwerker begleitete das Sakrament. Unter diesen Umständen konnte die Prozession nicht öffentlich, sondern nur in den Kreuzgängen abgehalten werden. Erst als die religiösen Wirren der Übergangszeit überwunden und in Glaubenssachen klare Grenzen geschaffen waren, konnte das Allerheiligste wieder in feierlicher Form und unter größerer Teilnahme der Bevölkerung durch die Straßen Regensburgs getragen werden.

Grüne Birken zierten auch in vergangenen Jahrhunderten die Altäre und Prozessionswege. Die Zweige gelten als segenskräftig. Sie werden nach der Feier auch jetzt noch abgerissen und mit nach Hause genommen. An einem Balken des Dachstuhles befestigt sollen sie Blitzschlag und Feuer verhüten.

SONNWEND- ODER JOHANNISFEUER

Das Abbrennen des Sonnwendfeuers am Abend des Johannistages (24. Juni) wurzelt in vorchristlichen, volksgläubischen Grundlagen. Dieser weitverbreitete Brauch ist auch für Regensburg verbürgt, wo das Sonnwendfeuer alljährlich auf dem Jakobsplatz (dem heutigen Bismarckplatz), bei St. Klara (heute Dachauplatz) und auf dem Ägidienplatz entzündet wurde. Die Regensburger Jugend sprang über das lodernde Feuer, das sie mit „Prangerstauden" schürte. Am Fronleichnamstag, der noch heute gelegentlich als „Prangertag" bezeichnet wird, sammelten die Buben die Bäumchen, die den Prozessionsweg säumten, um diese „Prangerstauden" am Abend des 24. Juni, dem Tag der Sommersonnenwende, zu entzünden.

Wegen des Sonnwendfeuers auf dem Ägidienplatz wäre es 1654 beinahe zu Tätlichkeiten gekommen. Seit langem schon führte die Stadt mit den dort angrenzenden Klöstern der Dominikaner und der Deutschherren einen Streit um die Rechte auf diesem Platz. Als am Johannisabend genannten Jahres die städtischen Polizeidiener den umstehenden Leuten das Löschen des Feuers befahlen, kam es zu heftigen Auseinandersetzungen mit dem Pfleger des Deutschen Hauses, der die Zeit des Auslöschens noch nicht für gekommen erachtete. Um die Rechte des Deutschen Ordens über den Ägidienplatz zu demonstrieren, drohte er, jeden von seinem Fenster aus zu erschießen, der sich an das Feuer mache, um es auszulöschen.

In biedermeierlichen Tagen, als Baron von Vrints-Berberich Schloßherr in Prüfening war, zog man an den Sonntagen gerne dorthin, um sich in der von gestutzten Linden beschatteten Schloßeinfahrt, nahe dem Sphinxtor, bei Kaffee und Kuchen, bei Brotzeit und Bier, niederzulassen. „Hoch aber ging es her an Johanni, wenn bei Einbruch der Dunkelheit ein mächtiges Johannisfeuer emporloderte und Hoch und Nieder, voran der leutselige Schloßherr mit den Schloßfräulein, alter Sitte gemäß, in Lust und Fröhlichkeit über die züngelnden Flammen sprang" (Freytag, Prüfening).

Unter den Bräuchen, die um 1840 in Regensburg erloschen waren, nennt Hosang auch das Springen über das Sonnwendfeuer.

JOHANNISSCHÜSSELN

Im nördlichen Seitenschiff der Emmeramskirche hängt ein Holzbildwerk aus dem späten 15. Jahrhundert. Es stellt auf einem Teller liegend das Schmerzenshaupt Johannes des Täufers dar. Eine ähnliche Skulptur besitzt das Regensburger Museum. Diese sogenannten Johannisschüsseln waren einst weit verbreitet. Die ältesten Beispiele stammen aus dem 13. Jahrhundert. Brauchtum und volkstümlicher Wunderglaube verbanden sich schon frühzeitig mit diesen Darstellungen. Sie galten als heilbringend gegen Kopfweh, in dem man vielfach die Wirkung böser Geister erblickte. Um das Übel abzuwenden, legte man die Schüsseln mit dem Johannishaupt den Leidenden auf den Kopf. In Kärnten stülpte der Kopfkranke seinen Hut über das geweihte Johannishaupt, betete um Genesung und setzte dann den Hut wieder auf. Am 29. August, dem Jahrestag der Enthauptung des Täufers, stellte man die Schüsseln auf den Altar. Aus Oberbayern ist überliefert, daß die Johannisschüsseln zum Suchen der Leichen Ertrunkener verwendet wurden. Die Schüsseln sollten, in den Fluß geworfen, durch ihr Stillstehen in der Strömung die Lagerstelle des Toten anzeigen.

Eine besondere Verehrung des Johanneshauptes in Regensburg ist nicht bekannt, doch darf angenommen werden, daß die Johannisschüsseln auch hier kultischen Zwecken dienten.

TOTENBESTATTUNG IM ALTEN REGENSBURG

„Es ist ein Schnitter, heißt der Tod, hat Gewalt vom großen Gott ... Hüt dich, schöns Blümelein!" So lesen wir in dem „Schnitterlied, gesungen zue Regenspurg", einem ergreifenden und tiefsinnigen Lied vom Tod, das 1637 in unserer Stadt entstand. Zu allen Zeiten standen die Menschen voll Ehrfurcht vor dem Tod und den Toten. Auch im alten Regensburg galt die Sorge der Hinterbliebenen in liebevoller Weise den Verstorbenen. Hatte ein Bürger die Augen für immer geschlossen, so erklang vom Turm der Augustinerkirche (s. d.) das „Zügenglöckl". Der Regensburger Glockengießer Schelchshorn stiftete im Jahre 1700 diese Glocke, die „auf jedermanns Begehren" für die scheidende Seele zum Gebete rief. Ein Leichenhaus hat es in früheren Jahrhunderten in unserer Stadt nicht gegeben. Der Tote wurde im Hause behalten und meist schon einen Tag nach dem Verscheiden beerdigt. Die Seelfrauen, Mitglieder einer religiösen Frauenvereinigung, hielten die Totenwache. Dieser uralte Brauch der Totenwache findet seine Erklärung in der Furcht der Lebenden vor dem Verstorbenen. Bei einer Strafe von zwei Reichstalern war es verboten, die Toten länger als vier Tage unbestattet zu lassen, weil dadurch „großer Gestank, merkliche Beschwerde der Benachbarten und Träger" und „schädliche Seuchen verursacht werden".

Im Jahre 1689 wurde bei J. G. Hofmann die Leichenordnung der Stadt Regensburg gedruckt. Die Ordnung, die schon mehrere Vorgänger hatte, gibt wertvolle Hinweise auf das Brauchtum bei der Totenbestattung im alten Regensburg. Wir sehen daraus, daß eine Beerdigung bei den Regensburgern eine recht festliche und kostspielige Angelegenheit war. Leichenansager und Leichenträger wurden mit hohen Trinkgeldern bedacht. Die Trauergäste nahmen Zitronen und Pomeranzen in Empfang, die damals noch außerordentlich kostbar waren. Gegen diese Verschwendung richtete sich das Verbot des Rates. Die Leichenträger „müssen sich mit ihrem Lohn begnügen", und nur sie sollten die wohlriechenden Früchte erhalten, weil sie „manchmal üblen Geruch erleiden müssen". Särge aus Eichenholz waren ebenso verboten wie die aus Gold- und Silberdraht gearbeiteten Kränze, die man den Toten mit ins Grab gab. Lediglich ein Kranz von Rosmarin durfte unverheiratet verstorbenen Personen auf das Haupt gesetzt werden.

Eine ganz unwürdige Bestattung sieht die Regensburger Leichenordnung für jene Personen vor, die seit Jahren nicht mehr die Sakramente empfangen haben und ein unbußfertiges Ende nahmen. Sie sollten wie die Selbstmörder ohne jede Feierlichkeit in einem Winkel des Gottesackers von den Pestinmännern verscharrt werden.

TOTENLEUCHTEN

Schon in altchristlicher Zeit war es Brauch, an den Begräbnisstätten Lichter als Sinnbild des Ewigen Lichtes zu brennen. Erst später fand dann das „Ewige Licht" Eingang in die Kirchen, wo es bis heute vor dem Tabernakel brennt.

Totenleuchten, auch Lichthäuschen genannt, haben sich in Regensburg aus der Zeit des Mittelalters noch mehrfach erhalten. Die bedeutendste unter ihnen ist die Lichtsäule im Domgarten, ein Meisterwerk aus der Hochzeit der Gotik. Eine Rundsäule trägt den Tabernakelaufbau, der sich mit Spitzbögen nach sechs Seiten hin öffnet. Menschengesichter und Tierköpfe schmücken die zierlichen Strebepfeiler. Den Abschluß bildet eine schlanke Fiale.

Im Jahre 1341 stifteten die Bürger Peter Metsieder und Ulrich Amann für ein Ewiges Licht auf dem Domfriedhof ein Pfund Pfennig jährlichen Zins aus einem Weingarten am Reinhausener Berg und aus drei Äckern im Reinhausener Feld, „das es alle Nacht prinnen sol bis an den schönen Tag". Auf diese Stiftung dürfte mit großer Wahrscheinlichkeit die Errichtung der Lichtsäule zurückzuführen sein.

223. Ehemaliger Domfriedhof, jetzt Domgarten. Totenleuchte, gestiftet 1341

Die Chronik meldet eine Reihe hochherziger Männer, die zur Erhaltung des Lichtes auf dem Domfriedhof beigetragen haben, so den Bürger Kelhammer, der 1421 zu diesem Zweck einen Weingarten bei Tegernheim vermachte, oder den Domherrn Achatz Nothaft, der im Jahre 1585 die Summe von 500 Gulden zur Erhaltung des Lichtes stiftete und die Fenster der Lichtsäule mit bunten Gläsern füllen ließ. In eines der Fenster waren sein Wappen und die Jahreszahl 1585 eingebrannt. Kleinere Totenleuchten, meist keilförmig, finden sich an der Südwand des Kapitelhauses und im Domkreuzgang. Im Vorhof von St. Emmeram ragt eine Totenleuchte aus der Westmauer. Die rechteckigen Lichtöffnungen sind durch eiserne Türchen verschlossen. Eine gotische Lichtsäule steht im Friedhof zu Sallern. Als Rest dieser mittelalterlichen Lichtsymbolik blieben die Grablaternen, die wir heute noch zu Ehren unserer Toten an Allerheiligen auf den Gräbern entzünden.

FRIEDHÖFE

Die Ehrfurcht vor den Toten veranlaßte schon unsere Urväter, die Begräbnisstätten zu ehren und das Andenken der Dahingeschiedenen durch Grabmäler zu bewahren.

Friedhöfe sind nicht nur Orte der Trauer, der Besinnung und des stillen Verweilens. Der Friedhof ist ein Teil der Heimat wie die Kirche, die Straße, die Landschaft. Er ist von höchster heimatlicher und heimatkundlicher Bedeutung. Seine Grabmäler, Kreuze und Epitaphien sind bleibende Denkmäler der Kunst; ihre Inschriften bedeuten authentische Quellen für den Erforscher heimatlicher Geschichte und Volkskunde.

Die Begräbnisstätten befanden sich ursprünglich im unmittelbaren Umkreis der Kirchen, weshalb man noch heute vom „Kirchhof" spricht. Wohlhabende Bürger konnten sich auch in den Kirchen selbst oder in deren Kreuzgängen bestatten lassen. Friedhöfe mit bürgerlichen Begräbnissen gab es im alten Regensburg am Dom, bei St. Emmeram, bei St. Kassian und an der Schottenkirche St. Jakob. Die Klöster hatten für ihre verstorbenen Ordensangehörigen eigene Grüfte.

Nachfolgend seien nun zuerst die alten Regensburger Kirchhöfe, die Begräbnisstätten in unmittelbarer Nähe der Kirchen betrachtet, anschließend dann die außerhalb der Stadtmauern gelegenen Friedhöfe.

*Der ehemalige Kirchhof der Unteren Stadt, der Domkirchhof
(auch Domfriedhof), heute Domgarten*

Der alte Domkirchhof ist längst zu einem Garten des Friedens geworden, der all die bänglichen Worte wie Leichenhaus und Totengräber nicht mehr kennt und dem Menschen eine besinnliche Stimmung aufzwingt.

Schon in romanischer Zeit diente er den Bürgern unserer Stadt als letzte Ruhestätte. Für die mittelalterliche Großstadt Regensburg mag der räumlich begrenzte Domfriedhof viel zu klein erscheinen, doch währten in früheren Jahrhunderten die Umlaufzeiten der Gräber nur verhältnismäßig kurze Zeit. Schon nach wenigen Jahren wurden die Grabstätten neu belegt, und die ausgehobenen Gebeine kamen in das Ossarium, auch Karner oder Beinhaus genannt. Das Ossarium des Domkirchhofes ist im Kellergeschoß an der Ostseite des Kapitelhauses noch erhalten, heute aber nicht mehr zugänglich. Auf langen Bordbrettern standen dort die Totenschädel aufgereiht als Sinnbild aller verwehten Hoffnungen und Wünsche und als Mahnung an die Unerbittlichkeit des Todes.

Über dem Beinhaus erhebt sich die Friedhofskapelle St. Michael. Seit alten Zeiten gilt der heilige Michael als Engel der Toten und als Geleiter der Seelen vor den Richterstuhl Gottes. Von der Rastkapelle aus (s. d.) gelangt man durch ein spitzbogiges, reich profiliertes Pförtchen in den quadratischen Raum der Totenkapelle. Die Jahreszahl 1502 am Gewölbescheitel bezeugt einen in spätgotischer Zeit vorgenommenen Umbau. Gleich den übrigen Regensburger Kapellen besaß auch die St.-Michaels-Kapelle einträgige Pfründen. Der Ritter Jan der Ramsperger vermachte ihr 1434 eine „Gült von drei Pfund Pfennigen", und 1470 stiftete eine „ehrbare Person" der Kapelle 90 Gulden.

Der ehemalige Kirchhof der Oberen Stadt bei St. Emmeram

Die Mauern des Vorplatzes der Emmeramskirche tragen die Grabplatten, die sich vom einstigen Kirchhof zu St. Emmeram erhalten haben. Er nahm den Raum des jetzigen Pfarrgartens und den des genannten Vorplatzes ein. Heilende Stille umfängt hier den gehetzten Menschen. Der laute Schmerz hat auf diesem alten Gottesacker keine Heimstatt mehr; denn zwischen dem Heute und den Tränen, die hier geweint wurden, liegen Jahrhunderte — so erzählen es die alten Gedenktafeln. Sie umspannen den Zeitraum von der Gotik bis zum Biedermeier. Eine stark verwitterte Sandsteinplatte an der Westmauer läßt in verwaschenen Majuskeln die Jahreszahl 1327 erkennen und zeigt in Konturen das Wappen derer in der Grieb. Auf diesem Friedhof fand Aventinus, mit bürgerlichem Namen Johann Turmair, seine Ruhestätte, der Humanist und Forscher,

224. St. Emmeram. Epitaph des Johannes Aventinus, 1534

dem wir die große Geschichte des bairischen Volkes verdanken. Er starb 1534. Sein vornehmes Renaissancegrabmal an der Westwand zählt zu den Sehenswürdigkeiten der Stadt. Es wird dem Regensburger Bildhauer Leonhard Sinninger zugeschrieben. Als Vorlage diente dem Künstler das sogenannte Totenbild des Conrad Celtis, ein 1507 entstandener Holzschnitt von Hans Burgkmair. Celtis war der Lehrer Aventins an der Universität zu Ingolstadt. Auftraggeber für das Denkmal Aventins dürfte dessen Freund Johann Theilenkäs, Syndikus in Straubing, gewesen sein. Das Relief zeigt Aventin in der Robe des Gelehrten mit Barett und Doktormantel, gestützt auf drei mächtige Folianten. Flatternde Spruchbänder künden die Devisen: „Kaum geboren, fangen wir an zu sterben." — „Der Mensch, eine Seifenblase." In die unteren Ecken setzte der Künstler weinende Putten.

Neben Reichstagsgesandten, Geistlichen und Bürgern ruhen hier der fürstlich Thurn und Taxissche Hofmusiker und Komponist F. X Pockorny († 1794) und der fürstliche Hofkapellmeister Joseph Touchmolin († 1801). Der Kirchhof war bis 1812 in Benützung (vgl. katholischer Lazarusfriedhof).

Der ehemalige Kirchhof der Kassianspfarrei

Versunken und erloschen sind auch die meisten Namen des Kirchhofes der Kassianspfarrei, der sich seit 1477 vor dem südlichen Langhaus der Alten Kapelle erstreckt. Einige der alten Grabsteine befinden sich an der Wand des Höfchens vor dem Eingang zur Gnadenkapelle. Nicht allzu viele Menschen führt der Weg in diesen stillen Winkel, fromme Seelen, die vor dem Gnadenbild der Mutter Gottes eine kurze Andacht verrichten und Fremde, die den Rokokoschmuck der Alten Kapelle bewundern. Wappengeschmückte Barockepitaphien erinnern an die Vergänglichkeit alles Diesseitigen. „Freygebig gegen die Armen..." ist auf der verwitterten Grabtafel der hochstiftischen Zahlmeisterswitwe Maria Weinzierlin zu entziffern, die am 21. Januar 1742 das Zeitliche segnete. Sie bestimmte, von ihrem Nachlaß vier Stipendien an arme Studierende zu verteilen und acht armen Knaben und sieben armen Mädchen das Schulgeld zu bezahlen. Der größere Teil dieses Friedhofes ist der Öffentlichkeit nicht zugänglich.

Der ehemalige Kirchhof bei St. Jakob

Wo sich heute die Grünanlage nördlich der Schottenkirche St. Jakob erstreckt, lagen ehedem die kleine Pfarrkirche St. Nikolaus und der daran anschließende Kirchhof der Klosterpfarrei. 1156 erhielt das Schottenkloster die Pfarrechte über seine Grunduntertanen. Damals mögen auch Kirche und Friedhof entstanden sein. Von beiden ist heute keine Spur mehr vorhanden. Das Nikolauskirchlein wurde bereits 1560 abgetragen. Der Friedhof aber blieb bis 1827 bestehen. In diesem Jahr wurden die Umfriedungsmauern niedergelegt, die Gräber eingeebnet und der Platz zu dem derzeitigen Parkstück umgestaltet. Eine getuschte Federzeichnung aus dem Jahre 1652 im Besitz der Hofbibliothek bildet das Schottenkloster St. Jakob und den vorgelagerten Kirchhof mit den Grabhügeln ab. Der Chronist Hosang überliefert einen volkskundlich interessanten Reim vom Grabstein einer Köchin auf dem alten Jakobskirchhof: „Auf dieser Welt ist ausgekocht; / Der Tod hat bei mir angepocht; / Ich muß von hinnen reisen. / Dort koch ich andre Speisen."

Der ehemalige evangelische Lazarusfriedhof

Schon wenige Jahre nach der Glaubensspaltung hingen zahlreiche Regensburger der Lehre Luthers an. Da den verstorbenen Protestanten die katholischen Kirchhöfe (s. d.) verschlossen blieben, mußte der evangelische Bevölkerungsteil nach einem geeigneten Begräbnisplatz Ausschau halten. Ein solcher Platz bot sich außerhalb des Jakobstores an der Prüfeninger Straße. Bereits 1528 entstand nächst dem dort gelegenen Siechenhaus St. Lazarus (s. d.) ein Friedhof für die evangelischen Bürger Regensburgs, der 1563 und dann nochmals 1641 eine Erweiterung erfuhr. Nach dem benachbarten Siechenhaus führte er den Namen „Lazarusfriedhof". Dieser evangelische Lazarusfriedhof ist Regensburgs älteste Begräbnisstätte außerhalb der Stadtmauern. Während der Seuche des Jahres 1649 ließ der Rat dort einen eigenen Platz für die Pesttoten mit Brettern verschlagen. Selbstmörder und Personen, die vor dem Tod den Empfang der Sterbesakramente verweigerten, wurden in späterer Zeit an dieser Stelle von den Pestinmännern verscharrt. Die große Pestepidemie der Jahre 1713/14 erforderte eine abermalige Vergrößerung dieses Friedhofes. Unter den in seiner Erde Bestatteten ist vor allen der 1690 verstorbene Ratssyndikus

Johann Ludwig Prasch zu nennen, der als Dichter, Sprachforscher und Verfasser eines bairischen Wörterbuches hervortrat. Hier ruht der 1718 verschiedene Kaufmann, kaiserliche Quecksilberfaktor und Stadtgerichtsassessor Johann Adam Praunsmändl (s. S. 228). Auch der 1814 verstorbene Polizeidirektor Franz Xaver Gruber, dem die dankbaren Regensburger in der Allee ein Denkmal errichteten (s. d.), fand hier seine letzte Ruhestätte. Von diesem Friedhof erhielt sich das Gittertor zwischen rustizierten Pfeilern. Das Tor, eine gute Arbeit mit Stabwerk und Ranken aus der Zeit um 1700, stammt aus dem Kloster Prüfening. Der evangelische Lazarusfriedhof, 1898 geschlossen, ging gleich dem katholischen Lazarusfriedhof (s. S. 490) in den Jahren um 1935 in dem erweiterten Stadtpark auf. Die künstlerisch und familiengeschichtlich bedeutenden Grabmäler gelangten in das Museum.

Der ehemalige evangelische Petersfriedhof

Mit der Zunahme der evangelischen Bevölkerung Regensburgs — Rat und Bürgerschaft waren 1542 offiziell zur neuen Lehre übergetreten — mehrten sich auch die Begräbnisse auf dem evangelischen Lazarusfriedhof (s. d.), der sich alsbald zu klein erwies. Nur wenige Schritte außerhalb des Peterstores, etwa an der Stelle, wo die Luitpoldstraße die Allee durchschneidet und in den Ernst-Reuter-Platz mündet, lag ein Schottenpriorat, Weih-St.-Peter genannt. Klösterlein und Kirche wurden 1552 aus kriegstechnischen Gründen zerstört. An dieses Kloster schloß gegen Süden ein Weingarten an, der dem Abt von St. Jakob gehörte. Die Stadt erwarb das Gelände und schuf darauf die zweite evangelische Begräbnisstätte außerhalb des Mauerrings. Dem evangelischen Lazarusfriedhof vor dem Jakobstor folgte damit der evangelische Friedhof vor dem Peterstor, der Petersfriedhof. Und weil der Tod ein Dauerarbeiter ist und keine Pause kennt, mußte dieser Gottesacker bereits nach zehn Jahren wiederum vergrößert werden. Die Stadt erwarb einen Teil jenes Grundstückes dazu, auf dem das inzwischen zerstörte Weih-St.-Peters-Klösterlein stand. Damit reichte die Nordseite dieses Friedhofes bis nahe an die Stadtmauer (beim jetzigen evangelischen Studentenheim am Ernst-Reuter-Platz) heran. Von einer abermaligen Erweiterung berichtet die Bauamtschronik des Jahres 1564: „Es ist auch in diesem Jahr der Kirchhof zu Weih-St.-Peter erweitert und ein Weingarten dazugenommen worden, hinaus gegen das Hochgericht", d. h. nach Süden gegen den Galgenberg zu. Die Belagerungen der Stadt während des 30jährigen Krieges mögen den Gottesacker weitgehend zerstört haben. Kein Geringerer als Johann Kepler wurde in seiner Erde bestattet. An den Mauern reihten sich Prunkgrabmäler des Barock, des Empire und Biedermeier. Ihre Inschriften künden die Namen angesehener Regensburger Familien. Da lag die Grabstätte des städtischen Senators A. W. Agricola und seines 1724 verstorbenen kunstbegabten Sohnes Christoph Ludwig, der es zum braunschweigischen Hofmaler brachte und den die Grabschrift den „deutschen Apelles" nennt (Apelles war der gefeiertste Maler des antiken Griechenlands). Hier ruhen die einst so berühmten Ärztefamilien Schaeffer, Kohlhaas und Mezger. Der Kaufmann und Steueramtsassessor Johann Anton Küfner, gestorben 1738, der hier seine Ruhestätte fand, vermachte den Armen Regensburgs bedeutende Legate. Nicht zu vergessen sind die auf diesem Friedhof bestatteten, vielzitierten Regensburger Geschichtsschreiber Carl Theodor Gemeiner (gest. 1823) und Christian Gottlieb Gumpelzhaimer (gest. 1841). Mehr als 350 Jahre lang, bis nach 1900, blieb der Friedhof in Benützung. Nach seiner Auflösung in den Jahren 1932/33 gelangten einige seiner wertvollen Grabdenkmäler auf den 1898 angelegten evangelischen Zentralfriedhof an der Friedenstraße (s. d.), eine größere Anzahl in das Museum.

Der Kirchhof um die Dreieinigkeitskirche

An der Süd- und Ostwand des kleinen Kirchhofes um die 1631 vollendete Dreieinigkeitskirche reihen sich zahlreiche Prunkgrabmäler und marmorne Bodenplatten evangelischer Reichstagsgesandter des 17. und 18. Jahrhunderts und adeliger Glaubensflüchtlinge aus Österreich. Die phantasievollen Grabmäler der Barock- und Rokokozeit sind reich ausgestattet mit figürlichem Schmuck, mit symbolischen Darstellungen und ornamentaler Zier. Sie sollten nach außen hin das hohe Ansehen und die bevorzugte gesellschaftliche Stellung des Verstorbenen repräsentieren. Die wertvollen Denkmäler erinnern an die wechselvolle Geschichte des Reiches und die eng damit verbundene Geschichte der Stadt. Die ruhmredigen Grabinschriften künden mit barockem Wortreichtum von den persönlichen Schicksalen jener internationalen, mehr oder minder bedeutenden Persönlichkeiten, deren politischer Auftrag sie nach Regensburg, in die Stadt des Immerwährenden Reichstages, führte.

Unter den klangvollen Namen dieses Friedhofes ragt jener des Geschlechtes Metternich hervor. Ernst Eberhardt Graf von Metternnich verschied, erst sechsundzwanzig Jahre alt, am 1. Juli 1717. Die trauernde Mutter errichtete ihm ein vornehmes Grabmal. Genien flankieren einen Obelisken mit einem großen Porträtmedaillon. Es zeigt das Bildnis des früh verstorbenen Gesandten. Auch der 1635 in Regensburg enthauptete kaiserliche General Ulrich von Schaffgotsch (s. d.) fand hier seine Ruhestätte.

Der ehemalige katholische Petersfriedhof

Bis zum Beginn des vergangenen Jahrhunderts wurde kein katholischer Einwohner Regensburgs außerhalb der Stadtmauern begraben. Alle Beerdigungen fanden bis dahin noch auf den Kirchhöfen (s. d.) statt. Man konnte es einfach nicht hinnehmen, außerhalb des unmittelbaren Wirkungskreises der Lebenden bestattet zu werden. Inzwischen aber war der Friedhof der Unteren Stadt, der Domfriedhof (Domgarten) doch viel zu klein geworden. Um immer neue Begräbnisse aufnehmen zu können, hätte die Belegzeit der Gräber auf wenige Jahre herabgesetzt werden müssen, was aber aus hygienischen Gründen nicht ratsam erschien. Deshalb bemühte sich die Pfarrei St. Ulrich nun auch ihrerseits um einen Friedhof außerhalb der Mauern. So entstand 1804 an den evangelischen Friedhof vor dem Peterstor nach Süden anschließend der katholische Petersfriedhof. Es hat wohl einer langen Vorbereitungszeit bedurft, auch die katholischen Regensburger daran zu gewöhnen, ihre Verstorbenen abseits des Gotteshauses und außerhalb der Lebende und Tote umschließenden Mauer zu beerdigen. Trotz Aufklärung und Säkularisation hielt der katholische Bevölkerungsteil zäh am Althergebrachten fest. „Hier ruht Joseph Kufnagel, Bedienter von Regensburg, † 11. 3. 1804, der erste in diesem Friedhof Begrabene", kündete eine schlichte Solnhofener Platte beim Eingang in der östlichen Umfriedungsmauer. Auf Betreiben des damaligen Dompfarrers und späteren Bischofs Michael Wittmann entstand inmitten des Friedhofs 1804 eine Kirche zu Ehren des Hl. Kreuzes. Die Regensburger kennen sie unter dem Namen „Peterskircherl". Die letzte Fürstäbtissin von Obermünster, Maria Josepha Felicitas, Freiin von Neuenstein, die einen bedeutenden Teil der Bausumme leistete, wurde 1822 im Erdgeschoß des Turmes bestattet. Ihr Grabmal befindet sich nun im Museum. Der Friedhof wurde 1873 stillgelegt. 1888 mußte er über ein Hälfte seiner Fläche für den Neubau des Bahnhofes abtreten. Um das Peterskircherl stehen noch einzelne Grabmäler. Seit 1927 trennt die bis zur Hemauerstraße verlängerte Albertstraße den evangelischen vom katholischen Petersfriedhof. Beide Friedhöfe gingen 1932/33 in den städtischen Grünanlagen auf, der evangelische Teil wurde überbaut.

Der ehemalige katholische Lazarusfriedhof

Die Pfarrei der Oberen Stadt, St. Rupert (bei St. Emmeram) bestattete ihre Toten nach wie vor auf dem Kirchhof um die Emmeramskirche. Als aber Anweisung erging, diese Begräbnisstätte inmitten der Stadt zu schließen und die Verstorbenen dieser Pfarrei auf dem Friedhof der Dompfarrei St. Ulrich, dem katholischen Petersfriedhof, beizusetzen, wandte sich Pfarrvikar Paul Schönhuber von St. Emmeram in einem Brief an den damaligen Fürstbischof und Landesherrn von Regensburg, Carl von Dalberg, mit beschwörenden Worten dagegen: „Es war bis jetzt ein schöner, rührender Anblick, da man an allen Sonn- und Feiertagen nach beendigtem Vor- und Nachmittagsgottesdienst die Pfarrkinder aus der Kirche auf den anstoßenden Kirchhof hineilen und auf den Gräbern ihrer Anverwandten oder Wohltäter gar oft mit Tränen im Auge beten sah... Dieser erbauliche Besuch der Gräber, dieses heilsame Gebet für Verstorbene... wird sicher unterbleiben, wenn der erinnernde Gegenstand, der Grabhügel ihrer Freunde, ihren Augen entzogen, so weit von ihnen entfernt wird." Die Zeit aber ging dahin und auch die Pfarrei der Oberen Stadt fand 1812 ihr neues Friedhofsgelände, und zwar westlich des bereits seit 1528 bestehenden evangelischen Lazarusfriedhofes vor dem Jakobstor an der Prüfeninger Straße. Die Pfarrei erwarb das Gelände, planierte und umfriedete es. Am 1. Juli 1812 zog eine feierliche Prozession zum Jakobstor hinaus, um dem neuen Gottesacker die Weihe zu geben. Der letzte Abt des Klosters St. Emmeram, Cölestin Steiglehner, dessen sterbliche Hülle sieben Jahre später in die Erde dieses Friedhofes bestattet wurde, nahm den Weiheakt vor. Eine Erweiterung nach 15 Jahren dehnte den Friedhof so weit nach Osten aus, daß er unmittelbar an den evangelischen Lazarusfriedhof grenzte und nur durch eine Mauer von ihm getrennt war. Hygienische Vorkehrungen gegen die Cholera ließen in dieser Trennmauer ein Leichenhaus zum Gebrauch für beide Konfes-

225. Kirchlein des katholischen Lazarusfriedhofes (jetzt Teil des Stadtparks), erbaut 1834. Zeitgenössische Lithographie von Leonhard Amersdorfer. Privatbesitz

sionen entstehen, das erste in Regensburg (s. S. 564). „Jetzt fehlt dem schönen Kirchhof nur eines, eine Kapelle, ein Kirchlein..." schrieb 1830 der damalige Stadtpfarrer, Cölestin Weinzierl, an den Bischof. Aber woher die Mittel nehmen? Noch waren die Wunden nicht geheilt, die der napoleonische Krieg der Stadt geschlagen hatte. Doch reichlicher als erhofft, flossen die Spenden. Im Herbst 1832 konnte mit den Bauvorbereitungen zu einem schlichten Kirchlein begonnen werden, das im Oktober 1834 vollendet stand. In Vertretung des Bischofs Franz Xaver Schwäbl (1833—1841) weihte Stadtpfarrer Weinzierl das neue Gotteshaus zu Ehren aller Heiligen. Die Kirche steht noch heute im nunmehrigen Stadtpark. Eine zeitgenössische Lithographie zeigt das in romanisierenden Formen erbaute Gotteshaus. Dem Portal ist eine von vier Säulen getragene Halle vorgestellt, ein Rosettenfenster durchbricht die Südwand. Im Türmchen, 1875 erneuert, hingen zwei Glocken. Die Abbildung gibt auch die alte Kirchhofmauer mit den Grabnischen wieder. „Die Unkosten, sich in ein Portal (d. h. in der Vorhalle einer Kirche) begraben zu lassen, haben nun aufgehört", schreibt K. S. Hosang, „dafür kann man jetzt ein kleines Kapital aufwenden, um sich ein Recht auf eine Nische zu erwerben, in welche man ein Monument setzen lassen will".

Aus der Vielzahl der auf diesem Friedhof bestatteten Persönlichkeiten seien nur einige Namen herausgegriffen: Pater Roman Zirngibl, gest. 1816, Exbenediktiner von St. Emmeram, Geschichtsforscher, Mitglied der Bayerischen Akademie der Wissenschaften. / Cölestin Steiglehner, letzter Fürstabt des Klosters St. Emmeram, gest. 1819. Sein prächtiges Empiredenkmal wurde mit mehreren anderen auf den Oberen katholischen Friedhof transferiert, dessen besondere Zierde es seitdem bildet. Es zeigt auf gestuftem Sockel eine Stele mit Schweifgiebel, bekrönt von einem Totenkopf mit aufgesetzter Mitra. Das Denkmal ist ein Werk des in Regensburg vielbeschäftigten Bildhauers und Stukkators Christoph Itelsberger. Den Originalentwurf Itelsbergers zu diesem Denkmal besitzt die fürstliche Hofbibliothek. / Carl Woldemar Neumann, Offizier, unermüdlicher Erforscher der Geschichte Regensburgs, Ehrenbürger der Stadt, gest. 1888. Sein Grabmal aus Rotsandstein fand Aufstellung an der Westseite der Kirche. / Georg Ziebland, Professor der Architektur an der Bayerischen Akademie der Künste in München, Erbauer der Münchener Basilika St. Bonifaz unter König Ludwig I., Vollender (nach dem Tod Ohlmüllers) der Kirche Mariahilf in der Au in München, gest. 1873. Sein schlichter Grabstein steht an der Ostseite der Kirche.

Die Einstellung der Bestattungen auf dem katholischen Lazarusfriedhof erfolgte 1909. Zusammen mit dem evangelischen Lazarusfriedhof wurde er in den Jahren um 1935 in den Stadtpark mit einbezogen. Noch stehen einzelne Grabmäler auf den weiten Rasenflächen des Parkes und erinnern daran, daß hier Generationen von Regensburgern ruhen.

Der Katholische Friedhof der Unteren Stadt

kurz „Unterer Friedhof" genannt, wurde 1873 nach Auflassung des kath. Petersfriedhofes eröffnet. Erweiterungen erfolgten in den Jahren 1884 und 1959.

Der Katholische Friedhof der Oberen Stadt

in der Umgangssprache „Oberer Friedhof" genannt, wurde 1909 eröffnet und 1936 nach Osten erweitert. Die Aussegnungshalle mit Kuppelbau in romanisierenden Formen ist ein Werk des Architekten Hauberrisser.

Der evangelische Zentralfriedhof

zwischen Friedenstraße und Bischof-Konrad-Straße wurde 1898 eingeweiht. Den Abschluß nach Süden hin bildet das in den Jahren 1910/11 nach Plänen des Architekten Bestelmeyer erbaute Mausoleum für die Familie von Dörnberg. Die Gruft des Mausoleums vereint alle Mitglieder dieser Familie, auch jene aus den aufgelassenen Lazarusfriedhöfen an der Prüfeninger Straße. Sogar aus England wurde ein Angehöriger dieser Familie nach Regensburg übergeführt. Unter den auf diesem Friedhof bestatteten Persönlichkeiten sei vor allem der Regensburger Stadtbaurat und Lokalhistoriker Adolf Schmetzer genannt. Mehrere Grabsteine wurden aus dem evangelischen Lazarus- und Petersfriedhof hierher übertragen.

Der israelitische Friedhof

an der Schillerstraße wurde 1822 angelegt und ist heute noch in Benützung.

ST. LEONHARD

Seit dem hohen Mittelalter besitzt Regensburg ein Gotteshaus zu Ehren des hl. Leonhard, dessen Entwicklung zum Volksheiligen sich während des 13. Jahrhunderts vollzog und dessen Fest die Kirche am 6. November begeht. Der Legende nach soll er in Frankreich als Sohn vornehmer Eltern, Verwandter des Königs Chlodwig, geboren sein. Ursprünglich zum Offizier bestimmt, war er von den Tugenden christlicher Demut und Nächstenliebe so ergriffen, daß er sie zum ausschließlichen Programm seines Lebens machte. In den Wäldern Aquitaniens, wo Leonhard das Leben eines Einsiedlers führte, vergnügte sich König Chlodwig eines Tages mit Jagen. Da wurde ihm gemeldet, daß seine Gemahlin überraschend früh mit Geburtswehen überfallen sei, und zwar dergestalt, daß Mutter und Kind in höchster Lebensgefahr stünden. Leonhard, der davon nichts wußte, ging durch diesen Wald, um im nächstgelegenen Dorf zu predigen. Durch Gottes Fügung kam er an jenen Platz, an dem der betrübte König sich befand. Nachdem Leonhard die traurige Nachricht vernommen hatte, begab er sich eilends zur Königin und auf seine Fürbitte hin ward sie alsbald von einem gesunden Prinzen entbunden. Der überglückliche König schenkte dem Gottesmann so viel Land in der Nähe von Limoges, als er an einem Tag mit einem Esel umreiten konnte. Hier nun, auf eigenem Boden, gründete er ein Kloster, wo er mit Gleichgesinnten ein heiligmäßiges Leben führte. Und weil es dort an Wasser mangelte, entsprang auf das Gebet Leonhards hin eine frische Quelle. Weithin verbreitete sich sein Ruf als Befreier und Beschützer der Gefangenen. Entsprungene und freigelassene Häftlinge sollen in seinem Kloster Aufnahme und Bekehrung gefunden haben.

Ein Glasfenster im 2. Joch des südlichen Seitenschiffes im Dom aus der Zeit um 1360 nimmt Bezug auf die Leonhardslegende. Nach Dünninger handelt es sich hierbei um die erste bildliche Darstellung der Legende des Heiligen in Deutschland. Die einzelnen Bilder, zwei Felder mit je sechs Szenen, stehen in Vierpässen, die durch Teppichstreifen miteinander verbunden sind. Die Abfolge der Bilder kam durch spätere Restaurierungen etwas in Unordnung. Sie zeigen die Taufe des Heiligen, die Waldbegegnung mit König Chlodwig, die Geburtshilfe, die Landumreggung mit dem Esel. Die Lebensbeschreibung des Heiligen spricht aber ausdrücklich von Umreitung mit dem Esel. Die Umeggung ist eine Erfindung des Regensburger Meisters. Das Ackergerät, die Egge, ist deutlich links unten im Vierpaß zu erkennen. Weiterhin folgen die Glasbilder des Klosterbaues, der Brunnengewinnung, der Gefangenenhilfe, der Totenbestattung usw.

Als Gefangenenpatron verlieh die Kunst St. Leonhard als Attribut die Kette. Von der Leonhardikirche weiß man aus einem Salbuch von 1679, daß sich dort als Votivgabe eine lange eiserne Kette mit 37 Gliedern mit einem daranhängenden Hufeisen befand, weiterhin ein eiserner Fuß, Handschellen, ein eiserner Leibgurt, ein großer Eisenhaken, eine Fuß- und eine Handschelle sowie drei Stoßeisen.

Das Gefangenenpatronat im Leonhardikult entwickelte eine eigenartige Andachtsform, in der der Votant gleichsam nicht mehr seine Freiheit sucht oder für sie dankt, sondern, um Hilfe in seinen Nöten zu erlangen, selbst seine Freiheit aufgibt, sich als Gefangener St. Leonhards erklärt und dies durch Tragen von Ketten sowie eisernen Hals- und Leibringen zum Ausdruck bringt. Mit dieser Kultform interpretiert Dünninger in überzeugender Weise die Darstellung der Gefangenenhilfe auf dem Glasfenster im Dom. Der Heilige sitzt auf einem Stuhl. Ihm nahen sich in gebückter Haltung und mit der Gebärde des Bittens zwei Männer, die Ketten um den Hals tragen. Einer von ihnen legt seine rechte Hand in die geöffneten Hände des Heiligen. Diesen Vorgang erklärt Dünninger als Rechtsgeste: Die Votanten erklären sich zu Gefangenen St. Leonhards.

Aus dieser Sicht mögen auch die genannten, einst bei St. Leonhard in Regensburg niedergelegt gewesenen Votivgaben zu deuten sein. Sicher mögen befreite Gefangene Fesseln und Bande hier geopfert haben, doch können diese Votive auch als Symbole der Gefangenschaft in dem Heiligen, der völligen Hingabe an ihn, verstanden werden.

In der Vorhalle der St.-Leonhards-Kirche steht an der Nordwand die Holzplastik des Heiligen, eine gute Arbeit aus spätgotischer Zeit. Ein weitärmeliger, schwarzer, mit goldenen Borten gesäumter Mantel bekleidet die Gestalt. In frommer Demut senkt sich der Blick des Heiligen. Er scheint in Gedanken versunken zu sein über den Inhalt eines Buches, das er aufgeschlagen in seiner Rechten hält. Eine lange, bis auf den Boden reichende Kette hängt über seiner linken Hand, ein Eisenreif umspannt die Schultern.

St. Leonhard gilt nicht nur als Patron der Gefangenen, sondern auch als Schutzheiliger der Tiere, namentlich der Pferde. Der Brauch der Pferdeweihe am Leonharditag war in Regensburg

226. *St. Leonhard. Holzplastik des Heiligen, um 1500*

noch im vergangenen Jahrhundert lebendig. Die Bauern aus der Umgebung kamen mit ihren geschmückten Pferden zum Leonhardikirchlein und ließen sie durch das geöffnete Kirchenportal schauen. Nach der Weihe der Tiere erfolgte ein dreimaliger Umritt um das Kirchlein.

ENGELÄMTER, ENGEL IN DER BILDENDEN KUNST

Engel, die Gegengestalten der höllischen Geister, sind vornehmlich durch ihren Dienst am Menschen als Schutzengel volkstümlich geworden. Das Kindergebet von den vierzehn Englein, das bereits 1529 belegt ist, wird heute noch von den Kleinen gesprochen. Eine besondere Verbindung des gläubigen Volkes mit den Engeln bringt die Adventszeit. Die Rorate, auch Engelämter genannt, werden noch jetzt zu Ehren der Engel zelebriert. Diese Messen sind seit dem Mittelalter vom Volke hoch geschätzt. Auch in unserer Zeit ist es Brauch, während der Engelämter Wachsstöcke zu brennen.

Die Engel waren Gegenstand künstlerischen Schaffens aller Stilperioden. Sie begegnen uns als strahlende Verkünder des Wortes Gottes und als glorreiche Bezwinger Satans. Als reizend beflügelte Kinder umspielen sie Altäre, Kanzel und Orgeln.

Die Kunst Regensburgs aller Jahrhunderte hat diese unsichtbaren himmlischen Geister schaubar gemacht. Da der Volksglaube die Wohnstätte Gottes über die Erde verlegte, stattete die Kunst die Engel mit Flügeln aus. Die früheste Darstellung von Engeln in Regensburg finden wir in der Allerheiligenkapelle beim Domkreuzgang. Ein begabter Meister bemalte dort die Wände um 1150/60 mit einem Zyklus von Engeln. Zeitlich folgt der Engel der Verkündigung im Wandgemälde des Klosters Karthaus-Prüll (s. d.) vom Ende des 12. Jahrhunderts.

Die Gotik bescherte Regensburg in dem Verkündigungsengel am südwestlichen Vierungspfeiler des Domes eine der erhabensten Schöpfungen deutscher Kunst. Der überragende Bildhauer ist dem Namen nach nicht bekannt. Nach seinem Hauptwerk, dem Grabmal des seligen Erminold in Prüfening, ist er als „Erminoldmeister" in die Kunstgeschichte eingegangen. Die säulenhaft wirkende Gestalt Gabriels ist erfüllt von dramatischer Kraft. Aus dem kecken Jünglingsgesicht strahlt die Freude über die Mitteilung der Frohbotschaft (s. S. 262).

227. St. Emmeram. Putto, Träger der Urkunde der Dreifaltigkeitsbruderschaft. Um 1714

Mit der Renaissance fand der Engel Eingang in die profane Kunst. Als Beschirmer des Stadtwappens begegnet er uns an der Südostecke des Reichssaalbaues, am ehemaligen Weintor (s. d.), jetzt über dem Eingang zum Museum und als Trägerfigur an den Konsolen des alten Getreidemagazins „Zum leeren Beutel" (s. d.) in der Bertoldstraße. Zahlreiche Drucke des 16. Jahrhunderts zeigen geharnischte Engel als Hüter des Stadtwappens.

Die Barockzeit hatte eine besondere Vorliebe für die Darstellung von Engeln; der Barockmensch lebte geradezu in ihrer Gemeinschaft. Die Emmeramskirche, die Kirche zum Hl. Kreuz und St. Kassian füllten sich mit einer Vielzahl von Engeln und Engelsköpfen, in der Alten Kapelle sind es allein über zweihundert. Erzengel flankieren die Altäre am Chorbogen in St. Emmeram, Engel tragen im Deckenbild Märtyrer in den Himmel hinauf, Engel bekrönen den Hochaltar der Karmelitenkirche. Was Egid Asam in St. Emmeram an Putten und Puttengruppen geschaffen hat, ist von so wundervoller Anmut, wie es nur auf dem Boden bairischer Religiosität des 18. Jahrhunderts erwachsen konnte. „Dich, den ewigen Vater, verehrt die ganze Erde", kündet das Spruchband über der Orgel der Emmeramskirche. In diesen Lobgesang scheint auch die Schar musizierender Engel einzustimmen, die Meister Asam 1733 auf das Orgelgehäuse setzte. Jubelnd ruft ihr Kindermund das Alleluja in den Kirchenraum hinaus.

WEIHNACHTSSPIELE

Neben der Leidensgeschichte spielte auch das Geschehen der Heiligen Nacht in der Volksdramaturgie eine wichtige Rolle. Bei den alljährlichen Krippen- und Dreikönigsspielen, die von kostümierten Personen aufgeführt wurden, fehlte selbst der Kindermord von Bethlehem nicht. Ein Bruchstück eines Krippenspieles, das zwischen einem Hirten und einem Engel handelt, teilt Mettenleiter mit. Auch durch oberhirtliche Verordnungen sind die Krippen- und Dreikönigsspiele verbürgt. „... Auch sollen die Pfarrer gegen die zu kurzen oder sonst frechen Kleider der Weibsbilder, dann gegen die Dreikönigsspiele und andere Unanständigkeiten besonders eifern", heißt es in einer oberhirtlichen Verordnung vom 26. April 1764.

1785 brachte der Bischof beim Rat zur Anzeige, „daß vermummte Personen herumgingen, die die Hl. Drei Könige und Adam und Eva spielten" (Gumpelzhaimer). Daraufhin beauftragte der Rat die Polizeidiener mit deren Verhaftung.

Einen unmittelbaren Erfolg scheinen die Erlasse gegen die Weihnachtsspiele jedoch nicht gehabt zu haben, denn am 5. Januar 1789 sieht sich der Regensburger Bischof wiederum veranlaßt, ein Verbot gegen die Krippenspiele ergehen zu lassen: „Es wird aufgetragen, daß mit Anfang dieses Jahres ... auf den zu errichtenden Krippen nur allein das Geheimnis der Geburt Christi nach dessen einfallenden Festtagen vorgestellt und alle anderen Nebenvorstellungen hinweggelassen werden sollen ...". Die in Bayern noch vielfach aufgeführten Krippenspiele bäuerlichen Ursprungs sind eine traditionelle Fortführung mittelalterlicher Weihnachtsspiele.

WEIHNACHTSMUSIK

Nicht nur Sänger zogen von Haus zu Haus, auch Musikanten reisten zur weihnachtlichen Festzeit und auch schon den ganzen Advent hindurch im Lande herum und ließen gegen ein Heischegeld ihre Weisen ertönen. Bereits im 14. Jahrhundert sind sie unter dem Namen „joculatores" verbürgt. Wir haben es hier wahrscheinlich mit Berufsmusikern zu tun, mit Stadtpfeifern und Spielleuten von Landesfürsten, die sich das brauchmäßige Privileg sicherten, zu bestimmten Zeiten an bestimmten Orten zu spielen. 1393, 1396 und 1398 erscheinen in Regensburg die Pfeifer der bairischen Herzöge; 1415 sind es die Stadtpfeifer von Straubing. Umgekehrt bliesen zu Weihnachten des Jahres 1538 die Regensburger Türmer in Wunsiedel.

Eine Rechnung des Klosters St. Emmeram von 1325/26 weist einen Betrag von 50 Pfennigen aus, die den „Telkornern" gegeben wurde. Der Erklärung Roman Zirngibls zufolge, des 1816 verstorbenen Archivars von St. Emmeram, sind unter Telkornern Hornbläser und Pfeifer zu verstehen, die zu Weihnachten dem Abt mit einer Musik aufwarteten.

DAS UMSINGEN. WEIHNACHTS- UND DREIKÖNIGSLIEDER

Der Brauch des Singens von Knaben vor den Häusern zur Weihnachtszeit ist in Regensburg für das 16. Jahrhundert verbürgt. 1553 baten die Domschüler, es möchte ihnen das nächtliche Singen auf den Gassen (wieder) erlaubt werden. Neben den Bürgerhäusern waren namentlich die Klöster in der Stadt und deren Umgebung beliebte Ziele dieser Heischegänger. Die Schüler des reichstädtischen Gymnasiums, des sogenannten Gymnasium poeticum an der Gesandtenstraße, traten 1568 mit der Bitte an den Rat heran, ein öffentliches Singen von Weihnachtsliedern in den Straßen und vor den Häusern veranstalten zu dürfen. Die Buben zogen von Haus zu Haus und durften für ihre Darbietungen mit einer Büchse Geld einsammeln. In den mitgeführten Korb legten ihnen die Leute Brote und Lebensmittel. Die Schulordnung des Gymnasiums vom Jahre 1654 bestimmte für die Umsinger: „Wann sie auf der Gassen, vor den Häusern Sonn- und Werktage singen, sollen sie sich züchtig und still erweisen, ihre Gesangbüchl bey sich haben, die Gesäng fein langsamb singen, und nicht davon eylen...".

Nicht nur Brotneid, sondern auch konfessioneller Haß mag die Schlägerei verursacht haben, die sich am 25. Januar 1629 zwischen den evangelischen Sängerknaben und den Jesuitenschülern in der Schlossergasse abspielte. Dabei wurden die Sammelbüchsen zertreten, das Geld verstreut und „die Bueben (die evangelischen Schüler) hart geschlagen".

Mehrere der Advents-, Weihnachts- und Dreikönigslieder wurden in Regensburg gedruckt. 1566 erschien in der Reichsstadt ein Dreikönigslied: „Drey Geistliche Lobgesang von den Heyligen drey König, das recht new Jar damit anzusingen". Die Gegenreformation im 17. Jahrhundert verlieh dem weihnachtlichen Brauch des Ansingens neuen Auftrieb. Der Regensburger Domkapellmeister Georg Reichwein komponierte ein „Jesum und Maria lobendes Lerchenstimmlein, oder etliche Advents- und Weihnachts-Arien mit einer Singstimme, dann zweyen Violinen...", das 1667 in Regensburg im Druck erschien.

DIE WEIHNACHTSKRIPPE

Der Brauch, während der Adventszeit eine Krippe aufzustellen, wird heute wieder sehr gepflegt. Über die Anfänge der Krippenkunst in Regensburg mit Schnitzfiguren oder bekleideten Gliederfiguren ist fast nichts überliefert. Die erste Krippe in unserer Stadt mag um das Jahr 1650 aufgestellt worden sein, nachdem die Jesuiten, eifrige Förderer des Krippengedankens, 1621 in Amberg eine große Krippe mit über 1 m hohen, bekleideten Gliederfiguren errichteten. Im Zeitalter der Aufklärung kam der Brauch des Aufstellens einer Krippe durch stets wiederholte Verbote fast zum Erliegen. Nach Mitteilung Hosangs war in Regensburg 1826 erstmals wieder eine Krippe zu sehen, und zwar in St. Emmeram. Hosang, selbst ganz dem Geist der Aufklärung ergeben, schreibt dazu: „Allein leider sah man auch zum erstenmal wieder unschickliche Nebenvorstellungen, welche das Gemüt ganz von der Erbauung und Andacht abziehen mußten. Denn neben dem Stall, in dem das Kind des Friedens schlief, waren Schweins- und Bärenhatzen von Hafnerarbeit aufgestellt...".

DIE WEIHNACHTSSEMMEL

Weihnachten ist das Fest des Schenkens, nur waren die Geschenke einst einfacher, bescheidener. Der Weihnachtsbaum als Geschenk und Geschenkträger findet erst im späteren 19. Jahrhundert Eingang in Regensburg.

Das offizielle Weihnachtsgeschenk im alten Regensburg waren Gebäck, Brote und Kuchen, ein Brauch, der bereits 1442 bezeugt ist. In diesem Jahr und auch weiterhin erhielten die Geistlichen vom Rat zu Weihnachten Krapfen, von 1442 an Semmeln. Die Weihnachtssemmel galt als offizielles Geschenk — Gratifikation würde man es heute nennen — des Dienstherrn an die Bediensteten. So erhielten die städtischen Beamten 1502 vom Rat zu Weihnachten je eine Semmel, aber nicht in der Art unseres heutigen Kleingebäcks, sondern 25 Pfund schwer, von denen jede 42 Pfennige kostete. Die Weihnachtssemmel war auch das herkömmlichste Geschenk der Klöster an ihre Dienstboten.

WEIHNACHTEN IN DER BILDENDEN KUNST
Weihnachtsbilder in der Niedermünsterkirche

Tausende stehen täglich mit Bewunderung in den Galerien Europas vor den berühmtesten Krippendarstellungen der abendländischen Meister; um so weniger beachtet bleiben dagegen die oft nicht minder kunstvollen Gemälde abseits der großen Sammlungen. Zu ihnen gehört auch die ergreifende Anbetung der Hirten, die einen der Altäre im nördlichen Seitenschiff der Kirche ziert. Trotz seiner bescheidenen Ausmaße wirkt das Bild monumental. Im Gegensatz zu den gedämpften venezianischen Farben leuchtet das Christkind als Lichtzentrum des Bildes in strahlender Helligkeit. Sein geheimnisvolles Licht erfüllt die nächtliche Szene der Anbetung mit überirdischem Glanz. In stiller Seligkeit, ein leises Lächeln um Augen und Mund, wendet Maria ihr feines Mädchenantlitz den herbeigeeilten Männern und Frauen zu, die angesichts dieses Geschenkes himmlischer Gnade in Demut verharren. Einer der Hirten hält wie geblendet vom Anblick des Wunders schützend die Hand vor die Augen. In effektvoller Helldunkelmalerei leuchten die Gesichter aus dem Dämmer des Bildgrundes. Die Gewänder sind dunkel, aber dieses Dunkel ist durch einen wunderbaren Reichtum schillernder Töne, durch wirkungsvoll gelegte Falten und Lichtbahnen lebendig gemacht, in denen schwere rote und braune Farben aufglühen. Den Vordergrund beherrscht die Figur einer Bäuerin. Soeben reicht sie dem göttlichen Kind als Geschenk ein Ei. Im zarten Gelb des kommenden Tages schwebt jauchzend ein Engelpaar.

Das Fließende der Zeichnung, das insbesondere in dem verhärmten Antlitz der alten Frau zum Ausdruck kommt, die unruhevolle Bewegtheit der Hirten und die klare Ausgewogenheit der Linien offenbaren den großen Meister. Kräftiges Braun in den Gesichtern der Hirten steht neben rosig schimmernden Hauttönen, Gegensätze, die entfernt an Peter Paul Rubens erinnern. Eine Fliege auf der Wange der Korbträgerin ist mit absoluter Naturtreue wiedergegeben. Der Betrachter sollte sie für echt halten und sie vom Bilde verscheuchen. Mit solchen Täuschungen suchten barocke Maler des öfteren, die souveräne Beherrschung ihrer Kunst zu beweisen.

Obwohl sich bei der teilweisen Restaurierung des Bildes durch Kunstmaler August Dürr aus Regensburg im Jahre 1959 kein Signum fand, kann das Werk mit einiger Wahrscheinlichkeit dem Holländer Jan Cossiers aus Antwerpen, einem Schüler Cornelis de Vos, zugeschrieben werden. Der verhältnismäßig selten genannte Meister war in der ersten Hälfte des 17. Jahrhunderts tätig Mit psychologischem Feingefühl verzichtete er auf großartige Draperien und allen zeitüblichen Pomp. Um so eindringlicher und überzeugender wirken die Gestalten um das Wunder im Stall zu Bethlehem.

Eine Kopie dieses Bildes befindet sich in Regensburger Privatbesitz, eine weitere verwahrt das Priesterseminar in Eichstätt. Man weiß nicht, wann dieses Bild in die Niedermünsterkirche gelangte. Vielleicht wurde es einmal im Auftrag einer kunstsinnigen Äbtissin geschaffen. Mit großer Wahrscheinlichkeit gehört es zu einer Reihe von Bildern, die für eine beabsichtigte Regensburger Galerie im Zuge der Säkularisation an den bayerischen Staat kam und 1828 wieder an die Niedermünsterkirche zurückgegeben wurde.

In der Vorhalle der Niedermünsterkirche hängt ein überdimensionales Ölbild aus dem 17. Jahrhundert. Es zeigt in prunkvoller Renaissancemalerei die Heiligen Drei Könige, die dem Heiland der Welt ihre Gaben darbringen. Der unbekannte Künstler vertauschte den Stall von Bethlehem mit einem prächtigen Renaissancepalast in offener Landschaft. Auf einer Freitreppe thront Maria mit dem göttlichen Kind auf ihrem Schoße. In dem großen Gefolge der Könige fällt ein im Zeitkostüm sehr vornehm gekleideter junger Mann auf. Während die Diener eifrig mit dem Bereitstellen der kostbaren Geschenke beschäftigt sind, blickt er verwundert, fast enttäuscht auf Mutter und Kind. Viele Tiere und großartige Renaissancearchitekturen beleben die Szene. Im Vordergrund sitzt auf dem Rücken eines Hundes ein Papagei, den ein höfisch gekleideter Zwerg, wohl ein Hofnarr, mit einer Gerte neckt. Im Halbrund des überhöhten Mittelteils schwebt ein Engelreigen.

Noch einmal begegnet uns das Bild der heiligen Könige in der alten Stiftskirche. In ihrem nördlichen Nebenchor wurde 1930 ein ziemlich gut erhaltenes Wandgemälde aus der Zeit um 1510 aufgedeckt und restauriert. Neben einem Bild des heiligen Christophorus sehen wir die Anbetung der Heiligen Drei Könige in noch recht lebendig wirkenden Farben.

Weihnachtsbild in der Alten Kapelle

Eine dreiteilige Toranlage aus Eichenholz füllt das romanische Portal, das den Zugang zur Alten Kapelle von der südlich vorgelagerten Gnadenkapelle aus vermittelt. Sieben mit reichen Profilen gerahmte Füllungen, in deren Ecken goldene Rosetten prangen, umgeben das Mittelfeld, das durch seine plastische Ausstattung hervortritt. Der Künstler griff den Gedanken der Heiligen Nacht auf und setzte ihn zu einer bewegten Krippendarstellung um. In einem Rundmedaillon sehen wir das Christkind in einem Körbchen liegen, vor dem Maria mit gefalteten Händen kniet. Herbeigeeilte Hirten, die bärtigen Häupter in Demut geneigt, beten das göttliche Kind an und bringen ihm Geschenke dar. Der Stall ist durch Balken und ein Strohdach nur angedeutet. Auf

228. Schwarze-Bären-Straße 1 (G 69). Anbetung der Könige, spätgotisch

Wolken schwebt ein Engel und kündet mit flatterndem Spruchband die Frohbotschaft „Gloria in excelsis Deo". Das Relief ist in Holz geschnitzt und vergoldet.

Das ausgezeichnete Kunstwerk stammt aus der Frühzeit des Klassizismus und dürfte um 1770 entstanden sein. Es wird der Werkstätte des Regensburger Bildhauers Simon Sorg zugeschrieben und steht in Zusammenhang mit den Reliefs an der Außenseite des Südportales, die vom gleichen Künstler stammen. Simon Sorg war einer der namhaftesten Regensburger Bildhauer der Übergangszeit vom Rokoko zum Klassizismus. Die Alte Kapelle verdankt ihm ihren prunkvollen Hochaltar, den Heinrichs- und Jakobusaltar.

Krippendarstellung in der Schwarzen-Bären-Straße

Am Hause Nr. 1 der Schwarzen-Bären-Straße (G 69) ist in Höhe des ersten Stockes unter einem schmalen Schutzdach ein Relief aus dem 15. Jahrhundert angebracht. Es zeigt in der Auffassung der späten Gotik die Anbetung der Heiligen Drei Könige. Trotz des großen Reichtums unserer alten Häuser an Darstellungen religiösen Inhalts haben wir hier das einzige Krippenbild an einem Regensburger Profanbau vor uns. Gotische Minuskelschrift in der Hohlkehle des kleinen Dachvorsprungs nennt den Stifter dieses Bildwerkes, die Jahreszahl 1468 weist auf die Entstehungszeit. Maria hält das Kind auf den Knien. Entblößten Hauptes kniet der erste der Könige davor, seine Gabe überreichend. Die Krone hat er zu Füßen der Gottesmutter niedergelegt. Gleichsam nach dem Stern deutend, hält die mittlere Königsgestalt die Hand erhoben, während der Mohr nach seiner Krone greift, um sie in Verehrung vor dem Christkind abzunehmen. Aus der Tiefe des Stalles blicken die Tiere hervor. Von Josef ist nur das Gesicht zu sehen. Die schöne Darstellung läßt noch die Spuren einstiger Bemalung erkennen.

DER JOHANNES-MINNETRUNK

Das Minnetrinken ist eine uralte Sitte, deren Wurzeln bis in das germanische Altertum zurückreichen. Bei festlichen Gelagen pflegten die Germanen zum Gedenken ihrer Götter und Toten die Becher zu leeren. Nach der Christianisierung wurde dieser Brauch auf die Heiligen übertragen.

Im deutschen Mittelalter waren es vorzugsweise vier Heilige, denen zu Ehren Minne getrunken wurde: St. Michael, St. Stephan, die heilige Gertrud, deren Minne besonders Reisende und Scheidende tranken, um von ihr unterwegs beschützt zu werden, und vor allem der Evangelist Johannes, der die Gefahr der Vergiftung durch Getränke abwenden sollte. Der Legende nach hat Johannes einen Giftbecher aus der Hand der Heiden ohne Schaden getrunken. Im ausgehenden Mittelalter ist das Trinken der Johannesminne fast zu einer Mode geworden. Auch Luther reichte seinen Freunden beim Abschied den Johannestrunk und -segen. Im Gegensatz zu dem Minnetrinken anderer Tage hat sich der Brauch der Johannesminne am längsten erhalten, da die Kirche diese Sitte offiziell stützte. Seit dem 13. Jahrhundert gilt der 27. Dezember, das Namensfest des Evangelisten, als Tag des Johannes-Minnetrinkens.

Durch eine Nachricht bei Gumpelzhaimer zum Jahre 1513 ist dieser Brauch auch für Regensburg verbürgt. Der Chronist bezeichnet ihn als damals bereits herkömmlich. Am Neujahrstag trafen sich Rat und Gemeinde zu einem Amt in der Emmeramskirche, um Glück und Segen für die Stadt zu erbitten. Nach dem Gottesdienst wurde der dem Evangelisten geweihte Wein gereicht und dabei nach Angabe Gumpelzhaimers „ein Achtel Rheinfall, ein Achtel Frankenwein und ein Achtel Osterwein" verbraucht.

Noch heute wird in den Kirchen der Johanneswein geweiht. Im Gäuboden, dem Bauernland östlich von Regensburg, ist es noch Gepflogenheit, am 27. Dezember allen Familienmitgliedern und Dienstboten diesen Wein zu reichen. Der Bauer trinkt der Bäuerin mit den Worten zu: „Ich bring' dir den Johannissegen!" Die Hausmutter erwidert darauf: „Ich gesegne dir den Johannissegen!"

In der Regensburger Dominikanerkirche hat sich ein Kultgegenstand dieses alten Brauches, ein Kelch aus dem 14. Jahrhundert, erhalten. Dieses Sakralgefäß ist nicht nur volkskundlich von großer Bedeutung, sondern nimmt auch in kunstgeschichtlicher Sicht eine Sonderstellung ein. Die Kupa besteht nicht aus Metall oder Glas, sondern aus der polierten Schale einer Kokosnuß. Diese fremdländische Frucht war im Zeitalter der Gotik in unseren Breiten noch eine so große Seltenheit, daß man ihre Schale für würdig befand, sie in vergoldetes Metall zu fassen und zu einem Kultgefäß zu verarbeiten. Den Kelchrand säumt gleich einer Spitzenborte ein Goldband, dessen Inschrift Aufschluß über den Verwendungszweck des Kelches gibt: TRINCHD · SENT · IOHANS MIN · DAZ · JV BOL · GELING. Wir haben hier einen Johannisweinbecher vor uns, aus dem die unheilabwendende Johannisminne getrunken wurde. Die Buchstaben A K im Schaft des Kelches weisen vermutlich auf den Stifter.

BISCHOFSSPIELE DER DOMSCHÜLER

Schon im frühen Mittelalter war es Brauch, bei den Domen und Kathedralkirchen Schulen zur Heranbildung von Klerikern und zur Unterrichtung der Kinder vornehmer Familien zu unterhalten. Eine der Hauptaufgaben dieser Schulen bestand in der Unterweisung der Knaben im Chorgesang. Daneben wurde aber auch allgemeinbildendes Wissen vermittelt. Karl der Große gilt als eifriger Förderer der Domschulen. Auch beim Regensburger Dom fehlte eine solche Schule nicht. Vom hl. Wolfgang († 994) ist bekannt, daß er die Regensburger Domschule des öfteren visitierte. Die Schüler lebten im Bereich des Münsters. Ein Domherr mit dem Titel magister scolarum stand der Schule vor.

Der Chronist Gemeiner und nach ihm Schuegraf berichten von einem Brauch der Regensburger Domschüler, den diese alljährlich am Tag der Unschuldigen Kinder, dem 28. Dezember, übten. Die Knaben wählten aus ihrer Mitte einen sogenannten Bischof, den sie „Ruprecht" nannten. Mit diesem zogen sie vor die Pforten der Klöster, wo sie sich bewirten ließen und Geschenke heischten. Dabei trugen sie „monstra larvarum", waren also maskiert. Vorchristliche Mittwinterfeier und spätere Fastnacht mögen sich in diesem Brauchtum verbunden haben.

Gelegentlich jedoch äußerten die Schüler ihre Wünsche bei den aufgesuchten Klöstern ungebührlich und mit fordernder Gewalt. 1248 verweigerten die Mönche von Prüfening dem Knabenbischof den Zutritt ins Kloster. Die Schüler aber „erzwangen ihrem Ruprecht mit Gewalt einen ehrlichen Empfang" (Schuegraf). Sie erbrachen die Tore, gingen gegen die Mönche tätlich vor und führten sogar Vieh aus den Ställen weg. Beschwerden darüber beim Bischof scheinen erfolglos geblieben zu sein, denn der Abt von Prüfening wandte sich an den Papst mit der Bitte um Abstellung dieser Übergriffe. Tatsächlich erschien 1249 eine Bulle, die den Regensburger Domschülern dieses Spiel untersagte. Aber auch das päpstliche Verbot blieb unbeachtet. Nach einer noch erhaltenen Emmeramer Klosterrechnung von 1325 wurden für den Schülerbischof 60 Pfen-

229. Dom, Unterwölbung zur Treppe der südlichen Sakristei. Konsolfigur eines Domschülers. Um 1450

nige verausgabt, den Schülern wurde Wein in tönernen Bechern im Werte von 10 Pfennigen vorgesetzt. Als die Schüler 1357 wieder mit ihrem Maskenbischof in althergebrachter Weise durch die Straßen zogen, kam es zu einem Streit, in dessen Verlauf der Domherr Konrad von Braunau von dem angesehenen Regensburger Bürger Matthäus Reich erstochen wurde. Daraufhin entbrannte ein heftiger Streit zwischen dem Klerus und der Bürgerschaft. Der Bischof belegte die Stadt mit dem Bann und der Rat verbot Bürgerkindern den Besuch der Domschule. Sogar der Kaiser (Karl IV.) mußte vermittelnd eingreifen.

1591 gab Bischof Wilhelm von Baiern († 1598) der inzwischen tief gesunkenen Domschule eine neue Ordnung. Jeder Bischof mußte fortan auf eigene Kosten 24 Chorknaben in die Schule aufnehmen, verköstigen und kleiden. Die Mitglieder des Domkapitels waren verpflichtet, für den Unterhalt weiterer 12 Sängerknaben zu sorgen. Den Unterricht der Schüler hatte ein sangeskundiger Schulmeister nach dem Vorbild der Jesuitenschule zu erteilen.

Die Unterwölbung der Treppe zur südlichen Sakristei trägt aus der Zeit um 1450 ein Denkmal für die Regensburger Domschüler: die Konsolbüste eines jungen Mannes mit verschmitztem Gesicht und schielendem Blick. In den Händen hält er ein Spruchband mit der Aufschrift: „Schuler . du hat . nit . szu . schik . du . ge . in . kor . und . sing." In modernes Deutsch übertragen heißt das: Schüler, du hast nicht zu schielen, du geh in den Chor und sing! Die Plastik soll vielleicht den Bakkalaureus, den die Aufsicht führenden Altscholaren, darstellen.

DIE SCHÜTZEN UND IHRE FESTE

Wenn von den Regensburger Schützen die Rede ist, wird man zunächst an die Armbrust- oder Stahlschützen denken. Sie besitzen die älteste Tradition. Aber schon zu Beginn der geschichtlichen Neuzeit traten die Feuerschützen gleichberechtigt neben sie. Das Alter der Regensburger Armbrustschützen läßt sich schwer feststellen. Ihre früheste Bezeugung dürfte aus dem Jahre 1364 stammen. Der Chronist Gemeiner schreibt zu diesem Jahr: „Man hielt auch die Schützen an den Zielstätten in steter Übung." Der Gebrauch der Armbrust, die sich aus Pfeil und Bogen entwickelt hat, dürfte aber noch weit älter sein.

Der Name „Armbrust- oder Stahlschützen" leitet sich von ihrer Schußwaffe her, der mit einem Bogen aus Stahl zu spannenden Armbrust. Diese besteht aus einem hölzernen Schaft mit einer Rinne zum Einlegen des Bolzens und dem Stahlbogen, der mittels einer Sehne oder einer Hanfschnur gespannt und durch eine Abzugsstange gehalten wird. Ein Druck auf diese führt zu einer augenblicklichen Entspannung, die Sehne schnellt nach vorn, schlägt dabei auf den in der Rinne liegenden Bolzen und schießt ihn ab. Größere Armbrüste spannte man mit einer Handwinde, kleinere trugen vorne einen Bügel zum Hineinsetzen des Fußes beim Spannen. Nach dieser Schußwaffe nennt sich die heute noch bestehende Regensburger Schützengesellschaft „zum Großen Stahl", neben der es auch die Schützenvereinigung „zum Kleinen Stahl" gab, deren Armbrüste kleiner waren und geringere Spannkraft besaßen.

Die Verteidigungskraft der Städte hing einstmals weitgehend von der Tapferkeit und Schießgewandtheit ihrer Bürger ab. Städtische Obrigkeit und Landesfürsten waren deshalb sehr darauf bedacht, jeden Bürger zum Schützen zu machen und seine Kriegstüchtigkeit durch steten Umgang mit der Schußwaffe zu steigern. Den Schützengesellschaften ließen sie daher großzügige Förderung und Unterstützung angedeihen. Ratsherren und Fürsten zählten zu ihren Mitgliedern. Das alljährliche Geschenk des Regensburger Rates an die Schützen — jedem ein paar Hosen — wird 1441 bereits als herkömmlich bezeichnet. 1599 beschloß der Rat nur demjenigen das Regensburger Bürgerrecht zu verleihen, der im Besitz einer Schußwaffe und eines Schützenhutes sei. Die Teilnahme an den Schießübungen war Pflicht. Jeder neue Bürger hatte sich beim Schützenmeister zu melden und zumindest 2 Jahre lang zehnmal im Jahr an den Schießübungen teilzunehmen. Als „vormilitärische Ausbildung" könnte man den Umgang der Buben mit dem kleinen „Schnapperl", einem leichteren Bogengeschoß, bezeichnen.

1509 ist in Regensburg die Trennung von Armbrust- und Feuerschützen vollzogen. Damals sandte der Rat je 4 Armbrust- und Büchsenschützen zu einem Festschießen nach Augsburg. Die führende Regensburger Feuerschützengesellschaft war die der „Privilegierten Pürsch-Büchsen-Schützen", zu der sich im späteren 18. Jahrhundert noch die Pistolenschützen gesellten.

Die Schießstätten der Armbrust- und Feuerschützen lagen ursprünglich auf dem Platz „unter den Linden" beim Zugang zum heutigen Stadtpark. Nach Auskunft der Bauamtschronik richtete die Stadt um das Jahr 1514 den Stahlschützen dort eine Schießstätte ein. Etwa um die gleiche Zeit mögen auch die Büchsenschützen auf diesem Platz Zielstände und Kugelfänge erhalten haben. „Um die Waffenübung der Bürger nicht zu vernachlässigen" schreibt der Chronist Gumpelzhaimer, beschloß der Rat 1615, das Schießen mit der Muskete, einer neueren Form des Gewehres, einzuführen. Die kleine Hütte der Büchsenschützen unter den Linden wurde damals niedergerissen und an ihrer Stelle eine größere Anlage zum Musketenschießen erbaut. Die Schießstände der Armbrust- und Feuerschützen auf dem Lindenplatz fielen jedoch 1632 den Kriegsvorbereitungen gegen die anrückenden Schweden zum Opfer. 1640 erhielten die Stahlschützen wiederum eine, wenn auch zunächst nur provisorische Schießstätte; allerdings nicht mehr unter den Linden, sondern im Zwinger zwischen innerer und äußerer Stadtmauer beim Jakobstor. Ein Neubau dieses Schießhauses erfolgte in den Jahren 1652 und 1666: „Das Armbrust-Exercitium im ganzen und halben Stahl, auch Schnäppel vor die Jugend eodem anno in Jakoberzwinger angerichtet und anno 1666 noch mehreres verbessert worden". Ein Kupferstich zeigt das zwischen den Stadtmauern gelegene, zwei Etagen umfassende und mit Läden zu verschließende Schießhaus sowie den schmucken, mit Schußanzeiger und Glockentürmchen versehenen Scheibenstand. Noch heute ist das anstelle dieser Schießstätte erbaute Haus, Stahlzwingerweg 17 (A 230), im Besitz der Armbrustschützengesellschaft „zum Großen Stahl", deren Mitglieder auch ihre Schießübungen abhalten. Aus den Begriffen „Stahl" und „Zwinger" erklärt sich die Bezeichnung „Stahlzwinger", der sowohl für die Übungsstätte der Stahlschützen, als auch für die vorbeiführende Straße gebraucht wird: Stahlzwingerweg. Dieses Sträßchen hieß ursprünglich wegen seiner Lage „Hinter der Mauer". Seit 1885 erst führt es seine jetzige Bezeichnung. Weil sich die Stahlschützengesellschaft im Zwinger zu den Schießübungen traf, kam für diese Örtlichkeit auch der Name „Gesellschaftszwinger" in Gebrauch.

1642 erhielten auch die Feuerschützen eine neue, 60 Schuh lange und 30 Schuh breite Schießstätte, wiederum auf dem Platz unter den Linden; zehn Jahre später bewilligte der Rat Steuergelder zum Neubau eines Schützenhauses. Die Pistolenschützen traten 1774 mit der Bitte an den Rat heran, ihr bis dahin nur hölzernes Schießhaus unter den Linden durch einen Neubau aus Stein ersetzen zu dürfen. Der Rat gestattete es unter der Bedingung, daß keine Wirtschaft dort eingerichtet werde. Dieses Schießhaus der Pistolenschützen, ein zierlicher Rokokobau, steht noch heute (Dr.-Johann-Maier-Straße 3 (J 21)). Auf mehreren der bemalten Schützenscheiben des 18. Jahrhunderts im Regensburger Museum ist es abgebildet. An seiner Ostseite wird das vorspringende Dach von drei Säulen aus Eichenholz getragen. Eine dieser Stützen trägt die Jahreszahl 1775, das Jahr der Entstehung des Gebäudes. Bemerkenswert ist auch das Rokokoschnitzwerk am Treppengeländer. Das Bild einer Postkutsche, das die Nordseite des alten Schützenhäuschens ziert, stammt aus dem Jahre 1910. Während der damaligen denkwürdigen Kreisausstellung war hier das Festpostamt untergebracht. Das Haus Dr.-Johann-Maier-Straße 7 (J 18), gleichfalls im Bereich des Stadtparks gelegen, ist das ehemalige Schießhaus der Pürschbüchsengesellschaft.

230. Festzug anläßlich des großen Schießens 1586. In den Fahnen die Angaben der Preise. Zeitgenössischer Holzschnitt, koloriert. Museum

Fast vier Jahrhunderte lang übten die Regensburger Feuerschützen auf dem Lindenplatz, der später auch als Militärschießplatz diente. 1907 verließen sie diese traditionelle Stätte und zogen in ihr neues Schützenheim im Westen der Stadt, dessen Einweihung mit einem aufwändigen Festzug und einem drei Tage dauernden Eröffnungsschießen begangen wurde. Das „Schützenheim" mit Café-Restaurant, im Jugendstil errichtet und damals noch außerhalb der Stadt gelegen, entfaltete sich zu einem beliebten Ausflugsziel der Regensburger. Von ihm schöpfte der Schützenheimweg seinen Namen. 1944 fiel es einem Bombenangriff zum Opfer.

Weil man fröhlicher Unterhaltung lieber nachkommt als auferlegter Pflicht, gestalteten die Schützen ihre Schießübungen als fröhlichen Wettbewerb. Die Städte veranstalteten große Schützenfeste, zu denen sie wertvolle Preise verliehen. So wurde militärische Notwendigkeit zu sportlichem Vergnügen. Die Schützenfeste zählten zu den bedeutendsten gesellschaftlichen Ereignissen. Kayser zählt sie in seiner 1797 erschienenen Schrift zu den „Nationalfesten" der Regensburger. Neben dem „Vorteil- oder Herrenschießen", zu denen die Stadt die Preise stiftete, gab es das sogenannte Kranzschießen, für dessen Preise die Schützengesellschaften selbst aufkamen. Auch die Buben, die mit dem Schnapperl schossen, erfreuten sich eines Geldgeschenkes des Rates, das bereits 1511 als „von alters her gegeben worden" genannt wird. Hochzeiten, Taufen und Jubiläen lieferten außerdem willkommene Anlässe zu kurzweiligen und fröhlichen Schießen.

Das erste öffentliche Schießen in Regensburg soll 1456 stattgefunden haben; aber schon 1432 ordnete die Stadt je 4 Schützen zu den Schießen nach Straubing und Augsburg ab. 13 Regensburger Schützen besuchten 1467 das große Schießen in München. Das glanzvollste Schützenfest, das Regensburg je erlebte, war das des Jahres 1586, zu dem der Rat zahlreiche Einladungen ergehen ließ, und an dem sich Armbrust- und Feuerschützen aus ganz Deutschland beteiligten. Neben hohen Geldpreisen war ein gebratener, mit Geflügel gespickter Ochse zu gewinnen. Aus einem Brunnen sprang roter und weißer Wein, und Geld wurde unter die Leute ausgeworfen. Den ersten Preis mit 100 Gulden nahm ein Schlosser aus Passau mit nach Hause. Um die Erinnerung an das schöne Fest wachzuhalten, ließ der Regensburger Büchsenschifter Peter Opel eine Beschreibung mit mehreren Kupferstichen erscheinen. Erinnerungsmünzen wurden geschlagen, darunter ein Guldentaler mit dem Reichsadler und dem Stadtwappen, der auf der Rückseite den Vers trägt:

1.5.8.6.
IM . STAHEL . SCHIESEN . DIESES . JAR .
AINHUNDERT . STUCKH . DAS . PESTE . WAR .
80 . 60 . UND . 50 . DIE . VORTAIL . DREI .
EIN . ERBAR . RATH . AUCH . GABEN . FREI .

Auch für den Glückshafen wurden eigene „Gewinst-Taler" geprägt, die auf der Schauseite einen Lose ziehenden Kaben zeigen.

Neben den Preisschießen fanden allerlei Volksbelustigungen statt. Auf dem Festplatz unter den Linden konnte man sich mit Kegelspielen unterhalten oder eine Kugel in Löcher rollen, deren Zahlen, 1 bis 12, die Gewinnwerte ausdrückten. Ein etwas derber Spaß war das Lanzenstechen nach einer drehbaren Holzfigur. Diese trug in der Hand einen Schild mit einem Loch. Der Schütze mußte mit verbundenen Augen, die Lanze in der Hand, die Figur angehen. Traf er in das Loch, so hatte er gewonnen. Berührte er aber den Schild, so drehte sich die Figur und versetzte ihm mit einem Kolben einen groben Hieb.

Nach dem Fest setzten die Regensburger Schützen dem Vertreter der Stadt Ulm einen Kranz auf das Haupt, das bedeutete, daß dort das nächste Schießen stattfinden sollte.

Ein anderes großes Schützenfest fand 1790 statt, das Fürstbischof Joseph Conrad Freiherr von Schroffenberg den Regensburger Schützen stiftete und zu dem er 100 Conventionstaler schenkte. In festlichem Zug begaben sich die Schützen zum Festplatz unter den Linden, wo der Fürst abends 5 Uhr selbst erschien und mit Vivatrufen, Musik und Böllerschüssen begrüßt wurde. Er nahm selbst an dem Schießen teil, dessen Originalscheibe mit dem Wappen des Bischofs sich noch in der Sammlung des Museums befindet.

Ebenfalls sehr großzügig gegen die Schützen erwies sich Fürstprimas Carl von Dalberg. Zu einem großen Festschießen im Jahre 1804 stiftete er 1000 Gulden. Der Auszug der Schützen zum Lindenplatz geschah mit großem Aufwand. Ein Geharnischter zu Pferd, 2 Jünglinge in Panzerhemden, die Zieler mit ihren Zieraten, die Schützen in ihren Kostümen, Jungfrauen in Regensburger Tracht mit den Preisen und die bürgerlichen Offiziere und Artilleristen mit den Kanonen nahmen daran teil. Fürstprimas Carl von Dalberg erschien im sechsspännigen Wagen, begleitet

231. „Das Vogelschießen zu Regensburg". Lithographie von A. Adam, 1822, koloriert. Hofbibliothek

von sechs Husaren und zwei Hofkavalieren selbst am Festplatz, wo sich auch der kaiserliche Prinzipalkommissar, Fürst Karl Anselm von Thurn und Taxis, einfand. Das Fest dauerte drei Tage lang.

Sehr beliebt war das sogenannte Vogelschießen, bei dem auf einen hölzernen Vogel oder Adler geschossen wurde, der auf einer hohen Stange aufgerichtet war. Eine Lithographie des frühen 19. Jahrhunderts „Das Vogelschießen zu Regensburg" bei Hermann und Barth in München erschienen, zeigt in reicher Figurenstaffage den Lindenplatz mit dem auf einer Stange aufgerichteten Vogel.

Der Auszug der Schützen mit Musik und Fahnenträgern gehörte allmählich zum festen Bestand bei den verschiedensten Festlichkeiten. Beim Besuch König Ludwigs I. von Bayern und seiner Gemahlin Therese in Regensburg anläßlich der Grundsteinlegung der Walhalla 1830 fand ein großer Schützenauszug in historischen Kostümen statt.

Im Museum ist ein eigener Raum dem Andenken der Regensburger Schützen gewidmet. Unter den wertvollen Schaustücken sind zunächst die Armbrüste zu nennen, darunter eine mit Elfenbeinbelag aus der Zeit um 1580 sowie die zahlreichen Schützenscheiben mit oft originellen Darstellungen. Auf einer Scheibe zum Kranzschießen von 1789 ist ein zum „Block" Verurteilter abgebildet, der sich die Zeit mit Lautenspiel vertreibt. Eine Kostbarkeit ersten Ranges bildet ein Kränzlein, das die Stahlschützen auf dem großen Schießen in Nürnberg 1579 gewannen. Es ist aus bunten Seidenfäden, Gold- und Silberfiligran und kleinen echten Perlen gefertigt und mit dem Reichsadler sowie dem Regensburger und 2 Nürnberger Wappen geschmückt. Die große Schützenkette der Stahlschützen, Regensburger Goldschmiedearbeit um 1660, zeigt in runder Plakette den Reichsadler. Daran hängen 11 Wappenschilde von Schützenmeistern aus der Zeit von 1670 bis 1721.

DIE ZEIT DER SOMMERKELLER

In der guten alten Zeit des Biedermeier, als die Sommer noch heißer waren und die Tage windstiller, war die große Zeit der Regensburger Sommerkeller. Damals flüchteten noch nicht über Straße und Schiene Tausende von Regensburgern am Wochenende hinaus in die Weiten des bayerischen Landes. Mit Kind und Kegel zog man an heißen Sonntagen auf die zahlreichen Sommerkeller, die unmittelbar vor den Toren oder in geringer Entfernung der Stadt lagen. Ihrem ursprünglichen Zweck nach waren diese Sommerkeller wirkliche Keller, in denen die Brauereien die natürliche Kühle tief unter der Erde zur Lagerung des Bieres nützten und in der Sommerzeit dicht um sie herum im Schatten mächtiger Kastanien das Bier ausschenkten.

Als im Jahre 1850 der schwäbische Dichter Eduard Mörike in Regensburg weilte, galt sein Interesse nicht nur den Kunstdenkmälern der Stadt, sondern auch den zahlreichen Bierquellen. In seinem Schreibkalender verzeichnet der Dichter vierundzwanzig Regensburger „Biergelegenheiten", unter denen neben dem Tegernheimer Keller namentlich der Pürkelguter Keller genannt ist. Dort verbrachte der Dichter manche erholsame Stunde seines Regensburger Aufenthaltes.

Auf der anmutigen Höhe westlich des Prüfeninger Schlosses lag einstmals der Prüfeninger Keller, der sich seiner schönen Aussicht wegen eines zahlreichen Besuches erfreute. Noch zu Beginn unseres Jahrhunderts ging es dort hoch her, wenn an lauen Sommerabenden schmetternde Blasmusik ins Donautal hinaus ertönte und kerzenbeleuchtete Lampions dem nächtlichen Biergarten einen venezianischen Zauber verliehen. Geschmack und Lebensgewohnheiten der Menschen haben sich geändert. Der Prüfeninger Keller verlor seine Gäste und wurde schließlich geschlossen. Die Gebäude fielen zu Beginn der 1970er Jahre dem Bagger zum Opfer. In der Flurbezeichnung „Prüfeninger Kellerbreite" lebt das Andenken an diese beliebte Regensburger Vergnügungsstätte fort.

In dem Büchlein „Die Umgebung der Kreishauptstadt Regensburg", das 1830 erschienen ist, vermittelt der Regensburger Heimatforscher J. R. Schuegraf eine Reihe reizender Stimmungsbilder aus jenen glücklichen Tagen. Unter ihnen finden wir auch einen, im schwärmerischen Stil des Biedermeier geschriebenen Aufsatz über den vielbesuchten Tegernheimer Keller: Es ist ein heißer Sonntagnachmittag, dem leider ein unvorhergesehenes Gewitter einen frühen Abschluß bereitet. Mit seinem Maßkrug sucht der Erzähler einen abseits gelegenen Platz auf, von dem aus er das bunte Treiben der Waldgaststätte überblicken kann. „Welch ein Treiben und Rennen der unzählbaren Gäste vom Keller zum Keller, bergauf, bergab! Mehrfältig gibt das Echo den Schall gebrochener Töne zurück und in einem fort ertönt es: Bier, Brot, Bier, Brot! ... Endlich verstummt das Gemurmel; desto lebhafter aber arbeitet Hand und Mund. Erquickt durch würziges Bier

232. Tegernheimer Keller. Stahlstich nach einer Zeichnung von Bernhard Grueber, 1845. Privatbesitz

lösen sich neuerdings die Zungen und stärker als vorher lacht und neckt man sich einander. Auf einmal ertönt rauschende Blechmusik und alles schweigt."

Noch viele der vergangenen Regensburger Kellergaststätten wären zu nennen; der Keilsteiner Keller (s. d.) hoch droben am Keilberg, der Taucher- und der Bergmüllerkeller am Galgenberg, der Fikentscherkeller, der spätere Veri-Fischer-Keller (s. d.) auf dem Eisbuckel, der Schmauskeller (s. d.), der Behnerkeller (s. d.) und der Stadlerkeller (s. d.).

JAHRMÄRKTE UND DULT

Jahrmärkte oder Dulten entstanden schon im frühen Mittelalter, als das Bedürfnis nach Austausch der Waren immer dringender wurde. Über die jahreszeitliche Abfolge der einzelnen Märkte in Regensburg liefern die Chronisten nicht ganz übereinstimmende Nachrichten. Nach dem Mausoleum von 1729 gab es „vor Zeiten" in Regensburg drei Jahrmärkte: im Winter um St. Erhard (8. 1.), im Frühjahr um St. Georg (23. 4.) und im Herbst um St. Emmeram (22. 9.). Die Zeiten an St. Erhard und St. Emmeram waren bestimmt durch die Wallfahrten, die zu den Gräbern dieser Regensburger Heiligen stattfanden.

Jahrmärkte verbanden sich auch mit den mittelalterlichen Kirchweihfesten, zu denen das Volk von weit her zusammenströmte. So verhielt es sich auch in Regensburg. Unmittelbar südlich vor den Mauern lag das Schottenklösterchen Weih-St.-Peter. In seinem Bereich fand alljährlich das „Weih-St.-Peters-Kirchweihfest" mit anschließendem Jahrmarkt statt, das bereits 1389 als herkömmlich bezeichnet wird. Papst Pius II. verlegte dieses vielbesuchte Fest auf den ersten Sonntag nach Ostern, den sogenannten Weißen Sonntag. Die Verlegung erregte damals ungemeine Freude und wurde durch Boten und Anschläge in ganz Deutschland bekanntgemacht. Das ganze Mittelalter hindurch wurde dieses Fest im unmittelbaren Bereich des Klosters begangen. In diesem Zusammenhang deutet Endres die Predigtsäule (s. d.) in deren Nachbarschaft das Kloster Weih-St.-Peter lag, als ein Zeichen des Marktrechts und Marktfriedens.

1538 beschloß der Rat eine Neufestsetzung der Standorte der Jahrmarktskrämer. Sie konnten seit dieser Zeit ihre Buden auf dem Platz vor dem einstigen Marktturm am Rathaus bis zum

Haidplatz hin aufschlagen. „Auf diesen Märkten wurden besonders Gläser aller Art, altes Eisen, Kreuz-Käs und Bücher zum Verkauf angeboten", schreibt Gumpelzhaimer zum Jahr 1538. Den Trödlern, die Alt- und Gebrauchtwaren feilboten, wurde als Standort der Neupfarrplatz zugewiesen. Seit dieser Zeit durfte das Feilbieten der Waren nicht mehr als „Kirchweihe" bezeichnet werden; der offizielle Name dafür lautete nun „Markt".

Im frühen 19. Jahrhundert gab es in Regensburg zwei große Jahrmärkte, einen am Weißen Sonntag, den anderen am Sonntag vor Michaeli (29. 9.). Die Zeiten decken sich somit genau mit denen der Frühjahrs- und Herbstmessen des mittelalterlichen Regensburg. Die Buden der Kaufleute standen auf dem Neupfarrplatz, entlang der Residenzstraße, auf dem Domplatz und dem Krauterermarkt. Nach Weilmeyr wurden diese Messen nicht nur von Kaufleuten des Inlands beschickt, sondern auch von solchen aus Österreich und Böhmen, aus Italien, der Schweiz und aus Frankreich.

Die Dult in Stadtamhof, die noch heute zweimal im Jahr stattfindet, im Frühjahr und im Spätsommer, kann auf eine nun bald 200jährige Tradition zurückblicken. Der Chronist Hosang teilt mit, daß sie um 1780 „nur von etwelchen Landkrämern, ein paar Glückshafen und einem Marktschreier mit dem Hanswursten, der seine Arzneien ausbot", besucht war. Auch in der Zeit des Biedermeier zogen die Regensburger gerne zur Dult nach Stadtamhof. 1832 ließ sich auf dem Protzenweiher ein Zirkus nieder, in dem ein Reiter seine Kunststücke darbot; ferner konnte man ein Wachsfigurenkabinett und einen 26 Zentner schweren Ochsen bestaunen. „Ein Karoussel mit Ringelstechen, ein Panorama usw. gaben viele Unterhaltung. Der Seiltänzer erregte vieles Lachen, machte aber seine Zuschauer schaudern und erblassen. Er pflegte nämlich mittels einer Schnur ein Kind zu sich auf das Seil zu ziehen. Dieses sein Kind hielt er bei den Händchen, warf es im Schwunge von sich, fing es bei den Füßen wieder auf, dann nahm er ein Füßchen ins Maul, hielt es mit den Zähnen ganz frei bei den Zehenspitzen und schaukelte sich mit dem ganzen Leibe vom Seile hängend. Einmal schien ihm das Kunststück zu mißglücken, denn die Zuschauer sahen mit Grausen das Kind auf die Erde herabstürzen und der unten aufpassende Bajazzo trug es schnell weg. Der Seiltänzer aber setzte seine Späße fort, weshalb die Zuschauer ihn mit Steinwürfen zwingen wollten das Seil zu verlassen. Allein es entfielen ihnen die Steine, als sie das nämliche Kind zwischen des Gauklers Beinen sitzen sahen und rufen hörten: »Pardon, pardon für meinen lieben Vater!« Das Kind hatte sich unter die weiten Kleider des Seiltänzers versteckt, währenddem er eine dem Kind ähnliche Puppe herabfallen ließ."

In den Jahrhunderten des Mittelalters, als Raubgesindel aller Art die Wege unsicher machte, übernahm der oberpfälzische Adel den Schutz der Kaufleute, der Händler und Wallfahrer, die zu den Märkten nach Regensburg reisten. Diese ursprünglich notwendige Schutzmaßnahme — der Adel beritt die Straßen und begleitete auch größere Warenzüge — ging im Laufe der Zeit in eine brauchtumsmäßige Gepflogenheit über, die man „das Geleit" nannte. Im Verzeichnis der Gebräuche, die in Regensburg und Stadtamhof in der ersten Hälfte des 19. Jahrhunderts erloschen, nennt Hosang auch „das Kirchweihgeleit von Burglengenfeld mit Gefangennehmung eines verkappten Diebes auf der Dult".

Im Herbst 1850 kam der Dichter Eduard Mörike zu einem mehrwöchigen Aufenthalt nach Pürkelgut, wo sein Bruder Ludwig Verwalter war. Nicht nur die Stadt und ihre schöne Umgebung fanden den Beifall des Dichters. Auch an den Freuden des Volkes nahm er regen Anteil. Er fühlte sich in den gemütlichen Regensburger Bierwirtschaften und Sommerkellern wohl, und auch die bescheidenen Darbietungen der Dult fanden einen Niederschlag in seinen Aufzeichnungen. In einem Brief vom 15. Oktober, den er an seine Schwester Klara schrieb, schildert er recht anschaulich einen Besuch der Dult in Stadtamhof: „... Kurz er [sein Bruder Ludwig] kutschierte mich, Herrn Fischer und die drei Buben, hauptsächlich um die Dult in Stadt am Hof und einige Schaubuden zu besuchen. In einer derselben befand sich hinter einer Reihe von etwa 15 Guckkastengläsern ein großes Panorama der Leipziger Schlacht, Napoleon mit seinen Generalen im Vordergrund. In einer anderen, sehr elegant ausstaffierten sah man verschiedene Prospekte, vor welchen sich allerlei kleine Figuren, Menschen und Tiere, Eilwagen, Dampfschiffe und Gondeln mehr oder weniger natürlich vorüberbewegten, ein Zauberballett und allerlei Metamorphosen mit größeren Puppen (ein Huhn legt unter Gegacker ein riesiges Ei, Hanswurst entdeckt es, stößt daran, es springt auseinander, eine 10 Ellen lange, dicke Schlange geht daraus hervor und will ihn verschlingen, der sich jedoch behend auf ihren Rücken schwingt und so durch die Luft davon reitet und dergleichen mehr). Man saß während der Vorstellung im Dunkeln, in den Zwischenakten erschienen einige Lampen; wir hatten unsere Plätze vorn unmittelbar hinter den Musikern, außen ging der Wind so stark, daß sich der Theatervorhang manchmal gegen uns herausblähte und das Glöckchen schüttelte. Den Schluß machte ein Prachtstück, das Bombardement von Antwerpen, wobei mit Bomben, Granaten und Raketen dermaßen gelärmt wurde, daß der kleine Eduard ein übers andere Mal sagte: »Darf man sich da nicht fürchten? Ist es noch nicht bald aus?« — Beim Herausgehen rochen wir sämtlich nach Pulver und Schwefel."

HOCHZEIT

Der Tag der Vermählung von Braut und Bräutigam ist seit alters her ein Familienfest von höchster Bedeutung. Dementsprechend ist auch das damit verbundene Brauchtum umfangreich und vielgestaltig. Der fürstlich Thurn und Taxis'sche Bibliothekar Albrecht Christoph Kayser übermittelt in seinen Aufzeichnungen eine Fülle von Bräuchen, die bei bürgerlichen Hochzeiten im Regensburg des späten 18. Jahrhunderts geübt wurden. Das reichsstädtische Brauchtum weicht im allgemeinen sehr weit von dem des benachbarten Bauernlandes ab. Die alten Regensburger Hochzeitsbräuche weisen jedoch viele Parallelen mit den bäuerlichen Hochzeitsfesten der Umgebung auf.

Dem Hochzeitszug zur Kirche schritten im alten Regensburg Trommler und Pfeifer voraus. Ihnen folgten die Junggesellen, die Männer, die Jungfrauen und Frauen. Neben der gottesdienstlichen Vermählungsfeier in der Kirche bildeten das Hochzeitsmahl, die Überreichung der Geschenke und der anschließende Tanz die wichtigsten Ereignisse.

Zum Mahle, das um 12 Uhr mittags in einem der Regensburger Gasthäuser eingenommen wurde, gruppierte sich die Hochzeitsgesellschaft an vier Tischen. Braut und Bräutigam saßen entgegen der heutigen Gepflogenheit nicht beisammen. Der erste Tisch war der Braut, der Ehrenmutter und den Frauen vorbehalten. Am zweiten Tisch nahmen der Bräutigam, der Ehrenvater und die geladenen Männer Platz. Die Jungfrauen mit der Braut- oder Kränzeljungfer an der Spitze saßen am dritten Tisch. Den letzten Tisch besetzten Frauen und Männer in zwangloser Folge. Hatten alle Gäste den ihnen gebührenden Platz gefunden, forderte der Wirt das Mahlgeld, das in der Regel einen Gulden betrug. Die Bezeichnung „Guldenmahl" ist darauf zurückzuführen. Die Entrichtung des Mahlgeldes ist bei bäuerlichen Hochzeiten noch jetzt gebräuchlich. Die Speisen waren so reichlich, „daß sie auch der Hungrigste schwerlich ganz verzehren könnte" (Kayser). Deshalb stand für jeden Gast ein Teller zur Ablage der nicht verzehrten Speisen bereit. Diese Reste nannte man das „Bescheidessen". Die Gäste konnten es, ohne gegen Schicklichkeit und Sitte zu verstoßen, mit nach Hause nehmen. „Wer hier den Genereusen spielen und sich kein Bescheideßen aufhäufen, sondern das, was er nicht ißt, beym Tellerwechsen zurückgeben wollte", schreibt Kayser, „würde sich einer allgemeinen Kritik Preis geben". Die Sitte, nicht verzehrte Speisen in Papier zu wickeln und mitzunehmen, ist auch jetzt noch üblich. Zu Beginn und vor der Aufhebung der Tafel sprach der Geistliche, der das Paar traute, laut die Tischgebete. Den Abschluß des Mahles bildete das Danksagungstischlied, das alle Gäste unter Musikbegleitung sangen.

Die Überreichung der Hochzeitsgeschenke erfolgte nicht durch die Schenkenden selbst, sondern durch deren Dienstmägde. Die Braut nahm die Gaben stehend in Empfang. Damit man bei der oft großen Zahl der Geschenke noch wußte, von wem sie stammten, verzeichnete ein Schreiber in einer Liste die Gaben und die Namen der Spender. Jede Überbringerin trank auf das Wohl und die Gesundheit des jungen Paares. Die Geschenke wurden so übersichtlich wie möglich in große Körbe gelegt und ohne Bedeckung in die Wohnung der Neuvermählten getragen. So konnte jedermann auf der Straße sehen, welch reichen Gabensegens sich das Paar erfreuen durfte. Geschenktes Geld kam in eine Schatulle.

Auf die Zeremonie des Schenkens folgte der Tanz. Der Bräutigam erwartete die Braut im Tanzsaal, wohin sie der Brautführer geleitete. Der erste Tanz — zur Zeit Kaysers war es ein Menuett — war der Ehrentanz und dem jungen Paar alleine vorbehalten. Daran schloß sich der allgemeine Tanz an. Gewöhnlich um zehn Uhr abends erschien ein Vertreter der städtischen Obrigkeit und verkündete mit einem lauten Spruch das Ende des Festes. Der sogenannte Kehraus war der Schlußtanz mit einer Melodie im Zweivierteltakt.

Die Hochzeitsordnungen, die der Regensburger Rat erließ, und die im Laufe der Jahrhunderte immer wieder erneuert wurden, bilden wertvolle Quellen reichsstädtischen Brauchtums. Sie waren vor allem dazu bestimmt, Verschwendung, Üppigkeit und Luxus bei Hochzeitsfeiern zu verhindern oder einzuschränken. Bis ins einzelne gehend schreiben die Ordnungen die Speisen sowie die Zahl der Gäste und Musikanten vor. Eine eigens dazu ernannte Aufsicht hatte sich um die Befolgung der Vorschriften zu kümmern. Nur drei Gerichte waren bei der Hochzeitstafel

233. Trauung in Regensburger Tracht. Links nach evangelischem Ritus in der Dreieinigkeitskirche, rechts nach katholischem Ritus, wahrscheinlich in der 1838 abgebrochenen Augustinerkirche. Aquarelle, um 1800. Museum

gestattet. Bei der Vermählung eines gewissen Dr. Scheib im Jahre 1589 erlaubte der Rat ausnahmsweise ein viertes Gericht und „zwei Tische über der Ordnung", d. h. mehr Gäste. Recht ungehalten drückt sich ein Ratsbeschluß über den Kleiderluxus bei einer im Jahre 1639 gehaltenen Hochzeit aus: „Nachdem man vernommen, was für Hoffarth und Pracht bey einer jüngst gehaltenen Hochzeit der Clement Rotischer Tochter vom Vater und Bräutigam getrieben worden, so befehle man dem Hannsgericht auf dergleichen Excessen besser Acht zu geben und nach Befinden die Strafen anzuwenden . . ." (Gumpelzhaimer).

Heiratete eine Regensburgerin nach auswärts, so durfte sie nicht ohne weiteres mit ihrer Aussteuer die Stadt verlassen, sondern mußte Zoll dafür entrichten. Nur das Brautbett mit Zubehör sollte nach einem Ratsbeschluß vom 5. Juni 1567 zollfrei sein.

Erzürnt und entrüstet zeigte sich der Rat 1704 über eine junge Braut, die sich als Jungfrau „proclamieren" ließ, aber bereits ein Kind erwartete. Der Rat sperrte sie deshalb ins Gefängnis. Einige Tage danach ordnete er die Trauung an. Das Paar konnte sich seines Hochzeitstages nicht erfreuen. Während der kirchlichen Handlung mußten Braut und Bräutigam auf einer eigens für sie in der Nähe des Altares aufgestellten Bank Platz nehmen; außerdem durften sie kein Hochzeitsmahl veranstalten. Dazu hatten sie noch eine Geldbuße an die Stadt zu entrichten. Diese unverständliche Einstellung des Rates und der Öffentlichkeit mag die zahlreichen Kindsmorde erklären, von denen die Chroniken Regensburgs immer wieder berichten.

Das Museum besitzt zwei aufschlußreiche Aquarelle, die Trauungen von Regensburger Paaren nach katholischem und protestantischem Ritus aus der Zeit um 1800 darstellen. Die Blätter sind auch kostümgeschichtlich interessant. Allerdings reicht hier der Bräutigam der Braut nicht die rechte Hand, wie es der Ritus vorschreibt, sondern die linke, wohl eine vereinfachende Darstellung des Malers.

DIE TAUFE

Im alten Regensburg war die Taufe eines Kindes ein Fest, das über die Familie hinaus die ganze Verwandtschaft und Nachbarschaft bewegte. Schon vor der Taufe begannen die Feierlichkeiten. Das erste Bad des Kindes bot Anlaß zu einer „Badmahlzeit". An die Taufhandlung in der Kirche schloß sich der üppige Taufschmaus an, und der erste Ausgang von Mutter und Kind wurde durch die sogenannte „Herfürgangsmahlzeit" gefeiert. Diese Feste wurden meist so verschwenderisch und ausgelassen begangen, daß sich der Rat gezwungen sah, 1689 eine besondere „Kind-Tauff-Ordnung" zu erlassen. Danach war es bei zwölf Reichstalern Strafe verboten, „große Baad-, Hertürgangs- und andere Mahlzeiten zu halten". Auch das Backen von Krapfen und Kücheln anläßlich einer Taufe war streng untersagt. Die Hebammen waren vom Rate beauftragt, die Taufgesellschaften vor diesen Schmausereien zu warnen.

Ebenso großzügig scheinen auch die Patengeschenke gewesen zu sein. Um möglichst viele Taufgeschenke zu erhalten, kam die Unsitte auf, gleich mehrere Paten zu erbitten. Das übliche Geschenk war ein Beutel mit Münzen, den der Pate dem Täufling unter das Kissen legte. Dazu schenkte der Pate auch ein Hemd, das „Dodenhemd", das Schutz gegen verschiedene Gefahren bieten sollte und an das sich allerlei Aberglaube knüpfte. Auch gegen die übergroßen Geschenke richtete sich die Taufordnung, da fast stets „über Vermögen und Stand" gegeben wurde. Bei vornehmen Bürgern, etwa reichen Kaufleuten oder Apothekern, durfte als Patengabe höchstens ein Dukaten und ein Goldgulden geschenkt werden, bei kleineren Leuten genügte ein halber Reichstaler. Die Reichsstadt ließ als Patengeschenk eigens schöne Taufmünzen prägen, die neben Bibelsprüchen symbolische Darstellungen der Taufe und das Regensburger Stadtwappen zeigen.

Nicht nur die weltliche Feier der Taufe begingen die Regensburger mit großem Aufwand. Um die Festlichkeit auch der kirchlichen Taufhandlung zu steigern, erfuhren die Taufbecken und Taufschüsseln zumeist eine beachtliche künstlerische Ausstattung. Da ist zunächst das Taufbecken der Niedermünsterkirche zu nennen, das um 1300 entstand. Den wertvollen, gebuckelten Bronzekessel zieren kleine Menschengesichter und Büsten. Aus spätgotischer Zeit stammt das kelchförmige Becken der St.-Rupertus-Kirche, auf dem noch Spuren einstiger Bemalung zu erkennen sind. Seit dem 17. Jahrhundert kamen neben den Taufbecken auch Taufschüsseln und Taufkannen in Gebrauch. Ein prächtiges Beispiel dafür besitzt die Dreieinigkeitskirche. Die wertvolle Schüssel zeigt, in Silber getrieben und vergoldet, die Taufe Christi, umrahmt von Putten und biblischen Szenen. Die Kanne, von einem Augsburger Goldschmied geschaffen, zieren an der Wandung die Reliefdarstellungen von Gottvater und Gottsohn. Die Bekrönung bildet der Heilige Geist in Gestalt der Taube.

HANDWERKERBRÄUCHE

Nachrichten über Brauchtum der Handwerker in Regensburg fließen verhältnismäßig spärlich. Über ein Fastnachtsspiel der Schreiner und ihr „Lichtverbrennen" sowie über einen brauchmäßigen Umzug mit Tanz der Lederer wurde bereits S. 475 berichtet. Jede Zunft hatte ihre eigene „Herberge". Die Mitglieder der einzelnen Handwerkszweige trafen sich in einem bestimmten Gasthaus zu geselligem Beisammensein. Dort fanden auch die wandernden Gesellen der jeweiligen Zunft Unterkunft und Nachtquartier. Wechselte eine Zunft ihre Herberge, so geschah das mit Musik und Aufzug. Bei der Verlegung der Herberge der Küfner 1585 gestattete der Rat allerdings nur eine „stille Musik"; keine Trommeln, nur Geigen und Pfeifen. Die Hofbibliothek besitzt ein Aquarell aus dem Jahre 1821: „Schuster Auszug aus ihrer Alten Herberge in die Neue 1821: den 4. Juni". Das Blatt zeigt einen von vier Pferden gezogenen Wagen, auf dem neun Schustergesellen rittlings sitzen. Unter einem mit Grün umwundenen Bogen am Vorderteil des Wagens hängt ein großer Stiefel. Das Gefährt zieht eben am Rathaus vorüber. Auch ihre sogenannten Jahrtage begingen die Zünfte festlich mit Gottesdienst, Umzug und Musik. Gumpelzhaimer berichtet vom Jahrtag der Schuhmacher 1755. In ihrem Festzug führten sie einen großen Stiefel aus Pappe mit, in dem ein Mann ging. Vor der Residenz des Principalkommissars, Fürst Alexander Ferdinand von Thurn und Taxis und vor dem Stadtkammerer (Bürgermeister) führten sie Fahnenschwingen und Fechtübungen auf. Ein weiteres Aquarellblatt der Hofbibliothek trägt den Titel: „Der Bäckenknecht ihr Jahrtag und Auszug von Ao. 1800". Die Bäcker marschieren in Zweierreihen auf, jeder trägt einen Krug oder Pokal in der Hand. Ein Fahnenträger führt den Zug an. Die reichsstädtische Garnison stellt die Musikkapelle: Trompete, Hörner, Pfeifen, Trommel und Tschinelle. Nach Hosangs Zeugnis war der Brauch der festlichen Begehung der Handwerkerjahrtage um 1840 erloschen.

1510 führten die Regensburger Stadtknechte einen Schwerttanz auf. Auf der Donau beim Oberen Wöhrd fanden Fischerstechen statt.

DAS HAHNENSCHLAGEN

Im Volksglauben nimmt der Hahn eine bevorzugte Stellung ein. Er gilt als glückbringend und unheilabwehrend. Wir finden ihn deshalb auf der Spitze des Kirchturmes und auf den Giebeln von Haus und Scheune. Als Wetterprophet kehrt sein Name in den Bauernregeln immer wieder. Der Hahn diente durch sein Krähen einstmals als Uhr in der Nacht, sein Schrei kündete den Tag und verscheuchte die Dämonen der Nacht. Die Zunge eines Hahnes, vom jungen Mann dem Mädchen unauffällig zu essen gegeben, sollte Liebeszauber bewirken. Der rote Hahn ist das Symbol des Feuers. In Sagen erscheint er nicht selten als gespenstiges Tier, dessen Gestalt selbst der Teufel annimmt.

Durch die wichtige Rolle, die der Hahn im Volksglauben spielte, fand er als Objekt unmittelbar Eingang in das Brauchtum. An den Kirchweihfesten, im Fasching, zu Pfingsten, an Johanni und Michaeli, aber auch bei sonstigen festlichen Anlässen war das sogenannte Hahnenschlagen eine beliebte Volksbelustigung. Auch für Regensburg ist dieser alte Brauch verbürgt. Dabei wurde ein lebender Hahn unter einen Korb oder Topf gesetzt, aus dessen oberer Öffnung das Tier mit dem Kopf herausschaute. Einem der am Hahnenschlagen Beteiligten wurden die Augen verbunden. Mit einer Stange oder einem Dreschflegel schlug er dann in Richtung des Tieres. Der erste, der den Hahn traf und tötete, galt als Sieger und war der sogenannte Hahnenkönig.

Die Hofbibliothek besitzt ein Aquarell aus dem Ende des 18. Jahrhunderts. Es zeigt das Hahnenschlagen auf dem Fischmarkt, ausgeführt von den Regensburger Metzgerknechten im Jahre 1780. Vorne, in unmittelbarer Nähe des Fischbrunnens, ist der Hahn sichtbar. An der rückwärtigen Hauswand — der Darstellung nach müßte es das ehemalige Gasthaus „Zum Weißen Ochsen" sein (Fischmarkt 2 (F 46)) — steht eine Gruppe Burschen. Einer von ihnen hält die Stange in

234. Das Hahnenschlagen auf dem Fischmarkt. Aquarell, Ende des 18. Jahrhunderts. Hofbibliothek

Händen, während ihm ein anderer die Augen verbindet. In einem Fenster im ersten Stock des Hauses sitzt ein Mann. Aus einem Krug schüttet er Wasser auf zwei Burschen, die in gebückter Haltung diese „Taufe", wahrscheinlich als Strafe für ihren Fehlschlag, in Empfang nehmen. War das Tier dann endlich auf diese, für unsere Begriffe verabscheuungswürdige Art getötet, wurde es zubereitet und gemeinsam verzehrt.

Eng zusammen mit dem Hahnenschlagen hängt der Hahnentanz, bei dem das geschickteste Tänzerpaar einen Hahn als Preis erhält. Burschen und Mädchen tanzen um eine Stange, auf der ein Hahn in einem Korbe sitzt — daher das Sprichwort „Hahn im Korbe sein". Auf einem seitlich abstehenden Brett befindet sich in einiger Höhe ein Glas mit Wasser. Beim Herumtanzen muß das Mädchen seinen Tänzer so hoch heben, daß er mit dem Kopf das Brett berührt. Wer das Glas umstößt, gilt als Sieger. Bedingung dabei ist jedoch, daß während des Emporhebens der Rhythmus des Tanzes nicht unterbrochen wird.

Auszug der Schuster in eine neue Herberge (s. S. 509). Aquarell, 1821. Hofbibliothek

Madonnen, Legenden
Heilige und Reliquien

DAS GNADENBILD DER ALTEN KAPELLE

Unter den Marienheiligtümern Bayerns nimmt das Gnadenbild der Alten Kapelle eine bevorzugte Stellung ein. Es ist nach dem Vorbild einer byzantinischen Ikone gemalt und gehört dem Typus der sogenannten Lukasbilder an. Weil der Evangelist Lukas in seinen Aufzeichnungen ein so anschauliches Bild der Gottesmutter gezeichnet hat, entstand die Legende, er sei Maler gewesen und habe Bilder Mariens gefertigt.

Der Tradition nach soll Kaiser Heinrich II., der Heilige, anläßlich seiner Kaiserkrönung in Rom am 14. Februar 1014 das Bild von Papst Benedikt VIII. zum Geschenk erhalten haben. Nach seiner Rückkehr aus Italien habe es der Kaiser der Alten Kapelle überlassen. Erstmals wird das Bild 1451 genannt anläßlich der Stiftung des Festes Mariä Schnee in der Alten Kapelle durch den Dekan Rudolf von Häringen. Bei den sog. Heiltumsweisungen (s. d.) wird 1496 auch das Lukasbild der Alten Kapelle erwähnt.

Das Bild stammt aus dem ersten Viertel des 13. Jahrhunderts und dürfte in Süddeutschland, vielleicht in Regensburg, entstanden sein. Es zählt zu den ältesten deutschen Tafelbildern. Bildträger ist eine kreidegrundierte, aus zwei Brettern von Buchenholz verleimte Platte. Maria ist in einen schwarzen Umhang und ein eng anliegendes schwarzes Kopftuch gehüllt. Auf Stirne und Schulter erscheint ein großer Stern. Auf ihrer gewinkelten Rechten sitzt das Kind, die linke Hand ruht auf der Brust. Die Nimben von Mutter und Kind sind aus vergoldetem Silber aufgelegt und mit Steinen besetzt. Gleichfalls aus Metall ist die den Mantel schließende Rosette sowie der Saum am linken Ärmel Mariens. Anläßlich einer Renovierung des Bildes in den Jahren 1960/62 in München konnte festgestellt werden, daß seine derzeitige Fassung auf den Schichten früherer Übermalungen aufgetragen ist, unter denen das Urbild verborgen liegt. Die Entstehungszeit dieses Originalbestandes wäre nur durch eine Freilegung zu bestimmen. Das aber würde eine weitgehende Zerstörung der jetzigen Fassung bedeuten und das Ergebnis wäre eine kunstgeschichtlich zwar interessante, bildmäßig jedoch eine unbefriedigende, nur noch fragmentarische Form. Aus diesem Grund entschloß sich das Stift zur Alten Kapelle, das Bild in seiner derzeitigen Fassung zu belassen.

Nachdem die Restaurierungsarbeiten an dem Gnadenbild 1962 abgeschlossen waren, fand man unter der Deckfarbe auf der Rückseite der Tafel die Fragmente eines Bildes, das Christus als

235. Alte Kapelle, Gnadenbild. Derzeitige Fassung um 1220

Gnadenbild der Alten Kapelle. Andachtsbild. Kupferstich von Johann van den Berg. Spätes 17. Jahrhundert. Hofbibliothek

thronenden Herrscher darstellt. Eine Rekonstruktion dieser Darstellung befindet sich nun an der Nordwand der Gnadenkapelle.

Bei diesem Tafelbild handelt es sich um eine Bildtüre. Spuren von Scharnieren an der rechten Seite, Einstemmungen, zwei Riegellöcher und die Bemalung der Schmalseiten weisen darauf hin. Die zweiseitige Bemalung kann geradezu als Beweis dafür angesehen werden. Im hohen Mittelalter führten hohe Geistliche auf ihren Reisen sog. Kapellen mit sich, Schreine, die das zur Meßfeier notwendige Kultgerät, daneben aber auch Heiligenbilder und Reliquien enthielten. Die Türe eines solchen Schreines könnte unser Gnadenbild gewesen sein. Zu denken wäre auch an ein Sakristeikästchen mit beidseits bemalter Türe, wobei das Marienbild an der Außenseite erschien.

Das Gnadenbild befand sich ursprünglich im Chor der Alten Kapelle. Um es den Gläubigen besser zugänglich zu machen, überführte man es am 8. September 1694 in feierlicher Prozession an seinen jetzigen Platz in der Jakobskapelle, die seit dieser Zeit „Gnadenkapelle" genannt wird. Die zahlreichen kostbaren Geschenke und Votivgaben, die gläubige Herzen vor dem Bild der Gottesmutter niedergelegt, beweisen, welch innige Verehrung es einstmals genoß. Die Frau Fuggerin von Taufkirchen schenkte zu dem Bild einen Ring mit 23 Diamanttäfelchen und einem spitzen Diamanten. Der Dekan Karl von May stiftete 1638 eine silberne Ampel, der Kanonikus J. G. Sartori gab einen zehnfachen Dukaten und bestimmte, daß die Münze der Gottesmutter angehängt werden müsse. Auch heute finden immer wieder Gläubige den Weg zur Alten Kapelle, um ihre Nöte und Anliegen der Gottesmutter vor dem Gnadenbild zu Füßen zu legen.

Ursprünglich hatte das Gnadenbild nur einen Rahmen aus Holz. Das Kapitel zur Alten Kapelle beschloß daher, aus den zahlreichen Gold- und Silbervotiven einen neuen Rahmen fertigen zu lassen und betraute den Augsburger Goldschmied Lorenz Anton Kolb 1752 mit dieser Aufgabe. Der schwere Rahmen besteht aus vergoldetem Kupfer und trägt eine prächtig gearbeitete Silberauflage. Die Kosten dafür beliefen sich auf 1613 Gulden und 30 Kreuzer.

1810 mußte das Gnadenbild seinen Platz ein halbes Jahrhundert lang verlassen. Der bayerische Staat beanspruchte es als Kunstobjekt. Es kam zunächst in die Gemäldegalerie nach Schleißheim und dann in das Bayerische Nationalmuseum nach München. Erst 1862 gelang es, wenn auch unter Opfern, das Bild von der Direktion des Nationalmuseums wieder zurückzuerhalten. Entscheidend wirkte dabei der Einfluß Bischof I. v. Senestrys. Am 7. April 1864 erfolgte in feierlicher Form die Übertragung des Bildes an seinen alten Platz.

Thomas Scheffler, der 1752 das Langhaus der Alten Kapelle mit Deckengemälden zierte, hat die Tradition um das Gnadenbild aufgegriffen und zum Thema eines Freskos gewählt. Unter der lichtdurchfluteten Kuppel einer Renaissancekathedrale — es soll die Peterskirche in Rom sein — ist ein Baldachinaltar mit dem Gnadenbild aufgerichtet. Davor knien Kaiser Heinrich und seine Gemahlin Kunigunde, um das Bild aus der Hand des Papstes zu empfangen.

DIE SCHÖNE MARIA

Die Geschichte der Menschheit ist gezeichnet von Krisen und Irrtümern, von Elend und Angst. Kaum jemals aber schlug die geistige und materielle Not solche Wogen, wie an der Wende des Mittelalters zur Neuzeit. Das Jahr 1519 war für Regensburg eines der bedeutungsvollsten seiner Geschichte. In dieser Zeit politischer Spannungen und wirtschaftlicher Erschütterungen, als Luther seinen Kampf gegen die Kirche eröffnete, wurde Regensburg zur bedeutendsten Wallfahrt des ausgehenden Mittelalters. Auf den Trümmern der zerstörten Synagoge am Neupfarrplatz (s. d.) errichtete man in Eile eine kleine Holzkapelle mit dem Tafelbild einer Madonna: der „Schönen Maria" von Regensburg.

Altdorfers Tafelbild der Schönen Maria

Die große Gedächtnisausstellung zum 400. Todesjahr Albrecht Altdorfers, die 1938 in München stattfand, brachte ein bis dahin unbekanntes Werk Altdorfers wieder ans Licht. Die Untersuchung eines Altarbildes in der Kirche St. Johann in Regensburg durch den damaligen Generaldirektor der Bayer. Gemäldesammlungen, Ernst Buchner, ergab, daß es sich hierbei mit größter Wahrscheinlichkeit um ein Originalwerk Altdorfers, um ein Bild vom Typ der Schönen Maria handelt. In den Restaurierungswerkstätten der Bayer. Staatsgemäldesammlungen befreite Prof. Lischka das Bild von Anstückelungen, entstellenden Übermalungen, Verkittungen und einem im 19. Jahrhundert aufgelegten Goldhintergrund. Unter den Schichten trat dann wirklich die Schöne Maria von Albrecht Altdorfer in ihrer ursprünglichen Wirkkraft zutage. Das Gemälde bildete einen der Mittelpunkte der denkwürdigen Ausstellung.

Altdorfers Schöne Maria ist eine freie künstlerische Umsetzung der sog. Lukasmadonna der Alten Kapelle (s. d.). Maria trägt eine Gewandung, bestehend aus Unterkleid, Kopf- und Schultertuch, das in elegant geknoteten Fransen endet. Zwei Schneekristallen ähnliche Sterngebilde auf Kopf und Schulter sind deutlich der Lukasmadonna der Alten Kapelle entlehnt. Die Kleidung ist von dunkelblauer Farbe, deren Tiefe sie fast schwarz erscheinen läßt. Auf ihrer Rechten hält die Madonna den Jesusknaben, der die Hand segnend erhebt. Auf der Schriftrolle in seiner linken Hand stehen die Worte: „IHES. / CHRIS / TUS. V / AME". Über den fein gemalten Gesichtern von Mutter und Kind liegt eine durchsichtige elfenbeintonige Blässe, in die der Künstler tiefe, rotviolette Schatten setzte. Die linke Hand der Madonna erscheint etwas oberflächlich gemalt, wenig modelliert, steif, vielleicht in zu starker Anlehnung an das Lukasbild der Alten Kapelle.

Madonna und Kind stehen vor einem mit Blattgold belegten Hintergrund, auf den lasierend mit Krapprot eine Aureole gemalt ist. Diese Technik bewirkt ein karmin- bis purpurrotes Aufleuchten der Umrandung und der einfallenden Strahlen.

Das Bild, eine Lindenholztafel, 75,8 × 65 cm messend, ist undatiert und unsigniert. Entstehungszeit um 1519. Im Besitz des Kollegiatstifts St. Johann.

Die Wallfahrt zur Schönen Maria

Noch vor Vollendung der Kapelle wurde darin ein Marmoraltar errichtet, den Peter Krafft, Weihbischof von Regensburg, am 25. März 1519 feierlich konsekrierte. Dieser Altar nahm das Gnadenbild auf. Dr. Balthasar Hubmaier, seit 1516 Domprediger in Regensburg, hielt am Nachmittag vor Tausenden von Menschen eine Festpredigt auf dem Platz vor der Kapelle. Seit seinem Aufenthalt in Regensburg trat er fanatisch gegen die Juden auf und nutzte seine Beredsamkeit, den Haß gegen sie bei der Bevölkerung zu schüren. Er war einer der Hauptverantwortlichen bei der Vertreibung der Juden aus Regensburg (s. S. 74). Der Rat stellte ihn als Kaplan bei der neuen Kapelle an. Hubmaier gilt als der eigentliche Initiator der Wallfahrt. Er führte den Namen „Zur Schönen Maria" in Regensburg ein und machte ihn volkstümlich; war er doch früher Prediger an der Kirche der „Schönen Maria" in Ingolstadt. Ursprünglich nannte man nur die Kapelle zur „Schönen Maria". Binnen weniger Tage übertrug sich der Name auch auf das Gnadenbild.

Eine leidenschaftliche Verehrung schlug zu diesem Bild empor. Von wundergläubigem Verlangen getrieben kamen alljährlich Tausende und aber Tausende von Pilgern nach Regensburg, um

236. Kollegiatstift St. Johann. „Schöne Maria".
Tafelbild von Albrecht Altdorfer

237. Michael Ostendorfer: Wallfahrt zur „Schönen Maria". Holzschnitt, um 1520

von der „Schönen Maria" Fürsprache in ihren Anliegen zu erflehen. Geradezu eine Wallfahrtsmanie befiel das Volk. Im wollenen Büßerkleid und mit ausgebreiteten Armen erschienen die Pilger auf dem Neupfarrplatz, ganze Pfarrsprengel wallfahrteten singend und betend nach Regensburg. Wo sie durchzogen, verließen viele Haus, Hof und Arbeit und schlossen sich, wie sie gerade waren, dem Zuge an: der Bauer mit der Sense, die Magd mit dem Melkeimer. Allein am St.-Georgs-Tag 1520 kamen 50 000 Pilger zur Schönen Maria, wie dies der Chronist Leonhard Widmann glaubwürdig versichert. Als Wallfahrtsandenken ließ der Rat bleierne und silberne Wallfahrtszeichen prägen, die sehr begehrt waren und beim Volk in hohem Ansehen standen. Oft reichten sie bei weitem nicht aus und es „haben vil, die nichts bekommen, geweint und lär heimziehen müssen", schreibt Widmann. Der damalige Dombaumeister Erhard Heydenreich schenkte der Kapelle eine von ihm 1516 gemeißelte lebensgroße Steinplastik einer Madonna. Der Rat ließ dieses Marienbild am 27. März 1519 auf einer Rundsäule vor der Kapelle aufstellen, das gleich dem Tafelbild auf dem Altar stürmische Verehrung genoß.

Ein um 1520 entstandener Holzschnitt Michael Ostendorfers vermittelt ein eindrucksvolles Bild von der mit Fanatismus und Leidenschaft getragenen Wallfahrt. In ekstatischer Verzückung liegen und knien Pilger vor der Säule der „Schönen Maria", andere recken die Arme flehentlich zum Gnadenbild empor. Prozessionen nahen sich mit Fahnen und einer großen, mit Wachs umwickelten hölzernen Stange, auf deren Spitze später die geopferten Kerzen entzündet und verbrannt wurden. An den Außenwänden der Kapelle hat das Landvolk Sicheln, Gabeln, Körbe, Rechen und Eimer als Opfergaben zurückgelassen. Die offene Kapellentüre gestattet einen Blick auf das Gnadenbild, eine Madonna mit dem Jesusknaben auf dem rechten Arm. Im Hintergrund die zerstörten Häuser der Judenstadt.

Vor dem Altar legten die Wallfahrer in Messingschalen ihre Gaben nieder: goldene und silberne Votive, Kleider, Wäsche, Wappenröcke, Wachs, Kleintiere. Großvieh banden die Bauern vor der Kapelle an. Stadt- und Dorfgemeinden schenkten oft Kerzen von solcher Größe, daß man, um sie anzuzünden, eine zwölfsprossige Leiter bereitstellen mußte. Ein Wallfahrer aus Bopfingen wollte der „Schönen Maria" einen Schimmel überbringen. Auf dem Weg nach Regensburg überfiel ihn ein Räuber und nahm ihm das Pferd weg. War es nicht ein Wunder der „Schönen Maria", daß der Wegelagerer alsbald in Bopfingen ergriffen werden konnte? Eiligst sandte man das für die „Schöne Maria" bestimmte Tier nach Regensburg.

„Wunderberliche czayche vergangen Jars beschehen in Regenspurg tzw der schönen Maria der mueter gottes hye in begriffen" heißt der Titel eines Mirakelbuches von 1522, das die Wunder verzeichnet, die sich seit 1521 ereigneten. Michael Ostendorfer fertigte dazu den Titelholzschnitt: das Kirchlein, davor die Madonna Heydenreichs und Pilger. Einige besonders merkwürdige Fälle seien daraus nachfolgend aufgeführt: „Zacharias Posch von Beratzhausen ist sein Hausfrau 8 Tag zu Kindlen schwerlich gelegen, sich der Hauswirt versprochen ganz nackend zu der Schönen Maria nach Regensburg zu kommen, in derselben Stund die Hausfrau mit dem Kind erfreut worden." — „Katharina Hansweissen zu Landshut hat ihr Mann dreimal aus absonderlich bösem Willen vom Leben zum Tod bringen wollen und zuletzt der Frauen Schlafhauben, damit sie erwürgen wollen, am Hals zu drei Stücken gerissen; sein Vornehmen aber nit vollbringen wollen, da sie sich anfänglich zu der Schönen Maria zu Regensburg mit Wasser und Brot, wollen und barfuss und mit ein Pfund Wachs zu kommen versprochen." — Franz Fischer, ein Ziegelbrennergeselle aus Breslau, spottete über die „Schöne Maria". Plötzlich aber überkam ihn eine brennende Reue und er „läuft mit dem Brotmesser, altem Hemd und zerrissenen halben Hosen vier ganze Tag und nacht ohne Unterlass ungegessen und ungetrunken, das Brotmesser aus der Hand nicht tun können, bis er kommen nach Regensburg zur Schönen Maria; hat er selbst auf den Altar gelegt und solches angezeigt."

Das Museum verwahrt zwei Mirakelbilder mit der Jahreszahl 1521 aus der Kapelle der „Schönen Maria". Die Bildtafeln stammen aus der Werkstatt Albrecht Altdorfers. Sie sind die einzig noch erhaltenen aus der einst großen Zahl von Votivbildern, die in der Kapelle aufgehängt waren. 1643 gelangten sie in die Loretokapelle bei St. Magn in Stadtamhof (s. S. 420). Aus dieser Zeit stammen die barocke Unterschrift sowie der gemeinsame Rahmen. Die Bilder zeigen Verwundung und anschließende Operation des Cuntz Seytz aus Pfaffenreut. Das 1522 bei Paul Kohl gedruckte Mirakelbuch schildert ausführlich das Unglück und die wunderbare Heilung des Schwerverwundeten. Drei seiner Widersacher überfielen Seytz, einer stieß ihm dabei einen Spieß in den Magen. Der Arzt nähte die Wunde nur oberflächlich zusammen, denn niemand glaubte an eine Genesung. Acht Tage blieb der Verletzte in diesem Zustand. Alle Speisen, die er zu sich nahm, traten aus dem geöffneten Magen in den Leib. In seiner Todesangst gelobte er, der Schönen Maria ein drei Pfund schweres Wachsbild zu

238. Titelbild des Mirakelbuches von 1519. Holzschnitt von Michael Ostendorfer. Staatliche Bibliothek Regensburg

239. Albrecht Altdorfer: „Schöne Maria". Farbholzschnitt, mit sechs Stöcken zu drucken, um 1519/20

opfern. Im Vertrauen auf sie ließ er abermals den Wundarzt rufen und bat ihn, daß er doch seine ganze Kunst an ihm versuchen möge. Dieser öffnete den Einstich und vernähte Magen und Außenwunde. Bereits nach vierzehn Tagen konnte Seytz mitsamt dem Täter die wunderbare Heilung melden. Die linke der Bildtafeln schildert, wie einer der Angreifer dem Cuntz Seytz einen Spieß in den Leib stößt, während er selbst mit dem Säbel zum Gegenschlag ausholt. Die rechte Tafel veranschaulicht die Operation. Der Verwundete liegt mit schmerzverzerrtem Gesicht flach auf dem Bett. Den Blick richtet er nach dem Bild der Schönen Maria, die, von Wolken umgeben, über der Szene schwebt. Während ein Mann vor dem Bett kniet und mit der Hand die Fleischlappen des Leibes zurückhält, ist der Arzt gerade damit beschäftigt, den durchstochenen Magen zu operieren. Eine Frau blickt dem Kranken mitleidvoll ins Gesicht. Auf dem Fensterbrett liegen chirurgische Instrumente und Verbandzeug.

Der Farbholzschnitt Albrecht Altdorfers

Mehrfach beschäftigte die „Schöne Maria" die Kunst Albrecht Altdorfers. In Anlehnung an das Tafelbild schuf er um 1519/20 einen mit 6 Stöcken zu druckenden Farbenholzschnitt, der die Schöne Maria mit den typischen Mantelfransen und den Sternzierden zeigt. Der die Madonna umgebende Architekturrahmen dürfte dem 1519 angefertigten und vielleicht von Altdorfer entworfenen Marmorrahmen entsprechen, in den das Gnadenbild gefaßt war. In einer Tafel im Sockelteil steht in dreifacher Wiederholung der Satz: „Ganntz schön bistu mein fründtin vnd ein mackel ist nit in dir. Aue Maria." Man darf annehmen, daß von diesen Holzstöcken eine riesige Auflage von vielen Tausend Blättern gedruckt wurde. Die Wallfahrer konnten dieses großformatige Andachtsbild (340 × 244 mm) erwerben und als Erinnerung mit nach Hause nehmen. Heute existiert nur noch ein einziges Blatt, das zu Lebzeiten Altdorfers gedruckt wurde. Noch gegen Ende des 17. Jahrhunderts wurden von den weitgehend verbrauchten Holzstöcken Abdrucke gefertigt. Von den originalen Holzstöcken haben sich der für Schwarz- und der für Blaudruck erhalten.

Das Erlöschen der Wallfahrt — die Neupfarrkirche

Dem Rat, der die Kapelle erbaut hatte, gehörten auch die wertvollen Opfergaben, die er von Zeit zu Zeit versteigerte. Von dem Erlös sollte eine riesige Wallfahrtskirche entstehen. Von den eingeforderten Entwürfen erhielt der des Hans Hieber aus Augsburg den Zuschlag. Nach seinen Vorstellungen sollte ein phantasievolles Bauwerk entstehen: die Verschmelzung eines sechseckigen Zentralbaues mit dem Langhaus. Das prachtvolle Holzmodell verwahrt das Museum.

Noch im September 1519 konnte der Grundstein gelegt werden. Der Bau zog sich nun über mehrere Jahre hin. Die Wallfahrt, die so jäh aufgeblüht war, begann schon nach wenigen Jahren zu erlahmen. Seit 1525 hatte der Zustrom der Pilger weitgehend aufgehört. Streitigkeiten zwischen Bischof und Rat um die Opfergelder, vorrangig aber reformatorische Strömungen und eine antiklerikale Stimmung in der Reichsstadt dürften die Wallfahrt völlig zum Erliegen gebracht haben. Bereits 1523 mußten erhebliche Abstriche vom ursprünglichen Entwurf für die große Wallfahrtskirche vorgenommen werden. Als nach 1525 kaum noch Mittel zur Fortführung des Baues vorhanden waren, entschloß man sich, die unvollendeten Türme notdürftig abzudecken und das nach Westen offene Schiff mit einer Mauer zu schließen. Rat und Bürgerschaft von Regensburg traten 1542 offiziell zur Lehre Luthers über. Aus der Wallfahrtskirche zur Schönen Maria wurde die erste evangelische Pfarrkirche der Stadt, die „neue Pfarrkirche", kurz „Neupfarrkirche" genannt. Um ein Wiederaufleben des Wallfahrtskultes zu verhindern, ließ der Rat am 14. Juni 1543 die Statue Heydenreichs entfernen; wahrscheinlich wurde sie zertrümmert. Selbst auf katholischer Seite blieb dieser Vorgang ohne nennenswerte Reaktion. Zumindest wurde kein Versuch unternommen, die Plastik zu retten oder sicherzustellen, nachdem erst wenige Monate vorher der evangelische Prediger Gallus zweimal von der Kanzel aus die Entfernung der Statue gefordert hatte. Der Verbleib des eigentlichen Gnadenbildes und die Vorgänge um sein Untertauchen liegen im Dunkel.

Die Frage um das Gnadenbild

Trotz eingehender Forschungen bleibt die Frage nach dem eigentlichen Gnadenbild offen. Zahlreich sind die Hypothesen und Spekulationen, die seit 1938 angestellt wurden, nachdem Ernst Buchner das Tafelbild der Schönen Maria aus St. Johann als ein Werk Albrecht Altdorfers erkannte. In der ersten Begeisterung darüber gab Buchner im Ausstellungskatalog zum 400. Todesjahr Altdorfers das Gemälde als das Gnadenbild der Wallfahrtskapelle aus. Vielleicht blieb damals für ein umfassenderes Quellenstudium auch zu wenig Zeit. Länger als ein Jahrzehnt zweifelte niemand an der Identität dieses Bildes. Franz Winzinger bestritt erstmals 1952, daß Altdorfers Tafelbild der Schönen Maria das

Gnadenbild aus der Kapelle gewesen sei. Altgraf zu Salm tritt 1962 für das Lukasbild der Alten Kapelle (s. d.) als Gnadenbild ein. Dieser Meinung schließt sich Franz Winzinger 1975 dahingehend an, daß das Bild erst nach dem Erlöschen der Wallfahrt in die Alte Kapelle gekommen sei. Bereits 1964 verweist W. Pfeiffer auf eine wichtige Stelle bei Th. Leonhard (Die Reformationsgeschichte der Reichsstadt Regensburg, I/1936), wonach der Ratsherr Hans Portner das Bild gestiftet habe: „Er ließ eine Kopie anfertigen". Gerlinde Stahl zeigt 1968 in einem Exkurs alle seit 1938 veröffentlichten Hypothesen exakt und lückenlos auf. In dem Tafelbild der „Schönen Maria" sehen A. Hubel („Die Schöne Maria" von Regensburg. In: 850 Jahre Kollegiatsstift St. Johann in R. [1127–1977]) und F. Winzinger (Brief v. 1. 9. 1979 an den Verfasser) eine Kopie des Gnadenbildes aus der Kapelle, das, wahrscheinlich in einer Mehrzahl von Exemplaren hergestellt, vermögenden Wallfahrern zum Kauf als Andenken angeboten wurde. Als Beweis dafür nennt Hubel u. a. die etwas flüchtige Behandlung des Hintergrundes sowie eine gewisse mangelnde Durchbildung der linken Hand Mariens. Es ist jedoch nicht zu übersehen, daß die Gesichter von Mutter und Kind mit Akribie und Hingabe gemalt sind, was eindeutig gegen eine „Serienproduktion" spricht.

Wenn der Farbholzschnitt Altdorfers (s. d.) als weitgehend übereinstimmend mit dem unbekannten Gnadenbild angenommen wird, wie erklärt sich dann der ikonographische Unterschied zwischen diesem und dem Tafelbild, das angeblich ja auch eine Kopie des nicht nachzuweisenden Gnadenbildes darstellen soll?

Nicht zu übersehen ist, daß die Werkstatt Altdorfers mit Aufträgen reichlich versehen war, der Meister selbst für Herzog Wilhelm IV. von Baiern und den kaiserlichen Hof in Wien arbeitete. Selbst bei Berücksichtigung der Tatsache, daß der Künstler damals auch noch Handwerker war, läßt es sich kaum vorstellen, daß Altdorfer Gemälde von seiner Hand sozusagen am Andenkenstand feilbieten ließ.

Unter Berücksichtigung all dieser Umstände fällt es schwer, sich der These anzuschließen, das Tafelbild in St. Johann sei nicht das Gnadenbild, sondern nur eine Kopie desselben. Auf spekulativem Wege wird es wohl nie gelingen, einen schlüssigen Beweis für oder gegen die Identität des Tafelbildes in St. Johann mit dem Gnadenbild zu erbringen. (Bei den Verfassernamen vgl. das Literaturverzeichnis am Schluß des Buches.)

Die Schöne Maria von St. Kassian

Die Jahrhundertfeiern zur Einführung der Reformation in Regensburg weckten beim katholischen Bevölkerungsteil verstärkt die Erinnerung an die Schöne Maria. Das war schon so 1642, als die Wallfahrt zur Schönen Maria in der Loretokapelle in Stadtamhof auflebte (s. S. 420). Auch das zweihundertjährige Jubiläum, 1742, mag Anlaß zur Wiederbesinnung auf die Schöne Maria und wenige Jahre später zur Wiederbelebung einer Wallfahrt in der Kassianskirche gewesen sein. Initiator dieses Kultes war der Kanoniker und Pfarrer von St. Kassian, Johann Anton Götz. Am 13. August 1747, dem Namensfest des hl. Kassian, ließ er eine Holzfigur der „Schönen Maria", die bereits in der Kapelle auf dem Neupfarrplatz stand und dann in die Minoritenkirche gelangte, nach St. Kassian überführen, wo sie auf dem Hochaltar Aufstellung fand.

Die Wallfahrt zu diesem Marienbild nahm alsbald einen so großen Aufschwung, daß von den Opfergeldern schon zwei Jahre später, ab 1749, mit der Ausschmückung des Kirchenraumes im Stil des Rokoko begonnen werden konnte. Der Maler Gottfried Bernhard Götz schuf die bedeutenden Wand- und Deckenfresken. Zwei Deckenbilder des südlichen Seitenschiffes beziehen sich auf die Wallfahrtsgeschichte. Im Mittelpunkt des westlichen Gemäldes ragt die Säule mit der Marienstatue Heydenreichs auf, zu deren Füßen die Stadt Regensburg, allegorisch dargestellt durch eine Frau mit dem Schlüsselwappen auf dem Haupt. Die Juden fliehen unter Zurücklassung ihres Geldes. Im Hintergrund der Abbruch der Synagoge. Das folgende Deckenbild versinnbildlicht die Übertragung der Schönen Maria nach St. Kassian und die Wiederbegründung der Wallfahrt.

Das Gnadenbild — die nach St. Kassian übertragene Holzfigur — wurde bereits 1519 vom Rat der Stadt bei dem Landshuter Bildschnitzer Hans Leinberger für die Kirche der Schönen Maria auf dem Neupfarrplatz in Auftrag gegeben. Die Auslieferung nach Regensburg dürfte um 1520 erfolgt sein.

Für die Pilger lag eine große Auswahl von Andachtsbildern bereit, mit deren Herstellung Regensburger Kupferstecher beauftragt wurden, vorrangig aber Künstler aus der Steiermark. An der Wende zum 19. Jahrhundert dürfte die Wallfahrt erloschen sein. Leinbergers Schöne Maria wurde 1864 vom Hauptaltar entfernt und ziert nun den südlichen Seitenaltar.

Eine Votivtafel von 1766 in prächtigem Rokokorahmen, rechts am Chorbogen der Kassianskirche, erinnert noch an den einstigen Wallfahrtskult. Gestiftet wurde sie für einen Vater und dessen zwei Söhne wegen Errettung in höchster Todesgefahr aus den Fluten der Donau.

240. Schöne Maria. Holzfigur von Hans Leinberger, um 1520. St.-Kassians-Kirche

241. Schöne Maria von St. Kassian. Kleines Andachtsbild. Kupferstich von Gregor Cröner, 2. Hälfte 18. Jahrhundert. Museum

DAS GNADENBILD VON MARIAORT

Auf der Landzunge, die der Zusammenfluß von Donau und Naab bildet, unmittelbar vor den Toren Regensburgs, liegt die Wallfahrstkirche Mariaort. Die Legende setzt den Ursprung der Wallfahrt in das frühe Mittelalter. Zur Zeit des oströmischen Bildersturmes, um das Jahr 730, so berichtet die fromme Sage, warfen Heiden ein steinernes Marienbild bei Konstantinopel ins Meer. Die Statue versank jedoch nicht, sondern schwamm, auf einer Wacholderstaude stehend, über das Schwarze Meer die Donau herauf bis an die Stelle der Naabmündung gegenüber dem Dorfe Ort. Dort blieb sie samt der Staude am Ufer hängen. Die Bewohner von Ort beeindruckte dieses Wunder gar sehr und sie entschlossen sich, dem Muttergottesbild in ihrem Dorf ein Kirchlein zu bauen. Über Nacht aber wurde alles Baumaterial wundersamerweise an das jenseitige Ufer der Naab getragen und so den Bauleuten der Wille Mariens kundgetan. Alsbald erhob sich eine kleine Kapelle über dem Marienbild, das Mittelpunkt einer vielbesuchten Wallfahrt wurde. Auch der Wacholderstrauch, auf dem das Gnadenbild die weite Reise zurückgelegt hatte, war den Einwohnern von Ort heilig. Sie gaben dem Kirchlein einen kanzelartigen Anbau und pflanzten ihn da hinein, wo er heute noch grünt. Schon mancher Pilger brach zur Erinnerung einen Zweig dieses immergrünen Baumes. Als aber 1654 die Mitglieder der spanischen Gesandtschaft beim Regensburger Reichstag eine Wallfahrt nach Mariaort machten, wollten sie alle als Andenken Zweige mit in ihre Heimat nehmen. Der Strauch wäre wohl restlos zerschnitten worden, hätte nicht Kaiser Ferdinand III., der in der Kirche seine Andacht verrichtete, diesem Treiben Einhalt geboten.

Das Deckengemälde im Chor der Kirche, eine vornehme Schöpfung des frühen Klassizismus von dem Steiermärker Matthias Schiffer, stellt in zarten Pastelltönen die Auffindung des Gnadenbildes dar. Das Steinbild Mariens steht bis zu den Knien im Wasser der Naab. Drei Männer nähern sich in einem Kahn, es zu bergen. Betend wohnen Gläubige am Ufer dem Geschehen bei. Im Hintergrund sieht man die Häuser von Ort.

Der Zustrom der Wallfahrer hielt durch die Jahrhunderte hindurch an. Das Kirchlein konnte aber die Masse der Pilger nicht fassen. Pfarrer Benedikt Hopp von Eilsbrunn führte deshalb 1774 bis 1776 den heutigen Bau der Gnadenkirche auf. Das alte, spätgotische Kirchlein dient jetzt als Sakristei.

Das Gnadenbild, eine schwere Steinfigur süddeutscher Herkunft, gehört der 2. Hälfte des 14. Jahrhunderts an. Maria ist von gedrungener Gestalt. Ihr Blick ist streng geradeaus gerichtet. Das Jesuskind auf ihrem rechten Arm hält mit beiden Händen ein krötenartiges Tier umfangen. In der Linken trägt die Madonna eine halb geöffnete Lotosblume. Dieses Attribut mag die Legende der orientalischen Herkunft des Gnadenbildes erklären. Die schweren Metallkronen stammen aus barocker Zeit.

Von den Gebetserhörungen zeugen zahlreiche Opfergaben und Votivbilder, die sich an der Chorwand hinter dem Hochaltar befinden. Bemerkenswert ist eine Votivtafel, auf der die Stadt Kelheim um 1750 dargestellt ist.

DIE SCHWARZE MADONNA IN DER NIEDERMÜNSTERKIRCHE

Zu allen Zeiten haben schwarze Madonnen das Volk in besonderem Maße angezogen. Ihre Herkunft und Bedeutung gehören zu den umstrittenen Kapiteln der Kulturgeschichte. Keineswegs aber sind sie so selten, wie man gemeinhin annimmt. Köln, Prag, Einsiedeln, auch Moskau und vor allem Czenstochau besitzen schwarze Madonnen. Am bekanntesten in unserem Raum sind die schwarzen Gnadenbilder von Altötting und auf dem Käppele in Würzburg.

242. Niedermünsterkirche. Schwarze Madonna, frühes 13. Jahrhundert

Auch Regensburg besitzt eine dem Volksbewußtsein leider weitgehend entschwundene schwarze Madonna, die einstmals große Verehrung genoß. In der Niedermünsterkirche — auf dem Altar links am Chorbogen — steht das verhältnismäßig kleine Gnadenbild. Die Kunstgeschichte weist seine Entstehung in das frühe 13. Jahrhundert, Sage und Überlieferung aber schreiben ihm ein weit höheres Alter zu. Maria ist auf einem Stuhle sitzend dargestellt. Auf dem Schoß hält sie den Jesusknaben. Als Zeichen der Jungfräulichkeit trägt Maria das Haar geflochten. In zwei dicken Zöpfen fällt es über die Schultern auf die Brust. Mutter und Kind blicken aus fremdartig anmutenden Augen am Betrachter vorbei. Eine schwarzbraune, sich leicht ablösende Farbschicht überdeckt die ursprüngliche Fassung der Plastik. Nur das hellere Braun der Zöpfe, die noch dunklere Färbung des Gesichtes und das Gold der Mantelsäume heben sich davon ab. Die schweren, mit Steinen gezierten Metallkronen stammen aus barocker Zeit.

Die schwarze Madonna von Niedermünster hat eine reiche Geschichte. Der Tradition nach soll sie Herzogin Judith um 960 von ihrer Pilgerreise aus Palästina mitgebracht haben. Der Regensburger Weihbischof Graf Albert Ernst von Wartenberg entdeckte die Plastik um 1670 in einem Winkel des Stiftes Niedermünster und brachte sie wieder zu Ehren. Wartenberg glaubte, das Schnitzwerk stamme aus apostolischer Zeit. Seiner Behauptung nach sei es am Grabe Mariens gestanden. Die dunkle Farbe führte er auf den Dampf der zahlreichen Öllampen zurück, die in dem niedrigen Grabgewölbe Mariens brannten.

Ikonographisches Interesse verdient die Rückseite des Stuhles. Sie ist mit Ornamenten in brauner Farbe bemalt und trägt die Aufschrift DE · SELLA · VGIS · MARIE — vom Stuhl Mariens. Daran knüpft die Legende, die Plastik sei aus Holz vom Hausrat Mariens gefertigt. Eine Untersuchung, die Domvikar C. H. Sturm 1896 durchführen ließ, brachte das überraschende Ergebnis, daß der Schnitzer Olivenholz verwandte. An der Rückseite ist oberhalb der Schrift ein Brettchen von etwa 6×8 cm eingefügt, das sich aus Zedernholz erwies. Sturm vermutet, daß dieses Zedernholztäfelchen die eigentliche Reliquie aus dem Hausrat der Gottesmutter sein solle. Die Plastik ist hohl. An der Unterseite verschließt sie ein hölzerner Schieber, an dem ein zerbrochenes Siegel klebt. Vermutlich diente die Höhlung zur Aufbewahrung von Urkunden.

DIE SCHUTZMANTELMADONNA IN DER DOMINIKANERKIRCHE

Der Mantelschutz ist eine uralte Rechtssitte. Auch die Geschichte Regensburgs liefert Beweise dafür. Mußten doch alle Ausgewiesenen, Dirnen und Diebe, wieder in die Stadt gelassen werden, wenn sie sich beim Einzug des Kaisers an dessen Mantel klammerten oder nur dessen Saum berührten. Die religiöse Kunst des Mittelalters griff das Thema des Mantelschutzes auf und schuf einen besonderen Madonnentyp: die Schutzmantelmadonna. Die alte Gebetsformel „Maria breit den Mantel aus..." führt unmittelbar an den tieferen Sinn des Schutzmantelbildes heran.

Die Dominikanerkirche birgt eine hervorragende Schutzmantelplastik. Das ausgehende Mittelalter, eine Zeit der religiösen Spannungen und Leidenschaften, aber auch tiefster Hingabe und Duldung, schuf diese Madonna. Sehnsucht nach Trost und Erbarmen und das Verlangen nach mütterlicher Geborgenheit sprechen aus dem eindrucksvollen Kunstwerk. Maria, leicht schreitend, ist in Gestalt eines jungen Mädchens dargestellt. Das goldene Gewand ist unter der Brust geschnürt und fließt in zarter Linienmelodik herab. Mit beiden Händen hält Maria den schützenden Mantel ausgebreitet, der sich schüsselartig um den ganzen Körper legt. Unter ihm birgt sich eine Schar Männer und Frauen. Bei genauer Betrachtung erkennt man in den Schützlingen die Vertreter der Stände, in die das Volk seit dem frühen Mittelalter gegliedert war: Adel, Geistlichkeit, Bürger und Bauern. Die Vertreter der beiden privilegierten Stände, des Adels und des Klerus, knien zu Füßen der Madonna. Der Geistlichenstand ist durch den Papst, den Kardinal und den Bischof versinnbildlicht, erkenntlich an der Tiara, dem Hut und der Mitra. Die gekrönten Gestalten zur Linken der Gottesmutter — ganz vorne der Kaiser — sind die Vertreter des Adels. Hinter diesen Figuren staffeln sich in der Weite des Mantels die Vertreter der Bürger und Bauern.

Ein überdurchschnittlich begabter Künstler schuf um 1500 dieses innige Marienbild. Die Fassung der Plastik ist alt. Ausgezeichnet erhielt sich das Inkarnat des Antlitzes mit dem lebhaften Rot der Wangen. Aufgrund einer Meistermarke konnte Franz Dietheuer als Schnitzer einen Sohn des 1499 verstorbenen Erhard Paur aus Eger ermitteln.

Das Gnadenbild von Wessobrunn — in Regensburg entstanden

Eingebettet in die Moränenhügel des Ammerlandes, an der Grenze von Baiern und Schwaben, liegt Wessobrunn, die Siedlung um das alte Tassilokloster. In dem berühmten Wessobrunner Gebet, einem machtvollen Bild von Schöpfer und Schöpfung, besitzen wir das älteste deutsche Sprachdenkmal. Den Namen Wessobrunn trugen im Barock die „Stukkadorer" in alle Welt hinaus. Aus den Bauernhäusern um das Kloster gingen Hunderte von Meistern der Bau- und Stuckkunst hervor, deren ungeheuren Leistungen wir nicht nur im deutschen Süden begegnen, sondern in Spanien ebenso wie in Polen, in Schönbrunn wie in Sanssouci.

Die vielen Fremden, die der einst so blühenden Kulturstätte Wessobrunn einen Besuch abstatten, stehen auch bewundernd vor dem berühmten Gnadenbild, der „Mutter der Schönen Liebe". Die wenigsten aber wissen, daß dieses Bild in Regensburg entstand. Es stammt von dem kunstbegabten Nerianerfrater Franz Metz, der unter Abt Otto Kraft (s. d.) 1694 nach Kloster Prüfening kam und unter dem Namen Innozenz in den Benediktinerorden übertrat. Unter seinen Gemälden befand sich auch das um 1704 gemalte Porträt einer vornehmen Dame, der Überlieferung nach das Bildnis einer Prinzessin. Bei einem Besuch in Prüfening entdeckte Pater Placidus Angermayr aus Wessobrunn das Bild und war von dessen Schönheit so ergriffen, daß er den Künstler bat, das Porträt in ein Marienbild umzugestalten. Angermayr brachte es nach Wessobrunn, wo es unter dem Titel „Mutter der Schönen Liebe" zur Verehrung ausgestellt wurde. Das Bild der Liebesmutter von Prüfening vermochte das Volk unmittelbar anzusprechen, so daß sich alsbald eine Wallfahrt zu ihm über ganz Altbaiern hin ausbreitete. Um das Bild scharte sich eine Bruderschaft „zur Unbefleckten Empfängnis Mariens", die 1753 an die 600 000 Mitglieder zählte. Damals waren bereits 200 Kopien des Bildes bekannt. Eine davon befindet sich im Museum zu Kelheim. Weiteste Verbreitung fand es als Andachtsbild in Form des Kupferstichs.

Um das Bild rankt sich ein Kranz von Mythen und Legenden. So wird berichtet, Frater Innozenz Metz habe die Prinzessin geliebt. Um sein Ordensgelübde nicht zu brechen, habe er ihr Bildnis in das einer Madonna umgewandelt. Der Wessobrunner Chronik nach hat die dargestellte Fürstin die Lieferung ihres inzwischen umgestalteten Bildes angemahnt. Als Frater Metz sich anschickte, das Porträt ein zweitesmal anzufertigen, sei er an beiden Augen erblindet. Tatsächlich

243. Gnadenbild von Wessobrunn, Mutter der Schönen Liebe. Gemälde von P. Innozenz Metz aus Prüfening, um 1704

244. Mutter der Schönen Liebe. Andachtsbild. Kupferstich von Jakob Andreas Friedrich. 1. Hälfte 18. Jahrhundert. Privatbesitz

findet sich in einem Prüfeninger Klosterakt von 1710 hinter dem Namen des Künstlers die Bemerkung: „est caecus" — ist blind.

Im Gegensatz zu den meisten marianischen Gnadenbildern Bayerns ist die „Mutter der Schönen Liebe" als zartes Mädchen dargestellt. Die hochgezogenen Brauen, die schmale Nase und das zarte Oval des Gesichtes sind höfisch, der Zeitmode verpflichtet, wiedergegeben. Auf dem geneigten Haupt mit den gesenkten Lidern trägt Maria einen großen Blütenkranz. Lilien und Rosen soll Frater Metz mit besonderer Liebe gemalt haben. In Übereinstimmung mit der Legende zeigt das Bild auffallend porträtähnliche Züge.

Frühes Christentum in Regensburg

GRABPLATTE DER SARMANNINA

Die Anfänge des Christentums in Regensburg reichen mit Gewißheit in spätrömische Zeit zurück. Soldaten und Händler brachten wohl als erste die Kunde von Christus nach Castra Regina, dem römischen Regensburg, wo sich spätestens gegen Ende des 3. Jahrhunderts eine, wenn zunächst auch noch kleine christliche Gemeinde bildete. Das Vordringen des Christentums läßt sich deutlich ablesen an dem großen Gräberfeld an der Kumpfmühler Straße (s. d.), aufgedeckt in den Jahren 1871/73, dessen Bestattungen auf etwa 6000 geschätzt werden. Bekanntlich legten die Römer ihre Friedhöfe beiderseits der Fernstraßen an, in Regensburg vorzugsweise längs der Via Augustana, der späteren Kumpfmühler Straße. Die Ausgrabungen erfolgten unter der Leitung von Pfarrer Joseph Dahlem (s. d.). Das große Gräberfeld, durch Wege erschlossen, schied sich nach den Plänen Dahlems deutlich in zwei Abteilungen: eine frühere, nächst der Straße gelegene Zone, in der die römische Brandbestattung vorherrschte. Der sog. Leichenbrand, d. h. die aus dem verkohlten Scheiterhaufen ausgelesenen Knochenrückstände, wurde in einer Urne aus Ton bestattet, seltener in einer solchen aus Glas, gelegentlich auch ohne Urne in eine Erdgrube gelegt. Auf diese Gräberzone folgte gegen Westen ein mehrere Schritte breiter, gräberloser Geländestreifen, an den sich abermals nach Westen eine zweite Gräberzone anschloß, die ausschließlich Körperbestattungen aufwies, d. h. der Leichnam wurde, ohne auf dem Scheiterhaufen verbrannt zu werden, der Erde übergeben. Nägel, die die Skelette umgaben, lassen den Schluß zu, daß die Leichen in Särgen beerdigt wurden. Die Toten waren mit Blickrichtung nach Osten in die Erde gebettet, eine typische Form frühchristlicher Bestattung. Neben dem Erdgrab gab es aber auch das Ziegelplattengrab oder den Steinsarkophag.

Bereits 1839 fand sich auf dem frühchristlichen Teil des großen Gräberfeldes die berühmt gewordene Steinplatte für Sarmannina. Die Inschrift lautet:

IN A ☩ ω B · M
SARMANNNE
QVIESCENTI IN PACE
MARTIRIBVS SOCIATAE

Zu Deutsch: Zum (Alpha und Omega, dazwischen das Christogramm) seligen Gedenken für Sarmann(i)na, die (da) ruht in Frieden den Martyrern vereint. Die Inschrift entstand frühestens in der 2. Hälfte des 4. Jahrhunderts. Ob von dieser Inschrift der historische Tatbestand der Christenverfolgung in Regensburg und das Martyrium der Sarmannina abgeleitet werden können, bleibt bei dem

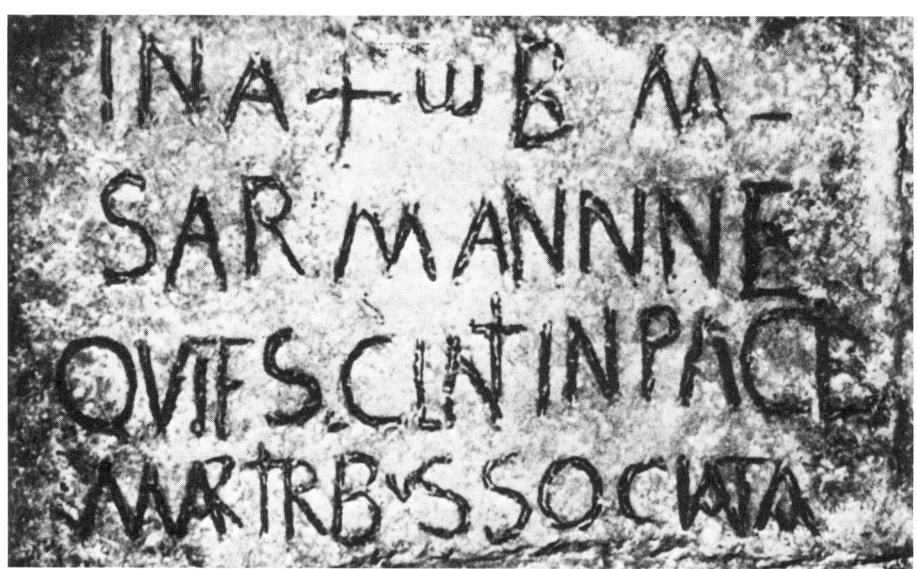

245. *Gedenktafel für Sarmannina. Älteste christliche Inschrift auf bayerischem Boden. Museum*

völligen Fehlen an Quellen zunächst fraglich, liegt aber durchaus im Bereich des Möglichen. Der Text „... den Martyrern vereint" wurde bisher in der Weise gedeutet, daß die Verstorbene zwar nicht selbst den Martertod erlitt, jedoch an einer Stelle ihre Bestattung fand, wo man Martyrer oder deren Reliquien verehrte.

In neuester Zeit hat K. Gamber (Beiträge zur Geschichte des Bistums Regensburg, Bd. 13, 1979) die Fragen um Sarmannina neu überdacht, die Inschrift grammatikalisch neu interpretiert und die alten Fundberichte eingehender Kritik unterzogen. Die Platte zeigte nach ihrer Bergung auf der Rückseite eine unbearbeitete Erhöhung, die, um sie besser aufbewahren zu können, abgemeißelt wurde. Dieser Umstand läßt darauf schließen, daß es sich nicht um eine im Boden gelegene Grabplatte handelt, auch nicht um ein freigestandenes Monument. Vielmehr dürfte die Platte in einem Mauerverband eingelassen gewesen sein. Gleichzeitig mit der Platte fand man nämlich „Spuren eines Gebäudes und einen Fußboden mit Ziegelplatten ... Sie waren mit einer starken Mauer eingefaßt und auch Asche und Kohlen fand man in der Ecke dieses Raumes" (VO 5/1 1839). Bei dem Gebäude auf dem Gräberfeld läßt sich an eine Friedhofskapelle denken, in deren Wand die Tafel eingemauert war. Nach den Überlegungen Gambers muß der Text der Inschrift wörtlich genommen werden und zwar im Sinn des Martyriums der Sarmannina. Vielleicht ein halbes Jahrhundert nach ihrem Martertod wurde der Gedächtnisstein an einer ihr geweihten Erinnerungsstätte angebracht.

Die ausgehende Römerzeit sieht bereits ein christliches Gotteshaus in Regensburg: die Friedhofskirche St. Georg. Sie entstand auf dem Begräbnisplatz unmittelbar außerhalb der Südwestecke des Kastells, anstelle der späteren Emmeramskirche. St. Georg ist die frühest bezeugte christliche Kultstätte Regensburgs. Die Aufdeckung antiker Pfeilerreste lassen Bauteile dieses Gotteshauses in den Mauern der Emmeramskirche vermuten.

Die Emmeramer Tradition behauptet, das Kloster sei auf einem mons martirum, auf einem Märtyrerhügel erbaut. Diese legendäre Überlieferung tritt aber erst in einer um 1347 geschriebenen Handschrift auf. Sie berichtet, in der Krypta zu St. Emmeram seien zahlreiche Märtyrer bestattet, die in Regensburg den Tod als Blutzeugen Christi erlitten hätten.

Diesen legendären Blutzeugen Christi hat Cosmas Damian Asam im Hochdeckengemälde der Emmeramskirche ein Denkmal gesetzt. In großartigen Kompositionen und leuchtenden Farben hat Meister Asam das grauenvolle Sterben auf dem Märtyrerhügel veranschaulicht. Den Blickpunkt des Gemäldes nimmt der in zartgrünen Farben gemalte Hügel ein, den zahlreiche tote Glaubenshelden bedecken. Aus den Halsstümpfen der Enthaupteten fließt das Blut in Strömen. Im Hintergrund ragt der Glockenturm von St. Emmeram. In stummer Ergebenheit neigt ein bärtiger Mann betend sein Haupt, das im nächsten Augenblick unter dem Schwert des Henkers fallen wird. Eine junge Frau versucht in Todesangst der entsetzlichen Marter zu entfliehen, wird aber von einem Schergen an ihren langen Haaren zurückgerissen. Unter dunklen Bäumen steht ein ehernes Götterbild, vor dem ein Kandelaber brennt. Wenn wir den Künstler recht verstehen, sollten die Christen Regensburgs diesem Götzen huldigen. Im Vordergrund sitzt ein römischer Soldat an ein Rutenbündel gelehnt und sieht in lässiger Haltung dem schrecklichen Geschehen zu. Gegenüber siedet Öl in einem Kessel, das für besondere Martern bestimmt zu sein scheint. Meisterhaft verstand es Asam, die Gesichter, Gesten und Gebärden der vielen Figuren darzustellen: die tölpelhaften Gestalten der Folterknechte, die an Grausamkeiten gewöhnte Gelassenheit der römischen Soldaten, die fromme Ergebenheit der Verfolgten und die verklärten Züge der Toten. Über der Szene öffnet sich der Himmel in lichten Farben. Engel schweben hernieder und krönen die Leichen mit den Palmen des Sieges.

DER HEILIGE EMMERAM

St. Emmeram gehört zu den großen Märtyrerbischöfen der katholischen Kirche. Der erste Biograph des Heiligen ist der Freisinger Bischof Arbeo, der im zweiten Drittel des 8. Jahrhunderts das Leben St. Emmerams mit legendären Ausschmückungen beschrieb. Dieses Schriftwerk Arbeos, die vita et passio Sancti Haimhrammi Martyris gilt als älteste literarische Schöpfung eines Bayern.

Die Leidensgeschichte des heiligen Emmeram ist bis heute weithin Gemeingut des Volkes geblieben. Nach E. Klebel kam Emmeram um 681/82 nach Regensburg; um 684/85 erlitt er in Kleinhelfendorf bei München den Martertod. Der Leichnam wurde nach Regensburg übergeführt und in der ehemaligen Kirche St. Georg bestattet, jener spätrömischen Friedhofskirche, über der die heutige Emmeramskirche entstand. Als ältester Begräbnisplatz wird jene Stelle im Südschiff der Emmeramskirche angegeben, an der das aus gotischer Zeit stammende Hochgrab des Heiligen steht. Dieser Teil der Kirche heißt noch jetzt die „Georgskapelle". Bischof Gaubald erhob um 740 die Gebeine St. Emmerams aus ihrer ursprünglichen Grabstätte und ließ sie in einer Confessio, einer Grabkammer in der Ringkrypta im Untergeschoß der Apsis der Emmeramskirche bestatten. Die Grabkammer wurde erst 1894 wieder entdeckt. Sie barg einen römischen Sarkophag mit Skelett und Stoffresten. Nach den überzeugenden Darlegungen von J. A. Endres kann es sich hierbei nur um die Reliquie des heiligen Emmeram handeln.

Die Emmeramslegende

Die Legende des hl. Emmeram darf, von einzelnen Ausschmückungen abgesehen, im allgemeinen als historische Tatsache gewertet werden, wenngleich das Motiv für den Martertod aus der von Arbeo verfaßten Vita nicht verständlich wird. Sicherlich hatte der Tod Emmerams einen politischen Hintergrund. K. Babl (Emmeram von Regensburg — Legende und Kult, TTS 8/1973) gelangt zu der These, daß „Emmeram, der Missionar aus dem Frankenreich, in einer Zeit politischer Selbständigkeitsbestrebungen Bayerns als Repräsentant fränkischer Macht ermordet wurde".

Den Aufzeichnungen zufolge kam Emmeram aus dem gallischen Westen, aus Poitiers, an den Hof des Baiernherzogs Theodo nach Regensburg. Diesem erklärte er seinen Plan, die heidnischen Avaren, die im Raum der unteren Donau siedelten, für das Christentum zu gewinnen. Damals herrschte jedoch Krieg zwischen diesem Volk und den Baiern, weshalb der Herzog von dieser Missionsreise abriet. Er bat jedoch Bischof Emmeram, in Regensburg zu bleiben und in der Stadt und deren Umgebung das noch recht schwache Christentum zu festigen und zu vertiefen. Zwar hatten schon vor Emmeram iroschottische Wandermissionare die Lehre Christi in Baiern verkündet und auch das Herrscherhaus war zum christlichen Glauben übergetreten, von einem wahren Christentum beim Volke konnte indes noch keine Rede sein. Christliches Denken war weitgehend mit heidnischen Vorstellungen vermischt. Emmeram erfüllte den Wunsch des Herzogs. Predigend zog er nun drei Jahre hindurch landauf und landab, unermüdlich tätig für die Ausbreitung der Kirche.

Zur selben Zeit trat Uta, die Tochter des Herzogs, in unerlaubte Beziehungen zu einem Kriegsmann namens Sigibald. Als ihr sündhaftes Tun sich nicht mehr verheimlichen ließ, vertraute sie sich mit ihrem Geliebten dem Gottesmann an. Emmeram ermahnte beide mit strengen Worten zur Buße. Der Missionar beschloß nun nach Rom zu pilgern, wohl um dem Papst Bericht über seine Tätigkeit zu erstatten. Als Uta den Bischof außer Reichweite glaubte, warf sie sich ihrem Vater zu Füßen, gestand ihm ihr Vergehen und bezichtigte Emmeram der Schuld der Verführung. Zornentbrannt sammelte Landpert, der Bruder Utas, eine Schar von Kriegsknechten um sich und eilte mit ihnen dem Heiligen nach.

Bei der Ortschaft Kleinhelfendorf nahe Bad Aibling erreichten Emmeram und seine Begleiter die alte Römerstraße, die von Augsburg kommend über Rosenheim, vorbei am Chiemsee nach Salzburg führte. Im Hofoldinger Forst bei München ist sie noch gut erkennbar und führt in schnurgerader Richtung vom ehemaligen Lager Deisenhofen nach Kleinhelfendorf. Dort machten die Pilger bei einem Brunnen halt, um sich an dem kühlen Wasser zu laben. Da erschienen Landpert und seine Schergen. Emmeram vernahm die Vorwürfe und erbot sich, sie vor einem geistlichen Gericht in Rom zu entkräften und seine Unschuld zu beweisen. Der rachsüchtige und von Haß erfüllte Landpert hörte jedoch nicht auf diese Worte. Er ließ den Unschuldigen ergreifen, auf eine Leiter binden und ihn samt dieser auf einen nahegelegenen Felsblock schleppen, wo ihn die Knechte grausam verstümmelten.

Arbeo schildert die Leiden Emmerams mit grauenerregenden Einzelheiten, die an die Martyrien in den Zeiten der Christenverfolgung erinnern. Die Mörder schnitten nach dem Bericht des Freisinger Biographen dem Heiligen Nase und Ohren ab, rissen ihm die Augen aus dem Kopf und hackten ihm die Gliedmaßen stückweise ab. Da Emmeram nicht aufhörte, während der Martern Gott zu loben, beraubten sie ihn auch der Zunge. Als die Mörder die Stätte ihrer Bluttat verlassen hatten, war Emmeram noch nicht tot. Seine Begleiter, die sich nun wieder bei ihm einfanden, wollten ihn hier nicht sterben lassen. Sie luden ihn auf einen mit Ochsen bespannten Wagen und suchten das nahegelegene Aschheim zu erreichen. Bei dem Ort Feldkirchen fühlte Emmeram das Ende seiner Leiden nahe. Er verlangte, vom Wagen auf die Erde gelegt zu werden. Alsbald verließ die Seele den gemarterten Körper. Die Freunde Emmerams brachten seinen Leichnam nach Aschheim, und bestatteten ihn in der dortigen Kirche St. Peter. Bald erwies sich jedoch die Unschuld St. Emmerams. Der erzürnte Herzog schickte seine Kinder in die Verbannung; ihre bairische Heimat sahen sie nie mehr wieder. Die Leiche Emmerams ließ er in Aschheim erheben und nach Oberföhring an die Isar bringen. Auf dem Wasserweg über Isar und Donau gelangte sie nach Regensburg, wo sie in der St.-Georgs-Kirche mit großen Ehren bestattet wurde.

Die Emmeramslegende, dargestellt im Freskenzyklus von C. D. Asam in der Emmeramskirche

Cosmas Damian Asam hat um 1733, gestützt auf die Berichte im „Mausoleum... S. Emmerami", dessen Erstauflage 1661 erschien, den Martertod und die Wunder um den Heiligen in zehn Freskobildern an den Seitenwänden des Mittelschiffes der Emmeramskirche unter Einbeziehung des Hochaltargemäldes verherrlicht. Der Bilderzyklus beginnt an der Nordwand bei der Empore.

Auf dem ersten Bild sieht man die Ankunft St. Emmerams am bairischen Herzogshof in Regensburg. Herzog Theodo, in fürstlichem Ornat, empfängt mit ausgebreiteten Armen den Bischof auf den Stufen des Palastes. Vor dem Eingang ist die herzogliche Familie versammelt.

Das zweite Bild zeigt St. Emmeram während der Predigt in der Georgskapelle. Asam verstand es meisterlich, in Gesicht und Geste des Predigenden jenen Ausdruck zwingender Kraft zu legen, der die um die Kanzel versammelten Zuhörer in ihren Bann schlägt. Voller Spannung und Hingabe lauschen sie den Worten des Predigers. Nur einer der Höflinge beobachtet verstohlen einen außerhalb des Bildes liegenden Vorgang. Den Vordergrund nehmen Hofdamen mit aufwändig drapierten Gewändern und Kavaliere ein. In einer Loge im Hintergrund hören der Herzog, seine Gemahlin und die Tochter Uta die Predigt des Missionars. Von starker Ausdruckskraft ist die Gestalt des alten Mannes unter der Kanzel.

Die dritte Szene führt die Beichte des sündigen Paares bei Bischof Emmeram vor Augen. Uta, im weiten Hermelinmantel, senkt das Haupt schamvoll zu Boden. Ratlosigkeit und Verzweiflung sprechen aus den Zügen ihres Geliebten, der bereits die Geschehnisse voraussieht, die der Künstler in der Bildecke rechts oben andeutete: Das Strafgericht des herzoglichen Vaters. Zornentbrannt verstößt Theodo die gefallene Tochter.

Das vierte Asambild zeigt die Ergreifung Emmerams bei Kleinhelfendorf. Soeben sprengen Landpert und seine lanzenbewehrten Schergen heran. Der Prinz, in dessen Begleitung sich auch ein Mohr befindet, stößt von seinem Schimmel herab dem völlig überraschten, am Brunnen stehenden Emmeram einen Stock vor die Brust. Auf die Hügel des Hintergrundes setzte Asam die Römerschanze bei Kleinhelfendorf, ehemals „Bauer am Schanzl" geheißen, deren Reste heute noch zu finden sind. Zu Emmerams Zeiten mag die kleine Festung noch gut erhalten gewesen sein.

Das folgende Bild stellt dar, wie die rohen, ungeschlachten Kriegsknechte dem Heiligen das Hemd vom Leibe reißen. Einer von ihnen ist eben damit beschäftigt, die bischöflichen Gewänder wegzutragen. Landpert gibt vom Pferde aus Anweisung zur Herbeischaffung der Leiter, die hinter der Gestalt St. Emmerams aufragt.

Das Bild des Hochaltares, 1679 von Sandrart gemalt, schildert die Marterszene. Nur mit einem Lendentuch bekleidet liegt Emmeram auf der Leiter, die zum Attribut des Heiligen wurde. Vier Henkersknechte sind eben dabei, den Unschuldigen auf grausame Weise zu peinigen. Landpert wohnt zu Pferd der Marter bei. Seiner Geste ist zu entnehmen, daß er durch Zurufe und Drohungen die Folterknechte bei ihrem schändlichen Tun anzuspornen sucht.

Den Tod Emmerams zeigt das sechste Bild Asams an der Südwand nächst dem Hochaltar. Emmeram liegt auf einer Rasenböschung, die blutenden Armstümpfe leicht erhoben. Blut entströmt dem geöffneten Mund, aus dem die Seele in Gestalt eines leuchtenden Strahles entweicht. An einem Baum im Hintergrund — nach Arbeos Bericht war es ein Weißdornstrauch — hängen die abgetrennten Hände und Füße des Heiligen. Aus dem dichten Buschwerk am rechten Bildrand brechen zwei Reiter hervor, der Überlieferung nach Boten des Himmels und lesen die Gliedmaßen auf, wie auf dem nächstfolgenden Bild zu sehen ist. Nachdem Emmeram in Aschheim begraben war, verhüllten dichte Wolken den Himmel, Blitze zuckten und vierzig Tage lang regnete es ohne Unterbrechung. In diesem außergewöhnlichen Naturereignis sah man ein Zeichen des Himmels und beschloß — so will es die Legende — die sterblichen Reste des Märtyrers nach Regensburg zu überführen. Die Leiche Emmerams wurde sodann an die Isar gebracht und bei Oberföhring auf einen Kahn geladen.

Auf der Isar und Donau, gegen deren Strömung der Sturmwind das Schifflein trieb, gelangte die kostbare Reliquie nach Regensburg. Asam schildert auf einem weiteren Fresko die Ankunft des Schiffes in Regensburg. Emmeram liegt mit abgeschlagenen Armen im Kahn, den ein großer Engel steuert. Ein Putto zieht das Schifflein mit einem Seil ans Ufer. Neben dem Heiligen brennen jene Kerzen, die trotz des Sturmes und des unaufhörlichen Regens nicht erloschen. Kleriker und Laien blicken mit Andacht auf die verstümmelte Leiche des Bischofs. Die Sonnenstrahlen, die den schwarzgrauen Himmel durchbrechen, deuten das Ende des pausenlosen Regens an. In den Hintergrund setzte Asam die Steinerne Brücke und den Dom mit den zu seiner Zeit noch unvollendeten Türmen.

Die Erhebung Emmerams durch Bischof Gaubald stellt Asam im vorletzten Bild seines Zyklus dar. Zahlreiche Gläubige versammelten sich am Tage der Öffnung des Grabes in der Kirche.

Nach Beendigung des feierlichen Gottesdienstes mußte das Volk das Gotteshaus verlassen, die Türen wurden verschlossen. Es darf angenommen werden, daß Arbeo, der Biograph Emmerams, Zeuge der Erhebung war. Nachdem die schwere Grabplatte angehoben war, überkam alle Umstehenden eine solch heilige Furcht, daß sie, ihrer Sinne nicht mehr mächtig, den Stein aus den Händen gleiten ließen. Nur einer der Arbeiter, so berichtet die Legende, stemmte seine Brust gegen die ungeheuere Last der Platte und hinderte sie so lange am Fallen — freilich nicht durch eigene Kraft — bis die Erschrockenen wieder zur Besinnung kamen. Unter Jubel und Lobgesängen nahmen Priester die Reliquie aus dem Grabe und übertrugen sie in die Konfessio. Auf dem Bild liegt Emmeram im bischöflichen Ornat in einer Gruft, deren marmorne Deckplatte diagonal aufragt. Darunter sieht man den Arbeiter, der durch ein Wunder St. Emmerams die ganze Last des Steines zu tragen vermag. Mit Pathos weisen die umstehenden Kleriker auf die Leiche des Heiligen.

Das zehnte und letzte Bild hat wiederum eines jener Wunder zum Inhalt, deren sich so viele um die Gestalt des heiligen Emmeram ranken. Eine vornehme Gesellschaft ist um eine prunkvolle, reich gedeckte Tafel versammelt. Ein junger Spötter gibt an, nur dann an die Wunder um St. Emmeram zu glauben, wenn der gebratene Hahn sich aus der Schüssel erhebe und krähe. Im selben Augenblick ertönt zum Entsetzen aller Gäste der Schrei eines Hahnes, der, wie Asam es darstellte, sich mit Kopf und Flügeln über den Rand der silbernen Schale erhebt. Jäher Schrecken wirft den jungen Spötter rücklings vom Stuhl. Zum Zeichen dafür, daß Emmeram dieses Wunder bewirkte, setzte der Künstler die schwebende Gestalt des Heiligen über die Szene.

Verehrung St. Emmerams im Umkreis von München

Es ist interessant und lohnend, die Stätten der Erinnerung an den Regensburger Heiligen im Umkreis von München aufzusuchen. Kleinhelfendorf, Feldkirchen, Aschheim und München-Oberföhring überraschen durch die lebendige Tradition und durch die Verehrung, die man St. Emmeram dort noch heute entgegenbringt. In Kleinhelfendorf, dem Marterort des Heiligen, entwickelte sich alsbald eine rege Wallfahrt. Über dem Marterfelsen erhebt sich eine lichtdurchflutete Rokokokirche. Der Marterstein, der sich inmitten der Kirche aus dem Pflaster erhebt, trägt seit 1789 die lebensgroße Schnitzgruppe St. Emmerams und seiner vier Henkersknechte. Mit erschreckender Realistik schildert sie die Marter des Glaubensboten. Der barocke, volksnahe Künstler zeichnete die Gesichter der Henker mit grotesker Häßlichkeit. Neben Wachs-

246. Kleinhelfendorf, Obb. Martyrium des hl. Emmeram. Detail aus der barocken Schnitzgruppe in der sogenannten Marterkapelle, 1789

und Silbervotiven, hölzernen Armen und Beinen, bezeugen die vielen Votivtafeln die Verehrung des Regensburger Heiligen. Auf den volkskundlich wertvollen Tafeln nimmt die Stelle des Gnadensenders der hl. Emmeram ein, der mit seinen Attributen, Leiter und Bischofsstab, auf Wolken thront und den hilfebringenden Gnadenstrahl entsendet. In Kleinhelfendorf wird auch noch der sogenannte Emmeramsbrunnen gezeigt, bei dem — nach der Legende — die Schergen den Heiligen ergriffen.

In Feldkirchen, wo St. Emmeram verschied, kennzeichnet eine 1842 erbaute Kapelle die angebliche Stelle seines Sterbens. Den Altar ziert eine Sitzfigur des Heiligen.

Die Kirche von Aschheim nahm die sterbliche Hülle St. Emmerams zunächst auf. In der heute modern ausgestatteten Kirche Aschheims, am Stadtrand von München, ist der rechte Seitenaltar dem hl. Emmeram geweiht. Das Altarbild zeigt den Heiligen in zarten Pastellfarben gemalt, darunter den von Bauern aus der Umgebung begleiteten Leiterwagen, der den Märtyrer nach Aschheim bringt. Ein barockes Ovalbild im südlichen Seitenschiff schildert die Marterszene. Der sogenannte Grabdeckel St. Emmerams, eine Steinplatte mit der Relieffigur des Heiligen, gehört der Gotik an.

Von Aschheim aus brachte man den Leichnam nach Oberföhring, wo man ihn an der Isar auf einen Kahn legte, um ihn nach Regensburg zu überführen. Über dem Steilufer der Isar entstand dort eine St. Emmeram geweihte Kirche, bei der sich schon frühzeitig Eremiten ansiedelten. Ihre Niederlassung bestand bis zum Jahre 1803. Dieser Ortsteil von Oberföhring trägt heute noch den offiziellen Namen „St. Emmeram". An der Stelle der Einschiffung, unmittelbar an der Isar, bereits zum Stadtgebiet von München gehörig, steht die Emmeramskapelle. Eine Statue St. Emmerams, Reliquien des Heiligen, ein Ölbild der alten Eremitage und zwei Legendentafeln gehören zu ihrer Ausstattung. Alljährlich am Pfingstmontag findet noch heute eine Wallfahrt unter großer Beteiligung der Bevölkerung zu diesem Emmeramsheiligtum statt.

ABT RAMWOLD VON ST. EMMERAM UND HERZOG HEINRICH

Der unduldsame Baiernherzog Heinrich, dem die Geschichte den Beinamen „der Zänker" gab, kam oft von seiner Burg in Abbach nach Regensburg, wo er gerne im Kloster St. Emmeram weilte. Früh schon nahm er seinen Sohn Heinrich, den späteren Kaiser Heinrich den Heiligen, mit nach St. Emmeram. Der junge Prinz brachte Ramwold, dem Abt des Klosters, besondere Zuneigung entgegen, und auch nach seiner Erhebung zum Herzog bewahrte er ihm treue Freundschaft. Siebzig Jahre zählte Abt Ramwold bereits, als er, im Jahre 975 von Trier nach Regensburg berufen, die Leitung des Klosters St. Emmeram übernahm. Dennoch war es ihm vergönnt, noch 25 Jahre lang segensreich die Geschicke des Klosters zu leiten. Als Abt Ramwold im Jahre 1001 sein heiligmäßiges Leben beschloß, erwies ihm sein herzoglicher Freund die letzten Ehren. Den Eichensarg ließ er mit kostbarem rotem Leder überziehen. Als besonderes Zeichen seiner Gunst trug er den toten Abt auf eigenen Schultern mit zur Gruft. Ehe der Holzsarg in einen steinernen Sarkophag gelegt und mit diesem in die Gruft gesenkt wurde, versperrte ihn der Herzog mit einem eisernen Schloß und trug den Schlüssel als stetes Andenken an den Toten bei sich. Bei einer Öffnung des Sarges im Jahre 1665 fand sich noch das eiserne Schloß, ein Beweis für die Echtheit der Nachricht.

Noch jetzt ruht Abt Ramwold in der von ihm erbauten und nach ihm benannten Krypta, die Bischof Wolfgang 980 weihte. Die Ramwoldkrypta steht östlich der Apsis der Emmeramskirche und ist nur von dieser aus über die Ringkrypta des hl. Emmeram, mit der sie ein Gang verbindet, zugänglich. Der Sarkophag des seligen Abtes Ramwold, der sich ursprünglich in einer Gruft unter dem Pflaster befand, steht seit 1887 in der Südnische der Krypta. Darüber befindet sich an der Wand die Inschrifttafel, die ehemals die Gruft überdeckte. Ihre großen, frühromanischen Buchstaben sind mit Blei ausgegossen.

Die frühklassizistischen Deckengemälde der Ramwoldkrypta, 1775 von Matthias Schiffer gemalt, zeigen neben anderen Darstellungen auch den Leichenzug und die Bestattung Ramwolds. Auf dem nördlichen Gemälde sieht man den trauernden Herzog, der unter zahlreichen Klerikern neben der Bahre des Abtes schreitet. Auf dem südlichen Bild wird der Sarg soeben in die Gruft gesenkt. Mit Pathos nimmt der Herzog den Schlüssel entgegen.

DER HEILIGE WOLFGANG

wurde um 924 wahrscheinlich in Pfullingen geboren. Nach dem Besuch der berühmten Klosterschule Reichenau im Bodensee zog er nach Trier und von dort nach Einsiedeln, wo er in das Kloster der Benediktiner eintrat und von Bischof Ulrich von Augsburg die Priesterweihe empfing. Von einer

Missionsreise nach Ungarn kehrte er über Passau zurück, wo er mit Bischof Piligrim zusammentraf. Dieser erkannte bald die außergewöhnlichen Fähigkeiten Wolfgangs und betrieb dessen Wahl zum Bischof von Regensburg. Seine Bemühungen hatten Erfolg. 973 konnte Wolfgang im Dom feierlich zum Bischof von Regensburg geweiht werden.

Schon wenige Monate nach seiner Wahl zum Oberhirten stellte sich ihm eine kirchenpolitisch höchst bedeutungsvolle und schwierige Aufgabe. Böhmen sollte aus dem Verband des Regensburger Bistums gelöst und in Prag ein neuer Bischofssitz gegründet werden. Zwischen Herzog Boleslav II. von Böhmen, Baiernherzog Heinrich dem Zänker und Kaiser Otto I. herrschte allseits Einverständnis. Die Entscheidung darüber lag nun einzig bei Bischof Wolfgang, der in der Neugründung eines Bistums Prag eine Stärkung des kirchlichen Lebens erhoffte. Anderer Auffassung war jedoch sein Domkapitel, dem es vorrangig um die dadurch für Regensburg zu erwartenden wirtschaftlichen Nachteile ging. Es bedurfte schon der ganzen Überzeugungskraft Wolfgangs, daß 973 das neue Bistum Prag errichtet werden konnte.

Ein Jahr später stand Wolfgang abermals vor einer weittragenden Entscheidung. Damals war der jeweilige Bischof auch zugleich Abt des Klosters St. Emmeram. Wolfgang löste 974 wiederum gegen den Widerstand des Domkapitels diese Verbindung von Hochstift und Kloster und berief den ihm aus Trier bekannten Ramwold als Abt von St. Emmeram. Mit großem Eifer widmete sich Wolfgang seinem Hirtenamt und führte ein asketisches Leben. Erfolgreich reformierte er die Frauenklöster Ober- und Niedermünster und gründete das Kloster Mittelmünster bei St. Paul. Besonderen Einfluß übte Bischof Wolfgang als Erzieher auf Heinrich II. aus, den nachmaligen Kaiser Heinrich den Heiligen. 976 kam es zwischen dem Baiernherzog Heinrich dem Zänker und seinem Vetter, Kaiser Otto II., wegen politischer Machtansprüche zu solch tiefen Zerwürfnissen, daß bürgerkriegsartige Zustände in Baiern herrschten. Wolfgang war einerseits dem Kaiser in absoluter Treue ergeben, andererseits war sein Bischofssitz Regensburg auch bairische Residenzstadt und der Baiernherzog Heinrich der Zänker sein unmittelbarer Landesherr. Um nicht in die Auseinandersetzungen hineingezogen zu werden und seine Neutralität wahren zu können, zog es Wolfgang vor, das Land vorübergehend zu verlassen und sich auf die dem Bistum Regensburg gehörenden Gebiete am Abersee zurückzuziehen. Nach etwa einjähriger Abwesenheit kehrte er wieder in sein Bistum zurück.

Als 70jähriger trat Wolfgang 994 noch eine beschwerliche Reise an, um die Regensburger Besitzungen am Unterlauf der Erlaf in Niederösterreich zu besuchen, die durch die Ungarneinfälle schwer gelitten hatten. Sein Ziel konnte er nicht mehr erreichen. In der dem hl. Otmar geweihten Kirche zu Pupping bei Linz starb er am 31. Oktober 994. Auf der Donau wurde sein Leichnam nach Regensburg gebracht und in der Stephanskapelle (beim Domkreuzgang) aufgebahrt. Ein feierlicher Leichenzug überführte den Toten nach St. Emmeram, wo er am 8. November 994 im südlichen Seitenschiff bestattet wurde. Diese Stelle seiner ersten Beisetzung kennzeichnet noch jetzt das aus gotischer Zeit stammende Hochgrab, auf dem die steinerne Gestalt des Heiligen im bischöflichen Ornate ruht.

Papst Leo IX. erhob in Anwesenheit Kaiser Heinrichs III. und zahlreicher geistlicher und weltlicher Würdenträger am 7. Oktober 1052 die Gebeine St. Wolfgangs, was nach damaligem Gebrauch gleichbedeutend mit einer Heiligsprechung war. Gleichzeitig erfolgte ihre Überführung in eine Confessio (Grabkammer) in der Ostwand der damals neuerbauten Wolfgangskrypta.

Bei einer zweiten Erhebung der Gebeine St. Wolfgangs im Jahre 1612 zeigte sich der mit Eisenbändern beschlagene Holzsarg des Jahres 1052 noch ziemlich gut erhalten. Darin fanden sich neben kleineren und größeren Knochenstücken auch noch Teile des Schädels sowie jene Bleiplatte, die dem Heiligen bereits bei seiner ersten Bestattung 994 mit ins Grab gegeben wurde. Ihre Inschrift gibt Nachricht vom Tag seines Todes: „Pri. kl. Nov. Wolfgangus Eps. ob. 994". Drei Behälter nahmen die Reliquien St. Wolfgangs auf, die dann in einem gemeinsamen Zinnsarg wiederum hinter dem Altar der Krypta beigesetzt wurden. Mehr als 200 Jahre lang ruhten sie dort, bis zu ihrer dritten Erhebung im Jahre 1839 anläßlich des elfhundertjährigen Bestehens des Bistums Regensburg, dessen Patron der hl. Wolfgang ist. Bei einer vierten Erhebung unter Bischof I. v. Senestry übertrug man die Reliquien 1877 in einen Metallschrein, der seit dieser Zeit auf dem Altar der Wolfgangskrypta steht.

St. Wolfgang am Abersee

Bis in das Seengebiet des Salzkammergutes reicht die Verehrungsgeschichte St. Wolfgangs, des großen Regensburger Bischofs und Heiligen. Viele Regensburger, die ihre Urlaubsreise an den herrlichen Wolfgangsee führt, sind überrascht, welch reiche geschichtliche Überlieferung dort noch heute lebendig ist. Der Ortsname St. Wolfgang und die Bezeichnung „Wolfgangsee" gehen auf den Regensburger Heiligen zurück.

Machtpolitische Auseinandersetzungen zwischen Kaiser Otto II. und dem Baiernherzog Heinrich dem Zänker veranlaßten Bischof Wolfgang, Regensburg zu verlassen und sich in die dem Regensburger Hochstift gehörenden Besitzungen im Salzkammergut, zu denen auch das Kloster Mondsee gehörte, zurückzuziehen. In der Wildnis des Falkensteins, so berichtet die Legende, erbaute er sich eine kleine Zelle und führte das Leben eines Einsiedlers. Nachdem er ein Jahr lang Hunger und Durst, Hitze und Kälte ertragen hatte, beschloß er, zu Ehren des hl. Johannes ein Kirchlein zu erbauen. Von der Höhe des Falkensteins schleuderte er sein Beil zu Tal, damit ihm ein Zeichen werde, an welcher Stelle er das Gotteshaus errichten sollte. Das Beil wandte im Flug seine Richtung und fiel am Ufer des Abersees, des heutigen Wolfgangsees, zu Boden. Der Teufel wollte den Kirchenbau verhindern, die Frömmigkeit Wolfgangs aber zwang ihn, bei den Bauarbeiten mitzuhelfen. Als Lohn dafür forderte der Böse die erste Seele, die die Kirche nach ihrer Fertigstellung betreten würde. Auf das Gebet des Heiligen hin war dies ein Wolf, den der Teufel wütend durch die Luft entführte. Beil und Kirche wurden so zu den Attributen des Heiligen.

Über ein Jahr lang, 976/977, blieb Wolfgang Regensburg fern, da entdeckte ein Jäger — so will es die Legende — seinen verborgenen Aufenthaltsort und brachte die Kunde davon nach Regensburg. Sogleich machte sich eine Abordnung Regensburger Bürger nach dem Abersee auf, um den Bischof zu bitten, wieder in sein Bistum zurückzukehren. Wolfgang erfüllte ihre Bitte. Als durch ein Wunder sein Kirchlein ebenfalls mitwanderte, befahl er ihm zu bleiben und versprach, daß durch seine Fürbitte die Wunder am Abersee auch weiterhin geschehen würden.

St. Wolfgang prophezeit Heinrich die Kaiserwürde

Heinrich II., der spätere deutsche Kaiser und Heilige, wurde 973 auf der Burg zu Abbach geboren. Sein Vater, der Baiernherzog Heinrich der Zänker, nahm den Knaben oft zu Bischof Wolfgang mit nach Regensburg, damit er ihn segne und in den Wissenschaften unterweise. So wurde Bischof Wolfgang zum einflußreichen Erzieher und Lehrer des jungen Prinzen. Wolfgang starb 994, Heinrich war damals 21 Jahre alt.

Heinrich blieb seinem heiligen Lehrer auch über dessen Tod hinaus verbunden. Als er wieder einmal betend am Grabe Wolfgangs in der Emmeramskirche weilte, überkam ihn eine visionäre Schau. Vor ihm erschien sein bischöflicher Lehrer und forderte ihn auf, an die Wand neben dem Grab zu blicken. Dort standen in leuchtenden Buchstaben die Worte „post sex" — nach sechs. Heinrich konnte sich den Sinn der geheimnisvollen Worte nicht erklären. Er glaubte nichts anderes, als daß er nach sechs Tagen sterben müsse und bereitete sich durch Fasten und Beten auf den Tod vor. Es verflossen jedoch sechs Tage, sechs Wochen und schließlich sechs Monate, ohne daß ein besonderes Ereignis eingetreten wäre. Nachdem aber sechs Jahre vergangen waren, wählten die deutschen Fürsten Heinrich in Mainz zum König.

Das Gemälde des Wolfgangsaltares im südlichen Seitenschiff der Emmeramskirche schildert diese Legende. Der Altar steht in unmittelbarer Nähe des Ortes der legendären Begebenheit. Auf einem mit rotem Tuch drapierten Betschemel kniet Heinrich, damals noch Herzog von Baiern, im verbrämten, blauen Wams. Sein rundes Gesicht blickt etwas verängstigt auf die Erscheinung Wolfgangs, die mit der behandschuhten Linken auf die Worte POST SEX weist. Im Dunkel des Bildgrundes sieht man zwei Pagen in vornehmen, grausamtenen Gewändern.

Das Bild entstand 1658. Es war ursprünglich nicht für diesen Altar bestimmt, da es den gegebenen Rahmen kompositionell nicht füllt. Sein Schöpfer ist der aus Mittelfranken stammende Maler Johann Selpelius.

Auch der plastische Schmuck des Wolfgangsaltares nimmt Bezug auf Heinrich und seinen Erzieher. Das Antependium trägt die Symbole des hl. Wolfgang: Kirche und Beil. Im Aufzug sieht man die kaiserlichen Insignien: Krone, Schwert und Zepter.

Verehrung des hl. Wolfgang

Obgleich Papst Leo IX. die Heiligsprechung Wolfgangs in eigener Person in Regensburg vorgenommen hatte, entwickelte sich zunächst keine größere Verehrung; es entstand kein Wolfgangskult, weder bei seinem Grab in St. Emmeram, noch an den Stätten seines Wirkens. Erst im späten Mittelalter setzte eine volkstümliche Verehrung des Heiligen ein. Ausgangspunkt war jedoch nicht dessen Grab, sondern die Kirche St. Wolfgang am Abersee (Wolfgangsee), deren Gründung auf den Heiligen zurückgeht. Über das Salzkammergut breitete sich die Verehrung St. Wolfgangs auch in Bayern rasch aus.

Die dem hl. Wolfgang geweihte Kirche in Pipping bei München sei vorrangig deshalb genannt, weil ein Feld ihres um 1480 entstandenen Flügelaltares Pilger am Grab des Heiligen in Regensburg

533

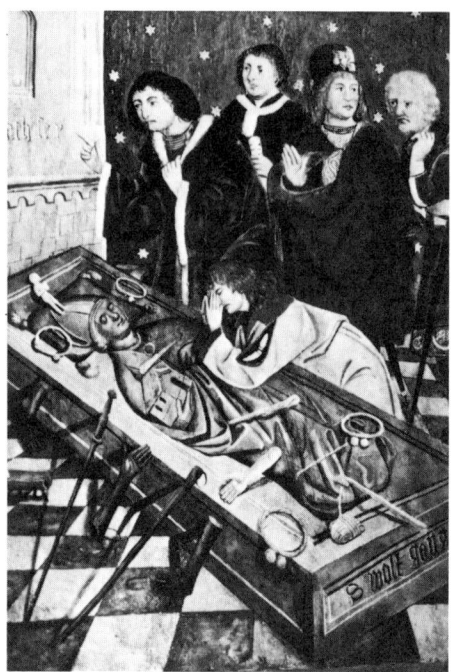 

247. *Pilger am Grab des hl. Wolfgang in Regensburg. Tafelbild vom Flügelaltar der Kirche St. Wolfgang in Pipping bei München. Um 1480*

248. *Pilger beim hl. Wolfgang am Abersee. Holzschnitt. Titelblatt aus der Lebensbeschreibung St. Wolfgangs von Johann Weyssenburger. Landshut, 1515. Auf einer Stange Votivgaben. Bayer. Staatsbibliothek, München*

zeigt. Einer der Wallfahrer weist auf die an der Kirchenwand erscheinenden Worte „nach sex". Wallfahrtsgeschichtlich interessieren die am Grab niedergelegten Votivgaben. Neben den herkömmlichen Armen, Beinen, Krücken und einer ganzen Figur finden sich hier Ringe, der Farbe nach zu schließen aus Wachs. Das Ringvotiv kann als hinweisendes Zeichen verstanden werden. Der Ring wurde an jenen Körperstellen getragen, in denen der Sitz des Leidens vermutet wurde. An zweien dieser Ringe sind Kugeln angebracht, die wohl Augen darstellen sollen.

Zahlreiche Legenden berichten von Wundertaten des heiligen Bischofs von Regensburg oder weisen auf Plätze, an denen der fromme Wanderer gerastet haben soll. Die sog. Rastsagen sind für den Regensburger Heiligen typisch.

Nächst der Straße, die vom Chiemsee nach Wasserburg führt, liegt auf einer Anhöhe bei Baumburg eine dem hl. Wolfgang geweihte Wallfahrtskirche. Vor dem Hochaltar ragt ein Felsblock aus dem Kirchenpflaster, der zwei tiefe Aushöhlungen — durch Erosion entstanden — aufweist. Der Überlieferung nach soll St. Wolfgang auf seiner Reise vom Abersee nach Regensburg auf diesem Felsen gerastet haben. Der Stein, so berichtet die Legende, habe sich erweicht, um dem Heiligen eine bequeme Lagerstätte zu bieten. Dadurch hat St. Wolfgang die Abdrücke seiner Beine hinterlassen. Früh schon entwickelte sich eine Wallfahrt zu dem über dem Stein erbauten St.-Wolfgangs-Kirchlein, das besonderes volkskundliches Interesse verdient. Den Felsblock umgibt an drei Seiten eine etwa 1 m hohe Brüstung aus rotem Marmor, deren rechte Schmalseite von einer halbkreisförmigen Öffnung durchbrochen wird. Unmittelbar darunter weist der Fels eine senkrechte Vertiefung auf, gerade groß genug, ein Bein hineinzustellen.

Die Wallfahrer bemühen sich nun, ein Bein in die Vertiefung zu setzen und in dieser Stellung durch die Öffnung in der Marmorwand zu schlüpfen. Es fällt schwer, den Rücken so stark zu krümmen, daß trotz der gehemmten Bewegungsfreiheit des Beines das Durchkriechen gelingt. Nur bewegliche Leute bringen dieses Kunststück zuwege. Die Wallfahrer üben diesen Brauch in dem Glauben, mit dem Durchkriechen Krankheiten abzustreifen und Heilung zu erlangen. Vornehmlich Frauen, die St. Wolfgangs Fürbitte um Kindersegen erflehen, durchkriechen die Öffnung. Auch in der dem hl. Wolfgang geweihten Kapelle am Falkenstein über dem Wolfgangsee in Österreich (s. d.) wurde der Brauch des Durchkriechens geübt. Eine Reihe von Votivtafeln mit dem Regensburger Heiligen als Gnadenvermittler zeugt von Heilungen und Gebetserhörungen.

Das Durchkriechen durch Maueröffnungen, durch Felslöcher oder gespaltene Bäume ist eine vielfach belegte, uralte Form der Krankheitsheilung durch Berührung. Zwei Gedanken liegen diesem Heilbrauch zugrunde: die Übertragung des Leidens an den Baum oder Fels und das Abstreifen des Übels.

AURELIAGRABMAL UND AURELIALEGENDE

Unter den Hochgräbern der Emmeramskirche zeichnet sich das Aureliagrabmal im nördlichen Seitenschiff durch die Schönheit und Poesie seiner Plastik aus. Vier gedrungene Säulen tragen eine Platte mit der zarten Gestalt eines Mädchens. Ein Kronreif ziert das leicht geneigte Haupt und deutet auf die königliche Herkunft seiner Trägerin. Reiche Locken umfließen das hoheitsvolle Antlitz. Der Mantel, den ein Band über der Brust zusammenhält, wird durch die gewinkelte Linke leicht angehoben. Weingeranke, gleich schön in Bewegung und Zeichnung, ziert eine Langseite der Platte. Das Grabmal, das zu den besten Werken mittelalterlicher Plastik zählt, entstand um 1330.

Ein römischer Sarkophag, der sich bis 1812 im Kreuzgang von St. Emmeram befand und den nun das Museum verwahrt, trägt in der Deckelplatte folgende Inschrift: D · PERPETVAE · SECURITATI · ET · MEMORIAE · DVLCISSIMAE / AURELIAE · M · / AURELIAE · P · AEL · ...VANVS · CONIVGI · / INCOMPARABILI ·. In freier, sinnentsprechender Übersetzung: Der ewigen Grabesruhe und dem Andenken an die süße Aurelia gewidmet. Publius Aelius (Sil)vanus seiner unvergleichlichen Gattin Aurelia.

Beim Bau des Emmeramer Kreuzgangs nach Mitte des 12. Jahrhunderts dürfte man auf diesen Grabdeckel gestoßen sein. Aus der hochgemuten Stimmung dieser Zeit heraus fügte das Kloster aufgrund dieser Inschrift — ob wissend oder in Verkennung des Textes — seinem Kranz von Mythen und Legenden eine neue hinzu, nämlich jene von der seligen Aurelia. Diese Legende erzählt: Der mächtige König Hugo Capet von Paris hatte eine liebreizende Tochter namens Aurelia. Diese französische Prinzessin faßte schon in früher Jugend den Entschluß, der Welt zu entsagen und nur Gott zu dienen. Als sie daher einem Mann die Hand zur Vermählung reichen sollte, verließ sie fliehend ihre Heimat und stand eines Tages almosenheischend vor der Pforte von St. Emmeram. Ramwold, damals Abt des Klosters, nahm die Bettlerin in eine Klause auf, die sich an die Stadtmauer von Regensburg lehnte. Dort verbrachte Aurelia, gänzlich von der Welt zurückgezogen, 52 Jahre ihres Lebens mit Beten und Fasten, bis sie im Jahre 1027 eines seligen Todes starb. In dem römischen Sarkophag vermutete man die Gebeine Aurelias.

Die erste schriftliche Aufzeichnung der Aurelialegende stammt aus dem 14. Jahrhundert, in dem auch das Hochgrab entstand. Der Ursprung der Legende dürfte nicht wesentlich vor diesem Zeitpunkt liegen.

Wie aus der Inschrift jedoch unmißverständlich hervorgeht, war Aurelia die Gattin eines römischen Offiziers namens Aelius Silvanus. Sie verstarb in Castra Regina. Ihr Gatte ließ sie in einem Sarkophag bestatten und in den Deckel besagte Inschrift meißeln. Durch die Legendenbildung der Mönche von St. Emmeram, um 1350, wurde die Heidin Aurelia in die Schar der Seligen in den Himmel aufgenommen, worüber schon Aventin, der große bairische Geschichtsschreiber des 16. Jahrhunderts, spottete.

Angeregt durch das große Kunstschaffen seiner Zeit und begeistert von dem asketischen Leben der legendären Aurelia, gab der Regensburger Domherr Gamared von Sarching († 1335) einem hochbegabten Künstler den Auftrag, über dem römischen Sarkophagverschluß im Kreuzgang von St. Emmeram, um 1330, das schöne Hochgrab zu errichten. An der freien Unterseite der Fußplatte ließ er sich kniend als Kleinfigur darstellen.

Geschichtliche Tatsache ist indes, daß nächst dem einstigen Placidusturm (s. d.) an der Stadtmauer und im Bereich des Klosters St. Emmeram eine St.-Andreas-Kapelle stand, die Bischof Gundekar von Eichstätt 1060 weihte und daß dort weibliche Inklusen lebten.

Kurze Zeit bevor die Mönche von St. Emmeram ihr Kloster endgültig verlassen mußten, richtete sich die Aufmerksamkeit noch einmal auf das sogenannte Aureliagrab. Am 9. Mai 1811 erfolgte die Abhebung des Hochgrabes und die Öffnung des römischen Sarkophagdeckels. Darunter fand sich ein weiterer, jedoch verkehrt liegender Sargverschluß, der „mit einem Gebein und zwei Trümmern von Schädeln" gefüllt war. Abermals darunter trat ein Sarkophag mit einem Skelett zutage. Roman Zirngibl, der damalige Archivar des Klosters St. Emmeram, schreibt dazu: „Sind es Weibsbildergebeine, so halte ich diese für die Gebeine Aureliae, im widrigen Falle für die Gebeine eines Bischofs oder Abtes..." 1812 wurde das Grabmal aus dem Kreuzgang in das nördliche Seitenschiff der Kirche übertragen.

Eine liturgische Verehrung genoß Aurelia in St. Emmeram nicht. Jedoch noch während des 17. Jahrhunderts war es Brauch, an ihrem angeblichen Todestag, dem 15. Oktober, das Hochgrab mit einem Teppich zu schmücken und dort Kerzen zu brennen.

DER HEILIGE ERHARD

Die Lebensgeschichte des hl. Erhard liegt weitgehend im Dunkel. Seine früheste Lebensbeschreibung entstand erst in der zweiten Hälfte des 11. Jahrhunderts, also mehr als 350 Jahre nach seinem Tod. Als geschichtliche Tatsache darf wohl gelten, daß er als Regionarbischof in Regensburg wirkte. Die Forschung nimmt seinen Tod um das Jahr 700 an. Das St.-Peters-Kloster in Salzburg, das 784 ein Verzeichnis der bairischen Bischöfe anlegte, nennt erstmals den Namen des Bischofs Erhard. Seine Ruhestätte fand er in der ersten Kirche am Platz von Niedermünster, einer in spätmerowingischer Zeit in massiver Steinbauweise erbauten Saalkirche mit Rechteckchor. An der inneren Nordwand dieser Kirche errichtete man aus Tuffsteinplatten eine Grabkammer, legte den Leichnam Erhards hinein und verschloß sie mit einem römischen Sarkophagdeckel.

Schon früh setzte die Verehrung Erhards bei seiner Grabstätte ein. In ottonischer Zeit wurde in den Sarkophagdeckel ein rundbogiges Fensterchen gebrochen, um Weihegaben in die Grabkammer hinabzulassen oder mit Tuchstreifen die Gebeine berühren zu können. Die Erhebung der Gebeine Erhards — eine frühe Form der Heiligsprechung — erfolgte am 8. Oktober 1052 in Anwesenheit Papst Leos IX. und Kaiser Heinrichs III. Nach Öffnung des Grabes führte man damals die Tuffsteinwände der ursprünglichen Grabkammer durch Aufmauerung auf das inzwischen erheblich gestiegene Fußbodenniveau des ottonischen Kirchenbaues und brachte auf der neuen Ebene den römischen Sarkophagdeckel wieder auf.

Die nie unterbrochene Tradition der Erhardverehrung beweist auch die Baugeschichte der Kirchen an der Stelle der heutigen Niedermünsterkirche (s. Niedermünster). Der karolingische, ottonische und auch der hochromanische Folgebau nahmen stets Rücksicht auf die Grabstätte St. Erhards und waren in ihrer Anlage so angeordnet, daß ihre Nordmauern stets in der gleichen Flucht blieben, das Erhardsgrab also nicht berührten. Ausdehnungen der verschiedenen Kirchenbauten erfolgten nur nach Osten, Süden oder Westen.

Die Gotik überbaute die Grabstätte Erhards und die seines neben ihm bestatteten Freundes und Gefährten, des Erzbischofs Albert von Cashel aus Irland, der während eines Besuches in Regensburg

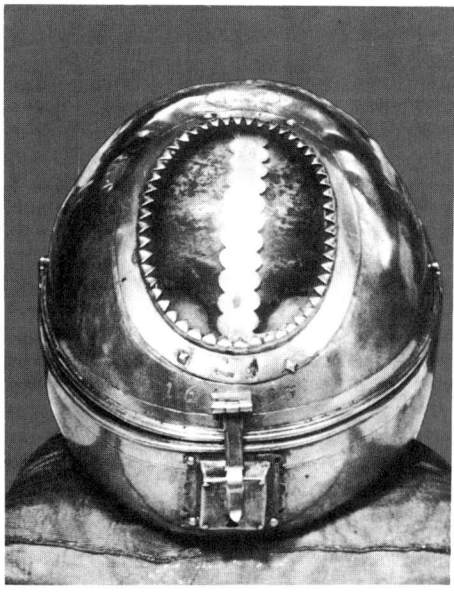

249. Niedermünsterkirche. Schädelreliquie des hl. Erhard. Silberkapsel von 1653

kurz vor Erhard starb, mit einem kunstgeschichtlich bedeutsamen Ziborium, dessen Gehäuse sich mit fünf von Wimpergen überdachten Spitzbogenarkaden öffnet. Erhards Gebeine ruhen seit 1866 in einem Metallschrein. Eine ovale Silberkapsel mit verglaster Schauöffnung birgt die Schädelreliquie des Heiligen. Die Augsburger Arbeit ist mit der Jahreszahl 1653 bezeichnet und trägt das Wappen des Stiftes Niedermünster sowie das der Äbtissin M. v. Sigertshofen. Anthropologische Untersuchungen konnten in jüngster Zeit feststellen, daß der gesondert aufbewahrte Schädelknochen zum selben Skelett gehört wie jene Gebeine, die als Reliquien St. Erhards verehrt werden.

Legenden und Wunderberichte um St. Erhard

Jahrhunderte hindurch genoß St. Erhard innige Verehrung. Sein Grab war Ziel zahlreicher Wallfahrer und die Berichte von Wundern häuften sich. Zu einer einstmals bekannten Regensburger Volkssage wurde die wunderbare Auffindung des verschütteten Grabes des Heiligen: Hundert Jahre nach Erhards Tod legte eine ungeheure Feuersbrunst Kloster und Kirche Niedermünster in Schutt und Asche. Auch die Grabstätte St. Erhards war völlig verschüttet und blieb trotz eifrigen Suchens unauffindbar. Nur ein morsches Kruzifix aus Holz überdauerte auf wunderbare Weise die Verwüstung. Kunigunde von Uttenhofen, die frömmste und tugendhafteste unter den Chorfrauen von Niedermünster, kniete einst betend vor diesem Kreuz. Da löste sich eine Hand des Gekreuzigten und berührte sanft die Wange der Nonne. Zugleich durchbrach ein heller Lichtstrahl die Kirche und wies auf eine Stelle am Boden. Kunigunde gewahrte, wie sich die Erde dort auftat und ein Sarg emporstieg. Da erkannte sie das Grab des hl. Erhard. Rasch verbreitete sich die Kunde davon in der Stadt. In Scharen strömten die Regensburger herbei, um das Wunder zu schauen. Kranke, die den Sarg oder nur das ihn bedeckende Tuch berührten, erhielten ihre Gesundheit wieder. Der frommen Chorfrau Kunigunde aber blieb an der Wange, wo der Gekreuzigte sie berührt hatte, ein Mal bis an ihr Lebensende.

Die bekannte Regensburger Sage vom Turnierkampf Dollingers mit dem Hunnen Krako steht gleichfalls in Beziehung zu St. Erhard. Dollinger flehte am Grab des Heiligen um den Sieg über den Heiden.

Welch große Anziehungskraft die Wallfahrt zum Grab des hl. Erhard ausübte, geht aus dem Wunderbericht des späteren Regensburger Domherrn Konrad von Megenberg hervor. Als Leiter der Domschule zu St. Stephan in Wien erkrankte Megenberg um 1350 schwer. Er selbst berichtet: „Als ich noch an der Hochschule zu St. Stephan in Wien war, wurde ich plötzlich an Händen und Füßen dergestalt gelähmt, daß ich weder gehen noch mit einer Hand einen Bissen Brot zum Munde führen konnte." Während seiner Krankheit hatte Megenberg einen wunderbaren Traum. Er sah sich selbst am Grab des hl. Erhard in Niedermünster zu Regensburg knien. Zugleich gewahrte er eine Schrift, die ihm Heilung durch den Besuch des Grabes kündigte. Er hielt diesen Traum für einen göttlichen Wink und ließ sich auf einem Kahn donauaufwärts von Wien nach Regensburg bringen. In der Niedermünsterkirche wohnte er, vor dem Grabe St. Erhards kniend, dem Gottesdienst bei. Während der Messe erfüllte sich sein Traum und die Lähmung wich aus seinen Gliedern. Dieses Wunder mag ihn bewogen haben, in Regensburg zu bleiben, wo er, nicht zuletzt wegen seines umfassenden Wissens, eine Chorherrnstelle erhielt (s. Megenberg).

In plastisch barocker Sprache erzählt der wundergläubige Regensburger Weihbischof Albert Ernst von Wartenberg in seinem Büchlein, das er „Schatzkammer der seligsten Jungfrauen" nennt, von außergewöhnlichen Geschehnissen bei St. Erhard: Die lahme und gefühllose Hand einer Frau wurde auf die Fürbitte St. Erhards hin augenblicklich geheilt. „... hat auch einen solchen Kracher getan, daß man es in der ganzen Kirche gehört und vernommen, daß ein Wunderzeichen geschehen..." Um nicht als Stehler erkannt zu werden, opferte ein Pferdedieb am Grab des Heiligen. St. Erhard aber nahm das Opfer nicht an. Beim Verlassen der Kirche fand der Dieb die geopferte Münze stets wieder in seiner Tasche, so oft er sie auch zurücktrug.

Erhard gilt als Wasserfinder, als Brunnengräber und als Reiniger vergifteter Brunnen. Den Erhardibrunnen (s. d.) in der gleichnamigen Gasse soll er mit eigener Hand gegraben haben. Mehrere Personen, die in den 50 Schuh tiefen Brunnen gefallen waren, kamen ohne Schaden wieder heraus.

Vier Legendentafeln des frühen 17. Jahrhunderts in der Niedermünsterkirche stellen in 16 Szenen Begebenheiten aus dem Leben des Heiligen und Wunder an seinem Grabe dar. Auf Anregung Bischof Wittmanns wurden diese Darstellungen zur weiteren Verbreitung um 1820 von Johann Bichtel in Kupfer gestochen.

Die Erhardiwallfahrt in Rainertshausen

St. Erhard, der auch als Pest- und Viehpatron Verehrung genoß, gilt als Schutzheiliger der östlichen Holledau. In Rainertshausen, einem etwa zehn Kilometer östlich von Mainburg gelegenen Pfarrdorf, werden am 8. Januar, dem Namensfest des Heiligen, Pferdesegnung und Umritt veranstaltet. Beim Frühamt werden die Erhardibrote, etwa zehnpfennigstückgroße Brotscheiben geweiht, die als heilkräftig betrachtet und von Mensch und Tier eingenommen werden. Etwas außerhalb des Ortes steht eine Kapelle, die ehemals den Mittelpunkt einer schwungvollen Erhardiwallfahrt bildete. Das Wasser einer unter dem Kirchenboden entspringenden Quelle kann mit einer Pumpe in ein Holzbecken gehoben werden. Eine Inschrift von 1777 bezeugt: „Es ist uralten herkommens, das der heilige Regenspurgische bischoff Erhardus da er in bekehrung der unglaubigen sich all hier gegen einen halben jahr aufhielte, dises brünnlein zu seiner nothdurfft mit eigenen händen gegraben habe..." Das Wasser fand Verwendung als Heilmittel bei Augenleiden.

DER SELIGE FRIEDRICH VON REGENSBURG

Um das Jahr 1250 wurde Friedrich in Regensburg als Sohn eines angesehenen Bürgers geboren. Die Predigt eines Augustinerpaters soll ihn so sehr beeindruckt haben, daß er nach dem Tod seines Vaters als Laienburder in das Regensburger Augustinerkloster (s. d.) auf dem Neupfarrplatz eintrat, zu dessen ersten Professen er gehörte. Bis zu seinem Lebensende — als sein Todestag wird der 29. November 1329 genannt — diente Friedrich in der Armen- und Krankenpflege. Daneben versah er den Mesnerdienst in der Kirche seines Klosters. Von den zahlreichen Legenden, die sich um die Gestalt dieses heiligmäßigen Mannes ranken, seien hier nur einige wiedergegeben.

Neben Frömmigkeit und Demut war Gehorsam eine der hervorragendsten Tugenden Friedrichs. Eines Tages war er damit beschäftigt, Wein aus einem Faß abzulassen. Während dieser Arbeit rief ihn der Prior. Sofort erschien Friedrich vor seinem Klosterobern. Erschrocken aber sahen die Mitbrüder den Zapfen an seinem Gürtel hängen, den Friedrich in der Eile seines Gehorsams nicht mehr in das Faß gesteckt hatte. Sie eilten in den Keller und sahen, daß kein Tropfen aus dem Faß gelaufen war. — Einmal mußte Friedrich während des Gottesdienstes Holz spalten und es aus dem Schuppen in die Küche bringen. Dieser Auftrag hinderte ihn, an der gemeinsamen Kommunionfeier teilzunehmen. Während der Priester in der Kirche das Sakrament austeilte, brachte ein Engel eine Hostie zu Friedrich in den Holzschuppen, wo er sie mit Andacht empfing. Der Priester bemerkte das Fehlen der Hostie und konnte sich deren Verbleib nicht erklären. Um ihn zu beruhigen, offenbarte ihm Friedrich das wunderbare Geschehen. — Als Mesner hatte Friedrich für den Altarschmuck zu sorgen. Da es mitten im Winter war, fehlten ihm die notwendigen Blumen. Auf sein Gebet hin erschien ein Engel und brachte ihm frische Rosen. — Friedrich besaß auch die Gabe der Weissagung; so konnte er Tag und Stunde des Todes einer Inklusin vorhersagen, die bei der St.-Georgs-Kapelle (s. d.) an der Steinernen Brücke lebte.

Auch nach dem Tode Friedrichs hörten die wunderbaren Geschehnisse nicht auf. Seinem Leichnam entströmte Wohlgeruch. Kranke, die ihn berührten, erhielten ihre Gesundheit wieder. In Scharen strömte das Volk herbei. Die Leute schnitten Teile seiner Haare und seiner Kleider ab, um sie als Reliquien zu verehren. Friedrich wurde in der Augustinerkirche, die an der Ecke des Neupfarrplatzes und der Oberen Bachgasse stand, bestattet. Im Laufe der Jahrhunderte geriet sein Grab in Vergessenheit. Eines Tages gewahrte der Kirchendiener beim Nachgießen von Öl in die Ampel ein strahlendes Licht, das die ganze Kirche erhellte. Der Prior ließ an der Stelle, wo der Lichtstrahl auf den Boden traf, nachgraben. Dabei stießen die Arbeiter auf die Gebeine Friedrichs und den dazugehörigen Denkstein.

Weihbischof E. A. v. Wartenberg erhob im Jahre 1684 die sterblichen Reste Friedrichs und setzte sie unter einem Altar der Augustinerkirche bei, die wegen angeblicher Baufälligkeit 1838 dem Abbruch anheimfiel. Die Gebeine Friedrichs wurden nun abermals erhoben und in der 1855 neuerbauten Kreuzkapelle (s. d.) an der Oberen Bachgasse (Nr. 5) geborgen. Damals fand man auch die Zinnplatte, die bei der 1684 erfolgten Umbettung der Gebeine schon einmal zum Vorschein gekommen war. Die lateinische Inschrift der Platte lautet zu deutsch: „Der Leib des seligen Friedrich, Laienbruders aus dem Eremitenorden des hl. Augustin, eines der ersten Professen dieses Klosters bei St. Salvator; berühmt durch die Gabe der Weissagung und Wunder, ist er im Jahre des Heils 1329 selig entschlafen."

Die Augustinermönche, die seit 1910 an der Cäcilienkirche wirken, ließen die Überreste ihres seligen Mitbruders dorthin übertragen. Seit 1913 steht auf dem Altar des östlichen Seitenschiffes ein Metallschrein, hinter dessen Verglasung die Reliquien des seligen Friedrichs zur Schau gestellt sind. Ein Ölbild mit dem überlebensgroßen Porträt des Seligen füllt die Altarnische. Beiderseits

250. Ottokarkreuz, zwischen 1261 und 1278. Domschatzmuseum

der Darstellung reihen sich je sechs Medaillons mit Bildern von Wundern, mit denen Gott das tugendhafte Leben Friedrichs auszeichnete. Schrifttafeln geben Erläuterungen zu den jeweiligen Szenen. Prior Konrad Schleier ließ das Bild 1699 nach älterer Vorlage anfertigen.

DIE KREUZRELIQUIE IM DOMSCHATZ — DAS SOGENANNTE OTTOKARKREUZ

Nachdem der römische Kaiser Konstantin der Große dem Christentum Freiheit und Recht verschafft hatte, begab sich seine Mutter, die heilige Helena, im Jahre 326 nach Jerusalem, um nach dem verschollenen Kreuz Christi zu suchen. Nach unablässigen Bemühungen gelang es ihr — so berichtet die Überlieferung — das vergrabene Kreuzesholz aufzufinden. Überall im Abendland suchte man daraufhin ein wenn auch noch so kleines Stückchen dieses verehrungswürdigen Holzes zu erlangen.

Der Regensburger Domschatz bewahrt in dem sogenannten Ottokarkreuz ein besonders großes Stück dieser kostbaren Reliquie. Das aus reinem Gold gearbeitete Kreuz trägt an seiner Vorderseite ein aus der einstmals hochverehrten Reliquie gefertigtes Doppelbalkenkreuz, von Kristallplatten abgedeckt. Große Edelsteine besetzen die Vierpaßenden der Kreuzbalken.

Die Rückseite zeigt in Niellotechnik den Gekreuzigten, in den Paßenden die vier Evangelisten. Den Grund bildet blaue Emaillierung. Über dem Gekreuzigten die Aufschrift: REX · OTAKARVS · ME · FECIT. Das Kreuz ist demnach eine Stiftung König Ottokars II. von Böhmen (1253—1278). Da sich Ottokar erst nach seiner im Dezember 1261 erfolgten Krönung als König bezeichnet, dürfte die Arbeit erst nach 1262, vermutlich in Prag, entstanden sein. Im frühen 14. Jahrhundert verpfändete der böhmische König wegen Geldmangels die kostbare Reliquie dem Prager Bürger Niklas de Turri, von dem es in die Hände Regensburger Juden gelangte. Bischof Nikolaus von Ybbs löste es 1313 aus und schenkte es dem Dom. Damals fertigte ein Regensburger Goldschmied den silbervergoldeten Fuß. Die tiefroten Granate, die heute die Reliquie, das Doppelbalkenkreuz, umgeben, stammen von einer Renovierung des Jahres 1695. Das Ottokarkreuz, eine bedeutende Arbeit mittelalterlicher Goldschmiedekunst, zählt zu den kostbarsten und qualitätvollsten Stücken des Regensburger Domschatzes.

Heute ist es still um die wertvolle Kreuzreliquie geworden. Früher jedoch wurde sie alljährlich am 3. Mai, dem Fest der Auffindung des heiligen Kreuzes, auf dem Hochaltar des Domes zur Verehrung aufgestellt und zum Küssen gereicht.

Noch zwei weitere, jedoch wesentlich kleinere Kreuzpartikel befinden sich im Besitz des Domes. Einer davon bildet das Herzstück eines Silberkreuzes mit Kristallnodus. An den Bittagen und am Markusfest wurden die Gläubigen einst damit gesegnet.

DIE DORNRELIQUIE IM DOMSCHATZ

Die Dornenkrone gehört zu den großen Passionsreliquien. „Und die Soldaten flochten eine Krone aus Dornen, setzten sie ihm aufs Haupt und bekleideten ihn mit einem Purpurmantel", berichtet der Evangelist Johannes. Es gibt mehrere Dornsträucher, die als „spina Christi", als Christusdorn, in Frage kommen. Wahrscheinlich war es der Kreuzdorn, ein im steinigen Gelände Palästinas häufig vorkommender Strauch mit ungemein scharfen Dornen, der die Zweige zur Krone Christi lieferte.

Es mag sein, daß die Jünger nach der Kreuzabnahme des Herrn die mit dem heiligen Blute benetzte Dornenkrone aufbewahrten. Die heilige Helena, die Auffinderin des Kreuzes Christi, brachte der Überlieferung nach die Dornenkrone nach Konstantinopel. Durch die Kreuzfahrer, die 1204 die Stadt eroberten, gelangte die Reliquie nach Venedig. Von dort erwarb sie Ludwig der Heilige von Frankreich, der sie in feierlichem Zuge nach Paris überführte.

Diese angebliche Krone Christi hat heute keine Dornen mehr. Alle wurden sie im Laufe der Jahrhunderte an Kirchen verschenkt. Auch der Regensburger Dom birgt in seiner Schatzkammer eine jener kostbaren Dornen. Dem geringen materiellen Wert der Fassung ist es zu danken, daß das Kleinod die schwedische Plünderung des Domschatzes im Dreißigjährigen Krieg überdauerte. Ein unbekannter Goldschmied des frühen 16. Jahrhunderts fertigte zur Aufnahme des Dorns ein schönes Reliquiar in Form eines Glaszylinders, der von einem sechskantigen Schaft getragen wird. Mit feiner Hand sind in dessen Rotuli Menschenköpfe graviert. Die sechskantige Bedachung endigt in einer Kreuzblume. Ein blütenartiges Gebilde trägt den etwa 6 cm langen, braun gefärbten Dorn.

Wir wissen nicht, wann und durch wen die Reliquie nach Regensburg kam. Wahrscheinlich wurde mit ihrer Überbringung auch das Fest der heiligen Dornenkrone in Regensburg eingeführt, das man noch bis vor wenigen Jahrzehnten alljährlich am 5. Mai im Dom beging. Auf dem Hochaltar wurde das Dornreliquiar zur Verehrung ausgesetzt und zum Küssen gereicht.

RELIQUIENFESTE

Der Reliquienkult ist eines jener Gebiete, auf dem sich Volksglaube und kirchliche Lehre am stärksten durchdringen. Regensburg galt von alters her als eine Stadt der Reliquien, birgt sie doch noch heute die Leiber der Heiligen Emmeram, Erhard und Wolfgang in ihren Mauern. Daneben besitzen die Kirchen Regensburgs, namentlich der Dom, St. Emmeram und Niedermünster noch eine große Zahl von Gebeinen und Hinterlassenschaften heiliger Personen, denen das Volk ehedem mit Ehrfurcht und gläubigem Vertrauen begegnete.

Um die Verehrung dieser Reliquien wachzuhalten, wurden in Regensburg von Zeit zu Zeit Reliquienfeste veranstaltet, sogenannte „Heiltumsweisungen". Zu diesem Zweck ließ der Rat vor dem Dom eine Holzbühne errichten, von der aus Priester die Reliquien dem Volke zeigten. Hohe geistliche Würdenträger assistierten dabei in ihren Pontifikalien; die Bürgerschaft stand unter Waffen. Um möglichst viele Wallfahrer anzuziehen, sollten nach dem Willen des Rates bei diesen Festen möglichst alle Reliquien der Stadt im Dom vereint werden. Die Geistlichkeit aber stand diesen Veranstaltungen nicht immer wohlwollend gegenüber, da das finanzielle Interesse der Stadt oft zu deutlich in den Vordergrund trat. „Alles Bitten ungeachtet" schreibt Gumpelzhaimer, „wurden beim Reliquienfest des Jahres 1487 die Särge der Heiligen Erhard, Emmeram und Wolfgang nicht in den Dom gebracht." Bei der Heiltumsweisung des Jahres 1506 kam eine besonders große Zahl Gläubige nach Regensburg. Der Rat ließ vor dem Haus an der Heuport Kufen mit Trinkwasser aufstellen, damit die Wallfahrer ihren Durst stillen konnten.

Die Reliquienverehrung bot der Kunst ein reiches Betätigungsfeld. Viele Kirchen Regensburgs besitzen kostbare Reliquiare aus verschiedenen Jahrhunderten.

251. St. Stephan am Domkreuzgang. Kastenaltar

Kastenaltar in St. Stephan

In der Apsis der Stephanskapelle beim Domkreuzgang, dem sog. Alten Dom, steht ein Altar in Form eines Kalksteinblockes von beachtlichen Ausmaßen: Länge 2,10 m, Tiefe 1,38 (1,43) m, Höhe 1,11 m. Seine untere Hälfte ist ausgehöhlt. Acht rundbogige, eng aneinandergereihte Fensterchen gliedern die Frontseite. Kreuzstäbe teilen jedes Fenster in vier Felder, die von je fünf Rundlöchern durchbrochen werden. In den Zwickeln führen sieben runde Durchschläge in die Höhlung. An den beiden Schmalseiten sitzt ebenfalls je ein solches Fenster. An der Rückseite führt eine etwa armdicke Öffnung in den Hohlraum.

Der unten offene Altarblock stand ehemals über der unterirdischen Grabkammer eines Heiligen (Confessio), in der sich der Sarg mit den Reliquien befand. Altar und Grabkammer waren durch einen mehr oder weniger tiefen Schacht verbunden. Durch die rückwärtige Öffnung konnten die Gläubigen schmale Tuchstreifen einführen und mit diesen den Sargdeckel berühren. Diese galten als Reliquien zweiten Grades. Sie durften zur Verehrung mit nach Hause genommen werden.

Drei Fragen beschäftigen die Forschung um diesen Altar: der Standort, die Datierung und der Name des Heiligen, zu dessen Ehre er gefertigt wurde. Bisher galt die Annahme, der Kastenaltar stamme aus dem Vorgängerbau des Domes und sei nach dessen Abbruch nach St. Stephan versetzt worden. Diese These vertritt A. Hubel und denkt dabei an die Confessioanlage für die Gebeine des hl. Florinus (Funktion und Geschichte des Hochaltares im Regensburger Dom. In: Beiträge zur Geschichte des Bistums Regensburg 10/1976). Einige größere Reliquien dieses Heiligen schenkte Kaiser Otto I. (936 – 973) dem Regensburger Dom. Damit gelangt Hubel zu einer Datierung in die 2. Hälfte des 10. Jahrhunderts. Dem widerspricht K. Gamber (Zwei frühmittelalterliche Altäre. In: Ecclesia Reginensis, 1979), der darauf verweist, daß eine Confessioanlage nur über dem Grab eines Märtyrers errichtet wurde. Florinus war weder Märtyrer noch war er in Regensburg begraben. Kaiser Otto schenkte nur einige, wenn auch größere Reliquien. Gamber gelangt zu dem Schluß, daß der Kastenaltar sich an ursprünglicher Stelle befindet; die Stephanskapelle — anläßlich des Todes des hl. Wolfgangs 994 erstmals erwähnt — über den bereits vorhandenen Altar anstelle eines Vorgängerbaues errichtet wurde. Heute kennt man zwar noch den Altar, jedoch nicht mehr die darunter befindliche Grabkammer und den Namen des heiligen Märtyrers, der darin ruht. Daß dieser schon während des Mittelalters in Vergessenheit geriet, spricht für eine sehr frühe Datierung unseres Kastenaltares. Seine Entstehung dürfte an der Wende der Spätantike zum Frühmittelalter anzusetzen sein, in der Zeit nach 500. Eine stilkritische Datierung ist bei dem Fehlen an Vergleichsobjekten nicht möglich.

Aberglaube — Teufelsfurcht

HIMMELSERSCHEINUNGEN

Zu allen Zeiten galten außerordentliche Himmelserscheinungen, namentlich Kometen, als Vorzeichen für Kriege, Hungersnöte und Seuchen. In den von religiösem Fanatismus und düsterem Aberglauben erfüllten Jahrhunderten des späten Mittelalters und der Reformation sah man in ihnen auch Künder göttlicher Strafgerichte. Trotz der großen Fortschritte der Astronomie zu Beginn der geschichtlichen Neuzeit gingen wissenschaftliche Forschung und mystische Vorstellungen nebeneinander her. Selbst Kepler steht noch zwischen wissenschaftlicher und mystischer Anschauung.

Auch die Chroniken Regensburgs wissen immer wieder von furchterregenden Kometen zu erzählen. Die älteste Nachricht stammt aus dem Jahre 1066, wo der Himmelserscheinung alsbald das Strafgericht folgte: „Kometen wurden viele Tage gesehen und Emmeram wieder durch Feuer verheert. Mauern, von Karl dem Großen erbaut, fielen ein. Man glaubte Zeichen und Wunder zu sehen." (Gumpelzhaimer)

1503 sollen auf den Halstüchern und Schleiern der Frauen plötzlich Kreuze aufgetreten sein. Man deutete sie als Vorboten schlimmer Ereignisse und veranstaltete Prozessionen zu deren Abwendung.

Während des Dreißigjährigen Krieges häuften sich die Beobachtungen von Himmelserscheinungen. Die fürstliche Hofbibliothek besitzt ein Heftchen, das in zeitgenössischen Federzeichnungen und Beschreibungen jene Erscheinungen am Regensburger Himmel wiedergibt, die in den Jahren 1624 bis 1643 wahrgenommen wurden. Kreuze, Löwen, feurige Ringe und Kugeln bilden die häufigsten Zeichen. 1637 sollen im Prüfeninger Wald feurige Kugeln vom Himmel gefallen sein.

Mehrere Einblattdrucke geben Kunde von Kometen, die im 17. Jahrhundert ihre Bahn am Regensburger Himmel zogen. Eines der Blätter gibt in symbolischen Darstellungen die Wunderzeichen wieder, die am 18. August 1671 über der Stadt zu schauen waren.

Neun Jahre später, 1680, zog abermals ein Komet am Regensburger Himmel auf. Sein Erscheinen erregte um so mehr Angst, als gleichzeitig Meldungen vom Ausbruch der Pest in Böhmen hier eintrafen. Der Rat erließ ein scharfes Dekret, das ermahnte, der „Rach- und Zornrute" Got-

252. Symbolische Darstellung der Erscheinungen am Regensburger Himmel im Jahre 1671. Zeitgenössischer Kupferstich. Museum

tes mit reuigem und bußfertigem Herzen zu begegnen und der „höchstschädlichen Kleiderpracht und aller Hoffart sich zu enäußern, keine Winkeltänze zu gestatten, der Mummerey (Maskerade) sich zu enthalten und das unanständige Schlittenfahren... abzustellen und sich eines stillen und nüchternen Wandels zu befleißigen". Das Dekret wurde durch Trommelschlag in der Stadt bekanntgemacht. Bei Augustin Hanckwitz erschien ein Druck, der eine genaue Beschreibung dieses Kometen gibt. Neun Tage lang war er um 5 Uhr abends zu sehen und hat sich mit dem Sonnenuntergang zu einem „recht entsetzlichen Anblick hervorgetan". Neben der astronomischen Lagebestimmung des Kometen fügt der Schreiber noch an: „Dörffte Unglück genug von Morgen und Abend kommen."

GOTTESURTEILE — BAHRRECHT

Gottesurteile, auch Gottesgerichte genannt, waren Handlungen, durch die man eine Entscheidung Gottes über Schuld oder Unschuld eines Angeklagten herbeizuführen glaubte. Die Rechtsgeschichte kennt verschiedene Formen des Gottesgerichts: das Kampfurteil, bei dem der im Zweikampf Besiegte als schuldig galt, die sogenannte Feuerprobe, wobei der Beklagte mit bloßen Füßen über glühende Kohlen oder glühende Pflugscharen gehen mußte, und die besonders bei Hexenprozessen angewandte Wasserprobe, bei deren Anwendung man die Beschuldigte ins Wasser warf. Sank sie unter, erachtete man sie für schuldlos; blieb sie aber schwimmend auf der Oberfläche, galt ihre Schuld als erwiesen. Am verbreitetsten war das Bahrrecht, das auf dem Aberglauben beruhte, daß die Wunden eines Ermordeten von neuem zu bluten beginnen, wenn der Mörder die Leiche berührt oder auch nur an sie herantritt.

Von der Ausübung des Bahrrechts weiß die Regensburger Chronik aus dem Jahre 1625 zu berichten. Am Unteren Wöhrd hatte ein Mann im Streit um ein paar Wäschestücke seine Frau mit dem Degen bedroht und so sehr geängstigt, daß sie aus einem Fenster des ersten Stockes sprang und auf eine steinerne Stufe fiel. Dabei verletzte sie sich so schwer am Kopf, daß sie des Tags darauf starb. Da man den Ehemann für den Mörder hielt, dieser jedoch die Schuld bestritt, wurde er in Ausübung des Bahrrechts zu seiner toten Frau in den Garten geführt. Juristen prüften, ob der Körper der Toten noch Blut von sich gebe. Weil das nicht der Fall war, ließ man ihn frei. „... aber zwischen den Juristen und Medizinern entstand dadurch ein Streit ohne Ende", fügt der Chronist an.

Auch bei dem des Mordes beschuldigten Regensburger Juden David Scheuer (s. d.) im Jahre 1630 suchte man durch Anwendung des Bahrrechts den Tatbeweis zu erbringen. Der Beklagte wurde zum Leichnam des Ermordeten geführt, dessen Wunden, wie der Chronist Donauer versichert, dabei neuerdings zu bluten begannen.

Auch die Legende um das heilige Kaiserpaar Heinrich und Kunigunde weiß von einem Gottesurteil zu erzählen. Kaiser Heinrich II. gilt als der zweite Stifter der Alten Kapelle in Regensburg. Ein der Kaiserin mißgünstig gesinnter Höfling verdächtigte sie bei ihrem Gemahl der Untreue. Zunächst schwieg Kunigunde im Bewußtsein ihrer Unschuld. Der Verleumder aber erhob seine Stimme um so lauter und verbreitete die bösen Gerüchte auch im Volke, das die Kaiserin wie eine Heilige verehrte. Selbst der Kaiser zweifelte schließlich an den Unschuldsbeteuerungen seiner Gemahlin. So sah er sich gezwungen, der Verleumdeten ein Gottesurteil aufzuerlegen. Im Bußgewand sollte die Kaiserin über glühende Pflugscharen mit bloßen Füßen hinwegschreiten. Zeigten sich keine Brandwunden, sollte ihre Unschuld als erwiesen gelten. Während Schergen die Pflugscharen glühend machten, flehte Kunigunde um Gottes Beistand. Dann ging sie, erfüllt von festem Vertrauen, mit nackten Füßen fünfzehn Schritte weit über die glühenden Eisen. Der Himmel bezeugte die Unschuld der Kaiserin. Ihre Füße wiesen nicht die Spur einer Verbrennung auf.

Diese Szene des sogenannten Pflugscharwunders hat Thomas Scheffler 1752 im Deckengemälde des südlichen Querschiffs der Alten Kapelle dargestellt. Die Legende aus der Zeit des hohen Mittelalters erscheint hier im Farbenglanz des Rokoko.

SCHWUR AM GRABHÜGEL

Welch große Bedeutung der Eid für unsere Vorfahren hatte, beweist eine Schwurszene, die sich 1443 abspielte. Ein im Domfriedhof bestatteter Kaufmann schuldete einem Mitglied des Regensburger Rates eine erhebliche Summe. Da der Schuldbrief nicht den vollen Beweis erbrachte, mußte der Gläubiger einen sogenannten „Eid über moltigem Mund" leisten, das heißt, er mußte über dem Grab des Toten die Schuldforderung nach einem besonders vorgeschriebenen Zeremoniell beschwören. Zu dieser öffentlichen Eidesleistung erschien der Gläubiger mit sechs unbescholtenen Zeugen und in Begleitung des Gerichts am Grabhügel. Dort mußte er den rechten Fuß zu Häupten des Toten setzen, die drei Finger der rechten Hand über das Grab halten und beschwören, daß ihm der Verstorbene die Summe schulde. Jeder der sechs Zeugen mußte dabei die drei Schwurfinger auf den rechten Arm des Gläubigers legen. Durch diese Eidesleistung wurde die Schuldforderung des Gläubigers anerkannt.

ZAUBERINNEN

Anna Püchelin, 21 Jahre alt, wurde 1595 der Zauberei beschuldigt. Man sagte ihr nach, daß sie Mäuse und Ungewitter machen könne, weshalb sie die Regensburger das „Mausmädchen" nannten. Das arme, geistesschwache Geschöpf bekannte bei seiner Vernehmung, daß es seine Mutter schon als kleines Kind mit drei Blutstropfen dem Teufel verschrieben habe, der dann in Gestalt einer Mücke in sie gefahren sei. Sie erzählte von Buhlschaft und Tanz mit dem Teufel und behauptete, Wetter, Gewürm und Krankheiten machen zu können. Es ist dem Regensburger Rat hoch anzurechnen, daß er das Mädchen nicht ohne weiteres als Hexe dem Feuertod überantwortete, sondern ein Gutachten mehrerer Rechtsgelehrter einholte. Die Juristen erkannten wohl die geistige Beschränktheit des Mädchens und die Unrichtigkeit ihrer Aussagen. Auch hielten sie ihm zugute, daß es als unschuldiges Kind dem Teufel verschrieben wurde und verlangten deshalb noch ein Gutachten zuständiger Theologen. Diese erklärten zwar das Mädchen als nicht besessen, meinten aber, sie müßten „das Mausmägdlein unter dem zauberischen Hexen- und Unholdengesindlein setzen und bleiben lassen, welche, ob sie wohl arbeitsam sind, doch sich dem Teufel oft auf lebenslang ergeben haben, und manchmal ihr Verstand dadurch verrückt würde, so daß sie dann ohne ihr Zutun handeln".

Die Juristen stellten in ihrem Strafantrag fest, daß auf den Vergehen der Anna Püchelin die Strafe des Feuertodes stehe, erklärten aber zugleich, daß zwar ein Geständnis, aber keine ausreichenden Beweise vorhanden wären und schlugen deshalb vor, das Mädchen mit zwei oder drei „Reckerle" (Ausrenken der Glieder durch den sogenannten Aufzug in der Folterkammer, s. d.) zu bestrafen, sie dann auf den Pranger zu stellen, durch die Backen Löcher zu brennen und aus der Stadt zu weisen.

Nach längeren Unterhandlungen entschloß sich der Rat, das unglückliche Geschöpf in den Faulturm zu legen, wo es bis an sein Lebensende eingekerkert blieb. Geistliche sollten es dort fleißig besuchen und unterrichten. Und „weil es so üppig, gail und muthwillig sey", sollte ihm der Hauspfleger täglich nur einen Batzen Speis und Wasser zu trinken geben.

Besser erging es der Rosina Oelspergerin, die 1590 wegen Zauberei die Stadt verlassen mußte. Auf ihr inständiges Bitten aber ließ man sie wieder herein, doch mußte sie versprechen, kein Ärgernis mehr zu geben und ein halbes Jahr lang nicht auszugehen, außer in die Kirche.

DER SPUK IM SALITERHOF

Gegenüber der Jakobskirche steht noch der einstige Meierhof des Schottenklosters, der heute die Anwesen Jakobstraße 8 und 12 umfaßt (A 225/229). Trotz zahlreicher Umbauten haben die Gebäude ihren mittelalterlichen Charakter bewahrt. Die malerische Ladegaube im Hof stammt wohl aus der Zeit von 1656, als die Stadt die Anlage erwarb und in einen Baufuhrhof umwandelte. Zeitweise wurde in diesen Gebäuden die Verarbeitung von Salpeter betrieben. Diesen Salpeter, damals Saliter genannt, benötigte man zur Bereitung des Schießpulvers. Die Gebäude führten deshalb den Namen „Saliterhof". In seinen einstmals geräumigen, unheimlichen Hallen ereignete sich 1659 „allerlei Ungeheuer und Hexenwerk".

C. W. Neumann berichtet darüber folgendes: Am 28. Oktober 1659 hat sich im Saliterhof ein Gespenst angemeldet, das sogar handgreiflich wurde, zuschlug und Dinge nach den Leuten warf. Tag und Nacht rumorte es in den weitläufigen Räumen und brachte es sogar fertig, fünfmal hintereinander kleine Brände zu entfachen, die jedesmal nur mit Mühe gelöscht werden konnten. Durch das Auftreten des Gepenstes wollte niemand mehr in dem Gebäude bleiben. Der Geist aber trieb es so toll, daß sich der Rat genötigt sah, in dem Hause eine eigene Wache aufzustellen. Nachdem der Geist zwölf Tage hindurch sein Unwesen im Saliterhof getrieben hatte, verschwand er spurlos.

DER GEIST „LIEBES HERRL"

Die Handschriftenabteilung der Bayerischen Staatsbibliothek verwahrt die Chronik der Abtei Oberalteich bei Straubing. Verfasser ist Pater Johannes Pliemel aus Dingolfing. Seine Aufschreibungen enthalten nicht nur die Geschichte des Klosters, sondern auch verschiedene Berichte über sonderbare und merkwürdige Ereignisse, die er von älteren Chronisten des Klosters übernommen hat. Darunter befindet sich auch die Geschichte eines Geistes, der im Jahre 1371 in Regensburg sein Unwesen getrieben haben soll.

Um Jakobi genannten Jahres erschien in Regensburg ein Geist, der sich „Liebes Herrl" nannte. Zwar konnte man ihn nicht sehen, doch hörte man ihn sprechen. Auf Fragen gab er verständige Antworten. Er konnte auch weissagen und hat u. a. den Ausgang des Streites zwischen Kaiser Karl IV. und den bairischen Herzögen richtig vorhergesagt. Allerdings sollen nicht alle seine Prophezeiungen in Erfüllung gegangen sein. Leider sind die Örtlichkeiten nicht überliefert, an denen sich die nachfolgenden Geschichten sollen zugetragen haben.

Einmal bemerkte man, wie der Geist einen Topf voll Milch unter einer Bank hervorholte, in die Luft hob und umkippte, so daß die Milch ausgoß. Lautlos schwebte dann der Topf wieder an seinen Platz zurück.

Einen besonderen Scherz leistete sich „liebes Herrl" mit Küchlen, die versperrt in einem Schrank lagen. Ohne das Schloß zu verletzen öffnete der Geist die Türe, nahm die Küchel heraus und legte sie der Reihe nach auf das Hausdach. Ein Gast, der zu den Küchlen geladen war und von dem Vorfall hörte, spottete über den Geist, gab ihm Schimpfworte und sagte, man solle ihm nicht glauben und ihn nicht fürchten. Im gleichen Augenblick wurde der Spötter vor aller Augen mit solcher Kraft zu Boden geworfen, daß ihm das Blut aus der Nase schoß. Einer der Umstehenden fragte den Geist, warum er das getan habe. „Weil er mich gescholten hat und mir nicht glauben will", bekam er zur Antwort.

Ein Geistlicher namens Ernestus war oft mit dem Geist im Gespräch und dessen besonderer Vertrauter. Einmal bat der Priester, „liebes Herrl" möge sich von ihm berühren lassen und ihm die Hand reichen. Der Geist aber verweigerte ihm das mit den Worten: „Sie ist gräulich und häßlich und du könntest sie weder erleiden noch erdulden."

Eine Regensburger Jungfer, in deren Wohnung der Geist sich oft vernehmen ließ und die selbst wiederholt mit ihm redete, wollte wissen, warum er gerade in ihr Haus gekommen wäre. Darauf erfuhr sie, daß „liebes Herrl" ein großes Unglück von ihr abgewendet habe. Der Geist erzählte ihr, sie wäre sonst einem Verführer erlegen und hätte ihr Kind vor Scham getötet. Auf die Frage, wer er eigentlich sei, ein Teufel oder ein Engel, antwortete er stets nur: „Ich bin der Bote von einem Engel."

SPUK IM AUGUSTINERKLOSTER

Weit schlimmer als der Geist „liebes Herrl", der nur den Spöttern gefährlich wurde, trieb es ein Gespenst, das die Mönche des ehemaligen Augustinerklosters auf dem Neupfarrplatz in Angst versetzte.

Im August 1650 starb in diesem Kloster ein Mönch namens Hans, der vor seinem Eintritt in den Orden lange Zeit Soldat gewesen war. Nach seinem Tod spukte ein bösartiger Geist in den Klosterräumen. Bei dem Grab des Bruders erhob sich ein Windbrausen, das zu solcher Stärke anschwoll, daß es die Bewohner der benachbarten Häuser vernahmen. Tag und Nacht wurden die Mönche von dem Gespenst erschreckt und geschlagen, so daß sie sich nicht mehr allein in ihren Zellen zu bleiben getrauten. Obwohl sie für die Seele des Mitbruders beteten, Messen opferten, das Grab mit Weihwasser besprengten und seinen Geist beschworen, hörte der Spuk nicht auf. Im Konvent warf das Gespenst einen Weihwasserkessel mit solcher Wucht zu Boden, daß eine Vertiefung zurückblieb. Da alles Beten vergeblich war, übergaben die Mönche die Seele ihres Mitbruders dem Teufel. Nach der Chronik Elsbergers sollen sie den Leichnam exhumiert und an einem unwürdigen Ort verscharrt haben. Von dieser Stunde an trat wieder Ruhe im Kloster ein.

GEISTERHAFTE TIERE

Tiere, denen die Gabe der Sprache verliehen ist, kennt schon die germanische Mythologie. Zwei Raben, Hugin und Munin, Gedanke und Erinnerung, raunten Wotan in Walhall alle Geheimnisse, die sie beobachteten, ins Ohr. Pferde galten als weissagende Tiere und im deutschen Märchen treten allenthalben sprechende Tiere auf.

Auch aus Regensburg wird von redenden Tieren erzählt. In den handschriftlichen Aufzeichnungen C. W. Neumanns finden sich zwei Berichte über sprechende Tiere aus dem 16. und dem 14. Jahrhundert. Der ehemalige Gasthof „Zur Goldenen Krone", Keplerstraße 1 (D 106) beherbergte zur Reichstagszeit vornehme Gäste, aber auch auswärtige Kaufleute bevorzugten ihn als Absteigequartier (s. Runtingerhaus). In diesem Haus soll sich nachfolgende merkwürdige Begebenheit ereignet haben: Der Wirt der „Goldenen Krone" besaß drei Nachtigallen, von denen jede einzeln in einem Käfig untergebracht war. Im Sommer 1546 erkrankte einer der auswärtigen Gäste. Da er nur wenig Schlaf finden konnte, hörte er nachts, da alles still im Hause war, ein merkwürdiges Zanken und Schimpfen. Er konnte sich überzeugen, daß das nächtliche Streitgespräch nicht von Menschen, sondern von zwei Nachtigallen herrührte, „die so ausdrücklich deutsch miteinander redeten, daß ich darob erstarrte", bekennt der Zeuge. Die Vögel gaben all das wieder, was sie tagsüber von den Gästen erlauscht hatten. Namentlich zwei der Nachtigallen zeichneten sich durch besondere Redekunst aus, während die dritte, deren Käfig etwas weiter entfernt hing, nicht so gut zu verstehen war. Die Vögel waren so sprechgewandt, daß sich ihre Stimmen nicht verwirrten, „sondern es redete je eine um die andere". Dieses geisterhafte Gespräch dauerte von Mitternacht bis zum frühen Morgen. Der Gast befragte den Wirt und das Gesinde, aber niemand wußte etwas über die besondere Gabe der Tiere. Aus dem nächtlichen Vogelgespräch konnte der Horcher böswillige Anschläge der Angestellten gegen den Hausherrn erfahren, die Tags zuvor in Anwesenheit der Vögel ihre Pläne besprochen hatten und sich ungehört glaubten. Weiterhin erzählten die Vögel von der Kriegsrüstung gegen die Protestanten und vom Kampf des Kaisers gegen die deutschen Fürsten. Sogar den Verlauf dieser Ereignisse sagten sie voraus. Der Gast konnte die sprechenden Vögel so gut verstehen, daß er die Geschichte dem berühmten Naturforscher Konrad Gesner mitteilte, der sie ausführlich in seiner „Historie von den Vögeln" veröffentlichte.

In der gleichen Manuskriptsammlung Neumanns findet sich die Geschichte einer vornehmen Regensburgerin von 1331 aus der Familie Chrazzer (Kratzer), die goldene Borten an ihrem Schleier trug und die ihr Hündlein über alles liebte. Da sie sich nie von ihm trennen wollte, nahm sie es auch mit in die Kirche, wo sie es ausgerechnet während der Wandlung liebkoste, so daß sie „in 20 Jahren den Herrn nicht hatte wandeln sehen". In der Beichte wurde der Frau geboten, das Hündlein töten zu lassen. Ehe sie sich zu diesem schweren Schritt entschloß, sprach zu ihm: „Ach, wie ich dich so ungern verliere". Mit Schrecken hörte sie, daß ihr der Hund antwortete: „Liebe Frau, ich verliere dich auch nicht gerne." Kam ihr das hohe Alter des Tieres schon nicht mehr geheuer vor, so war sie nun davon überzeugt, daß aus dem Hündlein der Teufel gesprochen habe.

DER TEUFEL IN DER WAHLENSTRASSE

In der Manuskriptsammlung C. W. Neumanns findet sich u. a. die Aufzeichnung einer Geschichte, die sich im Jahre 1606 in der Wahlenstraße zugetragen haben soll. Der Bericht trägt die Überschrift „Der Teufel als fahrende Hexe". Neumann stützt sich hierbei auf die Chronik Elsbergers. Die Erzählung hat auch Aufnahme in Schöppners „Sagenbuch der Bayerischen Lande" gefunden.

Im Hause des Vormundamtsassessors Georg Freißlich in der Wahlenstraße wohnte 1609 der Kanzler des Gesandten von Bamberg, der in Reichstagsgeschäften in Regensburg zu tun hatte. Eines Abends schaute der Kanzler aus dem Fenster und gewahrte auf der Straße zwei auffallend hübsche Mädchen. Er schickte einen Diener und ließ sie zu sich bitten. Die Mädchen zierten sich auch nicht lange. Eine Zeitlang unterhielten sie sich gut miteinander. Plötzlich offenbarte sich eines der Mädchen als Teufel, nahm eine schreckliche Gestalt an und setzte dem bestürzten Mann derart zu, daß er sich, um sein Leben zu retten, mit Leib und Seele dem Teufel verschrieb. Der Vorfall wurde auch in Bamberg, der Heimat des Kanzlers, bekannt. Auf der Folter bezichtigte er zwei Regensburger Bürger, seinen Hauswirt Freißlich und den Münzmeister Hans Lehner, eines Bündnisses mit dem Teufel. Der Kanzler gab an, die beiden hätten ihn, als er einmal mit ihnen zur Donau spazierenging, im Namen des Teufels getauft und ihn so in die höllische Bruderschaft aufgenommen.

Der Bischof von Bamberg schrieb an den Regensburger Rat und brachte Freißlich und Lehner zur Anzeige. Beide waren aber inzwischen bereits gestorben. Eigens erwähnt der Chronist, daß man an ihren Leichnamen nichts vorgenommen habe. Als Strafe Gottes aber deutete man nachträglich den „kalten Brand", der die Beschuldigten befallen hatte, so daß ihnen der Wundarzt mehrere Glieder hatte abnehmen müssen.

253. Dominikanerkirche. Teufelsplastik am Chorgestühl. Spätes 15. Jahrhundert

DER TEUFEL ALS CHORSTÖRER — HOHNLACHEN DES TEUFELS

Zu den Teufelsdarstellungen in der Kunst Regensburgs zählt auch eine ganz kleine und unscheinbare Holzplastik am Chorgestühl der Dominikanerkirche. Sie ist etwa 15 cm hoch und stammt gleich dem Gestühl aus dem späten 15. Jahrhundert. An das südliche Gestühl hat der gotische Bildschnitzer den Kopf eines Unholds gesetzt, den das charakteristische Spitzohr, das Lügen- oder Eselsohr, als satanisches Wesen kennzeichnet. Die spitzen Ohren galten gleich den Hörnern und dem Pferdefuß als Merkmal des Bösen. Der Kopf unserer Plastik ist übermäßig lang und wenig gegliedert. Über der niedrigen Stirn rundet sich der kahle Satyrschädel. Das maskenhafte Gesicht erscheint technisch mangelhaft und namentlich die Augen sind wenig durchgebildet. Hohn und Brutalität spielen um den schmalen Mund.

Sicherlich mag ein besonderer Grund den Bildhauer bewogen haben, das Porträt des Teufels gerade an einem Chorgestühl anzubringen. Von alters her war es nämlich in den Mönchsklöstern Brauch, die feierlichsten Stellen des Chorgesangs durch ein widerliches Gelächter zu unterbrechen. Der sogenannte Chorstörer, der turbator chori, war beauftragt, die kanonischen Gesänge der Mönche zu stören und gelegentlich für einige Augenblicke zu unterbrechen. Dieses Gelächter sollte das Hohnlachen des Teufels versinnbildlichen, der seine größte Freude daran hat, die fromme Andacht zu stören.

Der Chronist Hosang weiß zu berichten, daß nach der Säkularisation des Klosters St. Magn in Stadtamhof noch lange Zeit der ehemalige Konventuale Augustin lebte, der eine so widerlich krächzende Stimme hatte, daß er weder zum Predigen und Unterrichten, noch zu geistlichen Handlungen, bei denen gesungen werden mußte, zu gebrauchen war. Der Prälat aber verlangte von ihm, daß er das Chorgebet der Mönche „auf eine ohrenzerfleischende Art verderben sollte". Die Zuhörer glaubten, wie Hosang versichert, beim Chorgebet ein „unleidliches Hundsgebell" zu vernehmen.

Der Aberglaube des Volkes brachte schadenfrohes, übelwollendes Lachen stets mit dem Satan in Verbindung. Aus zahlreichen Sagen und Erzählungen unserer Heimat ist diese Vorstellung verbürgt. Ein böser Geist sitzt nachts den Leuten auf und läßt sich über den Berg hinauftragen. Oben erhebt er ein weitschallendes Gelächter. Der Teufel führt den nächtlichen Wanderer irre, schwingt sich dann auf einen Baum und läßt ein höllisches Lachen ertönen. Bei der mißglückten Schatzhebung hört der Bauer ein Hohngelächter des Teufels.

TEUFELSGLAUBE — TEUFELSAUSTREIBUNG

Das ganze Mittelalter hindurch und auch noch in der geschichtlichen Neuzeit sehen wir die Kulturvölker von einem leidenschaftlichen Teufelsglauben erfüllt, der im Hexenkult seinen Höhepunkt fand. Im Volksglauben spielte der Teufel stets eine große Rolle, teils eine humoristische im Märchen, meist aber eine schaurig-schreckhafte im Glauben an Hexerei und Zauberei. „Es sind noch in vielen Ländern Örter, wo die Teufel wohnen...", schreibt Martin Luther in seinen „Tischreden".

Auch das alte Regensburg war für den Teufelsglauben sehr empfänglich. C. W. Neumann erzählt in seinen Aufzeichnungen von einem Rittmeister, der 1644 in Regensburg im Quartier lag und sich dem Teufel verschrieben hatte. Als er das Ende seiner Zeit herannahen fühlte, verschenkte er seine Habe an seine Kameraden. Bald darauf erhob sich ein fürchterliches Windbrausen, der Kopf des Rittmeisters wurde von unsichtbarer Hand abgerissen und fiel mit großem Gepolter unter den Tisch. Wie sehr der Teufelsglaube auch in der geschichtlichen Neuzeit noch verwurzelt war, beweist das Ratsprotokoll vom 9. März 1747. Es berichtet von einem achtzehnjährigen Burschen namens Sturem, der bei „gürlichem Verhör" bekannte, sich schon „vor zwei Jahren dem Teufel mit Taubenblut verschrieben" zu haben.

1774 erschien in Regensburg ein gewisser Pater Gaßner, der im Rufe eines Teufelsbanners stand. Da man nicht nur geistig-seelische Gebrechen, sondern auch Siechtum und Verunstaltung der Gliedmaßen der Wirkung des bösen Geistes zuschrieb, strömte alsbald eine große Menge Kranker, Lahmer und Krüppel in der Stadt zusammen, die alle von Gaßner Hilfe und Heilung erhofften. Als ihre Zahl immer mehr anwuchs und schon an die 4000 erreichte, sah sich der Rat zum Einschreiten gezwungen. Durch Trommelschlag und Zeitung ließ er bekanntmachen, daß der Aufenthalt so vieler Kranker und Presthafter nicht nur den Bettel vermehre, sondern auch für die Sicherheit und die Gesundheit der Regensburger eine ernsthafte Gefahr darstelle. Allen, die ohne Erlaubnis in die Stadt gekommen waren, kündigte er an, daß sie nach öffentlicher Züchtigung ausgewiesen werden sollten.

Die Beschwörung höllischer Geister und deren Austreibung aus Besessenen gilt seit den ältesten Zeiten als Privileg der Kirche. Noch heute ist der Exorzismus ein Bestandteil des Taufritus. Nur allzuleicht wurden anormale Äußerungen nerven- oder seelenkranker Personen als Kundgebungen höllischer Mächte gedeutet. Die Schauspiele mittelalterlicher Teufelsaustreibungen waren auch in Regensburg keine Seltenheit. Der wundergläubige Regensburger Weihbischof A. E. v. Wartenberg erzählt in seinem Büchlein „Schatzkammer der seligsten Jungfrauen..." aus dem Jahre 1674 von einem Besessenen. Als man den angeblich vom Teufel gequälten Mann in die Niedermünsterkirche führte und seine Füße das Pflaster berührten, sei er „in die Höch gefahren und in Lüften hängen blieben". Mit großem Geschrei bezeugte dann der Unglückliche, daß er den Boden wegen der darunter vergrabenen Reliquien nicht ertragen könne. Nachdem die Geistlichkeit dem Teufel befohlen hatte diesen Menschen zu verlassen, ward ihm Gnade zuteil.

Ein interessantes Denkmal mittelalterlicher Teufelsaustreibungen birgt die Emmeramskirche. Sie ist die Ruhestätte Heiliger und Seliger. Sicher war sie deshalb ein bevorzugter Ort für die Anwendung des Exorzismus. Der Legende nach soll sich das erste Wunder des heiligen Wolfgang, dessen Reliquien in der nach ihm benannten Krypta zu St. Emmeram ruhen, an einer Besessenen vollzogen haben.

An die Wolfgangskrypta schließt gegen Norden ein kapellenartiger Raum an. Nur spärlich erhellen drei kleine romanische Rundbogenfenster das düstere Gemach. Eine quadratische Mittelsäule trägt das gratige Kreuzgewölbe, das vier Wandpfeiler stützen. Der Schaft des östlichen Wandpfeilers wurde abgeschlagen und eine Nische in die Mauer gebrochen. Darin steht ein mit Blei ausgekleideter, rechteckiger Steintrog. An der Nord- und Westseite des Raumes befindet sich je eine weitere steinerne Kufe mit gerundeter Vorderseite. Die ältere Literatur vermutet in den Trögen Sarkophage zur Aufbewahrung von Reliquien. Dem entgegen stellte Endres die überzeugende These auf, daß dieser Raum und die darin befindlichen Steintröge dem Exorzismus dienten. Nach vorbereitenden Lesungen aus der Heiligen Schrift wurden die Besessenen in eine Wanne mit Weihwasser gesetzt. Erst nach dem Ankleiden sprach der Priester die eigentliche Beschwörungsformel. In den größeren der Steintröge konnten sich die Besessenen wie in eine Badewanne setzen. Die kleineren Bottiche dienten wohl dazu, den Besessenen hineinzustellen und mit dem geweihten Wasser zu übergießen. Auch die Kleider der Besessenen unterlagen einer Behandlung mit Weihwasser, wozu ebenfalls die kleineren Kufen sehr geeignet erscheinen.

Das Deckenfresko von St. Magn in Stadtamhof (um 1750) verherrlicht das Martyrium und die Glorie des Kirchenpatrons Andreas. Engel tragen den Heiligen in den offenen Himmel. Zu seinen

Füßen scharen sich vor großartigen Architekturen hilfesuchende und kranke Menschen. Unter ihnen befinden sich auch vom Teufel Besessene. Durch die Fürbitte St. Andreas' wird ihnen Gnade und Hilfe zuteil. Aus dem Munde der Besessenen entweicht der Böse Geist in Gestalt kleiner, häßlicher Tiere.

DER TEUFEL IN DER KUNST

Der Glaube an den Teufel und seine Macht kam in der mittelalterlichen Kunst bildhaft zum Ausdruck. Auch an Regensburgs alten Bauwerken tritt uns der Böse oft und vielgestaltig entgegen. Wir sehen ihn personifiziert dargestellt mit häßlichem Gesicht, mit Hörnern und Fledermausflügeln, öfter aber als in eigener Person begegnet er uns symbolhaft, in Gestalt von Tieren. Nach mittelalterlicher Auffassung waren Drache, Schwein, Schlange und Affe Teufelstiere und galten in der Kunst als Verkörperung des Bösen.

Nach dem mailändischen Kirchenlehrer Bischof Ambrosius († 397) belagert der Teufel die Kirche Gottes. Die Skulpturen an der Schottenkirche St. Jakob (s. d.) bieten ein anschauliches Beispiel dafür. Die beiden riesigen Dämonenköpfe und die Teufelstiere am Nordportal haben neben ihrer Bedeutung im Rahmen des Portalganzen auch die übergeordnete Aufgabe, die Kirche von Norden her zu belagern. Außen am Westwerk finden sich zwei aufgerichtete, Rücken an Rücken stehende und mit den Schwänzen ineinandergeflochtene Drachen, denen vor Gier die feurigen Zungen wie Lanzenspitzen aus dem Maule hängen. Dieses Zusammengeflochtensein versinnbildlicht die Einigkeit der höllischen Geister, dem Reiche Gottes zu schaden. In der Mitte des südlichen Obergadens ist ein Vierpaßfenster eingesetzt, das Christus, die Sonne unseres Heiles, verkörpert. Die vier Fenstersprossen laufen in vier gegenständige Drachenköpfe aus. Der Teufel belagert also auch von Süden her die Kirche, ist der Feind Christi und seines Reiches. Vom Dachgesims der Ostapsis herab blicken zwei riesige Dämonenköpfe. Zwei bedeutet bei gleicher Darstellung immer eine Mehrzahl. Teufel belagern demnach die Kirche auch im Osten.

Im unteren Teil der östlichen Hauptbildfläche des Schottenportales ist ein geflügelter Drache dargestellt, der Höllenfürst, der dämonische Antichrist. Er ist der Menschenmörder von Anbeginn — wie ihn Christus nennt — und mordet mit dem Rachen und den Umwindungen seines Schweifes.

Überaus zahlreich sind die Darstellungen des Bösen Geistes am Dom, wo zahlreiche Teufel und Teufelchen unter den Simsen kauern und in den Zwickeln der Bogen nisten. Am dritten Strebe-

254. Dom, nördliche Chorpartie. Affenplastik als Fialenschluß

551

pfeiler des Südschiffes wächst die Gestalt des Leibhaftigen aus dem Quaderwerk. Die kleine, ungemein eindrucksvolle Plastik befindet sich nur wenige Meter über der Sockelterrasse. Das Gesicht spiegelt Hohn, der geöffnete Mund bleckt die Zunge. Wütend schlägt der Unhold die Krallen in ein Opfer. „Teufel und seine Großmutter" (s. d.) nennt das Volk zwei groteske Kleinfiguren beiderseits des Westportales, die seit alters her zu den Wahrzeichen des Domes zählen. Der Teufel entführt am südlichen Treppenturm die ungetreue Steinmetzbraut (s. d.). Im deutschen Volksglauben erscheinen böse Geister des öfteren in Affengestalt, insbesondere aber der Teufel, den auch Johann Weyer, ein starker Gegner der Hexenverfolgung, einen „Affen Gottes" nennt. Unter den zahlreichen Affendarstellungen am Dom ist die originellste, aber auch die unzugänglichste jene, die auf einer Fiale der nördlichen Chorpartie sitzt. Auf der schlanken, mit zahlreichen Krabben besetzten Pyramide thront das zierliche Äffchen. Nach Menschenart hat es die Arme auf die Knie gestützt und blickt von seinem luftigen, 40 Meter hohen Standort weit in die Berge des Bayerischen Waldes. Als Sitzgelegenheit dient ihm ein eigenartiger, schüsselförmiger Untersatz.

Im Kreuzgang von St. Emmeram, am Portal des Nordflügels, findet sich beiderseits über der Kämpferzone je eine Skulptur: links ein Löwe, der sieghaft über einem auf dem Rücken liegenden Schwein steht, rechts ein Zentaur. Der Löwe unterliegt in der Symbolsprache des Mittelalters einer Doppelbedeutung. In lagernder Stellung, rot gefärbt, versinnbildlicht er Tod und Totenreich. Vergoldet oder mit Ocker gelb gefärbt bedeutet der Löwe den starken Engel, das Paradies (vgl. Schottenportal). Das Schwein jedoch gilt seit je als Sinnbild des Teufels und böser Mächte. Bei dieser, um 1220/30 geschaffenen Skulptur muß der Löwe als Sieger über den Ungeist der Hölle verstanden werden. Auf der gegenüberliegenden Archivolte steht der Pferdemensch, der Zentaur, und schwingt den Wurfspieß. Diese, der griechischen Mythologie entstammende Figur, ist ein von Göttern und Menschen gemiedenes Untier, voll Begierde nach Wein und Frauen. Nach dem sog. Physiologus, einer um 150 n. Chr. in Alexandrien entstandenen Schrift, bedeutet der Zentaur den Ketzer, den Irrlehrer, den Vertrauten des Teufels.

St. Emmeram, Kreuzgang. Zentaur, um 1220/30

Hygiene — Seuchen — Medizin

BADESTUBEN

Im Gegensatz zu den schmutzigen und von üblen Gerüchen erfüllten Gassen des mittelalterlichen Regensburg stand das Bedürfnis nach persönlicher Sauberkeit. Der Reinhaltung des Körpers diente eine Reihe öffentlicher Badestuben. Aus der ersten Hälfte des 14. Jahrhunderts sind nachfolgende acht Regensburger Badestuben urkundlich bezeugt:

Die Badestube im Pförringerhaus, Weißgerbergraben 2 (A 50). Von ihr liegt eine sehr frühe Nachricht vor (1318): „ein Haus an dem Spytal auf dem graben gegen der padstuben". Mit dem „Spytal" ist das evangelische Frauenstift St. Oswald gemeint, der „graben" ist der Weißgerbergraben (s. d.). Diese Badestube verfügte über ein eigenes Schöpfwerk, das Wasser aus der Donau ins Haus beförderte. Weil jedoch die Gefahr bestand, über diese Anlage in die Stadt zu gelangen, wurde das Schöpfwerk 1611 beseitigt. Zur Entschädigung des Baders ließ der Rat den Hausbrunnen so weit vertiefen, daß er stets reichlich Wasser lieferte. Die Stadtansicht des H. G. Bahre von 1630 bezeichnet das Haus an der Stelle des heutigen Pförringeranwesens mit „Badt"; die vier Jahre vorher entstandene Ansicht von der Hand des gleichen Künstlers im Germanischen Museum Nürnberg nennt es „Badt am Graben" und versieht es mit einer mächtigen Dampfwolke.

Ebenso früh, 1318, ist eine Badestube in der Schäffnerstraße beurkundet: „hofstat in der Schefftnerstraße gein der padstuben über". Den Quellen nach zu schließen befand sie sich gegenüber dem heutigen Anwesen Nr. 6 (G 78), dem Brixener Hof (s. d.).

1324 wird die „Badstube vor Bruck" genannt, die also in nächster Nähe der Steinernen Brücke zu suchen ist.

Die Badestube „vor Fleischbank", von der 1325 die Rede ist, muß sich bei den einstigen „Fleischtischen", dem Schmerbühl (s. d.) befunden haben. Nach C. W. Neumann lag dieses Bad im Haus Keplerstraße 10 (D 148).

Eine Badestube am St.-Kassians-Platz, die 1325 bezeugt ist, wurde 1536 geschlossen. Das Ratsprotokoll dieses Jahres berichtet von einem Alexander Falinpron, der die Badestube „auf dem St.-Kassians-Hof" käuflich erwarb. Es wurde ihm zwar erlaubt, das Anwesen seinen Bedürfnissen gemäß umzubauen, doch machte man ihm zur Auflage, daß „wann irgendeinmal Mangel an Badestuben in der Stadt befunden würde, er oder seine Erben gehalten sein sollen, solche Behausung wiederum zu einer Badestube zuzurichten".

1338 wird eine „neue Badestube" genannt, die sich nach den Forschungen Schwäbls in der Deischgasse befand und zwar mit größter Wahrscheinlichkeit im Haus Nr. 2 (C 68). Dieses Bad muß sich gleich anderen durch Jahrhunderte erhalten haben. Weilmeyr spricht in seinem 1830 erschienenen Stadtführer von dem Bad in der Deischgasse als dem einzigen in der Stadt, und noch 1844 meldet das Regensburger Adreßbuch die Chirurgen- und Baderswitwe Marie Deisch als Barbierstubenbesitzerin.

Im Hackengäßchen befand sich das „Hackische Bad". Bad und Gäßchen sind nach der Familie Hack benannt. 1345 wird es als „Bad zu Neupart" erwähnt; der Bezirk östlich des Hackengäßchens bis zum St.-Georgen-Platz hieß ehemals „Neupart" oder „Neu Bart", ein Name, dessen Deutung bis heute nicht überzeugend gelang.

Ein weiteres Bad befand sich in der Klostermeyergasse, die deshalb auch Badgasse hieß (s. d.).

Es ist erstaunlich, mit welcher Kraft und Beharrlichkeit bestehende Einrichtungen in Regensburg sich behaupteten und fortbestanden. In Häusern, in denen bereits vor 600 und mehr Jahren Badestuben genannt werden, lassen sich noch in den Adreßbüchern des vergangenen Jahrhunderts Bader und Chirurgen oder deren Erben nachweisen. Nicht nur das Bad in der Deischgasse ist ein Beispiel dafür (vgl. oben). Das Pförringerhaus, Weißgerbergraben 2 (A 50) bewahrte diese Tradition bis heute. Eine Tafel im Flur nennt die Generationen der Wundärzte und Chirurgen, die trotz der längst eingegangenen Badestube auf dem Hause blieben.

Ähnlich verhält es sich mit dem Bad im Hackengäßchen. Aus den mittelalterlichen Belegen kann die Lage des Bades nicht mit letztgültiger Sicherheit ermittelt werden. Der Adreßkalender des Jahres 1808 aber nennt in F 102 (Hackengäßchen 2): Dresch, Johann Simon, Chirurgus. Es darf also mit Sicherheit angenommen werden, daß sich das mittelalterliche „Bad zu Neupart" im Haus Hackengäßchen 2 befand.

Auch auf die genaue Lage des Bades am St.-Kassians-Platz kann aus den mittelalterlichen Quellen nicht eindeutig geschlossen werden. Die Mitteilung des Adreßkalenders 1808 aber berechtigt zu dem Schluß, daß es sich im Haus St.-Kassians-Platz 5 (E 92) befand. Dort heißt es: „E 92 Weigels, Joh. Christoph, Barbiers Erben". Bezüglich des Bades „vor Bruck" nennt der Adreßkalender 1808 zwar unter F 79 (Brückstraße 1): „Harteneck, Friedrich Heinr. Konrad, Sanitätsraths-Ass., Geburtshelfer und Chirurgus", die mittelalterliche Badestube „vor Bruck" aber mußte 1616 dem Bau des Salzstadels östlich der Steinernen Brücke weichen. Immerhin spricht es für das Festhalten an überlieferten Örtlichkeiten, daß noch 1808 in nächster Nähe ein Arzt seine Praxis ausübte.

Außer den öffentlichen Badestuben gab es noch eine Reihe kleinerer Privatbäder; denn die vornehmen Patrizier hatten zum Teil ihre eigenen „Badestüblein". Ein solches war auch im Goliathhaus zu finden. Das bedeutendste dieser Privatbäder war das sogenannte Kaiserbad im Bischofshof, das Albrecht Altdorfer um 1532 im Auftrag des lebenslustigen Administrators, Pfalzgraf Johann III. (1507–1538), mit Fresken schmückte. Nach einem Brand im Ostflügel des Bischofshofes 1887 wurden die Wandbilder aufgedeckt und konnten nahezu unbeschädigt freigelegt werden. Allerdings blieben nach dem Abbruch der Brandruine nur noch 22 Bruchstücke erhalten, die sich bis auf eines, das nach Budapest gelangte, im Besitz des Regensburger Museums befinden. 1932 konnte P. Halm in den Uffizien in Florenz den Originalentwurf Altdorfers zu diesen Fresken feststellen. Die Bruchstücke wurden 1938 in den Restaurierungswerkstätten der Alten Pinakothek in München nach diesem Entwurf und alten Fotografien des ausgebrannten Raumes in kompositionellen Zusammenhang gebracht und in Gips gebettet. Die Fresken schildern in bunten Farben, zum Teil mit Auflagen von Blattgold, das leichtlebige Badetreiben, auf das Liebespaare von einer gemalten Galerie aus hinabblicken. Das größte der Fragmente zeigt einen bärtigen Mann, der versucht, einem Mädchen den Badeschurz wegzuziehen. Die Schöne ist darob nicht empört; sie quittiert diese Anzüglichkeit mit abwehrender Handbewegung und einem koketten Lächeln. Ein weiteres größeres Teilstück stellt eine Badedienerin und einen Badegast dar. Vor trefflich gemalten Butzenscheiben steht die Gestalt des jungen Mädchens mit elegant geknotetem Kopftuch und leicht nach vorne geneigtem Haupt. Ihre gesenkte Linke stützt eine schwere Zinnkanne. Die hübsche Bademagd ist soeben daran, einem jungen Mann mit schwarzem Pagenkopf, der wohl in einem der bronzenen Badezuber sitzt, Wein in den

255. *Albrecht Altdorfer: Bruchstück der Fresken aus dem sogenannten Kaiserbad im Bischofshof. Museum*

Becher nachzugießen. Ein Hanswurst auf der Treppe in leuchtend blauem Kostüm mit goldenen Schellen an der Kappe, sorgt für Lachen und Heiterkeit. In der Darstellung der weiträumigen Renaissancearchitektur hat Altdorfer in Italien empfangene Eindrücke verarbeitet (vgl. S. 39 u. 98).

Die Badestuben dienten nicht nur der Körperpflege, sondern waren auch Mittelpunkt geselligen Lebens. Die Reinigung des Körpers besorgte gewöhnlich nicht der Badende selbst, sondern der Bader oder seine Knechte und Mägde. Nach dem Bad konnte man sich massieren, frisieren, rasieren oder die Haare schneiden lassen. Auch kleinere chirurgische Eingriffe, wie Aderlassen, Schröpfen oder das Ziehen der Zähne besorgte der Bader.

Der Betrieb in den Badestuben unterlag strengen Reinlichkeitsvorschriften. Peinliche Sauberkeit der Wäsche und Geräte war geboten. Bademäntel, Hand- und Kopftücher und Unterhemden mußten nach einmaligem Gebrauch frisch gewaschen werden. Wegen des für die Badenden unangenehmen Mundgeruchs war es dem Bader und seinen Helfern verboten, am Abend vor Badetagen Knoblauch, Heringe, Pfeffer oder Zwiebel zu essen.

Mit dem Beginn der geschichtlichen Neuzeit ging das mittelalterliche Badewesen zurück. Zwar schreibt der Kartäusermönch und Chronist J. Grienewald um 1615, daß es damals noch „sechs schöne und gesunde öffentliche Bäder" in Regensburg gegeben habe, der Dreißigjährige Krieg aber brachte einen völligen Niedergang der Bäder. Die Bader übten dann hauptsächlich den Beruf des Friseurs aus, oder, nach vorhergegangener Ausbildung, den des Chirurgen oder Wundarztes. Der Name „Bader" blieb für den Fiseur in ländlichen Gegenden bis heute gebräuchlich. Aus der Zeit nach dem Dreißigjährigen Krieg, 1657, bringt Gumpelzhaimer die Nachricht, daß in Stadtamhof wieder ein öffentliches Bad errichtet worden sei. Daraufhin beschloß der Rat, auch das Bad des St.-Katharinen-Spitals jenseits der Steinernen Brücke wieder zu eröffnen „und es wieder in den Stand, wie vor dem Krieg, zu setzen...". Mit seinem Gesuch, ein eigenes Bad auch in der Stadt errichten zu dürfen, wurde der Spitalbader „noch zur Geduld verwiesen". 1711 gab es in Regensburg wieder vier öffentliche Badestuben. Der Rat versagte damals die Eröffnung eines fünften Bades.

Nicht von den mittelalterlichen Badestuben, sondern von den im vergangenen Jahrhundert am Oberen Wöhrd entstandenen Badeanstalten schöpfte die Badstraße ihren Namen. An ihrer Südseite längs der Danau befanden sich die Flußbäder. „Am Oberen Wöhrd gab es früher nur ein einziges Floß mit einem Badehäuschen" schreibt Hosang 1836. Wenige Jahre später aber entstanden dort bereits drei Badeanstalten. Sehr badefreudig, wenigstens was das Freibaden betrifft, scheinen die biedermeierlichen Regensburger nicht gewesen zu sein; denn der gleiche Chronist weiß zu berichten, daß auch am Regen ein Badehaus entstand, dessen Errichtung über 200 Gulden gekostet hatte, „aber noch keine 200 Groschen eingetragen hat". Während des heißen Sommers 1836 jedoch „rentierte es sich besser".

An Freibädern gab es um 1880 am Oberen Wöhrd die damals neu erbaute städtische Badeanstalt und mehrere Privatanstalten mit Schwimmbecken. Eine Reihe von Wannenbädern, gleichfalls am Oberen Wöhrd gelegen, sorgte für Warmbadegelegenheit. Im Haus Badstraße 38 (D 174) konnte man sogar ein Dampfbad benützen. Anwesen und Bad besaß die Schifferfamilie Naimer. Ein Stadtführer des Jahres 1887 nennt unter den Badeanstalten „das neu und komfortabel ausgestattete Naimerbad (hier auch russische Dampfbäder)". Außerdem gab es in der Stadt das sogenannte Maximiliansbad im Fuchsengang und die Badeanstalt von Lindner am Judenstein. 1890 entstand an der Stelle des ehemaligen Fleischhauses das nach seinem Besitzer benannte, anfangs der zwanziger Jahre aber wieder geschlossene Ottobad, Fischmarkt 1 (D 142).

HYGIENISCHE MISSSTÄNDE

Die Jahrhunderte des ausgehenden Mittelalters und der Renaissance tragen in kulturgeschichtlicher Sicht ein Doppelantlitz. Neben einer zunehmenden Verfeinerung der Kultur, einer wachsenden Zivilisation und einem allgemeinen seelischen Fortschritt stehen eine barbarische Rechtsprechung und eine beschämende Unzulänglichkeit der öffentlichen Hygiene. Wenn man heute durch die Gassen Alt-Regensburgs wandert, so kann man sich trotz ihres altertümlichen Aussehens kaum ein rechtes Bild ihres einstigen Zustandes machen. Hausunrat und Spülwasser wurden ungescheut auf die meist noch ungepflasterten Straßen geschüttet, deren Morast bei nasser Witterung nur mit Mühe zu durchwaten war. Noch schlimmer sah es in den Höfen aus, in denen Schweine und Ziegen gehalten wurden, wobei sich Viehschmutz und Misthaufen nicht vermeiden ließen. Was nutzte da schon die Weisung des Regensburger Rates, daß niemand den Mist länger als acht Tage in den Häusern und Höfen lagern, sondern ihn auf die Felder bringen solle!

Einen aufschlußreichen Einblick in die hygienischen Mißstände im Regensburg des 16. Jahrhunderts gewährt ein Dekret des Rates vom 9. Juli 1584: „Bey ernstlicher straff" war es demnach verboten, Harn, Blut, Aas, Menschenkot und alles andere, was Gestank verursacht, in die Höfe, auf die Gassen, hinter die Mauern oder in den Bach zu schütten. Gemeint ist der Vitusbach (s. d.), der in mehreren Verzweigungen die Stadt durchlief. Die offizielle Müllabfuhr aber war in jenen Zeiten die Donau. „... solches alles in die Thonav tragen", ordnet der Rat an.

Die Ablagerung von Eis auf dem Ägidienplatz gab Anlaß zu Streitigkeiten zwischen der Stadt und den angrenzenden Klöstern, den Dominikanern und den Deutschherren. 1681 beschwerten sich die Dominikaner über die unsauberen Zustände auf dem Ägidienplatz. Den Streitakten ist zu entnehmen, daß dort eine Grube war, „darin alles todtes Aaß, Hund, Katzen, ja neulich gar ein Kalb geworfen wurde, große Beschwerung dadurch für sie entstehe, und wann die Luft (so Gott in gnaden verhüten wolle) unrein, wären sie der infectionsgefahr die negsten."

Ein Kapitel mittelalterlicher Kulturgeschichte, über das nur spärliche Nachrichten vorliegen, betrifft die sanitären Einrichtungen der damaligen Zeit. Die Abortanlagen waren in einem geradezu kläglichen Zustand. Wo es die Verhältnisse erlaubten, trugen die Häuser sogenannte Aborterker, kleine kastenförmige Vorbauten, die meist über Wasserläufen, etwa dem Mauergraben oder den Stadtbächen hingen.

Die Stadtansicht des H. G. Bahre von 1630 (Stadtansichten Nr. 10) läßt an mehreren Mauertürmen solche Aborterker erkennen. Bretterverschalungen bilden die Fallrohre. An dem kleinen Rest der ehemaligen Regensburger Stadtbefestigung, dem Mauerturm nächst dem Ägidienplatz (von der Allee aus gut zu sehen) hat sich einer dieser Aborterker bis heute erhalten. Auf zwei vorkragenden Hausteinen erhebt sich ein Vorbau mit einem kleinen Fenster und einem Pultdach. Der unter dem Erker befindliche Mauergraben ersetzte den Kanal. Der Vorbau mag im Verteidigungsfall auch als Gußerker gedient haben. Ein Aborterker hat sich auch an dem allen Regensburger Ausflüglern bekannten Turm der Burgruine Loch bei Eichhofen erhalten, ein weiterer an der Burg Prunn im Altmühltal. Einen interessanten hygienegeschichtlichen Beitrag liefert der Regensburger Studienprofessor und Historiker Schwäbl. Wie er feststellte, mündeten zahlreiche Aborte in sogenannte Gemein- oder Feuergässel, die auch „Reihen" hießen. Diese durchbrachen die Baublöcke in Richtung zur Donau und dienten als Kloaken. Eine solche durchschnitt den Häuserblock zwischen der Brückstraße und dem Taubengäßchen, eine andere — „Schindergraben" genannt, weil der Abdecker mit der Reinigung beauftragt war — verlief zwischen dem Zieroldsplatz und dem Posthorngäßchen. Im übrigen hatten die Aborte der Bürgerhäuser Versitzgruben, deren übelriechende Gase in die Gassen und Häuser drangen. Die kleinen Fenster gestatteten nur eine unzureichende Lüftung. Die aus den Gruben dringenden löslichen Bestandteile verunreinigten und vergifteten die Brunnen. Die Anlage von Versitzgruben bot in Regensburg immer wieder Anlaß zu Streitigkeiten zwischen den Nachbarn. Alte Aborte haben sich in Regensburg in den Gefängnissen des Rathauses erhalten. Sie bestehen aus ausgehöhlten Eichenstämmen.

In einem Dekret, das die städtische Obrigkeit am 30. Juli 1599 wegen Wiederauflebens der Pest erließ, muß sie eigens gebieten, daß niemand auf der Straße seine Notdurft verrichte. Auch wird darin bereits zum Kehren der Straßen aufgefordert. 1680 mußte der sogenannte Hauser Woferl Wolf, auch Woferl genannt, „Koch auf dem Kranchen oder Sudelkoch", der Koch der Wurstküche also, zur Strafe zwei Tage lang in Schellen die Gassen kehren. Das Kehren der Straßen oblag ursprünglich den jeweiligen Anliegern. Von 1700 an aber scheint es in städtische Zuständigkeit übergegangen zu sein; denn von diesem Jahr an finden sich in der Bauamtschronik genau die Ausgaben verzeichnet, die alljährlich für Straßenkehren ausgegeben wurden. Aber noch 1830 glaubt Weilmeyer eigens darauf verweisen zu müssen, daß in Regensburg die Straßen „durch eigene Gassenkehrer" saubergehalten werden.

REGENSBURGER WASSERLEITUNGEN

Wasser ist das Herzblut der Natur, es ist der Träger allen Lebens auf der Erde. Wegen seiner reinigenden, erquickenden und befruchtenden Wirkung galt es schon den Völkern der Antike als heilbringend und heilig. Auch das Christentum hat das Wasser in den Bereich seiner Kulthandlungen einbezogen.

Die Versorgung der Stadtbevölkerung mit Wasser erfolgte ursprünglich aus Brunnen, von denen es gegen Ende des Mittelalters etwa 1000 gegeben haben mag. Private Brunnen fanden sich in den Höfen, auf den Straßen konnte Wasser aus öffentlichen Brunnen geschöpft werden. Der sogenannte Erhardibrunnen (s. d.) in der gleichnamigen Gasse dürfte eine der ältesten Brunnenanlagen Regensburgs sein. Der Weihbrunnen im Dom, um 1500 an der Stelle einer älteren Anlage errichtet, reicht auf den Grundwasserspiegel hinab, der hier über 17 m unter dem Kirchenpflaster liegt. Die Sanierungsarbeiten im Altstadtgebiet legten mehrfach mittelalterliche Brunnen frei, so im Hof des Runtingerhauses an der Keplerstraße. Wasserundurchlässiger Kreidefels, der sich in verschiedenen Tiefen unter dem Stadtgebiet hinzieht, trägt den unter Regensburg fließenden Grundwasserstrom. Bis zu seiner Tiefe mußten die Brunnen niedergetrieben werden. Sie lieferten Wasser von ungleicher Güte; der Wasserstand vieler Brunnen war den Schwankungen des Donauwasserspiegels unterworfen. Undichte Abortgruben in den Höfen und die Nähe von Miststätten verseuchten Grund- und Brunnenwasser.

Es wird wenige deutsche Städte geben, deren Versorgung mit Leitungswasser eine so alte Tradition hat wie die der Stadt Regensburg. Die erste Leitung, die Wasser in die Donaustadt beförderte, war das Werk der Mönche von St. Emmeram. Diese Wasserleitung war ausschließlich für die Bedürfnisse des Klosters bestimmt. Sie entstand unter Abt Peringer II., der die Emmeramer Klostergemeinde von 1177 bis 1201 regierte. Die Inschrift seines Grabsteins in der Ramwoldkrypta zu St. Emmeram erwähnt das für seine Zeit großartige technische Werk mit rühmenden Worten: qui fecit aquaeductum plumbeum — der die Wasserleitung aus bleiernen Röhren erbaut hat. Auf Emmeramer Klostergründen, in einer Tertiärmulde westlich von Dechbetten, fanden sich ergiebige Quellen, die auch genügend hoch lagen. Diese wurden 1199 gefaßt, darüber eine Brunnstube erbaut und in einer für die damalige Zeit erstaunlichen Leistung in Bleirohren in einer verhältnismäßig langen Leitung — die Luftlinie beträgt annähernd 3 km — von Dechbetten in das Kloster St. Emmeram geleitet. Die Bauzeit darf mit drei Jahren angenommen werden. Die Wasserleitung endete in einer nicht mehr bestehenden Brunnenhalle, die an den Südflügel des Kreuzgangs anschloß und nahezu quadratisch in den Kreuzgarten aussprang. Lediglich das Doppelportal, das den Zutritt aus dem Kreuzgang vermittelte, zwei Rundbogen auf einem Mittelpfeiler und entsprechenden Wandpfeilern, blieb erhalten. In dieser Brunnenhalle befanden sich die Wasserbecken für die Waschung der Mönche, dort konnten auch Rasur und Tonsur vorgenommen werden. Der Kartäusermönch und Chronist Jeremias Grienewald schildert die Anlage 1615: „Daselbst im Creuzgang ist ein schöner springender Brunnen mit 24 Röhren...". Über der Brunnenhalle lag die Abteikapelle St. Michael. Ein Wasserleitungsplan von 1758 im Besitz der Hofbibliothek läßt den Grundriß des Klosters und die Verzweigungen der Leitung innerhalb des Klosterbezirks deutlich erkennen.

Die Rohrleitung erforderte 1354 eine umfassende Reparatur, die dem Kloster Ausgaben in Höhe von 26 Pfund, 2 Schilling und 3 Pfennigen verursachte. 1580 ist die Leitung so schadhaft, daß sie neu verlegt werden muß: „Anno achzig haben Iro G. (Abt Ambrosius II. Mayrhofer) den Prun zu Dechpeten von neuem in Pley herein lassen füern...". Vermutlich damals wurden die

256. *Bronzewechsel, Leitungsstück und Steinpackung der Emmeramer Wasserleitung. Museum*

Bleirohre zum besseren Schutz auf Werksteine mit ausgehauenen Rinnen verlegt und mit ebensolchen Steinen abgedeckt, so daß eine Steinpackung die Leitung umgab. 1633 verschlang eine neuerliche Reparatur 1000 Gulden. Erst zu Beginn unseres Jahrhunderts, 1905/06 wurde die Leitung ausgegraben. Bleirohre, ein Bronzewechsel und Decksteine schenkte Fürst Albert von Thurn und Taxis dem Historischen Verein, durch den sie an das Museum gelangten. Aber noch war dieser alten Wasserleitung kein Ende beschieden. Abermals wurden Rohre verlegt, diesmal solche aus Eisen der Firma Mannesmann; denn noch geraume Zeit speiste die Leitung die fürstlichen Stallungen, die Zierbrunnen in den Schloßhöfen sowie einige Brunnen im Dörnbergpark. Seit 1927 versorgte das Überwasser zusätzlich die Gemeinde Dechbetten. Zahlreiche Bombentreffer des zweiten Weltkrieges setzten die Leitung außer Betrieb. Das Fürstliche Haus Thurn und Taxis aber wollte die Tradition der alten Emmeramer Klosterleitung nicht abreißen lassen. Die Bombenschäden wurden behoben. Seit 1972 fließt das Dechbettener Wasser wieder zum Schloß, wo es mehrere Zierbrunnen versorgt. Am westlichen Ortsende Dechbettens steht noch — von einer schützenden Mauer umgeben — das Quellhaus der Emmeramer Wasserleitung in Form der Neuanlage von 1580.

Das Museum verwahrt eine Brunnenfigur aus St. Emmeram, die beim Bau der fürstlichen Reitschule 1835 ans Tageslicht kam. Die derbe, handwerksmäßige Arbeit verkörpert eine gedrungene Figur, deren großer Kopf mit den weit abstehenden Augen und dem breiten Mund direkt auf dem Rumpf aufzusitzen scheint. Der Vollbart teilt sich in zwei langgezogene Spitzen. Die Haare sind zu sieben Strähnen gebündelt; fünf davon hängen über den Rücken herab, zwei an den Seiten. Eine halbkreisförmige Aushöhlung durchbricht die Plastik von rückwärts nach vorne und macht sie so als Brunnenfigur erkenntlich. Die sieben Haarsträhnen weisen den Dargestellten als den siebenlockigen Simson aus, einen Nationalhelden der Hebräer, der mit einem Eselskinnbacken tausend Philister, die Feinde der Juden, erschlug. Da es ihn nach dieser anstrengenden Tat sehr dürstete, öffnete Gott eine Quelle und Simson trank daraus. Diese Beziehung Simsons zu Quelle und Wasser ist der Grund dafür, weshalb ihn die mittelalterliche Kunst häufig als Brunnenzier verwendete. Es darf mit Bestimmtheit angenommen werden, daß unsere Simsonfigur über einem Brunnen zu St. Emmeram stand, den eine Abzweigung der von Abt Peringer II. erbauten Wasserleitung speiste. Endres denkt dabei an einen Brunnen für Wallfahrer, bildeten doch die Heiligtümer zu St. Emmeram Jahrhunderte hindurch das Ziel zahlloser Pilger, die vielfach von weit herkamen. Nach den Anstrengungen der Reise konnten sie sich am fließenden Wasser erquicken.

Neben dem reckenhaften Simson findet sich vielfach auch der Löwe als mittelalterlicher Brunnenschmuck. Simson und der Löwe stehen in enger Beziehung. Von Simson heißt es: Als er mit seinen Eltern zu den Weinbergen der Stadt Thamnata kam, zeigte sich ein junger Löwe, grimmig und brüllend, und kam ihnen entgegen; er aber zerriß den Löwen. Diese Beziehung von Simson und Löwe wird besonders deutlich in St. Emmeram, wo eine weitere Brunnenanlage, die allerdings aus späterer Zeit stammte, mit Löwen geziert war. Abt Blasius Baumgartner ließ 1569 im Kreuzgarten, unweit der Brunnenhalle, einen großen, ganz mit Werksteinen ausgekleideten Fischbehälter errichten, „28 Schuh lang und 14 Schuh breit, eines Manns tieff...". Aus den Rachen steinerner Löwen ergoß sich das Wasser in das Becken.

Erst dreieinhalb Jahrhunderte nach dem Bau der Emmeramer Wasserleitung entschlossen sich auch Rat und Bürger von Regensburg, von den reichen Wasservorkommen um Dechbetten eine Rohrleitung in die Stadt zu führen. 1548 begann die Untersuchung des Quellengebietes. Da dieses jedoch auf Grundstücken zwischen Dechbetten und Prüfening lag, die dem Kloster St. Emmeram gehörten, mußte vor Erschließung erst die Erlaubnis des Abtes Erasmus II. Nittenauer eingeholt werden. In den Jahren 1549 und 1550 erfolgte dann der Bau des Quellhauses und der Leitung, die längs der Prüfeninger Straße verlief und beim Jakobstor in die Stadt eintrat. Da Bleirohre zunächst zu teuer waren, verwendete man durchbohrte Baumstämme, sogenannte Deicheln.

Nach Fertigstellung der Leitung ließ der Rat 1551 am Arnulfsplatz, am Haidplatz, vor dem Marktturm beim Rathaus, am Neupfarrplatz und am Krauterermarkt Brunnen für den öffentlichen Gebrauch errichten, die ihr Wasser aus der neuen Leitung erhielten. Den gleichzeitig erbauten Brunnen am Fischmarkt speiste das Überwasser des Brunnens am Rathaus. Die ursprünglich hölzernen Brunnen — man nannte sie Röhrkästen — wurden in den folgenden Jahren durch steinerne Anlagen ersetzt und mit Eisengittern versehen. Mehrere Bürger erhielten eine Zuleitung in ihre Häuser; auch das Spital St. Lazarus an der Prüfeninger Straße (s. d.), das in nächster Nähe der Rohrleitung lag, bekam einen Anschluß.

Nach wenigen Jahren schon erforderte die wenig haltbare Holzrohrleitung eine Ausbesserung. 1562 mußte die gesamte Leitung innerhalb der Stadt neu verlegt werden. Ein Edelmann namens Jörg von Murach zu Stachesried schenkte der Stadt das Holz dazu. Aber schon 1575 mußten die

257. Brunnstube der reichsstädtischen Wasserleitung in Dechbetten, 1650

Deicheln wieder ausgewechselt werden. Trotzdem konnte sich der Rat noch nicht für eine teuere, aber dauerhafte Leitung aus Metallrohren entschließen und ließ die Strecke vom Jakobstor bis zur Brunnstube in Dechbetten abermals mit durchbohrten Baumstämmen verlegen, die Herzog Philipp der Stadt unentgeltlich überließ. Für die Leitung innerhalb der Stadt aber verwendete man nun Rohre aus Blei. Die nicht enden wollenden Reparaturkosten der hölzernen Leitung veranlaßten den Rat endlich zu dem Beschluß, 1592/93 die gesamte Leitung in Bleirohre zu fassen. Die Rohre fertigte der Glockengießer Georg Schelchshorn, die Kosten betrugen 3596 Gulden. Auch die Brunnstube erfuhr damals eine Erneuerung.

1650 entstand anstelle eines älteren Quellhauses die jetzt noch bestehende barock überwölbte Brunnenstube, die der Straße „An der Brunnstube" den Namen gab. Marmorbänke mit Volutenfüßen und ein Marmortisch lassen das kühle Gemach recht wohnlich erscheinen. Inmitten des Raumes sammelt sich in einem Steinbecken das kristallklare Wasser. An den Wänden künden Tafeln die Geschichte dieser ersten städtischen Wasserleitung. Die Tafeln, von denen vier in die Ostwand der Brunnenstube eingelassen sind und eine in die Südwand, berichten über Baumaßnahmen aus den Jahren 1549, 1550, 1593, 1650 und 1733. Jene vom Jahre 1593 wurde im Schwedenkrieg 1633 zertrümmert, 1650 aber mit dem ursprünglichen Text erneuert. Die kalligraphisch prachtvollen Tafeln sind kulturgeschichtlich bedeutsam. Ein hübscher Reim, der am unteren Rand der Tafel von 1733 steht, sei hier wiedergegeben:

> Herr, laß zum Nutzen unsrer Stadt
> beständig diese Quellen fließen.
> Auch deines Segens Ströme sich
> stets über Regensburg ergießen.

Die Quellfassung besteht aus einer 79 m langen, von West nach Ost verlaufenden, begehbaren Sammelgalerie. Der Wasserspiegel liegt auf 350,5 m Meereshöhe und somit nur etwa 12 m höher als das Straßenpflaster bei der Neupfarrkirche. Der durch den Höhenunterschied bedingte Druck verbrauchte sich aber durch Reibungsverluste auf der nahezu 3 km langen Strecke fast vollständig, so daß an eine Leitung in höhere Stockwerke nicht gedacht werden konnte.

Die Leitung erfüllte bis um die Mitte des vergangenen Jahrhunderts ihren Dienst. In den Jahren 1849 bis 1853 nahm man die Bleirohre heraus und legte dafür Rohre aus Kelheimer Kalkstein, die in der ehemaligen Bleistiftfabrik Rehbach am Ägidienplatz gedreht und gebohrt wurden.

Hundert Jahre nach der Anlage der Dechbettener Wasserleitung erwies sich ihre Quellenschüttung für den Verbrauch der Stadt als zu gering. 1642 ließ deshalb der Rat den Rutengänger Stephan Häuble von Augsburg kommen und beauftragte ihn, das Quellengebiet südlich der Stadt, auf den Prüller Höhen, dem Galgenberg und dem Eisbuckel zu untersuchen. Dort fanden sich ergiebige Quellen, deren Wasser man 1656 in einem 2000 Fuß langen, nach Süden gerichteten Stollen sammelte. An seinem nördlichen Ende entstand eine historisch und kunstgeschichtlich merkwürdige Brunnenstube. Sie ist heute noch zugänglich. Ein Schacht, dessen Abdeckung sich in der Nähe des Eingangs zum Oberen Friedhof befindet, führt in die Tiefe. Dort unten gelangt man durch ein gotisches, sicher von einem älteren Bauwerk stammenden Spitzbogenpförtchen in die barocke Brunnenstube. In einem Rechteckbecken sammelt sich das Wasser. An der Ost- und Westwand sind in massigen Stuckrahmen zwei kunstvoll geätzte Inschrifttafeln mit der Geschichte dieser Wasserleitung angebracht. Sie stammen von dem Regensburger Schreib- und Rechenmeister Georg Wendler, der für ihre Anfertigung eine Bezahlung von acht Reichstalern erhielt. „Anno Salutis 1656 ist dieser Brunnen, dessen Haubtquel zwischen der Carthausen Pruell und dem Ißlinger Weg in Burgfrids Feldern ligt in hölzeren Teucheln auff der seyten bey dem Hochgericht ... auf die Haid geführt worden ..." lesen wir auf einer der Steintafeln. Obwohl man mit den Holzrohren der Dechbettener Leitung schlechte Erfahrungen gemacht hatte, verwendete man aus Ersparnisgründen abermals hölzerne Deicheln. Auch sie mußten schon wenige Jahre später durch Bleirohre ersetzt werden, worüber die zweite Inschrifttafel berichtet.

Die Wasserleitung verlief geradlinig vom Eisbuckel in die Stadt, allerdings durch Grundstücke, die teils dem Bischof, teils dem Kloster Niedermünster gehörten. Bischof und Äbtissin erteilten jedoch die Genehmigung, die Rohre in ihren Feldern zu verlegen. Als Gegenleistung gestattete der Rat dem Bischof, das Überwasser des Brunnens am Krauterermarkt in den Bischofshof zu leiten. Die Eisbuckelleitung versorgte einige Wohngebäude mit Wasser, hauptsächlich aber speiste sie den Brunnen am Haidplatz und die beiden Brunnen in den Höfen des Rathauses. Ihr Wasserspiegel liegt 21 m über dem Pflaster des Haidplatzes. Dieser geringe Überdruck verbrauchte sich aber fast gänzlich durch Reibungsverluste in der etwa 1640 m langen Leitung. Dieser Leitung fehlte es ebenso wie der von Dechbetten an einem genügend großen Sammelbehälter, so daß hauptsächlich zur Nachtzeit das Wasser ungenutzt abfloß. Der Bau des neuen Wasserwerkes 1875 setzte die Leitung außer Gebrauch. Noch bis zum Jahre 1908 aber speiste sie einen laufenden Brunnen, der an der Einmündung der Universitätsstraße (Eisbuckelstraße) in die Friedenstraße stand. Heute dient ihr Wasser nur noch zur Kanalspülung.

Auch an den Hängen der Winzerer Höhen entsprangen zahlreiche Quellen, die der Emmeramer Mönch Ascricus 1150 zusammenfaßte. Das Kloster St. Emmeram besaß dort Weinberge. Von dem gotischen Quellhaus in Niederwinzer stehen noch einige Mauerreste. Ein Denkstein mit dem Wappen des Klosters St. Emmeram, dem des Abtes Johannes II. Tegernbeck und der Jahreszahl 1491 weist auf eine Instandsetzung der Anlage in diesem Jahre hin (näheres darüber siehe bei „Winzer").

Die geringen Wassermengen aus den Leitungen und die vielfach schlechte Beschaffenheit des Brunnenwassers führten zu Bestrebungen, eine große, aus der Sicht der Zeit moderne Wasserleitung anzulegen. 1869 erfolgten Tiefbohrungen im Osten der Stadt und auf dem Ziegetsberg, deren Ergebnisse jedoch nicht befriedigten. Das Gelände südlich der Stadt vermochte einwandfreies Wasser in genügender Menge nicht zu liefern. Die Untersuchung der am linken Regenufer bei Sallermühle gelegenen Quellen erbrachte dagegen ein sehr günstiges Ergebnis. Sie lieferten für die damalige Zeit ausreichend Wasser von vorzüglicher Beschaffenheit. Ihr Niederschlagsgebiet reicht bis in die westlichen Vorberge des Bayerischen Waldes, ist also noch im Urgebirge gelegen, wie Glimmerblättchen ausweisen, die vom Wasser bis an die Quellfassung gespült werden. Die Firma Gruner und Thiem aus Dresden legte 1872 einen Plan für den Bau einer Wasserleitung vor, der nach eingehender Prüfung die Genehmigung des Magistrats fand. Die Tiefenlage der Sallerner Quellen erforderte eine künstliche Hebung des Wassers und zwar in einen Hochbehälter auf den Dreifaltigkeitsberg, nach dem die Straße „Am Hochbehälter" benannt ist. Seine größte Wassertiefe beträgt 3 m bei einem Fassungsvermögen von 3300 cbm. Eine Erdschüttung auf seinem Gewölbe schützt das Wasser vor den Einflüssen der Außentemperatur. Besondere Schwierigkeiten bereitete die Verlegung des Hauptrohrstranges unter dem Flußbett des Regens und dem der Donau oberhalb des Eisernen Steges, wozu ein Taucher aus Hamburg geholt werden mußte. Am 1. Oktober 1875 konnte die neue Anlage in Betrieb genommen werden. Die Hebung des Wassers auf den Berg geschah ursprünglich durch drei Dampfmaschinen, seit 1886 durch die Wasserkraft des Regens mittels Turbinen. Die Gesamtkosten der ersten großen Wasserleitung Regensburgs betrugen 1 020 000 Goldmark. Seit dieser Zeit erfuhr sie mehrfache, den Anforderungen der wachsenden Großstadt gemäße Erweiterungen.

PFLASTERUNG DER STRASSEN

Einen bedeutenden hygienischen Fortschritt brachte die Pflasterung. Regensburg kann sich rühmen, vor vielen anderen deutschen Städten gepflasterte Straßen besessen zu haben. Während des 14. Jahrhunderts war die Stadt noch völlig ungepflastert. Eine Kammerrechnung aus dem Jahre 1355 berichtet, daß die Brückstraße wegen des großen Schmutzes mit Schutt belegt wurde, als Kaiser Karl IV. mit seinem Gefolge nach Regensburg kam. Der Rat ließ den Alten Kornmarkt 1452 mit Stroh beschütten, als der Mönch Capistrano vor vielen Zuhörern auf dem Platz predigte.

Dem Ratsherrn Matthäus Runtinger, einem Angehörigen des in Regensburg geachteten und begüterten Geschlechtes, verdankt Regensburg die frühzeitige Pflasterung seiner wichtigsten Straßen und Plätze. Bereits im Jahre 1403 ließ er damit beginnen, einzelne Verkehrswege der Stadt mit Steinen zu belegen. Nach 1412 setzte die Pflasterung in größerem Umfang ein. Zuerst schien das Werk „des grundlosen und wasserreichen Bodens wegen unausführbar", ein Zustand, den wahrscheinlich der Vitusbach bedingte. Von einer Pflasterung des Weißgerbergrabens, durch den ebenfalls ein Arm des Vitusbaches floß, wird erst 1549 berichtet. 1557 wird der Neupfarrplatz gepflastert, „welcher vor Kot kaum zugänglich war". An der Brunnleite und in der Fidelgasse wird auf Betreiben der dortigen Hausbesitzer 1593 erstmals gepflastert.

Da es in Regensburg zunächst noch kein Gewerbe der Pflasterer gab, holte man einen Sachverständigen aus Straubing, Ulrich Fritz, und bestellte ihn zum städtischen Pflastermeister. Für seine Tätigkeit erhielt er zwei Pfund Jahreslohn und zehn Pfennige Taglohn. Seine Gesellen, die er erst im Pflastererhandwerk ausbilden mußte, bekamen Steinmetz- und Maurerlohn. Das Material holte man aus einem Steinbruch in Kumpfmühl, den damals der Abt des Klosters Prüll an die Stadt verkaufte. Um 1420 waren die wichtigsten Straßen gepflastert, was jedoch erhebliche Kosten verursachte. Das Recht zur Erhebung von Pflasterzoll, das Kaiser Siegmund der Stadt 1437 erteilte, half wesentlich mit, die im Stadtsäckel fehlenden Beträge wieder zu ersetzen.

Das Epitaph des verdienten Ratsherrn Runtinger, auf dem er kniend dargestellt ist, befand sich ursprünglich in der Vorhalle der durch Bomben zerstörten Obermünsterkirche. Das wertvolle Pultgrab konnte mit nur geringfügigen Beschädigungen aus den Trümmern geborgen werden.

AUS DER GESCHICHTE DER REGENSBURGER STRASSENBELEUCHTUNG

Bei einem Gang durch die neonstrahlenden Straßen Regensburgs denkt man wohl kaum daran, daß einst nach Einbruch der Dunkelheit, wenn die Stadttore geschlossen waren und nur noch der Türmer wachte, die Gassen in tiefem Dunkel lagen. Nur aus den Fenstern drang der matte Schein der Kerze oder der Öllampe. Die Wirte im alten Regensburg gaben ihren Gästen, die in finsterer Nacht nach Hause gehen mußten, Laternen mit, die am anderen Tag wieder zurückgebracht wurden. Der Laternenverkäufer gehörte zum Stadtbild des 17. und 18. Jahrhunderts. Dagegen war es streng verboten, wegen der großen Brandgefahr offenes Feuer als Lichtquelle auf den Straßen zu tragen. Die Wachtgedingsordnung vom 2. Mai 1652 verbietet ausdrücklich „Span und Kien, wie Strohbüschel und -bündel zum Leuchten auf Straßen". 1774 wurden zwar vor der Hauptwache auf dem Neupfarrplatz zwei mit Talglichtern beschickte Laternen aufgestellt, von einer Straßenbeleuchtung konnte indes noch keine Rede sein. Die erste Anregung zu einer allgemeinen Straßenbeleuchtung ging von den Gesandtschaften des Reichstages aus. Wenn sie spät nachts die Empfänge und Festlichkeiten verließen, wünschten sie einen beleuchteten Heimweg. Der kursächsische Gesandte beim Reichstag stellte daher 1779 an den damaligen Konsulenten Gumpelzhaimer den Antrag, die wichtigsten Regensburger Straßen mit Laternen zu versehen. Drei Jahre später erhielt die Stadt ihre erste öffentliche Straßenbeleuchtung. Es war ein aufsehenerregendes Ereignis für das barocke Regensburg, als am 27. November 1782, abends 6 Uhr, die Unschlittlichter in den Laternen erstmals aufflammten und die nächtlichen Straßen bescheiden erhellten. Insgesamt gab es damals 140 Laternen. Sie waren an öffentlichen Gebäuden angebracht; ihre Anschaffungskosten beliefen sich auf 1100 Gulden. „Die Laternenanstalt beschäftigte den Magistrat sehr" schreibt Gumpelzhaimer zum Jahr 1783 seiner Chronik. Er weiß zu berichten, daß bei den Bürgern eine Sammlung durchgeführt wurde, um weitere Laternen beschaffen zu können. Das Domstift, die Reichsstifte Ober- und Niedermünster, die Alte Kapelle und einige Klöster schafften sich eigene Laternen an. 1783 war die Zahl der Laternen bereits auf über 200 angewachsen. Die Stadt bezog die Laternen zum Preis von 13 Gulden 30 Kreuzer je Stück und gab sie unentgeltlich an die Bürger ab. Diese hatten sie an geeigneten Stellen an ihren Häusern anzubringen und auch für die Unterhaltungskosten aufzukommen, die sich auf jährlich 9 Gulden beliefen. Vier bis fünf Häuser taten sich jeweils zusammen, um diesen Betrag für ihre Laterne aufzubringen. Die Laternen wurden mit Unschlittkerzen beschickt und verbreiteten nur ein spärliches Licht. Der Talg der Kerzen rußte so stark, daß die Laternen alle vier Tage gereinigt werden mußten. Für den Laternanzünder kamen täglich 3 Pfennige und für den Putzer 2 Pfennige zur Verrechnung. Die Beleuchtung der Straßen erfolgte nur in den Wintermonaten. Mit der Betreuung der Laternen war ursprünglich das städtische Bauamt betraut, schließlich aber errichtete der Rat ein eigenes Laternenamt.

Der Übergang Regensburgs an das Königreich Bayern 1810 brachte eine merkliche Besserung der Straßenbeleuchtung. 8 Laternen erhellten seit dieser Zeit die Steinerne Brücke, die Tore und die Hauptwache auf dem Neupfarrplatz wurden besonders beleuchtet. Seit 1829 leuchteten Laternen auf den Straßen auch während der Sommermonate. Um 1840 gab es in der Stadt 316 Laternen.

Ein biedermeierliches Geschichtchen von einem Regensburger Laternenanzünder berichtet Karl Sebastian Hosang in seinen ergötzlichen Bändchen „Geschriebenes in Nebenstunden": „Das Prebrunnertürl wurde 1832 samt dem hölzernen Steg über den Stadtgraben, über den nur Fußgeher passieren konnten, erweitert, damit schon in der Ernte die Getreidewägen darüberfahren konnten. Nachdem der Steg zur Hälfte abgetragen war und die Werkleute nur ein Brett zur notwendigen Verbindung gelegt hatten, vergaß sich der Laternenanzünder abends, trat daneben und stürzte samt seiner Leiter in den Graben. Da er aber die Leiter, welche senkrecht hinunterkam, nicht ausließ, sondern sich fest daranhielt, so senkte sie sich mit ihm ganz sachte in ein weiches Gartenbeet und der Laternenanzünder kam unverletzt aus dem Stadtgraben."

Eine gewisse Neuerung brachte die Einführung der Beleuchtung mit Kamphin, einer Mischung von Terpentilöl mit Alkohol und Äther, auch Leuchtspiritus genannt. Die Stadt schloß 1851 mit dem Spezereihändler Johann Wolfgang Neumüller im Posthorngäßchen 3 (F 68) einen Vertrag, nachdem dieser gegen eine erstmalige Vergütung von 5950 Gulden 20 Kreuzer, später gegen eine solche von 4500 Gulden die Beleuchtung der Stadt besorgte, deren Laternen bis 1850 auf 394 angestiegen waren. Das neue Kamphinlicht führte sich zunächst gut ein. Im Lauf der Jahre aber mehrten sich die Klagen über mangelhafte Beleuchtung wegen Nachlässigkeit der von Neumüller unterhaltenen Laternenwärter, so daß die Stadt sich entschloß, den Vertrag mit Neumüller nicht mehr zu erneuern.

Schon seit 1841 beschäftigte sich der Magistrat mit dem Gedanken, auch in Regensburg die Gasbeleuchtung einzuführen. Verhandlungen und Erkundigungen über die Erfahrungen anderer Städte zogen sich über 15 Jahre hin. Am 21. Dezember 1857 endlich konnte die Gasbeleuchtung in Regensburg erstmals in Betrieb genommen werden; die Straßen erstrahlten in nie gekannter Helligkeit. Regensburgs erstes Gaswerk lag an der Landshuter Straße, an der Stelle des Finanzamtes. Es wurde von der Firma L. A. Riedinger in Augsburg erbaut, die auch die öffentlichen und privaten Beleuchtungen einrichtete. Das Werk war nicht städtisches Eigentum, sondern wurde von der „Aktiengesellschaft für die Gasbeleuchtung in Regensburg" betrieben. 1860 verlegte man eine Rohrleitung über die Steinerne Brücke, so daß auch Stadtamhof Anschluß an das Gasnetz fand. 1897 ging das Werk in städtischen Besitz über.

FURCHT VOR DER CHOLERA — ERSTES LEICHENHAUS

Zahlreich waren die Epidemien, die im Laufe der Geschichte Regensburg heimsuchten und verheerten. Was die alten Chronisten als „großen Sterb" und „Pestilenz" bezeichneten, mögen jedoch nicht immer Infektionswellen der schwarzen Beulenpest gewesen sein, sondern auch epidemische Erkrankungen an Cholera in ihren verschiedenen Erscheinungsformen. Die schwarze Pest, die große Menschheitsgeißel, brach sich an der fortschreitenden Hygiene des 18. Jahrhunderts. Aber noch vor knapp einem Jahrhundert durchzog die Cholera Europa. 1892 brach sie, auf dem Seewege eingeschleppt, in Hamburg aus und forderte nahezu 8000 Todesopfer.

1562 melden die Chronisten eine große Seuche in Regensburg. Trotz der Bezeichnung „Pestis" scheint sie eine Epidemie der Cholera gewesen zu sein; denn in einem Ratsbeschluß heißt es ausdrücklich, daß der Nachlaß eines an der „Brechkrankheit" Verstorbenen sogleich zu versiegeln sei. „Brechkrankheit" aber deutet auf Cholera mit ihren stürmischen Brechanfällen. Außerdem verbietet der Rat den Genuß aller blähenden Speisen, wie Kirschen, Pflaumen, Pilze und Erbsen.

Unter den europäischen Choleraepidemien des vergangenen Jahrhunderts war jene des Jahres 1831 die verheerendste. Die Seuche zog von Astrachan am Kaspischen Meer aus, drang im Tal der Wolga aufwärts und erreichte innerhalb weniger Monate Moskau, Polen und schließlich Berlin. Die Furcht vor der Krankheit beunruhigte Süddeutschland, und man traf auch in Regensburg umsichtige Vorkehrungen, um für den Fall einer Epidemie gerüstet zu sein. Das jetzige Altersheim St. Josef am Ägidienplatz wurde als Krankenhaus eingerichtet und zur Aufnahme von 150 Kranken ausgestattet. Für jeden Stadtbezirk bestellte der Rat einen Arzt. Man erkannte genau, daß die ärmere Bevölkerung, die weniger gut genährt und weniger reinlich war, der Krankheit am wenigsten widerstehen konnte. Der Armenpflegschaftsrat wandte sich deshalb mit einem Bittruf an die Bürger Regensburgs, um die Armen „vor der Gefahr der Cholerakrankheit und dem Elend des nahen Winters zu schützen". Die Überprüfung der Armen und ihrer Wohnungen brachte ein erschütterndes Bild: „Einem bedeutenden Theile dieser Unglücklichen mangelt es an Bettstellen, Strohsäcken und Zudecken. Den meisten gebricht es an der nöthigsten Bekleidung des Körpers und insbesondere der Füße und des Unterleibs, zu dessen Warmhaltung die meisten der Ärzte Flanellbinden für unentbehrlich erklären. In manchem Zimmer leben 8 bis 10 Menschen beiderlei Geschlechts zusammengedrängt ..."

Zum Transport der Kranken wurden Träger und Bahren bereitgestellt. Diese Ambulanzen hatten im Rathaus, im heutigen Bürgerstift an der Weitoldstraße, in der Sakristei der Ulrichskirche sowie im Krankenhaus selbst ihre Standorte. Private Pfleger standen auf Abruf bereit. Die Apotheken versorgten sich mit frischen Medikamenten. „Im Jahr 1831 traf man in Regensburg sehr kostspielige Vorkehrungen gegen die Cholera und sah sich wenigstens für ein halbes Jahr mit Arznei und Lebensmitteln vor", schreibt der Zeitgenosse Hosang. „Viele Testamente und Generalbeichten wurden gemacht." Als vorbeugende Maßnahme empfahlen die Ärzte besonders Reinlichkeit und Warmhaltung des Körpers. Um Erkältungen zu verhüten, wurde die Emmeramskirche mit Brettern ausgelegt. Vor allem aber galt übertriebene Angst vor Ansteckung als besonders gefährlich. Regensburg blieb vor einer epidemischen Ausbreitung der Cholera verschont.

Man erkannte auch, daß die Aufbahrung der an Cholera Verstorbenen in den Häusern die Ausbreitung der Krankheit begünstige. Um diese Gefahr zu bannen, errichtete man zwischen dem katholischen und dem protestantischen Friedhof St. Lazarus (s. d.) an der Prüfeninger Straße ein Leichenhaus zum gemeinsamen Gebrauch, das erste in Regensburg. Es besaß einen Leichensaal, einen Sezierraum und eine Wärterstube. Mit je einer Säulenhalle öffnet es sich nach den Friedhöfen. Noch heute steht das schlichte, aber stilvolle Bauwerk inmitten des nunmehrigen Stadtparks.

DIE PEST

> Erzitt're Welt, ich bin die Pest,
> ich komm in alle Lande
> und richte mir ein großes Fest;
> mein Blick ist Fieber, feuerfest
> und Schwarz ist mein Gewande.
>
> H. Lingg

Verheerende Pestepidemien suchten Regensburg während seiner vielhundertjährigen Geschichte immer wieder heim. Nicht weniger als vierundfünfzigmal wurde nach den Angaben der Chronisten unsere Stadt von der fürchterlichsten aller Seuchen, dem „Schwarzen Tod", betroffen, so 1211, 1348, 1462, 1599 und 1634, um nur einige der Schreckensjahre zu nennen. Am genauesten sind wir über die Geschehnisse der letzten Pestepidemie 1713/1714 unterrichtet, die nahezu 8000 Menschen in Regensburg dahinraffte. Nach den Krankheitssymptomen, dunkel gefärbten Geschwüren, nannte man sie die schwarze Beulenpest. Kriege, Wassernot und Mißernten bereiteten ihr den Weg.

Das Schreckgespenst der Pest verbreitete lähmende Angst. Das ganze öffentliche Leben lag darnieder, die Beziehungen der Menschen untereinander hörten nahezu auf, selbst Angehörige einer Familie mieden einander. Nachts aber rumpelten die Totenkarren durch die Gassen, gefolgt von den Pestinmännern, um die schaurige Ernte des Tages zu sammeln.

Da man die Ursachen der Krankheit nicht kannte, stand man ihren Auswirkungen nahezu machtlos gegenüber. Wohl wußte man, daß die Pest durch Berührung infizierter Personen übertragen werden konnte; über ihre Entstehung war man indes völlig im Unklaren. So scheint es verständlich, daß man die Krankheit in erster Linie als Zornerweis Gottes deutete und in ihr eine Strafe für liederliches und lasterhaftes Leben sah. „... durch Verhängnis Gottes, so solche Seuch und Pestilenz unserer Sünd willen uns zu strafen schickt", meint ein Zeitgenosse. Daneben suchte man freilich auch nach irdischen Gründen und glaubte in der übelriechenden Luft eine Quelle der Krankheit zu erkennen. Mangelnde Reinlichkeit, Schmutz und Unrat auf den Straßen, Aborte und Versitzgruben in den Höfen erzeugten eine weitgehende Verunreinigung der Luft, ja für unsere Begriffe einen unerträglichen Gestank. Dazu ließen die engen, mit hohen Häusern bebauten Gassen nur eine mangelhafte Lüftung zu. Ausdrücke wie „pestilenzialischer Gestank" und „stinkend wie die Pest" wurden damals geprägt. Um das vermeintliche Pestgift in der Luft unschädlich zu machen, empfehlen die von Rat und Ärzteschaft herausgegebenen Pestordnungen eine Ausräucherung der Zimmer sowie das Einatmen von Duftstoffen. Aber auch der dichte Donaunebel galt als ein Urheber der Krankheit. „Bei nebeligem und feuchtem Wetter die Zimmer so viel als möglich zu versperren", rät ein Pestarzt des Jahres 1713. Diese allgemeine Unsicherheit förderte den Aberglauben. Bei dem großen Einfluß, den die Astrologie selbst heute noch ausübt, ist es verständlich, daß man den Gestirnen eine Schuld am Ausbruch der Pest zuschrieb oder doch zumindest aus ihrer Stellung Anfang und Ende der Epidemie abzulesen suchte. Amulette und Talismane sollten vor Ansteckung schützen (s. Sebastianspfeil).

Der Reichstag verläßt die Stadt

Bereits in den ersten Monaten des Jahres 1713 zeigten sich Anzeichen einer übertragbaren Krankheit. Um die Bevölkerung nicht zu beunruhigen, vermied man zunächst die Bezeichnung „Pest". Als aber die Todesfälle sich von Tag zu Tag mehrten, gab es kein Verheimlichen mehr. Das Gerücht von der Pest bestätigte sich als wahr. Der Schwarze Tod hatte seinen Einzug in die Stadt gehalten, in eine überbevölkerte Stadt; denn noch war Regensburg Sitz des Immerwährenden Reichstages mit seinen vielen Gesandtschaften und deren zahlreichem Personal. Die Stadt der Feste und prunkenden Hofhaltungen wandelte sich in einen Ort des Grauens. Ende August 1713 stieg die tägliche Sterbeziffer auf 20 an. Da faßte die Reichsversammlung in Eile den Beschluß zum Abzug. Regensburg sollte zwar ständiger Tagungsort sein und bleiben, während der Dauer der Seuche aber wollte man nach Augsburg übersiedeln. Noch waren die Tore nicht geschlossen, und wer wollte, konnte die verseuchte Stadt verlassen. Hals über Kopf flohen nun in den letzten Augusttagen die Reichstagsgesandten mit Sack und Pack. Der Adel und ein Großteil der Geistlichkeit schlossen sich ihnen an. Es mögen an die 7000 Personen gewesen sein, die auf Wagen, in Kutschen, zu Pferd und zu Fuß die infizierte Stadt verließen, um dem Geißelhieb der Pest zu entrinnen. Den Gesandten von Braunschweig-Lüneburg, Christoph von Schader, hatte jedoch bereits ihr Giftpfeil getroffen. Er starb auf der Flucht. Sein treuer Diener brachte ihn nach Regensburg zurück. Auf dem Friedhof an der Dreieinigkeitskirche fand er seine Ruhestätte. Von seinen Kindern stammt das prächtige, noch erhaltene Grabmal mit dem Medaillonporträt des Verstorbenen und dem seiner Gattin.

Die bairische Sperre

Hatten die Regensburger ihrerseits fremden, krankheitsverdächtigen Personen die Tore gesperrt, um sich vor dem Einschleppen der Pest zu schützen, ergriff nun das umliegende Land Baiern seinerseits die gleichen Maßnahmen, um eine Ausbreitung der Seuche auf sein Territorium zu verhüten. Wenige Tage nach der überstürzten Abreise der Gesandten erschienen auf Befehl der kurfürstlich-bairischen Regierung zwei Pestkommissäre, die Herren von Högenstein und Heldt mit einem Leutnant und 25 Husaren. Diese mußten mit gezogenem Säbel Tag und Nacht die Stadt umstreifen und durften niemanden hinein- noch hinauslassen. Die Pestkommissäre nahmen Quartier im Kloster Karthaus-Prüll, die Husaren schlugen Bretterhütten in den Feldern vor den Stadtmauern auf. Die Absperrung lastete schwer auf den Bewohnern. Die Bauern der Umgebung konnten ihre Waren nicht mehr auf den Markt nach Regensburg bringen. Die Kommissäre gestatteten den Regensburgern nicht einmal mehr, die Früchte ihrer Felder innerhalb des reichsstädtischen Burgfriedens zu ernten, viel weniger noch die Felder wieder anzubauen. Trotzdem herrschte in der Stadt kaum ein Mangel an Lebensmitteln. Der Wochenmarkt wurde nach Kumpfmühl verlegt, wo bei der sogenannten Confin-Wacht, einem streng überprüften Platz, die mit einem Gesundheitsausweis versehenen Regensburger die Lebensmittel einkaufen konnten. Der amtliche, vom Rat ausgestellte Gesundheitsausweis hatte folgenden Wortlaut: „Vorzeiger N. N. nicht allein für sich gesund, sondern auch aus einem gesunden Haus und zur Einkaufung der Markt-Feilschaften abgeschickt." „Was für ein Gedräng um die Atteste war", meldet ein Zeitgenosse, „kann ich nicht beschreiben, denn ein jeder wollte es zuerst haben". Den Pestkommissären in Karthaus-Prüll scheinen jedoch die Regensburger Ratsherren bei der Erteilung der Ausweise zu großzügig verfahren zu sein. Sie beantragten nunmehr, die Zahl der Einkäufer auf 80 zu beschränken, die in Kumpfmühl in Quarantäne zu bleiben hätten. Der Rat mußte sich dieser Weisung fügen und schließlich auch der, daß die Zahl der Lebensmiteleinkäufer auf 20 verringert wurde. Der Abt von St. Emmeram ließ bei Kumpfmühl einen Stadel aufrichten, in den die Klosteruntertanen den Zehent an Getreide und Viktualien liefern mußten. Ein Kupferstich von A. Wismeyer und F. P. Lindner (Stadtansichten Nr. 23) vermittelt eine Übersicht der von seiten Baierns verhängten Absperrmaßnahmen, sowie eine Ansicht des Marktplatzes in Kumpfmühl.

Pestlazarette

Trotz aller Unwissenheit über die wahren Verbreitungsursachen der Pest erkannte man schon frühzeitig, daß der Umgang mit Kranken sowie ihre Kleidungsstücke und Betten eine Anstekkungsgefahr für die Gesunden bildeten. Deshalb versuchte der Rat, pestkranke Personen zu isolieren. 1520 stellte er für diesen Zweck einige Stuben des St.-Katharinen-Spitals an der Steinernen Brücke bereit. Auch das Spital zu St. Lazarus vor dem Jakobstor (s. d.) wurde zeitweise als Pestlazarett eingerichtet. So meldet die Bauamtschronik 1543: „Ist die große Stuben zu St. Lazarus darin von Kranken so mit der Pest behaft sein pflegt zu legen, gebaut worden." Eine bauliche Vergrößerung erfuhr das Lazarett 1613. Der Rat ließ damals im Friedhof ein eigenes Gebäude für Pestkranke errichten. Um die Mitte des 17. Jahrhunderts entstand im Osten der Stadt, am Minoritenweg, der Pfründ- oder Pestinhof (s. d.).

Diese Einrichtungen genügten jedoch bei der großen Seuche 1713/14 bei weitem nicht mehr. Da erinnerte man sich einer damals schon alten Hofstatt am sogenannten Spitz des Unteren Wöhrds, die vor allem ihrer Lage wegen als Pestkrankenhaus sehr geeignet erschien. 1641 befand sich an dieser Stelle eine städtische Schießstätte. 1645 wurden hier bereits einige Zimmer für kranke Soldaten bereitgehalten. Seit 1662 erfolgte der Ausbau des Anwesens zum Krankenhaus, das 1713/14 bewegte Tage erlebte. Dieser alte Pestinhof ist in unveränderter Form auf uns gekommen (Wöhrdstraße 91 (H 258) und 93 (H 259)). Deutlicher als Worte es vermögen schildert ein Kupferstich von J. A. Fridrich den Pestinhof und seine Umgebung zur Zeit der letzten großen Seuche. Das Blatt erschien 1714 bei der Witwe des Regensburger Buch-

258. Das ehemalige Pestlazarett am Unteren Wöhrd, Wöhrdstraße 91 (H 258)

259. Das Pestlazarett am Unteren Wöhrd. Kupferstich von Jacob Andreas Fridrich, 1715. Hofbibliothek

druckers J. F. Frantz und 1715 bei J. H. Krütinger. Quer über die Breite der Insel, etwa in Höhe der heutigen Nibelungenbrücke, verläuft ein Bretterzaun, der zusammen mit den beiden Donauarmen die ganze Ostspitze des Unteren Wöhrds von der Außenwelt abschließt. Am Tor des Zaunes wachen Soldaten und achten darauf, daß „Niemand ohne special-Befehl und Vorwissen hin und wieder rennen und dadurch die gantze Insul mit Pest-Seuche anstecken möge". Angehörige der Kranken konnten dort von eigens beauftragten Personen Wäsche, Kleidungsstücke und Lebensmittel abgeben lassen, die dann durch das Pflegepersonal in das Lazarett gebracht wurden. Innerhalb der isolierten Zone steht das Pestkrankenhaus, dessen mauerumfriedeter Garten als Begräbnisplatz dient. Totengräber sind gerade damit beschäftigt, Leichen in ein Massengrab zu legen. Das Tor in der Abzäunung durchfährt der „verdeckte Totenwagen", während sich der „offene Totenwagen", bis zur Höhe der Bordwände mit Leichen gefüllt, dem Gartentor nähert. Hier sei bemerkt, daß nicht nur die im Lazarett Verstorbenen, sondern auch ein Teil der Toten aus der Stadt im Garten des Pestlazarettes bestattet wurden. Man vergegenwärtige sich, welch psychische Wirkung der Anblick überladener Totenwagen und offener Massengräber auf die Kranken übte! Von ihren Fenstern aus konnten sie ja die Vorgänge um das Lazarett deutlich beobachten. Neben dem Garten des Pestinhofes diente auch der Friedhof von St. Lazarus an der Prüfeninger Straße als Pestbegräbnisplatz, der wegen der großen Zahl der Verstorbenen erweitert werden mußte. Die Betrachtung des Stiches läßt ferner einen evangelischen Geistlichen erkennen, der im Hof vor dem Lazarettgebäude den Genesenden eine Predigt hält. Träger bringen einen Kranken in einer Sänfte. Einen gleichfalls recht guten Überblick über den Unteren Wöhrd und das Lazarett zur Zeit der letzten Pestepidemie vermittelt ein in Deckfarbentechnik ausgeführtes Bild im Museum.

Geistlichen beider Konfessionen oblag die Seelsorge der Kranken und Genesenden. Gleich den Pestinärzten wohnten sie in Quarantäne. Ein Bretterhäuschen unmittelbar außerhalb des Zaunes bezeichnet der Stich Friedrichs als „Der Herren Jesuiten Logiament", denen mit den Minoriten, Karmeliten und Augustinern die geistliche Betreuung im Pestlazarett übertragen war. Unermüdlich waren die Priester tätig, im ständigen Angesicht des Todes die Kranken zu trösten und den Sterbenden die Sakramente zu spenden. Die Darreichung der Hostie bedeutete für die Geistlichen eine akute Ansteckungsgefahr. Deshalb bedienten sie sich dazu eines langen Löffels aus Messing, deren mehrere auf Kosten der Stadt angefertigt wurden.

Die Abneigung gegen das Pestlazarett war anfänglich eine ganz allgemeine. Als jedoch bekannt wurde, daß nicht zuletzt durch die Kunst der Ärzte mehrere Kranke bereits Heilung finden und entlassen werden konnten, setzte ein so großer Zustrom ein, daß sich die Räume des Hauses bald als zu klein erwiesen. In treuer Pflichterfüllung haben die Ärzte Dr. Georg Andreas Agricola, Dr. Johann Georg Nikolaus Dietrichs, Dr. Siegmund Cornelius Koch und Dr. Johann Leonhard Hechtel im Pestlazarett ihres Amtes gewaltet. Als Pestarzt in der Stadt wird Dr. Johann Christoph Spieß genannt. Die Lazarettärzte versahen ihren schweren Dienst in monatlichem Wechsel. Während dieser Zeit wohnten sie in einem Haus am Unteren Wöhrd, jedoch, wie es scheint, außerhalb des isolierten Lazarettbezirks. Weder ein Lazarett- noch ein Stadtarzt starb an der Pest, allerdings hatten zwei von ihnen eine Infektion zu überstehen.

Mit allen zur Verfügung stehenden Mitteln suchten die Ärzte die Seuche zu bekämpfen. Brech- und Abführmittel sollten das im Magen und Darm vermutete Pestgift entfernen. Durch Schwitzkuren versuchte man, die im Kreislauf vermeintliche Krankheit zu vertreiben. Dazu reichte man herzstärkende Mittel. Aderlaß und Schröpfen (s. d.) gehörten fast obligatorisch zu jeder Behandlung, obgleich Dr. Dietrichs in seiner „Untersuchung der Seuche, welche zu Regensburg anno 1713 grassierte...'' ausdrücklich vor allzu ausgiebigem Gebrauch von Abführ- und Brechmitteln sowie vor zu großer Blutentnahme warnt. Die Pestbeulen belegte man mit Sauerteig, Holunderblättern, Senfmehl oder eigens zubereiteten Salben, ja selbst durch Aufsetzen eines lebenden Hahnes oder einer Henne suchte man die Schmerzen zu lindern. Schließlich sollte das Pestgift durch Öffnen der Beulen entfernt werden. Das geschah entweder durch Aufziehen mittels eines Pflasters oder durch chirurgischen Eingriff, den dann allerdings nicht der Arzt, sondern der Chirurg vornahm. Die Möglichkeit, den Kranken wirklich Heilung zu bringen, war bei dem damaligen Stand der medizinischen Wissenschaft freilich gering.

Im unteren Teil des genannten Stiches von A. Friedrich ist ein Sonett abgedruckt, das so recht die Hilflosigkeit der Menschen und den Schmerz der Zeit zum Ausdruck bringt:

> Hier ist das Lazareth mit dem Prospect zu sehen/
> Dahin man aus der Stadt die Krancken hat gebracht/
> Und sie mit Medicin, mit Kost und Trost bedacht.
> Man sahe arme Leut wohl selbst hinunter gehen.
> Die Träger musten stets mit Sänfften fertig stehen/
> Und vor die Todten fuhr der Wagen in der Nacht/
> So Anfangs offen war/ und endlich zugemacht:
> Das ist's was diese Zeit in solchem Haus geschehen.
> Doch etwas mangelt noch an diesem Kupffer-Blat/
> Daß man der Krancken Weh! nicht ausgedrucket hat/
> Der Beulen/ Brand und Schmertz/ Carfunckel/ Todes-Ringen/
> Den Vorsatz/ so uns Gott wird wieder gnädig seyn/
> Doch dieses Letztere schliest unser Wandel ein/
> Und jenes konte man nicht in das Kupffer bringen.

Pestinmänner und Totengräber

Man kann sich heute kaum mehr eine rechte Vorstellung davon machen, welches Entsetzen die Kunde vom Auftreten der Pest verbreitete. Der Chronist Leonhard Widmann weiß zu erzählen, daß der Vikar Groll alleine aus Furcht vor der Pest starb und ein Lehrer des reichsstädtischen Gymansiums in der Gesandtenstraße (heute Staatliche Bibliothek) über das Abholen eines an der Pest verstorbenen Hausbewohners derart erschrak, daß er tödlich vom Schlag getroffen wurde.

Zur Arbeitsleistung der sogenannten Pestinmänner gehörte die Beförderung pestkranker Personen in das Lazarett und die Überführung der Leichen auf die Friedhöfe. Der Transport der Kranken erfolgte in schwarzverhängten Sänften. Für den Leichentransport standen zwei Wagen zur Verfügung, ein geschlossener Totenwagen für die Bürger und die Personen von Stand, ein offener für das gemeine Volk. Ein zeitgenössischer Chronist, Johann Christof Buzinger, dem wir wertvolle Aufzeichnungen historisch merkwürdiger Ereignisse in Regensburg aus den Jahren 1701 bis 1736 verdanken, gibt einen aufschlußreichen Bericht über die Leichenbeförderung jener Tage: „Ich kann den Jammer nicht genug exprimiren, denn anstatt der Gesandtschafftlichen schön ausgeschmückten Gutschen sah man dann (Wagen) voller Todten liegen, auff der Seite vorn und hinten ein weiss Creutz habend, bey hellen lichten Tage fahren, und hie und da eine mit schwarzer Leinwat überzogene Sänffte, worinnen die kranck Personen sassen vielfältig nach dem Pestinhaus tragen. Das aller Gräulichste war, daß man einen Wagen verfertiget hatte, der so rumpelte, als wann zwey Trommel gerühret würden, auff welchen man des Nachts die Todten auf den neuen Freydhoff nach St. Lazarus schleppte ..."

Wie Vieh warfen die Pestinmänner die Toten auf den Karren und rollten damit zur Stadt hinaus. Nicht selten kam es vor, daß bei den nächtlichen Transporten Tote vom Wagen fielen und des andern Tags auf der Straße liegend gefunden wurden. Dieser Anblick mag um so schrecklicher gewesen sein, als man die Verstorbenen nicht in Särge legte, sondern lediglich in ein Leintuch wickelte. Oft genug wurden sie auch völlig unbekleidet auf den Wagen und in die Grube geworfen. Das nächtliche Rumpeln der Totenkarren über das Kopfsteinpflaster war den Lebenden schaurige Musik. „... Viele sind durch das nächtliche Gepolter und Rasseln der Karren in solche Alternation gebracht, daß da sie des vergangenen Tags frisch und gesund gewesen, des folgenden gestorben..." Um das schaurige Rasseln zu dämpfen, umwickelte man die Räder mit Werch und Lumpen.

Angesichts der großen Ansteckungsgefahr wollte sich selbst bei guter Bezahlung niemand zum Dienst an den Kranken und Verstorbenen herbeilassen. Unter diesen Umständen blieb dem Rat nichts anderes übrig, als Handwerksburschen, fahrendes Gesinde und Streuner zum Träger- und Totengräberdienst zu zwingen. Man kann sich denken, aus welchen Schichten sich diese Pestinmänner zusammensetzten, denen die Chronisten übereinstimmend ein sehr schlechtes Zeugnis ausstellen. Immer wieder beklagen sie ihre Sittenlosigkeit und Verderbtheit. Nicht nur, daß sie den ins Lazarett verbrachten Kranken Kleidungs- und Wäschestücke entwendeten, erbrachen sie auch die ausgestorbenen und versperrten Häuser und plünderten die Wohnungen. Trotz der allgemeinen Not sah sich der Rat gezwungen, einige der diebischen Pestinmänner als abschreckendes Beispiel öffentlich mit Rutenschlägen abstrafen zu lassen. Die Gemütsroheit dieser Menschen, denen nichts grausam genug war, mag folgender Auszug aus den Aufschreibungen Buzingers bezeugen: „Die Pestinträger raubten die Häuser aus, gingen mit den Todten Cörpern sehr unbarmherzig um, wurffen sie von denen Stiegen hinunter, daß hier ein Fetzen vom Haar und dort ein Stück vom Gehirn hängen blieb, wie ich solches im Pallewyschen Nebenhause an der goldenen Hacken und bey denen Schwibbögen vor einem Niedermünsterischen mit meinem Auge gesehen habe." Selbst angesichts des ständigen Todes scheuten sich die Pestinmänner nicht, mit den im Lazarett untergebrachten und wieder genesenden Personen „viel Hurerey" zu treiben. Von ähnlicher Ehrfurchtslosigkeit war auch ein Teil der Totengräber. Die Chronisten äußern sich mit Abscheu über sie, so auch Buzinger, der eine beschämende Szene aus dem Friedhof des Pesthauses am Unteren Wöhrd mitteilt: Als die Lazarettköchin von der Seuche dahingerafft war, warf sie der Totengräber Zacherl, ein ehemaliger Gassenkehrer, über die Achsel und trug sie in den Garten. Dort zog er sie aus und durchsuchte ihre Kleider nach Geld. Da er aber nur eine geringe Münze fand, steckte er ihr diese in das Nasenloch, warf sie in die Grube und sprach: „Da lieg, Bestie, du hast mir auch keine gute Suppe geben wollen."

Gleich den Pestinmännern standen auch die Totengräber in ständiger Ansteckungsgefahr. „Anfänglich wollte sich fast niemand dazu in der Güte gebrauchen lassen, obgleich solche Leute gute Bezahlung zu genießen hatten", schreibt der Chronist Alkofer. „Dahero mußte man dieses Mittel ergreifen und sie mit Gewalt dazu antreiben." Natürlich nützten diese Leute die allgemeine Not und Verzweiflung zu ihrem Vorteil und forderten für ihre Dienstleistung weit überhöhte Gebühren. Das war auch schon bei früheren Epidemien der Fall. Zur Abhilfe dieses Übelstandes erließ der Rat eine eigene Totengräberordnung. Diejenige des Jahres 1712 regelte nicht nur die Bestattungskosten, sondern bestimmte auch die Tiefe der Gräber. „Für eine mannmäßige Person soll das Grab zum wenigsten sechs, für mittlere wenigstens fünf, für ein junges Kind wenigstens drey Werck-Schuh tieff sein. In Pest-Zeiten aber, wo die Gräber etwas tieffer zu seyn pflegen, hat der Todten-Graber bey E. E. Allmosen-Amts sich Bescheid zu holen." Daraus geht eindeutig hervor, daß während der Epidemie die Gräber tiefer ausgehoben werden mußten als in gesunden Zeiten. Mitbestimmend mag dabei nicht nur die Angst vor einer weiteren Verseuchung der Luft mit Pestgift gewesen sein, sondern auch die Erfahrungen, die man mit der Bestattung der Pesttoten in zu geringer Tiefe bei der vorhergehenden Epidemie 1634 gemacht hatte. Damals mußte der Rat den Henker anweisen, alle streunenden Hunde zu erschlagen, weil sie die Toten aus den Gräbern zogen.

Pestleichensteine

Als Denkmal der einstigen Begräbnisstätte im Garten des Pestinhofes am Unteren Wöhrd stand an der Umfriedungsmauer ein Leichenstein. 1902 kam er in den Arkadenhof des Rathauses. Jetzt befindet er sich in der Pfarrkirche von Steinweg auf dem Dreifaltigkeitsberg, einem passend gewählten Ort, denn die Bürger von Stadtamhof und Steinweg erbauten die Kirche, um das große Sterben abzuwenden.

Das Kopfstück des Steines zeigt im Relief zwei Engel. Einer schwingt die Sense, das große Sterben anzudeuten, der andere hält einen Palmzweig als Zeichen des ewigen Friedens nach dem Tod. Den oberen Abschluß bildet ein bekrönter Totenkopf mit Flügeln. Der rechte gleicht dem einer Fledermaus und ist mit Krallen besetzt, ein Todesfittich also, mit dem die Kunst der damaligen Zeit Tod und Finsternis symbolhaft darstellte. Sein Gegenstück aber ist ein Engelsflügel, das Zeichen der Seligkeit nach diesem Leben. Der Denkstein ist den von Mitte Juli 1713 bis Mitte Februar 1714 an der Seuche im Lazarett verstorbenen Personen gewidmet. Seine Inschrift lautet:

Dieser Stein zeiget auf die hineben gesetzte Sechs Marcksteine und den jenigen Orth Wohin bey der in Mittel des Monats July Ao. 1713 durch Gottes Verhang uns um unserer schweren Sunden willen entstandenen und biss zur Helffte dess Monats February Ao. 1714 widerum durch die Hertzliche Barmhertzigkeit des Allerhochsten geendeten Contagion Diejenige an dieser Kranckheit verstorbene Personen begraben worden.

    Hier deckt die kühle Erd, bey Etlich Tausend Leichen,
    Die Gottes schwere Hand durch Pest hat hingerafft.
    Mein Leser denk daran, laß dich zur Buß erweichen,
    Wonicht, so wirst auch du wie die von Gott gestrafft.

Außer diesem Denkstein befanden sich an der Gartenmauer des Pestlazaretts noch weitere Grabsteine, die an jene Priester erinnerten, die in Erfüllung ihrer seelsorgerischen Pflichten der Pest zum Opfer fielen. Die Steine sind verschollen. In der Sammlung Resch der Hofbibliothek befinden sich jedoch Abbildungen von dreien dieser Steine, die ihre lateinischen Inschriften sowie die auf ihnen angebrachten symbolischen Darstellungen wiedergeben.

260. *Kopfstück des Denksteins für die im Garten des Lazaretts am Unteren Wöhrd begrabenen Pesttoten. Dreifaltigkeitskirche*

Die Minoriten setzten ihrem verstorbenen Mitbruder Longinus Hausner ein Grabdenkmal mit folgender Inschrift: Leser! Wanderer! Wenn Du fragst, wessen Gebeine unter diesem Hügel ruhen, so wirst Du aus dem Knochenmund derselben vernehmen: Ich bin es, welcher von göttlicher Liebe entflammt, während der Pest nur eingedenk des Heiles seines Nächsten, sich selbst gerne opfern wollte, um die anderen zu retten. Endlich von ihrem giftigen Hauche getötet, schwang sich der Geist zu den Gestirnen. Diesem Hügel hier bleiben die Gebeine. Longin Hausner von Fridberg gebürtig ist mein Name. Obgleich nur 31 Jahre alt, verlebte ich dennoch schon 11 Jahre als Religios im hiesigen Minoritenkloster. Wanderer, gehe nun, und so wie ich für Dich um künftige Ruhe bitte, so bete Du für mich um die gegenwärtige.

Der lateinische Text enthält ein Chronogramm, dessen Auflösung die Jahreszahl 1713 ergibt. Im Unterteil des Steines befand sich die Abbildung eines Kelches mit einer Hostie, das Symbol des Priesterberufes.

Dem der Pest zum Opfer gefallenen Vikar Georg Blumentrost von St. Rupert war folgende Grabschrift gewidmet:

Hier liegt der hochwürdige und gelehrte Priester, Herr Georg Blumentrost, eine Beute der Pest. Ehemals Seelenhirt zu Beratzhausen, nachmals aber hier exponierter Vikar der Emmeramer Pfarrkirche St. Rupert. Er ließ sein Leben für seine Schafe. Den 19. September, seines Alters 45 Jahre. Wünsche ihm die ewige Ruhe.

Auch hier gibt die Auflösung des Chronogramms im letzten Satz des lateinischen Textes die Jahreszahl 1713. Kelch und Meßbuch bildeten den figürlichen Schmuck.

Ein drittes Grabmal war dem Pestseelsorger Anton Helmberger, einem Angehörigen des Augustinerklosters mit folgender Inschrift errichtet worden:

Obgleich der von der Pest dahingeraffte Pater Anton Helmberger des hiesigen Augustinerklosters nur 33 Lebensjahre zählte, so füllten die 11 Jahre als Religios dennoch einen großen Zeitraum aus. Er starb nicht an der Seuche, er starb vielmehr an der brennenden Liebe für Gott und für das Heil seiner Mitmenschen als Seelenarzt dieses Pestinhofes. Bete für dessen ewige Ruhe!

Wiederum gibt das Chronogramm in der letzten Textzeile das Jahr 1713 an. Als schmückendes Relief trug dieser Stein den Kelch mit Hostie auf einem Herzen mit gekreuzten Pfeilen. Kelch und Hostie versinnbildlichen den Priesterberuf, das Herz deutet auf die im Text genannte Liebe. Die Pfeile symbolisieren die Giftpfeile der Pest.

Von den evangelischen Geistlichen starben an der Pest: Johann Gottlieb Thill, Rupert Gottlieb Paur und Johann Christoph Caspar.

Der Dreifaltigkeitsaltar in St. Emmeram — ein Pestgelöbnis

Der Schwarze Tod machte auch vor den Pforten des Klosters St. Emmeram nicht halt. Ein großer Teil der Klosterbediensteten fiel der heimtückischen Krankheit zum Opfer. Da alle ärztliche Hilfe vergeblich schien und es weder Trost noch Rettung gab, gelobten die Mönche des Klosters mit ihrem Abt Johannes Hemm an der Spitze, einen Altar zu Ehren der Heiligsten Dreifaltigkeit zu errichten, um dem fürchterlichen Sterben Einhalt zu gebieten. Auch sollten alljährlich am Dreifaltigkeitstag drei arme Männer im Kloster bewirtet und mit drei Gulden beschenkt werden.

Im nördlichen Seitenschiff der Kirche errichtete man einen großen Altar, der feierlich dem dreieinigen Gott geweiht wurde. Gewundene Säulen aus blauem Stuckmarmor flankieren das wertvolle Altarblatt, das der Stadtamhofer Bürgermeister und Maler Bernhard Apprill für 1300 Gulden schuf. Den Blickpunkt des Bildes nimmt die Heilige Dreifaltigkeit ein. Gott Vater hält segnend seine Hand über die Welt, Christus weist auf seine Seitenwunde und darüber schwebt der Heilige Geist in Gestalt der Taube. Ein apokalyptischer Engel, der in der rechten Hand eine Geißel schwingt und in der linken einen Totenkopf hält, versinnbildlicht das große Sterben. Der Künstler gestaltete die Erde gleich einem Spiegel, der die schaurigen Geschehnisse des Jahres 1713 wiedergibt. Im Dunkel der Malerei erkennt man einen Totenkarren, neben dem ein Flötenspieler schreitet. Diese der Sage entlehnte Figur darf wohl als Analogie verstanden werden. Wie dem Flötenspieler zu Hameln die Mäuse nachliefen und sterben mußten, so folgen hier dem flötenspielenden Tod die Menschen. Pestinmänner sind damit beschäftigt, Leichen in einer Grube zu bestatten. Einem Sterbenden werden die Sakramente gereicht. Im unteren Teil des Bildes halten zwei bekränzte Putten eine Schriftfahne, auf der in goldenen Buchstaben zu lesen ist: „DeUs In faMe In Contag — Ione beLLoqUe protegit. Trost, hülff und schutz ist unser Gott, Im Hunger, pest, Krieg und dem Todt". Interessant ist der lateinische Text, denn er stellt ein sogenanntes Chronogramm, eine Inschrift mit Zeitangabe dar. Betrachtet man nämlich die darin vorkommenden Großbuchstaben als römische Zahlen und zählt sie zusammen, so ergibt sich die Zahl 1713, das Jahr des großen Unheils.

DIE AUSSÄTZIGEN UND IHRE HEIMSTÄTTEN

Die Geschichte des mittelalterlichen Seuchenwesens beschwört eines der dunkelsten Kapitel menschlichen Daseins. Waren Typhus, Cholera und Beulenpest schon fürchterliche Geißeln, so bedeutete der Aussatz, auch Lepra genannt, das Ende aller Hoffnungen. Diese gefürchtete und ekelerregende Volkskrankheit herrschte im Alterstum in Asien und Afrika. Ihre starke Ausbreitung während des Mittelalters auch in Europa mag auf die Kreuzzüge zurückzuführen sein, die sie aus dem Orient einschleppten. Früh schon erkannte man die Ansteckungsfähigkeit des Aussatzes und war daher bestrebt, die Befallenen aus der Gemeinschaft der Gesunden abzusondern, woraus sich der Name „Sondersieche" erklärt. Die Städte errichteten vor ihren Toren Aussätzigenspitäler, Leprosenheime, die meist den Heiligen Georg oder Nikolaus geweiht, oft aber auch nach Lazarus, dem kranken Bettler aus der Parabel Jesu benannt waren.

Aussätzige kannte auch das mittelalterliche Regensburg. Hier muß ihre Zahl besonders groß gewesen sein, da die Stadt gleich zwei Anstalten für Sondersieche besaß. Ein Aussätzigenspital lag an der Ausfallstraße nach Straubing, der späteren Adolf-Schmetzer-Straße. Die Überlieferung läßt es im 10. Jahrhundert entstehen und nennt als Gründerin die Herzogin Judith, die Gemahlin Herzog Heinrich I. von Baiern, der auch das Stift Niedermünster seinen Ursprung verdankt. Diese Überlieferung darf als historische Tatsache gewertet werden. Das namenlose Elend der Kranken mag die fromme Frau zutiefst bewegt und zu innigem Mitleiden gezwungen haben. Das Stift gehörte bis zur Säkularisation zu Niedermünster, dessen jeweilige Äbtissin auch die Pfründen zu vergeben hatte.

Das Aussätzigenspital bestand aus dem Wohnhaus der Kranken, einigen Wirtschaftsgebäuden und der dem hl. Nikolaus geweihten Kapelle mit dem Friedhof. Um die Anlage zog sich eine Mauer. Seit der Barockzeit stand vor der Kapelle die Kolossalplastik der Stifterin Judith. So unwahrscheinlich es klingen mag: Das Leprosenheim, nach dem Patron der Kapelle im Volksmund St. Nikolas, auch St. Nikola genannt, hat sich im Kern seiner Anlagen bis heute erhalten. Gegenüber dem Schlachthof (Adolf-Schmetzer-Straße 44, J 57) fällt ein Kuppelbau mit hohen Rundbogenfenstern und abschließender Laterne auf: die profanierte Siechenkapelle St. Nikolaus. Mit fünf Seiten des Achtecks tritt sie aus dem nach Süden anschließenden, leicht gekrümmten Schmalbau hervor, in dem die Aussätzigen einst Wohnung und Pflege fanden.

Die Stiftung verfügte über mehrere Liegenschaften. Neben einem Gut zu Teugn gehörte ihr auch eine Insel unterhalb des Bruderwöhrds, der „Siechenwöhrd" genannt. Die dort von der

261. Das ehem. Leprosenhaus St. Nikolaus. Deckfarbenaquarell, frühes 19. Jahrhundert. Museum

Donau getriebene Mühle hieß die „Siechenmühl". Das große Hochwasser des Jahres 1295 riß die Mühle fort, so daß sie neu gebaut werden mußte. 1306 verkaufte der bischöfliche Ministeriale Heinrich von Au dem Leprosenheim 16 Tagwerk Wiesengrund. Aus dem Jahre 1454 meldet die Chronik von einem Bau der Kapelle St. Nikolaus, wozu auch die Stadt Beisteuer leistete. Die Nachricht kann sich jedoch nur auf eine Veränderung oder Erweiterung der bereits bestandenen Kapelle beziehen. Kardinal Petrus von Augsburg gewährte der Siechenkapelle 1462 einen Ablaß von hundert Tagen.

Allgemeine Unreinlichkeit und mangelnde Körperpflege waren die Wegbereiter dieser Krankheit, die ihren Höhepunkt im 13. Jahrhundert erreichte. Von den verschiedenen Formen des Aussatzes war jene die häufigste, die den Körper mit Geschwüren bedeckte, die eine übelriechende, dicke Flüssigkeit absonderten. Schließlich ergriff die Krankheit ganze Teile des Gesichtes und zerstörte sie, wodurch die Unglücklichen in schreckenerregender Weise entstellt wurden. Ihr Siechtum dauerte zwischen zehn und zwanzig Jahren. Gingen die Befallenen auf offener Straße, so hatten sie die sogenannte Lazarusklapper mit sich zu führen, um den Gesunden ihre Annäherung warnend anzukündigen. Ein langer Stock diente zum Berühren der Gegenstände, die sie begehrten.

In ihrem Heim hatten sich die Kranken einer strengen Hausordnung zu fügen. Diese scheint jedoch zu Beginn des 14. Jahrhunderts etwas ins Wanken geraten zu sein, so daß die Äbtissin Offemia von Niedermünster und der Pfarrer Eberhard 1326 die Ordnung neu ergehen ließen, „die vor langer Zeit verloren gegangen". Darin wird geboten (nach Janner): „Jeder Sieche soll keusch leben, widrigenfalls er, sobald seine Untat durch zweier Siechen Mund gewährt ist, seine Pfründe verliert. — Nach dem Tod eines Siechen darf sich der älteste Pfründner die beste Statt im Hause auswählen. — Die Siechen seien wohlgezogen in Wort und Werk, frei von Trunkenheit. — Die Siechen dürfen keine Possenlieder oder Mähren singen oder machen, nicht tanzen oder reihen in dem Siechenhaus. Auch dürfen sie nie ohne Gefährten ausgehen oder gar über Nacht ausbleiben ohne Urlaub. — Die Siechen sollen Gewand von einerlei Farbe und keine verbrämten Hüte tragen, mit keiner gesunden oder kranken Frau sprechen; sie dürfen auch ihr Gut nicht außer dem Haus verkaufen, sondern zwei Teile ihrer Habe verbleiben der Anstalt. — Es soll keiner am Tag mehr essen denn zweimal, außer er ist krank. — Siebenmal hat er im Jahr die heiligen Sakramente zu empfangen."

Mit dem Rückgang des Aussatzes im ausgehenden Mittelalter dürften auch die Siechen in St. Nikolaus weniger geworden sein. Nach 1500 kann die Krankheit im allgemeinen als erloschen gelten, doch befanden sich noch 1570 Pfründnerinnen in St. Nikolaus. Über das weitere Schicksal des Stiftes ist wenig bekannt. Im 18. Jahrhundert diente es als Erholungsaufenthalt der Stiftsdamen von Niedermünster. Schuegraf weiß zu berichten, daß sich in späterer Zeit dort eine Schankwirtschaft befand, „wohin die Bewohner der Stadt gerne prominierten und sich bei Bier, Kaffee und kalten Speisen gütlich taten". Mit der Säkularisation des Stiftes Niedermünster 1803 fiel auch St. Nikolaus in Privathände. Nach 1808 kam der Besitz an den Bierbrauer Johann Christoph Lehr, der das Standbild der Herzogin Judith zertrümmerte und die Stücke im Garten vergrub. 1854 erwarb Bischof Valentin von Riedl (1842—1857) das ehemalige Leprosenhaus für das Priesterseminar. Nach mehrfachem Besitzerwechsel kam es an die Firma Schöpf, die hier eine Maschinenfabrik einrichtete. Bei den Umbauarbeiten stieß man auf zahlreiche Gebeine der vor Jahrhunderten bestatteten Aussätzigen. Nachdem Lehr vor dem Ostentor eine Gaststätte „Neu-St.-Niklas" (s. d.) gegründet hatte, wurde für das ehemalige Leprosenheim der Name „Alt-St.-Niklas" gebräuchlich.

Ein zweites Spital für Aussätzige lag an der Prüfeninger Straße, auf einem Teil des heutigen Stadtparkgeländes. Heinrich Zandt, Angehöriger einer einflußreichen und wohltätigen Regensburger Familie, bestimmte in seinem Vermächtnis vom Jahre 1296, daß auf seinem Grund und Boden, draußen im Westen vor der Stadt, den Siechen eine Heimstätte samt Kirchlein und Friedhof gestiftet werden solle. Sein Bruder, Konrad Zandt, führte diese Anordnung aus. 1299 weihte Bischof Konrad V. (1296—1313) das Kirchlein auf den Namen Lazarus. St. Lazarus gilt als Patron der Kranken und Siechen.

Eine Federzeichnung im Besitz des Museums, um 1630 entstanden, schildert recht anschaulich die Örtlichkeit, in der größtes Leid und tiefste menschliche Not zu Hause waren. Die kleine Siedlung bestand aus dem Kirchlein, einem Wohnbau für den Geistlichen, dem Spital und einem Wirtschaftsgebäude. Der kleine Friedhof und die zahlreichen Sterbefälle gestatteten nur eine kurze Umlaufzeit der Gräber. Bei Neubelegung der Grabstellen wurden deshalb die Gebeine erhoben und im Ossarium, im Beinhaus, aufbewahrt. In Zeiten der Pest wuchs die Zahl der Kranken bei St. Lazarus gewaltig an; denn nach dem allmählichen Erlöschen des Aussatzes fanden auch pestinfizierte Personen dort Aufnahme und Pflege. Eine bauliche Vergrößerung erfuhr St. Lazarus 1613. Der Rat ließ damals im Friedhof ein eigenes Gebäude für Pestkranke errichten. Der Dreißigjährige Krieg bereitete dem Siechenheim St. Lazarus ein Ende. Kirchlein und Lazarett fielen 1633 der Verwüstung anheim. St. Lazarus schwand allmählich aus der Erinnerung der Regensburger. Erst 200 Jahre später, 1828, erinnerte man sich wieder des alten Spitals. Einige aus dem Boden ragende Mauerreste gaben Veranlassung nachzugraben. Dabei konnte die Grundmauer des Kirchleins freigelegt und damit seine Form genau bestimmt werden. Im Kirchenpflaster kamen mehrere Grabsteine zum Vorschein, darunter auch der eines Albertus Zandt von 1359, dessen Vorfahren Kirche und Spital gestiftet hatten. Diese Grabplatte ist heute ebenso verschollen wie die gleichzeitig aufgefundene Steintafel, deren lateinische Inschrift Kunde von der Gründung des Spitales gab.

Elend und Verzweiflung mögen einst hinter den Mauern von St. Nikolaus und St. Lazarus geherrscht haben. „Hier ziemt es sich, daß alle Hoffnung sterbe." An diesen Ausspruch Dantes möchte man gemahnt werden, wenn man sich das Schicksal dieser Ausgeschlossenen vergegenwärtigt. Waren sie auch vom Leben der Stadt abgesondert, vergessen waren sie nicht. Immer wieder haben Fürsten und Bürger in erbarmender Liebe den Kranken wohltätige Zuwendungen gemacht. Herzog Friedrich der Schöne bedachte die armen Aussätzigen von St. Nikolaus in seinem Testament mit 10 Schock böhmischer Pfennige und ein Adeliger namens Dietrich von Zollern verfügte 1368, von seinem Vermögen den Dürftigen von St. Lazarus alle Jahre ein warmes Bad zu bereiten. Neben einer streng religiösen Lebensführung mag es in erster Linie das gemeinsame Schicksal aller Sondersiechen gewesen sein, in dem die Unglücklichen Trost und Mut zum Weiterleben fanden.

ÄRZTE UND CHIRURGEN

Für die Gesundheit der Regensburger sorgten drei Berufsgruppen: Den Badern und Barbieren oblag die Reinhaltung des Körpers sowie die Pflege des Haupt- und Barthaares. Auch das „Schröpfen", eine harmlose Form des Aderlasses, gehörte zu ihrem Aufgabenkreis. Die Ärzte, die „Herren Medici", mußten ein Hochschulstudium nachweisen und waren im ärztlichen Kollegium zusammengeschlossen. Sie behandelten die inneren Krankheiten. Bei Knochenbrüchen, Beulen, Geschwülsten, Kröpfen, Warzen, Schuß-, Hieb- und Stichwunden wandte man sich an die Wundärzte oder Chirurgen, die rangmäßig unter den Mitgliedern des Ärztekollegiums standen. Ihre Kunst wurde handwerksmäßig erlernt. Deshalb waren sie auch in einer Zunft zusammengeschlossen.

In Regensburg wird das Auftreten von Ärzten gemäß dem Alter der Stadt und ihrer Bedeutung schon früh erwähnt. Bereits aus römischer Zeit besitzen wir Kunde von dem Militärarzt Ulpius Lucilianus. Das Museum verwahrt das Teilstück eines römischen Grabsteines, der 1856 im Haus Fuchsengang 2 (G 157) gefunden wurde. Die sinngemäße Übersetzung seiner Inschrift lautet: Sei mir gegrüßt, mein Lucilianus! Dem Ulpius Lucilianus, dem ordentlichen Arzt, hat den Stein gesetzt... 1326 wirkte hier der Arzt Meister Konrad von Ascania, 1351 ein Meister Heinrich der Wundarzt. Er wohnte bei einem Bäckerhaus im Westen der Stadt „bei der Hüll", vielleicht am Arnulfsplatz, wo der Vitusbach einen Teich, eine Hülle oder Hülling bildete. 1360 wird ein Matthias der Wundenschauer genannt und 1383 sogar eine Ärztin namens Elsbeth. Doch dürfte im allgemeinen die Zahl der weiblichen Ärzte sehr beschränkt gewesen sein, da Frauen auch in späterer Zeit noch der Besuch von Vorlesungen an den Universitäten nicht gestattet war. Der berühmteste Arzt seiner Zeit war nach Schuegraf der 1426 verstorbene Domherr Johann von Weytra (Weutra), der in zeitgenössischen Quellen als „der hochgelarte Herr Maister Hanns" erscheint. Sein Grabstein mit Umrißbildnis und Wappenbild, einer Hand, die ein aufgeschlagenes Buch hält, befindet sich im südlichen Seitenschiff des Domes. Noch einmal begegnet uns das Wappen dieses geistlichen Arztes an einem Schlußstein im Ostflügel des Domkreuzganges.

Von einem berufsständischen Zusammenschluß der Regensburger Ärzte meldet die Chronik erstmals aus dem Jahr 1626. Eigenartigerweise ging die Anregung dazu nicht von den Ärzten selbst aus, sondern vom Rat der Stadt, der mit Datum vom 15. Juni 1626 beschloß, ein Collegium medicum zu errichten. Die Unsicherheit der Zeitumstände, die Wirren des Dreißigjährigen Krieges und die schlechten Jahre danach scheinen die Ausführung dieses Beschlusses verhindert zu haben, denn erst sechzig Jahre später, 1687, wird durch einen neuen Erlaß des Rates, dem Beispiel anderer Reichsstädte folgend, in Regensburg ein ärztliches Kollegium nun tatsächlich ins Leben gerufen. Anlaß für diese Gründung mögen zunächst Bestrebungen gewesen sein, gewisse Streitigkeiten der Ärzte untereinander zu schlichten. Vor allem aber wollte man durch den Zu-

262. Siegel des Regensburger Ärztekollegiums, 1687. Stadtarchiv

263. Porträt eines Regensburger Wundarztes vom Deckel der Zunfttruhe der Barbiere und Chirurgen, 1666. Museum

sammenschluß berufsfremde Elemente von der Ausübung einer Heilpraxis ausschließen und die Berufspflichten der Ärzte nach Möglichkeit überwachen. Die Mitglieder konnten in dem Kollegium aber auch ihre Standesinteressen vertreten sowie berufspraktische Erfahrungen und wissenschaftliche Erkenntnisse austauschen. Der Beitritt zum Kollegium war freiwillig, die Zusammenkünfte erfolgten allmonatlich.

Das Museum verwahrt ein Siegel des Regensburger Ärztekollegiums vom Jahre 1687. Es zeigt im Reliefbild eine sitzende allegorische Figur in römischer Tracht. Als Sinnbild der Heilkunst hält sie den Äskulapstab in der rechten Hand, in der linken das Buch des Hippokrates. Ein Medaillon links oben stellt zwei Schlangen vor, das Attribut des heilkundigen Äskulap, die sich zu einem Kreis formieren. Kreis und Kreisschließung erscheinen im germanischen wie im kirchlichen Brauch vielfach als Symbol des Schutzes, auch gegen die Krankheit. Die Umschrift des Siegels lautet: SIG. COLLEG. MED. RATISB. PRI.

Als besondere Gruppe der Ärzte sind die „Physici" zu nennen. In Regensburg waren sie beamtete, festbesoldete Stadtärzte. Ihnen oblag die Kontrolle des gesamten Heilpersonals der Stadt, der Wundärzte, der Apotheker, der Bader und Hebammen. Außerdem hatten sie die Kranken in den städtischen Spitälern und im Bruderhaus zu behandeln. Diese Stadtärzte veranstalteten in Regensburg des 18. Jahrhunderts für die Wundärzte praktischen Anatomieunterricht (s. Anatomieturm). Allerdings interessierte sich nur eine kleine Gruppe für diese Fortbildung. „Herr Dr. Elsperger beschäftigte sich seit 1786 mit dem Unterricht einer kleinen Anzahl Wundärzte" schreibt Dr. Kohlhaas „und ich mit einer anderen seit 1778, denn die übrigen mögen nichts lernen".

Das Regensburger Museum verwahrt die Zunfttruhe der Chirurgen und Bader. An die Innenseite des Deckels sind die Bildnisse der zwei Obermeister gemalt. Der Wundarzt, in der Tracht aus der Mitte des 17. Jahrhunderts, hält als Zeichen seines Standes ein chirurgisches Instrument in der Hand. Weitere Instrumentenkästchen liegen vor ihm auf dem Tisch. In der Truhe liegt die auf Pergament geschriebene Zunftordnung.

Zu den ortsansässigen Ärzten, Chirurgen und Badern trat die große Schar der fahrenden Heilkünstler, die bis ins 18. Jahrhundert die Lande durchzogen. Sicher waren die meisten von ihnen Pfuscher und Scharlatane. Da gab es die Starstecher und Oculisten, die den grauen Star auf operativem Wege zu heilen suchten, die Zahnbrecher und Bruchschneider, die meist auf Jahrmärkten ihre Kunst mit großer Lautstärke anpriesen. Mit Bildern und einem Haufen ausgebrochener Zähne suchten sie das Publikum von ihren Heilerfolgen zu überzeugen und Kranke für eine Be-

575

handlung zu gewinnen. Unter den landfahrenden Heilkünstlern gab es aber auch besonders geschulte, gesuchte und hoch honorierte Schneidärzte, die sich auch an komplizierte Operationen wagten und diese nicht selten mit Erfolg vollzogen.

Unter den Regensburger Ärzten vergangener Zeiten waren hochgebildete Persönlichkeiten, die ihre Berufskollegen an Fachwissen und Bildungseifer weit überragten. Aus der langen Reihe der Namen seien hier nur zwei besonders hervorgehoben: Dr. Johann Jakob Kohlhaas und Dr. Jakob Christian Gottlieb Schäffer.

Kohlhaas wurde 1747 in Markgröningen in Württemberg geboren, wo bereits der Vater und Großvater als Wundärzte gewirkt hatten. Vierzehnjährig trat er in die Apotheke seiner Vaterstadt ein und eignete sich dort in einer vierjährigen Lehrzeit ein festes pharmazeutisches Wissen an. Nach Jahren der Wanderschaft und bestandenem Examen kam Kohlhaas 1770 erstmals nach Regensburg. Bei einem Reichstagsgesandten fand er eine Stelle als Hofmeister. Vier Jahre später erwarb er in Tübingen die Würde eines Doktors der Medizin. Der junge Arzt bemühte sich nun um das Regensburger Bürgerrecht und um die Erlaubnis, in der Reichsstadt eine ärztliche Praxis ausüben zu dürfen. Umständliche Formalitäten, Bitten und Gesuche waren nötig, sich im Regensburg des Rokoko als Arzt niederlassen zu können. Zunächst hatte sich der angehende praktische Arzt in rotem Mantel beim Stadtkämmerer vorzustellen und ihm eine Bittschrift zu überreichen, in der er um Erlangung des Bürgerrechts und um die Erlaubnis der Praxiseröffnung nachsuchte. Dem Gesuch mußte er das Original seines Doktordiploms sowie mehrere Exemplare seiner Doktorarbeit beilegen. Die Existenz seiner Person hatte er durch Beifügung der Taufurkunde zu bescheinigen. Mit dem Degen angetan machte er hierauf den Ratsherren seine Aufwartung, überreichte jedem einen Abdruck seiner Dissertationsarbeit und des Diploms und bat um Befürwortung seines Gesuches. Am Beratungstag mußte er abermals in Mantel und Degen vor den Herren des Rates erscheinen, die ihm dann den Zeitpunkt mitteilten, an dem er ihren Beschluß erfahren könne.

Nach Erteilung des Bürgerrechts und der Genehmigung zur Eröffnung einer Praxis oblagen dem jungen Arzt die unumgänglichen Danksagungsbesuche. Auch mußte er sich in einem wissenschaftlichen Gespräch mit seinen Kollegen bewähren. Für all diese Formalitäten hatte er mehr als dreißig Goldgulden zu entrichten.

Der rührige und vielseitig interessierte Arzt Kohlhaas trat durch zahlreiche fachliterarische Arbeiten hervor und war Mitglied mehrerer gelehrter Gesellschaften. Sein umfangreiches Buch „Nachricht von den Medizinalanstalten zu Regenspurg" ist für die Medizingeschichte unserer Stadt von großer Bedeutung. Neben seiner ärztlichen Praxis betreute Kohlhaas als Garnisonsmedikus die kranken Regensburger Stadtsoldaten. Bald rückte er zum zweiten und 1795 zum ersten Stadtphysikus auf. In dieser Stellung oblag ihm auch die Behandlung der Pfründner des Katharinenspitals. Er nahm aktiv Stellung zu den hygienischen und sozialen Problemen der Stadt, beteiligte sich an der Ausbildung der Wundärzte und war ein beredter Streiter für das Ansehen seines Standes. Kohlhaas starb am 19. Juli 1811 und fand auf dem Petersfriedhof (s. d.) beim späteren Hauptbahnhof seine Ruhestätte.

Jakob Christian Gottlieb Schäffer gehört einer aus Sachsen stammenden Familie von Ärzten und Naturforschern an, die sich seit 1738 in Regensburg nachweisen läßt. Er wurde 1752 als Sohn des fürstbischöflichen Hofrats und Stadtphysikus Dr. Johann Gottlieb Schäffer in Regensburg geboren. Er besuchte das evangelische Gymnasium seiner Vaterstadt und studierte anschließend an den Universitäten Altdorf und Straßburg Medizin. 1774 promovierte er mit der Arbeit „De Magnesia" zum Dr. med. Dann kehrte er nach Regensburg zurück und eröffnete eine ärztliche Praxis. Seine hervorragenden medizinischen Kenntnisse und seine echte Berufung zum Arzt verschafften ihm einen glänzenden Ruf. 1782 ernannte ihn Fürst Karl Anselm von Thurn und Taxis zu seinem Hofmedikus und schließlich zu seinem Leibarzt. In dieser Stellung verblieb er auch bei dem nachfolgenden Fürsten Karl Alexander. Schäffer war von ungewöhnlichem wissenschaftlichen Eifer und Streben erfüllt. Er ist der Verfasser zahlreicher medizinischer Schriften, unter denen sein Werk „Versuch einer medizinischen Ortsbeschreibung der Stadt Regensburg" für uns von besonderem Interesse ist. Es erschien 1787 in Regensburg und bildet eine der bedeutendsten Quellen zur Medizingeschichte der Stadt. Schäffer beschäftigt sich darin mit der Lage, den Bodenverhältnissen und dem Klima Regensburgs, aber auch mit der Mentalität der Bewohner: „Die Regensburger haben sehr viel vom bayerischen National-Charakter: ehrlich, aufrichtig, ohne Komplimente, und kommt es zum Wortwechsel oder gar zum Handgemenge — nachdrücklich grob", schreibt Schäffer. Dem Arbeitseifer der Regensburger stellt er ein wenig gutes Zeugnis aus: „Zu anhaltende Arbeit und Anstrengung der Kräfte liebt der Regensburger so wenig als sein naher Nachbar, der redliche Bayer." Dieses harte Urteil findet aber eine Abmilde-

264. Der Arzt Dr. Jakob Christian Gottlieb Schäffer. Bleistiftzeichnung, Vorlage zu einem Stich, um 1790. Hofbibliothek

rung in dem Nachsatz: „Was er aber tut, greift er mit Muth an und die Arbeit geht ihm von der Hand..." Den Hauptteil des Werkes nimmt eine Beschreibung der in den Jahren 1784 bis 1786 aufgetretenen Krankheiten und ihre Behandlung ein. Im Anhang bringt er ein „Nahmens-Verzeichnis der Pflanzen, welche in unserer Gegend wachsen". Damit schuf Schäffer die erste im Druck erschienene Flora Regensburgs. Anschließend folgt ein Verzeichnis der Mineralien und Versteinerungen, die in der Umgebung der Stadt gefunden werden.

Schäffer war Ehrenmitglied der Regensburger Botanischen Gesellschaft. Die Verleihung des Civilverdienstordens der bayerischen Krone 1813 erhob ihn in den Adelsstand. Er starb am 3. April 1826 und wurde auf dem evangelischen Lazarusfriedhof an der Prüfeninger Straße bestattet.

ADERLASS

Das Öffnen einer Vene zur Blutentnahme kennt die Medizingeschichte fast aller Völker. Seit der Antike stand der Aderlaß in ausgedehntem Gebrauch. Der griechische Arzt Hippokrates, der „Vater der Heilkunde", empfiehlt ihn als eine der wichtigsten Maßnahmen zur Bekämpfung akuter Krankheiten. Bis in das 18. Jahrhundert hinein sah die Medizin geradezu ein Allheilmittel im Aderlaß. Man vermutete die Krankheitsgifte im Blutkreislauf und die Abnahme einer gewissen Blutmenge sollte „zu Erleuterung und Minderung des Geblüts" verhelfen. Namentlich zu Zeiten der Pest oder anderen Seuchen kam dem Aderlaß große Bedeutung zu. Auch die Regensburger Ärzte vergangener Jahrhunderte bedienten sich ausgiebig dieser Prozedur. Das Blut fing man in kunstvoll gearbeiteten Messingschüsseln auf, von denen das Regensburger Museum eine Reihe besitzt. Diese Schalen mögen daneben auch den Badern als Rasierschüsseln gedient haben. Ein für die Geschichte der Medizin in Regensburg höchst interessanter Einblattdruck erschien 1555 bei Hans Kohl. Den dazugehörigen Holzschnitt fertigte Michael Ostendorfer. Das Blatt ist auch für die Druckgeschichte unserer Stadt bedeutsam. An einer männlichen Gestalt mit ausgestreckten Armen sind die Aderlaßpunkte bezeichnet.

Eine harmlose Art der Blutentnahme war das Schröpfen, das vielfach auch in den Badestuben vorgenommen wurde. Dabei wurde die Haut mit dem Schröpfeisen geritzt und dann ein Schröpfkopf in Form einer kleinen Metall- oder Hornglocke aufgesetzt, der das Blut heraussaugte. Dieses „Köpfelsetzen" empfiehlt der Regensburger Druck für Kinder unter zwei Jahren, für alte Leute über siebzig und für schwangere Frauen. Wie jeder ärztliche Eingriff, so stand auch der Aderlaß unter dem Aberglauben des Volkes, namentlich der Astrologie. Karfreitag,

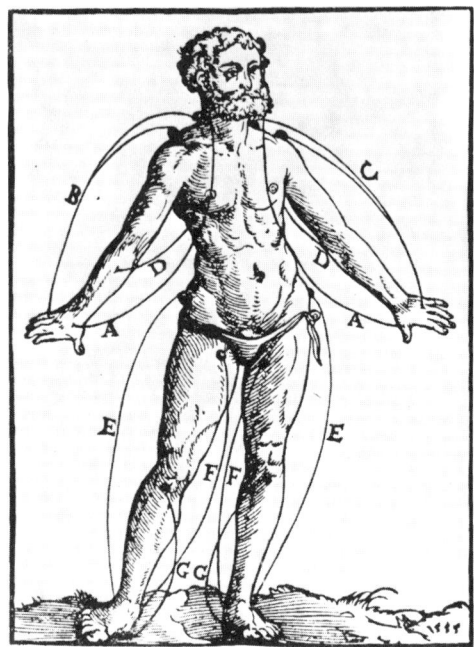 

265. *Anleitung zum Aderlaß. Gedruckt 1555 bei Hans Kohl in Regensburg. Holzschnitt von Michael Ostendorfer. Museum*

266. *Anatomieturm. Aquarell von J. Ostermayr, um 1830. Museum*

St. Bartholomä und Martini galten für den Aderlaß als bevorzugte Zeiten. In den Kalendern der damaligen Zeit finden sich gelegentlich sogenannte Aderlaßmännchen abgebildet. Sie tragen an verschiedenen Körperteilen Sternbilder und gaben damit Anweisung zu welchen Zeiten die jeweiligen Adern geöffnet werden sollten.

DER ANATOMIETURM

Die Sektion einer menschlichen Leiche galt bis in die Neuzeit als außergewöhnliches Ereignis. Der Aberglaube des Volkes und der Widerstand der Kirche hemmten das ganze Mittelalter hindurch die Entwicklung der wissenschaftlichen Anatomie. Noch gegen Ende des 18. Jahrhunderts klagt der Regensburger Arzt Dr. Kohlhaas über jene Leute, deren Anschauung es sei, daß durch eine Sektion „dem Todten doch nicht mehr geholfen werde, daß man ihn nur schinde". Trotzdem übten auch die Regensburger Ärzte praktische Anatomie. Diese Untersuchungen fanden in dem „theatrum anatomicum", dem anatomischen Theater, statt, wie man die amphietheatralisch gebauten Säle für anatomiesche Vorträge zur damaligen Zeit nannte. Auch Regensburg besaß einen, wenn auch weniger komfortabel ausgestatteten, Anatomieraum. Der Chronist Gumpelzhaimer berichtet dazu aus dem Jahre 1739: „Der Turm bei der Pulvermühl wurde zum theatrum anatomicum bestimmt und baulich hergestellt." Im Zeitalter des Rokoko hatte die Stadtbefestigung ihre militärische Bedeutung zum großen Teil schon verloren, weshalb der Mauerturm den Regensburger Ärzten für anatomische Untersuchungen eingeräumt werden konnte. Vielleicht mag auch die unmittelbare Nähe der Donau zur Aufnahme der anfallenden Sekrete bei der Wahl des Turmes als Anatomieraum mitbestimmend gewesen sein. 1743 gestattete der Rat, die Leichen von zwei enthaupteten Verbrechern der Anatomie zu überlassen. Das Skelett des einen wurde der Rathausbibliothek geschenkt. Der medizinisch und naturwissenschaftlich mehrfach hervorgetretene Regensburger Arzt Ludwig Michael Dietrichs leitete am 12. Dezember 1743 eine Sektion in der „Anatomie" zu Regensburg.

Der Stadtplan von 1808 bezeichnet den Turm mit der Ziffer XVI; der Adreßkalender des gleichen Jahres nennt ihn noch „Anatomieturm". Später diente er der Aufbewahrung von Schießpulver, weshalb ihn der Adreßkalender 1812 als „ehemaligen Anatomie- jetzt Militär-Pulverturm" bezeichnet. Ein Aquarell Ostermayrs im Museum aus der Zeit um 1830 zeigt den Turm in seiner damaligen Gestalt. Arbeiter sind damit beschäftigt, Pulversäcke darin zu verstauen. Der Turm hat sich erhalten. Er steht an der nordwestlichen Ecke des Gartens der Königlichen Villa. Die Neugotik hat ihn mit einem Balkon und einem Zinnenkranz versehen.

SEKTION DER LEICHE KAISER MAXIMILIANS

Kaiser Maximilian II. (1564—1576), ein menschenfreundlicher und friedliebender Regent, weilte gerne in Regensburg. Nichts lag Maximilian so sehr am Herzen wie die Beilegung der unheilvollen konfessionellen Streitigkeiten. Nach außen hin bekannte sich der Kaiser zwar zur katholischen Kirche, war aber innerlich dem Protestantismus sehr zugetan. Für das Jahr 1576 schrieb er einen Reichstag in Regensburg aus. Der Kaiser bewohnte mit seinem Gefolge die Räume des Bischofshofes.

Seit Jahren schon litt Maximilian an kolikartigen Schmerzanfällen, die oft von heftigem Erbrechen und Abgängen großer Steine begleitet waren. Während des Reichstages verschlechterte sich sein Zustand bedenklich. Maximilian fühlte sein Ende nahen. Als er alle Anzeichen des bevorstehenden Todes erkennen ließ, gewährte man dem Bischof von Neustadt Zutritt in das Gemach. Da ihn der Bischof mit „Majestät" anredete, sagte Maximilian: „Laß die Majestät nur, es ist mit meiner Majestät schon aus." An seinem Namenstag, dem 12. Oktober, starb der Kaiser. Am darauffolgenden Tag „ist Ihre Majestät Körper aufgetan und mit Fleiß besichtigt worden", berichtet das von D. Fabricius unterzeichnete und von dem Regensburger Stadtsyndikus, Notar Linda, beglaubigte Sektionsprotokoll, ein für die Geschichte der Medizin bedeutsames Dokument. Es befindet sich in der Manuskriptsammlung des Historischen Vereins. „Es ist an Ihrer Majestät Leib nicht ein Pfund rechtes und gediegenes Fleisch gewesen", heißt es da. Die rechte Lunge, die dem Kaiser viele Schmerzen bereitet hatte, schwamm in einem zähen, gelben Schleim. Die Leber war „stainig" und voll von Sand. An der Oberfläche zeigte sie mit Eiter gefüllte Blattern von der Größe eines Pfennigs. Mageneingang und Magenausgang „haben eine Gestalt gehabt als wenn sie angefangen hätten zu faulen". Die linke Niere war voll von Sand und Steinen.

Die Leiche Maximilians wurde in schwarzen Samt gekleidet und im Bischofshof drei Tage lang öffentlich zur Schau gestellt. Das Haupt ruhte auf einem Kissen aus rotem Samt und war mit einer schwarzen Mütze bedeckt. Die Hände verhüllte ein Tuch aus weißer Seide. Die Eingeweide des Kaisers kamen in einen vergoldeten Kupferkessel. Ihre Beisetzung erfolgte an der Evangelienseite des Hochaltares im Dom. Ein Denkstein mit der Kaiserkrone, dem Monogramm Maximilians und der Jahreszahl 1576 bezeichnet heute noch diese Stelle. Eine goldene Büchse nahm das Herz des Kaisers auf. Es wurde samt dem kostbaren Gefäß wieder in den Leib zurückgegeben.

Am 6. November fand die großangelegte Totenfeier statt. Vom Bischofshof aus ging eine feierliche Prozession in den Dom. Für die Leiche waren vierundzwanzig Träger bestimmt, da sie wegen der Schwere des Zinnsarges ständig wechseln mußten. Dem Sarg folgte der Sohn Maximilians, der neue Kaiser Rudolf II. Der Orden vom Goldenen Vlies, Zepter, Reichsapfel, Schwert und Kaiserkrone wurden im Zuge mitgetragen. Auf einem schwarz gestrichenen, mit Reichsadlern bemalten Schiff fuhr dann der tote Kaiser in Begleitung von fast 100 Schiffen die Donau hinab nach Linz. Als 1839 im Chor des Domes ein Kanal für den Blasebalg der Orgel gegraben wurde, hob man den Denkstein und fand darunter noch unversehrt den vergoldeten Kessel.

REGENSBURGER APOTHEKEN UND APOTHEKER

Die früheste Nachricht über einen Apotheker in Regensburg stammt nach der Chronik Gumpelzhaimers aus den Jahren 1259 und 1260. Damals trat ein Apotheker namens Marquard in Regensburg auf. Ein Heinrich der Apotheker wird 1291 und 1300 in Regensburger Urkunden genannt. Einer Klosterrechnung von St. Emmeram von 1325/26 zufolge erkrankte der Abt des Klosters, Albert von Schmidmühlen. Für ärztliche Behandlung bezahlte er Meister Heinrich dem Arzt 1 Pfund Schillinge, und für Arzneimittel entrichtete er an die Apotheke 6 Schilling. Ob der Abt die Arzneien aus der Klosterapotheke oder aus einer bürgerlichen Apotheke in der Stadt bezog, ist ungeklärt. Simon der Apotheker erscheint seit 1311 in Regensburger Urkunden.

Gemeiner teilt in seiner Regensburger Chronik mit, daß 1397 ein fremder Arzt, Meister Johannes genannt, nach Regensburg kam und die hiesigen Medizinalanstalten einer Visitation unterzog.

Diese Prüfung muß nicht sehr zufriedenstellend ausgefallen sein, denn er berichtet an den Rat, daß Regensburg an Arzneien und Apotheken „großen merklichen Schaden und Irsal" aufweise. Dieser Befund mag wohl Anlaß zu einer neuen Apothekerordnung gegeben haben, die der Rat 1397 erließ und die Gemeiner in seiner Chronik anführt: „Ein Apotheker, der soll einen Eid schwören, daß er sein Antitarium wohl kenne und kein Ding, das zu der Arznei gehört, nicht anders mache, denn das vorgenannte Buch sagt", heißt es in der Einleitung dieser neuen Apothekerordnung, die also bereits eine ältere voraussetzt. Der Apotheker war angewiesen, die Arznei genau nach dem Rezept des Arztes anzufertigen, und sollte er einmal „eines Stücks oder zwei nicht (haben) als ihm der Arzt verschrieben hat, so soll er keinerlei Materien nicht daruntertun ohne des Arztes Wissen und Rat". Die Abgabe giftiger Stoffe an Frauen war den Apothekern streng untersagt, denn die Ordnung bestimmt ausdrücklich: „Es ist auch zu merken, daß er kein giftig Ding keinem Weib nicht verkaufen soll, er weiß denn kundlich wohl, wo es hingehört."

Eine 1523 erschienene Apothekerordnung enthält vorwiegend fachliche Vorschriften. 1548 wird eine neue Ordnung in Druck gegeben: „Wie sich die Apotheker in ihren Apotheken mit den Arzneien halten sollen . . .". Die Stadtärzte hatten alle Jahre um Bartholomä die Apotheken im Beisein von zwei Ratsmitgliedern zu kontrollieren. Die Ordnung ist bemüht, die Bürger vor Übervorteilung durch die Apotheker zu schützen. Deshalb konnten diese die Preise für ihre Arzneimittel nicht selbst festsetzen, sondern die Stadtärzte bestimmten alljährlich neu die Taxe für Medikamente. Der Verbrauch an Arzneimitteln war namentlich zu Zeiten von Seuchen sehr groß. Deshalb gab der Rat zuweilen Arzneimittel-Taxverzeichnisse heraus. Einem solchen Verzeichnis vom Jahre 1679 ist zu entnehmen, daß 1 Loth „Köstliche Mundzelteln" 16 Kreuzer kostete, für „Geringe Mundzelteln" aber nur 8 Kreuzer genommen werden durften. Von den „Gifft-Pillen" kostete das Loth 31 Kreuzer, von den „Pest-Pillen" sogar 48 Kreuzer.

Ein in den Regensburger Apotheken viel verlangtes Medikament waren stark abführende Drogen, Purgiermittel genannt. Durch Abführkuren und durch Aderlaß glaubte man, den Körper zu entschlacken und Krankheiten vorzubeugen. Über diesen Brauch schreibt Schäffer: „Der größte Teil der Einwohner Regensburgs und der umliegenden Gegenden ist gewöhnt . . . jährlich zwei-, drei- bis viermal zur Ader zu lassen und im Früh- und Spätjahr ein abführendes Mittel zu nehmen. Besonders allgemein herrscht dieser Brauch in den Klöstern. Die Purgiermittel müssen stark wirken, wenn sie anders Beifall erhalten wollen. Mit 7- oder 8maligem Effekt ist man selten zufrieden; diejenige Arznei aber, welche 15- bis 20mal auf den Stuhl gehen und 3- bis 4mal dazu brechen macht, wird vornehm und edel genannt."

Nach einem Ratsbeschluß von 1596 sollten in der Stadt nicht mehr als drei Apotheken betrieben werden, „da die Praxis gering sey und selbst Augsburg und Nürnberg nicht mehr als vier hätten." Eine Verordnung des Rates von 1642 setzte die Höchstzahl der Apotheken in Regensburg auf fünf fest. J. Chr. G. Schäffer führt in seiner 1787 erschienenen medizinischen Ortsbeschreibung Regensburgs ebenfalls fünf bürgerliche Apotheken auf: die Engel-, Adler-, Löwen-, Mohren- und Elefantenapotheke. Eine sechste Apotheke gab es im Kloster St. Emmeram. „Die Apotheken werden von dem Schild benannt, den das Haus, worin sie ihre Apotheke aufgestellt haben, führte", schreibt Kohlhaas 1787. Wie alt diese Apothekenbezeichnungen sind, ist ungeklärt. O. Fürnrohr vertritt die Auffassung, daß diese, durch Aushängeschilder mit symbolischen Darstellungen (Adler, Löwe, Elefant usw.) in Gebrauch gekommenen Apothekenbezeichnungen erst im späten 18. Jahrhundert entstanden. In älteren Aktenstücken werden die Apotheken stets nach ihrer Lage oder nach dem Namen des Besitzers bezeichnet. Als Beispiel dafür kann u. a. das Nachlaßverzeichnis Keplers von 1630 angeführt werden, wo unter den Schulden zu lesen ist: „Johann Georg Peuttel Apotheckhern laudt Zetls." Johann Georg Peutel war der Besitzer der später nach dem Elefanten benannten Apotheke, aus der für den kranken Kepler Medizin geholt wurde. Damals befand sich die Offizin des J. G. Peutel aber noch am Römling.

*

Nachfolgend sei die Frühgeschichte der sechs alten Regensburger Apotheken skizziert und ihre bedeutendsten Apotheker einer kurzen Betrachtung unterzogen.

Eine Apotheke, deren Lage der heutigen Engelapotheke ziemlich genau entspricht, läßt sich bereits 1400 nachweisen. Der Apotheker Meister Marchart von Köln betrieb sie und zwar in einem Haus der Wahlenstraße, dessen Rückfront in den Kramwinkel reichte. Viele an der Ostseite der Wahlenstraße liegende Häuser erstrecken sich bis zur Tändlergasse, die noch 1808 als „Kramwinkel" bezeichnet wird. Auch das Haus der heutigen Engelapotheke reicht von der Wahlenstraße bis zur Tändlergasse bzw. zum Neupfarrplatz. Ein Apotheker namens Peter Daumann kaufte 1530 die Häuser Wahlenstraße 22 (E 7) und Untere Bachgasse 13 (E 4). Ihm folgte Hans Berringer, der 1533 das Anwesen Wahlenstraße 19 (E 27) erwarb und dort seine Offizin einrichtete. Schließlich kaufte der Apotheker Cornelius Devenne 1637 das Anwesen Tändlergasse 24 (E 29) und betrieb dort seine Offizin. Im selben Haus befindet sich noch heute die Engelapotheke.

1472 ist eine Apotheke in der Oberen Bachgasse, gegenüber dem ehemaligen Augustinerkloster, bezeugt. In diesem Jahr erwarb Hans Fraunberg ein Haus „im Pach gegenüber den Augustinern am Eck der Appentecken", in nächster Nähe oder bereits an der Stelle der späteren Löwenapotheke. 1489 wurde ein Meister Conrad „Appendecker bei den Augustinern" als Bürger in Regensburg aufgenommen. Die Witwe Ursula des Apothekers Hans Georg Prunner verkaufte 1627 ihre Eckbehausung „am Bach und Creuz" an Dr. Michael Gichtl. Damit ist die Lage der späteren Löwenapotheke eindeutig festgestellt. (heute Obere Bachgasse 2 (C 106)). „Am Bach" heißt am Vitusbach, der offen durch die Bachgassen floß. Mit dem Ausdruck „Creuz" ist die 1855 abgebrochene, der Apotheke direkt benachbart gewesene Kreuzkapelle (s. d.) gemeint, die zur Klosterkirche der Augustiner gehörte. Regina Prunner kaufte 1631 „ihr Apothekerhaus am Creuz und Bach" wieder zurück. Deren zweiter Mann, der Apotheker Ambrosius Gessner, bekleidete das Ehrenamt eines Stadtgerichtsassessors. Sein Grabstein befindet sich im Museum. Bei einem späteren Besitzer unserer Apotheke, Urban Lindwurm, wohnte 1722/25 der kurpfälzische Gesandte Freiherr von Zeller. Johann Tobias Pflanz, der 1741 Apotheke und Anwesen erwarb, war Hansgerichtsassessor und später Stadtgerichtsassessor. Sein Sohn Konrad Christian, gleichfalls Apotheker, war sogar Mitglied des Äußeren Rates der Reichsstadt.

Als nächste der alten Regensburger Apotheken ist jene „am Markt", am Kohlenmarkt zu nennen, wo sich im Haus Nr. 6 (F 4) die Mohrenapotheke bis 1864 befand. Eine Apotheke am Markt wird schon 1517 genannt. In diesem Jahr heiratete die Apothekerin Anna Watting am Markt den Apotheker Hans Koenig, der auch die Ehrenämter eines Almosenpflegers und Hansgerichtsassessors innehatte. Seine Apotheke befand sich im Haus Wahlenstraße 4 (E 17). 1569 erwarb Matthes Erndl „eine Behausung am Markt zwischen Caspar Helmers Haus und der Riemergred gelegen" um 800 Gulden. Die „Riemergred" aber ist identisch mit der sogenannten Ledererlaube oder Lederschneiderbank, wo Leder und Riemen feilgeboten wurden. Diese Lederschneiderbank befand sich am Kohlenmarkt bei der Einmündung der Wahlenstraße an der Stelle des ehemaligen Anwesens F 5. Unser Apothekenanwesen ist also das Nachbarhaus, Kohlenmarkt 6 (F 4), das die Mohrenapotheke bis zu ihrer Verlegung auf den Alten Kornmarkt 1864 beherbergte. Der Apotheker Johann Lorenz Mann wird 1649 als „Provisor zum schwarzen Mohren" bezeichnet. Damit ist erstmals ein Firmenname für eine Regensburger Apotheke angegeben. Erwähnt sei noch Johann Wilhelm Weinmann, der 1712 die Mohrenapotheke samt Haus erwarb. Er war Mitglied des Äußeren Rates, später auch Hansgerichts- und Stadtgerichtsassessor. Während der Pest 1713 lieferte er die Arzneien für das Lazarett am Unteren Wöhrd. Seine besondere Liebe galt der Botanik. In jahrelanger Arbeit hatte er eine Sammlung von Tausenden in- und ausländischer Pflanzen angelegt. Er selbst spricht von 9000 Exemplaren, die er bis 1722 in seiner Sammlung vereinigte. Seine bedeutendste Leistung ist die Herausgabe eines umfangreichen botanischen Prachtwerkes „Phytanthoza iconographia", in dem 4000 Pflanzen von den Kupferstechern B. Seuter, I. Haid und E. Ridinger auf 1025 Tafeln gezeichnet und die Abdrücke von mehreren Malern koloriert wurden. Den Text dazu schrieb der Regensburger Arzt Dr. Johann Nikolaus Dietrichs (s. d.). Das vierbändige Foliowerk erschien 1737 in Regensburg bei dem Reichstagsbuchdrucker Hieronymus Lentz. Es enthält auch das Porträt des gelehrten Apothekers, der als Zeichen seines Standes eine Heilpflanze in der Hand hält.

Hans Georg Peutel ist der Begründer der Elefantenapotheke. Seines evangelischen Glaubens wegen verließ er das im Zuge der Gegenreformation wieder katholisch gewordene Amberg und begab sich nach Regensburg, wo er 1627 das Bürgerrecht erwarb. 1629 kaufte er von seinen Schwiegereltern ein Haus am Römling. Sicher hat er schon dort eine Apotheke betrieben; denn aus seiner Offizin wurden 1630 dem sterbenden Johann Kepler Medikamente verabreicht (vgl. oben). Bereits 1633 verkaufte er sein Haus am Römling um das Anwesen „an der Haid am Eck der Predigergasse" (Glockengasse), das Haus der heutigen Elefantenapotheke (s. d.), zu erwerben. Nach seinem Tod kam die Apotheke in den Besitz des Zacharias Peutel, wohl seines jüngeren Bruders. Diesem folgte sein Sohn Georg Zacharias Peutel, der das väterliche Erbe 1677 antrat. Seine Witwe Maria Magdalena heiratete den Apotheker Johann Christoph Schwenter, der nun die Elefantenapotheke führte. Bei ihm wohnte 1722/25 der Sachsen-Weimarische Gesandte von Willisen. 1732 erwarb Johann Nicolaus Seippel Haus und Apotheke an der Ecke Haidplatz/Glockengasse. Er starb 1743, erst 38 Jahre alt. Seine Witwe Susanna Maria heiratete 1744 den Apotheker Johann Conrad Gladbach. In der „Gladbachischen Apotheke", wie sie damals noch genannt wurde, wohnte der Chur-Brandenburgische Gesandte von Pollmann. Gladbachs Tochter Sophie Katharine heiratete den Arzt Dr. Elias Theodor Heßling, dessen Vater Heinrich Theodor Heßling 1742 die Witwe des Apothekers Johann Wilhelm Weinmann geheiratet hatte und seit dieser Zeit die Mohrenapotheke betrieb. Dr. Elias Theodor Heßling ließ sich 1772 als Arzt in Regensburg nieder. Da er nicht gelernter Apotheker war, durfte er die Apotheke seines Schwiegervaters nur ausnahmsweise und unter der Bedingung übernehmen, einen gelernten Provisor anzustellen. Heßling zählte zu den gesuchtesten Ärzten seiner Zeit. Er war fürstlich Thurn und Taxis'scher Geheimer Rat und Leibarzt sowie fürstbischöflich Regensburgischer Hofrat. In der Regensburger Freimaurerloge „Karl zu den drei Schlüsseln" spielte er eine Rolle. Die Verleihung des Civilverdienstordens der Bayerischen Krone erhob ihn 1833 in den persönlichen Adelsstand. Er starb 1840, nahezu 100 Jahre alt.

Der Apotheker Hans Strobelberger, wegen seines evangelischen Bekenntnisses 1600 aus Graz ausgewiesen, fand in der Reichsstadt Regensburg Exil. 1610 erwarb er das Haus Kramgasse 10 (E 51), wo er und später sein Sohn Hans Sigmund eine Apotheke betrieben, also bereits in nächster Nähe der späteren Adlerapotheke. Dessen Witwe Eva heiratete den Apotheker Johann Zehentbauer. Am 10. Dezember 1644 verkauften sie das Haus Kramgasse 10 (E 51) und erwarben am gleichen Tag das Eckhaus „gegen den Bischofshof über gelegen, auf den Brettern genannt" (s. d.), jenes Haus also, in dem heute noch die Adlerapotheke — Watmarkt 9 (F 17) — untergebracht ist. Der Sohn aus erster Ehe, Georg Sigmund Strobelberger, führte die Apotheke bis 1675. Ihm folgte der Nürnberger Apothekerssohn Johann Adam Wittig. Das Haus (F 17) war bischöfliches Lehen; der jeweilige Apotheker somit dem Bischof zinspflichtig. Wittig, der 1676 den Bischof um die Genehmigung ersuchte, ein Darlehen von 3000 Gulden auf das Haus aufnehmen zu dürfen, bat gleichzeitig um die Erlaubnis, Regensburger Klöster mit Medikamenten beliefern zu können. 1683 erwarb Johann Georg Leipold die Apotheke von Wittig um 2400 Gulden. 118 Jahre lang, bis 1801, blieb sie nun im Besitz der Familie Leipold.

Für die Gründung der Apotheke im Kloster St. Emmeram besitzen wir aus einem Klosterakt einen genauen Hinweis: „Am 26. April 1736 wurde vom Stiftskapitel einmütig beschlossen, für das Kloster einen katholischen Arzt und Apotheker anzustellen und innerhalb des Klosters auf unsere Kosten eine Apotheke aufzurichten." Ein Vogelschauplan des Klosters um 1750 gibt auch den Standort der Apotheke an. Sie befand sich in jenem Anbau an den Westchor der Emmeramskirche, in dem jetzt die fürstliche Freiküche untergebracht ist. Der erste Apotheker der Emmeramsapotheke hieß Christian Peter Escherich. Er starb 1745 in Regensburg. Der Eintrag im Beerdigungsbuch der Pfarrei St. Rupert lautet: „Christianus Esterict Hofapotheker zu St. Emmeram aetatis 68 annorum." Seit 1774 etwa führte Johann Georg Schaduz die Emmeramsapotheke. Da er auch die Medikamente für das fürstliche Haus lieferte, führte er seit 1779 den Titel eines fürstlich Thurn und Taxis'schen Reisehofapothekers. Durch die Säkularisation von St. Emmeram 1803 fiel das Kloster und damit auch die Apotheke an den Fürstprimas Carl von Dalberg, unter dessen Regierung sie am alten Platz weitergeführt werden konnte. Nachdem aber Regensburg 1810 an Bayern gekommen war und die Emmeramer Klostergebäude in den Besitz des Hauses Thurn und Taxis übergingen, verkaufte der bayerische Staat die Apotheke samt dem Vorrat an Medikamenten, samt Einrichtungsgegenständen und Büchern im Herbst 1811 an Karl Heinrich Popp, der sie seit 1812 im Anwesen Obermünsterstraße 15 (E 88) führte. 1830 erst wurde sie in ihr jetziges Heim, Pfauengasse 10 (E 65) verlegt.

Die Sechszahl der Regensburger Apotheken blieb bis zum Jahre 1900 unverändert und wurde erst zu Beginn unseres Jahrhunderts um die Jakobs- und Hirschapotheke vermehrt. Die übrigen Regensburger Apotheken entstanden nach dem zweiten Weltkrieg.

268. Galgen und drei Radstöcke. Ausschnitt aus einem Flurplan des südlichen Vorgeländes der Stadt. Ende 16. Jahrhundert. Museum

peinliche Gerichtsbarkeit der Stadt bekundete die Inschrift einer Steintafel in der Galgenmauer: „Das ist Schultheiß Gericht." Die Erneuerung des Jahres 1593 setzte über die Türe das Stadtwappen. Ein steinernes Bild des Gekreuzigten an der Ummauerung sollte dem Verurteilten Trost spenden auf seinem letzten Gang. 1675 entdeckte man das in der Zwischenzeit überputzte und in Vergessenheit geratene Kruzifix. Nach Aussage der Bauamtschronik veranlaßte das eine förmliche Wallfahrt auf den Galgenberg.

Nahezu ein halbes Jahrtausend diente das Geviert des Galgens einer schaurigen Justiz. Mörder und Räuber, kleine und große Diebe und wohl auch manch Unschuldiger sind ihren letzten Weg auf den Galgenberg gegangen. Mit dem Ende des Reiches 1803 kam Regensburg an den Kurerzkanzler Carl von Dalberg, der noch im gleichen Jahr das reichsstädtische Hochgericht beseitigen ließ. Adolf Schmetzer ist der Topographie des Galgens nachgegangen und konnte als dessen genauen Standort jene Bodenerhebung ermitteln, auf der heute das Wohnhaus Galgenbergstraße 23 (L 150) steht.

„Seit dem Ende des Mittelalters erbaute man in der Nähe deutscher Städte sogenannte ‚Rabensteine', Steinterrassen auf viereckigem oder rundem Grundriß mit einem Aufgang im Innern oder an der Seite und einer grasbewachsenen Plattform, worauf der unten versammelten Menge sichtbar und zugleich gegen deren Gedräng gesichert, der Hinrichtungsakt vor sich zu gehen hatte" (Amira). Solch einen Rabenstein gab es auch in Regensburg außerhalb des Jakobstores. Auf der geländerlosen Deckfläche eines Rundbaues von mehr als 7 m Durchmesser fanden die Enthauptungen statt. Rundbogenarkaden, die sich über vorgestellte Säulen spannten, gliederten die Außenwand. Eine Steintreppe führte im Innern auf die Plattform. Hinrichtungen mit dem Schwert geschahen ursprünglich auf verschiedenen Plätzen innerhalb der Stadt. 1503 ließ der Rat den Rabenstein, in Regensburg fast ausschließlich als „Hauptstatt" oder „Köpfstatt" bezeichnet, auf dem Geländedreieck zwischen Prüfeninger und Dechbettener Straße errichten. 1591 erfuhr die inzwischen baufällig gewordene Anlage eine Erhöhung und Erweiterung, damit man, wie die Bauamtschronik sagt, auch „mit dem Rad darauf richten mag". Der erste, dessen Haupt auf der neuen Köpfstatt fiel, war ein gewisser Leonhard Schuster, der wegen Ehebruchs und Blutschande zum Tod verurteilt worden war. Nahezu die nämliche Form wie der Regensburger Rabenstein hatte die Augsburger Anlage, wie zeitgenössische Kupferstiche mit der Darstellung von Exekutionen ausweisen.

587

Fürstprimas Carl von Dalberg ließ 1806 auch die Köpfstatt beseitigen. Aber lange Zeit noch nannte der Volksmund die Feldflur zwischen Dechbettener und Prüfeninger Straße „die Köpfstatt". Selbst noch der Stadtplan des Jahres 1860 gibt diesen Flurnamen an. Ein rundes Gartenhaus, das auf den Grundmauern der Köpfstatt stand, mußte um 1880 dem Bau des Anwesens Dechbettener Straße 2 (I 70) weichen. Nach Beseitigung der Richtstätten fanden die Vollstreckungen der Todesurteile auf der Kuhwiese, der späteren Schillerwiese, statt. 1811 wurde dort eine „Giftmischerin" und 1812 ein Brandstifter enthauptet.

Zeremoniell der Richtstättenreparatur

Jeder, der sich an der Erbauung oder Ausbesserung einer Richtstätte beteiligte, machte sich nach alter Auffassung anrüchig, ehrlos. Daher war es Brauch, zu dieser Arbeit sämtliche Zimmerleute, Maurer und Steinmetzen der Stadt zu verpflichten, was unter umständlichem, kulturgeschichtlich höchst interessantem Zeremoniell geschah. Gumpelzhaimer schildert die Reparatur der Richtstätten im Jahre 1738 mit vielen Einzelheiten. Angeführt von Trommlern und Pfeifern zogen die Zünfte von ihrer Herberge, dem „Blauen Hecht", durch die heutige Keplerstraße und den Weißgerbergraben zum Jakobstor hinaus, wo der Direktor des städtischen Bauamts bereits in einer Kutsche ihre Ankunft erwartete. An der Spitze des Zuges fuhr er bis zur Köpfstatt (s. d.). Dort richtete er an die Handwerker eine Ansprache. Von einem der Meister nahm er den Hammer und schlug damit dreimal an die Innenseite und dreimal an die Außenseite des Eingangs. Weitere drei Hammerschläge tat er an den Aufgang der Stiege. Dieselben Hammerschläge vollführten die drei Bauamtsassessoren sowie alle Meister und Gesellen. Damit sollte zum Ausdruck gebracht werden, daß sich alle gleichermaßen an dem Geschäft der Richtstättenreparatur beteiligen. Nach diesem langwierigen Zeremoniell setzte sich der Zug in Richtung Galgenberg zum Hochgericht in Bewegung. Nachdem man auch dort die Hammerschläge wiederholt hatte, begaben sich die Handwerker an die Arbeit. Auszug und Einzug in die Stadt erfolgten nach genau festgelegter Ordnung. Während beim Auszug die Maurermeister vorausschritten, führten den Heimmarsch die Zimmerleute an. Die Zünfte gingen nicht geschlossen, sondern jeweils Maurer, Zimmerleute und Steinhauer in wiederkehrenden Vierergruppen, was erneut auf die gemeinsam ausgeführte Arbeit hinweist und keine Zunft in den Vordergrund treten läßt. Den Schluß bildeten die Lehrbuben. Nach getaner Arbeit zechte man im „Blauen Hecht" auf Kosten der Stadt. Die Meister wurden mit 45 Kreuzern, die Gesellen mit 8 Kreuzern bezahlt. Mehr als 90 Gulden mußte die Stadt für die Reparatur der beiden Richtstätten im Jahre 1738 ausgeben.

Der Scharfrichter und sein Schwert

Der Scharfrichter, auch Henker, Nachrichter, Naher, Züchtiger genannt, galt als ehrloser Mann. Gesellschaftlicher Verkehr mit ihm entehrte. Mit den Ehrbegriffen der damaligen Zeit ist vielleicht auch jene sonderbare Bank in der Fragstatt im Alten Rathaus zu erklären, deren Rückenlehne nur bis zur Hälfte der für zwei Personen bestimmten Sitzfläche reicht. Der Überlieferung nach war sie für den bei der Tortur anwesenden Wundarzt und für den Henker bestimmt, der als äußeres Zeichen seiner gesellschaftlichen Minderstellung den Platz ohne Lehne einzunehmen hatte. Andererseits aber wurde jede dem Henker zugefügte Kränkung von der städtischen Obrigkeit streng geahndet. 1459 warf ein Regensburger Bürgersohn dem Scharfrichter einen Stein in die Stube, während dieser mit den Seinen bei Tische saß. Der Rat verbot daraufhin dem Täter ein Jahr lang das Betreten der Stadt.

Dieses Abstandwahren dem Henker gegenüber reichte selbst bis über dessen Tod hinaus. Dazu liefert eine im Archiv des Historischen Vereins verwahrte Chronik eine aufschlußreiche Nachricht: 1735 starb der Regensburger Scharfrichter Johann Fuchs. Sein Sohn, Doktor der Medizin und praktizierender Arzt in Regensburg, wollte seinen Vater mit allen bürgerlichen Ehren bestatten und forderte „eine rechte Mittagsleiche". Der Rat aber widersetzte sich dem und verfügte, daß der Sarg bereits vor Tagesanbruch auf den Friedhof hinausgebracht werde und der Leichenzug in aller Stille, um 8 Uhr, von der Behausung des Scharfrichters seinen Abgang nehme. „Es gingen doch viele, rechtschaffene Leute vom Rathaus und der Bürgerschaft mit", fügt der Chronist noch an.

Das Gewerbe des Scharfrichters vererbte sich vielfach von den Vätern auf die Söhne, die ihrerseits oft wieder Töchter von Scharfrichtern oder den gleichfalls wenig geachteten Wasenmeistern heirateten.

Der Gebrauch des Richtschwertes setzte große Kraft und Geschicklichkeit voraus. Das Reichstagsmuseum im Alten Rathaus verwahrt neben anderen Relikten des Strafvollzugs auch drei Richtschwerter. Sie zeichnen sich durch einen verhältnismäßig langen Griff aus, der mit zwei Händen umfaßt werden kann. Da sie nur zum Hieb und nicht zum Stich bestimmt sind, besitzen die Klingen keine Spitze, sondern endigen in einer geraden Abschneidung. Die Parierstangen sind verhältnismäßig lang. Zur Aufbewahrung der Schwerter dienen Scheiden aus schwarzem Leder. In die Klinge eines dieser Schwerter sind von ungelenker Hand Rad und Galgen eingeschlagen. Ein anderes Schwert trägt am oberen Klingenende die Einätzung „Purgau 1622 J. H." und darunter den Spruch: „Weich nicht von mir o starker Gott." Vielfach tragen die in deutschen Städten noch erhaltenen Richtschwerter gleich dem in Regensburg eine Inschrift, die dem Verurteilten Gottes Gnade und das ewige Leben wünscht. Es erscheint fraglich, ob immer fromme Gottesfurcht aus diesen Schwertreimen spricht. Weit mehr dürfte die Furcht des Henkers vor dem Töten und dem Getöteten damit zusammenhängen. Unverkennbar ist dabei das Bemühen des Scharfrichters, sich als bloßes Mittel oberherrlicher Macht darzustellen. Nicht er, sondern sie trägt Schuld und Verantwortung um den Tod des Armensünders.

Nicht selten waren die Scharfrichter auch gesuchte Wundärzte. In einer Eingabe vom Oktober 1702 beklagen sich die Regensburger Apotheker über den Scharfrichter Hanns Fischer und über den Wasenmeister, weil sie „mit ihrem unzulässigen Kurieren die Ordnung in viel Wegen übertreten". Oberst Augustin Fritsch erhielt beim Sturm auf Hildesheim im Dreißigjährigen Krieg, 1632, einen Schuß in den Schädelknochen über dem Auge. Die Verletzung heilte zwar rasch, aber nach achtundzwanzig Jahren, 1660, stellten sich an dieser Stelle heftige Schmerzen ein. In einem Brief bat der Oberst den Rat der Stadt Regensburg, dieser möge den Scharfrichter, der ein so guter Wundarzt sei, für einige Tage beurlauben, damit er zu ihm nach Weiden kommen und ihn behandeln könne.

Der Scharfrichter und seine schaurigen Geräte standen im Mittelpunkt abergläubischer Vorstellungen. Durch seinen Beruf fielen ihm begehrte Gegenstände zu. Galgenstricke, Galgenholz, Blut, Ketten, mit denen Verbrecher erwürgt wurden, waren teuer bezahlte Talismane, um die der Henker meist heimlich angegangen wurde.

Hornmayr teilt in seinem 1832 erschienenen Taschenbuch eine humorvolle Anekdote über die „Kunstfertigkeit" der Regensburger Scharfrichter mit: In Regensburg sollten einst drei Verbrecher gerichtet werden, die Stelle des Scharfrichters war jedoch unbesetzt. Der Ausschreibung folgten drei Bewerber. Jeder sollte an einem der Malefikanten sein Können beweisen. Der erste zeichnete dem Armensünder mit Rötel einen Strich um den Hals und hieb ihm genau an diesem Ring den Kopf ab. Der zweite band zwei Fäden, ganz nahe beieinander, um den Hals des Verurteilten, und schlug mit dem Schwert haarscharf mitten hindurch. Schon glaubte man den besten ermittelt zu haben, als der dritte Bewerber das Blutgerüst bestieg. Durch Aufschwätzen allerlei falscher Griffe versuchten die beiden Rivalen ihn unruhig zu machen und ihn um die Sicherheit der Schwertführung zu bringen. „Doch er schwingt rasch sein treues Schwert, / Das wie ein Blitz die Luft durchfährt, / Ab haute er mit einem Streich / Die Köpfe allen drei'n zugleich."

Fehlhiebe bei Enthauptungen

Wehe dem Henker, der fehlschlug! Eine achtzehnjährige Kindsmörderin, Katharina Reitmeier, sollte 1640 mit dem Schwert gerichtet werden. Dem Scharfrichter Hanns Crafft mißlang der erste Streich; das Schwert fuhr der Verurteilten in die Schulter. Erregt durch den Fehlschlag geriet der Henker beim zweiten Hieb zu hoch. Er traf die Unglückliche in die Backe. Erst ein dritter Schlag konnte mit Mühe den Kopf vom Rumpfe trennen. Neben dem Henker befand sich auch dessen Sohn auf der Plattform der Köpfstatt, der gleichfalls ausgelernter Scharfrichter war und in Regensburg bereits Proben seines Könnens abgelegt hatte. Die Zuschauer hielten ihren Unmut nicht zurück. Als die beiden vom Rabenstein herabkamen, wurden sie von einigen aus der Menge mit Schneebällen beworfen. Das löste die aufgestaute Wut der Masse, die nun mit Steinen nach den Scharfrichtern warf und die Flüchtenden, die eiligst dem Jakobstor zustrebten, drohend verfolgte. In höchster Bedrängnis zogen die Henker ihre Richtschwerter. Das aber steigerte den Zorn der Volksmenge zur Raserei. Unter wilden Steinwürfen, Schmährufen und Verwünschungen erreichten die beiden die ersten Häuser innerhalb des Jakobstores. In ihrer Not flüchteten sie in das Haus eines Wagners neben dem Saliterhof (an der Jakobstraße) und schlugen die Türe hinter sich zu. Die tobenden Verfolger aber drangen ein und fanden die Henker auf dem Dachboden. Einer der Wütenden versetzte dem Vater ein paar Messerstiche, ein anderer ergriff „eine Wagenspreiß" und zerschmetterte ihm damit den Schädel. Währenddessen gelang es dem Sohn, aus dem Haus zu entkommen und in wilder Flucht den Ägidienplatz zu erreichen. Dort holte ihn die Menge ein.

Die Verfolger schlugen ihn mit Pistolen nieder, einer versetzte ihm einen tödlichen Messerstich in den Hals.

Elisabeth Klöberin, Tochter eines Taglöhners, stand bei einem Bauern in Schierling im Dienst. Wegen schlechter Behandlung seitens der Bäuerin legte sie im Anwesen ihres Dienstherrn Feuer. Zwar sollten Brandstifter mit dem Tod durch Verbrennen sühnen; doch entschied man sich für die humanere Hinrichtung mit dem Schwert. Am 23. April 1733 wurde das Urteil auf dem Rabenstein vollstreckt. Der Regensburger Scharfrichter Johann Fuchs führte den Streich zu hoch und konnte erst durch einen Nachschlag den Tod der Delinquentin herbeiführen. Auf die nach der Hinrichtung übliche Frage des Scharfrichters an den Schultheiß, ob er recht gerichtet habe, erteilte ihm dieser wegen des Fehlschlages einen Verweis.

Zehn Jahre später, 1743, widerfuhr dem selben Scharfrichter ein ähnliches Mißgeschick. Bei der Enthauptung des Metzgersohnes Jakob Hauser aus Postsaal konnte er mit dem ersten Schlag den Kopf nicht abtrennen. Erst nach zwei weiteren wuchtigen Schwerthieben auf den bereits am Boden liegenden Delinquenten war das Urteil vollzogen. Der Scharfrichter begründete dieses Versagen damit, daß „der arme Sünder einen Hals gehabt wie ein Ochs". Diesen Umstand mußte die Obrigkeit anerkennen und damit den Fehlschlag entschuldigen.

Hinrichtungen

Wenn man in Regensburger Chroniken blättert, stößt man immer wieder auf Berichte von Hinrichtungen, deren Vielzahl erschrecken mag. Nicht selten wurde der Tod des Delinquenten auf langsame und qualvolle Weise herbeigeführt; oftmals durch Nebenstrafen, wie Abschlagen der Hand oder Reißen mit glühenden Zangen, verschärft. Jede Zeit hat eben andere Rechtsbegriffe und es bleibt fragwürdig, die Rechtsprechung vergangener Jahrhunderte aus unseren Anschauungen heraus zu beurteilen.

Anschließend seien nun, gestützt auf Manuskriptchroniken im Besitz des Historischen Vereins sowie auf die Chroniken von Leonhard Widmann, Gemeiner und Gumpelzhaimer, einige besonders kennzeichnende Mordtaten und Hinrichtungen aus vier Jahrhunderten Regensburger Stadtgeschichte geschildert.

Mordtaten und Hinrichtung des Hans Reichart 1534

Hans Reichart, aus Dietfurt gebürtig, war Bürger und Glaser in Regensburg. Am Donnerstag vor St. Andreas des Jahres 1533 erschien er im Hause des Domkaplans Ulrich Widman in der Schäffnerstraße und lud ihn ein, ein Glas Bier mit ihm zu trinken. Beide zechten in einer Gaststätte und traten bei Einbruch der Dunkelheit den Heimweg an. Reichart begleitete den Priester in die Schäffnerstraße. Im Flur seiner Wohnung schoß ihn Reichert in den Rücken und schnitt dem zu Boden gestürzten Geistlichen mit einem Messer die Kehle durch. Dann zerrte er den Leichnam vom Gang in eine Kammer, nahm die Schlüssel an sich und sperrte damit die Truhen auf, aus denen er Gold- und Silbermünzen im Wert von 35 Gulden raubte. Diese Mordtat muß zunächst ungeklärt geblieben sein, denn im folgenden Jahr konnte Reichart zwei weitere Morde verüben.

Am 27. März 1534 — es war der Freitag vor dem Palmsonntag — begab sich Hans Reichart während des Gottesdienstes in die Wohnung des Stiftsdekans von St. Johann, Jakob Girster, der wahrscheinlich jenes Haus bewohnte, das an Stelle des heutigen Anwesens Viereimergasse 1 (E 78) stand. Der Köchin, die auf das Läuten öffnete, gab Reichart vor, er solle dem Herrn Dekan ein Gebetbuch in die Kirche bringen. Während die Köchin das Buch suchte, schoß er sie mit seiner „zintpixen", seinem Gewehr, in die Schulter. Kaltblütig durchschnitt er dann seinem schwerverletzten Opfer die Kehle. Das bellende Hündlein erschlug er und warf es in das „haimlich gemach", in den Abort. Vom Erker der Wohnstube aus beobachtete er sodann die Straße, um das Heimkehren des Dekans rechtzeitig zu bemerken. Als er ihn kommen sah, eilte er in den Hof und ging ihm dort entgegen. „Was macht ihr da, mein Meister Hans?" empfing ihn der Geistliche. „Ich bring euch einen Gulden an Geld, das ihr mir geliehen habt", entgegnete Reichart. „Ist recht mein Meister Hans, kommt herauf." Auf der Treppe schoß ihn Reichart gleichfalls in den Rücken. „Du Bösewicht, willst du mich denn ermorden?" stieß der Verletzte hervor. Wahrscheinlich setzte sich der Geistliche zur Wehr, da es zu einem Handgemenge kam und beide die Treppe hinabkollerten. Der Mörder zog abermals sein Messer und durchschnitt dem am Boden liegenden Dekan den Hals. Die letzten Augenblicke des Kampfes aber beobachtete ein Knabe, der sogleich nach Hause lief und von dem Vorfall berichtete.

Schuld und Sühne

DIE TODESSTRAFE

Die Justiz vergangener Jahrhunderte setzte nicht nur auf vorsätzlichen Mord die Todesstrafe. Auch Diebe, Falschmünzer, Brandstifter, Ehebrecher, Gotteslästerer und Religionsgegner hatten nach geltendem Recht das Leben verwirkt.

In alter Zeit konnte sich der Verbrecher, wenn er wohlhabend war, mit Geld von körperlicher Strafe freikaufen, während der Arme mit Verstümmelung oder dem Leben zu sühnen hatte. Verfügte der Beklagte über genügend Vermögen, so zahlte er als Buße an den von ihm Verletzten das sogenannte Wergeld; bei Totschlag oder Mord erhielten es die Hinterbliebenen des Getöteten. Die Höhe des Wergeldes richtete sich nach den Standesverhältnissen des Klägers. Als weitere Strafe zahlte der Angeklagte das sogenannte Friedensgeld oder Gewette an den Fiskus, das in der Regel den dritten Teil des dem Kläger zukommenden Wergeldes betrug. Dieser, für unsere Begriffe unverständliche Rechtsgebrauch trug sehr dazu bei, die großen sozialen Unterschiede zwischen arm und reich noch mehr zu vertiefen. Allerdings sind auch Beispiele bekannt, wo selbst der Wohlhabende der Leibes- und Lebensstrafe nicht entging.

Auf dem Reichstag zu Regensburg 1532, bei dem Kaiser Karl V. persönlich zugegen war, nahmen die Reichsstände, darunter auch die Reichsstadt Regensburg, eine neue Halsgerichtsordnung an. Dieses aus 219 Artikeln bestehende Strafgesetzbuch, kurz „Carolina" genannt, gibt Anweisung über Strafverfahren und Strafmaß bei schweren, mit harten Leibes- oder Lebensstrafen bedrohten Verbrechen. Von einigen Änderungen abgesehen blieb die „Carolina" bis in die Mitte des 18. Jahrhunderts das in Deutschland herrschende Strafgesetzbuch. Mehr als 200 Jahre nach seinem Inkrafttreten findet sich die „Carolina" noch im Regensburger Strafrechtsgebrauch erwähnt. In dem Begnadigungsdekret des 1747 wegen Dieberei zum Tode verurteilten, auf Fürbitte aber begnadigten Gebriel Werner heißt es, der Angeklagte habe „... vermög der peinlichen Rechte, und insonderheit nach Kaiser Karls des fünften peinlichen Halsgerichtsordnung das Leben verwirkt und den Tod verschuldet..."

DIE EINZELNEN STRAFMITTEL

Das Hängen

Dem Dieb gebührte der Galgen. Dieser stand in der Regel auf freien, unbewaldeten Bergkuppen, wo Wind und Wetter ungehindert Zutritt hatten. Der Tote sollte möglichst lange am Galgen hängen, um vom Wetter und den Vögeln verzehrt zu werden. Zahlreich sind die Abbildungen, die den Galgen mit Krähen darstellen. Der Galgen der Reichsstadt Regensburg stand auf einer baumlosen Höhe im Süden der Stadt, die heute noch den Namen „Galgenberg" führt. Der bairische Galgen des Pfleggerichts Weichs erhob sich auf dem, heute zum Stadtgebiet gehörenden, ehemaligen Galgenberg in Reinhausen (s. d.). Das Hängen war eine ehrlose Strafe. Die Leichen der Gehängten verscharrte der Henker unter dem Galgen. Als Zeichen einer über den Tod hinausreichenden Entehrung galt das Aufflechten der Erhängten auf ein horizontal aufgerichtetes Rad. Bei schwerem Diebstahl gelangte statt des Stranges die Kette zur Anwendung, die den Todeskampf des Verurteilten erheblich verlängerte. Diese grausame Strafe vollzog man 1446 an einem Dieb, der Geld aus dem Opferstock gestohlen hatte. Mit Abscheu liest man von dem qualvollen Tod, den 1475 ein des Diebstahls überführter Jude namens Mosse in Regensburg zu erleiden hatte. Man gönnte ihm nicht einmal den schimpflichen Strang, sondern knüpfte ihn mit den Beinen an den Galgen, den Kopf nach unten. Zur Strafverschärfung hing man einen lebenden Hund neben ihn, gleichfalls mit dem Kopf nach unten, so daß der Sterbende noch den Peinigungen durch das Tier ausgesetzt war. Wenn auch nicht immer, so findet sich doch die Beigabe von Hunden — in frühester Zeit waren es wahrscheinlich Wölfe — am häufigsten bei der Hinrichtung von Juden, wodurch der Strafe ein besonders schimpflicher Charakter verliehen werden sollte.

Das Enthaupten

Mit Enthauptung durch das Schwert sühnte der Räuber. Regensburgs Chroniken kennen zahlreiche Beispiele, in denen zum Strang Verurteilte zur ehrenvolleren Strafe des Schwertes begnadigt wurden. Beim Enthaupten kniete der Armesünder mit aufgerichtetem Oberkörper. Es kam aber auch vor, daß der Delinquent sitzend enthauptet wurde, wie es bei dem 1635 gerichteten General Schaffgotsch (s. d.) geschah. Auch der Leichnam des Enthaupteten konnte als Ausdruck der Entwürdigung auf das Rad geflochten und Wind und Vögeln preisgegeben werden. Meist aber waren die Leichen der Enthaupteten „friedhofwürdig" und erhielten einen Platz in geweihter Erde. Das Aufstecken des Kopfes Enthaupteter ist auch für Regensburg mehrfach verbürgt. Ein Franzose namens Petrus Plag hatte 1622 seinen Dienstherrn Johann Georg von Pöllnitz erstochen. Vor der Enthauptung schlug ihm der Henker die rechte Hand ab. Kopf, Hand und Mordmesser wurden auf langer Stange vor dem Mittelturm der Steinernen Brücke aufgesteckt. Hier sollten sie zur Schau stehen und den zahlreich über die Brücke in die Stadt Kommenden zur Warnung dienen. Am 12. März 1739 wurde der neunundzwanzigjährige Bäckergehilfe Anton Zimmermann aus Altheim wegen Straßen- und Kirchenraubes enthauptet. Dem Urteil nach sollte der Leichnam auf das Rad geflochten werden. Man begnadigte ihn aber davon und steckte nur seinen Kopf auf den Galgen. Mit dem Aufstecken des Kopfes der Gerichteten scheinen sehr stark mystische Vorstellungen verbunden gewesen zu sein.

Das Rädern

Mörder sollten gerädert, lebendig begraben und ein Pfahl durch sie getrieben werden. Beim Rädern, auch Radbrechen genannt, zerschlug der Scharfrichter dem am Boden ausgestreckten Delinquenten mit einem Rad die Glieder. Beim Rädern „von unten auf" wurden zuerst die Unterschenkel und Unterarme, dann die Oberschenkel und Oberarme zerbrochen. Zuletzt erst erfolgte der Todesstoß auf die Brust oder den Hals. Einen Gnadenakt bedeutete das Rädern von „oben nach unten", wobei sich die ersten Stöße mit dem Rad gegen den Kopf und die Halswirbelsäule richteten. In Regensburg war mit dem Rädern das Ausschleifen zur Richtstätte verbunden, wobei der Delinquent auf einer „Schlaipfe", einer Art Schlitten, saß und während des Ausführens zum Richtplatz mit glühenden Zangen gezwickt wurde (vgl. Hinrichtung des Hans Reichart). 1474 wird der Mörder einer Schwangeren auf einem Karren vom Bischofshof zum Emmeramer Tor gefahren, dort mit glühenden Zangen gebrannt, schließlich zur Richtstätte geschleift, gerädert und an einen auf dem aufgerichteten Rad befestigten Galgen geknüpft. 1618 wurde der Mörder Spielinger vor dem Hochgericht am Galgenberg „von unten auf" gerädert.

Das Verbrennen

Obwohl Regensburg nicht jene tragischen Hexenverfolgungen kennt, die zu Beginn der geschichtlichen Neuzeit die deutschen Lande erschütterten, blieben der Stadt die Schauspiele öffentlicher Verbrennungen doch nicht erspart. Der Kaplan der einstigen, beim Rathaus gelegenen Achkirche, Ulrich Grünsleder, wurde 1420 beschuldigt, ein Anhänger der Lehre des Huß zu sein und dessen Schriften verbreitet zu haben. Am 19. April des folgenden Jahres entzog ihm Bischof Albert III. nach einer feierlichen Ansprache des Augustiners Berthold die geistlichen Würden. Der Beschuldigte wurde hierauf dem weltlichen Gericht übergeben und auf dem Scheiterhaufen verbrannt. 1423 bezichtigte man in Regensburg die Priester Peter von Dräsen und Heinrich Rathgeb ebenfalls der Ketzerei. Nachdem sie Bischof Johann II. aus dem geistlichen Stand ausgestoßen hatte, verurteilte sie das weltliche Gericht zum Tode auf dem Scheiterhaufen. Eine alte Frau, die sich ebenfalls zur Lehre des Huß bekannte, traf das gleiche Urteil. Vor der Verbrennung wurde sie im Dom mit dem Ketzerkleid, einem gelben Mantel mit rotem Kreuz, zur Schau gestellt. 1466 äscherte man einen Juden ein, der am Karfreitag auf ein Kruzifix gefeuert haben soll. Wegen eines angeblich begangenen Sakrilegs verbrannte man 1475 einen Juden.

Ein Regensburger Stadtsoldat und dessen Tochter wurden 1674 eines schweren Vergehens angeklagt und ihnen der Prozeß „in strengster Form" gemacht. Nach der Enthauptung verbrannte man ihre Leichen auf einem Scheiterhaufen, zu dem der Scharfrichter zehn Maß Fichtenholz erhielt. Der Pferdeknecht des Grafen Conti mußte 1647 den qualvollen Tod des Erwürgens sterben. Er wurde mit verbundenen Augen an einem Wagen erdrosselt und seine Leiche ebenfalls auf einem Scheiterhaufen verbrannt.

Das Ertränken,

vorwiegend eine Strafe des Mittelalters, kam in geschichtlicher Neuzeit kaum noch zur Anwendung. In Regensburg wurde diese Strafe an Frauen wie an Männern hauptsächlich wegen Ehebruchs vollzogen. Der Henker stieß den an Händen und Füßen gebundenen oder in einen Sack gehüllten Delinquenten ins Wasser. Das an einem Strick festgebundene Opfer tauchte er dann mit einer Stange unter. Nach Hentig erfolgte das Ertränken meist von Steinbrücken aus. In Regensburg war dazu die Steinerne Brücke ausersehen. Das sog. Probstgericht, ein Sondergericht des Bischofs, übte die Hohe Gerichtsbarkeit über die weltlichen Untertanen der Stifte und Klöster aus.

Von diesem geistlichen Gericht scheint die Strafe des Ertränkens vielfach verhängt worden zu sein. Auch bei Religionsdelikten fand diese Hinrichtungsart Anwendung. Einen Juden namens Kalman, der den christlichen Glauben anzunehmen vorgab, Religionsunterricht nahm und sogar im Haus des Bischofs verkehrte, dann aber plötzlich wieder abtrünnig wurde, verurteilte man 1470 wegen Täuschung der geistlichen und weltlichen Obrigkeit zum Tod durch Ertränken in der Donau. Nicht uninteressant ist ein Vorfall aus dem Jahre 1521, der nachfolgend aus der Chronik Gumpelzhaimers wiedergegeben sei: „Eine angebliche Brandstifterin hatte im österreichischen Markte Persenberg (Persenbeug bei Amstetten an der niederösterreichischen Donau) ihr Verbrechen eingestanden. Sie wurde zum Wassertode verurteilt, ward in einen Sack genäht und in die Donau geworfen. Der Scharfrichter hielt lange den Sack mit einer Stange zu Boden, doch kam er wieder empor und schwamm mit lautem Geschrei dem Städtchen Ips (Ybbs) zu. Dort trieben ihn die Fluten ans Land, das Volk zog ihn heraus, die Verbrecherin aus dem Sacke und ließ sie frei." Die Errettete eilte geradewegs nach Regensburg zur „Schönen Maria" (s. d.), um für die wunderbare Hilfe zu danken. Der Regensburger Rat beauftragte Albrecht Altdorfer, gegen eine Belohnung von 8 Gulden ein Votivbild anzufertigen, um es in der Kapelle der „Schönen Maria" am Neupfarrplatz aufzuhängen.

Galgen und Köpfstatt

Die letzte Stunde schlug dem Armensünder am Hochgericht. Es lag südlich vor den Mauern der Stadt auf dem Galgenberg (s. d.), der heute noch diesen Namen führt. Die alten Bezeichnungen für diese Richtstätte lauten Justiz, Hohes Gericht oder Hochgericht, womit nicht die Höhe des Galgens angedeutet werden sollte, sondern die Hohe Gerichtsbarkeit der Stadt, d. h. das Recht, die Todesstrafe auszusprechen und zu vollstrecken. Zahlreich sind die Abbildungen, die das Aussehen des reichsstädtischen Galgens überliefern. Die älteste findet sich auf einer Flurkarte aus dem Ende des 16. Jahrhunderts im Besitz des Museums. Deutlich sind neben dem Galgen drei Radstöcke erkennbar. Nach der Chronik des Raselius wurde der Galgen 1368 erbaut und 1593 grundlegend erneuert. Eine Mauer begrenzte ein Quadrat von etwa 7 m Seitenlänge. Die Auffüllung dieses umbauten Raumes ergab eine Plattform, auf die man durch eine Türe in der Mauer und über eine innere Treppe gelangte. An den Ecken erhoben sich vier gemauerte Säulen. Die verbindenden Querbalken trugen Haken, an denen der Henker seine Arbeit vollzog. Einzelne Abbildungen zeigen die Säulenstellung von der Mitte der Mauerlängen ausgehend (sehr deutlich die Darstellung des Hochgerichts auf der Stadtansicht (Nr. 23) von A. Wismeyer und F. B. Lindner. Gelegentlich werden statt vier auch nur drei Säulen abgebildet, so auf dem Plan von J. Weishof, 1705 (Stadtgrundrisse Nr. 7). Der Volkswitz sprach dann von einem „dreischläfrigen" im Gegensatz zum „vierschläfrigen" Galgen. Hochgerichte mit Mauerunterbau, Säulen und Querhölzern durften nur „auf des Reiches Boden stehen", d. h. diese Form des Galgens im Gegensatz zum einarmigen Wipp- oder Schnellgalgen war nur für die Reichsstädte zulässig. Die hochnot-

267. *Köpfstatt. Ausschnitt aus einer Stadtansicht von H. G. Bahre, 1639 (Stadtansichten Nr. 15). Museum*

In kurzer Zeit verbreitete sich diese schreckliche Kunde in der Stadt. Der Mörder flüchtete durch das Henkergäßchen (s. d.). Um ihn an der Flucht zu hindern, befahl der Rat, sofort die Stadttore zu schließen. Reichart rannte durch die Gassen bis in die Gegend der Krauterer, der Gemüse- und Krautgärtner, an der heutigen Von-der-Tann-Straße, wo er die Haustüre des Krauterers Jakob offen fand. Dort hinein flüchtete er, wurde aber vom Hausherrn alsbald entdeckt. Diesen bat er flehentlich, ihn nicht zu verraten, und erzählte ihm, er habe eine „Pfaffenköchin hart geschlagen" und wisse nicht, ob sie gestorben sei. Daraufhin machte der Krauterer Jakob keine weiteren Einwände, und Reichart konnte sich zunächst geborgen fühlen. Der Rat ließ inzwischen unter Trommelschlag in der Stadt bekanntmachen, daß derjenige, der dem Mörder Unterschlupf gewähre, ihn speise, tränke oder ihm zur Flucht verhelfe, dieselbe Strafe zu erwarten habe wie der Täter selbst. Kurz darauf ließ der Rat neuerdings in den Straßen ausrufen, daß 100 Gulden Belohnung auf die Entdeckung des Mörders ausgesetzt seien. Die ganze Bevölkerung suchte nun noch emsiger. Auch wußte man bereits, daß sich der Täter in der Gegend der Krautgärten verborgen habe. Durch den Ausruf erfuhr Jakob Krauterer — so nennt ihn die Chronik —, wem er in seinem Hause Zuflucht gewährt hatte, ging zu Reichart, der sich auf dem Dachboden versteckt hielt und wies ihn aus dem Haus: „Heb dich weg, hast übel gehandelt!" Noch einmal gelang es dem Gehetzten, sich in einer Hütte mit altem Gerümpel zu verbergen. Dort aber fand ihn ein Bürger namens Part in der Grüb. Die Stadtknechte zerrten Reichart aus seinem Versteck, banden ihn und brachten ihn in Gewahrsam. Part in der Grüb verweigerte die Belohnung, mußte sie aber auf Geheiß des Rates annehmen. Die Herren ließen nun ein drittesmal „umschlagen" und bekanntmachen, daß der Mörder ergriffen sei und daß sich niemand mehr zu fürchten brauche.

Wenige Wochen später wurde das Urteil verkündert. Hans Reichart sollte mit dem Rad vom Leben zum Tode gebracht werden. Man setzte den Verurteilten mit entblößtem Oberkörper auf einen Wagen und brachte ihn an die Orte seiner Untaten, wo er vom Henker mit glühenden Zangen „gerissen" wurde. Auf einer „Schlaipfe", einer Art Schlitten, legte er das letzte Wegstück vom Jakobstor bis zum Rabenstein zurück. Dort erhielt er, am Boden ausgestreckt, vom Henker vier Stöße mit dem Rad. Hierauf wurde durch den Unglücklichen ein Pfahl getrieben. „So er am Spieß noch lebet", berichtet der Chronist Leonhard Widmann, verabreichte ihm der Henker elf weitere Stöße mit dem Rad „auf die Gurgel zur Fürderung", d. h. zur Beförderung des Todes. An die 20 000 Menschen sollen diesem barbarischen Gericht beigewohnt haben. Ein zeitgenössisches Flugblatt von Stefan Hamer in Nürnberg zeigt die Szenen der Hinrichtung.

269. Hinrichtung des Hans Reichart, 1534. Zeitgenössischer Holzschnitt von E. Schoen, Nürnberg. Hofbibliothek

Die Hinrichtung des Juden David Scheuer 1630

In der Nähe des Klosters zum Heiligen Kreuz, unweit des Judensteins, wohnte ein aus Frankfurt stammender Jude namens David Scheuer. Der Frankfurter Juwelier und Edelsteinhändler von Uffel sandte 1630 seinen Sohn Kaspar in geschäftlichen Angelegenheiten nach Regensburg, hauptsächlich wohl deshalb, um eine alte Schuld von David Scheuer einzutreiben. Am Abend des 18. September ließ Scheuer den achtzehnjährigen Juweliersohn in sein Quartier rufen, angeblich um seine Schuld zu bezahlen. Der Junge traf dort noch mehrere Juden an, mit denen er bis zur einbrechenden Nacht trank. Während der Unterhaltung bat David den jungen Uffel, ihm zu folgen. In der Kreuzgasse zog Scheuer plötzlich ein Messer, stach ihn nieder und ließ ihn in seinem Blute liegen. Das Messer warf er in den Hausbrunnen. Dann kehrte er zur Tischrunde zurück und erklärte, Uffel wäre nach Hause gegangen. Währenddessen schrie der Schwerverwundete mit letzter Kraft um Hilfe. Bewohner der dem Kloster gegenüberliegenden Häuser vernahmen die Rufe und eilten mit Licht auf die Straße. Dort fanden sie den Blutüberströmten und trugen ihn ins nächste Haus. Auf Befragen konnte er noch antworten: „Jud David." In einem Trog brachte man am folgenden Morgen den Jungen in das Haus des Wundarztes Hans Forst am Fischmarkt. Trotz aller Fürsorge starb Kaspar von Uffel am zweiten Tag nach dem Anschlag und wurde unter großer Anteilnahme auf dem Petersfriedhof begraben.

Unmittelbar nach dem Mordanschlag eilten Knechte in die Wohnung Scheuers. Trotz seiner lauten Unschuldsbeteuerungen ergriffen sie ihn und brachten ihn in Gewahrsam auf das Rathaus. Selbst unter dem Eindruck der Tortur leugnete er hartnäckig. Da aber, wie der Chronist sagt, „klare Anzeigungen da waren", durfte der Scharfrichter die Folter „mit aller Macht" zur Anwendung bringen. Unter den Qualen der schärfsten Tortur gestand er endlich die Tat mit allen Einzelheiten. Er nannte auch das Versteck des Mordmessers, das man nach einigem Suchen im Brunnen fand. Das Gericht verurteilte David Scheuer zum Tod durch das Rad.

Am 9. Oktober ratterte der Richtkarren mit dem Verurteilten durch das Jakobstor zum Rabenstein hinaus. Während der Fahrt riß ihn der Henker viermal mit glühenden Zangen. Vier Rabbiner liefen neben dem Richtkarren her und spendeten David die Tröstungen ihrer Religion. Auf der Köpfstatt schlug ihm der Henker zuerst die rechte Hand ab. Sodann zerbrach er ihm mit dem Rad die Glieder „von unten nach oben" (vgl. S. 585). Der Superintendent und bedeutende Regensburger Chronist Christoph Siegmund Donauer, der Zeuge der Hinrichtung war, berichtet, daß der am Boden festgebundene Delinquent beim ersten Stoß mit dem Rad auf das Schienbein vor Schmerz den Rücken so sehr wölbte, „daß man hätte durchschlüpfen können, wie ich es gar eigentlich selbsten gesehen". Den verstümmelten Leichnam Davids beförderte man vom Rabenstein zum Hochgericht. Dort flocht man ihn auf das Rad, errichtete darüber einen Galgen und steckte in diesen das Mordmesser.

Um die Leiche des Gerichteten entspann sich ein Streit. Juden bestachen den mit der Prozeßführung und Urteilsfällung beauftragten Reichsmarschall von Pappenheim, der ihnen dann gestattete, den Aufgeflochtenen vom Rad zu nehmen und neben dem Galgen zu begraben. Nach wenigen Tagen jedoch wurde der verscharrte Leichnam gestohlen. „Wo er hinkommen, weiß niemand, außer die bösen Galgenschwengel am besten, so ihn geholet." Die Bürger und auch der inzwischen aus Frankfurt gekommene Vater des Ermordeten waren darüber sehr aufgebracht. Sie machten dem Marschall schwere Vorwürfe und bezichtigten ihn des Rechtsbruches. Der Mörder sollte nicht begraben, sondern „von der Luft und den Raben verzehrt worden sein".

Hinrichtung des Obristen Graf Fahrensbach 1633

Eine schaurige Szene ereignete sich während des Dreißigjährigen Krieges auf dem Alten Kornmarkt. Bairische und kaiserliche Truppen zogen am 5. Mai 1633 durch die Stadt und brachten den Grafen Fahrensbach als Gefangenen mit. Man beschuldigte ihn, Ingolstadt den Schweden ausgeliefert zu haben. Trotz seiner Unschuldsbeteuerungen traf ihn das Todesurteil. Am Tage der Hinrichtung nahm er noch ein Mahl im „Goldenen Kreuz" auf dem Haidplatz ein. Als man ihm befahl, die Kutsche zu besteigen, die ihn zum Blutgerüst auf den Kornmarkt bringen sollte, weigerte er sich, das Zimmer zu verlassen. Erst auf die Drohung hin, Henker in das Zimmer zu schicken, die ihn in Stücke hauen würden, bestieg er in Begleitung von zwei Jesuiten den Wagen. Auf dem Kornmarkt ging er einige Male um die Richtbühne herum und versuchte vergeblich, eine Waffe zur Gegenwehr zu bekommen. Schließlich kniete er doch auf der Bühne nieder, sah sich aber noch einmal nach dem Henker um. Wohl erregt durch das ungewöhnliche Verhalten des Delinquenten verfehlte der Scharfrichter den Streich, und das Schwert fuhr dem Grafen in die Achsel. Blutüberströmt erhob er sich, sprang von der Bühne und suchte sich zu retten. Augenblicklich aber eilten ihm drei Henker nach und „hauten ihn erbärmlich nieder".

Als der schwerverwundete Graf hilfesuchend vom Gerüst herabeilte, rief aus der dichtgedrängten Zuschauermenge der Regensburger Stadtarzt Dr. A. Ruland, daß er ihn heilen wolle. Die Soldaten, die als Wachen die Bühne umstanden, hätten den Rufer beinahe totgeschlagen, so sehr waren sie gegen Graf Fahrensbach erzürnt. Sie führten Dr. Ruland zum Kommandanten, der ihm einen strengen Verweis erteilte.

Die Hinrichtung des Freiherrn von Schaffgotsch 1635

Am 18. Februar 1635, während des Dreißigjährigen Krieges, trafen unter militärischer Bewachung mehrere hohe Offiziere des kaiserlichen Heeres in Regensburg ein, unter ihnen auch der General Freiherr Hans Ulrich von Schaffgotsch. Die Anklage beschuldigte ihn der Verschwörung mit Wallenstein und damit des Hochverrats. Schaffgotsch brachte einen Teil seiner Dienerschaft mit, die im Gasthof „Zum Blauen Krebs" Quartier bezog; er selbst wohnte als Gefangener im Aichingerschen Haus am Haidplatz, dem westlichen Vorgängerbau des Thon-Dittmer-Hauses. Das in Regensburg tagende Kriegsgericht unter Vorsitz von General Götz ging besonders gegen Schaffgotsch mit äußerster Härte vor. Da er seine Unschuld standhaft beteuerte, führte man ihn des Nachts zur Folter in das Rathaus, wo man ihn „etliche Mal ganz erbärmlich an der strengen Frag torquiert und gemartert". Jesuiten bedrängten den Gefangenen, der überzeugter Protestant war, den katholischen Glauben anzunehmen. Trotz schwerster Anwendung der Folter konnte das Gericht kein Schuldgeständnis erzwingen. Das Urteil des Kaisers, das jedoch dessen Unterschrift nicht trug, lautete auf Tod durch Enthauptung. Vom vorherigen Abschlagen der Hand wurde er begnadigt.

Die letzten Tage verbrachte Schaffgotsch in einem Raum des Rathauses. Als endlich eine Abordnung des Kriegsgerichts bei ihm erschien und ihm den Tod ankündigte, zeigte er sich froh, das Ende seiner Leidenszeit abzusehen. Er schickte nun einen seiner Diener zum Scharfrichter, ließ ihm drei Dukaten übergeben und ihn auffordern, nur unverzagt zuzuhauen. Außerdem ließ er ihn bitten, ihn nicht kniend, sondern auf einem Schemel sitzend zu enthaupten. Für seine Leiche bestellte Schaffgotsch einen Sarg aus Lindenholz mit einem Schaufenster. Auch um die würdige Ausstattung der Richtbühne war er besorgt. Gerüst und Richtschemel ließ er mit schwarzem Tuch bespannen. Zum Zeichen der Trauer mußten seine Diener bereits während seiner letzten Lebenstage Schleifen aus schwarzem Flor am Ärmel tragen.

Den religiösen Beistand leistete dem hohen Gefangenen der evangelische Pfarrer Christoph Donauer, der in seiner hinterlassenen Chronik all die tragischen Ereignisse um den unglücklichen Schaffgotsch aufgeschrieben hat. Auch der getreue Leibdiener Konstantin hat erschütternde Einzelheiten aus den letzten Lebenstagen seines Herrn aufgezeichnet. Als endlich am 13. Juli der Gerichtsdiener bei Schaffgotsch erschien und den Befehl überbrachte, der General möge nun seinen letzten Weg antreten, knieten er und der Geistliche nochmals nieder, beteten, sangen und nahmen dann mit so rührenden Worten Abschied, „daß alle Soldaten, deren das Gemach voll war, bitterlich selbst weinten". Vor dem Rathaus erwartete den Todgeweihten eine „schlechte und elende Gutschen", die ihn zum Goldenen Kreuz nach dem nur wenige Schritte entfernten Haidplatz brachte, wo auch die Richtbühne aufgebaut war. Das Kriegsgericht verlas ihm das Urteil, worauf er standhaft das Blutgerüst bestieg, noch einmal kniend das Vaterunser betete und dann auf dem Richtschemel Platz nahm. Nachdem er seinen Hut fest auf den Kopf gedrückt hatte, band ihm der Diener Konstantin die Haare mit einem weißen Tuch hinauf und nahm ihm den Halskragen ab. Mit wuchtigem Hieb trennte alsdann der Scharfrichter den Kopf vom Rumpf, aus dem das Blut wie aus einem Springbrunnen in die Höhe schoß. Der Tapfere hatte sich so fest auf den Schemel gesetzt, daß er selbst nach der Enthauptung noch sitzen blieb. Auch der Hut blieb am Kopfe haften. Konstantin wickelte Kopf und Rumpf in das auf dem Boden gelegene, bluttriefende Tuch und legte den Leichnam seines geliebten Herrn in den bereitgestellten Sarg. Im „Blauen Krebs" (s. d.), Krebsgasse 6 (B 37), wurde er nun zwei Tage lang zur Schau gestellt. Tausende von Regensburgern betrachteten und beweinten ihn. Die Bürger der evangelischen Reichsstadt empfanden mit dem todesmutigen und standhaften Schaffgotsch großes Mitleid und waren von seiner Unschuld überzeugt.

Die Bestattung erfolgte auf Wunsch des Gerichteten ohne Zeremonien und bei Nacht im kleinen Friedhof um die Dreieinigkeitskirche. Seinen Degen wünschte er mit ins Grab zu nehmen.

Das bei der Enthauptung gebrauchte neue Richtschwert verkaufte der Scharfrichter an einen Offizier aus dem ehemaligen Regiment Schaffgotsch. Der Henker versprach ihm angeblich, sein schauriges Gewerbe nun aufgeben zu wollen, da er bereits hundert Köpfe abgehauen habe. Doch scheint er nicht Wort gehalten zu haben, denn fünf Jahre später, als ihm bei der Enthauptung einer Kindsmörderin der Streich mißlang, wurde er von der aufgebrachten Volksmenge erschlagen (vgl. S. 589).

Die Mordtat des Friedrich Lößel 1723

Friedrich Lößel, seines Zeichens Freibankmetzger in Regensburg, hatte in der Nacht des Gründonnerstags 1723 einen bedrückenden Traum: Er sah, wie er sich in einer Schenke betrank, mit den Zechkumpanen stritt und einen von ihnen grausam ermordete. Am Karfreitag morgen erzählte er den Traum seiner Frau. Die kannte ihn wohl und warnte ihn: „Trink dich nicht voll! Fang nichts an!"

Gegen Mittag verläßt Lößel das Haus. Er sieht die übliche Karfreitagsprozession. Kreuzschlepper, Geißler, lebende Bilder aus der Leidensgeschichte Christi ziehen an ihm vorüber. Am Krauterermarkt trifft er seinen Vetter Hans. In der Schenke des Gattermeyer trinken sie ein Bier. Alte Saufbrüder gesellen sich zu ihnen. Durch die Stille des Karfreitags ziehen sie zur Wahlenstraße. Auch hier rinnt das Bier durch die Kehlen der Zecher. Vergessen sind Traum und Warnung. Halb betrunken wenden sie sich der Engelburgergasse zu, wo sie erneut einkehren in der Kneipe des Hans Haller. Lößel hat flammrotes Haar. Sein Vetter spottet ihn „Grünhaar", wirft ihm schlechte Haushaltung vor, Liederlichkeit, Lumperei. Lößel wird wolfswild. Sein Kopf glüht. Heute kann er Sticheleien nicht ertragen, gibt Schmäh- und Schimpfworte zurück. Die Streitenden erreichen von der Engelburgergasse aus das alte Holztor bei St. Oswald am Weißgerbergraben. Der Vetter aber läßt das Herausfordern nicht sein. Fünf Kinder habe Lößels Frau geboren, sie aber getötet. Er, Lößel, habe sie in einer Schachtel weggebracht. Grelläugig steht der Beleidigte vor seinem Vetter. Wut und Rausch benehmen ihm die Sinne. Mit einem Beil — er weiß nicht mehr, woher es stammt — zertrümmert er den Schädel seines Widersachers. Dann kniet er sich auf den Gestürzten und schlägt in blindem Zorn auf ihn ein. Ein Taumel ergreift ihn. Er stürzt zum nahegelegenen Haus des Ermordeten, kehrt aber sogleich wieder an die Stätte der Untat zurück. Seiner Sinne nicht mehr mächtig, schlägt er erneut auf den blutüberströmten Leichnam ein. In einem Wirtshaus nahe der Pfauengasse besäuft er sich vollends.

Vorübergehende fanden den Verstümmelten. Zufällig kam auch die Frau des Ermordeten dieses Weges, erkannte aber den Toten nicht als ihren Mann. Der Mörder aber ging frei herum, betrat sogar die Wohnung seines Opfers und betrachtete den Toten, ohne nach außen hin Zeichen von Zerknirschung zu zeigen.

Bald aber schöpfte man Verdacht. Es wurde bekannt, daß Lößel in der Kneipe mit dem Vetter stritt. Die Gerichtsherren verhörten ihn. Lößel aber bestritt jede Schuld. Auch könne er sich, wie er angab, wegen Trunkenheit an nichts mehr erinnern. Ein Stadtknecht brachte ihn ins Gefängnis und legte ihm Ketten an Hände und Füße. Wochen vergingen. Da betraute der Rat den evangelischen Geistlichen Melchior Grimm mit der religiösen Betreuung des Gefangenen. Er besuchte ihn erstmals; tags darauf legte Lößel vor dem Geistlichen ein volles Geständnis ab. Das wiederholte er auch vor den Herren des Gerichts. In der Folgezeit besuchte ihn der Prediger täglich, tröstete ihn, betete und sang Bußlieder mit ihm. Damit der reumütige Lößel Abbitte leisten könne, vermittelte der Geistliche eine Begegnung mit der Witwe und dem dreijährigen Kind des Ermordeten. Als der Armesünder sie sah, ging er ihr entgegen, so weit es die Ketten gestatteten, bot ihr die Hand und bat sie inständig um Vergebung. Unter Tränen ergriff sie die Hand des Mörders.

Nach wenigen Tagen lösten Knechte dem Gefangenen die Ketten und führten ihn abermals vor die Richter, vor denen er nochmals seine Schuld bekannte. Die Justiz der damaligen Zeit befaßte sich weder mit psychologischen Tathintergründen noch mit dem seelisch-körperlichen Zustand des Angeklagten zur Zeit der Tat, sondern sprach Lößel des Todes schuldig. Gefaßt vernahm er das Urteil. Der 19. August sollte sein letzter Lebenstag sein. Am Tag der Hinrichtung brachte man den Verurteilten in das Armesünderstübchen, dessen eine Seite ein Holzgitter gegen einen kleinen Hof des Rathauses schließt. Hier konnten Freunde und Verwandte des Verurteilten herantreten. Auch das Volk hatte Zutritt durch eine Türe vom Roten Herzfleck aus. Reumütig und zerknirscht flehte der Gefangene immer wieder, der Herr möge ihm die schwere Stunde überwinden helfen und bat alle, die an seine Zelle herantraten, um Vergebung und Fürbitte für seine arme Seele. Viele der Anwesenden weinten, beteten auch mit ihm und wünschten ihm Gottes Barmherzigkeit.

Herzzerreißende Szenen spielten sich in dem Stübchen ab, als Lößels Frau erschien. Der Todgeweihte fing an bitterlich zu weinen und auch die Frau brachte vor Tränen kaum ein Wort hervor. Unter Schluchzen erinnerte sie Lößel an den Traum. Für seinen letzten Gang brachte ihm die Frau ein frisches Hemd und schwarze Strümpfe. Eine letzte Speise lehnte er ab: „Ich will meine Seele nüchtern zu Gott bringen."

Noch einmal ward er in die Gerichtsstube geführt und ihm das Urteil verkündet: Es solle mit dem Schwert gerichtet und sein Leib auf das Rad geflochten werden. Durch des Rates Begnadigung aber werde sein Körper in einen Sarg gelegt und begraben. Lößel bedankte sich für das Urteil, schritt die Treppe zum Gefängnis hinab und gab auch dem Scharfrichter die Hand, der ihm ein seliges Ende wünschte.

Mutig trat er seinen letzten Weg durch das Jakobstor zum Rabenstein an. Den Zug begleiteten Sängerknaben mit dem Lied: „O Welt ich muß dich lassen." Nachdem ihm der Henker die Haare geschnitten und seinen Hals entblößt hatte, schien der Delinquent einer Ohnmacht nahe, konnte aber durch Zurufe wieder zu Sinnen gebracht werden. Rasch wurde sodann das Urteil vollstreckt.

Die nach den Hinrichtungen übliche Ansprache des Geistlichen an das Volk wurde aber durch einen Tumult gestört, welchen ein paar Lausbuben ausgelöst hatten. Sie mischten sich unter die Menge, die sich nicht nur zu Fuß, sondern auch zu Pferd und mit Wagen auf dem Richtplatz eingefunden hatte. Mit Nadeln, die sie an Stecken befestigt hatten, stachen sie die Pferde, daß diese wild um sich schlugen und zu laufen begannen. Ein Teil der Leute mußte vor den aufgebrachten Tieren die Flucht ergreifen. Der Tumult aber ging, wie der Chronist mitteilt, ohne Unglücksfälle ab.

Der tragische Tod des Anton Raab 1739

Anton Raab, Student der Universität Ingolstadt, lag schon zwei Jahre lang in Kerkerhaft. Die Anklage warf ihm Kirchenraub im Gotteshaus St. Jakob in Straubing vor. Um ein Geständnis zu erzwingen, sollte er zur Folter gebracht und am ersten Tag der Befragung mit 70 Spießrutenschlägen „angegriffen" werden. Abermals 70 Hiebe sahen die Fragherren als Höchstmaß für den zweiten Tag der Befragung vor. Hätte er dann noch nicht gestanden, so sollte er eine Stunde lang in den Bock gespannt und mit abermals 70 Rutenschlägen zum Geständnis gezwungen werden. Die ungeheure Pein abzuwenden, bekannte Raab die Schuld, widerrief, gestand aber dann schließlich alles ein, was man ihm zur Last legte. Mit dem Strang sollte er sodann vom Leben zum Tode gerichtet werden.

Am 3. September 1739 bewegte sich ein trauriger Zug durch die Gassen Regensburgs hinaus zum Hochgericht. Auf einem elenden Karren sitzt mit gesenktem Haupt Anton Raab, neben ihm der Minoritenpater Marian. Vergeblich mahnt der Priester den Armensünder zur Buße. Der zeigt sich verstockt und blickt weder auf den Geistlichen noch auf das Kruzifix, das dieser ihm beschwörend vor das Gesicht hält. Tausende säumen die Straßen, mehr noch umgeben das Hochgericht. Selbst angesichts des ragenden Galgens weist der Malefikant alle Bekehrungsversuche von sich. „Ich bin voller Schmerzen, ich kann nicht beichten", antwortet er auf das Zureden des Priesters und der Umstehenden. Als ihm aber der Henker mit kaltem Griff den Strick um den Hals legt, bittet er, beichten zu dürfen. Er wird vom Galgen herabgeholt und darf sich neben den Pater auf eine Bank setzen, um seine Sünden zu bekennen. Statt dessen aber äußert er nun seinen letzten Wunsch: etwas Gutes zu essen und zu trinken. Einer der Knechte reicht ihm ein Glas Wein. Der völlig verstörte Malefikant aber ist nicht imstand zu trinken. Da er den Mund nicht öffnet, gießt man ihm den Wein gewaltsam ein. Wieder steht er nun mit dem Henker auf der Leiter. Schon ist die Schlinge umgelegt und der Strick am Haken befestigt. In dem Augenblick aber, in dem ihn der Henker von der Leiter stoßen will, hallt es über den Platz: „Beichten! Beichten!" Abermals wird Raab vom Galgen herabgelassen, und weil er jetzt auch das heilige Mahl zu empfangen wünscht und für ihn bittet, gestatten ihm die Herren, in die Stadt zurückzukehren. Wieder im Gefängnis läßt sich Raab Essen und Trinken wohl schmecken, von Beichte und Kommunion aber will er nichts wissen.

Am folgenden Samstag rumpelt der Richtkarren mit dem Todeskandidaten erneut zum Hochgericht hinaus. Wieder sitzt Pater Marian neben dem verstockten Sünder, wieder mahnt er vergeblich zur Buße. Da verliert auch der Gottesmann die Geduld. Unter Schimpfen verläßt er in der Wahlenstraße den Karren. Die Angst um die verlorene Seele aber läßt den Priester nicht ruhen. Als das elende Gefährt das Peterstor passiert, steigt Marian wieder zu dem Erbarmungswürdigen hinauf. Am Richtplatz auf dem Galgenberg angelangt, entschließt sich Raab nun doch zur Buße. Nahezu eine Stunde verbringt er mit dem Priester auf dem Karren. „Anton! Mach fort! Deine Gnadenzeit ist verstrichen!" mahnt der Bürgermeister. Endlich gibt der Pater den Segen. Die neuerliche Bitte um Rückkehr in die Stadt, die Kommunion zu empfangen, wird abgeschlagen. Stehend auf dem Karren bittet nun Raab alle Umstehenden um Verzeihung und um Fürbitte für seine arme Seele. Ohne Begleitung des Priesters betritt er mit dem Scharfrichter den Galgen und wird unter Trostzurufen des Volkes gehängt. Für seine doppelte Mühe forderte der Henker 16 Gulden; 15 werden ihm verwilligt.

Die Ermordung des Magistratsrats Elsperger 1821

Auch die Welt des Biedermeier, die als das Idealbild der guten alten Zeit erscheint, kannte Haß, Härten und Ungerechtigkeiten. Das um 1820 so stille Regensburg wurde durch eine Mordtat aufgeschreckt, deren Tragik als Stoff für ein Drama nichts zu wünschen übrig ließe. Der Regensburger Schuhmachermeister Ludwig Steiner, ein redlicher und strebsamer Handwerker, war eine rechte Kohlhaasnatur. Sein übertriebenes Ehr- und Gerechtigkeitsgefühl sollte ihm zum Verhängnis werden. 1817 befand sich die Regensburger Schuhmacherzunft wegen interner Meinungsverschiedenheiten in großer Spaltung. Steiner geriet mit einem Meister seiner Gegenpartei in Streit und warf diesem in Gegenwart aller Zunftgenossen vor, mit einem Sechskreuzerstück aus der Innungskasse so lange gespielt zu haben, bis es ihm gelungen sei, es heimlich in die eigene Tasche zu stecken. Der Beleidigte erhob Klage, und Steiner wurde zu vierundzwanzigstündigem Polizeiarrest verurteilt. Außerdem mußte er Abbitte leisten und die Kosten des Verfahrens tragen. Umsonst legte Steiner gegen dieses Urteil Berufung ein, und ebenso vergeblich suchte er über die Landesbehörden in München zu seinem Recht zu kommen. Mit der Vollstreckung des Urteils war der junge Magistratsrat Karl Elsperger beauftragt, der Steiner am 8. Dezember 1818 vorlud und ihm die endgültige Rechtskraft des Urteils verkündete. Steiner bat nun, daß ihm wenigstens erlaubt werde, vor Antritt der Gefängnisstrafe noch einmal nach Hause zu gehen, um seinen Gesellen Leder für den nächsten Tag vorschneiden zu können. Der junge, von blindem Amtseifer geplagte Elsperger verweigerte dem immer noch geachteten Handwerksmeister selbst diese kleine Gunst und ließ ihn auf der Stelle in das Gefängnis abführen. Steiner, angegriffen von Ärger über vermeintlich erlittenes Unrecht und zerknirscht vor Scham, kam aus dem Arrest als kranker Mann zurück. Ein ganzes Jahr lang sträubte er sich gegen die noch ausstehende Abbitte, aber Elsperger bestand hartnäckig auf dieser Entschuldigung. Zu tief glaubte sich Steiner in seiner Ehre verletzt und sah alsbald in Elsperger den Alleinschuldigen für sein Mißgeschick. Obwohl inzwischen fast drei Jahre vergangen waren, steigerte der gekränkte Schuhmacher seinen Haß immer mehr. Er verstieß seine Frau, vernachlässigte sein Geschäft und äußerte öffentlich Mordabsichten gegen Elsperger.

Am 26. Juni 1821 kam Steiner vom Ledereinkauf aus Stadtamhof zurück. Auf dem Kohlenmarkt, beim ehemaligen Ruderersbrunnen, begegnete ihm Elsperger, der eben das Rathaus verlassen hatte. Steiner sprach ihn an. „Was will der denn? Geh! Dummer Kerl!" herrschte ihn Elsper-

270. *Ermordung Elspergers am Kohlenmarkt, 1821. Zeitgenössische Lithographie von Johann Bichtel. Hofbibliothek*

ger an. „Ich kann mir nicht mehr helfen", suchte Steiner das Gespräch weiterzuführen. Der überhebliche Magistratsrat aber hob nun seinen Stock und schrie: „Kerl, marschier er!" In diesem Augenblick zog Steiner eine seiner beiden Pistolen, legte auf seinen Gegner an und drückte ab. Der Schuß aber löste sich nicht. In Wut und Angst schlug der Bedrohte mit seinem Rohrstock auf den ihm entgegengerichteten Lauf. Eiligst steckte Steiner die unbrauchbare Pistole wieder in die Tasche, holte ebenso rasch die zweite hervor und drückte mit dem Ausruf „wart, Cujou!" auf seinen Todfeind ab.

Langsamen Schrittes ging nun der Täter an den herbeigelaufenen Leuten vorbei bis an die Ecke der Wahlenstraße. Hier begann er, seinem Haus, Wahlenstraße 11 (E 23), zuzulaufen. In der Werkstatt legte er den beiden Gesellen das mitgebrachte Leder vor und berichtete ihnen, daß er Elsperger erschossen habe. Gleich aber verließ er das Haus wieder, um, wie er sagte, sich dem Stadtgericht zu stellen. Zu den ihn abführenden Polizeisoldaten äußerte er: „Ich habe nun meine Tat vollbracht. Jetzt bin ich rein."

Elsperger, der sofort auf dem Platz zusammenbrach, wurde sterbend in die nahe Polizeiwache im Rathaus getragen, wo er nach zehn Minuten verschied. Der Mörder wurde zunächst zum Tode, schließlich aber zu Zuchthaus auf unbestimmte Zeit verurteilt.

Dieses Geschehen zog Regensburg wochenlang in seinen Bann. Mehrere Stiche und eine Lithographie mit der Darstellung des Mordes fanden Verbreitung. Eines der Blätter zeigt die Bildnisse Steiners und Elspergers über der Mordszene. Auf der beigedruckten Abbildung ist die Bluttat in drastischer Weise dargestellt. Steiner, die Lederrolle unter dem Arm, feuert dem Magistratsrat die Kugel mitten ins Gesicht. Aus der Waaggasse und den umliegenden Häusern eilen Bewohner zur Hilfe herbei. Früher bezeichnete ein weißer Denkstein mit einem Kreuz darauf die Mordstelle am Kohlenmarkt.

Der gestrenge Magistratsrat scheint noch mehrere Feinde gehabt zu haben. Der Chronist Hosang weiß nämlich zu berichten, daß der Mühlrichter Hartl bei seinen Freunden prahlte: „Wenn ich einst höre, daß Elsperger erschossen worden ist, so gebe ich vor Freude einen Finger aus der Hand." Tatsächlich hieb sich der rohe Mensch, der als gefürchteter Raufer bekannt war, nach der Ermordung Elspergers einen Zeigefinger ab, wickelte ihn in Papier und zeigte ihn in den Wirtshäusern her. Für diesen Übermut bestrafte ihn höhere Gewalt. Das Kammrad der Mühle riß ihm den Arm aus der Achsel. Der so Verstümmelte mußte froh sein, mit einem Arm und vier Fingern als Bauaufseher einen kärglichen Unterhalt zu verdienen.

271. *Steiner wird in das Zuchthaus Lichtenau gebracht. Zeitgenössisches Aquarell. Hofbibliothek*

VERSTÜMMELUNGS- UND EHRENSTRAFEN

Der Pranger,
auch Schandpfahl, Schandbühne genannt, ist jener Ort, an dem Diebe, Betrüger, Falschspieler, Ehebrecher und Unzüchter, durch Halseisen festgehalten, öffentlich zur Schau gestellt und dem Spott des Volkes preisgegeben wurden. Auch Dirnen und Kuppler stellte man an den Pranger um sie dem Volk zu zeigen und vor dem Umgang mit ihnen zu warnen. Die Prangerstrafe hatte nicht nur lebenslange Ehrlosigkeit zur Folge, sondern war meist auch mit Rutenschlägen, Ohrenabschneiden, Augenausstechen, Brandmarken und Ausweisung aus der Stadt verbunden.

Regensburgs Pranger stand am einstigen Marktturm beim Rathaus am Kohlenmarkt. Merians Abbildung des Rathauses, 1644, läßt den Pranger erkennen, deutlicher noch eine Ansicht des Marktturmes von Paulus Friderich aus dem Jahre 1644. Eine gewundene Säule mit dem Schlüsselwappen trägt einen kanzelartigen Aufbau, der an die Wand des Marktturmes schließt. Wie die Abbildung erkennen läßt, konnten drei Malefikanten zugleich an das Eisen geschlossen werden. Eine zwiebelförmige Blechkuppel bildete die Überdachung. Ähnlich wie bei den Richtstätten galt auch die Aufstellung oder Erneuerung des Prangers nach alter Rechtsauffassung als ehrlosmachend. Deshalb war es auch bei Arbeiten am Pranger der Brauch, alle Maurer, Steinmetzen und Zimmerleute der Stadt gleichzeitig — zumindest symbolisch — zu beschäftigen. Der Brand des Marktturms bedingte 1706 den Abbruch des darangebauten Prangers. Nicht weniger als neun Meister und 130 Gesellen wurden dazu aufgeboten. 1714 ließ der Rat an die von dem abgebrannten Marktturm beim Rathaus noch stehengebliebene Mauer „eine neue Justiz oder Pranger von Eisenwerk" aufrichten, was unter strenger Beachtung des damit verbundenen Zeremoniells geschah. Dieser Pranger mußte 1721 dem Bau des Neuen Rathauses weichen.

Beim Vollzug der Prangerstrafe wurde gewöhnlich eine Tafel an die Bühne geheftet, die das Delikt und gelegentlich auch den Namen des Bestraften nannte. Das Reichstagsmuseum verwahrt eine solche Prangertafel aus dem Jahre 1739, auf der, in modernes Deutsch übertragen, zu lesen steht: „Wegen der Absicht zum verbotenen Schatzgraben einen bösen Geist zu zitieren." Hier sei kurz auf eine andere Art von Schandtafeln hingewiesen. Um den rohen Sitten nach dem Dreißigjährigen Krieg, namentlich der Trunksucht, zu begegnen, ordnete der Rat an, Schandtafeln mit den Namen der Trunkenbolde anzufertigen und in den Wirtshäusern aufzuhängen. 1658 wurde eine solche Tafel mit dem Namen des Hanns Georg Hopfinger ausgehängt, damit, wie es heißt,

272. *Pranger am einstigen Marktturm beim Rathaus. Aus einer Zeichnung von Paulus Friderich, 1644. Museum*

273. Prangertafel. Reichstagsmuseum

sich andere nasse Brüder daran spiegeln sollten. Manchmal mußte der Sünder auf dem Pranger eine eiserne Schandmaske tragen. Zwei solcher grotesk wirkender Masken zeigt die Sammlung im Reichstagsmuseum.

Im Vorplatz der Regensburger Fragstatt steht ein doppelter Pranger. Es handelt sich dabei wahrscheinlich um jenen, der nach Angabe der Bauamtschronik 1727 angefertigt wurde. Auf

274. Zerlegbarer Pranger aus Holz im Vorraum der Fragstatt

einer etwa einen Meter hohen hölzernen Bühne, die von einem vorne zu öffnenden Geländer umgeben wird, erheben sich zwei giebelförmige Aufbauten. Diese tragen Eisenstangen mit Halsringen. Die Ringe können, je nach Größe des Malefikanten, auf oder ab bewegt werden und sind durch Vorhängeschlösser zu verschließen. Die merklich abgetretenen Bretter der Bühne zeugen von der einstmals fleißigen Benützung dieses Schandplatzes. Dieser Pranger ist zerlegbar und konnte nach Bedarf an beliebigen Orten und bei entsprechenden Anlässen Aufstellung finden. Vermutlich wurde er für nicht ehrenrührige Schandstrafen bei geringfügigeren Vergehen gebraucht, die nicht vom Henker, sondern von den Stadtknechten vollzogen wurden, ähnlich wie die Ausstellung im Narrenhäuschen (s. d.).

Während des Dreißigjährigen Krieges, 1633, sah die schwedische Besatzung der Stadt darauf, Ausschreitungen der Soldaten einzudämmen. Auf Befehl des Kommandanten mußte das städtische Bauamt auf verschiedenen Plätzen der Stadt Säulen mit Halseisen aufrichten, an die undisziplinierte Soldaten geschlagen werden sollten.

Die Strafe des Prangers erhielt sich bis ins 19. Jahrhundert. Noch aus dem Jahr 1832 berichtet der Chronist Hosang, daß am 17. Oktober der „Lexengangerl" und der „Spitzer" wegen Wilddieberei und Mord auf den Pranger gestellt wurden. „Den Spitzer schüttelte ein Fieberfrost während der Ausstellung, wo er an einem hölzernen Pfahl angekettet war, so sehr, daß die ganze Bühne zitterte."

Stäupen, Ohrenabschneiden, Brandmarken, Augenausstechen, Ausweisen

Der Staupenschlag, die körperliche Züchtigung mit der Rute, vom Henker vollzogen, ist in Regensburg in der Regel die Begleitstrafe des Prangers. Sie war vielgebrauchtes Mittel bei kleinerem Diebstahl, bei falschem Zeugnis, bei Lug und Trug. Häufige Anwendung findet sie bei Abtreibung und Kindstötung. Die Stäupung konnte am Pranger geschehen, oder, bei Ausweisung aus der Stadt, auf dem Weg zur Burgfriedensgrenze vollzogen werden.

Brandmalen und Abschneiden der Ohren verhängte man bei nicht todeswürdigen, aber schweren Vergehen, namentlich bei rückfälligem Diebstahl. Die Verstümmelung sollte den Betroffenen überall als gefährlichen Dieb kennzeichnen. 1539 ergriff man in Regensburg eine rückfällige Diebin und schlug sie an den Pranger. „Man hat ihr die Ohren abschneiden wollen, waren ihr vor zu München abgeschnitten. Da wollte man sie durch die Backen brennen, war auch zu Dachau geschehen. Da strich man sie mit Ruten aus" heißt es in einer anonymen Manuskriptchronik im Besitz des Historischen Vereins.

Das Ausstechen der Augen fand Anwendung bei Verrat und Befehdung sowie bei Drohungen gegen den Rat. Einem „betrügerischen Schatzgräber" sollten 1524 auf dem Pranger die Augen ausgebrochen werden. Von der Schandbühne herab stieß er Schmähreden und Drohungen gegen die Ratsherren aus. Schleunigst ließ man ihn herabnehmen und drei Tage später enthaupten.

Alle genannten Strafen hatten in Regensburg fast ausnahmslos die Ausweisung aus der Stadt zur Folge. Nach einer eidlichen Erklärung des Verurteilten, sich wegen der gegen ihn geführten Untersuchung sowie der vollstreckten Strafe nicht rächen zu wollen — man nannte das „Abschwören der Urfehde" — führte ihn der Henker, vielfach unter Rutenschlägen, zur Burgfriedensgrenze der Stadt.

Im folgenden seien einige Beispiele der Prangerstrafe und ihrer Nebenstrafen aus Regensburger Chroniken geschildert.

Großes Ärgernis erregte im Jahre 1500 ein mit Syphilis, damals „Franzosenkrankheit" genannt, behafteter Mann. Um die Krankheit zu verbreiten warf er den Schorf seiner Geschwüre unter das zum Verkauf ausgelegte Obst. Man stellte ihn auf den Pranger und wies ihn aus der Stadt.

1688 ließ der Rat zwei Diebe mit Gewalt aus der Freiung des Kapuzinerklosters holen. Einen von ihnen ließ er aushauen, dem anderen zur Abschreckung und als Warnzeichen einen Galgen auf die Stirne brennen.

Thomas Kellner war ein liederlicher Geselle. Wegen Diebstahls hatte man ihm bereits zu Braunau beide Ohren abgeschnitten und 1702 wird er neuerdings des Betrugs und Einsteigediebstahls überführt. Wir wissen nicht welche Gnade ihn vom Galgen rettete, doch war die Strafe, die ihn nun traf, noch schwer genug. Nach abgeschworener Urfehde (s. d.) brandmarkte ihn der Henker am Pranger, indem er ihm ein glühendes Eisen, das die Form eines Galgens hatte, auf den Rücken drückte. Unter „empfindlichem Staupenschlag" wies man ihn sodann zur Stadt hinaus.

1521 schnitt man einer Frau, die Wachs vom Altar der Schönen Maria auf dem Neupfarrplatz gestohlen hatte, beide Ohren ab. Auch zu den Jahren 1571 und 1577 meldet der Chronist Gumpelzhaimer die Strafe des Ohrenabschneidens.

Ein besonderes Schauspiel bot die Prangerstellung von zwei Grenadieren der Regensburger Stadtgarnison am 7. Oktober 1702. Die beiden Deserteure, die sich mit gefälschten Pässen im Land herumgetrieben hatten, konnten ermittelt und gefangen werden. Nach abgeschworener Urfehde schloß sie der Henker an den Pranger. Zur Dokumentation ihrer Ausstoßung aus der Truppe zerbrach der Henker ihre Degen und warf ihnen die Stücke vor die Füße. Außerdem sollten jedem beide Ohren abgeschnitten werden. „Vornehme Intercession", d. h. die Fürsprache einer hochgestellten Person bewirkte, daß jeder nur ein Ohr verlor. Der Henker warf die Ohren in die Richtstatt. Die so Gekennzeichneten mußten dann die Stadt für immer verlassen.

Christian Eichler, 35 Jahre alt, Sohn eines Ratsherrn aus Zittau, war der wiederholten Betrügerei überführt. Da er bei den Verhören die Richter nicht zur Folter zwang, sondern alle Schuld gütlich bekannte, auch Reue zeigte und Besserung versprach, entging er der Todesstrafe. Am 14. Juni 1721 stellte man ihn an den Pranger und ließ ihn anschließend durch den Scharfrichter unter Rutenschlägen zur Stadt hinaustreiben. Wegen Errichtung des Neuen Rathauses konnte der Pranger nicht benützt werden. Deshalb baute man unter dem Erker des Alten Rathauses eine Bühne auf und schloß ihn auf dieser zwischen aufgerichteten Ruten an die Gitterstäbe des Narrenhäuschens (s. d.).

Maria Aschenbrenner, 21 Jahre alt, 1761 Dienstmagd im Gasthof „Zum Schwarzen Bären" (Salzburger Gasse 2 (G 73)), muß eine recht rachsüchtige Person gewesen sein. Ihr ganzer Haß richtete sich gegen ihre Dienstherrin. Eines Tages gelang es ihr, die Bärenwirtin in einem finsteren Winkel des Hauses niederzuschlagen ohne erkannt zu werden. Damit aber war die Rachgier des Mädchens noch nicht gestillt. Während sich die Wirtin kurze Zeit später in der Küche zu schaffen machte, versetzte ihr die Magd einen so heftigen Schlag auf den Kopf, daß sie zuerst gegen den Herd und dann zu Boden fiel. Mit einem Schürhaken brachte sie der Ohnmächtigen schwere Gesichtsverletzungen bei. Dafür traf sie empfindliche Strafe. Um anzuzeigen, wie nahe sie daran war mit dem Tod durch das Schwert zu sühnen, waren Köpfstatt und Richtstuhl in die Bestrafung mit einbezogen. Zuerst mußte die Delinquentin eine Stunde lang am Pranger stehen und dabei das Korpus delikti, den Schürhaken, in der Hand halten. Anschließend führte sie der Henker unter ständigen Streichen „mit gewechselten Ruten" durch die Stadt zum Jakobstor hinaus und um den Rabenstein herum, auf dem zur besonderen Warnung der Richtschemel stand. Schließlich mußte sie die Stadt und ihren Burgfrieden für immer verlassen. Sie wurde, wie die in den Chroniken des öfteren wiederkehrende Formel lautet, „krafthabend allergnädigster kaiserlicher Privilegien 20 Meilen Wegs hintan auf ein ewiges verwiesen". Ähnlich verfuhr man 1768 bei einer Kindsmörderin. Die Chronik berichtet hier ausdrücklich, daß auf der Köpfstatt, um die man sie dreimal herumpeitschte, ein Stuhl stand, auf dem das Richtschwert lag.

Militärische Leibesstrafen — Meuterei der Stadtgarnison

Ein Regensburger Stadtgardist des 18. Jahrhunderts hatte es nicht leicht. Wohl mag er in seiner schmucken, weißen Uniform mit den bunten Aufschlägen und dem weiten Dreispitzhut gefallen haben. Weit weniger glänzend aber war seine Löhnung. Zwar bekam er einen jährlichen Sold von 60 Gulden, hatte aber davon seine Miete, die „große und kleine Montur", seinen Feldscher und die Apotheke, einen Beitrag in die Begräbniskasse, Holz und Licht sowie Abgaben für Schuhe, Sohlen, Strümpfe, für das Zopfband und für Wäscherlohn zu entrichten. Nach Abzug dieser Ausgaben blieben ihm noch 3 Gulden 50 Kreuzer zum Leben. Um 1790 waren die Gardisten zudem von ihrem Vorgesetzten, dem Hauptmann Joh. Wilhelm Bösner, den gröbsten Mißhandlungen ausgesetzt. Er behandelte sie wie Leibeigene, schlug sie und diktierte ihnen zu ihrem ohnehin schon schweren Dienst noch Strafwachen zu. Den sogenannten Sperrkreuzer und die Trinkgelder, die nach damaligem Brauch Hochzeitsleute auf die Hauptwache schickten, Gelder, die ausschließlich den Gardisten zustanden, zahlte er ihnen nur teilweise und nach Gutdünken aus. Einen Großteil dieses Geldes verwendete er zum Unterhalt einer Janitscharenmusik. Wer sich beim Magistrat darüber beklagen wollte, den ließ er mit Karbatschenstreichen und schwerem Arrest bestrafen.

Wegen dieser Willkürherrschaft war er bei den Gardisten, meist bejahrten und verheirateten Soldaten, gehaßt. Als am 19. Mai des Jahres 1796 die Garde vor der Hauptwache (s. d.) auf dem Neupfarrplatz angetreten war und der Hauptmann in seinem Jähzorn gegen einen Gardisten tätlich vorgehen wollte, schlug ihn dessen Nebenmann mit der Muskete zu Boden. Zwei Offiziere,

275. Hauptmann Bösner. Aquarell um 1790. Museum

der Leutnant Baumgarten und der Fähnrich Habrecht, zogen ihre Säbel und es entstand ein allgemeiner Tumult. Die Gardisten verließen ihre Wach- und Torposten. Die so entstandene Unsicherheit in der Stadt nützten die Trägler, die aus Geschäftsneid gegen die Fragner, die Händler mit Landprodukten, schon lange einen Groll hegten, und es kam in einzelnen Fällen zur Plünderung ihrer Läden. In Eile besetzten nun Bürger die Tore und die Hauptwache und stellten die Ordnung in der Stadt wieder her. Der Rat verhörte nun die Gardisten, die erklärten, trotz des großen, ihnen zugefügten Unrechts unter dem Befehl des Oberleutnants v. Mämminger weiterhin dienen zu wollen. Zunächst wurden ihnen die Wachen auch wieder übergeben.

Die Meuterei aber hatte schlimme Folgen. Der bairische Kurfürst ließ die Stadtamhofer Garnison um 300 Mann verstärken und der Regensburger Rat wandte sich an das kaiserliche Militär, von dem damals eine starke Besatzung in Ingolstadt lag. Von dort kamen kaiserliche Truppen auf Schiffen nach Regensburg, marschierten über die Steinerne Brücke in die Stadt und entwaffneten und verhafteten in aller Stille die Gardisten an den Toren und in der Hauptwache. Gleichzeitig wurden die dienstfreien Gardisten in ihren Wohnungen festgenommen und alle in Gewahrsam auf das Rathaus gebracht. Während der Großteil der Gefangengenommenen am anderen Tag wieder entlassen wurde, folgte für die „Schuldigen" ein fürchterliches Strafgericht. Kaiserliches Militär rückte auf den Neupfarrplatz und bildete ein Karree, in dessen Mitte das hundert Mann starke Exekutionskommando stand, das eine etwa zwei Meter breite Gasse formierte. Jeder dieser Soldaten hielt eine Haselrute in der Hand. Die Regensburger Gardisten Zoller und Raid mußten nun mit entblößtem Oberkörper und über der Brust zusammengebundenen Händen zehnmal die Rutengasse auf und ab laufen, wobei sie von den Soldaten wuchtige Hiebe über den Rücken erhielten. Der Gardist Joseph Wittmann wurde achtmal durch die Rutengasse geführt. Zwei weitere Gardisten bekamen je dreißig Schläge auf das Gesäß. Mit Abscheu erfüllt die Strafe, die weitere Gardisten traf: „24 Stunden Krummschließen bis zum letzten Glied". Wie Vieh wurden 24 Regensburger Gardisten „theils auf Lebenslang, theils auf 10 und 6 Jahre an das k. k. Militär abgegeben und des andern Tags transportiert" (Gumpelzhaimer).

Unter den Sammlungsgegenständen im Regensburger Museum, die an das reichsstädtische Militär erinnern, findet sich auch ein Bild des Hauptmanns Bösner, wahrscheinlich von der Hand des Stadtgardisten Bleier. Man sieht es dem kleinen, krummrückigen Mann mit der Hakennase nicht an, welches Leid er durch sein rücksichtsloses und pflichtvergessenes Handeln gestiftet hat. Der

Schaden und die Unkosten, die von der Stadt bestritten werden mußten, beliefen sich auf mehr als 8000 Gulden.

Die Bäckertaufe

Von den zahlreichen Stadtteichen, Hüllinge genannt, steht jener, der sich ehedem am Arnulfsplatz befand, in besonderer Beziehung zur Rechtsgeschichte der Stadt. Er wurde von einem Nebenarm des Vitusbaches (s. d.) gespeist, der hier aus der Ludwigstraße kam und durch den Weißgerbergraben seinen Abfluß zur Donau nahm. Diese Hülling hieß „Beckenspreng" und die darüber führende Brücke die „Beckenpruck". Diese Namen stammen von einer originellen Strafart, die, wie in anderen Städten, auch im mittelalterlichen Regensburg an betrügerischen Bäckern geübt wurde. Durch das Hansgrafenamt erfolgte zumindest einmal im Monat die Kontrolle der Backwaren. Die Stadtknechte holten die Proben beim Bäcker ab; der Hansknecht kontrollierte mit der Brotwaage das Gewicht in Gegenwart von Zeugen. Lag dieses um ein Lot unter dem vorgeschriebenen „Monatssatz", mußte der Bäcker mit Strafe rechnen. In einem Bürgerstatut Regensburgs über Preise und Gewichte der Lebensmittel von 1320 heißt es: „Wenn ein Bäcker zu klein backe, so solle er nicht um Geld gestraft werden. Er soll geschupft werden nach altem Recht, er sei reich oder arm." Die Strafe des „Schupfens" oder „Sprengens" bestand darin, daß man den betrügerischen Bäcker unter amtlicher Aufsicht mehrmals in die Hülling tauchte. In späterer Zeit mag das mittels eines sogenannten Schnellers geschehen sein, einer Art Wippgalgen, an dem ein Käfig hing, in dem der betrügerische Bäcker in die Pfütze getaucht wurde. Man sprach deshalb auch vom „Schnellen" der Bäcker. Das Wasser der Hülling war höchst unsauber, denn in den offenen Bachlauf und in die Hüllinge wurden nicht nur Schmutz und Unrat geworfen, sondern auch die Ochsen, Pferde und Stadtschweine darin geschwemmt. Schon bald nach der genannten Verordnung von 1320 hatte ein Bäcker im Beisein einer großen Volksmenge die Strafe des „Schupfens" zu erleiden. Er mußte sein Brot auf Kosten der Regensburger wohl allzu klein gemacht haben, denn einer der Zuschauer war über ihn so ergrimmt, daß er den beschämten und vor Nässe triefenden Bäcker wiederholt in die Hülling zurückstieß, als dieser schon glaubte, seine Strafe endlich überstanden zu haben. Die schaulustige Menge quittierte das neuerliche Untertauchen des Bäckers mit Beifall. Der so Mißhandelte aber schwor seinem Peiniger bittere Rache, zu der sich schon nach wenigen Tagen Gelegenheit bieten sollte. In der Radlgasse, der heutigen Straße Unter den Schwibbögen, fand der Bäcker seinen Beleidiger auf dem Boden kniend, da gerade ein Geistlicher des Weges kam, der das Sakrament zu einem Kranken trug. In blinder Wut stürzte sich der Bäcker auf den Knienden und ermordete ihn. Dann flüchtete sich der Mörder in die nahegelegene bischöfliche Residenz, in deren Freiung er sich sicher glaubte. Die Schergen aber holten ihn mit Gewalt heraus und übergaben ihn dem Henker.

Aventin schildert in seiner „Bairischen Chronik" das Schupfen der Bäcker: „Es war zu dieser Zeit der Brauch zu Regensburg, wenn ein Bäcker zu kleines Brot buk, strafte man ihn, setzte ihn auf einen Schneller und ließ ihn in eine Pfütze oder Kotlache fallen." Das Regensburger Ratsprotokoll von 1532 spricht im Zusammenhang mit der Neuerrichtung einer „Spreng", d. h. einer Brücke über den Schwemmteich am Arnulfsplatz, von der Anwendung dieser Strafe auch auf betrügerische Fischer und Metzger.

Die Hülling, die manchem Bäcker zum Verhängnis wurde, ist 1652 auf Betreiben des Kurfürsten von Köln, der bei Reichstagen im Haus Arnulfsplatz 4 (A 195) sein Absteigequartier nahm, ausgeschöpft und mit Bohlen überlegt worden. Wegen des üblen Geruches, den sie namentlich im Sommer verbreitete, ließ sie der Rat vier Jahre später ausfüllen und überpflastern.

Ob die Strafe des „Schupfens" der Bäcker damit ihr Ende hatte, läßt sich nicht mit Bestimmtheit sagen. Eigenartigerweise führt der Chronist K. S. Hosang unter den Gebräuchen, die zu seiner Zeit (1830!) zu bestehen aufgehört haben, auch folgendes an: „Das Schnellen der Bäcker in der Donau wegen ungewichtigen und schlecht gebackenen Brotes."

Auspauken von Dirnen

„Ratisbona Nova Antiqua" heißt der Titel einer reich mit lavierten Federzeichnungen und einzelnen Aquarellen illustrierten Chronik von 1740, die der evangelische Prediger Christian Gottlieb Dimpfel verfaßte. Er berichtet darin von der Dorothea Bächlein, der Gattin des Torschreibers am Weih-St.-Peterstor, die im Turm des Peterstores illegal ein Bordell betrieb. Die Bächlein hatte „allerorten Hurren angeworben und auf den Turm gebracht", schreibt Dimpfel. Dringend wandte er sich an den Stadtkämmerer von Selperth mit der Aufforderung, dem lasterhaften Treiben im Peterstor ein Ende zu bereiten. Man kann sich vom Umfang des Unternehmens der Bächlein ein Bild machen,

276. Auspauken von Dirnen. Aquarell, 1774. Hofbibliothek

wenn man erfährt, daß sie „bei 19 teils ledige, teils verheiratete Weibsbilder" beschäftigte. Wir wissen nicht, ob es der Amtsschimmel war oder die hochgestellte Kundschaft der Bächlein, die das Einschreiten gegen diese Lasterhöhle so lange verzögerte. Endlich aber erreichte es Dimpfel, daß am 9. und 10. Dezember 1749 das „Hurrennest ausgeleeret wurde". Von den Mädchen wurden je fünf an eine Stange gebunden und unter Trommelschlag zur Stadt hinausgewiesen. Eine bunte Illustration, die der Chronik beigegeben ist, gibt ein Bild von dem beschämenden Auszug der Dirnen, neben denen die Stadtknechte in ihren roten Mänteln stolz einherschreiten. Um die Öffentlichkeit auf dieses Schauspiel aufmerksam zu machen, wird der Zug von einem trommelnden Stadtknecht angeführt. Eines der Mädchen trägt zum besonderen Spott eine Blumenkrone auf dem Kopf, über die sich eine Eisenstange mit einer Glocke erhebt. Im Hintergrund sieht man das Rathaus.

Die Bächlein wurde „ihres ärgerlichen Verbrechens halber, ihr zur wohlverdienten Straf, anderen... aber zu einem warnenden Exempel nach abgeschworener Urfehde auf den Pranger gestellt und durch den Scharfrichter mit Ruten ausgehauen." Ihr Mann verlor seine Stellung als Torschreiber und beide mußten das Peterstor, die Stätte „schrecklicher Hurrerei" verlassen.

Die Ausweisung von Dirnen scheint grundsätzlich unter Trommelschlag, aber auch unter lebhaftem Spott der männlichen Jugend stattgefunden zu haben, wie auch ein Aquarell in der Sammlung der Fürstlichen Hofbibliothek erkennen läßt: „Wie die Huren sind Ausgepauckt worden 1774." Drei an eine Stange gebundene Mädchen folgen dem mit einer Trommel voranschreitenden Stadtknecht. Junge Männer begleiten den Aufzug, bücken sich um Steine oder Unrat und bewerfen damit die Ausgewiesenen.

Das Narrenhäuschen

Zur Bestrafung von Ruhestörern, laut heimkehrender Trunkenbolde und nächtlicher Spektakelmacher, aber auch für Raufer, Flucher und Lästerer ließ der Rat am Reichssaalbau des Rathauses unter dem Erker einen Schandkobel errichten, einen viereckigen Käfig aus starken, diagonal gestellten Eisenstäben: das Narrenhäuschen. Mit der offenen Rückseite stand es direkt am Zugang zur Wachstube. Die Bauamtschronik des Jahres 1559 berichtet darüber: „Das Eisen gegittert Narrenhäuslein an dem Rathaus neben dem Pfeiler des Erkers ist also gemacht und angestrichen worden." Dieses Narrenhäuschen hatte bereits einen Vorgänger. Bei den Verkaufsläden der Lederer an der Einmündung der Wahlenstraße in den Kohlenmarkt, der sogenannten Lederlaube, stand schon früher ein aus Holzstäben gefertigter Schandkäfig. 1559 wurden die Lederläden neu gebaut und das Narrenhäuschen unter den Reichssaalerker verlegt. Die Nachtwächter erhielten die Berechtigung, jeden nächtlichen Ruhestörer und Wirtshausschreier ohne Ansehen der Person bis zum anbrechenden Tag in das Narrenhäuschen zu legen. Wenn am Morgen die Glocke angeschlagen hatte, mußte dem Kammerer über die eingefangenen Personen Bericht erstattet werden. Man kann sich denken, daß die Nachtwächter Freude und Genugtuung empfanden, wenn sie am frühen Morgen den Regensburgern die Beute ihrer nächtlichen Tätigkeit im Narrenkotter zeigen konnten. Welch gemischte Gesellschaft mag sich da manchmal zusammengefunden haben, die zerknirscht und zähneklappernd den Morgen und damit die Erlösung erwartete. Nach einer ernstlichen Belehrung, sich hinfür eines tugendsameren Lebenswandels zu befleißigen, erhielten die Gefangenen die Freiheit wieder. Gelegentlich geriet auch ein ehrbarer Bürger unter die Opfer. Wollte er die Nacht nicht in so verdächtiger Gesellschaft und in solch luftiger Herberge verbringen und sich nicht dem Stadtratsch preisgeben, so konnte er sich mit einem Taler beim Wächter loskaufen. Der Gedanke, im Narrenkotter dem Gespött der Masse ausgeliefert und für lange Zeit Mittelpunkt des Stadtgesprächs zu sein, wird bei den meisten der Ertappten eine schnelle Ernüchterung bewirkt haben.

Das Narrenhäuschen war zunächst nur für kleinere, nicht ehrenrührige Strafen bestimmt, die deshalb auch nicht vom Henker oder dessen Gehilfen, sondern von den Nachtwächtern bzw. den Stadtknechten vollzogen wurden. Später gebrauchte man es allerdings auch als Pranger, meist bei Sittenvergehen. Im Jahre 1601 wurde ein Liebespaar, das in wilder Ehe lebte, hinter dem Gitter gezeigt. Auch „durchgegangene" Ehemänner und ungetreue Gattinnen wurden im Narrenhäuschen zur Schau gestellt. 1745 wurde die Elisabeth Schloderer wegen Abtreibung „mit einem doppelten, wohl empfindlichen ganzen Stadtschilling gezüchtigt, in das Narrenhäuschen gestellt und durch die Knechte ausgeführt" (d. h. ausgewiesen). Die Schwester der Verurteilten sowie die siebzigjährige Hölzel, die Beihilfe geleistet hatten, schloß man nach empfangener Züchtigung gleichfalls in den Käfig und verwies sie anschließend aus der Stadt.

Erst 1810, als Regensburg an das neugeschaffene Königreich Bayern kam, verschwand das Narrenhäuschen vom Rathaus. Im Stichbogen des Fensters links vom Rathauserker konnte man noch in den 1960er Jahren die Stellen erkennen, in denen die Eisenstäbe des Gefängnisses im Stein verankert waren.

277. Das Narrenhäuschen. Ausschnitt aus einer Ansicht des Rathauses. Kupferstich aus Matthäus Merian: „Topographia Bavariae", 1644 (vgl. Abb. 61)

Der Straftriller

Trotz eines bestellten Aufsehers lockten die gestapelten Scheite an der Holzlände (s. d.) des Nachts manchen Holzdieb an. Zur Bestrafung und zur Abschreckung ließ der Rat an der Holzlände ein „Narren- oder Strafhäusl" errichten, in dem er die Holzdiebe zur Schau stellte. Aus den Jahren 1726 und 1738 werden Erneuerungen an diesem Schandkäfig gemeldet. Die Chronik des Jahres 1760 aber spricht von einem Straftriller: „Auf der Holzländ ein Straftriller für Zänker und Holzdiebe gemacht." Es handelte sich hierbei um ein sogenanntes Trillhäuschen, einen Gitterkasten, der um eine horizontale Welle gedreht werden konnte. Die Drehung zwang die Eingeschlossenen allerlei ungewollte, komische Bewegungen zu vollführen, wodurch sie dem öffentlichen Spott noch mehr preisgegeben waren.

Der Schandesel

Die Strafe des Sitzens auf einem hölzernen Schandesel wurde in Regensburg gegen Angehörige der Stadtgarnison bei kleineren Vergehen gegen Anstand und Disziplin verhängt. Bei Bedarf kam der Esel vor der Hauptwache auf dem Neupfarrplatz zur Aufstellung. Ein Kupferstich des Neupfarrplatzes von F. B. Werner um 1735 zeigt zwei Soldaten vor der Hauptwache auf dem Esel reitend. H. G. Bahre bildet auf seinem Vogelschauplan der Stadt von 1645 einen Schandesel auf dem Haidplatz vor der Neuen Waag ab.

DIE GEFÄNGNISSE

Freiheitsstrafen kannte bereits das Altertum, wenn auch nicht im Sinn unserer Gefängnisstrafe, so doch in Form der Zwangsarbeits- und Verbannungsstrafe. Im Laufe des Mittelalters erst entwickelte sich die eigentliche Haftstrafe, die dauernde oder vorübergehende Einsperrung des Gefangenen in einen eigens dazu bestimmten Raum. Geldbuße und körperliche Züchtigung aber blieben bis zum Ende des 18. Jahrhunderts die weitaus am häufigsten angewandten Strafmittel. Neben den Strafgefängnissen unterschied man die im Rathaus gelegenen Untersuchungsgefängnisse. Zur Unterbringung von Strafgefangenen verwendete man Türme der Stadtbefestigung, deren Räume für andere Zwecke nur bedingt nutzbar gemacht werden konnten.

Der Gießübel

Einer der Nebentürme des Peterstores — er stand an der Einmündung des St.-Peters-Weges in die Straße Am Peterstor — trug den eigenartigen und schwer zu deutenden Namen „Gießübel". Nach Schmeller ist Gießübel ein schwäbischer Ausdruck, mit dem man einen durchlöcherten

278. *Gießübel. Gefängnisturm beim Peterstor. Aquarell von Christian Ludwig Bösner, 1868. Museum*

279. Schandesel vor der Hauptwache. Ausschnitt aus einer Ansicht des Neupfarrplatzes. Kupferstich nach F. B. Werner, um 1735. Hofbibliothek

Holzkasten bezeichnete, in den man leichtfertige Weibspersonen steckte, um sie damit unter Wasser zu tauchen. Gemeiner weiß zu berichten, daß man noch zu seiner Zeit (um 1800) zu einem unartigen Kind zu sagen pflegte: „Du bist ein recht's Gießübel". Aus diesen Feststellungen kann zumindest gefolgert werden, daß der Name „Gießübel" mit einer Strafe in Beziehung steht. Das wird um so deutlicher, als ein anderer Turm der Regensburger Stadtbefestigung den Namen „Maulschlag" führte. Der stets mit Wächtern besetzt gewesene Gießübel war als Gefängnis berüchtigt und gefürchtet. Seine unterirdischen Kerker schlossen sich vorwiegend hinter Feinden der Stadt und Schwerverbrechern, die mit langjährigen oder lebenslangen Freiheitsstrafen büßten. Kranke konnten aus seinen dumpfen Gewölben befreit und in wohnlichere Gefängnisse verbracht werden.

Den Regensburger Bürger Ortlieb Gainchover traf 1338 wegen Auflehnung gegen die städtische Obrigkeit das Todesurteil. Keine Fürbitte fand Gehör. Ehe das Urteil zur Vollstreckung kam, erschien die Geistlichkeit mit den Reliquien St. Erhards vor dem Rat und erklärte, daß auch dieser Heilige um das Leben des Verurteilten bitte. Dieser Aufforderung getraute sich der Rat nicht zu widersprechen und wandelte das Todesurteil in lebenslange Kerkerhaft im Gießübel. Drei Jahre später bemühte sich Herzog Albrecht von Österreich, jedoch ohne Erfolg, den gefangenen Gainchover aus dem Gießübel zu befreien. Ein Urkundenfälscher, der auf einen Brief ein „falsches insigel geleimt" hatte, wurde auf Bitten seiner ehrbaren Freunde zwar von der Todesstrafe begnadigt, 1456 aber verurteilt, im Gießübel zu „faulen". 1363 mußte ein Mörder, „nachdem er sich mit dem Richter und der Stadt und den Freunden des Verstorbenen mit Geld abgefunden" hatte, ein Jahr lang in den Kellergewölben des Gießübel schmachten. Der Überlieferung nach war auch Hans Dollinger vor seinem sagenhaften Kampf auf dem Haidplatz mit dem Hunnen Krako im Gießübel eingekerkert.

Bei dem Sturm der napoleonischen Truppen im Jahre 1809, dem das Peterstor zum Opfer fiel, erlitt auch der unmittelbar danebenstehende Kerkerturm starke Beschädigungen. Dennoch blieb er bis 1874 bestehen.

Der Schuldturm

Der Turm der Steinernen Brücke, heute allgemein als Brückturm bezeichnet, hieß ehedem der „Schuldturm", weil sich bei ihm ein Gefängnis für unverbesserliche Schuldenmacher befand. Ihre Strafe bestand neben dem Absitzen einer Haftzeit von bestimmter Dauer vor allem darin, beizutragen, die sie belastenden Schulden zu verringern und zu tilgen. Das geschah durch Heischen von Almosen und durch den Erlös handwerklicher, während der Haftzeit angefertigter Arbeiten. Die Einrichtung des Schuldgefängnisses gestattete es den Insassen, die Vorübergehenden um Opfer und Gaben anzurufen. Zur Entgegennahme der Almosen bedienten sie sich wahrscheinlich eines an langer Stange befestigten Beutels, den sie durch die Gitterstäbe eines Fensters führen konnten. Zur Haftstrafe kam hier noch die beschämende Strafe des Bettelns.

Diese Strafe wurde am 28. Februar 1720 auch an einer Frau namens Plestin vollstreckt. Der Hauspfleger meldete dem Rat, daß das Stübchen für die Schuldenmacherin ausgeputzt und geheizt wäre. Da die völlig verschuldete Plestin nicht einmal mehr ein Bett ihr Eigen nennen konnte, brachte ihr der Wärter einen Strohsack in das Schuldturmhäuschen. Damit sie neben dem Betteln auch noch eine nützliche und geldbringende Arbeit verrichten konnte, gab man ihr das Wirkkissen und das Spinnrad mit. Auch wurde sie ermahnt, „daß sie wacker arbeiten und rechtschaffen schreien sollte" (Gumpelzhaimer).

Als Lage des Gefängnisses wird die einstige, westlich an den Turm gebaute, 1357 erstmals erwähnte Margarethenkapelle genannt. Sie wurde 1429 abgebrochen, später wieder aufgebaut, 1555 profaniert und zu dem genannten Schuldgefängnis umgebaut. „... noch zeigt auf der Westseite des Tordurchgangs durch den Turm oben am Gewölbe ein vermauertes, flach gewölbtes, zwei Fuß breites und 1¼ Fuß hohes Fenster die Stelle, von der aus die Schuldner die Vorübergehenden um milde Gaben ansprechen mußten" schreibt Kleinstäuber noch 1878. Die Führung der Straßenbahn über die Brücke 1902 und die damit verbundenen baulichen Veränderungen westlich des Brückturmes lassen davon heute nichts mehr erkennen. Im Erdgeschoß des Brückturmes findet sich westlich der Toröffnung ein kleiner Raum. An der Stadtseite erhielt sich das Gewände des jetzt zugemauerten Pförtchens. Die Türangeln und die Eisenklammer zum Einschieben des Riegelbalkens sind noch vorhanden. Gegen die Brücke hinaus öffnete sich der Raum mit einem schmalen Rundbogenfenster, das sich sehr wohl zum Anrufen der über die Brücke Kommenden geeignet hätte. Es ließe sich denken, daß die Gefangenen tagsüber zum Heischen der Almosen in diesen Raum gebracht wurden.

Der Ketzerturm (H 159)

Das religiöse Leben des späten Mittelalters erlebte mehrere Versuche einer Reform. Eine der hervorstechendsten Persönlichkeiten auf diesem Gebiet war der böhmische Theologe Johann Huß, der als Ketzer 1415 den Tod auf dem Scheiterhaufen fand. Seine Anhänger, später Hussiten genannt, forderten das Abendmahl in beiderlei Gestalt und die Einziehung der Kirchengüter. Sie wollten ein Gottesreich der Freiheit mit Feuer und Schwert begründen. So entwickelte sich aus der ursprünglich religiösen Gemeinde ein Heer, das sengend und brennend auch in Baiern ein-

280. Ketzerturm. Bleistiftzeichnung von Schellenberg, um 1830. Hofbibliothek

brach. Diese religiösen Fanatiker verbreiteten Angst und Schrecken. Gleich anderen Städten mußte auch Regensburg zur Abwehr des gefürchteten Feindes einen Beitrag in Form einer „Hussitensteuer" leisten.

Nicht nur die Anhänger des Huß, sondern auch alle jene, die von der Lehre der Kirche abwichen, galten als Ketzer. Auch in Regensburg hatten sich, „wie überall in den geistlichen Angelegenheiten, schon lange verschiedene Meinungen bemerken lassen...", schreibt Gumpelzhaimer, und weiter berichtet er, „daß schon längst ein ketzerischer Geist hier eingerissen und die ketzerische Seuche immer mehr um sich greift." Die Kirche sah in der Ketzerei zwar ein rein religiöses Vergehen, verlangte aber zu ihrer Bekämpfung doch die Hilfe der weltlichen Obrigkeit. „Um die räudigen Schafe von der noch nicht angesteckten Herde abgesondert zu halten", sagt Gemeier, erbaute man in Regensburg 1419 ein eigenes Gefängnis hinter der donauseitigen Stadtmauer, den sogenannten Ketzerturm, in dem Religionsgegner in „ewiger Gefangenschaft schmachten" sollten.

Während des Kurfürstentages von 1636 stellte die Stadt dem Reichsmarschall von Pappenheim den Ketzerturm zur Abstrafung von Delinquenten zur Verfügung. „Ohnweit dem Zwörnertor und dem Clostermaierischen Bräuhaus ist ein hohes Haus samt Gärtlein, heißt der Ketzerturm", berichtet eine Quelle aus der Zeit um 1700. Das turmähnliche Gebäude diente in späteren Zeiten als Wohnhaus. Es stand unter H 159 beim Nordende der Gichtlgasse am einstigen Zwörnerplatz. Zu Beginn des 19. Jahrhunderts war es im Besitz des Webermeisters Lorenz Wegner, 1844 gehörte es der Federviehhändlerin Anna Schmitt. Der malerische Ketzerturm verfiel um 1860 dem Abbruch. Eine Bleistiftzeichnung im Besitz der Hofbibliothek überliefert das Aussehen dieses verschwundenen Regensburger Rechtsdenkmals.

Der Prebrunnturm

Hinter den festen Mauern des Prebrunnturmes, wegen seiner Lage an der Donau auch Wasserturm genannt, verbüßten Bürger wegen mehr oder minder harmloser Vergehen kürzere Haftstrafen. Bürger der Stadt genossen den Vorzug, nicht in Gefängnisse gelegt zu werden, in denen gefährliche Schwerverbrecher saßen. Meist handelte es sich um Personen, die abfällige Reden gegen die städtische Obrigkeit geführt hatten. 1391 mußte ein Angehöriger der Familie Runtinger und dessen Schwiegersohn Hans Graner wegen ungebührlicher Äußerungen wider den Rat vierzehn Tage lang im Wasserturm schmachten. Wegen des gleichen Delikts sperrte man 1394 den Bürger Martin Probst und dessen Sohn acht Tage lang in diesen Turm. 1503 versammelten sich die Bürger auf dem Rathausplatz, um die Bekanntmachung einer Steuererhöhung zu hören. Der Goldschmid Hans Ranft zeigte sich darüber besonders ungehalten. Um die Aufmerksamkeit auf sich zu lenken und den Stadtvätern den allgemeinen Unmut zu Gehör zu bringen, hing er seinen Mantel, gleich einer Fahne, an einer Stange aus dem umliegenden Fenster und rief auf die wartende Menge hinab: „Gebt acht, der Meister hebt an!" womit er die Steigerung der Abgaben polemisieren wollte. Ehe er aber noch weitersprechen konnte, ergriffen ihn Stadtknechte und legten ihn in den Prebrunnturm.

Weitere Gefängnisse befanden sich im Turm des Peterstores, dessen Blockkeichen 1640 zu einer Wohnung ausgebaut wurden. Auch der zum Wohnhaus Herrenplatz 2 (A 12) umgebaute Turm der Stadtmauer an der Donau diente als Gefängnis. Gumpelzhaimer fand noch 1830 in dessen Kellergewölben Schriftzeichen, die, wie er annahm, von Gefangenen an die Wand gekritzelt wurden. Schließlich sei noch der einstige Placidusturm (s. d.) am Petersweg erwähnt, in den Bauamtschroniken „Hansturm" genannt, der noch 1678 als Gefängnis diente.

DIE FRAGSTATT

Die Regensburger Fragstatt — im Volksmund „Folterkammer" genannt — ist eine in Deutschland einmalige kulturgeschichtliche Sehenswürdigkeit. Ihr großer Wert liegt vor allem darin, daß sie in ihren ursprünglichen Räumen und mit ihrer ursprünglichen Einrichtung erhalten geblieben ist und nicht eine in späterer Zeit zusammengetragene Sammlung von Folterwerkzeugen darstellt. In Bayern wurde die Tortur zwar erst 1809 offiziell abgeschafft, doch mag sie, wie auch in Regensburg, bereits dreißig Jahre früher außer Gebrauch gekommen sein. Die Zeiten der „peinlichen Befragung" sind also längst vorbei, doch macht es noch heute dem Besucher die Haut schaudern beim Anblick des düsteren, fensterlosen Raumes mit den fürchterlichen Marterinstrumenten. Wie schon der Name „Fragstatt" besagt, handelt es sich hier nicht um einen Strafort. Der Beklagte sollte hier nur das zu seiner Verurteilung notwendige Geständnis ablegen. Die von flackernden Kerzen beleuchteten Geräte der Tortur sollten wohl in erster Linie eine psychologi-

281. *Die Fragstatt*

sche Wirkung auf den Gefangenen ausüben. Er sollte geängstigt und so zum Ablegen eines Geständnisses bereitgemacht werden. Nur nach erfolglosem „gütlichem" Verhör und bei hinreichendem Verdacht kam die „peinliche Befragung" (abgeleitet von Pein: peinlich, schmerzhaft) zur Anwendung. Sie wird in Regensburg erstmals 1338 erwähnt.

Die Fragstatt, in den Protokollen „Strenge Frag" genannt, umfaßt einen schmalen Raum für die Fragherren, den ein 1558 angefertigtes, aus drei Rahmen bestehendes, abnehmbares Holzgitter von dem um vier Stufen tiefer gelegenen Folterraum trennt. Im Raum für die Fragherren und den Gerichtsschreiber erhielten sich ein schmaler Tisch mit Schreibpult, ein Stuhl und zwei abgeblendete Laternen. Durch das Gitter konnten die Fragherren den im Schein der Kerze stehenden „Inquisiten" beobachten, während dieser die das Verhör führenden Ratsherren nicht erkennen konnte. Das Jahr 1514 brachte eine neue Regimentsordnung, ein neues Stadtrecht, das über Jahrhunderte hin Geltung behielt. Es regelte bis ins Detail gehend alle Angelegenheiten der inneren Verwaltung, die Besetzung der Ämter und die Polizeigewalt. Bezüglich der Tortur verfügte es, daß jeweils das älteste und jüngste Mitglied des Rates im Wechsel die gerichtliche Untersuchung der Gefangenen zu führen haben. Die eigentliche Tortur wurde vom Scharfrichter und seinen Gesellen vorgenommen. Die „Peinliche Gerichtsordnung" Karls V. von 1532 besaß auch für Regensburg Verbindlichkeit.

Links vom Eingang steht eine dem 17. Jahrhundert angehörende Bank, deren Lehne eigenartigerweise nur etwas über die Hälfte der Sitzfläche reicht. Sie soll der Überlieferung nach für den bei der Tortur anwesenden Wundarzt und für den Henker bestimmt gewesen sein, dem keine Rückenlehne zustand, was im Hinblick auf die alten Ehrbegriffe durchaus glaubwürdig erscheint. Der Bader „vor Pruck", dessen Badestube nächst der Steinernen Brücke lag, wurde mehrfach als Medizinalperson zur Tortur zugezogen (vgl. Scharfrichter).

Von den erhaltenen Folterwerkzeugen war der sogenannte Aufzug, die „schlimme Liesel" genannt, am häufigsten in Gebrauch. Er besteht aus einem dreieckigen Holzrahmen mit zwei abstehenden Zapfen, der durch einen Seilzug und eine Haspel über Holzrollen auf und ab bewegt werden kann. Der Delinquent wurde mit den auf den Rücken gefesselten Händen an dem Triangel festgebunden und hochgezogen, was eine schmerzhafte Verrenkung der Schulterknochen bewirkte. Man nannte das „wiegen" oder „ein Reckerle tun". Eine schärfere Form des Aufziehens bestand darin, die Füße des Beschuldigten mit den ebenfalls noch vorhandenen Steinen zu beschweren oder sie an die am Boden verankerten Eisenringe zu binden. Den oftmaligen Gebrauch des Aufzugs beweist die Tatsache, daß er 1756 während der Tortur auseinanderbrach, so daß er im genannten Jahr durch den Scharfrichter neu angefertigt werden mußte. An der linken Wand der Fragstatt lehnt die Streckleiter, die „Rutschbahn". Ihre vier drehbaren Dreikanthölzer bearbeiteten beim Auf- und Abziehen den Rücken des ausgestreckten Delinquenten. Diese Art der Tortur konnte durch Brennen unter den Achselhöhlen und an den Seiten des Brustkorbes verschärft werden. Auf der gegenüberstehenden Streckbank wurde der Befragte liegend ausgespannt. In seinem Rücken konnte eine mit kleinen Eisenkugeln besetzte Walze, der „gespickte Hase", gedreht werden. „Jungfrauenschoß", „Angststuhl" oder „Beichtstühl" nannte der rohe Henkerwitz jenen Stuhl, dessen Sitzfläche aus einem mit spitzen Holzkegeln besetztem Brett besteht. Die Tortur für den daraufsitzenden Sünder konnte durch Drehen eines scharfkantigen Holzstabes zwischen Armen und Rücken noch verschärft werden. Auf dem „Spanischen Esel", einem senkrecht stehenden Brett mit scharfer Oberkante, mußte der Beschuldigte rittlings sitzen, wobei seine Füße durch Steingewichte beschwert werden konnten. Dieser Art der Tortur begegnen wir auch als Strafe. Sie wurde von Militärs gegen Zivilisten verhängt, die zu Schanzarbeiten herangezogen waren und dabei zu wenig Arbeitseifer zeigten. Das Kruzifix zwischen brennenden Kerzen auf einem hölzernen Ständer sollte zum Bekennen der Schuld und Wahrheit ermahnen. Nach einem Bericht der Bauamtchronik von 1650 hat der Stadtschlosser Jakob Raab einen „spanischen Reuter" und „geschraufte Stiefel zur Tortur gehörig" angefertigt.

Im Vorraum der Fragstatt, den eine Bretterwand von dieser trennt, steht eine Prügelbank. Die Prügelstrafe für Kriminaldelikte bestand in der Verabreichung von Hieben mit der Peitsche, dem Stock oder der Rute auf den entblößten Rücken. Sie war noch weit in das vergangene Jahrhundert hinein in Gebrauch. In Preußen wurde die Prügelstrafe 1848, in Österreich erst 1867 abgeschafft. In der Mitte des Vorraumes steht ein großer „Block" aus Eichenholz mit vier Paar Fußlöchern und Armspangen. Er diente als Folterinstrument beim Verhör ebenso wie als Mittel des Strafvollzugs. Die Anwendung des „Blocks" war nur für Männer zulässig.

Blockgefängnisse und Armesünderstübchen

Dem Besucher der Fragstatt werden zwei Gefängnisse gezeigt, die sogenannten Blockkeichen. Es ist geradezu beängstigend, diese niedrigen, stockdunklen Räume zu betreten, deren Höhe es dem Gefangenen nicht erlaubte, aufrecht zu stehen. Beide Zellen sind vollständig mit Holz ausgekleidet. Jede ist durch eine niedrige, aus schweren Eichenbohlen gefertigte Türe zugänglich, die mittels eines Riegelbalkens verschlossen werden kann. In beide Käfige führt neben der Türe eine Öffnung, durch die der Rathausdiener, der „Brassel", die Speisen reichte. Er war den Herren des Rates verpflichtet, „alle Gefangenen, die zu ihrem Rathaus gebracht werden, mit allem Fleiß bei Tag und Nacht zu behüten, zu bewahren und zu versorgen". Das vom Vorraum der Fragstatt

282. Zugang zu einem Blockgefängnis im Alten Rathaus

aus zugängliche Gefängnis besitzt noch als ursprüngliche Einrichtungsgegenstände ein Keilstück aus Holz, das dem Gefangenen als Kopfunterlage diente und einen ausgehöhlten Holzblock als Abort. Die zweite Blockkeiche hat an der Decke eine schlitzartige, mit Blech ausgeschlagene Öffnung zur Luftzufuhr. Trotz des sicheren Verschlusses waren die Gefangenen zusätzlich mit Ketten an die Wand oder an den Boden gefesselt. Den oftmaligen Gebrauch dieser Gefängnisse bezeugt die bis zur Hälfte ihrer Stärke ausgetretene Steinschwelle am Eingang zu einer der Zellen. Noch 1738 heißt es in der Bauamtschronik: „eine neue Plockkeuchen gemacht".

Beim Zugang zur Fragstatt gewahrt man im Boden eine Öffnung, die einen Blick in ein tiefes Verlies gestattet. Dieses, in eine Tiefe von mehr als drei Meter hinabreichende Lochgefängnis wurde nach Aussage der Bauamtschronik mit noch einem weiteren 1533 eingebaut. Das schwere Eisengitter der Öffnung sicherten einstmals drei Schlösser. Alle Pietät mißachtend, verwendete man in diesem Kerker als Sitzplatte für den Abort einen jüdischen Grabstein, in den zu diesem Zweck ein rundes Loch geschlagen wurde. Der Stein mit den hebräischen Schriftzeichen wurde erst 1960 entdeckt. Er stammt von dem großen jüdischen Begräbnisplatz südlich der Stadt, der 1519, dem Jahr der Vertreibung der Juden aus Regensburg, zerstört wurde.

Längere Freiheitsstrafen wurden in den Blockkeichen und Lochgefängnissen nicht verbüßt. Sie dienten der Unterbringung der Gefangenen nur bis zur Verurteilung, sind also als Untersuchungsgefängnisse anzusehen.

War ein Verbrecher zum Tode verurteilt, so verbrachte er seine letzten Stunden im „Armesünderstübchen", oder „Richtstübl". Es wurde samt den Lochgefängnissen 1533 errichtet: „Das Richtstübl darinnen diejenigen, so das leben verwürckt, nach verkundung des Rechtstags erhalten werden...". Hier nahmen die Verurteilten auch die Henkermahlzeit ein. Den Raum umgeben an drei Seiten holzverkleidete Wände. Die vierte Seite gegen einen kleinen Hof des Rathauses schließt ein Gitter aus vertikalen Vierkanthölzern. Von der einstigen Doppeltüre ist nur noch die innere erhalten. Sie ist ganz mit Eisen beschlagen und mit einer Klappe versehen. Umlaufende Podeste an der Ost- und Südwand dienten dem Gefangenen als Liegestatt, ein Holzkeil als Kopfstütze. Auch hier erhielt sich der alte Abort in Form eines ausgehöhlten Holzklotzes. Der Gefangene war an eine Laufschiene gekettet und besaß somit bedingte Bewegungsfreiheit. Über dem Lager sind noch Zeichnungen zu erkennen, die ein Gefangener mit Kreide an die Wand kritzelte. Einkerbungen am Kopfende des Lagers, mit dem Fingernagel oder einem spitzen Gegenstand in die Holzwand getieft, mögen wohl Stundenstriche eines zum Tode Verurteilten sein. Das Stübchen erhellen zwei vergitterte Fenster. Das Volk konnte vom Roten Herzfleck aus an die Todes-

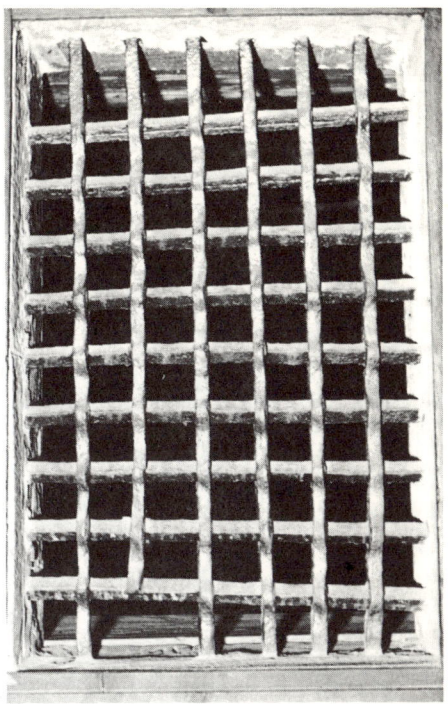

283. Armesünderstübchen. Kopfende des Lagers. An der Wand Kritzeleien Gefangener erkennbar. Fenstergitter mit Lücke

zelle herantreten. Den Gaffern war der Verurteilte durch das Holzgitter zur Schau gestellt, Freunde und Verwandte konnten ihm durch eine Lücke des Fenstergitters ein letztes Mal die Hand reichen.

Freiung und Asylrecht

Schon das Altertum kannte Zufluchtsorte, Freistätten für Verfolgte, an denen sie zunächst vor dem Zugriff der weltlichen Macht gesichert waren. In Griechenland galt jeder den Göttern geweihte Ort als Asyl und im alten Rom schützten die Adler der Legionen oder die Statuen der Kaiser. Nach Konstantin dem Großen ging das Asylrecht an die Kirche über. Seit dem frühen Mittelalter galten der nächst der Kirche oder einem geistlichen Stift gelegene Raum sowie die Wohnung des Bischofs als Freistätte. Verbrecher, die sich dahin flüchteten, entzogen sich vorerst der weltlichen Gerichtsbarkeit und standen unter der Jurisdiktion des Bischofs oder des Abtes. In Regensburg werden das Domstift, einzelne Klöster und die bischöfliche Residenz als Zufluchtsstätten genannt. Freilich konnte sich nicht jeder Gewaltverbrecher auf diese Weise seiner gerechten Strafe entziehen. Papst Benedikt XIII. und Papst Gregor XIV. setzten fest, daß sich dieses Asylrecht nicht auf grobe Verbrecher wie Straßenräuber, Mörder, Kirchenschänder oder von der Inquisition verfolgte Ketzer erstrecken sollte. In Regensburg gaben die Freiungen nicht selten Anlaß zu Streitigkeiten zwischen Klerus und Magistrat.

Ein gewisser Häcklein verübte 1374 „am Eck der Schäffnerstraße" einen Mord. Es gelang ihm, in die Freiung von St. Emmeram zu flüchten. Die Stadtbüttel hatten ihn bereits in der Küche des Klosters ergriffen. Nicht des gehetzten Mörders wegen, sondern um sein Recht zu demonstrieren, ließ ihn der Abt mit Gewalt befreien und in eines seiner Gemächer bringen, wohin die Schergen sich nicht vorzudringen wagten. Ungestüm verlangte der Rat die Herausgabe des Verbrechers. Der Abt jedoch beteuerte, das Versteck des Mörders nicht zu kennen. Inzwischen erkletterte der Verfolgte das Dach des Klosters, um von dort aus weiter zu flüchten. Die vor dem Kloster versammelten Menschen aber entdeckten ihn und konnten ihn in einem „heimlichen Gemach", einem

Abort im Weingarten des Klosters stellen, festnehmen und auf das Rathaus bringen. Nach schnellem Urteil verlor er seinen Kopf. In der gewaltsamen Fortführung des Flüchtlings aus dem Asylbezirk des Klosters sah der Abt die Rechte der Kirche verletzt. Der Rat mußte öffentliche Abbitte leisten, um nicht dem Kirchenbann zu verfallen.

1479 hatten Schneidergesellen einen Malergehilfen namens Ruprecht erschlagen. Sie fanden Schutz in der Freiung von St. Emmeram. Einhundertachtundzwanzig Nächte lang belagerten die Regensburger Stadtknechte das Kloster. Trotzdem gelang es ihnen nicht, der Gesellen habhaft zu werden. Der Rat erreichte lediglich, daß die Emmeramer Mönche versprachen, ihr Tor am Abend früher zu schließen. Um weitere Gewalttaten möglichst zu verhindern, verbot der Stadtrat allen Handwerksgesellen das Tragen langer Messer.

„Eine sonderbare böse Ehestandsgeschichte", schreibt Gumpelzhaimer, erregte 1548 die Gemüter der Regensburger. Der Stadtarzt Albinus, ein großer Trunkenbold, lebte mit seiner Frau in ständigem Streit und Unfrieden. Eines Tages ließ er sich, wahrscheinlich in betrunkenem Zustand, hinreißen, sein Eheweib im Bett mit einer Rute jämmerlich zu schlagen. Er hatte ob dieser Tat nichts Gutes zu erwarten, da noch dazu der Bruder der Mißhandelten in Regensburg Hansgraf war. Deshalb floh der tätliche Ehegatte in die Freiung des Bischofshofes. Schließlich aber blieb ihm doch nichts anderes übrig, als freiwillig wieder in den weltlichen Bezirk der Stadt zurückzukehren. Zwei Knechte ergriffen ihn und brachten ihn in das Gefängnis im Rathaus, wo er in Ketten gelegt wurde. Durch Fürsprache seiner Verwandten und auf seine Beteuerung hin, seiner Frau künftig keine Mißhandlungen mehr zuzufügen, wurde ihm die Freiheit wiedergegeben.

Zu einem ausgedehnten Rechtsstreit führte die Mißachtung des kirchlichen Asylrechts im Jahre 1688. Zwei Diebe hatten zu Niedermünster aus einem Gewölbe Geld und Wertsachen gestohlen. Es gelang ihnen, sich der Festnahme zu entziehen und in die Freiung des Kapuzinerklosters an der Ostengasse zu flüchten. Der Rat verlangte vom Klosteroberen ihre Auslieferung. Als dies abgeschlagen wurde, drangen die Stadtschergen mit Gewalt in das Kloster und holten die Missetäter heraus. Die Kapuziner protestierten gegen dieses Vorgehen des Rates und wandten sich um Unterstützung auch an den bairischen Gesandten am Immerwährenden Reichstag. Auch die Stadt suchte Unterstützung bei mehreren Gesandtschaften. Schließlich mußte der Rat sich doch zu der Erklärung herbeilassen, künftig keine Asylsuchenden mehr aus klösterlichen Freistätten mit Gewalt zu holen. Der Fall verdient insofern besonderes rechtsgeschichtliches Interesse, als er sich bei den Verfolgten um Diebe handelte, die kirchliches Eigentum entwendet hatten und ihnen trotzdem kirchliches Asyl gewährt wurde. Das Prestige stand hier über materiellen Interessen. Der Rat getraute sich nicht, die Diebe, deren er auf illegalem Wege habhaft geworden war, mit dem Tode zu bestrafen. Einen von ihnen ließ er aushauen, dem anderen einen Galgen auf die Stirne brennen.

Das Vordringen des römischen Rechts, das die Staatsgewalt über das kanonische, das kirchliche Recht setzte, bewirkte seit Beginn des 16. Jahrhunderts ein allmähliches Schwinden der Bedeutung der kirchlichen Freistätten und des kirchlichen Asylrechtes. Das beweist u. a. auch die Festnahme des Dombaumeisters Wolfang Roritzer 1514, den die Stadtbüttel aus seiner Werkstatt innerhalb der Freiung des Domes wegführten. Er wurde zusammen mit anderen vor dem Rathaus enthauptet.

Die Torflügel vom Westportal der Niedermünsterkirche tragen sogenannte Türklopfer, aus Bronze gegossene Löwenköpfe mit schweren Bronzeringen im Maul. Sie gehören der Romanik des 12. Jahrhunderts an. Auch die durch Bomben zerstörte Obermünsterkirche besaß an ihrem Portal solche Löwenköpfe mit Ringen. In ihnen sind Denkmäler des Asylrechts der mittelalterlichen Kirche zu sehen. Sie dienten nicht nur dem praktischen Zweck, dem Zuziehen der schweren Türflügel, sondern hatten wohl hauptsächlich symbolische Bedeutung. Der Verfolgte, der sich an diesen Ring klammerte, vollzog damit eine Rechtsgebärde und brachte augenscheinlich zum Ausdruck, daß er von der Kirche und ihrem Asyl Besitz ergreife. Diese Annahme wird erhärtet durch die Ringform, den Kreis. Nach altem Volksglauben bannt der Kreis böse Geister und schützt nach außen. Der Löwe, der Träger des Asylrings, galt als Herrentier. Er verkörpert Macht und Stärke, die Macht, Schutz und Zuflucht zu gewähren.

Freibitten von Verurteilten

Ein uralter, auch für Regensburg verbürgter Rechtsbrauch, ist das Freibitten Verurteilter. Personen von hohem Ansehen, Adelige und der Klerus hatten das Recht, für einen zum Tode Verurteilten Gnade zu erbitten. Ortlieb Gainchofer, ein Freund des Verschwörers Frumold (s. d.)

und Gegner des Stadtregiments, wurde 1339 zum Tode verurteilt. „Da kam alle Pfaffheit und trug den heiligen Herrn S. Erhard auf das Rathhaus, als man Gainchofern richten wolte, und bat mit den Freunden und Anverwandten, daß man Gainchofern um S. Erhards willen das Leben schenken möchte", schreibt Gemeiner nach einem zeitgenössischen Bericht. „S. Erhards Fürbitte durfte man nicht enthören, noch den Pfaffen und den Anverwandten die Bitte abschlagen." Der Rat begnadigte Gainchofer vom Tode, verurteilte ihn aber zu lebenslanger Kerkerhaft im Gießübel (s. d.).

Im Jahre 1407 hatte eine Regensburgerin namens Grätsch ihren Ehemann vergiftet. Sie wurde zum Tode verurteilt. Kurz vor der Hinrichtung erschienen die Nonnen von Ober- und Niedermünster im Rathaus. Sie trugen das Haupt St. Erhards mit sich und baten auch um dieses Heiligen willen den Rat um Gnade für die Mörderin. Die Herren getrauten sich nicht zu widersprechen und widerriefen das Todesurteil. Die Mörderin ließen sie jedoch auf Lebenszeit in einen Kerker einmauern. Die Stadtväter empfanden diese Form der Fürbitte als Eingriff in ihre Rechte und ließen den Äbtissinnen der beiden Stifte hinterbringen, daß man ihnen die Reliquie abnehmen und in der Achkirche beim Rathaus aufbewahren werde, falls sie noch einmal damit vor dem Rat erscheinen würden.

Man schrieb das Jahr 1440. Ein Adeliger, Erasmus Sattelbogen von Lichteneck, stand bei den Regensburger Juden in Schulden. Um Unterhandlungen zu führen, traf er sich mit drei seiner Gläubiger in seiner Regensburger Stadtwohnung. Die Unterredung steigerte sich zu scharfem Wortwechsel, in dessen Verlauf sich der Edelmann hinreißen ließ, einen der Juden zu erschlagen. Um die zwei anderen Juden als Tatzeugen auszuschalten, überwältigte er sie mit Hilfe seines Sohnes Martin und einiger seiner Knechte, knebelte und fesselte sie und packte sie samt dem Toten in eine Truhe. Auf diese Weise hoffte er, den Leichnam und die Zeugen aus der Stadt zu bringen. Dieser Plan aber wurde vorzeitig aufgedeckt. Sattelbogen und sein Sohn konnten zwar noch entweichen, mußten aber die Truhe mit dem Toten und den Geknebelten zurücklassen. Der Rat sah das Gesetz und die Ehre der Stadt auf unerhörte Weise verletzt. Eiligst schickte er die Stadtsöldner aus, denen es auch alsbald gelang, den Mörder und dessen Sohn als Gefangene einzubringen. Ihre Familie sowie der ganze Adel setzten sich nun beim Rat für die Gefangenen ein. Auch eine Abordnung des Magistrats von Augsburg kam hierher um sich für Sattelbogen und seinen Sohn zu verwenden. Der Rat aber blieb unerbittlich und bestand auf dem Todesurteil. Als aber selbst die Gemahlin Herzog Albrechts von Baiern eigens nach Regensburg kam um ihre Fürbitte einzulegen, mäßigte sich die Strenge der Ratsherren. Sie verehrten der hohen Dame als Geschenk einen Papagei in einem vergoldeten Käfig. Aus Rücksicht auf die große Verwendung entließ er die Gefangenen, die jedoch schwören mußten, in den folgenden zehn Jahren die Stadt nicht mehr zu betreten und während dieser Zeit ihren Wohnsitz außerhalb Deutschlands zu nehmen. „Der Adel jener Zeit war gar zu trotzig und wild und nichts mit ihm auszurichten" meint Gumpelzhaimer und führt als Gegenstück an, daß zur selben Zeit drei arme Landdiebe zu Donaustauf ohne Gnade und Bedauern hingerichtet wurden.

Eine Kindsmörderin sollte am 13. November 1684 enthauptet werden. Schon saß sie entblößten Hauptes auf dem Richtstuhl und harrte des tödlichen Streiches. In letzter Minute bat die Gräfin von Windischgrätz, die Verurteilte zu begnadigen. Nicht mehr die Stadtknechte, sondern ein paar alte Frauen brachten die Freigebetene in das Arrestlokal zurück. Am Abend führten sie zwei Franziskanermönche zu ihrer Fürsprecherin, bei der sie sich bedankte. Die Nacht verbrachte die Begnadigte im Kloster St. Klara. In aller Frühe des folgenden Tages geleiteten sie die Mönche in ein Kloster außerhalb der Stadt.

Auch ein junges Mädchen konnte einem zum Tode Verurteilten durch Heirat das Leben retten. Dazu berichtet Gumpelzhaimer eine höchst originelle und rechtsgeschichtlich interessante Begebenheit. Hans Meyerhofer harrte 1559 wegen eines Verbrechens seiner Hinrichtung. Seine Braut, Katharina Leupoldin aus Nürnberg, ließ ihn jedoch nicht im Stich. Eiligst schickte sie Boten nach Regensburg, die den gestrengen Rat baten, den Gefangenen freizulassen, weil sie ihn zum Eheman begehre. „Dem heiligen Ehestand zu Ehren" ließ sich der Rat erweichen und erklärte, daß er entschlossen war, Meyerhofer nach dem Recht zu richten. Er wolle ihm aber das Leben schenken, wenn die Jungfrau selbst vor den Herren erscheine, den Gefangenen zum Mann begehre und öffentlich mit ihm Hochzeit halten wolle. Zumindest aber müsse Meyerhofer für seine Untat 200 Gulden Buße zahlen und auch die Kosten für seine Verpflegung während der Haft ersetzen. Alsbald erschien das Mädchen vor dem Rat und wiederholte sein Versprechen. Zugleich bat sie um Nachlaß der Strafe, da sie beide mittellos seien. Ihre Freunde erklärten sich bereit, 50 Taler für sie zu entrichten. Noch einmal zeigten sich die Regensburger Ratsherren nachgiebig und wollten mit 100 Gulden zufrieden sein. Schließlich ließen sie den Gefangenen aus dem Kerker holen und hielten ihm seine schwere Schuld und das Urteil, das ihn hätte treffen sollen, vor Augen. Abermals ersuchte die Braut um Nachlaß der Geldbuße und bat die Herren, sie möchten sich mit 50 Talern zufriedengeben. Der Rat gab schließlich auch das noch zu, und Braut und Bräutigam konnten den Strafnachlaß als Hochzeitsgeschenk betrachten.

Nicht so gnädig erwies sich der Rat einige Jahrzehnte später, 1592. Ein gewisser Wolf Reuther, der einen Tuchknappen ermordet hatte, ward zum Tod durch das Schwert verurteilt. Die Regensburger Bürgerstochter Magdalena Loyblin bat den Rat um das Leben des Verurteilten und bekundete, ihn heiraten zu wollen. Alle Bitten aber blieben vergeblich, Reuther „mußte den Kopf verlieren".

Verbrecher, Dirnen, Ketzer und Hexen am Schottenportal

Die mittelalterliche Kunst Regensburgs hat den Verbrechern, den verachteten Possenreißern, den Spielleuten und Dirnen, den Ehebrechern und Kupplern, den Ketzern und Hexen in der berühmten Portalwand der Schottenkirche ein Denkmal gesetzt. Der unvorbereitete Betrachter schaut eine Fülle seltsamer Menschen- und Tiergestalten, deren Sinn ihm unverständlich bleibt. Unter den zahlreichen Versuchen zur Deutung der rätselhaften Figurenzyklen sind jener von Richard Wiebel und der aus neuester Zeit stammende von Franz Dietheuer die überzeugendsten. Namentlich letzterer diente als Grundlage für die folgenden Ausführungen, die sich auf die einschlägigen Figuren an den Portalgewänden und den Begrenzungspfeilern beschränken.

Das Kirchenportal, die Schwelle zum Hause Gottes, soll allen Bösen und Arglistigen den Eintritt verwehren. Sie sind ausgestoßen aus der menschlichen Gemeinschaft und ausgeschlossen vom Himmelreich. Diese verachteten und Verworfenen stellte der Meister des 12. Jahrhunderts in den Portalgewänden und an den Begrenzungspfeilern der Portalwand dar. Betrachten wir nun die Plastiken im einzelnen:

In der Kämpferregion des westlichen Portalgewändes erblickt man rechts eine kauernde Figur. Beide Hände liegen auf dem Unterleib, die Sünde des Fleisches andeutend. Die aufgehenden Einfassungswulste deutet Dietheuer als Höllenseile, als Zeichen ewiger Verdammnis. Dreifach schlingt sich der Hurenturban auf dem Haupt dieser Skulptur. Sie verkörpert das Spielweib, die streunende Prostituierte. Die Mitte nimmt die Figur eines Spielmanns ein. Auf dem Haupt trägt er die Zauberer- oder

284. *Schottenkirche St. Jakob. Westliches Portalgewände. Tänzerin und Spielmann, um 1200*

Magiermütze mit dem nach vorne weisenden Horn, der Schnurrbart ist modisch gedreht und kurz geschnitten. Die birnförmige Rebec, eine Art Fiedel, streicht er im Schoßspiel. Es ist der landfahrende Fiedler, der Gaukler, Spaßmacher und Possenreißer, das Abbild des leichtfertigen, jähzornigen und wollüstigen Menschen. Links davon kauert eine weibliche Gestalt mit nackenfrei geschnittenem, in Strähnen nach rückwärts gekämmtem Haar. Über dem langen, faltigen Kleid trägt sie einen Wams, den ein vor dem Leib geknoteter Gürtel zusammenhält. Mit den Händen greift sie hinter dem Höllenseil nach den nackten Füßen. Diese Körperstellung versinnbildlicht Fesselung an Händen und Füßen, ewige Gefangenschaft, ewige Hölle und Finsternis. Wir haben hier die Tänzerin Salome vor uns. Lustbarkeit und Unzucht bilden somit den Grundgedanken dieser drei Figuren, die in den sinnverwandten Darstellungen der Kämpferregion des östlichen Portalgewändes ihre Fortsetzung finden. Rechts erkennt man die mit einem Mantel bekleidete Gestalt eines Mannes, der mit beiden Händen eine große Geldkatze hält. Als Lendenschurz trägt er eine Reihe herabhängender Otterfelle, die ihn als Pelzkaufmann ausweisen. Diese Aufkäufer vermittelten Nachrichten, Botschaften und betätigten sich als Heiratsvermittler und Kuppler; sie verdienen sich den Kuppelpelz. Kuppler aber zählten zu den unehrlichen, verachteten Leuten. Zweifach schlingt sich deshalb der Hurenturban auf seinem Haupt. Die nach links folgenden zwei Gestalten sind weiblich; ihre Hände liegen flach auf dem Unterleib. Es sind die Genossinnen des Kupplers: das Freudenhausmädchen, auf dessen Haupt das Höllenseil in dreifacher Schlinge ruht, und die Freudenhausmutter, die es gleichfalls versteht, zu kuppeln und abzutreiben. Beide Typen kommen auch in den mittelalterlichen Mysterienspielen vor.

Wenden wir uns wieder dem westlichen Portalgewände zu, so begegnet uns in der Sockelzone links ein Mann mit unförmig dicken Schenkeln: der Fresser, der Säufer, der Wucherer, der reiche Prasser. Er ist nackt, weil ihm das Kleid der heiligmachenden Gnade fehlt, als der Tod ihn jäh überfiel. Das Höllenseil hält seinen bärtigen Kopf eingeklemmt. Umgeben ist er vom Flammenwall der Hölle. Rechts hängen Feuerketten, links Feuergeißeln, Werkzeuge der strafenden Gerechtigkeit Gottes. Der nach rechts folgenden Figur fehlt jedes Merkzeichen. Sie ist mit einem kurzen Wams und einem Mantel bekleidet, den oben eine Schließe zusammenhält. Die Hände liegen flach auf dem Körper, die Daumen sind abgespreizt. Zwischen Daumen und Zeigefinger führen Löcher in den Stein. Darin waren mit Sicherheit einstmals Eisenstifte befestigt, die Ringe trugen, Ringe zum Anbinden der Hunde, die den Kirchenbesuchern nicht in das Gotteshaus nachlaufen oder sich entfernen sollten. Das Mittelalter sah eine große Schande darin, einen Hund zu tragen oder zu halten. Damit ergibt sich der Sinn dieser Plastik: Sie verkörpert den adeligen Hundehalter, der Raubritter Nimrod, der wegen Raub und Brand vor der Kirche und in der Hölle die Hunde halten muß. „Draußen aber sind die Hunde" heißt es in der Geheimen Offenbarung des Johannes. Ganz rechts kauert die Gestalt eines Bettlers, wie sie einstmals in großer Zahl almosenheischend die Kirchentüren belagerten. Mit beiden Händen hängt er am Krückstock, dem Attribut des Bettlers. Wegen Faulheit muß er auf Erden wie auch in der Hölle betteln gehen.

Die Sockelreihe der östlichen Portalwand zeigt rechts einen Mann, dessen Arme mit Stricken an die Fasenwulste, die Höllenseile, gebunden sind. Es ist ein gefesselter Verbrecher in der Hölle, Herodes der Kindermörder. Die benachbarte Figur stellt einen Mann vor, dessen Arme und Hände nicht zu sehen sind. Offenbar wurden sie ihm zur Strafe auf dem Rücken zusammengebunden. Nach der Auffassung Dietheuers ist in dem Dargestellten Judas Ischariot zu sehen, dem nach der Vision des Alberich 1129 und nach der Vision des Owein 1150 die Hände mit feurigen Ketten auf den Rücken gebunden sind. Die nach außen folgende Plastik ist ein Bettler, worauf das Attribut, der Krückstock, schließen läßt.

Am westlichen Außenpfeiler kauert links oben eine weibliche Gestalt, auf deren Haupt dreifach das Höllenseil ruht. Sie trägt ein eng anliegendes Kleid, darüber einen Mantel, nach Dietheuer den Sklavenmantel der Hölle. Sie stellt die Hexe dar, die Wettermacherin, die Handleserin, die Liebestränke und Gifte braut und als Besprecherin von Mensch und Vieh im Bunde mit dem Teufel steht. Die weibliche Halbfigur rechts davon legt beide Hände auf den Leib, wiederum als Geste der Fleischeslust. Auch sie hat die dreifache Schlinge des Höllenseiles und den Höllenmantel der Sünde zu tragen: die Unzüchtige, die falsche Anklägerin, wohl die Frau des Ägypters Putiphar. Links unter der Hexe findet sich eine männliche Gestalt, die in der linken Hand ein Buch vor der Brust hält, auf das sie mit dem Zeigefinger der rechten Hand deutet. Es ist der Ketzer, der falsche Prophet, der an der Lehre frevelt, der Spaltung und Zwietracht sät. Als Sinnbild seiner ewigen Verdammnis erhebt sich hinter ihm ein Netz, geflochten aus drei starken Seilen, die unzerreißbar und feurig zu denken sind. Dann folgt rechts ein Mann, der mit beiden Händen die langen Zipfel seines Kinnbartes hält zum Zeichen des schlechten Schwures. Es ist der Hohepriester Kaiphas, der Hauptschuldige am Tod Christi. Die stilisierten Wirbel des feurigen Schwefelflusses deuten seine Strafe der ewigen Verdammnis an.

Betrachten wir die Darstellungen des östlichen Wandpfeilers, so sehen wir links oben eine Frauengestalt in Halbfigur mit dem dreifachen Höllenseil über dem Haupt und der durch die Haltung der Hände angedeuteten Geste der Unzucht: die Ehebrecherin, vielleicht die Königin Herodias, deren Haß und Mordgier auch den Tod Johannes des Täufers mitverschuldeten. Rechts davon steht abermals eine weibliche Gestalt mit dreifachem Höllenseil: die Totenbeschwörerin, die Zauberin und Wahrsagerin, die im Verein mit ihrem westlichen Gegenüber, der Hexe, in die Gesellschaft der Vertrauten des Teufels gehört.

Unten links hält ein Mann die linke Hand auf den Unterleib, während er die Rechte beteuernd auf das Herz legt. Nach Wiebel ein Mensch, der zur Unzucht lockt, ein Heuchler, der Liebe beteuert, ein Heiratsschwindler. Dietheuer dagegen deutet den Dargestellten als König Herodes, der den schlechten Eid schwört und Johannes den Täufer enthaupten ließ und der nach den Visionen des Alberich und des Tnugdal im feurigen Höllental verharrt, gefüllt mit feurigen Kohlen. Gegenüber sitzt die Figur eines Mannes, der in der Linken einen Hammer schwingt und in der Rechten einen gedrehten Ring hält, der Ringschmied Vulkan, der Zauberringe fertigt und ein Vertrauter des Teufels ist. Hinter ihm ragt ein aus dicht geflochtenen Riemen bestehendes — unzerreißbares — Netz auf, das Sinnbild der unentrinnbaren, strafenden Gerechtigkeit Gottes.

Schottenportal, östliche Kämpferregion. Kupler und Dirne, um 1200

Stadtgrundrisse, Aufrißpläne, Karten, Gesamtansichten der Stadt

Über Lage und Ausdehnung der Stadt, über Straßenführungen und Straßennamen, über Befestigungsanlagen, über Wegverbindungen außerhalb der Mauern im Bereich des Burgfriedens sowie über Flurnamen, Fluß- und Siedlungsverhältnisse unterrichten Karten, Pläne und Grundrisse des 17., 18. und 19. Jahrhunderts. Die wichtigsten davon seien nebst einer kurzen Kennzeichnung nachfolgend aufgeführt. Zur besseren Orientierung und Auffindung ist jeweils der originale Titel des Planes oder der Karte (soweit ein solcher vorhanden) angegeben. Die Aufzählung erfolgt in chronologischer Reihenfolge.

1. EXACTISSIMA IMPERIALIS LIBERAE CIVITATIS RATISBONAE DELINEATIO ANNO 1614. Großer Vogelschauplan, der das gesamte Stadtgebiet, die mittelalterliche Befestigung und die Gegend außerhalb der Mauern bis ins Detail schildert. Für die Ortskunde von Regensburg von größter Bedeutung. Getuschte Federzeichnung von Hans Georg Bahre. Das Tableau wurde 1644 nach dem Stand von 1614 angefertigt. Ein zweiter Aufriß dieser Größe und Ausführung, gleichfalls von H. G. Bahre, stammt aus dem Jahr 1645 und gibt die Verhältnisse des Jahres 1633 wieder. Museum.

2. RATISBONA. Vogelschauplan. Getuschte Federzeichnung von Hans Georg Bahre um 1630. Die Stadtbefestigung sowie die Gebäude in kirchlichem und herzoglich-bairischem Besitz erscheinen in Aufrißzeichnung; bürgerlicher Besitz dagegen ist in Form graugetönter Grundrißflächen dargestellt. Museum.

3. Drei Bruchstücke von Plänen der mittelalterlichen und der 1632 entstandenen barocken Festungsanlagen. Aufrißzeichnung von Hans Georg Bahre um 1633. Feder, laviert. Museum.

4. Ratisbona Regenspurg. Kupferstich von Matthäus Merian aus seiner 1644 erstmals erschienenen „Topographia Bavariae". Regensburg mit den barocken Festungswerken ist aus der Vogelperspektive gesehen. Zwar sind die Häusergruppen teilweise nur schematisch dargestellt, doch bildet dieser vielfach publizierte Plan doch eine bedeutende Quelle zur Topographie Regensburgs. Kopfleiste mit Nordansicht der Stadt von Wenzel Hollar. Die

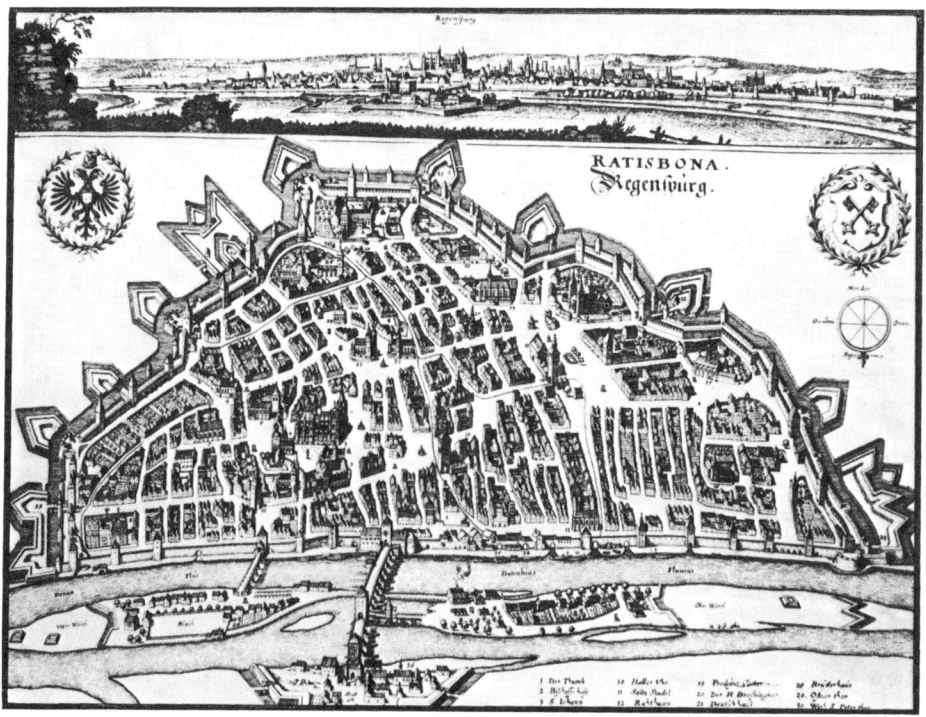

285. Stadtbild aus der Vogelschau. Kupferstich von Matthäus Merian aus „Topographia Bavariae", 1644 (Stadtgrundrisse Nr. 4)

Legende verzeichnet in 36 Nummern die wichtigsten kirchlichen und profanen Gebäude. In Anlehnung an diesen Stich Merians erschienen in späteren Jahren mehrere Nachzeichnungen, so von F. de Wit, Amsterdam, um 1650, von Lukas Schnitzer, Nürnberg, 1666, und selbst noch um 1750 von Gabriel Bodenehr für sein Werk „Force d'Europe".

5. Eigentliche DELINEATION und GEOMETRISCHER Grundriß des H. Röm. Reichs Freyen Statt Regenspurg wie solche dieser Zeit im wessen stehet Anno 1644. Kupferstich von Philipp Harpff, Erfurt. Das 38 x 29 cm messende Blatt vermittelt einen sehr anschaulichen, von Norden gesehenen Überblick über die Siedlungsverhältnisse im Bereich des Burgfriedens. Während das bebaute Stadtgebiet innerhalb der Festungsanlagen im Grundriß wiedergegeben ist, sind die Ansiedlungen im Weichbild der Stadt im Aufriß gezeichnet. Wege, Geländeformen und Flußverhältnisse sind gewissenhaft vermerkt. Der Plan umschließt das Panorama von Pürkelgut bis Großprüfening; den Horizont bilden die Höhenrücken im Süden der Stadt. Die Legende erklärt in 20 Nummern die wichtigsten Gebäude; die Buchstaben A bis X geben die Standorte der einzelnen im Aufriß gezeichneten Burgfriedenssäulen an. Das Blatt mit seinen vielen Einzelheiten bildet ein wichtiges Hilfsmittel zur Topographie der Regensburger Vororte.

6. Nachzeichnung des unter Nr. 5 genannten Planes von Joh. Ulrich Krauß, herausgegeben von M. Seutter, kaiserlicher Geograph in Augsburg. Im Unterteil des Blattes zwei allegorische Darstellungen und eine Nordansicht der Stadt. Kupferstich 1662.

7. Neuauflage des unter Nr. 5 genannten Planes von J. Weishof in Regensburg, 1705.

8. Grundriß der Stadt und ihrer Umgebung. Getuschte Federzeichnung, 1694. Befestigungen, Kirchen und stadteigene Gebäude erscheinen im Aufriß. Erster Plan, der mehrere Straßennamen vermerkt. Aufschlußreich für das Studium der Festungsanlagen. Museum.

9. Entwurff der Kaiserlichen freyen Reichs-Stadt Regenspurg Burgfrieden. Plan des reichsstädtischen Burgfriedens. Kolorierte Federzeichnung von Jakob Sebastian Püchler, 1765. Von hohem Standort aus, von Norden, blickt der Betrachter über

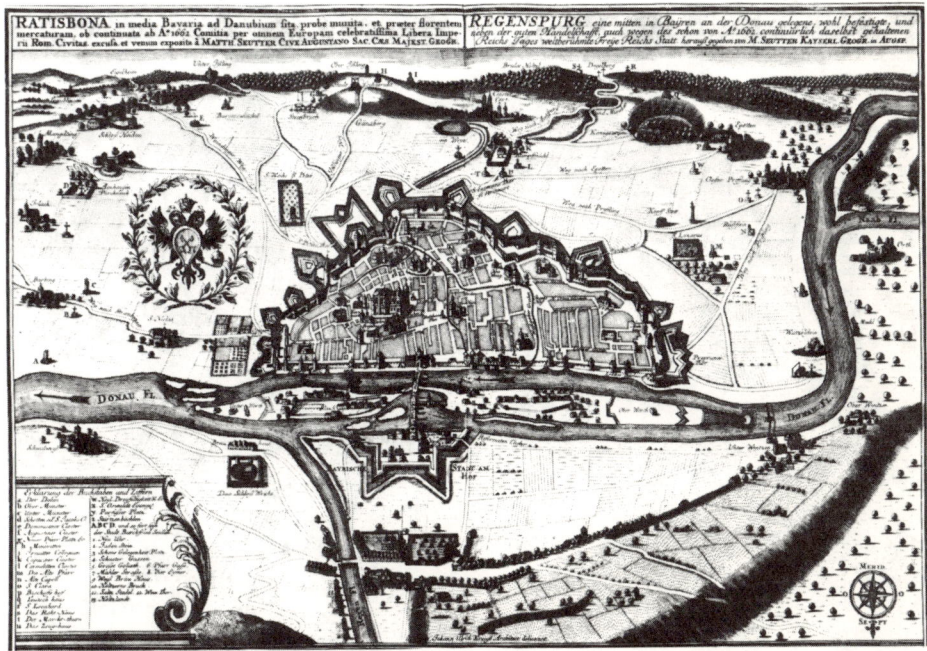

286. Grundriß der Stadt mit den Befestigungsanlagen und dem Burgfrieden. Kupferstich von Joh. Ulrich Krauß, 1662 (Stadtgrundrisse Nr. 6). Museum

Stadtamhof, die Wöhrde, die Reichsstadt und das sie umgebende Land. Der Gesichtskreis reicht von Burgweinting im Osten bis Kleinprüfening im Westen. Von den Siedlungen im Weichbild der Stadt erscheinen Ainhausen (= Pürkelgut), das Leprosenhaus Alt-St.-Niklas, Unter- und Oberisling, das Hochgericht auf dem Galgenberg, Kumpfmühl, Prüll, Graß, Königswiesen, Dechbetten, Kloster Prüfening, Großprüfening und beim Einfluß der Naab Mariaort und Kneiting. Die Burgfriedenssäulen werden als Kreuze wiedergegeben. Sie sind (einschließlich des sog. Wutzelsteins [(s. d.)] mit Großbuchstaben bezeichnet und ihre Standorte in einer Legende erläutert. Rechts unten zwei allegorische Figuren, die Donau und die Stadt Regensburg verkörpernd. Museum.

10. Beschreibung deren Regensburgischen Burgfrieds. Plan des Reichsstädtischen Burgfriedens, gezeichnet von dem kurfürstlichen Maurermeister Christoph Thomas Wolf in Stadtamhof anläßlich der 1768 erfolgten Begehung und Protokollierung des Burgfriedens zwischen der Reichsstadt und dem Kurfürstentum Baiern. Das Stadtgebiet erscheint ohne jede Differenzierung als einheitliche Fläche, lediglich die barocken Basteien sind formelhaft wiedergegeben. Genau verzeichnet sind die Burgfriedenssäulen, deren Standorte in der beigegebenen Legende erläutert werden. Sie sind mit den Nummern 1 (für den sog. Wutzelstein, s. d.) bis 22 bezeichnet. Der Plan gibt aufschlußreichen Einblick in die Weg- und Siedlungsverhältnisse außerhalb der Stadtmauern. Bayerisches Hauptstaatsarchiv München, Plansammlung, Aushebe-Nummer 2848.

11. Die acht Bezirke (Wachten) der Reichsstadt. 8 Einzelpläne in brauner Tusche ausgeführt, aus der Zeit um 1770. In 7 der Blätter (Ostner-, Scherer-, Wittwanger-, Wildwercher-, Pauluser- und Donauwacht) sind die Namen der Hausbesitzer eingetragen. Museum.

12. PLAN DER FREYEN REICHS STADT REGENSPVRG BVRGFRIED. Übersichtskarte über den reichsstädtischen Burgfrieden und das Pfleggericht Weichs mit genauen Standortangaben der reichsstädtischen Grenzsäulen sowie der des Pfleggerichts Weichs. Kupferstich, gezeichnet von dem Ingenieuroberst Groth de Grothe, gestochen von Johann Mayr in Regensburg, etwa 1770. Von Grothe signierte, farbige Originalvorzeichnung zu diesem Stich im Bayerischen Hauptstaatsarchiv München, Plansammlung, Aushebenummer 1699.

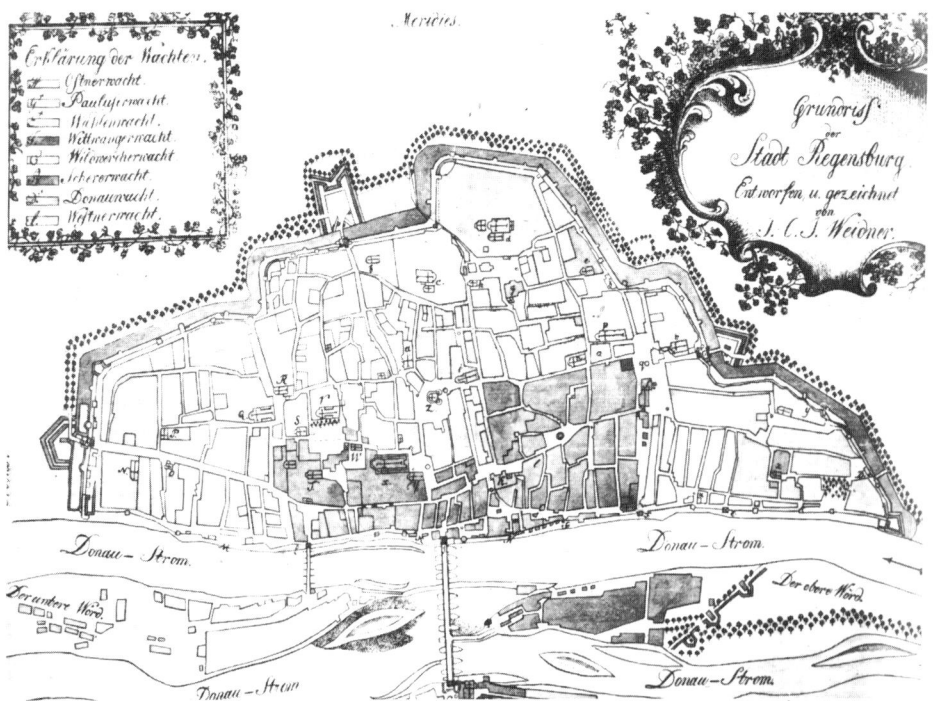

287. *Grundriß der Stadt Regensburg. Entworfen und gezeichnet von J. C. J. Weidner. Steindruck von K. Elsperger, 1803 (Stadtgrundrisse Nr. 18). Hofbibliothek*

13. **Geometrisch aufgenohmener Plan Der churbaierischen Stadt Stadtamhof mit ihren vier vorhandenen Burgfried March Steinen**... Plan von Stadtamhof von dem kurfürstlichen Maurermeister Christoph Thomas Wolf vom 26. Juni 1774. Präzise aufgenommener und in leuchtenden Farben kolorierter Plan. Kirchlicher und bürgerlicher Besitz durch verschiedene Farbgebung unterschieden. Genauer Grundriß des Stadtamhofer Brückenkopfes. 23 Nummern geben Erklärungen zu Gebäuden, Einrichtungen und Örtlichkeiten. Rechts unten die Abbildung eines Stadtamhofer Grenzsteins mit den Initialen SAH (= Stadtamhof), dem Wappen (drei gekreuzten Schlüsseln) und der Jahreszahl 1655. Unentbehrlich zur Topographie Stadtamhofs. Gleicher Plan von 1786 von dem Stadtamhofer Maurermeister Sebastian Schmid. Beide Pläne im Bayerischen Hauptstaatsarchiv München, Registernummern 2846 bzw. 908. Replik des Planes von 1786 im Historischen Verein Regensburg.

14. **Grundriß der Heiligen Römischen Freyen Reichs Stadt Regensburg Anno 1779**. Stadtgrundriß von Johann Christoph Oertl. Verzeichnet Lage und Namen von 83 Regensburger Gasthöfen, Wirtshäusern, Schankgerechtigkeiten und Kaffeehäusern. Museum.

15. **Grundriß von Regensburg nach der würcklichen Lage und Größe mit Bemerkung der vornehmsten Gebäude, Plätze, Straßen, Thore, Werker etc.** Grundriß von Regensburg und Stadtamhof mit wertvollen Angaben einzelner Straßennamen. Um die Stadtbefestigung zieht sich die Baumreihe der neu angelegten Allee. Der Plan liefert eine gedrängte Beschreibung der Stadt, nennt ihre Einteilung in 8 Wachten, preist die Vorzüge des Vitusbaches, dessen Verlauf er auch genau markiert, und gibt in 25 Nummern Erklärungen zu wichtigen Gebäuden und Einrichtungen. Kupferstich von Johann Mayr, Regensburg, 1781. Museum, graphische Sammlung.

16. **Die Gegend um Regensburg samt dem Burgfrieden der Stadt.** Kupferstich. Entworfen 1787 von Carl Jos. Weidner, herausgegeben 1801 von der Regensburger Buchhandlung Montag und Weiß. Im wesentlichen eine Flurkarte. Um die im Grundriß wiedergegebene Stadt zieht sich die damals bereits bestehende Allee. Die Standorte der 22 Burgfriedenssäulen sind durch Punkte markiert und diese durch Linien miteinander verbunden.

17. **Grundriß der freien Reichsstadt Regensburg.** Entworfen und gezeichnet von I. C. I. Weidner. Kupferstich, 1789. Stadtgrundriß ohne Straßennamen mit Angabe der wichtigsten kirchlichen und profanen Gebäude. Kolorierte Exemplare unterscheiden die 8 Wachten der Stadt und kennzeichnen den Besitz des Hochstifts und der Klöster. Sehr übersichtlich die Baumreihe der Allee. Die signierte und kolorierte Original-Vorzeichnung zu diesem Stich in der graphischen Sammlung des Museums.

18. **Grundriß der Stadt Regensburg.** Entworfen und gezeichnet von I. C. I. Weidner. Steindruck von K. Elsperger, 1803. Stadtgrundriß ähnlich dem obigen. Die kolorierten Exemplare unterscheiden die 8 Wachten der Stadt.

19. **Grundriß der Fürstlich Primatischen Residenz-Stadt REGENSBVRG nebst deren neuen Gartenanlagen außer den Thoren. 1808.** Aufgenommen von Joh. Gottfried Mannhardt und Joh. Heinr. Schmidt. Kupferstich von Joh. Mayr, erschienen im Verlag Heinrich Augustin, Regensburg. Der Plan entstand unmittelbar vor den großen Zerstörungen durch Napoleon. Erster Stadtplan, der sämtliche, heute z. T. nicht mehr gebräuchlichen oder bereits erloschenen Straßenbezeichnungen vermerkt. Jedes einzelne Anwesen ist mit der entsprechenden Literanummer bezeichnet; die Türme der damals noch vollständig erhaltenen mittelalterlichen Stadtbefestigung tragen die Ziffern I bis XXXV. Der Plan verschafft auch einen ausgezeichneten Überblick über die damaligen Siedlungsverhältnisse außerhalb des Alleegürtels. Ein unentbehrliches Hilfsmittel zum Studium der Regensburger Ortsgeschichte, der früheren Besitzverhältnisse, der Straßen- und Häusergeschichte.

20. **Regensburg im Jahre 1812.** Erster, nach katastermäßiger Vermessung angefertigter Plan der Stadt mit Angabe sämtlicher Straßennamen. Graviert von August Wild. Maßstab 1:2500.

21. **Karte von Regensburg und dessen Umgebung.** Etwa dem heutigen Stadtgebiet entsprechend. Steindruck von J. Sartorius, 1820.

22. **Plan von Regensburg mit seinen Umgebungen im Jahre 1829.** Bearbeitet im topographischen Büro des Kgl. bayerischen Quartiermeisterstabes. Steindruck. Das Einzugsgebiet der Karte entspricht im wesentlichen dem Umfang des heutigen Burgfriedens. Äußerst

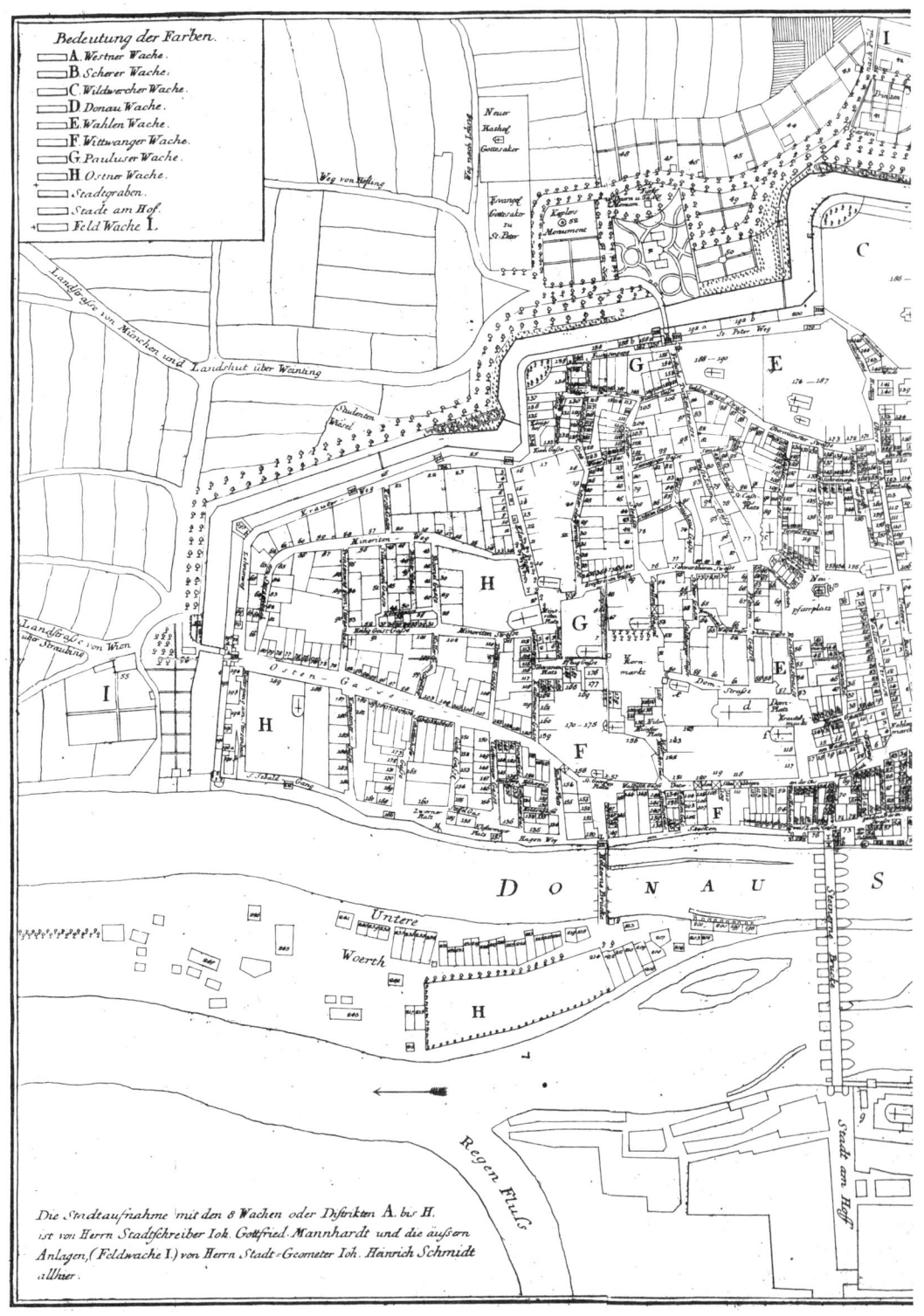

288. Grundriß der Fürstlich Primatischen Residenz-Stadt Regensburg, Kupferstich, 1808 (Stadtgrundrisse Nr. 19).

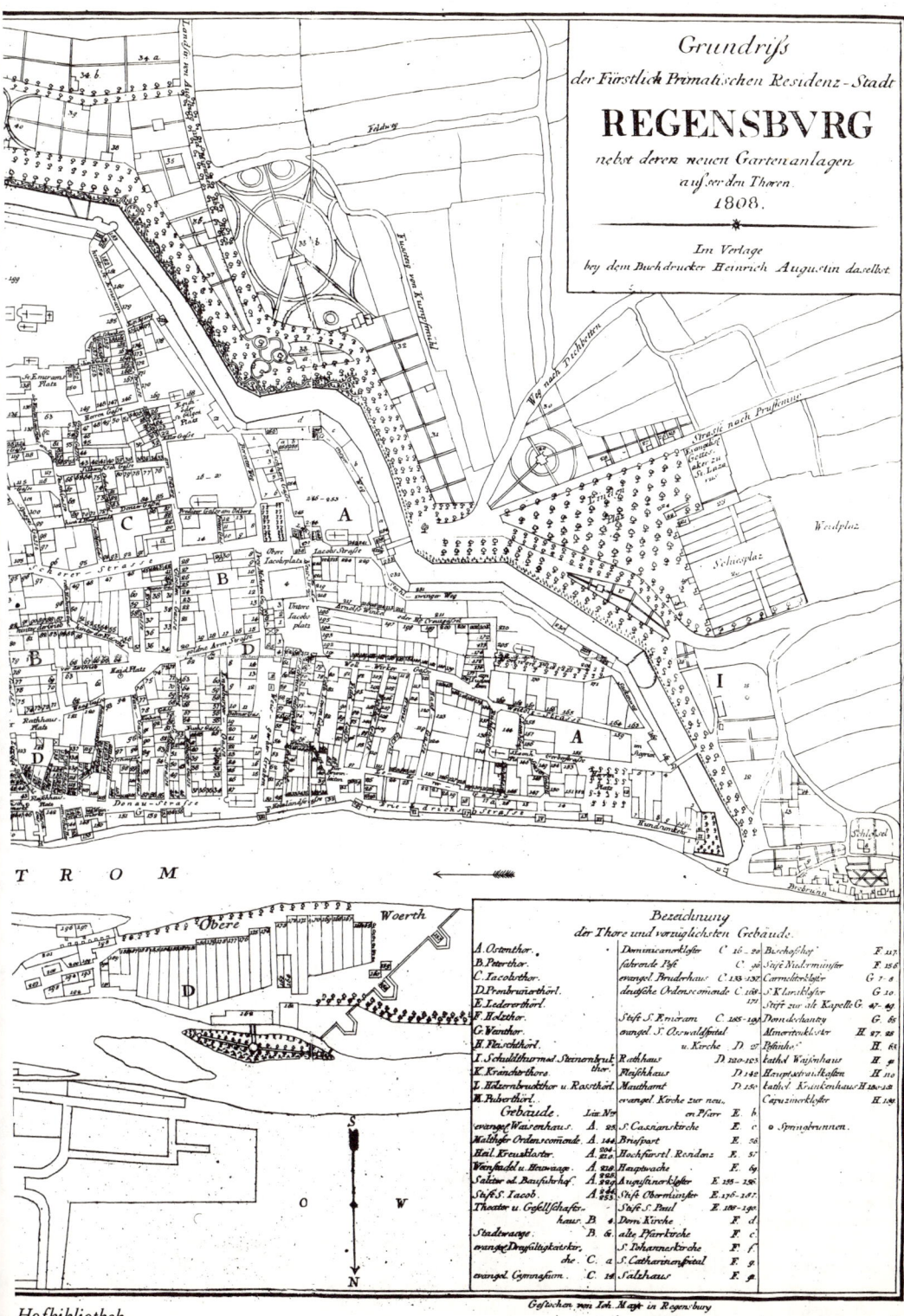

wertvoll durch die Angabe zahlreicher Flurnamen sowie durch die genaue Wiedergabe des Verlaufes von Landstraßen und Feldwegen, bedeutsam für die Topographie der Regensburger Vororte.

23. **Plan von Regensburg mit nächster Umgebung.** Steindruck, 1830, bei Reithmayr in Regensburg erschienen. Im wesentlichen eine verkleinerte Nachzeichnung von Nr. 20.
24. **Plan der Staedte Regensburg und Stadtamhof im Jahre 1860.** Steindruck. Erschienen im Verlag von G. Jos. Manz in Regensburg. Der Plan bringt sämtliche Literabezeichnungen, die Nummern der Häuser in Stadtamhof, Steinweg, Reinhausen und Pfaffenstein sowie einige Flurnamen.
25. **REGENSBURG.** Lageplan der Stadt nach dem Katasterblatt, 1865, Steindruck. Erstellt von Weber, Melchior und Sughart. Verzeichnet sämtliche Straßennamen, vermerkt bei jedem Grundstück die entsprechende Literanummer, auch die alten Hausnummern in den Vororten. Maßstab 1:2500. Ausgezeichnete Grundlage zu topographischen Studien.
26. **Katasterplan der Stadt Regensburg,** 1878. Maßstab 1:2500. Wertvoll vor allem zur Feststellung der bis dahin abgebrochenen Teile der Stadtbefestigung.

*

Die Wiedergabe von Stadtansichten tritt mit dem 15. Jahrhundert auf. Ursprünglich war der Stadtprospekt nicht Selbstzweck, nicht eigenständiges Motiv, sondern diente fast ausnahmslos der Füllung des Hintergrundes religiöser Miniaturen und Gemälde. Die Heiligenlegende ist das vorrangige Thema spätgotischer Malerei. Dem gelegentlich damit verbundenen Ortsbild kommt lediglich die Funktion zu, Örtlichkeit und Geschehen zu verdeutlichen, zu lokalisieren. Demgemäß erscheinen auf Bildern der Spätgotik Ortsansichten nur formelhaft, beschränkt auf das Charakteristische des jeweiligen Stadtbildes. Regensburg ist die Stadt der Heiligen Emmeram, Erhard und Wolfgang. Legendenbilder dieser Heiligen ließen sehr wohl eine Stadtansicht Regensburgs erwarten, zumindest einen Prospekt mit den markanten Zügen der Stadt, mit Steinerner Brücke und Dom. Leider fehlen solche Darstellungen. Dieser Umstand läßt sich nur mit dem weitgehenden Verlust des Gemäldebestandes der späten Gotik erklären.

Stadtansichten mit individuellen Zügen, die topographischen Gegebenheiten genauer erfassend, entstanden an der Wende vom 15. zum 16. Jahrhundert mit dem Aufkommen der sog. Weltbeschreibungen und Chroniken. Die Stadtansicht wird selbständiges Motiv.

1. **Rundbild mit der Einnahme Regensburgs aus dem Stammbaum der Babenberger.** Wolfgang Pfeiffer konnte 1963 auf das älteste bisher bekannte Stadtbild von Regensburg aufmerksam machen. Das Stift Klosterneuburg bei Wien besitzt ein Gemäldetriptychon aus der Werkstatt des Hans Part, 1489—1492. Das Mittelstück gibt einen Baum wieder, dessen Zweige 27 Medaillonbilder mit bedeutsamen Szenen aus der Geschichte der männlichen Babenberger umschließen. Das Rundbild mit der Nummer 15 stellt die Einnahme Regensburgs durch Herzog Leopold IV. im Jahr 1141 dar. Im Hintergrund des Belagerungsheeres erscheint eine Ansicht von Regensburg. Das Stadtbild ist jedoch noch wenig an der topographischen Wirklichkeit orientiert. Es zeigt summarisch das Bild einer türmereichen Stadt, aus deren Mitte der Bau einer Kathedrale aufragt. Durch die Andeutung der Steinernen Brücke und das Zusammenfügen charakteristischer Elemente gelang es dem Maler, die idealisierte Stadtgestalt Regensburgs zu erfassen.
2. **RATISBONA.** Nordansicht der Stadt aus der Weltchronik des Hartmann Schedel, Nürnberg, 1493. Holzschnitt. Die früheste graphische Darstellung des Regensburger Stadtporträts. Vorzeichner und wohl auch Schneider waren Michael Wolgemut, der Lehrmeister Dürers, und Wilhelm Pfleydenwurff. Von Norden, von den Winzerer Höhen aus, liegt Regensburg vor dem Beschauer. Hinter dem türmebewehrten Mauerring baut sich die Stadt auf, überragt von dem im Bau befindlichen Dom, auf dessen Südturm ein Kran aufragt. Typisch, wenn auch nicht immer richtig plaziert, die Vielzahl der Patriziertürme. Der erhöhte Standort gestattet die deutliche Abbildung der Steinernen Brücke mit den drei Türmen und dem befestigten Brückenkopf in Stadtamhof. Deutlich tritt der romanische Bau von St. Magn in Erscheinung. Die Hügelrücken im Süden der Stadt erscheinen hier stark überhöht. Die Bedeutung dieser frühen Regensburger Stadtansicht ist um so höher zu werten, als von den insgesamt 116 mit Ortsnamen bezeichneten Holzschnitten (und 23 Klosteransichten) der Schedel'schen Chronik nur etwa ein Viertel auf die tatsächlichen topographischen Gegebenheiten eingeht; für den überwiegenden Rest wurden Holzschnitte mit schematischen Ortsprospekten eingebaut.

289. *Stadtansicht von Norden. Getuschte Federzeichnung von H. G. Bahre, 1630. Ausschnitte (Stadtansichten Nr. 10). Museum*

3. ELSULA ALPINA. Holzschnitt mit Nordansicht der Stadt von Hans von Kulmbach, 1502, aus Conrad Celtis' „Quatuor Libri Amorum". In einem Garten, zwischen Lech und Inn gelegen, sitzt der berühmte Humanist und Reisende Celtis, der sich auch in Regensburg aufgehalten hat, und trägt seiner alpenländischen Else ein Liebesgedicht vor. Den Hintergrund schließen die steil aufragenden Alpen. Schnitter bei der Feldarbeit symbolisieren die Fruchtbarkeit dieses Landstriches. Darunter eine Nordansicht Regensburgs. Verhältnismäßig genau erfaßt die Steinerne Brücke mit den drei Türmen. Hinter der hohen Wehrmauer die Stadt, nur formelhaft wiedergegeben, konkrete Bezüge fehlen. Im Vordergrund münden Regen und Naab in die Donau.

4. Zwei kleine Nordansichten. Holzschnitte von Michael Ostendorfer (s. d.), einem Regensburger Meister der Altdorfer-Nachfolge. Die Blätter sind datiert 1552 bzw. 1553 und monogrammiert O in M. Sie zeigen wiederum die beliebte Nordansicht von erhöhtem Standpunkt aus. Das Blatt von 1553 (eine fester geprägte Fassung des Bildes als jenes von 1552) bildet im Vordergrund Stadtamhof ab mit Blick in die Hauptstraße. Zwischen den Wöhrden führt die Steinerne Brücke zur befestigten Reichsstadt hinüber. Die zahlreichen Türme — nicht immer genau zu lokalisieren —

überragt der einstige Marktturm (s. d.) beim Rathaus, der durch seine Überhöhung hier als Symbol der Stadt und des Rates zu verstehen ist. In den Wolken erscheint Gottvater, der sich dem Marktturm zuwendet, eine Geste, die als Zustimmung Gottes zu der vom Rat wenige Jahre vor Entstehung dieses Holzschnitts eingeführten Reformation gedeutet werden muß. Die oberen Bildecken füllen zwei Engel, das Stadt- bzw. Reichswappen haltend. Das Blatt steht wohl in Zusammenhang mit einem Brief, den Ostendorfer im April 1553 an seinen Gönner, den Ratskonsulenten Johannes Hiltner, richtete.

5. RATISPONA antiquissima Bavariae vrbs Danuby ripis adiacet — Regensburg, die älteste Stadt Bayerns, liegt an den Ufern der Donau. Eine Weltbeschreibung in Form von Städteansichten, ein Prachtwerk, das unter dem Kurztitel „Braun und Hogenberg" Eingang in die Kunstgeschichte fand. Durch seine kostbare Ausstattung, seine Reichhaltigkeit und die exakt gesehenen Städtebilder beherrschte es über Jahrzehnte hin den Markt. Erst Merians Topographien in der Zeit des Dreißigjährigen Krieges lösten es ab. Verfasser der Texte war der Kölner Theologe Georg Braun; Franz Hogenberg und Simon Neuwel haben die meist von Georg Hufnagel an Ort und Stelle skizzierten Ortsansichten in Kupfer gestochen. Von dem sechsbändigen Werk erschien 1572 der erste Band unter dem Titel „Civitates orbis terrarum", mit 58 Tafeln in Doppelformat, je eine große oder bis zu 6 kleine Ortsansichten enthaltend, darunter auch Regensburg als Tafel 41, ein Blatt von hoher künstlerischer Qualität. Wir haben hier die erste Kupferstichansicht Regensburgs vor uns, wiederum eine Nordansicht. Das Panorama erstreckt sich, der donauseitigen Stadtmauer folgend, vom Ostentor bis zum Prebrunntor, Stadtamhof und die Wöhrde einschließend. Die Feinheit des Kupferstiches gestattet gegenüber der derberen Technik des Holzschnitts detailliertere Angaben, wenngleich auf unserem Blatt der Einfluß der zwei Jahrzehnte früher entstandenen Holzschnitte Ostendorfers nicht zu verkennen ist. Wiederum überragt alle Gebäude der Marktturm, selbst die Baumasse des Domes tritt sichtlich zurück. Niedermünster, das Rathaus mit dem zinnenbekrönten Ratsturm sowie der einstige Turm der „Neuen Uhr" (s. d.) am Ende der Ludwigstraße treten deutlich in Erscheinung. Besonders klar wird die Einmündung des Wiedfangkanals (s. d.) wiedergegeben. Bemerkenswert die detaillierte Schilderung der Landschaft im Süden der Stadt mit den Klöstern Prüll und Prüfening; im Westen das Siechenhaus St. Lazarus.

6. Wahrhafftige Contrafactur deß heiligen Römischen Reichs Freistat Regenspurg mit Irer gelegenheit gegen mitternacht 1589. Überdimensionaler, auf 6 Blättern gedruckter Holzschnitt. Horizontalansicht von Norden. Die Stadt liegt eingebettet in die Stromebene, wie wir sie auch heute noch von den Winzerer Höhen darbietet. Trotz der verhältnismäßig geringen Standorterhöhung erscheint die Stadt stark in der Tiefe gestaffelt; die Steinerne Brücke etwas hinter den Häusern von Stadtamhof versinkend. Nahezu jedes Gebäude wird in seinen typischen Formen erfaßt und richtig plaziert; charakteristisch die hohen, langgezogenen Schiffe von Minoriten-, Emmerams- und Dominikanerkirche. Klosterkirchen und einzelne städtische Gebäude sind durch Zuschriften verdeutlicht. Ein Vergleich mit der Abbildung in Schedels Weltchronik läßt bei dieser fast hundert Jahre jüngeren Darstellung das bewußte Streben erkennen, den topographischen Gegebenheiten gerecht zu werden. Der Holzschnitt ist datiert 1589. Die Vorzeichnung dazu lieferte der in Regensburg tätige Maler und Zeichner für Holzschnitte Franz Kirchmaier. Am unteren Bildrand erscheinen drei Monogramme: a) S in J gestellt — b) F und K mit gemeinsamer Senkrechter für Franz Kirchmaier — c) D W. Daneben bzw. darunter je ein Schneidmesser, das Werkzeug für den Holzschnitt.

7. RATISBONA. Nordansicht. Kupferstich von Peter Opel, 1590. Peter Opel war als Maler, Kupferstecher und Zeichner für den Holzschnitt um 1580/96 in Regensburg tätig. Von ihm stammt eine kleine Nordansicht, ein Kupferstich in ovaler Begrenzung. Das Stadtbild wirkt in der Vertikale gerafft. Der Marktturm, der Turm von St. Emmeram sowie das Jakobstor erscheinen in starker Überhöhung. Am Himmel zwei Engel, das Reichs- und Stadtwappen tragend. Die Legende bezeichnet in 32 Nummern die bedeutendsten Bauwerke. Darunter: PETRVS OPELL R. 1590.

Peter Opel illustrierte die Beschreibung des berühmten Stahlschießens in Regensburg von 1586 mit 6 Kupferstichen; u. a. stammen von ihm auch eine Südansicht des Domes (1593) sowie eine Ansicht der Regensburger Schießstätte (1596).

8. RATISBONA. Nordansicht der Stadt. Kupferstich von Jakob Hufnagel, 1594. Kaiser Rudolf II. dediziert, der in diesem Jahr einen Reichstag in Regensburg hielt. Die Stadt mit den beiden Strominseln ist in ein weites Landschaftsbild eingebettet. Im Vordergrund schreiten Soldaten,

ein Saumtier führend, von den mit Weinstöcken bepflanzten Winzerer Höhen einen Hohlweg hinab, den Schelmengraben. Links im Bild mit dem Rücken zum Betrachter eine in langen Mantel und Umhang gekleidete Person in Begleitung eines Hellebardenträgers, vielleicht Kaiser Rudolf II., der von den Höhen den Blick über die Stadt genießt. Das bischöfliche Wappen auf der Decke des Saumtieres sowie die Tracht des Dargestellten lassen jedoch auch an den Regensburger Bischof (und späteren Kardinal) Prinz Philipp Wilhelm von Baiern († 1598) denken. Auf der rechten Bildseite, gleichfalls dem Betrachter den Rücken zukehrend, ein Mann, den linken Fuß auf einen Stein gesetzt, in der Hand ein Skizzenbuch: das Porträt des Zeichners Jakob Hufnagel. Am unteren Bildrand links und rechts zwei Wahrzeichen der Steinernen Brücke: das Brückmännchen (s. d.) und der „größte und kleinste Stein" (s. d.). Die Originalvorzeichnung Hufnagels zu diesem Kupferstich in der graphischen Sammlung des Museums.

9. Des Heil. Röm. Reichs Stadt Regenspurg. Südansicht mit den barocken Befestigungsanlagen. Das Regental erschließt sich bis Sallern und Lappersdorf. Gut wiedergegeben die Landschaft im Norden der Stadt, von den Winzerer Höhen bis zum Keilstein („Küstein") reichend. Kupferstich. Verlegt bei Johann Philipp Städner, Augsburg, um 1600.

10. AIGENTLICHER ABRIS DES H. R. FREYSTADT REGENSPVRG GEGEN MITTERNACHT GELEGEN WIE DIESELBIGE LENGST DEM WASSER NACH ANZVSEHĒ IST MDCXXX. Große Stadtansicht von Norden in zwei Teilen. Getuschte Federzeichnung von Hans Georg Bahre, 1630. Mit peinlich genauer Detailschilderung sind die Stadtmauer längs der Donau und die dahinter sich erhebenden Häuser wiedergegeben. Kulturkundlich aufschlußreich das rege Leben längs des Stromufers. Eine überaus wertvolle Quelle zur Topographie und Häusergeschichte der Stadt. Replik einer 1626 vom gleichen Künstler geschaffenen Ansicht im Germanischen Museum in Nürnberg. Museum.

11. Der Hoff bei Regenspurg sambt einfluß des Regens wie es am Wasser zu sehen. Gesamtansicht Stadtamhofs von Süden, westlich und östlich der Steinernen Brücke. Getuschte Federzeichnung von Hans Georg Bahre um 1630 in drei Blättern. Stadtamhof mit ausführlicher Detailschilderung, unentbehrlich zum Studium der Ortsgeschichte dieses Regensburger Stadtteils. Museum.

290. Stadtansicht von Norden. Kupferstich von Jakob Hufnagel, 1594 (Stadtansichten Nr. 8). Museum

12. RATISBONA. Nordansicht. Kupferstich, erschienen anläßlich des Kurfürstentages von 1630, auf dem Wallenstein abgesetzt wurde. Kaiser Ferdinand II. dediziert. In der Vertikale geraffte und vereinfachte Wiedergabe der Ansicht des Jakob Hufnagel von 1594.

13. Stadtansicht von Süden mit der Belagerung durch Kaiser Ferdinand III. 1634. Kupferstich von Matthäus Merian. Das mehrfach publizierte Blatt zeigt die Stadt in ihrer Breitenausdehnung von West nach Ost. Es vermittelt einen guten Überblick über Weg- und Siedlungsverhältnisse im Bereich des Burgfriedens. Auch die Erhebungen nördlich der Donau — Winzerer Höhen und Keilberg — sowie ein Blick ins Regental sind mit zahlreichen, für die Ortskunde der Stadt wertvollen Einzelheiten wiedergegeben.

14. Aigentlicher Abris des Undern Wörth sambt Einflus des Regens, auch der Stadt Amhoff sambt der Revier bis nach Donaustauf wie es lengst dem Wasser, als es noch in Flor gewesen, anzusehen ist. Gerissen durch HANS GEORG BAHRE, Auri: Ratispo: A. MDCXXXVIII. Daran anschließend und zu einem Panoramabild zusammengefügt: Eigentlicher Abris des Obern Wörth sambt den Weinpergen vnd Spital bis nach Winzer lengst dem Wasser, wie es noch in Flor gewest, zu sehen. Gesamtansicht des nördlichen Donauufers mit Stadtamhof und dem Oberen und Unteren Wöhrd. Getuschte Federzeichnung von Hans Georg Bahre, datiert 1638. Die wiedergegebenen Verhältnisse stammen jedoch noch aus der Zeit vor der zweimaligen Belagerung während des Dreißigjährigen Krieges 1633/34, als die Stadt „noch in Flor gewesen", wie Bahre sich in seinem Titel ausdrückt. Großangelegte Arbeit mit genauester Detailschilderung. Das Panorama erstreckt sich von Winzer bis Tegernheim und Donaustauf. Eine für die Topographie der nördlichen Vororte ungemein wertvolle Darstellung. Museum.

15. VERA ET GENUINA URBIS IMPERIALIS RATISPONAE, QVATENVS ILLA VERSVS MERIDIEM SITA EST, DESCRIPTIO ANNO MDCXXXIX. Ansicht der Stadt von Süden. Getuschte Federzeichnung von Hans Georg Bahre, 1639. Genaue Wiedergabe der 1632 auf der Landseite um die Stadt angelegten Festungsanlagen mit ihren Hornwerken. Die Ansicht vermittelt einen Überblick über das südliche Vorgelände mit dem Petersfriedhof, einzelnen Gärten, Sandgruben und der Köpfstatt. Im Westen sind die Zerstörungen des Dreißigjährigen Krieges erkennbar. Museum.

291. Ansicht der Stadt von Norden. Deckfarbenaquarell von Jakob Alt, 1826 (Stadtansichten Nr. 41). Museum

16. REGENSPVRG GEGEN MITTAG 1642. Südansicht. Rundbild in Rollwerkkartusche, gestochen von G. S. Ren(t)z, nach Vorzeichnung von Hans Georg Bahre. Vorherrschend die barocken Befestigungsanlagen und das Gelände südlich vor der Stadt. Geographisch richtig wiedergegeben der Einfluß des Regens, Reinhausen und die Regenbrücke. Umschrift: „Dein Wort o Herr schalt in die (C) hundert Jahre in dieser Stadt dasselb ferner o Gott bewahre." Erschienen zum hundertjährigen Reformationsjubiläum, zu dem Bahre ein weiteres Blatt mit der Darstellung der Kapelle zur Schönen Maria und der Neupfarrkirche lieferte.

17. Regensburg. Nordansicht. Kupferstich aus Daniel Meisners „Schatzkästlein" I, Nürnberg, 1642. Im Vordergrund zwei Männer, auf einen Bienenkorb weisend, Symbol des Fleißes und des Friedens. In den Wolken eine Hand mit Schwert, den Krieg versinnbildlichend.

18. RATISBONA vulgo REGENSPVRG. Südansicht der Stadt. Kupferstich nach Matthäus Merian von Cornelius Dankerts, Amsterdam, 1653. Museum.

19. Nordansicht der Stadt. Zart kolorierte Federzeichnung von Georg Christoph Einmart, 1656. Großer Prospekt, im Westen bis zur Mündung der Naab und Laaber reichend. Museum.

20. RATISBONA Regenspurg. Den Vordergrund sowie die linke Bildhälfte beherrschend eine Nordwestansicht der Steinernen Brücke, dahinter friesartig der Stadtprospekt von Norden. Kirchen und Türme sind genau zu lokalisieren. Auf den Höhen im Süden Kloster Prüll. Ganz im Osten Donaustauf. Kupferstich von Jakob Sandrart, um 1660. Die undatierte Ansicht gibt keine Hinweise für eine engere zeitliche Einordnung. Blatt Nr. 30 aus einer Folge von Stichen.

21. RATISBONNE Ville Imperiale dans le Duché de Baviere. Kupferstich nach Sandrarts Vorlage. Erschienen bei Chereau in Paris, um 1660. Die Stadt in ihrem Gesamterscheinungsbild erfaßt, doch verrät die Darstellung sofort den ortsunkundigen Zeichner.

22. Ratisbone. Südansicht der Stadt. Kupferstich von H. Jaliot, Paris, 1669.

23. Des H. Röm. Reichs Freye Stadt Regensburg, im Prospect gegen Mittag wie solche in der Contagion vom Monat August 1713 bis in May 1714 den Jahrs mit dem Marckt versehen und in Sperr gehalten worden. Großes Kupferblatt mit Südansicht von Andreas Wismeyer und F. B. Lindner, um 1715, dem Magistrat dediziert. Das Blatt erschien anläßlich der letzten großen Pestepidemie 1713/14. Es zeigt die von bairischer Seite verhängten Sperrmaßnahmen gegen die unter Quarantäne stehende Stadt. Außerdem gibt es wertvolle Hinweise über die Beschaffenheit des Geländes unmittelbar vor den Mauern sowie über Flurverhältnisse und Wege im Bereich des Burgfriedens, namentlich im südlichen Vorfeld der Stadt. Rechts unten eine gute Darstellung des reichsstädtischen Hochgerichts, auf dem Reinhausener Berg im Hintergrund der bairische Galgen.

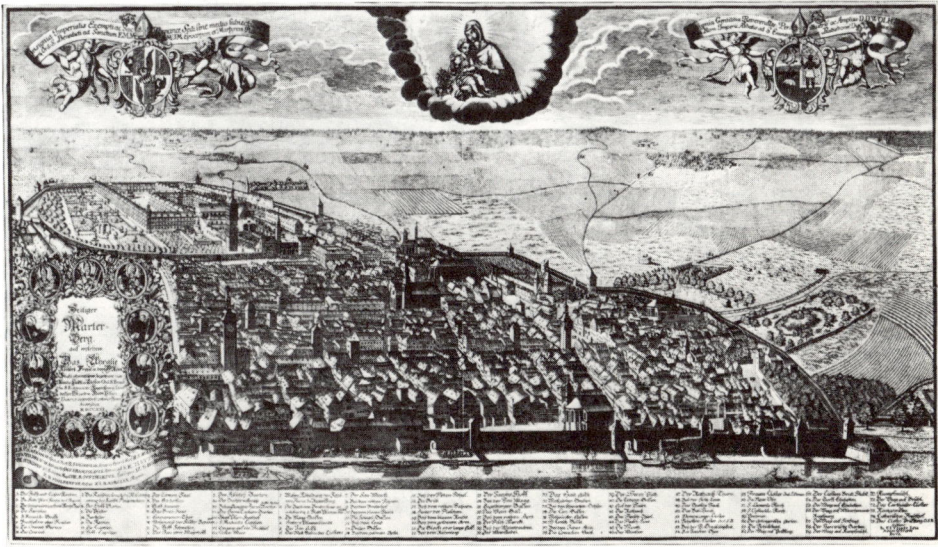

292. Ansicht des Westteils der Stadt und der Klosteranlage von St. Emmeram, „Heiliger Marterberg". Kupferstich, 1721 (Stadtansichten Nr. 25). Hofbibliothek

24. S ü d a n s i c h t   d e r   S t a d t. Titelkupfer zu E. S. Alkofer: „Regenspurgisches Pest- und Buss-Denckmahl" und Fortsetzung. Regensburg, 1714. Im Vordergrund kniende Frau mit betend erhobenen Händen, von Kindern umgeben, durch das beigegebene Schlüsselwappen und die Mauerkrone die Stadt Regensburg verkörpernd. Daneben Totenschädel, offenes Grab und Sense, Symbole der Pest. Im Himmel der Strafengel mit Schwert und Geißel. Der hoch gewählte Standort gestattet die Wiedergabe der Steinernen Brücke, der beiden Wöhrde und Stadtamhofs. Das Panorama erstreckt sich vom sog. Wehrloch (s. d.) im Westen bis Schwabelweis und dem ehemaligen Pestlazarett im Ostteil des Unteren Wöhrds. Der Blick reicht ins Regental bis Lappersdorf. Kupferstich von Johann Jakob Weishoff, Regensburg, 1714.

25. H e i l i g e r   M a r t e r - B e r g   a u f   w e l c h e m   d a s   U h r a l t e   K e y s e r l.   F r e y e ...   R e i c h s   S t ü f f t   u.   C l o s t e r ...   z u   S.   E m e r a m   i n   R e g e n s p u r g   s a m t   d e s s e n   G r u n d   u.   S t a d t - P f a r r   D i s t r i c t   e i g e n t l i c h   e n t w o r f f e n e r   z u   e r s e h e n.   M D C C X X I. Großes Kupferblatt von A. Geyer mit Ansicht der Klosteranlage von St. Emmeram und der westlichen Stadt im Aufriß, 1721. Die Legende gibt in 31 Buchstaben und 75 Nummern Gebäude- und Straßennamen an, außerdem eine Reihe von Ortsnamen im westlichen Bereich des Burgfriedens.

26. Vier Ölgemälde in Breitformat. Süd-, Nordwest- und Nordansicht von Samuel Friedrich Schmieder, 1725. Besonders aufschlußreich die Nordansicht mit der Darstellung Steinwegs, im Vordergrund das Hatztheater (s. d.). Eine Ansicht der Stadt vom Dreifaltigkeitsberg aus, ebenfalls von S. F. Schmieder, um 1750. Museum.

27. R A T I S B O N A   R E G E N S B U R G. Ansicht der Stadt, der Steinernen und Hölzernen (heute Eisernen) Brücke von Nordosten, von erhöhtem Standort. Kupferstich von Joseph Friedrich Leopold in Augsburg, um 1720/30. Zwar ist die charakteristische Stadtgestalt Regensburgs erfaßt, doch ist an zahlreichen Ungenauigkeiten und phantasievollen Zutaten sofort ersichtlich, daß die Vorzeichnung zu diesem Stich nicht an Ort und Stelle entstand. Am unteren Bildrand Erläuterung zur Geschichte und Verfassung der Stadt sowie Hinweise auf bedeutende Bauwerke. Für die Topographie von geringer Bedeutung.

Dieser Stich diente als Vorlage für ein aus Pappe gepreßtes und farbig gefaßtes Quartierschild für Abt Martin Gerbert von St. Blasien. In einer von Rocaillen gerahmten Kartusche erscheint

293. *Ansicht der Stadt von Nordwesten. Lithographie von Hans Kransberger, um 1840 (Stadtansichten Nr. 48). Hofbibliothek*

oben das Porträt Kaiser Franz I., im Mittelfeld die Stadtansicht nach dem genannten Stich, darunter das Schlüsselwappen. Solche Schilder dienten zur Kennzeichnung der Quartiere prominenter Reichstagsbesucher. Um 1750. Museum.

28. Regenspurg von der Landseiten. Südansicht aus dem Kupferstichwerk „Vorstellung und Abrisse unterschiedlicher PROSPECTE Der Weltberühmten Freyen Reichs-Stadt Regensburg..." nach Zeichnungen von Friedrich Bernhard Werner, gestochen von Johann Georg Ringle. Druck und Verlag Martin Engelbrecht, Augsburg, um 1730. Regensburg von der Wasserseiten. Nordansicht, von den gleichen.

29. Regenspurg. Detaillierte, topographisch bedeutsame Nordansicht mit Steinerner Brücke, den Wöhrden und Stadtamhof. Am Himmel zwei Engel mit (unbeschrieben gebliebenen) flatternden Spruchbändern. Tusche, laviert. Vorzeichnung zu einem Kupferstich von Friedrich Bernhard Werner, um 1730. Museum, graphische Sammlung.

30. Südansicht. Kupferstich von Johann Philipp Steudner in Augsburg, um 1730.

31. Regensburg von Norden. Kupferstich von Jeremias Wolff, um 1730. Etwas steif in der Zeichnung, topographisch jedoch sehr präzise und mit aufschlußreichen Details, so z. B. der „Schwarze Elefant" als Wandbild Am Wiedfang 1 (F 50) wiedergegeben.

32. Nordansicht, Kupferstich von Johann Christian Haffner, Augsburg, um 1750.

33. REGENSPURG. Optisch geraffte Nordansicht. Im Vordergrund zwei Figuren aus der antiken Mythologie: links der Flußgott Acheloos, rechts Aurora, die Göttin der Morgenröte. Kupferstich aus Faßmann: „Der reisende Chinese", um 1750. Museum, graphische Sammlung.

Ähnliche Darstellung des Stadtbildes, anstelle der mythologischen Figuren ein Saumtierführer. Kupferstich, verlegt bei Johann Peter Wolffs Erben in Nürnberg.

34. Prospect der des Heil. Römischen Reichs Freyen Stadt REGENSBURG nach der wahren Lage, von der Landseite gegen Norden anzusehen. Südansicht, die auch viele Einzelheiten auf den Höhen nördlich der Donau wiedergibt. Um die Befestigungsanlage zieht die noch junge Allee. Kupferstich von Johann Mayr in Regensburg, 1780. Eine Handzeichnung zu diesem Stich in der Hofbibliothek.

35. Regensburg von der Landseiten mit der neu angelegten Fürstl. Carl Ans. Allee. Gesamtansicht von Süden mit der doppelten Baumreihe der jungen Allee vor der mittelalterlichen Stadtmauer. Kupferstich von J. P. Forster, um 1780. Links unten der Zeichner bei der Aufnahme der Skizze.

36. Prospect von Stadtamhof und der umliegenden Gegend und Ortschaften. Kupferstich mit geschichtlichem Text und zahlreichen Erklärungen von Johann Mayr in Regensburg, 1781.

37. Überblick über die Stadt von Norden. Das Bild begrenzen die südlichen Höhenzüge. Zahlreiche Erklärungen. Kupferstich von Johann Mayr in Regensburg, 1785.

38. Prospect von Regensburg. Nordansicht, Kupferstich, Dalberg dediziert. Herausgegeben von Johann Michael Daisenberger, Buchhändler in Stadtamhof, 1805.

39. Nordansicht mit Steinerner Brücke. Als Staffage ein Biedermeierpaar, Fischer und Knaben. Lithographie von Jakob Alt, 1822. Eines der schönsten Blätter aus seinem Werk „Donau-Ansichten vom Ursprung bis zum Ausflusse ins Meer". Herausgegeben von Adolph Kunike. 1. Teil, Wien, 1824.

40. Bayern Stadt am Hof. Ansicht eines Teiles der Steinernen Brücke und einiger nach dem Brand von 1809 entstandener Walmgiebelhäuser. Lithographie von Jakob Alt aus seinen „Donau-Ansichten", Wien 1824 (s. Nr. 39).

41. Nordansicht mit Steinerner Brücke. Im Vordergrund erscheinen die Spitzenreiter eines Salzzuges. Deckfarbenaquarell von Jakob Alt, 1826. Von hohem künstlerischen Rang und großem Stimmungswert. Stadtkulisse nach der Lithographie aus seinen Donauansichten (s. Stadtansichten Nr. 39). Museum.

42. ANSICHT VON REGENSBURG. Nordansicht, vom Unteren Wöhrd aus betrachtet, in Anlehnung an Jakob Alt. Im Vordergrund Reiter und Bierfuhrwerk. Lithographie von F. Mayer nach Vorzeichnung von P. Baumann. Um 1830. Museum, graphische Sammlung.

43. Die Stadt Regensburg. Nordansicht vom Unteren Wöhrd aus. Lithographie, erschienen im Verlag Artaria u. Comp., Wien, um 1830. Koloriertes Exemplar im Museum.

294. Ansicht der Stadt von Nordosten. Stahlstich von Bernhard Grueber, um 1840 (Stadtansichten Nr. 49). Museum

44. R e g e n s b u r g   g e g e n   M i t t a g. Südansicht der Stadt. Aquarell von Heinrich Klonke. „Nach der Natur gez. u. gem. d. 10 Sept. 1832". Vor dem Stadtpanorama das Peterskirchlein mit dem Friedhof. Im Vordergrund biedermeierliche Personenstaffage. Zuschrift des Malers an seine Vaterstadt: „Wie manche Stunde floß im frohen Bunde / In Deinen Mauern mir dahin. / Die Sehnsucht zog mich wieder in die Runde / O. Vaterstadt, u. trauernd mußt ich zieh'n." Museum, graphische Sammlung.
45. Blick auf Regensburg von den Winzerer Höhen mit Südwestansicht der Stadt. Im Vordergrund Figurenstaffage. Lithographie um 1835 nach einer Vorlage von H. Adam, auf Stein gezeichnet von Gustav Kraus. Sehr dekoratives Blatt.
46. Nordwestansicht. Im Vordergrund die Häuser von Pfaffenstein. Ovalbild in neugotischer Umrahmung. Lithographie, um 1840. Auf Stein gezeichnet von Ferdinand Stademann, gedruckt von J. Lacroix.
47. V u e   d e   R a t i s b o n n e   c ô t e   d u   S o i r. Blick auf Regensburg von Prebrunn aus. Lithographie von Hans Kransberger, um 1840. Hübsches Panorama der Stadtmauer längs der Donau, dahinter die Stadt mit ihren Türmen. Den Vordergrund belebt eine Spaziergängergruppe in biedermeierlichen Kostümen.
48. V u e   d e   R a t i s b o n n e   c ô t e   d u   N o r d. Regensburg mit Steinerner Brücke von Nordosten gesehen. Lithographie von Hans Kransberger, um 1840.
49. R e g e n s b u r g.   O e s t l i c h e   A n s i c h t. Blick vom Unteren Wöhrd auf die Ostenbastei, die Stadtmauer längs der Donau und den Dom mit den unvollendeten Türmen. Im Vordergrund eines der frühen Donaudampfschiffe. Stahlstich von Bernhard Grueber, erschienen im Verlag G. J. Manz, um 1840.
50. R e g e n s b u r g. Südwestansicht mit Blick auf das fürstliche Schloß. Rechts vorne eine Burgfriedenssäule. Lithographie von Bauer, um 1840. Museum.
51. Nordwestansicht von den Winzerer Höhen aus. Im Vordergrund Kutsche mit Paar in biedermeierlichem Kostüm. Lithographie der Kunstanstalt Serz und Korn in Nürnberg, erschienen im Verlag G. J. Manz, Regensburg, um 1840.
52. R e g e n s b u r g   v o n   O s t e n. Stahlstich von Bernhard Grueber aus dem Regensburger Vergißmeinnicht, um 1845. Erschienen im Verlag G. J. Manz, Regensburg.
53. R e g e n s b u r g   v o n   W e s t e n. Blick von der Nürnberger Straße über die Westspitze des Oberen Wöhrds auf die westliche Stadt. Stahlstich von Bernhard Grueber aus dem Regensburger Vergißmeinnicht, um 1845. Erschienen im Verlag G. J. Manz, Regensburg.

54. Regensburg und seine Umgebungen. Stahlstichtableau mit zwei Mittelbildern und 14 Randbildern. Gestochen von Konrad Wießner, 1845, gedruckt von Carl Mayer in Nürnberg. Die Mittelbilder zeigen einen Blick vom Ziegetsberg auf Regensburg sowie eine Südansicht von Stadtamhof mit Beschlächt und Steinerner Brücke.
55. REGENSBURG VOM CALVARIENBERG. Blick vom Dreifaltigkeitsberg auf die Stadt. Im Vordergrund die ursprünglichen Stationssäulen des Kreuzwegs. Stahlstich von Poppel, um 1845.
56. REGENSBURG. Ansicht von Nordwesten mit ländlicher Staffage. Radierung, erschienen bei J. Bermann in Wien, um 1850.
57. Blick auf die Stadt von Nordwesten. Prachtvolles, dekoratives Aquarell mit zahlreichen Einzelheiten von Christian Ludwig Bösner (1797—1880), 1854, Museum. Von diesem weitere Ansichten der Stadt und ihrer Umgebung in der graphischen Sammlung des Museums.

Ansicht der Stadt von Nordosten. Kolorierte Lithographie, erschienen im Verlag Artaria u. Comp., Wien, um 1830. Museum (Stadtansichten Nr. 43)

Quellen und Literatur

Das nachfolgende Verzeichnis umfaßt nur ergiebig verarbeitetes Material. Der Umfang bedingte eine Gliederung nach Sachgebieten, die sich in manchen der aufgeführten Werke überschneiden. Ihre Einordnung erfolgte nach Schwerpunkten. Eine Trennung von Quelle und Literatur erschien des rascheren Auffindens wegen nicht günstig. Jeder Gruppe sind die entsprechenden Manuskripte vorangestellt. Die nachfolgenden Werke erscheinen in zeitlicher Reihenfolge. Aus Gründen der Raumersparnis wurde auf Fußnoten im Text verzichtet.

Abkürzungen:

AH	=	Alt-Bayerische Heimat. Beilage zur Mittelbayerischen Zeitung (Regensburg).
BGR	=	Beiträge zur Geschichte des Bistums Regensburg
HW	=	Heimat und Wandern. Beilage zum Regensburger Anzeiger (Regensburg).
MJK	=	Münchner Jahrbuch der bildenden Kunst (München).
MS	=	Manuskript
O	=	Die Oberpfalz, Zeitschrift (Kallmünz).
R	=	Regensburg
RA	=	Regensburger Anzeiger (Regensburg).
TTS	=	Thurn und Taxis-Studien (Kallmünz).
VO	=	Verhandlungen des Historischen Vereins für Oberpfalz und Regensburg (Regensburg).
Z	=	Der Zwiebelturm, Zeitschrift (Regensburg).

CHRONIKEN, GESAMTBETRACHTUNGEN REGENSBURGS, ENTWICKLUNGSGESCHICHTE, GESCHICHTLICHE DARSTELLUNGEN EINZELNER ZEITABSCHNITTE.

Fugger, St.: Bauamtschronik (Stephan Fugger war Leiter des Bauamts von 1557 bis 1588). Von anderen fortgeführt bis 1625. Abschrift. Manuskript. Hist. Verein Ms. R. 333.
Kern, M.: Bau Ammts Cronica von den ältesten Zeiten bis 1792. Fortführung der Bauamtschronik des Stephan Fugger bis 1792. Manuskript, Stadtarchiv.
Grienewald, F. J.: Beschreibung der Stadt Regensburg, 1615. Manuskript. Hist. Verein Ms. R. 374/1.
Raselius, A.: Chronic von dem Vrsprung der Statt Regenspurg (von den ältesten Zeiten bis 1545). Fortgeführt durch *Donauer, Chr. S.* bis 1652. Abschrift. Manuskript. Hist. Verein Ms. R. 19.
Plato, G. G., genannt Wild: Sammlung verschiedener Nachrichten, den Ursprung. Erbauung und Anwachs der Stadt Regensburg auch deren Namen betr. 1776. Manuskript. Hist. Verein Ms. R. 462.
Gölgl, J. G.: Beschreibung Regensburgs bis 1719. Manuskript. Hist. Verein Ms. R. 98.

*

Paricius, G. H.: Das jetzt lebende Regensburg oder kurtz-gefaßte Nachricht von dem gegenwärtigen Zustand der des H. Röm. Reichs freyen Stadt Regensburg. R 1722.
Vogl, C.: Mausoleum oder herrliches Grab . . . S. Emmerami . . . R 1680.
Vogl, C./Godin, A.: Ratisbona politcia . . ., das ist erster Theil deß erneuerten Mausolei . . . R 1729.
Vogl, C./Kraus, J. B.: Ratisbona monastica, Clösterliches Regensburg . . . oder Mausoleum . . . R 1752.
Paricius, G. H.: Das jetzt Anno 1723 lebende Regensburg. . . R 1723. Ders.: Kurtz gefaste Nachricht Von allen in denen Ring-Mauren der Stadt Regensburg gelegenen Reichs-Stifftern, Haubt-Kirchen und Clöstern Catholischer Religion. R 1723.
Paricius, J. C.: Allerneueste und bewährte Nachricht von der des Hl. Röm. Reichs freyen Stadt Regensburg sammt allen Merkwürdigkeiten. R 1753.
Kayser, A. Chr.: Versuch einer kurzen Beschreibung der Kaiserlichen freyen Reichsstadt Regensburg. R 1797.
Gemeiner, C. Th.: Reichsstadt Regensburgische Chronik. 4 Bde. R 1800—1824.
Hönig, J.: Almanach für Spaziergänger um Regensburg auf das Jahr 1809.
Wiedemann, J. J.: Die Wanderungen um Regensburg. Stadtamhof 1818.
Schuegraf, J. R.: Die Umgebungen der K. B. Kreishauptstadt Regensburg. R 1830.
Weilmeyr, F. X.: Regensburg und seine Umgebungen. R 1830.
Gumpelzhaimer, Chr. G.: Regensburgs Geschichte, Sagen und Merkwürdigkeiten. 4 Bde. R 1830—1838.
Ertl, F. P. v.: Kurze Übersicht der vorzüglichsten Denk- und Sehenswürdigkeiten der Stadt Regensburg. München 1842.
Müller, A.: Regensburger Vergißmeinnicht. R 1845.
Wackenreiter, J.: Die Erstürmung von Regensburg am 23. April 1809. R 1865.
Oefele, E. V.: Leonhard Widmanns Chronik von Regensburg. In: Die Chroniken der baierischen Städte. Leipzig 1878.
Hiederer, J.: Die Schreckenstage von Stadtamhof im April 1809. R 1899.
Will, C.: Zur Geschichte der Erstürmung von Regensburg am 23. April 1809. VO 47/1895.
Hausenstein, W.: Die Wiedervereinigung Regensburgs mit Bayern im Jahre 1810. München 1905.
Hofmann, A. v.: Die Stadt Regensburg. Stuttgart 1922.
Heuwieser, M.: Die Entwicklung Regensburgs im Frühmittelalter. VO 76/1926.
Steinmetz, G.: Regensburg in der vorgeschichtlichen und römischen Zeit. VO 76/1926.
Voggenreiter, F.: Die Stadt Regensburg, ihre Erscheinung und ihre Entwicklung zum neuzeitlichen geographischen Raumorganismus. Potsdam 1936.
Theobald, L.: Die Reformationsgeschichte der Reichsstadt Regensburg. 2 Bde. Nürnberg 1936/51.
Dachs, H.: Regensburg, Geschichte und Denkmäler. R 1950.
Schwab, L.: Heimat und Welt. R 1950.
Boll, W.: Regensburg. München 1955.
Dollinger, R.: Das Evangelium in Regensburg. R 1959.
Probst, E.: Minister Bacher und das „Präsidenten-Palais". Französische Woche Regensburg. Sonderbeilage zur Mittelbayerischen Zeitung, Juni 1967.

TOPOGRAPHIE

Schuegraf, J. R.: Quellenmaterial zu einer historisch-topographischen Beschreibung der Stadt Regensburg. Manuskript. Hist. Verein Ms. R. 374/2.
Schuegraf, J. R.: Topographisch-statistische Beschreibung der k. b. Kreishauptstadt Regensburg. Manuskript. Hist. Verein Ms. R. 425a-c.
Schuegraf, J. R.: Geschichtlich-topographische Nachrichten zu einem zu verfassenden Grundplan der Stadt Regensburg. Manuskript. Hist. Verein Ms. R. 417.
Phohlig, C. Th.: Beiträge zur alten Stadtbefestigung Regensburgs. Manuskript. Hist. Verein Ms. R. 498.
Schwäbl, J. N.: Regensburgs Orts- und Straßennamen. 2 Bde. Als Manuskript vervielfältigt von Dr. F. Schwäbl. Exemplare im Hist. Verein, in der Hofbibliothek, im Stadtarchiv.

*

Merian, M.: Topographia Bavariae. Frankfurt/Main 1644.
Wening, M.: Historio Topographica Descriptio das ist Beschreibung deß Churfürsten- und Hertzogthumbs Ober- und Niedern-Bayern . . . IV. Theil: Das Rennt-Ambt Straubing. München 1726.
Schuegraf, J. R.: Winzer. In: Das Königreich Bayern in seinen Schönheiten. München 1846.
Schuegraf, J. R.: Topographische Beschreibung der Westnervorstadt Regensburgs. R 1851.
Schuegraf, J. R.: Topographische Beschreibung der Ostenvorstadt Regensburgs. VO 21/1862.
Scherer, W.: Über den Burgfrieden der Kreishauptstadt Regensburg. VO 25/1868.
Brunhuber, A.: Die geologischen Verhältnisse von Regensburg und Umgebung. R 1921.
Schmetzer, A.: Der Wiedfang bei der Steinernen Brücke in Regensburg. VO 75/1925.
Reinecke, P.: Das Auxiliarkastell Ratisbona-Kumpfmühl. VO 76/1926.
Zahn, K.: Die Ausgrabungen in der Neupfarrkirche zu Regensburg. VO 80/1930.
Schmetzer, A.: Die Regensburger Judenstadt. HW 1931 (9/10).
Lehner, J. B./Stiegler, A.: Burgweinting. R 1936.
Freytag, R.: Winzer bei Regensburg. VO 88/1938.
Freytag, R.: Prüfening, Dechbetten, Ziegelsdorf. RA 1938 (Februar, März, April).
Freytag, R.: Beiträge zur Orts-Straßen- und Flurnamenforschung, Stadtamhof, Steinweg. RA 1938 (Dezember), 1939 (April).
Freytag, R.: Reinhausen. Eine Ortsbeschreibung mit besonderer Berücksichtigung der Flurnamen. RA 1939 (Juli, August).
Freytag, R.: Beiträge zur Geschichte von Weichs. RA 1939 (Sept., Okt.).
Freytag, R.: Königswiesen. RA 1940.
Freytag, R.: Kumpfmühl-Karthaus. Ein Beitrag zur Orts- und Flurnamenkunde. VO 90/1940.
Freytag, R.: Beiträge zur Ortsgeschichte von Schwabelweis. RA 1940 (Januar, Februar, März).
Freytag, R.: Oberisling — Unterisling — Posthof. VO 95/1954.
Eichhorn, R.: Bildbericht Regensburger Römermauer. R 1956.
Stroh, A.: Untersuchungen an der Südostecke des Lagers der Legio III it. in Regensburg. In: Germania 1958 (1,2).
Piendl, M.: Die Pfalz Kaiser Arnulfs bei St. Emmeram in Regensburg. TTS 1962 (2).
Strobel, R.: Die Stadtbefestigung an der Südostecke von Castra Regina in nachrömischer Zeit. VO 102/1962.
Strobel, R./Sydow, J.: Der „Latron" in Regensburg. Historisches Jahrbuch, München 1964.
Strobel, R.: Beobachtungen in den principia von Castra Regina. Bayerische Vorgeschichtsblätter, München 1965 (1,2).
Piendl, M.: Fragen zur frühen Regensburger Stadttopographie. VO 106/1966.
Bauer, K.: Regensburger Straßenbummel. AH 1965 (10 mit 12), 1966 (1 mit 12), 1967 (1 mit 11).
Piendl, M.: Fragen zur frühen Regensburger Stadttopographie. VO 106/1966.
Schlemmer, H.: Oberisling, ein klösterlicher Güterbesitz. AH 1974 (3).
Motyka, G.: Die Geschichte der Ortschaft Graß. O 3/1977.
Dolhofer, J.: Burgweinting. MS. 1977.
Strobel, R.: Die Altstadtgrenzen Regensburgs und Stadtamhofs. In: Regensburg — Die Altstadt als Denkmal. München 1978.
Dolhofer, J.: Harting. Kirchen und Friedhöfe. MS 1979.
Geigenfeind, R.: Die Ortschaft Graß und ihre Rechtlerkirche. Regensburger Almanach 1980. R 1980.

KULTURGESCHICHTE

Wartenberg, E. A.: Ursprung und Herkommen der Hauptstadt Noreja . . . . Staatliche Bibliothek Regensburg. Manuskript Rat. civ. 486.
Anonym: Ratisbona nova antiqua. 4 Bde. Manuskriptchronik. Hist. Verein Ms. R. 1, 2, 3, 4.
Dimpfel, Chr. Gottl.: Ratisbona Nova Antiqua, 1740. Reich illustrierte Manuskriptchronik, 14 Teile in 4 Bänden, Stadtarchiv R.
Walberer, E.: Materialien zu einer Geschichte des Klosters Prüfening, 1824. 2 Bde. Manuskript. Benediktinerabtei Metten.
Linda, J.: Sektionsprotokoll Kaiser Maximilians II. Manuskript. Hist. Verein Ms. R. 105 c.
Hosang, K. S.: Geschriebenes in Nebenstunden. Sieben handgeschriebene Büchlein, 1809/28/30/32/35/36. Hist. Verein.
Schuegraf, J. R.: Chronik von Stadtamhof, 1838. Manuskript. Hist. Verein Ms. O. 810.
Schuegraf, J. R.: Die Cholera in Regensburg 1831. Manuskript. Hist. Verein Ms. R. 96.
Neumann, C. W.: Sammlungen zu einem Regensburger Geschichten- und Sagenbuch. Manuskript. Hist. Verein Ms. R. 511.
Neumann, C. W.: Konvolut von Notizen, Quellenangaben, Abschriften und Auszügen zur Lokalgeschichte Regensburgs. Manuskript. Hist. Verein Ms. R. 374/3, 4, 5, 6.
Resch, A.: Notizen über Kumpfmühl. Manuskript. Hist. Verein Ms. R. 174.

Resch: Sammlung von Kupferstichen, Lithographien, Aquarellen und Zeichnungen zur Geschichte und Topographie Regensburgs. Gesammelt von dem bayerischen Rat und Regierungsassessor Georg Alois Resch in den Jahren 1820/40. Fürstliche Hofbibliothek.
Schratz: Sammlung von Porträts. Darstellung Regensburger Persönlichkeiten (und Originalen) des frühen 19. Jahrhunderts. Fürstliche Hofbibliothek.
Amira: Sammlung im Rechtsgeschichtlichen Institut der Universität München.
Dietheuer, F.: Interpretationen zu den „Verdammten" am Schottenportal. Manuskript, 1965. Besitz des Verfassers.

*

Wartenberg, E. A. v.: Schatzkammer der seeligsten Jungfrauen. R 1674.
Alkofer, E. S.: Regenspurgisches Pest- u. Buß-Denkmahl. Fortsetzung des histor. Berichts . . . R 1714.
Grimm, J. M.: Kurtze . . . Erzehlung des Erschröcklichen Mords welchen Friedrich Lößel . . . begangen. R 1723.
Anonym: Augenscheinliche Merckmahl Göttlicher Fürsehung in Aufrichtung des armen Waisen-Hauß Bey S. Salvator in Regenspurg. R 1738.
Kraus, J. B.: Bericht von denen Heiligen Leibern und Reliquien . . . in . . . S. Emmeram. R 1761.
Grimm, U. W.: Zur hundertjährigen Gedächtnisfeier des Evangelischen Waisenhauses zu Regensburg. R 1766.
Reichmayer, J.: Beobachtungen über die Erschütterung der Berge in der Gegend von Schwabelweis. R 1783.
Mayr, A.: Das trawrige Andenken Regensburgs bey den fürchterlichen Verheerungen des dießjährig. Eisganges 1784. R 1784.
Kohlhaas, J. J.: Nachrichten von den Medicinalanstalten in Regensburg. R 1787.
Schäffer, Chr. G.: Versuch einer medicinischen Ortsbeschreibung der Stadt Regensburg. R 1787.
Hoppe, D. H.: Geschichte der Regensburgischen Botanischen Gesellschaft. R 1792.
Anonym: Nachrichten von dem katholischen Waisenhause zu Regensburg. R 1803.
Anonym: Nachrichten von der Entstehung . . . des evangelischen Waisenhauses. R 1806.
Ostertag, J.: Auswahl aus den kleinen Schriften. Herausgegeben von *Boeßner, Seckendorf* und *Kayser.* R 1809.
Kornmann, R.: Sibylle der Zeit und Sibylle der Religion. München 1813. - Ders.: Nachträge. R 1817.
Maurer, G.: Erinnerungen an die Pest vor hundert Jahren. Stadtamhof 1813.
Krämer, A.: Carl Theodor, Reichsfreiherr v. Dalberg. R 1817.
Gumpelzhaimer, Chr. G.: Aventins Hausbesitz und Einbürgerung. VO 1/1831.
Boeßner, Th.: Der Prebrunn bei Regensburg. VO 4/1838.
Schuegraf, J. R.: Lobgedicht auf Regensburg von Hans Sachs. VO 9/1845.
Schuegraf, J. R.: Pürkelgut. R 1850.
Lipf, J.: Oberhirtliche Verordnungen für das Bistum Regensburg von 1250—1852. R 1853.
Bösner, Chr. L.: Lebensskizze des Geh. Leg. Rats Christian Gottlieb Gumpelzhaimer. VO 17/1856.
Mittermüller, R.: Leben und Wirken des frommen Bischofs Michael Wittmann von Regensburg. Landshut 1859.
Schuegraf, J. R.: Originalbeiträge zur Geschichte von Regensburg. VO 21/1862.
Johann, M.: Prüfening. Kalender für kath. Christen. Sulzbach 1866.
Mettenleiter, D.: Musikgeschichte der Stadt Regensburg. R 1866.
Mettenleiter, D.: Musikgeschichte der Oberpfalz. Amberg 1867.
Anonym: Maria-Ort. Kalender für kath. Christen. Sulzbach 1868.
Walderdorff, H. Graf v.: Joseph Rudolph Schuegraf, ein Lebensbild. VO 27/1871.
Neumann, C. W.: Die drei Dombaumeister Roritzer und ihr Wohnhaus . . . in Regensburg. VO 28/1872. — Ders.; Nachträge. VO 29/1873 und 40/1886.
Schöppner, A.: Sagenbuch der Bayerischen Lande. München 1874.
Neumann, C. W.: Goethe in Regensburg. VO 32/1877.
Kleinstäuber, Chr. H.: Die angebliche blaue Hose des Brückmännchens. VO 34/1879.
Neumann, C. W.: Hans Ulrich Schaffgotsch. Unser Vaterland. Blätter für deutsche Geschichte, Kultur und Heimatkunde. Berlin, etwa 1880.
Kleinstäuber, Chr. H.: Geschichte der Studienanstalten in Regensburg. VO 35 mit 39/1880—1885.
Anonym: Prüll, ehemaliges Benediktinerkloster . . . Kalender für kath. Christen, Sulzbach 1882.
Will, C.: Die Explosion des Pulverturms bei der Emmeramer Bastei 1624. VO 43/1889.
Singer, J.: Geschichte der K. b. botanischen Gesellschaft in Regensburg. R 1890.
Hartmann, A.: Regensburger Fastnachtspiele. München 1893.
Reichlin-Meldegg, A. v.: Regensburger Volkssagen. R 1893.
Sepp, J. N.: Altbayerischer Sagenschatz. München 1893.
Mehler, J. B.: Der hl. Wolfgang, Bischof von Regensburg. R 1894.
Renz, A.: Streitigkeiten am den Gilgenplatz . . . VO 46/1894.
Hartmann, A.: Das Narrenfest der Schüler zu Regensburg im 13. Jahrhundert. Bayerland 1895.
Relitis, N.: Sagen der Oberpfalz. R 1896.
Walderdorff, H. Graf v.: Regensburg in seiner Vergangenheit und Gegenwart. R 1896.
Walderdorff, H. Graf v.: Römerbauten am Königsberg. VO 50/1898.
Jakob, G.: Apollonia v. Diepenbrock. Kalender für kath. Christen, Sulzbach 1899.
Mehler, J. B.: Das fürstliche Haus Thurn und Taxis in Regensburg. R 1899.
Wild, P.: Schauspiele und Schaustellungen in Regensburg. VO 53/1901.
Will, C.: Verwundung Napoleons I. vor Regensburg. VO 57/1905.
Lamprecht, H.: Der große römische Friedhof in Regensburg. VO 58/1906.
Duhr, B.: Geschichte der Jesuiten . . . Freiburg 1907.
Walderdorff, H. Graf v.: Zur Geschichte der Barbara Blomberg. VO 60/1908.
Heuwieser, M.: Aus dem Fremdenbuch des Museums von Dr. J. Chr. Schäffer in Regensburg. **VO 61/1909.**
Schöppl, H.: Das alte Regensburger Zeughaus und seine Artillerie. RA 1909 (Juni/Juli).
Schöppler, H.: Zur Geschichte der Medizin in Regensburg. VO 61/1909.
Schöppler, H.: Die Regensburger Ärzte des 18. Jahrhunderts und ihre Dissertationen. VO 61/1909.

Schwäbl, J. N.: Herkunft und Bedeutung der Regensburger Lokalnamen Prebrunn, Zur schönen Gelegenheit, Am Römling, Am Wiedfang, Hunnenplatz, Sterzenbach. VO 62/1910.
Schöppl, H.: Das ehemalige Franziskanerkloster in Stadtamhof. Alt Regensburg. Beilage zum Regensburger Tagblatt 1911 (Nr. 9. 10. 11).
Dransfeld, C.: Die Folterkammer in Regensburg. R 1913.
Meyer, I.: Zur Geschichte der Juden in Regensburg. Berlin 1913.
Knapp, H.: Alt-Regensburgs Gerichtsverfassung, Strafverfahren und Strafrecht bis zur Carolina. Berlin 1914.
Schöppler, H.: Die Geschichte der Pest zu Regensburg. München 1914.
Pohlig, C. Th.: Kulturgeschichtliches aus Alt-Regensburg (Straßenabsperrungen). VO 68/1918.
Endres, J. A.: Führer durch die mittelalterliche und neuzeitliche Sammlung im Kreismuseum zu St. Ulrich in Regensburg. VO 70/1920.
Killermann, S.: Der Weinbau bei Regensburg und seine Geschichte. O 1921 (Nr. 2,3).
Nestler, H.: Graf Kaspar v. Sternberg. Erzähler. Beilage zum RA, 1921.
Steinmetz, G.: Der große römische Friedhof in Regensburg. VO 73/1923.
Brandt, O.: Berthold von Regensburg. Deutsche Predigten. Jena 1924.
Endres, J. A.: Beiträge zur Kunst- und Kulturgeschichte des mittelalterlichen Regensburg. R 1924.
Uhlendahl, H.: Als wir jüngst in Regensburg waren. Berlin 1924.
Freytag, R.: Regensburger Apotheken. R 1925.
Nestler, H.: Eduard Mörikes Regensburger Tage. Erzähler. Beilage zum RA 1920. — Ders.: Eduard Mörikes Regensburger Tage (Nachtrag) VO 75/1925.
Heimpel, H.: Das Gewerbe der Stadt Regensburg im Mittelalter. Stuttgart 1926.
Huber, G.: Die Regensburger Münzstätten und ihre Münzmeister. RA 1926 (2).
Schmetzer, A.: Halsgericht und Köpfstätt. Erzähler. Beilage zum RA 1926 (1).
Huber, H.: Emanuel d' Herigoyen, der Architekt des Fürstprimas Dalberg. Das Bayerland 5/1926.
Schöppler, H.: Der Regensburger Arzt Dr. Joh. Jak. Kohlhaas 1747—1811. VO 77/1927.
Gebhard, L.: Der Geist von Regensburg. O 1928 (Nr. 11).
Huber, H.: Die Streitigkeiten um den Alten Kornmarkt. O 1928 (Nr. 7).
Huber, H.: Die Polizeidirektion und die Polizeidirektoren von Regensburg. O 1928 (Nr. 10).
Soß, H.: Das städtische Elementarschulwesen Regensburgs im 16. und 17. Jahrhundert. VO 78/1928.
Freytag, R.: Verzeichnis der Regensburger Ärzte. R 1929.
Freytag, R.: Zur Postgeschichte der Städte Augsburg, Nürnberg und Regensburg. Archiv für Postgeschichte in Bayern. München 1929.
Freytag, R.: Bürgerliche und klösterliche Brauereien in Regensburg. Berlin 1930.
Freytag, R.: Prüfening. R 1930.
Huber, H.: Das Grab der Stieftochter Keplers in Walderbach in der Oberpfalz. VO 81/1931.
Freytag, R.: Aus der sog. guten alten Zeit. Kleine Geschichten aus Regensburgs Vergangenheit von K. S. Hosang. 2 Bde. R 1930/32.
Boll, W./Huber, H./Schmetzer, A.: Keplers Beziehungen zu Regensburg. VO 81/1931.
Neumeyer, H.: Die Kumpfmühle. HW 1931 (Nr. 6).
Steinmetz, G.: Führer durch die Sammlungen des historischen Vereins … VO 82/1932.
Straus, R.: Die Judengemeinde Regensburgs im ausgehenden Mittelalter. Heidelberg 1932.
Boll, W.: Albrecht Altdorfers Nachlaß. MJK 1933.
Britting, G.: Die kleine Welt am Strom. München 1933.
Busch, K.: Kapellen- und Klosterbauten „beim nackten Herrgott" in Regensburg. VO 84/1934.
Grau, W.: Antisemitismus im späten Mittelalter. Das Ende der Regensburger Judengemeinde 1450—1519. München 1934.
Schnürer, G./Ritz J. M.: Sankt Kümmernis und Volto santo. Düsseldorf 1934.
Hanftmann, B.: Vom Regensburger Brückenmandl. VO 85/1935.
Huber, H.: Keplers Grabschrift. VO 84/1934 und VO 86/1936.
Brunner, J.: Eine ostmärkische Büchsenmacherfamilie von europäischem Ruf (Kuchenreuter). O 1938.
Hiltl, F.: Alt-Regensburger Kultur- und Lebensbilder. R 1938.
Gaßner, H.: Brauch und Glaube im alten Regensburg. VO 90/1940.
Klebel, E.: Landeshoheit in und um Regensburg. VO 90/1940.
Stöckl, K.: Astronomie und Physik im alten Regensburg. Ostmärkische Heimat. Beilage zum Bayreuther Tagblatt 1940 (6, 7, 8, 9).
Zirngibl, G.: 950 Jahre Karthaus-Prüll in Regensburg. R 1947.
Freytag, R.: Radaspona und Castra Regina. R 1949.
Hiltl, F.: Die stillen Jahre. R 1949.
Schindler, H.: Das Gartenhaus des Grafen Sternberg. Z 1949.
Schwarz, E.: Prüfening und Prüfling. R 1949 (Nr. 6).
Schwarz, E.: Dechbetten und Ehbetten. AH 1949 (Nr. 7).
Schwarz, E.: Winzer und der römische Weinbau. AH 1949 (Nr. 8).
Schwarz, E.: Weichs und Schwabelweis. AH 1949 (Nr. 10).
Schwarz, E.: Kager. AH 1949 (Nr. 17).
Schwarz, E.: Burgweinting. AH 1949 (Nr. 20).
Schwarz, E.: Hohengebraching, Leoprechting und Harting. AH 1952 (Nr. 13).
Huber, H.: Die Napoleonische Kriegsentschädigung für Regensburg. VO 93/1952.
Schwarz, E.: Die namenkundlichen Grundlagen der Siedlungsgeschichte des Landkreises Regensburg. VO 93/1952.
Schwarz, E.: Isling und Traubling. AH 1953 (Nr. 5).
Baumgardt, C.: Johannes Kepler. Wiesbaden 1953.
Bischoff, B.: Leben und Leiden des hl. Emmeram (Übersetzung nach Arbeo, Bischof von Freising: Vita et passio Sancti Haimhrammi Martyris) München 1953.

Diepolder, I.: Museum der Stadt Regensburg. Minoritenkloster und Kirche — Grabmäler — Steinplastik — Waffen. R 1953.
Fürnrohr, O.: Altregensburger Apotheken und Apotheker. VO 94/1953. — Ders.: Ergänzungen. VO 103/1963.
Stroh, A.: Museum der Stadt Regensburg. Vor- und frühgeschichtliche Abteilung. R 1953.
Trapp, E.: Barbara Blomberg, die Mutter des Don Juan de Austria. Unser Heimatland. Beilage zum Tagesanzeiger 1953 (Nr. 2).
Braun, E.: Eine Neuentdeckung an Denkmälern ... Gebrochene Säulen. Das Münster, 1954 (Nr. 7).
Heutig, H.: Die Strafe. Heidelberg 1954.
Panzer, F.: Bayerische Sagen und Bräuche. 2 Bde. Göttingen 1954/56.
Zaborsky, O. v.: Museum der Stadt Regensburg. Volkskundliche Abteilung. R 1954.
Dünninger, J.: Kleine Beiträge zur Leonhardforschung. Bayerisches Jahrbuch für Volkskunde, R 1955.
Moser, H.: Archivalisches zu Jahreslaufbräuchen in der Oberpfalz. Bayerisches Jahrbuch für Volkskunde, R 1955.
Sydow, J.: Regensburger Buchdruckerkunst aus sechs Jahrhunderten. R 1956.
Meiner, A.: G. J. Manz. Person und Werk. München/Dillingen 1957.
Caspar, M.: Johannes Kepler. Stuttgart 1958.
Habersbrunner, O./Schindler, F.: Die Burgherren auf Weichs. Festschrift Reinhausen-Weichs. R 1958.
Hauer, J.: Vom Rettichbau. Festschrift Reinhausen-Weichs. R 1958.
Meyer, Z.: Heimatgeschichte von Sallern. R 1958.
Poitsch, Th.: Von Flößern gegründet. Festschrift Reinhausen-Weichs. R 1958.
Schindler, H.: Graf Sternberg. Z 1958 (Nr. 12).
Hahnloser, H.: Urkunden zur Bedeutung des Türrings. Festschrift für Erich Meyer. Hamburg 1959.
Schönwerth, X. v./Winkler, K.: Oberpfälzische Sagen, Legenden, Märchen und Schwänke. Kallmünz 1960.
Beranek, F. J.: Das Rätsel des Regensburger Brückmännchens. Bayerisches Jahrbuch für Volkskunde. R 1961.
Hauschka, E.: Regensburger Kreisbibliothek — oberpfälzische Landesbibliothek? O 1961 (Nr. 10).
Velasco, F. v.: Das collegium medicum von 1687. Bayerisches Ärzteblatt 1961.
Bauer, K.: Regensburg, aus Kunst-, Kultur- und Sittengeschichte. 2 Bde. R 1962.
Boll, W.: Sammlungen der Stadt Regensburg. Kepler-Gedächtnishaus. R 1962.
Bosl, K.: Der Chamer Geschichtsforscher Joseph Rudolph Schuegraf. VO 102/1962.
Keim, J.: Ulrich Schmidls Erlebnisse in Südamerika. Straubing 1962.
Färber, S.: ... und hatten eine göttliche Tafelmusik. Unser Bayern. Beilage zur Bayer. Staatszeitung, 1963 (Nr. 12).
Hauk, K.: Tiergärten im Pfalzbereich. Deutsche Königspfalzen. 1963 (1).
Pfeiffer, W.: Eine frühe Regensburger Stadtansicht. Z 1963 (Nr. 12).
Pongratz, L.: Naturforscher im Regensburger und ostbayerischen Raum. Acta Albertina Ratisbonensia. R 1963.
Strobel, R.: Die Allee des Fürsten Carl Anselm in Regensburg. TTS 1963 (3).
Volkert, W.: Die Juden im Fürstentum Pfalz-Neuburg. Zeitschrift für bayer. Landesgeschichte 1963 (26).
Bauer, K.: Aus der Kulturgeschichte der Regensburger Vororte. AH 1964 (Nr. 5 mit 12) und 1965 (Nr. 1 mit 9).
Färber, C. M.: Nun ist auch Königswiesens Schicksal besiegelt. Mittelbayer. Zeitung v. 15. April 1964.
Heckenstaller, H.: 100 Jahre Gasversorgung in Regensburg 1857—1957. R 1964.
Schuhmann, H.: Der Scharfrichter. Kempten 1964.
Curschmann, M.: Der Münchener Oswald und die deutsche spielmännische Epik. München 1964.
Anonym: Der trambahnfeindliche Theaterdirektor. Mittelbayerische Zeitung. v. 4. August 1964.
Färber, A.: Barbara Blombergs Gebeine in einem Pappkoffer. Mittelbayer. Zeitung v. 13. Januar 1965.
Fürnrohr, O.: Scharfrichter in der Reichstadt Regensburg. Blätter des Bayer. Landesvereins für Familienkunde, 1965.
Bachmann, F.: Die alten Städtebilder. Stuttgart 1965.
Pfeiffer, F./Strobl, H.: Die Predigten des Berthold von Regensburg. Berlin 1965.
Eisenbeiß, W.: Briefe, Boten und Belege. R 1966.
Gerlach, W./List, M.: Johannes Kepler. Leben und Werk. München 1966.
Gerstenberg, K.: Die deutschen Baumeisterbildnisse des Mittelalters. Berlin 1966.
Pongratz, L.: Die Parkanlagen und Botanischen Gärten von Regensburg. Acta Albertina Ratisbonensia. R 1966.
Bauer, K.: Bilder aus der Kulturgeschichte Regensburgs. AH 1967 (Nr. 12) und 1968 (Nr. 1 mit 12).
Hemmerle, J.: Das Regensburger Augustinerkloster St. Salvator 1267—1810. In: 700 Jahre Augustiner in Regensburg. R 1967.
Boll, W.: Sammlungen der Stadt Regensburg. Reichstags-Museum. R 1968.
Dolhofer, J.: Evangelische Wohltätigkeitsstiftung in Regensburg. R 1968.
Dolhofer, J.: Stadtrecht Regensburg. R 1962 bis 1968.
Göller, K. H.: Englische Restaurationskomödie in Regensburg. Regensburger Universitätszeitung 1968 (Nr. 7).
Habrich, Chr.: Apothekengeschichte Regensburgs in reichsstädtischer Zeit. München 1970.
Bleibrunner, H.: Das Leben des heiligen Wolfgang — nach dem Holzschnittbuch des Johann Weyssenburger 1515. R 1967.
Dachs, K./Dahme, K.: Georg Britting. Ausstellungs-Katalog 1967. Bayer. Staatsbibliothek München. München 1967.
Stahl, G.: Die Wallfahrt zur Schönen Maria in Regensburg. BGR Bd. 2, R 1968.
Scheffler, „Des schauerlichen Stoffes wegen". Jahrbuch der deutschen Schillergesellschaft, XIII. 1969.
Weigl, A. M.: Aus dem Leben der gottseligen Juliana Engelbrecht, Altötting 1971.
Schwarz, K.: Die Ausgrabungen im Niedermünster zu Regensburg. Kallmünz 1971.
Bauer, K.: Kaffeegeschirr für die Königin. AH 1972 (Nr. 1).

Schwaiger, G.: Der heilige Bischof Wolfgang von Regensburg (972—994). Geschichte, Legende und Verehrung. BGR Bd. 6, R 1972.
Dollhofer, J.: Das Walhalla-Bockerl. R 1972.
Färber, S.: 300 Jahre Regensburger Theater. Regensburger Almanach 1972. R 1972.
Babl, K.: Emmeram von Regensburg — Legende und Kult. TTS 8/1973.
Schmeißner, R.: Der Burgfrieden der freien Reichsstadt Regensburg. O 1/1974.
Strobel, R.: Baualterspläne zur Stadtsanierung, Regensburg I, München 1973 und Regensburg II, München 1974.
Dolhofer, J.: Klosterfriedhof St. Klara mit Ermitorium. AH 1975 (Nr. 5).
Dietheuer, F.: Die Roritzer als Dombaumeister zu Regensburg. BGR Bd. 10, R 1976.
Hubel, A.: Funktion und Geschichte des Hochaltares im Regensburger Dom. BGR Bd. 10, R 1976.
Schmeißner, R.: Der Burgfrieden der ehemals freien Reichsstadt Regensburg. Deutsche Steinkreuzforschung Heft 1, Regensburg 1976.
Hubel, A.: Die „Schöne Maria" von Regensburg. Wallfahrten — Gnadenbilder — Ikonographie. 850 Jahre Kollegiatstift St. Johann in Regensburg (1127—1977). R 1977.
Osterhaus, U.: Ein bemerkenswerter frühmittelalterlicher Fund aus Regensburg — Bismarckplatz. VO 117/1977.
Schmeißner, R.: Steinkreuze in der Oberpfalz. R 1977.
Pressler, Chr.: Gustav Kraus, 1804—1852. München 1977.
Hönle, A.: Die Eingemeindung — was war und bleibt. Regensburger Almanach 1978. R 1978.
Krause, H. J.: Pfeifenkopf und Türkenkoppchen. Zur Geschichte der Regensburger Porzellanmanufaktur am Singrün. Regensburger Almanach 1978. R 1978.
Gamber, K.: Zwei frühmittelalterliche Altäre. Der Kastenaltar im „Alten Dom". Ecclesia Reginensis. R 1979.
Dietz/Osterhaus/Rieckhoff-Pauli/Spindler: Regensburg zur Römerzeit. R 1979.
Rieckhoff-Pauli, S.: Museum der Stadt Regensburg. Castra Regina – Regensburg zur Römerzeit. Führer durch die Jubiläumsausstellung. R 1979.
Färber, S.: Verwandlung einer Römerin. Bayerland 11/1979.
Gamber, K.: Der „Grabstein" der Sarmannina. BGR Bd. 13, R 1979.
Mark, O.: Die Schlacht von Lepanto. Regensburger Almanach 1979. R 1979.
Kraus, A./Pfeiffer, W.: Regensburg — Geschichte in Bilddokumenten. München 1979.

*

GESCHICHTE UND BESCHREIBUNG EINZELNER BAUWERKE UND DENKMÄLER

Gölgl, J. G.: Beschreibung der Haus- und anderer Kapellen in Regensburg. 1724. Manuskript. Hist. Verein Ms. R. 99.
Neumann, C. W.: Die merkwürdigsten Häuser und Wahrzeichen von Regensburg. Manuskript. Hist. Verein Ms. R. 390/1.
Schuegraf, J. R.: Chronik des großen Hauses Lit. C Nr. 95 (Neufferhaus) MS. 419, Hist. Verein.
Kaindl, J.: Das Gotteshaus zu Prifling in Niederbaiern, ein vaterländisches Denkmal, 1819. MS. Benediktinerabtei Metten.-

*

Heinrich, P.: Monumentum Keplero Dedicatum Ratisbonae 1808.
Boeßner, H. J. Th.: Die steinerne Donau-Brücke zu Regensburg. Sulzbach 1830.
Resch, A.: Die Steinerne Brücke zu Regensburg. R 1835.
Schuegraf, J. R.: Das Haus zum Riesen Goliath. R 1840.
Schuegraf, J. R.: Geschichte der in der ehemaligen Reichsstadt Regensburg befindlichen Hauskapellen. R 1841.
Pangkofer, J. A.: Über die hebräische Inschrift am Salzstadel in Regensburg. VO 6/1841.
Schuegraf, J. R.: Über einige Denksteine an der Stadtmauer zu Regensburg. VO 6/1841. — Ders.: Fortsetzung. VO 7/1843.
Schuegraf, J. R.: Geschichte des Domes von Regensburg und der dazugehörigen Gebäude. VO 11/12, 1847/48. — Ders.: Nachträge. VO 16/1855.
Gumpelzhaimer, Chr. G.: Über zwei steinerne Tiergestalten und die ältesten Gebäude des Herrenplatzes in Regensburg. VO 15/1853.
Zerzog, J. v.: Beschreibung des Rathauses zu Regensburg. R 1858.
Schuegraf, J. R.: Regensburger Hauskapellen. Beilage zur Regensburger Zeitung (Unterhaltungsblatt). R 1861.
Neumann, C. W.: Das Haus zum Pelikan. R 1862.
Weininger, H.: Die Villa Sr. Maj. des Königs Maximilian II. zu Regensburg. Kalender für kath. Christen, Sulzbach 1863.
Neumann, C. W.: Das wahre Sterbehaus Keplers. R 1864.
Neumann, C. W.: Keplers Wohnhaus zu Regensburg in den Jahren 1626 bis 1628. R 1865.
Anonym: Standbild Johann Michael von Sailer's. Kalender für kath. Christen, Sulzbach 1870.
Kleinstäuber, Ch. H.: Geschichte und Beschreibung der Steinernen Brücke VO 33/1878. — Ders.: Nachträge. VO 34/1879.
Neumann, C. W.: Die Kaiser- und Fürstenherberge zum „Goldenen Kreuz" in Regensburg. R 1886.
Gratzmeier, J.: Das Dollingerhaus in Regensburg. VO 43/1889.
Pohlig, C. Th.: Das Goliathhaus und seine Umgebung. R 1891.
Schlieben, v.: Zwei alte Sonnenuhren am Dom zu Regensburg. VO 47/1895.
Sturm, C. H.: Die schwarze Muttergottes in der Stiftskirche Niedermünster. R 1896.
Drexel, F.: Der Brunnen am Fischmarkt in Regensburg. VO 52/1900.
Will, C.: Der Kurfürstenbrunnen im Schloßhof von St. Emmeram. VO 55/1903.
Walderdorff, H. Graf v.: Die Kapellen S. Georgii an der Halleruhr und im Witfend in Regensburg. VO 56/1904.
Heinisch, H.: Zur Baugeschichte des Rathauses. VO 56/1904.
Pohlig, C. Th.: Die Georgskapelle am Wiedfang. VO 57/1905.

Scherer: Was ein Feldkreuz erzählt (in Kumpfmühl). O 1916.
Freytag, R.: Regensburger Kleindenkmäler. RA 1924 (27. 8./1. 9.).
Huber, G.: Der Gasthof zum Blauen Hecht. Regensburger Neueste Nachrichten 1924 (August).
Schöppl, H.: Gedenkstein des Hans Wolf von Salis. RA 1924 (Mai).
Schmetzer, A.: Die steinerne Donaubrücke zu Regensburg. Bayerland 1926.
Wiebel, R.: Das Schottentor. Augsburg 1927.
Zahn. K.: Der Dom zu Regensburg. Augsburg 1929.
Schmetzer, A.: Die Mündung der Naab im Wandel der Zeiten. HW 1930 (12).
Schulz, P.: Das Kepler-Denkmal in Regensburg. Kepler-Festschrift. R 1930.
Busch, K.: Die Augustiner Gnadenkapelle zum hl. Kreuz in Regensburg. O 1932/33.
Steinmetz, G.: Vom Merkurtempel auf dem Ziegetsdorfer Berg. VO 85/1935 und VO 86/1936.
Kagerer, J.: Die schicksalsreiche Geschichte des Bildes „Die Schöne Maria" von Albrecht Altdorfer in der Stiftskirche St. Johann in Regensburg. VO 93/1952.
Gall, G.: Zur Baugeschichte des Regensburger Domes. Zeitschrift für Kunstgeschichte XVII, 1954.
Piendl, M.: Die fürstliche Residenz in Regensburg im 18. und beginnenden 19. Jahrhundert. TTS 1963 (3).
Keßel, W.: Dominikanerinnen-Kirche Hl. Kreuz, Regensburg. München 1963.
Ramisch, H.: Maria-Läng-Kapelle, Regensburg. München 1967.
Boll, W.: Eine Großtat romanischer Baukunst. Die Steinerne Brücke ist wiedererstanden. Regensburger Almanach 1968. R 1968.
Buhl, H.: Geschichte des Hauses Obere Bachgasse 16 in Regensburg. VO 109/1969.
Boll, W.: Die Königliche Sommerresidenz — Die Königliche Villa in Regensburg. Regensburger Almanach 1970. R 1970.
Boll, W.: Das Thon-Dittmer-Palais. R o. J. (1970).
Buhl, H.: Die St.-Verena-Kapelle in Regensburg. VO 110/1970.
Strobel, R.: Der Brixener Hof und die mittelalterlichen Bischofshöfe in Regensburg. Jahrbuch der bayerischen Denkmalpflege, Bd. 28/1973.
Boll, W.: Zur Baugeschichte des Runtingerhauses in Regensburg. In: Eikenberg, W.: Das Handelshaus der Runtinger zu Regensburg. Göttingen 1976.
Strobel, R.: Das Bürgerhaus in Regensburg. Tübingen 1976.
Reidel, H.: Die Villenbauten Emanuel Joseph von Herigoyens in Regensburg. MS. Freiburg im Breisgau 1977.
Reidel, H.: Die bürgerliche Architektur in Regensburg von 1650 bis 1918. In: Strobel, R.: Regensburg — Die Altstadt als Denkmal. München 1978.
Mayer, P.: Das Denkmal des Don Juan d'Austria. Regensburger Almanach 1978. R 1978.
Spindler, K.: Die Römermauer in Regensburg. In: Strobel, R.: Regensburg — Die Altstadt als Denkmal. München 1978.

*

KUNSTGESCHICHTE

Schuegraf, J. R.: Lebensgeschichtliche Nachrichten über den Maler und Bürger Michael Ostendorfer. VO 14/1850.
Niedermayer, A.: Künstler und Kunstwerke der Stadt Regensburg. Landshut 1857.
Pohlig, C. Th.: Regensburger Höfe. Leipzig 1888.
Pohlig, C. Th.: Hauskapellen und Geschlechterhäuser in Regensburg. R 1890.
Hildebrand, H.: Regensburg. Leipzig 1910.
Hupp, O.: Das Rathaus zu Regensburg. R 1910.
Mader, F.: Die Kunstdenkmäler des Königreichs Bayern. Bezirksamt Regensburg. München 1910.
Riehl, H.: Bayerns Donautal. Leipzig 1912.
Hager, G./Karlinger, H./Lill, G.: Die Kunstdenkmäler des Köngreichs Bayern. Bezirksamt Stadtamhof. München 1914.
Scherer, W.: Ein Künstler als Klosterbruder im Benediktinerstift Prüfening (Innozenz Metz). Das Bayerland, 1914.
Pohlig, C. Th.: Die Patrizierburgen des Mittelalters in Regensburg. VO 67/1917.
Karlinger, H.: Die hochromanische Wandmalerei in Regensburg. München 1920.
Mader, F.: Die Kunstdenkmäler von Bayern. Bezirksamt Kelheim. München 1922.
Tietze, H.: Albrecht Altdorfer. Leipzig 1923.
Karlinger, H.: Die romanische Steinplastik in Altbayern und Salzburg. Augsburg 1924.
Röttger, B. H.: Der Maler Hans Mielch. München 1925.
Wolf, G. J.: Albrecht Altdorfer. Bielefeld 1925.
Bramm, O.: Hans Leinberger. MJK 1928.
Göring, M.: Die Malerfamilie Bocksberger. MJK 1930.
Busch, K.: Regensburger Kirchenbaukunst 1160—1280. VO 82/1932.
Mader, F.: Die Kunstdenkmäler von Bayern. Stadt Regensburg. 3 Bde. München 1933.
Schreiber, M.: Die Gemälde im Bruderchor der ehemaligen Karthäuserkirche zu Prüll. RA 1933 (August).
Wutzlhofer, J.: Johann Gebhard von Prüfening, ein altbayerischer Maler aus der Barockzeit. R 1934.
Benesch, O.: Der Maler Albrecht Altdorfer. Wien 1938.
Buchner, E.: Altdorfer und sein Kreis. Katalog der Gedächtnisausstellung zum 400. Todesjahr Altdorfers. München 1938.
Müller, Th.: Alte Bairische Bildhauer. München 1950.
Sydow, J.: Ein Linzer Stadtbaumeister in Bayern (J. M. Prunner). Z 1959 (4).
Büchner-Suchland, I.: Hans Hieber. München 1962.
Strobel, R.: Katalog der ottonischen und romanischen Säulen in Regensburg und Umgebung. Jahrbuch für fränkische Landesforschung 1962 (22).
Salm, Christian Altgraf zu: Neue Forschungen über das Gnadenbild der Alten Kapelle in Regensburg. MJK XIII. München 1962.
Schindler, H.: Große bayerische Kunstgeschichte. 2 Bde. München 1963.

Strobel, R.: Forschungsprobleme des mittelalterlichen Wohnbaus in Regensburg. VO 103/1963.
Piendl, M.: Die fürstliche Residenz in Regensburg im 18. und beginnenden 19. Jahrhundert. TTS 3/1963.
Stange, A.: Malerei der Donauschule. München 1964.
Strobel, R.: Romanische Architektur in Regensburg. Nürnberg 1965.
Winzinger, F.: Albrecht Altdorfer und sein Kreis. Ausstellungskatalog. St. Florian und Linz 1965.
Dietheuer, F.: Der alte Skulpturenschmuck der Steinernen Brücke. MS 1970.
Hubel, A.: Der Erminoldmeister und die deutsche Skulptur des 13. Jahrhunderts. BGR Bd. 8, R 1974.
Hubel, A.: Heilige und Dämonen. Bavaria Antiqua. München 1978.
Hubel, A.: Die beiden spätgotischen Altäre der Regensburger Leonhardskirche und ihre Restaurierung. R 1979.
Hubel, A.: Kostbarkeiten aus kirchlichen Schatzkammern — Goldschmiedekunst im Bistum Regensburg. Ausstellungskatalog, München 1979.
Loers, V.: Josef Achmann (1885—1958) — Gemälde und Graphik. Katalog der Ausstellung 1979 im Museum der Stadt Regensburg. R 1979.

*

NACHSCHLAGEWERKE

Bock, C. W.: Sammlung von Bildnissen gelehrter Männer. Nürnberg 1802.
Anonym: Wegweiser in der Kaiserl. Freyen Reichsstadt Regensburg und ihrer Gegend. R 1802.
Schmeller, I. A.: Bayerisches Wörterbuch. 4 Bde. Stuttgart 1827—1837.
Feuerbach, A.: Aktenmäßige Darstellung merkwürdiger Verbrechen. Gießen 1829.
Nagler, G. K.: Neues allgemeines Künstler-Lexikon. 22 Bde. München 1835—1852.
Janner, F.: Geschichte der Bischöfe von Regensburg. 3 Bde. R 1883—1886.
Scheglmann, A. M.: Geschichte der Säkularisation im rechtsrheinischen Bayern. 3 Bde. R 1903—1908.
Doeberl, M.: Entwicklungsgeschichte Bayerns. 3 Bde. München 1908/12/31.
Thieme-Becker: Allgemeines Lexikon der bildenden Künstler. 37 Bde. Leipzig 1907—1950.
Widemann. A.: Regensburger Urkundenbuch. 2 Bde. Monumenta Boica 53/54. München 1912/1956.
Bächtold/Stäubli: Handwörterbuch des deutschen Aberglaubens. 10 Bde. Berlin 1927—1942.
Krieß, R.: Die Volkskunde der Altbayerischen Gnadenstätten. 3 Bde. München 1953—1956.
Erich, O./Beitl, R.: Wörterbuch der deutschen Volkskunde. Stuttgart 1955.
Piendl, M.: Fontes monasterii s. Emmerami Ratisbonensis. Bau- und kunstgeschichtliche Quellen. TTS 1961 (1).
Hubensteiner, B.: Bayerische Geschichte. München 1966.
Kriss-Rettenbeck, L.: Bilder und Zeichen religiösen Volksglaubens. München 1963.

ADRESSBÜCHER

Kurfürstlich-Erzkanzlerischer Staats- und Adreßkalender. R 1805.
Neuer Bürger-Adreßkalender für die Residenzstadt Regensburg. R 1808.
Adreß-Calender der Königl. Bayer. Haupt- und Kreisstadt Regensburg. R 1812.
Adreß-Buch für die Kgl. Baierische Kreis-Hauptstadt Regensburg. R 1822—1918.
Neuere Adreßbücher der Stadt Regensburg.

Register

Abkürzungen:
Abb. = Abbildung
Bay. = Bayern
Fam. = Familie
Frh. = Freiherr
Gr. = Graf
hl. = heilige(r)
Hzg. = Herzog
K. = Kaiser, König
Kf. = Kurfürst
R. = Regensburg
St.E. = St. Emmeram

Kapellen sind unter dem Anfangsbuchstaben des jeweiligen Heiligen zu finden, z. B. Sigismundkapelle.

Die Umlaute ä, ö, ü, sind wie ae, oe, ue zu lesen.

Aachen, H. v. 473
Abaisy 55
Abdecker 248
Abdeckergässel 16
Abersee 532
Aborte 557
Aborterker 323, 557
Achkirchenstraße 103, 222
Achmann, J. 17, Abb. 3
Adam, A. 503
Adam, G. 76, 241
Adam, H. 634
Aderlaß 577, Abb. 265
Adler, Chr. 191
Adlerapotheke 35, 582
Adlerbrunnen 36
Adler'sches Haus 191
Adolf-Schmetzer-Straße 243 ff.
Adolf-Schmetzer-Straße 1   198
Adolf-Schmetzer-Straße 3   205
Adolf-Schmetzer-Straße 44   572
Aecherstraße 91
Ägidienplatz 180, 557
Ägidienplatz 3   290
Ägidienplatz 6   181, 316
Ägidienplatz 7   180
Ällenpeck, P. 101
Ärzte 574
Ärztekollegium 574
Ätzplatten 202
Äußeres Palais 182
Afrakapelle (Augsburger Hof) 52
agger 29
Agilolfinger 23, 25
Agilolfingische Pfalz
   (Alter Kornmarkt) 25
Agnes von Poitou 106
Agricola, Chr. L. 489
Agricola, Dr. Gg. A. 169
Agricola, Dr. J. 568
Ahakirche 152, 154 ff.

Aham zu Neuhaus, Gr. 29
Ahmtor 328
Aichinger, M. 75
Albanskapelle 134, 317
Alberg, H. v. 447
Alberger, Fam. 445
Albertstraße 331, 332
Albertstraße 1   332
Albertuskapelle 279, 280
Albertus Magnus 57, 278, 279, 280
Albrecht I., Hzg. v. Bay. 363
Albrecht IV., Hzg. v. Bay. 117, 223, 224, 239, 354, 394, 399, 464, Abb. 192
Albrecht v. Brandenburg 317
Albuini (Kassiani u. Ingenuini) Kapelle 22
Alexanderschlacht (Gemälde) 94
Alexiuskapelle 36
Alkofer, Fam. 169
Alkofer, E. S. 569, 631, 632
Alkofer'sches Haus 170
Allee 313, 318, 330 ff., Abb. 157, 161
Allee (Ob. Wöhrd) 237
Alleedenkmal 337
Allius, H. 101
Almosenamt 220
Alt, J. 629, 630, 633
Altdorfer, A. 9, 39, 74, 86, 89, 95 ff., 96, 97, 100, 124, 135, 146, 154, 178, 196, 229, 234, 317, 515, 518, 555, 586
Altdorfer, A. — Grabstein Abb. 44
Altdorfer, A. — Wappen Abb. 43
Altdorfer, E. 95, 230
Altdorfer, U. 95
Altdorferhaus — Ob. Bachgasse 95
Altdorferhaus — Weitoldstraße 229, Abb. 95
Alte Kapelle 25, 377
Alte Kapelle (Gnadenbild) 514, Abb. 235
Alte Manggasse 93
Alte Manggasse 3   138
Alte Mauth 461, 465
Alte Münz 178
Altenheim St. Josef 85
Alter Bischofshof 49
Alter Dom 49, 541
Alter Fischmarkt 124
Alter Kornmarkt 23 ff., 107, 182
Alter Kornmarkt 10   25, Abb. 9
Alte Sandgrube 248, 352, 353
Altes Deutsches Haus 85, 181, 316
Altes Gymnasium 190
Adolf-Schmetzer-Straße 5, Abb. 103
Alte Straubinger Straße 243
Alte Waldmünchner Straße 443
Altfraunberger, Fam. 462
Altheimer, J. 38, 280
Altmann, Fam. 162, 170
Altmann'sches Haus 162
Alt St. Niklas 244, 573
Altschmidt, Fam. 132
Altwarenhändler 69

Alumneum, ehem. 190
Alwich, B. 70
Amann, Fam. 67, 194
Amann, K. 296
Amann, P. 194, 392
Amann, U. 485
Amberg, Fam. 224
Amberger Stadel 117, 297
Am Beschlächt 237
Am Beschlächt, 1, 2, 3   237
Am breiten Rain 249
Am Brixener Hof 21
Am Brückenbasar 114
Am Brückenfuß 114
Am Drießl 129
Amersdorfer, L. 491
Am Flachlberg 444
Am Graben 210
Am Gries 418 ff.
Am Gries 4   418
Am Gries 7   418, Abb. 198
Am Gries 13   418
Am Gries 19   418
Am Gries 36   418
Am Hochbehälter 561
Am Holzhof 220
Am Hohen Kreuz 244
Am Judenfeld 444, 447
Am Judenstein 231, 234 ff., 296
Am Judenstein 9   234
Am Judenstein 10   231
Am Königshof 16 ff., 17, 321
Am Königshof 2   17
Am Kränchertor 107
Am Kumpfmühler Kastell 383
Am Mühlbach 92
Am Napoleonstein 245
Am Ölberg 178
Am Ölberg 5   294, Abb. 131
Am Peterstor 3   322
Am Prebrunntor 226 ff.
Am Prebrunntor 2   227
Am Prebrunntor 4   226, 228
Am Protzenweiher 418 ff.
Am Römling 174 ff.
Am Singrün 224 ff.
Am Singrün 1   224
Am Singrün 2   223, 224
Am Spielhof 60, 74
Am Stärzenbach 199 ff.
Am Stecken 107
Amulett (Maria Läng) 54
Am Vitusbach 92
Am Weichser Anger 2a, Abb. 211
Am Weinmarkt 134
Am Wiedfang 117, Abb. 51
Am Wiedfang 1   118, 120
Am Wiedfang 3/5   325
Am Zieget 379
Anatomieturm 327, 578, Abb. 266
An den Klostergründen 361
An der Brunnstube 560
An der Herzogmauer 227
An der Hülling 92
An der Kette 205, 298
An der Römerschanze 383
An der Salzohm 118

647

An der Schierstadt 410
An der Schierstadt 3   412
An der Steinernen Brücke 114
An der Stetten 410, 419
Andreas v. R. 428, 481
Andreaskapelle 32, 90
Andreaskapelle (bei St. E.) 535
Andreaskirche (Prüfening) 262, 367
Andreaskirche (Stadtamhof) 419
Andreasstraße 428
Andreasstraße 24   416
Angermayr, P. 524
Annagasse 5   361
Annakirche 359
Anna selbdritt, Abb. 172
Anns, J. W. 102
Antisemitismus 74
Antwerch 422
Apian, Ph. 414
Apollofalter 456
Apostelzimmer 188
Apotheken 579
Apotheker 579 ff.
Apothekerordnung 580
Appiani, P. 182
Aprill, B. 571
Aratos 269
Arbeitshaus 221
Arbeo v. Freising 312, 457, 528
Arch 92, 172
Argle 363
Armbrustschützen 235, 500
Armenhaus 221
Arme Schulschwestern 428
Armesünderstübchen 594, 612, Abb. 283
Armgemach 51
Arnold v. St. E. 222, 313
Arnulf, Hzg. 212, 217, 231, 313
Arnulf, K. 25, 213, 308, 393
Arnulfsplatz 213 ff., 603
Arnulfsplatz 3   214
Arnulfsplatz 4   214, 603
Arnulfsplatz 6   214
Arnulfsplatz 8   228
Arnulfsturm 214
Arnulfswinkel 231
Artaria u. Comp. 633, 635
Arzwieser, H. 160
Asam, C. D. 81, 85, 185, 524, 529
Asam, E. Qu. 81, 82
Asch, P. v. 421
Aschenbrenner, M. 601
Aschheim 528, 531
Ascricus v. St. E. 464
Astrolabium 255, 269 ff., Abb. 216
Astronomie 90
Astronomischer Turm (Prüfening) 368
Asylrecht 613
Au, H. v. 573
Aubach 401
Auer, Fam. 169, 175, 176, 401
Auer, F. 137, 383
Auergasse 174
Auernheimer, Chr. 391

Auerstraße 173
Auf dem Brücklein 129
Auf dem Graben 212
Auf den Brettern 35, 582
Auf der Platte 378
Aufhauser Hof 30
Aufzug 611
Auge Gottes 175
Augenausstechen 600
Augsburger Hof 52
Augustin, H. 76, 175, 196
Augustinerkirche 64, 79 ff., 301, 302, 485, Abb. 35, 81, 83
Augustinerkloster 80, 96, 538, 547
Auhof 199
Auliczek, D. 225
Aunkofer, Fam. 176
Aurelia — Hochgrab 535
Aurelia — Inklusin 90
Aurelia — Legende 535
Ausgestreckte 478
Ausgrabungen (Bismarckplatz) 216, 217
Auspauken 603, Abb. 276
Aussätzige 572
Ausweisen 600
Aventinus, J. 61, 137 ff., 487, Abb. 224
Axter, L. P. v. 247

Babenberger, Fam. 626
Babl, K. 528
Bacher, Th. J. v. 219
Bader 556, 574
Badestuben 554
Badgasse 209, 554
Badstraße 14   292
Badstraße 24   292
Badstraße 26   292
Badstraße 36   292
Badstraße 38   292, 556
Badstraße 42   291, 292
Badstraße 54   241
Bächlein, D. 603
Bäckergasse 25 u. 35   436
Bäckergasse 27   438
Bäckertaufe 603
Bär an der Kette 205 ff., 298, Abb. 135
Bärbinger, Fam. 139, 140
Bahre, H. G. 116, 118, 120, 122, 124, 126, 171, 178, 188, 221, 223, 237, 243, 318, 319, 321, 323, 324, 328, 374, 378, 383, 415, 417, 423, 424, 441, 448, 462, 468, 469, 554, 557, 586, 606, 620, 626, 629, 630, 631
Bahrrecht 545
Bairische Chronik 137
Ballhaus 180
Barth, J. M. 129
Barthel, M. 468
Bartsch, Dr. J. 129, 130
Basilisk (Steinerne Brücke) 285, Abb. 124
Basteien 317
Bauernhuet 383, 386

Baumann, P. 633
Baumburg (St. Wolfgang) 534
Baumburger, Fam. 45
Baumburger, H. 94
Baumburgerhaus 45
Baumburgerturm 46, Abb. 19
Baumhackergasse 2   305
Baumhackergasse 5 (3)   127
Bauinschrift (Castra Regina) 20, Abb. 7
Bayerwein 461
Becks Figurentheater 332
Beckstein, G. 294
Beer, F. 29
Beethoven, L. v. 390
Befestigungsanlagen Abb. 286
Befreiungshalle 344
Behner, Fam. 294
Behner, J. M. 391
Behnergässel 391
Behnerkeller 391
Beich, F. J. 401
Bei der gelben Mauer 226
Bei der Schanze 8
Bei der Schanze 7   360, 366
Beinhaus 487
Bellevue 197
Bemelmann, L. 214
Benediktusaltar (St. E.) 272
Benediktuskapelle 17, 139
Beraiterweg 220
Beranek, F. J. 283
Berberich, Fam. 241
Berg, J. v. den 514
Bermann, J. 635
Bernard, Gebrüder 187, 188
Bernegger, M. 131
Bernevin, C. 165
Bernhard v. Weimar 277
Bernhardkapelle 107
Berringer, H. 581
Bertold, Bruder 201, 213
Bertoldstraße 201
Bertoldstraße 9   202
Bertoldstraße 11   203
Bescheidessen 507
Beschlächt 236 ff.
Besessene 550
Bestelmeyer, G. 492
Bettler 159
Bibliothek (fürstl.) 185
Bibliothek (königl.) 190
Bibliothek (reichsstädtische) 171
Bichtel, J. 81, 138 ff., 139, 234, 268, 334, 337, 338, 413, 419, 425, 537, 596
Bienenkorb (Dom) 253, Abb. 106
Bier 293
Bierkoster 296, Abb. 132
Biersackgasse 361
Billj, H. 128, 129
Birkenbach, O. 18, 19, Abb. 4
Bischöfl. Knabenseminar 83
Bischöfl. Ordinariat 29
Bischöfl. Zentralarchiv 83
Bischofshof 35, 36, 38, 555, Abb. 14

Bischofshof, alter 49
Bischofsspiele 499
Bischof-Wittmann-Heim 203
Bischof-Wittmann-Straße 391
Bismarck, O. v. 168, 216
Bismarckplatz 216 ff.
Bismarckplatz 1   219
Bismarckplatz 4   293
Bismarckplatz 5   220, 293
Bismarckplatz 6/7   217
Bismarckplatz 8   218
Bismarckplatz 9   219
Blank, A. 281
Blaue-Lilien-Gasse 122, Abb. 52
Blaue-Lilien-Gasse 3   123
Blaue-Lilien-Gasse 4   122
Blauer Engel 140, 306
Blauer Esel 265
Blauer Hecht 12, 133 ff., 588, Abb. 54
Blauer Krebs 172, 173, 593
Blauer Saal (Rathaus) 149, 151
Blauer Teufel 140
Blaues Seminar 52
Blaue Traube (Reinhausen) 440
Blaue Traube (Steinweg) 430, 438, Abb. 201
Bleistiftfabrik (Ostengasse) 206
Bleistiftfabrik (Rehbach) 181
Bleyer, L. 160
Block 611
Blockgefängnisse 611, Abb. 282
Blomberg, B. 71, 167, 168
Blumentrost, G. 571
Bock, C. W. 369
Bocksberger, M. 42, 67, 112, 121, 152, 154 ff., 155, 171
Bocksbergerstraße 5   384, 390, Abb. 184
Bodenehr, G. 621
Böhmisches Eck 228
Bösner, Chr. L. 230, 233, 606, 635
Bösner, J. H. Th. 468
Bösner, J. W. 601, Abb. 275
Bösner, S. G. U. 468
Boessnerstraße 465
Boll, W. 156
Bolland, Brauerei 205
Bolland, Fam. 102
Bombelles, Gr. 24
Botanische Gesellschaft 332, 333, 335 ff.
Botanischer Garten 334
Bouillot, J. 341
Boutteville, E. v. 381
Boutteville, U. v. 381
Bräunelturm 45
Brandlberg 454
Brandlbrauerei 205
Brandlkeller 244
Brandmarken 600
Brassel 151
Brauerei Bischofshof 41
Brauereimbleme 293, Abb. 131
Brauhaus R. 102, 244
Braun, G. 93, 628
Braunau, K. v. 500

Braun u. Hogenberg 628
Brauordnung 295
Brauser, G. H. 101
Brautjungfer 507
Bray, F. G. v. Gr. 335
Brennholz 220
Brentano, K. (C.) 84, 164
Brentner, A. 416
Bretislaw 28
Breu, J., d. Ä. 97
Briefpost 75
Britting, G. 18, 64
Brixener Hof 21, 22 ff., 23, Abb. 8
Brodtwolf, H. 144
Bruder Diemar 278, Abb. 120
Bruder Friedrich 82
Bruderhaus, evang. 93, 192
Bruderhaus, kath. 230
Bruderhauskirche 93
Bruderholz 353
Bruderwöhrdstraße 236
Brückelmeyer, J. 416
Brückenkopf (Stadtamhof) 114
Brückenmeister 114
Brückensiegel 326
Bruckkeller 113
Brücklgraben 466
Bruckmännchen 281, Abb. 121, 122
Brückmännchen (blaue Hose) 283
Brückstraße 112 ff.
Brückstraße 2   117, 297
Brückstraße 4   113
Brückturm 118, 313, 326 ff., 607
Brücke z. Ob. Wöhrd 238, Abb. 101
Brunnen (öffentliche) 559
Brunnen (private) 558
Brunnensteg 456
Brunnhuber, Dr. A. 456
Brunnleite 221 ff.
Brunnleite 1   221
Brunnstube (Eisbuckel) 561
Brunnstube (reichsstädtische) 559, 560, Abb. 257
Brunnstube (St. E.) 559
Brunnstube (Winzer) 561
Brunnweg 249
Buch der Natur 57
Bucher, J. B. 155
Buchner, E. 515, 519
Buchsbaum 22
Büchlein v. d. Fialen Gerechtigkeit 61
Büchsenschützen 501
Bückle, J. M. 331
Bühl 213
Bürgerberg 87
Bürgerreiterei 78
Bürgerstift St. Michael 230
Buhl, H. 93, 103
Burgfrieden 352 ff., 355 ff., 621, 622, Abb. 286
Burgfriedensgrenze 353, Abb. 171
Burgfriedenssäulen 352, 353 ff., 383, Abb. 169, 170
Burgkmair, H. 488

Burgweinting 407 ff.
Burgweinting (Kirche) 408
Burgweinting (römische Funde) 407
Burgweinting (römischer Gutshof) 407
Burkart, N. 408
Busch, G. C. 331
Busch, K. 423
Butzer, M. 171
Buzinger, J. Chr. 568

Cäcilienkirche 81, 82, 538
Cäcilienverein 56
Calamech, A. 156
Cantimpre, Th. v. 57
Capistrano, J. 24
Carl, J. 318
Carls Lust 241
Carolina 584
Casino 241
Caspar, J. Chr. 571
Caspar, M. 130
Castra Regina 20, 25, 47, 51, 312 ff.
Cavallerie, bürgerl. 78
Celtis, C. 488, 627
Chamisso, A. v. 437
Chirurgen 574
Cholera 490, 563 ff.
Chorstörer 549
Chrazzer, C. 32
Christi Himmelfahrt 483
Christophkapelle 171
Cleska, J. 57
Clostermayer, J. L. 66
Coeler, G. 339
Confessio 541
Confin-Wacht 565
Constablerkorps 78
Coppenrath, A. 57
Cossiers, J. 497
Crafft, H. 589
Cramer, B. 108
Cranach, L. 97
Cröner, G. 521

Dachauplatz 19
Dahlem, J. 246, 383, 526
Daisenberger, J. M. 633
Dalberg, C. v. 13, 14, 22, 30, 38, 91, 178, 181, 182, 206, 217, 219, 224, 246, 331, 332, 334, 336, 337, 338, 341, 346, 374, 379, 387, 424, 490, 503, 582, 587
Dampfschiff (Gasthaus) 242
Dankerts, C. 631
Dannecker, J. v. 184, 340
Daumann, P. 581
Daxer, J. 417
Dechbetten 372 ff., 558, Abb. 179
Dechbetten — Bildstock 378, Abb. 179
Dechbetten — Friedhof 366, 377, 379
Dechbetten — Friedhofskapelle 378

Dechbetten − Gnadenbild 375, Abb. 181
Dechbetten − Kirche 374, 375, Abb. 179
Dechbetten − Mariensäule 378
Dechbetten − Versinkender Turm 372, 373, Abb. 178, 179
Dechbetten − Wasserverhältnisse 372
Dechbetten 1   372
Dechbetten 4   375, Abb. 179
Dechbettener Straße 2   588
Dechbettener Weinberg 374
Degelberg 87, 379
Deggingerhaus 66
Dehling 66
Deisch, M. 554
Denzel, A. 189
Deschermeier (Brauerei) 205
Deutscher Orden 180, 181 ff., 401, 451, 462
Devenne, C. 581
Diener, J. 293
Diener, J. W. 293
Diepenbrock, A. 84, 203, 204, Abb. 36
Diepenbrock, M. 53, 58, 84
Dietheuer, F. 258, 264, 276, 279, 523, 616, 617, 618
Dietl, G. 244
Dietlmaier, M. 142, 152, 202, 308
Dietrichs, Dr. J. N. 568, 581
Dietrichs, Dr. L. M. 578
Diez, S. 396, 397, 398
Dillis, J. G. 399
Dimpfel, Chr. G. 194, 603
Diözesanmuseum 83
Dionys-Danegger-Straße 454
Dirnen 603, 618
Dittmer, G. F. v. 169, 224, 240, 243
D.-Martin-Luther-Straße 19
Dodenhemd 509
Döll, F. 340
Dörffler, W. F. 101
Dörnberg, Fam. 492
Dörnberg, E. F. v. Gr. 247
Dörnbergpalais 246, Abb. 104
Dörnbergpark 247
Dörnberg'sche Waisenfondstiftung 247
Doktorstube 147
Dollinger, Fam. 42
Dollinger, H. 157, 163, 607
Dollingerhaus 157, 164
Dollingerlied 164
Dollingersaal 157 ff., Abb. 72
Dollingersage 163, Abb. 73
Dom 252 ff.
Dombauhütte 260
Dombrunnen 258, 266 ff.
Domchristus 265, Abb. 214
Domfriedhof 440, 487
Domgarten 440, 487
Dominikannerinnen 231
Dominikanerkirche 179, 278 ff., 473

Dominikanerkloster (Lehrkanzel) 280
Dominikaner − Kreuzgang 179
Dompfarrhof 29
Domplatz 31, Abb. 10
Domplatz 6   336
Domplatz 7   32
Domschatzmuseum 40
Domschüler 499, Abb. 229
Domstraße 3   25
Donaubogen 248
Donauer, Chr. S. 128, 129, 173, 545, 592, 593
Donauer, H. 415
Donaulände 208 ff.
Donaumarkt 208 ff.
Donaumarkt 3   294
Donauschiffe 291
Donauschule 96
Donaustauf 268
Donaustraße 126
Donaustrudel 114
Donauwacht 13
Dondorff, M. v. 387
Don Juan d' Austria 71, 156 ff., 167 ff., 168 ff.
Donnerkraut 224
Dornberg, U. v. 79
Dornreliquie 540
Dorotheenkapelle 60, Abb. 23
Dorotheenkapelle (H. d. Grieb) 193
Doschler, G. 189
Dräsen, P. v. 585
Dreibäumerlberg 381
Dreieinigkeitskirche 153, 179, 262
Dreifaltigkeitsaltar St. E. 571
Dreifaltigkeitsberg 429, 561, Abb. 203
Dreifaltigkeitsbruderschaft (St. E.) 494
Dreifaltigkeitskirche 431 ff., 570, Abb. 203, 204
Drei Helme 60, 72, Abb. 28
Drei-Helm-Gasse 72 ff., 74
Dreikönigslieder 496
Drei-Mohren-Straße 1   174
Dresch, J. 554
Drießel 178
Dr.-Joh.-Maier-Straße 3   501
Dr.-Johann-Maier-Straße 7   501
Düring, K. J. 426
Dürnstetter, Fam. 175
Dürnstetter, K. 36
Dürr, A. 497
Dult 406, 419, 505
Dultplatz 419
Dunnergasse 209
Duval, C. 335

Eberhard, J. G. 108
Eberhard, K. (C.) 53, 345
Eberstein, Ph. v. Gr. 134, 317
Ebner, Fam. 228
Eck, Dr. L. 138, 170
Eckenthaler, W. 42, 330
Eckersberger, A. 208

Eckhard, A. 32
Eder, S. 441, 442
Ehm, Ph. 107, 126
Ehrenfels, K. v. 57
Ehrenfelser Hof 57
Ehscheiderturm 229
Eichendorff, J. v. 334
Eichler, Chr. 601
Eichstätt 61
Eichstätter Hof 22
Eid über moltigem Mund 545
Eierwinkel 34
Einhausen 404
Einhorn 205, 254, 467
Einhorngäßchen 47
Einmart, G. Chr. 400, 631
Eisbuckel 41, 387, 561
Eisenerzweg 456
Eisengrät 136
Eisenhammer 237
Eisenmanger, M. 131, 133
Eisenmann, W. 186
Eiserne Birn 417
Eisstoß 451, 476, Abb. 219
Elefant 120
Elefant (Dom) 252
Elefantenapotheke 136, 176, 335
Elsberger, H. 239
Elsperger, K. (Lithograph) 596, 622, 623, Abb. 270
Eltele, Fam. 294
Eltele, P. E. 38
Emmeram, hl. − Geschichte 527
Emmeram, hl. − Legende 528
Emmeram, hl. − Verehrung 530
Emmeram, hl. − Wallfahrt 530
Emmeramer Bastei 317, 322
Emmeramer Garten 383
Emmeramer Tor 247, 322 ff., Abb. 157
Emmeramsapotheke 582
Emmeramskirche 527, 531
Emmeramskreuzgang 552
Emmeramsplatz 182
Emmeramsplatz 11   296
Emmerich, K. von 84
Emslander, Fam. 214
Endres, J. A. 119, 283, 342, 550, 559, 505
Engel 494, Abb. 227
Engelämter 494
Engelapotheke 70, 580, Abb. 29
Engelbold, Fam. 136
Engelbrecht, J. 409
Engelbrecht, M. 633
Engelburgergasse 136 ff., 212
Engelburgergasse 2   136
Engelburgergasse 4   137, 305
Engelburgergasse 11   137
Engelburgergasse 22   138
Engelhardt, Fam. 136
Engelmaier, K. 442
Engl, A. 61, 258
Engl, H. 258, Abb. 109
Entengang 89 ff.
Enthaupten 584 ff.
Eppinger, J. 330

Erdbeben 452
Erdmann, J. 462
Ergle 363
Ergleberg 363
Erhängen 584
Erhard, hl. — Geschichte 536
Erhard, hl. — Grab 28, 163, 164, 536
Erhard, hl. — Legende 537
Erhard, hl. — Legendentafeln 537
Erhard, hl. — Reliquien 537, 615, Abb. 249
Erhard, hl. — Verehrung 536
Erhard, hl. — Wallfahrt 538
Erhard, J. Chr. 197
Erhardibrote 538
Erhardibrunnen 30, 537, 557
Erhardigasse 29, 105
Erhardigasse 11   30
Erhardihaus (altes) 157
Erhardikapelle 29
Erhardinonnen 106
Erich, Chr. 140
Erich, J. F. 113
Erlbeck, Fam. 169
Ermer, F. 109, 398
Erminold 361, 365
Erminoldgrab 364
Erminoldmeister 364
Erndl, M. 581
Ernst-Reuter-Platz 315, 320
Ertl, P. v. 331
Ertl, W. 415
Ertränken 585
Eschenbach, W. v. 254
Escherich, Chr. P. 582
Eser, W. 417
Etherege, G. 49
Etteldorfer, K. 427
Eugen, Prinz v. Savoyen 121
Evang. Altenheim 87, 93
Ewiges Licht 485
Expressionismus 19

Faber, P. 85
Fabricius, M. G. 66
Fabriziushaus 47
Fackellöscher 33
Fähre (Großprüfening) 361
Färberhaus 208
Fahrbeckgasse 1   203
Fahrensbach, Gr. v. 592
Fallgatter 320
Fasching 474
Fastnacht 474
Fechtschule 162
Federer, Fam. 178
Fehra, Chr. v. 481
Feischel, J. A. 295
Feldkirchen 528, 531
Feldwacht 13
Ferdinand I., K. 96, 167, 219
Ferdinand II., K. 37, 144, 630
Ferdinand III., K. 149, 165, 214, 376, 394, 395, 630
Ferstl, J. 464
Feuergässel 557

Feuerschützen 501
Feulner, H. 417
Feury, H. 378
Fikentscherkeller 386
Fischer, C. v. 16
Fischer, H. 589
Fischer (Zunftembleme) 290 ff., Abb. 129
Fischerhütten 124
Fischerstechen 238
Fischgässel 124
Fischgang 236
Fischgraben 240
Fischl, J. 417
Fischmarkt 123 ff., Abb. 53
Fischmarkt 1   125
Fischmarkt 9   125
Fischmarktbrunnen 124, Abb. 53
Fischturm 124, 326
Flachl, H. 444
Flasche 192
Fleischgasse 124
Fleischhaus 92, 96, 124, Abb. 53
Fleischhausplatz 124
Fleischtürl 124, 328
Flettacher, Fam. 103
Flößerei 440
Florian-Seidl-Straße 4   203, 206
Folterkammer 609 ff., Abb. 281
Foltz, L. 198, 199, 348
Forster, J. P. 169, 633
Fragstatt 588, 609 ff., Abb. 281
Frantz, J. F. 567
Franz I., K. 109, 182, 183, 633
Franz II., K. 109, 169
Franziskanerkloster 434
Franziskanerplatz 8   422
Franziskanerplatz 17   422
Frauenberger, H. 383
Frauenbergl 59
Frauenbergl 2, 4   60
Frauenhof 60
Frauenstift St. Oswald 137
Fraunberg, H. 581
Fraunberg, V. v. 40
Freibäder 556
Freibitten 614
Freidl, G. F. v. 187
Freidl, L. W. v. 187
Freiheitenbuch 99
Freikompanie zu Pferd 78
Freisinger Hof (Alter Kornmarkt) 25, 107
Freisinger Hof (Emmeramsplatz) 182
Freißlich, G. 548
Freiung 600, 603, 613 ff.
Freytag, Dr. R. 110, 389, 419
Frick, A. 147
Fridrich (Dombau.) 257
Fridrich, G. B. 108, 435
Friedhöfe 486 ff.
Friedhof — Dom 485, 487 ff., Abb. 223
Friedhof — Dreifaltigkeitsberg 433, 438, 443
Friedhof — Dreieinigkeitskirche 186, 489, 565

Friedhof — evangelischer 492
Friedhof — israelitischer 492
Friedhof — Lazarus, evang. 488
Friedhof — Lazarus, kath. 490, Abb. 225
Friedhof — Oberer 492
Friedhof — St. Emmeram 487
Friedhof — St. Jakob 488
Friedhof — St. Kassian 488
Friedhof — St. Peter, ev. 489
Friedhof — St. Peter, kath. 490
Friedhof — römischer 526
Friedhof — Unterer 492
Friedl, Fam. 294
Friedrich II., K. 178, 352
Friedrich IV., K. 165
Friedrich d. Schöne 161
Friedrich, A. 476
Friedrich, J. A. 524, 567
Friedrich, Th. Chr. 238
Friedrich v. R. 538
Fries, J. Chr. 134
Fritsch, A. 589
Fritz, U. 562
Frobenius-Forster-Straße 454
Fröhliche-Türken-Straße 51 ff.
Fröhliche-Türken-Straße 14   312
Fröschmann, B. 137
Fronleichnam 483
Frueauf, R. 97
Frumold, Fam. 175
Frumold, K. 169
Fuchs, Chr. 326
Fuchs, G. Chr. 50
Fuchs, J. 588, 590
Fuchsengang 50
Fuchsengang 2   574
Fuchsprellen 474
Fuchs v. Schneeberg 190
Fürholzer, K. 202
Fürnrohr, O. 186
Fürst-Albert-Allee 361
Fürst der Welt 33, 34, Abb. 12
Fürstenallee 332
Fürstentreppe 149
Fürstenzimmer 149
Fürstliches Kollegium 149 ff.
Fürstliches Nebenzimmer 150 ff.
Füsiliere 76
Fugger, M. O., Gr. 395
Fugger, Steph. 220
Fugger, U. 167
Fugger-Glött, A. v. 204, Abb. 89

Gänsberg 227, 245
Gainchover, O. 607
Galgen 584 ff., 586 ff., Abb. 268
Galgenberg 584 ff.
Galgenberg (Reinhausen) 443
Galgenbergbrücke 244
Galgenbergstraße 244 ff.
Galgenbergstraße 21a   244
Galgengasse 443
Galgenweg 244
Galgenwirt 244
Gallus, N. 519
Galluskapelle 57, 58, Abb. 22

651

Gamber, K. 527, 541
Gampel, J. M. 205
Ganghofersiedlung 384
Ganswasen 90
Gasbeleuchtung 563
Gatterl 118
Gaukler, Abb. 75
Gebhard, A. 377
Gebhard, B. A. 377
Gebhard, J. 360, 365, 366 ff., 367, 377, 421, 433
Gebhard, O. 366, 367, 377, 454
Gebhardstraße 420
Gebhardstraße 3 428
Gefängnisse 606 ff.
Gegeißelter Heiland (Kapelle) 433, Abb. 203
Geharnischte 99, 483, 503
Geheimschrift, Abb. 115
Geiersberg 429
Geißler 478, 594, Abb. 220
Gelbes Haus 230
Geldreitern 220
Gemeiner C. Th. 81, 134, 236, 330, 468, 472, 474, 489, 579, 590
Genstal 383, 389
Georgenstadel 117
Georgskapelle (Am Wiedfang) 118 ff., 538, Abb. 51
Georgskapelle (St. E.) 527, 528
Georgskirche (Prüfening) 363
Georg- u. Afra-Kapelle 105, 106 ff., Abb. 45
Gerber 212
Gerbergasse 222 ff.
Gerhard, E. 397, 463
Gerhardinger, K. (Th.) 418, 428
Gerster, Dr. R. 470
Gesandtenstraße 185 ff., Abb. 83
Gesandtenstraße 2 186
Gesandtenstraße 3 188
Gesandtenstraße 4 289
Gesandtenstraße 5 188
Gesandtenstraße 13 189
Gesandtenstraße 16 190
Geschütze 215
Gesner, K. 548
Gespenster 209
Gessner, A. 581
Getreidemagazin 202
Getreidemarkt (Alter Kornmarkt) 23
Getreidemarkt (Haidplatz) 166
Getreidesperre 202
Geyer, A. 141, 148, 150, 152, 632
Geykirche 154
Gichtl, Fam. 209
Gichtl, Dr. M. 209, 581
Gichtlgasse 209 ff.
Gichtlgasse 6 407
Gießer, J. 462
Gießübel 163, 322, 606, Abb. 278
Gilgenplatz 180
Girster, J. 590
Gladbach, J. C. 581
Glätzl, Fam. 61
Glätzl, J. Chr. 51

Glätzl, J. G. 101
Glätzl, J. J. 51
Gleichen, H. C. Frh. v. 346
Gleichendenkmal 346 ff.
Glockengasse 176
Glockengasse 1 176
Glockengasse 14 177, 302
Glockengasse 16 178
Glockengießer, Chr. 100
Gloriette 374, 378 ff., Abb. 179
Gnadenkapelle (Alte Kapelle) 515
Godin, A. 185
Görtzdenkmal, Abb. 166
Goethe, J. W. v. 63, 86, 108, 137
Götz, G. B. 520
Götz, H. 245
Götz, J. 116
Götz, J. A. 520
Goez, J. F. v. 341
Goldene-Arm-Straße 173
Goldene-Bären-Straße 121 ff., 160
Goldene-Bären-Straße 1 121
Goldene-Bären-Straße 3 121
Goldene-Bären-Straße 5 121
Goldene-Bären-Straße 6 121, 305
Goldene-Bären-Straße 7 118
Goldene-Bären-Straße 10 121
Goldene Ente 236
Goldene Glocke 176
Goldene Hacke 160, 249
Goldene Kanne 205
Goldene Krone 129, 131, 132, 548
Goldener Adler 121
Goldener Anker 295
Goldener Arm 173
Goldener Bär 121, 298
Goldener Brunnen 103
Goldener Engel 57, 83
Goldener Falke 129
Goldener Greif 133, 416
Goldener Hecht 418
Goldener Hirsch 161, 300
Goldener Löwe 51
Goldener Löwe (Stadtamhof) 418
Goldener Pfau 53, 72
Goldener Ritter 193
Goldener Spiegel 191
Goldener Turm 67 ff., 87, 155
Goldener Widder 182
Goldenes Faß 191
Goldenes Kreuz 67, 166 ff., 483, 592, Abb. 76, 77
Goldenes Kreuz (Reinhausen) 441
Goldenes Kreuz (Winzer) 462
Goldenes Lamm 468, 470
Goldenes Posthorn 121, 406
Goldenes Schiff 242
Goldene Taube 308
Goldglas 54
Goldin, A. 172
Goliarden 43
Goliathhaus 41, 43, Abb. 17
Gottesurteile 545
Grabengasse 447
Graf, J. 113, 392
Graf, K. 205

Graf, L. 419, 433
Graf, U. 147
Grammatici, N. 86
Graner, Fam. 32, 170, 175
Graner, H. 609
Graner, J. 468
Graner, O. 169
Graß 180, 401 ff.
Grasser, E. 359, 360
Grasser, J. 359
Graßer Höhe 379
Gratzlhaus 392
Gravenreuter, Fam. 133
Gravenreuter, K. 193
Gravenreuterhaus 193, Abb. 86
Gravenreuter, Zum 306
Gredinger, K. 101
Gregoriusmesse 267
Grenadiere 76
Gretzwascher 155
Grienewald, J. 34, 134, 190, 209, 233, 253, 394, 556, 558
Grießmann, M. 296
Grimm, M. 594
Groenigl, J. 74
Gropius, K. W. 53
Gropper, J. 171
Großer Stahl 500, 501
Großprüfening 358 ff.
Großprüfening 21 361
Großprüfening – Annakirche 359, Abb. 172
Großprüfening – Fähre 361
Großprüfening – röm. Siedlung 358
Grothe de Groth 622
Gruber, A. G. 292
Gruber, F. X. 343, 489
Gruberdenkmal 343
Grueber, B. 362, 374, 375, 432, 435, 505, 634
Grünbeck, Dr. J. 189
Grüne Allee, Zur 332
Grüner Kranz 83
Grünsleder, U. 585
Gruftkapelle (fürstl.) 184
Guericke, O. v. 165 ff.
Guldenmahl 507
Gumpelzhaimer, Chr. G. 233, 236, 363, 489, 499, Abb. 97
Gumpert, B. 479
Gumprecht, Fam. 32, 142
Gumprecht, L. 161, 202
Gumprecht'sches Haus 161
Gundinger, M. 221
Gunetsrhainer, J. 81
Gunetsrhainer Hof 107
Gußerker 320
Gutenbergstraße (Sühnekreuz) 388, Abb. 186
Gutenbergstraße 7 384
Gutenbergstraße 9 384, 387
Gutenbergstraße 10 386, Abb. 185
Guttenstein, H. v. 447
Guttensteiner Hof 107
Gutwein, K. 412
Gutweinstraße 412

Gymnasium (kgl. bayer.) 190
Gymnasium poeticum 189 ff., 496, Abb. 84

Haag, Fam. 224
Haaggasse 15   229, 290
Habrecht, A. 326
Hack, Fam. 554
Hackengäßchen 2   554
Hähne (Steinerne Brücke) 286
Häringen, R. v. 514
Häuble, Steph. 561
Hafen (mittelalterl.) 107, 118
Hafenbrädelbastei 195, 317
Hafengaden 122
Hafermarkt 52
Haffner, J. Chr. 633
Hafner 381
Hafnerbühl 122
Hafnergasse 122
Hafnersteig 381
Hagenweg 208
Hager, W. 138
Hahnenschlagen 510, Abb. 234
Hahnentanz 511
Haid, J. 581
Haidau, E. v. 93
Haiden, J. 56
Haidplatz 163 ff., Abb. 75, 77
Haidplatz 1   170
Haidplatz 4   172
Haidplatz 7   166
Haidt, M. A. 462
Haimburg, K. v. 38
Haller, Fam. 468
Haller, A. 214, Abb. 31
Haller, H. 127
Hallertor 313
Hallerturm 106
Halleruhr 106
Halm P. 555
Hammerwerke 237
Hamminger, G. 405
Hanckwitz, A. 545
Handwerkerbräuche 509
Handwerkerembleme 293 ff.
Handwerkerspiele 475
Hank, J. 416
Hannemann G. S. 83
Hanold, Steph. 120
Hansgericht 151
Hantlas, A. 469
Harpff, Ph. 621
Harteneck, F. H. K. 554
Harting 409 ff.
Hartmann, G. Chr. 66
Hartmann, P. 465
Hatzhaus 438
Hatzknecht Abb. 207
Hatztheater 434
Hauberrisser, H. 226, 433, 492
Hauer, Fam. 167
Hauer, J. 450
Hauner, M. 385
Haunerweiher 381, 385
Hauptwache 75 ff., 306, 602, 606, Abb. 30

Hausen, W. v. 50
Hausmarken 229, 289 ff., Abb. 127
Hausner, L. 571
Hausnummern 12
Haydn, J. 109
Haymo, Fam. 67
Haz, J. 366
Hebräische Inschrift (Brückstr. 2) 297, Abb. 134
Hechler, M. 459
Hechtel, Dr. J. L. 568
Hefermarkt 52
Hehr, R. 226
Heigl, Fam. 384
Heiglmühle 384
Heilig-Geist-Gasse 203
Heilig-Geist-Gasse 7   203
Heilig-Kreuz-Kloster 231 ff., 313
Heiltumsweisungen 99, 540
Heindl, A. 205
Heinrich I., Hzg. v. Bay. 28
Heinrich I., K. 158, 159, 163
Heinrich II., Hzg. v. Bay. 270, 531, 532
Heinrich II., K. 25, 221, 383, 440, 514, 531, 532, 533, 545
Heinrich III., K. 106, 532
Heinrich X., Hzg. v. Bay. 114
Heinrich, Pl. 91, 340, 341, Abb. 165
Heinrichsstuhl 270
Heinzmann, C. 347
Heischegänger 495, 499
Helenenbrücke 247
Helenenstraße 247 ff.
Helmberger, A. 571
Helmstetter, L. 132
Hemma, K. 83
Henker 588
Henkeracker 443
Henkergässel 16
Herberstein, Gr. v. 57
Herbeville 412
Herigoyen, E. v. 170, 182, 217, 218, 219, 225, 226, 246, 333, 337, 338, 340, 346, 378, Abb. 165
Herold, J. C. 268
Herrenplatz 223 ff.
Herrenplatz 2   9, 314, 325, 609
Herrentrinkstube 170
Herrich, Dr. J. A. 101
Herrich-Schäffer, Dr. G. 409
Herrmann, H. 348, 392
Hertzmannseder, B. 354
Herzogmauer 226
Herzogshof 24, 25 ff., 26, Abb. 9
Herzogspark 226, 313, 325, 468
Herzogssaal 26
Heßling, Dr. E. Th. 227, 582
Heubel, J. 184, 426
Heumarkt 34
Heuport, Haus 32, Abb. 11
Heutor 34
Heuwaage 214, 216 ff.
Hexe 546
Hexengäßchen 303

Heydeck, X. H. v. 150, Abb. 69
Heyden, J. v. 131
Heydenreich, E. 162, 517, 519
Heygl, H. 117
Hieber, H. 40, 88, 170, 519
Hildebrandt, L. v. 79
Hilmer, L. 153, 154, 172
Hilprant, L. 65
Hiltl, F. 424
Hiltner, Dr. J. 86, 88, 99, 627
Hiltner, M. 138
Himmelserscheinungen 544, Abb. 252
Hinrichtungen 590 ff., Abb. 269
Hinter der Flasche 192
Hinter der Grieb 193 ff.
Hinter der Grieb 1   102
Hinter der Grieb 2   194, 296
Hinter der Grieb 8   193
Hinter der Grieb 10   306
Hinter der Mauer 235
Hinter der Pfannenschmiede 191
Hinterm Turm 430
Hinter, St. E. 180
Hipp, Dr. O. 349, 392
Hirschapotheke 582
Hirsch, Im 161
Hochapfel, Fam. 45
Hochapfelturm 45
Hochgericht 244, 586
Hochstiftstraße 451
Hochwasser 476
Hochweg 248 ff.
Hochzeit 67
Hochzeitsbrauch 507, Abb. 233
Hochzeitsordnung 507
Hochzeitstanz 507
Höfer, E. 169
Hölzerne Brücken 477
Hölzerner Brückturm 327
Hölzernes Brücktor Abb. 153
Hönig, G. J. 116
Hoffmann, G. 140
Hoffmann, M. J. 212
Hoffner, J. 394
Hofgartensiedlung 384, 391
Hofgartenweg 391
Hofgartenweg 6 (Steinkreuz) 389
Hofmann, G. 398
Hofmann, H. 33
Hofmann, J. G. 485
Hofmeister, K. 461
Hogenberg, F. 628
Hohengebraching 348
Hoher-Kreuz-Weg 244
Hoher Laden 39
Hohes Kreuz 244
Hohlweg 391
Hollar, W. 318, 319, 620
Holzäcker 379
Holzgartenstraße 220, 441
Holzgartenstraße 36   440
Holzgrund 379
Holzlände 606
Holzländestraße 220
Holzmarkt 213
Holzmesser 221

653

Holzpapier 63
Holztor 221, 328
Holzturm 221, 328
Hopp, B. 522
Hoppe, D. H. 335, Abb. 160
Hoppestraße 336
Horb, Steph. 404
Horn, Haus im 22
Horneck, W. v. 403
Hornig, C. 17
Hornstein, K. H. 181
Hornwerke 318
Hosang, K. S. 115, 118, 182, 238, 299, 303, 344, 377, 378, 386, 417, 419, 428 ff., 434, 450, 460, 464, 472, 477, 479, 483, 484, 488, 491, 496, 506, 549, 556, 563, 597, 603
Hubel, A. 279, 480, 520, 541
Huber, A. 421
Huber, H. 177
Huber, W. 97
Huber'sches Stiftungshaus 177
Hubmair, Dr. B. 49, 516
Hubmann, J. J. 205
Hügel, H. 21
Hühnerplatz 210
Hühnerturmbreite 383
Hülling 89, 92, 93, 214
Hütergang am Stärzenbach 195, 197 ff., 198, 199
Hufnagel, G. 628
Hufnagel, J. 237, 282, 286, 627, 628, 629, 630
Hundertpfund, J. 308, 344
Hundsumkehr 227 ff., 325
Hundsumkehr 3   228
Hundt, W. 164
Hunnenplatz 209
Hunnenplatz 5   210
Hunnenplatz 7   210
Hussiten 410, 411, 608
Hylmair, H. 100

Ignatiuskapelle 93
Im Dörflein 32
Im Drießel 178
Immergrün, 224
Im Reichen Winkel 444
Im Stöcklein 221
In der Rast 265
Ingenuini-(Kassiani- u. Albuini)-Kapelle 22
Ingolstetter, Fam. 45, 134, 175, 188
Ingolstetter, D. 36
Ingolstetter, J. 134
Ingolstetterhaus 188
Inklusen 90, 119, 535
Inneres Palais 182, 185
Inter Latinos 12, 64, 67
Irene v. Griechenland 114, 288
Irrenanstalt 200
Isemer, G. 69
Ißenweickh, L. 133
Itelsberger, Chr. 30, 66, 183, 335, 346, 370, 491

Jahrmärkte 505
Jahrtage (Handwerker) 509
Jajus, C. 85
Jakobergasse 235
Jakobsapotheke 220, 582
Jakobskirche 262
Jakobsplatz 213
Jakobsstab 269
Jakobstor 323 ff., 331, Abb. 150
Jakobstraße 235 ff., Abb. 98
Jakobstraße 7   235, 324
Jakobstraße 8 u. 12   546
Jaliot, H. 631
Janner, F. 573
Jenison-Walworth W. v. 378
Jesuitenkloster 85
Jesuitenkollegium 53
Jesuitenplatz 85 ff.
Jesuitenplatz 2   315
Job, S. 428
Johann III., Administrator 39, 40, 75, Abb. 15
Johann-Baptist-Kapelle 57
Johannesbüste (Glockeng.) 302, Abb. 139
Johannes-Minnetrunk 498
Johanneswein 499
Johannisfeuer 484
Johannisschüsseln 484
Johannisstraße 450
Jordan, J. 436
Josefshäuschen 84
Josefskapelle 426
Joseph II., K. 109
Juda ben Samuel 283
Juden 73 ff., 297 ff.
Juden (Dom) 254
Juden (Sallern) 446
Judenaustreibung 74
Judengassen 74
Judengrabsteine 40, 162, 296 ff., Abb. 133
Judenstadel 74
Judenstadt 70, 73 ff.
Judensteg 79
Judenvertreibung 50, 296
Judith, Hzgin. 28, 572, 573
Jungfrau mit Einhorn, Abb. 107
Justitiabrunnen 172
Justizgebäude 247

Kager 466 ff.
Kager, Kirche 466
Käufel, J. B. 205
Kaindl, J. 369, 370, 386
Kaiser, Fam. 241
Kaiser, H. 293
Kaiser, J. 36
Kaiserbad 39, 555, Abb. 255
Kaiserknechte 297
Kaisermesse 376
Kaisersaal (Gold. Kreuz) 169
Kaiser von Österreich (Gasthof) 109
Kalenderreform 126
Kalkofen 242
Kalkwerke 456

Kalmünzer, L. 189
Kalmünzergasse 408
Kalmünzergasse 5   127
Kaltenkrauter, J. 398
Kaminkehrer 207
Kamphinbeleuchtung 563
Kanonengewölbe 146
Kapelle der Verlassenheit 265
Kapellengasse 2   59
Kapellengasse 6   56
Kappelmeyer, Fam. 187
Kappelmeyerhaus 186, 187
Kapuzinerkloster, ehem. 207
Karfreitagsprozession 305
Karg, Frh. v. 422
Karl der Große 25, 273, 342, 393, 499
Karl IV., K. 547, 562
Karl V., K. 71, 103, 143, 148, 156, 164, 167 ff., 170, 201, 470, 483, 584, 611
Karl VII., K. 149
Karl, H. 376
Karl Theodor, Kf. v. Bay. 448, 452
Karmeliten 107
Karmelitenkloster 386
Karolinger 25
Karolingische Pfalz (Alter Kornmarkt) 16, 25
Karolingische Pfalz (St. Emmeram) 25, 271
Kartausen 394
Karthauser Weiher 387, 388
Karthaus-Prüll 91, 318, 353, 355, 365, 370, 383, 393 ff.
Karthaus-Prüll 7   397, 398 ff.
Karthaus-Prüll, Kirche 393, 400 ff., Abb. 189, 190, 191
Karthaus-Prüll, Kloster 390, 394, Abb. 189, 190
Karthaus-Prüll, Nikolauskirche 397
Karthaus-Prüll, Säkularisation 398
Karthaus-Prüll, Vituskirche 397, 398 ff., 402
Karthaus-Prüll, Wildpark 393
Kassiani-(Albuini- u. Ingenuini-)Kapelle 22
Kastenmayer, Fam. 66
Kastenmayer, H. 65, 93
Kastenmayerhaus 64
Kastl 113
Kastner, Fam. 162
Katharina, hl. 115
Katharina II., K. v. Rußland 131
Katharinenkirche 425
Katharinenspital 9, 32, 134, 209, 288, 295, 352, 420, 422 ff., 451, 556, Abb. 199
Kath. Kinderheim 206 ff.
Kavallerietruppe 78
Kayser, A. Chr. 238, 241, 242, 331, 336, 461, 481, 482, 502
Kegel, H. 167
Kegelspiel 503
Keilberg 455 ff.
Keilstein 456

Keilsteiner Hang 455 ff.
Keilsteiner Keller 454
Keim, K. V. 184, 218
Keimel, J. A. 234
Kelheim 254, 297
Kellerweg 244 ff.
Kellner, Th. 418
Kepler, C. 127
Kepler, J. 107, 126 ff., 200, 489, 580, 581, Abb. 55, 164
Kepler, L. 130, 340
Kepler, R. 107
Kepler, S. 107, 126, 130
Kepler, Bildnisse 131, Abb. 55, 164
Kepler, Denkmal 14, 16, 338 ff., Abb. 162, 163, 164, 165
Kepler, Gedächtnishaus 128, Abb. 54
Kepler, Grabschrift 129, Abb. 56
Kepler, Kinder 127
Kepler, Museum 128, Abb. 54
Keplerstraße 126 ff., Abb. 54
Keplerstraße 1   131, 548
Keplerstraße 2   127
Keplerstraße 3   131
Keplerstraße 5   12, 128, 305
Keplerstraße 7   133
Keplerstraße 9   133
Keplerstraße 12   326
Keplerstraße 14   135
Keplerstraße 16   135
Kern, J. 75
Kern, L. 154
Kerner, J. 415
Keßlerkapelle 188, 246
Kettensperren 304 ff., Abb. 141, 142
Ketzerturm 608, Abb. 280
Khersch, Chr. 70
Kiliansbrunnen 55, 56
Kilianskapelle 55, 56, 59
Kinderheim St. Vincent 203, 206
Kinderspital 231
Kirberger, N. 88
Kirchenmusikschule 420
Kirchhof, G. 139
Kirchmaier, F. 628
Kirchmeierstraße (Steinkreuz) 378, Abb. 179
Kirchweihfest 343, 505
Kirschgäßchen 92
Kirsch-Puricelli, Fam. 409
Klarakloster, ehem. 19, 208, 313, 451
Klarenanger 19
Klarenangerstraße 21
Kleinhelfendorf/Obb. 528, 530 ff., Abb. 530
Kleinmeier, B. 93
Klenau, J., Gr. 436
Klenze, L. v. 346, 347
Klonke, H. 16, 225, 634
Klostermeyer, Fam. 208 ff., 214
Klostermeyergasse 208
Klostermeyergasse 6   209
Klostermeyerplatz 208
Kneitinger (Brauerei) 214

Kneitingerkeller 244
Knoppernmühle 242
Koch, Dr. S. C. 568
Koch, F. 466
Koch, H. 224
Kölderer, D. 40
Kölderer, J. J. 267
Kölderer, J. M. 268
Kölderer, S. 268
Koenig, H. 581
Könige (Dom) 256
Königliche Villa 198, 327, 345, Abb. 88
Königsberg 381
Königsfeld, Gr. 30
Königsstraße 16 ff.
Königswiesen 353, 377, 381 ff.
Königswiesener Park 378, 381
Köpfstatt 857 ff., Abb. 267
Kohl, H. 201, 577, 578
Kohl, P. 175, 518
Kohlen 139
Kohlenmarkt 139 ff., Abb. 60
Kohlhaas, Dr. J. J. 335, 576 ff., 578, 580
Kolb, L. A. 515
Koler, H. 61
Koller, H. 456
Kolomanskirche (Harting) 409
Kolomanskapelle (Harting) 410
Kolomansköpfe 410
Kometen 544
Komödienhaus 180
Konfekttischlein 152
Konrad I., K. 313
Konrad III., K. 410
Konradsiedlung 444
Konsolenmännchen 288
Kornbühl 19
Kornmann, R. 369 ff., 387 ff., 389, Abb. 176
Kornmannweg 370
Kornweg 358
Kotiges Tor 328
Kozabekdenkmal 408
Kränchenstadel 117
Kränchertor 328
Kränner, Fam. 97, 196
Kränner, P. 196
Kränzeljungfer 507
Kraer, J. G. 116
Krafft, Fam. 167
Krafft, A. 266
Krafft, O. 360, 364, 365, 366, 367, 524
Krais v. Lindenfels 33
Krako 157, 158
Kramgasse 69 ff.
Kramgasse 6   71
Kramgasse 10/12   32
Krammel, G. 205
Kramwinkel 69, 71 ff.
Kran 107
Krankenhaus (Ägidienpl.) 181
Krankenhaus (Ostengasse) 206
Kransberger, H. (J.) 40, 44, 104 ff., 177, 349, 631, 632, 634

Kraus, J. B. 271, 272
Kraus, G. 634
Krauß, J. U. 621
Krauterermarkt 34, 35, 36, 290, 453, Abb. 13
Krauterermarkt 2   36
Krauterermarkt 3   36
Krauterweg 35, 195, 199
Krebsgasse 172
Krebsgasse 6   173
Krebshaut 307
Kreisbibliothek 190
Kreuzbastei 317, Abb. 145
Kreuzgasse 231 ff.
Kreuzgasse 1   214
Kreuzgasse 19   233
Kreuzkapelle (Augustiner) 80, 82, 581, Abb. 34
Kreuzkapelle (im Bach) 94, Abb. 39
Kreuzkapelle (neue) 100
Kreuzreliquie 539
Kreuzsäule 353, Abb. 170
Kreuzschlepper 478, 594, Abb. 220
Kreuzweg (Dreifaltigkeitsbg.) 433
Kriegerdenkmal 349
Krippendarstellung, Alte Kapelle 497
Krippendarstellung, Niedermünster 497
Krippendarstellung, Schw.-Bären-Str. 498, Abb. 228
Kröber, M. 94
Krütinger, J. H. 567
Krugl, Ruger 348
Kuchenreuter, Fam. 438
Kuchenreuter, A. 417, 438
Kuchenreuter, B. 437
Kuchenreuter, Chr. 438
Kuchenreuter, G. 437
Kuchenreuter, J. 417
Kuchenreuter, J. J. 437, Abb. 206
Kuchenreuter, M. 438
Kuchenreuterpistolen 436
Kuchenreuterstraße 438
Küchelbachergasse 72
Kuefner, J. A. 481, 489
Küfnergasse 107
Kümmernis St. 232, Abb. 96
Kuffergasse 110
Kufnagel, J. 490
Kuh (Gefängnis) 41
Kuhgäßchen 303, Abb. 140
Kuhwiese 470
Kulmbach, H. v. 627
Kumpfmühl 353, 369, 382 ff., 565
Kumpfmühl, röm. Badeanlage 383
Kumpfmühl, röm. Funde 382
Kumpfmühl, röm. Kastell 382
Kumpfmühl, Steinkreuze 383, 388, Abb. 186, 187
Kumpfmühle 384, Abb. 183
Kumpfmühler Straße 245 ff., 330, 347, 389
Kumpfmühler Straße 1   246
Kumpfmühler Straße 2   246
Kumpfmühler Straße 47   382

655

Kunike, A. 633
Kupferhammer 237
Kuppler 618
Kurfürstenbrunnen 308, 309, Abb. 82
Kurfürstenzimmer 99, 146 ff.
Kurfürstliches Kollegium 146 ff.
Kurfürstliches Nebenzimmer 147 ff., Abb. 67
Kurpfälzer Weg 445
Kurz, P. 462
Kuttenauer, U. v. 461

Lacroix, J. 634
Lände 327
Ländeplatz 221
Lamprechtshauser, L. 62
Landolt, H. 93
Landolthaus 93
Landskron 429
Lang, J. B. 416
Lange Gasse 185, 204
Lanz, G. 381
Lanzenstechen 503
Lappersdorf 162
Laternen 319, 562
Latron 59
Laubhauer 260
Laurer, Fam. 292
Laurer, J. G. 292
Laurer, P. 422
Laurer, S. S. 124
Lauriston 196
Lauserinsel 236
Lauservilla 240
Lazarus, St. 134
Lazarusfriedhof, evang. 488
Lazarusfriedhof, kath. 370, 490, Abb. 225
Lazarusklapper 573
Lazarusspital 200, 566, 573
Lebschée, K. A. 415
Ledergasse 222 ff.
Ledergasse 9 295
Ledergasse 25 223, 391
Ledererlaube 581
Ledererstadel 222
Lederertürl 328, Abb. 154
Ledererturm 223, 328, Abb. 154, 155
Ledermann, H. 378
Leerer Beutel 202
Lehner, Fam. 336
Lehner, H. 548
Lehner, J. M. 197
Lehnerweg 195, 197 ff.
Lehnerweg 3 320
Lehr, Fam. 205
Lehr, J. 108, 207
Lehr, J. Chr. 244, 573
Lehrkanzel (ehem. Dominikanerkl.) 279, 280
Leichenhaus 490, 564
Leichtlgasse 361
Leinberger, H. 520, 521
Leit 136
Leitgeb, B. 191

Lentz, H. 581
Leonberg 126
Leonhard, St. 492
Leonhardkapelle 168
Leonhardskirche 493
Leonhardskirche (Schnitzaltäre) 479
Leonhardslegende (Dom) 492
Leopold I. K. 215
Leopold II., K. 72, 109
Leopold, J. F. 632
Lepanto 71
Lepanto, Seeschlacht 156 ff., 167
Lepra 572
Leprosenhaus (St. Nikolaus) 572, Abb. 261
Lerch, M. 162, 178
Lerchenfeld, C. J. Gr. 30
Lerchenfelder Hof 100
Letzter Mönch 271, Abb. 117
Leublfing, Fam. 445
Leublfing, H. v. 445, Abb. 209, 447
Leutwein auf Thunau 129
Liber Pater 461
Liebau, W. 168
Liebes Herrl 547
Liebherr, J. N. 16, 415
Liebl, J. B. 240
Lieblstraße 2 240
Lieblstraße 4 292
Lieblstraße 13 241
Lilien Frh. v. 181
Linda (Notar) 579
Lindner, F. B. 330, 586, 631
Lindwurm, U. 581
Lindwurm, Zum 36
Lingauer, J. 439
Linnbrunner, M. 392
Lipp, G. 202
Liskircher, Fam. 101
Liskircher, W. 101
Liskircherhaus 101
Litera 12, 13
Lochgefängnisse 612
Löbel, J. 65
Löbl, Fam. 401, 402
Löbl, F. 194
Löblhaus 194
Löblturm 194, Abb. 86
Löschenkohl (Fam.) 78, 79
Löschenkohl, H. 78, 150, 201
Löschenkohlpalais 78 ff., Abb. 33
Lößel, F. 594
Lösti, G. 71, 112
Löw, Frh. v. 341
Löw, E. 205
Löwe (Steinerne Brücke) 286
Löwenapotheke 100, 209, 581
Löwensaal 184
Lohgraben 467
Loretokapelle 420
Loth, K. Chr. 293
Lothgäßchen 1 293
Lottner, M. 21
Ludwig d. Deutsche, K. 25, 83
Ludwig d. Bayer, K. 144, 161, 316, 410

Ludwig I., K. v. Bay. 44, 56, 62, 82, 168, 170, 173, 174, 225, 234, 337, 345, 346, 428, 458, 463, 504
Ludwig I. K. v. Bay. (Denkmal) 344
Ludwig II. K. v. Bayern 168
Ludwig III., K. v. Bay. 199
Ludwig II., Hzg. v. Bay. 429
Ludwig d. Kelheimer, Hzg. v. B. 26, 381
Ludwig (Dombaumeister) 257
Ludwigskanal 344
Ludwigstraße 173 ff.
Ludwigstraße 3 174
Ludwigstraße 5 174
Luftpumpe 165
Luitpold, Prinzregent v. Bay. 199, 345
Lusthaus am Zwinger 201
Luzengasse 22

Madler, W. 198
Maehler, K. 178
Mälzel, J. N. 390
Mälzelgarten 385, 390
Mämminger, Fam. 175
Magdalenakapelle (Residenz) 30
Magdalenerinnen 19
Magdeburger Halbkugeln 165
Mahnmal 348
Maibaum 482
Maier, Dr. J. 21
Maillingersammlung 198
Maißbuch 283
Malergasse 61
Malergasse 5 61
Mann, J. L. 581
Mannhardt, J. G. 13, 623
Mansinger, G. V. 63
Mantey, F. 169
Mantey-Dittmer 170
Manz, G. J. 57, 626, 634
Marc Aurel 20
Marchtrenker, Steph. 131
Margarethenkapelle (Steinerne Br.) 608
Margaretenstraße 331, 332
Margraff, P. 293
Maria-Hilf-Kapelle 363
Maria-Läng-Kapelle 54
Maria Läng, Kulttyp 54
Mariaort (Wallfahrt) 521
Mariaorter Wöhrd 236
Maria Tannerl 466
Maria vom Sieg 156
Mariä-Schnee-Kapelle 204, 207
Marienhöhe 358
Marktturm 67, 152, 155 ff.
Marschallstraße 5 181
Marstall (fürstl.) 185
Marstall (städt.) 220
Martinskirche (Oberisling) 402
Martius, E. W. 335
Matthias, K. 207
Matting 335
Mauerer, M. 281, 302

Mauerturm (Ägidienplatz) 323
Maulbeerbäume 458, 459
Maunz, A. 241
Mausmädchen 546
Mauthaus 12, 26
Mautturm 325, Abb. 152
Mauttor 325, Abb. 152
Max Emanuel, Kf. v. Bay. 95, 412
Maximilian I., (Hzg.) Kf. v. Bay. 37 ff., 400, 423, 447, 448
Maximilian I., K. v. B. 37, 109, 387
Maximilian II, K. v. Bay. 170, 197, 198, 199, 210, 454
Maximilian I., K. 74, 96, 178
Maximilian II., K. 37, 120, 144, 579
Max v. Württemberg, Hzg. 113
Maximilianstraße 14 ff., 15, 341, Abb. 2
Maxlrain, W. v. 175
Max-Querstraße 16
Max-Schultze-Steig 335, 358, 361
Maxtor 13
May, K. v. 515
Mayer, C. 635
Mayer, F. 633
Mayer, P. 156
Mayer u. Reinhard 372, 374
Mayr, J. 241, 415, 416, 433, 438, 477, 622, 623, 633
Mean, F. A. v. 195
Medizinischer Garten 199
Megenberg, K. v. 57, 257, 458, 537
Meirmann, A. 328
Meisner, D. 631
Meistaller, G. 293
Meisterinschriften (Dom) 257
Melanchthon, Ph. 171, 189
Merian, M. 115, 116, 140, 141, 155, 165, 188, 195, 199, 223, 236, 318, 325, 374, 383, 394, 395, 456, 598, 605, 620, 628, 630, 631
Merkurstraße 381
Merkurtempel 379, 380, 381, Abb. 182
Meßel, U. 155
Messina 156
Met 136
Metgebergasse 136 ff.
Metgebergasse 2   136
Metgebergasse 10   136, 177
Metivier, J. B. 185
Metsieder, P. 136, 485
Mettenleiter, D. 478, 495
Metternich, E. E. v., Gr. 490
Metz, F. (J.) 366, 367 ff., 524
Meyer, A. 416
Meyer, Dr. S. 74
Meyer, Z. 445
Michaelskapelle (Domkapitelhaus) 487
Michaelskapelle (Graß) 402
Michaelskirche (Burgweinting) 408
Michaelskirche (Kager) 466
Michaelskirche (Spitalkirche) 246
Mielch, H. 98, 99, 146, 480, Abb. 221
Milchmarkt 35

Militär (bürgerliches) 76
Militär (fürstprimatisches) 75
Militär (reichsstädtisches) 75, 76
Militärdiplom (röm.) 217
Militärlazarett 222
Militärstrafen 601, 606
Miller, F. v. 344
Minnetrinken 498
Minoritenkirche 96, 97
Minoritenkloster 20, 200, 313
Minoritenweg 200
Minoritenweg 20   201
Mittelmünster 85
Mittelturm (Steinerne Br.) 114
Mitterzwerchweg 465
Mochinger, H. 155
Moeller, J. Ph. 64
Mörike, E. 121, 373, 405 ff., 455, 504, 506
Mohrenapotheke 581
Moltkeplatz 23
Montag u. Weiß 57
Moosäcker 403
Moritz v. Sachsen, Kf. 317
Moser, L. 83
Moshammer, J. A. 51
Mozart, W. A. 109
Mozartl 307
Muck, G. M. 219
Muck, J. 434
Mühl, A. 62
Mühleisen, F. J. 95
Mühlen 115, 237, Abb. 99
Mühlespiel (Römerturm) 301, Abb. 138
Mühlwührl 417
Müller, B. 400
Müller, G. F. v. 226, 370, 468
Müller-Kränner, N. 196
Müllerstraße 226
Müllerstraße 13, 15, 17   237
Müllner, J. 122
Müllner, S. 186
München 61
Münderlein, J. 127
Münze 178
Münze (reichsstädt.) 178
Münzenthaler, A. 396
Münzer, E. 184
Mundigl, F. X. 348
Muth, H. 348
Mutter der Schönen Liebe 524
Mynner, L. 264
Mysterienspiele 61

Naabsiedlung (römische) 358
Nachtwächter 472, 605
Nackter Herrgott 19, Abb. 5
Naevius, K. 189
Naimer, Fam. 556
Naimer, G. Chr. 291, 292
Naimer, G. G. 291
Naimer, J. Chr. 292
Naimer, J. L. 292
Napoleon I., K. 14, 21, 31, 53, 232, 245, 322, 387, 397 f., 405 ff., 414, 418, 430, 437, 463

Napoleonsaal 172
Napoleonshöhe 227, 245
Napoleonsquartier 15
Napoleonstein 354
Narragonia 475
Narrenhäuschen 475, 604 f., Abb. 277.
Naturkundemuseum 226
Nauffetzer, W. 42
Naumeyer, Fam. 479
Neptunbrunnen 154
Nervenkrankenhaus 398
Neue Mühl 417
Neuenstein, M. J. F. v. 490
Neue Querstraße 16
Neuer Fischmarkt 124
Neue Sachlichkeit 18
Neues Äußeres Palais 183
Neues Deutsches Haus 181
Neues Haus 341
Neues Rathaus 152 f., Abb. 71
Neue Uhr 174, Abb. 79
Neue Waag 170, 474, Abb. 78
Neue-Waag-Gasse 160 ff.
Neue-Waag-Gasse 1   161, 289
Neue-Waag-Gasse 2   162, 178, 297
Neue Welt 391
Neuffer, W. 218
Neufferhaus 188
Neuhausen 403
Neuhaussäle 217
Neuhausstraße 213
Neuhoffer, G. 398
Neujahr 472, 499
Neumann, C. W. 61, 100, 109, 122, 133, 138, 168, 202, 209, 370, 491, 546, 548, 550, 554
Neumüller, J. W. 563
Neupfarrbrunnen 82 ff., Abb. 29, 35
Neupfarrkirche 83, 88, 142, 262, 296, 469
Neupfarrplatz 73 ff., Abb. 29, 30, 35
Neupfarrplatz 12   289
Neuprüll 400, 401 ff.
Neu-St.-Niklas 244, 573, Abb. 103
Neustadt 313
Neutürl 328
Neuwel, S. 628
Ney, A. 364, 365, 366, 377
Nicasius Grammatici 86
Niedermayer, F. 245, 247
Niedermayer, J. L. 231
Niedermeyer, J. 296, Abb. 132
Niedermünster (Stift) 27
Niedermünstergasse 27
Niedermünstergasse 1   29
Niedermünstergasse 2   29
Niedermünstergasse 4   29
Niedermünsterkirche 262
Niedermünsterkirche (Ausgrabungen) 27
Niefangweg 361
Nierenberger, J. Chr. 296
Nikolauskapelle (Leprosenheim) 572

657

Nikolauskirche (Prüll) 383, 397
Nikolauskirche (Reinhausen) 441, Abb. 208
Nikolauskirche (St. Jakob) 235, 488
Nikolauskirche (Winzer) 463
Nördlingen 61
Notangst, Steph. 93, 172, 192
Nothaft, A. 485
Nothaft, E. 401
Notscherf, Fam. 129
Nürnberger Tor 324
Nürnberger Straße 464 ff.
Nürnberger Straße 163 465
Nürnberger Straße 170 Abb. 216
Nürnberger Straße 182 461, 465, Abb. 214
Nürnberger Straße 234 462
Nürnberger Straße 249 465
Nürnberger Straße 254 464

Obelisk 337
Obere Bachgasse 91 ff.
Obere Bachgasse 2 100
Obere Bachgasse 5 100
Obere Bachgasse 15 94
Oberer Friedhof 492
Oberer Holzer 391
Oberer Jakobshof 213
Oberer Wöhrd 292, 337 ff., 352, Abb. 100
Oberes Burgfeld 248
Obere Stadt 12, 13
Oberföhring 528, 531
Oberisling 402 ff.
Obermünster 83
Obermünsterplatz 83
Obermünsterplatz 5 84
Obermünsterstraße 83, 92
Obermünsterstraße 11 301
Oberndorfer, Dr. J. 36, 130, 199
Oberndorfer, F. 200
Obstmarkt 71
Ochs (Gefängnis) 41
Oertl, J. Chr. 623
Österreicherweg 459
Ohm 118
Ohmtor 328
Ohmtürlein 118, 317
Ohmwerk 118
Ohrenabschneiden 600
Opel, P. 502, 628
Orchestrion 390
Ordinarischiff 268
Originale (R.er) 306
Ortenburg, H. v., Gr. 231
Orttenburger, Fam. 27
Ostbahn 16
Ostenallee 332, 343
Ostenbastei 197, 198, 317, Abb. 87, 146
Ostendorfer, M. 86 ff., 93, 196, 517, 518, 577, 578, 627, 628, Abb. 37
Ostengasse 204 ff.
Ostengasse 4 294
Ostengasse 13 207

Ostengasse 14 205, Abb. 90
Ostengasse 37 205, 320
Ostentor 205, 313, 319 ff., 320, Abb. 87, 103, 147
Ostentor (Bauinschrift) 314
Ostenvorstadt 313
Osterberg 429
Ostergelächter 479
Osterhaus, U. 216
Ostermayr, J. 64, 65, 173, 174, 322, 327, 328, 373, 578
Ostern 478 ff.
Ostertag, J. Ph. 129, 338, 341
Ostnerwacht 13
Oswald — Baumburgerturm 46
Oswald — Brückturm 114, 287
Oswald — Dollingersaal 159, 288
Oswald — Hausturm 136
Oswald — Legende 287
Oswaldkapelle (St. E.) 288
Oswaldkirche 288
Otloh 25
Otto I., K. 532
Otto II., K. 25, 28, 59, 532, 533
Otto III., K. 25
Otto II., Hzg. v. Bay. 402
Otto I., Bischof v. Bambg. 361, 363, 364, 367
Otto, H. 125
Ottobad 125, 556
Ottokapelle (Prebrunn) 467, 468
Ottokarkreuz 539, Abb. 250
Ow, M. v. 462

Palais Löschenkohl 78, Abb. 33
Pallestier, J. 225
Palmesel 477
Pankratiuskapelle 106
Pankratius- u. Pantaleonkapelle 187
Papier 62
Papiermühle 237
Parler (Bauhütte) 258
Parler, P. 260, 261
Part, H. 625
Partenhauser, H. 421
Passionsspiele 478
Patengeschenk 509
Pauluserwacht 13
Paumann, B. 366
Paur, E. 523
Paur, H. 375
Paur, R. G. 571
Pautensee 403
Pechbarthel 468
Pechnasen 320
Peihel, J. 164, Abb. 73 165
Pelikan, Haus zum 134
Pelikan (Steinerne Br.) 115
Perfall, M. 18
Perg, J. J. v. 103
Perger, F. 175
Peringer, Fam. 69
Persenbeug 99
Perthold, Gr. 25
Pertoltz, U. 429
Pertoltzhofen, Fam. 137

Perzl, H. 469
Pest 209, 383, 395, 396, 426, 431 ff., 488, 564 ff.
Pesthäusl 387
Pesthündlein 299, Abb. 136
Pestinhof — Stärzenbach 200
Pestinhof — Unt. Wöhrd 566
Pestinmänner 568, 569 ff., 571
Pestkommissäre 565, 566
Pestlazarett 242, 566, Abb. 258, 259
Pestleichensteine 433, 570, Abb. 260
Pestsäule 348
Peters, K. u. A. 168
Petersbastei 317
Petersbrunnen 36
Petersfriedhof — evang. 128, 129, 130, 489
Petersfriedhof — kath. 338, 341, 490
Peterskircherl 490
Petersplatz 36
Peterstor 321 ff., 331, 334, 603, 606
Petersweg 89
Petrus Canisius 85
Peuchel, K. 193
Peutel, J. G. 580, 581
Peutel, Z. 581
Peutter, H. 155
Peychel, G. A. 89
Pfaffengasse 21
Pfaffenstein 460 ff.
Pfaffenstein — Weinbau 460
Pfaffensteiner Weg 419
Pfaffensteiner Weg 10 419
Pfaffensteiner Weg 12 419
Pfalz (Alter Kornmarkt) 16, 25
Pfalz (St. E.) 25, 271
Pfannenschmiedgäßlein 191
Pfarrergasse 62 ff.
Pfarrergasse 5 62
Pfauengasse 53 ff.
Pfauengasse 6 308
Pfeiferlweib 307
Pfeiffer, W. 520, 626
Pferdemarkt 180
Pferdegrab 217
Pferdeweihe 493, 538
Pflanz, K. Chr. 581
Pflanz, T. 581
Pflasterung 562
Pleydenwurff, W. 626
Pflug, J. v. 170
Pfluggasse 30
Pförringerhaus 202, 212
Pfollenkofer, Fam. 101, 290
Pfründhof 200
Philipp- u. Jakob-Kapelle 103
Philipp v. Hessen, Landgraf 103
Philipp v. Schwaben, K. 114, 288, Abb. 125
Piccolomini, Gr. 122
Pielenhofener Herberge 137, 138
Piendl, M. 271
Pierckhel, H. 223

Pipping (München) 533, Abb. 247
Pisken, H. v. 135
Pistolenschützen 501
Pistorius, J. 171
Placidus, H. 90, 91, 341, Abb. 165
Placidusturm 89, 90, 91, 328, 535, 609, Abb. 38
Plänckl, P. 153
Plag, P. 585
Plankenfels, F. v. 39
Plato, G. G. (Wild) 42, 236
Platz der Republik 348
Plau, G. 191
Pleninger, A. 202
Plerer 92
Pliemel, J. 547
Plittersdorf, v. Fam. 447
Plothe, E. Chr. v. 177
Pockorny, F. X. 488
Pöllnitz, G. v. 191, 585
Poetenschule 189
Pohlig, C. Th. 44, 100, 132, 171, 230, 304, 320
Polling, M. 481
Pongratz, L. 92
Popp, K. H. 582
Poppel, J. 397, 463, 635
Porta Decumana 51, 313, 321
Porta Praetoria 36, 39, 48 ff., 51
Porta Principalis Dextra 20, 66
Portner A. 80, 101, 129
Portner, Chr. 32, 200
Portner, H. 520
Portner, K. 101, 200
Porzellanfabrik 224, Abb. 94
Porzellanmaler 224, 225
Postamt 122
Posthorn 122
Posthorngäßchen 121
Posthorngäßchen 2   122, 299, 305
Posttürl 424
Präsidialpalais 219, 225, Abb. 93
Prag 261
Prager, K. 137
Pranger 546, 598 ff., Abb. 272, 274
Prangerstauden 484
Prangertafel 598, Abb. 273
Prasch, H. 101
Prasch, J. L. 489
Praun, A. 420
Praunsmändel, Fam. 228, 229
Praunsmändel, H. A. 228, 489
Praunsmändel, P. 228
Praunsmändel W. M. Chr. 229
Prebrunn 306, 467 ff., 470
Prebrunn — Hafner 468
Prebrunn — Schlößl 468, Abb. 217
Prebrunn — Verwüstungen 468
Prebrunn — Ziegelbrenner 469
Prebrunnallee 332
Prebrunner Bastei 467
Prebrunner Schanze, Abb. 151
Prebrunner Türl 224, 328
Prebrunntor 313, 324 ff., 358
Prebrunnturm 313, 609, Abb. 143
Preckel, F. 168

Predigergasse 178, 179
Predigtsäule 342 ff., 505
Prestele, F. 204
Preysing, G. v., Gr. 266
Primbs, G. 61
Prinz, J. B. 322
Prinzengarten 332
Prinzenweg 4   204
Prinzipalcommissar 145, 182, 183
Probst, M. 609
Probstgericht 585
Pröbste auf Thunau 129, 131, 205
Proske, Dr. K. 56
Protestant. Bruderhaus 93
Protzenweiher 413, 418 ff.
Prout, S. 35
Prüfening 283, 358 ff.
Prüfening — Astronomie 368
Prüfening — Brunnenhäuschen 368, Abb. 175
Prüfening — Brunnenlöwe 367
Prüfening — Fähre 361
Prüfening — Gartentempel 372, Abb. 177
Prüfening — Hochgrab Erminold 364
Prüfening — Kirche St. Georg 363 ff., Abb. 173
Prüfening — Kirche St. Andreas 367
Prüfening — Kloster 361
Prüfening — Park 370, 371 ff.
Prüfening — Physik 368
Prüfening — Säkularisation 369
Prüfening — Sage 362
Prüfening — Schloß 370
Prüfeninger Herberge 218
Prüfeninger Keller 504 ff.
Prüfeninger Kellerbreite 361
Prüfeninger Straße 248 ff.
Prügelstrafe 611
Pruemeister, Fam. 101
Prunner, H. G. 581
Prunner J. M. 79, 185, 201, 241, 405
Prunner, R. 581
Prunner, U. 480
Puchvellergasse 62
Püchler, J. S. 355, 621
Pülmayer, K. 396
Pürkel, J. J. 230, 404
Pürkel, L. 33
Pürkelgut 403 ff., Abb. 194, 195
Pürkenauer, E. 51
Püttnergasse 110
Pulvertürl 327
Pulverturm (Siedlung) 244
Pulverturm (Stadtmauer) 308, 327, 579, Abb. 266
Pumperhölzl (Prüfening) 361
Pumperhölzl (Prüll) 393
Puricellistraße 409
Pustet, A. 369
Pustet, K. 345
Pustetvilla, ehem. 189, 246
Putzenberger, J. L. 295
Puz, H. 216
Pyrher, J. 60

Quentel, A. v. 44

Raab, A. 595
Rabe, Zum 419
Rabenkellerweg 430
Rabenstein 587
Radlgasse 47
Radstöcke Abb. 268
Rädern 585
Räntz, Chr. 127
Rainertshausen 538
Raith, J. E. 416
Ranft, H. 609
Ramsperger, J. 487
Ramwold (Abt v. St. E.) 249, 402, 531, 535
Ramwoldkapelle 160, 249
Ramwoldkrypta 531, 558
Ramwoldplatz 3   229
Rangordnung 145
Rappen, Zum 205, 294
Raselius, A. 144, 178, 427, 586
Raßbauer, N. 390, 398
Rastkapelle 260, 265, 359
Raststein 353
Rathaus 140 ff., Abb. 1, 61, 62, 63, 64, 65, 66, 67, 68, 69, 70, 71
Rathaus — Ahakirche 152, 154
Rathaus — Bemalung 154
Rathaus — Blauer Saal 149
Rathaus — ehem. Archiv 149
Rathaus — Erker 143, Abb. 63, 64
Rathaus — Fürstentreppe 149
Rathaus — Fürstenzimmer 149
Rathaus — Fürstl. Kollegium 149, Abb. 69
Rathaus — Fürstl. Nebenzimmer 150
Rathaus — Höfe 153
Rathaus — Kurfürstenzimmer 146
Rathaus — Kurfürstl. Nebenzimmer 147, Abb. 67
Rathaus — Marktturm 155
Rathaus — Neues 152
Rathaus — Portalbau 146, Abb. 61, 62, 66
Rathaus — Reichssaal 141, Abb. 61, 62, 63, 64, 65, 68
Rathaus — Reichsstädt. Koll. 151, Abb. 70
Rathaus — Turm 67, 140, Abb. 68, 71, 147
Rathaus — Vorraum z. Kf. Nebenz. 148
Rathaus — Vorraum z. Reichssaal 146
Rathgeb, H. 585
Ratsbibliothek 190
Ratsstube 146
Rauch, L. 400
Reck, K. 49
Regenbrücke 442 ff.
Regensburger Goldregen 457
Reger, M. 203
Regierungsgebäude Emmeramsplatz 8   182
Regierungsgebäude Emmeramsplatz 9   182

659

Rehbach, J. Chr. 181
Rehgäßchen 47
Rehlen, W. 31
Reich Fam. 65, 66
Reich B. 79
Reich, M. 500
Reichart, H. 590, 591, Abb. 269
Reichenbacher Herberge 55, 56
Reichenberger, Ph. 246
Reiches Spital 137
Reichlin, Frh. v. 433
Reichlin v. Meldegg L. K., Frh. 218
Reichmayer, E. 452
Reichssaal 141, Abb. 61, 62, 64, 65, 68
Reichsstädt. Gymnasium 190
Reichsstädt. Kollegium 151, Abb. 1, 70
Reichsstände 145, 152 ff.
Reichsstiftstraße 454
Reichstag 141, Abb. 68
Reichwein, G. 496
Reifentänzer 482, Abb. 222
Reinbold, U. 126
Reindl, A. 384
Reinemer, W. 393
Reinert, Fam. 27
Reinhard, Fam. 42
Reinhausen 439 ff.
Reinhausen 8   440
Reinhausener Berg 440, 443
Reliquienfeste 540
Rentmeisterhof (bischöfl.) 49
Ren(t)z, G. S. 630, 631
Resch, A. 248, 346
Residenz 30
Residenzstraße 74
Rettiche 450
Re- u. Correlationssaal 145
Richtschwert 589
Richtstätten 586, 588
Ridinger, E. 581
Ried, Th. 59
Riederer v. Paar, M. 30
Riemergred 581
Ries, J. 437
Rinderbühl 220
Ringelstechen 223
Ringle, J. G. 633
Ringvotiv 534, Abb. 247
Ritter, Chr. E. 101
Ritter, H. 341
Ritter, M. M. 101
Ritualbad (jüd.) 74
Ritz, J. M. 232
Robel, Steph. 100
Röhrkasten 124
Römermauer 20, 29, 42, 312 ff., Abb. 45, 149
Römermauer (NO – Rundung) 106, Abb. 45
Römermauer (SO – Rundung) 17, Abb. 149
Römerturm 23, 26, 27 ff., 262, 301, Abb. 9, 138
Römischer Türstock 59
Römisches Gräberfeld 245

Römisches Lagerdorf – Bismarckplatz 217
Römisches Lagerdorf – Großprüfening 358
Römisches Lagerdorf – Kumpfmühl 382
Roither, K. 139
Rom, J. v. 381
Roritzer Fam. 61, 260, 261
Roritzer, D. 258
Roritzer, K. 61, 261
Roritzer, M. 61, 261 359
Roritzer, P. 261
Roritzer, W. 61, 62, 258, 261, 266, 359, 363
Roritzerhaus 61, 62
Rosa, Dr. J. 186
Rose, b. St. Gotthard 21
Rosen, Fam. 138
Rosen, H. Chr. v. 138
Rosengarten 79, 201
Rosenkranzfest 156
Rosenmeyer M. 416
Rosensches Haus 138
Rosenwirtsgarten 201
Roßhirt, M. 417
Roßmühle 224
Roßtränk 111
Roßtürl 327
Rote-Fahnen-Gasse 179
Rote-Hahnen-Gasse 186, 191 ff.
Rote-Hahnen-Gasse 2   193
Rote-Hahnen-Gasse 5   192, 290, Abb. 85
Roter-Brach-Weg 361
Roter Hahn 186, 191
Roter Herzfleck 159 ff.
Roter Herzfleck 2   304
Roter Hirsch 205, 416, 441
Roter Stern 86
Rotes Haus 182
Rotes Herz 159
Rotes Roß 248, 332
Rote-Stern-Gasse 86
Rotgerber 222
Rothdauscher, J. 476
Rothdauscherhaus 75
Rudererbrunnen 139, 596, Abb. 270
Rudolf II., K. 127, 144, 579, 628, 629
Rudolphinische Tafeln 127, 338, 339, 340, Abb. 162, 163
Ruger Krugl 348
Ruland, Dr. A. 593
Runtinger, M. 129, 131, 483, 562
Runtinger, W. 131
Runtingerbuch 131
Runtingerhaus 131, 156, Abb. 57, 58
Ruozanburgtor 174, 313
Rutengasse 602
Rydan 275, Abb. 119

Sachsen-Zeitz, Chr. A, Hzg. 364, 397
Sadeler, D. 302

Sächsische Gesandtschaft 79
Sägemühle 237
Sagan 127
Sailer, M. 56, 83, 345
Sailerdenkmal 345 ff.
Sakramentshäuschen (Dom) 266
Salis, J. W. v., Frh. 301, 302
Salis M. v. 301
Saliterhof 546
Sallern 444 ff.
Sallern – Friedhof 446
Sallern – Juden 446
Sallern – Kirche 446
Sallern – Totenleuchte 446
Sallern – Weinbau 446
Sallerner Berg 444
Salm, Altgraf zu 520
Salvatorkapelle 79, 80, 110, Abb. 48
Salz 117
Salzburger Gasse 59
Salzburger Hof 25, 59
Salzhandel 117
Salzstädel 117
Salzzüge 117
Sametingergasse 16
Sandberg 443
Sandfrauen 453
Sandrart, J. 631
St.-Albans-Gasse 134 ff.
St.-Albans-Gasse 9   134
St.-Cassians-Hof 52
St.-Georgen-Platz 105
St.-Georgen-Platz 6   106
St.-Kassians-Platz 3   52
St.-Klara-Kloster 19
St.-Leonhards-Gasse 6   303
St. Nikolaus 244
St. Paul, Kloster 85
St.-Peters-Weg 89 ff.
St.-Rupert-Straße 454
St-Sebald-Gang 208
St.-Vinzentius-Vereins 85
Sarburch, J. 119
Sarching, G. v. 60, 535
Sarchinger, Fam. 60
Sarmannina 526
Sartori, J. G. 515
Sartorius, J. 623
Sarurch, Fam. 69
Sattelbogen, Fam. 444
Sattelbogen, E. v. 615
Sauerer Gockel 200, 387
Sauseneck 92
Sauwinkel 180
Scierstat 410
Sebaldgang 208
Sebaldkapelle 208
Sebastian St. 472, 473 ff., Abb. 218
Sebastiansminne 474
Sebastianspfeil 472
Seeäcker 403
Seegraben 403
Seidenplantage 458, Abb. 213
Seidenraupenzucht 458
Seidl, Fam. 167
Seifensiedergasse 416

Seippel, J. N. 581
Seitz G. 419
Sektion 578, 579
Selpelius, J. 533
Selva, G. A. 333
Sendlbeck, M. 452
Senft, F. 430
Seppengartern 468
Serpilius, G. 129
Serpilius, S. 137
Serz u. Korn 634
Seuter, B. 581
Seutter, A. L. v. 386
Seutter, M. 621
Seyboldsdorf, Gr. v. 57
Seytz, Kunz 420
Sibyllen 256
Sichel (Zeitschrift) 18, 19
Sicheltänzer 482
Siechenwöhrd 236, 572
Siegel 9
Siegmund, K. 562
Sigismundkapelle 170
Sigl, A. 456
Silberbrunnen 455
Silberfund 139
Silbernagl, M. 293
Silberne-Kranz-Gasse 159, 160
Silberne-Kranz-Gasse 6   160
Silberner Fisch 180
Silberner Mondschein 179
Silberner Schwan 211
Silbernes Brett 468
Silvesterabend 472
Simerl H. Chr. 70
Simmern, G. L. v. 50, 203, 207, 375, 435
Simon- u. Judaskapelle (Rathaus) 142, 143, 161
Simon- u. Judaskapelle (Hinter der Grieb) 194
Sinninger, L. 40, 100, 488
Sinzenhofer, H. 327
Sittauer, Fam. 32, 65
Sittler, N. 116
Sitzordnung (Reichssaal) 145
Sixtuskapelle 231
Soldatengalgen 216
Sommerkeller 504
Sondersieche 403, 572
Sonnenflecken 126
Sonnenuhren (Dom) 255
Sonnwendfeuer 484
Sonovicho, A. M. 95
Sorg, J. 30, 183, 226, 240, 247
Sorg, S. 30, 183, 376, 443, 498
Spanischer Esel 611
Speer, F. X. 23
Speer, M. 23
Speeth, G. 406
Speissegger, G. H. 76
Sperl, W. 424, 427
Speth, M. F. E. v. zu Zwyfalten 30
Speyer, K. 412
Spiegelgasse 96, 191
Spiegelgasse 1   191
Spiegelgasse 4   191

Spieß, Dr. J. Chr. 568
Spitalkirche 246 ff., 423
Spitzer, A. 600
Spukgeschichten 546
Südweiser 283
Süß, Fam. 66
Synagoge 21, 74
Synagoge (alte) 103
Synagoge (Neupfarrplatz) 98

Schacht, Frh. v. 191
Schader, Chr. v. 565
Schäffer, J. Chr. 62, 458, Abb. 24
Schäffer, J. Chr. G. 224, 295, 576 ff., 580, Abb. 264
Schäffer, Dr. J. G. 576
Schäffer, Dr. J. U. 101, 175, 468
Schäffer, M. M. 101
Schäffnerstraße 21 ff.
Schäffnerstraße 1   22
Schäffnerstraße 6   22
Schäffnerstraße 10   23
Schäffnerstraße 29, Rose 19, Abb. 6
Schafererweiher 392, 393
Schaffgotsch, U. v. 173, 490, 593
Schandesel 606, Abb. 279
Schandmaske 599
Schandri, M. 168
Schanzacker 248, 361
Schanzwiesel 361
Schaper, J. 399
Scharfrichter 16, 588 ff., 589
Schattenhofergasse 209
Schaumburg – Lippe, H. v. 226
Schaupp, L. St. 416
Scheckenbach, Chr. 219
Schedel, H. 626, 628
Scheffer, H. 129
Scheffler, Th. 515, 545
Scheid, M. 307
Scheidecker, H. 155
Scheitelklieber 242
Scheiterhaufen 585
Schelchshorn, G. 94, 560
Schelmengraben 457
Schenkenhofer, Chr. 177
Scherergasse 185, 191
Schererwacht 13
Scheuer, D. 545, 592
Scheuer b. R. 99
Scheyern Obb. 389
Schey(e)rer Kreuz 389
Scheyringer, U. 93
Schiegenturm 328, Abb. 156
Schierlinger, Fam. 134
Schiffer, M. 420, 521, 531
Schiffer (Zunftembleme) 290 ff., Abb. 128
Schiffritt 265, 361
Schiffsunglück 268
Schikaneder, E. 238
Schildbräu 416
Schilderer 179, 180
Schillerwiese 355, 470, 588
Schilt, S. 111
Schiltl, B. 138

Schiltl, Chr. 161
Schindergässel 16
Schinderhütte 248
Schirstel, M. Steph. 207
Schlachthof 125
Schlaitzer, Fam. 136
Schlecht, M. 431, 432, Abb. 202
Schlegelarbeiter 237
Schleicher, C. 383
Schleier, K. 538
Schlemmer, H. 377, 403
Schlemmhüttenweg 456
Schleusinger, Fam. 294
Schleusinger, J. M. 211, 294
Schliersee 18
Schlimme Liesel 611
Schlittenfahrt (Jesuitenschüler) 475
Schlitz-Görtz, J. E. v. 347
Schlößl, Zum 468
Schlossergasse 74
Schloßpark, (fürstl.) 185
Schluga, B. 390
Schlumberger, Fam. 167
Schmalzler Franzl 307
Schmausbrauerei 223
Schmauskeller 391, Abb. 188
Schmeißner, R. 354, 461
Schmerbühl 126 ff.
Schmerzensmann 266, 479 ff.
Schmetzer, A. 73, 113, 236, 243, 345, 492, 587
Schmid, E. 452
Schmid, S. 426, 623
Schmidl, U. 70
Schmidt, H. 13
Schmidt, J. H. 623
Schmidt, L. 153
Schmiede (Alter Kornmarkt) 27
Schmieder, S. F. 434, 438, 632
Schneck, J. 239
Schneller (Steinerne Br.) 114, 431
Schnitzer, L. 621
Schnürer, G. 232
Schnupftabakfabrik 187
Schoen, E. 591
Schöne Maria 50, 55, 75, 81, 87, 99, 473, 586
Schöne Maria – Farbholzschnitt 519, Abb. 239
Schöne Maria – Gnadenbild 519
Schöne Maria – Mirakelbilder 518
Schöne Maria – Mirakelbuch 518 Abb. 238
Schöne Maria – Neupfarrkirche 519
Schöne Maria – Steinfigur 517, 519
Schöne Maria – Tafelbild 515, Abb. 236
Schöne Maria – Wallfahrt 516, Abb. 237
Schöne Maria – St. Kassian 520, Abb. 240, 241
Schöne Maria – Stadtamhof 420
Schöne Pforte 288, Abb. 49
Schönfeld, H. 60
Schönhuber, P. 490

Schönwerth, F. X. v. 116
Schöppl, H. 302, 422
Schopperplatz (Reinhausen) 444
Schopperturm 468, 469, Abb. 217
Schott, C. 165
Schottenheim, Dr. O. 444
Schottenkirche (St. Jakob) 273 ff.
Schottenkloster (St. Jakob) 235
Schottenportal 95, 273 ff.,
　Abb. 118
Schottenportal (Gewändefiguren)
　616, Abb. 284
Schrader v. Osterwick 160
Schramm, L. 186
Schranne (Haidpl.) 166
Schreinergasse 62
Schreppler, M. 394
Schricker, Fam. 110
Schrittenloher, G. v. 420
Schröpfen 574, 577 ff.
Scheugraf, J. R. 42, 120, 205,
　210 ff., 233, 238, 239, 244, 254,
　256, 315, 332, 370, 371, 372,
　374, 389, 405, 412, 429, 442,
　454, 499, 504, 573, 574
Schützen 436 ff., 473, 482, 500 ff.,
　Abb. 230, 231
Schülerfeste 481, Abb. 230, 231
Schützenhalle 436
Schützenheimweg 502
Schützenscheiben 504
Schuldturm 607
Schultze, M. 185, 247
Schusterauszug 511
Schustergasse 112
Schutzbier, A. 430
Schutzbier, M. 430
Schutzfelsen 335, 337
Schutzmantelmadonna
　(Dominikanerkirche) 523
Schutz u. Trutz 146, Abb. 66
Schwabelweis 451 ff.
Schwabelweis — Gemeindeholz
　452
Schwabelweis — Kirche 453,
　Abb. 212
Schwabelweis — Krieg 1809 452
Schwabelweis — Sandfrauen 453
Schwabelweis — Weinbau 453
Schwäbl, J. N. 42, 44, 45, 554, 557
Schwaig 192
Schwall 221
Schwandorfer Straße 25　436
Schwanenplatz 211
Schwanenplatz 1　211
Schwanthaler, L. 185, 347
Schwarz, E. 358
Schwarz, P. 37
Schwarz, P. W. 241
Schwarze-Bären-Straße 55 ff.
Schwarze-Bären-Straße 1　57,
　498, Abb. 228
Schwarze-Bären-Straße 2　57
Schwarze Madonna
　(Niedermünster) 522, Abb. 242
Schwarzer Adler 61, 415
Schwarzer Bär 298, 601

Schwarzer Elefant 118, 120 ff.
Schwarzer Hahn 415
Schwarzer Rabe 441, 444
Schwarzer Turm 114, Abb. 49
Schwarzes Burgtor 20, 313
Schwarzes Roß 205
Schwarzhaupt (Villa) 21
Schwedenkugel 229
Schwein (Dom) 254
Schweinemarkt 64, 180
Schwendtner, J. 146
Schwendtner, P. 147
Schwenold, Chr. 332
Schwenter, J. Chr. 581
Schwerdtner, J. H. 225
Schwöller, Fam. 167
Schwöller, E. 133
Schwöller, W. 12, 129
Schwur 545

Staatl. Bibliothek 189, 190 ff.
Stademann, F. 634
Stadlerbräu 415
Stadlerkeller 391
Stadtamhof 410 ff., Abb. 196, 197
Stadtamhof — Brand 413, 414
Stadtamhof — Brückenkopf 411,
　415
Stadtamhof — Franziskaner
　421 ff.
Stadtamhof — Hauptstraße 415
Stadtamhof — Kirche St. Magn
　419
Stadtamhof — Kloster De notre
　Dame 422
Stadtamhof — Rathaus 416
Stadtamhof — Schlachthaus 417
Stadtamhof — Schneller 114, 431
Stadtamhof — Schule 422
Stadtamhof — Steinkreuz 417
Stadtamhof — Wappen 414
Stadtarchiv 133
Stadtarchiv (ehem., Rathaus) 149
Stadtbefestigung 17, 312 ff.
Stadtbibliothek 190
Stadtgarnison 76, 77
Stadtgraben 92, 316, 318, 322 ff.,
　Abb. 144
Stadtkeller 244
Stadtknechte 160, Abb. 74
Stadtknechtgasse 160
Stadtmaße 146, 306
Stadtmauer 90, 120, 135, 323 ff.,
　Abb. 144, 155, 156
Stadtmauer (arnulfinische) 312 ff.
Stadtmauer (Bauinschriften) 313,
　314, 315
Stadtmauer (mittelalterliche) 313
Stadtpfeifer 80
Stadtschreiber 149
Stadtsiegel 9
Stadtsoldaten 76, 601, Abb. 32
Stadttheater 217 ff., Abb. 92
Stadtwaage (Haidpl.) 170
Stadtwaage (St.-Albans-Gasse) 134
Stadtwappen 9, 10, 495, Abb. 1
Stäubl, P. 368

Stäudner, J. Ph. 429
Staffa, J. 390
Stahl, G. 520
Stahlschützen 235, 500
Stahlzwingerweg 235, 501
Stahlzwingerweg 1　324
Stahlzwingerweg 17　314, 501
Stahlzwingerweg 25　317
Stark, B. 270
Staudt, J. L. 212
Staufer v. Ehrenfels (Fam.) 83
Staufer Hof 83
Stäupen 600
Steffelgässel 208
Steigbügel (St. Jakob) 277
Steiger, J. 415
Steiglehner, C. 181, 183, 316, 348,
　490, 491
Steinätzkunst 202
Steiner, H. G. 215
Steiner, L. 596, Abb. 270, 271
Steinergasse 172
Steinerne Brücke 110, 113 ff., 244,
　281 ff., 376, 407, Abb. 50, 196
Steinerne Brücke — Basilisk 285,
　Abb. 124
Steinerne Brücke —
　Bruckmännchen 281, Abb. 121,
　122
Steinerne Brücke — größter u.
　kleinster Stein 286
Steinerne Brücke — Hähne 286
Steinerne Brücke —
　Kopfskulpturen 284, Abb. 123
Steinerne Brücke — Löwe 286
Steinerne Brücke — Wappen 286
Steinerne Brücke — Wiesel 285
Steinmetzbraut (Dom) 253
Steinmetzordnung 260
Steinmetzzeichen 260 ff., 293, 301,
　320, 327, Abb. 111
Steinsberg 203
Steinweg 429 ff., Abb. 203, 204
Steinweg 1　419
Steinweg 11　430
Steinweg 14　436
Steinweg 21　432, 433
Steinweg 28　438
Steinweg 30　431
Steinweg — Dreifaltigkeitsk. 431,
　Abb. 203, 204
Steinweg — Friedhof 433
Steinweg — Hatzhaus 438
Steinweg — Kreuzweg 433, Abb.
　203
Steinweg — Schützenhalle 435,
　Abb. 205
Steinweg — Waisenhaus (ehem.)
　435, Abb. 204
Steinweg — Weinbau 430
Stellnperger, H. 149
Stephanskapelle 49, 532, 541
Sternberg, K. v., Gr. 50, 331, 332,
　338, Abb. 159, 165
Sternbräukeller 244
Sternwarte 90, 91
Steudner, J. Ph. 633

Steurer, Fam. 51
Steurer, J. B. G. 51
Steyrer, Fam. 103
Steyrerkapelle 103
Stieglein 105
Stobäus 345
Straftriller 606
Straßberger, P. 450
Straßburg 260
Straßburg (Thomasstift) 130, 131
Straßenbeleuchtung 562
Straßenkehren 557
Straßenpflaster 562
Strasser, M. 86
Straub, O. 349
Straubinger, Fam. 32
Straubinger Herberge 30
Streckbank 611
Streckleiter 611
Streitel, H. 119
Strobel, R. 102, 188, 331, 426
Strobelberger, G. S. 582
Strobelberger, H. 582
Studentenwiesel 332, 344
Stumpffeder, Chr. 228
Sturm, C. H. 523

Tändler 213
Tändlergasse 47 69 ff., 74
Tändlergasse 1   71, 305, Abb. 27
Tändlergasse 3   70
Tändlergasse 9   70
Tändlergasse 24   70
Tändlerläden 71
Tagini 25
Taktmesser 390
Tandelmarkt 69
Tanzhaus 141
Tassilo 25
Taubergasse 53
Taufe 509
Tegernheimer Keller 454, 504, Abb. 232
Tegernheimer Schlucht 452, 456 ff.
Teiffel, K. Th. 139
Telkorner 495
Tengler, F. v. 448
Terrentinus, J. 127
Teufel 546, 547, 548 ff., 549 ff., 550 ff., 618
Teufelsaustreibung 550
Teufelsglaube 550
Teufelsplastik — Dom 264, 552, Abb. 113, 254
Teufelsplastik — Dominikanerkirche 549, Abb. 253
Teufelsplastik — Schottenkirche 551
Thanhauser, Th. 23
Theater 214, 217 ff.
Theilenkäs, J. 488
Thenn, F. 385
Thenn, W. 122
Theodo, Hzg. v. Bay. 28, 528
Theodor-Storm-Straße, Wegkreuz 378, 389, 390, Abb. 187

Therese, K. v. Bay. 225
Theresienkirche 386
Theresienruhe 331, 332 ff., 340, Abb. 158, 159, 161
Theresienschacht 456
Thill, J. G. 571
Thomaskapelle 32, 175, Abb. 80, 81
Thon, C. Chr. 169
Thon-Dittmer, Fam. 170
Thon-Dittmer-Haus 169, Abb. 77
Thundorfer, Fam. 42
Thundorfer, H. 42
Thundorfer, L. 42, 49, 107
Thundorfer, U. 42
Thundorferstraße 107
Thuner, H. 167
Thurn, Gr. 31, 336
Thurn u. Taxis, v., Fam. 109, 150, 177, 370
Thurn u. Taxis, A. v. 185, 280, 371, 372, 391, 436, 559
Thurn u. Taxis, A. F. v. 181, 182, 509
Thurn u. Taxis, F. J. v. 436
Thurn u. Taxis, H. v. 247
Thurn u. Taxis, K. A. v. 181, 182, 183, 187, 242, 330, 334, 337, 439, 462, 504, 576
Thurn u. Taxis, M. K. v. 91, 218, 231, 349, 428, 436
Thurn u. Taxis, P. Emmeram v. 367, 372
Thurn u. Taxis, S. v. 387
Thurn u. Taxis, Th. v. 334, 335, 387
Thurn u. Taxis — Brauerei 244
Thurn u. Taxis — Post 75, 183
Thurn u. Taxis — Schloß 183, Abb. 82
Tiergefechte 438
Tilly 37
Todesstrafe 584
Töpfer 381
Törichte Jungfrau (Heuport) 33, 34, Abb. 12
Törichte u. kluge Jungfrauen (Dom) 256
Törring, A. v. 40
Törring, J. C. L. v. Gr. 385, Abb. 184
Tollinger, Chr. 403
Tollinger, F. 403
Tortur 609
Toskano M. M. 95
Totenbestattung 485
Totengräber 568, 569 ff.
Totenleuchten 446, 485, Abb. 223
Totenwache 485
Touchemolin, Aeg. 76, 124
Traghimmel 144
Trainer, Fam. 142, 161, 175
Traubengasse 430
Traubengasse 6   435, Abb. 205
Treiber, D. 225
Treutinger, A. 384
Triebe, R. 21

Trier, Fam. 224
Trödler 506
Trunkel, U. 96, 100
Tucher, M. 42
Tuchmarkt 41
Türk, Fam. 50
Türkenkoppchen 224
Turmair, J. 137 ff., 487, Abb. 224
Turniere 24
Turnknopf, H. 216

Udalrich 28
Uhren (Rathaus) 146, 147
Ulm 127, 261
Ulrichskirche 425
Universitätsstraße 9   386
Unschuldige-Kinder-Kapelle 157
Unter den Linden 248, 330, 332, 481, 501
Unter den Schreinern 86
Unter den Schwibbögen 13, 38, 47 ff., 50, Abb. 14
Unter den Schwibbögen 1   110
Unter den Schwibbögen 2   50
Unter den Schwibbögen 3   50
Unter den Schwibbögen 7   50
Unter den Schwibbögen 8   106
Unter den Schwibbögen 17   49
Unter den Schwibbögen 21   48
Unter den Waidnern 239
Untere Bachgasse 91 ff.
Untere Bachgasse 2   104
Untere Bachgasse 3   103
Untere Bachgasse 4   104
Untere Bachgasse 5   103
Untere Bachgasse 6   102
Untere Bachgasse 8   102
Untere Bachgasse 10   101
Untere Bachgasse 13   102
Unterer Friedhof 492
Unterer Holzer 391
Unterer Jakobshof 213
Unterer Wöhrd 242 ff., 291, 352
Untere Stadt 12, 13
Urban, M. 16
Urhausen, E. v. 207
Ursinus, J. H. 93, 190

Velodrom 214
Verbrennen 585
Verenakapelle 103
Veri-Fischer-Keller 386
Verkündigung (Dom) 262, Abb. 212
Via Augustana 245, 526
Via Decumana 51
Via Praetoria 36, 37, 48, 51
Via Principalis 56
Vielberth, J. 156
Viereimergasse 51 ff.
Villa, königl. 198, 327, 345, Abb. 88
Villa Lauser 240, Abb. 102
Villapark 199, 319
Vints-Berberich, Frh. v. 484
Vinzentiusschwestern 85
Vischer, P. 42

Vitusbach 12, 79, 89, 91 ff., 92 ff., 103, 124, 154, 172, 191, 199, 210, 212, 383, 384, 388, 398 ff., 562
Vituskirche 91, 383, 397
Vitusstraße 91
Vitusweiher 91, 393, 395
Vogelschießen 504, Abb. 231
Vogl, C. 172, 182, 183, 281
Von der Tann, L., Frh. 196
Von-der-Tann-Straße 92, 195 ff.
Von-der-Tann-Straße 4   320
Von-der-Tann-Straße 14   196
Von-der-Tann-Straße 18   315, 320
Von-der-Tann-Straße 27   196
Von-der-Tann-Straße 38   195
Von-Müller-Gymnasium 85, 226
Von Müller'sche Töchterschule 22
Vor der Grieb 193 ff.
Vor der Grieb 1   193
Vor der Grieb 2   297
Votivgaben (St. Wolfgang) 534, Abb. 247, 248
Vrints-Berberich, Fam. 370
Vrints-Berberich, Frh. 371, 372, 378

Waaggäßchen 160
Waaggäßchen 1   161, 300
Waaggäßchen 2   160, 305
Wachsbleiche 196
Wachten 12, 622
Wachtgeding 12
Wachtkammer (Rathaus) 151
Waffen 215
Waffnergasse 179, 247, 323
Wahlenkapelle 68
Wahlenstraße 12, 64 ff., 548, Abb. 26
Wahlenstraße 3   13, 69
Wahlenstraße 6   69
Wahlenstraße 8   69
Wahlenstraße 11   68, 597
Wahlenstraße 16   67
Wahlenstraße 17   66
Wahlenstraße 18   66, 226
Wahlenstraße 22   66
Wahlenstraße 24   64, 189
Wahlenstraße 27   66
Wahlenwacht 13
Waisenhaus, ev. 93, 221, 222
Waisenhaus, kath. 203, 206 ff.
Waisenhaus (Steinweg) 435, Abb. 204
Waisenhausbrückl 419
Waisenhausgarten 195
Walberer, E. 367, 369, 370 ff., 386
Walchen 64
Walderbach 107, 126
Walderbacher Hof 106
Walderdorff, H. v., Gr. 227, 268, 302, 381
Waldner, W. 83
Waldschmid, M. E. 426
Walfisch (Gastwirtschaft) 48
Walhalla 344, 387, 406, 463, 504

Walhallabockerl 416
Walhallastraße 454
Walkmühle 237
Wallenstein 127, 128
Waller, Fam. 67
Walner, A. 426
Wampentürl 124, 328
Wappen (Stadt) 9 ff.
Wappen (Steinerne Brücke) 286
Wartenberg, A. E. v. 54, 280, 431, 523, 537, 538
Wartenberg, F. W. v. 41, 52, 54, 421
Wartner, H. 392
Wartnerhaus 391
Wasenmeister 16, 248
Wassergasse 417 ff.
Wasserkirche 154
Wasserkreutter, W. 147
Wasserleitung — neuzeitliche 561
Wasserleitung — reichsstädtische 559, 560, 561
Wasserleitung — St. E. 558, Abb. 256
Wasserleitung — Thurn u. Taxis 559
Wasserprobe 545
Wassertor 36, 48
Wasserwerk 561
Watmarkt 41
Watmarkt 4   45
Watmarkt 5   41
Watmarkt 6   45
Watmarkt 9   299
Watting, A. 581
Wechin, A. 86
Wegsäule (Jakobstor) 348, Abb. 167, Abb. 168
Wehrgang 315, 316, 318, Abb. 155, 156
Wehrloch 236 ff.
Wehrlochweg 236
Wehr vor Burg 213
Weichs 447 ff.
Weichs — Bräuhaus 447, 460, Abb. 210
Weichs — Gärtner 449
Weichs — Nepomukstatue 449
Weichs — Rettiche 450
Weichs — Schloß 447, Abb. 210, 211
Weichs — Tretbrunnen 450, Abb. 211
Weichs, Frh. v. 15, 343
Weichser Schloßgasse 447
Weiderer, F. 17
Weidner, J. C. J. 622, 623
Weigl, F. 370
Weihnachtskrippe 496, 497, 498, Abb. 228
Weihnachtsmusik 495
Weihnachtssemmel 496
Weihnachtsspiele 495
Weih-St.-Peter (Kirche) 332
Weih-St.-Peter (Kirchweihfest) 505
Weih-St.-Peter (Kloster) 99, 343, 489

Weil der Stadt 126
Weilmeyr, F. X. 242, 331, 343, 506, 554, 557
Weinbau — Dechbetten 374
Weinbau — Kager 466
Weinbau — Reinhausen 440
Weinbau — römischer 461
Weinbau — Sallern 446
Weinbau — Schwabelweis 453
Weinbau — Steinweg 430
Weinbau — Weichs 448
Weinbau — Winzer 461
Weinbau — Winzerer Höhen 458
Weinbergstraße 453
Weinbergweg 374
Weingasse 134
Weingassenweg 374
Weininger, J. 103
Weinlände 134, 135
Weinmann, J. W. 581, 582
Weinmarkt 135
Weinstadel 96, 135, Abb. 59
Weintingergasse 408
Weintor 135, 328
Weinweg 461
Weinzierl, C. 491
Weinzierl, M. 488
Weinzierlstraße 440
Weishof, J. 379, 586, 621
Weishoff, J. J. 631, 632
Weißbräuhausgasse 59, 296
Weiße-Hahnen-Gasse 107, 110 ff.
Weiße-Hahnen-Gasse 2   107
Weiße-Hahnen-Gasse 6   305
Weiße-Lamm-Gasse 107
Weiße-Lamm-Gasse 1   117
Weiße-Lamm-Gasse 3   110
Weiße Lilie 51
Weiße-Lilien-Straße 51 ff.
Weiße-Lilien-Straße 2   305
Weißenregner, A. F. 377
Weißer Bär 205, 298
Weißer Hahn 110
Weißer Hahn (Steinweg) 436
Weißer Ochse 124
Weiße Rose 66
Weißes Lamm 107 ff., 110, Abb. 46
Weiße Taube 70
Weißgerbergraben 93, 212 ff.
Weißgerbergraben 2   554
Weite Straße 213
Weitoldstraße 96, 229 ff.
Weitoldstraße 6   230
Weitoldstraße 16 u. 18   230
Weixelholz 332
Welsche 64
Welser, Chr. 393
Weltenburger, Fam. 167
Welz, P. v. 398, 399
Wendel, G. 561
Wendler, J. Chr. 239
Wening, M. 394, 396, 397, 415, 448
Werftstraße 8   242
Werftstraße 18   291
Werftstraße 24   291, 292
Werner, F. B. 606, 607, 633

664

Wertinger, H. 39
Wessobrunner Gnadenbild 367, 523, Abb. 243, 244
Westendstraße 470
Westendstraße 11   468
Westenvorstadt 313
Westerholt, A. v. 218
Westernach, M. R. v. 462
Westnerwacht 13
Weyer, J. 552
Weyssenburger, J. 534
Weytra, J. v. 574
Widman, U. 590
Widmann, L. 62, 103, 178, 195, 517, 568, 590
Widmann, S. 111
Wiebel, R. 276, 618
Wiedamann, Fam. 42, 113
Wiedenmann, J. 373, 379
Wiedfang 317
Wiedfangbrunnen 120, Abb. 51
Wiedfangkanal 118, 119
Wien 61
Wieninger, J. 424
Wiesel (Steinerne Br.) 285
Wieshuber, M. 442
Wießner, G. L. 72
Wießner, K. 237, 370, 415, 635
Wild (Plato) 42, 236
Wildenau, H. v. 181
Wilder, G. C. 115
Wilder Mann 113
Wildwercherwacht 13
Wilhelm I., K. v. Preußen 168
Wilhelm IV., Hzg. v. Bay. 96, 399, 520
Wilhelm V., Hzg. v. Bay. 85, 394
Wilhelm v. Hirsau 255, 270
Willand, F. M. 224
Winkler, Fam. 68
Winkler, J. A. 427
Winzer 117, 461 ff., Abb. 215, 216
Winzer — Fähre 465
Winzer — Kirche 463
Winzer — Mühle 464
Winzer — Quellhaus 464
Winzer — Schloß 462
Winzerer Höhen 457 ff., Abb. 100
Winzinger, F. 97, 519, 520

Wirth, J. N. 378
Wirth, M. 433
Wismeyer, A. 330, 566, 586, 631
Wißmeyer, M. 137
Wit, F. de 621
Witt, F. X. 56
Wittig, J. A. 582
Wittmann, M. 52 ff., 138, 203, 391, 421, 428, 490, 537
Wittwangerwacht 13
Wöhrde 235 ff.
Wöhrdstraße 41   242
Wöhrdstraße 91/93   566, Abb. 258
Wölffeldt, C. 72
Wörth (Schloß) 39
Wolf, Chr. Th. 622, 623
Wolff, J. W. 101, 633
Wolfgang, hl. — Geschichte 531 ff.
Wolfgang, hl. — Kult, Verehrung 533, 534, 535, Abb. 247, 248
Wolfgang, hl. — Legende 532, 533, 265
Wolfgangsee 532
Wolfgangskrypta 532
Wolfseher, A. 160
Wolfseher, J. 160, 249
Wolfslöcher 106
Wolgemut, M. 118, 327, 415, 626
Woller, Fam. 103, 172, 266
Woller, U. 314
Wollerhaus 103
Wollwirkergasse 228 ff.
Wollwirkergasse 25   228
Württemberg, F. M. v., Hzg. 226
Württemberg, P. v., Hzgin. 226
Württembergisches Palais 226
Wurstküche 110, 557, Abb. 47
Wurzer, F. X. v. 440, 442
Wusti Wusti 307
Wuzelstein 353, 354

Zacharias, J. 34, 240, 335
Zacher, J. 384
Zacherwirt 392
Zandt, Fam. 134, 187
Zandt, H. 389, 426, 573

Zandt, K. 573
Zandt, U. 426
Zandtengasse 134
Zandthaus 187
Zauberinnen 546
Zauffaly, A, F, 182
Zehentbauer, J. 582
Zeller, H. 167
Zenger, H. 410
Zentaur (Kreuzgang St. E.) 552
Zentralfriedhof 492
Zerzoggarten 247
Zeughaus 213, 215 ff., Abb. 91
Ziebland, G. 491
Ziegelofen 242
Ziegetacker 379
Ziegetsberg 87, 379
Ziegetsdorf 379 ff.
Ziegler, A. V. 292
Ziegler, J. 292
Ziegler, J. Chr. 68
Zierold, G. 156
Zieroldsplatz 155 ff.
Zieroldsplatz 3   289
Zink, J. 205
Zirkl, J. 21
Zirngibl, R. 182, 491, 495, 536
Zitt, J. 421
Zoffany, A. F. 182
Zoller, F. J. D. A. v. 344
Zollerdenkmal 344
Zollern, D. v. 574
Zollerstraße 344
Zollner, E. 119
Zuchthaus 200, 221
Zuckerfabrik (ehem.) 247
Zügenglöckl 485
Zur Schönen Gelegenheit 213
Zuylen Nyevelt, v., Fam., 371, 377, 378, 381
Zweyer, F. v. 197
Zwinger 316, 330, Abb. 144
Zwingermauer 314, 315, 316, Abb. 144
Zwingertürmchen 315, 316, 320, 321, Abb. 149
Zwörner, Fam. 208
Zwölfbotenkapelle 174
Zwörnerplatz 208

665

Abbildungsnachweis

Museum der Stadt Regensburg
Seite 10, 17, 20, 39, 43, 53, 60, 65, 73, 96, 98, 99, 104, 115, 125, 132, 148, 158, 161, 167, 171, 173, 189, 218, 225, 230, 233, 237, 243, 281, 282, 287, 315, 324, 327, 328, 334, 339, 349, 355, 373, 376, 380, 405, 424, 427, 469, 478, 482, 502, 508, 521, 544, 555, 572, 575, 578, 586, 587, 598, 602, 621, 627, 629, 630, 632, 634, 635

Fürstliche Hofbibliothek Regensburg
Seite 15, 26, 31, 35, 38, 76, 77, 81, 135, 139, 157, 166, 197, 215, 235, 238, 239, 241, 273, 295, 318, 320, 323, 330, 338, 341, 347, 349, 369, 413, 435, 438, 459, 465, 476, 503, 510, 511, 514, 517, 518, 567, 577, 591, 596, 597, 604, 607, 608, 622, 624–625, 631

Naturkundemuseum Regensburg
Seite 64, 336

Domschatzmuseum Regensburg
Seite 473, 539

Staatliche Bibliothek Regensburg
Seite 518

Germanisches Nationalmuseum Nürnberg
Seite 111, 130

Bayerische Staatsbibliothek München
Seite 534

Bayerisches Hauptstaatsarchiv München
Seite 411

Bayerisches Nationalmuseum München
Seite 399

Maillinger-Bildersammlung im Stadtmuseum München
Seite 198

Inventarwerk der Kunstdenkmäler von Bayern XXII Stadt Regensburg III
Seite 71, 112

Historischer Verein von Opf. u. Regensburg
Seite 42, 87

Nationalbibliothek Wien
Seite 339

Albertina Wien
Seite 97

Thomasstift Straßburg
Seite 130

Pfarrei Hl. Dreifaltigkeit, Regensburg
Seite 431

Dominikanerinnenkloster Hl. Kreuz, Regensburg
Seite 232

Kinderzentrum St. Vincent, Regensburg
Seite 203

Evang.-Luth. Dekanat, Regensburg
Seite 63

St.-Josefs-Heim, Regensburg
Seite 84

Deutscher Kunstverlag, München
Seite 48, 147, 194

Foto E. Daniel, Regensburg
Seite 105, 123, 280

Wilkin H. Spitta, Regensburg
Seite 263, 269, 610

Fotohaus J. Zacharias, Regensburg
Seite 186

Andreas Reindl, Regensburg
Seite 385

Abbildungen aus Privatbesitz
Seite 18, 90, 116, 141, 142, 169, 362, 374, 392, 395, 396, 397, 432, 437, 448, 463, 491, 505, 524, 605, 620

Alle übrigen Bildvorlagen vom Verfasser

Auf den Vorsatzblättern:
Katasterplan der Stadt vom Jahre 1812. Lithographie mit späteren Ergänzungen und Korrekturen (Stadtgrundrisse Nr. 20). Vorne Stadtnorden, hinten Stadtkern mit Alleegürtel.
Gesamtplan liegt als Faltblatt bei.

Auf dem Schutzumschlag
Ansicht der Stadt vom Dreifaltigkeitsberg. Stahlstich von Joh. Poppel, um 1845 (vgl. Stadtansichten Nr. 55)